Hermann August Hagen

Bibliotheca Entomologica NZ mit einem systematischen Sachregister

Die Literatur über das ganze Gebiet der Entomologie bis zum Jahre 1862

Hermann August Hagen

Bibliotheca Entomologica NZ mit einem systematischen Sachregister
Die Literatur über das ganze Gebiet der Entomologie bis zum Jahre 1862

ISBN/EAN: 9783741166518

Hergestellt in Europa, USA, Kanada, Australien, Japan

Cover: Foto ©Andreas Hilbeck / pixelio.de

Manufactured and distributed by brebook publishing software
(www.brebook.com)

Hermann August Hagen

Bibliotheca Entomologica NZ mit einem systematischen Sachregister

BIBLIOTHECA
ENTOMOLOGICA.

DIE LITTERATUR ÜBER DAS
GANZE GEBIET DER ENTOMOLOGIE BIS ZUM JAHRE 1862,

VON

Dr. HERMANN AUGUST HAGEN
IN KÖNIGSBERG.

ZWEITER BAND.
N—Z.

MIT EINEM SYSTEMATISCHEN SACHREGISTER.

LEIPZIG,
VERLAG VON WILHELM ENGELMANN.
1863.

Naccari (Luigi Fortun.).
1. Lettera sopra un bruco. (Bomb. Castrensis.) 1821. pg. 7.

Nadal.
* 1. Observations sur la maladie des vers à soie.
Compt. rend. 1858. T. XLVI. No. 11. p. 530—531.

Naerasse (Laurentius Peter).
1. Om Biers behandling og vedligholdelse. Kjöbenhavn, 1761. 8. 6 Bogen.
(cf. Boehmer. II, 3. p. 280.)

Naezen (Daniel Erich), geb. 11. März 1757 in Skara, gest. 2. Decbr. 1808 als Arzt in Umeå.
* 1. Beskrifning på några, vid Umeå fundne, okände arter ibland Skalbaggarne. (Scarabaeus autumnalis, Silpha villosa, Coccinella segetalis, sinuata, Leptura smaragdina.)
Vetensk. Acad. nya Handl. 1795. T. 16. p. 167—174; * 1795. T. 16. p. 79.
* 2. Beskrifning på några vid Umeå fundne insekter, dels okände, dels förut otydeligen beskrifne, och i Fauna Suecica ej upptagne. (Meloë Frischii, Silpha sinuata, Cryptoc. bimaculatus, Curc. campanulae, plantaris; Leptur. marginata, Carab. exaratus, Mordel. maculosa.)
Vetensk. Acad. nya Handl. 1794. T. 15. p. 265—274. tab. 1; * 1795. T. 16. p. 71—79.

Nagel (C.), in Meissen.
* 1. Der wunderbare Haushalt der Ameisen.
Allgem. deutsche naturhist. Zeit. 1846. T. 1. p. 549—554.
* 2. Das Wachs der Bienenschabe.
Allgem. deutsche naturhist. Zeit. 1846. T. 1. p. 563—567.

Nagel (Johann Friedrich Gottlieb).
1. Versuch einer lepidopterologischen Encyclopädie für angehende deutsche Schmetterlingssammler. Helmstädt, Fleckeisen, 1809. 8. tab. 2.
2. Vollständiges Hülfsbuch für junge Schmetterlingssammler, enthaltend das Wissenswürdigste aus der Naturgeschichte aller deutschen Schmetterlinge, Raupen und Puppen, über die systematische Eintheilung, Behandlung und Aufbewahrung derselben, nebst einem doppelten Namensverzeichnisse. Helmstädt, 1818. 8. 1 tab. pg. 8 et 308.
Jena. allg. Litt. Zeit. 1819. T. 1. p. 220—224.

von Nagel (Heinrich).
1. Vollständige Uebersicht der monatlichen Verrichtung im Obst-, Küchen-, und Bienengarten nach eigner Erfahrung. München, (Finsterlin,) 1823. 8.
2. Theoretisch praktischer Unterricht zur Seidencultur in Baiern. München, Finsterlin, 1824. 8.
3. Die ermunterte Seidenzucht in Baiern und ihre Fortschritte, mit Hinblick auf auswärtige Staaten. Nebst einem Anhange: Gemeinnützige Bemerkungen bei der Erziehung der Seidenraupen. München, Finsterlin, 1826. 8. tab. 2.

Le Nain. Intendant von Poitou.
1. Mémoire instructif sur les pépinières de Meuriers blancs et les manufactures des vers à soie, dont le Conseil a ordonné l'établissement dans le Poitou. Poitiers, Faulcon, 1742. 12. pg. 98.
Ed. II. auct. Poitiers, Faulcon, 1744. 12. pg. 98. (nach Lacordaire 1754.
Anonym; nach Boehmer. II. 2. p. 283 von Le Nain.
Deutsche Uebers. Mit Anmerkungen über die französischen Gründe zu Fortsetzung des Seidenbaus auf hiesige Lande. Berlin, 1745 et 1746. 4.
(cf. Nadier Bibliogr. p. 43.)

Napier.

1. Artikel Entomologie in Encyclop. Britannique. 1. T. 9. pg. 128. tab. 3.
   (Wahrscheinlich irrig; woher das Citat stammt, vermag ich nicht zu ermitteln.)

de Narcillac (Vicomte).

1. Observations sur le trochanter dans la famille des Carabiques. Paris, Malteste, 1853. 8. pg. 32.

Nardo (Giovanni Domenico). Arzt in Venedig. Eine Liste seiner Schriften hat Nardo selbst gegeben in *Elenco degli scritti etc. 1838. 8. pg. 16. Ob die p. 11 No. 61 daselbst angekündigte Arbeit, enthaltend einen Catalog der den Droguen schädlichen Insecten, erschienen ist, kann ich nicht ermitteln.

1. Discorso sulla natura delle Cantaridi e loro modo d'agire sull' organismo umano vivente. Venezia, Bazzarini e Co., 1834. 8.
   (Estr. dall' Antologia medica di Venezia. 1834. T. 6.)
   Isis. 1833. p. 505; 1834. p. 339; p. 671.

*2. Nuovo modo di preservar le Cantaridi dal Tarlo e di guarentire le Pelliccerie dalle Tignuole. (Venezia.) 8. pg. 2.
   Giornale di Tecnologia. 1834. fasc. 6. p. 82. — Enciclopedia circolante. fasc. 33. p. 110.

de Natale (G.).

1. Descrizione zoologiche d'una nuova specie de Pinnoteria et di alcuni Crostacei del porto di Messina. Messina, 1830.
   *Schaum Bericht. 1851. p. 168.

Natterer (Johann), geb. 9. Novbr. 1787 in Laxenburg bei Wien; gest. 17. Juni 1843 in Wien.

1. Käfer bei Padua und Gibraltar (im Reisebericht).
   Isis. 1818. p. 816.

von Nau (Bernhard Sebastian), geb. 1766 in Mainz, gest. 15. Febr. 1845 daselbst. Prof. der Forstlehre in Aschaffenburg.

1. Anleitung zur deutschen Forstwissenschaft. Mainz, 1790. 8. pg. 120. — 2. Auflage ibid. 1807. 8.
   (p. 281—328 Catalog forstschädl. Insecten.) (Lacordaire.)

Naumann (Johann Friedrich), geb. 1780, gest. 1857.

*1. Taxidermie oder die Lehre, Thiere aller Klassen am einfachsten und zweckmässigsten für Naturaliensammlungen auszustopfen und aufzubewahren. Halle, Hemmerde etc., 1815. 8. pg. 180. tab. 5.
   *Ed. II. Halle, Schwetschke, 1848. 8. tab. 6. pg. 218.

Nava (Conte Amb.).

1. Osservazioni sulla dominante malattia nei bachi da seta. Milano, 1857.
   (cf. Verhandl. Wien. Zool. Bot. Ver. 1857. T. 7. p. 83.)

Neale (G. P.).

*1. Observations on the Study of Entomology, with a short Account of the early stages of Bombyx versicolor.
   Trans. Ent. Soc. Lond. 1812. T. 1. p. 323—328. pl. 1 col.

Nebbien (C. H.).

1. Neue naturgemässe und vortheilhafteste Anpflanzungs- und Behandlungsweise des Maulbeerbaumes. Leipzig, Müller, 1838. 8. 1 Taf.
   (cf. Engelmann. Bibl. Oec. p. 226.)

Nebel (Michael).

1. De vermiculis plumbum depascentibus.
   Ephem. Natur. Curios. 1697. Dec. 3. Ann. 5 et 6. Obs. 105. p. 220—221.
   (cf. Boehmer. II, 2. p. 190.)

Needham (John Turberville), geb. 10. Septbr. 1713 in London, gest. 30. December 1781 in Brüssel.

1. Observations sur l'histoire naturelle de la fourmi, à l'occasion desquelles on relève quelques méprises de certains auteurs célèbres. (Sie sammeln nicht Wintervorräthe.)
   Mém. Acad. Bruxelles. 1780. T. 2. p. 295—312. (cf. Bibl. Banks. II. p. 272.)
2. D'un petit insecte de l'espèce de scarabaees trouvé sur le narcisse.
   Observ. microscop. Cap. IX. p. 112. (cf. Boehmer. II, 2. p. 192.)
3. Nouvelles recherches sur la nature et l'économie des mouches à miel, suivies de quelques instructions pratiques propres à perfectionner cette partie de culture rurale.
   Mém. Acad. Bruxelles. 1780. T. 2. p. 325—397. (cf. Boehmer. II, 2. p. 313.)
   (Eine Kritik der Entdeckung Schirachs, dass aus Arbeiter-Larven Königinnen erzielt werden können.)

Nees von Esenbeck (Christian Gottfried), geb. 14. Febr. 1776 auf dem Reichenberge bei Erbach im Odenwalde, gest. zu Breslau am 16. März 1858. Professor der Botanik in Erlangen, Bonn, Breslau; Präsident der Leopold. Akademie; wegen Theilnahme an polit. u. kirchl. Bewegungen 1852 abgesetzt. Seine Sammlung gehört dem Museum in Bonn.

*1. Ichneumonides adsciti in genera et familias divisi. (2 Familien, 9 Gattungen, 144 Arten.)
Magaz. d. Gesellsch. naturf. Fr. Berlin. 1811. Jahrg. 5. p. 3—37. tab. 2; 1814. Jahrg. 6. p. 183—221. tab. 1; 1816. Jahrg. 7. p. 243—277. tab. 2.
*Germar Magaz. Entom. 1813. T. I. P. 1. p. 47—96.
Isis. 1818. IX. p. 1468.

*2. Lapton femoralis, eine neue Ichneumoniden-Gattung, nebst einigen Bemerkungen über verschiedene unter Ophion F. stehende Ichneumoniden-Arten.
Magaz. d. Gesellsch. naturf. Fr. Berlin. 1816. Jahrg. 7. p. 43—52. tab. 1.
*Isis. 1818. IX. p. 1477.

3. Fresswerkzeuge der Insekten.
Isis. 1818. VIII. p. 1383—1403.

*4. Appendix ad Gravenhorst conspectum generum et familiarum Ichneumonidum, genera et familias Ichneumonidum adsciitorum exhibens. (2 Legionen u. 19 Gattungen.)
Act. Acad. Leop. Carol. 1819. T. IX. p. 299—310. — *Isis. 1818. VII. p. 1277—1278.

*5. Hymenopterorum Ichneumonibus affinium monographiae, genera Europaea et species illustrantes. Stuttgart et Tubingen, Cotta, 1834. 8. 2 vol. T. I. pg. 320 et 12; T. II. pg. 448.
*Magaz. Zool. und Botan. 1837. I. p. 488.
*Entom. Silberm. Revue. 1835. T. 3. p. 83—98; p. 318—330.

6. Beschreibung der Siphonura Schmidtii. (Hymenopt.)
Jahresb. Krain. Landes-Mus. 1856. p. 31.
*Gerstaecker Bericht. 1856. p. 125.

Nesse (Nicolaus).

*1. Ueber das Tödten der Insecten.
Correspondenzbl. naturf. Vereins. Riga. 1851—1852. T. 5. p. 1—3.

Neidhart (Johann Michael), gest. 27. Mai 1803. Pfarrer zu Villbrunn.

1. Auf Vernunft und Erfahrungen gegründete Gedanken von der Zeugung und Befruchtung der Bienenkönigin. Nürnberg, Zeh, 1774. 8. pg. 251.
Abhandl. Fränk. Oekon. Bienengesellsch. 1772. Abth. 2. p. 121.
*Beckmann Phys. Oekon. Bibl. V. p. 565.

2. Vom Vergraben der Bienen.
Abhandl. Fränk. Oekon. Bienengesellsch. 1772—1773. Abth. 2. p. 336. (Laverdaire.)

3. Praktischer u. vollständiger Auszug zur besten allgemeinen Bienenzucht aus den neuesten Bienenbüchern und insonderheit den Conventsschriften der Fränkischen Bienen-Gesellschaft. Nürnberg, Zeh, 1774. 4. 16 Bogen.
Abhandl. Fränk. Oekon. Bienengesellsch. 1772—1773. Abth. 2. p. 1.
*Beckmann Phys. Oekon. Bibl. V. p. 565.

4. Zusätze und Verbesserungen meines praktischen Auszuges zur besten Bienenzucht. Nürnberg, Zeh, 1778. 8. p. 192.
*Rec. Allgem. Deutsch. Bibl. 84. 39. p. 556—558.

5. Mittheilungen aus der Pflanzenwelt von Goethe. (Pilzbildung auf Fliegen.)
Act. Acad. Leop. Carol. T. XV. P. II. p. 374.

6. Bienenregeln. Leipzig, (Nauck.) 8.
(cf. Engelmann. Bibl. Oec. p. 226.)

Nemnich (Philipp Andreas).

*1. Allgemeines Polyglotten-Lexicon der Naturgeschichte mit erläuternden Anweisungen. Hamburg, Verfasser, (1793). 4. 8 Liefrgn. pg. 2105.

von Nenning (St.), gest. 1814? Professor am Lyceum in Constanz.

*1. Ueber ein den Weintrauben höchst schädliches, vorzüglich auf der Insel Reichenau bei Constanz einheimisches Insect. (Tinea Uvae.) Constanz, Herder, (1811). 8. tab. 1 col. pg. 9 et 13. (Jahrzahl und Verfasser stehen hinter der Vorrede.) — Ed. II. 1810.
*Isis. 1818. IX. p. 1383.

Netz (Carl).

1. Anleitung zur Zucht der Seidenraupen. Mit einer grossen colorirten Tafel, den ganzen Lebenslauf der Seidenraupe, und zwei kleineren lithographirten Tafeln, Zeichnungen einiger zur Zucht erforderlichen Geräthschaften darstellend. Darmstadt, Jonghaus, 1855. 8. pg. 12 et 96. tab. 3.

Neubert (Johannes).

1. Einträglich Bienenstock für Jedermann; mit Abbildungen. Neu-Ruppin, Oehmigke etc., 1837. 8.
(cf. Engelmann. Bibl. Oec. p. 228.)

von Neuforn (Joh. Conrad Stocker).

1. Dissertatio de usu Cantharidum interno. Goettingae, 1781. 4. pg. 58.
   Deutsche Uebers. Pfingst Magaz. T. 2. p. 319.
   Recens. Jena. gel. Zeit. 1781. p. 507. (cf. Boehmer. II, 2. p. 266.)

Neumann (Caspar).

1. Donnerwetter und Heuschrecken, beide im Jahr Christi 1693 zu Breslau gesehen. Breslau, 1694. 4. p. 36—53. (Busspredigt.)

Neumann (Caspar), geb. 11. Juli 1683 in Zuellichau, gest. 20. Octbr. 1737 in Berlin. Apotheker.

1. Lectiones quatuor subjectis pharmaceutico-chimicis, Sal commune, Formica etc. Lipsiae, Fromman, 1737. 4. 80½ Bog.
   (cf. Boehmer. II, 2. p. 331.)

*2. De Oleo destillato Formicarum aethereo.
   Acta Acad. Nat. Curios. 1730. T. II. Obs. 128. p. 304—310.
   Crells neu. chem. Archiv. T. 1. p. 319.

Neumann (Rudolf), gest. 1859. Dr. u. Oberlehrer in Wehlau in Preussen.

*1. Die Blattläuse der Provinz Preussen.
   Preuss. Provinz. Bl. 1857. (T. 57. p. 170—176. (im 8. Bericht d. Vereins f. d. Fauna d. Prov. Preussen.)

Neustaedt (August), Kaufmann in Breslau.

*1. Ueber die in Schlesien vorkommenden Arten der Gattung Leucania u. Nonagria.
   Arbeit. d. Schles. Gesellsch. f. vaterl. Cultur. 1852. p. (12—13.) 98—101.

*2. cf. Kornatzky.

*3. Ueber das Zusammengehören von Lithosia depressa u. helveola.
   Verhandl. Wien. Zool. Bot. Verein. 1854. T. 4. Sitzungsber. p. 61—62.

*4. Ueber die schlesischen Arten der Notodontidae.
   Arbeit. d. Schles. Gesellsch. f. vaterl. Cultur. 1854. p. 90—91.

*5. Ueber eine Anzahl (16) nicht aus Schlesien stammender, obwohl meist der Fauna dieses Landes angehörender Falter.
   Arbeit. d. Schles. Gesellsch. f. vaterl. Cultur. 1855. p. 112.

*6. Beitrag zu den im Monat Juli um Graefenberg und am Altvater vorkommenden Falterarten.
   Zeitschr. f. Entomol. d. Ver. f. schles. Insekt. 1855. Jahrg. 9. Lepid. p. 29—30.

*7. Ueber das Lepidopteren-Genus Argynnis.
   Lotos. 1855. T. 5. p. 45.

Nidelle de Nevillac.

1. Remarques sur la Punaise des Jardins qui poursuit les Chenilles.
   Journ. de Physique. 1769. Août. — *Lichtenberg Magaz. T. 2. P. 3. p. 87—89.

Newman (Edward), in Peckham bei London.

*1. Polyommatus Argiolus, Melitaea Euphrosyne and Silene.
   Magaz. of N. H. ser. 1. 1831. T. 4. p. 558.

*2. Sphinx vespiformis an Essay. London, Westley, 1832. 8. pg. 31. fig. (Septenar System.)
   *Rec. Magaz. of N. H. ser. 1. 1832. T. 5.
   Entomol. Magaz. 1832. T. 1. p. 44—47.

*3. An account of the parasitic Musca larvarum preyed on by parasitic Pteromali, while both were in the Body of Phal. Caja.
   Magaz. of N. H. 1832. T. 5. p. 332—335.

*4. An Entomological Excursion by E. Doubleday and E. Newman.
   Entomol. Magaz. 1832. T. 1. p. 50—60.

*5. Monographia Argeriarum Angliae.
   Entomol. Magaz. 1832. T. 1. p. 66—84.

*6. Varieties. Colias Electra.
   Entomol. Magaz. 1832. T. 1. p. 85.
   Larva of Lyda sylvatica.
   Entomol. Magaz. 1833. T. 1. p. 313.
   Motion of legs in Water-beetles.
   Entomol. Magaz. 1833. T. 1. p. 315.
   Flight of Insects.
   Entomol. Magaz. 1833. T. 1. p. 316.
   Insects attracted by the offensive Smell of a Flower.
   Entomol. Magaz. 1834. T. 2. p. 120.
   Capture of Nyssia zonaria.
   Entomol. Magaz. 1834. T. 2. p. 437.
   Colias Europome.
   Entomol. Magaz. 1835. T. 3. p. 530.
   Colias Electra and Hyale; Colias Europome.
   Entomol. Magaz. 1836. T. 3. p. 405.

* 7. Microgaster glomeratus, a hairlike appendage to the abdomen of its larva.
Magaz. of N. H. ser. 1. 1832. T. 5. p. 169.

* 8. Entomological Notes. (Species novae.)
Entomol. Magaz. 1833. T. 1. p. [illegible]—[illegible]; p. 413—416; p. 503—514; 1834. T. 2. p. 200—[illegible]; p. 313—315; p. 512—516; 1835. T. 3. p. [illegible]—501; 1838. T. 5. p. 168—161; p. 372—402; p. [illegible]—500.
(Die Typen der beschriebenen Insecten befinden sich nach Newmans Angabe in der Sammlung des Entomol. Club in London. cf. Entomol. Magaz. T. 5. p. 473.)

* 9. Osteology, or External Anatomy of Insects. 3 pl.
Entomol. Magaz. 1833. T. 1. p. 394—418. w. 2 pl.; 1834. T. 2. p. 60—83. w. 3 pl.
* Burmeister Bericht. 1834. p. 11—14.

* 10. Colloquia Entomologica.
Entomol. Magaz. 1832. T. 1. p. 93—104; p. 321—332; 1833. T. 2. p. 1—18; p. 329—340; p. 441—451.

* 11. The Entomological Magazine. London, Westley, (1832) 1833—1838. 8. 5 vol. 18 pl.
T. 1. 1833 (1832). p. 532. pl. 1—4. — T. 2. 1835 (1834). pg. 545. pl. 5—10. — T. 3. 1836. pg. 519. pl. 11—13. — T. 4. 1837. pg. 498. pl. 14—16. — T. 5. 1838. pg. 583. pl. 17—18. Valedictory Address. pg. 18.

* 12. Observations on the Nomenclature of Divisions in systematical arrangements of the subjects of Natural History etc.
Magaz. of N. H. ser. 1. 1833. T. 6. p. 481—485.

* 13. Attempted Division of British Insects into Natural Orders. (Familien.)
Entomol. Magaz. 1834. T. 2. p. 379—431.
* L'Institut. 1834. II. p. 170. — * Burmeister Bericht. 1834. p. 14—15.

* 14. A few Words on the Transformation of Insects.
Entomol. Magaz. 1835. T. 3. p. 12—20.

* 15. The Grammar of Entomology, being a compendious introduction to the History, Physiology, classification and preservation of Insects. London, Westley, 1835. 12. pg. 304. tab. 4.

* 16. A Species of Coccinella new to Britain. (C. M nigrum F.)
Entomol. Magaz. 1836. T. 4. p. 63.

* 17. Two perfect Specimens of the Emperor Moth produced from one Caterpillar.
Entomol. Magaz. 1836. T. 4. p. 84. (bezeichnet: Editor.)

* 18. Further Observations on the Septenary System. (Fortsetzung von No. 2.)
Entomol. Magaz. 1837. T. 4. p. 234—251.
* Erichson Bericht. 1838. p. 10—12. — * Wiegm. Archiv. 1839. T. 2. p. 280—292.

* 19. Description of two Scarabaei in the cabinet of Samuel Hanson, with 1 pl. (Propomacrus Arbaces; Scarabaeus Croesus.)
Entomol. Magaz. 1837. T. 4. p. 253—257.

* 20. Notes on Tenthredinina. (1 Pristiphora, 2 Emura, 1 Nematus, 2 Phoenusa, 3 Selandria, 1 Allantus.)
Entomol. Magaz. 1837. T. 4. p. 258—263.

* 21. Note on Meloë etc.
Entomol. Magaz. 1838. T. 5. p. 408.

* 22. New species of Popilia Leach.
Magaz. of N. H. ser. 2. 1838. T. 2. p. 336—338; p. 392; * 1839. T. 3. p. 365—366.

* 23. A few Remarks on the Antennae of Insects, in relation to the theory that these appendages are analogous to the ears of higher Animals.
Magaz. of N. H. ser. 2. 1838. T. 2. p. 268—274.

* 24. A descriptive List of the species of Rhyssodes.
Magaz. of N. H. ser. 2. 1838. T. 2. p. 663—667.
Deutsche Uebers. Germar Zeitschr. Entomol. 1840. T. 2. p. 343—833; p. 440.

* 25. On the Synonymy of Passandra, with Descriptions of all the old and of a few new Species. (3 Passandra, 9 Hectarthrum, 5 Catogenus, 1 Cupes, 1 Omma.)
Ann. of N. H. 1839. T. 2. p. 388—399; T. 2. p. 303—305. — * Isis. 1844. IX. p. 781.

* 26. On the Synonymy of the Perilites, together with brief characters of the old and of a few new species.
Magaz. of N. H. ser. 2. 1839. T. 3. p. 32—37; p. 84—89.

* 27. Description of a new species of Lamia. (L. Lucia.)
Magaz. of N. H. 1839. T. 3. p. 167—168.

* 28. Calosoma Sycophanta.
Magaz. of N. H. ser. 2. 1840. T. 4. p. 150.

* 29. Description of a few Longicorns.
Magaz. of N. H. ser. 2. 1840. T. 4. p. 194—196.

* 30. On eigth new Cryptocephali, captured near St Johns Bluff., East Florida.
Magaz. of N. H. ser. 2. 1840. T. 4. p. 242—250.

(**Newman**, Edward.)

* 31. On some new Species of Coleopterous Insects.
Magaz. of N. H. ser. 3. 1840. T. 4. p. 362—36[illegible].

* 32. Nonnullorum Cerambycitum novorum, Novam Hollandiam et Insulam Van Diemen habitantium Characteres.
Ann. of N. H. 1840. T. 5. p. 14—21.

33. Description of a new species of Trachyderes. (T. venustus.)
Ann. of N. H. 1840. T. 6. p. 479. (Lacordaire.)

* 34. The Entomologist. (Zeitschrift.) London, Van Voorst, 1840—1842. 8. pg. 174. tab. 16.

* 35. A Familiar Introduction to the History of Insects, being a new and greatly improved Edition of the Grammar of Entomology. London, Van Voorst, 1841. 8. pg. 284. fig.
*Extr. Entomologist, p. 17[illegible]—181.

* 36. A Descriptive List of the Species of Popilia in the Cabinet of the Rev. F. W. Hope, with one Description added from a specimen in the British Museum. (30 spec.)
Trans. Ent. Soc. Lond. 1841. T. 3. p. 32—50. fig.

* 37. Analytical Notice of the 120th volume of Lardners Cabinet Cyclopaedia, entitled. „On the History and Natural Arrangement of Insects, by W. Swainson."
Entomologist, 1841. p. 35—41.

* 38. Analytical Notice of the Trans. Ent. Soc. Vol. II. P. 4; Vol. III. P. 1.
Entomologist, 1841. p. 13—54; p. 272—275; p. 313—318; p. 328—334.

* 39. Analytical Notice of the 38th 41, 44, 46, 49 Number of the Annals and Magaz. of Nat. Hist.
Entomologist, 1841. p. 62—63; p. 107—108; p. 131—133; p. 160—162; p. 230.

* 40. Analytical Notice of the Canadian Naturalist etc. by H. Gosse.
Entomologist. 1841. p. 81—88.

* 41. Analytical Notice of the 1. Number of Arcana Entomologica by M. Westwood.
Entomologist. 1841. p. 113—115; p. 145—147; p. 232—236.

* 42. Analytical Notice of the Transact. of the Linn. Soc. Vol. 18. P. 4.
Entomologist. 1841. p. 162—167; p. 177—181; p. 197—199.

* 43. Analytical Notice of the Seventh Volume on Entomology in the Naturalist Library. The Natural History of Exotic Moths, by James Duncan. Edinburgh, Lizards.
Entomologist. 1842. p. 219—234.

* 44. Analytical Notice of British Butterflies and their Transformations etc. by Humphry and Westwood.
Entomologist. 1842. p. 263—272.

* 45. Analytical Notice of a Paper entitled: Notes on some Insects from King George's Sound collected etc. by Capt. Gray.
Entomologist. 1842. p. 343—351.

* 46. Entomological Notes (continued from the Entomological Magazine) 166 new Coleoptera, 2 Hymenoptera, 10 Diptera and 1 Neuroptera are described.
Entomologist. 1840—1842. p. 1—37; p. 67—80; p. 90—95; p. 110—119; p. 169—171; p. 220—223; p. 413—415.

* 47. German Specimens of British Lepidoptera. On Eriogaster lanestris remaining several years in Chrysalis. On Continental Specific Names of Lepidoptera.
Entomologist. 1841. p. 320.

* 48. Cerambycitum Insularum Manillarum a Dom. Cuming captorum enumeratio digesta. (123 new spec. described.)
Entomologist. 1841. p. 243—248; p. 275—277; p. 288—293; p. 300—305; p. 318—321; p. 3[illegible]0—371; p. 381—383.

* 49. List of Longicorns collected at Port Phillipp, South Australia, by Edmund Thomas Higgins Esq. (53 new spec. described.)
Entomologist. 1842. p. 351—354; p. 361—3[illegible]; p. 401—403.

* 50. Note on the Periodical Appearance of Colias Hyale.
Entomologist. 1842. p. 393—39[illegible]; p. 416—417.

* 51. The Zoologist a popular Miscellany of Natural History. (Monatsschrift.) London, Van Voorst. 8. 1843—1861. T. 1—19.
*T. 1. 1843. p. 1—381. — *T. 2. 1844. — p. 800. — *T. 3. 1845. — p. 1200. — *T. 10. 1852. — p. 3720. *T. 11. 1853. — p. 4136. T. 12. 1854. — p. 4552. T. 13. 1855. — p. 4928. App. CCV—CCXII. T. 14. 1856. — p. 5344.
(Im Zoologist sind noch eine Anzahl kürzerer Mittheilungen von Newman enthalten.)

*52. System of Nature, being a second Edition of Sphinx Vespiformis. London, Van Voorst, 1843. 8. pg. 150. 1 Tabelle.

*53. Description of Psychopsis mimica. fig.
Zoologist 1843. T. 1. p. 175—177.

*54. Note on the Periodical Appearance of Colias Electra.
Zoologist. 1843. T. 1. p. 178; 1844. T. 2. p. 387.

*55. Note on Triphaena Curtisii.
Zoologist. 1844. T. 2. p. [illegible].

*56. Description of Anchomenus picticornis a new Carabideous Beetle.
Zoologist. 1844. T. 2. p. 414.

*57. Description of Hermerius impar, a new Prionideous Beetle.
Zoologist. 1844. T. 2. p. 416.

*58. Description of Toxotus rugipennis a new Lepturideous Beetle.
Zoologist. 1844. T. 2. p. 476.

*59. Description of Callidium rubeocolle, a new Cerambycideous Beetle.
Zoologist. 1844. T. 2. p. 477.

*60. Description of a new British Butterfly, Erebia Melampus. fig.
Zoologist. 1844. T. 2. p. 729—731.

*61. Economy of the Stylopites minute Parasites on Bees.
Zoologist. 1845. T. 3. p. 949.

*62. Description of Cochylis rutilana, a new British Moth. fig.
Zoologist. 1845. T. 3. p. 807.

*63. Capture of three British Moths.
Zoologist. 1845. T. 3. p. 811.

*64. Addendum to the Synonymy of the Perilites, publish. in Mag. Nat. Hist. for 1839, 3 new spec. described.
Zoologist. 1845. T. 3. p. 852—854.

*65. Description of Monopila tetra, a new Cerambicideous Beetle.
Zoologist. 1845. T. 3. p. 1016.

*66. Description of Agapete carissima, a new Cerambicideous Beetle.
Zoologist. 1845. T. 3. p. 1017.

*67. Description of Eupithecia togata, a Moth new to Britain.
Zoologist. 1845. T. 3. p. 1040.

*68. Description of Perga scabra, a new Tenthredinideous Insect.
Zoologist. 1846. T. 4. p. 1274.

*69. On the Feeling of Insects.
Zoologist. 1846. T. 4. p. 1323—1324.

*70. Description of a few Australian Cerambycideous Beetles, four new species are described.
Zoologist. 1847. T. 5. p. 1676—1677.

*71. Affinities of the Stylopites, an Essay.
Zoologist. 1847. T. 5. p. 1799—1804; 1850. T. 8. p. 2684—2685.

*72. On the Nomenclature of Species.
Zoologist. 1848. T. 6. p. 2138.

*73. Obituary Notice of the late W. Kirby. (Liste der Schriften.)
Zoologist. 1850. T. 8. p. 2880—2889.

*74. On the way Bees opening the Snapdragons.
Trans. Ent. Soc. Lond. ser. 2. 1850. T. 1. Proc. p. 37—38.

*75. Description of a new species of Panorpa from New Holland. (P. ruficeps.)
Zoologist. 1850. T. 8. p. 2835. — *Trans. Ent. Soc. Lond. ser. 2. 1850. T. 1. Proc. p. 16.

*76. Description of a Lepidopterous Insect of the genus Psyche recently discovered in Britain, and of a second species of the same genus.
Zoologist. 1850. T. 8. App. p. XCIV. XCIX—CII.

*77. Description of certain Longicorn Coleoptera from New Holland, eight species are described.
Zoologist. 1850. T. 8. App. p. CXI—CXVI.

*78. On the Mode in which different species of Bees open the blossoms of Antirrhinum according as they suck Honey or Pollen.
Zoologist. 1850. T. 8. p. 2943.
*Trans. Ent. Soc. Lond. ser. 2. 1850. T. 1. Proc. p. 37—38.

*79. Description of a Coleopterous Insect from New Holland.
Zoologist. 1850. T. 8. App. p. CXVI—CXVIII.

*80. Description of three Coleopterous Insects from New Zealand.
Zoologist. 1850. T. 8. App. p. CXIX—CXX.

*81. Description of an Agrion from the Interior of South America.
Zoologist. 1850. T. 8. App. p. CXX—CXXI.

*82. Description of an apparently new Lepidopterous Insect of the family Glaucopidae.
Zoologist. 1850. T. 8. App. p. CXXII—CXXIII.

(**Newman**, Edward.)

*83. Description of two new Coleopterous Insects from New Holland.
Zoologist. 1850. T. 8. App. p. CXXIV.

*84. Some Remarks on the Synonymy of Distichocera, a genus of Australian Longicornia Coleoptera together with characters of two species supposed to be previously undescribed.
Zoologist. 1851. T. 9. p. [illegible].

* Description of a third species of the same genus.
Zoologist. 1851. T. 9. p. 3172.

*85. Descriptions of new Insects from New Holland: nine new species are described.
Zoologist. 1851. T. 9. App. p. CXXVIII—CXXXII.

*86. On the Characters and Affinities of Dobrnia, an Australian genus of Heteromerous Coleoptera; two new species are described.
Zoologist. 1851. T. 9. App. p. CXXXIII—CXXXVII.

*87. Characters of a second species of Pseudocephalus, a Longicorn Insect from New Holland.
Zoologist. 1851. T. 9. App. p. CXXXVII—CXXXVIII.

*88. Note on the genus Ametalla of Hope, with characters of three species supposed to be previously undescribed.
Zoologist. 1851. T. 9. App. p. CXXXVIII—CXL.

*89. On the Affinities of the Pulicites, an Essay.
Zoologist. 1851. T. 9. App. p. CXLIII—CXLIX.

*90. Characters of two apparently undescribed species of Longicorn Coleoptera.
Zoologist. 1851. T. 9. App. p. CLXXIX—CLXXX.

*91. Proposed division of Neuroptera into two classes. London, 1853. 8.
*Rev. v. Westwood Trans. Ent. Soc. Lond. ser. 2. T. 2. Proc. p. 71.
*Auch unter dem Titel: The Characters of two new Classes of winged Insects. Zoologist. 1852. T. 10. p. 1—24.
*Reimpr. Zoologist. 1853. T. 11. App. p. CLXXXI—CCIV.

*92. On the presence of pollen-masses attached to a specimen of Hipparchia Janira.
Trans. Ent. Soc. Lond. ser. 2. 1853. T. 2. Proc. p. 108.

*93. Bees destroyed by Toads; Typhlocyba Filicum.
Trans. Ent. Soc. Lond. ser. 2. 1853. T. 2. Proc. p. 131—133.

*94. On Robber-bees, as described by O. Pickard Cambridge.
Zoologist. 1853. T. 11. p. [illegible].

*95. A few words on the synonymy of Distichocera, a genus of Longicorn Coleoptera from New Holland, with characters of three species undescribed. — v. No. 84.
Proc. Zool. Soc. Lond. 1851. T. 19. p. 75—81.
*Ann. of N. H. ser. 2. 1853. T. 11. p. [illegible].

*96. Notice of a Sackbearing Bombyx found by Mr. Bates near Santarem in the Amazons.
Trans. Ent. Soc. Lond. ser. 2. 1854. T. 3. p. 1—6. fig.

*97. Note on Helobia impressa Newm., Silk Felt produced by Saturnia Pavonia-media.
Trans. Ent. Soc. Lond. ser. 2. 1854. T. 3. Proc. p. 42; p. 111.

*98. Presidents Address for 1853.
Trans. Ent. Soc. Lond. ser. 2. 1854. T. 2. p. 141—152.

*99. Memorandum on the Wing-Rays of Insects.
Trans. Ent. Soc. Lond. ser. 2. 1855. T. 3. p. 225—231.

*100. Presidents Address for 1854.
Trans. Ent. Soc. Lond. ser. 2. 1855. T. 3. p. 65—71.

*101. A Word for the Cockroach (devours the common bug).
Trans. Ent. Soc. Lond. ser. 2. 1855. T. 3. Proc. p. 77.

*102. Habits of Eastern Butterflies; South African Honey-bee; A new Enemy of the Honey-bee.
Trans. Ent. Soc. Lond. ser. 2. 1855. T. 3. Proc. p. 81—83.

*103. Remarkable variety of Cynthia Cardui.
Trans. Ent. Soc. Lond. ser. 2. 1855. T. 3. Proc. p. 90.

*104. Note on Otiorhynchus sulcatus.
Trans. Ent. Soc. Lond. ser. 2. 1855. T. 3. Proc. p. 100—102.

*105. Silkspinning Acarus of the Furze.
Trans. Ent. Soc. Lond. ser. 2. 1855. T. 3. Proc. p. 112.

*106. A fact bearing on the Function of Antennae.
Trans. Ent. Soc. Lond. ser. 2. 1855. T. 3. Proc. p. 117.

*107. Characters of three Pseudomorphina in the Cabinet of Mr. Waterhouse. (Adelotopus.)
Trans. Ent. Soc. Lond. ser. 2. 1855. T. 3. Proc. p. 126—128.

*108. On the Genus Derelaphrus. (Coleopt.)
Zoologist. 1855. T. 13. App. p. 209—211.

*109. Characters and some Account of the Economy of a supposed New Species of Australian Bombyx.
Zoologist. 1855. T. 13. App. p. 211—212.

*110. Occurrence of Trochilium scoliaeformis in Wales.
Zoologist. 1855. T. 13. p. 4738.

*111. Singular specimen of Anthocharis Cardamines. (Difformität.)
Zoologist. 1855. p. 4568.

*112. Silk Felt produced by Saturnia Pavonia media.
Zoologist. 1855. p. 4569; p. 4811.

*113. South African Honey-bee.
Zoologist. 1855. p. 4675.

*114. Great Gathering of Phaedon Vitellinae. (an Espen.)
Entom. weekly intellig. 1856. T. 1. p. 165.

*115. Swarm of Coccinella 22-punctata.
Entom. weekly intellig. 1856. T. 1. p. 203.

*116. Characters of Two undescribed Species of Thrips.
Trans. Ent. Soc. Lond. ser. 2. 1856. T. 3. p. 264—267.

*117. Characters of a few Australian Lepidoptera collected by Mr. Thomas R. Oxley. fig.
Trans. Ent. Soc. Lond. ser. 2. 1856. T. 3. p. 281—300.

*118. Presidents Address for 1855.
Trans. Ent. Soc. Lond. ser. 2. 1856. T. 3. Proc. p. 121—133. — *Zoologist. 1855. p. 4995.

*119. On the Parturition of Dorthesia Characias.
Trans. Ent. Soc. Lond. ser. 2. 1856. T. 4. Proc. p. 3—7.

*120. On the Genus Synemon; Note on Hemerobius variegatus; Poisoning with Laurel Leaves.
Trans. Ent. Soc. Lond. ser. 2. 1856. T. 4. Proc. p. 10; p. 12; p. 13.

*121. Some observations on a supposed Species of Pelopaeus.
Journ. Proc. Linn. Soc. Lond. 1856. T. 1. p. 59.

*122. Characters of a few apparently undescribed Insects collected by James Gibbon Esq. at Moreton Bay. (Coleopt., Lepid., Dipt.)
Trans. Ent. Soc. Lond. ser. 2. 1857. T. 4. p. 51—57.

*123. The Insects hunters; or Entomology in Verse. London, Newman, 1858. 8.
*Ed. II. London, Van Voorst, (1861). 8. pg. 108.

*124. What is the scutellar depression?
Trans. Ent. Soc. Lond. ser. 2. 1858. T. 4. Proc. p. 67—68.

*125. Note on pairs of species of British Lepidoptera which are Heterocampous and Isomylous.
Trans. Ent. Soc. Lond. ser. 2. 1858. T. 4. Proc. p. 58—60.

*126. A word on the pseudogynous Lepidoptera.
Trans. Ent. Soc. Lond. ser. 2. 1858. T. 4. Proc. p. 72—73.

*127. Carabus Blakistoni n. sp. from the Crimea.
Trans. Ent. Soc. Lond. ser. 2. 1858. T. 4. Proc. p. 80—81.

*128. Remarkable Variety of Arctia Caja.
Trans. Ent. Soc. Lond. ser. 2. 1858. T. 4. Proc. p. 82—83.

*129. Description of the Larva of Limacodes Testudo.
Zoologist. 1859. p. 6730—6732.

*130. Note on Scolytus destructor.
Trans. Ent. Soc. Lond. ser. 2. 1859. T. 5. Proc. p. 24—25.

*131. Letters of Rusticus on Natural History. (Insects injurious.) London, Newman. (Anonym.)

*132. A Natural History of all the British Butterflies. Young England. London. Extra Number 1860. 4. pg. 24. fig. (Portrait de l'auteur.)

Newman (George) (anonym G. N.), aus Leominster.

*1. Coccus of the Vine.
Entomol. Magaz. 1833. T. 1. p. 512.

*2. Sapyga prisma.
Entomol. Magaz. 1834. T. 2. p. 337.

*3. Capture of Sphinx Convolvuli at Leominster.
Entomol. Magaz. 1835. T. 3. p. 418.

*4. Researches on the Insects injurious to the Vine, known to the Ancients and

(**Newman**, George.)

Moderns, and on the Means of preventing their Ravages, by M. le Baron Walckenaer.

Extracted from the Annales Soc. Entom. France. (cf. Walckenaer. No. 8.)
Entomol. Magaz. 1837. T. 4. p. 117—144; p. 283—320.

*5. An Essay on the Stridulation of Insects by Mr. Goureau.

Extracted from the Annales Soc. Entom. France. (cf. Goureau. No. 4.)
Entomol. Magaz. 1838. T. 5. p. 88—102; p. 357—372.

*6. Notice of a Nest of Vespa Britannica.

Entomologist. 1841. p. 108.

Newman (Henry), aus Leominster.

*1. Pieris Crataegi.

Entomol. Magaz. 1835. T. 3. p. 208.

Newman (H. W.), of Stroud.

*1. Account of a Hornets nest at Glostershire.

Trans. Ent. Soc. Lond. ser. 2. 1851. T. 1. Proc. p. 72—73.

*2. On the Habits of the Bombinatrices.

Trans. Ent. Soc. Lond. ser. 2. 1851. T. 1. Proc. p. 86—93; p. 109—112; p. 117—118.

3. Notes on the Habits of Bombi, and upon bee-culture.

Cottage Gardener, 1851. (cf. Trans. Ent. Soc. Lond. ser. 2. T. 2. Proc. p. 78.)

*4. Hive Bees in want of a Queen; Do Bees look out at Swarming-time for a Place to go to.

Zoologist. 1853. T. 11. p. 3779—3780.

Newport (George), geb. 14. Febr. 1803 zu Canterbury, gest. 6. April 1854 in London. Nekrolog und Verzeichniss seiner Schriften in Trans. Ent. Soc. Lond. ser. 2. T. 3. Proceed. p. 61.

*1. On the Nervous System of the Sphinx Ligustri Linn., and on the changes which it undergoes during a part of the Metamorphoses of the Insect.

Philos. Trans. 1832. T. 122. p. 383—398. 2 pl.
*Isis. 1835. VI. p. 389. *1836. VIII. p. 609—610. — *Philos. Magaz. 1832. P. 1. p. 382—383.

*2. On the Nervous System of the Sphinx Ligustri Linn., during the latter stages of its Pupa and its Imago state, and on the Means by which its Development is effected. Part II.

Philos. Trans. 1834. T. 124. p. 389—423. 5 pl.
*Isis. 1836. VIII. p. 610. — *Abstr. of the Paper Roy. Soc. 1832. III. p. 129—130; p. 292—293. — *L'Institut. 1835. III. No. 90. p. 34.

*3. On the Predaceous Habits of the Common Wasp. Vespa vulgaris Linn.

Trans. Ent. Soc. Lond. 1836. T. 1. p. 228—229.

*4. On the Respiration of Insects.

Philos. Trans. 1836. T. 126. p. 529—566. — *Abstr. of the Paper Roy. Soc. 1836. III. p. 403—404.

*5. On the Temperature of Insects and its connexion with Functions of Respiration and Circulation in this Class of Invertebrated Animals.

Philos. Trans. 1837. T. 127. p. 259—338. — *Abstr. of the Paper Roy. Soc. 1837. III. p. 479—482.
*Philos. Magaz. 1837. T. 11. p. 190—197. — *Ann. sc. nat. sér. 2. 1838. T. 8. p. 124—127. Ann. d'Anat. II. p. 174. — *L'Institut. 1837. V. No. 221. p. 336—337.
*Entr. Silberm. Revue. 1836. T. 4. p. 343—346. — Froriep Notiz. 1837. T. 4. p. 228—232.

*6. Observations on the Anatomy, Habits and Oeconomy of Athalia centifoliae, the Sawfly of the Turnip, and the means which have been adopted for the prevention of its ravages. The Prize Essay of the Entomological Society and Agricultural Association of Saffron Walden for the year 1837. London, 1838. 8. 1 pl. pg. 32.

7. On the natural history of Lampyris noctiluca.

Journ. Proc. Linn. Soc. Lond. 1837. T. 1. p. 40—71.

*8. The Article „Insecta".

Todd's Cyclopaedia of Anat. and Physiol. 1839. July and October. Part 17 and 18. London. 8. p. 853—994. fig.
*Separat. London, Marchant, 1839. 8. pg. 128. fig.

*9. On the Use of the Antennae of Insects. (Gehör.)

Trans. Ent. Soc. Lond. 1840. T. 2. p. 229—248. — *Ann. Soc. Ent. Fr. 1841. T. 10. Bull. p. 10.

*10. Note on the parasitic Habits of Nomadae.

Trans. Ent. Soc. Lond. 1842. T. 4. Proc. p. 67. — *Ann. and Mag. Nat. Hist. 1843. T. 12. p. 286.

*11. On the Habits and on the Structure of the Nests of Gregarious Hymenoptera, particularly those of the Hive Bee and Hornet.
Trans. Ent. Soc. Lond. 1842. T. 3. p. 183—190.

*12. On the Reproduction of lost parts in Myriapoda and Insects.
Philos. Trans. 1844. T. 134. p. 283—294. — *Abstr. of the Paper Roy. Soc. 1844. T. 5. p. 516 517.
*Ann. and Mag. Nat. Hist. 1844. T. 15. p. 370—372. — *Froriep Notiz. 1845. T. 33. p. 311—312. — *L'Institut. 1844. XII. No. 563. p. 341—342.

13. An Address delivered at the Anniversary Meeting of the Entomological Society.
Trans. Ent. Soc. Lond. 1844.

*14. On the existence of Branchiae in the perfect State of a Neuropterous Insect, Pteronarcys regalis Newm. and other species of the same genus.
Ann. and Mag. Nat. Hist. 1844. T. 13. p. 21—25.
*Ann. sc. nat. sér. 3. 1844. T. 1. p. 183—185. — *Froriep. Notiz. 1844. T. 30. p. 179—182.
*Revue. Zoologist. 1844. T. 2. p. 678—682. — Nuov. Ann. delle Sc. nat. Bologna. ser. 2. 1844. T. 1. p. 413—419. — *L'Institut. 1844. XII. No. 548. p. 230—231.

15. An Address delivered on the Adjourned Anniversary Meeting of the Entomological Society.
Trans. Ent. Soc. Lond. 1845.

*16. On the Structure and Development of the Blood. First Series. The Development of the Bloodcorpuscule in Insects and other Invertebrata, and its comparison with that of Man and the Vertebrata.
Abstr. of the Paper Roy. Soc. 1845. Febr. T. 5. p. 514—546. — *Ann. and Mag. Nat. Hist. 1845. T. 15. p. 281—284.
*Extr. Ann. sc. nat. sér. 3. 1845. T. 3. p. 364—367.

*17. On the Habits of Megachile centuncularis.
Trans. Ent. Soc. Lond. 1845. T. 4. p. 1—2. — *Ann. and Mag. Nat. Hist. 1843. T. 17. p. 336.

*18. On the means by which the Honey Bee finds its way back to the Hive.
Trans. Ent. Soc. Lond. 1845. T. 4. p. 57—61.

*19. On the Reproduction of lost parts in the Articulata.
Ann. and Mag. Nat. Hist. 1847. T. 19. p. 115—130.

*20. On the aqueous Vapour expelled from the Bee hives.
Trans. Linn. Soc. Lond. 1847. T. 20. p. 277—279.
*Proc. Linn. Soc. Lond. 1846. T. 1. p. 288—290. — *Ann. and Mag. Nat. Hist. 1846. T. 18. p. 190—191. — *Isis. 1848. VII. p. 542.

*21. Note on the generation of Aphides.
Trans. Linn. Soc. Lond. 1847. T. 20. p. 281—282.
*Proc. Linn. Soc. Lond. 1846. T. 1. p. 292—293. — *Isis. 1848. VII. p. 542.
*Froriep Notiz. 1848. T. 6. p. 54. — *Ann. and Mag. Nat. Hist. 1846. T. 18. p. 193.
*Zoologist. 1848. T. 6. p. 2007—2004.

*22. On the Natural History, Anatomy and Development of the Oil-beetle (Meloë), more especially of Meloë cicatricosus of Leach. First Memoir: The Natural History of Meloë.
Trans. Linn. Soc. Lond. 1851. T. 20. p. 297—321. tab. 2.
*Proc. Linn. Soc. Lond. 1845. T. 1. p. 263—271.
*Ann. and Mag. Nat. Hist. 1846. T. 17. p. 330—337. *1847. T. 19. p. 346. — 1848. sér. 2. T. 1. p. 377—379.
*Froriep Notiz. 1846. T. 3. p. 170. — *The Gardeners Chronicle. 1847. No. 45. p. 723.

*23. Second Memoir: The History and General Anatomy of Meloë, and its Affinities, compared with those of Strepsiptera and Anoplura, with reference to the connexion which exists between Structure, Function and Instinct.
Trans. Linn. Soc. Lond. 1851. T. 20. p. 321—357. 1 pl.
*Proc. Linn. Soc. Lond. 1847. T. 1. p. 317—320. *1848. T. 1. p. 365—370.
*Isis. 1848. VII. p. 543—551.

*24. Third Memoir: The External Anatomy of Meloë in its relation to the Laws of Development.
Trans. Linn. Soc. Lond. 1853. T. 21. p. 167—183. tab. 1.
*Proc. Linn. Soc. Lond. 1847. T. 1. p. 346—348.

*25. On Cryptophagus cellaris Payk.
Trans. Linn. Soc. Lond. 1851. T. 20. p. 351.
*Proc. Linn. Soc. Lond. 1847. T. 1. p. 327—328.
*Ann. and Mag. Nat. Hist. 1847. T. 19. p. 436—439.
(Gehört als Note zu No. 23.)

*26. On the Strepsiptera.
Trans. Linn. Soc. Lond. 1851. T. 20. p. 330—333.
*Proc. Linn. Soc. Lond. 1847. T. 1. p. 319.
(Gehört als Note zu No. 23.)

27. On Ichneumon Atropos Curt.
*Proc. Linn. Soc. Lond. 1849. T. 2. No. 41. p. 54—55. 1853. No. 51. p. 213—214.

(**Newport**, George.)

*28. On the Formation and the Use of the Airsacs and dilated Tracheae in Insects.
Trans. Linn. Soc. Lond. 1851. T. 20. p. 419—425.
*Proc. Linn. Soc. Lond. 1847. T. 1. p. 333—334.
*Ann. and Mag. Nat. Hist. ser. 2. 1848. T. 1. p. 383—384.
*The Gardeners Chronicle. 1847. No. 51. p. 838.
*Froriep Notiz. 1848. T. 6. p. 106; T. 7. p. 119—122.

*29. On the Anatomy and Affinities of Pteronarcys regalis Newm., with a Postscript containing Descriptions of some American Perlidae, together with Notes on their Habit.
Trans. Linn. Soc. Lond. 1851. T. 20. p. 425—453. 1 pl.
*Proc. Linn. Soc. Lond. 1848. T. 1. p. 370—371.

*30. The Anatomy and Development of certain Chalcididae and Ichneumonidae compared with their special Oeconomy and Instincts; with Description of a new Genus and species of Bee Parasites. tab. 1.
Trans. Linn. Soc. Lond. 1852. T. 21. p. 61—77. tab. 1. 1853. p. 85—88. tab. 1.
*Proc. Linn. Soc. Lond. 1849. T. 2. p. 34—37; p. 169—171.
*Froriep Tagsber. 1850. T. 1. p. 49—50.

*31. Further Observations on the Genus Anthophorabia. (Chalcid.)
Trans. Linn. Soc. Lond. 1852. T. 21. p. 79—83. fig.
*Proc. Linn. Soc. Lond. 1849. T. 2. p. 23—29; p. 31.
*Ann. and Mag. Nat. Hist. ser. 2. 1849. T. 3. p. 513—517. T. 4. p. 172—174.
*Froriep Tagsber. 1850. T. 1. p. 50—51.

*32. Further Observations on the habits of Monodontomerus, with some account of a new Acarus (Heteropus ventricosus), a parasite on Anthophora retusa.
*Proc. Linn. Soc. Lond. 1850. T. 2. p. 70—71.
Trans. Linn. Soc. Lond. 1853. T. 21. p. 95—102. tab. 1.

*33. Notes on the dipterous parasites which attack the common Earwig and the Emperor Moth. (Metopia; Exorista.)
Proc. Linn. Soc. Lond. 1853. T. 2. p. 247—248.

*34. On the ocelli in the Genus Anthophorabia.
Trans. Linn. Soc. Lond. 1853. T. 21. p. 161—165. fig.

*35. On the natural history of the glowworm (Lampyris noctiluca); prepared from the authors Mscr. by George Vicor Ellis.
Journ. Proc. Linn. Soc. Lond. 1856. T. 1. p. 40—71. — *Gerstaecker Bericht. 1857. p. 110.

von **Nicelli** (Graf), in Berlin.

*1. Bericht über die pommerschen Arten der Gattung Lithocolletis, nebst Beschreibung einiger in Zellers Monographie unerwähnter Arten dieser Gattung.
Stett. Ent. Zeit. 1851. T. 12. p. 31—51.

*2. Beschreibung einer neuen Lithocolletis-Art. (L. Stettinensis.)
Stett. Ent. Zeit. 1852. T. 13. p. 219—221.

Nicholson.

1. Observations relating to the blight in corn.
Journ. of natur. philos. 1805. Novbr.

Nickerl (Franz Anton), Dr. in Prag.

*1. Böhmens Tagfalter. Prag, Calve, 1837. tab. 1. 8. pg. 23. (Var. Argynnis Aglaia. Delleph. Euphorbiae nebst Catalog der Arten.)

*2. Ueber die ersten Stände von Sesia culiciformis und mutillaeformis.
Stett. Ent. Zeit. 1842. T. 3. p. 69.

*3. Beitrag zur Lepidopteren-Fauna von Oberkärnthen und Salzburg.
Stett. Ent. Zeit. 1845. T. 6. p. 57—63; p. 89—96; p. 104—108; p. 212—217.
Ann. of N. H. 1846. T. 8. p. 339—348.

*4. Beschreibung einer neuen Gattung und Art als Beitrag zur europäischen Lepidopteren-Fauna. (Ismene Helios.) fig.
Stett. Ent. Zeit. 1846. T. 7. p. 207—209.

*5. Synopsis der Lepidopteren-Fauna Böhmens. Erste Abtheilung. Prag. Ehrlich, 1850. 8. pg. 77. — Nachtrag. Lotos. 1851. p. 153.

6. Plusia consona und eine neue Plusia in Böhmen aufgefunden.
Lotos. 1852. p. 175.

7. Beitrag zur Naturgeschichte von Sesia culiciformis und scoliaeformis.
Lotos. 1857. p. 114—115.
*Bericht f. d. Oesterreich. Litteratur. 1855. p. 34.

*8. Die verschiedenen Arten der Fortpflanzung bei den Insecten.
Lotos. 1857. T. 7. p. 91—98; p. 116—121.

9. Zur Naturgeschichte der Chelonia flava.
Lotos. 1858. T. 8. p. 113—120.

Nicolai.

1. Verzeichniss der um Arnstadt in Thüringen vorkommenden Käfer. 1282 spec.
   Zeitschr. f. d. gesammt. Naturwiss. 1860. T. 15. p. 282—310.

Nicolai (A. H.).

* 1. Die Wander- oder Prozessions-Raupe in naturhistorischer, landespolizeilicher und medicinischer Hinsicht. Berlin, Hirschwald, 1833. 8. tab. 1. pg. 40.

Nicolai (Ernst August), geb. 2. Decbr. 1800 in Arnstadt in Thüringen.

* 1. Dissertatio inauguralis sistens Coleopterorum species Agri Halensis. Halae, Gruneri, 1822. 8. pg. 44.
   * Féruss. Bullet. 1823. T. 2. p. 462.

Nicolai (Karl Heinrich).

1. Ueber die Seidenraupen. Mit Zeichnungen von J. A. Heine. Leipzig, 1801. fol. (mit Joh. Riem.)

Nicolas (Pierre François), geb. 26. Decbr. 1743 in St. Mihiel, Barrois; gest. 18. April 1816 in Caen. Prof. Philos.

* 1. Memoire sur la manière d'élever les papillons, les précautions qu'il faut prendre à l'égard des chrysalides, et sur la méthode de se procurer des métis en ce genre.
   Rozier Journ. de Physique. 1774. T. 4. p. 483—485.
   Füessly neues Magaz. d. Entom. 1783. T. 2. p. 308.
2. Méthode de préparer et conserver les animaux de toutes les classes, pour les cabinets d'histoire naturelle. Paris, Buisson, an IX (1801). 8. pg. 728. tab. 10.
   Wiedem. Archiv. T. 3. P. 2. p. 231.

Nicolet (Hercule).

1. Note sur la Desoria saltans.
   Bibl. univers. Genève. 1841. T. 32.
2. Recherches pour servir à l'histoire des Podurelles. Neuchatel, 1841. 4. tab. 9 col. pg. 88.
   * Mémoir. nouv. soc. helvét. 1843. T. 4. 4. tab. 9 col. pg. 88.
   * Isis. 1847. X. p. 672. — Valentin Repert. VII. p. 38.

* 3. Lettre à Mr. Bourlet sur les Podurelles.
   Revue zool. 1842. T. 5. p. 168—172.

* 4. Note sur trois espèces nouvelles de Podurelles.
   Bull. Soc. Sc. nat. Neufchâtel. 1843. T. 1. p. 211—213.

* 5. Essai sur une classification des insectes aptères de l'ordre des Thysanoures.
   Ann. Soc. Ent. Fr. sér. 2. 1847. T. 5. p. 335—395. fig.

* 6. Note sur la circulation du sang chez les Coleoptères.
   Ann. sc. nat. sér. 3. 1847. T. 7. p. 60—61. — * Compt. rend. 1849. T. XXVIII. p. 560-562.
   * Revue et Magas. zool. 1849. T. 1. p. 180—183. — Bibl. univ. Genève. 1849. Octbr.
   * Rel. Froriep Notiz. 1847. T. 3. p. 323—325; * Tagsber. 1850. T. 1. p. 71.
   * Verhandl. d. naturh. Ver. d. preuss. Rheinl. 1847. T. 3. p. 100.
7. Les Thysanoures in Gay historia fisica de Chile. 1851. Zoolog. T. IV—VI.
   * cf. Schaum Bericht. 1851. p. 11.

Niemandsfreund (A.).

1. Kurze und leichtfassliche Anleitung zur Bienenzucht und Bienenpflege. Nach dem Französischen. Mit einem Anhange und Abbildungen. Reschau, Wigand, 1831. 12.
   (cf. Engelmann. Bibl. Oec. p. 231.)

Niemecsky (Dan. Math.).

1. Ueber die Entstehung, Fortpflanzung und Tilgung der Insekten und derjenigen Würmer, die in den Eingeweiden der Menschen wohnen. Strassburg, 1807. 4. tab. 1.
   (cf. Agassiz. IV. p. 23.)

Nieremberg (Johann Eusebius), geb. 1595 in Madrid, gest. 7. April 1658 daselbst. Spanischer Jesuit.

* 1. Historia naturae, maxime peregrinae, libris sedecim distincta. Antwerpiae, Plant, 1635. fol. pg. 502. fig.

Niesen (Christian).

1. Von dem Honigthau der Schwezinger Linden, der Bienen häufigster Nahrung.
   Bemerk. Phys. Oekon. Gesellsch. zu Lautern. 1769. p. 143—163.
   Recens. Beckmann Phys. Oekon. Bibl. 1. p. 334.
   (cf. Bibl. Banks. II. p. 329.)
2. Naturgeschichte der Kohlraupe. Mannheim, 1768. 8.

Nietner (John), in Rambodde in Ceylon.

* 1. Beobachtungen über den Haushalt von Eumenes Saundersii Westw.
   Stett. Ent. Zeit. 1855. T. 16. p. 223—226.

(**Nietner**, John.)

*2. Entomological Papers, being chiefly descriptions of new Ceylon Coleoptera with such observations on their habits etc., as appear in any way interesting.
No. 1. Madras Journ. ser. 2. 1857. T. 1. p. 57—79. — No. 2. 3. ibid. p. 171—207. — No. 4. ibid. 1858. T. 2. p. 60—63.
Journal of the Ceylon branch of the Royal Asiatic Soc. 1856. T. 23. p. 381—394; p. 522—534; 1858. T. 28. p. 132—152.
*Separat. Colombo, Ceylon. 1856. No. 1. pg. 9 et 4; No. 2. pg. 10; No. 3. pg. 14; No. 4. pg. 20; 1857. No. 5. pg. 20. (zusammen pg. 83.)
*Reimpr. Ann. and Mag. Nat. Hist. ser. 2. 1857. T. 20. p. 177—189; p. 272—283; p. 365—375; ser. 3. T. 1. p. 175—183; p. 416—431.

*3. Notizen über Cylas turcipennis und andere schädliche Insecten von Ceylon.
Stett. Ent. Zeit. 1857. T. 18. p. 38—41.

*4. Descriptions of new Ceylon Coleoptera.
*Ann. and Mag. Nat. Hist. ser. 2. 1857. T. 19. p. 241—245; p. 374—388. *1858. T. 2. p. 175—183; p. 416—431.
(Wahrscheinlich dasselbe mit No. 2.)

*5. Ueber eine springende Ameise in Ceylon. Brief an Drewsen.
Stett. Ent. Zeit. 1858. T. 19. p. 445—446.

*6. Un séjour sur l'île Ceylon.
Motschulsky Etud. entom. 1859. T. 8. p. 15—24.

*7. On the apterous worker of Dorylus.
Trans. Ent. Soc. Lond. ser. 2. 1859. T. 5. Proc. p. 27—28.

*8. Observations on the enemies of the Coffee-tree in Ceylon. Ceylon, publ. at the Ceylon Times Office, 1861. 8. pg. 31.

Nieto (J.).

*1. Note et figure sur une nouvelle espèce d'Orthoptère du Mexique (Acridium Velasquezii).
Revue et Magas. Zool. 1857. T. 9. p. 259—262.

Nilson (Sven), geb. 8. Marz 1787 in Schonen. Professor der Naturgeschichte in Lund.

1. Prodromus faunae Coleopterorum Lundensis. P. I. Resp. Munk af Rosenschöld. Lundae, Berling. 1835. 8. pg. 70 et 4.
(Die Dissertation ist „Praeside" Nilson erschienen, als wohl von Rosenschöld.)
(cf. Carus. p. 705.)

Nissolle (Guillaume), (oder Nissole), geb. 19. April 1647 in Montpellier, gest. um 1734. Prof. Botan.

1. Dissertation sur l'origine et la nature du Kermes. fig.
Mém. Acad. Sc. Paris. 1714. T. p. 431—442. (p. 361.)
*Latein. Uebers. Acta Acad. Nat. Cur. 1733. T. 3. App. p. 40—56. fig.

Nitzsch (Christian Ludwig), geb. 1782 zu Beucha bei Grimma (Sachsen), gest. 16. August 1837 in Halle. Professor der Naturgeschichte in Halle.

*1. Nachricht von einem neuentdeckten Schmarotzerthier auf Vespertilio murinus (Hippobosca vespert.).
Voigts Magaz. 1803. T. 6. p. 365—370. fig.

*2. Commentatio de respiratione animalium. Vitebergae, Zimmermann, 1808. 4. pg. 66.

3. Ueber das Athmen der Hydrophilen.
Reil Archiv. 1811. T. 10. p. 440—458.

*4. Die Familien und Gattungen der Thierinsekten (Insecta epizoica) als ein Prodromus der Naturgeschichte derselben.
Germar Magaz. Entom. 1818. T. 3. p. 261—316. — *Separat. Halle, 1818. 8. pg. 58.
*Isis. 1818. IX. p. 1503.

*5. Ueber die Eingeweide der Bücherlaus (Psocus pulsatorius) und über das Verfahren bei der Zergliederung sehr kleiner Insekten. 1 tab.
Germar Magaz. Entom. 1821. T. 4. p. 276—290.

6. Ueber die zwischen den Rückgratthieren und Panzerthieren überhaupt, und den Vögeln und Insecten insbesondere Statt findende Parallele.
Meckel Archiv. Jahrg. 1826. p. 43 — (*cf. Assmann Quellenkunde. p. 3.)

*7. Anleitung zur Beobachtung von Thierinsecten. Aus seinem Nachlass von Giebel mitgetheilt.
Jahresber. naturw. Vereins in Halle. 1851. T. 4. p. 115—135.

*8. Zur Geschichte der Thier-Insektenkunde.
Zeitschr. gesammt. Naturwiss. Halle. 1855. T. 5. p. 269—287.

*9. Characteristik der Federlinge, Philopterus. (von Giebel veröffentlicht.)
Zeitschr. f. d. gesammt. Naturwiss. Halle. 1857. T. 9. p. 319—363.

Nizzoli (Achille).

1. Lepidotteri diurni del Mantovano. Dissert. inaug. Pavia, Fusi, 1854. 8. pg. 36.
*Rel. Bianconi Report. 1854. T. 2. p. 25.

Noble (Ch.).
1. Strophosomus limbatus Zerstörer von Rhododendron.
Trans. Ent. Soc. Lond. ser. 2. 1850. T. 3. Proc. p. 78.

Arnault de Nobleville (L. D.), geb. 24. December 1701 in Orleans, gest. 1. März 1778 daselbst als Arzt.
*1. Histoire naturelle des animaux, pour servir de continuation à la matière médicale de Geoffroy. (avec Salerne.) Paris, 1756—57. 12. 6 vol. c. fig. (Tom. 1 sur les insectes.) pg. 654.
(Bildet die: suite de la matière médicale de Mr. E. F. Geoffroy. cf. Bibl. Banks. I. p. 234.)

de Nobrega (Gerardo Jose).
*1. On the cultivation of Cochineal.
Pharmaceutic Journal. 1849. 8. T. 8.
*Separat. 1849. 8. pg. 11. tab. 1.

Nodier (Charles), geb. 29. April 1783 zu Besançon, gest. 29. Januar 1844 zu Paris. Bibliothécaire de l'Arsenal, membre de l'Académie française. Sein Nekrolog von Desmarest, und Verzeichniss seiner entomologischen Schriften Ann. Soc. Ent. Fr. sér. 2. 1845. T. 3. p. 18. Catalogue d'une partie des livres de M. Ch. Nodier. Paris, Merlin, 1827. 8. u. Catalogue des livres composant la bibliothèque de M. Ch. Nodier. Paris, Merlin, 1829. 8.
*1. Dissertation sur l'usage des antennes dans les insectes et sur l'organe de l'ouïe dans les mêmes animaux. (avec Luczot.) Besançon, Briot, (1798.) An. VI. 4. pg. 12.
(Tiré à 50 exempl. nach Querard T. 6. p. 428.)
2. Histoire des insectes, avec un nouveau système de classification. 1800.
*3. Bibliographie entomologique ou catalogue raisonné des ouvrages relatifs à l'Entomologie et aux insectes avec des notes critiques et l'exposition des méthodes. Paris, Moutardier. An IX. (1801.) 8. pg. 8 et 64.
„On lit la note suivante au No. 105 du Catalogue publié par M. Nodier en 1827 et dans lequel il s'en trouvait un exemplaire: ce essai fort imparfait, mais fort rare, d'un ecolier de quatorze ans. J'étais propriétaire de l'édition et je l'ai détruite avec tant de soin, qu'il n'en reste certainement pas quatre exemplaires." Lacordaire bemerkt dabei dass er selbst 9 Exemplare kenne, und ich kann hinzufügen, dass das Werk fast in jeder Bibliothek von mir angetroffen also nicht so selten ist als Nodier selbst angiebt; auch war der Verfasser achtzehn Jahre alt, als das Werk erschien.
4. Notices scientifiques dans plusieurs journaux.
(cf. Desmarest. l. c.)
*5. Examen critique des lettres à Julie sur l'entomologie par M. E. Mulsant. Paris, Méquignon-Marvis (et Lyon), 1833. 8. pg. 14.
Extrait du Journal le Temps. 26. Février et 8 Mars 1832.

Noeggerath (Jacob), geb. 10. Octbr. 1788 in Bonn. Professor daselbst.
*1. Die Insecten der Steinkohlen-Flora.
Frankfurter Conversationsblatt. 1851. 4. No. 54. p. 215—216; No. 56. p. 223.

Noël (Alexis Nicolas), geb. 2. Septbr. 1792 in Clichy la Garenne. Maler.
*1. Collection entomologique, ou histoire naturelle des insectes, peints d'après nature par A. Noël et gravés sur acier sous la direction de M. Pauquet. Paris, Auteur, 1830. 8. P. 1. Lépidoptères d'Europe. 8 pl. col. sans texte.
*Férussac. Bull. 1830. T. 22. p. 349.
(Ist der Anfang von Lucas Histoire naturelle des Lépidoptères d'Europe.)

Nördlinger (Herrmann), geb. 13. Aug. 1818 in Stuttgart. Professor in Hohenheim.
*1. Beschreibung einer neuen Borkenkäferart (Hylesinus spartii).
Würtemberg. naturw. Jahreshefte. 1847. Jahrg. 3. p. 217—218. fig.
*2. Nachtrag zu Ratzeburgs Forstinsecten. fig.
Stett. Ent. Zeit. 1848. T. 9. p. 225—271.
*3. Die kleinen Feinde der Landwirthschaft oder Abhandlung der in Feld, Garten, und Haus schädlichen oder lästigen Kerfe, sonstigen Gliederthierchen, Würmer und Schnecken, mit besonderer Berücksichtigung ihrer natürlichen Feinde und der gegen sie anwendbaren Schutzmittel. (mit Holzschn.) Stuttgart, Cotta, 1855. 8. pg. 636.
*Gerstaecker Bericht. 1856. p. 23—25.
*4. Nachträge zu Ratzeburgs Forstinsecten. Programm. Stuttgart, Weise, 1856. 8. pg. 4 et 81. tab. 1.
*Gerstaecker Bericht. 1856. p. 25.
*5. Notiz über eine Myrmica.
Würtemberg. Jahreshefte. 1850. T. 10. p. 230—231.

von Nolcken, Obrist in Livland.
*1. Langsame Entwickelung der Flügel von Myrmeleon formicarius.
Stett. Ent. Zeit. 1847. T. 8. p. 324.

(**von Nolcken.**)

* 2. Ueber Botys venosalis Lienig.

Arbeit. naturf. Vereins in Riga. 1848. 8. T. 1. p. 283—290. fig.
* Isis. 1848. VIII. p. 633.

Nollet (Jean Antoine), geb. 19. November 1700 in Pimpré unfern Noyon, gest. 25. April 1770 in Paris.

* 1. Expériences et observations faites en différents endroits de l'Italie. Article. 6. Insectes lumineux.

Mém. Acad. Sc. Paris. 4. 1750. Vol. p. 54—67; Histoire p. 7.

Edit. 8. 1750. pg. 81.

Norcombe (E. T.).

* 1. Dragonflies near Exeter.

Entom. weekly Intellig. 1856. T. 1. p. 51; 1858. T. 3. p. 153.

* 2. Killing and Setting Diptera.

Entom. weekly Intellig. 1857. T. 1. p. 10.

von Nordmann (Alexander), Staatsrath und Professor der Zoologie in Helsingfors.

* 1. Symbolae ad Monographiam Staphylinorum. 30 Gener.

Comment. Acad. Petropol. 1837. T. 4. p. 1—167. tab. 1. — Separat. Petropoli. Typ. Acad. 1837. 4. pg. 167.
* Extr. Germar Zeitschrift. T. 1. p. 300—303. — * Revue Zool. 1839. T. 2. p. 28.

* 2. Mémoire sur la découverte de l'organe du cri dans le Papillon à tête de mort.

Bullet. Acad. Petersbg. 1838. T. 3. p. 184—192.
* Revue Zool. 1839. T. 1. p. 184—187. — * Isis. 1839. p. 811—812.
* L'Institut. 1838. VI. No. 253. p. 231—232. — Froriep. Notiz. 1838. T. 5. p. 231—232.

* 3. Die im Gebiete der Fauna tauro-caucasica beobachteten Schmetterlinge.

Bullet. Moscou. 1851. T. 24. p. 395—435. tab. 6 col.

* 4. Neue Schmetterlinge Russlands beschrieben.

Bullet. Moscou. 1851. T. 24. P. 2. p. 439—446. tab. 7.

Norman (J. T.).

* 1. List of Rare Insects, taken at Darenth Wood.

Entomol. Magaz. 1837. T. 4. p. 133—136.

Norton, Rector des englischen Dominikanerklosters in Louvain.

1. Mémoires sur la question proposée par l'académie des sciences de Bruxelles: Quels seraient les meilleurs moyens d'élever les abeilles dans les Pays-Bas et d'en tirer le plus grand avantage par rapport au commerce et à l'économie (le premier traduit du flamand de M. Zeghers; le second de P. Norton, le troisième d'un anonyme. Bruxelles, impr. Acad., 1780. 4. 18 Bog. Norton's Schrift. pg. 38.

* Neu. Allg. deutsch. Bibl. T. 49. p. 554.

Norton (Edward).

1. On the Hymenoptera of the genus Allantus in the United States. (46 spec.)

Boston Journ. Nat. Hist. 1860. T. 7. p. 236.

2. Catalogue of several genera of the Tenthredinidae in the United States. (39 spec.)

Proc. Boston Soc. Nat. Hist. 1861. T. 8. p. 150.

Notarianni (Francesco Antonio), geb. 10. Febr. 1759 in Lenola bei Fondi, gest. 2. Januar 1813 in Vallecorsa. Arzt.

1. Memoria sulla Mosca degli Ulivi.

Nuovo Giornale d'Italia. T. 2. (cf. Dizion. ragion. di F. Re. T. 3. p. 190.)

Nouaille (Peter).

1. On the culture of Silk in England.

Trans. of the Soc. for the encour. of arts. T. 2. p. 71.
cf. Reuss Repert. (Lunardaire.)

Nourrigat (Emile).

1. Lettres sur l'éducation du ver à soie et sur la culture du mûrier. Paris, Lebègue, 1850. 4. pg. 8.

(cf. Carus. p. 801.)

2. Rapport sur une éducation comparative de diverses races de vers à soie. Montpellier, Boehm, 1854. 4. pg. 16. 1 tableau.

3. Nouvelles considérations sur la nécessité d'augmenter la production de la soie en France et sur les causes qui ont amené la maladie des insectes et les moyens de les prévenir; accompagnées 1. d'une notice sur la nécessité d'étendre la culture du mûrier dans les circonstances présentes et d'améliorer le système d'éducation des vers à soie. 1838. 8.

(cf. Ann. Soc. Ent. Fr. 1838. T. 6. Bull. p. 124.)

Nowak.
* 1. Instrument zur Vertilgung der Erdflöhe.
Allgem. Oesterr. Zeitschrift f. d. Landwirth etc. 1846. Jahrg. 18. No. 29. p. 229—230.

Nowicki (Maximilian), Lehrer.
1. Coleopterologisches über Ostgalizien. Wien, Gerold, 1858. 4. pg. 45.
(Jahresbericht des Gymnasiums in Sambor. p. 1—21.)
2. Enumeratio Lepidopterorum Haliciae orientalis. Leopoli, sumt. auct., 1861.
(cf. Berl. Ent. Zeitschr. 1862. T. 6. p. VII.)

van Nowicki, Lehrer in Thorn.
* 1. Bitte um Aufschluss. Raupe von Sphinx Nerii bei Thorn gefunden.
Preuss. Provinzialbl. 1835. T. 14. p. 309—311; 1836. T. 15. p. 511—516.
* 2. Verzeichniss der in der Gegend von Thorn bis jetzt entdeckten Schmetterlinge. (Anonym).
Preuss. Provinzialbl. 1838. T. 19. p. 278—283.

Nowlanski (M. S.).
1. Ueber Bienenzucht nach dem Systeme von Prokopowitsh. (Russisch.) Moskau, 1856. 8. pg. 224.

Nozemann (Cornelius), gest. 1786.
* 1. Verhandeling over de inlandsche zoetwater-spongie, eene huisvesting der maskers van Pulstenbijteren (Tipula).
Verhandl. van het Genootsch. te Rotterdam. 1790. Deel 9. p. 242—257. tab. 1.

Nozzolini.
1. Il sogno del sogni, ovvero il verme da seta. 1628.
(cf. Cornelia monogr. p. 65.)

Numan (Alexander), geb. 1780, gest. 1858. Dr. Professor in Utrecht.
* 1. Waarnemingen omtrent de Horzelmaskers, welke in de maag van het Paard huisvesten. Amsterdam, Sulpke, 1834. 4. pg. 140. tab. 6 col.
* N. Verhandl. d. I. Kl. Nederl. Inst. 1833. T. 4. p. 139—281.
* Deutsche Uebers.: Ueber die Bremsenlarven im Magen der Pferde, übers. u. mit Zusätzen versehen von C. H. Hertwig. Berlin, 1837. 8. pg. 140. tab. 2.
Separatabdr. aus dem Magazin f. Thierheilkunde. T. 4. Heft 1.
* Isis. 1840. IV. p. 301. — * Extr. German Zeitschr. 1839. T. 1. p. 343—349.
* 2. Bijdrage tot de kennis van den Schaaps-neushorzel, Oestrus nasalis ovinus.
Tijdschr. voor de wis- en natuurk. Wetensch. 1851. T. 4. p. 133—152. tab. 8.

Nutt (Thomas).
* 1. Humanity to Honey-Bees or practical Directions for the management of honey-bees. Wisbech. Author, 1831. 8. pg. 22 et 209. tab. 1.
* Ed. 6. by Th. Clark. Wisbech, 1845. 8. pg. 306.
Deutsche Uebers. von W. Chr. L. Mussehl. Neustrelitz u. Neubrandenburg, 1834. 8. Mit Abbild.
Deutsch bearb. von A. G. Ableht. Quedlinburg, Basse, 1835. 8. 1 Taf.
Deutsche Uebers. von F. W. Thieme nach der Ed. II: Leipzig, G. Wigand, 1836. 8. tab. 2.
Ungarische Uebers. von Jos. Némethy: Pest, Heckenast, 1836. 8. pg. 98.

de la Nux.
* 1. Modele d'une nouvelle Ruche a Miel.
Rozier Observat. 1773. T. 2. p. 138—141. — * Beckmann Phys. Oekon. Bibl. V. p. 128.

Nyblaeus (O.), gest. 1840.
* 1. Foerteckning oefver Stockholms-traktens Coleoptrer.
Vetensk. Acad. Handl. för 1840. 1842. p. 201—219. — * Isis. 1845. 1. p. 119.

Nyder (Johann) oder Nider.
* 1. Formicarius etc. fol. s. a. l. et p. — fol. 125. 2 col.
(cf. Hain No. 11830.)
s. l. a. p. (Coloniae.) fol. 38. 2 col.
(cf. Hain No. 11831.)
* Formicarius etc. fol. s. a. p. Augsto. Sorg (1475) fol. 190. 2 col.
(cf. Hain No. 11832.)
Formicarius Lovanii per Joh. de Westphalia. s. a. 4.
(cf. Hain. No. 11833.)
* Formicarius Joannis Nyder theologi etc. — Hinter der Vorrede: (Argentorat. 1516.) 4. fol. 41. 2 col. et Index. — Argentor., 1517. — Paris, 1519.
* Formicarius etc. notis G. Colvenerl. Duaci, Beller, 1602. kl. 8. pg. 431 et 80, Praef. et Ind.
Uebers. von Vinc. Willart: Le bien universel ou les fourmis mystiques de Jean Nyder. Bruxelles, 1656. 4.
(cf. Brunet. T. 1. p. 546.)

Nylander (William), geb. 1822. Dr. in Helsingfors.

*1. Adnotationes in monographiam Formicarum borealium Europae.
Acta Soc. sc. Fennicae. 1846. T. 2. P. 2. p. 875—944, tab. 1. — *Isis. 1847. III. p. 237.

*2. Additamentum adnotationum in monographiam Formicarum borealium Europae.
Acta Soc. sc. Fennicae. 1846. T. 2. p. 1041—1052; *1849. T. 3. p. 25—48.

*3. Strödda Anteckningar. (Försök att bestämma Linnés Svenska arter af slägtet Formica; Gryllus pedestris; Agromyza aeneiventris; Idia fasciata; Metopius.)
Notiser ur Sällsk. pro Fauna et Fl. Fennica Förhandl. 1848. Heft 1. p. 270—280.

*4. Mutillidae, Scoliidae et Sapygidae boreales.
Notiser ur Sällsk. pro Fauna Fennica. 1848. T. 4. p. 7—31. tab. 1.
*Isis. 1848. VIII. p. 708.

*5. Adnotationes in expositionem monographicam Apum borealium.
Acta Soc. sc. Fennicae. 1847. T. 1. p. 165—282. tab. 1. — *Isis. 1848. VIII. p. 707.

*6. Remarks on Hymenopterologische Studien by Arn. Foerster.
Ann. and Magaz. of N. H. ser. 2. 1851. T. 8. p. 126—129.

*7. Revisio synoptica Apum borealium, comparatis speciebus Europae mediae.
Notiser ur Sällsk. pro Fauna etc. Fenn. Förhandl. 1852. T. 2. p. 225—286.

*8. Supplementum adnotationum in expositionem Apum borealium.
Notiser ur Sällsk. pro Fauna etc. Fenn. Förhandl. 1857. T. 2. p. 93—107.

*9. Sur le mâle du Psyche Helix Sieb.
Ann. Soc. Ent. Fr. sér. 3. 1854. T. 2. p. 335—339.

10. Synopsis du genre Arthonia. 1856.

11. Genus familiae Apidarum Heriades, quod synopsi monographica exponit.
Mém. Soc. Sc. nat. Cherbourg. 1856. T. 4. p. 103—117.
*Gerstaecker Bericht. 1856. p. 115.
Extr.; Revue et Magaz. Zool. 1861. No. 11. p. 560.

*12. Description de la Formica gracilescens, espèce nouvelle.
Ann. Soc. Ent. Fr. sér. 3. 1856. T. 4. Bull. p. 29.

*13. Note sur les Formicides du Mont Dore.
Ann. Soc. Ent. Fr. sér. 3. 1856. T. 4. Bull. p. 78.

*14. Synopsis des Formicides de France et d'Algérie.
Ann. sc. nat. sér. 4. 1856. T. 5. p. 50—109. tab. 1.

*15. Hymenoptera et Diptera fran Oesterbotten.
Notiser ur Sällsk. pro Fauna etc. Fenn. Förhandl. 1858. Heft. 4. p. 265—269.
(oder Bidrag till Finlands Naturkännedom. Heft 2.)

Nysten (Peter Hubert), geb. 30. Octbr. 1771 in Lüttich, gest. 3. März 1818 in Paris, Arzt.

*1. Recherches sur les maladies des vers à soie, et moyens de les prévenir suivies d'une instruction sur l'éducation de ces insectes. Paris, Bouchard-Huzard. 1808. 8. pg. 188. (Muscardine et morts blancs ou morts flats.)
Nouv. Bull. Soc. Philom. Ann. 1. No. 7. T. 1. p. 128.
Extr. Ann. de l'Agric. franç. sér. 1. 1808. T. 35. p. 163—186.

Ochsenheimer (Ferdinand), Dr. Philos., geb. in Mainz 1767, gest. 2. November 1822. als Hofschauspieler in Wien.

*1. Die Schmetterlinge Sachsens, mit Rücksichten auf alle bekannte europäische Arten. Thl. 1. Falter oder Tagschmetterlinge. Dresden u. Leipzig, Gerlach, 1805. 8. pg. 493.

*2. Die Schmetterlinge von Europa. Leipzig, Er. Fleischer. 8.
Bd. 1. Abth. 1. 2. 1807—1808. Falter oder Tagschmetterlinge. pg. 323. pg. 240 et 30.
Bd. 2. 1808. Schwärmer. pg. 256 et 74.
Bd. 3. 1810. Nachtschmetterlinge. pg. 360 et 8.
Bd. 4. 1816. Nachträge zu Bd. 1—3. pg. 223 et 10.
Die Fortsetzung: Bd. 5—10 ist von Fr. Treitschke.
Germar Magaz. T. 3. p. 332—334.

*3. Bemerkungen über Meisners Verzeichniss der Schweizerischen Schmetterlinge.
Meisner naturw. Anzeiger. 1821. Jahrg. 4. p. 15—16.

Ocskay von Ocskö (Baron Franz) in Oedenburg.

*1. Gryllorum Hungariae indigenorum species aliquot. (G. crassipes, brachypterus.)
Act. Acad. Leop. Carol. 1826. T. 13. P. 1. p. 407—410.
*Féruss. Bull. 1827. T. 10. p. 472.

*2. Orthoptera nova. (Acheta Dalmatina, Gryllus platypterus, Genei.)
Act. Acad. Leop. Carol. 1832. T. 16. P. 2. p. 959—962.

3. Ueber den Standort seltener Insecten.
Amtl. Bericht d. naturf. Gesellsch. Grätz. 1844. 4. p. 181.

Odhelius (Johann Lorenz), Arzt in Stockholm.

*1. Et sällsynt slags Larver (Musca pendula) utdrifne ifrån et ungt fruntimmer under en Brunscur.
Vetensk. Acad. Handl. 1789. T. 10. p. 221—224; *Deutsch. Uebers. 1791. T. 10. p. 207—211.

Odier (August), gest. 1851.

*1. Mémoire sur la composition chimique des parties cornées des insectes.
Mém. Soc. d'hist. nat. Paris. 1823. T. 1. p. 29—42. (pg. 14.)
Separat. Paris, Tastu, 1823. 4. pg. 15 (tiré à 50 exempl.).
*Zoolog. Journ. 1824. T. 1. p. 104—116, transl. by Children. — *Isis. 1830. p. 406—407.

Oechsner (G.).

*1. Die Käfer der Umgegend Aschaffenburgs. Ein Beytrag zu den Lokalfaunen Bayerns; systematisch zusammengestellt. Programm der Landwirthsch. etc. Schule in Aschaffenburg. Aschaffenburg, 1853—1854. 4. pg. 48.

Oedmann (Samuel).

*1. Berättelse om vägglöss fundne i skogar.
Vetensk. Acad. Nya Handl. 1789. T. 10. p. 76—78.
Nachricht von der Bettwanze im Holze gefunden.
Deutsche Uebers. 1791. T. 10. p. 69—71.
cf. Zusätz von Carlson. No. 1.

2. Tvänne anteckningar, rörande larven till Papilio brassicae eller Kålmasken.
Vetensk. Acad. Nya Handl. 1798. p. 283. (Lacordaire.)

von Oelhafen von und zu Schöllenbach (Karl Christoph), gest. 10. Juni 1785.

*1. Physikalisch-oeconomische Geschichte der Bienen, worinnen von derselben Erzeugung, Vermehrung, rechten Warte und Pflege, Zucht und daher entstehenden vortrefflichen Nutzen in der Haushaltung, deutlich und vollständig gehandelt wird. Aus der neuesten französischen Ausgabe des berühmten Herrn von Reaumur zum Vortheil und Vergnügen vor die Liebhaber der Haushaltungswissenschaften übersetzt, mit einigen Anmerkungen vermehrt und darzu gehörigen Kupfern herausgegeben von C. C. O. v. S. Frankfurt u. Leipzig, Felsecker, 1759. 4. pg. 6 et 408. tab. 18.
Engelmann p. 603 giebt Oelhafen als Uebersetzer an.

Oelrichs (Joh. K. Konr.)

1. Bemerkungen über den mannigfaltigen sehr grossen Nutzen der Gartenbienenzucht der Landleute in den Preussischen Staaten und besonders der Mark Brandenburg. Berlin, Belitz, 1797. 8.

Oelsner (Theodor).

*1. Die Todtenuhr.
Rossmässler aus der Heimath. 1860. Jahrg. II. p. 657—660.

Oettl (Johann Nepomuk).

1. Klaus, der Bienenvater aus Boehmen. 1843. 8. — Ed. II. Saaz, 1853. 8.
(cf. Verhandl. Wien. Zool. Bot. Ver. 1853. T. 3. p. 185.)
Ed. III. Klaus, der Bienenvater aus Böhmen. Seine Zaubersprüche und Maschinen Strohstöcke; und überhaupt seine Anleitung, die Bienen gründlich und mit sicherem Nutzen zu züchten, und auch die zweckmässigsten Bienenwohnungen hiezu anzufertigen. Sammt einem Anhange: Klaus der Jüngere, oder die Dzierzonsche Bienenzuchtmethode in Maschinen-Strohstöcken älterer, neuerer u. neuester Erfindung. Als Volks und Lehrbuch zunächst für seine Landsleute, aber auch für Andere verfasst. Prag, Ehrlich, 1857. 8. Mit 51 Abbildgn. in eingedr. Holzschn.

2. Volkmann zu Immenheim. Ein Haus- und Lesebuch von den Bienen voll Belehrung, Erbauung und Kurzweil. Für Bienenzüchter und Nichtbienenzüchter, Bienenfreunde und Bienenfeinde, insbesondere für geistliche und weltliche Lehrer, für Aeltern und die verständige Jugend. Vom Verfasser des Buches: Klaus der Bienenvater aus Böhmen. Herausgegeben von Joh. Manesch. Prag, Ehrlich, 1857. pg. 16 et 314.

Ohlendorf (Heinrich).

1. Grundsätze und Handgriffe bei Behandlung der Bienen in Körben ein deutlicher und sicherer Unterricht für Bienenfreunde nach 50jähriger Erfahrung. Berlin, Sander, 1799. 8. pg. 112. tab. 1.
Ed. 2. ibid. 1826. 8. tab. 1.

Oken (Lorenz), geb. 1. Aug. 1779 in Bohlsbach, Schwaben, gest. 11. August 1851. Professor in Zürich.

*1. Lehrbuch der Naturgeschichte. T. 3. Zoologie. Jena, Schmid, 1815—1816. 8. tab. 40.

(**Oken**, Lorenz).

* 2. Isis, encyclopädische Zeitschrift, vorzüglich für Naturgeschichte, vergleichende Anatomie u. Physiologie. Leipzig, Brockhaus, 1817—1848. 4. (Jedes Jahr ein Band von 12 Heften.)

* 3. Verzeichniss der entomologischen Litteratur von 1790—1800.
Isis. 1818. IV. p. 713—717.

* 4. Ueber die Bedeutung der Fresswerkzeuge der Insecten.
Isis. 1818. II. p. 477—483. (Auszug aus dem Lehrbuch.)

5. Ueber die Fichtenraupe (Tenthredo Pini).
Isis. 1820. LIII. Anz. p. 488—501. fig.

* 6. Ueber die Bedeutung des Insectenleibes.
Isis. 1820. p. 553—530.
Französ. Uebers. cf. Geoffroy St. Hilaire (Etienne) No. 1.

* 7. Ueber die Insecten der zoologischen Sammlungen in Paris.
Isis. 1823. p. 503.

* 8. Einleitung in die Entomologie oder Elemente der Naturgeschichte der Insecten von Wilhelm Kirby und Wilhelm Spence. (unter Okens Leitung übersetzt.) Stuttgart, Cotta. 8. (s. William Kirby. No. 12.)

9. Allgemeine Naturgeschichte für alle Stände. Stuttgart, Hoffmann, 1833—1841. 8. 13 vol. in 7 Bdn. — Abbildungen Fol. 19 Lieff.
(Insecten T. V. 1835.)

* 10. Idées sur la classification des animaux.
Ann. sc. nat. sér. 2. 1840. T. 14. p. 247—268.

* Trad. Ital. Milano, 1840. 8. pg. 28.

Olafsen (Eggert), geb. 1. Septbr. 1726 in Island, gest. 30. Mai 1768 daselbst.

1. Reise igennem Island (mit Biarne Povelsens). Soroe, 1772. 4. 2 vol. pg. 1042. tab. 50.
Deutsche Uebers.: Kopenhagen, 1774—1775. 4. pg. 328 et 244. tab. 50.
(cf. Bibl. Banks. I. p. 110.)

Olaus Magnus Gothus, Archiepiscopus Upsaliensis.

* 1. Historia de gentibus septentrionalibus, earumque diversis statibus, conditionibus, moribus, ritibus, superstitionibus, disciplinis, exercitiis, regimine, victu, bellis, structuris, instrumentis, ac mineris metallicis, et rebus mirabilibus, nec non universis pene animalibus in septentrione degentibus eorumque natura etc. Romae, (Joann. Mariae de Violtis Parmensem), 1555. Fol. pg. 815 et index; figur. permult.
(Lib. XXII. p. 770—801 de animalibus insectis.)
Die späteren Ausgaben und Uebersetzungen siehe bei Haller Bibl. I. p. 241.

Olearius (Adam), geb. um 1600 in Aschersleben bei Halberstadt, gest. 22. Febr. 1671 in Gottorp (?). Bibliothekar in Gottorf. (eigentlich Oelschläger.)

* 1. Gottorffische Kunstkammer, worinnen allerhand ungemeine Sachen, so theils die Natur theils künstliche Hände hervorgebracht und bereitet. Vor diesem aus allen vier Theilen der Welt zusammengetragen, und vor einigen Jahren beschrieben, auch mit behörigen Kupfern gezieret durch Adam Olearium, weiland Bibliothecarium und Antiquarium auf der fürstlichen Residenz Gottorff. Anjetzo aber übersehen und zum andern Mal gedruckt. Schleswig, Schultz, 1674. 4. pg. 80. tab. 36. (tab. 12 u. 15. Insecten.)
Ed. I. Schleswig, 1666. 4. pg. 88. tab. 36.
(cf. Bibl. Banks. V. p. 10.)

von Olfers (Ignaz Franz Maria).

* 1. De vegetativis et animatis corporibus in corpore animato reperiundis. Pars I. Goettingae, 1815. 8. tab. 1. pg. 112. Dissert. inaug. (Insect. p. 79—108.)
Rel. Isis. 1818. p. 1361—1363.

Oligschlaeger (F. W.).

* 1. Naturhistorische Miscellen. Gryllus migratorius; Coccus radicum.
Verhandl. naturh. Ver. Preuss. Rheinl. 1845. T. 2. p. 61.

Olivier (Antoine Guillaume), geb. 19. Januar 1756 zu Fréjus, gest. 11. August 1814 in Antfort bei Paris als Professor der Zoologie an der Thierarzneischule daselbst. Im Auftrage der französ. Regierung bereiste er mit Bruguière von 1792—98 Aegypten und Persien (vgl. No. 15.).

* 1. Mémoire sur les parties de la bouche des insectes. (Melol. vulgaris, Carab. auratus, Locust. viridissima, Cicad. plebeja, Libell. depressa, Pap. Atalanta, Apis terrestris, Bombyl. medius, Syrph. tenax.)
Journ. de Physique. 1788. T. 32. p. 462—474. 1 pl.
*Opuscoli scelti 1788. T. 11. p. 472—479.

2. Extrait d'un mémoire sur les parties de la bouche des insectes. Paris, Juin 1788. 4. pg. 13. 2 pl. (dasselbe mit dem Vorigen.)

* 3. Entomologie, ou histoire naturelle des insectes, avec leurs caractères génériques et spécifiques, leur description, leur synonymie et leur figure enluminée. Coléoptères. Paris, Baudouin, 1789—1808. 4. 6 vol. et 2 vol. planches 363.

Vol. 1. Genres 1—8; pg. 497; 63 pl. — Vol. 2. Genres 9—34; pg. 485; 63 pl. — Vol. 3. Genres 35—65; pg. 557; 65 pl. — Vol. 4. Genres 66—80; pg. 519; 72 pl. — Vol. 5. Genres 81—92; p. 1—612; 59 pl. — Vol. 6. Genres 93—100; p. 613—1104; 41 pl. In T. 1—4 ist jedes Genus, die Tafeln durch das ganze Werk besonders paginirt. Die Genera 17, 30, 41, 44, 55, 57, 74, 75, 76, 88, 91—96 kommen doppelt vor.

Deutsche Uebers. von J. K. W. Illiger. Braunschweig, Vieweg, 1800—1802. 4. 2 Vol. mit Kpfr. von Sturm. — Neuer Titel 1822.

* 4. Encyclopédie méthodique, dictionnaire des insectes (jusqu'à la lettre E.). Paris, Panckoucke, 1789, 1791 et 1825. 4. 10 vol. pl. 397.

(T. 1. von Mauduit, T. 2—6. P. 1. von Olivier, T. 6. P. 2. u. T. 7. von Latreille, T. 8. von Latreille mit Serville u. Le Pelletier. Die Insecten T. 1—8. bilden T. 3—10. der Encyclopédie.)

Ital. Uebers. Padovae. 4. 8 vol.

5. Insectes qui rongent la farine.

Journal de Fourcroy. T. 1. p. 204—206.

* 6. Description d'une nouvelle espèce de Cétoine. (C. clathrata = fasca Weberi.)

Journ. d'hist. nat. 1792. T. 1. p. 82—84. fg.

* 7. Mémoire sur l'utilité de l'étude des insectes relativement à l'agriculture et aux arts.

Journ. d'hist. nat. 1792. T. 1. p. 33—58; p. 241—263.

* 8. Catalogue des insectes envoyés de Cayenne par Mr. Le Blond.

Actes de la Soc. d'hist. nat. Paris. 1792. T. 1. p. 120—125.

* Uebers. Reich. Magaz. d. Thierr. 1793. T. 1. p. 130—134.

* 9. Sur quelques nouvelles espèces de Coléoptères. (Elater mucronatus, farinosus, canaliculatus, interruptus; Trogosita cylindrica, Ips Gigas, Lycus striatus.)

Journ. d'hist. nat. 1792. T. 1. p. 263—268. fg.

* 10. Sur une nouvelle espèce de Scarabée. (S. Enteltus.)

Journ. d'hist. nat. 1792. T. 1. p. 292—294. fg.

* 11. Observations générales sur les chenilles fileuses et description d'une nouvelle espèce de Bombyx. (Saturnia du Senegal.)

Journ. d'hist. nat. 1792. T. 1. p. 344—358. fg.

* 12. Observations sur le genre Fulgore.

Journ. d'hist. nat. 1792. T. 2. p. 31—34.

* Meyer Zool. Arch. 1796. T. 2. p. 30—32.

Hier wird zuerst das Nicht-Leuchten behauptet.

13. Mémoire sur la cause des recoltes altérées de l'olivier: du tort que les oliviers éprouvent l'année de la mauvaise recolte. Moyens de se procurer des récoltes annuelles et de diminuer le nombre des insectes rongeurs des olives.

Journ. d'hist. nat. 1792. T. 1. p. 389—402.

Separat: Paris, 1792. 8. (Lacordaire.)

14. Note sur le Kermes et instruction sur sa récolte. (avec Tessier et Bosc.)

Ann. de l'agric. Paris. 1808. T. 31. p. 7.

15. Voyage dans l'empire Ottoman, l'Egypte et la Perse. Paris, Agasse, 1801—1807. 4. vol. 3. — * oder 8. vol. 6. Atlas in 4.

Engl. Uebers. London, 1813. 8. vol. 2.

Deutsche Uebers. von K. L. M. Müller. Leipzig, Hinrichs, 1808. 8. 2 vol. Mit 8 Kpfr. u. 2 Karten.

* 16. Sur un nouveau genre de Diptères établi sous le nom de Nemestrina par M. Latreille.

Nouv. Bull. Soc. Philom. 1810. No. 33. An. III. T. 2. p. 93—91.

* 17. Premier Mémoire sur quelques insectes qui attaquent les céréales. (Diptér. 8 spec., Hyménopt. 2 spec.) Paris, 1813. 8. pg. 22. 1 pl.

Mém. publ. par la soc. d'agric. du Dépt. de la Seine 1813. T. 16. p. 177—195. tab. 2.

Onorati (Nicola Columella).

1. Dell' educazione de' Bachi da seta per aumentarne l'industria nel regno di Napoli e di Sicilia. Napoli, 1817. 8. (Lacordaire.)

Oppermann (A. F.). Arzt in Delmenhorst. Seine Sammlung ist im Oldenburgschen Museum.

* 1. Beschreibung einer neu erfundenen Methode Insectenbehälter mit Torf auszufüttern.

Germar Magaz. Entom. 1821. T. 4. p. 427—434.

d'Orbigny (Alcide Dessalines), geb. 6. Septbr. 1802 zu Couëron, Loire infér., gest. 30. Juni 1857, in Pierrefitte bei Saint Denis (Seine). Professor der Paläontologie in Paris. Er bereiste 1826—33 Südamerika.

- * 1. Naturhistorische Schilderung des nördlichen Patagonien. (Auszug aus dessen Reise-Itinéraire. T. II.)
  Wiegm. Archiv. 1839. T. 5. p. 47—61.
- 2. Voyage en Amérique méridional. Strasbourg, Levrault, Paris, Bertrand, 1835—1849. 4. 7 vol. 415 pl. 18 Cartes et 2 Atlas.
  (Insectes par Blanchard et Brullé. T. VI.) — *Isis. 1845. VII. p. 500.
- * 3. Recherches zoologiques sur l'instant d'apparition dans les ages du monde des ordres des animaux, comparé au degré de perfection de l'ensemble de leurs organes.
  Ann. sc. nat. sér. 3. 1850. T. 13. p. 218—236.

Ormancey (Pedro), geb. 1. August 1811 in Dijon, gest. 29. August 1852 in Lyon. Pharmacien. Nekrolog von Mulsant. *Ann. Soc. Linn. Lyon. 1853. T. I. p. 77.

- 1. Moyen entomologique pour détruire la pyrale à l'aide du Calosome sycophante et inquisiteur. Lyon, Perrin, 1837. 8.
  (cf. Ann. Soc. d'Agric. Lyon. 1838. T. 1. p. 412.)
- * 2. Description de deux espèces nouvelles du genre Cybister. (C. prosternoviridis, aeneus.)
  Revue Zool. 1842. T. 6. p. 331—333.
- * 3. Recherches sur l'étui pénial considéré comme limite de l'espèce dans les Coléoptères.
  Ann. sc. nat. sér. 3. 1848. T. 12. p. 227—242. tab. 1.
  *Compt. rend. 1848. T. XXVII. p. 600—605. Extrait. — *Froriep Notiz. 1849. T. 9. p. 129.

Ormerod (Edward Latham). Arzt in Brighton.

- * 1. Contributions to the natural history of the British Vespidae.
  Zoologist. 1859. T. 17. p. 6841—6855.

Orphal (Wilhelm Christian).

- 1. Ornithologisches Handbuch für Forstmänner oder Naturgeschichte aller insecten vertilgenden Vögel Deutschlands. Erfurt, Keyser, 1805. 8.

Orrery (Earl John).

- * 1. An account of the Cornel caterpillar.
  Philos. Transact. 1748. T. 45. No. 487. p. 281—286.

Orth (J. G.). *Pastor in Kraftsdorf bei Gera.*

- * 1. Betrachtungen über die Nesseln im Kraute und die kleinen Insekten, welche den Hopfen verderben, ingleichen über die Krautraupen, wenn und woher sie entstehen, auch wie besonders den letzteren zu widerstehen sei, dass sie nicht Oberhand bekommen, und all zu grossen Schaden thun können.
  Hamburg. Magaz. 1752. T. 9. p. 281—303.
  Neues Hamburg. Magaz. 1778. Stück 115. p. 423.
- 2. Beschreibung des Ungeziefers, welche Erbsen und Wicken beschädigen.
  Oekon. Nachricht. T. 5. p. 318. (cf. Boehmer. II, 2. p. 189.)

Ortlob (Johann Christoph).

- * 1. Dissertatio de praesagiis Locustarum incertis et falsis. Resp. Maurit. Castens. Vratisl. Auctor. Lipsiae, lit. Imm. Titii, 1713. 4. pg. 32.

Osbeck (Peter), geb. 9. Mai 1723 bei Gothenburg, gest. 23. Decbr. 1805. Prediger in Hasslöf in Schweden.

- 1. Dagbok öfver en Ostindisk resa åren 1750—1752. Stockholm, 1757. 8. pg. 376.
  * Deutsche Uebers. von Georgi. Rostock, Koppe, 1765. 8. pg. 430.
  Engl. Uebers. von Forster. London, 1771. 8. Vol. 2. pg. 396 et 152.
- * 2. Beskrifning på Vår-Rågs Masken. (Phalaena nictitans.)
  Vetensk. Acad. Handl. 1769. T. 30. p. 311—318.
  *Deutsche Uebers. 1772. T. 31. p. 312—316. — *Füessly neues Magaz. T. 3. p. 71—78.
- * 3. Om Rotmasken. (Elater segetis.)
  Vetensk. Acad. Handl. 1776. T. 37. p. 302—304.
  *Deutsche Uebers. 1787. T. 38. p. 301—305. fig.
  *Füessly neues Magaz. T. 3. p. 80—81.
- * 4. Beskrifning på tvänne Fjärilar, tagne i Hasslöf. (Phal. Noctua Roboris.)
  Götheb. Wet. Sam. Handl. Wetensk. Afdelna. 1778. Stück 1. p. 51—53. tab. 1.
- * 5. De larva et Phalaena Boleti.
  Nov. Act. Acad. Natur. Curios. 1783. T. 6. p. 387—388. fig.

Osculati (Cajetan).

- * 1. Note d'un viaggio nella Persia e nelle Indie orientali negli anni 1841, 1842. Monza, 1844. 8. pg. 55. tab. 1. (Coleopt.)
  *Isis. 1846. X. p. 785.
  (Coleotteri raccolti nella Persia, Indostan ed Egitto.)

2. Esplorazione delle regioni equatoriali lungo il Napo ed il fiume delle Amazoni. Milano, 1850—1854.
(Schmetterlinge, Käfer, Hymenoptera aus den Aequatorial-Gegenden.)
*Gerstaecker Bericht. 1853. p. 72.

Osiander (Friedrich Benjamin), geb. 1759 zu Zell in Würtemberg, gest. 25. März 1822 in Göttingen.
1. Krankengeschichte einer Frau, welche Insecten, Larven und Würmer durch Erbrechen von sich gab. Goettingen, Vandenhoeck u. Ruprecht, 1794. 8. tab. 1.
Auch in: Denkwürdigkeiten für die Heilkunde. 1. Bd. 1. Stück.

Ostberg (Charlotte).
*1. Wägledning för dem som vilja odla Mullbärsträd och uppföda Silkesmasken. Stockholm, Ueberg, 1831. 8. pg. 33.
(Anonym; in Westwoods Bibliothek ist der Name der Verfasserin von Dahlbom beigesetzt.)

Oswell (W.).
*1. Sur une mouche vénimeuse de l'Afrique méridionale.
Compt. rend. 1852. T. XXXV. p. 440; p. 602. — *Ann. of N. H. ser. 2. 1852. T. 10. p. 463.
*Extr. Trans. Ent. Soc. Lond. ser. 2. 1853. T. 2. Proc. p. 85; p. 96.

Ott (Adolph).
1. Zur Einführungsgeschichte der neuen Asiatischen Seidenraupen in Europa. Ein Vortrag, gehalten in der Sitzung des Züricher entomologischen Vereins am 13. April. Zürich, Schabelitz, 1860. 8. pg. 31.
*2. Bericht über das Leben und Wirken der schweizerischen entomologischen Gesellschaft innert der Zeit von Mitte 1858 bis Ende 1859. Bern, Haller, 1860. 8. pg. 60.

Ottolini (Girolamo).
1. Due lettere, l'una intorno alla comune scarsezza dei bozzoli cagionata dalla 4 dormita nel 1786, l'altra pel comune deperimento dei bachi nel 1787, e sull' uso di una seconda raccolta in agosto. Milano, Monastero di S. Ambrogio, 1786. 8.
(cf. Cornalia monogr. p. 61.)
2. Memoria sullo scorso riccolto di bozzoli che s'e fatto nel anno presente. Milano, 1786. 12. pg. 30. (Lacordaire.)
3. Sulla scarsezza de' bozzoli nell' anno 1787 e suoi ripari. Milano, 1787. 8.
(Lacordaire.)
4. Sul ricolto de' bozzoli nell' anno 1788. Milano, 1788. 8. (Lacordaire.)
5. Sul pascolo de' bachi quando manchi la foglia di gelso. Milano, 1788? 8.?
cf. Atti soc. patriot. Milano. T. 2. p. CIV. (Lacordaire.)
6. Storia della seta.
cité Atti soc. patriot. Milano. T. 2. p. CIV. (Lacordaire.)

Ouchakoff (Nicolas).
*1. Notice sur un insecte parasite (sur la Corixa striata).
Bullet. Moscou. 1834. T. 7. p. 397—394.
*2. Notice sur un Termes fossile. fig. (in Bernstein.)
Bullet. Moscou. 1838. T. 11. p. 37—42.
*Reimpr. Ann. sc. nat. sér. 2. 1840. T. 13. p. 204—207.
Leonhard u. Bronn. Neue Jahrb. 1839. p. 122.
*Reimpr. Calcutta Journ. 1843. T. 2. p. 74—78.

Overbeck (Johann Adolph). Pastor in Hendorf.
1. Epistola de apibus in sancta scriptura male audientibus. Stadae, 1752. 8.
Arcens. Hamburg. gel. Bericht. 1752. p. 307. (cf. Boehmer. II, 2. p. 326.)
2. Gedanken von der Bugonia der Alten, da man sich getraute aus einem todten Rindvieh einen ganzen Schwarm lebendiger Bienen hervorzubringen.
Hamburg. vermischte Bibl. Bd. 3. Stück 2. No. 5. (cf. Boehmer. II, 2. p. 318.)
3. Glossarium melittorgicum oder Bienen-Wörterbuch, in welchem die bisher bei der Bienenpflege bekannt gewordene und gebräuchliche Kunstwörter und Redensarten nach alphabetischer Ordnung erkläret werden. Nebst einem gedoppelten Anhange und vorgesetztem Schreiben Herrn J. C. Storkhausen herausgegeben von Adolph Overbeck. Bremen, G. L. Förster, 1765. 8. pg. 16 et 132.
Riem Phys. Oek. Bienenbibl. T. 2. p. 342—344.
*4. Theorie des Drohnenweisels.
Hannöv. Magaz. 1771. p. 1570—1576.
*Gemeinnütz. Arbeit. f. d. Oberlaus. Bienengesellsch. 1773. Th. I. p. 133—142.

Overdijk (C.).
* *1. Brieve over Mormolyce phyllodes.
  Mém. Soc. entom. Pays Bas. 1857. T. 1. p. 41—43.

de Oviedo (Gonçalo Fernandez de Valdes), geb. 1478 zu Madrid, gest. 1557 zu Valladolid.
Ueber die Ausgaben seiner Werke cf. Beckmann Gesch. d. Erfind. T. III. P. 1. p. 32.
* 1. Sumario de la natural y general istoria de las Indias. Toledo, 1526. fol. foll. 52.
  (cf. Bibl. Banks. I. p. 167.)

Owen (George).
* *1. Extract of his history of Pembrokeshire. (Locusts in Wales.)
  Philos. Transact. 1695. T. 18. No. 208. p. 48.

Owen (Richard), geb. 1804 in Lancaster. Vorstand der zoolog. Abtheil. des Brit. Museums.
* *1. Views concerning the Metamorphosis, Metagenesis and Parthenogenesis.
  Ann. of N. H. 1851. T. 8. p. 59—68.
* *2. Article Articulata in Todd's Cyclopaedia.
  1835. T. 1. p. 244—246.
* *3. Lectures on the comparative anatomy and physiology. London, Longman, 1843. 8. pg. 392. fig.
  *Ed. 2. London, Longman, 1855. 8. pg. 689. fig.
* *4. Considérations sur le plan organique et le mode de développement des animaux.
  Ann. sc. nat. sér. 3. 1844. T. 2. p. 162—165.
* *5. On Parthenogenesis or the successive production of procreating individuals from a single Ovum etc. London, Van Voorst, 1849. 8. pg. 76. tab. 1.
* 6. On the raw materials from the animal kingdom. Lecture on the results of the great exhibition. (Seidenzucht.) London, D. Bogue, 1851.
  (cf. Cornalia monogr. p. 84.)

Paccard, in Chalons.
* *1. Lettre sur les habitudes de certains Lépidoptères nocturnes.
  Ann. Soc. Ent. Fr. 1837. T. 6. p. 75. — *L'Institut. 1839. VII. No. 282. p. 31—32.

Pacher (David).
* *1. Ueber die Käfer in den Umgebungen von Sagritz und Heiligenblut.
  Jahrb. naturh. Museums in Kärnthen. 1853. Jahrg. II. p. 30—32.
* *2. Telephorus signatus Gr.
  Jahrb. naturh. Museums in Kärnthen. 1859. Jahrg. IV—VIII. Heft 4. p. 187.

Pacini (Filippo), aus Pistoja. Professor in Pisa.
* 1. Nuove Ricerche microscopiche sulla Tessitura intima della Retina nell' Uomo, nei Vertebrati, nei Cefalopodi e negli Insetti, precedute da alcune Riflessioni sugli Elementi morfologici globulari del Sistema nervoso. Bologna, 1845. 4. pg. 82. tab. 1.
  *Isis. 1846. V. p. 389.

Pagani (G. B.).
* 1. Ragionamento sui bigatti secondo l'ingegnere Saccardo. 1845.
  (cf. Cornalia monogr. p. 77.)

Pagenstecher (H. Alex.), Dr. in Heidelberg.
* 1. Ueber Myrmecocystus mexicanus.
  Heidelberg. Jahrb. f. Litteratur. 1861. Heft 3.
  cf. Wien. Entom. Monatschr. 1861. T. 5. p. 317.
* *2. Ueber Honig producirende Ameisen.
  Froriep Notiz. 1861. T. 3. No. 13. p. 191—197.
  (Aus Verhandl. nat. med. Vereins in Heidelberg. T. II. Heft 3.) Wohl dasselbe mit No. 1.

Paget (James).
* *1. Sketch of the Natural History of Yarmouth and its Neighbourhood, containing Catalogues of etc. Insects at present known (by C. J. and James Paget.). London, Longman, 1834. 8. pg. 88.
  (Insects p. 10—44.)

Paget (J. C.).
* *1. Capture of Lepidoptera at Great Yarmouth.
  Entomol. Magaz. 1834. Vol. 2. p. 431.

Barão do Castello de Paiva. Professor in Porto.
* *1. Descripção de dois Insectos Coleopteros de Camboja nas costas orientaes do Oceano Indico. (Longicorn.) Lisboa, 1860. 8. pg. 11. tab. 1.
  (Abryna Regis Petri; Xiphona Regis Ferdinandi.)
  *Ann. and Mag. Nat. Hist. ser. 3. 1860. T. 6. p. 360—362.

Paley (William), geb. im Juli 1743 in Peterborough, gest. 25. Septbr. 1805 in Sunderland. Theolog.

1. Natural Theology, or evidence of the existence and attributes of the Deity. (Insecta cap. 19.) London, 1802. 8.
   Ed. II. London, 1807. 8.
   (cf. Percheron I. p. 305.)
   Ed. London, Lyman, 1825. — London, Allman, 1838. 8. (Insecta cap. 19. p. 311.)

Palisot de Beauvois (Ambroise Marie François Joseph), geb. 27. Juli 1752 in Arras, gest. 21. Januar 1820 in Paris.

*1. Mémoire sur un nouveau genre d'insectes (Atractocerus).
   Décad. philos. An. IX. (1801.) 8. p. 6. tab. 1.
   *Millin Magas. Encycl. 1801. T. 1. 2. p. 416.

*2. Insectes recueillis en Afrique et en Amérique dans les royaumes d'Oware, à Saint-Domingue et dans les états-unis pendant les années 1781—1797. Paris, Levrault, 1805—1821. fol. tab. 90 col. pg. 267.
   (Nach seinem Tode beendet von Audinet Serville.)

Pallas (Peter Simon), geb. 22. Septbr. 1741 in Berlin, gest. 8. Septbr. 1811 daselbst, nachdem er, als Akademiker nach Petersburg berufen, theils mehrfach auf Reisen, theils auf seinen ihm vom Kaiser von Russland geschenkten Gütern in Taurien, 42 Jahre von Berlin abwesend gelebt hatte. Das Manuscript von Pallas Insecta Rossica ist druckfertig vorhanden im Besitz des Berliner Museums. Den Auszug der Diptera (deren Manuscript Wiedemann erhalten hatte) hat Wiedemann gegeben; das Manuscript fehlt. Der Druck der Insecta Rossica wäre noch von entschiedenem Werth. Die Insecten selbst kamen in Schneppels Besitz, und sind ins Berliner Museum gelangt, welchem die Käfer schon früher überwiesen waren. Die Diptera sind an Wiedemann gekommen, also jetzt mit Winthems Sammlung im Wiener Museum.

1. Dissertatio de insectis viventibus intra viventia. Leydae, 1760. 4. p. 62.
   Reimpr. in der Sammlung der Dissertationen Leydens von Sandifort.
   (cf. Bibl. Banks II. p. 351.)

*2. Phalaenarum bigae quarum alterius femina artubus prorsus destituta, nuda atque vermiformis, alterius glabra quidem et impennis attamen pedata est, utriusque vero sine habito cum masculo commercio foecunda ova parit. fig. (Psyche.)
   Nov. Act. Acad. Natur. Curios. 1767. T. 3. p. 430—437.
   Deutsche Uebers. Stralsund. Magaz. T. 3. p. 235.

*3. Miscellanea zoologica, quibus novae imprimis atque obscurae animalium species describuntur et observationibus iconibusque illustrantur. Hagae Comitum, Cleef, 1766. 4. pg. 224. tab. 14. (enthält von Insecten nur 1 Hemipteron.)
   Ed. II. (bloss neuer Titel) Lugd. Batav., Luchtmans, 1778. 4.
   Holländ. Uebers. von Boddaert. Utrecht, Paddenburg, 1770. 4. tab. 10.
   Rel. Introduct. aux observat. sur la Physique. 1777. T. 1. p. 280; p. 354; p. 416.

*4. Spicilegia zoologica, quibus novae imprimis et obscurae animalium species iconibus, descriptionibus atque commentariis illustrantur. T. I. Berolini, Reimer, 1767—1774. 4. tab. 13. fasc. I—X. (Insecten in fasc. IX.)
   (Fasc. I—IV. 1767; fasc. V—VII. 1769; fasc. VIII. 1770; fasc. IX. 1772; fasc. X. 1774.)
   T. II. Berolini, Voss, 1776—1780. 4. tab. 15. fasc. XI—XIV.
   (Fasc. XI. 1776; fasc. XII. 1777; fasc. XIII. 1779; fasc. XIV. 1780.)
   *Deutsche Uebers. von Baldinger. Berlin, Reimer, 1769—1779. 4. fasc. I—XI. tab. 48.
   Holländ. Uebers. Utrecht, 1770. 4.

*5. Reisen durch verschiedene Provinzen des Russischen Reiches in den Jahren 1768—1774. Petersburg, Akadem. Buchhandl., 1771. 1773—1776. Tom. III. 4. tab. XI. XIV. VIII.
   Franz. Uebers. Paris, 1788—1793. 4. 5 vol.
   *Dasselbe im Auszuge. Frankfurt a. M., Fleischer, 1776—1778. 4. T. III. tab.

*6. Bemerkungen auf einer Reise in die südlichen Statthalterschaften des Russischen Reiches in den Jahren 1793—1794. Leipzig, 1799, 1801. 4. Tom. 2. tab. 25 et 26. 3 Karten.
   Französ. Uebers. Paris, 1801. 8. 2 vol.

*7. Icones insectorum praesertim Russiae Sibiriaeque peculiarium, quae collegit et descriptionibus illustravit. Erlangae, Walther, 1781, 1782, 1798,

(Pallas, Peter Simon.)
1806 (?) 4. 4 Hefte. Praef. pg. 4. p. 1—101. Bog. A—N. Tab. A—H color. (Coleoptera.)
Von Tab. I und K (zum Heft 5 gehörig) habe ich colorirte Exemplare gesehen; veröffentlicht sind sie nicht.
cf. Hagen, Stett. Ent. Zeit. 1858. T. 19. p. 128.
8. Kleine Notizen in den neuen nordischen Beiträgen. Raupe von Sphinx lineata; Scarabaeus hirtellus. 1781. T. I. p. 159; Ueber die Kolumbazer Fliege. 1781. T. II. p. 349; Ueber das Leuchten von Lampyris und Culex. T. IV. p. 396.
Philos. Magaz. T. 11. p. 140.
* 9. Observations on the habits of the Purple Emperor. Apatura iris. (Opus postum.)
Trans. Ent. Soc. Lond. 1838. T. 2. p. 138—140.

Palletta (Giambattista). Dr.
1. Memoria sui Gelsi, che riporto il premio dalla Società Patriotica di Milano nel Programma del 1778.
Atti d. Soc. Patriot. d. Milano. T. I. (cf. Dizion. ragion. di F. Re. T. 3. p. 217.)

Palliardi (Anton).
* 1. Beschreibung zweier Decaden neuer und wenig bekannter Carabicinen. Wien, Heubner, 1825. 8. pg. 41. tab. 4 col. (17 Carabus; 1 Cychrys, 2 Abax.)
Isis. 1826. 1. p. 91. — * Féruss. Bullet. 1826. T. 7. p. 144—145.
* Auch: Dissertatio inaug. sistens descriptiones decadum duarum Carabicinorum novorum et minus cognitorum. Vindobonae, 1825. 8. pg. 44.

Palmer (Dudley).
1. Observationes circa Bombyces.
Acta Oldenburg. p. 20. (cf. Boehmer II, 2. p. 267.)

Palmer (Shirley).
* 1. On a new British species of Lasiocampus.
Zoologist. 1847. T. 5. p. 1855—1857.

de Palteau (Guillaume Louis Formanoir), geb. 1712 bei Sens, Commis du Bureau de Vivres de la Généralité de Metz.
1. Nouvelle construction de ruches en bois, avec la façon d'y gouverner les abeilles, inventée par M. Palteau et l'histoire naturelle de ces insectes, le tout arrangé et mis en ordre par M.** Metz, Collignon, 1756. 18. tab. 5. pg. 432.
(cf. Nodier Bibliogr. p. 52.) (Lacordaire bei 1780; ob irrig?)
Metz, 1777. 8. (neuer Titel.)
Ed. 2. Paris, 1771. 12. fig.
(cf. Bibl. Banks. II. p. 525.)
Deutsche Uebers. v. M. unter dem Titel: Neue Bauart nützlicher Bienenstöcke. Metz, 1756.
Deutsche Uebers. unter dem Titel: Sächsischer Bienenvater. Leipzig u. Zittau, Spickermann, 1766. 8. 26 Bog. tab. 8.
Desgl. von Schirach unter d. Titel: Allgemeiner Bienenvater. Zittau, 1778. 8.
(cf. Boehmer II, 2. p. 248.)
Desgl. von Schirach. Zittau, 1789. 8. tab. 8.
* Nat. Stuttg. Phys. Oek. Ausz. 1759. T. 2. p. 76—80.

Pandigelius (Udalrich).
1. De musca compluribus vermiculis foeta.
Ephemer. Acad. Nat. Curios. Dec. 3. Ann. 7 et 8. Obs. 197. p. 325.
(cf. Boehmer II, 2. p. 360.)

von Pannewitz (Julius). Oberforstmeister in Breslau.
* 1. Ueber Sphinx pinastri, Bombyx pini und monacha als Waldverderber.
Arbeit. schles. Gesellsch. f. vaterl. Kultur. 1828. (p. 9—10.) p. 113—114; 1836. p. 110.
* 2. Notiz über einige Waldverderbende Raupen in Oberschlesien.
Lotos. 1857. T. 7. p. 78—81.

Panzer (Georg Wolfgang Franz), geb. 1755 zu Etzelwangen in der Pfalz, gest. 28. Juni 1829. Dr. Med. und Landgerichts-Physicus zu Hersbruck bei Nürnberg. Nekrolog u. Schriften in Flora, botanische Zeitung 1829. No. 25. Bibliotheca e G. W. Fr. Panzere collecta. Norimbg., 1830. 8. pg. 140.
* 1. M. Catesby Supplementum Carolinensium descriptiones. Aus dem Englischen. (Latein. u. Deutsch.) Mit 109 illum. Kpfrtf. Fol. Nürnberg, Seligmann, 1777.
Panzers Name ist nicht genannt auch sind von ihm nur die letzten 9 Tafeln besorgt.
(cf. Engelmann p. 307.)

*2. Rob. Drury's Abbildungen und Beschreibungen exotischer Insecten mit fein illum. Kupfertafeln. (tab. 1—50.) Aus dem Engl. übers. und mit vollständiger Synonymie und erläuternden Bemerkungen versehen von G. W. Fr. Panzer. Nürnberg, Winterschmidt, 1785—88. 4 Hefte. g. 4. pg. 203.

Percheron hat das Jahr 1791, wohl irrig.

*Aus der Bibliothek des Dr. Zinken gen. Sommer citirt noch 20 illum. Kpfrtaf. des nicht publicirten zweiten Theiles des Buches Verz. 61 von Friedländer. Berlin, 1856. p. 3; ich habe auch nicht mehr gesehen.

*3. Einige seltene Insecten beschrieben. (49 Coleoptera.)

Naturforscher. 1789. Stück 24. p. 1—35. tab. 1. — *Scriba Journ. Stück 1. p. 8—20.

*4. Neuer Abdruck von Uddmann Dissert. Norimbergae, 1790. 4. pg. 60. cum 2 tab aen.

Engelmann p. 514 hat Erlangen, Palm, 1793. 4.

*5. Beschreibung eines sehr kleinen Kapuzkäfers. (Bostrichus crudiae.) c. tab.

Naturforscher. 1791. Stück 25. p. 85—88.

*6. Faunae Insectorum Germanicae initia oder Deutschlands Insecten. quer 8. In Heften mit je 24 color. Tafeln. Auf jeder Tafel ist ein Insect abgebildet, und ein loses Blatt Beschreibung dazu: Die Tafeln sind von J. Sturm bis Heft 109 incl. (ohne Nummer), bis Heft 87 incl. unten meist mit dem Beisatz J. St. fec. Der Umschlag jedes Heftes enthält das Register. Zum ersten Jahrgang 1 illum. Titelkupfer. (cf. Sturm No. 1. Insectenkabinet.)

Heft 1—12. 1793; Heft 13—24. 1794; Heft 25—36. bis 1796; Heft 37—48. bis 1797; Heft 49—60. bis 1798; Heft 61—72. bis 1799; Heft 73—84. bis 1801; Heft 85—96. bis 1805; Heft 97—108. bis 1809; Heft 109 vor 1813 ist das letzte von Panzer besorgte Heft.

*Die Anzeige des Werkes erschien Nürnberg 1. Septbr. 1797. Daneben wurde eine zweite Auflage desselben begonnen (wie weit selbe geführt ist, finde ich nicht angegeben) nach der Anzeige von Felseckers Söhne Nürnberg, 1. Septbr. 1801. 4. 2 pg. Dort war sie 1798 bis zum 12. Hefte fertig.

Zu je 12 Heften (Jahrgang) erschien ein Index systematicus Methodo Fabriciana; in quer 8. Nürnberg, Felsecker. — Jahrg. 1. 1793. p. 16 incl. Vorrede; Jahrg. 2. 1794. p. 16 incl. Vorrede; Jahrg. 3. 1795. p. 14 incl. Vorrede; Jahrg. 4. 1797. p. 14; Jahrg. 5. 1798. p. 14 incl. Vorrede; Jahrg. 6. 1799. p. 13; Jahrg. 7. 1801. p. 13 incl. Vorrede; Jahrg. 8. 1805. p. 13; Jahrg. 9. 1809. p. 12.

Nach langer Unterbrechung wurde Heft 110 vom Maler Geyer in Augsburg ausgegeben.

Die Fortsetzung von Heft 111—190 ist von Herrich-Schaeffer (cf. Herrich-Schaeffer. No. 2.) von 1829—1844.

Die ersten 110 Hefte enthalten 2640 Kupfer und eben soviel Text-Blätter.

7. cf. Kob, die wahre Baumtrockniss. 1793. (Engelmann p. 492.)

*8. Faunae Insectorum Americes borealis prodromus. Norimbergae, Felsecker, 1794. 4. 1 Bogen Text p. 1—8 (Scarabaeus) und 1 Tab. color. (6 Käfer, nur 1 bis 3 zum Text.)

*9. Deutschlands Insecten-Fauna oder entomologisches Taschenbuch für das Jahr 1795. Nürnberg, Felssecker. kl. 8.

Auch unter dem Titel: Entomologia Germanica exhibens insecta per Germaniam indigena secundum Classes, Ordines, Genera, species, adjectis synonymis, locis, observationibus. I. Eleutherata cum tab. aeneis. Norimbergae. pg. 8 Vorrede, pg. 12 Kalender nebst Beschreibung der abgebildeten anatomirten Arten und 12 tab. color.; p. 1—368. und pg. 2 Register.

Jena allgem. Litt. Zeit. 1795. T. 3. p. 609—613.

*10. Voets Beschreibungen und Abbildungen hartschaaligter Insecten, Coleoptera Linn. Aus dem Original getreu übersetzt, mit der in selbigem fehlenden Synonymie und beständigem Commentar versehen von Panzer. Erlangen, Palm, 1785—1802. gr. 4. 5 Thle. mit 112 illum. Kupfertaf.

Thl. 1. tab. 1—22. u. Titelkupfer pg. 103. 1785; Thl. 2. tab. 23—45. u. Titelkupfer pg. 124. 1789; Thl. 3. mit 25 Kupfertaf. u. Titelkupfer pg. 98. 1794; Thl. 4. mit 25 Kupfertafeln u. Titelkupfer pg. 112. 1798; Thl. 5. mit 12 Kupfertafeln pg. 114. 1802.

Der Thl. 5. auch unter dem Titel: G. W. F. Panzers Beiträge zur Geschichte der Insecten mit 12 illum. Tafeln.

Auch unter dem Titel: Panzeri Symbolae entomologicae. 1795. — Ed. 2. 1802.

(cf. Engelmann p. 513.)

*Heft I—IV ist Nürnberg, Bieling, 1782—1793 erschienen. cf. Beckm. Phys. Oek. Bibl. XII. p. 333; XIII. p. 489; XIV. p. 151.

*Reverz. Schneider Magaz. T. 1. p. 626—628.

*11. Systematische Nomenclatur über weiland des Herrn Dr. Jacob Christian Schaeffers natürlich ausgemahlte Abbildungen regensburgscher Insekten. Erlangen, Palm, 1804. 4.

Auch unter dem Titel: D. J. Ch. Schaeffers Iconum insectorum circa Ratisbonam indigenorum enumeratio systematica. Erlangae, 1804. Vorrede latein. u. deutsch pg. 16. pg. 1—260 incl. index.

(**Panzer**, Georg Wolfgang Franz.)

*12. Kritische Revision der Insektenfaune Deutschlands nach dem System bearbeitet. 8. Bändchen I. Nürnberg, Felssecker, 1805. zu 1—96. Heft (der Faunae Insect. Germ. initia.) 12 pg. Vorrede. p. 1—144. Eleutherata. (Enthält die Verbesserungen der ed. 2 der Fauna). Bändchen II. Nürnberg, Felssecker, 1806. zu 1—100 Heft, 2 col. Taf. nebst 12 pg. Erklär. p. 1—271.
Auch unter dem Titel: Entomologischer Versuch die Jürineschen Gattungen der Linnéischen Hymenoptera nach dem Fabriziusschen System zu prüfen. Nürnberg, 1806.
Bändchen III ist von Koch 1847. und enthält keine Hexapoden.

*13. Index Entomologicus sistens omnes insectorum species in G. W. F. Panzeri Fauna Insectorum Germanica descriptas atque delineatas secundum methodum Fabricianam adjectis emendationibus, observationibus. Pars I. Eleutherata. Norimbergae, Felssecker, 1813. 8. (zu Heft 1—109). Vorrede pg. 8; pg. 1—216.
[1]Recens. Germar Magaz. Entom. 1815. T. 1. Heft II. p. 179—181.

Paoli (Giuseppe Maria).

1. Sul Metodo proposto da Beaumé per uccidere la Crisalide nei Bozzoli da seta per mezzo dell' Alcool.
Atti dei Georgofili. T. 4. (cf. Dizion. ragion. di F. Re. T. 3. p. 272.)

del Papa (Giuseppe), geb. 1649 in Empoli, gest. 13. März 1735 in Florenz. Prof. Med. in Pisa.

1. Relazione delle diligenze usate con felice successo nell' anno 1716 per distruggere le Cavallette, le quali avevano stranamente ingombrata una gran parte delle Maremme di Pisa, di Siena, di Volterra, e tutte le campagne di Piombino, Scarlino, e Sovvereto. Firenze, 1716. 4. 8g.
(cf. Dizion. ragion. di F. Re. T. 3. p. 723.) (Anonym; in Lacordaires Exemplar, welches aus der Bibliothek Malaspina stammt, ist der Verfasser beigeschrieben.)

Papion.

1. Mémoire sur la culture des Mûriers et la récolte de soie, dédié aux sociétés d'émulation d'agriculture. Bordeaux, Tours et Paris, 1809. 8. (Lacordaire.)
(Querard. T. 6. p. 560 bei 1810.)

Papon (J.). Dr.

*1. Ueber die bei Chur beobachtete Desoria nivalis.
Jahresber. naturf. Gesell. Graubündens. f. 1855. 1856. T. 1. (Neue Folge.) p. 67—70. 8g.

de Paravey.

1. Du pays primitif du ver à soie et de la première civilisation. Paris, 1851. 8.
Acad. Sc. Paris. 1851. 17. Novbr.

Parfitt (Edward).

*1. Some account of the Lepidoptera round Exeter.
Naturalist. 1853. T. 3. p. 126—128; p. 151—153; p. 250—253; p. 261—265; 1854. T. 4. p. 59—61.

*2. Some account of the Coleoptera round Exeter.
Naturalist. 1854. T. 4. p. 83—85.

*3. Note on Cynips Lignicola and Description of its Parasite.
Zoologist. 1856. T. 14. p. 5071—5076.

*4. Description of the Male of Callimone flavipes.
Zoologist. 1856. T. 14. p. 5150; p. 5255.

Pariotti (Antonio).

1. La Bigattiera istruita. Lugano, Veladini, 1851. 8.
(cf. Cornalia monogr. p. 81.)

Paris. Dr. Med. à Gray.

*1. De plusieurs espèces de Lépidoptères devant être considérées comme variétés de région.
Ann. Soc. Ent. Fr. sér. 2. 1848. T. 6. p. 191—193.

Paris. d'Epernay; Notaire.

*1. Observations sur la non-identité d'Anthocharis Belia et Ausonia.
Ann. Soc. Ent. Fr. sér. 2. 1845. T. 3. Bull. p. 31.

*2. Note sur le cri de Sphinx Atropos.
Ann. Soc. Ent. Fr. sér. 2. 1846. T. 4. Bull. p. 88; p. 112.

3. Exposé fait à la commission du comité agricole de l'arrondissement de Reims relativement à la Pyrale de la vigne. Epernay, Flevet, 1858. 8. pg. 48.
(cf. Ann. Soc. Ent. Fr. sér. 3. 1858. T. 6. Bull. p. 123.)

*4. Sur les moeurs de la chenille de la Cucullia scrophulariae.
Ann. Soc. Ent. Fr. sér. 3. 1858. T. 6. Bull. p. 172—173.

Parisani (Giacomo).
1. Il baco da seta. Bologna, 1826.
(cf. Cornalia monogr. p. 55.)

Parkinson (John), geb. 1767 in London. Botaniker.
* 1. Description of the Phasma dilatatum.
Trans. Linn. Soc. Lond. 1798. T. 4. p. 190—192. tab. 1 col.
* Wiedem. Archiv. 1800. T. 1. P. 1. p. 287.
Shaw Natural. Miscell. No. 108.

Parley (P.).
1. Tales of animals, comprising quadrupeds, birds, fishes, reptiles and insects. London, 1833. 12. fig.

Parmentier (Antoine Augustin), geb. 17. April 1737 in Montdidier, gest. 17. Decbr. 1813 in Paris. Apotheker.
1. Accidents des blés en Poitou. (Insectes.) Paris, 1785. 8. pg. 12. (mit Cadet de Vaux.)

de Paroletti (Victor Modeste), geb. 1765 in Turin, gest. 1836 daselbst.
* 1. Essais sur l'usage des fumigations d'acide muriatique oxigéné pour desinfecter l'air dans les ateliers de vers à soie.
Bullet. Soc. Philom. 1805. T. 3. No. 96. p. 282—283.
2. Note de quelques observés dans ses expériences sur les vers à soie.
Mém. Acad. Turin. 1809. T. 16. p. 79.
* 3. Recherches sur les maladies qui ont affecté quelques vers à soie. Turin, 1810. pg. 61. tab. 3 col.
4. cf. Fontana.

Parrenin (Dominique), geb. 1665 in Russey, Pontarlier, gest. 27. Septbr. 1742 in Peking. Jesuit.
1. Observations sur une Chenille de Chine qui s'attache à une racine de plante appelée à la Chine Hia-Tsa-Tom-Tchom, d'où sort un ver qu'on prendrait pour une prolongation de cette racine.
Mém. Acad. Paris. 1726. Hist. p. 19. — Edit. in 8. 1726. Hist. p. 27.
(Percheron I. p. 309.)

Parry (Frederic J. S.).
* 1. Description of a new genus of Lucanidae from New Zealand. (Mitophyllus, irroratus.)
Trans. Ent. Soc. Lond. 1845. T. 4. p. 55—58. fig. — Ann. of N. H. 1843. T. 12. p. 362.
* 2. A Decade, or Description of ten new species of Coleoptera, from the Kasya Hills near the boundary of the Assam district. (3 Cicindela, 1 Calosoma, 1 Athyreus, 1 Mimela, 1 Ataus, 1 Eumolpus, 2 Lamia.)
Trans. Ent. Soc. Lond. 1845. T. 4. p. 84—87. — Ann. of N. H. 1841. T. 15. p. 434.
* 3. Description and Notes upon some new and rare Coleoptera. fig.
Trans. Ent. Soc. Lond. 1848. T. 5. p. 80—81.
* 4. Brief description of the Male of Cheirotonus Mac Leaii Hope. fig. col.
Ann. and Mag. Nat. Hist. 1846. T. 18. p. 313. fig.
* 5. Descriptions of some new Species of Coleoptera. fig.
Trans. Ent. Soc. Lond. 1849. T. 5. p. 179—185.

Parsons (George).
* 1. On the Discoveries of Mueller and others in the Organs of Vision in Insects and Crustacea.
Magaz. of N. H. ser. 1. 1831. T. 4. p. 124—134; p. 220—234; p. 363—372. fig.

Pascalis (Felix).
1. Instructions of silk worm nurseries, and culture of the mulberry tree. New York, 1829. 12.
(cf. Carus. p. 601.)

Pascoe (Francis P.).
* 1. Descriptions of New Genera and Species of Asiatic Longicorn Coleoptera. fig.
Trans. Ent. Soc. Lond. ser. 2. 1856. T. 4. p. 42—50.
* 2. On New Genera and Species of Longicorn Coleoptera. Part. II. fig.
Trans. Ent. Soc. Lond. ser. 2. T. 4. p. 89—112; 1858. p. 236—266. 2 pl.
* 1859. T. 5. p. 12—61. 1 pl.
* 3. Agnia fasciata n. sp.; Monohammus Grayi.
Trans. Ent. Soc. Lond. ser. 2. 1859. T. 5. Proc. p. 54. — * Zoologist. 1859. T. 17. p. 6570.
* 4. On some new Anthribidae.
Ann. and Mag. Nat. Hist. ser. 2. 1859. T. 4. p. 327—333; p. 431—439.
* 1860. T. 5. p. 35—48. tab. 2.
* 5. On some new Longicornia from the Moluccas.
Ann. and Mag. Nat. Hist. ser. 3. 1860. T. 5. p. 119—122.

(**Pascoe**, Francis P.)

* 6. Notices of little known Genera and Species of Coleoptera.
Journ. of entomol. descr. and geogr. 1860. T. 1. p. 36—64. tab. 3; p. 98—129. pl. 8.

* 7. Descriptions of two new species of Asiatic Longicorn Coleoptera.
Trans. Ent. Soc. Lond. ser. 2. 1860. T. 5. Proc. p. 84.

8. Entomological Notes.
Journ. of entomol. descr. and geogr. 1861. T. 1. No. 4.

Pasquali (Samuele).

* 1. Estratto della memoria sullo allevamento de' bachi da seta a cielo scoverto.
Atti del R. Istit. d'Incorrag. Napol. 1834. T. 5. p. 281—285.

Pasquier.

1. La Puce, qui est un recueil de divers poëmes grecs, latins et français, composés par divers doctes personnages aux grands jours tenus à Poitiers, en faveur des dames Desroches. Paris, Abel l'Angelier, 1583. 4.
„De Vedier se trompe quand il cite une édition de 1580, temps auquel Pasquier, un des auteurs de ce recueil, n'était pas encore né." *Nodier Bibliogr. p. 63.

Passerini (Carlo), geb. 29. October 1793 in Florenz, gest. 4. März 1857 in Florenz. Professor an dem Museum der Naturgeschichte in Florenz. *Biographie: Agonario dell Museo etc. Firenze, 1857. Nekrolog von Tapper Ann. Soc. Ent. Fr. 1857. T. 6. p. 187. Seine Coleoptera besitzt Savi.

1. Osservazioni sopra la Sphinx Atropos o Farfalla a Testa di Morto. Pisa, 1828. 8. pg. 8.
*Ann. sc. nat. 1828. T. 13. p. 332—334. — *Isis. 1830. II. p. 208.
*Heusinger Zeitschrift. 1828. II. p. 443—445. — *Thons Archiv. 1830. II. p. 62.
*Féruss. Bullet. 1828. T. 16. p. 329.

2. Osservazioni sul Baco danneggiatore delle Ulive, e sulla Mosca in cui si transforme. (Musca Oleae Rossi.)
Giorn. Agrar. Toscan. No. 10. Firenze, 1829. 1 pl.

* 3. Memoria sopra due specie d'Insetti nocivi, uno alla Vite, il Bruco della Procris ampelophaga, e l'altro al Cavolo arboreo, la Larva o Baco del Lixus octolineatus. Firenze, 1829. 8. fig. pg. 15. pl. 1.

* 4. Osservazioni sopra alcune Larve e Tignole dell' Ulivo.
Giorn. Agrar. Toscan. No. 23. Firenze, 1832. 8. pg. 11. avec 1 pl.

5. Osservazioni e Notizie relative alle Larve pregiudicievoli alla pianta del Gran Turco.
Atti Accad. Georgof. 1832. T. 10. pg. 9.

* 6. Rapporto sopra l'Opuscolo del Dr. Pietro Negri, intitolato: Memoria sopra el Bruco che in quest'anno devasta i seminati di frumento delle provincie di Bologna, Romagna et Ferrara. Firenze, 1833. 8. pg. 8.
Atti Accad. Georgof. 1833. T. 11. — Revue Zool. 1841. T. 4. p. 79.
*Isis. 1842. V. p. 368.

* 7. Alcune Notizie sopra una specie d'Insetto del gen. Thrips dannoso agli Ulivi nel territorio di Pietrasanta. Firenze, 1836. 8.
Atti Accad. Georgof. T. 12. pg. 7. — *Revue Zool. 1841. T. 4. p. 79.
*Isis. 1842. V. p. 369.

* 8. Rapporto sulla Memoria del Luciani Castelnuovo sulle Larve dannegiatrici del Grano Siciliano. (Pyralis siliacealis.)
Atti Accad. Georgof. 1835. T. 12. pg. 10. — *Separat. Firenze, 1835. 8. pg. 10.
*Revue Zool. 1841. T. 4. p. 79. — *Isis. 1842. V. p. 369.

* 9. Sopra gli Insetti, e particolarmente sopra alcuni nocivi alle piante di Granturco di Grano, di Anacio e di Barbiciola. Firenze, 1837. 8. pg. 12.
Atti Accad. Georgof. 1837. T. 15. — *Revue Zool. 1841. T. 4. p. 79.
*Isis. 1842. V. p. 370.

* 10. Sul danno che ha recato agli Ulivi una Specie di Insetto nel Comune di Castiglione della Pescaja. Firenze, 1838. 8. pg. 16. (mit A. T. Tozzetti.)
Atti Accad. Georgof. 1838. T. 16. — Revue Zool. 1841. T. 4. p. 79.
*Isis. 1842. V. p. 371.

* 11. Osservazioni sopra due Insetti nocivi al Solanum tuberosum ed al Morus multicaulis (Lytta verticalis et Apate sexdentata). Firenze, 1840. 8. pg. 28. tab. 1.
Atti Accad. Georgof. T. 18. — *Revue Zool. 1841. T. 4. p. 334; p. 356.

* 12. Osservazioni sulle Larve, Ninfe ed Abitudini della Scolia flavifrons. Pisa, 1840. 4. tab. 1. pg. 15.
*Revue Zool. 1840. T. 3. p. 76. — *Isis.

* 13. Continuazione delle Osservazioni sulle Larve della Scolia flavifrons. Firenze, Stamp. di L. Pozzali, 1841. 4. pg. 7. pl. 1.
*Atti della terza Riunione degli Scienziati Italiani. Firenze, 1841. 4. p. 404.
*Isis. 1841. VIII. p. 639—641; p. 648—653. *1842. VI. p. 410.

*14. **Notizie relative a tre Specie di Insetti nocivi all' Ulivo (il Phloiotribus Oleae, l'Hylesinus adspersus ed una specie di Coccus).** Firenze, Galilei, 1843. 8. pg. 10.
Atti Accad. Georgof. T. 20.
Atti della quinta Riunione degli Scienziati. Ital. Lucca. 1844. p. 133–134.

*15. **Istoria dei Bruci o Larve della Lithosia caniola comunissimi in alcuni anni nella città di Firenze.** Firenze, Galilei. 1844. 8. pg. 9.
Nuov. Ann. della Sc. nat. Bologna. ser. 2. 1844. T. 1. p. 853–855.

*16. **Dei vantaggi che l'Agricoltura può ricavare dello studio dell' Entomologia.** Firenze, Galilei, 1846. 8. pg. 14.

*17. **Notizie sopra due Specie d'insetti nocivi agli Alberi, una Cecidomya alle foglie dei Cerri, ed i Bruchi o larve delle Liparis Salicis ai pioppi cipressini.** Firenze, 1849. 8. pg. 12.
Nuov. Ann. delle Sc. nat. Bologna. 1850. T. 27. p. 475.
*Separat). Firenze, 1849. 8. pg. 12.

*18. **Notizie relative ad insetti coleotteri dannosi, ed alcuni ospitanti delle piante del Fico carica.** Firenze, Cellini, 1851. 8. pg. 11. tab. 1.
Wahrscheinlich dasselbe ist:
Memoir on Bostrichus Ficl, Apate sex dentata, Morimus lugubris, Nemosoma elongata, Lachnea suspennis, an other species injurious to the fig, together with Denops [illegible] (Cleridae).
Atti Accad. Georgof. 1851. [illegible] Ent. Soc. Lond. ser. 2. T. 2. Proc. p. 62.)

*19. **Gli insetti autori delle [illegible] del Terebinto e del Lentisco insieme ad alcuni specie congeneri.**
Giornale i Giardini. VI. Dicbr. 1856. 8. pg. 8.

20. **Gli Afidi.**
Giornale i Giardini. XII. Giugno, 1857. 8. pg. 20.

Pátek (Johann).
1. **Lehrbuch des Seidenbaues.** Brünn, Winiker, 1851. 8. pg. 132.

Patellani (Luigi), Dr. Med.
1. **Osservazioni zoolomico-fisiologiche sul baco da seta.**
Giorn. agrario Lomb. Ven. ser. 3. 1851. T. 3. pg. 30. — Separat. Milano, 1851. 8. pg. 30.
*Bair. Bianconi Repert. T. 1. p. 106–107.
(Cornalia monogr. p. 84 bat vol. 33. p. 28.)

Pathe (C. D.), in Berlin.
*1. **Ueber den jetzigen Stand des Seidenbaues besonders in Bezug auf Staatsprämien.**
Mittheil. d. Central-Inst. f. Akklimatis. in Deutschl. 1862. Jahr. 3. No. 1–III.

Paton (Bartolomeo Ximenez).
*1. **Discorso de la Langosta, que en el tiempo presente aflige, y para el venidero amenaza.** — Dedicado a Don Ivan Coello de Contreras etc. Con licencia en Baeça por Pedro de la Cuesta. Anno d. 1619. 4. s. l. (hinter der Praef. Villa nueva de los Infantes.) 22 Blätter s. p.

Pattarelli (Lorenzo).
1. **De Bombyce (libri tres), Poëma.** Venetiis, 1743.
(cf. Dizion. ragion. di F. Re. T. 3 p. 228.)

Patterson (Robert).
*1. **Note relative to the Beetles observed in unrolling a Mummy at Belfast.**
Trans. Ent. Soc. Lond. 1835. T. 1. Proc. p. 67.

*2. **Notes relative to the Natural History of the Dragon-Fly.**
Trans. Ent. Soc. Lond. 1835. T. 1. Proc. p. 81–82.

*3. **Note respecting the larvae of Blaps mortisaga.** (cf. Haliday No. 16.)
Trans. Ent. Soc. Lond. 1838. T. 2. p. 90–100.

*4. **Letters on the natural history of the Insects mentioned in Shakespeares plays, with incidental Notices of the Entomology of Ireland.** London, 1838. 8. pg. 270. with woodcuts. — London, 1842. 8.

*5. **Note on the appearance of clouds of Diptera.**
Ann. of N. H. 1842. T. 10. p. 8–9.

*6. **On the study of natural history as a branch of general education in schools and colleges, being a paper read before the natural history Society of Belfast** 26. Novbr. 1840. London, Simms etc., 1847. 12. pg. 14.

*7. **Introduction to zoology, for the use of schools.** London, Simpkin, 1847. 8. (Part I. invertebrate animals. pg. 8 et 191, with 170 illustr.)

*8. **First steps to zoology.** London, Simms et M'J., 1849. 12. pg. 244. (Part I. invertebrate animals. pg. 128; with 132 illustr.)

Patti (Mariano Zuccarello).

1. Descrizione di un nuovo Coleoptero (Mordella Aradasiana).
   Giorn. di Scienz. Lett. ed Arti per la Sicilia. 1840. T. 72. p. 292—294. (cf. Carus, p. 760.)

*2. Sopra due nuovi Insetti Siciliani. (Brachinus Joenius et Siculus.)
   Atti Accad. Gioenia. ser. 2. 1844. T. 1. p. 129—136.

*3. Illustrazioni entomologiche Siciliane. (Coleopt., Lepidopt., Orthopt.)
   Atti Accad Gioenia. ser. 2. 1845. T. 2. p. 23—64.

Paulet (Jean Jacques), geb. 27. April 1740 in Anduze in den Sevennen; gest. 4. August 1826 in Fontainebleau. Arzt.

1. Flore et Faune de Virgile. Paris, 1824. 8. fig. col.
   (cf. Quérard. T. 6. p. 637.)

Paullini (Christian Friedrich), geb. 25. Februar 1643, gest. 10. Juni 1712 in Eisenach.

1. De vermibus in sale.
   Ephem. Acad. Nat. Curios. 1677. Dec. 1. Ann. 8. Observ. 62. p. 80.

*2. Pediculi alati.
   Ephem. Acad. Nat. Curios. Dec. 2. 1687. Ann. 6. App. p. 22.

3. Musca dysenteriae genitrix.
   Ephem. Acad. Nat. Curios. 1687. Dec. 2. Ann. 6. App. p. 30—34. (cf. Lacordaire.)

*4. De pullicibus in ovo.
   Ephem. Acad. Nat. Curios. 1695. Dec. 3. Ann. 3. Observ. 174. p. 310.

*5. De A et O in alis papilionis.
   Ephem. Acad. Nat. Curios. 1695. Dec. 3. Ann. 3. Observ. 175. p. 311.

*6. De verme bicaudato cum capite filiformi.
   Ephem. Acad. Nat. Curios. 1695. Dec. 3. Ann. 3. Observ. 177. p. 311.

*7. De musca monstruosa viridi bipedi cum rostro suillo et tribus alis. (Fabelhaftes Thier.)
   Ephem. Acad. Nat. Curios. 1695. Dec. 3. Ann. 3. Observ. 180. p. 316.

8. Von Johannisblute.
   Philosoph. Luststunden. Th. 1. p. 265. (Boehmer. II, 2. p. 253.)

Payen (Anselme), geb. 17. (6.) Januar 1795 in Paris. Prof. Chem.

*1. Propriétés distinctives entre les membranes végétales et les enveloppes des Insectes et Crustacés.
   Compt. rend. 1843. T. XVII. p. 227—231. — *L'Institut. 1843. No. 502. p. 261—262.

le Payen.

1. Essai sur les moulins à soie, et description d'un moulin propre à servir seul à l'organsinage et à toutes les opérations du tord de la soie et à la culture du mûrier. Metz, Antoine et Paris, Barbou, 1768. 4.
   (cf. Nodier Bibliogr. p. 47.)

von Payhull (Gustaf), eingebor. Edelmann, kgl. schwed. Canzleirath und Akademiker zu Stockholm. Seine Sammlung gehört der Akademie in Stockholm.

*1. Beskrifning öfver et nytt natfly. (Phalaena Tinea betulinella.)
   Vetensk. Acad. nya Handl. 1785. T. 6. p. 57—60; *Deutsch. 1786. T. 6. p. 52—55. fig.

*2. Beskrifning öfver förvandlingen af Phalaena Noctua Parthenias.
   Vetensk. Acad. nya Handl. 1785. T. 6. p. 108—196; *Deutsch. 1786. T. 6. p. 193—185. (cf. Bibl. Banks. II. p. 281.)

*3. Beskrifning öfver et nytt natfly, Phalaena Tinea Grandaevella.
   Vetensk. Acad. nya Handl. 1785. T. 6. p. 274—278; *Deutsch. 1786. T. 6. p. 219—222. fig. (cf. Bibl. Banks. II. p. 284.)

*4. Beskrifning öfver et nytt Svenskt natfly, Phalaena Noctua lelifera.
   Vetensk. Acad. nya Handl. 1786. T. 7. p. 60—61; *Deutsch. 1787. T. 7. p. 58—62. fig. (cf. Bibl. Banks. II. p. 283.)

*5. Monographia Staphylinorum Sueciae. Upsaliae, Edman, 1789. 8. p. 1—81. (incl. praef. pg. 5.) 55 spec.

*6. Monographia Caraborum Sueciae. Upsaliae, Edman, 1790. 8. p. 1—138. (incl. praef. pg. 5 und Append. ad Staphylin. pg. 5.) 81 spec. u. 7 Staphyl.

*7. Monographia Curculionum Sueciae. Upsaliae, Edman, 1797. 8. p. 1—151.
   *Alle drei recensirt Schneider Magaz. I. p. 83—103. — Jena. allg. Litter. Zeit. 1795. T. 2. p. 1—3.
   (Enthält 135 Curcul. und 4 Staphyl. und 3 Carab. als Supplement der früheren Monogr.)

*8. Anmärkningar vid genus Coccinella och beskrifning öfver de Svenska arter deraf som äro med fön här beskrifde. 12 spec.
   Vetensk. Acad. Handl. 1798. T. 19. p. 114—159.

*9. Catalogus Insectorum deficientium in collectione Dr. Paykull. Upsaliae, Edman, 1789. 8. pg. 15. (s. n.)
   Druckort etc. stehen nur am Fusse von p. 15. Bibl. v. Heyden.

*10. **Fauna Suecica; Insecta. (Coleoptera.) Upsaliae, Edman. 8. vol. 3. (T. I. et II. sine anno.)**
T. I. (1798.) pg. 8 et 358 et corrig.
T. II. (1799.) pg. 234.
T. III. 1800. pg. 459.

*11. **Beskrivelse over 5 arter nye nat-sommerfugle. (Bombyx. Noctua.)**
Skrivter af Naturhist. Selskabet. 1793. T. 2. Heft 2. p. 97—102.
(cf. Bibl. Banks. II. p. 259.)

*12. **Beskrifning öfver nya Svenska Insekter (Coleoptera). (Stk. 1 et 2. Dytiscus sericeus, Dasytes linearis.)**
Vetensk. Acad. Handl. 1799. T. 20. p. 49—50; p. 115—118. fig.
* Wiedem. Archiv. T. 2. Stk. 1. p. 258; Stk. 2. p. 250.

*13. **Monographia Histeroidum. Upsaliae, Palmblad, 1811. 8. pg. 4 et 112 et pg. 2 Index. tab. 13. (84 Hister, 9 Hololepta.)**

*14. **Beskrifning å nya och rättelser vid beskrifningarna å några förr kände Svenska Insekter. (Coleoptera.)**
Vetensk. Acad. Handl. 1801. T. 24. p. 110—122. (Stk. 2.)

*15. **Beskrifning öfver fyra nya Insekter af slägtet Hister.**
Vetensk. Acad. Handl. 1809. T. 30. p. 223—232.

Payne (J. H.).

1. **Beekeeping for the many: being plain instructions for the management of the honey bee. London, Cottage Gardener Office, 1856. 12. pg. 54.**
Manuals for the many.

Payne (W. H.).

1. **Notes upon Bee culture. Cottage Gardener, 1851.**
* Trans. Ent. Soc. Lond. ser. 2. 1852. T. 2. Proc. p. 78.

Payraudeau (B. C.).

*1. **Sur un nouveau moyen de détruire les charançons.**
Nouv. Bull. Soc. Philom. 1826. p. 78—79.
Reimpr. Annal. de l'agr. franc. sér. 2. 1828. T. 35. p. 238—241.
Reimpr. Journ. d'agr. d'écon. rur. et des manuf. des Pays Bas. 1826. T. 4. p. 244—247.

Peale (R. Titian).

*1. **Lepidoptera Americana. (Philadelphia, 1833.) 4. pg. 16. 4 pl. col.**
Agassiz IV p. 87 citirt Aug. Taurin. 1798. 8. wohl irrig.

Pearson (George), geb. 1751 in Rotterham, York; gest. 9. Novbr. 1828 in London. Arzt.

*1. **Observations and experiments on a waxlike substance resembling the Pé-la of the Chinese. (Coccus.)**
Philos. Transact. 1794. T. 84. p. 383—401.

Pearson (J. T.).

*1. **On Lamia rubus.**
Journ. Asiat. Soc. Beng. 1837. T. 6. p. 321—322.

2. **Remarks on the East-Indian Turnip-fly (Haltica nigro-fusca).**
Journ. of the Agricult. Soc. of India.
* Calcutta Journal of nat. hist. 1841. T. 1. p. 290—301.
* Erichson Bericht. 1841. p. 69.

Pecchioli (Victor) in Pisa.

*1. **Description de deux Coléoptères nouveaux d'Italie. fig.**
Ann. Soc. Ent. Fr. 1837. T. 6. p. 445—447.

*2. **Description d'une nouvelle espèce de Sitaris (S. Solieri). fig.**
Ann. Soc. Ent. Fr. 1839. T. 8. p. 337—338.

*3. **Mémoire sur les moeurs de quelques Buprestides dans tous les états de leur vie.**
Guérin Magas. Zool. 1843. T. 13. No. 120—121. pg. 15. fig. col.

Peck (William Dandridge), (nach brieflichen Mittheilungen von W. Sharswood verbessert.)

1. **The Description and History of the Cankerworm.**
* Massachusetts Magaz. 1795. No. 7. p. 323—327; p. 415—418. pl. 1.
Reprod. in Massachusetts Agric. Rep. as The Natural History of the Canker-worm (Octbr.) 1795. pl. 1. — („Though this [reproduction] is now bound up together with the preceding, as the Mass. Ag. Rep. yet the former was really intitled: Rules and Regulations of the Mass. Soc. for promoting Agriculture; and the latter: Papers on Agriculture consisting of communications made to the Mass. Soc. for promoting Agric." Sharswood.)

2. **Natural History of the Slug-worm. (Tenthredo Cerasi.)**
Massachusetts Agric. Rep. 1799. p. 9—78. 1 pl.
* Separat. Boston. publ. by Young and Minns. 1799. 8. pl. 1. pg. 14.
Collect. of the Massachusetts histor. Soc. T. 8. p. 250.

3. **Important communication relative to the Canker-worm.**
Massachusetts Agric. Rep. 1816. IV. No. 1. Jan. p. 69—72.

(**Peck**, William Dandridge.)

4. On the Insects which destroy the young branches of the Pear-tree, and the leading shoot of the Weymouth-Pine. (Rhynchaenus strobi and Ichneumon.)
   Massachusetts Agric. Rep. 1817. IV. No. 3. Jan. p. 205—211. pl. 1.
   *Zoolog. Journ. 1825. T. 2. p. 487—492.
5. Some notice of the Insect which destroys the Locust-tree. (Cossus Robiniae.)
   Massachusetts Agric. Rep. 1818. V. No. 1. Jan. p. 67—73. pl. 1.
6. On Insects which affect the Oaks and Cherries. (Stenocorus putator; Rhynchaenus Cerasi.)
   Massachusetts Agric. Rep. 1819. V. No. 3. Jan. p. 307—313.
   *Zoolog. Journ. 1826. No. 8. p. 497—503.
   *Féruss. Bullet. 1828. T. 11. p. 151—152. — *Isis. 1830. X. p. 1083.
   (The Massachusetts Magazine. Boston. 8. edited by Thaddeus Mason Harris, D. D., father of Th. W. Harris." Sherborn.)

Peckitt (Henry).

* 1. Notice of a number of Earth-worms and Larvae of an undescribed Species found in draining a field upon his Estate.
   Rep. Brit. Assoc. Adv. Sc. 28. Sect. 1858. p. 120.

Peleria (J.).

* 1. Elater punctolineatus n. sp.
   Zoolog. Journ. 1829. T. 4. p. 321.

Le Peletier (Amédée Louis Michel, comte de Saint Fargeau), geb. 9. October 1770 in Paris, gest. 23. August 1845 zu St. Germain en Laye. Nekrolog von Audinet Serville nebst Catalog seiner Schriften. Ann. Soc. Ent. Fr. sér. 2. T. 4. p. 193.

* 1. Mémoire sur quelques espèces nouvelles d'Insectes de la section des Hyménoptères, appelés porte-tuyaux et sur les caractères de cette famille et des genres qui la composent. (Clepte, Chrysis, Hedychre.) 1 pl. col.
   Ann. du Mus. d'Hist. nat. 1806. T. 7. p. 115—129.
2. Expériences sur les abeilles, adressées à la société d'agriculture de Caen. An XI. 8. pg. 7.
* 3. Monographia Tenthredinetarum, Synonymia extricata. Paris, Levrault, 1823. 8. 1 vol. pg. 176.
   *Isis. 1830. IV. p. 417—418; 1836. IV. p. 319. — *Féruss. Bull. 1823. T. 3. p. 415—417.
* 4. La partie entomologique de la „Faune Française" avec Audinet Serville. 1821. Les Lepidoptères Diurnes, les Crépusculaires et le commencement des Nocturnes sont rédigés par le Peletier. Paris, Levrault, 1820—1830. 8. pg. 1—256. pl. 16 col.
5. La rédaction des articles d'Insectes dans le vol. X de l'Encyclopédie méthodique avec Audinet Serville 1827.
   „Les articles sont signés par lui et par Serville, mais le Peletier a eu la plus grande part dans les articles concernant les Hyménoptères" cf. Nécrologue.
6. Observations sur l'accouplement d'Insectes d'espèces différentes.
   Analyse des travaux de l'Acad. royale des Sciences pour 1827. Physique. p. 56.
* 7. Description du genre Macromeris et 2 espèces. (M. splendida et violacea.)
   Guérin Magas. Zool. 1831. T. 1. Ins. No. 29—30. fig. col.
* 8. Description du Sphex Latreillei.
   Guérin Magas. Zool. 1831. T. 1. Ins. No. 33. fig. col.
* 9. Description du Sphex Thunbergii.
   Guérin Magas. Zool. 1831. T. 1. Ins. No. 31. fig. col.
* 10. Mémoire sur le genre Gorytes de Latreille.
   Ann. Soc. Ent. Fr. 1832. T. 1. p. 52—79. pl. 1. — *Isis. 1848. II. p. 133.
* 11. Observations sur l'ouvrage intitulé: „Bombi Scandinaviae monographice tractati a Gust. Dahlbom. Lund. Goth. 1832" auxquelles on a joint les caractères du genre Bombus et Psithyrus, et la description des espèces qui appartiennent au dernier.
   Ann. Soc. Ent. Fr. 1832. T. 1. p. 366—382.
* 12. Description de trois nouvelles espèces de Cimbex.
   Ann. Soc. Ent. Fr. 1833. T. 2. p. 454—455.
* 13. Remarques sur les caractères donnés par M. Klug au genre Syzygonia (Hyménoptère).
   Ann. Soc. Ent. Fr. 1833. T. 2. p. 436—437. fig.
* 14. Monographie du genre Crabro Fabr., de la famille des Hyménoptères fouisseurs. (avec M. Brullé.)
   Ann. Soc. Ent. Fr. 1834. T. 3. p. 683—810. — *Isis. 1846. VII. p. 518.
* 15. Observations sur une Monographie des Odynères de Belgique de M. Wesmaël.
   Ann. Soc. Ent. Fr. 1835. T. 4. Bull. p. 68.

* 16. Réponse aux observations de M. Léon Dufour sur les Crabro F.
Ann. Soc. Ent. Fr. 1838. T. 7. p. 415—420.

* 17. Histoire naturelle des Insectes. Suites à Buffon. Hyménoptères. Paris, Roret. 8. avec un Atlas renfermant 48 pl. col. et pg. 16 texte.
T. I. 1836. pg. 547; T. II. 1841. pg. 680. 24 pl. col.; T. III. 1845. pg. 646. 4 pl.
*Isis. 1840. IV. p. 317—318; 1847. VII. p. 520; XI. p. 708.
(T. IV. — der Schluss — ist von Brullé. 1846. pg. 680.)

Peligot (Eugène Melchior), geb. 24. Febr. 1811 in Paris. Prof. der Chemie.

1. Etudes chimiques et physiologiques sur les vers à soie. Deux mémoires. Paris, Bouchard-Huzard, 1853. 8. pg. 11.
Acad. Sc. Paris. 1851. 3. Novbr. pg. 11. — *Revue Zool. et Magas. 1851. T. 3. p. 553—560. (Société nationale et centrale d'agriculture.)

Memoir on silk-worms chemically and physiologically considered, and other notices on silk-worms.
Translat. in Gardeners Chronicle. 1852. No. 31. p. 484; No. 32. p. 500.

* 2. Sur la composition de la peau des vers à soie.
Compt. rend. 1858. T. XLVII. p. 1034. — *Extr. Ann. sc. nat. sér. 4. 1859. T. 11. p. 382.

Pelletier (P. Joseph), geb. 22. März 1788 in Paris, gest. 19. Juli 1842 daselbst. Apotheker.

* 1. Examen chimique de la Cochenille et de sa matière colorante (avec Caventou).
Nouv. Bull. Soc. Philom. 1818. Juin. p. 85—88.

Pelouze (Théophile Jules), geb. 13. Febr. 1807 in Valognes, la Manche. Prof. der Chemie in Paris.

* 1. Sur la nature du liquide sécrété par la glande abdominale des Insectes du genre Carabus.
Compt. rend. 1856. T. XLIII. p. 123—125. — *Institut. 1856. XXIV. No. 1178. p. 289. *Revue et Magas. Zool. 1856. T. 8. p. 330.

Pensa (Antonio) aus Mailand.

* 1. De insectis venenatis agri Ticinensis Dissertatio. Ausp. J. M. Zendrini. Ticin. Reg., 1832. 8. pg. 31.

Pepin.

* 1. Note sur la Gracillaria syringella.
Journ. Soc. d'Horticult. Paris. 1862. T. 8. p. 109—110.

Perbosc.

* 1. Insectes nouveaux découverts au Mexique. (1 Coleopt.)
Revue Zool. 1839. T. 2. p. 261—264.

Percheron (Achille Remy), geb. 25. Januar 1797 in Paris.

* 1. Description et représentation du genre Derbe F.
Guérin Magas. Zool. 1832. T. 2. No. 36. fig. col.

* 2. Description du Cephaleius infumatus. (Hemipt. homopt.)
Guérin Magas. Zool. 1832. T. 2. No. 48. fig. col.

* 3. Note sur la larve du Myrméleon Libelluloides.
Guérin Magas. Zool. 1833. No. 89. p. 6. 1 pl. col.

* 4. Mémoire sur les Haplidies.
Guérin Magas. Zool. 1833. T. 3. No. 86. pg. 12. fig. col.

* 5. Monographie des Scarabées Mélithophiles comprenant les Cétoines et genres voisins (avec Gory.) Paris, 1833—1836. 8. livrais. 15. pl. 77 col.

* 6. Monographie des Passales et des genres qui en sont séparés. Paris, Merckle in, 1835. 8. pg. 3 et 107. pl. 7 col. (49 spec.)

7. Notices entomologiques. Paris, 1835. 8.

* 8. Note sur trois Insectes lumineux.
Silberm. Revue entom. 1835. T. 3. p. 76.

* 9. Descriptions de quelques nouvelles espèces de Cétoines de Madagascar. (10 esp.)
Silberm. Revue entom. 1835. T. 3. p. 177—180.

* 10. Genera des Insectes ou exposition détaillée de tous les caractères propres à chacun des genres de cette classe d'animaux. (avec Guérin.) Paris, Méquignon-Marvis, 1835—1838. 8. 6 livr. avec 10 pl. col. et Texte s. p.
v. Guérin No. 18.

* 11. Bibliographie Entomologique. Paris, Baillière, 1837. 8. T. 1. pg. 12 et 326; T. 2. pg. 376.

* 12. Note sur les matériaux zoologiques recueillis par M. Cpt. Bérard.
Revue Zool. 1840. T. 3. p. 222.

* 13. Révision critique et supplément à la monographie du genre Passale.
Guérin Magas. Zool. 1841. T. 11. No. 77—79. pg. 18. tab. 3. 1844. T. 14. No. 131—135. pg. 13. tab. 2.

* 14. Essai sur la valeur relative des organes dans les Insectes pour servir de base à une classification de ces animaux.
*Compt. rend. 1841. T. XIII. No. 24. p. 1099—1103. Bericht darüber von Duméril und Milne-Edwards. — *Froriep Notiz. 1842. T. 21. p. 19—22.

(Percheron, Achille Remi.)
*15. Sur les dénominations à donner aux différentes coupes introduites en Entomologie.
Revue Zool. 1843. T. 6. p. 72—75.
*16. Article Insecte.
Dictionn. pittoresque d'hist. nat. T. IV. Livr. 200. p. 151—188. 1 pl.

Percival (Robert).
1. An account of the Island of Ceylan, containing its natural history. London, 1803. 4.
*Deutsche Uebers. von J. A. Bergk. Leipzig, Rein, 1803. 8.
Franz. Uebers. von Henry. Paris, Dentu, 1801. 8. 2 vol.

Peremotti.
1. Sur une nouvelle espère d'Insecte trouvé dans l'eau d'un puits d'Alexandrie.
Mém. Acad. Torin. T. 4. p. 255.

Pérès, Médecin.
*1. Notice des insectes, qu'on peut substituer aux cantharides.
Millin Magaz. Encycl. 1787. T. 3, 8. p. 465—466. (Im Auszug eines andern Werkes.)

Perleb (Karl Julius).
1. Lehrbuch der Naturgeschichte. Freyburg, Wagner, 1826, 31, 35. 8. 2 vol.

Peroni (Angelo).
1. L'educazione del Baco da seta. Trattato teorico-pratico diviso in due parti nella prima versa sull' educazione; nella seconda trattasi se la foglia del Maclura aurantiaca possa surrogarsi a quella del Gelso. Brescia, Tip. del Pio Istit. in S. Barnaba, 1844. 8. pg. 8 et 100.
(cf. Carus. p. 802.)

Perotti (Charles), Avocat à Barge.
*1. Essai sur l'organisation externe et interne des insectes, sur les fonctions de leur vie, de leurs amours, de leurs ruses pour éviter leurs ennemis, vaincre leur proie, et sur leur industrie pour se conserver, se nourrir, etc. Turin, Reygend, 1808. 8. pg. 98.

Perrault (Claude), geb. um 1613 in Paris, gest. 9. Octbr. 1698 daselbst Arzt.
1. Mémoires pour servir à l'histoire naturelle des animaux. Paris, 1671 u. 1676. Fol. 2 vol.
Paris, 1733—1734. 4. 1 vol.
(Bildet T. 3 der Mém. Acad. Sc. Paris.) Ob entomologisch?
(cf. Quérard. T. 7. p. 60.)

Perrier (R.).
1. Observations sur quelques Coléoptères de la Savoie (avec de Manuel). Chambéry, 1855. 8.
Extr. Annal. Soc. d'hist. nat. de Savoie pour 1854.

Perrières (Auguste).
1. Introduction à l'Histoire naturelle des insectes. Bordeaux, 1821—1825. 3 vol. 8. fig.
(cf. Eiselt. p. 130.)

Perrin.
1. Divers insectes, la puce, le moucheron, le papillon, la fourmi, le grillet, le ver à soie, l'abeille, pieces en poesie. Paris, Duval, 1815. 12.
Reimpr. Paris, Duval, 1841. (cf. Nodier. Bibliogr. p. 65.)

Perris (Edouard). Chef de division à la Préfecture de Mont de Marsan (Landes).
1. Quelques mots sur la larve et le nid de la Buprestis manca.
Act. Soc. Linn. Bordeaux. 1838. T. 10. p. 203—207. (cf. Carus. p. 1860.)
*2. Mémoire sur la Lonchaea parvicornis Meigen, et la Tetanura laticornis Macquart.
Ann. Soc. Ent. Fr. 1839. T. 8. p. 29—37.
*3. Notice sur une nouvelle espèce de Syphonella Macquart. fig. (S. nucis.)
Ann. Soc. Ent. Fr. 1839. T. 8. p. 39—46.
*4. Notices sur quelques Diptères nouveaux fig. 6 spec.
Ann. Soc. Ent. Fr. 1839. T. 8. p. 47—57.
*5. Observations sur les insectes qui habitent les galles de l'Ulex nanus et du Papaver dubium.
Ann. Soc. Ent. Fr. 1840. T. 9. p. 89—99. fig.
*6. Observations sur les insectes qui vivent dans la galle de l'ortie dioique. fig.
Ann. Soc. Ent. Fr. 1840. T. 9. p. 401—406.
*7. Notes pour servir à l'histoire des Crabronites. fig. (Nestban.)
Ann. Soc. Ent. Fr. 1840. T. 9. p. 407—412.

*8. Notes pour servir à l'histoire des Psychodes, Diptères de la famille des Tipulaires Latr. fig.
Ann. sc. nat. sér. 2. 1840. T. 13. p. 348—348.

*9. Observations sur quelques larves xylophages. (Helops; Melandrya; Platypus; Strangalia; Ctenophora.) fig.
Ann. sc. nat. sér. 2. 1840. T. 14. p. 81—[illegible].

*10. Notes sur les métamorphoses du Tachyporus cellaris et du Tachinus humeralis, pour servir à l'histoire des Brachelytres. fig.
Ann. Soc. Ent. Fr. sér. 2. 1846. T. 4. p. 331—[illegible].

*11. Note pour servir à l'histoire du Megatoma serra Latr., Dermestes serra Fabr., Anthrenus Viennensis Herbst. fig.
Ann. Soc. Ent. Fr. sér. 2. 1846. T. 4. p. 339—342.

12. Traité de la culture du mûrier, de l'éducation des vers à soie. Mont de Marsan, Leclerq, 1846. 8.
(cf. Cornalia monogr. p. 78.)

*13. Note pour servir à l'histoire du Lygistopterus sanguineus Dej., Lycus sanguineus Fabr., Dictyopterus sanguineus Latr. fig.
Ann. Soc. Ent. Fr. sér. 2. 1846. T. 4. p. 343—348.

*14. Notes pour servir à l'histoire des Trichopteryx. fig.
Ann. Soc. Ent. Fr. sér. 2. 1846. T. 4. p. 465—475.

*15. Notes pour servir à l'histoire de l'Anaspis maculata Fourc. et du Tillus unifasciatus F.
Ann. Soc. Ent. Fr. sér. 2. 1847. T. 5. p. 29—35. fig.

*16. Notes sur les métamorphoses de la Trichocera annulata Meig. et de la Scatopse punctata Meig. pour servir à l'histoire des Tipulaires.
Ann. Soc. Ent. Fr. sér. 2. 1847. T. 5. p. 37—49. fig.

*17. Observations complémentaires pour l'histoire du Melasis flabellicornis Fab.
Ann. Soc. Ent. Fr. sér. 2. 1847. T. 5. p. 341—346. fig.

*18. Observations sur les larves du Clytus Abietis, de la Saperda punctata et de la Grammoptera ruficornis, pour servir à l'histoire des Longicornes.
Ann. Soc. Ent. Fr. sér. 2. 1847. T. 5. p. 547—554. fig.

*19. Notes pour servir à l'histoire du Ceratopogon.
Ann. Soc. Ent. Fr. sér. 2. 1847. T. 5. p. 555—[illegible]. fig.

*20. Lettre sur une excursion dans les grandes Landes.
Mém. Acad. Sc. Lyon. 1847. T. 2. p. 433—506. — *Separat. Lyon. 1850. 8. pg. 74.

*21. Notes pour servir à l'histoire du Cyrtonus rotundatus, suivies de la description de cet insecte et d'une espèce voisine. (avec Wachanru.)
Mém. Acad. Sc. Lyon. 1847. T. 2. p. 401—415.

*22. Note sur le Callimus abdominalis.
Mém. Acad. Sc. Lyon. 1847. T. 2. p. 417—420.

*23. Description d'un Coléoptère nouveau de la tribu des Longicornes. (Clytus Lama.)
Mém. Acad. Sc. Lyon. 1847. T. 2. p. 421—423.

*24. Histoire des Métamorphoses de la Donacia sagittariae. fig.
Ann. Soc. Ent. Fr. sér. 2. 1848. T. 6. p. 33—48.

*25. Notes pour servir à l'histoire du Lixus angustatus. fig.
Ann. Soc. Ent. Fr. sér. 2. 1848. T. 6. p. 147—153.

*26. Notes pour servir à l'histoire des Métamorphoses de diverses espèces de Diptères. fig.
Ann. Soc. Ent. Fr. sér. 2. 1849. T. 7. p. 51—65; p. 331—351.

*27. Notice sur les habitudes et les métamorphoses de l'Eumenes infundibuliformis Oliv., E. Olivieri St. Farg. fig.
Ann. Soc. Ent. Fr. sér. 2. 1849. T. 7. p. 183—194.

*28. Mémoire sur le siège de l'odorat dans les articulés.
Ann. sc. nat. sér. 3. 1850. T. 14 p. 150—178. — *Froriep Notiz. 1851. T. 3. p. 81—85.

*29. Note sur les moeurs du Coniatus chrysochlora Lucas (Curculion.) avec une note de M. Lucas.
Ann. Soc. Ent. Fr. sér. 2. 1850. T. 8. p. 23—29.

*30. Notes pour servir à l'histoire des Cionus.
Ann. Soc. Linn. Lyon. 1850. T. 2. p. 291—302.

*31. Moeurs et Métamorphoses de l'Apate Capucina Fabr., de l'Apate sexdentata Oliv., de l'Apate sinuata Fabr., et de l'Apate Dufourii Latr. fig.
Ann. Soc. Ent. Fr. sér. 2. 1850. T. 8. p. 555—571.

*32. Histoire des métamorphoses de quelques Diptères.
Mém. Soc. Lille. 1850 (ed. 1851.) p. 118—153. tab. 1.

*33. Notes pour servir à l'histoire des Phytonomus et des Phytobius.
Mém. Acad. Sc. Lyon. sér. 3. 1851. T. 1. p. 93—108. fig.

(Perris, Edouard.)

* 34. Notes sur les métamorphoses de divers Agrilus pour servir à l'histoire des Buprestides.
Mém. Acad. Sc. Lyon. sér. 2. 1851. T. 1. p. 107—121. fig.

* 35. Quelques mots sur les métamorphoses de Coleoptères mycétophages, le Triphyllus punctatus, Diphyllus lunatus, l'Agathidium seminulum et l'Eucinetus meridionalis.
Ann. Soc. Ent. Fr. sér. 2. 1851. T. 9. p. 39—52. fig.

* 36. Histoire des insectes du Pin maritime.
Ann. Soc. Ent. Fr. sér. 2. 1852. T. 10. p. 491—522; sér. 3. 1853. T. 1. p. 555—611. 3 pl.; 1854. T. 2. p. 85—160; p. 583—646. 3 pl.; 1856. T. 4. p. 173—237; p. 423—486. 2 pl.; 1857. T. 5. p. 341—395. 1 pl.

* 37. Seconde Excursion dans les Grandes-Landes.
Ann. Soc. Linn. Bordeaux. 1852. (Stett. Ent. Zeit. 1853. T. 14. p. 110.)

* 38. Note additionelle sur les habitudes et les métamorphoses de l'Eumenes infundibuliformis. Oliv.
Ann. Soc. Ent. Fr. sér. 2. 1852. T. 10. p. 557—559.

* 39. Histoire des métamorphoses du Clambus enshamensis Westw., du Cryptophagus dentatus Herbst, du Latridius minutus Linné, du Corticaria pubescens Illig., de l'Orthoperus piceus Steph., du Malachius aeneus F. et de la Sapromyza quadripunctata F.
Ann. Soc. Ent. Fr. sér. 2. 1852. T. 10. p. 571—601. fig.

* 40. Histoire des métamorphoses du Blaps producta et fatidica.
Ann. Soc. Ent. Fr. sér. 2. 1852. T. 10. p. 603—612.

* 41. Réunion en une seule espèce des Chasmatopterus hirtulus et villosulus Illig.
Ann. Soc. Ent. Fr. sér. 3. 1853. T. 3. p. 273—281.

* 42. Description de sept Coléoptères nouveaux pris dans le Département des Landes.
Ann. Soc. Ent. Fr. sér. 3. 1853. T. 3. Bull. p. 77—80.

* 43. Histoire des Métamorphoses de divers insectes. fig.
Mém. Soc. Roy. Sc. Liège. 1856. T. 10. p. 233—280. tab. 1.

* 44. Métamorphoses de la Cochylis hilarana H. Schaeff.
Ann. Soc. Ent. Fr. sér. 3. 1856. T. 4. p. 33—38. fig. col.

* 45. Nouvelles excursions dans les grandes Landes.
Ann Soc. Linn. Lyon. sér. 2. 1857. T. 4. p. 83—180.

Perrot (A. M.). Geograph.

1. Elémens d'Entomologie, pour servir d'introduction à l'étude de l'histoire naturelle des insectes. Paris, Bocquart, 1830. In plano d'une feuille.
(cf. Quérard. T. 7. p. 71.)

* 2. Le chasseur d'insectes, instruction pour découvrir, prendre, préparer et conserver les insectes. Paris, Dauvin, 1838. 12. pg. 125 pl. 7.

Perroud (B. P.) in Lyon.

1. Melanges entomologiques. Lyon, Dumoulin, 1846—1853. 8. II. Parties.

*2. Description de quelques Coléoptères nouveaux ou peu connus, tribu des Carabiques, familles des Truncatipennes, section des Anthiaires.
I. Fascicule lu à la Soc. Linn. de Lyon. 8. Decbr. 1846. pg. 40.
Ann. Soc. Linn. Lyon. 1847. T. 1. p. 25—64.

*3. Description de quelques Coléoptères nouveaux ou peu connus.
Ann. Soc. Linn. Lyon. sér. 2. 1853. T. 1. p. 389—520.
II et III Parties. Lyon, Meimon, 1856. 8. II. p. 134; III. p. 100.

*4. Description de la larve de l'Exocentrus balteatus.
Ann. Soc. Linn. Lyon. sér. 2. 1855. T. 2. p. 321—324.

*5. Description d'une monstruosité existant dans un Rhizotrogus aestivus.
Ann. Soc. Linn. Lyon. sér. 2. 1855. T. 2. p. 325—328.

*6. Description de quelques espèces nouvelles ou peu connues et création de quelques nouveaux genres dans la famille des Longicornes.
Ann. Soc. Linn. Lyon. sér. 2. 1855. T. 2. p. 327—361; p. 383—401.

*7. Notice sur la viviparité ou l'ovoviviparité des Oreina speciosa Panzer et superba Olivier avec la description de la larve de cette dernière espèce.
Ann. Soc. Linn. Lyon. sér. 2. 1855. T. 2. p. 402—408.

*8. Nouveau genre de Longicorne à la création duquel donne lieu le Tmesisternus mirabilis de M. Boisduval et description de deux nouvelles espèces en faisant également partie.
Ann. Soc. Linn. Lyon. sér. 2. 1855. T. 2. p. 409—420.

Perry.

*1. Arcana or Museum of Nature. London, Stratford, 1810—11. 2 vol. 8. pl. col.
(Insecten eine Zahl Platten; Text s. p.)

Perry (John).
* *1. A Description of an instrument for catching all kinds of flying insects.
  Magaz. of N. H. ser. 1. 1831. T. 4. p. 125—127. fig.

da Persico (Giovanni Batista).
* *1. Dialoghi per l'istruzione de' contadini veronesi nel governo de' bachi da seta, con una lettera alla nobile contessa Clarina Mosconi. Verona, Mai. Nardi. 1817. 8. pg. 67. tab. 1. (cf. Cornalia monogr. p. 64.)
* 2. Dialogo sul governo de bachi da seta. Verona, 1817.
  Ob dasselbe? (cf. Cornalia monogr. p. 64.)
* 3. Lettere due con precetti sul governo dei bachi da seta. Verona, Libanti, 1812.
  (cf. Cornalia monogr. p. 74.)
* 4. Lettere e precetti sul buon governo dei bachi da seta. Verona, Libanti, 1813. 8.
  (cf. Cornalia monogr. p. 75.)

Perty (Maximilian), Professor an der Universität zu Bern.
* *1. Ueber einige Fühlerformen der Käfer und eine neue Sippe (Psigmatocerus).
  Isis. 1830. VII. p. 737—740. — *Féruss. Bull. 1829. T. 17. p. 440—441.
* *2. Delectus animalium articulatorum, quae in itinere per Brasiliam annis 1817–1820 jussu et auspiciis Maximiliani Josephi I Bavariae regis augustissimi peracto, collegerunt Dr. J. B. de Spix et Dr. C. F. Ph. de Martius; digessit, descripsit et pingenda curavit Dr. M. Perty. Monachii, (auctor). 1830—1834. 4. pg. 4; 44; 224. tab. 40 col.
  *Isis. 1832. II. p. 137; XI. p. 1212; 1833. XII. p. 1164—1173.
  *Entr. Silberm. Revue entom. 1833. T. 1. p. 201—264.
  Daraus auch separat:
* *3. De insectorum in America meridionali habitantium vitae genere, moribus ac distributione geographica observationes nonnullae. Monachii, 1833. Fol. pg. 44.
  (Es soll auch eine Ed. in 8 existiren, nach Perty's eigener Angabe. Lacordaire.)
  *Isis. 1834. III. p. 270.
  (Ich fand nur Uebers. d. No. 1 et 2 von Lacordaire ohne Angabe d. Quelle. teste Lacordaire.)
* *4. Observationes nonnullae in Coleoptera Indiae orientalis. Dissert. Monachii, Lindauer, 1831. 4. pg. 44. pl. 1.
  Isis. 1833. I. p. 55.
* 5. Beiträge zur Kenntniss der Fauna Monacensis.
  Isis. 1832. VII. p. 712.
* 6. Einige Bemerkungen über die Familie der Xenomorphiden.
  Isis. 1834. XII. p. 1240.
* *7. Allgemeine Naturgeschichte als philosophische und Humanitäts-Wissenschaft für Naturforscher, Philosophen und das höher gebildete Publicum. Bern, Fischer, 1837—1841. 8. vol. 3.
  *Isis. 1841. IX. p. 300—379.
* *8. Ueber eine neue Podura in sehr grosser Anzahl erschienen.
  Mittheil. d. naturf. Gesellsch. in Bern. 1850. p. 145—146; *1851. p. 88.

Petagna (Luigi), geb. 27. August 1779 in Neapel, gest. 29. März 1832. Sohn und Nachfolger als Professor der Zoologie von V. Petagna. *Nekrolog. Atti R. Ist. Incoragg. Nap. T. 5. p. 287.
* *1. Memoria su di alcuni insetti del Regno di Napoli.
  Atti Accad. Scienz. Napoli. 1819. T. 1. p. 30—40. tab. 4.
  *Féruss. Bull. 1826. T. 9. p. 111—113. — Giorn. Enciclop. 1820. p. 68.

Petagna (Vincenz), geb. 17. Januar 1734 in Neapel, gest. vor 1825. Professor der Botanik in Neapel. Notice biolog. von Costa Trans. Ent. Soc. Lond. T. 4. p. XVII. *Nekrolog Atti R. Accad. Sc. Nap. 1825. T. 2. p. 59.
* 1. Specimen insectorum ulterioris Calabriae. Francofurtae et Moguntiae, Varrentrapp, 1787. 4. pg. 46. 1 pl.
  Edit. altera. Lipsiae, 1808 *(1820). 4. pl. 1 col.
  Edit. prima. Napoli, 1786. 4. tab. 1. pg. 46.
  *Entr. Füessly Neues Magaz. 1787. T. 3. p. 187—197.
* *2. Institutiones entomologicae. Napoli, 1792. 8. vol. 2. pl. 10. 1. pg. 12 et 718 et 10.

Petazzi (Luigi), Dr.
* *1. Sull' attività della Canfora e dello spirito di Trementina per far perire le grisalidi ne' bozzoli.
  Opuscoli scelti. 1779. T. 2. p. 383—395.
* 2. Sperimenti fatti negli anni 1784 e 1786 per conoscere il fornello da seta più economico. (mit Francesco Bavara.)
  Atti della soc. patriot. Milano. 1789. T. 2. p. 271—283. pl. 17. (Lacordaire.)

(**Petazzi**, Luigi.)

3. Nuovo metodo per distogliere il segno nei bachi da seta, coll' appendice di alcune osservazioni pratiche dell' anno 1818, coll' indicazione dei mezzi attivi a farlo sviluppare, come ad impedirlo a proprio arbitrio in qualunque sia partita che si vuole. Milano, Motta, 1819.
(*Isis. 1820. XII. p. 900.)

Petenatti.

1. Tanker om Bie-Avling. Kjoebenhavn, 1776. 8.
(Boehmer. II, 2. p. 307.)

Peters (Wilhelm Carl Hartwig), geb. 1815. Director des Zoolog. Mus. in Berlin.

1. Ueber das Leuchten der Lampyris italica.
Müller Archiv. 1841. p. 229—233. — * Ann. sc. nat. sér. 2. 1842. T. 17. p. 254—256. *Revue Zool. T. 5. 1842. p. 223. — *L'Institut. 1842. X. No. 432. p. 127—128. *Edinb. new Philos. Journ. 1842. T. 34. p. 30—32.

*Reise nach Mozambique. Berlin, Reimer, 1862. 4. T. 2. (Die Insecten bearbeitet von Gerstaecker, Hagen, Hopfer, Klug, Loew, Schaum.)

Petit-Lafitte (August).

1. Insectes et mollusques ennemis de la vigne dans le département de la Gironde; leur description, leur mode d'existence, les moyens de les détruire, etc. Bordeaux, Chaumas Gayet, 1858. 8. (5¾ Bogen.) tab. 2. pg. 92.
Extrait d'un ouvrage qui aura pour titre: La Vigne dans le Bordelais, considérée dans ses rapports avec l'histoire, l'histoire naturelle, la météorologie et l'agriculture.

Du Petit-Thouars (Aubert).

*1. Sur quelques habitudes des abeilles bourdons.
Bull. Sc. Soc. Philom. 1807. T. 1. p. 45.

Petiver (James), gest. 20. April 1718 in London. Droguist in London. Petivers Sammlung ist im Brit. Museum vorhanden; die Insecten sind zwischen zwei Tafeln Marienglas scharf gepresst und verklebt in Folio-Bänden an die Blätter befestigt.

1. Musei Petiveriani Centuria (1—10) rariora naturae continens: viz. Animalia, Fossilia, Plantas ex variis Mundi Plagis advecta, ordine digesta, et nominibus propriis signata, iconibus eleganter illustrata. London. Pauli, 1695—1703. 8.
(cf. Philos. Transact. No. 224. p. 393.)
Cobres I. p. 189 nennt als Drucker Smith, und giebt an: 1695—1703. pg. 96.
Engelmann p. 12 giebt 2 pl. aen. an.
Nach Percheron I. p. 214 sind erschienen: Cent. I. 1695, II u. III. 1698, IV—VII. 1699, VIII. 1700, IX u. X. 1703. Percheron citirt auch eine Edit. in 4. avec pl. (Ob irrig?)
Reimpr. in Opera omnia etc. cf. No. 12.

2. Gazophylacii naturae et artis decades 10. London, Bateman, 1702—1711. fol. Enthält:
1. 100 Kpfrtaf. ohne besonderen Titel.
*2. Catalogus classicus et topicus omnium rerum figuratarum, in V decadibus s. primo volumine Gazophylacii. London, 1709.
3. Catalogus classicus etc. in V decadibus s. secundo volumine Gazoph. London, 1711.
4. Gazophylacii decas VI—X.
Der Text zu den ersten 5 Decaden erschien unter dem Titel:

Gazophylacium naturae et artis, dec. 1—5 in qua animalia, vegetabilia item fossilia etc. descriptionibus brevibus et iconibus illustrantur; hisce annexa erit supellex antiquaria, numismata, gemmae etc. patronis suis et maecenatibus. c. tab. 1 aen. London, Bateman, 1702—6. 8. pg. 90.
(cf. Engelmann. p. 187—188.)
Ref. Philos. Transact. 1703. T. 23. No. 283. p. 1411—1416; 1710. No. 331. p. 319—337.

*3. Remarks on some animals, plants sent to him from Maryland. (Coleoptera.)
Philos. Transact. 1698. T. 20. No. 246. p. 393—398.

4. Animals sent to him from Fort St. Georg by Edw. Bulkeley. (Insecta diversa.)
Philos. Transact. 1699. T. 21. No. 271. p. 850—862.
(cf. Bibl. Banks. II. p. 81.) Ob dasselbe mit dem Folgenden?

*5. An account of Mr. Sam. Browns his third Book of East India Plants etc., to which are added some animals sent him from those parts.
Philos. Transact. 1701. T. 22. No. 271. p. 850—862.

*6. Animals received from several parts of India. (Lepidoptera.) Fortsetzung von No. 5.
Philos. Transact. 1701. T. 22. No. 276. p. 1023.

*7. Some animals observed in the Philippine-Isles by George Joseph Camel. (Lepidopt.)
Philos. Transact. 1702. T. 23. No. 277. p. 1063—1068.

8. A Relation of divers West-India animals etc., Bees and other insects, especially such as are peculiar to the American Island.
Memoirs for the Curious. 1707. p. 293—326. (cf. Bibl. Banks. II. p. 23.)

9. Merians history of Surinam Insects abbreviated and methodized, with some remarks.
Memoirs for the Curious. 1708. p. 287—294; p. 327—334. (cf. Bibl. Banks. II. p. 32.)
*10. De variis animalibus Philippensibus ex Mss. Camell. (Formicae.)
Philos. Transact. 1708. T. 24. No. 318. p. 241—245. — ist Fortsetzung von No. 7.
*11. De Araneis et Scarabaeis Philippensibus, ex Mss. Camell.
Philos. Transact. 1711. T. 27. No. 331. p. 310—315.
12. Papilionum Britanniae icones, nomina etc. London, 1717. fol. 6 pl.
(cf. Percheron. I. p. 315.)
*13. Jacobi Petiveri opera historiam naturalem spectantia; or Gazophylaceum containing several 1000 Figures of Birds, Beasts, Reptiles, Insects, Fish, Beetles, Moths, Flies, Shells, Corals, Fossils etc. from all Nations on 156 Copperplates, with Latin and English Names. London, Millan, 1764. fol. 2 vol.
T. 1. pg. 4; 4; 12; 10. tab. 156; pg. 4. tab. 22; pg. 2. tab. 2.
(T. 2 enthält nur Botanik.)
14. Jacobi Petiveri Opera Historiam naturalem spectantia: containing several thousand Figures of Birds, Beasts, Fish, Reptiles, Insects, Shells, Corals and Fossils etc. on above three hundred Copper-Plates, with English and Latin Names. The additions corrected by James Empson. London, Millan, 1767. fol. 2 vol. mit 156 u. 135 pl.
(cf. Cobres. I. p. 170, woselbst die genaue Inhaltsangabe.)

von Petrasch oder Petrarsch.
1. Beschreibung einer vortrefflichen Bienenlage.
Abhandl. Oberlaus. Bienengesellsch. 1765. p. 73.
(cf. Boehmer. II, 2. p. 387.)

Petri (J. C.).
1. Ueber die Seidencultur in Russland. 1823.
(cf. Cornalia monogr. p. 60.)

Petry.
*1. Systematische Uebersicht der Käfer von Augsburg. (mit v. Weidenbach.) 1907 spec.
Zwölfter Jahresber. naturhist. Ver. Augsburg. 1859. p. 33—76.

Peucer (Caspar), geb. 6. Januar 1525 in Bautzen, gest. 25. Septbr. 1602 in Dessau, Prof. Math.-Med. in Wittenberg.
1. Appellationes quadrupedum, insectorum, volucrum, piscium, frugum, Leguminum etc. Lipsiae, 1550. 8.; Wittenberg, 1551. 8.; 1556. 8.; 1558. 8.; Leipzig, 1559. 8.; 1561. 8.
(mit Paul Eber Vocabula rei nummariae, ponderum et mensurarum graeca, latina etc. Vitebergae, Seitz, 1574. 16. 14 Bogen n. pag.)
(cf. Carus. p. 125.)

Peydière (Amable).
1. Considérations générales, comparatives et raisonnées sur les bases fondamentales de l'art séricicole. Clermont Ferrand, Thibaud. Landriot, 1847. 8. pg. 188.
(cf. Carus. p. 602.)

Peyron (Edouard), in Tarsus.
*1. Description d'une nouvelle espèce du genre Procerus. (P. Pisidicus.)
Ann. Soc. Ent. Fr. sér. 3. 1855. T. 3. p. 669—670.
*2. Description de deux genres et de quatre espèces de Coléoptères provenant d'Orient.
Ann. Soc. Ent. Fr. sér. 3. 1856. T. 4. p. 715—725.
*3. Description d'une espèce nouvelle du genre Hister découverte aux environs de Marseille.
Ann. Soc. Ent. Fr. sér. 3. 1856. T. 4. p. 727—729.
*4. Note monographique sur le genre Thorictus Germar.
Ann. Soc. Ent. Fr. sér. 3. 1857. T. 5. p. 697—714.
*5. Description de quelques Coléoptères nouveaux et observations diverses.
Ann. Soc. Ent. Fr. sér. 3. 1857. T. 5. p. 715—723.
*6. Rectifications spécifiques. (Hister; Hydrophilus; Cymindis; Orthoperus.)
Ann. Soc. Ent. Fr. sér. 3. 1857. T. 5. Bull. p. 109—111; p. 114.
*7. Catalogue des Coléoptères des environs de Tarsous (Caramanie) avec la description des espèces nouvelles.
Ann. Soc. Ent. Fr. sér. 3. 1858. T. 6. p. 353—434.

Pezold (Chr. Ph.), gest. 1797. Hofadvocat in Roemhild.
*1. Lepidopterologische Beiträge. (biolog.)
Scriba. Beiträge. 1793. 4. Heft 3. p. 230—251.

(**Pezold**, Chr. Ph.)

* 2. Lepidopterologische Anfangsgründe zum Gebrauch angehender Schmetterlingssammler. Coburg, Ahl, 1796. 12. pg. 266 et 4. 2 pl.

* 3. Mittel die uns schädlich werdenden Raupen zu mindern, für Gartenfreunde und Landwirthe. Coburg, Ahl, 1791. 8. pg. 112. tab. 2 col.

Ed. Coburg, 1801. pg. 96. tab. 2.

Ed. 3. Coburg, 1807. 8. tab. 2.

Pezzoli (Giovanni).

1. Regola pratica e compiuta di allevare i Bigatti felicemente, stabilita sul confronto delle più constanti ed evidenti esperienze, accresciuta in questa edizione di varj utili avvertimenti dell' Autore. Bergamo, Locatelli, 1776. 8. (Anonym.)

Nach einer Note in Nuov. Giorn. d'Italia. T. 6. p. 8 von Pezzoli.
(cf. Dizion. ragion. di F. Re. T. 3. p. 258.)

2. Regola pratica e compiuta d'allevare i bachi da seta. Bergamo, Antoine, 1803. 8.

(cf. Cornalia monogr. p. 63.)

Pfaffenzeller (Franz), in München.

* 1. Ueber Euprepia flava. tab. 1.

Stett. Ent. Zeit. 1857. T. 18. p. 84—90.

* 2. Ueber Gastropacha Arbusculae.

Stett. Ent. Zeit. 1860. T. 21. p. 128—129; 1862. T. 23. p. 319.

Pfeiffer (Johann Baptist), Graveur in Augsburg.

* 1. Verzeichniss europäischer Schmetterlinge aus der Pfeifferschen Sammlung in Augsburg. (Augsburg), 1840. kl. 8. pg. 15.

von Pfeiffer (Johann Friedrich), geb. 1718 in Berlin, gest. 5. März 1787 als Prof. Oecon. in Mainz.

1. Der deutsche Seidenbau, aus Liebe zur Wahrheit zum Druck befördert. Berlin, Henning, 1748. 8. 8 Bogen.

Recens. Lich. Samml. T. 5. p. 760. (cf. Boehmer. II, 2. p. 274.)

Pfeil (Ottomar Arnold Erich), geb. 2. October 1825 in Berlin. Staatsanwalt in Hirschberg, Schlesien. Sohn des Vorigen.

* 1. Ueber in Misdroy gefangene Käfer.

Stett. Ent. Zeit. 1854. T. 15. p. 30.

* 2. Marmaropus Besseri Schh.

Stett. Ent. Zeit. 1855. T. 16. p. 305—306.

* 3. Die Käferfauna Ost- und Westpreussens.

Stett. Ent. Zeit. 1857. T. 18. p. 53—60.

* 4. Bemerkungen über Lebensweise und Vorkommen einiger Käfer Ostpreussens.

Stett. Ent. Zeit. 1858. T. 19. p. 210—217. (Nachschrift von Dohrn.)

* 5. Bemerkungen zur Gattung Hylecoetus Latr.

Stett. Ent. Zeit. 1859. T. 20. p. 74—83. tab. 1.

* 6. Excursionen in das Nassfeld und auf den Gamskarkogel in der Umgebung von Wildgastein.

Stett. Ent. Zeit. 1859. T. 20. p. 270—280.

* 7. Notizen über Pelecotoma fennica.

Stett. Ent. Zeit. 1860. T. 21. p. 412—416.

Pfeil, (Wilhelm), geb. 1783 zu Rammelsburg, gest. 1859. Director der Forstacademie in Neustadt-Eberswalde.

1. Ueber Insecten-Schaden in den Wäldern, die Mittel ihm vorzubeugen und seine Nachtheile zu vermindern. Berlin, 1827. 8. pg. 72.

2. Kritische Blätter. 8.

Pfluemer (Chr. Fr.), Lehrer in Hameln.

* 1. Ueber Cassida Murraea Linn.

Stett. Ent. Zeit. 1847. T. 8. p. 71—73; 1848. T. 9. p. 91—95.

Phelps (E. W.).

1. Bee-Keeper's chart; being a brief practical treatise on the instinct, habits, and management of the honey bee; with woodcuts. New York, C. M. Saxton, 1853. 12.

(cf. Carus, p. [illegible].)

van Phelsum (Mark).

1. Brief aan den Wel-eerwardigen en zeer geleerden Heere Cornelius Nozeman over de Gewelv-Slekken of Zee Egeln, waarachter gevoegd zyn twee Beschryvingen, de eene van zekere zoort van Zeewier, de andere van Maaden in eene vuile Verzweeringe gevonden. (Larva muscae.) Rotterdam, 1774. 8. pg. 145.

Berlin. Samml. T. 9. p. 560. (Lacordaire.)

Philippi (F. H. E.), in Chile, Sohn des Folgenden.

*1. Catalog der chilenischen Arten des Genus Telephorus Schaeff.
Stett. Ent. Zeit. 1861. T. 22. p. 30—31.

2. Descripcion de algunas nuevas especies de Coleopteros de la provincia di Valdivia. (870 spec.)
Annal. Univers. Chile. 1859.

3. Descripcion de tres especies nuevas de Coleopteros Chilenos. (Rhinolia binotata, annulifera, marmorata.)
Annal. Univers. Chile. 1859. p. 1085.

4. Descripcion de algunas nuevas Mariposas chilenas, principalmente de la provincia de Valdivia. (Lepidopt.)
Annal. Univers. Chile. 1859. p. 1088.
(cf. Wien. Ent. Monatsschrift. 1861. T. 5. p. 287.)

5. Algunas observaciones generales sobre los insectos de Chile y sobre la Palma y los Pallares.
Annal. Univers. Chile. 1859. p. 824.

6. Beschreibung einer neuen Fliege (Calliphora infesta), deren Larve in der Nase und Stirnhöhle einer Frau gelebt hat. (Insecten-Einwanderung.)
Zeitschr. f. d. gesammt. Naturwiss. 1861. T. 17. p. 513—515.

Philippi (Rudolph Amandus), geb. 14. Septbr. 1808 in Charlottenburg bei Berlin. Legte 1850 seine Stelle als Director der höhern Gewerbeschule in Cassel nieder, reiste 1851 als Naturforscher nach Südamerika, und wurde zu St. Jago in Chile Prof. u. Director des botanischen Gartens.

*1. Orthoptera Berolinensia. Berlin, Nietack, 1830. 4. pg. 42 et 4. pl. 2. (40 spec.)

*2. Ueber die Metamorphose der Coccinella globosa.
Zweiter Jahresber. d. Ver. f. Naturk. in Cassel. 1838. p. 11.

*3. Beschreibung einiger neuer Chilenischer Schmetterlinge.
Linnaea. 1860. T. 14. p. 265—297.

*4. Coleoptera nonnulla nova Chilensia praesertim Valdiviana. (cum A. H. E. Philippi filius.)
Stett. Ent. Zeit. 1860. T. 21. p. 245—251.
(Nachschrift dazu von Dohrn mit Bemerkungen von Fairmaire. Ibid. p. 251—252.)

Phylander.

1. Belobter Floh als König aller Thiere. (sine loco et anno.) 8.
(cf. Boehmer. II, 2. p. 345.)

Piccioni.

1. Note sur la Cetonia Cardui. (Bleuenfeld.)
Ann. Soc. Ent. Fr. sér. 4. 1861. T. 1. Bull. p. 32. (Lacordaire.)

Pickard Cambridge (Octavius). Reverend, in Southport, Lancashire.

*1. On Robber-bees; the Phenomenon thus denominated attributed to the Presence of the Honey moth.
Zoologist. 1853. T. 11. p. 3748—3751.

*2. On the Transformations of Heliothis Dipsacea.
Zoologist. 1854. T. 12. p. 4378—4379.

*3. On the Corporeal Sensations of Insects.
Zoologist. 1855. T. 13. p. 4578—4585.

Pickering (W. H.)

*1. On the Economy of the Strepsiptera, with the Description of Stylops Spencii a new British species recently discovered. fig.
Trans. Ent. Soc. Lond. 1836. T. 1. p. 163—169.

Pictet (François Jules), geb. im Septbr. 1809 in Genf, daselbst Prof. der Zoologie und vergleich. Anatomie.

*1. Mémoires sur les larves des Némoures.
Ann. sc. nat. 1832. T. 26. p. 369—391. 3 pl. col. — *Isis. 1833. VIII. p. 801—808. fig.

*2. Mémoire sur les métamorphoses des Perles.
Ann. sc. nat. 1833. T. 28. p. 44—65. 2 pl. col. — *Isis. 1835. XI. p. 978—982. fig.

*3. Recherches pour servir à l'histoire et à l'anatomie des Phryganides. Genève, Cherbuliez, 1834. 4. Préface pg. 3. pg. 235. tab. 20 col.
Isis. 1834. XI. p. 1138.

*4. Mémoire sur le genre Sialis de Latreille, et Considérations sur la classification de l'ordre des Névroptères.
Ann. sc. nat. sér. 2. 1836. T. 5. p. 69—80. tab. 1 col. — *Isis. 1837. IV. p. 287—291.

*5. Note sur les organes respiratoires des Capricornes.
Mém. Soc. Phys. Genève. 1836. T. 7. p. 203—209. — *Ann. sc. nat. sér. 2. T. 8. p. 63.
Ann. Soc. Ent. Fr. 1836. T. 5. p. 30. — *L'Institut. 1838. VI. No. 226. p. 171—173.

(**Pictet**, François Jules.)

* 6. Description de quelques nouvelles espèces de Neuroptères du Musée de Genève.
Mém. Soc. Phys. Genève. 1836. T. 7. pg. 399—404. 1 pl. col. — Separat. 4. pg. 7.
*L'Institut. 1838. VI. No. 236. p. 122.

* 7. Description de quelques espèces nouvelles d'insectes du bassin du Léman. Némoures.
Mém. Soc. Phys. Genève. 1838. T. 7. p. 173—191. 1 pl.
*Separat. 4. pg. 18. tab. 1.

* 8. Observations sur la classification et l'anatomie des Neuroptères.
Ann. Soc. Ent. Fr. 1840. T. 9. Bull. p. 20—22.

* 9. Histoire naturelle générale et particulière des Insectes Neuroptères. Première Monographie: Famille des Perlides. Genève, Kessmann, 1841—1842. 8. pg. 13 et 423; pl. 53 col. avec pg. 23 Texte.
Seconde Monographie: Famille des Ephemérines. Genève, Kessmann, 1843—1845. 8. pg. 10 et 300. pl. 47 col. avec pg. 19 Texte.

* 10. Description de la Cordulia splendens.
Guérin Magas. Zool. 1843. T. 13. No. 117. fig. col. — *Revue zool. 1843. T. 6. p. 131.

* 11. Note sur la reproduction des parties chez les insectes.
Bibl. univ. Genève. 15. Dec. 1846. — Archiv. sc. phys. et nat. 1846. T. 3. p. 333—335.
*Froriep Notiz. 1847. T. 1. p. 241.

12. General Considerations on the organic remains and in particular on the insects which have been found in Amber.
Edinb. new Philos. Journ. 1846. T. 41. p. 391—401. (cf. Carus. p. 1308.)

* 13. *Verbreitung der Neuroptera im Bernstein. — v. Berendt No. 2.

Pictorius (Georg), geb. 1500 zu Villengen im Schwarzwald.

* 1. Pantopolion, animalium naturas comprehendens, item de apibus et cera. (Poëma.) Basiliae. (1563.) 8. pg. 123 et index (de apibus p. 93—123).

Picus (Andreas), oder Piceus.

1. Ein nützlich Büchlein von den Immen, woher sie kommen und wie sie werden. Leipzig, 1596. 8. pl. 5.
(cf. Boehmer II, 2. p. 231.)
Nach Lesser Theol. ins. T. 2. p. 207: Tractat von den Immen. Tübingen, 1592. 8.
Engelmann Bibl. Oec. p. 242 hat: Prenzlau, 1788. 8. — cf. Bieritz. Abhandl. T. 2. p. 170. (zu Edit. 1.)

Piérard.

1. Note sur quelques habitudes des abeilles.
Act. Soc. Linn. Bordeaux. 1837. T. 9. p. 43—44. (cf. Carus p. 1658.)

2. cf. Treviranus. No. 9.

Pierre (Joachim Isidor), geb. 14. Novbr. 1813 in Mesières, Seine et Oise. Prof. Chem. in Caen.

* 1. Note sur un insecte qui attaque le blé. (Chlorops lineata.)
*Compt. rend. 1848. T. XXVII. p. 102. — *Rapport par M. Edwards p. 170—173.
*Froriep Notiz. 1849. T. 9. p. 182—184.

Pierret (Alexandre), geb. 12. April 1814 in Paris, gest. 27. Mai 1850 ebendaselbst. Notice nécrologique par Doué Ann. Soc. Ent. Fr. sér 2. 1850. T. 8. p. 351. Seine Sammlung besitzt Mr. Evans.

* 1. Notice sur le Polyommate Cerouus. (Varietät.)
Ann. Soc. Ent. Fr. 1833. T. 2. p. 119—121.

* 2. Description d'une nouvelle espèce du genre Anthocharis. (Douei.) fig. col.
Ann. Soc. Ent. Fr. 1836. T. 5. p. 367—370.

* 3. Description de deux nouvelles espèces du genre Satyre Latr. fig.
Ann. Soc. Ent. Fr. 1837. T. 6. p. 303—307.

* 4. Description de trois nouvelles espèces de Lépidoptères. fig.
Ann. Soc. Ent. Fr. 1837. T. 6. p. 19—23.

* 5. Description d'une nouvelle espèce du genre Gortyna. (Borelii.) fig.
Ann. Soc. Ent. Fr. 1837. T. 6. p. 449—451.

* 6. Description d'une nouvelle espèce du genre Adena. (Lalenai.)
Ann. Soc. Ent. Fr. 1837. T. 6. p. 177. fig.

* 7. Notice sur les Lépidoptères publiés par lui.
Ann. Soc. Ent. Fr. 1839. T. 8. Bull. p. 42—43.

* 8. Description d'une nouvelle espèce du genre Agrotis Tr. (Desillei.) fig.
Ann. Soc. Ent. Fr. 1839. T. 8. p. 95—97.

* 9. Note sur deux variétés de Lépidoptères. (Satyrus Arcanius; Zygaena Hippocrepidis.)
Ann. Soc. Ent. Fr. 1840. T. 9. Bull. p. 3.

* 10. Observations sur un Lépidoptère avec des pattes revêtues d'une végétation cryptogame.
Ann. Soc. Ent. Fr. 1840. T. 9. Bull. p. 20.
* 11. Note sur une Agrotis ripae var. Desillii avec un entozoaire. (Filaria.)
Ann. Soc. Ent. Fr. 1841. T. 10. Bull. p. 2.
* 12. Note sur les dégâts occasionnés dans le bois de Meudon par le Scolytus pygmaeus.
Ann. Soc. Ent. Fr. 1841. T. 10. Bull. p. 26.
13. Remarques sur l'usage des antennes chez les insectes.
Ann. Soc. Ent. Fr. 1841. T. 10. Bull. p. 10—11.
* 14. Note sur les chenilles du Sph. Dahlii.
Ann. Soc. Ent. Fr. 1842. T. 11. Bull. p. 38—41; p. 61—66.
* 15. Description d'une variété de la Vanessa Ichnusa de Sicile.
Ann. Soc. Ent. Fr. 1842. T. 11. Bull. p. 52.
* 16. Sur un cas d'Hermaphrodisme observé sur Sphinx convolvuli.
Ann. Soc. Ent. Fr. 1842. T. 11. Bull. p. 51.
* 17. Note sur une Diphtera coenobita hermaphrodite; la chenille de la Ligia opacaria; Nyssia zonaria auprès de Paris.
Ann. Soc. Ent. Fr. sér. 2. 1843. T. 1. Bull. p. 7—8; p. 11; p. 18.
* 18. Accouplement de deux mâles de la Zygaena achilleae avec une femelle.
Ann. Soc. Ent. Fr. sér. 2. 1843. T. 1. Bull. p. 31.
* 19. Satyrus Anthelea et Lachesis, Zegris Eupheme prises dans les environs d'Athène.
Ann. Soc. Ent. Fr. sér. 2. 1844. T. 2. Bull. p. 8—9.
* 20. Note sur la femelle d'Anthocharis Damone.
Ann. Soc. Ent. Fr. sér. 2. 1844. T. 2. Bull. p. 57.
* 21. Note sur les moeurs de Psyche febretta; sur l'Anthocharis Bella et Ausonia.
Ann. Soc. Ent. Fr. sér. 2. 1845. T. 3. Bull. p. 65—66; p. 68.
* 22. Note sur des insectes rares trouvés à Lardy près de Paris (Ascalaphus, Lépidoptères); Note sur Vanessa levana et prorsa.
Ann. Soc. Ent. Fr. sér. 2. 1845. T. 3. Bull. p. 85—88.
* 23. Sur les ravages de la chenille de Pieris crataegi, avec une note sur la distribution géographique de Pieris.
Ann. Soc. Ent. Fr. sér. 2. 1846. T. 4. Bull. p. 43—44.
* 24. Sur une épidémie chez des chenilles de Charaxes Jasius.
Ann. Soc. Ent. Fr. sér. 2. 1846. T. 4. Bull. p. 52.
* 25. Sur les moeurs de Satyrus Oedipus.
Ann. Soc. Ent. Fr. sér. 2. 1846. T. 4. Bull. p. 59.
* 26. Note sur un Carabus cancellatus monstrueux. fig.
Ann. Soc. Ent. Fr. sér. 2. 1846. T. 4. Bull. p. 82.
* 27. Note sur l'influence que la nature du sol dans les montagnes exerce en général sur les Lépidoptères, et en particulier sur les espèces du genre Erebia.
Ann. Soc. Ent. Fr. sér. 2. 1846. T. 4. Bull. p. 90.
* 28. Apparitions en France des Sph. Nerii et Celerio, et sur les Lépidoptères des îles Canaries.
Ann. Soc. Ent. Fr. sér. 2. 1846. T. 4. Bull. p. 113—114.
* 29. Note sur le Sphinx Dahlii.
Ann. Soc. Ent. Fr. sér. 2. 1847. T. 5. Bull. p. 71—73.
* 30. Note sur une anomalie observée dans un individu de Fidonia pennaria. (Antennes.)
Ann. Soc. Ent. Fr. sér. 2. 1847. T. 5. Bull. p. 85.
* 31. Traité de la chasse aux Lépidoptères. Paris, Deyrolle, 1847.
(Ist enthalten in Deyrolle No. 2.)
* 32. Observations faites pendant les mois de Juillet et Août 1848 sur les Lépidoptères qui se trouvent aux environs de Gavarnie.
Ann. Soc. Ent. Fr. sér. 2. 1848. T. 6. p. 397—406.
* 33. Note relative à l'Erebia Stheno de M. de Graslin.
Ann. Soc. Ent. Fr. sér. 2. 1850. T. 8. p. 617—618.

Pieruccí (Piero).
1. Di un' influenza di cavalette l'anno 1786.
Atti della soc. econ. di Firenze. T. 2. p. 253. — cf. Renss. Repert. (Lacordaire.)

Pietsch (F. J.).
1. Praktischer Katechismus über den Seidenbau. Prag, Buchler, 1803. 8.
(Ist Ed. II, nach Engelmann Bibl. Oec. p. 312.)

Pilate, aus Moulins les Lille (Nord).
* 1. Note sur l'entomologie de la province de Yucatan.
Ann. Soc. Ent. Fr. sér. 2. 1846. T. 4. Bull. p. 96—97.

Pilati (Cristoforo).
1. Discorso sulla scoperta della torba nel territorio Bresciano et dell' uso della medesima nel fornelli da seta.
Racc. di Mem. Accad. di Agric. dello Stato Veneto. T. 11. p. 97. — cf. Reuss. Repert. (Lacordaire.)

Piller (Matthias).
*1. Iter per Poseganam, Sclavoniae provinciam mensibus Junio et Julio 1782 susceptum. Budae, 1783. 4. 16 tab. pg. 147. (mit Ludwig Mitterpacher.)
*Extr. Beribe Journ. Stück 1. p. 74—88; Stück 2. p. 85—111.

Pimbolo (Antonio degli Angelfredi). Nobile Padovano.
1. Sulla qualità degli effluvj del baco da seta. Padova, Garzella, 1776. 4. pg. 77.
(cf. Cornalia monogr. p. 59.)

della Pina (Felice Valnis).
1. Praktisches Handbuch zur einfachen Nationalbienenzucht für die K. K. Oesterreichischen Staaten, nach eigenen Erfahrungen und wiederholten Beobachtungen. Wien, 1797. 8. fig.
(cf. Engelmann Bibl. Oec. p. 262.)

Pinart (D.).
1. Catalogue méthodique des Papillons du département de l'Oise. Beauvais, 1817. 8.
(cf. Carus p. 590.)

de Pingeron, (Jean Claude), geb. um 1730 in Lyon, gest. 1795 in Versailles. Capitaine d'artillerie et ingénieur au service de Pologne.
1. Les abeilles. Poëme traduit de l'Italien de Jean Rucellai, enrichi de notes historiques et critiques et suivi d'un traité theologique et pratique de l'éducation de ces insectes. Paris, 1770. 12.
(Der italienische Text ist daneben gedruckt; die Zusätze sind aus Maraldi, aus Nouvelle maison rustique, Palteau, Simon, Mill etc.) (Lacordaire.)
2. Traité complet de l'éducation des abeilles. Paris, 1781. 12. (Lacordaire.)

Pinnock.
*1. Pinnock's Catechisms. Catechism of Entomology or brief History of insects, their transformations, habits and instincts. London, Pinnock. (s. a. vor 1831.) 12. pg. 66. tab. 1. (ed. 2.)

Pino (Ermenegildo). Prof. Hist. nat.
*1. Elementi di Storia naturale degli animali. Milano, 1808. 8. pg. 417. tab. 12.
(Insect. p. 214—337.)

Pirazzoli. Ingenieur in Imola.
*1. Coleopteri italici Genus novum Leptomastax. Forocornelii (Imola), 1855. 8. pg. 5. tab. 1.
*Revue et Magas. Zool. 1858. T. 10. p. 282.

Pirola.
1. Educazione dei bachi da seta come si pratica nella Brienza. Milano, 1810.
(cf. Bianconi Repertor. T. 1. p. 61.)

Piso (Wilhelm). Arzt des Prinzen von Nassau, reiste in Brasilien.
*1. De Indiae utriusque re naturali et medica libri XIV. Amstelodami, Elzevir, 1658. fol. pg. 327.

Pistorius (Philipp Heinrich).
1. De pilis cum ovulis Insecti insoliti (Chrysopae) in Ceraso.
Act. Acad. Nat. Curios. 1730. T. 2. Obs. 117. p. 270. fig.

Pittaro (Antoine). Dr. in Neapel.
*1. La science de la Sétifère, ou l'Art de produire la Soie avec avantage et sureté, comprenant la Morique ou l'art de cultiver les Mûriers; La Bigattique ou l'art d'élever les vers à soie et la Sétifice ou l'art de tirer la soie des cocons et d'en composer toutes espèces et qualités de file de soie, ouvrage theorico-pratique composé en 1818. Paris, Roret, 1828. 8. pg. 52 et 437. pl. 7.

Planchon (J. E.).
*1. Histoire d'une larve aquatique du genre Simulium. Montpellier, 1844. 4. pg. 15.

Planet.
*1. Rapport sur deux épreuves de l'appareil d'Arcet, appliqué à l'éducation des vers à soie.
Bullet. Soc. d'Agric. Drôme. 1838. No. 8. p. 103—115.

von der Planitz (A.). Gutsbesitzer auf Neidschütz bei Naumburg
*1. Ueber die Raupe von Plusia consona.
Bericht d. Lepidopterol. Tauschver. f. 1849. (Martini). p. 48—50.
*Reimpr. Stett. Ent. Zeit. 1853. T. 14. p. 137.

Plant (John).

*1. On a variety of Colias Hyale.
Zoologist. 1843. T. 1. p. 239.

*2. On the comparative numbers of Coleoptera affecting Meadows Lands.
Zoologist. 1844. T. 2. p. 473.

*3. On Formica rufa.
Zoologist. 1844. T. 2. p. 473.

Planta.

1. Lettre du citoyen Planta, datée de Fontaine près Grenoble le 3 Floréal an VI, dans laquelle il décrit les instrumens, qu'il emploie pour étouffer promptement et secrètement les fèves ou chrysalides dans les cocons de vers à soie.
Ann. de l'agric. franç. sér. 1. An VI (1798). p. 355—388. (Lacordaire.)

Platner (E. A.). Dr. in Heidelberg.

*1. Mittheilungen über die Respirationsorgane und die Haut der Seidenraupen. fig.
Müller Archiv. 1844. p. 38—49. — *1845. p. 17.

Playfair (G.).

1. On the appearance of Locusts in the Doab.
Trans. Med. and Phys. Soc. Calcutta. T. 1. p. 308.
*Brewster Edinb. Journ. 1828. T. 8. p. 149—151.
*Froriep Notiz. 1828. T. 20. p. 167—168.

Pleimes (Ed. Maria et Reinhold).

1. Neueste Sammlung einheimischer Schmetterlinge und deren Raupen. Köln, Pleimes, 1831. 4. pg. 16. tab. 8.

Plieninger (Theodor Wilhelm Heinrich), geb. 17. Novbr. 1795 in Stuttgart. Professor. Secretair des landwirthsch. Vereins in Würtemberg.

*1. Eine gemeinfassliche Belehrung über den Maikäfer als Larve und Käfer, seine Verwüstungen und die Mittel gegen dieselben. Stuttgart, Cotta, 1834. 8. pg. 81.
*Isis. 1834. IV. p. 292.

*2. Die Larve von Baridius Chloris.
Isis. 1837. V. p. 325.

*3. Insecten im Jahr 1846. (Lepidopt.)
Würtemberg. Jahreshefte. 1847. T. 2. p. 256—257.

*4. Superfoetation bei Insecten.
Würtemberg. Jahreshefte. 1849. T. 4. p. 108—109.

*5. Ueber das Regnen organischer Körper.
Würtemberg. Jahreshefte. 1849. T. 4. p. 404.

Pliester (H.).

*1. Entomologische Notizen. (Coleoptera.)
Verhandl. naturh. Vereins. preuss. Rheinl. 1850. Jahrg. 7. p. 253—258.

Cajus Plinius Secundus, geb. 23 n. Chr., zu Verona, gest. Untersuch. des Kraters des Vesuv, 25. Aug. 79 p. C.

1. Historia naturalis libri 37. (Zoologie L. 8—11 u. 28—32.)
Die Ausgaben cf. Bibl. Banks. I. p. 73. o. Füessly neues Magaz. T. 1. p. 172. — Schweiger Handb. d. klassisch. Bibliographie u. Choulant Handb. d. Bücherkunde f. ältere Medicin.
Zuerst versuchte eine Kritik des Textes Hermolaus Barbarus; jetzt ist der beste Text von Sillig. Lipsiae. 1831.

*Deutsche Uebers. von Gottfried Grosse. Frankfurt a. M., Herrmann, 1781—88. 8. 12 vol.

Franz. Uebers. von Ajasson de Grandsagne. Paris, Panckoucke, 1829—1838. 8. 20 vol. Darin der zoolog. Commentar von Cuvier.

Ploetz (Carl), in Greifswald.

*1. Bemerkungen zu Wildes systemat. Beschreibung der Raupen etc.
Stett. Ent. Zeit. 1861. T. 22. p. 302—313.

Plomley (F.), gest. 1860.

*1. A Lecture on Blights, Aphides or Plant Lice, their habits, Economy, and Transformations, including the Hop Fly and its enemies: with an introduction to the study of insects generally. Delivered before the Weald of Kent Farmers' Club on Wednesday July 4. 1849. Maidstone, Hall etc. 12. pg. 53.
(Reprinted from the Maidstone Journal.)

Plott (Robert), geb. 1640 in Sutton-Barne, Kent, gest. 30. April 1696 daselbst. Prof. Chem. in Oxford.

1. The natural history of Staffordshire. London.
(Il y est question d'un petit nombre d'insectes. Lacordaire.)

Pluche (Noël Antoine), geb. 1688 in Reims, gest. 19. Novbr. 1761 in Varennes St. Maur. Abbé.

1. Le spectacle de la nature, ou entretiens sur les particularités d'histoire naturelle, qui ont paru les plus propres à rendre les jeunes gens curieux, et à leur former l'esprit. Paris, Estienne, 1732—1750. 12. T. 8. pl. 192.

Ed. II. vom selben Jahre.

(cf. Bibl. Banks. I. p. 77.)

*Ed. VII. 1743—1750. Paris, Estienne. Tom. 8. (in 9 vol.; T. 8. ist doppelt.) pl. 201.

Ed. VIII. ibid. 1749—1750. 12. 9 vol. Abrégé et par Jauffret. Paris, Leclere, 1803. 18. 8 vol. fig.

Ed. I. Reimpr. T. 1. vol. 2. 12. pl. 18. Utrecht, 1733.

Reimpr. à la Haye, 1743. 12. 8 vol.

Engl. Uebers. von Humfreys. London, Pemberton, 1736—1748. 8. Vol. 9. pl. 200.

Holländ. Uebers. von le Clercq. Amsterdam, 1737—1718. 8. 10 Deel. pl. 136.

*Deutsche Uebers. Wien u. Nürnberg, Monath, 1746—1772. 8. T. 8. pl.

Italien. Uebers. Venezia, 1745. 12. Vol. 14.

Engl. Uebers. von Bellamy. London, Hodges, 1739. 12. Vol. 4. pl. 130.

Span. Uebers. von Perreros. Madrid, 1752. 4.

Tom. I. handelt von Insecten.

Extr. Neuer Schauplatz der Natur. Leipzig u. Frankfort, 1772. 8. 2 vol. (Insecten. T. I. p. 5—90.)

Pluer (M. Karl Cristoph), gest. 21. April 1772.

1. Gedanken und Nachrichten von den Manufakturen in Ansehen Dänemarks, nebst einem Anhange vom Seidenbau. Kopenhagen, 1758. 8. pg. 112.

Dänisch, Kopenhagen, 1757.

*Rec. Götting. gel. Anzeig. 1758. p. 1418.

2. Ob es möglich und vortheilhaft sei, den Seidenbau in Dänemark in Gang zu bringen.

Kopenhag. Magaz. T. 2. p. 303.

Dänisch. Thesaur. Oec. Dan. T. 2. p. 71. (cf. Böhmer. II, 2. p. 285.)

Plumier (Charles), geb. 1646 in Marseille, gest. 20. Novbr. 1704 bei Cadix. Botaniker.

1. Botanicum Americanum. 1689—97. fol. 7 vol. (enthält die Abbildung einiger Insecten.)

2. Reponse à Pomet sur la Cochenille.

Journ. des Savants. 1694. T. 22. p. 212.

3. Réponse à Richter sur la Cochenille.

Mém. pour l'hist. des sc. et beaux arts. 1704. Septbr. p. 231. (cf. Boehmer. II, 2. p. 221.)

Plummer (John T.).

*1. Miscellaneous observations on insects.

Sillim. Amer. Journ. 1841. T. 40. p. 140—149.

Poda von Neuhaus (Nicolaus), geb. 4. October 1723 in Wien, gest. 29. April 1798 daselbst. Jesuit. Prof. Phys. in Gratz.

*1. Insecta Musei Graecensis, quae in ordines, genera et species juxta Systema Naturae Linnaei digessit. Graecii, Widmanstad, 1761. 12. pg. 127 et 18. tab. 2.

Poeppig (Eduard Friedrich), geb. zu Plauen 16. Juli 1798. Professor der Zoologie und Director des zoologischen Museums in Leipzig. Bereiste Südamerika.

1. Illustrirte Naturgeschichte des Thierreichs. Anatomie, Physiologie und Geschichte der Säugethiere, der Vögel, der Lurche, der Fische und der wirbellosen Thiere. Mit 4100 in den Text gedr. Abbild. 25000 Gegenst. darstellend. Leipzig, Weber, 1847—50. Fol. 4 Bde.

Ed. 2. Leipzig, Weber, 1851. fol. 4 Bde. (34 Liefr.)

(Bd. 4. Naturgeschichte der wirbellosen Thiere, mit 1358 Abbild. pg. 10 et 296.)

(cf. Carus p. 263.)

Poeschl (Jacob).

*1. Notizen über die Wanderheuschrecke.

Haidinger Berichte. 1848. T. 3. p. 436—438.

Poesl (Friedrich Joseph), nach Engelmann: Franz Johann.

1. Gründlicher und vollständiger Unterricht sowohl für die Wald- als Gartenbienenzucht in den Churbaierschen Ländern. München, 1784. 8. fig.

2. Praktischer Bienenkatechismus für das Landvolk und Bienenfreunde. München, 1787. 8. pg. 180. tab. 2.

Edit. II. (Titelausg.) ibid. Fleischmann, 1810. 8.

(cf. Engelmann Bibl. Oec. p. 247.)

3. Die Bienenzucht, oder gründliche und überaus leichte Art, wie man in kurzer Zeit die ganze Behandlung der Bienen erlernen kann und mit den geringsten Kosten die reichlichsten Wachs- und Honig-Erndten erlangen kann; für meine Landsleute. München, 1807. 8. 2 pl.
Ed. 2. auct. München, 1818. 8. 3 Kpfr.
(cf. Engelmann Bibl. Oec. p. 317.)

Poey (Philipe), Professor Director des zoolog. Museums in Havannah.
* 1. Description de l'Argynnis moneta.
Guérin Magas. Zool. 1832. T. 2. No. 11. fig. col.
* 2. Observations sur le crin des Lépidoptères de la tribu des Crépusculaires et des Nocturnes.
Ann. Soc. Ent. Fr. 1832. T. 1. p. 91—94.
* 3. Centurie de Lépidoptères de l'île de Cuba. Paris, 1833 et sqq. 8. Franz. u. latein. 20 pl. col. 2 livr. Text s. p.
2 Decaden sind erschienen. — Ann. Soc. Ent. Fr. T. 1. p. 116.
* 4. Memorias sobre la Historia natural de la Isla de Cuba. Habanna, 1851. 8. pl. col. T. 1. p. 463. tab. 34.
Trigona fulvipedis. Melipona fulvipes. p. 172—176. p. 441; Systema elasico de los insectos p. 180—184; Centuria Lepidopt. reimpr. p. 196—201. p. 442; El Anobio de las Bibliotecas. p. 228—235. p. 441; El Jejen, Ceratopogon furens Poey. p. 236—248; Téniades Cubanos (Lepid.) p. 248—255. p. 463; Regimen alimenticio, sirviendo de base a la Nomenclatura de los Insectos. p. 270—273; Conspectus familiarum Coleopterorum. p. 302—327.

Pogliani (G.).
1. Nuovo prospetto generale di coltivazione de bachi da seta. Monza, Corbetta, 1817. Fol.
(cf. Corsolis monogr. p. 79.)

Pohl (Hans Friedrich), geb. 19. Juli 1770 in Perau bei Sorau; gest. 19. Febr. 1850 als Prof. Oecon. in Leipzig.
* 1. Anweisung zur Bienenzucht. Leipzig, 1819. 8. pl. 5.
(Ist nach Lacordaire edit. V. von J. L. Christ. No. 1.)
2. Ausführliche theoretische u. practische Beschreibung der Korbbienenzucht, nach ausgemachten Gründen der Naturlehre u. langer eigener Erfahrung. Leipzig, 1823. 8. pg. 24 et 327. tab. 3.
(Ist edit. III. von Spitzner No. 10.) (Lacordaire.)
Extr. Jena Allgem. Litter. Zeit. 1823. No. 180. p. 70—72.

Pohl (Johann Emanuel), geb. 22. Febr. 1782 in Kamnitz, Boehmen, gest. 22. Mai 1834 in Wien. Arzt. Bereiste Brasilien.
1. Brasiliens vorzüglich lästige Insecten, s. V. Kollar No. 4.
Aus seiner *Reise in das Innere von Brasilien. Wien, 1832. 4. 2 vol.

Poirel.
1. Observations sur quelques assertions contenues dans les Annales de la Société d'horticulture de Paris, 27 livraison Novbr. 1829.
Journ. d'agric. écon. rur. et des manuf. des Pays Bas. sér. 2. 1830. T. 12. p. 30—33.
(Possibilité d'obtenir des résultats avantageux en nourrissant les vers à soie avec les feuilles de la Scorzonera hispanica.) (Lacordaire.)

Poiret (J. L. Marie), geb. am 1760 in Saint Quentin. Botaniker.
* 1. Voyage en Barbarie, ou lettres écrites de l'ancienne Numidie pendant les années 1785 et 1786, sur la religion, les coutumes et les moeurs des Maures et des Arabes-Bédouins; avec un essai sur l'histoire naturelle de ce pays. Paris, B. F. etc., 1789. 8. Tom. II. pg. 363 u. 317. (Insecten T. I. p. 291 sqq.)
* Recens. Beckmann Phys. Oek. Bibl. XVI. p. 79.
* Deutsche Uebers. Strasburg, akad. Buchhdl., 1789. 8. 2 vol.
* 2. Dissertation sur la sensibilité des Insectes, précédée de quelques observations sur la Mante. (Gefrässigkeit.)
Journ. de Phys. 1784. T. 25. p. 334—344.
* Lichtenberg Magaz. T. 3. Stück 3. p. 44—54.
* 3. Mémoire sur quelques Insectes de Barbarie. (Gryllus numidicus, Sphex maxillosa, Culex argenteus, Ateuchus marginatus, sacer.)
Journ. de Phys. 1787. T. 30. p. 241—248; *T. 31. p. 111—116.
No. 2—3 ist nur Auszug aus No. 1.

Poiteau (A), geb. 1766 in Amblecy bei Soissons. Botaniker.
1. Manière dont les mouches se prennent dans les fleurs.
Ann. Soc. d'horticult. 1835. T. 16. 8. pg. 8. fig.

Pokorny (Alois), Professor in Wien.
* 1. Bemerkungen über die zoologische Ausbeute in den Höhlen des Karstes.
Verhandl. Wien. Zool. Bot. Ver. 1853. T. 3. Sitzber. p. 24—27.

von Pokorsky Joravko (A.).

1. Kurze Uebersicht über die Bienenzucht in Russland. Aus dem Russischen übersetzt. Mit 1 Steintaf. Leipzig, Hirschfeld, 1841. 8.

*2. Quelques remarques sur le dernier article du larve des Hyménoptères.
Bullet. Moscou. 1844. T. 17. p. 149—150. — *Isis. 1848. V. p. 347.

(Polfrancesca) Polfranceschi.

1. Della cura et educatione dei vermi della seta, della loro origine in Italia, et come si possa havere in diversi modi gran quantita di Mori bianchi, dei piantarli, custodirli et allevarli. Verona, Tamo, 1626. 4. fig.
*Cornalia monogr. p. 33 gibt das Format 8. an.
(cf. Dizion. ragion. di F. Re. T. 3. p. 234.)

Polhill (Nathaniel.)

*1. A letter on M. Debraws improvements in the culture of bees.
Philos. Transact. 1778. T. 68. p. 107—110.

Pollaius (Godfr. Sam.), Arzt in Frankfurt an der Oder.

*1. De muscis Polonicis exitiosis (Tenthredo).
Ephem. Acad. Nat. Curios. 1686. Dec. 2. Ann. 4. Obs. 40. p. 98—100. fig.

Pollich (Johann Adam), geb. 1. Januar 1740 zu Lautern (Pfalz), gest. 24. Februar 1780.

1. Von den Insecten die in Linnes Natursystem nicht befindlich sind.
Bemerk. Churpfälz. Oekon. Gesellsch. 1779. p. 252—287.
Lautern, 1781. 8. (ed. 6.?)

*Reimpr. De insectis quae in cel. Linnaei Syst. Nat. non prostant. (3 Lepid., 3 Hemipt., 2 Hymen., 1 Coleopt.)
Nov. Act. Acad. Natur. Curios. 1783. T. 7. Observ. 23. p. 131—149.

Pollini (Ciro).

1. Sulle principali malattie degli ulivi della provincia veronese e degli insetti che li danneggiano. Verona (?), 1817.
(cf. *Isis. 1818. p. 811.)

2. La coltivazione dei bachi da seta, col metodo del Conte Dandolo. Milano, Silvestri, 1823. 8.
Ed. 2. Ibid. 1833. 8.
(cf. Cornalia monogr. p. 68.)

Pommier oder **Pomier**, Ingenieur des ponts et chaussées.

1. L'Art de cultiver les muriers blancs, d'élever les vers à soie, et de tirer la soie des cocons. Paris, Lottin et Butard, 1754. 8. pg. 24 et 234. 5 pl. (anonym.)
Ed. II. Ibid. 1757. 8.
(cf. Querard. T. 7. p. 257. er erwähnt, dass dies Werk irrig Ladmiral zugeschrieben werde.)

2. Traite sur la culture de muriers blancs et la maniere d'elever les vers a soie, et l'usage qu'on doit faire des cocons. Orléans, 1763. 8. pl. 7. pg. 300.
(Anonym.) *Nodier Bibliogr. p. 60.
Boehmer II, 2. p. 361 hat dieselbe Ausgabe: Bern, 1762. 8 fig.
Rec. Bibl. des Scienc. 1763. T. 20. p. 228. — Altona. gel. Mercur. 1763. p. 378.

Pontedera (Jules), geb. 1689, gest. 1758. Professor in Padua.

1. De Cicada in epistola ad Sherardum.
Compend. tabular. Botanicarum. Patavii, 1718. 4. p. 14—22. (cf. Bibl. Banks. II. p. 241.)

Pontén (P. Carl).

1. Insectorum Hemelytrorum tria genera illustrata. Upsala, 1825.
(cf. Agassiz IV. p. 13.)

2. Svensk Fauna. En Handbok för Insect-Samlare. Wexjö, Raska Enka, 1831. 8. Bd. 1. Del 1. 2. 3 tab.
(Nach Carus p. 280 von J. Pontén.)

Pontoppidan (Eric), geb 24. Aug. 1698 in Aarhuus, gest. 20. Decbr. 1764 in Kopenhagen. Bischoff in Bergen.

1. Det förste Försög paa Norges naturlige Historie. Kjoebenhavn, 1752. 4. pg. 338 tab. 16; T. 2. 1753. pg. 464. tab. 14.
(Insecta in T. 2. Cap. II.)

*Deutsche Uebers. Kopenhagen, 1753—1754. 8. 2 vol. pg. 367 et 536; tab. 16 et 14. (von J. A. Scheiben.) Kopenhagen, 1765. 4.
Engl. Uebers. London, 1755. Fol. pg. 206 et 291. tab.

*2. Den Danske Atlas. Kjoebenhavn, 1763. 1764. 1767. 4. 3 vol. (Fortgesetzt von Hofmann 1768—1781. 4 vol.)
Deutsche Uebers. von J. A. Scheiben. Kopenhagen, Roth, 1765. 4. vol. 2.
(Insecten. T. 1. p. 639—664. Catalog.)

Ponza (Laurentio).

*1. Coleoptera salutiensia sive enumeratio methodica Coleopterorum, quae in

Agro Salutiensi reperiuntur, locorum naturalium indicatione, observationibus novisque aliquot speciebus aucta. (531 spec.)
Mém. Acad. Turin. 1805. T. 14. p. 79—94. pl. 2.

2. Nouvel instrument pour attraper les insectes.
Mém. Acad. Turin. 1809. T. 6. p. 67r (Das Citat scheint irrig.)

del Popa (Giuseppe).

* 1. Relazione delle diligenze usate con felice successo nell' anno 1716 per distruggere le cavalette le quali avevano stranamente ingombrato una gran parte delle maremme di Pisa, di Siena, di Volterra e tutte le campagne di Piombino, Scarlino e Savvercetto. Firenze, 1716. 4. pg. 44. (Anonym.)
(„Opuscule rare, dû à Giuseppe del Popa, servant une note inscrite dans un exemplaire qui provient de la bibliothèque Malespina", so steht in Lacordaire's Manuscript; ich habe bei Besichtigung desselben Exemplars der Schrift bei Tomaso Buonaventuri notirt, nach nach Lacordaires Angabe; vielleicht ist letzteres ein Irrthum.)

Popoff (Nicolas), Assesseur de Collège à Troitzkosavsk.

* 1. Oeufs de Lépidoptère éclos quoique leur mère n'est pas fécondée.
Revue et Magas. Zool. 1850. T. 2. p. 137—138.

* 2. Quelques observations sur les nouvelles espèces d'insectes découvertes dans la province Transbaicalienne et les environs de Kiakhta pendant les années 1846, 1847, 1848, 1849, 1850.
Bullet. Moscou. 1852. T. 26. p. 101—111.

Porro Lambertenghi (Luigi)

1. Sul metodo di trarre la seta dai bozzoli per mezzo del vapore. Milano, Sonzogno, 1816. 8. con tav.
(cf. Cornalia monogr. p. 84.)

de la Porta.

1. Neuere Bienenkasten.
Rozier Observ. 1772. Septbr. T. 4. p. 147. — *Beckmann Phys. Oekon. Bibl. V. p. 125.

Posselt (Carl Friedrich), geb. in Carlsruhe.

* 1. Tentamina circa anatomiam Forficulae auricularіae. Dissert. inaug. Jena, Etzdorff. 1800. 4. pg. 31. 1 tab.
*Wiedemann Archiv. T. 2. P. 1. p. 220—224. tab. 1.; T. 2. P. 2. p. 220—225.

* 2. Beiträge zur Anatomie der Insecten. Tübingen, Cotta, 1804. 4. Heft 1. pg. 36. tab. 3. (Scarab. stercorarius, Lucan. cervus, Tenebr. molitor, Prion. coriarius.)

Potter (Nathaniel).

* 1. Notes on the Locusta decemseptima septentrionalis Americana. Baltimore, 1839. 8. 1 pl. col. pg. 54.
*Erichson Bericht. 1839. p. 108.

Potton (F. F. A.), Dr.

* 1. Recherches et observations sur le mal des vers ou mal de bassine, éruption vésiculo-pustuleuse, qui attaque exclusivement les fileuses de cocons de vers à soie.
Ann. Soc. d'Agr. Lyon. sér. 2. 1852. T. 4. p. 75—89. — Separat. Lyon, Savy, 1852. 8.

Pouchet (Felix Archimède), Arzt.

1. Traité élémentaire de zoologie. Rouen et Paris, 1832. 8. vol. 1. 8 pl.
(cf. Querard. T. 7. p. 301.)

* 2. Sur l'appareil digestif de Culex pipiens.
Compt. rend. 1847. T. XXV. No. 17. p. 590—601. — *Froriep Notiz. 1848. T. 5. p. 33.

3. Histoire naturelle et agricole du Hanneton et de sa larve, ou traité de leurs moeurs, de leurs dégâts et des moyens de borner leurs ravages. avec un tableau. Rouen, Rivoire, 1853. 8. pg. 72.

* 4. Histoire des sciences naturelles au moyen age ou Albert le Grand et son époque considérés comme point de départ de l'école expérimentale. Paris, Baillière, 1853. 8. pg. 658.

Poupart (François), geb. 1661 in Mans, gest. October 1709. Anatom.

1. Histoire du Formicaleo.
Mém. Acad. Sc. Paris. 1699. T. p. 33. 1 pl. — Ann. 1704. Mém. p. 235—246.
Ed. 8. Mem. p. 319.
(cf. Bibl. Banks. II. p. 268.)

* 2. Letter concerning the insect called Libella.
Philos. Transact. 1700. T. 22. No. 266. p. 673—676.

* 3. Des écumes printannières ou du Formica pulex.
Mém. Acad. Sc. Paris. 1705. p. 124—127. — Ed. 8. 1705. Mém. p. 162.
Journ. des Scav. T. 31. p. 500. (cf. Bibl. Banks. II. p. 245.)

4. Histoire anatomique du Scarabée ou de la Cantharide aquatique.
Journ. des Scav. T. 30. p. 470. (cf. Boehmer. II, 2. p. 193.)

(Poupart, François.)

5. Le saut vermisseau qui s'engendre sur le fromage.
   Journ. des Scav. T. 23. p. 550. (cf. Boehmer. II, 2. p. 346.)

de la Poutre (J. B.).

1. Traité oeconomique sur les abeilles, par un curé comtois. Besançon, Couché, 1763. 12. (Anonym.)
   (cf. Nodier Bibliogr. p. 53.

Power (Henry), gest. 1673. Arzt.

1. Insects as objects of microscopical investigation.
   Power Experimental Philos. London. 1664. 4. (p. 1—82.) (cf. Bibl. Banks. I. p. 228.)

Power (J[illegible] A.).

*1. Notes on the Genus Haliplus.
   Zoologist. 1856. T. 14. p. 5176—5178.

*2. Notes on Myrmecophilous Coleoptera.
   Report Brit. Assoc. Adv. Sc. 28 Meet. 1858. p. 129—130.

Pozzetti (Pompilio).

*1. Pensieri sopra un particolare insetto nocivo ai libri ed alle carte, e sopra i mezzi da usarsi per liberarne le Biblioteche.
   Mém. Soc. Italiana. 1809. T. 14, 2. p. 92—100.

Prada (Teodoro). Dr.

*1. Curculioniti dell' agro Pavese. Pavia, Fusi, 1857. 8. pg. 67.

Pradal (E.).

*1. Histoire et description des insectes Coléoptères du département de la Loire inférieure. Nantes, Forest ainé, 1859. 8. pg. 316.

Pradier (Jules).

1. Catalogue des Insectes Coléoptères du département de la Haute Loire.
   Ann. Soc. du Puy. 1851. T. 19. p. 480—495.

*2. Note sur des Larves (Tinéides) qui ont dévasté les prairies de la commune St. Julien-Molhesabate (Haute Loire.)
   Ann. Soc. Ent. Fr. sér. 3. 1858. T. 6. Bull. p. 108—109.

Prange (Christian), geb. in Naumburg.

*1. De locustis, immenso agmine aerem nostrum implentibus, et quid portendere poteniur, numine aeterno adspirante in Academia Jenensi sub praesidio Joh. Pauli Hebenstreitii, Moral. ac Politices Prof. P. Ordinarii, d. XXVI. Aug. MDCXCIII publice disputabit Christianus Prange Numburgensis, auctor. (Locusta migratoria.)
   Jenae, Impensis Salomonis Schmidtii. Literis Krebsianis. 4. pg. 65. 1 pl.
   (Ich habe viele Exemplare gesehen, auf deren Titel das Wort „auctor" fehlt, nur eines (Königsb. Bibl.) auf dessen Titel auctor steht; sonst stimmen sie genau überein; diese Schrift ist überall bei Hebenstreit angeführt.)

Prange (Christian Friedrich), geb. 20. April 1756 in Halle, gest. 12. Octbr. 1836 daselbst als Prof. Artium.

1. Systematisches Verzeichniss aller derjenigen Schriften, welche die Naturgeschichte betreffen, von den ältesten bis auf die neuesten Zeiten. Halle, 1784. 8. pg. 416.

von Praun (Sigmund).

1. Abbildung und Beschreibung Europäischer Schmetterlinge in systematischer Reihenfolge. Nürnberg, Raspe u. Raspe, 1858—61. 4.
   Erschien in 40 Lief. à 4 color. Taf. nebst Text.
   1—10. Heft. Pappiliones, auf 40 Taf. 222 Arten.
   11—16. „ Bombyces, auf 24 Taf. 203 Arten.
   17—19. „ Sphinges, auf 10 Taf. 122 Arten.
   20—31. „ Noctuen.
   Je nach Abschluss einer Abtheil. wird eine dazugehörige anatomische Thiertafel gratis beigegeben.

de Pré (Johann Friedrich), gest. 1727.

1. Dissertatio de quinta essentia regni vegetabilis sive de melle, vom Honig. Erfordiae, 1720. 4. Resp. F. G. Stoberlich.
2. Dissertatio de millepedis, formicis etc. qualem usum haec insecta habeant in medicina. Erfordiae, 1722. 4. Resp. J. A. Reuberus. pg. 17.
   (cf. Bibl. Banks. II. p. 507.)

Precht, Pastor in Riga.

1. Verzeichniss der bis jetzt vornehmlich in der Umgegend von Riga und im Rigischen Kreise bekannt gewordenen und systematisch bestimmten Käferartigen Insecten. (750 spec.) Riga, 1818. 4.
   Huber Litteratur d. Fauna Livlands. p. 127 erwähnt noch eines Handbuchs der Insectenkunde Livlands (Käfer, Hymenoptera), das als Manuscript zurückgeblieben sei.

2. Die Käfer von Hamburg und Umgegend. Ein Beitrag zur nordalbingischen Insecten-Fauna. (2136 spec.) Hamburg, Otto Meissner, 1862. 8.

Preller (Carl Heinrich).

*1. Beiträge zu einem natürlichen System der Coleopteren. Jena, Frommann, 1861. 8. pg. 46.

de Presas (Joseph).

1. Instruccion para el cultivo de la planta Nopal o tuna higuera, y cria de la Cochenilla. Malaga, Martino de Aguilar, 1825. 8. pg. 28.
(cf. Carus. p. 534.)

Presl (Johann Swatopluk), geb. 4. Septbr. 1791 in Prag, gest. 6. April 1849 als Professor der Naturgeschichte daselbst.

1. Additamenta ad Faunam protogaeam, sistens descriptiones aliquot animalium in succino inclusorum. (14 Insecta: 1 Cynips, 6 Formicae, 3 Tipulae, 4 Muscae.) Deliciae Pragenses historiam naturalem spectantes. Calve, 1822. 8. pg. 191.
*Isis. 1823. p. 374—375.

2. Kroz. Wetegny spis wseobecný pro Wadělance Národu Cesco-Slowanskeho. Wydá wán přispjwánjem mnohu učeny chloiastencū. Prag, 1831. 8.

Prevost (Louis Constant), geb. 4. Juni 1787 in Paris, gest. 14. Aug. 1856 daselbst als Prof. Mineral.

1. Fossile Coleoptera.
Ann. sc. nat. T. 4. tab. 17.
(cf. Germar Nov. Act. Acad. Leopold. Carol. T. 19. P. 1. p. 183.)

Prévost (Isaac Benedict), geb. 7. Aug. 1755 in Genf, gest. 8. Juni 1819 in Montauban als Prof. Philos.

1. Observations sur un insect aquatique.
Ann. de Chimie. 1797. — Biogr. univers. XXXVI. p. 60.

Preyssler (Johann Daniel Eduard), gest. nach 1838.

*1. Beschreibungen und Abbildungen derjenigen Insecten, welche in Sammlungen nicht aufzubewahren sind, dann aller die noch ganz neu, und solcher, von denen wir noch keine oder doch sehr schlechte Abbildung besitzen. Samml. I—III. (33 spec. Coleopt., Diptera etc.)
Mayer Samml. physik. Aufsätze. Dresden, 1791. 8. T. 1. p. 58—151; T. 2. 1792. p. 1—68. tab. 4.

*2. Verzeichniss böhmischer Insecten. Erstes Hundert. Prag, Schoenfeld-Meissner, 1790. 4. pg. 108. tab. 2 col.
*Extr. Schneider Magaz. T. 1. p. 65—74. — Jena. allg. Litter. Zeit. 1792. T. 3. p. 159—160.

*3. Beobachtungen über Gegenstände der Natur auf einer Reise durch den Böhmer Wald im Sommer 1791. (mit J. D. Lindacker und J. K. Hofer.)
Mayer Samml. physik. Aufsätze. Dresden, 1793. T. 3. p. 123—378. pl. 1. (Beschreib. v. Insecten aller Art.)
*Extr. Mayer Zool. Annal. 1794. T. 1. p. 29—30.

*4. Vorschlag eines neuen auf den Rippenverlauf der Flügel gebauten Systems.
Illiger Magaz. 1803. T. 1. p. 467—474.

5. Kurze Anweisung um aus entfernten Gegenden Käfer und andere härtere Insecten auf die leichteste und bequemste Weise zu erhalten.
Mart. Opitz. Naturalientausch. 1823—1828. p. 93—100.

Pringle (Sir John), geb. 10. April 1707 in Stichelhouse, Roxburghshire, gest. 18. Januar 1782 in London. Arzt.

*1. Lettere sulla vita delle Cavallette. (Odonata, 9tägige Lebensdauer ohne Kopf.)
Opuscoli scelti. 1780. T. 3. p. 427—428. — *Journ. de Physique. 1780. T. 16. p. 230.

Prinsep (James), geb. 20. August 1799 in London, gest. 22. April 1840 daselbst. Lebte lange in Calcutta. Münzmeister.

*1. Memorandum upon the Specimens of Silk, and Silkworm from Assam.
Journ. Asiat. Soc. Bengal. 1837. T. 6. p. 37—38.

von Prinzenstierna (Peter Erich), Officier in Schweden.

*1. Prof på Bi-Kupors företräde framför Bi-Stockar.
Vetensk. Acad. Handl. 1772. T. 34. p. 204—205. — *Deutsch. 1780. T. 34. p. 240—242.

*2. Ytterligare Berättelse om Biens förökelse uti Kupor med några Anmärkningar vid Biskötselen.
Vetensk. Acad. Handl. 1774. T. 35. p. 310—323. — *Deutsch. 1781. T. 36. p. 324—337.
*Fuessly Neues Magaz. 1786. T. 3. p. 78.

Pritchard (Andrew).

*1. Notes on Natural History selected from the Microscopical Cabinet illustrated by ten coloured Engravings, from original Drawings. London, Whittaker, 1844. 8. pg. 93. pl. 10 col.

von Prittwitz (O. F. W. L.), Notar in Brieg.

* 1. Ueber Colias Edusa und Myrmidone.
*Bericht d. dritt. schles. Tauschver. 1842. p. 19—21.
Bericht d. Lepidopterol. Tauschver. (Schlaeger). 1842. p. 21—27. (reimpr.)

* 2. Beiträge zur Lebensweise verschiedener Microlepidopteren. (mit Schlaeger.)
Bericht d. Lepidopterol. Tauschver. 1843. p. 77—88.

* 3. Geschichte der ersten Stände von Syntomis Phegea.
Bericht d. Lepidopter. Tauschver. 1843. p. 93—95.

* 4. Tortrix Zachana, und eine neue ihr nahe Species.
Stett. Ent. Zeit. 1844. T. 5. p. 416—471.

* 5. Lepidopterologisches.
Stett. Ent. Zeit. 1845. T. 6. p. 215—250.

* 6. Ueber das Erscheinen europäischer Falter in Amerika.
Stett. Ent. Zeit. 1855. T. 16. p. 38—39.

* 7. Eine für Schlesien neue Cucullia. (C. fraudatrix.)
Breslau. Zeitschr. f. Entom. 1855. Jahrg. 9. Lepid. p. 3—4.

* 8. Bemerkungen über die geographische Farben-Vertheilung unter den Lepidopteren.
Stett. Ent. Zeit. 1855. T. 16. p. 175—185.

* 9. Nachträge zur schlesischen Lepidopteren-Fauna.
Breslau. Zeitschr. f. Entom. 1855. Jahrg. 9. Lepid. p. 1—2.

* 10. Lepidopterologische Beiträge. (Verbreitung europ. Eulen ausser Europa.)
Stett. Ent. Zeit. 1857. T. 18. p. 139—147.

* 11. Lepidopterologisches. (Apamea basilinea; Cucullia fraudatrix.)
Stett. Ent. Zeit. 1857. T. 18. p. 372—375.

* 12. Die Generationen und die Winterformen der in Schlesien beobachteten Falter.
Stett. Ent. Zeit. 1861. T. 22. p. 191—273; 1862. T. 23. p. 281—353.

Probst (Joh. Franc. Ignat.).

1. De sale volatili cantharidum. Argentorati, 1759. 4.
Reimpr. P. L. Wittwer Delectus Dissert. Argentorat. Norimbergae, 1777. 8. T. 1. (Lecardaire.)

de Proce (Marion).

* 1. Observations relatives à la présence de plusieurs larves d'Oestres dans le canal digestif d'un individu de l'espèce humaine. fig. (Musca teste Westwood.) (Nantes, nach 1815.) 8. pl. 1. pg. 7.
Ob Extr.? — Im Besitz von Westwood und als sehr selten bezeichnet.

Prömmel, in Berlin.

* 1. Coleopterologische Mittheilungen.
Berl. Ent. Zeitschr. 1860. T. 4. p. 371—372.

Protasi (G. Dom.)

1. Stufa economica e semplicissima per far nascere i bachi da seta. Novara, Crotti, 1844. 8.
(cf. Cornalia monogr. p. 73.)

2. Sopra alcuni malattie dei bachi da seta.
Memoria letta nelle adunanze del Comizio Agrario di Novara. 1844. 8.
(cf. Cornalia monogr. p. 78.)

von Prunner (Leonhard).

* 1. Delle larve d'Europa finora descritte dagli autori di storia naturale coll' indice delle piante di cui si nutriscono all' Illustrissimo signor D. Gio. Battista Repatta. Torino, della Stamperia di Onorato Derossi, 1793. 4. pg. 39.

* 2. Lepidoptera pedemontana. Torino, 1798. 8. vol. 1. pg. 42 et 124. (197 spec.)

de Puget (Louis), geb. 1629 in Lyon, gest. 16. Dezbr. 1709 daselbst.

1. Nouvelle découverte sur les yeux de la mouche et autres insectes volants, faite à la faveur du microscope.
Journ. des Sçav. T. 8. p. [illegible].
Percheron hat vielleicht irrig diese Schrift Puget zugetheilt; bei Boehmer II, 2 p. 172 steht sie anonym dicht hinter der folgenden.

* 2. Observations sur la structure des yeux de plusieurs insectes, et sur les trompes des papillons, contenues en deux Lettres au R. P. Lamy. Lyon, Plaignard, 1706. 12. pg. 157. pl. 3. (anonym.)

Pullein (Samuel).

* 1. The culture of Silk, or an essay on its rational practice and improvement for the use of the american colonies. London, Millar, 1758. 8. pg. 299 et 15. tab. 2.
*Recens. Götting. gel. Anz. 1759. p. 339—342. — *Erlang. gel. Beitr. 1759. p. 439—440.
Britt. Bibliothek. T. 3. p. 338.
*Kate. Oekon. Physik. Abhandl. 1758. T. 14. p. 177—192; 1759. T. 15. p. 493—516.

*2. An Account of a particular Species of Cocoon or Silk-pod from America. (Saturnia.)
Philos. Transact. 1759. T. 51. P. 1. p. 54—55.
3. A new improved Silk-Reel.
Philos. Transact. 1759. T. 51. P. 1. p. 21—30. tab. 2. (Lacordaire.)

Pulteney (Richard).
*1. A general View of the Writings of Linnaeus. Ed. II. London, 1805. 4. pg. 595. Portrait.

Purchas (Samuel), geb. 1577 in Essex, gest. 1628.
1. His pilgrimmes etc. London, 1625. fol. 4 Part. pg. 1973.
(cf. Bibl. Banks. II. p. 84.)
*2. A theatre of politicall flying-insects, wherein especially the nature, the worth, the work, the wonder, and the manner of right-ordering of the Bee, is discovered and described etc. London, 1657. 4. pg. 387.
Recens. Haller Bibl. Bot. I. p. 438.
*3. Spiritual Honey from Natural Hives; or Meditations and Observations on the Natural History and Habits of Bees; first introduced to public notice in 1657. London, Bagster. 12. pg. 176.
(Aus No. 2.)

Purqueddù (Antonio). Academiker des Collegiums in Cagliari.
1. Il Tesoro della Sardegna ne' bachi da seta e ne' gelsi. Poema sardo e italiano; dedicato al vicerè Lascaris. Cagliari, Porro, 1779. 12. tab. 3.
(cf. Dizion. region. di V. Re. T. 3. p. 204.)

Putius (Joseph). s. unter: Puzzi.
*1. De Cicadis majoribus.
Comment. Bonon. 1731. T. 1. p. 79—87. ? auch 1748. T. 1. p. 79—82.
Deutsche Uebers. T. 1. No. 3.

Putsche (Carl Wilhelm Ernst).
1. Neuester Katechismus der Bienenzucht oder vollständiger auf vieljährige Erfahrung gegründeter Unterricht über die einzig sichere Methode Bienen mit dem gedeihlichsten Erfolge zu warten, zu pflegen und zum höchsten Ertrage zu bringen. Leipzig, Baumgärtner, 1829. 8. pg. 8 et 115. tab. 1.
André, Oecon. Neuigk. u. Verhandl. T. 2. p. 729—730. (Lacordaire.)

Putz.
1. Système de la nature de Linné traduit en français. 4 vol. 8.
2. Guide du naturaliste. 1 vol. 8.
(cf. Percheron. I. p. 374.)

Putzeys (H.). Staatssecretair im Justizministerium in Brüssel.
*1. Bemerkung über einige Arten der Gattung Bembidium.
Stett. Ent. Zeit. 1845. T. 6. p. 130—141.
*2. Ueber Pterostichus exaratus Boudier und Molops subtruncatus Chaudoir.
Stett. Ent. Zeit. 1845. T. 6. p. 319—331.
*3. Trechorum Europaeorum Conspectus.
Stett. Ent. Zeit. 1847. T. 8. p. 302—315.
*4. Prémices entomologiques. (Monographie du genre Pasimachus; 62 esp. nouv. Cicindel. et Carabid.)
Mém. Soc. Sc. Liège. 1845. T. 2. p. 353—417. tab. 1.
Separat. Liège, Dessain, 1848. 8.
*5. Monographie des Clivina et genres voisins, précédée d'un tableau synoptique des genres de la tribu des Scaritides.
Mém. Soc. Sc. Liège. 1845. T. 2. p. 521—663. — *Separat. Liège, 1845. 8. pg. 145.
*6. Broscosoma Carabidum genus novum. Bruxelles, 1846. 8. pg. 7. tab. 1.
*7. Chemisches Problem. (Dampfartige Aussonderungen der Käfer.)
Stett. Ent. Zeit. 1858. T. 19. p. 432—433.
8. Postscriptum ad Clivinidarum Monographiam atque de quibusdam aliis. Leodii, Typis Dessain, 1862. 8. pl. 2.
(Separat aus Mém. Soc. Sc. Liège.)

Puvis (Marc Antoine), geb. 1776, gest. 30. Juli 1851 in Paris.
1. Lettre sur l'éducation des vers à soie. Paris, Huzard, 1838. 8.
(cf. Ann. Soc. d'Agric. Lyon. 1838. T. 1. p. 510.)
2. De l'art séricole au printemps 1840. Paris, 1840. 8.
(cf. Ann. Soc. d'Agric. Lyon. 1841. T. 4. p. 42.)

de Puymaurin (Jean Pierre Casimir de Marcassus), geb. 3. Dezbr. 1757 in Toulouse, gest. 14. Febr. 1841.
*1. Recherches sur le ver blanc qui détruit l'écorce des arbres.
Mém. Acad. Toulouse. 1788. T. 3. p. 312—331.
(Ob von seinem Sohn Aimé?)

Puzzi (Joseph), oder Pozzi?
Von den grösseren Cicaden.
Comment. Bonon. 1778. T. I. p. 79.
*Deutsche Uebers. v. Leske. 1781. T. I. p. 15—17.
(Wohl dasselbe mit Pulius.)

de Quarin (Joseph), geb. 19. Novbr. 1733 in Wien, gest. 19. März 1814.
1. Dissertatio Entoma noxia et utilia physico-medice considerata, defensa in universitate Friburgensi Brisgajae. Diss. inaug. Friburgae, 1751. 4.
Wasserbergii operum minor. medicor. fasc. III. p. [illegible]. (cf. Percheron. I. p. [illegible].)

de Quatrefages (A.).
1. Circulation, sang des larves d'insectes.
Soc. Philom. Extr. Proc. verb. 1845. p. [illegible].
*L'Institut. 1845. XIII. No. [illegible]. p. [illegible].
*2. Mémoire sur la cavité générale du corps des invertébrés.
Ann. sc. nat. sér. 3. 1850. T. 14. p. [illegible].
Bibl. univ. de Genève. Sept. 1851. — *Ann. of N. H. ser. 2. 1852. T. 9. p. 157—158.
*3. Mémoire sur la destruction des Termites au moyen d'injections gazeuses.
Ann. sc. nat. sér. 3. 1853. T. 20. p. 5—15.
*4. Note sur les Termites à la Rochelle.
Ann. sc. nat. sér. 3. 1853. T. 20. p. 16—21.
*5. Rapport sur un mémoire de Mr. Lacaze-Duthiers et Riche intitulé: Recherches sur l'alimentation des insectes Gallicoles.
Ann. sc. nat. sér. 3. 1853. T. 20. p. 115—120.
*Compt. rend. 1853. T. XXXVII. p. [illegible]. — *L'Institut. 1853. XXI. No. [illegible]. p. 310-311.
*6. Souvenirs d'un naturaliste. (Termes.) Paris, Charpentier, 1854. 8. 2 vol.
*7. Résultats d'une éducation hâtive des vers à soie.
Revue et Magas. Zool. 1857. T. 9. p. 554.
*8. Observations sur les notes relatives à la maladie des vers à soie de Mss. Champoiseau, Hardy et Nadal.
Compt. rend. 1858. T. XLVI. p. [illegible].
*9. Sur les maladies des vers à soie et sur une tache qui se développe sur les chenilles et qui caractérise l'une de ces maladies.
Compt. rend. 1858. T. XLVII. p. 140—144; p. [illegible]; p. 572—578; p. [illegible]. 1859. T. XLVIII. p. 857; p. 1022. T. L. p. 61; p. 707.
*10. Etudes sur les maladies actuelles du ver à soie. Paris, V. Masson, 1859. 4. pg. 382 et 8. tab. 6.
(Extr. des Mém. de l'Acad. des sc. T. 30.)
*11. Nouvelles recherches faites en 1859 sur les maladies actuelles du ver à soie. Paris, V. Masson, 1860. 4. pg. 120.
*Revue et Magas. Zool. 1860. T. 12. p. 412—415.
12. Essai sur l'histoire de la sériciculture et sur la maladie actuelle des vers à soie. Paris, Meyrueis etc., 1860. 18. pg. 70.
(Publié dans la Revue des Deux-Mondes.) (cf. Carus. p. 1655.)

Quekett (Edwin John), gest. 1861 in London als Vorstand des Hunterschen Museums.
*1. Observations on the structure of the white filamentous substance surrounding the (Coccus vitis) Mealy Bug.
Trans. Microsc. Soc. ser. 2. 1858. T. 6. p. 1—4.

Quellmalz (Samuel Theodor), geb. 12. Mai 1696 in Freiberg, gest. 10. Febr. 1758. Arzt in Leipzig.
1. De vermibus per nares excretis.
Commerc. litterar. ad rei medicae et scientiae naturalis incrementum institutum. ann. 1740. Hebd. 17. p. 131. (cf. Wahlfahrt l. c. p. 12.)

Quenin (oder Quesnin?).
1. Méthode simplifiée d'éducation des vers à soie, selon les principes de M. Dandolo. 1811. 8.
(cf. Ann. Soc. d'Agric. Lyon. 1842. T. 5. p. 64.)

Quensel (Conrad), geb. 10. Decbr. 1767 zu Leyda in Schonen, gest. 2. Aug. 1806 in Carlberg. Professor der Naturgeschichte in Stockholm.
*1. Dissertatio historico-naturalis, ignotas insectorum species continens. (Coleopt.) Resp. C. P. Lundgärd. Lundae, 1790. 4. pg. 20.
*2. Beskrifning öfver en ny Nattfjäril (Noctua Proni).
Vetensk. Acad. nya Handl. 1791. T. 12. p. 133-136. *Deutsch. 1793. T. 12. p. 139-142. fig.
*3. Beskrifningar öfver 8 nya svenska Dagfjärilar.
Vetensk. Acad. nya Handl. 1791. T. 12. p. [illegible]—281. *Deutsch. 1793. T. 12. p. [illegible]—281. tab. 2.
4. Svensk Zoologie. Stockholm, 1806—1825. 8. fig. (Fortges. von O. Swartz.)
cf. Carus. p. [illegible], 61.

Quinby (M.).
1. Mysteries of beekeeping explained; beeing a complete analysis of the whole subject; consisting of the natural history of bees, directions for obtaining the greatest amount of pure surplus honey, with the least possible expense; remedies for losses given, and the science of „Luck" fully illustrated the result of more then twenty years' experience in extensive apiaries; with woodcuts. New York, Saxton, 1853. 12. pg. 376.

de Quiñones (Juan), geb. 1600 bei Toledo, gest. 1650.
*1. Tratado de las Langostas muy util y necessario, en que se tratan cosas de provecho y curiosidad para todos los que professan letras divinas y humanas, y las mayores ciencias. Madrid, por Luis Sanchez, 1620. 4. 86 Blätter; pg. 22 Vorrede u. pg. 23 Register. s. p. — Titelvignette.

Quix (Christian).
*1. Naturbeschreibung der Thiere oder Zoologie. T. II. Abth. 1. Naturbeschreibung der Schmetterlinge nach dem Handbuch von Goldfuss. Aachen, Urlich, 1823—1824. 8. 2 vol.
(Insect). T. II. pg. 147.)

Quoy (Jean René Constantin), geb. 10. Novbr. 1790, begleitete 1819 als Arzt und Zoolog mit J. P. Gaimard den Capitain Freycinet auf seiner Entdeckungsreise, und von 1826—29 den Capitain D'Urville auf dessen Reise um die Erde.
*1. Voyage de l'Uranie et de la Physicienne. Paris, 1824. 4.
(Pl. 83 et 84 insectes.) v. Gaimard No. 1.

Raabe, Kreiseinnehmer in Halle.
*1. Nachricht über einige den Sommer-Rübsaamen nachtheiligen Insecten. (Plusia gamma, Pyral. erucalis.)
Germar Magaz. Entom. 1818. T. 3. p. 439—443. mit Nachschrift von Zinken-Sommer.

Raben (Friedrich).
*1. Beskrifning öfver en Chinesisk och en Inlaendsk Fjäril, jämte några Anmärkningar öfver Fjärilarne i gemen.
Vetensk. Acad. Handl. 1748. T. 9. p. 302-315. *Deutsche Uebers. 1749. T. 10. p. 210-221. (v. De Geer No. 10.)
*2. Beskrifning om löfmasken på Vildapel, Bok och Törne. (Saturnia Carpini.)
Vetensk. Acad. Handl. 1749. T. 10, p. 120-133. fig. *Deutsch. 1751. T. 11. p. 125-138, tab. 1. *Füessly Neues Magaz. 1785. T. 2. p. 331. — Analecta Transalpina. T. 2. p. 103—104.

Rabenhorst (L.). Dr., Kryptogamenforscher in Dresden.
*1. Die tödtliche Krankheit der Stubenfliege und einiger andern Dipteren.
Allgem. Deutsche Naturh. Zeit. 1856. T. 1. p. 377—379.

Rack (Edmund).
1. Description of and observations on the cock-chaffer in its grub and beetle states (Scarabaeus vulgaris major Raii.).
Letters on agriculture of the Bath Society. 1792. T. 1. p. 236.
cf. Reuss Repert. (Lacordaire.)

Radde, geb. in Danzig. Apotheker.
*1. Neue Lepidopteren aus Ostsibirien und dem Amurlande. (mit Mook.)
Zeitschr. f. d. gesammt. Naturwissensch. Halle. 1861. T. 17. p. 407.
(Aus Bullet. Acad. St. Pétersbg. T. 3. p. 461—466.)

Raddi (J.). *Eine Liste seiner Werke steht Ann. sc. nat. 1830. T. 20. Revue Bibl. p. 112.
1. Rapport sur les Chrysalides de quelques insectes nuisibles au grain.
Act. Acad. Gorgofil. (continuation) 1822. T. 3. p. 353. (cf. Liste der Werke No. 18.)

Radden (W.).
*1. Notes on Deilephila Euphorbiae.
Entomol. Magaz. 1834. T. 2. p. 368—372. 2 pl.; 1835. T. 2. p. 555—520.

Radoszkovski (Octavius). Colonel d'Artillerie, St. Pétersbourg.
*1. Sur quelques Hyménoptères nouveaux ou peu connus de la collection du Musée de l'Académie des sciences de St. Pétersbourg.
Bullet. Moscou. 1859. T. 32. P. 1. p. 479—486. tab. 1 col.
*2. Beschreibung einiger neuen Hymenopteren-Arten.
Horae Soc. Ent. Ross. 1861. T. 1. p. 79—86. fig. (Russisch.)
*3. Megachile Dohrni.
Stett. Ent. Zeit. 1862. T. 23. p. 271—272.

Radouan (Jacques).
*1. Petit Manuel des Propriétaires d'Abeilles contenant 1. la ruche villageoise ou lombarde, et les ruches à hausses perfectionnées au moyen de petits grillages en bois, très faciles à exécuter; 2. une méthode très-avanta-

(**Radouan**, Jacques.)
geuse de gouverner les abeilles, de quelque forme que soient leurs ruches, pour en tirer de grands profits. Paris, Lecointe etc., 1821. p. 12 et 157. 1 pl.
2. Nouveau Manuel complèt théorique et pratique des propriétaires d'Abbeilles. III. Edit. corr., suivie de l'Art d'élever et de soigner les vers a soie, et de cultiver le Mûrier par M. Morin. Paris, Roret, 1828. 18.
(cf. Querard. T. 7. p. 431.)
Ed. IV. ibid. 1840. 18. 2 vol. 8 pl.

Rafinesque (Constantin Samuel), geb. in Galata 22. October 1783, lebte seit 1814 in Nordamerika, wo er zu Lexington Prof. d. Naturgeschichte wurde, gest. zu Philadelphia 18. September 1840. Liste der Schriften von Haldeman in Sillim. Amer. Journ. 1842. T. 42. p. 280.
1. Caratteri di alcuni nuovi generi e nuove specie di animali e piante della Sicilia. (Lepisma 1, Osteophilum 1, Acarus 2, Formica 1, Aphis 2.) Précis des découvertes etc. somiologiques. Palermo, 1814.
(cf. Bisoconi Repert. 1. p. 15.) (Querard. T. 7. p. 430 hat: 1810. 8. fig.)
2. Museum of Natural Sciences: b. Specimens of several new American species of the Genus Aphis.
American Monthly Magazin and Critical Review. New York. 1817. 8. T. 1. p. 360—361.
(cf. Sherwood. Linnaea XIV. p. 283.)

Raimondi (Eugenio).
1. Le Caccie delle Fiere armate o disarmate, e degli Animali quadrupedi, volatili ed acquatici; Opera nuova, nella quale pienamente si discorre del governo, cura e medicamenti degli Ucelli rapaci ed innocenti etc. aggiuntovi il modo di ben allevare i Bigatti etc. Brescia, Fontana, 1621. 8. fig. — Aggiuntovi in questa nuova impressione il quinto libro della Villa. Napoli, Scoriggio, 1626. 4. fig.
(cf. Dizion. ragion. di F. Re. T. 3. p. 272.)
Reimpr. Venezia. 1785. 8. fig.

Raimondi (G. B.).
1. Trattato sulla coltivazione dei bachi da seta. Brescia, Bendiscioli, 1853. 8.
(cf. Cornalia monogr. p. 88.)

Ramaer (Hulbert).
1. Antwoord op de Vraag: over het voortteelen der byen, het voorkomen van derzelver ziektens, het bezorgen van geschikte verzamelplaatsen, het oilgestrekter gebruik maaken van den honing en het honing-water, en eindelyk het verbeteren van onzen ont honing. (mit H. F. Sybel.)
Verhandel. door den Oecon. Tak. D. 1. Stück 4. No. 6. Landbouw. (Lacordaire.)

Rambur (J. Pierre). Arzt in Fontainebleau.
*1. Catalogue systématique des Lépidopteres de l'Andalousie. Paris, Baillière, 1828. 8. pag. 95 et 4. Livr. 1. tab. 10 col.
*2. Notice sur plusieurs espèces de Lépidoptères nouveaux du midi de la France.
Annal. des sc. d'observation. 1828. T. 2. p. 253—268. (19 spec.)
* Féruss. Bullet. 1829. T. 18. p. 471—475.
*3. Catalogue des Lépidopteres de l'Ile de Corse, avec la description et la figure des espèces inedites. (354 spec.)
Ann. Soc. Ent. Fr. 1832. T. 1. p. 245—295. pl. 3 col.; 1833. T. 2. p. 1—60. pl. 3 col.
*Isis. 1843. 11. p. 245.
*4. Rectification d'une erreur commise à l'égard des chenilles des Cucullia umbratica et lucifuga.
Ann. Soc. Ent. Fr. 1834. T. 3. p. 179—182.
*Isis. 1840. VII. p. 482—483.
*5. Description de plusieurs especes inédites de Lépidoptères nocturnes du centre et du midi de la France. (7 spec.)
Ann. Soc. Ent. Fr. 1834. T. 3. p. 379—383.
*6. Notice sur plusieurs Lépidopteres du midi de l'Espagne parmi lesquels se trouve le Pap. Eupheme d'Esper.
Ann. Soc. Ent. Fr. 1836. T. 5. p. 573—588. fig.
*7. Notice sur une erreur de Fonscolombe au sujet de la nomenclature de certaines pieces de la bouche des Odonates.
Ann. Soc. Ent. Fr. 1837. T. 6. Bull. p. 74.
*8. Sur l'insecte d'un ordre incertain de M. Carreno. (Lépidopt., Trichiosoma.)
Ann. Soc. Ent. Fr. 1841. T. 10. Bull. p. 27.

*9. Faune entomologique de l'Andalousie. Paris, Arthus Bertrand, 1842. 8. 4 Livr.
Coléopt. p. 1—144. pl. 4; Dermapt., Orthopt., Hémipt. p. 1—176. pl. 16. (dabei 8 Lépid., 1 Neuropt. ohne Text.) Nach Lederer Wien. Entom. Monatsschr. 1860. T. 4. p. 102. ist der Text zu den Hesperientafeln gedruckt aber nie ausgegeben.
*Silberm. Revue entom. T. 5. p. 325—330.

*10. Histoire naturelle des Insectes. Neuroptères. (Suites à Buffon.) Paris, Roret, 1842. 8. pg. 17 et 534. pl. 12 color.
*Isis. 1845. IV. p. 311.

*11. Monographie du genre Elaphocera. (14 spec.)
Ann. Soc. Ent. Fr. sér. 2. 1843. T. 1. p. 329—338. fig.
Revue Zool. 1843. T. 6. p. 319.

*12. Description de l'Agrotis Graslinii, précédée de quelques observations critiques sur la distribution de la famille des Agrotides avec la description d'une Episema et d'une autre Agrotis inédits.
Ann. Soc. Ent. Fr. sér. 2. 1848. T. 6. p. 63—72.

Ramdohr (Karl August), in Halle.

*1. Anatomie des Darmkanals und der Geschlechtstheile von Carabus granulatus F. (C. monilis.)
Magaz. Gesellsch. naturf. Fr. Berl. 1807. T. 1. p. 207—222. tab. 6.
*Isis. 1818. IX. p. 1653.

2. Abbildungen zur Anatomie der Insecten. Halle, 1809. 4. 3 Hefte.
(Ist wahrscheinlich Schmutztitel von No. 5.)

*3. Kleine Abhandlungen aus der Anatomie und Physiologie der Insecten. (Organe des Tastens bei den Bienen.)
Magaz. Gesellsch. naturf. Fr. Berl. 1810. T. 4. p. 257—262. tab. 1.
*Isis. 1818. IX. p. 1467.

*4. Kleine Abhandlungen aus der Anatomie u. Physiologie der Insecten. (Ueber die Organe des Geruchs und Gehörs der gemeinen Biene.)
Magaz. Gesellsch. naturf. Fr. Berl. 1811. T. 5. p. 368—380. — *Isis. 1818. IX. p. 1471.
*Entr. Germar. Magaz. Entom. 1813. T. 1. Heft 1. p. 66—80.
Anmerkung zur Abhandlung von Ramdohr. ibid. p. 123—128.

*5. Abhandlungen über die Verdauungswerkzeuge der Insecten. Halle, Hendel, 1811. 4. pg. VIII et 221. tab. 30. pg. 28 Erklärung.
(Die Tafeln sind früher erschienen.)

6. Zergliederung der gemeinen Honigbiene. Berlin, 1819. tab. 10.
(cf. Assmann Quellenkunde p. 77.) (Engelmann p. 221. hat: Halle, Hendel, 1819. 4. 2 vol. 30 Taf. nebst Anhang.)
Ratzeburg Medic. Zool. II. p. 179 erwähnt, die Kgl. Akademie in Berlin habe den Stich der Tafeln zu Ramdohrs Anatomie der Biene übernommen. Ob das vorhergehende Werk damit gemeint ist? Ich habe es nirgends angetroffen.

7. Die einträglichste und einfachste Art der Bienenzucht. Durch vergleichende Versuche vermittelt und mit Beispielen belegt. Berlin, 1835. 8. 1 Tabelle.
(Ob vom selben Verfasser?)

Ramdohr (Johann Christ). Prediger zu Grossschierstädt bei Aschersleben.

1. Abriss seines Magazin-Bienenstandes nebst dessen Behandlung. Gotha, 1779.
Ed. 2. Gotha, Ettinger, 1790. 8. tab. 2.
Ed. 3. Veränderte, vermehrte und vervollkommnete Magazin-Bienenbehandlung, als die 3. Auflage des Abrisses etc. Gotha, Ettinger, 1779. 8. pg. 116. tab. 2.
*Rec. Gotha gel. Zeit. 1779. p. 657—660. — *Allgem. Deutsche Bibl. T. 42. p. 248—245.
Jena gel. Zeit. 1779. p. 644.
Ed. 4. mit Anmerkungen von D. Joh. Köllner. Gotha, Ettinger, 1812. 8. tab. 2.

Ranchin (François), geb. 1560 in Montpellier, gest. 1641.

1. De Pediculis.
Opuscul. medica. Lugduni. 1627. 4. p. 304. (cf. Boehmer. II, 2. p. 343.)

Randall (John W.).

*1. Descriptions of new species of Coleopterous Insects inhabiting the State of Maine.
Boston Journ. Nat. Hist. 1838. T. 2. p. 1—33.

*2. Descriptions of new species of Coleopterous Insects inhabiting the State of Massachusetts.
Boston Journ. Nat. Hist. 1838. T. 2. p. 34—52.

Ranert (J.).

1. Die Seidenzucht im Kleinen. Prag, 1853. 8.
(cf. Verhandl. Wiener Zool. Bot. Verein. 1853. T. 3. p. 20.)

Rangheri (Jos.).
1. Unterricht von der Gewinnung der Seide in Böhmen; eine treue populaire auf eigene Erfahrung gegründete Anleitung zur Behandlung der Seidenraupen. 1813.
(cf. Cornalia monogr. p. 62.)

Rango (Conrad Tiburtius), geb. 9. Aug. 1639 in Colberg, gest. 3. Decbr. 1700 als Professor Theol. in Greifswalde.
1. Nützliches Tractätlein von denen Curculionibus oder Kornwürmern und deren Ursprung und Vertreibung etc., verbessert von Artophago. Berlin, 1665. 12.
*Ed. II. Schneeberg, Fulden, 1746. 8. pg. 68.
*Stuttg. Schrift. Phys. Oecon. II. p. 157.

Raniery (Diodato).
*1. Memoria sopra due insetti finora indescritti; ed in fine la maniera di scacciare dai campi e distruggere negli orti il Grillo Talpa. (Larva Perlae.) Torino, 1784. 8. pg. 58.
Reimpr. (über Gryllotalpa) Opusc. scelt. 1784. T. 7. p. 314—318.

Rankin (Harrison).
1. Von den Afrikanischen Termiten.
Froriep Notiz. 1838. T. 49. p. 65—69.

Graf zu Rantzau (Carl), gest. im April 1848 in Flensburg. Nekrolog. Stett. Ent. Zeit. T. 9. p. 129.
*1. Einige Notizen über Fabriciussche Aphodien mit Beziehung auf Dr. Schmidts Monographie dieser Gattung in Germars Zeitschr. Bd. II.
Stett. Ent. Zeit. 1846. T. 7. p. 45—51.

Ranza (Giannantonio). Professor.
1. Memoria sulla maniera di conservare la semenza dei Bigatti tanto per rimettere a tempo la prima raccolta ove falli, come nell' anno 1777, quanto per farne una seconda più sicura della prima. Antologia Romana (vor 1787).
Auch in: Edit. Vercellese della Seriede del Tesauro.
*2. Della seconda raccolta de Bozzoli.
Opuscoli scelti. 1778. T. 11. p. 289—301.
3. Tentativi di tre anni sulla preparazione delle Semente dei Bigatti per un prodotto migliore dell' ordinario. Vercelli, 1787.
4. La seconda raccolta de' Bozzoli; Risposta diretta all' invito della Reale Società Agraria di Torino, e indiretta al Quesito della Reale Accademia delle Scienze per l'impiego dei torcitori di seta in tempo di sua scarsezza. Antologia Romana, 1788.
(1—3. cf. Dizion. region. di P. Re. T. 3. p. 273—277.)

Rappolt (Carl Heinrich), geb. 17. Juni 1702 in Fischhausen (Preussen), gest. 23. October 1753 in Königsberg. Professor daselbst.
*1. E generali contemplatione emolumentum e creaturis noxiis capiendi subnata quaestio; an damnum per Locustas agris illatum earundem beneficio compensari possit. (Beschreibung und Anatomie von drei Heuschrecken.) Berolini, Haude, 1730. 4. 2¼ Bogen. s. l.

Raschig (K. G.).
1. Neuestes vollständiges Handbuch der Bienenkunde und Bienenzucht. Nebst einer Anleitung zur vortheilhaften Verwendung des Wachses und des Honigs. Als Anhang ein Bienenkalender und eine Uebersicht der Litteratur der Bienenzucht. Für Bienenwirthe und Bienenfreunde. Nach den vorzüglichsten Bienenschriftstellern und eigenen Beobachtungen und Erfahrungen. Berlin, Amelang, 1829. 4 Kpfr.
(Engelmann Bibl. Oec. p. 250.)

Raschke (Johann David).
1. Nachrichten von einigen Erfahrungen bei der Bienenpflege zu Stampen und Bohrau in den Jahren 1774 und 1775.
Oekon. Nachr. d. Gesellsch. Schlesien. T. 3. p. 276. (Lacordaire.)

Rathke (Jens), geb. 1769, gest. 1855. Professor der Zoologie in Christiania.
*1. Bidrag til nogle af de for Saedarterne skadelige Insekters naturhistorie. (Coleoptera.)
Skrivt. naturh. Selsk. Kiøbenh. 1802. T. 5. Heft. 2. p. 138—147.

Rathke (Martin Heinrich), geb. 25. August 1793 in Danzig, gest. 15. September 1860 in Königsberg. Professor der Naturgeschichte in Dorpat und Königsberg. — Nekrolog u. Liste der Schriften von Zaddach. Königsberg, 1861. 8. u. Neue Preuss. Provinzialbl. 3. Folge. T. VI.

*1. Miscellanea anatomico physiologica. Fasc. I. De libellarum partibus genitalibus. Regiomonti, Bornträger, 1832. 4. pg. 2 Vorrede. pg. 38. c. 3 tab. aen.

*2. Ueber die rückschreitende Metamorphose der Thiere.
Neueste Schrift. naturf. Gesellsch. Danzig. 1842. T. 3. Heft 4. p. 170—184.
Auch unter d. Titel: Beiträge zur vergl. Anatomie u. Physiologie, Reisebemerkungen aus Skandinavien. Danzig, 1842. 4.

*3. Ueber die Eier von Gryllotalpa und ihre Entwickelung. fig.
Müller Archiv. 1844. p. 27—37; 1845. p. 9.

4. Entwicklung der Blatta germanica.
Meckel Archiv. 1832. T. 6. p. 371—378. tab. 1.
*Müller Archiv. 1835. p. 156.

*5. Anatomisch-physiologische Untersuchungen über den Athmungsprocess der Insecten.
Schrift. K. Phys. Oek. Gesellsch. Königsberg. 1861. T. 1. p. 60. tab. 1.

*6. Studien zur Entwicklungsgeschichte der Insecten.
Stett. Ent. Zeit. 1861. T. 22. p. 169—191; p. 229—310.

Rathlef (Ernst Ludwig), gest. 19. April 1768. Pastor in Diepholz.

*1. Akridotheologie oder historische und theologische Betrachtung über die Heuschrecken, bei Gelegenheit der jetzigen Heuschrecken in Siebenbürgen, Ungarn, Polen, Schlesien und England nebst einer Muthmassung, dass die Selaven, welche die Israeliten zweimal in der Wüste gegessen, weder Wachteln noch Heuschrecken sondern die Vögel der Seleuciden gewesen. Hannover, Richter, 1748—1750. 8. 2 vol. pg. 233. tab. 1. et pg. 340.
Holländ. Uebers. von P. A. Verwer. Amsterdam, 1750. 8. tab. 1. pg. 176.
Berens. Hamburg. Berichte. 1750. Stück 58. — Erlang. Beitr. 1750. p. 467.

Rattet (Frédéric), in Paris.

*1. Note sur une filaire trouvé chez Vanessa prorsa. (Mermis.)
Ann. Soc. Ent. Fr. sér. 2. 1857. T. 5. Bull. p. 112.

*2. Variété de la Strenia clathrata. fig.
Ann. Soc. Ent. Fr. sér. 3. 1859. T. 7. p. 559—560.

Rattier.

1. Rapport fait à la séance publique de la société d'agriculture du Département de Loire et Cher du 1. Septembre 1809 sur les plantations de Mûriers blancs et l'education des vers à soie.
Ann. de l'agric. franç. sér. 1. 1810. T. 41. p. 5—14. (Lacordaire.)

Ratzeburg (Julius Theodor Christian), geb. 16. Febr. 1801 zu Berlin. Professor in Neustadt-Eberswalde.

*1. Der entomologische Theil in: J. F. Brandt u. J. T. C. Ratzeburg Medicinische Zoologie, oder getreue Darstellung und Beschreibung der Thiere, die in der Arzeneimittellehre in Betracht kommen, in systematischer Folge herausgegeben. Berlin, Hirschwald, 1827—1834. 4. Tom. II. 13 Hefte. tab. 69.
T. I. 1827—1829, 5 Hefte. tab. 25. — T. II. 1830—1834. 8 Hefte. tab. 44.

*2. Ueber Entwickelung der fusslosen Hymenopterenlarven, mit besonderer Rücksicht auf die Gattung Formica. 1 tab.
Act. Acad. Leopold. Carol. 1832. T. 16. P. 1. p. 143—176.

*3. Untersuchung des Geschlechtszustandes bei den sogenannten Neutris der Bienen und über die Verwandtschaft derselben mit den Königinnen. tab. 1.
Act. Acad. Leopold. Carol. 1833. T. 16. P. 2. p. 613—638.
* Müller Archiv. 1834. T. 1. p. 157.

*4. Entomologische Beiträge. (Curculio, Bostrichus.)
Act. Acad. Leopold. Carol. 1835. T. 17. P. 1. p. 434—476. tab. 3.
(1. Ueber die Lebensweise der Käfer, welche der Kiefer (Pinus sylvestris L.) besonders der jungen in der Mark Brandenburg schädlich werden. 2. Ueber das Acodero der wichtigsten Kennzeichen bei einigen Borkenkäfern.)
*Silberm. Revue entom. 1838. T. 4. p. 113—115.

*5. Die Forstinsekten oder Abbildung und Beschreibung der in den Wäldern Preussens und der Nachbarstaaten als schädlich oder nützlich bekannt gewordenen Insekten; in systematischer Folge und mit besonderer Rücksicht auf die Vertilgung der schädlichsten. Berlin, Nicolai. 4. (mit Holzschnitten, schwarzen u. color. Tafeln.) 1837. T. I. Die Käfer. tab. 22. pg. 10 et 202.
*Ed. II. 1839. ibid. pg. 16 et 247.
*Daraus: Nachtrag oder Veränderungen der 2. Ausgabe, aus der 2. Ausgabe

(**Ratzeburg**, Julius Theodor Christian.)

desselben Werkes besonders abgedruckt. Berlin, Nicolai, 1839. 4. pg. 65. mit mehr. Holzschnitten u. einem Käferkalender in gr. fol.

1840. T. II. Die Falter. tab. 17. pg. 252.

1844. T. III. Die Ader-, Zwei-, Halb-, Netz-, u. Geradflügler. tab. 16. pg. 314.

*T. I. angezeigt von Dr. Schmidt in Germar Zeitschr. Entomol. 1839. T. I. p. 225–241.

*6. Gastropacha pinivora ein noch wenig gekannter, gewiss häufig mit G. pityocampa verwechselter Spinner.
Stett. Ent. Zeit. 1840. T. 1. p. 40–44.

*7. Ueber den letzten Raupenfrass in Neustadt Eberswalde. (B. Monacha.)
Preuss. Provinzialbl. 1841. T. 25. p. 231–237.

*8. Bitte an Forstmänner, Gärtner und alle im Freien lebende Insecten-Beobachter. (Hymenopterolog.)
Stett. Ent. Zeit. 1841. T. 2. p. 60–61.

*9. Ueber den Bau und die Lebensweise zweier an der Kiefer lebenden Gallmücken-Larven. fig.
Wiegm. Archiv. 1841. T. 7. p. 233–242.

*10. Die Waldverderber und ihre Feinde, oder Beschreibung und Abbildung der schädlichsten Forstinsekten und der übrigen schädlichen Waldthiere, nebst Anweisung zu ihrer Vertilgung und zur Schonung ihrer Feinde. Ein Handbuch für Forstmänner, Oeconomen, Gärtner und alle mit Waldbäumen Beschäftigte. Berlin, Nicolai, 1841. 8. tab. 8. (6 color.) Insectenkalender pg. 118.

*Ed. II. ibid. 1842. 8. pg. 136. tab. 8. (6 color.) Insectenkalender.
Hieraus abgedruckt:

*Nachtrag oder Veränderungen der zweiten Ausgabe; nebst 1 entomologischen Vademecum. Berlin, Nicolai, 1842. 8. 1 Holzschnitt. pg. 26.

*Franz. Uebers. von Corberon. Nordhausen, 1842. 8. (cf. Corberon No. 1.)

*Edit. III. Berlin, Nicolai, 1850. 8. pg. 20 u. 150. 8 tab. 4 Insectenkalender.

Edit. IV. Berlin, Nicolai, 1856. 8. pg. 24 u. 138; pg. 6 u. 112. 5 Tabellen in 4., 8 tab. aen. u. color.

Edit. V. Berlin, Nicolai, 1860. 8. pg. 22 u. 316. 5 Tabellen in 4., 10 tab. aen. u. color.

*11. Ueber die Flugjahre der Maikäfer; eine Antwort auf die Frage des Hrn. Prof. Heer.
Stett. Ent. Zeit. 1842. T. 3. p. 39–42.

*12. Dipterologische Mittheilung. (cf. No. 9.) (Cecidomyia.)
Stett. Ent. Zeit. 1842. T. 3. p. 93–94.

*13. Mittheilungen über seine (Ratzeburgs) jetzt dem Staat gehörende Insectensammlung.
Stett. Ent. Zeit. 1842. T. 3. p. 138–141.

*14. Aeussere Geschlechtsunterschiede der Maulwurfsgrille nebst Mittheilung eines noch nicht bekannten interessanten Zuges aus ihrem Leben.
Stett. Ent. Zeit. 1842. T. 3. p. 247–249.

*15. Zur Characteristik der früheren Zustände und Verwandlung der Lepidopteren, besonders der Microlepidopteren.
Act. Acad. Leopold. Carol. 1842. T. 19. P. 2. p. 391–412. tab. 1.

*16. Bericht über einige neue den Waldbäumen schädliche Rhyncholen.
Stett. Ent. Zeit. 1843. T. 4. p. 201–204.

*17. Die Ichneumonen der Forstinsecten in forstlicher und entomologischer Beziehung, als Anhang zur Abbildung und Beschreibung der Forstinsecten. Berlin, Nicolai, 1844. 4. tab. 4. *T. I. pg. 8 u. 224. Centurie 1–4. — 1848. 4. tab. 3. *T. II. pg. 8 u. 238. Centurie 5–7. — 1852. 4. 3 Tabellen. *T. III. pg. 18 u. 272. Centurie 8–10.

*18. Agenda hemipterologica.
Stett. Ent. Zeit. 1844. T. 5. p. 9–14.

*19. Cimbex Humboldtii, eine neue Blattwespe der deutschen Fauna.
Stett. Ent. Zeit. 1844. T. 5. p. 158–159.

*20. Ueber Entwicklung, Leben und Bedeutung der Ichneumonen.
Stett. Ent. Zeit. 1844. T. 5. p. 190–201.

*21. Fortgesetzte Beobachtungen über die Copula der Blattläuse.
Stett. Ent. Zeit. 1844. T. 5. p. 410–412.

*22. Ueber entomologische Krankheiten.
Stett. Ent. Zeit. 1846. T. 7. p. 35–41.

*23. Ichneumonologisches.
Stett. Ent. Zeit. 1847. T. 8. p. 54–59.

*24. **Parasitologische Beiträge.**
Stett. Ent. Zeit. 1849. T. 10. p. 181—191.

*25. **Notiz.** (Ichneumonen von Lithocolletis.)
Stett. Ent. Zeit. 1850. T. 11. p. 413—415.

*26. **Bitte um gefällige Beachtung folgender Punkte.** (Curcul. Pini; Hylesin. piniperda u. minor.)
Stett. Ent. Zeit. 1855. T. 16. p. 125.

*27. **Nachschrift.** (Beschreibung von Bostrichus Abiet.)
Stett. Ent. Zeit. 1856. T. 17. p. 60—61.

*28. **Rezension von Moebius**, Die Nester der geselligen Wespen.
Stett. Ent. Zeit. 1857. T. 18. p. 143—146.

Ray (John), geb. 29. November 1628 zu Blacknotley (Essex), Sohn eines Hufschmids, bis 1661 Prediger, gest. 7. Januar 1701 (1705 od. 1707) daselbst. Sein eigentlicher Name ist Wray.

*1. **Extract of letter, concerning spontaneous generation; as also of some insects smelling of musk** (Formica, Ceramb. moschatus, Apis.).
Philos. Transact. 1671. Vol. 6. No. 74. p. 2219—2220; No. 77. p.
*Badd. 1738. T. 1. p. 310. — Uebers. Leske. T. 1. P. 2. p. 15 u. 86.

2. **The wisdom of God manifested in the works of the creation.** London, 1691. 8.
Ed. 2. London, 1692. 8. (Lacordaire.)
(Seine Schätzung der Zahl der Insecten, 20,000.)

*3. **Methodus insectorum seu insecta in methodum aliqualem digesta.** Londini, Smith, 1705. 8. pg. 15. (selten.)
Ed. II. London, 1708. 8. (Lacordaire.) — Reimpr. in No. 4.

*4. **Historia insectorum**; opus posthumum. Cui subjungitur appendix de Scarabaeis Britannicis auctore M. Lister. London, Churchill, 1710. 4. pg. 15 et 400.

5. **Philosophical letters between Mr. Ray and several of his correspondents.** London, 1718. 8. (edit. von Derham.)
(Gallinsecten, leuchtende Insecten, Corbeille etc.) (Lacordaire.)

Ray (Pleyeard Augustin Fidele). Abbé.

*1. **Zoologie universelle et portative.** (Paris, 1788. 4. pg. 710.) *Paris, Bossange, 1801. 4. pg. 21 et 710 et 66.

*2. **Mémoire sur l'histoire des abeilles.**
Journ. de Physique. 1781. T. 24. p. 117—129.

Raye (Johan).

1. **Catalogue du cabinet célèbre et très-renommé d'objets d'histoire naturelle, consistant en Papillons de nuit et du jour, Escarbots et autres Insectes rassemblés pendant de longues années délaissé par feu le très noble Sieur Joan Raye Seigneur de Breukelerwaert.** (Coleoptera.) Amsterdam, 1827. 8. pg. 222.
(Insecta 943 No.) (Lacordaire.)

Rayger (Carl), geb. 1641, gest. 1707. Arzt in Posega in Slavonien.

*1. **De vermibus cum alvo cadentibus.** fig. (Podura.)
Ephem. Acad. Nat. Curios. 1676. Dec. 1. Ann. III—V. Obs. 89. p. 80—87.

*2. **De formicis volantibus.** (Schwarm.)
Ephem. Acad. Nat. Curios. 1684. Dec. 2. Ann. II. Obs. 21. p. 27—29.

*3. **De locustis volantibus.** (Gr. migratorius.)
Ephem. Acad. Nat. Curios. 1691. Dec. 2. Ann. II. Obs. 22. p. 29—31.

Raynaud (J. B.).

1. **Des vers à soie et de leur éducation selon la pratique des Cévennes suivi d'un Précis sur les divers produits de la soie et sur la manière de tirer les fantaisies et les filoselles avec des notions sur la fabrique des bas de Ganges et des notes par Giraud.** Paris, Renard. 12.
cf. Litt. fr. cont. T. 6. p. 136. (v. Reynaud nach Querard. T. 7. p. 565. Lacordaire.)
Paris, Bonard, 1821. 8. — Paris, 1812. 12. pg. 372.
(cf. Cornalia monogr. p. 63 et 66.)

*2. **Magnanier infaillible, ou Traité de l'Education des Vers à Soie et l'art pratique de cultiver le mûrier, comprenant les moyens d'assainir et de rendre féconds les appartements dans lesquels existe une sorte d'antipathie stérilisante pour l'insecte.** Paris, Didier, 1838. 8. pg. 67.

von Razoumowsky (Graf Georg), geb. 1742 in Russland, gest. 3. Juni 1837 in Rudoletz, Mähren.

*1. **Histoire naturelle du Jorat et de ses environs et celle des trois lacs de Neufchatel, Morat et Bienne.** Lausanne, Mourer, 1789. 8. vol. 2. pl.
(Insecta. T. 1. p. 200—301; p. 133—239: Catalog. et spec. nov.)
Die neuen Arten angegeben Stett. Ent. Zeit. 1861. T. 22. p. 450.

(**von Razoumowsky**, Graf Georg.)

*2. Mémoire sur le ver luisant.
Mémoir. de Lausanne. 1790. T. 2. P. 1. p. 240—250. tab. 1.

Razoul (J.).

*1. Sur les Mouches communes.
Journ. de Physique. 1774. T. 4. p. 388—389.

Re (Graf Filippo), geb. 20. März 1763 in Reggio, gest. 26. März 1817 daselbst. Prof. der Agricultur in Bologna.

1. Memoria sopra le Piralidi che danneggiarono ne' due anni scorsi i Canapaj in alcuni Dipartimenti del Regno d'Italia; e riflessioni sopra i tentativi possibilmente utili a rendere meno funesto il guasto cui arrecano all' Agricoltura questi ed altri Insetti. (Pyralis reticularis et duplaris.) Milano, Silvestri, 1806. 8.

2. Memoria recitata nella pubblica seduta della Societa d'Agricoltura nel Dipartimento del Crostolo il giorno 13 Luglio 1808 sul due argomenti a lui proposti: 1. Sul miglioramento dell' Agricoltura di que' Colli; e 2. sopra alcuni Insetti devastatori del Frumento, specialmente in quest anno. (Melolontha.) Reggio, Torreggiani, 1808.
(cf. Dizion. ragion. di F. Re. T. 3. p. 285 et 290.)

*3. Dizionario ragionato di libri d'Agricoltura, Veterinaria, e di altri rami d'Economia campestre, ad uso degli amatori delle cose agrarie, e della gioventù. Prima edizione. Venezia, Vitarelli, 1808. 16. T. I. II.; 1809. T. III. IV.
(Bei jedem Werke befindet sich eine kurze Angabe des Inhalts.)

de Réaumur (René Antoine Ferchault), geb. 1683 zu Rochelle, gest. 17. October 1757 zu Bermondière in Maine.

*1. Observations sur une petite espèce de vers aquatiques assez singuliere (wohl eine Najade).
Mém. Acad. des Scienc. Paris. 1714 (1717). 4. T. 16. p. 203—209.
Edit. in 8. 1714. p. 263.

*2. Histoire des guêpes avec 6 pl.
Mém. Acad. des Scienc. Paris. 1719 (1721). 4. T. 21. p. 230—277.
Extrait im ersten Theil Histoires. p. 13—20.
Edit. in 8. 1719. p. 302. Histoires. p. 16.
Deutsche Uebers. von J. Riem. Dresden, 1786. 8. pl.

3. Remarques sur la plante appelée à la Chine Hia Tsao Tom Tchom ou Plante ver.
Mém. Acad. des Scienc. Paris. 1726. p. 302—305.

4. Pflanzen, die auf Insecten wachsen. (mit Parchemin.)
Mém. Acad. des Scienc. Paris. 1726. p. 428. — Ob dasselbe mit No. 3?

*5. Histoire des Teignes ou des insectes, qui rongent les laines et les pelleteries, avec 2 pl.
Mém. Acad. des Scienc. Paris. 1728 (1733). 4. T. 30. p. 139—158; p. 311—333.
*Deutsche Uebers. Hannöv. gelehrt. Anz. 1751. Stück 54—60. p. 811—851. tab. 1.

*6. De la mécanique avec laquelle diverses espèces de chenilles et d'autres insectes plient et roulent des feuilles de plantes et d'arbres, surtout celles du chêne, avec 4 pl.
Mém. Acad. des Scienc. Paris. 1730 (1732). 4. T. 32. p. 57—77.
Edit. in 8. 1730. p. 79.
Recens. Journ. des Scav. T. 100. p. 250.

*7. Mémoires pour servir à l'histoire des insectes. Paris, Imprim. Royale, 1734—1742. 7 vol. 4.
T. I. 1734. pg. 6 et 654. tab. 50. — T. II. 1736. pg. 80 et 514. tab. 40. — T. III. 1737. pg. 42 et 532. tab. 47. — T. IV. 1738. pg. 38 et 636. tab. 44. — T. V. 1740. pg. 46 et 728. tab. 38. — T. VI. 1742. pg. 82 et 608. tab. 48.
Nach Boddaert (cf. Beckm. Phys. Oek. Bibl. III. p. 76.) war beim Tode des Verfassers von T. VII. das Manuscript und fast alle Kupfer fertig. (Nach Quérard T. 7. p. 481. besitzt das Institut von T. 7 einige Tafeln und den Text dazu in zerstreuten Noten. Es sollten 10 Bände erscheinen.) Nach Brunet T. 4. p. 32 existiren zwei Editionen vom selben Datum, die erste mit anderer Schrift und besseren Tafeln auf grösserem Papier.

*Ed. in 8. Amsterdam, 1737—1748. 12 Vol. mit Kupfern (ein Nachdruck).
1737. T. 1. P. 1. pg. 437. pl. 20; P. 2. pg. 400. pl. 21—50; T. 2. P. 1. pg. 318. pl. 19; P. 2. pg. 341. pl. 20—40. — 1738. T. 3. P. 1. pg. 380. pl. 20; P. 2. pg. 32. pl. 21—47. — 1740. T. 4. P. 1. pg. 301. pl. 20; P. 2. pg. 435. pl. 21—44. — 1741. T. 5. P. 1. pg. 475. pl. 29; P. 2. pg. 432. pl. 30—38. — 1748. T. 6. P. 1. pg. 300. pl. 25; P. 2. pg. 416. pl. 26—47.

8. Observations sur les insectes qui se multiplient sans accouplement et par la seule fécondité de chaque individu.
Mém. Acad. des Scienc. Paris. 1741. Histoires. p. 33.
Edit. 8. Histoires. p. 44.

*9. Moyens d'empêcher l'évaporation des liqueurs spiritueuses, dans lesquelles on veut conserver des productions de la nature de différens genres.
Mém. Acad. des Scienc. Paris. 1746. 4. T. 48. p. 483—519. Histoires. p. 17.
Edit. 8. 1746. p. 731—782. Histoires. p. 24.
*Engl. Uebers. Philos. Transact. 1748. Vol. 45. No. 487. p. 310—320.
Deutsche Uebers. Physikal. Belustig. Stück 1. p. 76; Stück 4. p. 315.

10. Histoire du ver lion mouche. 1 pl. (Lepilis vermileo.)
Mém. Acad. des Scienc. Paris. 1753. p. 402—419. Histoires. p. 58—63.
Edit. 8. Histoires. p. 84; Mémoires. p. 601.
Deutsche Uebers. Bremer Magaz. T. 1. Stück 2. No. 14. — Physiky oeconi Magaz. T. 2. p. 1.
Holländ. Uebers. Uitgezogte Verhandl. T. 4. p. 177 et 220.

*11. Von zweiflüglichten lebendig gebährenden Fliegen und von der besondern Art, wie die jungen Würmchen im Mutterleibe liegen; übers. von Goeze aus Mémoires. T. 4. P. 2. Mém. 10. p. 153.
Neue Mannigfaltigk. 1775. T. 3. p. 627—635; p. 641—650; p. 657—664; p. 673—679; p. 719—725, mit 1 Tafel des Originals.

12. Epistola de Cocco Polonico.
Mylius Physik. Belust. Stück 10. p. 737. (cf. Boehmer. II, 2. p. 282.)

*13. Geschichte der Bienen, übers. v. Oelhafen. No. 1.

*14. The natural history of the Bees, translated from the french. London, Knapton, 1744. 8. pg. 452. tab. 12.

*15. Geschichte der haarigen Hummeln, übers. v. Riem. No. 22.

Rebau (Heinrich), v. Gebauer.

Rechenberg (C. F.). Revierförster in Helgershayn bei Leipzig.

*1. Beobachtungen bei der Zucht von Cossus Terebra.
Abhandl. d. naturw. Gesellsch. Saxonia. 1855. T. 1. p. 20—28.

Recius.

*1. Sur les habitudes du Lampyris noctiluca.
Ann. des Sc. d'observation par Raspail 1829. T. 2. p. 299.

van Recum (A.).

1. Unterricht über die Bienenzucht auf dem Hundsrück und Anlegung von Gemeinde-Bienen-Ständen in den übrigen Gemeinden als Fortsetzung des Unterrichts über Landwirthschaft in Hinsicht der verschiedenen örtlichen Verhältnisse der Departements-Gemeinden. Kreuznach, 1808. kl. 8.
(Lacordaire.)

Redi (Francesco), geb. 18. Februar 1626 in Arezzo, gest. zu Pisa 1. März 1697. Leibarzt des Grossherzogs von Toskana.

*1. Esperienze intorno alla generazione delle Zanzare fatte di Pietro Paolo da Sangallo. Firenze, 1679. 8. pg. 22. tab. 1.

*2. Esperienze intorno alla generazione degl' insetti fatte da Fr. Redi e da lui scritte in una Lettera all' Illustrissimo Sgr. Carlo Dati. Firenze, all' insegna della Stella, 1668. 4. pg. 228. tab. 29. m. eingedruckt. Kupfern.
*Latein. Uebers. Amstelodami, Frisius, 1671. 12. pg. 330 et 20. tab. 38 (Titelkupfer.)
*Recens. Philos. Transact. 1670. Vol. 5. No. 57. p. 1175. — Journ. des Scav. T. 3. p. 175.
*Frisch. Insect. Deutschl. T. IX.
*Ed. Ital. Napoli, Baillard, 1687. 8. pg. 10 et 195. tab. 29.
*Ed. Ital. Firenze, Onofri, 1674. 4. pg. 4 et 136. tab. 39.
Ed. V. Ital. Firenze, Martini, 1688. 4. tab. 28. n. eingedr. Kpfr.
*Latein. Uebers. Redi Opuscula Pars prior. Amstelodami, Westenius, 1686. 12. pg. 27 et 216. tab. 17.
Auch in seinen Werken. Firenze, 1684—1724. 4. 3 vol. — Venise, 1712. 8. 3 vol. — Naples, 1741. 4. 6 vol.

3. Osservazioni intorno ai Pedicelli del corpo umano, insieme con nuove osservationi. Firenze, 1687. 4.
(Nach Haller Bibl. A. T. 1. p. 571. sind die Beobachtungen von Cestoni, redigirt von Redi. — Lacordaire.)

Redtenbacher (Ludwig). Dr. Med., Director am Wiener Hofnaturalienkabinet.

*1. Coleopterorum Syriae genera et species novae; vorher Bemerkungen über die in Syrien von Th. Kotschy gesammelten Käfer.
Russegger Reise 1843. 8. T. 1. P. 2. p. 971—980.

*2. Abbildung und Beschreibung neuer und seltener Thiere und Pflanzen in Syrien und im westlichen Taurus gesammelt von Th. Kotschy. Stuttgart, Schweizerbart, 1843. 8. pg. 254. Atlas in folio. (2 Tafeln Käfer von Redtenbacher.)

(**Redtenbacher**, Ludwig.)

* 3. Tentamen dispositionis generum et specierum Coleopterorum pseudotrimerorum Archiducatus Austriae. Dissert. inaug. Vindobonae, 1844. 8. pg. 32.
*Reimpr. Germar Zeitschr. Entomol. 1844. T. 5. p. 110—132. (65 spec.)

* 4. Die Gattung Alexia.
Stett. Ent. Zeit. 1845. T. 6. p. 315—318.

* 5. Die Gattungen der deutschen Käferfauna nach der analytischen Methode bearbeitet, nebst einem kurzgefassten Leitfaden, zum Studium dieses Zweiges der Entomologie. Wien (Gerold), 1845. 8. pg. 177. tab. 2.
Ist der Anfang des folgenden Werkes.

* 6. Fauna Austriaca. Die Käfer, nach der analytischen Methode bearbeitet. Wien, Gerold, 1849. 8. pg. XXVII et 883. tab. 2.
Das systematische Verzeichniss der beschriebenen Arten p. 831—880. auch separat unter dem Titel:

* Systematisches Verzeichniss der deutschen Käfer, als Tauschcatalog eingerichtet. Wien, Gerold, 1849. 8. pg. 50.
Recens. Wiener Morgenzeit. Beibl. 1850. 28. Febr. No. 76.

* Zweite gänzlich umgearbeitete mit mehreren Hunderten von Arten und mit der Charakteristik sämmtlicher europäischer Käfergattungen vermehrte Auflage. Wien, Gerold's Sohn, 1858. 8. pg. CXXXVI et 1017. tab. 2.

Redtenbacher (Wilhelm). Dr. Med.

* 1. Quaedam genera et species Coleopterorum Archiducatus Austriae nondum descriptorum. Diss. inaug. Vindobonae, Ueberreuter, 1842. 8. pg. 31. (26 spec.)

Reed (Richard).

* 1. Communication about an early swarm of bees.
Philos. Transact. 1671. Vol. 6. No. 70. p. 2128.

Rees (Abraham), geb. am 1743 in Wales, gest. 9. Juni 1825.

1. The new cyclopedia, or universal dictionary of arts, sciences and litterature. London, 1802 et 1819. 4. vol. 45.
(Ob die entomol. Artikel darin von Rees sind, ist mir sehr zweifelhaft.) cf. W. B. Lasch. No. 1.

Reeve (Henry).

1. An essay on the torpidity of animals. London, 1809. 8.
(cf. Percheron. II. p. 7.)

Reftelius (Johann). Professor in Upsala.

* 1. Dissertatio de apibus. Resp. St. Gram. Upsala, 1701. 8. pg. 52.

Regazzoni.

1. Articolo della Gazetta Piemontese contro il Grassi. (Seidenbau.) 1850.
(cf. Cornalia monogr. p. 81.)

Regley, Chevalier.

1. Histoire naturelle des insectes et des reptiles. Limoges, Barbou, 1847. 12. 10 feuilles et une vignette.
(cf. Froriep Notiz. 1847. T. 4. p. 137.)

Ibid. 1850. 12. pg. 240.
(Collection de la bibliothèque morale et chrétienne.) (cf. Carus p. 263.)

Regona (Lorenzo)

1. Metodo semplice e naturale per coltivari i Bachi da Seta, dedotto da pratici esperimenti. Lavoro diviso in tre parti. Venezia, Naratovich, 1853. 8. pg. 144.
*Extr. Bianconi Repert. 1853. T. 1. p. 91—93.

Rehmann (Wilhelm August).

1. Rippoldau und seine Heilquellen in historischer, topographischer, natur- und heilkundiger Beziehung beschrieben. Donaueschingen, 1830. 8. tab. 2.
(Fauna p. 278—318; 426 spec. Insecten.)

Rehn (Samuel Conrad), in Carlscrona.

* 1. Bemerkungen über einige seltene Käfer, besonders solche, deren Gattungsrechte etwas zweifelhaft zu sein scheinen.
Schneiders Magaz. 1792. Heft 2. p. 233—244.

Reich (Carl), Dr. Med. in Laubach.

1. Bemerkungen über die Larven von Oestrus haemorrhoidalis L.
Reichard medicin. Wochenblatt etc. 1780. 8. Jahrg. 1. Stück 41. p. 312—318.
* Füessly neues Magaz. 1782. T. 1. p. 167—168.

Reich (Gottfried Christian), geb. 1769 auf Kaiserhammer bei Wunsiedel, gest. 1849 in Berlin, Dr. med. in Berlin.

* 1. Mantissae insectorum iconibus illustratae, species novas nondum depictas exhibentes. Erlangae, 1797. 8. Fasc. 1. pg. 16. tab. 1 col. (von Sturm.)
* Norimbergae, 1797. 8. pg. 16. tab. 1 col. (12 Europ. Curculionen.)
(Das zweite mit Ausnahme der beiden letzten Seiten im Drucke gleichlautend.)

*2. **Bemerkungen über Lebensverhältnisse der Coccinellen überhaupt, und der Coccinella hieroglyphica insbesondere.**
Magaz. Gesellsch. nat. Fr. Berlin. 1809. T. 3. p. 285—295.
*Isis 1818. IX. p. 1563.

*3. **Magazin des Thierreichs.** (Insecten u. Vögel.) Erlangen, Walther, 1793. 4. T. 1. tab. 11. pg. 110.

*4. **Beitrag zur Lehre von der geographischen Verbreitung der Insecten, insbesondere der Käfer.**
Act. Acad. Leopold. Carol. 1833. T. 16. P. 2. p. 803—840.

*5. **Description of a new Coleopterous Genus, belonging to the tribe Prionida, termed Tornecales.** (T. pallidipennis.)
Trans. Ent. Soc. Lond. 1837. T. 2. p. 9—13.

Reich (Johann Christoph).

1. **Erfahrung wegen einer wohlfeilen Bienenfütterung mit Bienensaft zur Zeit grossen Mangels.**
Abhandl. Bienengesellsch. Oberlaus. 1766. p. 83. (Lacordaire.)

2. **Einige Verbesserungen derer gewöhnlichen Brut- und Weisel-Kasten, nebst dienlichen Mitteln Weisel-losen Stöcken zu helfen.**
Abhandl. Bienengesellsch. Oberlaus. 1767. p. 87. (Lacordaire.)

Reiche (L.). Kaufmann und Fabrikbesitzer in Paris.

*1. **Note sur le genre Omus d'Eschscholtz (Carabide) et description de deux nouvelles espèces.** fig.
Ann. Soc. Ent. Fr. 1838. T. 7. p. 297—302.

*2. **Note sur le genre Amblycheila de Say et description d'une nouvelle espece.** fig.
Ann. Soc. Ent. Fr. 1839. T. 8. p. 557—561.

*3. **Note sur la famille des Longicornes et description d'un genre nouveau.** fig. (Amphion vittatum.)
Ann. Soc. Ent. Fr. 1839. T. 8. p. 563—570.

*4. **Note sur le vol des Coleoptères avec les élytres soudées.**
Ann. Soc. Ent. Fr. 1840. T. 9. Bull. p. 16.

*5. **Note sur deux espèces d'Onthophages.** (O. Gazella F.)
Revue Zool. 1840. T. 3. p. 243—244.

*6. **Description de deux Coléoptères nouveaux.** (Callipogon Lemoinei. Ptilopus Argus.)
Revue Zool. 1840. T. 3. p. 275.

*7. **Nouvelle espèce du genre Psalidognathus de M. Gray.** (P. erythrocerus.)
Revue Zool. 1840. T. 3. p. 358.

*8. **Note sur le genre Lamprima, et description d'une nouvelle espèce.** (L. Micardi.)
Revue Zool. 1841. T. 4. p. 50—51.

*9. **Tableau d'une division systématique de la tribu des Coprophages, dans la famille des Lamellicornes.**
Revue Zool. 1841. T. 4. p. 211—213.

*10. **Coléoptères de Colombie.**
Revue Zool. 1842. T. 5. p. 238—242; p. 272—276; p. 307—314; p. 374—378. *1843. T. 6. p. 37—41; p. 73—78; p. 141—145; p. 177—180.

*11. **Description du Callipogon Lemoinei.**
Guérin Magas. Zool. 1842. T. 12. No. 95. fig. col.

*12. **Essai d'une classification méthodique de la tribu des Coprophages, famille des Lamellicornes, Division des Scarabaeoides, Coléoptères, Pentamères.** (14 spec.) cf. No. 28.
Ann. Soc. Ent. Fr. 1842. T. 11. p. 59—94.

*13. **Recherches sur les Helluonides ou Revision du genre Helluo Bonelli et Dejean.**
Ann. Soc. Ent. Fr. 1842. T. 11. p. 333—344.

*14. **Note sur le caractère sexuel apparent des espèces d'Ateuchus.**
Ann. Soc. Ent. Fr. 1842. T. 11. Bull. p. 10.

*15. **Note sur l'Anthrenus musaeorum.**
Ann. Soc. Ent. Fr. sér. 2. 1843. T. 1. Bull. p. 28—31.

*16. **Note sur les propriétés lumineuses de Pyrophorus, Nyctophanes, et sur le bruit fait par les Passalus; Oecodoma cephalotes (Formica.).**
Ann. Soc. Ent. Fr. sér. 2. 1844. T. 2. Bull. p. 63—67.

*17. **Note sur le genre de Goliathide, auquel M. White a donné le nom Compsocephalus.**
Revue Zool. 1845. T. 8. p. 119—120.

*18. **Description de l'Aspisoma candelaria.** fig.
Ann. Soc. Ent. Fr. sér. 2. 1845. T. 3. p. 333—334.

*19. **Observations sur les Phytophages de M. Lacordaire.**
Ann. Soc. Ent. Fr. sér. 2. 1845. T. 3. Bull. p. 45—47.

(Reiche, L.)

*20. Invasion des chenilles de l'Orgyia pudibunda dans la Lorraine, avec une lettre au sujet de ces chenilles par M. Reeb à Phalsbourg.
Ann. Soc. Ent. Fr. sér. 2. 1848. T. 6. Bull. p. 58—59.

*21. Détails sur la crépitation du Brachinus. (lueur phosphorescente.)
Ann. Soc. Ent. Fr. sér. 2. 1849. T. 7. Bull. p. 60.

*22. Les Insectes dans le voyage en Abyssinie par Ferret et Galinier. Paris, Paulin, 1847. (eigentl. 1849.) 8. T. 3. p. 259—532. pl. col. 16 fol.
*Schaum Bericht. 1850. p. 6.

*23. Mémoire sur les genres Psalidognathus et Chiasognathus.
Ann. Soc. Ent. Fr. sér. 2. 1850. T. 8. p. 283—289.
*Froriep. Tagsber. 1850. T. 1. p. 277—278.

*24. Revue de l'ouvrage intitulé: Diagnosen neuer Coleoptera aus Abyssinien von Dr. Roth.
Ann. Soc. Ent. Fr. sér. 2. 1852. T. 10. p. 85—100.

*25. Examen de la monographie des Anthicus et genres voisins par M. de la Ferté-Sénectère.
Ann. Soc. Ent. Fr. sér. 2. 1852. T. 10. p. 257—280.

*26. Remarques sur quelques espèces de Coléoptères proposées comme nouvelles par M. Gaubil.
Ann. Soc. Ent. Fr. sér. 2. 1852. T. 10. Bull. p. 38.

*27. Description de quatre Coléoptères nouveaux et remarquables.
Revue et Magas. Zool. 1852. T. 4. p. 21—25.

*28. Notes synonymiques sur les espèces de la famille des Pectinicornes décrites dans le cinquième volume de l'Handbuch der Entomologie par M. H. Burmeister.
Ann. Soc. Ent. Fr. sér. 3. 1853. T. 1. p. 67—86.

*29. Note sur l'Hybosorus arator Auctorum et sur le Trox granulatus F., et description d'une nouvelle espèce.
Ann. Soc. Ent. Fr. sér. 3. 1853. T. 1. p. 87—90.

*30. Espèce nouvelle de Coléoptère formant un genre nouveau dans la famille des Longicornes. (Thaumasus gigas). fig.
Ann. Soc. Ent. Fr. sér. 3. 1853. T. 1. p. 418—423.

*31. Notes Entomologiques. (Lucanus.)
Ann. Soc. Ent. Fr. sér. 3. 1853. T. 1. p. 425—427.

*32. Note sur les manières de vivre de la Gracillaria Vau-flava Haworth.
Ann. Soc. Ent. Fr. sér. 3. 1853. T. 1. Bull. p. 7.

*33. Note sur les Harpalus trouvés dans les environs de Laon par Thibésard.
Ann. Soc. Ent. Fr. sér. 3. 1853. T. 1. Bull. p. 30.

*34. Observations entomologiques. (Coléopt.)
Ann. Soc. Ent. Fr. sér. 3. 1854. T. 2. p. 77—81.

*35. Rapport de la commission chargée de l'examen de l'Elmidophorus Aubei.
Ann. Soc. Ent. Fr. sér. 3. 1854. T. 2. p. 521—523.

*36. Note sur la Cicindela Ritchii.
Ann. Soc. Ent. Fr. sér. 3. 1854. T. 2. Bull. p. 56—57.

*37. Catalogue des espèces d'Insectes Coléoptères recueillies par M. F. de Saulcy pendant son voyage en Orient. Paris, Gide etc., 1854. 4. pg. 19.
*Gerstaecker Bericht. 1854. p. 29.

*38. Remarques sur le mémoire de M. Perris concernant quelques espèces du genre Chasmatopterus.
Ann. Soc. Ent. Fr. sér. 3. 1855. T. 3. p. 253—268.

*39. Espèces nouvelles ou peu connues de Coléoptères, recueillies par M. F. de Saulcy dans son voyage en Orient. (avec F. de Saulcy.)
Ann. Soc. Ent. Fr. sér. 3. 1855. T. 3. p. 561—645. fig.; 1856. T. 4. p. 353—472. 1 pl.; 1857. T. 5. p. 169—276; p. 649—695; 1858. T. 6. p. 5—60. — *Separat: Coléoptères nouveaux etc. Paris, 1855—1858. 8. pg. 339. pl. 4 col.

*40. Notes entomologiques sur les genres Cnemoplatia et Ammidium.
Ann. Soc. Ent. Fr. sér. 3. 1855. T. 3. Bull. p. 111—112.

*41. Note synonymique sur quelques Onthophagus.
Ann. Soc. Ent. Fr. sér. 3. 1856. T. 4. Bull. p. 27.

*42. Nouvelle espèce du genre Lucanus. (L. pentaphyllus.)
Revue et Magas. Zool. 1856. T. 8. p. 80—84.

*43. Description d'une espèce nouvelle du genre Onitis (Osiridis), suivie d'un catalogue synoptique des espèces de ce genre qui se trouvent en Europe et sur les bords des bassins méditerranéens, de la Méditerranée, de l'Euxin et de la mer Caspienne.
Revue et Magas. Zool. 1856. T. 8. p. 118—121.

*44. Notes synonymiques sur les Brachinus hebraicus, Hydrocanthus diophthalmus, et Nomius Graecus.
Ann. Soc. Ent. Fr. sér. 3. 1857. T. 5. Bull. p. 162—163.
*45. Description de cinq espèces nouvelles d'insectes, provenant de l'expédition aux mers arctiques. (4 Coléopt., 1 Dipter.)
Ann. Soc. Ent. Fr. sér. 3. 1857. T. 5. Bull. p. 8—10.
*46. Réponse à une note de Mr. Jacquelin du Val relative au genre Helochares.
Ann. Soc. Ent. Fr. sér. 3. 1857. T. 5. Bull. p. 77—78.
*47. Note synonymique sur l'Onthophagus orientalis.
Ann. Soc. Ent. Fr. sér. 3. 1857. T. 5. Bull. p. [illegible]
*48. Description d'une nouvelle espèce du genre Lampyris. (L. Bellieri.)
Ann. Soc. Ent. Fr. sér. 3. 1858. T. 6. p. 135—136.
*49. Note sur les citations synonymiques.
Ann. Soc. Ent. Fr. sér. 3. 1858. T. 6. p. 311—314.
*50. Proposition contre l'abus des corrections des noms publiés en entomologie.
Ann. Soc. Ent. Fr. sér. 3. 1858. T. 6. Bull. p. 63—65.
*51. Observations sur les moyens propres à conserver les collections entomologiques. (Poudre persanne.)
Ann. Soc. Ent. Fr. sér. 3. 1858. T. 6. Bull. p. 153—155.
*52. Note sur des espèces de Coléoptères trouvées en Caramanie.
Ann. Soc. Ent. Fr. sér. 3. 1858. T. 6. Bull. p. 181—182.
*53. Notes synonymiques sur le Vol. V de l'Handbuch de Burmeister. (Lamellicornes; Xylophiles.)
Ann. Soc. Ent. Fr. sér. 3. 1859. T. 7. p. 5—10.
*54. Synonymische Bemerkungen. (Coleopt.)
Berl. Ent. Zeitschr. 1859. T. 3. p. 88—89.
*55. Note sur la nomenclature entomologique.
Ann. Soc. Ent. Fr. sér. 3. 1859. T. 7. p. 607—614.
*56. Notes entomologiques sur divers Coléoptères.
Ann. Soc. Ent. Fr. sér. 3. 1859. T. 7. p. 637—641.
*57. Synonymische Mittheilungen. (Coleopt.)
Berl. Ent. Zeitschr. 1860. T. 4. p. 110; p. 324.
*58. Coléoptères nouveaux du Soudan.
Thomson Musée scientif. 1860. p. 23—25.
*59. Remarques entomologiques et description d'une nouvelle espèce de Coléoptère. (Cheiroplatys pecuarius.)
Ann. Soc. Ent. Fr. sér. 3. 1860. T. 8. p. 331—333.
*60. Description d'une nouvelle espèce de Coléoptère du genre Microlerus.
Ann. Soc. Ent. Fr. sér. 3. 1860. T. 8. p. 334.
*61. Réponse à quelques points de la note de Mr. Schaum. (sur Stigilis.)
Ann. Soc. Ent. Fr. sér. 3. 1860. T. 8. p. 610—612.
*62. Coléoptères de Sicile recueillis par M. E. Bellier de la Chavignerie.
Ann. Soc. Ent. Fr. sér. 3. 1860. T. 8. p. 717—737.
*63. Species novae Coleopterorum descriptae, quas in Syria invenit Dom. Kindermann.
Wien. Entomol. Monatschr. 1861. T. 5. p. 1—8.
64. Sur quelques espèces de Coléoptères du Nord de l'Afrique.
Ann. Soc. Ent. Fr. sér. 4. 1861. T. 1. p. 87—92.

Reichel (Charles) in Nazareth, Pennsylvanien.
*1. Some particulars concerning the Locust of North America, written at Nazareth, 1793.
Barton the Philadelph. medic. and phys. Journal. 1804. 8. T. 1. p. 52—56. (with Remarks by Mr. Barton.)

Reichenbach (Anton Benedikt), Lehrer in Leipzig, Bruder des Folgenden.
*1. Der Schmetterlingsfreund. Ausführliche Beschreibung der deutschen Schmetterlinge, ihrer Raupen und Puppen, nebst fasslicher Anleitung, sie auf zweckmässige Weise zu fangen, zu erziehen, zu tödten, aufzuspannen, systematisch zu ordnen und aufzubewahren, mit einem systematischen Verzeichnisse der bekanntesten europäischen Schmetterlinge. Leipzig, Hartung, 1852. 8. pg. VI u. 169; tab. 8.
2. Der Käferfreund. Anleitung die Käfer zu sammeln und zu bestimmen, nebst Aufzählung und Beschreibung der bekanntesten europäischen, vorzüglich deutschen Arten mit Andeutung ihres Nutzens oder Schadens und der Mittel die schädlichen zu vertilgen. Ein Handbuch für Freunde der Käferkunde, so wie für Landwirthe und Forstleute insbesondere. Mit 201 Abbildungen auf 12 naturgetreu color. Tafeln. Leipzig, Thomas, 1857. 8. pg. 16 et 211.

Reichenbach (Heinrich Gottlieb Ludwig), geb. 1793 zu Leipzig, Hofrath, Dr., Professor der Naturgeschichte, Dir. des botanischen Gartens und Vorsteher des K. naturhistorischen Museums zu Dresden.

*1. Monographia Pselaphorum. Lipsiae, Voss, (1816). 8. pg. 79. m. 2 col. Taf.
*Extr. Isis. 1818. IX. p. 1566—1567. (20 spec.)

*2. Note sur l'habitation et les moeurs des insectes du genre Byrrhus.
Ann. Soc. Ent. Fr. sér. 2. 1844. T. 2. Bull. p. 30.

*3. Das Schwärmen der Bienen vom polizeilichen Standpunkte betrachtet.
Allgem. deutsch. naturh. Zeit. N. F. 1855. T. 1. p. 194—199.

4. Notizen über Insectenbaue.
Allg. deutsch. naturh. Zeit. 1861.

Reid (Sir William), geb. 25. April 1791 in Kinglassie, gest. 31. Octbr. 1858 in London, Gouverneur von Malta.

*1. Introduction of Bombyx Cynthia into Malta and Italy; the Eria Silkworm from Assam; Culture of Silk Piedmont.
Trans. Ent. Soc. Lond. 1856. ser. 2. T. 3. Proc. p. 8; p. 18—21; p. 36—39.
*Journ. of the Soc. of Arts. 3. March. 1856. p. 263—265.
Malta Times. 1854. Piedmontese Official Gazette. 1854.

von Reider (Jacob Er.).

1. Die rationelle Bienenwirthschaft oder Theorie und Praxis der gesammten Bienenhaltung nach den ältesten und neuesten Erfahrungen versucht, geprüft und berichtigt. Nürnberg, Zeh, 1825. 8.
(cf. Engelmann Bibl. Oecon. p. 236.)

2. Die Anpflanzung und Kultur des weissen Maulbeerbaumes, zum Behufe der Seidenraupenzucht. Leipzig, 1835. 8.
(cf. Engelmann Bibl. Oecon. p. 758.)

3. Die neuesten Entdeckungen etc. bei der Bienen- u. Seidenraupenzucht etc. der Zucht u. Kultur der Maulbeerbäume, u. Vertilgung einiger schädlichen Insecten in den Gärten. Bamberg, Dresch, 1835. 8.
(cf. Engelmann Bibl. Oecon. p. 254.)

4. Das Bienenbüchlein für Jung und Alt, oder das Ganze der Bienenzucht und Bienenhaltung, auch die neue verbesserte praktische Lehre der Korbbienenzucht in der Kundgebung der Geheimnisse der Bienennatur, wie die Bienen keiner Pflege, keines Fütterns bedürfen, aber auch nicht erfrieren, nicht erkranken, nicht aussterben, mit dem Nachweise, wie 25 Bienenstöcke ohne Mühe, ohne Kunstanwendung, ohne Kosten und Aufwand den unfehlbaren reinen Gewinn von 2000 Gulden abwerfen, wie aus Honig Zucker zu bereiten etc. nach eigener dreissigjähriger Erfahrung. Leipzig, Schwickert, 1817. 8.

Reimarus (Hermann Samuel), geb. 1694, gest. 1. März 1768.

1. Allgemeine Betrachtungen über die Triebe der Thiere hauptsächlich ihre Kunsttriebe (Instinct). Hamburg, Bohn, 1760. 8.
Ed. 2. ibid. 1773. 8. (Lacordaire.)

Reimarus (Johann Albrecht Heinrich), geb. 11. Novbr. 1729 in Hamburg, gest. 6. Juni 1814 in Rantzau. Arzt u. Prof. d. Naturgesch. in Hamburg.

1. Von den Engerlingen oder Käferlarven.
Verhandl. d. Hamb. Gesellsch. der Künste. T. 1. p. 340. cf. Reuss Repert. (Lacordaire.)

2. Ueber das Athmen, besonders über das Athmen der Vögel u. Insecten.
Reil u. Autenrieth Archiv. 1812. T. 11. p. 229—236. (cf. Carus p. 230.)

Reina (Lodovico).

1. Metodo facile e sicuro per far nascere e ben regolare i bachi da seta. Como Ostinelli, 1833. 8.
(cf. Cornalia monogr. p. 65.)

Reinhard (Hermann), geb. 1816. Medicinalrath in Bautzen.

*1. Entomologische Bemerkungen. (Hymenoptera Biolog.)
Stett. Ent. Zeit. 1856. T. 17. p. 103—110.

*2. Beiträge zur Geschichte und Synonymie der Pteromalinen.
Berl. Ent. Zeitschr. 1857. T. 1. p. 70—80; 1858. T. 2. p. 10—23.

*3. Arnold Foersters hymenopterologische Studien Heft II besprochen.
Berl. Ent. Zeitschr. 1858. T. 2. p. 311—321.

*4. Die in Blattläusen lebenden Pteromalinen.
Stett. Ent. Zeit. 1859. T. 20. p. 191—197.

*5. Die Figitiden des mittleren Europa.
Berl. Ent. Zeitschr. 1860. T. 4. p. 204—245. tab. 1.

*6. v. Ruthe No. 13.

*7. Ueber Cephalonomia formiciformis Westw.
Berl. Ent. Zeitschr. 1862. T. 6. p. 278.

Reinhard (J. J.).

1. Treugemeinte Aufmunterung des Baden Durlachischen Landmannes zur Bienenzucht, wobei die grossen Vortheile derer Magazinkörbe vor den bisher gewöhnlichen einzelnen Behältnissen gezeigt werden. Carlsruhe, 1771. 8. 3 Bogen. tab. 1.
   *Recens. Beckmann Phys. Oekon. Bibl. II. p. 480.

   Reimpr. sub. titul.: Kurzgefasster Unterricht vor den Nassauischen Landmann etc. s. l. 1771.

   Reimpr. sub titul.: Correspondirender Fränkisch-Baden Durlachischer Bienenvater oder Aufmunterung des Landmanns zur Bienenzucht, mit Anmerkungen der Fränkischen Bienengesellschaft, und Vorrede von Eyrich. Anspach, 1771. 8. pg. 161. (pg. 160 Lacordaire.)
   *Recens. Beckmann Phys. Oekon. Bibl. V. p. 467 et 867.

Reinhardt (Johann T.) in Kopenhagen

*1. Trende Jagttagelser af phosphorisk Lysning hos en Fisk og en Insectlarve.
   Vidensk. Meddel. fra d. naturhist. Foren. Kjøbenh. for 1853. p. 60—65. — *Separat pg. 7.
   *Trans. Ent. Soc. Lond. ser. 2. 1854. T. 3. Proc. p. 5—8.
   *Zeitschr. f. d. gesammt. Naturw. 1853. T. 5. p. 705—313.

Reiniger, Stadtrath.

*1. Ueber die sogenannten Spurbienen.
   Württemberg. Jahreshefte. 1849. T. 4. p. 107—108.

Reisel (Salomo) od. **Reiselius**, geb. 24. Octbr. 1625 in Hirschberg, Schlesien, gest. 20. Juni 1702 als Arzt in Stuttgart.

1. De baccis seu granis floribus quercus adnatis.
   Ephem. Acad. Nat. Curios. 1684. Dec. 2. Ann. II. Obs. 118. p. 161—167.

Reissig (Jacob), Dr. u. Forstsecretair in Darmstadt.

*1. Ueber das Herauskommen der Tachinen aus ihren Tönnchen und aus dicht verschlossenen Orten, an welchen diese oft sich befinden.
   Wiegmann Archiv. 1855. T. 21. p. 185—196.

Remanini (S. V.).

1. Unwahrscheinliche Geschichte einer lebendigen Fliegenmade, die man aus dem Gehörgange herausgezogen haben will, nachdem sie 15 Jahre darinnen gelebet.
   Orteschi Giornale di Medicina. T. 13. (cf. Boehmer. II, 2. p. 341.)

Rembold (Johann Jacob).

*1. Historisch und physikalischer Tractat von Heuschrecken oder kurze Beschreibung von deren Benennung, Arten, Eigenschaften, Vermehrung, Wiederkunft, grossen Land-Schaden, Vorboten noch grösseren Unglücks, verschiedenen Anschlägen, Vortheilen auch in unterschiedl. Provintzien angewandten Mitteln selbige zu vertreiben u. völlig auszurotten, Zurichtung zur Speise, nützl. Gebrauch in Artzeneien-Kunst, nebst anderer curieuser Anmerk. berühmter Natur- Kunst- u. Welterfahrener Scribenten. Berlin u. Leipzig, (autor), (1730.) 8. tab. 1. pg. 61. (Loc. migrat.)
   Burmeister Handb. Ent. T. 2. p. 10 hat: R. Rembold Tractatus de Locustis. Berolini 1731. 8. wohl irrig.

Remnant (R.).

1. Discourse on the History of Bees, three causes of blasted wheat etc. London, 1637. 4. (Lacordaire.)

Renard (E.), Dr.

*1. Bombyx du Chêne de la Chine. Ver à soie de l'Allante et du Ricin.
   L'Univers illustré. Paris. 1861. No. 146. p. 103—104. fig.

Rendler (Jos.).

1. Der vortheilhafte Bienenstock. Wien, 1777. 8.

Rendschmidt (Felix), geb. 10. Mai 1786 zu Rosenberg, gest. 13. August 1853. Lehrer in Breslau. Nekrolog in Arbeit. d. schles. Gesellsch. f. vaterl. Kultur. 1853. p. 185.

*1. Schlesische Wasserkäfer; Elmis im Steinsalz von Willizka.
   Arbeit. d. schles. Gesellsch. f. vaterl. Kultur. 1837. p. 100—102.

*2. Schlesische Arten der Gattungen Hydrophilus, Lema, Melolontha, Nitidula.
   Arbeit. d. schles. Gesellsch. f. vaterl. Kultur. 1839. p. 120; 1853. p. 91; 1853. p. 178.

*3. Ueber die Callidium-Arten Schlesiens.
   Arbeit. d. schles. Gesellsch. f. vaterl. Kultur. 1849. p. 67.

*4. Ueber die Cerambycinen Schlesiens.
   Arbeit. d. schles. Gesellsch. f. vaterl. Kultur. 1850. p. 7. (p. 73—74).

Rendu (Victor), Inspecteur d'Agriculture.

1. Rapport sur la destruction du ver blanc et du hanneton. Paris, 1836. 8.

*2. Traité pratique sur les abeilles à l'usage des cultivateurs. Paris, Ange, 1838. 8. pg. 150. tab. 2.

*3. Nouveau spectacle de la nature ou Dieu et ses oeuvres. Insectes. Paris, Langlois et Leclercq, 1842. 12. pg. 144. fig.

Das ganze Werk hat 10 Bände, deren einer die Insecten enthält. Ed. nov. ibid. 1853—1855. 12. (par Victor et Ambroise Rendu fils.)

Rengger (Johann Rudolph), geb. 31. Januar 1795 zu Aarau, gest. 9. October 1832 daselbst. Dr. Studirte zu Lausanne u. Tübingen, bereiste Paraguay, kehrte 1826 in die Schweiz zurück.

*1. Physiologische Untersuchungen über die thierische Haushaltung der Insecten. Tübingen, Laupp, 1817. 8. pg. 82.

*Extr. German Magaz. Entom. 1818. T. 3. p. 410—412. — Isis. 1817. p. 1343.

*2. Reise nach Paraguay in den Jahren 1818—1826 herausgegeben von A. Rengger. Aarau, 1835. 8. tab. 3.

Darans über Pulex penetrans in Giall, Fauna. T. 1. p. 71—77.

3. Ueber Pulex penetrans.

Act. Soc. Helv. Sc. nat. 17 Sess. Genève. 1832. p. 59—61. (cf. Carus p. 587.)

Rennie (James).

*1. On the White Butterflies of Britain.

Magaz. of N. H. ser. 1. 1829. T. 2. p. 224—229. fig.

2. On British Plant Lice.

Journ. Highland Soc. T. 6. p. 197.

*3. Insect Architecture. figur. impr.

Ed. 2. London, Knight, 1830. 8. pg. 420 et pg. XII. — London, Kox, 1840.

*Rel. Froriep Notiz. 1833. T. 37. p. 289—296.

*Recens. von A. R. Y. Magaz. of N. H. 1831. T. 4. p. 30—35.

Insect architecture: to which are added miscellanies on the ravages, the preservation for purpose of study, and the classification of insects. New edition. London, Murray, 1857. 12. pg. 462.

*4. Insect transformations. figur. impr. London, Knight, 1830. 8. pg. 420 et pg. XII.

(Beide ohne Namen des Verfassers in Jardine Library of entertaining knowledge.)

*Deutsche Uebers.: Die Wunder der Insectenwelt oder Insectenverwandlungen. Leipzig, Baumgaertner, 1836. 12. fig. 77 et 57. pg. 180. (2 Abtheil.)

*5. Insect Miscellanies. London, Knight, 1831. 12. pg. 416 et 12. fig. (anonym.)

*Recens. by Bree Magaz. of N. H. ser. 1. 1832. T. 5. p. 361—369.

*6. Alphabet of Insects, for the Use of Beginners. London, Orr, 1832. 12. pg. 104. fig. — *Ed. 2. London, Orr, 1844. 12. pg. 124. fig.

Recens. Entomol. Magaz. 1837. T. 1. p. 60—68.

*Extr. Field Natur. Magaz. 1835. T. 1. p. 210—213. fig.

*7. Conspectus of British Butterflies and Moths. London, Orr, 1832. 12. 2 vol. pg. 37 et 287.

Stephens verklagte ihn „for alleged piracy of the Illustrations", verlor aber den Process. „The opinion of the scientific world on the result of that suit was fully shown by the unsolicited subscription entered into by his friends, for defraying the heavy legal expenses attendant upon his defeat." Westwood Adress. Trans. Ent. Soc. ser. 2. T. 2. Proc. p. 68.

*8. The Field Naturalist's Magazine. London, Orr, 1833. T. 1. 8. — 1834. T. 2.

*9. Scale Insects on an Apple.

*Field Natur. Magaz. 1833. T. 1. p. 86—87. fig. — *Froriep Notiz. 1833. T. 37. p. 136.

*10. On the Species of Insect popularly called Musquito.

Field Natur. Magaz. 1833. T. 1. p. 476—480. fig.

*11. Versuch mit einem Ohrwurme. (Forf. auricularia.)

Froriep Notiz. 1834. T. 39. p. 278. — Aus Times Telescope for 1834.

*12. The Amazon Ant.

Field Natur. Magaz. 1834. T. 2. p. 203—208.

Renou.

*1. Note sur une galle de chêne.

Bull. Soc. Linn. de Normandie. 1856. T. 3. p. 41—48.

van Rensselaer (Jeremias).

*1. Cicada septendecim.

Sillim. Amer. Journ. 1828. T. 13. p. 224—228. — Isis. 1832. X. p. 1055.

*2. On a Larva liberated per anum.

Sillim. Amer. Journ. 1825. T. 13 p. 229—231. — *Férus. Bull. 1829. T. 18. p. 311.

*Rel. Froriep Notiz. 1828. T. 21. p. 279—280.

Renucci (Sim. Franç.).
1. Thèse inaug. sur la Découverte de l'Insecte qui produit la contagion de la Gale. Paris, 1835. fig.
(cf. Agassiz. IV. p. 179.)

Rets.
*1. Etat présent des éducations de vers à soie dans le Vivarais.
Compt. rend. 1858. T. XLVI. No. 21. p. 982—984.

Retzius (Andreas Johann), geb. 3. Octbr. 1742 in Christianstadt, gest. 6. Octbr. 1821 in Stockholm als Professor der Naturgeschichte.
*1. Caroli De Geer genera et species insectorum et generalissimi auctoris scriptis extraxit, digessit, latine quand. partem reddidit, et terminologiam insectorum Linneanam addidit. Lipsiae, Cruse, 1783. 8. pg. VI et 220.
cf. Paykul.
*2. De studio entomologiae meletema. Resp. Dan. Danielsson. Lund. Berling. 1811. 4. pg. 15.

Reuss (Christian Friedrich), geb. 7. Juli 1745 in Kopenhagen, gest. 19. Octbr. 1813 als Prof. Med. in Tübingen.
1. Mittel zur Vertilgung schädlicher Thiere. Leipzig, Voss, 1796. 8.
Ed. 1. Leipzig, 1793. 8.

Reuss (Franz Nicolaus).
1. Der fränkische Bienenwirth oder leicht fasslicher Unterricht in der Bienenzucht nach bewährten Erfahrungen. Bamberg, 1813. 8. 1 schw. u. 1 ill. Kpfr.
Ed. 1 ibid. 1806.
(cf. Engelmann Bibl. Oecon. p. 282.)

Reuss (Jeremias David), geb. 30. Juli 1750 in Rendsburg, gest. 15. December 1837 in Göttingen.
*1. Repertorium commentationum a societatibus litterariis editorum. Gottingae, 1801—1802. 4. 2 vol.

Reutti (Carl), Notar in Freiburg.
*1. Uebersicht der Lepidopteren-Fauna des Grossherzogthums Baden.
Beiträge zur Rhein. Naturg. Freiburg. 1853. 8. Heft 3. p. 1—216.

Revigliaa (Diego), Medicus maunster: S. Sabini Placent.
*1. De culicum generatione. fig.
Acta Acad. Nat. Curios. 1737. T. 4. Obs. 3. p. 14—20.

Reydellet (A. F.).
*1. Essai sur la maladie pédiculaire ou phthiriase. Paris. An. XI. (1802). 8. pg. 19.

Reyger (Gottfried), geb. 4. Novbr. 1701, gest. 29. Octbr. 1788 in Danzig.
1. De locustis volantibus.
Ephem. Acad. Nat. Curios. 1694. Dec. 3. An. II. p. 29.
*2. Von Erzeugung der Blattläuse.
Abhandl. Danzig. naturf. Gesellsch. 1754. T. 2. p. 294—301.

Reynaud, Fabricant in Saint-Jean du Gard. v. Raynaud.
1. Des vers à soie et de leur éducation selon la pratique des Cevennes, suivi d'un précis sur le divers produits de la soie et sur la manière de tirer les fantaisises et les filoselles, avec des notions sur la fabrique des bas de Ganges par F. F. J. Giraud. Paris, 1812. 12. pg. 372.
Extr. par Bosc. Ann. de l'agric. franç. sér. 1. 1818. p. 114—123.
Ed. (Titelausgabe) 1821. 12.
(cf. Quérard. T. 7. p. 565.)

Reysler.
1. Lettre à Ms. de la Metherie sur la nature des Galles.
Journ. de Physique. 1789. T. 34. p. 298—298. 1 pl. (Lacordaire.)

Rheinhard (Johann Theodor), Assessor.
*1. Lepidopterologische Nachrichten von der Gegend um Wetzlar.
Neue Schriften d. Gesellsch. naturf. Fr. Westphalens. 1803. T. 2. p. 113—119.

Rhodes (J. B.). Thierarzt
1. Des céréalivores suivis de céréalipopivores, ou Mémoire sur des insectes qui dévorent les grains dans les greniers et qui détruisent les céréales sur pied pendant leur végétation. Toulouse, 1825. 8. fig.
Ann. Soc. d'Agric. Fr. 1831. 8. T. 7 et 8. pg. 6. (Lacordaire.)

Rhodes (Miss Henrietta).
1. Letters on Silkworms.
Trans. of the Soc. for the encour. of Arts. T. 4. p. 147—170; T. 5. p. 120—150.
cf. Neues Repert. (Lacordaire.)

(**Rhodes**, Miss Henrietta.)

2. On the healthings of managing silkworms.
Letters on agric. of the Bath Soc. T. 4. p. 312.
cf. Reuss Repert. (Lacordaire.)

Ribbe (Johann Chr.).

* 1. Ueber die gewöhnlichen Krankheiten der Seidenraupen, aus einer Abhandlung des Doctor Costa entnommen. — v. O. Costa No. 1.
André Oekon. Neuigk. u. Verhandl. 1828. T. 1. p. 225—230. (Lacordaire.)

Riboud.

* 1. Observations sur la durée de la vie de certains Insectes.
Journ. de Phys. 1787. T. 30. p. 185—192. — * Voigt Magaz. T. 6. Stück 2. p. 58—60.

Ricci (Procaccini).

1. Memoria sugl' insetti più perniciosi al Dipartimento del Metauro etc. Ancona, 1810. 8.
(cf. Agassiz. IV. p. 185.)

Rich.

* 1. Note on a Goliathus Cacicus which he had alive nearly five months.
Trans. Ent. Soc. Lond. ser. 2. 1851. T. 1. Proceed. p. 85—86.

Richards.

* 1. Captures at or near Worcester. (Lepidoptera.)
Entomol. Magaz. 1835. T. 3. p. 410.

Richardson (H. D.).

* 1. The Hive and the Honey Bee, with plain directions for obtaining a considerable annual income from this branch of rural economy; to which is added an account of the disease of bees, with their remedies; also remarks as to their enemies, and the best mode of protecting the bees from their attacks. With illustrations. (New York, Saxton, 1851. 12. pg. 72.)
Dublin (London, W. S. Orr et Co.), 1847. 12. pg. 108.
* Ed. 2. auct. Dublin, M'Glashan, 1849. 12. pg. 108. tab. 1 fig.
* Ed. nov. by J. O. Westwood. (Abbild. d. neuen Bienenstöcke.) London, Orr, 1852. 12. pg. 119. fig.

Richardson (William).

* 1. Observations on the aphides of Linnaeus.
Philos. Transact. 1771. T. 61. p. 182—194.

Riche (Claude Antoine Gaspard), geb. 20. Aug. 1762 in Chamelet, Rhone, gest. 5. September 1797 in Mont d'Or, Arzt.

* 1. Observation sur l'Ichneumon hemipteron.
Act. Soc. d'Hist. nat. Paris. 1792. Fol. T. 1. P. 1. p. 30.
* Bullet. Soc. Philom. 1791. T. 1. p. 1.
* Deutsche Uebers. Reich. Magaz. d. Thierr. 1795. T. 1. p. 100—101.

2. Mémoire sur la classification des êtres naturels par leurs parties intérieures et sur un système naturel des larves.
(cf. Querard. T. 8. pg. 31.)

Richter (Adam Daniel), gest. 30. Januar 1782.

1. Lehrbuch einer Naturhistorie zu einem gemeinnützigen Gebrauche. Leipzig, 1772. 8.
Ed. II. Würzburg u. Leipzig, 1775. 8. pg. 404.
(cf. Bibl. Banks. I. p. 186.)

Richter (C. F. W.), gest. 1849 in Breslau. Kreisgerichts-Secretair in Brieg.

* 1. Kritisches Verzeichniss der bisher bekannt gewordenen Schlesischen Schmetterlinge. (52 spec.)
Germar Magaz. Entom. 1815. T. 1. Heft 1. p. 72—113.

* 2. Supplementa Faunae Insectorum Europae. Vratislaviae, (Auctoris impensis), 1821? 12. tab. 12 col.
* Recens. Germar Magaz. Entom. T. 4. p. 348.

Richter (Christoph Friedrich), geb. 1676 in Sorau (Lausitz), gest. 5. October 1711.

* 1. Dissertatio physica de Cochinilla eiusque natura atque indole. Dissert. Resp. P. Friedel. Lipsiae, Fleischer, 1701. 4. tab. 1. pg. 40. s. p.
* Deutsche Uebers. Leipzig, 1703. 8. pg. 72. Physikalischer Tractat von der raren Cochenille.
in Bibl. Hope!
* Tractatus physicus de Cochinilla eiusque natura et indole autore C. F. Richter. Lipsiae, Fleischer, 1701. kl. 8. pg. 59. tab. 1.

Richter (Ed.) in Dessau. Hofgärtner.

* 1. Lepidopterologische Bemerkungen. (Cucullia Campanulae.)
Stett. Ent. Zeit. 1849. T. 10. p. 30—31.

*2. Verzeichniss der in der Umgegend von Dessau aufgefundenen Schmetterlinge.
Stett. Ent. Zeit. 1849. T. 10. p. 80—86; p. 107—113; p. 340—351; 1850. T. 11. p. 24—28.

*3. Verzeichniss der in der Umgegend von Dessau vorkommenden Schmetterlinge.
Verhandl. d. naturf. Ver. f. Anhalt-Dessau. 1861. 8. 20. Bericht. p. 33—46.

Richter (Jacob).

*1. De Lytta Marschalliana. Berolini, Brueschke, 1826. 8.

Richter (Ludwig), Candidat in Liebenstein bei Eger.

*1. Ueber die Raupe von Harpyia Milhauseri, u. Diphthera ludifica.
Stett. Ent. Zeit. 1841. T. 2. p. 80.

*2. Zu Diphthera ludifica.
Stett. Ent. Zeit. 1842. T. 3. p. 163—166.

Ricord (Al.).

*1. Nouveau moyen pour faire mourir promptement les insectes. (Aether.)
Férusa. Bull. 1827. T. 12. p. 295. — *Froriep Notiz. 1827. T. 19. p. 152.

Ricord-Madianna (J. B.). Arzt.

1. De la guêpe végétante de la Guadeloupe.
Journ. de Pharmac. 1829. Mars. p. 158.
*Ann. sc. nat. 1829. T. 17. Revue bibl. p. 91.

Ridderbjelke (P. E.).

*1. Om lefnadssättet och utvecklingen af Adimonia fontinalis.
Öfvers. K. Vet. Akad. Förhandl. 1852. p. 213—214.

Riecke (Friedrich Joseph Pythagoras), geb. 1. Juni 1791 in Brünn. Prof. Phys. in Hohenheim.

1. Ueber die Bienenzucht in Frankreich.
Andre Oekon. Neuigk. u. Verhandl. 1827. T. 2. p. 377—380. (Lacordaire.)

2. Die Seidencultur in Würtemberg.
Würtemberg. Correspond. Bl. Bd. 7.

von Rieger (Joseph).

1. Verzeichniss einiger Böhmischen Insecten. (Coleopt., Lepidopt.)
Archiv Gesch. u. Statist. 1792. p. 133—182.
*Beckmann Phys. Oek. Bibl. XVIII. p. 122.

Riehl. Oberzahlmeister der Staats-Casse in Cassel.

*1. Verzeichniss der Coleopteren, die in einem Umfange von 2—3 Meilen bei Cassel vorkommen. (Katalog.) Cassel, Hotop, 1838. 4. pg. 10. (Anonym.)

*2. Anisotoma farsale n. sp.
Jahresber. Ver. f. Naturk. Cassel. III. 1839. p. 9.

*3. Methode zum Fangen kleiner Käfer. (Anonym.)
Stett. Ent. Zeit. 1845. T. 6. p. 164—166.

*4. Geographische Naturkunde von Kurhessen.
Gymnasium zu Cassel Lyceum Fridericianum. 1851. 8. p. 79—98.

Riem (Johann), geb. 1730 in Frankenthal am Rhein, gest. 11. Decbr. 1807 in Dresden. Apotheker in Lautern.

*1. Von der besten Bienenzucht in der Churpfalz. Drei Preisschriften.
Mannheim. Akademie. 1769. 8. p. 76—115. (v. Hampel No. 1. u. Zorn No. 1.)

2. Physikalische Wahrnehmungen in der Bienenzucht.
Bemerkungen d. phys. ökon. u. Bienengesellsch. in Lautern f. 1769. Mannheim, 1770. 8. p. 81—163.
*Rel. Beckmann Phys. Oek. Bibl. I. p. 330—334.

3. Fortgesetzte physikalische Beobachtungen in der Bienenzucht.
Bemerkungen d. Churpfälz. phys. oekon. Gesellsch. f. 1770. Mannheim, 1771. 8. T. 1. p. 140—228.
*Rel. Beckmann Phys. Oek. Bibl. II. p. 331—333.

4. Verbesserte und geprüfte Bienenpflege zum Nutzen aller Landesgegenden. Mannheim, 1771. 8. pg. 196. 8g. (cf. No. 7.)
*Rel. Beckmann Phys. Oek. Bibl. II. p. 373—385.

5. Verwandlung der jetzigen Mode der Bienengesellschaften in Dorf-Bienengesellschaften. Mannheim, 1773. 8. pg. 38. — Mannheim, 1775. 8.
(cf. Boehmer II. 2. p. 299.)

6. Der entlarvte Wildmann, Betrüger grosser Hilfe, eine merkwürdige Geschichte, denen Freunden der bewunderungswerthen Bienen gewidmet. Berlin, Decker, 1774. 8. pg. 64.
(cf. Boehmer II. 2. p. 299.)

*7. Fundamentalgesetze zu einer perennirenden Kolonie-Bienenpflege in zusammengesetzten Halbwohnungen zum Nutzen aller Landesgegenden.
Ed. 2. Mannheim u. Berlin, Schwan u. Decker, 1775. 8. pg. 124. 8g.
*Rel. Beckmann Phys. Oek. Bibl. VIII. p. 215.
Ed. 3. 1795. 8. v. No. 18.
Ed. 1. Mannheim u. Berlin, 1771, v. No. 4.

(**Riem**, Johann.)

8. Physikalisch ökonomische Bienenbibliothek oder Sammlung auserlesener Abhandlungen von Bienenwahrnehmungen, Urtheile über ältere und neuere Bienenbücher. Breslau, Löwe. 8. (2 vol. in 4 Liefr. Lacordaire.)
   Liefr. I. 1776. pg. 128. — * Beckmann Phys. Oek. Bibl. VIII. p. 109.
   Liefr. II. 1777. pg. 336.
   Liefr. III. 1778. pg. 297. — * Beckmann Phys. Oek. Bibl. IX. p. 283.
   (Nach Beckmann ist Liefr. III. auch von 1777.)
   Nach Engelmann Bibl. Oec. p. 265: Leipzig. 1777—1780. 4 Bde. Bd. 1 à 2 Liefr. u. Bd. 2. Bd. 3 u. 4. auch unter d. Titel: Vermischte ökonomische u. physikalische Bienenschriften. Bd. 1. u. 2. 1787 u. 1790.

*Ed. nov. Halberstadt, Gross. 1795. 8. T. I. pg. 511. T. II. pg. 368.

9. Vergleichung der Römischen Wartung der Bienen mit der Wartung der Neueren.
   Riem Phys. Oek. Bienenbibl. 1776. T. 1. p. 103—110.
10. Neue Beobachtung weisellose Stöcke im Winter zu erkennen.
   Riem Phys. Oek. Bienenbibl. 1777. T. 2. p. 348—348. (Lacordaire.)
11. Beschaffenheit der Bienenzucht des 1775. Jahres; idem 1777.
   Riem Phys. Oek. Bienenbibl. 1775. T. 1. p. 123—128; 1777. T. 2. p. 348—358. (Lacordaire.)
12. Kurzer und geprüfter Entwurf für ökonomische Actienbienengesellschaften zum Nutzen aller Landesgegenden. Breslau, Loewe, 1777. 8. 4½ Bogen.
   * Beckmann Phys. Oek. Bibl. IX. p. 234. — * Allgem. Deutsche Bibl. Anhang zu T. 25—36. p. 3371. (ein Auszug u. Ergänzung zu No. 7.)
13. Geprüfte Grundsätze der schlesischen Bienenpflege. Breslau, Loewe, 1778. 8. pg. 96.
   (cf. Boehmer. II, 2. p. 300.) Ist Anhang zu No. 7. — Engelmann Bibl. Oec. p. 265 hat: Leipzig, 1778. 8.
14. Unterrichtende Beyträge (über Bienen).
   Riem Phys. Oek. Bienenbibl. 1778. T. 2. p. 1—168.
*15. Kenntniss der Entstehung und Vertilgung verschiedener höchst schädlicher Raupen-Arten zum Nutzen der Oekonomie. Breslau, Loewe, 1784. 4. pg. 8 et 23.
   * Recens. Allgem. Deutsche Bibl. T. 62. p. 428.
   Nach Engelmann Bibl. Oec. p. 265. auch Dessau Gelehrten Buchhdlg. 1784. 8.
16. Von Bienen und der besten Einrichtung der Körbe.
   Riem Monatl. prakt. oecon. Encycl. 1785. T. 1. Stück 1. Januar. (Lacordaire.)
17. Preisschrift über die Bienen und deren Pflege in verbesserten Klotzbeuten, Kästen und Körben. Dresden, 1788. 8. 4 Bogen.
   * Beckmann Phys. Oek. Bibl. XIV. p. 287.
18. Vollkommenste Grundsätze dauerhafter Bienenzucht in ganzen, halben bis zwölftel Wohnungen von Körben, Kästen und Klotzbeuten, für grosse und kleine Bienenwirthe; oder dritte viel verbesserte Auflage der Fundamentalgesetze etc. Mannheim, Schwan und Goetz, 1795. 8. pg. 400. tab. 4. (v. No. 7.) (Lacordaire.)
19. Wahrnehmungen bei der Bienenzucht.
   Riem Neue Samml. vermischt. oek. Schrift. Dresden, 1796. 8. T. 9. p. 83—230.
   * Beckmann Phys. Oek. Bibl. XIX. p. 222.
20. Preisschrift über die Verbesserung der Bienenstände.
   Nachr. d. schles. patriot. Gesellsch. T. 4. p. 257. fig.; p. 265; p. 273; p. 284; p. 300; T. 5. p. 76.
   (cf. Boehmer. II, 2. p. 300.)
21. Preisschrift von Bienenmodellen. Leipzig. 8.
   (cf. Engelmann Bibl. Oec. p. 265.) Ob dasselbe mit dem Vorigen?
22. Uebersetzung von Reaumurs Geschichte der haarigen Hummeln, deren Nester von Moose sind, nebst Beiträgen zu dieser Geschichte von Riem.
   Riem Neue Samml. vermischt. oek. Schrift. Dresden, 1798. 8. T. 14. p. 163—[illegible]. tab. 1.
   * Beckmann Phys. Oek. Bibl. XX. p. 283. Bildet Ed. 4 von No. 7.
*23. Der practische Bienenvater in allerley Gegenden; oder allgemeines Hülfsbuch für Stadt- und Landvolk zur Bienenwartung in Körben, Kasten und Klotzbeuten mit Anwendung der neuesten Erfindungen, Beobachtungen und Handgriffe. (mit Werner.) Leipzig, Fleischer, 1798. 8. pg. 238.
   * Beckmann Phys. Oek. Bibl. XX. p. 283. Bildet Ed. 4. von No. 7.

Ed. 2. (Titelausgabe). Leipzig, 1803. 8. pg. 238.
   * Beckmann Phys. Oek. Bibl. XXII. p. 278.

Ed. 3. Leipzig, 1817. 8. — Ed. 4. Leipzig, 1820. 8. fig.

Ed. 5. Leipzig, s. a. (1823). 8. tab. 1. (Lacordaire.)

24. Kurze Anleitung zur nützlichen Bienenzucht zum Besten des Landmanns abgefasst. mit Kpfrn. (Gespräch.) Dresden, 1798. 8.
(Separat. aus der Samml. oekon. Schriften.)

25. Von Bienen. tab. 9. Von Seidenraupen. tab. 4.
Riem u. Reutter oekon. veterin. Hefte. Leipzig, 1799—1807. 4. 8 Hefte.
(Heft 6, Bienen; Heft 7, Seidenraupen.)
*Beckmanns Phys. Oek. Bibl. XXIII. p. 283.

26. Gutachten in einem Prozesse über Raubbienen.
Neu fortges. Samml. vermischt. oek. Schrift. Dresden, 1803. 8. Lief. I. p. 221; p. 324.
*Beckmanns Phys. Oek. Bibl. XXIII. p. 173.

27. Oekonomisch-Veterinärischer Unterricht über die Zucht, Wartung und Stände der Bienen, oder das Vollständigste der Bienenzucht von J. Riem, in Verbindung mit den Pastoren Standtmeister und Kersig, auch mehreren practischen Bienenwirthen bearbeitet und herausgegeben. Nebst Zeichnungen zu Ständen, Kästen, Klotzbeuten, Körben und anderen Geräthschaften von J. A. Heine. Leipzig, 1802. kl. fol. (Lacordaire.)

28. Oekonomisch-naturhistorische Beiträge für Landwirthe und Bienenfreunde. mit Kpfrn. Leipzig, Hartknoch, 1804—1805. 8. 2 Bde. à 2 Thle.
(cf. Engelmann Bibl. Oec. p. 268.)
Wahrscheinlich ist dasselbe cf. Engelmann l. c. Dresden, Arnold, 1804. 8. 2 Thle. à 2 Abtheil. Beiträge zur Oekonomie u. Naturgeschichte für Landwirthe u. Bienenfreunde, oder neue Sammlungen oekonom. und Bienenschriften auf das Jahr 1803 und 1804.

Rigaud.

1. Manuel ou Mémoire sur l'éducation des vers à soie. Grenoble, 1767. 8. 2 vol.
Journ. d'agricult. et commerce. 1767. Févr. (cf. Boehmer. II. 2. p. 290.)
(La Bibliogr. agronom. et Sudier n'indiquent qu'un seul volume. Lacordaire.)
Boehmer schreibt wohl irrig Rigaut; vielleicht ist Cyrille Rigaud derselbe Verfasser.

Rigaud (Cyrille).

*1. Mémoire pour servir à l'histoire des Termes. Paris, 1786. 8. tab. 4. pg. 63.
(Eine Uebersetzung Smeathmans.)

Rimrod. Pastor in Quenstedt.

*1. Aufforderung, die Seidenraupe, Bombyx mori, an das Laub einheimischer Bäume zu gewöhnen.
Bericht. d. naturw. Ver. d. Harz. (ed. 2.) 1840—1846. p. 34—35.

*2. Ueber die Erhaltung des Gleichgewichts in der lebenden Schöpfung. (Insectenzüge.)
Bericht d. naturw. Ver. d. Harz. 1857. p. 6—8.

Rimrod (Carl Gottfried). Pastor im Mansfeldischen.

*1. Bemerkungen über die Stammraupen. (Phal. dispar.)
Naturforscher. 1781. Stück 16. p. 120—130.

Rindfleisch. Ministerial-Assessor.

1. Ueber Bombyx Cynthia.
Verhandl. d. naturf. Ver. f. Anhalt-Dessau. 1861. 20. Bericht. p. 29—32. tab. 1.

Rion (Jos. Alphonse). Chanoine.

*1. Relations des ravages causés en Valaise par les Sauterelles en 1837, 1838 et 1839.
Act. Soc. helv. d. Sc. natur. réunie à Lausanne. 1843. p. 116—131.

Ripamonti (Luigi).

1. Manuale del bigattiere, o istruzione pratica pel coltivatore del baco da seta. Milano, Truffi, 1828. 18.
(cf. Cornalia monogr. p. 67.)

Ripamonti di Appiano (Emilio).

1. Il calcino allontanato dai bachi da seta col metodo ritrovato ed esperimentato con felice successo per 14 anni da R. E. Como, Giorgetti, 1850. 8.
(cf. Cornalia monogr. p. 81.)

Ripstein (J.). v. Rumpf.

Riquier (Jean Baptiste Guillaume). Conseiller de préfecture à Amiens.

1. Mémoire sur la culture du mûrier et sur l'éducation des vers à soie dans les départements du nord de la France. Amiens, impr. Duval, 1836. 8. pg. 48. 1 tableau.
(cf. Litt. fr. contemp. T. 6. p. 192.)

2. Extrait de plusieurs Mémoires sur la culture des Mûriers et l'éducation des vers à soie.
Mém. Acad. Sc. Dépt. de la Somme 1835. p. 227—235. (Lacordaire.)

Risberg.

*1. Sätt at fördrifva maskar, som förtära Spannmålen i Magaziner.
Vetensk. Acad. nya Handl. 1795. T. 16. p. 129. Deutsche Uebers. T. 16. p. 132.
*Füessly neues Magaz. 1788. T. 3. p. 83.

Rischke.

1. Etwas über den in den Jahren 1779, 83 und 92 durch die Raupen Phalaena piniperda, die Kieferneule und Phal. Bombyx Pini, der Föhrenspinner verursachten Schaden in der Görlitzer Heide.
Lieker, der brauchte Forstm. 1795. T. 1. p. 267—277. (Lacordaire.)

Riser (Carl). Mönch in der Schweiz.

*1. Eruca digitalis magnitudinis exquisitissimis coloribus mire variegata ejusdemque observata metamorphosis.
Ephemer. Acad. Nat. Curios. 1687. Dec. 2. Ann. VI. Obs. 131. p. 250—252.

Risso (J. A.), geb. 8. April 1777, gest. 25. August 1845 zu Nizza als Professor der Chemie u. Botanik; war früher Apotheker.

1. Histoire naturelle des principales productions de l'Europe méridionale et principalement de celles des environs de Nice et des Alpes maritimes. Paris, Levrault, 1826—1827. 8. 5 vol.
T. V. enthält die Insecten (zusammen mit Leach bestimmt.) p. 156—230.
*Isis. 1830. 11. p. 1178.

2. Staphylinus lugubris den Oliven schädlich.
Atti Soc. Agrar. Torino. 1818. T. 9. p. 107. — *Stett. Ent. Zeit. 1857. p. 150.

de Ritta. Dr.

1. De quibusdam Coleopteris agri Ticinensis. Pavia (?) (vor 1857.)
*Berl. Ent. Zeitschr. 1860. T. 4. p. XXXI.

Ritter (G. A.).

*1. Der Heerwurm.
Rossmässler, Aus der Heimath. 1859. 1. Jahrg. p. 822—826. fig.

Ritter (G. S.).

1. Die Lehre von den Bienen nach der Theorie u. Praxis natur- u. zeitgemäss prüfend entwickelt. Leipzig, Baumgärtner, 1831. 8.
(Aus Putsches Encyclopädie abgedruckt.)

Ritter (Johann Jacob), geb. 15. Juli 1714 in Bern, gest. 23. Novbr. 1784. Arzt in Schlesien.

*1. Tentamen historiae naturalis ditionis Riedeselio Avimontanae.
Acta Acad. Natur. Curios. 1754. T. 10. Append. p. 71—154. (Insecta p. 128—139.)

Riva (B.).

1. Bigattaja alla Beauvais. 1841.
(cf. Cornalia monogr. p. 74.)

Riverius (Lazarus).

1. De puncturis apum.
River. observ. med. Centur. III. Obs. 36 in Operib. Lugdun. 1679. fol. p. 519.
(cf. Boehmer. II, 2. p. 323.)

Rivière.

*1. Notes sur l'industrie séricole et quelques observations relatives à plusieurs lettres écrites à M. Rivière sur le même sujet par M. Gensoul.
Ann. Soc. d'Agric. Lyon. 1839. T. 8. p. 257—270.

de Riville (Godefroi). Malteser-Ritter.

*1. Histoire d'une chenille mineuse des feuilles de vigne (lettre à Mr. Réaumur).
Mém. des Savants étrang. Acad. Paris. 1750. T. 1. p. 177—190. tab. 1.
*Deutsche Uebers. Naturforscher. Stück 4. p. 16—32.
*Füessly. Magaz. Ent. 1779. T. 2. p. 167—184. fig.

*2. Mémoire sur l'accouplement des cousins.
Mém. des Savants étrang. Acad. Paris. 1760. T. 3. p. 617—622.
Holländ. Uebers. Uitgezogt. Verhandel. T. 7. p. 58—66.
Deutsche Uebers. Allgem. Magaz. T. 12. p. 47.

*3. Mémoire sur la caprification.
Mém. des Savants étrang. Acad. Paris. 1754. T. 2. p. 369—377.
*Neue Mannigfaltigk. T. 1. p. 413—417.

Rivinus (Quir. Sept. Flor.).

1. Cur Cicada feminea non canat.
In Theophrasti Simonicati Quaest. p. 37. (cf. Boehmer. II, 2. p. 231.)

2. Dissertatio de noctu lucentibus. Lipsiae, 1673. 8.
cf. Lesser Theol. T. 2. p. 102. (Lacordaire.)

Rizzi (Marcantonio). Abbate di Castelfranco.

1. Scoperta de' luoghi ove le Farfalle de' Meli depongono i loro novellini, con alcune riflessioni sul Modo di preservare i Meli dal guasto delle Ruche.
Gekrönt u. gedruckt von der Academia agraria in Vicenza.
Auch in: Opuscoli scelti di Milano. T. 19. (cf. Dizion. ragion. di F. Re. T. 3. p. 310.)

Roberg (Lorenz), geb. 24. Januar 1664 in Stockholm, gest. 21. Mai 1742 als Professor in Upsala.

*1. De Libella insecto lacustri et alato. Dissert. Upsaliae, Werner, 1737. 4. resp. P. Leetstroem. pg. 11. fig.

*2. De Formicarum natura. Dissert. Upsaliae, Werner, 1719. 4. pg. 16. resp. Lindewall.

Roberjot (Claude), geb. 1753 in Mâcon, ermordet 28. August 1799 in Rastadt.

1. Mémoire sur un moyen propre à détruire les chenilles qui ravagent la vigne.
   Mém. Soc. d'agricult. Paris. 1787. Trim. de printemps. p. 183—206.
   (cf. Bibl. Banks. II. p. 347.)

Robert.

*1. Anthaxia Ariasi n. sp.
   Ann. Soc. Ent. Fr. sér. 3. 1859. T. 7. Bull. p. 174—175.

Robert (Charles), geb. 1802 in Lüttich, gest. 28 Januar 1837 daselbst. *Nekrolog von Lacordaire Ann. Soc. Ent. Fr 1837. T. 6. Bull p. 31—33.

*1. Entomologie de la province de Liège (Catalogue des Insectes).
   Van der Maelen Diction. géogr. de la province de Liège. 1831. App. p. 51—57.
   (Les Aptères, Lépidoptères et Neuroptères par De Selys Longchamps.)

*2. Description de l'Anthribus pygmaeus.
   Guérin Magas. Zool. 1832. T. 2. No. 16. fig. col.

*3. Description de l'Asiata Vanderlindenii.
   Guérin Magas. Zool. 1833. T. 3. No. 76. fig. col.

*4. Description de trois nouvelles espèces du genre Diastata et une nouvelle espèce du genre Opomyza.
   Ann. Soc. Ent. Fr. 1834. T. 3. p. 450—461.

*5. Description d'un Diptère nouveau du genre Paramesia.
   Ann. Soc. Ent. Fr. 1836. T. 5. p. 337—338.

Robert Eugène.

1. Note sur quelques animaux du Sénégal. (Orthopt.)
   Echo du monde savant. 1836. 8. pg. 4. fig.

*2. Expériences sur l'éducation des vers à soie faites à Barral en 1838.
   Bull. Soc. d'Agricult. Drôme. 1838. No. 8. p. 130—137.

*3. Observations sur les moeurs des fourmis.
   Ann. sc. nat. sér. 2. 1842. T. 18. p. 151—158.
   *Froriep Notiz. 1842. T. 24. p. 113—118.

*4. Observations diverses relatives à des insectes des environs de Paris. (Phryganiden-Gehäuse, Lampyris, Cynips in Heuschrecken etc.)
   Ann. sc. nat. sér. 2. 1842. T. 18. p. 378—380.

*5. Sur la phosphorescence du ver luisant.
   Compt. rend. 1843. T. XVII. p. 677—679.

*6. Mémoire sur le dommage que certains insectes notamment le Scolytes pygmaeus font aux Ormes et aux Chênes et sur les moyens proposés pour les éloigner.
   Ann. sc. nat. sér. 2. 1843. T. 10. p. 13—20.
   *Extr. Gardeners Chronicle. 1848. No. 18. p. 283.

*7. Observations sur les rapports des fourmis avec les pucerons.
   Ann. sc. nat. sér. 3. 1845. T. 3. p. 99—102.

8. Recherches sur les moeurs et les ravages de quelques Insectes Xylophages, notamment de la famille des Scolytaires dans les arbres forestiers et fruitiers. Paris, Baillière, 1846. 8. pg. 84.

Robert (Nicolas), geb. gegen Anfang des 17. Jahrhunderts in Langres, gest. 1684 Miniatur-Maler.

1. Species florum variae etc. Paris. fol. fig.
   (cf. Percheron II. p. 13.)

Robertson (J.).

1. Practical treatise on the power of Cantharides when used internally. London, 1806. 8. (Lacordaire.)

Robineau-Desvoidy (André Jean Baptiste), geb. 1. Januar 1799 in Saint Sauveur, gest. 25. Juni 1857 in Paris. Dr. Med. in Saint Sauveur, Yonne. Nekrolog von Bigot, nebst Liste der Schriften Ann. Soc. Ent. Fr. 1857. T. 5. Bull. p. 132. Seine Sammlung u. Bibliothek gehören der Soc. sc. nat. d'Auxerre.

*1. Sur l'harmonie des espèces de Coléoptères tétramères avec le règne végétal.
   Nouv. Bullet. Soc. philom. 1826. p. 187—189.

*2. Essai sur la Tribu des Culicides. fig.
   Mém. Soc. Hist. nat. Paris. 1827. T. 3. p. 390—413.
   *Féruss. Bullet. 1828. T. 14. p. 156—160. — *Isis. 1832. V. p. 476.

(**Robineau-Desvoidy**, André Jean Baptiste.)

*3. Essai sur les Myodaires.
Mém. Savants étrang. Acad. Paris. 1830. T. 2. p. 1—813.
*Féruss. Bullet. 1827. T. 10. p. 316—318.
*Isis. 1831. VIII. p. 1226—1250; 1848. VII. p. 556—557.
On rencontre quelques exemplaires isolés de ce travail in 4. Paris 1830, quoi qu'il n'y en ait point eu d'édition à part proprement dite. Lacordaire.

4. Observations sur l'usage olfactif des crustacés et sur l'usage des balanciers des insectes de l'ordre des Diptères.
Acad. Sc. Paris. 1827 Févr. — *Féruss. Bullet. 1827. T. 11. p. 120.

*5. Recherches sur l'Organisation vertébrale des Crustacés, des Arachnides et des Insectes. Paris, Compère etc., 1828. 8. fig. pg. 228 et 78.
*Féruss. Bullet. 1828. T. 14. p. 278—285. — *Isis. 1830. VI. p. 625—1049.

*6. Note sur le Pissus carinatus.
Compt. rend. 1836. T. III. p. 442—443. — *L'Instit. 1836. IV. No. 170. p. 305.

*7. Rapport sur deux espèces d'abeilles (Osmia) qui construisent leur nid dans des coquilles vides de colimaçons; quelques faits relatifs à l'histoire des Sapyges; sur plusieurs insectes parasites du blaireau; sur le Conops auripes, dont la larve vit en parasite dans le corps d'une abeille-bourdon; notice sur un nouvel ennemi de l'abeille domestique; notice sur une mouche nouvelle qui vit dans les liliacées; diptères vivant dans les excremens du blaireau, de la chauve-souris, et de la belette. (Rapport par Duméril.)
Ann. sc. nat. sér. 2. 1836. T. 6. p. 300—301. — Froriep Notiz. 1837. T. 1. p. 183—181. (Asilus Diadema.) Ibid. p. 216.

*8. Sur des chenilles qui ont vécu dans les intestins de l'homme, qui y ont subi leur mue et qui en ont été expulsées vivantes par l'estomac. (Rapport par Duméril.). (Aglossa pinguinalis.)
Ann. sc. nat. sér. 2. 1836. T. 6. p. 376—379. — *L'Instit. 1836. IV. No. 179. p. 334—335.

*9. Mémoire sur le Xenillus clypeator, Coléoptère nouveau. (C'est un Acarus, Oribates! cf. Demary.)
Ann. Soc. Ent. Fr. 1839. T. 8. p. 455—462.

*10. Mémoire sur trois espèces nouvelles de Malacomydes.
Ann. Soc. Ent. Fr. 1841. T. 10. p. 251—262.

*11. Notice sur l'Herbine des Lis, Herbina liliorum.
Ann. Soc. Ent. Fr. 1841. T. 10. p. 263—268.

*12. Notice sur le genre Fucellie, Fucellia R. D. et en particulier sur le F. arenaria.
Ann. Soc. Ent. Fr. 1841. T. 10. p. 269—272.

*13. Note sur le Thyreophora cynophila.
Ann. Soc. Ent. Fr. 1841. T. 10. p. 275.

*14. Note sur le Phasia crassipennis.
Ann. Soc. Ent. Fr. 1841. T. 10. p. 274.

*15. Sur l'usage réel des antennes chez les insectes.
Ann. Soc. Ent. Fr. 1842. T. 11. Bull. p. 23—27.

*16. Études sur les Myodaires des environs de Paris.
Revue Zool. 1843. T. 6. p. 317; *1845. T. 8. p. 108; *1848. T. 11. p. 185—186; Revue et Magas. Zool. *1849. T. 1. p. 137. (Berichte über den Fortschritt der Arbeit.)

*17. Études sur les Myodaires des environs de Paris.
Ann. Soc. Ent. Fr. sér. 2. 1844. T. 2. p. 5—38; 1846. T. 4. p. 17—38; 1847. T. 5. p. 255—287; p. 591—617; 1848. T. 6. p. 429—477; 1850. T. 8. p. 183—209; 1851. T. 9. p. 177—190; p. 305—321.

*18. Description d'une nouvelle espèce du genre Brachyopa.
Ann. Soc. Ent. Fr. sér. 2. 1844. T. 2. p. 39—40.

*19. Coup d'oeil rétrospectif sur quelques points de l'Entomologie moderne.
Ann. Soc. Ent. Fr. sér. 2. 1846. T. 4. p. 317—358. — *Revue Zool. 1846. p. 346.

*20. Note sur la vie d'une Muscine et d'une Drile dans le vinaigre de Colchique.
Ann. Soc. Ent. Fr. sér. 2. 1846. T. 4. Bull. p. 81—87.

*21. Note sur les moeurs de la Scatella urinaria. (Diptère.)
Ann. Soc. Ent. Fr. sér. 2. 1848. T. 6. Bull. p. 94—95.

*22. Sur le Teichomyza muraria Macquart.
*Revue et Magas. Zool. 1849. T. 1. p. 94.

*23. Note sur la synonymie de la Phormia regina. (Diptère.)
Ann. Soc. Ent. Fr. sér. 2. 1849. T. 7. Bull. p. 4.

*24. Les moeurs de la Thyreophora cynophila et celles de ses congenères.
Ann. Soc. Ent. Fr. sér. 2. 1849. T. 7. Bull. p. 5.

*25. Les dégâts par les chenilles de l'Orgya pudibunda et Pyralis viridana dans les environs de St. Sauveur.
Ann. Soc. Ent. Fr. sér. 2. 1849. T. 7. Bull. p. 11.
*Revue et Magas. Zool. 1849. T. 1. p. 126.

*26. Sur les larves de diverses Myodaires qui ont vécu aux dépens de l'homme. (Mydaea vomiturilionis.)
Ann. Soc. Ent. Fr. sér. 2. 1849. T. 7. Bull. p. 17.

*27. Mémoire sur plusieurs espèces de Myodaires Entomobies.
Ann. Soc. Ent. Fr. sér. 2. 1850. T. 8. p. 157—161.

*28. Observation sur le genre Trixa comme vivipare.
Ann. Soc. Ent. Fr. sér. 2. 1850. T. 8. Bull. p. 6.

*29. Sur l'éclosion de dix espèces d'Entomobies.
Revue et Magas. Zool. 1851. T. 3. p. 147—153.

*30. Description de plusieurs espèces de Myodaires dont les larves sont mineuses des feuilles de végétaux.
Revue et Magas. Zool. sér. 2. 1851. T. 3. p. [illegible].

*31. Description d'Agromyzes et Phytomyzes écloses chez M. le Colonel Goureau.
Revue et Magas. Zool. 1851. T. 3. p. 391—405.

*32. Sur l'Acarus de la vigne.
Revue et Magas. Zool. 1851. T. 3. p. 456—462.

*33. Description de la Rhinomyia Lamberti.
Ann. Soc. Ent. Fr. sér. 2. 1851. T. 9. p. 36—38.

*34. Mémoire sur les Gallinsectes de l'olivier, du citronier, du laurier rose.
*Revue et Magas. Zool. 1852. T. 4. p. 390.

*35. Notice sur deux fléaux qui attaquent le blé. (Diptères.)
Revue et Magas. Zool. 1852. T. 4. p. 397—400.

36. Sur les éclosions de plusieurs espèces de Diptères.
Bullet. Soc. Sc. d'Auxerre. 1853.

*37. Diptères des environs de Paris, famille des Myodaires.
(Bullet. Soc. Sc. d'Auxerre 1853.) 8. pg. 80.

38. Catalogue des Coléoptères du canton Saint-Sauveur en Poisaye (Yonne). (Longicornes.)
Bullet. Soc. Sc. d'Auxerre. 1853—1854. 8. Vol. 7 et 8.
*Revue et Magas. Zool. 1855. T. 7. p. 340.

*39. Mémoires sur les gale-insectes de l'Olivier, du Citronier, de l'Oranger, du Laurier-Rose et sur les maladies, qu'ils y occasionnent dans la province de Nice et dans le département du Var.
Revue et Magas. Zool. 1856. T. 8. p. 121—128; p. 180—188; p. 277—284; p. 387—393.
*Gerstaecker Bericht. 1856. p. 37.

Robinet (Stephan), geb. 6. Decbr. 1796 in Paris. Apotheker.

1. Situation de l'industrie sérigène dans le Département de la Vienne. 1838. pg. 16.
(cf. Cornalia monogr. p. 71.)

*2. Éducation de Vers à Soie, faite, en 1838, à la Magnanerie-modèle, départementale de Poitiers. (avec Cora Robinet.)
Ann. de l'Agric. Fr. Paris. 1839. pg. 47.

3. Sur la Formation de la Soie. Paris, 1839. 8.
(cf. Cornalia, monogr. p. 72.)
*L'Institut. 1844. XII, No. 575. p. 20—21. — *Revue Zool. 1844. T. 7. p. 27—28.
*Compt. rend. 1844. T. XVIII. p. 92—93.
*Ann. and Mag. Nat. Hist. 1844. T. 13. p. 236—237.
*Froriep. Neue Notiz. 1844. T. 29. p. 277—278; 1845. T. 34. p. 54—55.
*Müller Archiv. 1845. p. 17.

4. Notice sur les éducations de vers à soie faites en 1840 dans le Département de Vienne. Paris, 1841. 8. (avec M. Millet.)
(cf. Ann. Soc. d'Agric. Lyon. 1841. T. 4. p. 43.)

5. De la muscardine, des causes de cette maladie et des moyens d'en preserver les vers à soie. Paris et Poitiers, Huzard, 1843. 8.
Ed. 2. Paris, Huzard, 1845. 8.
(Cornalia monogr. p. 77.)
Ed. III. Ibid. 1853. 8.
(cf. Cornalia monogr. p. 86.)

6. Des races des vers à soie, et de l'emploi de la feuille mouillée en 1844. Paris, 1844.
(cf. Cornalia monogr. p. 76.)

7. Mémoire sur la formation de la soie. Paris, Huzard, 1844. 8.
(cf. Cornalia monogr. p. 76.)

8. Recherches sur la production de la soie en France. Paris, Huzard, 1845. 3. Mémoire des races. Ib. — 1846. 4. Mémoire. 8.
(cf. Cornalia monogr. p. 78.)

*9. Mémoires sur l'industrie de la Soie: éducation. Paris, Millet, 1848. 8. pg. 16, pg. 31, pg. 51, pg. 131, pg. 18.

(**Robinet**, Stephan.)

10. Manuel sur l'éducation des vers à soie. Paris, Dusacq, 1848. 8.
    (cf. Cornalia monogr. p. 80.)
11. Manuel de l'éducateur des vers à soie. Paris, 1853. 8. fig. 51.
    (cf. Cornalia monogr. p. 80.)
12. Mémoire sur la filature de la soie. Ed. II. Paris, 1853. 8. tab. 7.
    (cf. Cornalia monogr. p. 80.)

Robinson (Tancred).

* 1. Miscellaneous observations made about Rome, Naples and some other countries in the year 1683—1684. (Cicada.)
    Philos. Transact. 1714—1716. T. 29. No. 349. p. 473—483.

Robiquet (Pierre Jean, geb. 13. Januar 1780 in Rennes, gest. 29. April 1840 in Paris. Apotheker.

* 1. Expériences sur les Cantharides.
    Ann. de Chimie. 1810. T. 76. pg. 80.
2. Sur la nature du Kermes.
    Ann. de Chimie. 1812. T. 81.

della Rocca, Abbé.

* 1. Traité complet sur les abeilles, avec une méthode nouvelle de les gouverner telle qu'elle se pratique à Syra, île de l'archipel. Paris, Bleuet, 1790. 8. vol. 3. tab. 5.
    I. pg. 32 et 467. tab. 1; II. pg. 8 et 500. tab. 3; III. pg. 530. tab. 1.

Roch (Justus Heinrich).

1. Tractat von der Bienenpflege durchs gantze Jahr, aufgezeichnet von einem alten Bienen Manne. 1733. 8. (anonym.)
    cf. Lesser Theol. Ins. T. 2. p. 307. (Lacordaire.)

Rochard (G. T.), Professeur à Combrée.

* 1. Généralités sur l'entomologie. Digression sur l'étude de l'entomologie.
    Ann. Soc. Linn. Dptm. Maine et Loire. 1853. T. 1. p. 225—238.
* 2. Etude sur les Carabes et en particulier sur le Carabus cyaneus.
    Ann. Soc. Linn. Dptm. Maine et Loire. 1854. T. 1. p. 238—263.
* 3. Précis historique sur l'entomologie.
    Ann. Soc. Linn. Dptm. Maine et Loire. 1856. T. 2. p. 190—285.

de Rochebrune (Tremeau), Abbé.

1. Observations sur le cri du Sphinx Atropos ou Tête de Mort.
    Act. Soc. Linn. Bordeaux. 1832. T. 5. p. 180—182. tab. 1. (cf. Carus p. 891.)

de Rochefort (César).

* 1. Histoire naturelle et morale des Iles Antilles de l'Amérique. Rotterdam, 1658. 4. pg. 583.
    Ed. II. Rotterdam 1665. 1 fig. et (Titelausg.) 1681.
    Holländ. Uebers.: Rotterdam, 1662. 4. von Dullaart.
    Deutsche Uebers.: Frankfurt, 1668. 12.
    Engl. Uebers.: London, 1666. Fol. pg. 351.

von Rochow (Friedrich Eberhard) aus Reckan.

* 1. Kurze Beschreibung der Berberis-Raupe.
    Wittenb. Wochenbl. 1772. T. 5. p. 29—30.
2. Ein Mittel zur Verminderung der Kieferraupe.
    Annal. d. Ökon. Gesellsch. in Potsdam. T. 3. Heft 2. p. 28. cf. Bœhm. Repert. (Lacordaire.)

Rochstroh (Heinrich) Dr.

* 1. Ed. II. Anweisung wie Schmetterlinge gefangen, ausgebreitet, benennt, geordnet und vor Schaden bewahret werden müssen; mit einem Anhange welcher lehrt, wie Schmetterlinge aus Raupen auferzogen werden. Zweite umgearbeitete u. vollständigere Auflage. Leipzig, Cnobloch, 1825. 16. pg. 357. tab. 5 col.
    Ed. I. Ibid. 12. fig. (Lacordaire.)
    Ed. III. Wie Schmetterlinge gefangen, ausgebreitet, geordnet, bewahrt, und wie ihre Raupen und Puppen erkannt werden. Nebst einer Anweisung wie Schmetterlinge aus Raupen und diese aus Schmetterlingseiern zu erziehen sind. Dritte verbesserte mit einem Schmetterlings- und Raupenkalender vermehrte Auflage. Leipzig, Cnobloch, 1833. 16. tab. 10 col.

Rodarés (J. M. M.).

1. Des abeilles et de leurs produits ou considérations générales sur les moeurs et la culture de cet insecte et sur le miel, la cire et le propolis. Paris, 1828. 12. pg. 350. (Lacordaire.)
2. Manuel pour l'éducation des vers à soie et la culture du mûrier et moyen

de les acclimater dans les différentes contrées de l'Europe. Paris, 1828. 18. (?) 2 vol. (Lacordaire.)

Roehling (Johann Christoph), gest. Decbr. 1813.

1. Versuch einer Universalbienengeschichte. Ein Beitrag zur Geschichte des Ursprungs und Wachsthums der Künste und Wissenschaften. 1. Bändchen (anonym). Frankfurt a. M., Esslinger, 1791. 8.
   (cf. Engelmann Bibl. Oec. p. 342.)
2. Joh. Wilh. Jos. Weissenbruch (pseudonym). Die einfachste und leichteste Bienenbehandlung, nach den bewährtesten Grundsätzen, um daraus den höchsten Ertrag ziehen zu können. (Aus des Verf. ökon. Lehr- u. Hülfsbuch besonders abgedruckt.) Offenbach, Brede, 1796. 8.
   (cf. Engelmann Bibl. Oec. p. 350.)

Rill (Alois).

* 1. Ueber einen neuen Insecten-Fangschirm.
   Verhandl. Wien. Zool. Bot. Verein. 1857. T. 7. Sitzber. p. 143—145.

Roemer-Buechner (B. J.).

* 1. Verzeichniss der Steine und Thiere, welche in dem Gebiete der freien Stadt Frankfurt und deren nächsten Umgebung gefunden werden. Frankfurt a. M., Sauerlaender, 1827. 8. pg. 88. tab. 2. (p. 32—63.)

Roemer (Johann Jacob), geb. 8. Januar 1761 zu Zürich, gest. 14. Januar 1819. Nekrolog von Sebinz in Meissner Naturw. Anzeiger Jahrg. II. p. 89, nebst Liste der Schriften.

* 1. Beiträge zur entomologischen Bücherkenntniss.
   Fuessly neues Magaz. 1781. T. 1. p. 13—43; 1782. p. 169—188; p. 221—262; p. 344—389; 1784. T. 2. p. 44—54; p. 113—164; p. 225—280.
   * Darin Naturgeschichte der Cantharides (mit umfassender Litteratur). T. 2. p. 176—164; p. 225—280.
   Wahrscheinlich separat daraus: Von den in der Medicin gebräuchlichen Insecten. Zürich, 1784. 8. (cf. Keferstein nützl. Insect. p. 79.)

* 2. Miscellen. (Mittel gegen den Kornwurm; Feinde der Raupen; Gallen; Wurmtrockniss; Mittel gegen Ameisen, Wurzelinsecten, Wanzen, Bücherwurm, Erbsenkäfer, Raupen etc.)
   Fuessly neues Magaz. 1784. T. 2. p. 67—112.

* 3. Heft 2. 1787 von Füessly neues Magazin der Entomologie. (cf. Füessly.)

* 4. Genera Insectorum Linnei et Fabricii iconibus illustrata. Vitoduri, Steiner, 1789. 4. pg. 86. tab. 37 col.
   * Recens. Schneiders Magaz. T. 1. p. 101—109.
   (Die ersten 32 Kupfer sind dieselben aus Sulzer Kennzeichen d. Insecten.)

* 5. Beschreibung u. Abbildung einiger kleinen Nachtvögelchen u. ihrer Raupen. (Geometra fasciaria, Noctua cucuballi, Alucita epilobiella, Tinea stigmatella.)
   Schriften Berl. naturf. Fr. 1794. T. 9. p. 156—165. tab. 1.

6. Anleitung alle Arten natürlicher Cörper, etc. zu sammeln und aufzubewahren. Nebst einer Anweisung, wie Insecten in ihren verschiedenen Verwandlungsepochen zu behandeln sind. Nach Donovan's Instruction mit vielen Abänderungen und Zusätzen. Zürich, Orell, Füssli u. Co., 1797. 8. Mit 3 Kpfrtaf.

Rönström (Carl Friedrich).

* 1. Beskrifning på Karrborr Fjäriln. (Phalaena.)
   Vetensk. Acad. Handl. 1752. T. 13. p. 68—76. — * Deutsche Uebers. 1755. T. 14. p. 72—80. * Füessly neues Magaz. T. 2. p. 358. — Anal. Transalp. T. 2. p. 401—409.

Roesel (August Johann), geb. 30. März 1705 in Augustenburg bei Arnstadt, gest. 27. März 1759 in Nürnberg. Miniaturmaler in Nürnberg; später restituirte er seinen Adel als Roesel von Rosenhof (1753). Sein Leben von Kleemann im T. IV der Insectenbelustigung. Die Originalzeichnungen auf Pergament besitzt theilweise Dr. Guenther in London, * einige auf Papier das Kabinet für Handzeichnungen in München.

* 1. Der monatlich herausgegebenen Insecten-Belustigung erster Theil, in welchem die in sechs Classen eingetheilte Papilionen mit ihrem Ursprung, Verwandlung und allen wunderbaren Eigenschaften, aus eigner Erfahrung beschrieben, und in sauber illuminirten Kupfern, nach dem Leben abgebildet, vorgestellet worden. Nürnberg, beim Verfasser, gedruckt bei J. J. Fleischmann, 1746. 4.
   Titelkpfr., Vorrede pg. 38; Tag Papilions erste Classe. Vorrede pg. 6; pg. 61. tab. 10. (auf 9 Tafeln); andere Classe. Vorrede pg. 8; pg. 60. tab. 10. (auf 8 Tafeln); Nacht Papilions erste Classe. Vorrede pg. 8; p. 61. tab. 8; zweite Classe. Vorrede pg. 6; pg. 319. tab. 63 (auf 40 Tafeln); dritte Classe. Vorrede pg. 6; pg. 14. tab. 13 (auf 7 Tafeln); vierte Classe pg. 48. tab. 17 (auf 6 Tafeln); Register pg. 24.
   Der T. 1. enthält pg. 688. tab. 121 (auf 78 Tafeln).
   Nach der Angabe von Kleemann in Roesels Leben p. 15 ist Tom. I. 1740 begonnen.

(**Roesel**, August Johann.)

* Der monatlich herausgegebenen Insecten-Belustigung zweiter Theil, welcher acht Classen verschiedener sowohl inländischer, als auch einiger ausländischer Insecte enthält; alle nach ihrem Ursprung, Verwandlung und andern wunderbaren Eigenschaften, grösstentheils aus eigener Erfahrung beschrieben und in sauber illuminirten Kupfern nach dem Leben abgebildet, vorgestellet. Nürnberg, beim Verfasser, gedruckt bei J. J. Fleischmann, 1749. 4. tab. col. pg. 550 et pg. 50 Vorrede, Register; tab. 91 (auf 76 tab.). 1 Titelkpfr.

Titelkupfer; pg. 8 Titel, Vorrede; Erdkäfer Vorbericht pg. 24, tab. 2; pg. 72. tab. 9; Erdkäfer zweite Classe, Holzböcke. pg. 28. tab. 3; Erdkäfer dritte Classe, Blattkäfer, pg. 16. tab. 6 (auf 2 Tafeln); Wasserinsecten erste Classe, Wasserkäfer pg. 32. tab. 1; Wasserinsecten, zweite Classe, Libellen pg. 76. tab. 17 (auf 13 Tafeln); Heuschrecken und Grillen pg. 200. tab. 30 (auf 29 Tafeln); Hummeln u. Wespen pg. 64. tab. 13 (auf 7 Tafeln); Mücken u. Schnacken pg. 52. tab. 10 (auf 7 Tafeln); Register pg. 18.

* Der monatlich herausgegebenen Insectenbelustigung dritter Theil, worinnen ausser verschiedenen, zu denen in den beiden ersten Theilen enthaltenen Classen, gehörigen Insecten, auch mancherlei Arten von acht neuen Classen: nach ihrem Ursprung, Verwandelung und andern wunderbaren Eigenschaften, aus eigener Erfahrung beschrieben, und in sauber illuminirten Kupfern nach dem Leben abgebildet vorgestellet worden von A. J. Roesel von Rosenhof, nun aber mit verschiedenen neuen Beobachtungen und Anmerkungen vermehrt von C. F. C. Kleemann.). Nürnberg, bei Roesels Erben, gedruckt bei J. J. Fleischmann (hinter der Vorrede 1755.) pg. 624 et pg. 14 Vorrede, Register, tab. 101. 1 Titelkpfr.

* Der dritte Theil erschien 1755, die obengenannte neue Auflage nach Roesels Tode also nach 1759; der Titel ist derselbe, ausgenommen der eingeklammerte Theil.

* Der monatlich herausgegebenen Insecten-Belustigung vierter Theil, in welchem ausser verschiedenen in- u. ausländischen Insecten, auch die hiesige grosse Kreutzspinne nach ihrem Ursprung, Wachsthum und anderen wunderbaren Eigenschaften, aus eigener Erfahrung beschrieben und in 40 sauber illuminirten Kupfern nach dem Leben abgebildet und vorgestellet worden von dem verstorbenen Miniaturmaler Hr. August Johann Roesel von Rosenhof nebst einer zuverlässigen Nachricht von den Lebensumständen des seeligen Verfassers beschrieben und herausgegeben von C. F. C. Kleemann. Nürnberg, bei Roesels Erben, gedruckt bei Fleischmann, 1761.

Roesels Bild als Titelkupfer. Vorrede pg. 5; Roesels Leben pg. 48. Erste Tabelle pg. 284 et Register pg. 4; tab. 40. (Die Beschreibung der letzten 8 Tafeln ist von Dr. Huth.) Die Fortsetzung bildet Kleemanns Beyträge zur Natur- und Insectengeschichte, und ist dem T. IV meist beigebunden. (cf. Kleemann No. 2) und wird als T. V angegeben. pg. 378. tab. 44. col. (in 44 Stücken oder Tabellen.)

* Nürnberg, 1761—1776. 4. (ohne Titel.) p. 344.

Holländ. Uebers.: De natuurlyke historie der insecten. Met zeer nutte en fraye aanmerkingen verrykt door C. F. C. Kleemann. Haarlem et Amsterdam, 1764—1768. 4. mit den Kupfern des Originals (auch mit Doppelkupfern (schwarz u. color.) 4 Theile. 287 Taf.

Th. 4. 2 enth.: Meerbeek (A. A. van) Bladwyser op alle de Deelen.

Depuchel von einer gedruckten (Leipzig oder Amsterdam) französ. Uebersetzung in 4. pg. 4. 2 tab. P. Autiope; Polychloros. *Ann. Soc. Ent. Fr. 1833. T. 4. Bull. p. 40.

Cotteresu in Strassburg (ancien sécrétaire général du Ministère de la marine) verfertigte auf Louis XVI Befehl für 24000 Livres und 100 Louisd'or Pension eine französ. Uebersetzung, die ungedruckt blieb in 4. 6 vol. mit 441 Vignetten u. in Andoins Bibliothek sich befand. *Isis, 1846. VII. p. 672. — *Ann. Soc. Ent. Fr. 1835. T. 4. Bull. p. 18.

Wahrscheinlich irrig bei Querard T. 8. p. 111: Récréations entomologiques, trad. de l'allem. par Jacq. Fréd. Isenflamm. Nuremberg, 1779. Fol.

* Nodier bibl. entom. p. 8 sagt, dass der Kupferstecher Mueller eine Fortsetzung angefangen, jedoch auf Kleemanns Einspruch aufgegeben habe. Sechs Tafeln sollen erschienen sein. * Diese Ergänzung: Hanau, 1781. 4. 6 col. Taf. ist von J. A. B. Bergsträsser. Bibl. v. Heyden.

* A Collection of Curious Insects. Sold by C. H. Hemmerich Engraver. (London.) quer 4. tab. 12 u. Titel.

Unter den Platten steht links: „Roesel delin." rechts „Hemmerich sculps." — es sind nur Copien aus Roesel.

Einen Auszug bildet auch:

Insectenbelustigungen für die Jugend und angehende Entomologen überhaupt. Eine Ausgabe aus dem grossen Roesels'chen Insectenwerke mit Hinsicht auf das Linnésche System und Beibehaltung der Originalkupfer. Nürnberg, 1822—1825. 4. 4 Liefr. tab. col.

2. (Roesel u. Kleemann) Tyd-Wyser de Rupsen. Haarlem, 1779. 8.

Roessler (A.), Dr. in Wiesbaden.

*1. Nachträge und Berichtigungen zu Vigelius' Verzeichniss der in der Umgegend von Wiesbaden vorkommenden Schmetterlinge. (Anonym.)
Jahrb. Verein f. Naturk. Herzogth. Nassau. 1855. Heft 10. p. 87—128.

*2. Beiträge zur Naturgeschichte einiger Lepidopteren.
Jahrb. Verein f. Naturk. Herzogth. Nassau. 1857. Heft 12. p. [illegible].

*3. Ueber Acidalia straminaria Tr. und Acidalia olearia nov. sp.
Jahrb. Verein f. Naturk. Herzogth. Nassau. 1857. Heft 12. p. [illegible].

*4. Saturnia Cynthia F., die ostindische Ricinusseidenraupe.
Jahrb. Verein f. Naturk. Herzogth. Nassau. 1859. Heft 14. p. 420—473.

*5. Zur Naturgeschichte von Geom. polygrammaria.
Wien. Entom. Monatsschr. 1861. T. 5. p. 70.

*6. Ueber die Zurichtung von Kleinschmetterlingen für Sammlungen.
Wien. Entom. Monatsschr. 1861. T. 5. p. 70—72.

*7. Gedanken über die Malerei auf den Schmetterlingsflügeln.
Wien. Entom. Monatsschr. 1861. T. 5. p. 163—166.

*8. Die Pflanzen u. Raupen Deutschlands etc. von O. Wilde. Th. 2. Berlin, 1861.
Wien. Entom. Monatsschr. 1861. T. 5. p. 208—216.

*9. Ueber Nachtfang. (Lepid.)
Wien. Entom. Monatsschr. 1862. T. 6. p. 133—137.

Roesslin (Eucharius) oder Rhodion, Stadtarzt in Frankfurt.

1. Kreuterbuch von natürlichem Nutz und gründlichem Gebrauch der Kreuter, Baum, Gesteud und Früchten, fuernemlich deutscher Lande. Desgleichen der Gethier, edlen Gestein, Metall, und anderer Simplicien und Stücken der Arzeney. Mit aller deren fleissiger Beschreibung und leblichen Abconterfeyungen. (Anonym.) Frankfurt am Meyn, Egenolff, 1533. fol. fig. col.
Frankfurt am Meyn, 1535. Fol. pg. 319. fig. — Ibid. 1550.
*Moll Entomol. Nebenstunden verzeichnet den entomologischen Inhalt. Schrift. Berl. Gesellsch. naturf. Fr. T. 9. p. 297—299.
Vermehrt durch Adam Lonicerus unter dem Titel:

*Ed. VI. Kreuterbuch, kuenstliche Conterfeytunge der Baeume, Stauden, Hecken, Kreuter, Getreyde, Gewuertze etc., Item von fuernembsten Gethieren der Erden etc. Frankfort, Christian Egenolffs Erben, 1577. fol. 358 Blätter, fig. color.
Frühere Editionen ibid. 1557, 1560, 1569, 1573 u. bis 1616 noch 5 mal.
cf. Boehmer. III, 1. p. 111.
(Insecten: Locusta, Bombyx, Formica, Grillus, Pulex. Fol. 317—318; Apis f. 320. Vespa, Locusta, Scarabaeus, Cantharides, Musca, Culex. Fol. 330.)
Roesslin u. Lonicerus Werk sind nur eine neue Ausgabe von Cubas Ortus sanitatis.

Roffredi (D. Moriz).

*1. Memoire sur la trompe du Cousin et sur celle du Taon dans laquelle on donne une description nouvelle de plusieurs de leurs parties avec des remarques sur leur usage, principalement pour la succion.
Miscellan. Societ. Taurinens. 1766—1769. T. 4. p. 1—18. tab. 3.
*Beckmann phys. oekon. Bibl. VI. p. 501.

Rogenhofer (Alois).

*1. Neue Standorte für (österreichische) Insecten.
Verhandl. Wien. Zool. Bot. Verein. 1857. T. 7. Sitzber. p. 130—131.

*2. Beitrag zur geographischen Verbreitung einiger für Oestreich neuer Schmetterlinge.
Verhandl. Wien. Zool. Bot. Gesellsch. 1858. T. 8. Sitzber. p. 107.

*3. Ueber zwei Zwitter von Lepidopteren.
Verhandl. Wien. Zool. Bot. Gesellsch. 1858. T. 8. p. 243—246.

*4. Ueber die ersten Stände eines Lepidopteron. (Cidaria Podevinaria.)
Verhandl. Wien. Zool. Bot. Gesellsch. 1858. T. 8. p. 251—252.

*5. Cucullia formosa, ein neuer europäischer Nachtfalter.
Verhandl. Wien. Zool. Bot. Gesellsch. 1860. T. 10. p. 775—776.

*6. Ueber Heterogynis dubia Schmidt.
Verhandl. Wien. Zool. Bot. Gesellsch. 1860. T. 10. Sitzber. p. 66—67.

Roger (Julius), Hofrath Dr. in Rauden.

*1. Notizen. (Sitophil. oryzae; geringe Empfindlichkeit gegen Kälte bei Ptinus fur; Lebenszähigkeit bei Helops; Chloroform zum Tödten der Käfer.)
Stett. Ent. Zeit. 1855. T. 16. p. 307—312.

*2. Verzeichniss der bisher in Oberschlesien aufgefundenen Käferarten.
Zeitschr. f. Entom. Breslau. Verein. 1856. Jahrg. 10. pg. 1—132.
*(Separat. Breslau, 1857. 8. pg. 132.) — *Recens. Berl. Ent. Zeitschr. T. 1. p. 201—202.

*3. Ein neuer Rüsselkäfer. Euryommatus Mariae.
Stett. Ent. Zeit. 1857. T. 18. p. 60—62.

(**Roger**, Julius.)

* 4. Einiges über Ameisen. (Tetrogmus, gen. nov.; Zwitter; Bemerkungen über Form. capsincola.)
Berl. Ent. Zeitschr. 1857. T. 1. p. 10—20.

* 5. Beiträge zur Kenntniss der Ameisenfauna der Mittelmeerländer.
Berl. Ent. Zeitschr. 1859. T. 3. p. 225—259. tab. 1. — 1862. T. 6. p. 255—262. fig.

* 6. Die Ponera-artigen Ameisen.
Berl. Ent. Zeitschr. 1860. T. 4. p. 278—311; 1861. T. 5. p. 1—54.

* 7. Myrmicologische Nachlese.
Berl. Ent. Zeitschr. 1861. T. 5. p. 163—174.

* 8. Einige neue exotische Ameisengattungen und Arten dazu beschrieben.
Berl. Ent. Zeitschr. 1862. T. 6. p. 233—254. fig.

* 9. Ueber Formiciden. (Synonym.)
Berl. Ent. Zeitschr. 1862. T. 6. p. 283—297.

Roger (Théodor), Négociant à Bordeaux.

* 1. Instructions à l'usage des personnes qui voudraient s'occuper à recueillir des insectes pour les cabinets d'histoire naturelle. Bordeaux, 1823. 8. pg. 21. tab. 2.
Bullet. Soc. Linn. Bordeaux. 1826. T. 1. p. 162—172.
Engl. Uebers. von Jar. Porter in Sillim. Amer. Journ. 1831. T. 19. p. 213—220.

2. Description de six espèces nouvelles de Papillons.
Bull. Soc. Linn. Bordeaux. Livr. 1. p. 33. (cf. Percheron. II. p. 16.)

3. Descriptions de plusieurs espèces nouvelles du genre Papilio.
Bull. Soc. Linn. Bordeaux. 1826. T. 1. p. 157—162.
*Féruss. Bull. 1828. T. 9. p. 121.

4. Lépidoptères des environs de Bordeaux.
Act. Soc. Linn. Bordeaux. 1838. T. 1. p. 220—239. (cf. Carus p. 1601.)

Rogers (W. Frederik), geb. 9 December 1857 in Paris, aus Philadelphia.

* 1. Synopsis of species Chrysomela and allied Genera inhabiting the United States.
Proceed. Acad. Philadelph. 1856. T. 8. p. 29—39. 1 pl.
*Gerstaecker Bericht. 1856. p. 100. — (Uebersetzt von Suffrian.)

Rogerson (W.).

* 1. On the Glow-worm.
Philos. Magaz. 1831. T. 58. p. 53. — *Isis. 1834. V. p. 436.

de Rojas (Marc Aurèle) in Caracas.

* 1. Description d'un nouveau Buprestide. (Hyperanthus Vargasi.)
Ann. Soc. Ent. Fr. sér. 3. 1855. T. 3. p. 261—262. fig.

* 2. Espèces nouvelles de Coléoptères de Venezuela.
Revue et Magas. Zool. 1855. T. 7. p. 160.

* 3. Description de trois nouvelles espèces de Coléoptères de la République de Venezuela.
Ann. Soc. Ent. Fr. sér. 3. 1856. T. 4. p. 693—698. fig.

* 4. Observations sur quelques Coléoptères de la république de Venezuela.
Ann. Soc. Ent. Fr. sér. 3. 1857. T. 5. p. 379—380.

* 5. Description de deux nouvelles espèces de Coléoptères provenant de la république de Venezuela. (Colobogaster Arostae et Taeniotes Pazii.)
Revue et Magas. Zool. 1856. T. 8. p. 565—566.

* 6. Description d'une nouvelle espèce de Coléoptères de la République de Venezuela (Epicauta caustica.)
Revue et Magas. Zool. 1857. T. 9. p. 451—454.

* 7. Remarques sur l'Arescus caudatus Sallé.
Ann. Soc. Ent. Fr. sér. 3. 1858. T. 6. p. 61—71.

Rolander (Daniel).

* 1. Skjutflugan. (Brachinus crepitans.)
Vetensk. Acad. Handl. 1750. T. 11. p. 290—293.
— *Deutsche Uebers. 1754. T. 12. p. 294—297. fig.
Latein. Analecta Transalpina. T. 2. p. 217—220.

* 2. Sikt-Biet. (Vespa cribraria.) fig.
Vetensk. Acad. Handl. 1751. T. 12. p. 56—60.
*Deutsche Uebers. 1755. T. 13. p. 56—67. fig.
Latein. Analecta Transalpina. T. 2. p. 331—333.

* 3. Hvit-ax Masken. (Phalaena secalis.)
Vetensk. Acad. Handl. 1752. T. 13. p. 62—66.
*Deutsche Uebers. 1755. T. 14. p. 67—71.
Latein. Analecta Transalpina. T. 2. p. 401—403.
*Extr. Fuessly neues Magaz. T. 2. p. 355.

* 4. **Beskrifning på Vägg-Smeden.** (Atropos.)
Vetensk. Acad. Handl. 1754. T. 15. p. 152—156.
* Deutsche Uebers. 1756. T. 16. p. 153—157.
* Extr. Füessly neues Magaz. 1786. T. 3. p. 38—40.

* 5. **Anmärkningar öfver en bar larve med 16 fötter och tvådelta leder, som lefver af Safvel-mal.** (Phal. pinguinalis). fig.
Vetensk. Acad. Handl. 1755. T. 16. p. 51—55.
* Deutsche Uebers. 1757. T. 17. p. 50—54. tab. 1.
Latein. Analecta Transalpina. T. 2. p. 373—377.
* Extr. Füessly neues Magaz. 1786. T. 3. p. 40—41.

6. **Diarium Surinamicum.** Manuscript in der Bibliothek des botanischen Gartens in Copenhagen.
* Daraus mitgetheilt von Boie. Isis. 1827. p. 727.

7. **Die Reinigung des Wassers von Mückenlarven.**
Daraus mitgetheilt von Schiödte in Gerotorn etc.: über die Termiten in Surinam.

Rolando (Luigi), geb. 1773 in Turin, gest. im April 1831. * Nekrolog Mem. Acad. Turin. T. 37. p. 153.

* 1. **Observations anatomiques sur la structure du Sph. Nerii et autres insectes.** (Coleopt.; Genital; Rückengefäss.)
Mém. présent. à l'Acad. de Turin. 1809. T. 18. p. 39—60. tab. 2.

Roller (S. D.).

1. **Von den schädlichen Obstraupen u. den sichersten Mitteln sie zu vertilgen; auf 40jährige Erfahrung gegründet.** Dresden, Walther, 1829. 8. 2 Taf.
(cf. Engelmann Bibl. Oecon. p. 270.)

de Romand (Balthasar E.) de Tours.

* 1. **Note sur la larve du Leptis vermileo** fig.
Ann. Soc. Ent. Fr. 1833. T. 2. p. 498—500. — * Isis. 1835. VII. p. 497.
L'Institut. 1833. I. No. 20. p. 173.

* 2. **Notice sur une Scolia sexmaculata Fabr., ayant extérieurement les signes distinctifs des deux sexes.** fig. (links weiblich; rechts männlich.)
Ann. Soc. Ent. Fr. 1835. T. 4. p. 191—193.

* 3. **Epomidiopteron Julii, nouveau genre et nouvelle espèce de la famille des Fouisseurs, tribu des Scoliètes.** fig.
Ann. Soc. Ent. Fr. 1835. T. 4. p. 633—636.

* 4. **Description d'une nouvelle espèce de Paxyllome.** fig. (P. Cremieri.)
Ann. Soc. Ent. Fr. 1838. T. 7. p. 433—435.

* 5. **Notice sur le Mâle de l'Epomidiopteron Julii.**
Trans. Ent. Soc. Lond. 1839. T. 2. p. 149—150. fig.

* 6. **Tableau de l'aile supérieure des Hyménoptères.** fig. Paris, 1839. 4. 1 pl. et 2 feuilles. lithogr. pg. 3.
Revue Zool. 1839. T. 2. p. 339.

* 7. **Hyménoptères Observations.** (Mutilla.)
Revue Zool. 1840. T. 3. p. 113—115.

* 8. **Note sur le genre Pelecinus.** cf. No. 11.
Guérin Magas. Zool. 1840. T. 10. No. 48—49. tab. 2 col.

* 9. **Observations sur les Antennes de certains Insectes Hyménoptères, de la famille des Pupivores.**
Revue Zool. 1840. T. 3. p. 145.

* 10. **Sur l'Hyménoptère nommé Acanthopus Goryi.**
Revue Zool. 1840. T. 3. p. 338; * p. 333—336.

* 11. **Notice sur le genre Pelecinus, faisant suite à la note qui a été publiée dans le Magazin de Zoologie année 1840. fas. T. 48 et 49.**
Revue Zool. 1841. T. 4. p. 195—198. — * Guérin Magas. Zool. 1842. T. 12. No. 80. fig. col.

* 12. **Observations sur l'Andrena lagopus.**
Ann. Soc. Ent. Fr. 1840. T. 9. Bull. p. 20.

* 13. **Notice sur divers Insectes Hyménoptères de la famille des Mellifères.** fig.
Guérin Magas. Zool. 1841. T. 11. No. 68—70. tab. 3 col. pg. 8.

* 14. **Description du Osprynchotus, nouveau genre d'Hyménoptères, tribu des térébrants, famille des Ophionides.**
Guérin Magas. Zool. 1842.

* 15. **Revue du genre Pelecinus Latr.**
Revue Zool. 1844. T. 7. p. 97—99.

* 16. **Description du Bracon lanceolator.**
Guérin Magas. Zool. 1841. T. 11. No. 137. fig. col.

* 17. **Sur Formica Chevrolatii et Clytus quadripunctatus.** fig.
Ann. Soc. Ent. Fr. sér. 2. 1846. T. 4. Bull. p. 32—34. — * Revue Zool. 1846. T. 9. p. 109.

* 18. **Note sur l'appendice extraordinaire que présente la tête d'une Chrysantheda subcornuta (Hyménoptère).** fig.
Ann. Soc. Ent. Fr. sér. 2. 1849. T. 7. Bull. p. 38

(**de Romand**, Balthasar E.).

* 19. Note sur des Lépidoptères retenus par leur trompe dans le fond de la corolle d'Oenothera speciosa.
Ann. Soc. Ent. Fr. sér. 2. 1850. T. 8. Bull. p. 40.

*20. Note sur la métamorphose de Myrmeleo formicarium.
Ann. Soc. Ent. Fr. sér. 2. 1850. T. 8. Bull. p. 65.

*21. Lettre sur le Masaris vespiformis et Celonites dispar, en réponse aux mélanges entomologiques de M. L. Dufour.
Ann. Soc. Ent. Fr. sér. 2. 1851. T. 9. Bull. p. 51—52.

Romano (Baldassare) in Palermo.

* 1. Memorie degl' insetti che danneggiano gli olivi in Sicilia. Palermo, 1841. 8. pg. 51. tab. 1.

* 2. D'una monstruosità di un insetto dell' ordine de' Coleotteri (Dendarus hybridus.)
Atti dell' Accad. di Palermo. 1845. T. 1. pg. 8. tab. 1.

* 3. Coleotteri della Sicilia. Palermo, 1849. 8. pg. 28.

Romme.

1. Observations sur l'effet du Scarabée Meloë dans la rage.
Journ. de Physique. 1779. T. 14. p. 228.
aus Göttinger Litter. Anz. 1778. 14. Novbr. Zugabe. p. 721.
(Von einem Knaben der durch den Genuss eines ganzen Maykäfers getödtet worden.)
(Lacordaire.)

Ronalds (Alfred).

1. The fly-fishers entomology; with coloured representations of the natural and artificial insect.
* Ed. III. London, Longman, 1844. 8. pg. 115. tab. 20 col.
Ed. IV. London, 1850. 8. tab. 20 col.
* Ed. V. London, Longman etc., 1856. 8. pg. 140. pl. 20.
(Die Bestimmungen sind v. Westwood.)

Roncalli Frosio (G. M.).

1. Istruzione elementare in forma di catechismo per la coltivazione dei bachi da seta. Bergamo, Crescini, 1847. 8.
(cf. Cornalia monogr. p. 79.)

Ronchi (L.).

1. Saggio sul modo di felicemente allevare i bachi da seta. Brescia, Spinelli, 1828.
(cf. Cornalia monogr. p. 67.)

Ronconi (Ignazio).

1. Dizionario d'Agricoltura, ossia la coltivazione italiana, in cui si contiene la coltura e conservazione de' diversi prodotti riguardanti le terre seminative, i prati, le vigne ed i giardini; come presso il governo de' bestiami, de' colombi, de' polli dell' api de' bacchi da seta, le loro malattie ed i loro respettivi rimedi. Nueva edizione. Venezia, 1783. 8. 4 vol. (Lacordaire.)

Rondani (Camillo). Professor in Parma. Verzeichniss seiner Schriften von Loew: Stett. Ent. Zeit. T. 8. p. 116; von Rondani selbst ibid. 1858. T. 19. p. 278; von Schiner: Verhandl. Wien. Zool. Bot. Verein. T. 4. p. 73.

* 1. Sopra una specie di insetto Dittero (Phlebotomus); Memoria prima per servire alla Ditterologia italiana. Parma, Donati, 1840. 8. pg. 16. tab. 1.
Nuov. Ann. Sc. nat. Bologna. 1841. T. 5. p. 385. — * Isis. 1843. VII. p. 611; 1844. V. p. 449.
Eine neue verbesserte Ausgabe bildet No. 10. (Bibl. Papalarii.)

* 2. Note sur les insectes contenus dans l'ambre de Sicile, et décrits par Mr. Guérin.
Revue Zool. 1840. T. 3. p. 369—370.

* 3. Sopra alcuni nuovi generi d'insetti Ditteri. Memoria seconda etc. Parma, Donati, 1840. 8. pg. 27. tab. 1. (Theilung der Tipulariae in 12 Fam.)
Nuov. Ann. Sc. nat. Bologna. 1840. T. 4. — * Isis. 1844. p. 449—451.
Eine neue Ausgabe ibid. 1843 nach Rondani's eigener Angabe l. c. p. 279; vielleicht ist es aber doch dieselbe mit No. 28 und also 1846 erschienen.

* 4. Progetto di una classificazione in Famiglie degl' insetti Ditteri europei; Memoria terza etc. Parma, Donati, 1841. 8. pg. 29.
Nuov. Ann. Sc. nat. Bologna. 1841. T. 5. p. 257—283.
* Beiträge. Isis. 1843. VII. p. 614—615. — Eine neue Ausgabe bildet No. 28.

* 5. Nota sopra una specie del Genere Cimex Spin. (Cimex nidularius.)
Bull. Accad. Aspir. Natur. Napoli. 1842. p. 99—99.

* 6. Osservazioni sulle diversità sessuali di alcune specie di Fasia (Phasia); Memoria quarta.
Nuov. Ann. Sc. nat. Bologna. 1842. T. 8. (pg. 8.) p. 456—463.
* Estr. Stett. Ent. Zeit. 1847. T. 8. p. 147. — * Revue Zool. 1846. T. 9. p. 27.
* Froriep Notiz. 1846. T. 39. p. 101.

*7. Note sur un nouveau genre d'insecte Diptère subaptère (Pterolachisus Bertolii).
Guérin Magas. Zool. 1842. T. 12. No. 102. fig. col.
*Extr. Stett. Ent. Zeit. 1847. T. 8. p. 133. — *Reimpr. Revue Zool. 1842. T. 5. p. 243.
(Nach Loew Stett. Ent. Zeit. l. c. ist dies Memoria decima, und in Guérins Magas. nur wieder abgedruckt.)

*8. Osservazioni sopra alcune larve d'insetti Ditteri, viventi nel gambo dei Cereali in Italia.
Nuov. Ann. Sc. nat. Bologna. 1843. T. 9. p. 151—189. tab. 1.
*Extr. Stett. Ent. Zeit. 1847. T. 8. p. 148.
(Nach Loew l. c. ist dies Memoria quinta.)

*9. Quattro specie di insetti ditteri proposti come tipi di genere nuovi; Memoria sesta etc. (Spazigaster, Merodon.)
Nuov. Ann. Sc. nat. Bologna. 1843. T. 10. p. 37—46. (p. 10.) tab. 1.
*Extr. Stett. Ent. Zeit. 1847. T. 8. p. 148. — *Isis. 1845. VIII. p. 719.
*Revue Zool. 1843. T. 6. p. 43—44.

*10. Species italicae generis Hebotomi (pro Phlebotomi) ex insectis dipteris observatae et distinctae; Fragmentum septimum.
Ann. Soc. Ent. Fr. sér. 2. 1843. T. 1. p. 263—267. fig.
*Extr. Stett. Ent. Zeit. 1847. T. 8. p. 149.
(Es ist dies eine neue Umarbeitung von No. 1.)

*11. Species italicae generis Callicerae ex insectis Dipteris distinctae et descriptae; Fragmentum octavum etc.
Ann. Soc. Ent. Fr. sér. 2. 1844. T. 2. p. 61—65.

*12. Proposta della formazione di un genere nuovo per due specie di insetti Ditteri; Memoria nona.
Nuov. Ann. Sc. nat. Bologna. ser. 2. 1844. T. 2. p. 193—202. (pg. 12.) tab. 1.
*Extr. Stett. Ent. Zeit. 1847. T. 8. p. 134. (Ferdinandea.) — *Isis. 1845. VIII. p. 719.

*13. Ordinamento sistematico dei generi italiani degli insetti Ditteri.
Nuov. Ann. Sc. nat. Bologna. ser. 2. 1844. T. 2. p. 256—270; p. 443—459. (unvollendet.) (pg. 33.)

*14. Species italicae generis Chrysotoxi ex insectis Dipteris observatae et distinctae. Fragmentum decimum.
Ann. Soc. Ent. Fr. sér. 2. 1845. T. 3. p. 193—203. fig.
*Extr. Stett. Ent. Zeit. 1847. T. 8. p. 137.

*15. Di una specie d'insetto Dittero, che si propone come tipo di uno genere nuovo. — Nota prima per servire alla Ditterologia italiana. (Palpibraca haemorrhoa.)
Ann. Accad. Aspir. Natur. Napoli. 1845. T. 3. p. 21—28. — *Separat. pg. 8.
*Isis. 1848. X. p. 797.

*16. Sulle differenze sessuali delle Conopinae et Myopinae; Memoria undecima etc.
Nuov. Ann. Sc. nat. Bologna. ser. 2. 1845. T. 3. p. 5—16. — *Separat. pg. 16.
*Isis. 1848. X. p. 796.

*17. Descrizione di due generi nuovi di insetti Ditteri; Memoria duodecima etc.
Nuov. Ann. Sc. nat. Bologna. ser. 2. 1845. T. 3. p. 25—36. tab. 1. — Separat. pg. 16. tab. 1.
*Isis. 1848. X. p. 796.

*18. Sul genere Xyphocera del Macquart; Nota seconda etc.
Ann. Accad. Aspir. Natur. Napoli. 1845. T. 3. p. 130—134. — *Separat. p. 3—7.

*19. Descrizione di una nuova specie del gen. Lasiophthicus; Nota terza etc.
Ann. Accad. Aspir. Natur. Napoli. 1845. T. 3. p. 155—158. — *Separat. pg. 6.

*20. Genera italica Conopinarum distincta et descripta; Fragmentum decimum tertium.
Guérin Magas. Zool. 1845. No. 153. pg. 10. fig. col.

*21. Merodon armipes, species nova.
Guérin Magas. Zool. 1845. No. 154. fig. col.

*22. Nouveau genre de Diptères d'Italie. (Spazigaster.)
Guérin Magas. Zool. 1845. No. 155. fig. col.

*23. Note sur l'Agromyza aeneiventris.
Ann. Soc. Ent. Fr. sér. 2. 1845. T. 3. Bull. p. 47.

*24. Sulle specie italiane del genere Merodon; Memoria decima quarta etc.
Nuov. Ann. Sc. nat. Bologna. ser. 2. 1845. T. 4. p. 254—267. tab. 1. — *Separat. pg. 14.
*Extr. Stett. Ent. Zeit. 1847. T. 8. p. 136. — *Isis. 1848. X. p. 797.

*25. Sur les moeurs de Cortilura Oleae.
Revue Zool. 1845. T. 8. p. 444—446.

*26. Compendio della seconda memoria Ditterologica (publicata 1840) con alcune aggiunte et correzioni.
Nuov. Ann. Sc. nat. Bologna. ser. 2. 1846. T. 6. p. 363—376. tab. 1. — *Separat. pg. 14. tab. 1.
*Verhandl. Wien. Zool. Bot. Ver. 1851. T. 4. p. 74.

27. Considerazioni sul genere Mintho di Robineau Desvoidy; Nota quarta etc.
Nuov. Ann. Sc. nat. Bologna. ser. 2. 1847. T. 8. p. 66—70. — *Separat. pg. 7. tab. 1.

(Rondani, Camillo.)

*28. Estratto con annotazioni della memoria sulle famiglie dei Ditteri europaei.
Nuov. Ann. Sc. nat. Bologna. ser. 2. 1847. T. 7. p. 5—23. — *Separat. 8. pg. 19.
(Ist eine neue Bearbeitung von No. 4.)

*29. Nova species generis Ochtherae (O. Schembrii); nota septima.
Ann. Soc. Ent. Fr. sér. 2. 1847. T. 5. Bull. p. 29—31.

*30. Esame di varie specie di insetti Ditteri Brasiliani.
Truqui, Studi entomolog. 1848. T. 1. p. 63—112. — *Separat. pg. 50. tab. 1.

*31. Osservazioni sopra parecchie specie di esapodi Afidicidi e sui loro nemici.
Nuov. Ann. Sc. nat. Bologna. ser. 2. 1847. T. 8. p. 337—351; p. 432—448. — 1848. T. 9. p. 5—35. — *Separat. pg. 65. tab. 1.

*32. Dipterorum species aliquae in America aequatoriali collectae a Cajetano Osculati, observ. et distinctae novis breviter descriptis.
Nuov. Ann. Sc. nat. Bologna. ser. 3. 1850. T. 2. p. 357—372. — *Separat. pg. 16.
*Verhandl. Wien. Zool. Bot. Verein. 1854. T. 4. p. 73.

*33. De nova specie generis Ceriae Fab. detecta et descripta; nota sexta etc.
Ann. Soc. Ent. Fr. sér. 2. 1850. T. 8. p. 211—214. fig.

*34. Species italicae generis Eumeri observatae et distinctae; Fragmentum decimum sextum.
Ann. Soc. Ent. Fr. sér. 2. 1850. T. 8. p. 117—130. tab.
Revue et Magas. Zool. 1849. T. 1. p. 138.

*35. Osservazioni sopra alquante specie di esapodi Ditteri del Museo Torinese.
Nuov. Ann. Sc. nat. Bologna. ser. 3. 1850. T. 2. p. 165—197. — *Separat. pg. 37. tab. 1.
*Verhandl. Wien. Zool. Bot. Verein. 1854. T. 4. p. 73.

*36. Lettera al S. Prof. G. Bertoloni: Nota sopra una specie di Afide, volante in numerosa torma nella città di Parma.
Nuov. Ann. Sc. nat. Bologna. 1852. T. 6. p. 9—12. — *Separat. pg. 4.

*37. Alcuni cenni sulla tignuola dei Pomati.
Gazette di Parma. 1854. 20. Giugno. No. 138.

38. Sulla pretesa identità specifica degl' Estridi del cavallo.
Nuov. Ann. Sc. nat. Bologna. ser. 3. 1854. T. 9. p. 67—71. fig.
*Gerstaecker Bericht. 1855. p. 132. — *Separat. pg. 5. fig.

*39. Sugl' insetti creduti produttori della malattia della vite.
Gazette di Parma. 1854. No. 42 et 43. pg. 10.
*Bol. Bizzozero Repert. 1854. T. 2. p. 161—165.

●40. Alcune notizie sul flagello del Ricino.
Gazette di Parma. 1854.

*41. Ordinamento sistematico dei generi italiani degli insetti Ditteri. (non continuat.)
Nuov. Ann. Sc. nat. Bologna. 1855. pg. 32. — *Gerstaecker Bericht. 1856. p. 132.

*42. Dipterologiae italicae prodromus. Parma, Stocchi. 8. T. I. 1856. pg. 276.
*T. II. 1857. pg. 264. tab. 1. *T. III. 1859. pg. 243. tab. 1.
(T. I. auch unter dem Titel: Genera italica ordinis Dipterorum, ordinatim disposita et distincta et in familias et stirpes aggregata.)
(T. II. auch unter dem Titel: Species italicae ordinis Dipterorum, in genera characteribus definita ordinatim collectae, methodo analytica distinctae et novis vel minus cognitis descriptis. Pars I. Oestridae, Syrphidae, Conopidae.)

*43. Nota sul genere Opsebius fra i Ditteri Enopidei.
Iride. 1857. Ann. II. No. 32. pg. 4.

*44. De genere Orthocelilo Latr. (Dipt.)
Linnaea. 1859. T. XIII. p. 314—317.

45. De genere Berlea. Nota octava.
Atti Soc. ital. Sc. nat. Milano. 1860. T. 2. p. 56—57. — *Separat. pg. 2. fig.

46. Sugli insetti che concorrono alla Fecondazione dei semi nelle Aristolochia. Nota.
Atti Soc. ital. Sc. nat. Milano. 1860. T. 2. p. 133—135. — *Separat. pg. 3.

47. Nova species italica generis Dipterorum Sphixiomorphae detecta. Nota nona.
Atti Soc. ital. Sc. nat. Milano. 1860. T. 2. p. 144—146. — *Separat. pg. 3.

48. Sulle abitudini della Phora fasciata del Fallen. Nota per servire alla storia degli insetti afidivori.
Atti Soc. ital. Sc. nat. Milano. 1860. T. 2. p. 163—165. — *Separat. pg. 4.

49. De Genere Dipterorum Neera Desv. italicis addendo. Nota decima.
Atti Soc. ital. Sc. nat. Milano. 1860. T. 2. p. 183—187. — *Separat. pg. 3.

50. Stirpis Cecidomyarum genera revisa. Nota undecima.
Atti Soc. ital. Sc. nat. Milano. 1860. T. 2. — *Separat. pg. 9. tab. 1.

Rondelet (Guillaume), geb. 27. Septbr. 1507 in Montpellier, gest. 30. Juli 1566 in Réalmont bei Alby. Doctor der Medicin und Professor der Medicin in Montpellier.

*1. Libri de piscibus marinis, in quibus verae piscium effigies expressae sunt. Quae in tota piscium historia contineantur, indicat Elenchus pagina nona et decima. Postremo accesserunt indices necessarii. Lugduni, Matth. Bonhomme, 1554. fol. mit eingedruckten Holzschnitten. 32 pg. Vorrede, Regist. etc. pg. 583. Bog. A bis Ff, incl. das Register, welches keine Seitenzahlen hat.

Der zweite Theil:

*Universae aquatilium historiae pars altera, cum veris ipsorum imaginibus. His accesserunt indices necessarii. Lugduni, Matth. Bonhomme, 1555. fol. mit eingedruckten Holzschnitten. 16 pg. Praef., Regist. etc. Bog. a—Hh. pg. 242 incl. Register ohne Seitenzahlen.

Französ. Uebers. von Lr. Joubert: L'histoire entière des Poissons, composée premièrement en Latin par maistre Guil. Rondelet etc. 2 Pts. mit den eingedruckten Holzschnitten des Originals. Lyon, 1558. fol.

(cf. Engelmann. p. 442.)

Nur in T. II. p. 112—113 sind drei Libellen-Larven beschrieben und abgebildet.

Der zweite Theil ist nach Blumenbach Introd. in hist. nat. p. 136 sehr selten.

Rondinelli (Lorenzo).

1. I Bruchi. Memoria, Vicenza, 1829. 16.

(cf. Carnalli monogr. p. 67.)

Ronzin.

*1. Note au sujet d'une femelle de la Zygaena achilleae trouvée accouplée avec deux mâles, et de deux chrysalides du Bombyx everia, qui se sont formées dans la même coque.

Ann. Soc. Ent. Fr. sér. 2. 1846. T. 4. Bull. p. 25.

Roquette (L.).

*1. Lepidopterologische Beobachtungen.

Allgem. deutsche naturhist. Zeit. 1857. T. 2. p. 306—312; p. 343—350.

Roquette (Augustin).

*1. Sur une mouche venimeuse de l'Afrique méridionale. (Glossina morsitans.)

L'Institut. 1852. XX. No. 978. p. 317.

2. Nouveau procédé pour l'éducation des vers à soie, d'après la méthode Chinoise, reussite complète pour ceux qui le suivront. Marseille, Chauffard, 1856. 8. pg. 12.

Rosa (Michele).

*1. Nota sopra la storia del Cocco tintorio detto volgarmente Kermes o grana da tingere.

Mem. Soc. Ital. Bologna. 1794. T. 7. p. 225—270.

Rose.

*1. Angestellte Beobachtungen über den Kalander, von der ökonomischen Gesellschaft in Philadelphia.

Neueste Mannichfaltigk. 1778. Jahrg. I. p. 473—475; p. 485—491. (Tinea granella.)

Rosemann (Carl).

1. Der nordische Bienenzüchter; insbesondere für Bienenzüchter in magerer Trachtgegend, mit lithogr. Figuren (auf 8 Tafeln); oder wie gewinnt man sicher und bequem das schönste Wachs und das reinste Honig; ingleichen mit Hinweisung für den Seidenbau. Bearbeitet für den Ackerbürger und Landmann und Hebung des Mittelstandes. Liegnitz, 1853. 8. (XVI u. 159 pg.)

2. Die gedeihliche Ueberwinterung der Biene als Grundbedingung zum rationellen Betriebe der Bienenzucht wie ihres Aufschwunges überhaupt. Zugleich als Fortsetzung des „nordischen Bienenzüchters". Liegnitz, Kuhlmey, 1854. 8. (24 pg.)

Rosen von Rosenstein (Nils), geb. 1. Februar 1706 in Gothenburg, gest. 16. Juli 1773.

*1. Angående Blanke Masken.

Vetensk. Acad. Handl. 1747. T. 8. p. 113—126.

*2. Rön om insecter i Menniskjans kropp. (Raupen, Scarabaeus, Curculio einer Frau in Menge abgegangen.)

Vetensk. Acad. Handl. 1753. T. 13. p. 52—56. — *Deutsche Uebers. 1753. T. 14. p. 56—60. Analecta Transalp. T. 2. p. 398—400.

*3. Rön om Maskar (hos Menniskjor), och i synnerhet om Binnikemasken.

Vetensk. Acad. Handl. 1760. T. 21. p. 181—191.

Rosenhauer (Wilhelm Gottlob), Professor in Erlangen. Seine biolog. Sammlung besitzt das Museum in München.

*1. Die Lauf- und Schwimmkäfer Erlangens, mit besonderer Berücksichtigung ihres Vorkommens und ihres Verhältnisses zu denen einiger anderen Staaten Europas. Erlangen, Blaesing, 1842. 4. pg. 38 et 6.

*Isis. 1844. V. p. 465. (271 Carab., 69 Hydrocanth.)

(**Rosenhauer**, Wilhelm Gottlieb.)

*2. Entomologische Mittheilungen. (Kaefer, Xenos.)
Stett. Ent. Zeit. 1842. T. 3. p. [illegible]; p. 30—37.

*3. Ueber die an und in alten Zäunen lebenden Käfer. (46 spec.)
Stett. Ent. Zeit. 1842. T. 3. p. 162—165.

*4. Ueber die Entwickelung und Fortpflanzung der Clythren und Cryptocephalen. (Erlangen, Blaesing, 1852.) 8. pg. 34. tab. 1.
Amtl. Bericht der Versamml. d. Naturf. zu Nürnberg. 1845. p. 179.
Ann. of Anat. and Physiol. (Bibliogr.) p. CXXXIX.

*5. Ein Beitrag zur näheren Kenntniss der Hoplia praticola Dftschm.
Stett. Ent. Zeit. 1845. T. 6. p. 242—245.

*6. Broscosoma und Laricobius zwei neue Käfergattungen, entdeckt, beschrieben und in Stahl abgebildet. Erlangen, Blaesing, 1846. 8. pg. 8. tab. 1.
*Reimpr. Rosenhauer Beiträge zur Insecten-Fauna Europas. Bd. I. p. 1—8. tab. 1.

*7. Beiträge zur Insecten-Fauna Europas. (Coleoptera.) Erlangen, Blaesing, 1847. 8. Bd. 1. pg. 160. tab. 1.
(Katalog der Käfer Tyrols. p. 67—160.)

*8. Mittheilungen. (Ueber die in den Raupen der Hyponomeuta Evonymi Zell. lebende Filaria; Larven.)
Stett. Ent. Zeit. 1847. T. 8. p. 318—320; p. 323—326.

*9. Ueber Rhizotrogus marginipes Mulsant.
Stett. Ent. Zeit. 1850. T. 11. p. 12—16.

*10. Beiträge zur Bayerischen Insectenfauna. (Rhizotrogus marginipes.)
Corresp. Bl. Zool. Mineral. Ver. Regensb. 1849. T. 3. p. 173—176.

*11. Ueber die Entwickelung und Fortpflanzung der Clythren und Cryptocephalen. Erlangen, Blaesing, 1852. 8. pg. 34. tab. 1.

*12. Die Thiere Andalusiens nach den Resultaten einer Reise zusammengestellt, nebst den Beschreibungen von 249 neuen oder bis jetzt noch unbeschriebenen Gattungen und Arten. Erlangen, Blaesing, 1856. 8. pg. 429. tab. 3.
(Insecta p. 17—[illegible].)
*Revue. Berl. Ent. Zeitschr. 1857. T. 1. p. [illegible] — *Gerstaecker Bericht. 1856. p. [illegible].

*13. Die Thierwelt (in der fränkischen Schweiz). Erlangen, 1856. 8. pg. 129-143.

14. Der Weizenverwüster. (Cecidomyia.)
Intelligenzblatt der Univers. Erlangen. 1860. No. 62. 21. Juli.
*Reimpr. Stett. Ent. Zeit. 1860. T. 21. p. 320—322. (Vorwort von C. A. Dohrn.)

Rosenheyn (Max), Lehrer in Marienburg.

*1. Ueber den sogenannten Kukuksspeichel. (C. spumaria.)
Preuss. Provinz. Bl. 1839. T. 22. p. 278—282.

Munk von Rosenschoeld (Eberh.).

*1. Prodromus Faunae Coleopterorum Lundensis. Dissert. Praes. Nilsson. Lundae, 1835. 8. pg. 20.

*2. Entomologiska underrättelser från Paraguay. (Termiten; Pulex penetrans.)
*Oefvers. K. Vet. Acad. Förhandl. 1849. p. [illegible].
*Froriep Tagsber. 1850. T. 1. p. [illegible]—67.

*3. Bref från Paraguay. (Insecta.)
Oefvers. K. Vet. Acad. Förhandl. 1853. Jahrg. 10. p. 102—114.

Rosenthal (Friedrich Christian), geb. 1829.

1. Disquisitiones anatomicae de organo olfactus quorundam animalium. Gryphiae, 1807. 8. fasc. II. pg. 20.

*2. Ueber das Geruchsorgan der Stuben- und Schmeissfliege.
Reil u. Autenrieth Archiv. 1810. T. 10. p. 427—[illegible].
*Entw. Germar Magaz. Entom. 1813. T. 1. Heft 1. p. [illegible].

von Roser (C. L. F.).

*1. Beitrag zur Naturgeschichte der Insecten-Gattung Xylophagus Meigen.
Naturw. Abhandl. Würtemb. Gesellsch. 1828. T. 2. Heft 2. p. 184—190.
*Féruss. Bullet. 1829. T. 17. p. 469.

*2. Verzeichniss der in Würtemberg vorkommenden zweiflügligen Insecten. (1219 Arten.)
Correspondenzbl. d. landwirthsch. Vereins in Würtemberg. Stuttgart. 1834. 8. pg. 19.
*Erster Nachtrag dazu. 1840. T. 1. Heft 1. p. 49—61.

*3. Ueber eine im Fleisch der schwarzen Kirsche vorkommende Insecten-Larve. (Trypeta signata.)
Correspondenzbl. d. landwirthsch. Vereins in Würtemberg. 1838. pg. 7.
*Silberm. Revue. 1838. T. 4. p. 122.

4. Verzeichniss der in Würtemberg vorkommenden Käfer.
Correspondenzbl. d. landwirthsch. Vereins in Würtemberg. 1838. pg. 84.
*Separat. 1838. 8. pg. 84.

Roskoschnik (Johann).

*1. Nachricht von den nach Bontzhida in Siebenbürgen gekommenen Zug-Heuschrecken, ihrem Aufenthalte, Ausrottung etc., nebst einigen die Naturgeschichte derselben betreffenden Bemerkungen. (Gryllus migratorius.) Pressburg, Loewe, 1782. 8. pg. 14. tab. 1.

Ungar. Magazin. 1782. T. 2. p. 340—360. fig.

Rosnati (Bart. Gab.).

1. Esperienze e risultati sui bachi da seta nutriti colla Maclura aurantiaca, nuova specie di spino americano. Milano, Silvestri, 1840. 8. — Ibid. 1844.

(cf. Carcelli monogr. p. 73; p. 78.)

Rossi (Friedrich W.), geb. 1817, gest. 23. November 1848 in Wien. Dr. Med. und Assistent am Wiener Museum.

1. Systematisches Verzeichniss der Tagfalter, Schwärmer und Spinner des Erzherzogthums Oesterreich. Wien, 1842. 8.

(cf. Verhandl. Wien. Zool. Bot. Ver. 1855. T. 5. p. 124.)

*2. Systematisches Verzeichniss der zweiflügligen Insecten (Diptera) des Erzherzogthums Oestreich mit Angabe des Standortes, der Flugzeit und einigen andern physiologischen Bemerkungen. Wien, Braumüller, 1848. 8. pg. 86.

Rossi (Peter). Professor in Pisa.

*1. Lettera sulla Farfalla a testa di morte. (Sph. Atropos.)

Opuscoli scelti. 1782. T. 5. p. 173—188.

*2. Istoria della Farfalla a Testa di Morto. (nach 1781.) 8. pg. 46.

Bibl. Lacordaire.

*3. Osservazioni insettologiche.

Memorie dell. Soc. Italiana. 1788. T. 4. p. 122—149. tab. 1; p. 585.

*4. Fauna Etrusca, sistens insecta, quae in provinciis Florentina et Pisana praesertim collegit. Liburni, Masi, 1790. 4. vol. 2. pg. 272 et 348; tab. 10 col.

*5. Mantissa insectorum, exhibens species nuper in Etruria collectas, adjectis faunae Etruscae illustrationibus ac emendationibus. Pisa, Polloni, 1792—1794. 4. pg. 148 et 154. tab. 8 col.

Die deutsche Uebersetzung von Hellwig u. Illiger von beiden Werken (von Mantissa nur von Vol. 1.) findet sich bei jenen Schriftstellern.

*6. Observation sur un nouveau genre d'insecte voisin des Ichneumons. (Xenos.)

Bull. Soc. Philom. 1793. T. 1. p. 49.

*7. Dell' accoppiamento d'una Cantaride con uno Elatere.

Memorie dell. Soc. Italiana. 1799. T. 8. p. 119—123.

Separat: Osservatio entomologica, d. 3. Juni 1798 hora sexta pomeridiana in horto academico Pisano. Pisa, 1798. 8. pg. 2.

*Reimpr. Germar Magaz. Entom. 1821. T. 4. p. 405—408.

Rossmässler (Emil Adolf), geb. 3. März 1806 zu Leipzig, studirte Theologie, war bis 1849 Professor der Naturgeschichte an der Forstakademie zu Tharand, bereiste Spanien, lebt jetzt in Leipzig; Malakozoolog und Volksschriftsteller auf naturgeschichtlichem Gebiete.

*1. Forstinsekten. Naturgeschichte derjenigen Insekten, welche den bei uns angebauten Holzarten am meisten schädlich werden. Ein Leitfaden für den Unterricht der Kgl. Sächs. Akad. für Forst- und Landwirthe in Tharand, und ein Hülfsbuch für praktische Forstmänner. Leipzig, Weidmann, 1831. 8. pg. 100. tab. 1 lithogr.

*Entr. Bibliogr. Revue. 1833. T. 3. p. 98—100.

2. Systematische Uebersicht des Thierreiches; ein Leitfaden zunächst für die Vorlesungen über Zoologie bei der Kgl. Akademie für Forst- und Landwirthe zu Tharand. Leipzig, Arnold, 1833. 8. — Ed. II. ibid. 1835. 8. Atlas fol. von 12 Tafeln.

*3. (Rossmässler.) Aus der Heimath, ein naturwissenschaftliches Volksblatt. Glogau, Flemming, 1859—1861. 4. — Leipzig, Keil, 1862. 4. (Wöchentlich eine Nummer.)

*Jahrg. 1859 enthält (von Rossmässler):

1. Die Rüsselkäfer. p. 231—236. fig. — 2. Das Treiben der Schlupfwespen. p. 261—268. fig. — 3. Die Werke der Gallinsecten. p. 691—696. fig. — 4. Eine ungewöhnliche Insecten-Verwandlung. p. 815—836.

*Jahrg. 1860:

1. Die Blattwespen. p. 57—60. fig. — 2. Die naturgeschichtliche Unterscheidungskunst p. 118—124. fig. — 3. Das Bein der Insecten. p. 327—331. fig. — 4. Der Kiefern-Spinner. p. 373—380. fig. — 5. Die Werke der Blattnager. p. 455—460. — 6. Vorweltliche Insecten. p. 460—468. — 7. Geruch- und Gehörorgane der Insecten u. Krebse. p. 517—524. fig. — 8. Der Gletscherfloh (Desoria). p. 537—548. fig. — 9. Die Hessenfliege. p. 780—784. fig.

(**Rossmässler**, Emil Adolf.)

Jahrg. 1861:

1. Der Weinrebenverwüster. p. 37—39. (Reimpr. Rosenhauer No. 14.) — 2. Selbsthülfe eines ausschlüpfenden Schmetterlings. p. 77—78. (Reimpr. v. Speyer No. 18.) — 3. Ein Raupen- und Vogelbeerd. p. 107—108. — 4. Ein Insectenzug. p. 229—232. (Reimpr. v. Hagen No. 99.) — 5. Die Bienen als Diebe. p. 237—238. (Reimpr. v. Dohrn Stett. Ent. Zeit. 1861. T. 22. p. 8—10. — 6. Insektenwetter. p. 389—390. cf. Hagen No. 103.)

Jahrg. 1862:

1. Die Seidenraupe des Götterbaumes Saturnia Cynthia Dr. p. 38—42. fig. — 2. Von den Ameisen. p. 43—45. (Reimpr. aus Zoologist.) — 3. Der Weidenspinner. p. 295.

Rost (Johann Carl), geb. 24. Novbr. 1690 in Nürnberg, gest. 29. Septbr. 1731 daselbst als Arzt.

*1. Von einigen Mitteln wider die Raupen.
Breslau. Natur- u. Kunstgesch. 1720. Vers. 14. p. 547—550.

Rostan (Casimir), in Marseille.

1. Extrait d'un rapport fait à l'académie de Marseille sur les Sauterelles qui en l'an XII ont ravagé divers quartiers du territoire de cette ville et sur les moyens employés pour détruire ces insectes. (avec de Lyle Saint Martin.)
Mém. Acad. Marseille. 1804. T. 2.
Annal. de l'agric. franç. 1807. T. 29. p. 390—424.
(cf. Quérard. T. 8. p. 165.)

Rota Basoni (Giovanni).

1. Metodo facile per far nascere ed allevare i Bachi da Seta. Bergamo, Locatelli, 1772. 8.
2. Riflessioni del Autore del Metodo facile per far nascere ed allevare i Bachi da Seta. Bergamo, Locatelli, 1773. 8.
(1 et 2 cf. Dizion. ragion. di F. Re. T. 3. p. 372.)

Rotermund, gest. 1858. Conservator d. k. Museums in Breslau.

*1. Trixa Schummelii. (Dipter.)
Arbeit. schles. Gesellsch. f. vaterl. Kultur. 1838. p. 66.

Roth (Johann R.). Prof., Dr., Mitglied der K. Akad. d. Wissensch. in München, starb den 26. Juni 1857 auf einer Reise im Orient in einem Dorfe nahe Beirut.

*1. De animalium invertebratorum systemate nervoso. Dissert. Würzburg, Becker, 1825. 4. pg. 33. tab. 1. (§. 20—22 Articulata.)
*2. Ueber einige aus Algier eingesandte Insekten.
Bull. Akad. München. 1842. p. 25—28.
*3. Diagnosen neuer Coleoptera aus Abyssinien. (100 spec.)
Wiegm. Archiv. 1851. T. 17. p. 115—133.

Roth (Johann Theodor).

1. Abhandlung vom Bienen-Rechte für Bienenliebhaber, die keine Rechtsgelehrte sind. Weissenburg, 1798. 8. pg. 144. (Lacordaire.)
Ed. II. ibid. 1805. 8.

Rothe (Friedrich Otto). Lehrer zu Alttschau in Schlesien.

1. Die Korb-Bienenzucht. Eine kurze u. deutliche Anweisung, die Bienen in Strohkörben naturgemäss und vortheilhaft zu behandeln, alle Arten von Strohstöcken, sowohl für ein Volk, als auch für mehrere Völker, mit ganz besonderer Berücksichtigung der Dzierzonschen Methode, anzufertigen und die Bienenkolonien auf einfache, kunstlose und doch sichere Weise mit Erfolg zu vermehren; nebst kurzen Andeutungen der Beschäftigungen des Bienenzüchters in jedem Monat des Jahres. Nach vieljähriger eigener Erfahrung bearbeitet. Mit 5 Tafeln. Glogau, Flemming, 1853. 8. (VIII u. 272 pg.) — Ed. II. ibid. 1855. 8. 5 Taf. (X u. 251 pg.)

von Rottenburg (S. A.).

*1. Anmerkungen zu den Hufnagelschen Tabellen der Schmetterlinge.
Naturforscher. 1773. Stk. 6. p. 1—34. (Diurna); 1775. Stk. 7. p. 105—112. (Crepuscul.); 1776. Stk. 8. p. 101—111. (Bombyx); Stk. 9. p. 111—144. (Noctuae); 1777. Stk. 11. p. 63—91. (Phalaenae.)
Fuessly neues Magaz. 1781. T. 1. p. 67—78 et 81.

Roubaudi. Apotheker in Nizza.

*1. Nouvelles réflexions sur le Keiron ou le ver destructeur des Olives.
Nice. Soc. typogr. 1847. 8. pg. 23.

Rouget (Auguste), à Dijon.

*1. Notice sur l'Homalopus Loreyi. fig.
Ann. Soc. Ent. Fr. sér. 2. 1844. T. 2. p. 207—216.
*2. Note sur le Cryptocephalus informis Suffr.
Ann. Soc. Ent. Fr. sér. 2. 1849. T. 7. p. 130—132.

*3. Notice sur une monstruosité observée dans une antenne de Scraptia fusca Latr. fig.
Ann. Soc. Ent. Fr. sér. 2. 1849. T. 7. p. 437—440.

*4. Apparition en grand nombre de la chenille la Décolorée de Geoffroy. (Orthosia.)
Ann. Soc. Ent. Fr. sér. 2. 1849. T. 7. Bull. p. 83.

*5. Notice sur une production parasite sur le Brachinus crepitans. fig.
Ann. Soc. Ent. Fr. sér. 2. 1850. T. 8. p. 71—74.

*6. Note sur la chasse de Bolboceras mobilicornis.
Ann. Soc. Ent. Fr. sér. 3. 1853. T. 1. Bull. p. 25—28.
*Trans. Ent. Soc. Lond. sér. 2. 1854. T. 3. Proc. p. 11.

*7. Description d'une nouvelle espèce du genre Lathrobium. (L. Tarnieri.)
Ann. Soc. Ent. Fr. sér. 3. 1854. T. 2. p. 83—84.

*8. Catalogue des Insectes Coléoptères du département de la Côte d'Or.
Mém. Acad. Sc. Dijon. sér. 2. 1854. T. 3. p. 53—144; *1855. T. 4. p. 113—312; *1857. T. 6. p. 1—80; 1859. T. 7. p. ; 1861. T. 9.

*9. Description de deux espèces nouvelles de Coléoptères des environs de Dijon.
Ann. Soc. Ent. Fr. sér. 3. 1857. T. 5. p. 749—755.

*10. Note sur l'habitat et les différences sexuelles du Catopsimorphus arenarius Hampe.
Ann. Soc. Ent. Fr. sér. 3. 1857. T. 5. p. 756—760.

Rougier de Labergerie (Jean Baptiste Baron), geb. 1759 in Bonneuil, Indre.

1. Ravages causés par des Sauterelles dans un canton du Département du Gard.
Ann. de l'agric. franç. sér. 1. An VI. T. 1. p. 272—276. (Lacordaire.)

Roulin.

1. Galette tinte la rosa della bignonia chica data in cibo ai bachi.
Compt. rend. 1852. p. 149. (cf. Cornalia monogr. p. 83.)

Roulin.

*1. Larves d'Oestres chez l'homme.
L'Institut. 1833. 1. p. 23. — *Isis. 1837. IV. p. 300.

Rousseau (Louis François Emanuel), geb. 1788 in Belleville. Arzt.

*1. Observations relatives à la distinction des sexes dans les Dermestes.
Ann. Soc. Ent. Fr. 1838. T. 7. Bull. p. 53. fig. — *Revue Zool. 1838. T. 1. p. 78—79.
*Erichson Bericht. 1838. p. 53.

Roussel (C.).

1. Recherches sur les organes génitaux des Insectes Coléoptères de la famille des Scarabéides.
Compt. rend. Januar. 16. 1860. p. 158—161.
*Ann. and Mag. Nat. Hist. ser. 3. 1860. T. 5. p. 220—221.

de la Rouvière (d'Eyssautier), oder d'Eyssautier (Ch. Vinc. Aug.), geb. 20. Januar 1712 in Aix, Provence, gest. um 1790.

1. Mémoire sur une espèce de chenilles (du Pays de Gex) qui produisent de la soie. (Bomb. pityocampa.) Bruxelles, Barbut, 1762. 8. pg. 8.
Mélanges d'Alléon du Lac. T. 4. (cf. Amoureux insect. venim. p. 128.)

2. Essai sur des nouvelles découvertes intéressantes pour les arts, l'agriculture, le commerce. (Bombyx mori.) Liège, 1770. 12. 6½ Bogen.
(cf. Boehmer. II, 2. p. 267.)

Roux (Augustin), geb. 26. Januar 1726 in Bordeaux, gest. 28. Juni 1776 in Paris. Arzt.

1. Effectus singularis vaporis formicarum.
Vandermonde Journ. de Médecine. T. 17. p. 257.
Deutsche Uebers. Neue Samml. von auserles. Wahrnehm. T. 8. p. 180.
(cf. Boehmer. II, 2. p. 280.)

Roux (Jean Louis Flor. Polydore), geb. 31. Juli 1792 in Marseille, gest. 6. August 1833 in Aegypten.

*1. Lettre relative à diverses Coquilles, Crustacés, Insectes, Reptiles et Oiseaux observés en Egypte.
Ann. sc. nat. 1833. T. 28. p. 72—77. fig.

Roux (Jean François).

*1. La Fortune des Campagnes traité pratique de l'éducation des abeilles. Lyon, 1856. 12. pg. 192. fig.

2. Les vers à soie. Traité pratique, graines, éducation, histoires (avec Arthur de Gravillon). Lyon, Roux, 1857. 18. pg. 249.

Rouzet (J. H.), à Paris.

*1. Abraeus rhombophorus et Philothermus Montandonii trouvés en grand nombre à Paris.
Ann. Soc. Ent. Fr. sér. 3. 1858. T. 6. Bull. p. 13.

(Rouzet, J. H.)

* *2. Histoire des Métamorphoses des Anobium abietis et striatum F. fig.
  Ann. Soc. Ent. Fr. sér. 2. 1849. T. 7. p. 305—313.
* *3. Note sur l'Otiorhynchus raucus rongeant les feuilles des Poiriers.
  Ann. Soc. Ent. Fr. sér. 2. 1852. T. 10. Bull. p. 34.
* *4. Description d'une nouvelle espèce de Curculionite, constituant un genre nouveau. (Sophrorhinus Duvernoyi.)
  Ann. Soc. Ent. Fr. sér. 3. 1855. T. 3. p. 79—83. fig.
* *5. Note sur la longévité de la vie d'un Blaps.
  Ann. Soc. Ent. Fr. sér. 3. 1856. T. 4. Bull. p. 4.
* *6. Note sur le Rhyzophagus parallelicollis Gyll.
  Ann. Soc. Ent. Fr. sér. 3. 1856. T. 4. Bull. p. 53.

Rovelle.

1. De oleo formicarum destillato.
   Rom. Journ. de Médecine. T. 39. p. 250.
   Recens. Comment. Lips. T. 23. p. 211. (cf. Boehmer, II, 2. p. 335.)

Rowland (W.). Forstmeister.

* *1. Das Verhalten der Insecten zu den Pflanzen und der Insecten unter sich im gegenseitigen Zerstörungskampfe; Cecidomyia.
  Verhandl. d. Vereins f. Naturkunde zu Presburg. 1857. T. 2. Sitzber. p. 23—29; p. 51.

Roxburgh (William), geb. 29. Juni 1759 in Underwood, gest. 10. April 1815 in Edinburg. Arzt.

* *1. On the Lácshá or Lac Insect.
  *Trans. Soc. Bengal. 1790. T. 2. p. 361—364. tab. 1.
  *Philos. Transact. 1791. T. 81. p. 228—235. tab. 1.
  *Philos. Magaz. 1799. T. 3. p. 367—369.
  *Deutsche Uebers. Voigt. Magaz. T. 8. Stück 4. p. 62—71. fig.
  *Deutsche Uebers. Reich. Magaz. d. Thierr. 1793. T. 1. p. 73—78.
* *2. Account of the Tusseh and Arrindy Silkworms of Bengal. (B. Paphia u. Cynthia.)
  Trans. Linn. Soc. Lond. 1804. T. 7. p. 33—48. tab. 2 col.

Le Roy (Benigne).

1. Instruction du plantage et propriété des mûriers, avec les figures pour apprendre à nourrir les vers et faire tirer les soyes, pour Mss. du Clergé de France. Paris, 1605. 4.
   *Sotier Bibliogr. p. 43. „Il y a une seconde édition de cet ouvrage, publiée par le même auteur en société avec J. Chabot, Van der Vekene et Moullet. Paris. 1615. 4."
   Nach Seguiers Meinung ist dasselbe Werk auch (anonym) erschienen unter dem Titel:
   Mémoires et instructions pour l'établissement des Meuriers et art de faire la soye en France. Paris. 1603. 4. c. f.
   (cf. Boehmer, II, 2. p. 253.)
   Lacordaire hat folgende Angaben:
   „Instruction du plantage et propriété des Meuriers et du Gouvernement des vers à soie; par Benigne Le Roy, Jaques de Chabot, Jean Van der Vekene et Clau de Moullet Jardinier ord. du Roi. Paris. 1605. 4. fig.
   Il existe sous le même titre et sous le nom seul de Benigne Leroy un ouvrage imprimé à Lyon en 1665 in 12. fig. cf. Catal. de Burette. T. 2. p. 632. (cf. Haller Bibl. B. T. 1. p. 2?. Boehmer, II, 2. p. 253.) wahrscheinlich ist 1665 Druckfehler für 1605.
   Je trouve sous le même format, la même date et la même ville un ouvrage intitulé:
   Instructions pour le plant des Meuriers, la nourriture des vers à soie et l'art de la tirer.
   Je trouve encore dans la Bibliogr. Agronom. l'article suivant:
   Instructions du plantage des meuriers pour Messieurs du Clergé avec les figures pour apprendre à nourrir les vers etc. par Barthélemy de la Flemas contrôleur général de France. Paris, 1605. 4.
   Le père Lelong prétend que cette instruction est d'un auteur nommé Benigne Leroi. Il en parut dans la même année et sous le même format deux instructions etc. ayant absolument le même titre excepté le nom de l'auteur. Enfin en 1615 on réimprima cette instruction, à la fin du titre on lit les noms d'auteurs Benigne Le Roy, Jacques de Chabot, Jean Vander Vekene et Claude Moullet, ce qui ferait croire que ce sont deux ouvrages différents."

van Medenbach de Roy.

* *1. Hermaphrodit von Gastropacha potatoria; Varietäten von Lepidopteren.
  Handel. nederl. entomol. Vereen. 1854. p. 12.
  Aus Allgem. Konst- en Letterbode. 1850. No. 48—51.

Royle (James Forbes), geb. 1800 in Cawnpoore, Ostind., gest. 2 Jan. 1858 in London. Arzt.

* *1. Illustrations of the Botany and other Branches of the Natural History of the Himalayan Mountains, and of the Flora of Cashmere. London, 1835(—1839). Pars 7. (Enthält color. Abbild. unbeschrieb. Ost. Ind. Insecten.)
  *Entomology of Himalayas and of India. p. 16. von Hope.
  *Descriptions of Insects v. Westwood p. XL—XLII. 9 pl. col.

*2. **Essay on the productive Resources of India.** London, Allen, 1840. 8. pg. 451.
(Cambiaggi p. 37; Silk Culture p. 115.)

Rozier (François), geb. 24. Januar 1734 in Lyon, gest. 27. Septbr. 1793 daselbst. Abbé.
*1. **Introductions aux observations sur la physique, l'histoire naturelle et les arts.** Paris, 1777. 4. 2 vol. (bildet den Anfang von No. 2.)
*2. **Journal de physique, d'histoire naturelle et des arts.** Paris. 4.
Von 1773—1793. vol. 1—43 unter dem Titel: Observations sur la physique; vol. 44—96. 1794—1823 von Delamétherie u. Blainville.
3. **Cours complet d'agriculture.** Paris, 1781—1805. 4. 12 vol.
(Vol. X. ist nicht von Rozier.) (cf. Brunet. T. 4. p. 140.)

Rucellai (Giovanni), geb. 1475 in Florenz, gest. 1525 als Gouverneur der Engelsburg.
1. **Le Api.** (Poema.) 1530. 8. (s. l.)
(cf. Dizion. enciclop. di F. Re. T. 3. p. 325.) (nach Brunet. T. 4. p. 141; Ed. 1. Florenz 1539.)
Venezia, 1539. 8. — ibid. 1541. 8.
Padova, 1718. 4. cum notis Rob. Titii.
Api. Colle annotazioni sopra le Api di Roberto Tilie, con il epigrammi toscani dell' Alamanni, si sono aggiunte in questa edizione la vita dell' Alamanni, scritta dal Sign. Co. Giammaria Mazuchelli, e le annotazioni sopra la coltivazione del Giuseppe Bianchi da Prato. Verona, Berno, 1745. 8.
(cf. Boehmer. II, 2. p. 280.)
Parma, Bodoni (1797). pet. 4.
(cf. Brunet. T. 4. p. 141.)
Opera omnia. Padova, 1772. 8.
Recens. Gött. gel. Anz. 1771. p. 110.
Französ. Uebers. Paris et Amsterdam. Gogue et Delalain, 1770. 12. pg. 360. enrichi de notes critiques et historiques suivi d'un traité de l'éducation des abeilles par Pingeron. — Ibid. 1781. 12. p. 360.
(cf. Quérard. T. 8. p. 270.)
Paris, 1766. 12. von Crignon-Vandenbergue, nebst Vidas Schrift.

Rudbeck (Olaus), geb. 1630 in Westeraas, gest. im September 1702.
*1. **Ichthiologia biblica, pars I, de ave Selav, in qua contra Borcharium et Ludolphum non avem plumatam nec Locustam fuisse etc. demonstratur.** Upsala, Werner, 1705. 4. pg. 148. fig.
2. **Philologema etymol. Biblici nominis Dei, una cum vindicis Arbe et Solam** (an per arbe et solam Locustae Linn. intelligendae?). Amsterdam, 1720.
(Ob vom selben Verfasser?) (cf. Boehmer. II, 2. p. 221.)

Rudd (G. T.).
*1. **Observations on Hesperophilus arenarius and on Zabrus gibbus.**
Entomol. Magaz. 1834. T. 2. p. 180—182.
*2. **Capture of Callicerus Spencii in Battersea-fields.**
Entomol. Magaz. 1834. T. 2. p. 324.
*3. **On the Description of Species.**
Entomol. Magaz. 1835. T. 2. p. 510—516.
*4. **Remarks suggested by a Postscript to the fifth Volume of Stephens Mandibulata.**
Entomol. Magaz. 1835. T. 3. p. 170—172.
*5. **On the assembling of certain Insects.**
Entomol. Magaz. 1835. T. 3. p. 207.
*6. **List of Captures at Lyndhurst and Ryde.**
Entomol. Magaz. 1837. T. 4. p. 188—190.
*7. **Description of Haltica dispar, n. sp.**
Zoologist. 1846. T. 4. p. 1517.

Rudéen (T.).
1. **Dissert. de Mellificio.** Resp. Joh. Wanaeus. Aboae, 1701. 8. (Lacordaire.)

Rudel (Joh. Heinr. Dan.).
1. **Höchst nöthige und neue Mittheilungen, um die abscheuliche Beraubung der Bienen darzustellen, durch polizeiliche und andere Mittel zu erschweren, zu verhindern und dadurch die Bienenpflege in Deutschland sehr zu befördern, als Nachtrag zu Bienenbüchern.** Leipzig, Reclam, 1838. 12.
(cf. Engelmann Bibl. Oec. p. 274.)

Rudolphi (Karl Asmund), geb. 14. Juli 1771 in Stockholm, gest. 29. November 1832 in Berlin.
*1. **Entozoorum sive vermium intestinalium historia naturalis.** Amstelodami, Sumt. tabern. libr. et art. 1810. 8. 2 vol.
(Entozoen in Insecten. p. 330—335.)

(**Rudolphi,** Karl Asmus.)

*2. Entozoorum Synopsis, cui accedunt mantissa duplex et indices locupletissimi. Berolini, Rücker, 1819. 8. pg. 811.
(Entozoen in Insecten. p. 784—788.)

*3. Ueber Zwitterbildung.
Abhandl. Akad. Wissensch. Berlin. 1825 (1823). p. 50.

Ruderfer (Jos. Ant.).

1. Unterricht zur Bienenzucht für die Kurbaierschen Landesbewohner. München, 1777. 8.

de la Rue (A.).

1. Entomologie forestière, ou histoire naturelle des insectes nuisibles et utiles aux forêts. Paris et Nancy, 1838. 8. tab. 6. pg. 8 et 125.
*Germar. Zeitschr. Entomol. 1839. T. 1. p. 343.

de la Rue (Warren).

*1. On the markings on the scales of Amathusia Horsfieldii.
Trans. microsc. Soc. Lond. 1852. T. 3. p. 38—40. tab. 7.

Ruemmelin (J. Ch. F.).

1. Aufforderung an Würtemberg zu einer dauerhaften und nützlichen Bienenzucht im Grossen, in herrschaftlichen, und Commun-Bienenständen. Für alle Staaten anwendbar. Mit 22 Tabellen. Stuttgart, 1802. 8.
(cf. Engelmann Bibl. Oec. p. 275.)

Ruffiny (Sam.).

1. Der practische Bienenvater, oder Anleitung zu einer zweckmässigen Bienenzucht; mit besonderer Hinsicht auf kältere Gegenden. Mit Bezug auf die neuesten Verbesserungen bearbeitet von einem Freunde der Bienenzucht. Leipzig u. Kaschau, Wigand, 1832. 8. 1 Tafel.
(cf. Engelmann Bibl. Oec. p. 275.)

Ruhnau, Oberamtmann bei Wormditt in Preussen.

*1. Ueber den Seidenbau im Ermelande.
Preuss. Provinzialbl. 1839. T. 21. p. 312—323.

Rumpel (Ludwig Friedrich Eusebius).

1. Programma de cantharidibus earumque externo usu. Erfurt, 1767. 4. pg. 24.
Reimpr. Baldinger sylloge select. opusc. T. 5. No. 6. (cf. Boehmer. II, 2. p. 888.)

Rumpf (Samuel).

1. Die Bienenhaushaltung und die Bienenpflege nach eigenen vieljährigen Erfahrungen; nebst einem Nachtrage von Erfahrungen über die Bienenzucht von J. Ripstein. Aarau, 1820. 8. pg. 120. mit Zeichnungen.
Jena. allgem. Litt. Zeit. 1820. No. 232. p. 428—429.

Rumph (Georg Eberhard), geb. 1626 in Solms oder Hanau, gest. 1693 in Amboina. Seine Sammlung ist in Florenz. * Beckmann Phys. Oek. Bibl. V. p. 216.

1. Herbarium Amboinense plurimas complectens arbores, frutices, herbas, plantas terrestres et aquaticas, quae in Amboina et adjacentibus reperiuntur insulis, accuratissime descriptas juxta earum formas cum diversis denominationibus, cultura, usu ac virtutibus. Quod et insuper exhibet varia insectorum animaliumque genera, plurima cum naturalibus eorum figuris depicta (edid. J. Burmann). Amstelaedami, Uytwerf, (1750—1755.) fol. T. VI. tab. 896.
(enthält einige Insecten.)

Rumy (Georg Karl).

1. Vervollkommnung der Bienenzucht in Doppelstöcken.
Andre Oecon. Neuigk. u. Verhandl. 1817. T. 2. p. 366—367. (Lacordaire.)

2. Seidencultur in Ungarn und in der Militairgränze.
Andre Oecon. Neuigk. u. Verhandl. 1817. T. 2. p. 575—576. (Lacordaire.)

3. Ueber die Acclimatisation der Seidenraupen.
Andre Oecon. Neuigk. u. Verhandl. 1817. T. 2. p. 591. (Lacordaire.)

Runde (Wilhelm Hermann), geb. 1810.

*1. Brachelytrorum species agri Halensis. Dissert. Halae, typ. Plötz, 1835. 8. pg. 32. (192 spec.)

Ruprecht (G. G.).

1. Anleitung zur Behandlung der Bienen mit besonderer Rücksicht für Schlesien. Breslau, Holäufer, 1819. 8. pg. 28 u. 250.
(cf. Engelmann Bibl. Oec. p. 276.)

Ruschenberger (W. F. S.).

1. Entomology. Philadelphia, Grigg, 1850. 12.
(cf. Carus p. 493.)

Rusden (Moses).

*1. A further discovery of Bees, treating of the nature, government, generation and preservation of the Bee. London, Author, 1679. 8. pg. 113. tab. 3.

Ed. London, 1690. 8.

(cf. Percheron. II. p. 21.)

2. Monarchy of Bees. London, 1713. 8.

Deutsche Uebers. Hannover, 1718 u. 1721. 8.

(cf. Percheron II. p. 21.)

Beides sind wohl nur neue Ausgaben der Schriften von Warder.

Russel (Alexander), geb. 1714 in Edinburgh, gest. 28. Novbr. 1768 in London. Arzt.

*1. The natural history of Aleppo and parts adjacent. London, Millar, 1756. 4. pg. 266. tab. 16.

Ed. II. London, 1794. 4. vol. 2. pg. 446 et 23; pg. 430 et 34. tab. 16.

(p. 61—63. sehr wenig über Insecten.)

Ruthe (Johann Friedrich), geb. 16. April 1788 zu Eggenstädt bei Hildesheim, gest. 24. August 1859. Oberlehrer in Berlin.

*1. Einige Beiträge zu Meigens systematischer Beschreibung der europäischen zweiflügligen Insecten.

Isis. 1831. VIII. p. 1203—1212.

*2. Klasse der Insecten.

In Wiegmann Handbuch der Zoologie. Berlin. Lüderitz. 1832. 8. p. 271—474. *ed. II. ibid. 1843. — *ed. III. ibid. 1848. — *ed. IV. ibid. 1853. p. 280—465. — ed. V. 1858.

*3. Beiträge zur Kenntniss der Braconiden.

Stett. Ent. Zeit. 1854. T. 15. p. 343—355.

*4. Beiträge zur Geschichte der Ichneumoniden.

Stett. Ent. Zeit. 1855. T. 16. p. 51—58; p. 79—80.

*5. Beiträge zur Kenntniss der Braconiden.

Stett. Ent. Zeit. 1855. T. 16. p. 291—298; p. 337—339.

*6. Bemerkungen über Dicranoceras vibrans Menz.

Stett. Ent. Zeit. 1856. T. 17. p. 46—48.

*7. Prodromus einer Monographie der Gattung Microctonus Wesm.

Stett. Ent. Zeit. 1856. T. 17. p. 289—305.

*8. Ein Bracon-Zwitter.

Stett. Ent. Zeit. 1857. T. 18. p. 160—161.

*9. Die Spheciden und Chrysiden der Umgegend Berlins. (mit J. P. E. Friedr. Stein.)

Stett. Ent. Zeit. 1857. T. 18. p. 311—316.

*10. Beiträge zur Kenntniss der Braconiden.

Berl. Ent. Zeitschr. 1858. T. 2. p. 1—9.

*11. A. Foersters Systematik der Proctotrupier und Al. H. Halidays Systematik der Diapriiden.

Berl. Ent. Zeitschr. 1859. T. 3. p. 118—123.

*12. Verzeichniss der von Dr. Staudinger im Jahre 1856 auf Island gesammelten Hymenopteren.

Stett. Ent. Zeit. 1859. T. 20. p. 305—322; p. 362—379.

*13. Beitrag zur Kenntniss der Braconiden.

Stett. Ent. Zeit. 1859. T. 20. p. 103—105.

*14. Deutsche Braconiden; aus Ruthes Nachlass, veröffentlicht von Reinhard.

Berl. Ent. Zeitschr. 1860. T. 4. p. 105—160; 1861. T. 5. p. 132—163; 1862. T. 6. p. 1—58.

de Ruuscher (Melchior), oder Ruyscher.

*1. Natuerlyke historie van de Cochenille, beweezen met authentique Documenten. Histoire naturelle de la Cochenille justifiée par des documents authentiques. (holländ. u. französ.) Amsterdam, Uytwerf, 1729. 8. pg. 10 et 175. tab. 1.

(Der Name des Verfassers hinter der Widmung.)

Deutsche Uebers. Mylius Physik. Belust. 1751. T. 1. p. 43—57; p. 96—107; p. 188—195; p. 287—317; p. 346—359; p. 654—671.

*Reeves, Philos. Transact. T. 36. p. 264—268.

*Beckmann Geschicht. d. Erfind. T. 3. P. 1. p. 33.

Ruysch (Friedrich), geb. 1638 im Haag, gest. 1731 zu Amsterdam. Professor der Botanik daselbst. Seine Sammlung besitzt die Akademie in St. Petersburg.

*1. Thesaurus animalium primus cum figuris aeneis. Het eerste Cabinet der Dieren. Amstelaedami, Wolters, 1710. 4. mit 7 Kupfertafeln und Titelkupfer. pg. 54. Widmung, Vorrede, Lobgedichte. p. 1—42. incl. Register.

Enthält nur eine schlechte Abbildung von Neuroptera Coa als Papilio Turcicus.

Ruysch (Heinrich), gest. 1727 als Arzt in Amsterdam.
* 1. Theatrum universale omnium animalium piscium, avium, quadrupedum, exanguium, aquaticorum, insectorum et angium, 260 tabulis ornatum ex scriptoribus tam antiquis quam recentioribus maxima cura a Jonstonio collectum etc. Amstelaedami, Wetstein, 1718. fol. Tom. II. in Part VI. tab.
(Pars V. pg. 7 et 147. tab. 28. enthält die Insecten.)
Nachdruck von J. Jonston. — v. Jonston No. 2.

Ruyschel (Anton).
1. Wahrhafftige Zeitung in Schlesien, geschehen 1542, von unerhörten Heuschrecken, wie viel der gewesen und was sie Schaden gethan haben. 1542. 4.
Boehmer. II, 2. p. 314. schreibt; Rurschepl. (cf. Enslin p. 241.)

Rylands (Peter), in Warrington.
* 1. On the Quinary or Natural System of MacLeay.
Magaz. of N. H. ser. 1. 1836. T. 9. p. 130—135; p. 175—181; p. 222.
* 2. Notes on the Amarae.
Naturalist. 1837. T. 2. p. 20—24; p. 240—246.
* 3. Notes on the Species and Varieties of the Genus Pontia.
Naturalist. 1837. T. 2. p. 127—130.
* 4. Some Account of the principal Works on Entomology.
Naturalist. 1838. T. 3. p. 19—21.
* 5. Further Hints to young Entomologists. (Observation, Collection, and Arrangement of Specimens.)
Naturalist. 1838. T. 3. p. 244—249.
* 6. Some observations on the Classification of the Adephaga.
Naturalist. 1839. T. 4. p. 73—77.
* 7. Statement of the Claims of Papilio Podalirius to rank as a British insect.
Naturalist. 1839. T. 4. p. 227—229.
* 8. Notes on Telephori.
Magaz. of N. H. ser. 2. 1840. T. 4. p. 133—135.
* 9. Notice of New Amarae. (4 spec.)
Entomologist. 1841. p. 216.

Rytschkow (Peter).
1. Von der Bienenzucht in der Kasanischen und Orenburgischen Gegend.
Abhandl. Petersburg. ökon. Gesellsch. T. 5. p. 85; T. 9. p. 5; T. 11. p. 35.
Petersburger Journ. 1776. Mey. p. 65. — *Beckmann Phys. Oek. Bibl. VIII. p. 257.

Rzaczynski (Gabriel).
* 1. Historia naturalis curiosa regni Poloniae, magni ducatus Lituaniae, annexarumque provinciarum in tractatus 20 divisa etc. Sandomiriae, 1721. 4. pg. 31 et 456.
(p. 230—266. De apibus, locustis, aliisque insectis.)
2. Auctuarium historiae naturalis regni Poloniae. Gedani, 1736. 4.
(cf. Percheron. II. p. 28.)

Saage. Oberlehrer in Braunsberg.
* 1. Beitrag zur Preussischen Käfer-Fauna. (Monströser Prionus coriarius, Beine statt Elytra.)
Preuss. Provinzialbl. 1839. T. 22. p. 191—192. — Stett. Ent. Zeit. 1839. T. 1. p. 46.

Sabine (Edward).
1. An account of the animals seen by the Northern expedition. London, 1821. 4.
(cf. Percheron. II. p. 34.) Appendix von Parrys Reise.

Saccardo (Luigi).
1. Scoperta delle cause che producono il Calcino o mal del segno nei bachi da seta. Padova, 1845. 8.
(cf. Bisacconi Repert. T. 1. p. 61.)
2. Il Calcino o mal del segno nei bachi da seta non è contagioso. Scoperta e dimostrazione delle cause donde deriva, comprovata dagli esperimenti, e metodo generale di coltivazione. Padova, Tipi del Seminario, 1845. 8. tab.
(cf. Cornalia monogr. p. 77.) Ob dasselbe mit No. 1?
3. Sunto del ragionamento in appendice all' opera sulla scoperta delle cause del calcino dei bachi da seta. Padova, 1846.
(cf. Cornalia monogr. p. 78.)

von Sacher (K. A.).
* 1. Ueber entomologische Nomenclator. (Coleoptera Ungarns.)
Wien. Entom. Monatschr. 1860. T. 4. p. 113—119.

Sachs (C. W.).
1. De musca toto corpore animalculis minimis conspersa.
Med. Siles. sat. Spec. 4. p. 22. (cf. Boehmer, II, 2. p. 360.)

Sachs von Lewenhaimb (Philipp Jacob), geb. 26. Aug. 1627 in Breslau, gest. 7. Jan. 1672 daselbst. Arzt.

1. Messis observationum microscopicarum e variis authoribus collectarum.
   Ephem. Acad. Nat. Curios. 1670. Dec. I. Ann. 1. Observ. 18. p. 24—60.
   (Insecten; Apis. — letzteres reimpr. Valent. amphit. Zool. 1720. T. 2. p. 223.)

Sachse (Carl Traugott), geb. 18. Decbr. 1815 zu Obersteinbach bei Döbeln (Sachsen), Lehrer an der Kreuzschule in Dresden, war Herausgeber der Allgemeinen deutschen Naturhistorischen Zeitung (im Auftrage der Gesellschaft Isis in Dresden).

* 1. Der Heerwurm oder Wurm-Drache.
   Allgem. deutsch. naturh. Zeit. 1846. T. 1. p. 16—32.

Sachse (Wilhelm).

1. Der Bienenzüchter, ein auf 30jährige Erfahrungen gegründetes u. besonders für Anfänger in der Bienenzucht bestimmtes Werkchen. Leipzig, 1833. 8.
   Ed. II. ibid. 1836. 8.
   (cf. Engelmann. Bibl. Oecon. p. 277.)

Sachse (Johann Christian Rudolf), geb. 1. October 1802 in Leipzig, Dr. med., practicirender Arzt daselbst.

* 1. Beschreibung neuer Käfer. (Staphylinen.)
   Stett. Ent. Zeit. 1852. T. 13. p. 115—127; p. 142—149.

von der Osten Sacken (Baron C. R.). Attaché der Russischen Gesandschaft bei den Vereinigt. Staaten.

* 1. Dipterologisches aus St. Petersburg. (Ueber den Bau des letzten Hinterleibs-Segments bei Limnobien Männchen, mit Berücksichtigung der Classification; Synonymische Bedenken etc.) fig.
   Stett. Ent. Zeit. 1854. T. 15. p. 203—213.

* 2. Ueber Tipula annulata L.
   Stett. Ent. Zeit. 1857. T. 18. p. 90—91.

* 3. Umriss der gegenwärtigen Kenntniss der entomologischen Verhältnisse der Fauna der Umgebungen von St. Petersburg. (Russisch.)
   St. Petersburg. Im Journal des Ministeriums der Volksaufklärung.
   Separat. St. Petersburg, 1858. 8. pg. 168.

* 4. Catalogue of the described Diptera of North America prepared for the Smithsonian Institution. Smithsonian miscellaneous collections. Washington, Smithsonian Institution, January, 1858. 8. pg. XX et pg. 92.

* 5. New genera and species of North American Tipulidae with short palpi, with an attempt at a new classification of the tribe. 2 tab.
   Proceed. Acad. Nat. Sc. Philad. 1859. p. 197—256. tab. 2; 1860. p. 15—17.

* 6. Ueber die Petersburger Insectenfauna.
   Wien. Entom. Monatschr. 1859. T. 3. p. 40—56.

* 7. Ueber die Classification der Limnobiaceen.
   Stett. Ent. Zeit. 1860. T. 21. p. 67—80.

* 8. Entomologische Notizen. (Diptera.)
   Stett. Ent. Zeit. 1861. T. 22. p. 51—63.

* 9. Ueber die Gallen und andere durch Insecten hervorgebrachte Pflanzendeformationen in Nord America.
   Stett. Ent. Zeit. 1861. T. 22. p. 405—423.

10. On the Cynipidae of the North American Oacks and their galls.
   Proc. Ent. Soc. Philadelph. 1861. T. 1.

11. Description of some larvae of North American Coleptera.
   Proc. Ent. Soc. Philadelph. 1861. T. 1.

Sufferling (J. M.) in Heidelberg.

* 1. Verzeichniss der Insecten-Sammlung des verstorbenen J. M. Sufferling in Heidelberg. Mannheim, 1851. 8. pg. 89. (Verf. unbekannt.)
   (In die Sammlung wurden nur Exoten, u. zwar nur über halbzöllige Thiere aufgenommen.)

Sage (Balthasar Georges), geb. 7. Mai 1740 in Paris, gest. 9. Septbr. 1824 daselbst. Apotheker.

1. Origine du ver blanc nommé asticot. Paris, 1822. 8.

de la Sagra (Ramon), geb. 1798 in Coruña. Director des botan. Gartens in Havana.

1. Historia fisica, politica y natural de la Isla de Cuba. Secunda Parte: Historia natural. Tom. VII. Crustaceos, Aragnides é Insectos. Paris, Bertrand, 1856. Fol. pg. 32 et 371. tab. 20 col. — *ibid. 1857. 8.
   (Erschien nach Gerstaecker wohl erst 1857.)
   Coleoptera von Jacquelin du Val p. 1—136; Orthoptera von Guérin p. 136—148; Hemiptera von Guérin p. 149—182; Neuroptera von Selys Longchamps p. 183—201; Lepidoptera von Lucas p. 202—313; Hymenoptera von Lucas p. 314—327 (Vesparias von Saussure); Diptera von Bigot p. 328—349.
   *Gerstaecker. 1857. p. 45—47.

Sahlberg (Carl Reinhold), gest. 1837? Professor in Åbo.

* 1. Dissertatio entomologica insecta Fennica enumerans. (Coleoptera). Aboae, Frenckel. 8. (erschien in folgenden Dissertationen.)

T. I. Pentamera. 1817—1834. p. 1—519 incl. Register. (34 Bogen; B. 1. s. p.; B. 1—11 u. 16—34 von 8 pag.; B. 12—15 von 16 pag.)

P. I. Resp. Bonsd. 1817. P. II. Resp. Hemmark. 1818. P. III. Resp. Mennander. 1819. P. IV. Resp. Joh. Ulrn. 10. Juni. 1819. P. V. Resp. Andr. Joh. Europaeus. 13. Decbr. 1820. P. VI. Resp. Nordstroem. 1820. P. VII. Resp. Wegelius. 1822. P. VIII. Resp. Brummer. 1822. P. IX. Resp. Nymen. 10. Mai 1823. p. 137—152. P. X. Resp. Evald Erland Rosenback. 10. Mai 1823. p. 153—168. P. XI. Resp. Lindqvist. 10. Mai 1824. P. XII. Resp. Gabriel Gestlin. 20. Decbr. 1826. P. XIII. P. XIV. P. XV. P. XVI. P. XVII. P. XVIII. Resp. Alexander v. Nordman. 6. Juli 1827. P. XIX. Resp. Hoeg-land. 24. Febr. 1830. p. 281—296. P. XX. Resp. Asp. 31. März 1830. p. 297—312. P. XXI. Resp. Wirzen. 31. März 1830. p. 313—328. P. XXII. Resp. Lilius. 27. Novbr. 1830. p. 329—344. P. XXIII. Resp. Palmr. 9. Febr. 1831. p. —360. P. XXIV. Resp. Bonsdorff. 28. Mai 1831. p. —376. P. XXV. Resp. Hortman. 18. Mai 1831. p. —392. P. XXVI. Resp. Grenell. 18. Juni 1831. p. —408. P. XXVII. Resp. Cygnaeus. 16. Juni 1832. p. —484. P. XXVIII. Resp. Lignelle. 16. Juni 1832. p. —510.

T. II. Heteromera et Tetramera. P. VII. Resp. Spåre 14. Nov. 1833. p. 97—112. P. VIII. Resp. Ruuendorff. 14. Nov. 1833. p. —128. P. IX. Resp. Staudinger. 7. Mai. 1836. p. —144. P. X. Resp. Wacklin. 7. Mai 1836. p. —160. P. XI. Resp. Granfelt. 3. Juni 1837. p. —176. (Corylus histeroides Bog. 22.) P. XV. Resp. Landahl. 17. Nov. 1838. p. 225—240. P. XVI. Resp. Rahm. 17. Nov. 1838. p. —256. P. XVII. Resp. Pipping. 10. April 1839. p. —272. P. XVIII. Resp. Sjöberg. 13. April 1839. p. —288. (bis Leptura marginata.) Bog. 35.

Vom zweiten Theil habe ich P. I—VI und P. XII—XIV nicht gesehen.

* 2. Observationes quaedam historiam Notonectidum, inprimis Fennicarum illustrantes. Aboae, Frenckel, 1819. 20. Juni. 4. pg. 15. Dissert. resp. L. Homén. (9 spec.)

* Batr. Germar Magaz. Entom. 1821. T. 4. p. 361—382.

* 3. Periculum Entomographicum, species insectorum nondum descriptas proponens. Aboe, Frenckel. 8. Dissert. (Coleoptera.) tab. 4 col. (56 spec.)

Part. I. 13. Juni 1823. resp. A. W. Dammert. p. 1—16.
Part. II. 13. Juni 1823. resp. W. Forssman. p. 17—32.
Part. III. 14. Juni 1823. resp. C. Gronlund. p. 33—48.
Part. IV. 14. Juni 1823. resp. J. F. Homen. p. 49—64.
Part. V. 16. Juni 1823. resp. C. Tengstroem. p. 65—82.
Die Kupfertafeln sind selten, da ein Theil der Auflage verbrannte.
* Reimpr. Thon Archiv. 1829. T. 2. Heft 1. p. 18—31.

Sahlberg (Reinhold Ferdinand), geb. 1811.

* 1. Novas Coleopterorum Fennicorum species sistens, Dissert. Helsingforsiae, Frenckel, 1834. 10. Mai. 8. pg. 12. (8 spec.)

* Bullet. Moscou. 1834. T. 7. p. 267—280.
Ich hatte die Arbeit in Bullet. Moscou beim vorigen Autor aufgeführt, vermuthe aber dass sie nur eine Reimpression der Dissertation von R. F. Sahlberg ist, da sie Carus bei diesem Autor aufführt.

* 2. Nova species generis Phytocoris ex ordine Hemipterorum descripta.

Acta Soc. Fennic. 1842. T. 1. Fasc. 2. p. 411—412.
* Revue Zool. 1841. T. 4. p. 333.

* 3. Nagra anmärkningar om Xylophagus marginatus.

Acta Soc. Fennic. 1842. T. 1. p. 163—169.

* 4. Cicadae tres novae Fennicae.

Acta Soc. Fennic. 1842. T. 1. p. 83—92.

* 5. In Faunam Insectorum Rossicam symbola, novas ad Ochotsk lectas Carabicorum species sistens.

Acta Soc. Fennic. 1844. 8. Resp. J. G. v. Pfaler.
* Separat. Helsingfors, Frenckel, 1844. 8. pg. 63. Dissert. inaug.

* 6. Coleoptera diebus 15—27. Decembris anni 1839 ad Rio Janeiro lecta.

Acta Soc. Fennic. 1844. T. 2. P. 1. p. 499—522; * 1847. P. 2. p. 787—808.

* 7. Monographia Geocorisarum Fenniae. Helsingforsiae, Frenckel, 1848. 8. pg. 40 et 153.

de Saint-Amans (Jean Florimond Boudon), geb. 24. Juni 1748 in Agen, Lot et Garonne, gest. 28. October 1831.

* 1. Philosophie entomologique, ouvrage qui renferme les généralités necessaires pour s'initier dans l'étude des insectes, et des apperçus sur les rapports naturels de ces petits animaux avec les autres êtres organisés; suivi de l'exposition des methodes de Geoffroy et de celle de Linné, combinées avec le système de Fabricius pour servir d'introduction à la connaissance des insectes, en procurant le moyen de les classer et de les rapporter à leur

genre, dont on donne les caractères essentiels et la synonymie. Agen, Noubel, an VII (1799). 8. pg. 132.
*Wiedem. Archiv. T. I. P. 2. p. 307.
Percheron II. p. 23 nennt es eine Uebersetzung des gleichnamigen Werkes von Fabricius nebst einigen Zusätzen; nach Wiedemann u. Quérard scheint dies jedoch nicht richtig.

de Saint-Hilaire (Augustin François César Prouvensal, nommé Auguste), geb. 4. Octbr. 1799 in Orleans. Botaniker.
*1. Relation d'un empoisonnement causé par le miel de la Guèpe Lecheguana. fig.
Mém. Mus. d'Hist. nat. Paris. 1825. T. 12. p. 293—348.
*Extr. Ann. sc. nat. 1825. T. 4. p. 340—344. — *Bullet. Soc. Philom. 1824. Mai. p. 74—76.
*Uebers. von F. S. Leuckart. 4. pg. 8. (in Zeitschr. f. Pharmacie?)
*2. Sur un insecte qui ravage les vignes du Bas-Languedoc et sur un ouvrage de M. Dunal intitulé: Des insectes qui attaquent la Vigne.
*Compt. rend. 1837. T. IV. p. 831.

Saint-Traill (Thomas.)
*1. Des moyens de preserver les collections entomologiques de ravages des insectes.
Edinburgh. Philos. Journ. 1828. T. 11. No. 38. p. 135—139.
*Férussa. Bullet. 1827. T. 17. p. 283—285.

de Saint-Victor.
1. Sur un Phalène ou Papillon de nuit.
Préc. anal. des trav. de l'Acad. de Rouen. 1821. (1781—1793) T. 5. p. 141—142.
(cf. Carus. p. 1635.)

Sala Gracco.
1. Tavole economiche ed igieniche per la coltivazione dei bachi da seta. Milano, Ronchetti, 1834. 8.
(cf. Cornalia monogr. p. 57.)

Salander.
1. Tauben wie auch Bienen oder Immenrecht. Frankfurt u. Leipzig, 1721. 8.
(Beckm. Phys. Oekon. Bibl. 1. p. 378.)

Salberg (Johann Julius), geb. 11. April 1680 in Stockholm, gest. 23. März 1753 als Apotheker daselbst.
*1. Et nyt påfund at döda wäggiöss, och deras ofruktbara göra.
Vetensk. Acad. Handl. 1745. T. 6. p. 16—22. — *Deutsch. 1752. T. 7. p. 20—23.
*2. Et puder hvarigenom wäggiöss kunna fördrifves ifrån Tapeter og Sängkläder.
Vetensk. Acad. Handl. 1745. T. 6. p. 179—180. — *Deutsch. 1752. T. 7. p. 182—183.

von Salis-Marschlins (Carl Ulysses), geb. 28. Septbr. 1762 in Marschlins, gest. 16. Jan. 1818 daselbst.
*1. Entdeckungen die man seit 1779 an der Phal. mori L. gemacht.
Uebersetzung der Abhandl. von Carlo Bettoni u. Giacomelli aus dem Giorn. d'Italia.
*Fuessly neues Magazin d. Entomol. 1785. T. 2. p. 287—293.
Giornale d'Italia. T. 10. p. 62—275; T. 15. p. 109; T. 10. p. 73.
2. Alpina, eine Schrift der genaueren Kenntniss der Alpen gewidmet, herausgegeben von C. U. v. Salis u. Johann Rudolph Steinmüller. Winterthur, 1806—1809. 8. 4 vol. fig.
3. Beiträge zur Lepidopterologie der Alpen.
Alpina. 1807. T. 2. p. 72—113.
Nach Carus p. 1630. Fragmente zur Entomologie der Alpen. p. 58—104.

Salisbury (William).
*1. Hints addressed to Proprietors of Orchards, and to Growers of Fruit in General, comprising Observations on the Present State of the Apple Trees in the Cider Countries. Made in A Tour during the last Summer. Also the natural History of the Aphis lanata or American Blight, and other Insects destructive to Fruit Trees. London, Longman, 1816. 8. pg. 188 et 14. 1 pl.

Sallé (Auguste).
*1. Coléoptères nouveaux de l'Amérique. fig.
Ann. Soc. Ent. Fr. ser. 2. 1849. T. 7. p. 297—302; p. 419—435.
*2. Note sur deux insectes parasites de la cochenille et qui font un grand tort à cette culture en Amérique.
Compt. rend. 1848. T. XXVII. p. 510—512. (Extr. par Guérin.)
*Froriep Notiz. 1849. T. 9. p. 138.
*3. Description d'une nouvelle espèce du genre Saturnia, avec des observations sur les métamorphoses de ce Lépidoptere.
Revue et Magas. Zool. 1853. T. 5. p. 171—175.
*4. Description d'une nouvelle espece de Prionien provenant de la République de Venezuela. (Metopocoelus Rojasi). fig.
Ann. Soc. Ent. Fr. sér. 3. 1853. T. 1. p. 649—652.

(Sallé, Auguste.)

* 5. Description de dix espèces nouvelles de Coléoptères, recueillis de 1819—1851 dans la République Dominicaine.

Ann. Soc. Ent. Fr. sér. 3. 1858. T. 3. p. 263—272. fig. — 2 partie 1858. T. 6. p. [illegible]—[illegible].

* 6. Lettre sur la faune de Mexique. (Coléopt.)

Ann. Soc. Ent. Fr. sér. 3. 1855. T. 3. Bull. p. 84—[illegible].

* 7. Note sur la soie sauvage du Mexique et description du Bombyx qui la produit. (B. Psidii.)

Ann. Soc. Ent. Fr. sér. 3. 1857. T. 5. p. 13—19. fig.

* 8. Note sur le Capullo de Madrogno. (Lepidopt.)

Ann. Soc. Ent. Fr. sér. 3. 1857. T. 5. p. 80—82.

* 9. Description d'une Gymnetide, provenant des environs de Santa-Fé de Bogota. (Allorhina Lansbergei.)

Ann. Soc. Ent. Fr. sér. 3. 1857. T. 5. p. 817—818.

Salmon (J. D.).

* 1. On the power possessed by Bees to rise a queen from an egg destined to produce a worker.

Zoologist. 1843. T. 1. p. 158—159.

* 2. Note on Bee-hives.

Zoologist. 1843. T. 1. p. 95—[illegible].

Salt (Henry), geb. 1771 in Lichfield, Yorkshire, gest. 30. Octbr. 1827 in Egypten.

* 1. Voyage to Abyssinia. London, Rivington, 1814. 4.

(fig. Locusta Abyssinica.) App. p. 61.

Salvi (Domenico).

* 1. Memorie intorno le locuste grillajole. fig. Verona, 1750. 8. pg. 14. tab. 1.

* Ed. 2. Padua, 1752. 8. 1 Bogen.

Salzmann (Johann Rudolph), geb. 1573, gest. 11. November 1656.

1. Dissertatio de apibus. Resp. Loetschius. Argentorati, 1633. 4. pg. 12.

(cf. Boehmer. II, 2. p. 252.)

* 2. De verme naribus excusso. Argentorati, 1721. 30. Octbr. 4. pg. 31. tab. 1.

Disput. Medic. Pract. Praes. J. Salzmann. T. 1. a. Ernst Christ. Hoswald.

(wohl kaum vom selben Verf.)

Salzmann (Philipp) in Montpellier.

* 1. Verzeichniss südfranzösischer Pflanzen u. Insecten, welche um beigesetzte billige Preise käuflich zu haben sind. (177 spec.) s. l. 1808. 8. p. 16. s. p.

Samouelle (George).

* 1. The entomologists useful compendium, or an introduction to the knowledge of British Insects comprising the best means of obtaining and preserving them, and a Description of the Apparatus generally used; together with the Genera of Linné and the modern Method of arranging the Classes etc. London, Boys, 1819. 8. tab. 12 col. pg. 496.

Ed. 2. Ibid. 1821. 8. tab. 12 col. (Lacordaire.)

* 2. A nomenclature of british entomology, or a catalogue of above 4000 species of the classes crustacea, myriapoda, spiders, mites and insects, intended as labels for cabinets of insects etc. alphabetically arranged. London, Longman, 1819. 8. pg. 44. (printed of one side for labels.)

* 3. Entomological cabinet, being a natural history of British insect. London, Longman, 1833—1834. 12. 2 vol. tab. 156 col.

(26 Hefte à 6 Tafeln u. 6 Blatt Text s. p. verglichen.)

(Die beiden letzten illustriren Genera.) Nach Lacordaire im Januar 1832 begonnen.

* 4. General directions for collecting and preserving exotic insects and crustacea. London, Longman, 1826. 8. tab. 4 col. pg. 70.

Samuelson (James).

1. Humble Creatures. London, Van Voorst. 8.

Part. 1. The Earthworm and the common Housefly; in eight Letters; assisted by J. B. Hicks. with microscopic illustrations by the authors.

Ed. 2. 1860. pg.

* Part 2. The Honey Bee; its Natural History, Anatomy, and Microscopical Beauties; with eight tinted illustrative Plates; assisted by J. B. Hicks. 1860. pg. 100 et 16. tab. 8.

* Review. Ann. and Magaz. of N. H. ser. 3. 1860. p. 370—372.

* Deutsche Uebers. von Ed. Mueller. Nordhausen, Buechting, 1862. 8. pg. 218. tab. 8.

Samy (J. J.).

1. Aperçu sur les coléoptères et les lépidoptères du département de la Haute-Vienne. Limoges, impr. Chapouland frères, 1860. 8. pg. 44.

(Extr. du compte rendu d. l. 26 sess. d. Congrès sc. d. Fr. à Limoges. Septbr. 1859.)

von Sandberg (Karl) auf Sinwion.
*1. Naturgeschichte der Schildläuse des Rosenstrauches.
Abhandl. einer Privatgesellsch. in Boehmen. 1784. T. 6. p. 317—330.

Sandberger (Guido), geb. 29. Mai 1821 in Dillenburg, Nassau; Lehrer in Wiesbaden.
*1. Entomologische Notiz. (Papilio Podalirius Variet.).
Jahrb. d. Vereins f. Naturk. im Herz. Nassau. 1838. Heft 11. p. 97.

Sander, Dr. in Hildesheim.
*1. Ueber Zabrus gibbus und Dolichus flavicornis.
Berl. Ent. Zeitschr. 1860. T. 4. p. 320—321.

Sander (Heinrich), geb. 25. November 1754 zu Koendringen bei Offenbach, gest. 5. October 1782 in Carlsruhe. Professor in Carlsruhe. Sein Leben von Roemer in Füessly neues Magazin d. Entom. T. 2. p. 81.
1. Vaterländische Bemerkungen für alle Theile der Naturgeschichte, nebst Anzeige der Vorlesungen im Gymnasio für Winter 1780. Karlsruhe, Macklot, 1780. p. 1—22.
Ueber Verwandlung des Sphinx Atropos; über ein unbekanntes Insect, das die Säfte des Kelchs von Physalis Alkekengi ausgefressen hatte; über Verbreitung der Tipula rivosa L.; über ein Heraussenost; über Varietäten von Agrion und Libellula in Sanders Sammlung.
(cf. Fischer Bericht in Heft 1 der naturf. Gesellsch. zu Freiburg. 1849. p. 19.)
*2. Zur Geschichte des Eichenspinners. (Phal. processionea L.)
Füessly neues Magaz. 1781. T. 1. p. 50—51.
3. Oekonomische Naturgeschichte für den deutschen Landmann und die Jugend in den mittleren Schulen. Leipzig, 1782. 8. 3 vol.
Der Bd. 4 ist von Fabricius, Bd. 5 von Leonhardi. Ueber Insecten handelt p. 101—134.
*Füessly neues Magaz. 1784. T. 2. p. 108.

Sanders (Robert).
*1. Account of the Productions of Boutan and Thibet. (Some account of the Lac.)
Philos. Transact. 1789. T. 79. p. 107—110.
2. On destroying insects on fruit-trees.
Letters on agric. of the Bath-Soc. T. 3. p. 307.
cf. Rennie Report. (Lacordaire.)

Sandwith (Thomas).
1. An introduction to anatomy and physiology. London, 1824. 12.

de San Gallo (Pietro Paolo), in Florenz.
1. Esperienze intorno alla generazione delle Zanzare. (Culex.) fig. Firenze, 1679. 4. pg. 22. tab. 1.
*Ephem. Acad. Nat. Curios. 1712. Cent. I. et II. App. p. 220—222. tab. 1. (Lateinisch.)

San Severino.
1. Articolo sulla influenza di una bassa temperatura nella metamorfosi degl' Insetti. 1816. (?)
(cf. Carus. p. 505.)

Santagata (Ant.).
*1. De Bombycibus nonnullisque ad eos pertinentibus. (Gelber Farbestoff in Excrementen der Raupe.)
Novi Comment. Bonon. 1840. T. 4. p. 443—457.

Santes (Ant.).
1. Instruction en forme de catechisme pour l'éducation des vers à soie. Paris, M. Aurel, 1810. 12.
(cf. Carnelis monogr. p. 75.)

de Saporta (Comte), d'Aix en Provence. Schwiegersohn von Boyer de Fonscolombe.
*1. Mémoire sur trois Lépidopteres des genres Orgya, Phlogophora et Satyrus. (O. Trigotephras, P. adulatrix, S. Episligne, B. pytiocampa, frühere Stände und Lebensweise.)
Ann. Soc. Ent. Fr. 1834. T. 3. p. 183—192. — *Isis. 1846. VII. p. 503—506.
*L'Institut. 1833. 1. No. 20. p. 173.
*2. Notice nécrologique sur Fonscolombe.
Ann. Soc. Ent. Fr. sér. 3. 1853. T. 1. Bull. p. 13—16.

Sartorius (August), Buchhalter in der Buchhandlung von Carl Gerold's Sohn in Wien.
*1. Methode Trichopterygien zu fangen.
Wien. Entom. Monatschr. 1857. T. 1. p. 63—64.
*2. Beschreibung einiger Monstrositäten an Käfern.
Wien. Entom. Monatschr. 1858. T. 2. p. 49—50; 1861. T. 5. p. 31—32.
*3. Ueber Cryptocephalus laevicollis Gebl.
Wien. Entom. Monatschr. 1858. T. 2. p. 200—201.

(Sartorius, Ad.)

*4. Ueber Phytoecia Anchusae Fuss.
Wien. Entom. Monatsschr. 1858. T. 2. p. 328.

*5. Ueber Euryommatus Mariae Rog.
Wien. Entom. Monatsschr. 1861. T. 5. p. 313—316.

Cornuscio da Sassorbaro (Giovanni Andrea), aus Rimini.

1. Il Vermicello della seta. Rimini, Simbeni, 1581. 4.
(cf. Dizion. ragion. di F. Re. T. 2. p. 155.)

Saubiac.

1. Moyen de détruire un insecte qui dévore les secondes coupes de la luzerne. Foix, 1837..8.

Saunders (Sidney Smith).

*1. Descriptions on some new Coleopterous Insects lately received from Monte-Video. fig.
Trans. Ent. Soc. Lond. 1836. T. 1. p. 149—157.

*2. On a new genus of Diptera Allitocera allied to Strattomys.
Trans. Ent. Soc. Lond. 1845. T. 4. p. 62. fig.

*3. Descriptions of two new Strepsipterous Insects from Albania, parasitical on Bees of the Genus Hylaeus, with some Account of their Habits and Metamorphoses. fig.
Trans. Ent. Soc. Lond. ser. 2. 1851. T. 1. p. 43—50. — Proc. p. 8—12.

*4. Descriptions of some new Aculeate Hymenoptera from Epirus. tab. 2.
Trans. Ent. Soc. Lond. ser. 2. 1851. T. 1. p. 69—75. — Proc. p. 16—17.

*5. Notices of some New Species of Strepsipterous Insects from Albania, with further Observations on the Habits, Transformations, and Sexual Economy of these Parasites. fig.
Trans. Ent. Soc. Lond. ser. 2. 1853. T. 2. p. 125—144.
*Froriep Notiz. 1856. T. 3. p. 237—250.

*6. Observations on the habits of the dipterous genus Conops.
Trans. Ent. Soc. Lond. ser. 2. 1858. T. 4. p. 285—291.

Saunders (William Wilson), geb. 4 Juni 1809 zu Little London bei Weedover, Berkinghamshire.

*1. On the habits on some indian Insects. fig.
Trans. Ent. Soc. Lond. 1831. T. 1. p. 60—66.

*2. Account of the Attacks of various Insects upon Wine Corks.
Trans. Ent. Soc. Lond. 1835. T. 1. Proc. p. 55—57.

*3. Description of two species of the Coleopterous family Paussidae.
Trans. Ent. Soc. Lond. 1838. T. 2. p. 82—84. fig.

*4. Description of six new East Indian Coleoptera.
Trans. Ent. Soc. Lond. 1839. T. 2. p. 176—179. fig.

*5. Descriptions of two Hymenopterous Insects from Northern India. (Myrmicaria; Pronaeus.) fig.
Trans. Ent. Soc. Lond. 1841. T. 3. p. 57—58.

*6. Descriptions of four new Dipterous Insects from Central and Northern India. fig.
Trans. Ent. Soc. Lond. 1841. T. 3. p. 59—61.

*7. On two species of Cremastocheilus from Northern India. fig.
Trans. Ent. Soc. Lond. 1842. T. 3. p. 234—236.
Ann. and Mag. Nat. Hist. 1842. T. 10. p. 67.

*8. On Aporocera, a new genus of Coleoptera allied to Clythra from New Holland.
*Ann. and Mag. Nat. Hist. 1842. T. 10. p. 68—69.

9. Descriptions of two new Coleopterous genera allied to Cryptocephalus from New Holland. (Mitocera. Dicenopsis.)
Ann. and Mag. Nat. Hist. 1842. T. 10. p. 70.

*10. Description of a species of Moth (Depressaria gossypiella) destructive to the Cotton Crops in India.
Trans. Ent. Soc. Lond. 1843. T. 3. p. 284—285.
Ann. and Mag. Nat. Hist. 1843. T. 11. p. 316—317.

*11. On the species of the genus Ceria F.
Trans. Ent. Soc. Lond. 1845. T. 4. p. 63—67. fig.

*12. On the Chrysomelidae of Australia allied to the genus Cryptocephalus. fig.
Trans. Ent. Soc. Lond. 1845. T. 4. p. 141—154; p. 197—201.

*13. Description of the male of Gastroxides ater, a Dipterous insect belonging to the family Tabanidae.
Trans. Ent. Soc. Lond. 1847. T. 4. p. 233. fig.

*14. On Pleomorpha, a genus of minute Chrysomelidae from Australia.
Trans. Ent. Soc. Lond. 1847. T. 4. p. 268—270.

* 15. On two new subgenera of Australasian Chrysomelidae (Chloroplisma and Lachnabothra) allied to Cryptocephalus.
Trans. Ent. Soc. Lond. 1847. T. 4. p. 793—795. fig.

* 16. On the Gall formed by Diphucrania auriflua Hope, a species of Buprestidae. fig.
Trans. Ent. Soc. Lond. 1847. T. 5. p. 27—28.

* 17. Remarks on the Habits and Oeconomy of a Species of Oiketicus (O. elongatus) found on Shrubs in the vicinity of Sydney N. S. W.
Trans. Ent. Soc. Lond. 1847. T. 5. p. 40—43.

* 18. On some new species of Ericypa. fig.
Trans. Ent. Soc. Lond. 1850. T. 5. p. 215—220.

* 19. On a new species of the Dipterous genus Ceria.
Trans. Ent. Soc. Lond. 1850. T. 5. p. 230.

* 20. On various Australian Longicorn Beetles. fig.
Trans. Ent. Soc. Lond. ser. 2. 1851. T. 1. p. 76—85. Proc. p. 40—42.

* 21. On Insects injurious to the Cotton Plant. fig.
Trans. Ent. Soc. Lond. ser. 2. 1851. T. 1. p. 158—166. Proc. p. 70—71.

* 22. Characters of undescribed Coleoptera, brought from China by R. Fortune Esq. fig.
Trans. Ent. Soc. Lond. ser. 2. 1853. T. 2. p. 25—32.

* 23. Descriptions of some Longicorn Beetles discovered in Northern China by R. Fortune.
Trans. Ent. Soc. Lond. ser. 2. 1853. T. 2. p. 109—113. fig.

* 24. Characters of undescribed Lucanidae, collected in China by R. Fortune.
Trans. Ent. Soc. Lond. ser. 2. 1854. T. 3. p. 45—55. fig.

* 25. On the Transformations of Natal Lepidoptera. fig.
Trans. Ent. Soc. Lond. ser. 2. 1857. T. 4. p. 58—59. tab. 3 col.

* 26. Dipterous Notes and Queries.
Entomologist's Annual for 1857. p. 154—159.

* 27. Insecta Saundersiana or Characters of undescribed Insects in the collection of W. Saunders.
Diptera. Part I—V. (cf. Walker No. 58.) Coleoptera. Part I. II. (cf. Jekel No. 6.)

* 28. On the genus Erycina L. with descriptions of some new species.
Trans. Ent. Soc. Lond. ser. 2. 1859. T. 5. p. 94—110. tab. 2 col.

* 29. On the Genus Erateina Doubl.; with Descriptions of some New Species.
Trans. Ent. Soc. Lond. ser. 2. 1860. T. 5. p. 281—287.

30. On Elaphomyia a Genus of remarkable Insects of Diptera.
Trans. Ent. Soc. Lond. ser. 2. 1861. T. 5. p. 413—418. fig.

Saury oder **Sauri**, geb. 1741 bei Rhodez, gest. 1785 in Bengalen. Abbé und Prof. der Philosophie in Montpellier.

1. Histoire naturelle du Globe, ou Géographie physique etc. Paris, Delalain, 1778. 12. 2 vol.
(Bildet T. 4 von den Oeuvres de l'auteur; T. 5 bildet Précis d'histoire naturelle. ibid. 1778—1779. 12. 5 vol. — cf. Quérard. T. 8. p. 474.)
Deutsche Uebers. Nürnberg. 1779—1780. 8. 2 vol.
(Im T. 2 handelt er nach Perrheron. II. p. 28 von Insecten.)

de Saussure (Henri F.), in Genf.

* 1. Monographie des Guêpes Solitaires, ou de la tribu des Euméniens, comprenant la classification et la description de toutes les espèces connues jusqu'à ce jour, et servant de complément au manuel de Lepelletier de Saint Fargeau. Paris, Masson, 1852. 8. 6 livr. pg. 286. tab. 22.

* 2. Note sur un nouvel insecte hyménoptère fossile. (Pimpla d'Aix.)
Revue et Magas. Zool. 1852. p. 379—381. tab. 1.
*Schaum Bericht. 1852. p. 36.

* 3. Description du genre Ischnogaster. (Vespide.)
Ann. Soc. Ent. Fr. sér. 2. 1852. T. 10. p. 19—27. fig.

* 4. Note sur un nouveau genre de Guêpes.
Ann. Soc. Ent. Fr. sér. 2. 1852. T. 10. p. 349—356. fig.

* 5. Note sur la tribu des Masariens et principalement sur le Masaris vespiformis.
Ann. Soc. Ent. Fr. sér. 3. 1853. T. 1. Bull. p. 17—21.

* 6. Etudes sur la famille des Vespides. Monographie des guêpes sociales ou de la tribu des Vespiens. Ouvrage faisant suite à la Monographie des Guêpes solitaires. Paris, Masson, 1853. 8. pg. 256. pl. 37.
*Suite. Paris, 1854—1857. 8. 10 Cahiers. pg. 144. pl. 8. — *Suite Partie 3. Monographie des Masariens. ibid. 1856. pg. 352. pl. 16.

* 7. Mélanges hyménoptérologiques. (Vespides, Crabronides, Bembecides, Scoliides.) Genève, Cherbuliez, 1854. 8. pg. 68. pl. 1 col.
*Mém. Soc. Phys. Genève. 1855. T. 14. p. 1—68. tab. 1.

(**de Saussure**, Henry F.)

*8. Nouvelles considérations sur la nidification des Guêpes.
Ann. sc. nat. sér. 4. 1855. T. 3. p. 153—178. tab. 1. (Extrait.)
*Bibl. univers. de Genève. Févr. 1855. T. 28. p. 89—172. — *Separat. pg. 23.

*9. Description de quelques nouvelles espèces de Vespides du Musée de Londres.
Revue et Magas. Zool. 1855. T. 7. p. 371—375.

*10. Bemerkungen über die Gattung Vespa, besonders über die amerikan. Arten.
Stett. Ent. Zeit. 1857. T. 18. p. 114—117. (Uebersetzt von Dohrn.)

*11. Note sur les Polistes Américains.
Ann. Soc. Ent. Fr. sér. 3. 1857. T. 5. p. 309—314.

*12. Description de quelques Vespides nouveaux.
Ann. Soc. Ent. Fr. sér. 3. 1857. T. 5. p. 315—319.

13. Vespariae de l'Isle de Cuba.
Dello Sagra Hist. Cuba. 1856. fol. T. 7. p. (Erschien erst 1857.)
(cf. Gerstaecker Bericht. 1857. p. 45.)

*14. Nouveaux Vespides du Mexique et de l'Amérique méridionale.
Revue et Magas. Zool. 1857. T. 9. p. 269—280.

*15. Note sur les organes buccaux des Masaris.
Ann. sc. nat. sér. 4. 1857. T. 7. p. 107—112. pl. 1.

*16. Notes sur les Scoliètes et diagnoses de diverses espèces nouvelles.
Revue et Magas. Zool. 1857. T. 9. p. 280—283.

*17. Description de diverses espèces nouvelles ou peu connues du genre Scolia.
Ann. Soc. Ent. Fr. sér. 3. 1858. T. 6. p. 193—240. pl. 1 col.

*18. Note sur la famille des Vespides. (G. Zethus, Eumenes, Odynerus, Polistes.)
Revue et Magas. Zool. 1858. T. 10. p. 63—66; p. 162—171; p. 259—261.

*19. Description de trois Coléoptères nouveaux pour la faune européenne.
Ann. Soc. Ent. Fr. sér. 3. 1859. T. 7. Bull. p. 97—98.

*20. Orthoptera nova Americana.
Revue et Magas. Zool. 1859. T. 11. *p. 59—63; p. 201—212; p. 315—317; p. 390—394.
*1861. p. 126—130; p. 156—164.

*21. Description d'une série d'Hyménoptères nouveaux de la tribu des Scoliens. fig.
Stett. Ent. Zeit. 1859. T. 20. p. 171—181; p. 260—269.

*22. Sur divers Vespides Asiatiques et Africains du Musée de Leyden.
Stett. Ent. Zeit. 1862. T. 23. p. 129—141; p. 177—207.

Sautel (Ant.), de la Roche de Glun.

*1. Instruction en Forme de Catechisme pour l'éducation des Vers à Soie, à l'usage des jeunes personnes suivie de quelques notes. Paris et Valence, Marc Aurel, 1810. 8. pg. 131.

Sauter, Director der Töchterschule in Königsberg.

*1. Microlepidoptera Preussens. (Zusatz zu v. Tiedemanns Verzeichniss.)
Preuss. Provinz. Bl. 1851. T. 33. p. 416—419. (in Bericht 7. d. Vereins f. d. Fauna d. Prov. Preussen.)

Sauter (Joh. Nep.). Physikus in Constanz.

1. Beschreibung des Getreideschänders (Tipula cerealis), eines dem Getreidebau höchst schädlichen Insects, samt Vorschlägen zu seiner Vertilgung. Winterthur, Steiner, 1817. 8. pg. 47. tab. 1.
*Recens. Germar Magaz. 1818. T. 3. p. 366.

de Sauvages (Pierre Augustin de la Croix Boissier), geb. 1710 in Alais; gest. 1795. Abbé.

1. Ueber Phthiriasis.

*2. Memoria intorno a' Bachi da Seta, ed alla maniera più sicura di allevarli.
Mem. di diversi valentuomini. 1743. T. 1. p. 213—242. — Separat. Montpellier, 1749. 4. Projet d'un ouvrage sur la manière d'élever les vers à soie. pg. 31. — Essai sur la maladie des vers à soie et Recherches sur la cause qui produit les muscardine. pg. 48. (No. 3 ist davon eine neue vermehrte Auflage. Querard. T. 8. p. 485.)
*Deutsche Uebers. Hamburg. Magaz. T. 1. p. 107—125. — Neue Shau. Nachr. T. 3.

*3. Mémoires sur l'éducation des vers à soie. Nimes, Gaude, 1763. 8. fig. 2 vol.
Prem. Mém. pg. 132; Sec. Mém. pg. 148; Trois. Mém. pg. 197; Quatr. Mém. sur les mûriers. pg. 178. et Observ. sur l'origine du miel. pg. 38. — Diese drei Mémoires im selben Jahre mit besonderen Seitenzahlen gedruckt, bilden eigentlich drei verschiedene Werke, finden sich aber meist zusammengebunden, wo dann die beiden folgenden den zweiten Theil bilden. — Reimpr. Nimes, Gaude, 1778. 8. (cf. Querard. T. 8. p. 485.)

Ed. auctior: Mémoires sur l'éducation des vers à soie. Nouvelle édition, mise dans un meilleur ordre, et augmentée d'observations faites en Italie, qui servent à confirmer et à développer la théorie et la pratique des éditions précédentes. Avignon, Niel, 1788. 8. pg. 296, 92, 13. (cf. Querard l. c.)
*Götting. gel. Anz. 1764. p. 705—708; p. 737—739.
Stuttg. Shon. phys. Abh. T. 8. p. 103.

Ital. Uebers. Milano, Galeazzi, 1765. 8. 1 vol.
(Diacon. regina. di F. Re. T. 4. p. 31.)

*4. Observation sur l'origine du miel. Nimes, 1763. 8. pg. 38.
(Bildet ein Mém. in No. 2.)
*Rozier Journ. de Physique. 1773. T. 1. p. 187—197. — Berl. Samml. T. 6. p. 453—479.
*Uebers. Ganze onserien. Abhandl. 1774. p. 394—416.

5. De venenatis Galliae animalibus. Dissert. (mit Berthelot.) Montpellier, 1763. 4.

Sauveur (Jules), in Brüssel.

*1. Observations sur la découverte et les moeurs d'un Hyménoptère. (Eurylabus dirus.)
Ann. Soc. Ent. Belge. 1861. T. 5. p. 69—72.

Sauzey, Conseiller à Lyon.

*1. Rapport sur les résultats d'une éducation comparée de vers à soie faite a Villeurbanne en 1838.
Ann. Soc. d'Agric. Lyon. 1838. T. 1. p. 319—330.

*2. Rapport sur les résultats des divers procedés employés jusqu'à ce jour pour la destruction de la Pyrale de la vigne.
Ann. Soc. d'Agric. Lyon. 1842. T. 5. p. 359—372.

*3. Mémoire sur la Cochilis omphagiella (Teigne de la vigne) et moyen de la détruire.
Ann. Soc. d'Agric. Lyon. 1847. T. 10. p. 423—430.

*4. Rapport sur une éducation expérimentale de vers à soie faite en Juin 1847.
Ann. Soc. d'Agric. Lyon. 1847. T. 10. p. 603—673.

*5. Rapport au nom de la commission des soies sur ses travaux en 1849.
Ann. Soc. d'Agric. Lyon. sér. 2. 1849. T. 1. p. 318—371.

*6. Rapport au nom de la commission des soies sur ses travaux en 1853.
Ann. Soc. d'Agric. Lyon. sér. 2. 1854. T. 6. p. 35—103. (wohl v. Sauzey, jedoch nicht von ihm gezeichnet.)

*7. Rapport sur l'ouvrage de M. Duseigneur sur la physiologie du cocon et du fil de soie.
Ann. Soc. d'Agric. Lyon. sér. 2. 1855. T. 7. Proc. verb. p. 17—20.

Sava (Robert).

1. Lucubrazioni sulla Flora e Fauna del Etna etc. Milan, 1844. 8.
(cf. Agassiz. IV. p. 347.)

Savage (Thomas S.). Dr., Missionair.

1. On African Insects.
Boston Soc. May. 1840. — *Sillim. Amer. Journ. 1841. T. 40. p. 394.

*2. On the Goliathus cacicus.
Ann. and Mag. Nat. Hist. 1842. T. 9. p. 496.

*3. On some of the Insects of Cape Palmas.
*Ann. and Mag. Nat. Hist. 1847. T. 19. p. 67—69.

*4. On the Habits of the Drivers, or Visiting Ants of West Africa.
Trans. Ent. Soc. Lond. 1847. T. 5. p. 1—15.
*Froriep Notiz. 1848. T. 5. p. 121. — Bibl. univers. Genève. 1848. No. 21.
*Proc. Acad. Nat. Sc. Philad. 1849. T. 4. p. 195—200.

*5. Observations on the species of Termitidae of West Africa, described by Smeathman as T. bellicosus and by Linnaeus as T. fatalis.
Proc. Acad. Nat. Sc. Philad. 1849. T. 4. p. 211—221.
*Reimpr. Ann. and Mag. Nat. Hist. 1850. T. 5. p. 92—104.

Savérien (Alexandre), geb. 16. Juli 1720 in Arles, gest. 28. Mai 1805 in Paris.

1. Histoire des progrès de l'esprit humain dans les sciences et dans les arts qui en dependent. Paris, 1778. 8. pg. 510.
(Insectes et Insectologie.) (Lacordaire.)

Savi (Paolo), gest. 1844 als Prof. der Zoologie und Botanik in Pisa.

1. Osservazioni sopra la Blatta acervorum di Panzer. Pisa, 1820. 8.
(Lacordaire.)

de Savigny (Marie Jules César Lelorgne), geb. 5. April 1777, gest. 5. October 1851, wurde blind durch angestrengte Arbeit.

*1. Fünfzig Tafeln Abbildungen von Apteren, (7) Orthopteren, (3) Neuropteren, (20) Hymenopteren in der Description de l'Egypte. fol. (ohne Text.) 1809—1813. — cf. Audouin No. 9.

*2. Mémoires sur les animaux sans vertèbres. Paris, Dufour, 1816. 8. 2 vol. tab. 32.
(Vol. 1. handelt von Insecten. pg. 118 et 120.)
*Isis. 1818. p. 1080; p. 1300—1315.

*3. Observations sur la bouche des papillons, des Phalènes et des autres insectes lépidoptères.
Bullet. Sc. Soc. philom. 1814. p. 169—170.
Isis. 1818. VII. p. 1405—1119; 1820. VIII. Litt. Anz. p. 650; IX. Litt. Anz. p. 702.

Saxesen (W.). Ursprünglich Apotheker, dann Lehrer an der Forstschule in Clausthal, lebte zuletzt wegen Schwäche seiner Augen in Ruhestand versetzt, in Kiel, und starb vor etwa zehn Jahren in Hamburg, wohin er vor der Cholera geflüchtet war.

1. Nachrichten über die im Harz gefundenen Insecten.
   Zimmermann, das Harzgebirge. 1834. (cf. Speyer, geogr. Verbr. I. p. 442.)

*2. Elater Heyeri.
   Isis. 1838. XI. p. 833. — *Erichson Bericht. 1838. p. 51.

*3. Bemerkungen über Fichten-Lyden.
   Stett. Ent. Zeit. 1840. T. 1 p. 15.

*4. Beschreibung der Fichtenwickler.
   Ratzeburgs Forstinsecten. T. 2. p. 213—230. tab. 12 et 13. (auch separat.)

*5. Verzeichniss der bis dahin am Harze gefundenen Blatt- und Holzwespen.
   Vier Verzeichnisse als Beiträge zur Kenntniss der Flora und Fauna des Harzes. Nordhausen. 1842. 8. p. 1—14.

Say (Thomas), geb. 27. Juli 1787 in Philadelphia, gest. 10. October 1834 als Professor der Naturgeschichte in Philadelphia. Verzeichniss seiner Schriften in Magaz. of N. H. ser. 2. 1839. T. 3. p. 139. von Doubleday; reimpr. von Schaum Stett. Ent. Zeit. 1849. p. 317; von Sharswood Linnaea XIII. p. 350. *Biographie von G. Ord. ed. Leconte T. I. p. VII—XXIV. Seine Manuscripte besass Harris.

*1. Description of several new species of North American insects. (5 Cicindela, 1 Nemognatha, 1 Zonitis, 1 Diopsis.)
   Journ. Acad. Nat. Sc. Philad. June 1817. T. 1. p. 19—23.
   *Reimpr. ed. Leconte. T. 2. p. 1—4.

*2. Some account of the insect known by the name of the Hessian Fly and of a parasitic insect that feeds on it.
   Journ. Acad. Nat. Sc. Philad. July and Aug. 1817. T. 1. p. 45—48; p. 63—64. tab. 1 col.
   *Reimpr. ed. Leconte. T. 2. p. 4—7.

*3. Monograph of the North American insects of the genus Cicindela. tab. 1.
   Transact. Amer. Philos. Soc. Philadelph. new ser. 1818. T. 1. I. p. 401—426. 1 pl.
   *Reimpr. ed. Leconte. T. 2. p. 415—433. tab. 1. — Férussac Bullet. 1823.

*4. Descriptions of the Thysanurae of the United States.
   Journ. Acad. Nat. Sc. Philad. 1821. T. 2. P. 1. p. 11—14.
   *Reimpr. ed. Leconte. T. 2. p. 7—9.

*5. On a South American species of Oestrus, which infests the human body.
   Journ. Acad. Nat. Sc. Philad. Decembr. 1822. T. 2 P. 2. p. 353—360.
   *Reimpr. ed. Leconte. T. 2. p. 32—38.
   *Férussac Bullet. 1823. T. 3. p. 284—285. — *Froriep Notiz. 1823. T. 6. p. 177—180.

*6. Descriptions of insects of the families Carabici and Hydrocanthari inhabiting North America.
   Trans. Amer. Philos. Soc. Philadelph. new ser. 1823. Vol. 2. p. 1—109.
   *Reimpr. ed. Leconte. T. 2. p. 433—531. — *Férussac. Bullet. 1828. T. 14. p. 148—150.

7. Descriptions of some new species of Hymenopterous insects collected during the expedition to the Rocky Mountains under the command of Major Long in 1819—1820.
   Western Quarterl. Report. Cincinnati. Jan. Febr. March. 1823. T. 2. No. 1. p. 71—82.
   *Reimpr. ed. Leconte. T. 1. p. 161—169.

8. Description of insects belonging to the order Neuroptera Linn. and Latr., collected by the expedition under the command of Major Long.
   Western. Quarterl. Report. Cincinnati. Apr. May. Jun. 1823. T. 2. No. 2. p. 160—165.
   *Reimpr. ed. Leconte. T. 1. p. 170—175.
   Von No. 7 u. 8 existiren selbst in Nord-America nur Abschriften; meines Wissens ist ein Exemplar des T. 2 vom Western Quart. Report. bis jetzt nicht bekannt.

*9. Descriptions of Dipterous insects of the United States.
   Journ. Acad. Nat. Sc. Philad. 1823. T. 3. p. 9—54; p. 73—104.
   *Reimpr. ed. Leconte. T. 2. p. 35—80. — *Férussac. Bullet. 1824. T. 3. p. 109—111.

*10. Descriptions of Coleopterous insects collected in the Expedition to the Rocky Mountains. (356 spec.)
   Journ. Acad. Nat. Sc. Philad. 1823. T. 3. p. 139—216; p. 238—282; p. 298—331; p. 403—462; 1824. T. 4. p. 83—99. — *Reimpr. ed. Leconte. T. 2. p. 80—239.
   Férussac. Bullet. Juin. 1824; Septbr. 1825; Febr. 1826.

*11. Account of the insect (Aegeria exitiosa) so injourious to the Peach-tree. (cf. J. Worth.)
   Journ. Acad. Nat. Sc. Philad. 1823. T. 3. p. 216—217.
   *Reimpr. ed. Leconte. T. 1. p. 39—41.

12. Keatings narrative of an expedition to the source of St. Peters River, Lake Winnepeck, Lake of the Woods under the command of Major Long 1823. Philadelphia, 1824. 8. Appendix. T. II. p. 268—378. (Coleopt. 67, Orthopt. 1, Hemipt. 7, Neuropt. 11, Hymen. 74, Dipt. 39.)
   *Férussac. Bullet. 1828. T. 8. p. 160—162. — *Reimpr. ed. Leconte. T. 1. p. 176—258.

*13. **American Entomology, or Descriptions of the Insects of North America; illustrated by coloured Figures from original Drawings executed from nature.** Philadelphia Museum, Mitchell. 8.
*Vol. I. 1824. tab. 18 color. (partim sine numero). pg. 113 et praef. pg. 6. (sine pagina) 1 Titelkpfr. (17 Coleopt., 2 Orthopt., 1 Hempt., 2 Hymenopt., 3 Lepidopt., 15 Dipt.)
Entr. Jena. Allgem. Zeit. 1826. Aug. No. 145. p. 195. — Beck. Repertor. 1827. No. 7.
*Thon Archiv. T. 1. 2. p. 40—42.
*Die ersten 6 Tafeln nebst ihrer Beschreibung erschienen unter dem Titel American Entomology. Philadelphia, 1817. 8.
*Vol. II. 1825. tab. 19—36 color. Text s. p.
*Vol. III. 1828. tab. 37—54 color. Text s. p.
*Reimpr. ed. Leconte. T. I. p. 1—121. tab. 54. col.

*Dana: A glossary to Say's Entomology. Philadelphia, Mitchell, 1825. 8. pg. 37.
*Reimpr. ed. Leconte. T. 1. p. 123—160.

*14. **Descriptions of new American species of the genera Buprestis, Trachys and Elater.**
Ann. Lyceum New York. Febr. Jan. 1823. Vol. I. p. 249—268.
Separat. New York. 1826. 8. — *Reimpr. ed. Leconte. T. I. p. 386—401.
*Féruss. Bullet. 1827. T. 12. p. 258—259.

*15. **Descriptions of new Hemipterous (and Orthopterous) Insects collected in the Expedition in the Rocky Mountains.**
Journ. Acad. Nat. Sc. Philad. March. April. 1825. T. 4. p. 307—345.
*Reimpr. ed. Leconte. T. 2. p. 237—290. — *Féruss. Bull. Mars. 1826. T. 7. p. 401—407.

*16. **Descriptions of new species of Hister and Hololepta inhabiting the United States.**
Journ. Acad. Nat. Sc. Philad. June. July. 1825. T. 5. p. 32—47.
*Reimpr. ed. Leconte. T. 2. p. 260—271. — *Féruss. Bullet. 1827. T. 11. p. 156—159.

*17. **Descriptions of new species of Coleopterous Insects inhabiting the United States.**
Journ. Acad. Nat. Sc. Philad. 1825. T. 5. 1. p. 160—204; 1827. T. 5. 2. p. 237—284; p. 293—304.
*Reimpr. ed. Leconte. T. 2. p. 271—345. — Féruss. Bullet. 1828. T. 14. p. 149.

18. **Note on Le Contes Coleopterous Insects of North America.**
Contrib. Maclur. Lyceum. Philadelph. 1827. July 1. p. 29—30.
*Reimpr. ed. Leconte. T. 1. p. 372.

19. **Descriptions of new species of Hymenoptera of the United States.**
Contrib. Maclur. Lyceum. Philadelph. 1828. Jan. 1. p. 67—83.
*Reimpr. ed. Leconte. T. 1. p. 373—385.
*Féruss. Bullet. 1829. T. 18. p. 468—471.

*20. **Descriptions of North American Dipterous Insects.**
Journ. Acad. Nat. Sc. Philad. 1829—1830. T. 6. P. 1. p. 149—178; 1830. P. 2. p. 183—188.
*Reimpr. ed. Leconte. T. 2. p. 348—371.

21. **Correspondence relative to the Insect that destroys the Cotton Plant. (Noctua xylina.)**
New Harmony Disseminator. 1830.
Reimpr. Trans. Agric. Soc. New York. 1857. T. 17. p. 813—816.
*Reimpr. ed. Leconte. T. 1. p. 369—371.

*22. **Descriptions of new North American Insects and observations on some already described. (Coleoptera.)**
New Harmony. March 1830. p. 65—67; August 1834. p. 81—83. (Amblycheila-Mrg. Carol.; — von Brachinus stygicornis bis Fungus caliginosus separat. pg. 13.)
*Reimpr. partim. Trans. Amer. Philos. Soc. Philadelph. 1834. T. 4. p. 409—470; *1839. T. 6. p. 155—190.
*Separat. New Harmony. 1830—1833. pg. 85.
*Reimpr. ed. Leconte. T. 2. p. 531—628.

*23. **Descriptions of new North American Hemipterous Insects belonging to the first family of the section Homoptera of Latreille.**
Journ. Acad. Nat. Sc. Philad. 1830. T. 6. p. 235—269; p. 299—314.
*Reimpr. ed. Leconte. T. 2. p. 371—387.

*24. **Descriptions of new species of Curculionites of North America with observations on some of the species already known.**
New Harmony. Indiana. 1831. 8. pg. 30. — *Reimpr. ed. Leconte. T. 1. p. 260—290.

*25. **Descriptions of new species Heteropterous Hemiptera of North America.**
New Harmony. Dec. 1831. 8. pg. 39.
Reimpr. Trans. Agric. Soc. New York. 1857. T. 17. p. 755—812.
*Reimpr. ed. Leconte. T. 1. p. 310—368.

*26. **New species of North American Insects found by Joseph Barabino chiefly in Louisiana.**
New Harmony. Jan. 1832. 8. pg. 16.
*Reimpr. ed. Leconte. T. 1. p. 300—309.
*Separat. Indiana. March. 1831. 8. pg. 19.

(Say, Thomas.)

*27. Descriptions of new North American Coleopterous insects with observations on some already described.
Boston. Journ. Nat. Hist. May 1835. T. 1. No. 2. p. 151—203.
*Reimpr. ed. Leconte. T. 2. p. 630—671.

*28. Descriptions of new species of North American Hymenoptera and observations on some already described.
Boston. Journ. Nat. Hist. May 1836. No. 3. T. 1. and May. 1837. No. 4. p. 210—305; p. 361—416. — *Reimpr. ed. Leconte. T. 1. p. 672—788.

*29. Descriptions of new North American Neuropterous insects, and observations on some already described.
Journ. Acad. Nat. Sc. Philad. 1839. T. 8. P. 1. p. 9—48. (opus posthumum.) (Libellul. 41, Ephem. 5, Hemerob. 2.) — *Reimpr. ed. Leconte. T. 2. p. 398—414.

*30. Oeuvres entomologiques, contenant tous les mémoires, que Th. Say a publiés dans les Journaux scientifiques des Etat Unis sur l'Entomologie de l'Amérique du Nord: rec. et trad. par Gory. Paris, 1837. 8. Livrais. 1—3. (p. 1—80; —160. 1 pl.; —240.)
Ann. Soc. Ent. Fr. T. 6. Bull. p. 104.

*31. The complete of Writings of Thomas Say on the Entomology of North America edited by John L. Le Conte, with a Memoir of the Author by George Ord. New York, Baillière, 1859. 8. 2 vol. Tom. I. pg. 24 et 412. tab. 54. col. (tab. 1—36 originalplates); T. II. pg. 4 et 814. tab. 1.

Scaliger (Julius Cäsar), geb. 23. April 1484 zu Ripa im Gebiet Verona (oder in Padua), gest. 21. Octbr. 1558 in Agen. Arzt.

1. Exotericarum exercitationum liber XV de subtilitate ad H. Cardanum. Lutetiae, 1557. 4. foll. 476.
(cf. Bibl. Banks. I. p. 70.)
Basel, 1560. 8. — Francfurt, 1592. 8. — Francfurt, 1607. 8. — Hanoviae, 1634. 8. pg. 1078.

2. De Cantharidibus.
Exoteric. exerc. 184. p. 603.

3. De apibus et bombycibus, melle vesparum.
Exoteric. exerc. 191. p. 622. (cf. Boehmer. II, 2. p. 205.)

4. De locustis.
Exoteric. exerc. 192. p. 625. (cf. Boehmer. II, 1. p. 54.)

Scarll (Jo. Chrys.).

1. Lettere fisicali. Venezia, 1740. 4. tab. 2.
(Insecten im Brief 4; de Bombyce Brief 9.)
*Rel. Acta Erudit. 1741. p. 137. (cf. Boehmer. II, 2. p. 132.)

Schaeffer (Jacob Christian), geb. 30. Mai 1718 in Querfurt, gest. 5. Januar 1790 in Regensburg. Dr. Theol. u. Prediger in Regensburg.

*1. Nachricht von einer Raupe, so etliche Jahre an manchen Orten in Sachsen vielen Schaden gethan, nebst einigen aus der Natur dieser Raupe hergeleiteten Vorschlägen, dieselbe am leichtesten zu verringern und auszurotten. (Phal. dispar. L.) Regensburg (Montz), 1752. 4. pg. 20.
Ed. II. cf. No. 8.

*2. De Musca Cerambyce, seu Cerambyce spurio, novum insectorum ordinem constituente. Epistola ad Dominum de Reaumur. (Molorchus.) Norimbergae, Seligmann, 1753. 4. tab. 1 col. pg 14.
Ed. II. Ratisbonae, Seiffart, 1757. 4. tab. 1 col. pg. 14.
Deutsch unter dem Titel:
*Der Afterholzbock vormals in einem lateinischen Sendschreiben an den Herrn von Reaumur jetzo in deutscher Sprache beschrieben, und mit einer Nachricht von der Frühlingsfliege mit kurzen Oberflügeln begleitet. (Molorchus, Nemora.) Regensburg, Weiss, 1755. 4. pg. 20. tab. 1 col.
Ed. II. Regensburg, 1763. 4. pg. 20. tab. 1 col.
*Reimpr. Schaeffer Abhandl. T. 1. p. 385—402.
Comment. Lips. T. 2. p. 67; T. 5. p. 534.

*3. Die Sattelfliege. Regensburg, Weiss, 1753. 4. pg. 11 et 20. tab. 1 col.
Ed. II. Regensburg, 1762. 4.
*Reimpr. Schaeffer Abhandl. T. 2. p. 241—258.
Comment. Lips. T. 3. p. 675.
Zink Leipz. Samml. T. 10. p. 156.
Gotting. gel. Anz. 1753. p. 624.

*4. Neuentdeckte Theile an Raupen und Zweyfaltern, nebst der Verwandlung

der Hauswurzraupe zum schönen Tagvogel mit rothen Augenspiegeln. (Pap. Apollo.) Regensburg, Weiss, 1754. 4. pg. 54. tab. 2 col.
Ed. II. Regensburg, Weiss, 1763. 4. pg. 54. tab. 2 col.
*Reimpr. Schaeffer Abhandl. T. I. p. 59—112.
Comment. Lips. T. 4. p. 713. — Leipz. gel. Zeit. 1755. p. 189. —
Erlang. gel. Anmerk. 1755. p. 98. — *Götting. gel. Anz. 1755. p. 35.

*5. Das fliegende Uferaas oder der Haft, wegen desselben am 11. August an der Donau, und sonderlich auf der steinernen Brücke zu Regensburg ausserordentlich häufigen Erscheinung und Fluges. (Paling. virgo.) (Regensburg) Zunkel, 1757. 4. pg. 31.
Eine Kupfertafel die Cobres I. p. 272 u. Engelmann p. 200 angeben, finde ich nur bei der Reimpr. in den Abhandlungen.
*Reimpr. Schaeffer Abhandl. T. 2. No. 1. p. 1—80.
Siehe Leips. Samml. T. 14. — Leipz. gel. Zeit. 1757. p. 766.
Erlang. gel. Anmerk. 1758. p. 1. — *Götting. gel. Anz. 1757. p. 1240—1245.

6. Verschiedene Zweifalter und Käfer mit Hörnern beschrieben. Regensburg, Weiss, 1758. 4. pg. 38. tab. 3 col.
Edit. II. Regensburg, Weiss, 1763. 4. pg. 38. tab. 3 col.
*Reimpr. Schaeffer Abhandl. T. 2. p. 113—152.
*Götting. gel. Anz. 1759. p. 232—234.
*Entr. Oek. Phys. Abhandl. 1759. T. 16. p. 931—956. — Erlang. gel. Anmerk. 1758. p. 430.
Leipz. gel. Zeit. 1758. p. 701.

*7. Der wunderbare und vielleicht in der Natur noch nie erschienene Eulenzwitter, nebst der Baumraupe aus welcher derselbe entstanden, und welche vor einigen Jahren an vielen Orten Sachsens überaus grossen Schaden gethan hat, beschrieben und mit einigen auf die Natur dieser Raupen sich gründenden Vorschlägen sie am leichtesten zu verringern und am sichersten auszurotten begleitet. (Phal. dispar L.) Regensburg, Montag, 1761. 4. pg. IV et 30. tab. 1 col.
Ed. II. Regensburg, 1763. 4. pg. 32. tab. 1 col.
*Reimpr. Schaeffer Abhandl. T. 2. p. 313—344.
Comment. Lips. T. 10. p. 669. — Leipz. gel. Zeit. 1762. p. 250.
*Erlang. gel. Beitr. 1767. p. 233. — *Götting. gel. Anz. 1763. p. 471.

*8. Der weichschaalige Kronen- und Keulenkäfer. (Cerocoma.) Regensburg, Montag, 1763. 4. pg. IV et 22. tab. 1 col.
*Reimpr. Schaeffer Abhandl. T. 2. p. 289—312.

*9. Das Zweifalter oder Afterjüngferchen beschrieben. Regensburg, Montag, 1763. 4. pg. IV et 26. tab. col.
*Reimpr. Schaeffer Abhandl. T. 2. p. 257—288.
*Götting. gel. Anz. 1764. p. 391. — *Leipz. gel. Zeit. 1764. p. 258.
*Erlang. gel. Beitr. 1764. p. 373—376. — Comment. Lips. T. 13. p. 778.
Alton. gel. Merc. 1765. p. 310. — Gazett. litt. Berl. 1764. p. 32.

*10. Opuscula Entomologica quae jam inititula habet auspiciis etc. Regis Friderici V. proxime edenda indicit eorumque specimina quaedam exhibet. Nachricht und Proben von der etc. nächstens zu liefernden Herausgabe gewisser unternommener Insectenwerke. Regensburg, Montag, 1764. 4. pg. 24. tab. 3 col. Latein. u. deutsch.
Regensburg. Nachricht. 1765. Stück 10. — *Erlang. gel. Beitr. 1764. p. 876—878.
Gazett. littér. d'Europe. 1765. Juillet p. 170. — Alton. gel. Merc. 1765. p. 47.

*11. Die Maurerbiene in einer Rede beschrieben. Regensburg, Montag, 1764. 4. pg. IV et 38. tab. 5 col.
*Reimpr. Schaeffer Abhandl. T. 3. p. 1—38.

*12. J. C. Abhandlungen von Insecten. Regensburg, Montag. 4.
T. I. 1764. pg. XXXX et 402. tab. 16; T. II. 1764. pg. 344. tab. 18; T. III. 1779. pg. IV. et 158. tab. 11.
Wittenb. gel. Nachr. 1780. p. 253. — Berl. Samml. T. 9. p. 109.
Es befinden sich darin wieder abgedruckt in:
T. I. die No. 2, 4; T. II. die No. 3, 5, 7, 8, 9; T. III. die No. 11.
*Ausserdem folgende Abhandlungen:
2. Die [illegible]raupe. p. 31—50. tab. 1 col.
3. Der flügellose Blattkäfer (Chrysom. tenebrioides). p. 51—64. tab. 2 col.
4. Der Blasenblattkäfer (Chrysom. populi). p. 65—80. tab. 1 col.
5. Die Ellernraupe. p. 81—90. tab. 1 col.
6. Die grüngelbe Gesellschaftsraupe (Polyomm. Rubi). p. 91—98. tab. 1 col.
7. Der Geiferkäfer (Silpha). p. 99—108. tab. 1 col.
8. Die Tannensägefliege (Lophyrus Pini). p. 109—118. tab. 1 col.
9. Der Kropfkrautrüsselkäfer (Curcul. scrophulariae). p. 119—124. tab. 1 col.
10. Die Springfeder-Bienen. p. 125—130. tab. 1 col.
11. Die Afterwespe (Crabro cribrarius). p. 131—144. tab. 1 col.
12. Der Federfalter (Pterophorus). p. 145—150. tab. 1 col.
13. Die Blattlausfresser-Fliege (Syrphus). p. 151—158. tab. 1 col.

(**Schaeffer**, Jacob Christian.)

*13. Zweifel und Schwürigkeiten, welche in der Insectenlehre noch vorwalten. Regensburg, Montag, 1766. 4. pg. 40. tab. 1 col.
Schneider Entom. Magaz. T. I. p. 125.
*Allgem. deutsche Bibl. T. 7. Stück 2. p. 280. — *Erlang. gel. Anmerk. 1766. p. 73—77.

*14. Fernere Zweifel und Schwürigkeiten, welche in der Insectenlehre annoch vorwalten. Wobei zugleich auf dasjenige nothdürftig geantwortet wird, was in einem öffentlichen Blatte diesfalls erinnert ist. Regensburg, Zunkel, 1766. 4. pg. II et 28. tab. 1 col.
*Erlang. gel. Anmerk. 1766. p. 313—320. — *Leipz. gel. Zeit. 1766. p. 90—92.
Alton. gel. Merc. 1766. p. 86 et 1767. p. 92. — *Allgem. deutsche Bibl. T. 6. Stück 1. p. 308.
Comment. Lips. T. 15. p. 145. — *Goetting. gel. Anz. 1767. p. 77—85.

*15. Elementa Entomologica; 135 tabulae aere excusae floridisque coloribus distinctae. Ratisbonae, Weiss, 1766.
Einleitung in die Insectenkenntniss; 135 ausgemahlte Kupfertafeln. Regensburg, Weiss, 1766. 4.
pg. 9 Vorrede, Register, pg. 135 (s. l.); tab. 135 (auf 68 bezeichnete Blätter gedruckt, nämlich auf beiden Seiten des Blattes, 3 ausgenommen; Cobres I. p. 275. giebt 65 unbezeichnete Blätter an).
Comment. Lips. T. 15. p. 150. — *Allgem. deutsche Bibl. T. 8. Stück 1. p. 263—265.
*Erlang. gel. Anmerk. 1766. p. [illegible]—70. — Halle gel. Zeit. 1766. p. 217.
Alton. gel. Merc. 1766. p. 123. — *Schroet. Abhandl. 1776. T. I. p. 429.
Gazett. littér. d'Europe. 1766 Juillet. p. 176. — Lesks Anfa. T. I. p. 411.

*16. Elementorum Entomologicorum appendix V insectorum nova genera exhibens.
Fünf neue Insectengeschlechter zur Einleitung in die Insectenkenntniss. Tab. V vivis coloribus expressae. Ratisbonae (Manz), 1777. 4. pg. 6 (s. l.). tab. 5 auf 3 Blätter gedruckt.
Leipz. allgem. Verz. 1777. p. 600. — Jen. gel. Zeit. 1778. p. 467.
Eine neue Ausgabe der Elementa nebst Appendix. (No. 15 u. 16.) Ratisbonae, 1780. 4. tab. 140 col. (Latein. u. deutsch.)
Ed. III. Ratisbonae, 1787. 4. tab. 140 col.
(cf. Engelmann p. 506.)

*17. Abbildung und Beschreibung des Mayenwurmkäfers, als eines zuverlässigen Hülfsmittels wider den tollen Hundsbiss. Regensburg, Montag, 1778. 4. pg. 20. tab. 1 col.
Comment. Lips. T. 23. p. 482. — Jena gel. Zeit. 1778. p. 682.

*18. Icones insectorum circa Ratisbonam indigenorum coloribus naturam referentibus expressae.
Natürlich ausgemahlte Abbildungen Regensburgscher Insecten. Regensburg, Zunkel. 4. (sine a. l.) 1766—1779.
*T. I. P. I. pg. 6 et 50. tab. 50 col. — P. II. pg. 18 et 50. tab. 50 col.
*T. II. P. I. pg. 3 et 50. tab. 50 col. — P. II. 1769. pg. 6 et 50. tab. 50 col.
*T. III. p. 8 et 80. tab. 80 col.
Die Kupfer laufen in der Zahl (bis 280) fort, und sind auf beide Seiten des Blattes gedruckt.
Comment. Lips. T. 17. p. [illegible]. — *Allgem. deutsche Bibl. T. 11. Stück 2. p. 281.
*Erlang. gel. Anz. 1767. p. 63 et 290. — Alton. gel. Merc. 1767. p. 101.
Gazett. littér. d'Europe. 1767 Juin. p. 413.
(Die Bestimmung der Arten cf. Panzer No. 11. u. G. A. Harrer No. 1.)

Schaeffer (Jacob Christian Gottlieb), geb. 7. Jan. 1752, gest. 1825? Sohn Christ. Schäffers, Arzt in Regensburg. Vater von Herrich-Schaeffer.

*1. Versuch einer medicinischen Ortbeschreibung der Stadt Regensburg. Regensburg, Montag, 1787. 8. pg. 220.
(Insecta p. 191—218.)

Herrich-Schaeffer (Gttl. Aug. Wilh.), geb. 1799 zu Regensburg, Kreis- u. Stadtgerichts-Arzt in Regensburg. Sohn des Vorigen.

*1. De generatione insectorum partibusque ei inservientibus. Dissert. inaugur. Ratisbonae, 1821. 8. tab. 1. pg. 28.

*2. Die Fortsetzung von Panzer Faunae insectorum Germaniae initia. (cf. Panzer No. 6.) Regensburg, (Manz), 1829—1844. 8. Heft 111—190. à 24 tab. col.

*3. Nomenclator entomologicus. Verzeichniss der europäischen Insecten, zur Erleichterung des Tauschverkehrs mit Preisen versehen. Regensburg, Pustet. 8.
Heft I. 1835. Lepidoptera und Hemiptera. letztere synoptisch bearbeitet und mit vollständiger Synonymie. pg. 116.
Heft II. Coleoptera, Orthoptera, Dermatoptera, Hymenoptera. pg. 40 u. pg. 244. tab. 8.

*4. **Die Fortsetzung** von Hahns **Abbildung wanzenartiger Insecten.** (cf. Hahn No. 3.) Nürnberg, Zeh, 1836—1853 von Bd. 3 Heft 3 bis Bd. 9.

*5. **Auseinandersetzung** der europäischen Arten einiger **Bienengattungen.** Nomada.

Germar Zeitschr. Entom. 1839. T. 1. p. 267—288.

*6. **Fauna Ratisbonensis,** oder Uebersicht der in der Gegend um Regensburg einheimischen Thiere. Animalia articulata. Classis I. Insecta. Als dritter Theil von Fuernrohrs naturhistorischer Topographie Regensburgs. Regensburg, Manz, 1840. 8. pg. 384.

*7. **Systematische Bearbeitung der Schmetterlinge von Europa,** als Text, Revision und Supplement zu J. Huebners Sammlung europäischer Schmetterlinge. Auch unter dem Titel: Systematische Beschreibung der Schmetterlinge von Europa mit Abbildungen der noch gar nicht oder nicht genügend abgebildeten Arten. Regensburg, Manz, 1843—1856. 4. 69 Hefte. Tom. VI. tab. 636 col. et 36 nigr.

T. I. 1843—1856. Tagfalter. tab. 1—134. Pap. tab. 1—7. Hesp. pg. 1—164. — T. II. 1845. Schwärmer, Spinner, Eulen. tab. 1. Coss. tab. 1 Hepial. tab. 1 Coss. et Hepial.; tab. 16 Zygaen.; tab. 10 Sesia; tab. 4 Sphinx; tab. 32 Bombyx; tab. 124 Noctua; tab. 4 Noctuol. pg. 450. — T. III. 1847. Spanner. tab. 94. pg. 184. — T. IV. Zuensler u. Wickler. 1849. tab. 23 Pyralis; tab. 59 Tortrix p. 288. — T. V. 1853—1855. Schaben u. Federmotten. tab. 124 Tinea; tab. 7 Pterophor. tab. 1 Micropteryx. pg. 394. — T. VI. 1843—1856. 36 schwarze Umrisstafeln mit Erläuterungen. Systema Lepidopterorum. Halbbogen A—S. Nachträge zu allen 5 Bänden pg. 178. — Verzeichniss zu allen 5 Bänden. pg. 72, 24, 64, 34, 18, 52. Verzeichniss der Macros et Micros pg. 48.

***Synonyma Lepidopterorum Europae.** Systematisches u. synonymisches Verzeichniss der Europäischen Schmetterlinge. Regensburg, Manz, 1856. 4. pg. 4 et 354.

(Abdruck aus dem Vorigen.)

*8. **Agenda entomologica,** periodisches Auftreten der Insecten.

Correspondenzbl. zoolog. mineral. Ver. Regensburg. 1847. T. 1. p. 81—112.

*9. **Ueber das auf Flügelrippen gegründete System der Schmetterlinge.**

Abhandl. d. zoolog. mineral. Ver. Regensburg. 1849. T. 3. p. 173—196. tab. 4.

*10. **Zur Litteratur der Schmetterlingskunde.**

Correspondenzbl. zoolog. mineral. Ver. Regensburg. 1849. T. 3. p. 26—30; p. 41—47; p. 53—56; p. 78—79; p. 111—114; p. 151—160; 162—173.

*11. **Sammlung neuer oder wenig bekannter aussereuropäischer Schmetterlinge.** Regensburg. 1850. 4. Heft 1. 10 pl. col. ohne Text.

*Nach Correspondenzbl. 1860 Beilage: 1850—1858. Mit 180 illum. Taf.

Auch unter dem Titel:

Lepidopterorum exoticorum species novae aut minus cognitae. Collection de nouvelles espèces de Papillons exotiques. Ratisbonae, Manz, 1853. 4.

*12. **Ueber die Endungen der Artnamen der Schmetterlinge.**

Correspondenzbl. zoolog. mineral. Ver. Regensburg. 1852. T. 6. p. 12—14.

*13. **Zur Synonymik der Schmetterlingskunde.**

Correspondenzbl. zoolog. mineral. Ver. Regensburg. 1852. T. 6. p. 17—32; p. 158—184.

*14. **Die Lepidopteren-Fauna der Regensburger Umgegend.** (cf. O. Hoffmann.

Correspondenzbl. zoolog. mineral. Ver. Regensburg. 1854.

*15. **Index alphabetico synonymicus insectorum hemipterorum heteropterorum. Alphabetisch-synonymisches Verzeichniss der wanzenartigen Insecten.** Nürnberg, Lotzbeck, 1853. 8. pg. 2 et 210.

*16. **Systematisches Verzeichniss der europäischen Schmetterlinge mit Einschluss der von den Sammlern gewöhnlich dazu gerechneten Sibirier u. Kleinasiaten.**

Correspondenzbl. zoolog. mineral. Ver. Regensburg. 1855. T. 9. p. 17—48.

*17. **Neue Schmetterlinge aus Europa und den angrenzenden Ländern.** Regensburg, Manz, 1856. 4. Heft 1. tab. 9 col. pg. 8; 1860. Heft 2. pg. 9—20. tab. 9. Heft 3. pg. 21—32. tab. 8.

*18. **Anzeige von Kaltenbach Phytophagen, Eversman Noctuélites, Lederer Noctuinen, Walker Lepidopterous Insects in the coll. of the Brit. Mus., Brauer Neuropt. austriaca, Koch Schmetterl. südw. Deutschl.**

Correspondenzbl. zoolog. mineral. Ver. Regensburg. 1857. T. 11. p. 172—179.

*19. **Vorbereitung zu einer Synonymik sämmtlicher Lepidopteren.**

Berl. Ent. Zeitschr. 1859. T. 3. p. 120—133.

*20. **Kritischer Anzeiger der Lepidopteren Werke von Guenée, Walker, Lederer, Speyer, und der Phytophagen von Kaltenbach.**

Correspondenzbl. zoolog. mineral. Ver. Regensburg. 1858. T. 12. p. 113—167; *1859. T. 13. p. 113—152; p. 175—182; 1860. T. 14. p. 67—82; p. 154—168.

(**Herrich-Schaeffer**, Gottl. Aug. Wilh.)

*21. Correspondenzblatt für Sammler von Insecten insbesondere von Schmetterlingen. Regensburg, Manz. 8. (erscheint monatlich.)
1860. T. 1. pg. 96; 1861. T. 2. p. 186.

*22. Eine neue Erebia der bayerischen Alpen (E. Reichlini.)
Correspondenzbl. 1860. T. 1. p. 4—5; p. 41—42.

*23. Revision der Europäischen Schmetterlingsfauna. (Papilionen, Tineiden.)
Correspondenzbl. 1860. T. 1. p. 19—21; p. 25—35; p. 38—40; p. 43—48; p. 53—55; p. 59—61; p. 67—69; p. 76—79; p. 83—87. 1861. T. 2. p. 99—103; p. 105—108; p. 117—119; p. 133—135; p. 142—144; p. 148—150; p. 163—164; p. 173—174.

*24. Anmerkungen zu Wallengren Nya Fjäril slagten. 1858.
Correspondenzbl. 1860. T. 1. p. 29—31.

*25. Zum Verständniss der Anfang December erscheinenden neuen Auflage des system. Verz. der Europ. Schmetterlinge.
Correspondenzbl. 1860. T. 1. p. 90—92.

*26. Ueber die Classification der Tortricinen.
Correspondenzbl. zoolog. mineral. Ver. Regensburg. 1860. T. 14. p. 165—186. Correspondenzbl. 1861. T. 2. p. 116.

*27. Systematisches Verzeichniss der Europäischen Schmetterlinge. (Regensburg, Verfasser). 1861. 8. pg. 36.

*28. Mittheilung etc. über Gastropacha arbusculae.
Stett. Ent. Zeit. 1861. T. 22. p. 56—57.

*29. Die Arten der Spanner-Gattung Eupithecia.
Correspondenzbl. 1861. T. 2. p. 121—125; p. 129—133.

*30. Sesia affinis.
Correspondenzbl. 1861. T. 2. p. 130.

*31. Ausbeute im Frühling 1861.
Correspondenzbl. 1861. T. 2. p. 139—142.

*32. Ueber Haworth Lepidoptera britannica.
Correspondenzbl. 1861. T. 2. p. 109—111.

*33. Revision der Lepidopteren mit besonderer Berücksichtigung der Aussereuropäer.
Correspondenzbl. 1861. T. 2. p. 145—153; p. 153—158; p. 161—163; p. 169—173; p. 177—179; p. 183—188.

*34. Ueber einige neue oder wenig bekannte Macrolepidopteren aus England.
Correspondenzbl. 1861. T. 2. p. 180—182.

*35. Sphinx Atropos als Honigdieb.
Correspondenzbl. 1861. T. 2. p. 182.

von Schaeven.

*1. Von Vertilgung der Wickelraupe.
Würzeburg. Wochenbl. 1779. T. 12. p. 233.
Hannöv. Magaz. 1779. p. 795.

Schaller (Georg).

1. Thierbuch. Sehr kuenstliche und Wohlgerissene Figuren von allerley Thieren, durch die weitberuehmten Jost Amman und Hans Borksberger, sampt einer Beschreibung ihrer Art, Natur und Eigenschafft, auch kurzweiliger Historien, so darzu dienstlich. Menniglich zum besten in Reimen gestellt. Durch den Ehrnhafften und Wohlgelehrten Georg Schallern von Muenchen. Frankfort a. M., 1592. 4. pg. 216 (s. I.) mit Holzschn.

Ed. II. durch Fr. Nic. Roth. Ibid. Hummen, 1617. 4. pg. 124. (s. I.) mit Holzschn.
(cf. Gobree. p. 286.)

Schaller (Johann Gottlob), geb. 1734, gest. 9. April 1813 in Halle. Hausverwalter am Waisenhause in Halle. „Fast die meisten Insecten, die Linné in der zwölften Ausgabe seines Natursystems unter Schrebers Autorität beschreibt, sind seine Entdeckungen, die er, Schreber, nach Upsala für Linné sandte.“ Germar Magaz. I, 2. p. 193.

*1. Neue Insecten beschrieben. (77 Coleopt.)
Schrift. naturf. Gesellsch. Halle. 1783. T. 1. p. 217—328.
*Allgem. Deutsche Bibl. T. 59. p. 461. — Reuss Repert. T. 1. p. 248—250.

*2. Etwas zur Naturgeschichte der sogenannten Sackträger. (Clythra.)
Schrift. naturf. Gesellsch. Halle. 1783. T. 1. p. 329—332.

*3. Beiträge zur Geschichte exotischer Papilionen.
Naturforscher. 1785. Stück 21. p. 175—170. tab. 2; 1788. Stück 23. p. 40—334. tab. 1.

Scharfenberg (Georg Ludwig), gest. 3. Dec. 1810. Pfarrer in Ritschenhausen in Meiningen.

*1. Lepidopterologische Beobachtungen und Berichtigungen.
Scriba Journal. 1791. Stück 3. p. 207—231.

*2. Entomologische Bemerkungen und Erfahrungen (Lepidopt. Coleopt.)
Scriba Journal. 1791. Stück 3. p. 244—255.

3. Vollständige Naturgeschichte der schädlichen Forstinsecten (mit Bechstein cf. No. 3.) Leipzig, Brockhaus, 1804—1805. 4. 3 vol.
4. Die schonungswerthen oder nützlichen Insecten.
    Forstinsecten, p. 933—976.

Scharschmid (Samuel).
1. De vermibus per nares excretis.
    Medizinische u. chirurgische Nachrichten. P. 1. p. 214. (cf. Wohlfahrt l. c. p. 18.)

Schaschl (Joh.).
*1. Naturhistorisches. Pterostichus planipennis, nov. spec.
    Perlach 1. Juli 1852. 1 Blatt. 8. s. p.
*2. Die Coleopteren der Umgegend von Ferlach.
    Jahrb. d. naturh. Museum in Kaernthen. 1853. Jahrg. 2. p. 99—144.
    * Gerstaecker Bericht. 1853. p. 33.

Schatiloff (J.).
*1. Mittheilungen über die Wanderungen des Gryllus migratorius auf der Taurischen Halbinsel im Jahre 1859 und über das Vorkommen einer Species von Gordiaceen in den Bauchhöhlen derselben. (mit Borszczow.)
    Bullet. Moscou. 1860. T. 33. p. 284—297.

Schaufuss (L. W.), Naturalienhändler in Dresden.
*1. Ancyloncycha rugipennis.
    Stett. Ent. Zeit. 1858. T. 19. p. 318. (Abgedr. aus seinem Preisverzeichniss pro 1858.)
*2. Description de Coléoptères nouveaux du genre Sphodrus.
    Revue et Magas. Zool. sér. 2. 1861. p. 12—15.
*3. Die europaischen ungeflügelten Arten der Gattung Sphodrus.
    Stett. Ent. Zeit. 1861. T. 22. p. 250—258.
*4. Anthicus vittatus Lucas.
    Stett. Ent. Zeit. 1861. T. 22. p. 324.
*5. Zwei neue Silphiden-Gattungen.
    Stett. Ent. Zeit. 1861. T. 22. p. 423—428.
*6. Zu Rhegmatocerus conicollis.
    Wien. Ent. Monatschr. 1862. T. 6. p. 64.
7. Ueber Sphodrus und Pristonychus.
    Sitzungsber. naturw. Gesellsch. Dresden. 1862.
*8. Quaesticulus adnexus und arcanus augenlose Silphiden aus Spanien. Notiz über einige in seiner Preisliste XVIII aufgeführte Käfer. Notizen über Coccinellen; Höhlenkäfer.
    Sitzungsber. naturw. Gesellsch. Dresden. 1862.

Schaum (Hermann Rudolph), geb. 1819 in Glauchau. Dr. Med. Professor in Berlin.
*1. Analecta Entomologica, Dissert. inaug. (Scydmaenus, Cremastochellus, Cetonia.) Halae, Voss. 1841. 8. pg. 59. c. 1 tab. color.
    * Isis. 1844. XII. p. 939.
*p. 1—31 auch unter dem Titel: Symbolae ad monographiam Scydmaenorum insectorum generis. Halis, 1841. 8. Dissert. inaug.
*2. Beitrag zur Kenntniss der norddeutschen Salzkäfer. (79 spec.)
    Germar Zeitschr. 1843. T. 4. p. 172—193.
*3. Bestimmung von Dejeans Scydmaenen. Verbleib von Dejeans Sammlung.
    Stett. Ent. Zeit. 1844. T. 5. p. 83—85.
*4. Bemerkungen über einige Arten der Gattung Hydroporus.
    Stett. Ent. Zeit. 1844. T. 5. p. 185—199.
*5. Observations critiques sur la famille des Lamellicornes mélitophiles. fig.
    Ann. Soc. Ent. Fr. sér. 2. 1844. T. 2. p. 333—420. Pars I. * 1849. T. 7. p. 241—295. Pars II.
*6. Catalogue des espèces connues qui entrent dans la famille des Lamellicornes mélitophiles.
    Ann. Soc. Ent. Fr. sér. 2. 1845. T. 3. p. 37—56.
*7. Entomologische Bemerkungen. (Aplon, Bembidium.)
    Stett. Ent. Zeit. 1845. T. 6. p. 141—147; p. 403—410; 1846. T. 7. p. 316—323; p. 353—356.
*8. Recension von Redtenbachers deutscher Käferfauna.
    Stett. Ent. Zeit. 1845. T. 6. p. 193—201.
*9. Anzeige der Käfer Europas von Dr. Küster.
    Stett. Ent. Zeit. 1845. T. 6. p. 181—184; 1846. T. 7. p. 60—63.
*10. Anzeige von Germars Fauna Insect. Eur. fasc. XXIII.
    Stett. Ent. Zeit. 1845. T. 6. p. 207—208.
*11. Nachträge zur Monographie der Gattung Scydmaenus.
    Germar Zeitschr. 1845. T. 5. p. 459—472.
*12. Anzeige von Gillmeisters Trichopterygia.
    Stett. Ent. Zeit. 1846. T. 7. p. 55—60.

(**Schaum**, Hermann Rudolph.)

* 13. Beitrag zur Kenntniss der von Sturm beschriebenen deutschen Carabicinen.
Stett. Ent. Zeit. 1846. T. 7. p. [illegible]—111.

* 14. Duplik gegen Motschulsky.
Stett. Ent. Zeit. 1846. T. 7. p. [illegible]—[illegible].

* 15. Bemerkungen über Fabricische Käfer.
Stett. Ent. Zeit. 1847. T. 8. p. [illegible]—37.

* 16. Bemerkungen über zweifelhafte Käfer Linné's.
Stett. Ent. Zeit. 1847. T. 8. p. 276—280; p. 316—318

* 17. Revision on the British Hydrocantharidae.
Zoologist. 1847. T. 5. p. 1887—1897.

* 18. On the British Species of Pselaphidae.
Zoologist. 1847. T. 5. p. 1827—1831.

* 19. Bemerkungen über Brittische Lauf- u. Wasserkäfer.
Stett. Ent. Zeit. 1848. T. 9. p. 34—44.
Ann. and Magaz. of N. H. ser. 2. 1849. T. 2. p. 32—[illegible].

* 20. Nachträge und Berichtigungen zu früheren Aufsätzen. (No. 11. 12. 13.)
Stett. Ent. Zeit. 1848. T. 9. p. [illegible]—[illegible].

* 21. Two Decades of new Cetoniidae. fig.
Trans. Ent. Soc. Lond. 1848. T. 5. p. 61—76.

* 22. Verzeichniss der Lamellicornia melitophila. Stettin, 1848. 8. pg. 74.

* 23. Notice relative à la distinction des espèces dans le genre Goliath.
Ann. Soc. Ent. Fr. sér. 2. 1848. T. 6. Bull. p. 31.

* 24. Notes on the Natural History of Aphides, translated from Ratzeburgs Forst-insecten.
Trans. Ent. Soc. Lond. 1849. T. 5. p. 62—64.

* 25. Einige Worte über die neue (Ed. III.) Ausgabe des Catalogus Coleopterorum Europae.
Stett. Ent. Zeit. 1849. T. 10. p. 102—107.

* 26. Artikel Fulgorellae.
Ersch u. Gruber Encyclop. 1850. T. 51. p. 54—72.

* 27. Bemerkungen über Ornithobia pallida Meig. u. Lipoptera Cervi Nitzsch.
Stett. Ent. Zeit. 1849. T. 10. p. 294—[illegible].

* 28. Zur Synonymie einiger europäischer Staphylinen.
Stett. Ent. Zeit. 1849. T. 10. p. 372—374.

* 29. Reisebriefe aus Nizza.
Stett. Ent. Zeit. 1850. T. 11. p. 178—187.

* 30. Synonymische Bemerkungen zu einigen Käferarten.
Stett. Ent. Zeit. 1851. T. 12. p. 267—273.

* 31. Necrolog von Melly.
Stett. Ent. Zeit. 1852. T. 13. p. 67—71.

* 32. Catalogus Coleopterorum Europae. Ed. 4. Berlin, 1852. 8.

* 33. Die Larven der Nemoptera.
Jahresber. naturw. Vereins. Halle. 1852. T. 5. p. 180—181.

* 34. Ueber Haemonia (Macroplea) Gyllenhalii Lac. u. Curtisii Lac.
Stett. Ent. Zeit. 1853. T. 14. p. [illegible]—[illegible].

* 35. Einige Worte gegen die Bekanntmachung einzelner Arten.
Stett. Ent. Zeit. 1853. T. 14. p. 213—218. (mit Zusätzen von Hering u. Dohrn.)

* 36. Necrolog von Germar. (Liste der Werke.)
Stett. Ent. Zeit. 1853. T. 14. p. 375—[illegible].
Ann. Soc. Ent. Fr. sér. 3. 1853. T. 1. p. [illegible]—[illegible].

* 37. Ueber die von Peters aus Mozambique mitgebrachten Hemipteren. (19 spec.)
Monatsber. Akad. Berlin. 1853. p. 356—359.

* 38. Encore un mot sur le genre Masaris. fig.
Ann. Soc. Ent. Fr. sér. 3. 1853. T. 1. p. 653—[illegible]; sér. 2. 1852. T. 10. Bull. p. 66—[illegible].

* 39. Quelques observations sur le groupe des Panagéites et description de sept nouvelles espèces.
Ann. Soc. Ent. Fr. sér. 3. 1853. T. 1. p. 429—441. fig.

* 40. Ueber die von Peters mitgebrachten Orthoptera aus Mossambique. (25 spec.)
Bericht. Verhandl. Akad. Berl. 1853. p. 775—780.

* 41. Quelques observations sur le travail de M. Jacquelin Duval „De Bembidiis europaeis.“
Ann. Soc. Ent. Fr. sér. 3. 1853. T. 1. p. 61—68.

* 42. On Heterorhina bicostata Westw.
Trans. Ent. Soc. Lond. sér. 2. 1853. T. 2. Proc. p. 34—35.

* 43. Erwiederung auf die Bemerkungen von Chaudoir.
Stett. Ent. Zeit. 1857. T. 18. p. 318—355.

* 44. Beschreibung von Bactria bituberculata aus Mossambique.
Bericht. Verhandl. Akad. Berl. 1857. p. 423—424.

* 45. Necrophilus arenarius Roux, die muthmassliche Larve von Nemoptera. fig.
Berl. Ent. Zeitschr. 1857. T. I. p. 1—9.

* 46. Beitrag zur Käferfauna Griechenlands. Stück I. (Cicindelidae, Carabici, Dytiscidae, Gyrinidae.)
Berl. Ent. Zeitschr. 1857. T. I. p. 116—158; 1862. T. 6. p. 101—114.

* 47. Mélanges entomologiques.
Ann. Soc. Ent. Fr. sér. 3. 1857. T. 5. Bull. p. 78—81.

* 48. Synonymische Bemerkungen über Coleoptera.
Berl. Ent. Zeitschr. 1857. T. I. p. 179—180; 1858. T. 2. p. 211; p. 379; 1859. T. 3. p. 85—87; 1860. T. 4. p. 81—94.

* 49. Recension von Lacordaire Genera des Coléopt. T. I—IV; Imhoff Versuch einer Einführ. in d. Stud. d. Coleopteren; Marseul Catal. Coleopt. d'Europe; Brauer Neuropt. Austriaca.
Berl. Ent. Zeitschr. 1857. T. I. p. 180—201.

* 50. Brief an die Redaction (Caraben) nebst Nachschrift der Redaction.
Stett. Ent. Zeit. 1858. T. 19. p. 63—66.

* 51. Ueber einige Bembidien.
Stett. Ent. Zeit. 1858. T. 19. p. 297—300. (Nachschrift von Dohrn.)

* 52. Cecidomyia secalina, dem Roggen schädlich.
Berl. Bank- u. Handelszeit. Fol. 1858. No. 318; No. 394; 1859. No. 3; No. 10.

* 53. Beiträge zur Käferfauna Syriens. P. I. Cicindelidae, Carabici, Dytiscidae, Gyrinidae.
Wien. Ent. Monatsschr. 1858. T. 2. p. 262—277.

* 54. Die Gattung Airanus Le Conte.
Berl. Ent. Zeitschr. 1858. T. 2. p. 77—78.

* 55. Recension von Jacquelin du Val Genera des Coléoptères d'Europe; Carus Icones zootomicae; Noerdlinger Kleine Feinde der Landwirthschaft.
Berl. Ent. Zeitschr. 1858. T. 2. p. 85—93.

* 56. Réponse à une notice de M. Dohrn relative au catalogue des Coléoptères.
Ann. Soc. Ent. Fr. sér. 3. 1858. T. 6. Bull. p. 87—88.

* 57. Catalogus Coleopterorum Europae. In Verbindung mit G. Kraatz u. H. v. Kiesenwetter. Berlin, Nicolai, 1859. 8. pg. 4 et 121.
*Recens. Wien. Ent. Monatsschr. T. 3. p. 210—221; p. 375—380.

Editio secunda aucta et emendata. Berlin, Nicolai, 1861. 8.

* 58. Drei neue Carabicinen Larven.
Berl. Ent. Zeitschr. 1859. T. 3. p. 33—41. fig.

* 59. Beiträge zur europäischen Käferfauna.
Berl. Ent. Zeitschr. 1859. T. 3. p. 12—50.

* 60. Recension von de Sélys Monographie des Gomphides; Gerstaecker Monographie der Endomychiden; Catalogus Coleopterorum Europae; Lenz Catalog der Käfer Preussens.
Berl. Ent. Zeitschr. 1859. T. 3. p. I—III; p. IX—XIII; p. XXI—XXV.

* 61. Die Gattung Cardiomera Bassi.
Berl. Ent. Zeitschr. 1860. T. 4. p. 61—67.

* 62. Das System der Carabicinen.
Berl. Ent. Zeitschr. 1860. T. 4. p. 161—170.

* 63. Beiträge zur Kenntniss einiger Laufkäfer-Gattungen. tab. I.
1. Die Cicindelen der Insel Luçon; 2. Die Arten der Gattung Therates; 3. Die Gattung Thyreopterus Dej.; 4. Die Gattung Pericalus Mac Leay; 5. Die Gattung Dercylus Lap.; 6. Die Gattung Pelecium Kirby; 7. Die Bembidien des tropischen Asiens; 8. Die Gattung Perigompeus Le Conte; 9. Tachys inflatus. n. sp.
Berl. Ent. Zeitschr. 1860. T. 4. p. 190—203.

* 64. Recension von Jacquelin du Val Genera Coleopterorum; Baly Catalogus of Hispidae; Schiner Diptera Austriaca; The Journal of entomology.
Berl. Ent. Zeitschr. 1860. T. 4. p. XXII—XXV; p. XLVII; p. XLVIII.

* 65. Ueber die Nomenclaturgesetze und den Catalogus Coleopterorum Europae.
Wien. Ent. Monatsschr. 1860. T. 4. p. 216—221.

* 66. Observations on the Nomenclature of British Carabidae, as etablished in the Catalogue of British Coleoptera by G. R. Waterhouse.
Entomologist's Annual. 1860. p. 119—125.

* 67. Notes, 1 sur les genres Singilis et Phloeozeteus etc.; 2 sur les Xylonotrogus et Elaphropus, ainsi que sur diverses observations de Mr. de Motschulsky.
Ann. Soc. Ent. Fr. sér. 3. 1860. T. 8. p. 632—639.

* 68. Eine Decade neuer Cicindeliden aus dem tropischen Asien.
Berl. Ent. Zeitschr. 1861. T. 5. p. 68—80. Taf. I; 1863. T. 6. p. 172—184.

* 69. Die Bedeutung der Paraglossen.
Berl. Ent. Zeitschr. 1861. T. 5. p. 81—91.

* 70. Synonymische Bemerkungen über Coleoptera.
Berl. Ent. Zeitschr. 1861. T. 5. p. 199—215; p. 408—407; 1862. T. 6. p. 202.

(**Schaum**, Hermann Rudolph.)

* 71. Ueber Coleoptera. (Carabus Merlini; Pelecium.)
Berl. Ent. Zeitschr. 1861. T. 5. p. [illegible].

* 72. Ueber die Gattung Pachycera Eschsch.
Berl. Ent. Zeitschr. 1862. T. 6. p. 100.

* 73. Litteratur: Catalogus Coleopterorum Europae. Ed. II. Putzeys Postscriptum ad Monogr. Clivinidarum; Loew Neue Beitr. z. Dipterenfauna Südafrikas; Berlepsch die Biene.
Berl. Ent. Zeitschr. 1862. T. 6. p. I—VI; p. XIII.

* 74. Ueber Diochus u. Rhegmatocerus.
Wien. Entom. Monatsschr. 1862. T. 6. p. 63—64.

* 75. Die Hemiptera u. Orthoptera von Mossambique.
Peters Reise nach Mossambique. 1862. T. 2. p. 35—[illegible]; p. 107—144; p. 558. tab. 3 col.
(beides war schon 1853 gedruckt.)

* 76. Naturgeschichte der Insecten Deutschlands (cf. Erichson No. 36.) T. 1. P. 1. Berlin, Nicolai, 1860. 8. pg. 8 u. 791. (Cicindelen, Caraben.)
(Erschien p. 1—180 1856; — p. 353 1857; — p. 553 1858.)

Schedl (Christian).

* 1. Beschreibung der ersten Stände von Eupithecia Mayeri Mann.
Verhandl. Wien. Zool. Bot. Verein. 1856. T. 6. p. 163—164.

* 2. Einige Bemerkungen über Psyche atra Freyer.
Wien. Ent. Monatsschr. 1857. T. 1. p. 73—75.

Scheffer (J.), Bürgermeister zu Moedling bei Wien.

* 1. Verzeichniss der grösstentheils in der Wiener Gegend vorkommenden Aderflügler.
Sitzungsber. Acad. Wissensch. Wien. 1851. T. 6. Heft 3. p. 370—380.
Separat. 1851. 8. pg. 10.

Scheiber (S. H.).

1. Vergleichende Anatomie und Physiologie der Oestriden-Larven. Theil I.
Sitzungsber. Akad. Wissensch. Wien. 1860. T. 41. p. 409—496. tab. 2.
(cf. Carus p. 1652.)

Schelhammer (Günther Christian), geb. 19. März 1649 in Jena, gest. 11. Januar 1716 in Kiel. Prof. Med.

1. De vivacitate Papilionum. (Ueberwinterung.)
Ephem. Acad. Nat. Curios. 1690. Dec. II. An. 9. Obs. 148. p. 250. (cf. Carus p. 578.)

Schellenberg (Johann Rudolf), geb. 1740 in Basel, gest. 6. Aug. 1806 in Toess. Maler, lieferte zu vielen Werken ausgezeichnete Kupfer (zu Füesslys Magazin u. Archiv; zu Roemer u. Sulzer Genera Ins.).

* 1. Helvetische Entomologie oder Verzeichniss der Schweizer Insecten, nach einer neuen Methode geordnet mit Beschreibungen und Abbildungen. (Anonym.) Zürich, Orell, 1798. 1806. 2 Tom. 8. tab. 16 et 32 col. Deutscher u. französ. Text.
Die französ. Uebers. s. bei Clairville.

* 2. Helvetisches Wanzengeschlecht. — Auch unter dem Titel: Das Geschlecht der Land- und Wasserwanzen in der Schweiz nach Familien geordnet. Zürich, Orell, 1800. 8. tab. 14 col. pg. 32.

* Latein. Uebers.: Cimicum in Helvetia aquis et terris degentium genus in familias redactum, observationibus et iconibus ad naturam delineatis. Zürich, Orell, 1800. 8. tab. 14 col. pg. 25.

* 3. Entomologische Beyträge. Winterthur, Steiner, 1802. 4. pg. 24. tab. 10 col.

* 4. Genres de Mouches diptères, représentés en 42 pl. col. projectées et dessinées, et expliquées par deux amateurs de l'entomologie.
Auch unter dem Titel: Gattungen der Fliegen in 42 Kupfertafeln entworfen und gezeichnet etc. erklärt durch zwei Liebhaber der Insectenkunde. (Französ. u. deutsch.) Zürich, Orell, 1803. 8. pg. 95. pl. 42 col.

Schelver (Franz Joseph), geb. 23. Juli 1778 in Osnabrueck, gest. 30. Novbr. 1832 in Heidelberg. Prof. Med.

* 1. Versuch einer Naturgeschichte der Sinneswerkzeuge bei den Insecten und Würmern. Göttingen, Dietrich, 1798. 8. pg. 88.
(Deutsche Uebers. einer lateinischen Preisschrift.)

* 2. Eine Anmerkung zu Bonnets Beobachtungen über die Blattläuse.
Wiedem. Arch. 1800. T. I. P. 2. p. 158—162.

* 3. Entomologische Beobachtungen, Versuche und Muthmassungen über den Flug und das Gesumme der zweiflügligen Insecten und insbesondere über die Schwingkölbchen und Schüppchen unter den Flügeldecken derselben.
Wiedem. Arch. 1800. T. II. P. 1. p. 210—215.

*4. Eine merkwürdige physiologische Beobachtung. (Ueber den Consensus einzelner Theile.)
Wiedem. Arch. 1828. T. II. P. I. p. 218—222.

*5. Beobachtung über den Einfluss des Geschlechtsunterschiedes auf die Farbe der Insecten. (Lib. depressa.)
Wiedem. Archiv. 1828. T. II. P. I. p. 223—226.

Schembri (Antonio) in Malta.

*1. Description d'une nouvelle espèce de Leucopsis. (L. Costae.)
Ann. Soc. Ent. Fr. sér. 2. 1847. T. 5. Bull. p. 87.

Schenck (Carl Friedrich), Professor am Gymnasium in Weilburg.

1. Verzeichniss Nassauischer Dipteren.
Jahrb. d. Vereins f. Naturk. Herzogth. Nassau. 1850. Heft 6. p. 27—37; *1851. Heft 7. p. 107—110.

*2. Beschreibung Nassauischer Bienenarten; nebst Nachtrag.
Jahrb. d. Vereins f. Naturk. Herzogth. Nassau. 1851. Heft 7. Abth. 2 u. 3. p. 1—106. 1853. Heft 9. Abth. 1. p. 88—307. Register dazu. *1855. Heft 10. p. 151—160; 1859. Heft 14. p. 1—414.
*Das Letztere separat: Die Bienen des Herzogthums Nassau. Wiesbaden, Niedner, 1861. 8. p. 116.

*3. Beschreibung nassauischer Ameisenarten.
Jahrb. d. Vereins f. Naturk. Herzogth. Nassau. 1852. Heft 8. Abth. 1. p. 149.

*4. Ueber Hermaphroditen bei Insecten, vorzüglich bei Schmetterlingen.
Mittheil. aus d. Osterlande. 1852. T. 12. p. 1—41. tab. 1.

*5. Die Nassauischen Ameisen-Species.
Stett. Ent. Zeit. 1853. T. 14. p. 157—163; p. 185—194; p. 225—227; p. 298—301. 1854. T. 15. p. 63—64.

6. Monographie der geselligen Wespen mit besonderer Berücksichtigung der Nassauischen Species. Weilburg, (Schulprogramm), 1853. 4. pg. 21.

*7. Beschreibung der Nassauischen Arten der Familie der Faltenwespen. (Vesparia; Diploptera.)
Jahrb. d. Vereins f. Naturk. Herzogth. Nassau. 1853. Heft 9. Abth. 1. 2. p. 1—87.

*8. Ueber einige schwierige Genera und Species aus der Familie der Bienen.
Jahrb. d. Vereins f. Naturk. Herzogth. Nassau. 1855. Heft 10. p. 137—149.

*9. Ueber die (im Heft VIII) Eciton testaceum genannte Ameise.
Jahrb. d. Vereins f. Naturk. Herzogth. Nassau. 1855. Heft 10. p. 150.

*10. Beschreibung der Nassauischen Goldwespen (Chrysididen) nebst einer Einleitung über die Familie im Allgemeinen und einer kurzen Beschreibung der übrigen deutschen Arten.
Jahrb. d. Vereins f. Naturk. Herzogth. Nassau. 1856. Heft 11. p. 13—89.
*Gerstaecker Bericht. 1856. p. 131.

*11. Einige Unregelmässigkeiten in der Zellenbildung der Flügel der Hymenopteren.
Jahrb. d. Vereins f. Naturk. Herzogth. Nassau. 1856. Heft 11. p. 93—96.

*12. Systematische Eintheilung der nassauischen Ameisen nach Mayr.
Jahrb. d. Vereins f. Naturk. Herzogth. Nassau. 1856. Heft 11. p. 90—91.

*13. Beschreibung der in Nassau aufgefundenen Grabwespen.
Jahrb. d. Vereins f. Naturk. Herzogth. Nassau. 1857. Heft 12. p. 1—341. tab. 3.
*Separat. Wiesbaden, Kreidel et Niedner. 1857. 8. pg. 343. tab. 1.
*Gerstaecker Bericht. 1857. p. 107.

*14. Die Honigbiene vom Hymettus.
Jahrb. d. Vereins f. Naturk. Herzogth. Nassau. 1859. T. 14. p. 417—419.

*15. Die deutschen Gattungsnamen der Bienen.
Jahrb. d. Vereins f. Naturk. Herzogth. Nassau. 1859. T. 14. p. 415—416.

*16. Verzeichniss der Nassauischen Hymenoptera aculeata, mit Hinzufügung der übrigen dem Verfasser bekannt gewordenen deutschen Arten.
Stett. Ent. Zeit. 1860. T. 21. p. 132—157; p. 417—419.

17. Die deutschen Vesparien nebst Zusätzen und Berichtigungen zu der Bearbeitung der nassauischen Grabwespen, Goldwespen, Bienen und Ameisen in Jahrbücher des Vereins für Naturkunde im Herzogthum Nassau, Heft 8, 11, 12, 14. Wiesbaden, 1861.

Schenckel (J.).

1. Das Pflanzenreich mit besonderer Rücksicht auf Insectologie, Gewerbskunde und Landwirthschaft. Ein naturgeschichtliches Lehr- und Lesebuch für Schule und Haus. Mit 80 Tafeln auf Stein gezeichnet von Eller. Mainz, Kunze, 1847. 8. pg. 12 et 332.
(cf. Carus, p. 496.)

(**Schenckel**, J.)

2. Der Schmetterlingssammler. Systematische Beschreibung aller deutschen Schmetterlinge, nebst Anleitung zum Fange, zur Zucht und Aufbewahrung derselben. Mainz, Kunze, (1849.) 12. pg. 8 et 196. mit 32 lith. Taf. gezeichnet von Klier.

Schenk von Grafenberg (Johann Georg).

1. Ueber Phthiriasis.

Schenk (Al.). Zu Hennerod Justizamtsaccessist.

*1. Verzeichniss der bei Wehen (Nassau) vorkommenden Schmetterlinge.
Jahrb. d. Vereins f. Naturk. Herzogth. Nassau. 1851. Heft 7. p. 111—139.

Schenk, Prof. in Würzburg.

*1. Ueber das Vorkommen von Infusorien im Darmkanal der Schmeissfliege.
Virchow Archiv. 1858. T. 13. p. 491—493. fig. — (nebst Literatur.)

Scherffer (Carl), geb. 3. Novbr. 1716 in Gmünden, gest. 25. Juli 1783 in Wien. Jesuit, Prof. der Mathem. in Wien.

1. Dissertatio de cellulis apum. Vindobonae, Huebner, 1768. 4.

Scheuchzer (Johann Jacob), geb. 4. August 1672 in Zürich, gest. 23. Juni 1733 daselbst als Stadtphysikus und Professor der Mathematik.

1. De Grillis Thermalibus Badensibus.
Acta Acad. Natur. Curios. 1730. T. 2. App. p. 61—63.

2. Dissertatio Physicae sacrae specimen de Locustis. Resp. Maagius et Cellarius. tab. 1. Tiguri, 1724. 4. 2½ Bog.
(cf. Boehmer. II, 2. p. 221.)

Scheuereck (F. A.).

*1. Unterhaltungen in der Naturgeschichte aller Arten Insecten zum nützlichen Gebrauch für die Jugend, sowohl aus verschiedenen Schriften berühmter Naturforscher zusammengetragen als auch vorzüglich in diesem Band aus eigener Beobachtung und Fleiss verfertigt, von F. A. S. Die Schmetterlinge. Altona u. Leipzig, Kaven, 1799. 8. pg. 4 et 517. tab. 48 col. — Käfer. ibid. 1798. tab. 22. (Anonym.)

Auch unter dem Titel: Naturgeschichte für die Jugend. Des 3. Theils 1. Band. ibid.
(cf. Ochsenheim. Schmett. Suppl. p. 14.)

von Scheven (Theodor Gottlieb), gest. 1810. Pastor zu Neuwarp in Curland.

*1. Beiträge zur Naturgeschichte der Insecten. (Lepidoptera, Hymenoptera, Zwitter bei Lepidopt.)
Naturforscher. 1777. St. 10. p. 85—100. tab. 1; St. 11. p. 30—38. tab. 1; 1780. St. 14. p. 66—78. tab. 1; 1781. St. 15. p. 67—86; 1784. St. 20. p. 40—75. tab. 1.
*Rec. Füessly neues Magaz. 1783. T. 1. p. 203—204.

*2. Anmerkungen zur Geschichte der fleckigten Schwärmer. (Zygaena.)
Füessly neues Magaz. 1781. T. 1. p. 51—54.

*3. Einige wichtige Anmerkungen zu Hr. Sulzers Geschichte der Insecten.
Füessly neues Magaz. 1781. T. 1. d. 55—61.

*4. Schreiben über die im Naturforscher St. 15 beschriebenen Arten der Siebbienen (nebst Antwort von Schreber. cf. No. 4).
Naturforscher. 1784. St. 20. p. 78—102. tab. 1.

Schiff (Hugo), geb. April 1834 in Frankfurt a. M. Dr. der Chemie in Bern.

*1. Chemische Untersuchung zweier Termitennester aus Java.
Chemisch. Centralblatt. 1858. No. 32. Neue Folge. Jahrg. III. p. 587.
Annal. Chemie u. Pharmacie. Bd. CVI, 3. p. 109—110.
*Act. Linnaea. 1860. T. 11. p. 97—98.

Schiffermüller (Ignaz), geb. 2. Novbr. 1727 in Helmonsödt, Ober-Oesterreich, gest. 1809 in Linz. Professor am Theresianum in Wien.

1. Ankündigung eines systematischen Werkes von den Schmetterlingen der Wiener Gegend. Wien, 1775. 4. tab. 3 col.
Engelmann p. 507 hat 1776. tab. 3 col.

*2. Systematisches Verzeichniss der Schmetterlinge der Wiener Gegend. (mit Denis.) Wien, Bernh. 1776. 4. pg. 322. tab. 2 col. 1 Titelkpfr.
Rec. *Neue Mannigfaltigk. Jahrg. 4. p. 23 et 43. — Jena. gel. Zeit. 1775. p. 525.
Comment. Lips. T. 23. p. 87.

*Ed. II. mit einer Synonymie der vorzüglichsten Schriftsteller und vielen Anmerkungen und Zusätzen von Joh. Nep. Haefeli (u. J. K. Illiger). Braunschweig, Vieweg, 1800. 8. T. II.

Schikulszky (J.).

1. Nova commodissima ac utilissima apum cultura in duplicatis alvearibus, cum nova theoria de propagatione apum. Cassoviae, 1817. 8.

Schilling (Peter Samuel), geb. 10. April 1773 in Juliusburg, gest. 15. December 1852 in Breslau. Lehrer in Breslau. Nekrolog in Arbeit. schles. Gesellsch. f. vaterl. Kultur. 1852. p. 17.

*1. Tritokreion nov. gen. Hymenopterorum. (Xyela.)
Arbeit. schles. Gesellsch. f. vaterl. Kultur. 1825. p. 42.

*2. Hemiptera heteroptera Silesiae systematice disposita.
Beiträge z. Entomol. schles. Fn. 1829. T. 1. p. 34—92. tab. 6.
*Isis. 1831. IV. p. 460.

*3. Holocoemis Carabicorum genus novum. fig. (Pteroloma Gyll.)
Beiträge z. Entomol. schles. Fn. 1829. T. 1. p. 93—94.

*4. Larva Vappo ater F. (Dipter.). Gamasus cerapus auf Xylocopa. fig.
Beiträge z. Entomol. schles. Fn. 1829. T. 1. p. 94—95.

*5. Larva Mordellae pumilae. fig.
Beiträge z. Entomol. schles. Fn. 1829. T. 1. p. 96.

*6. Neue Methode die Lepidopteren specifisch zu bestimmen.
Isis. 1834. VII. p. 735. fig.

*7. Ueber eine geflügelte Hauswanze.
Isis. 1834. VII. p. 738.

*8. Ueber mehrere neue Phytocoris-Arten.
Arbeit. schles. Gesellsch. f. vaterl. Kultur. 1836. p. 83—84.

*9. Neue Insecten Schlesiens. (Cryptocephalus Betulae nanae; Donacia palustris; Platyura laticornis.)
Arbeit. schles. Gesellsch. f. vaterl. Kultur. 1837. p. 99—107.
*Germar Zeitschr. Entomol. 1839. T. 1. p. 283.

*10. Uebersicht über die Larven der Blattwespen.
Arbeit. schles. Gesellsch. f. vaterl. Kultur. 1837. p. 102—103.

*11. Ueber die Tingiden Schlesiens.
Arbeit. schles. Gesellsch. f. vaterl. Kultur. 1837. p. 104—106.

*12. Platyura laticornis nov. spec. Dipter. mit ihren Ständen.
Arbeit. schles. Gesellsch. f. vaterl. Kultur. 1837. p. 108.

*13. Ueber Lepis-Arten. (3 spec. nov.)
Arbeit. schles. Gesellsch. f. vaterl. Kultur. 1837. p. 108—110.

*14. Velia nana nov. spec.
Arbeit. schles. Gesellsch. f. vaterl. Kultur. 1838. p. 56—57.

*15. Ueber Cynips Quercus calicis.
Arbeit. schles. Gesellsch. f. vaterl. Kultur. 1838. p. 50—51.

*16. Bemerkungen über die in Schlesien und der Grafschaft Glatz vorgefundenen Ameisen.
Arbeit. schles. Gesellsch. f. vaterl. Kultur. 1838. p. 51—58.

*17. Systematische Aufzählung der in Schlesien mit Einschluss der Grafschaft Glatz von mir gesammelten Scheinbienen oder Immen mit kurzer Zunge. (Andrenetae.)
Arbeit. schles. Gesellsch. f. vaterl. Kultur. 1839. p. 13—16; 1841. p. 12—13.

*18. Systematische Aufzählung der in Schlesien gesammelten Immen mit kurzer Zunge. (Anthophila.)
Arbeit. schles. Gesellsch. f. vaterl. Kultur. 1839. p. 121—125.

*19. *Ueber die in Schlesien von ihm gesammelten Rüsselkäfer.
Arbeit. schles. Gesellsch. f. vaterl. Kultur. 1840. (p. 7—8.) p. 85—87; 1841. p. (11—12.) p. 109.

*20. Hemiptera scutellera Silesiae; Ueber die Halbdecken der Wanzen.
Arbeit. schles. Gesellsch. f. vaterl. Kultur. 1842. (p. 10—12.) p. 158—160.

*21. Ueber die Anwendung des zusammengesetzten Microscops bei Untersuchungen vorzüglich der Augen der Insecten.
Arbeit. schles. Gesellsch. f. vaterl. Kultur. 1842. p. 150—156.

*22. Ueber den Salzbohrkäfer, Ptinus salinus.
Arbeit. schles. Gesellsch. f. vaterl. Kultur. 1843. (p. 9.) p. 176.

*23. Ueber die in Schlesien und der Grafschaft Glatz gesammelten Arten der Gattung Pentatoma Latr.
Arbeit. schles. Gesellsch. f. vaterl. Kultur. 1843. (p. 13—16.) p. 179.

*24. Systematische Uebersicht der in Schlesien und der Grafschaft Glatz gesammelten Rüsselkäfer mit gebrochenen Fühlern.
Arbeit. schles. Gesellsch. f. vaterl. Kultur. 1844. (p. 11—15.) p. 73—76; 1845. (p. 7—8.) p. 41.

*25. Ueber die schlesischen Arten der Gattung Miris.
Arbeit. schles. Gesellsch. f. vaterl. Kultur. 1845. (p. 18—20.) p. 52.

*26. Die schlesischen Arten der Gattungen Bembidium, Donacia und Haltica.
Arbeit. schles. Gesellsch. f. vaterl. Kultur. 1846. p. 85—91.

*27. Ueber die schlesischen Arten der Gattung Oxybelus und Pemphredon.
Arbeit. schles. Gesellsch. f. vaterl. Kultur. 1847. p. 105.

(**Schilling**, Peter Samuel.)

*28. Die sogenannten Einsiedler-Bienen Schlesiens.
Arbeit. schles. Gesellsch. f. vaterl. Kultur. 1848. p. 99—104.

*29. Die Hummeln Schlesiens.
Arbeit. schles. Gesellsch. f. vaterl. Kultur. 1849. p. 65—69.

*30. Die in Schlesien und der Grafschaft Glatz gesammelten Arten der Gattung Vespa.
Arbeit. schles. Gesellsch. f. vaterl. Kultur. 1850. (p. 5—10.) p. 76—78.

Schiner (J. R.). Dr. med. in Wien.

*1. Ueber einige für die österreichische Fauna neue und in Redtenbachers Fauna Austr. nicht aufgeführte Käfer.
Verhandl. Wien. Zool. Bot. Verein. 1851. T. 1. Sitzber. p. 46—50.

*2. Brief vom Fürsten v. Khevenhüller über die Durchforschung der Adelsberger Grotte. (Leptoderus.)
Verhandl. Wien. Zool. Bot. Verein. 1851. T. 1. p. 105—109.

*3. Fauna der Adelsberger-, Lueger- und Magdalenen-Grotte. 1853.
(Separat.) pg. 40.

*4. Empfehlenswerthes Verfahren beim Dipterenfange.
Stett. Ent. Zeit. 1853. T. 14. p. 168.

*5. Entomologische Mittheilungen über die Krainer Höhlen.
Verhandl. Wien. Zool. Bot. Verein. 1853. T. 3. Sitzber. p. 151—157.

*6. Dipterologische Fragmente. (Eumerus, Syrphus. fig. — Nycteribia. — Lipara, Lasioptera.)
Verhandl. Wien. Zool. Bot. Verein. 1853. T. 3. p. 31—36; p. 150—154; 1854. T. 4. p. 169—176; 1857. T. 7. p. 3—20; 1858. T. 8. p. 31—38.

*7. Diptera Austriaca. Aufzählung aller im Kaiserthum Oesterreich bisher aufgefundenen Zweiflügler.
I. Asiliden. Verhandl. Wien. Zool. Bot. Verein. 1854. T. 4. p. 369—444; 1856. T. 6. p. 167—174. — II. Stratiomyden und Xylophagiden. ibid. 1855. T. 5. p. 613—682. — III. Syrphiden. ibid. 1857. T. 7. p. 279—500. — IV. Trypeten. ibid. 1858. T. 8. p. 636—700.

*8. Liste von 21 dipterologischen Schriften Rondanis.
Verhandl. Wien. Zool. Bot. Verein. 1854. T. 4. p. 72—76.

*9. Ueber Clonophora Egger.
Verhandl. Wien. Zool. Bot. Verein. 1856. T. 6. Sitzber. p. 4.

*10. Nemotelus signatus n. sp., aus Ungarn.
Verhandl. Wien. Zool. Bot. Verein. 1855. T. 5. p. 61—62.

*11. Notiz über Fliegen. (Lipara, Piophila.)
Verhandl. Wien. Zool. Bot. Verein. 1855. T. 5. Sitzber. p. 37—38.

*12. Beitrag zur Fauna des Neusiedler Sees. (Diptera.)
Verhandl. Wien. Zool. Bot. Verein. 1855. T. 5. Sitzber. p. 63—68.

*13. Anmerkungen zu Frauenfelds Beitrag zur Insecten-Geschichte. Verhandl. Wien. Zool. Bot. Verein. T. 5. p. 13. (Diptera.)
Verhandl. Wien. Zool. Bot. Verein. 1856. T. 6. p. 215—224.

*14. Scriptores austriaci rerum dipterologicarum; eine Revision der von österreichischen Entomologen aufgeführten Dipteren. (Poda, Scopoli.)
Verhandl. Wien. Zool. Bot. Verein. 1856. T. 6. p. 399—424.

*15. Einige Bemerkungen zu den in Wiegmanns Archiv enthaltenen Jahresberichten über die Leistungen in der Entomologie.
Wien. Entom. Monatsschr. 1857. T. 1. p. 103—116.

*16. Ueber die Beweiskraft der sogenannten typischen Exemplare.
Wien. Entom. Monatsschr. 1858. T. 2. p. 51—58.

*17. Pia desideria, in einer Reihe von Thesen ausgesprochen, welche nach gründlicher und vielfältiger Erwägung der Fachgenossen, vielleicht dereinst zu einem Usus rationalis in der scientia amabilis führen dürften.
Wien. Entom. Monatsschr. 1858. T. 2. p. 170—177.

*18. Soll und Haben, eine entomologische Bilance.
Wien. Entom. Monatsschr. 1858. T. 2. p. 352—380.

*19. Revue der periodischen Schriften (Ann. soc. Belge; Ann. Soc. Ent. Fr.; Linnaea. XIII; Sitzber. Wien. Akad.; Berl. Ent. Zeit.)
Wien. Entom. Monatsschr. 1859. T. 3. p. 23—32; p. 120—128; p. 155—160; p. 214—220; p. 408—412.

*20. Ein Votum über die von der Dresdener Entomologen-Versammlung angenommenen Gesetze der entomologischen Nomenclatur.
Wien. Entom. Monatsschr. 1859. T. 3. p. 65—78.

*21. Ueber Dilettantismus in der Entomologie.
Wien. Entom. Monatsschr. 1859. T. 3. p. 346—352.

*22. **Fauna Austriaca. Die Fliegen, Diptera. Nach der analytischen Methode bearbeitet. Wien, Gerold.**
Heft I. 1860. pg. 32 et 72. tab. 2; Heft II. p. 73—164; 1861. Heft III. et IV. p. 165—288; Heft V—VII.

*23. **Vorläufiger Commentar zum dipterologischen Theile der Fauna austriaca, mit einer näheren Begründung der in derselben aufgenommenen Dipterengattungen.**
Wien. Entom. Monatschr. 1860. T. 4. p. 47—55; p. 208—216; 1861. T. 5. p. 137—144; p. 250—256; 1862. T. 6. p. 143—151.

*24. **Revue periodischer Schriften.** (Kgl. Svensk. Vet. Acad. Handl.; Oefversigt. Vet. Akad. Förhandl.; Bull. Moscou; Nouv. Mém. Soc. nat. Moscou.)
Wien. Entom. Monatschr. 1860. T. 4. p. 91—96.

*25. **Necrolog von Vincenz Kollar.**
Wien. Entom. Monatschr. 1860. T. 4. p. 222—224.

*26. **Zur Fauna Austriaca.** (Dipter.)
Wien. Entom. Monatschr. 1860. T. 4. p. 285—288.

Schinz (Heinrich Rudolph), geb. 1777. Prof. d. Naturgesch. in Zürich.

*1. **Ueber die den Obstbäumen schädlichen Insecten und die Mittel ihren Verwüstungen Einhalt zu thun. Preissfrage nebst Bericht über fünf Arbeiten.**
Verhandl. d. Schweiz. naturf. Gesellsch. 1830. 15. Vers. St. Bernard. p. 61—70.

*2. **Ueber Schweizer Lepidopteren.**
Verhandl. d. Schweiz. naturf. Gesellsch. 27. Versamml. Altdorf. 1842. p. 118—121.

Schioedte (Johann Georg), in Kopenhagen.

*1. **Forsög til en monographisk Fremstilling af de i Danmark hitil opdagede Arter af Insektslaegten Amara Bon.**
Kröyer Naturh. Tidskr. 1836. T. 1. p. 38—83; p. 138—171; p. 218—232.
*Isis. 1840. VIII. p. 662—677; p. 682—702; IX. p. 732—738. (reimpr.)

*2. **Sammenstilling af Danmarks Pompilidae.**
Kröyer Naturh. Tidskr. 1837. T. 1. p. 313—343. — Isis. 1841. I. p. 11—19. (reimpr.)

*3. **Om et nyt genus af Braconartige Ichneumoner**
Kröyer Naturh. Tidskr. 1837. T. 1. p. 597—605. — *Isis. 1841. III. p. 185—187. (reimpr.)

*4. **Pompilidarum Daniae dispositio systematica. Kjöbenhavn, 1834. 8. tab. 1. col. pg. 32. (21 spec.) Ob separat von No. 2?**

*5. **Beretning om Resultaterne af en in Sommeren 1838 foretagen entomologisk Undersøgelse af det sydlige Sjaelland, en Deel af Laaland og Bornholm.**
Kröyer Naturh. Tidskr. 1838. T. 2. p. 349—395.

*6. **Bomborum Psithyrorumque Daniae enumeratio critica.** (mit C. Drewsen.)
Kröyer Naturh. Tidskr. 1838. T. 2. 2. p. 105—126. tab. col.
*Isis. 1841. IV. p. 325—331. (reimpr.)

*7. **Ichneumonidarum ad faunam Daniae pertinentium genera et species novae.** (5 Megastylus, 6 Polyblastus, 3 Cylloceria.)
Guérin Magas. Zool. 1839. T. 9. No. 6—10. p. 27. tab. 5 col.
*Kröyer Naturh. Tidskr. 1840. T. 3. p. 96—101. — Revue Zool. 1838. T. 1. p. 139—141.

*8. **Genera og Species af Danmarks Eleutherata, at tjene som Fauna for denne orden og som Indledning til dens Anatomie og Historie. Kjöbenhavn, Klein, 1841. 8. T. I. pg. 12 et 612; pl. 23. pg. 22 explic.**
*Isis. 1844. XII. p. 942.

*9. **Oversigt over den indre Bygning af Opatrum sabulosum, Sarrotrium muticum, Otiorrhynchus atroapterus.**
Kröyer Naturh. Tidskr. 1842. T. 4. p. 204—208. — Isis. 1845. p. 532—535; p. 536—539.

10\. **Om Leinkassystemet hos slaegten Silpha.**
Kröyer Naturh. Tidskr. 1842. T. 4. p. 107—108.

*11. **Jagttagelser over det uparrede Svaelgnervesystem hos Acilius sulcatus. fig.**
Kröyer Naturh. Tidskr. 1842. T. 4. p. 104.

*12. **Om Cephalocienus.** (Rhyngol.)
Kröyer Naturh. Tidskr. 1843. T. 4. p. 327—334.

*13. **Udsigt over forekomsten og Bygningen af nogle saeregne Organer paa Bugen hos forskellige Rhynchotformer.**
Kröyer Naturh. Tidskr. 1843. T. 4. p. 331—337.

*14. **De Danske Arter af Lokusternes Familie.**
Kröyer Naturh. Tidskr. 1843. T. 4. p. 316—317.

*15. **Forhandlinger i det skandinaviske entomologiske Selskab.** (Over Piezaternes giftafsonderende glandler.)
Kröyer Naturh. Tidskr. 1843. T. 4. p. 93—106; p. 202—216; p. 313—320. ser. 2. 1845. T. 1. p. 14—20.
*Isis. 1845. I. p. 63—67; 1845. IX. p. 731—739; 1846. VI. p. 421—429.

*16. **Revisio critica specierum generis Tetyrae, quarum exstant in Museo Regio Hafniensi exemplaria typica.**
Kröyer Naturh. Tidsk. 1843. T. 4. p. 279—312; p. 316—318.

(**Schioedte**, Johann Georg.)

* 17. Bemerkungen über Myrmecophilien; Ueber den Bau des Hinterleibes bei einigen Käfergattungen.
Germar Zeitschr. Entom. 1844. T. 5. p. 473—477.

* 18. Om Slaegten Micralymma. fig.
Kröyer Naturh. Tidskr. ser. 2. 1845. T. 1. p. 370—380.
* Deutsche Uebers. Linnaea. 1846. T. 1. p. 150—165. tab. 1.

* 19. Tilfaelde af Omsorg for Yngeln hos en brasiliansk Rhynchotform, Phloea Corticata Drury.
Kröyer Naturh. Tidskr. ser. 2. 1845. T. 1. p. 19—22.

* 20. Om Pillernes Plads i systemet, tilligemed nogle Antydninger om Clavicornernes Systematik.
Kröyer Naturh. Tidskr. ser. 2. 1845. T. 1. p. 380—400.
* Deutsche Uebers. Stett. Ent. Zeit. 1845. T. 6. p. 190—208.

* 21. Bidrag til Kundskaben om en Deel sjeldnere Karabers Forekomst og Udbredelse i Danmark.
Kröyer Naturh. Tidskr. ser. 2. 1845. T. 1. p. 40—87.

* 22. Om Buprestiernes indre Bygning.
* Kröyer Naturh. Tidskr. ser. 2. 1848. T. 2. p. 310—333.
* Overs. K. Dansk. Selsk. Förhandl. 1847. p. 24—33.

* 23. Meddelelse om et Paar nye guineiske Carabformer.
Kröyer Naturh. Tidskr. ser. 2. 1847. T. 2. p. 347—366.
* Overs. K. Dansk. Selsk. Förhandl. 1847. p. 67—69.

* 24. Undersögelser over Huledyrene: Krain og Istrien.
Overs. K. Dansk. Selsk. Förhandl. 1847. p. 75—81.

* 25. Om en gruppe af gravende Cimices. (Scaptocoris.)
Kröyer Naturh. Tidskr. ser. 2. 1847. T. 2. p. 447—464. — * Isis. 1848. XII. p. 1029.

26. Specimen faunae subterraneae. Bidrag til den underjordiske Fauna.
Afhandl. Dansk. Vidensk. Selsk. ser. 5. 1849. T. 2. p. 1—39. tab. 4.
* Separat Kjöbenhavn, Bianco Luno. 1849. 4. pg. 39. tab. 4.
* Engl. Uebers. v. Wallich Trans. Ent. Soc. Lond. ser. 2. 1851. T. 1. p. 134—157. fig. (with observations by the author.)
* Extr. par Lucas. Ann. Soc. Ent. Fr. sér. 3. 1853. T. 1. Bull. p. 61.
* Froriep Tagsber. 1852. T. 3. p. 89—90.

* 27. Om Slaegten Broscosoma Rosenh. og dens Forhold til den nordiske Form Miscodera Eschsch.
Overs. K. Dansk. Selsk. Forhandl. 1855. p. 351—360.

* 28. Om nogle hidtil oversete Bygningsforhold i Insekternes Thorax, der vise sig at være af gjennem gribende Betydning for et naturligt Familie System.
Overs. K. Dansk. Selsk. Forhandl. 1855. p. 360—375; 1856. p. 135.

* 29. Beretning om Galathea-Expeditionens Udbytte af Odonater.
Overs. K. Dansk. Selsk. Forhandl. 1855. p. 106—125. (cf. Hagen No. 48.)

* 30. Beretning om Angreb af Insekter paa 1: Hveden 2: Naaleskovene. Kjöbenhavn, Luno, 1855. 8. pg. 15.

* 31. Corotoca og Spirachtha, Staphyliner som föde levende Unger, og ere Huusdyr hos en Termit. tab. 2.
Afhandl. Dansk. Vidensk. Selsk. ser. 5. 1856. T. 4. p. 41—59. tab. 2.
Separat. Kjöbenhavn. 1856. 4. pg. 19. tab. 2.

* Franz. Uebers. Observations sur les Staphylins vivipares qui habitent chez les Termites à la manière des animaux domestiques.
Ann. sc. nat. sér. 4. 1857. T. 5. p. 169—183. tab. 1.
* Proceed. Zool. Soc. London. 1853. T. 21. p. 101—103.
* Gerstaecker Bericht. 1853. p. 21.
* Ann. of N. H. ser. 2. 1855. T. 15. p. 224—219.

* 32. Uebersicht der Land-, Süsswasser- und Ufer-Arthropoden Grönlands.
Berl. Ent. Zeitschr. 1859. T. 3. p. 134—157.
(Aus Rinck Beschreibung Groenlands übertragen in * Etzel Grønland 1860. 8. p. 601—670.)

Schiötte (David).

1. Underretning om Bie-Avling etc. Kioebenhavn, 1756. 8. (Dänisch; auch deutsch erschienen.) 8½ Bog. pg. 155.)
Kjoebenhavn, 1760. 8. (Dänisch.)
(cf. Boehmer II, 2. p. 287.)

Schirach (Adam Gottlob), gest. 3. April 1773. Pastor in Klein Bautzen in der Lausitz.

1. Die mit Natur und Kunst verknüpfte neu erfundene Bienenvermehrung, oder Bienenschwärme im Maymonat in Wohnstuben zu machen. Budissen, 1761. 8. 2½ Bogen.
Rec. Sareptische Abhandl. Th. II. p. 170.
* Stuttg. Phys. Oek. Ausz. 1767. T. 8. p. 253—283.

2. Abhandlung über die Bienen-Ableger.
Abhandl. Oberlaus. Bienengesellsch. 1766. p. 60.

*3. Melittotheologie oder Verherrlichung des Schöpfers aus der wundervollen Biene nach Anleitung der Naturlehre und heiligen Gottesgelahrtheit in erbaulichen Betrachtungen und zu besserer Erläuterung ihrer Natur und Eigenschaft mit eingestreuten oeconomischen Anmerkungen. Dresden, Walther, 1767. 8. pg. 30 et 223. pl. 4.
Königsberg. Zeit. 1768. p. 340.

4. Physikalische Untersuchung der bisher unbekannten aber nachher entdeckten Erzeugung der Bienenmutter oder Weisels und deren grossen Nutzen in der Oekonomie der Bienen.
Abhandl. Oberlaus. Bienengesellsch. 1767. Samml. 2. p. 80; Samml. 3. p. 38. Gemeinnütz. Arbeiten derselben. T. I. p. 155. (cf. Boehmer II, 2. p. 319.)

5. Erläuterung der neuen Erfindung mittelst erzeugter junger Weisel und Versetzung der alten Mutterstöcke Ableger zu machen.
Abhandl. Oberlaus. Bienengesellsch. 1767. p. 76. (Lacordaire.)

6. Physikalische Untersuchung woher der Drohnenweisel entstehe.
Abhandl. Oberlaus. Bienengesellsch. 1768—1769. p. 89.

*7. Sächsischer Bienenvater, ein practisches Bienenbuch für Bienenfreunde. *Leipzig u. Zittau, Spieckermann, 1766. 8. pg. 752 et 24. tab. 8. — Zittau u. Leipzig, 1768. 4. — Ibid. 1789. 8. tab. 8.

8. Gesammelte Nachrichten von der guten Aufnahme des neu erfundenen Ableger-Machens und daher neu errichteten Pflanzschulen.
Abhandl. Oberlaus. Bienengesellsch. 1768—1769. p. 61. (Lacordaire.)

9. Der sächsische Bienenmeister, oder Anweisung für den Landmann zur Bienenzucht. Leipzig, 1769. 8. mit einer Vorrede von Schreber. 6 Bogen.
*Wittenberg. Wochenbl. T. 2. p. 220.

Ed. II. unter dem Titel: Sächsischer Bienenmeister nebst beigefügtem ökonomischem Bienenkalender. Leipzig, 1781. 8. pg. 72. pl. 1.

10. Verschiedene Sendschreiben an Pastor Wilhelmi, die neu erfundene Weiselerzeugung durch gemeine Arbeits-Bienenwürmer und deren Beantwortung.
Abhandl. Oberlaus. Bienengesellsch. 1768—1769. Samml. 3. p. 88; 1770—1771. p. 35.

11. Wohl erprobte Wirkung des Bovists (Fungus Bovistus) die Bienen damit schlaf-machend zu machen, um sie nach Gefallen zu behandeln.
Abhandl. Oberlaus. Bienengesellsch. 1768—1769. p. 63. (Lacordaire.)

12. Ursachen, warum die Bienen oft bei vollem Vorrathe ihren Stock verlassen.
Abhandl. Oberlaus. Bienengesellsch. 1770—1771. p. 130. (Lacordaire.)

13. Anzeige und Beschreibung eines nützlichen Weisel-Häuschens, oder nach Niedersächsischem Termino technico Klobens, und dessen Gebrauch bei der Bienenwartung.
Abhandl. Oberlaus. Bienengesellsch. 1770—1771. p. 126. (Lacordaire.)

14. Neue physikalische Bemerkungen von der Bestimmung der Drohnen.
Abhandl. Oberlaus. Bienengesellsch. 1770—1771. p. 23. (cf. Boehmer II, 2. p. 315.)

15. Baierischer Bienenmeister, oder deutliche Anleitung zur Bienenwartung auf höchste Veranlassung Sr. Churf. Durchl. zu Bayern abgefasst. München, 1770. 8. p. 244. tab. 1.
*Beckmann Phys. Oek. Bibl. V. p. 366. — Riem Phys. Oek. Bibl. T. I. p. 473—476.

16. Ausführliche Erläuterung der unschätzbaren Kunst junge Bienenschwärme oder Ableger zu erziehen, nebst einer natürlichen Geschichte der Bienenkönigin oder Weiselerzeugung und derem wichtigen Einfluss in die Oekonomie der Bienen nach neuen genauen Beobachtungen. Budissin, Drachstedt, 1770. 8. pg. 48 et 144. pl. 1.
*Beckmann Phys. Oek. Bibl. I. p. 630. — *Götting. gel. Anz. 1771. p. 176.
*Wittenberg. Wochenbl. 1772. T. 5. p. 201.
Riem Phys. Oek. Bienenbibl. T. I. p. 120—132.

*Franz. Uebers. von Blassière, nebst Schirachs Briefen und drei Aufsätzen von Bonnet. La Haie, 1771. 8. 1 vol. pg. 269. tab. 3.
(cf. Bibl. Banks II. p. 326.)

Ed. II. Amsterdam, 1787. 8. pl. 3.

Italien. Uebers. nebst zwei Aufsätzen von Vicat und de Gelieu. Brescia, Rizzardi, 1774. 8. pl. 3.
(cf. Dizion. ragion. di F. Re. T. 4. p. 70.)

17. Neuere Entdeckungen und bequemere Handgriffe bey dem Ablegermachen.
Abhandl. Oberlaus. Bienengesellsch. 1770—1771. p. 122. (Lacordaire.)

18. Neuerlich entdecktes Mittel schwache Stöcke zu verstärken, wenn und wie viel man will.
Abhandl. Oberlaus. Bienengesellsch. 1770—1771. p. 127. (Lacordaire.)

(**Schirach**, Adam Gottlob.)

* 19. Fortgesetzte physische Entdeckung von der Fruchtbarkeit junger Bienen-Mütter ohne alle Begattung bis in die dritte Generation.
Gemeinnütz. Arbeit. Oberlausitz. Bienengesellsch. 1773. T. 1. p. 155—169.

* 20. Sendschreiben an den Herrn Carl Chais über das dritte Memoire des Hrn. Bonnets und über dessen angestellte Versuche, junge Schwärme zu machen.
Gemeinnütz. Arbeit. Oberlaus. Bienengesellsch. 1773. T. I. p. 47—58.

21. Die Waldbienenzucht, nach ihren grossen Vortheilen, leichter Anlegung mit des Verfassers Lebensbeschreibung herausgegeben von J. G. Vogel. Breslau, Korn, 1774. 8. pg. 236, tab. 6.
*Beckmann Phys. Oek. Bibl. V. p. 309. — *Götting. gel. Anz. 1774. p. 404—405. *allgem. Deutsch. Bibl. T. 24. p. 270.

22. Uebersetzung von Palteaus Werk. — v. Palteau No. 1.

Schirmers (Anton).

1. Neue Modelle von Rauch-Gefässen, Futter-Kästchen und gewissen Stäben zu Tilgung derer Traebnen (Drohnen) nebst andern praktischen Anmerkungen.
Abhandl. Oberlaus. Bienengesellsch. 1767. p. 129. (Lacordaire.)

Schirow (Johann Jacob).

1. Dissertatio de Cantharidibus. Traj. ad Viadr., 1794. 4. pg. 35.
(cf. Bibl. Banks. V. p. 33.)

Schlacht (M.).

1. Erzählung einiger besonderen Natur-Begebenheiten in Ansehung des Schwärmens der Bienen, oder von Hunger-Schwärmen.
Abhandl. Oberlaus. Bienengesellsch. 1766—1769. Samml. 3. p. 37.
(cf. Boehmer II, 2. p. 320.)

Schläger (Fr.), Diaconus in Jena.

* 1. Comparative Beschreibung der Zygaenen und Penthinen; Bemerkungen.
Berichte d. Lepidopt. Tauschver. 1842. p. 25—46.

* 2. Comparative Beschreibung der Chilonen.
Berichte d. Lepidopt. Tauschver. 1843. p. 63—76.

* 3. Beiträge zur Lebensweise verschiedener Microlepidopteren (mit Prittwitz).
Berichte d. Lepidopt. Tauschver. 1843. p. 77—88; 1844. p. 120—133; 1846. p. 138—164; 1847. p. 205—227.

* 4. Comparative Beschreibung der Phyciden.
Berichte d. Lepidopt. Tauschver. 1844. p. 105—119.

* 5. Beschreibung neuer Arten.
Berichte d. Lepidopt. Tauschver. (Schlaeger) 1844. p. 133—145; 1846. p. 171—194; 1847. p. 228—244.

* 6. Berichte des Lepidopterologischen Tauschvereins in Jena über die Jahre 1842—1847. Jena, 1848. 8. pg. 252.

* 7. Lepidopterologische Mittheilungen.
Stett. Ent. Zeit. 1849. T. 10. p. 266—275.

* 8. Ueber verschiedene Microlepidopteren (Grapholitha nemorana, citellana, Hypsolophus limosellus, Depressaria libanotidella).
Berichte d. Lepidopt. Tauschver. 1848. (Martini) p. 35—45.

* 9. Bemerkungen über Dominici Cyrilli Entomologiae Neapolitanae specimen primum.
Stett. Ent. Zeit. 1850. T. 11. p. 30—37.

* 10. Kritische Bemerkungen über einige Wicklerarten.
Stett. Ent. Zeit. 1854. T. 15. p. 57—63; p. 67—73.

* 11. Rezension von Speyers geographische Verbreitung der Schmetterlinge Deutschlands.
Stett. Ent. Zeit. 1858. T. 19. p. 438—442.

Schlechtleutner von Wang (Mathias).

1. Dissertatio de viribus et usu cantharidum. Viennae, 1781. 8. 1 Bogen.
(cf. Boehmer. II, 2. p. 308.)

Schleicher (Wilhelm), Oeconomie-Besitzer in Gresten, Oesterreich.

* 1. Verzeichniss der Lepidopteren des Kreises ober dem Wienerwalde.
Verhandl. Wien. Zool. Bot. Ver. 1858. T. 8. p. 633—670.

* 2. Die Rhynchoten der Gegend von Gresten.
Verhandl. Wien. Zool. Bot. Ver. 1861. T. 11. p. 315—322.

Schleuzig (M.), Lehrer in Altenburg.

* 1. Beiträge zur Naturgeschichte der Insecten; (Lepidopt. biolog.) nebst Nachtrag von Apetz.
Mittheil. aus d. Osterlande. 1838. T. 2. p. 21—29.

* 2. Ueber anzuempfehlende Mittel gegen die Verwüstungen des Maikäfers und seiner Larve. Polizeiliche Mittheilungen. Ein Beiblatt zur constitutionellen Staatsbürger-Zeitung April 1841. No. 15.
*Stett. Ent. Zeit. 1847. T. 8. p. 47.

* 3. Ueber den Geruchssinn der Schmetterlinge.
Allgem. deutsch. naturh. Zeitung. Dresden. 1857. Jahrg. 3. p. 97—104.

* 4. Lebensweise und Nutzen der Bienen.
Mittheil. aus d. Osterlande, 1853. T. 11. p. 174—198.

* 5. Osterländische Lepidopteren-Fauna.
Mittheil. aus d. Osterlande. *1853. T. 12. p. 175—182; p. 235—258; *1857. T. 13. p. 63—71; p. 123—133; p. 308—314.

Schlez (J. F.).
1. Die knochenlosen Thiere, Insecten und Würmer.
(cf. Schmidt Catal. CVIII. p. 23.)

Schlossberger (Julius Eugen), geb. 31. Mai 1819 in Stuttgart, gest. 9. Juli 1860 als Professor Chem. in Tübingen.
1. Lehrbuch der organischen Chemie mit besonderer Rücksicht auf Physiologie und Pathologie, auf Pharmacie, Technik und Landwirthschaft. Stuttgart, Mueller, 1850. 8.
Ed. II. ibid. 1852. 8. pg. 16 et 546.
Ed. III. ibid. 1854. 8. pg. 10 et 722.
Ed. IV. Leipzig u. Heidelberg, Winter, 1857. 8. p. 884.
Ed. V. ibid. 1860. 8. pg. 8 et 1047.

*2. Die Chemie der Gewebe des gesammten Thierreichs. Leipzig, Winter, 1856. 8. 2 vol. pg. 314 et 364.
Auch als: Erster Versuch einer allgemeinen u. vergleichenden Thierchemie.

3. Die Krystalle in den Malpighischen Gefässen der Raupen.
Müller Archiv. 1857. p. 61—63. — *Quart. Journ. microsc. Soc. 1858. T. 6. p. 32—35.

Schlotthauber.
1. Gordius und Filaria (Mermis) in Insecten.
Jahreshefte d. naturw. Section d. mähr. schles. Gesellsch. 1859. p. 124.

Schlueter (Friedrich), in Halle.
* 1. Beschreibung des grossen blauen Erdflohs und seiner Larve (Haltica oleracea) mit einigen Bemerkungen über den Schaden welchen er der Rübsaat und dem Rips zufügt.
Preuss. Provinzialbl. 1837. T. 17. p. 576—580. (No. 1 ist wohl irrig Seluter geschrieben.)

* 2. Ueber Begattung von Lophyrus Pini mit Hylotoma dorsata als Weibchen.
Abhandl. naturf. Gesellsch. Görlitz. 1838. T. 2. Heft 2. p. 48—51.

* 3. Ueber Ueberlegungen der Insectenwelt. (Calos. Sycophanta; Carab. auratus.)
Abhandl. naturf. Gesellsch. Görlitz. 1840. T. 3. Heft 1. p. 13—17.

Schluga (Johann Baptist), Dr. Med. in Wien.
* 1. Primae lineae cognitionis insectorum cum figuris aeneis. Viennae, Kraus, 1767. 8. Mit 2 Kupfertafeln.
(Percheron u. Engelmann sagen tab. col.)
1 pag. Widmung; p. 1—47 u. p. 4 index.
Nach Boehmer II, 2. p. 146. Recens. *Allgem. deutsch. Bibl. Bd. 12. St. 1. p. 209.
Commentarii Lipsiens. vol. 15. p. 352.

Schmarda (Ludwig Karl).
1. Der Instinct der Thiere vom naturhistorischen Standpunkt. Dissert. inaug. Wien, 1843. 8. pg. 107.
2. Andeutungen aus dem Seelenleben der Thiere. Wien, Haas, 1846. 8. 17 Bog.
* 3. Die geographische Verbreitung der Thiere. Wien, Gerold Sohn. 1853. 8. 3 Bücher. pg. 8 et 755. 1 zoolog. Uebersichtskarte.

Schmersahl (Elias Friedrich).
1. Anmerkungen von den Raupen in den Baumknospen.
Zink Leipz. Samml. T. 12. p. 612.
*Hamb. Magaz. allgem. Samml. 1755. T. 1. p. 970—974.
* Gedanken darüber ibid. 1525—1528 von J. H. F. D.

Schmid (Andreas), Seminarlehrer in Eichstädt.
* 1. Bienen-Zeitung mit Dr. O. Barth. Nördlingen, Beck, 1845-1861. 4. Jahrg. 1-17.
* Reimpr. (T. 1—16.) Die Bienenzeitung das Organ des Vereins der deutschen Bienenwirthe in neuer, gesichteter und systematischer geordneter Ausgabe oder die Dzierzonsche Theorie und Praxis der rationellen Bienenzucht nach ihrer Entwickelung und Begründung in der Bienenzeitung. Nördlingen, Beck, 1861. 8. T. 1. theoretischer Theil. pg. 611. tab. 4.

Schmid (A. J.).

*1. Der Insectenschaden der Getreidefelder, ein Beitrag zur Kenntniss der dem Feldbau schädlichen Insecten, ihrer Lebensweise und Vertilgung. Berlin, Nicolai, 1861. 8. pg. 45.

Schmid (Carl August), Hofkaplan in Wernigerode.

*1. Ueber den Winteraufenthalt der Käfer.
Illigers Magazin. 1803. T. 1. p. 209—223.

*2. Versuche über die Insecten. Ein Beitrag zur Verbreitung des Nützlichen u. Wissenswürdigen aus der Insectenkunde. Gotha, Ettinger, 1803. 8. T. 1. pg. 16 et 258.
(Nutzen der Insecten-Sammlungen, Winteraufenthalt der Käfer, Naturgeschichte von Anob. pertinax, Fichtenzerstörer Bostr. typographus u. polygraphus, Lampyris.)

Schmid (Johann), Oberpastor zu Goren in Mecklenburg.

*1. Natürliche Geschichte der Hornisse, der gefährlichsten Bienenfeindin, nebst einigen Erläuterungen der natürlichen Geschichte der Bienen.
Gemeinnütz. Arbeit. Bienengesellsch. Oberlaus. 1773. T. 1, 3. p. 84—115.
*Beckmann Phys. Oekon. Bibl. V. p. 288.

von Schmid (Ludwig), aus Berlin.

*1. Considerazioni relative al tempo in cui depone le nova sui ragni.
Att Riunione quinta Scienz. Ital. Lucca. 1844. 4. p. 420—423.
*Isis. 1845. VIII. p. 634.

Schmidberger (Josef).

1. Leicht fasslicher Unterricht von der Erziehung der Zwergbäume, mit einem entomologischen Anhang. Linz, Haslinger, 1821. 8.

*2. Leichtfasslicher Unterricht von der Erziehung der Obstbäume, gegeben in einer critischen Darstellung des gegenwärtigen Zustandes der Obstbaumzucht in Oesterreich ob der Ens. Linz, 1821. 8. pg. 271. (Lacordaire.)
Ent. Isis. 1832. p. 711—712. (forstschädl. Insecten.)

3. Beiträge zur Obstbaumzucht und zur Naturgeschichte der den Obstbäumen schädlichen Insecten. Linz, Haslinger. 8.
1827. Heft I. pg. 185; 1830. Heft II. p. 372; 1833. Heft III. p. 244; 1836. Heft IV. p. 200.
*Isis. 1831. IV. p. 492; VIII. p. 1196; 1833. XII. p. 1160; 1837. I. p. 15—16.

4. Kurzer praktischer Unterricht von der Erziehung der Obstbäume in Gartentöpfen. Linz, Hasslinger, 1828. 4.

Schmidl.

1. Beschreibung der Baradla Höhle in Ungarn.
Sitzber. Akad. Wissensch. Wien. 1857. T. 22. p. 378.
(cf. Gerstaecker Bericht. 1857. p. 49.)

Schmidt, Regierungsrath in Stettin.

*1. Beiträge zur Käferfauna Ost- und Westpreussens.
Preuss. Provinzialbl. 1839. T. 21. p. 561—565.

*2. Verzeichniss Boehmischer Käfer.
Stett. Ent. Zeit. 1840. T. 1. p. 29—32; p. 114—116.

*3. Ueber das Aufstecken der Insecten für Sammlungen.
Stett. Ent. Zeit. 1840. T. 1. p. 178—185.

*4. Bemerkungen den Otiorhynchus niger Schoenh. betreffend.
Stett. Ent. Zeit. 1842. T. 3. p. 110—113.

*5. Ueber Larve und Puppe von Cicindela campestris Linn. fig.
Stett. Ent. Zeit. 1842. T. 3. p. 270—273.

*6. Rezension von Schönherrs Curculioniden.
Stett. Ent. Zeit. 1843. T. 4. p. 19—25; p. 316—331; 1848. T. 9. p. 31—33.

*7. Catalogus Coleopterorum Europae. Zusammengestellt auf Veranlassung des Entomologischen Vereins zu Stettin. (Anonym.) Stettin, 1841. 8. pg. 78 u. 6.
Stett. Ent. Zeit. 1844. T. 5. p. 427.

*8. Anzeige von Spinolas Clerites.
Stett. Ent. Zeit. 1845. T. 6. p. 282—294.

Schmidt, in Görschen.

1. Meine beiden Mittel gegen Erdflöhe und Raupen zum ersten Male durch den Druck veröffentlicht. Leipzig, Künzel, 1837. 8.
(cf. Engelmann Bibl. Oec. p. 288.)

Schmidt (Carl), Dr.

1. Zur vergleichenden Physiologie der wirbellosen Thiere. Braunschweig, Vieweg, 1845. 8. pg. 79.
*Isis. 1848. XII. p. 788.

Schmidt (E. O.).

1. Der vollkommene Zerstörer aller schädlichen Insecten, Vögel und vierfüssigen Thiere die in Deutschland leben. Erfurt, 1844. 16.
   (cf. Agassiz. IV. p. 372.)

Schmidt (Eduard Oscar). Professor der Zoologie und vergleichenden Anatomie an der Universität zu Gratz.

1. Handbuch der vergleichenden Anatomie. Leitfaden bei akademischen Vorlesungen und für Studirende. Jena, Mauke, 1849. 8. pg. 8 et 308.
   Ed. II. Ibid. 1852. 8. pg. 8 et 350.
   Ed. III. Ibid. 1855. 8. pg. 4 et 380.
   Ed. IV. Ibid. 1859. 8. pg. 4 et 384.
2. Hand-Atlas der vergleichenden Anatomie zum Gebrauch bei anatomischen Vorlesungen entworfen. Jena, Mauke, 1852. 4. pg. 18. tab. 12.
   Reimpr. Ibid. 1853. 4.

*3. Lehrbuch der Zoologie. Wien, Braumüller, 1854. 8. pg. 477.
   (Insecten p. 174—276.)

Schmidt (Ferdinand Joseph).

*1. Lebensweise und Vertilgung einiger dem Landmann schädlichen Insecten, nebst Angabe einer neuen Fangmethode für mehrere Nachtschmetterlinge. (Botys alliacealis.)
   Acta Acad. Leop. Carol. 1835. T. 17. P. 1. p. 477—492. tab. 1.
   *Silberm. Revue entom. 1836. T. 4. p. 115—117.
   (Ob zum Folgenden ?)

Schmidt (Ferdinand Joseph), in Laibach.

*1. Leptodirus Hochenwarthii und Elater Grafii beschrieben.
   Gistel Faunus. 1832. T. 1. p. 83—86. — *Isis. 1834. IX. p. 872.

*2. Naturhistorisches aus Krain. (Leptodirus Hochenwarthii, Calops 2 spec.)
   Illyrisches Blatt. 1847. 28. Decbr. 8. 2 pg.

*3. Mittheilungen über Gallwespen.
   Illyrisches Blatt. 1849. No. 77. p. 307—308.

*4. Besuch der Seleer Grotte, der Berg-Ruine Friedrichsstein bei Gottschee und der Grotten von Podpeč, Kompolje und Laschitz im August 1848.
   Illyrisches Blatt. 1849. No. 38. p. 149—151. No. 39. p. 153—154.

*5. Entomologische Beiträge.
   Haidinger Berichte. 1850. T. 6. p. 175—177. *1851. T. 7. p. 60.
   *Bericht f. d. Oesterreich. Litterat. 1853. p. 22.

*6. Beschreibung der Ephippigera ornata nov. spec.
   Haidinger Berichte. 1850. T. 6. p. 183; 1851. T. 7. p. 58.

*7. Insecten aus den Krainer Alpen.
   Haidinger Berichte. 1850. T. 6. p. 183.

*8. Lepidopterologische Beobachtungen. (Biolog.)
   Stett. Ent. Zeit. 1851. T. 12. p. 74—83.

*9. Siphonura Schmidtii Nees.
   Haidinger Bericht. 1851. T. 7. p. 32.

*10. Zwei neue Arten von Leptoderus. (L. angustatus, sericeus.)
   Stett. Ent. Zeit. 1852. T. 13. p. 381—383.
   *Trans. Ent. Soc. Lond. ser. 2. 1853. Proc. p. 97.

*11. Uebersicht der in den Grotten Krains seit 1832. von Schmidt aufgefundenen Thiere.
   Laibacher Zeitung. 4. August 1852. No. 140. pg. 4.
   *Bericht f. d. Oesterreich. Litterat. 1853. p. 21.

*12. Beschreibung von Troglorhynchus anophthalmus fig.
   Verhandl. Wien. Zool. Bot. Verein. 1854. T. 4. p. 25.

*13. Ephippigera ornata in Krain; Notizen über die Larve von Plinthus Megerlei u. andere Insecten.
   Verhandl. Wien. Zool. Bot. Verein. 1854. T. 4. Sitzber. p. 108—109; p. 111.

*14. Beschreibung zweier neuen Höhlenthiere (Adelops Milleri.)
   Verhandl. Wien. Zool. Bot. Verein. 1855. T. 5. p. 3—5.

*15. Heterogynnis dubia, ein für Oesterreich neuer Schmetterling.
   Verhandl. Zool. Bot. Gesellsch. Wien. 1860. T. 10. p. 659—662.

*16. Drei neue Höhlenkäfer aus Krain.
   Verhandl. Zool. Bot. Gesellsch. Wien. 1860. T. 10. p. 669—672. fig.

Schmidt (Franz), Kreiswundarzt in Wismar.

*1. Nachtrag zu der Uebersicht mecklenburgischer Lepidopteren.
   Archiv Vereins Fr. Naturg. Mecklenb. 1851. Heft 5. p. 124—150.

*2. Zur Naturgeschichte einiger Lepidopteren.
   Stett. Ent. Zeit. 1858. T. 19. p. 344—351.

(**Schmidt**, Franz.)

*3. Dritter Nachtrag zur Uebersicht der mekienburgschen Lepidopteren.
Archiv. Vereins Fr. Naturg. Meklenb. 1856. Heft 10. Abth. 1. p. 66—85.
*Vierter Nachtrag. 1859. Heft 13. p. 153—157.

*4. Eine neue Noctua. (N. florida.)
Stett. Ent. Zeit. 1859. T. 20. p. 46—48.

Schmidt (Franz Willibald), Lehrer der Botanik.

1. Sammlung physikalisch ökonomischer Aufsätze, zur Aufnahme der Naturkunde und deren damit verwandten Wissenschaften in Böhmen. Prag, 1795. 8. T. 1. pg. 375. (Insecten Catalog.)
*Boehmean Phys. Oekon. Bibl. XIX. p. 110.

Schmidt (Gottfried Traugott).

1. Der Bienenbau in Körben oder niedersächsischer Bienenvater. Leipzig, Crusius, 1768. 8. pg. 230.
*Götting. gel. Anz. 1768. p. 81—86.

2. Von der vortheilhaftesten Art die Bienen zu nützen. 1. Die Nutzung der Bienen an Honig und Wachs ist in Körben unstreitig stärker als in Beuten. 2. Die Bienenzucht in Körben nimmt stärker und leichter in Körben als in Beuten zu. 3. Die geringere Beschwerde und Gefahr in Wartung der Bienen in Körben als in Beuten.
Abhandl. Oberlaus. Bienengesellsch. 1767. p. 225. (Lacordaire.)

Schmidt (H. Rudolph), Schuldirector in Elbing.

*1. Grundriss der Naturgeschichte für die oberen Klassen der höheren Bürgerschulen. Danzig, Homann, 1840. 8. pg. 166. T. 1. Anthropologie und Zoologie.

*2. Verzeichniss der bis jetzt in Preussen gefundenen Schmetterlinge.
Preuss. Provinzialbl. 1846. T. 31. p. 174—207.

*3. Nachtrag zum Verzeichniss Preussischer Schmetterlinge.
Preuss. Provinzialbl. 1845. T. 33. p. 278—283.

*4. Nachtrag zum Verzeichniss Preussischer Schmetterlinge.
Preuss. Provinzialbl. 1848. T. 35. p. 625—632.

*5. Zwei Bitten an die Lepidopterologen Preussens.
Preuss. Provinzialbl. 1851. T. 46. p. 62—66.

*6. Verzeichniss der preussischen Schmetterlinge. Erste Abtheilung. Macrolepidoptera. Danzig, Wedel, 1851. 4. pg. 25.

Schmidt-Goebel (Hermann Max), Prof. Dr. in Lemberg.

*1. Dissertatio inauguralis de Pselaphis Faunae Pragensis, cum anatome Clavigeri. Prag, Haase, 1836. 8. pg. 48. pl. 2.
*Isis. 1837. II. p. 86. — *Erichson Bericht. 1838. p. 207.
*Silberm. Revue entom. 1838. T. 4. p. 273—274.

*2. Beytrag zu einer Monographie der Pselaphen, enthaltend neue Species aus Asien. Prag, Haase, 1838. 8. pg. 16. tab. 2. Liefr. 1.

*3. Ein neues Genus aus der Familie der Staphylinen. (Hoplonotus.)
Stett. Ent. Zeit. 1846. T. 7. p. 245—248.

*4. Revision der Genera Demetrias Bon. und Dromius Bon.
Stett. Ent. Zeit. 1846. T. 7. p. 387—391.

*5. Fauna Coleopterorum Birmaniae, adjectis nonnullis Bengaliae indigenis. Prag, 1846. 4. Liefr. 1. pg. 94. tab. 3.
*Erichson Bericht. 1846. p. 6.
*Haidinger Bericht. 1847. T. 1. p. 121—124.

*6. Drei Prioritäten. (Coleoptera.)
Stett. Ent. Zeit. 1853. T. 14. p. 164—166.

*7. Zur Zebe'schen Synopsis der deutschen Coleoptera.
Stett. Ent. Zeit. 1855. T. 16. p. 212—214.

Schmidt (Hermann), Kaufmann in Gera.

*1. Ueber Glyphipteryx variella Fabr.
Berichte d. Lepidopt. Tauschver. 1853. p. 81—82 (127—128).

Schmidt (Johann Andreas), v. Dilger.

Schmidt (Johann Chr. E.), oder Schmid.

1. Grundsätze zu einer dauerhaften Bienenzucht, nebst physikalischen Entdeckungen von der inneren Einrichtung der Bienen-Republik.
(Bildet T. 3 d. Practischen Handbuchs für den Deutschen Landmann.)
Separat. Stuttgart, 1815. 8. tab. 1. (Lacordaire.)

Schmidt (Robert Carl Ernst), geb. 9. Mai 1813 in Sorau.

*1. Silpharum monographia. Pars I. Dissert. inaug. Breslau, Fritz, 1841. 8. pg. 32.

Schmidt (Valentin Heinrich).

1. Ueber Ewald Friedrich Graf von Herzberg, besonders über dessen Bemühungen zur Beförderung des Seidenbaues.
   Annal. d. Ökon. Gesellsch. in Potsdam. Bd. 2. Heft 3. p. 1.
   cf. Reuss Repert. (Lacordaire.)

Schmidt (Wilhelm Ludwig Ewald), geb. 4. Mai 1804 zu Neuwerder bei Potsdam, gest. 5. Juni 1843 in Stettin. Dr. Med. Stifter des Entomologischen Vereins in Stettin. Nekrolog Stett. Ent. Zeit. T. 4. p. 194. Seine Sammlung gehört dem Entom. Verein.

- *1. Ueber die Töne, welche Pelobius Hermanni hören lässt.
  Stett. Ent. Zeit. 1840. T. 1. p. 10—11.
- *2. Ueber Campylus linearis Linn., mesomelas Linn. und livens Fabr.
  Stett. Ent. Zeit. 1840. T. 1. p. 35—40.
- *3. Apparat zum Fange von Wasserkäfern.
  Stett. Ent. Zeit. 1840. T. 1. p. 63.
- *4. Revision der europäischen Arten der Gattung Hoplia.
  Stett. Ent. Zeit. 1840. T. 1. p. 66—73; p. 87—98.
- *5. Rezension von Heers Käfer der Schweiz, nebst Anmerkungen.
  Stett. Ent. Zeit. 1840. T. 1. p. 104—110.
- *6. Ueber Trichius fasciatus Linn., abdominalis Dej. und zonatus Germ.
  Stett. Ent. Zeit. 1840. T. 1. p. 116—125.
- *7. Revision der deutschen Aphodius-Arten. (76 spec.)
  Germar Zeitschr. Entomol. 1840. T. 2. p. 83—175.
- *8. Aphorismen aus dem Tagebuche. (Coleoptera.)
  Stett. Ent. Zeit. 1840. T. 1. p. 130—133.
- 9. Revision der deutschen Anisotomen. (40 spec.)
  Germar Zeitschr. Entomol. 1841. T. 3. p. 130—203.
- *10. Ueber Clythra quadripunctata Linn. und ihre nächsten Verwandten.
  Stett. Ent. Zeit. 1841. T. 2. p. 116—135.
- *11. Lema Suffriani, eine neue deutsche Art.
  Stett. Ent. Zeit. 1842. T. 3. p. 77—79.
- *12. Recension der Fauna Coleopterorum helvetica von Heer. T. 1. Fasc. 3.
  Stett. Ent. Zeit. 1842. T. 3. p. 57—63.
- *13. Die europäischen Arten der Gattung Anthicus.
  Stett. Ent. Zeit. 1842. T. 3. p. 74—88; p. 127—136; p. 170—180; p. 183—200.
- *14. Verfahren bei der Untersuchung kleiner Körpertheile der Insecten.
  Stett. Ent. Zeit. 1842. T. 3. p. 237—240.
- *15. Die Verwandlungsgeschichte des Lixus gemellatus Schoenh. fig.
  Stett. Ent. Zeit. 1842. T. 3. p. 273—290.
- *16. Beschreibung der Oedemera podagrariae L., aus dem handschriftlichen Nachlass.
  Stett. Ent. Zeit. 1844. T. 5. p. 331—336.
- *17. Revision der Europäischen Oedemeriden. (herausgeg. von Suffrian.)
  Linnaea. 1846. T. 1. p. 1—117.

Schmieder (Carl Christoph), geb. 5. Decbr. 1778 in Eisleben, gest. 23. Octbr. 1850 in Cassel. Schuldirector.

- *1. Ueber den Kitt der Ameisen.
  Neue Schrift. naturf. Gesellsch. Halle. 1810. T. 1. Heft 4. p. 94.

Schmiedlein (Gottfried Benedikt), geb. 1739 in Leipzig, gest. 21. Febr. 1808 als Dr. Med. in Leipzig.

- *1. Taschenbuch für Insectenfreunde, oder Grundriss eines encyclopädischen Insectenkabinets, besonders der inländischen nach dem Linnaeischen Systeme, mit deutschen und lateinischen Namen und Anführung der Werke, worin sie am besten abgebildet sind, angehenden Sammlern zum Nutzen entworfen. (Ohne den Namen des Verf.) Leipzig, Schwickert, 1784. pg. 131.
  *Recens. Füessly neues Magaz. 1785. T. 2. p. 385.
- *2. Einleitung in die nähere Kenntniss der Insectenlehre nach dem Linneischen System, zum Gebrauch angehender Sammler. Leipzig, Boehme, 1786. 8. mit 2 tab. aen. pg. 8 Vorrede, Erklärung der Tafeln; p. 1—494.
  Ist nach der Vorrede eigentlich eine vermehrte Ausgabe des Taschenbuchs.
- *3. Insectologische Terminologie oder Grundbegriff der Insectenlehre, durch Beispiele und Beobachtungen nach dem System des Ritter von Linné erläutert. Leipzig, Crusius (Vogel), 1789. 8. mit 2 Kpfrtaf. pg. 257 und 8.
- *4. Beitrag zur Naturgeschichte der Wolfsmilch-Raupe.
  Wittenberg. Wochenbl. 1789. T. 22. p. 289—291.
- *5. Specimen faunae insectorum Lipsiae, continens larvas insectorum glossatorum, quae in circulo Lipsiensi inveniuntur etc. Lipsiae, Auctor, 1790. 8. pg. 150. (137 spec.)

(**Schmiedlein**, Gottfried Benedikt.)

*6. Schediasma de historia divisionis insectorum. Lipsiae, 1790. 8. pg. 13.

*7. Beitrag zur Naturgeschichte der Berberis-Raupe.
Wittenberg. Wochenbl. 1791. T. 24. p. 220—221.

8. Historia divisionis insectorum. Lipsiae, 1793. 8.
(cf. Engelmann. p. 509.)

9. Vollständiger Begriff der Entomologie nach Anleitung der neuesten Ausgabe des Linneischen Natursystems. Bd. 1. mit 4 Kupfertafeln. Leipzig, Weigel, 1795. 8.
(cf. Engelmann. p. 509.)

10. Beiträge zur Naturgeschichte der schädlichen Waldraupe. Leipzig, Hilscher, 1797. 8.
(cf. Engelmann. p. 509.)

11. Tagebuch oder monatliche Anweisung zum Gebrauch für Schmetterlingssammler. Leipzig, Linke, 1800. 8. 3 Hefte.

12. Handwörterbuch der Naturgeschichte. Leipzig, 1800—1801. 8. 3 vol.

*13. Gedanken über die schädlichen Baumraupen in den Obstgärten des heurigen Frühjahrs.
Neues Wittenberg. Wochenbl. 1804. T. 12. p. 261—262; p. 270—278.

Schmiedt (J. W.).

1. Forstverheerung durch Käfer.
Abhandl. aus dem Forst- u. Jagdwesen, aus C. C. Andre oekon. Neuigk. u. Verhandl. T. 2. p. 30—31. (Lacordaire.)

2. Die Natur selbst als Mittel gegen Insectenvermehrung.
Abhandl. aus dem Forst- u. Jagdwesen, aus C. C. Andre oekon. Neuigk. u. Verhandl. T. 8. p. 174—175. (Lacordaire.)

Schmitt, General-Superintendent in Mainz.

*1. Beiträge zur Kenntniss der in Wespennestern lebenden Insecten. (Larve von Volucella zonaria.)
Stett. Ent. Zeit. 1842. T. 3. p. 18—21.

*2. Entomologische Fragmente. (Entwickelungsgeschichte von Käfern.)
Stett. Ent. Zeit. 1843. T. 4. p. 105—110.

*3. Entwickelungsgeschichte des Hylesinus trifolii Mueller.
Stett. Ent. Zeit. 1844. T. 5. p. 389—397.

von Schmuck (Edler Johann).

1. Kurze Anleitung zum Seidenbau auf deutschem Boden; mit besonderer Rücksicht auf Nord-Tyrol. Innsbruck, Rauch, 1855. 8. tab. 4.

Schneider (David Heinrich). Advocat in Stralsund.

*1. Nomenclator Entomologicus oder systematisches Namenverzeichniss der bis jetzt bekannt gewordenen Insecten. Stralsund, Struck, 1785. 8. pg. 67. — Dasselbe. Dessau, 1785. 8. (Anonym.) Ob Dessau u. Stralsund?
*Beckmann Phys. Oek. Bibl. XIV. p. 148. — Erlang. gel. Anm. 1786. p. 60.

*2. Einige Berichtigungen und Ergänzungen der aus Schaeffers Icones Ins. Ratisb. in Fabricii Spec. Insect. angeführten Allegaten, verglichen mit Harrers Beschreibung der von Schaeffer abgebildeten Insecten.
Füessly neues Magaz. 1787. T. 3. p. 97—160.

*3. Systematische Beschreibung der europäischen Schmetterlinge; vom Verfasser des Nomenclator entomologicus. Erster Theil von denen Tag-Schmetterlingen oder Faltern. Halle, Hemmerde, 1787. 8. pg. 282. tab. 1 col.
Der Verfasser, dessen Name auf dem Titel fehlt, einigte sich mit Borkhausen zu gemeinsamer Fortführung der Arbeit. Die folgenden Theile siehe bei Borkhausen.
*Füessly neues Magaz. T. 3. p. 180. — Jena. allgem. Litt. Zeit. 1788. Suppl. p. 19—20.

*4. Neuestes Magazin für Liebhaber der Entomologie. Stralsund, Struck. 8.
1791. Heft I. pg. 128.
1792. Heft II. p. 129—236; Heft III. p. 237—384; Heft IV. p. 385—512.
1794. Heft V. p. 513—640.

*5. Miscellen. (Schwedische Insecten-Sammlungen; Tauschverzeichnisse.)
Schneider Magaz. 1791. Heft I. p. 110—128.

*6. Verzeichniss und Beschreibung der in der Sammlung des Herausgebers befindlichen zur Gattung Coccinella gehörigen europäischen Käfer. (Sonnen oder Blattlauskäfer.)
Schneider Magaz. 1792. T. 2. p. 179—185.

*7. Verzeichniss und Beschreibung der in der Sammlung des Herausgebers befindlichen zur Gattung Cryptocephalus Fabr. gehörigen europäischen Käfer, Säge- und Fallkäfer.
Schneider Magaz. 1792. Heft 2. p. 188—230; p. 334.

*8. **Anfrage wegen Einziehung einiger überflüssig scheinender Gattungen des Fabricischen Systems. (Coleoptera.)**
Schneider Magaz. 1792. Heft 3. p. 227—232.

*9. **Bemerkungen über einige von dem Herren Professor Fabricius aus der Schnizeschen Sammlung ehemals aufgenommene Insecten.**
Schneider Magaz. 1792. Heft 2. p. 241—252.

*10. **Beyträge zur Synonymie, nebst sonstigen Bemerkungen über die von dem Hrn. Prof. Fabricius in seiner Entomologia systematica angeführten europäischen Insectenarten.**
Schneider Magaz. 1792. Heft 2. p. 329—343.

*11. **Lappländische Schmetterlinge.**
Schneider Magaz. 1794. Heft 4. p. 409—440; Heft 5. p. 563—583.

*12. **Fromme Wünsche betreffend die Einstimmigkeit in der Nomenclatur.**
Schneider Magaz. 1794. Heft 4. p. 458—470.

*13. **Lepidopterologische Bemerkungen.**
Schneider Magaz. 1794. Heft 4. p. 471—477.

*14. **Verzeichniss einer Parthie Insecten, welche am 6. März 1800 zu Stralsund in öffentlicher Auction einzeln verkauft werden sollen. (Catalog.) (Stralsund, 1. Septbr. 1799.) 8. pg. 23.**
(aus Bolthausens Samml.)

*15. **Verzeichniss der zur Verlassenschaft des Hr. Senator Schneider gehörigen Insectensammlung. Stralsund, 1828. 8. pg. 91.**

Schneider (Friedrich).

1. **Lepidopteren-Fauna von Brünn. Brünn, 1861. 8.**

Schneider (J. H.).

*1. **Der Kartoffel-Blattsauger, Psylla solani tuberosi Schn., ein die Kartoffelfäule erzeugendes Insect; bevorwortet von V. Kollar.**
Sitzungsber. Akad. Wissensch. Wien. 1852. T. 9. p. 8—27. 1 pl.
? Separat. Prestir, 1853. 4.

Schneider (R.).

1. **Die Seidenraupe und der Maulbeerbaum, ihre Geschichte, Erziehung und Nutzen. Nürnberg, 1826. 8. 3 tab. col.**

Schneider (Wilhelm Gottlieb), geb. 28. Mai 1814 in Breslau. Dr. Philos. in Breslau.

*1. **Monographia generis Rhaphidiae Linnaei. Dissert. Vratislaviae, Grass, 1843. 4. pg. 99. tab. 7.**
*Isis. 1844. IX. p. 705; 1845. XI. p. 876.

*2. **Verzeichniss der von Hrn. Prof. Dr. Loew im Sommer 1842 in der Türkei und Kleinasien gesammelten Neuroptera, nebst kurzer Beschreibung der neuen Arten.**
Stett. Ent. Zeit. 1845. T. 6. p. 110—116; p. 153—155.

*3. **Vergleichung der von Rambur etc. beschriebenen Arten der Gattung Raphidia mit denen meiner Monographie mit Beziehung auf Dr. Hagens Bemerkungen.**
Stett. Ent. Zeit. 1845. T. 6. p. 250—256.

*4. **Verzeichniss der von Hrn. Oberlehrer Zeller im Jahre 1844 in Sicilien und Italien gesammelten Neuropteren mit Beschreibung einiger neuen Arten.**
Stett. Ent. Zeit. 1845. T. 6. p. 338—346.

*5. **Beschreibung der Chrysopa pallida, nov. spec.**
Arbeit. schles. Gesellsch. f. vaterl. Kultur. 1845. p. 15.

*6. **Ueber die schlesischen Hemerobius-Arten.**
Arbeit. schles. Gesellsch. f. vaterl. Kultur. 1846. p. 100—102.

*7. **Ueber die schlesischen Perla-Arten.**
Arbeit. schles. Gesellsch. f. vaterl. Kultur. 1847. p. 13—16.

*8. **Symbolae ad Monographiam generis Chrysopae Leach. Vratislaviae, Hirt, 1851. 8. pg. 178. tab. 60 col. — Edit. minor tab. 5 aeneis. pg. 175.**
*Rel. Herklots Bouwstoff. T. 1. p. 55—57.

*9. **Rezension der Revue des Odonates par Sélys-Longchamps et H. Hagen. 1850.**
Stett. Ent. Zeit. 1852. T. 13. p. 187—188.

*10. **Die in Schlesien einheimischen Gattungen und Arten der Asilien.**
Arbeit. schles. Gesellsch. f. vaterl. Kultur. 1852. (p. 9—11;) p. 93—97. 1853. p. 178—180.

*11. **Die Gattungen und Arten der Phryganoidea Schlesiens.**
Arbeit. schles. Gesellsch. f. vaterl. Kultur. 1853. p. (15—17) 101—103.

*12. **Ueber die europäischen Arten der Lithosidae.**
Arbeit. schles. Gesellsch. f. vaterl. Kultur. 1853. p. 180—181; 1854. p. 91—97.

*13. **Die schlesischen Arten des Genus Tabanus.**
Arbeit. schles. Gesellsch. f. vaterl. Kultur. 1854. p. 99—100.

(**Schneider**, Wilhelm Gottlieb.)

*14. Die in Schlesien vorkommenden Gattungen und Arten der Geometriden.
Arbeit. schles. Gesellsch. f. vaterl. Kultur. 1851. p. 92—94; 1853. (p. 11—14.) p. 115—118; 1856. p. 13—17. (p. 110—113.)

*15. Notiz über das Eierlegen bei Chrysopa.
Stett. Ent. Zeit. 1855. T. 16. p. 72—74.

*16. Ueber seltene Coleoptera; Fischer über Entstehung des Mutterkorns; Newport über Lampyris.
Arbeit. schles. Gesellsch. f. vaterl. Kultur. 1858. p. (1—4).

*17. Ueber schlesische Käfer; Difformitäten.
Arbeit. schles. Gesellsch. f. vaterl. Kultur. 1860. p. 1—4.

Schnetzler (J. B.).

*1. Ueber die Wirkung der Chloroformdämpfe auf die Insecten.
Froriep Notiz. 1848. T. 8. p. 181—182.
(Aus Bibl. univ. Genève. 1848. Aout.)

2. De la production de la lumière chez les Lampyres. Lu à la réunion de la Société Helvétique des scienc. natur. à la Chaux de Fonds le 2. août 1855.
Archiv. sc. phys. et nat. 1855. T. 30. p. 323—326.

Schober (Michael Sebastian).

1. De melle. Vindobonae, 1757. 8.
(cf. Nadler Bibliogr. p. 53.)

Schoenbauer (Joseph Anton), geb. 1757 in Reichenberg, Böhmen; gest. 27. Decbr. 1807 als Prof. der Naturgeschichte in Pesth.

*1. Geschichte der schädlichen Kolumbaczer Mücken im Bannat, als ein Beitrag zur Naturgeschichte von Ungarn. Wien, Patzkowsky, 1795. 4. tab. col. pg. 100.

Schoenberger.

1. Die Kieferraupe und die Nonne.
Andre, Oekon. Neuigk. u. Verhandl. 1829. T. 1. p. 374—376.

Schoenherr (Carl Johann), geb. 10. Juni 1772 in Stockholm, gest. 28. März 1848 in Sparresaeter bei Skara in Schweden. Commerzienrath. Seine Sammlung besitzt die Akademie der Wissenschaften in Stockholm. Nekrolog von Carlson in Trans. Ent. Soc. Lond. 1847. T. 5. Proc. p. 53. *Upsala, 1848. 8. pg. 31. Stett. Ent. Zeit. T. 10. p. 193.

*1. Synonymia Insectorum oder Versuch einer Synonymie aller bisher bekannten Insecten nach Fabricius Syst. Eleutheratorum geordnet, mit Berichtigungen und Anmerkungen, wie auch Beschreibungen neuer Arten und illuminirten Kupfern. Erster Band: Eleutherata oder Käfer. 8.
Erster Theil. Lathrus-Scolytus. Stockholm, Nordstroem, 1806. Praefat. u. Literat. pg. XXII. p. 1—293 incl. Regist. — excl. Kapf. tabul. et Corrig. — 3 tab. col.
Zweiter Theil. Spercheus — Cryptocephalus. Stockholm, Marquard, 1808. Praefat. u. Literat. pg. IX. p. 1—424 incl. Register, Kapf. tab. — 1 tab. col. (bezeichnet tab. 4.)
Dritter Theil. Hispa — Molorchus. Skara, Lewerentz, 1817. Praefat. u. Literat. pg. XI. p. 1—506 incl. Corrig.
*Es existiren von diesem Theil Exemplare mit umgedrucktem Titel. Upsala, Bruzelius, 1817.
Appendix ad Synonymiam Insectorum. Tom. 1. Part. 3. sistens descriptiones novarum specierum. Scaris, Lewerentz, 1817. p. 1—266 incl. Regist. ad T. 3, Kapf. tab. u. Corrig. 2 tab. col. (bezeichnet tab. 5. 6.)
(T. 4 vide sub No. 6.)

*2. Entomologiska Anmärkningar och beskrifningar på några för Svenska Fauna nya insekter.
Vetensk. Acad. Handl. 1809. T. 30. p. 48—58.

*3. Pulex segnis ny Svensk species.
Vetensk. Acad. Handl. 1811. T. 32. p. 98—102. fig.

*4. Tabula synoptica familiae Curculionidum. Vorbericht über die Monographie derselben.
Isis. 1823. p. 1132—1146; 1825. p. 581—588; 1826. p. 282.

*5. Curculionidum dispositio methodica cum generum characteribus, descriptionibus atque observationibus variis, seu prodromus ad Synonymiae Insectorum Partem IV. Lipsiae, Fleischer, 1826. 8. Praefat. pg. X. p. 1—338.
Isis. 1827. p. 874—878.

*6. Synonymia Insectorum oder Versuch einer Synonymie aller von mir bisher bekannten Insecten, mit Berichtigungen und Anmerkungen, wie auch mit Beschreibungen neuer Arten. Erster Band. Eleutherata oder Käfer. Vierter Theil. Familie Curculionid. Paris, Roret, 1833. 8.

Dazu als zweiter Haupttitel: Genera et species Curculionidum cum Synonymia hujus familiae, species novae aut hactenus minus cognitae descriptionibus L. Gyllenhal, C. H. Boheman, et Entomologis aliis illustratae. Parisiis, Roret.

T. I. 1833. Pars I. Praef. u. Literat. pg. XV. p. 1—381. Pars II. p. 382—681 incl. Regist.
T. II. 1834. Pars I. p. 1—326 excl. Literat. 1 pag. Pars II. p. 327—669 incl. Regist.
Von jetzt ab nur unter dem zweiten Haupttitel.
T. III. 1836. Pars I. p. 1—505. Pars II. p. 506—858 incl. Regist.
T. IV. Pars I. 1837. p. 1—600 incl. Literat. 1 pag., excl. Praef. 1 pag. Pars II. 1838. p. 601—1121 incl. Regist.
T. V. Pars I. 1839. p. 1—456. Praef. pg. VIII. Pars II. 1840. p. 457—970 incl. Regist. Praef. u. Literat. pg. VIII.
T. VI. Pars I. 1840. p. 1—474. Literat. 1 pag. Pars II. 1842. p. 1—495 incl. Regist. u. Corrig. excl. Literat. 1 pag.
T. VII. Pars I. 1843. p. 1—479. Praef. 1 pag. Pars II. 1843. p. 1—461 incl. Regist. u. Corrig. excl. Praef. u. Literat. 2 pag.
T. VIII. Pars I. 1844. p. 1—442 incl. Corrig. Pars II. 1845. p. 1—504 incl. Regist. u. Corrig.; Mantissa gener. et specier. nov., und 27 Tabellen in Querfolio.
Von T. V. an führt der Titel den Beisatz: Supplementum.

*7. Mantissa secunda familiae Curculionidum seu descriptio novorum quorundam generum Curculionidum. Holmiae, Norstedt, 1847. 8. p. 1—86.
Aus Vetensk. Acad. Handl. 1846. p. 31—116.
Eine kurz vor seinem Tode niedergeschriebene kleine Notiz über die Veränderung eines Gattungsnamen in Mantissa II. ist wohl nicht gedruckt. cf. Stett. Ent. Zeit. 1848. T. 9. p. 334.

Schoenn (Rudolf).
*1. Ueber das Vorkommen des Carabus hungaricus Fab., der Blaps ovata Sol. und reflexicollis Sol. in der Wiener Gegend.
Wien. Entom. Monatsschr. 1858. T. 2. p. 113—114.

Schoessler (Josef Ignaz).
1. Fasslicher Unterricht über die Bienen und ihre vernünftige Behandlung. Brünn, 1824. 8. pg. 6 et 148.
(cf. Engelmann Bibl. Oec. p. 294.)

Scholtz (Heinrich), gest. 1860. Arzt in Breslau.
*1. Beobachtung über die Verwandlung von Cassida. (mit Gravenhorst.)
Act. Acad. Leopold. Carol. 1822. T. 10. Suppl. 2. p. 419—440. tab. 1.
*2. Beschreibung zweier neuen Wanzenarten.
Arbeit. schles. Gesellsch. f. vaterl. Kultur. 1845. p. 19.
*3. Ueber Gryllus migratorius in Schlesien.
Arbeit. schles. Gesellsch. f. vaterl. Kultur. 1846. p. 100.
*4. Prodromus zu einer Rhynchoten-Fauna von Schlesien.
Arbeit. schles. Gesellsch. f. vaterl. Kultur. 1846. p. 104—164.
*5. Zur Entwicklungsgeschichte von Xylophagus marginatus.
Arbeit. schles. Gesellsch. f. vaterl. Kultur. 1846. p. 165—166.
*6. Schlesiens Blattwespen. (Dolerus.)
Arbeit. schles. Gesellsch. f. vaterl. Kultur. 1847. p. 8—13.
*7. Die Arten der Gattung Tetanocera Schlesiens.
Arbeit. schles. Gesellsch. f. vaterl. Kultur. 1851. (p. 10—13.) p. 78—83.
*8. Ueber den Aufenthalt der Dipteren während ihrer ersten Stände.
Breslau. Entom. Zeitschr. 1848—1849. p. 1—34.
*9. Beiträge zur Kunde der schlesischen Zweiflügler.
Breslau. Entom. Zeitschr. 1850. p. 33—40; 1851. p. 41—60.
*10. Etwas über die Lebensweise der Tingideen.
Breslau. Entom. Zeitschr. 1850. p. 1—4.

Scholz (J. Chr. Friedr.).
1. Das Wissenswürdigste aus der Thierkunde für Volksschulen. Breslau, Grass, Barth et Co., 1846—1847. 8. 2 Bde.
(Bd. 2. die wirbellosen Thiere oder das niedere Thierreich. pg. 12 et 102.)
(cf. Carus. p. 288.)

Schomburgk (Sir Robert H.).
*1. Mosquitoes in Anegada.
Entomol. Magaz. 1838. T. 5. p. 521.
*2. Observations on the Migrations of certain Butterflies in British Guiana.
*Proc. Entom. Soc. Lond. Dec. 1840. — *Ann. and Mag. Nat. Hist. 1841. T. 7. p. 151.
3. The history of Barbados. London, 1848.
Verzeichniss der schädlichen und lästigen Insecten p. 630—634.
*Schaum Bericht. 1848. p. 123.

Schomburgk (Richard), Bruder des Vorigen.

*1. Reisen in British Guiana. Leipzig, Weber, 1848. 4. 3 vol.
In T. III., welcher auch in separato unter dem Titel erschienen ist: Versuch einer Fauna und Flora von Br. Guiana, sind die Insecten von Erichson bearbeitet.
*Schaum Bericht. 1848. p. 176.

Schott (J. J.).

*1. Raupenkalender, oder systematisches Verzeichniss aller Raupen, welche in Deutschland bekannt sind. Frankfurt, Guilhauman, 1829. 8. pl. 6 col. pg. 408 et 30.

*2. Schmetterlingskalender und systematisches Verzeichniss aller Schmetterlinge, welche in Deutschland bekannt sind. Frankfurt, Guilhauman, 1830. 8. pl. 7 col. pg. 6 et 500 et 52.

Schrader (Johann Heinrich).

*1. Beantwortung der Aufgabe in dem 95. Stücke Hannoverischer Anzeigen von Ausrottung oder Verminderung des Schrot- oder Reutwurms. (Ach. gryllotalpa.)
Hannöv. gel. Anzeig. 1754. Stück 89. p. 1421.

Schramm, gest. 1849. Lehrer in Leobschütz in Schlesien.

1. Nachricht von einem Raupenschnee.
Verhandl. d. Gesellsch. z. Beförd. d. Naturk. Schlesiens. 1806. p. 217—218.

2. Ueber die Verwüstungen des Papilio Crataegi in Obstgärten.
Correspondenzbl. d. Gesellsch. Schles. 1812. Jahrg. 3. Heft 2. p. 14—16.
(cf. Leisner, die entomol. Section etc. p. 47.)

3. Schlesische Insecten.
?Arbeit. schles. Gesellsch. f. vaterl. Kultur. 1823. 4.
*Isis. 1824. p. 477.

Schrank (Franz von Paula), geb. 21. August 1747 zu Varnbach in Baiern, gest. 23. Decbr. 1835. Exjesuit, dann Professor der Theologie und später der Botanik zu Ingolstadt. Starb zu München als erster Vorsteher des botan. Gartens. Nekrolog in Gistel Faunus. Neue Folge. 1837. Bd. 1.

*1. Beiträge zur Naturgeschichte. Leipzig, Fritsch, 1776. 8. tab. VII. pg. 137.
*Beckmann Phys. Oek. Bibl. VII. p. 609.

*2. Beschreibung einer Mücke. (Tipula.)
Schrank Beiträge. 1776. p. 1—2. fig.

*3. Beschreibung eines Blasenfusses. (Thrips.)
Schrank Beiträge. 1776. p. 31—32. fig.

*4. Abbildung einiger Insecten, von denen meines Wissens noch keine, oder keine gute Zeichnung gemacht worden ist. (Diptera, Hemiptera, Atropos.)
Schrank Beiträge. 1776. p. 48—59. fig.

*5. Verzeichniss einiger Insecten deren im Linneischen Systeme nicht gedacht ist.
Schrank Beiträge. 1776. p. 59—98. fig.
(Coleoptera, Hemiptera, Ephemera, Bittacus, Tenthredo, Hymenopt., Diptera.)

*6. Versuch einer Naturgeschichte der Läuse. fig.
Schrank Beiträge. 1776. p. 111—120. fig.

*7. Entomologische Beiträge. (Hymenoptera, Cicada.) fig.
Schrift. Berl. Gesellsch. naturf. Freunde. 1780. T. 1. p. 301—309; p. 391.

*8. Naturgeschichte der Minirraupen in den Fliederblättern.
Neue Abhandl. Baier. Akad. Philos. 1780. T. 2. p. 395—401. tab. 1.

*9. Kleine entomologische Anmerkungen. fig. (Lepidopt., Coleopt.)
Schrift. Berl. Gesellsch. naturf. Freunde. 1781. T. 2. p. 307—318.

*10. Muthmassungen über die Ursachen der Abweichungen bei den Insecten.
Schrift. Berl. Gesellsch. naturf. Freunde. 1781. T. 2. p. 41—55.

*11. Enumeratio insectorum Austriae indigenorum. August. Vindelicor., Klett, 1781. 8. pg. 9 et 548. tab. 4.
Jena gel. Zeit. 1781. — *Allgem. Deutsche Bibl. T. 50. p. 491.
*Leipz. Magaz. 1781. p. 130—133. — Recens. Leske Magazin.
Schröter. Litteratur. Th. 2. p. 61.

*12. Kritische Revision des östreichischen Insectenverzeichnisses.
Füessly neues Magaz. 1782. T. 1. p. 135—168; p. 263—308.

*13. Zoologische Beobachtungen. (Geometr. chaerophyllata.)
Naturforscher. 1782. Stück 18. p. 70—71.

*14. Beitrag zur Naturgeschichte der Motten, die sich in Säcke von Holz und Blätterspänen kleiden. mit 1 Taf.
Füessly Archiv d. Insectengesch. 1782. Heft 2. p. 1—14.

*15. Entomologische Nachrichten. (Lepidoptera, Chrysomela 10-punctata.)
Füessly neues Magaz. d. Entom. 1784. T. 2. p. 199—221.

*16. **Verzeichniss beobachteter Insecten im Fürstenthume Berchtesgaden.**
Füessly neues Magaz. 1785. T. 2. p. 214—243.

*17. **Naturhistorische Briefe über Oesterreich, Salzburg, Passau, Berchtesgaden. (mit v. Moll.) Salzburg, Mayer, 1785. 8. pg. 332 et 457. vol. 2.**
*Beckmann Phys. Oek. Bibl. XIV. p. 185; p. 191. (v. Moll. No. 4.)
Jena allg. Litt. Zeit. 1785. Suppl. p. 131—136.

*18. **Bayersche Reise. München, Strobl, 1786. 8. pg. 276. tab. 2. (Insecten.)**

*19. **Ueber die Käfergattung Melolontha.**
Physik. Arbeit. der einträchtigen Freunde in Wien. 1787. An. II. Quart. II. p. 1—8.
*Entr. Voigt Magaz. T. 6. P. 4. p. 115.

*20. **Anmerkungen zu den ersten zwanzig Stücken des Naturforschers. (Coleopt., Lepidopt.)**
Naturforscher. 1788. Stück 23. p. 126—148.

21. **Microscopische Unterhaltungen.**
v. Moll Oberdeutsche Beiträge.
(Ob dasselbe mit Naturforscher 1793. Stück 27. p. 30—37? es ist dort nur eine Daphnie beschrieben.)

*22. **Entomologische Beobachtungen. (Coleopter.)**
Naturforscher. 1789. Stück 24. p. 60—90. — *Scriba Journ. Stück 1. p. 26—35.

*23. **Beiträge zur Naturgeschichte von Stratiomys Chamaeleon.**
Naturforscher. 1793. Stück 27. p. 7—25. tab. 1.

*24. **Reise nach den südlichen Gebirgen von Baiern etc. München, Lindauer, 1793. 8. pg. 418. tab. 1.**

*25. **Sammlung naturhistorischer und physikalischer Aufsätze. Nürnberg, Raspe, 1796. 8. tab. 7. pg. 485.**

*26. **Uebersicht der baierschen Fauna.**
Hoppe entomol. Taschenb. 1797. p. 85—132.

*27. **Fauna Boica. Nürnberg, (Ingolstadt, Landshut), 1798, 1801, 1802, 1803, 1804. T. 3. in Vol. 6.**
T. I. pg. 720; T. II. pg. 274 et 412; T. III. pg. 272 et 372.

*28. **Grundriss der allgemeinen Naturgeschichte und Zoologie zum Gebrauche bei Vorlesungen in zwo Abtheilungen. Erlangen, Schubert, 1801. 8. pg. 412.**
(Insecten p. 289—343.)

*29. **Ueber eine schädliche Raupe. (Tinea agrostella.)**
Schrank Briefe naturhist. etc. Inhalts. Erlangen, Schubert, 1802. 8. p. 230—247. 8. Brief.

*30. **Zusätze zur Fauna Boica.**
Samml. klein. Abhandl. v. Schrank. Landshut, Weber, 1809. 8. Heft 1. Insecten p. 100—120.
*Ist nur reimpr. von Schrank, Landshutische Nebenstunden zur Erweiterung der Naturgeschichte. Landshut, Weber, 1807. 8. p. 100—120.
(Das erste vielleicht nur Titel-Ausgabe.)

*31. **Ueber die Watte webenden Eisenraupen. (Tinea padella.)**
Denkschr. Acad. Wissensch. München. (1816—1817.) 1820. T. 6. p. 69—88. tab. 1.
*Isis. 1819. IX. p. 1528.

*32. (cf. Gistel No. 29.) **Kritische Revisionen und Ergänzungen zur Enumeratio Insectorum und Fauna Boica aus seinem Nachlass.**

Schreber (Gottfried Daniel), gest. im März 1777. Prof. in Leipzig.

1. **Nachricht von der Erhaltung der Bienen im Winter ohne Futter.**
Schreber Neue Cameral-Schriften. Th. XII. p. 464. (cf. Boehmer II, 2. p. 316.)

2. **Abhandlung von Raubbienen.**
Schreber Samml. verschied. Schriften. Th. VIII. p. 434. (cf. Boehmer II, 2. p. 325.)

*3. **Nachricht von den Raupen, welche 1751 und 1752 im Thüringischen und Sächsischen an den Sommerfrüchten der Gerste und Haber grosse Verwüstungen angerichtet haben, und deren sicherer Vertilgung. Halle, Franke, 1752. 4. pg. 16. Bg.**
Schreber Samml. Th. 2. p. 211. — Zinke Leipz. Samml. Bd. 13. p. 880.
*Hannöv. Anz. 1754. p. 960—970. — Hamburg. freie Urtheile. 1752. Stück 88.
Erlang. Beitr. 1752. p. 811.

von Schreber (Johann Christian Daniel), geb. 17. Januar 1739 in Weissensee (Thüringen), gest. 10. December 1810 als Professor der Medicin und Oberaufseher des botan. Gartens zu Erlangen. Zoolog und Botaniker, Linné's Schüler, 1791 geadelt.

*1. **Novae species Insectorum. Halae, Schneider, 1759. 4. pg. 16. 1 pl. col. (6 Coleopt., 2 Hemipt., 2 Lepid., 1 Hymen., 1 Dipt.)**

*2. **Der Naturforscher. (vom Stück 14—30. cf. Walch.) 1780—1804. 8.**

*3. **Beschreibung merkwürdiger Insekten. (Blatta, Sphex.)**
Naturforscher. 1781. Stück 15. p. 87—99. tab. 1.

*4. **Antwort auf von Scheven's Schreiben: Ueber die Stiebbienen.**
Naturforscher. 1784. Stück 20. p. 93—105.

(**von Schreber**, Johann Christian Daniel.)

*5. Nachtrag zu des Frölich Bemerkungen über seltene Käfer im 26. Stück des Naturforscher p. 68. (Chrysom. Adonidis.)
Naturforscher. 1807. Stück 29. p. 128—134. 1 pl. col.

Schreiber (Johann Friedrich), geb. 1705 in Königsberg, gest. 1760 in Petersburg. Prof. der Anatomie.

1. Sendschreiben an H. T. C. Hoppe darinnen etliche Zweifel wegen seiner herausgegebenen Sendschreiben von den Weiden-Rosen und versteinerten Gryphiten entdeckt werden. Gera, 1748. 4. pg. 8.
Auch mit Hoppes Antwort zusammengedruckt, cf. Tobias Conrad Hoppe No. 2.
(cf. Bibl. Banks II. p. 219.)

*2. Vernünftige und bescheidene Gegenantwort auf die Antwort des Herrn T. C. Hoppe, darinnen er ihm seine gemachten Zweifel von Weiden-Rosen und versteinerten Gryphiten auflösen wollen. Herausgegeben und mit Anmerkungen begleitet von dem Verfasser des Naturforschers. Gera, 1748. 4. pg. 16.

Schreiber (R.), in Rossla bei Nordhausen.

*1. Lepidopterologische Mittheilungen.
Stett. Ent. Zeit. 1849. T. 10. p. 201—[illegible].

*2. Die Reinigung öliger Schmetterlinge.
Bericht d. lepidopter. Tauschver. f. 1849. (Martini.) p. 55—56.

von Schreibers (Carl Franz Anton), geb. 15. August 1775 in Pressburg, gest. 21. Mai 1852 in Wien. Vorstand des K. K. Museums. Nekrolog. Verhandl. Wien. Zool. Bot. Verein. 1852. T. 2. p. 46.

*1. Descriptions of some singular Coleopterous insects.
Trans. Linn. Soc. Lond. 1802. T. 6. p. 185—[illegible]. pl. 8.

Schreiner (Otto). Registrator in Weimar.

*1. Beobachtungen über die Eier verschiedener Schmetterlingsarten.
Bericht d. lepidopter. Tauschver. f. 1848. (Martini.) p. 19—23; f. 1850. p. 70—71.

*2. Myelois elutella.
Bericht d. lepidopter. Tauschver. f. 1849. p. 53—54.

*3. Ueber die bis jetzt getrennt gehaltenen Lithosien Helveola und Depressa.
Bericht d. lepidopter. Tauschver. f. 1851. p. 85—87.

*4. Ueber die beiden Lithosien depressa und helveola.
Stett. Ent. Zeit. 1852. T. 13. p. 101—103.
*Trans. Ent. Soc. Lond. ser. 2. 1852. T. 2. Proc. p. 14.

*5. Bemerkungen über Cidaria ferrugaria und spadicearia.
Bericht d. lepidopter. Tauschver. f. 1852. (Martini.) p. 100—101.

*6. Uebersicht derjenigen Schmetterlinge, die bis jetzt in der Umgegend von Weimar aufgefunden sind.
Bericht d. lepidopter. Tauschver. f. 1853. (Martini.) (p. 114—126); p. 68—78. *f. 1854. p. [illegible]—141.

*7. Bemerkungen über die Artrechte von Eupr. Urticae u. Menthastri.
Stett. Ent. Zeit. 1853. T. 14. p. 137—140.

*8. Auch einige Bemerkungen über Caradrina cubicularis.
Bericht d. lepidopter. Tauschver. f. 1855. (Martini.) p. 7—9.

*9. Bemerkungen über das Tessiensche Verzeichniss der um Altona und Hamburg gefundenen Schmetterlinge.
Stett. Ent. Zeit. 1856. T. 17. p. 110—117.

*10. Die Feinde der Obstbäume.
Zeitschr. f. d. gesammt. Naturw. 1856. T. 7. p. 513—520.
*Gerstaecker Bericht. 1856. p. 27.

*11. Notizen über die verschiedenen Entwickelungsperioden einiger Schmetterlingsarten.
Zeitschr. f. d. gesammt. Naturw. 1856. T. 7. p. 242—246.

*12. Notizen über die verschiedenen Entwickelungsperioden einiger Schmetterlinge.
Bericht d. lepidopter. Tauschver. f. 1856. (Martini.) p. 27—32.
Aus Zeitung d. naturw. Ver. f. Sachsen u. Thüringen. 1856. März.

Roth von Schreckenstein (Freiherr Fr.), gest. 1808.

*1. Verzeichniss der Schmetterlinge, welche um den Ursprung der Donau und des Neckars, dann um den unteren Theil des Bodensees vorkommen. Tübingen, Cotta, 1800. 8. pg. 41.

*2. Verzeichniss der Käfer, welche um den Ursprung der Donau und des Neckars, dann um den untern Theil des Bodensees vorkommen. Tübingen, Cotta, 1801. 8. pg. 67.

*3. Verzeichniss der Halbkäfer, Netzflügler, Wespen, ungeflügelten Insecten,

Wanzen und Fliegen, welche um den Ursprung der Donau und des Neckars, dann um den untern Theil des Bodensees vorkommen. Tübingen, Cotta, 1802. 8. pg. 70.

*Recens. Götting. gel. Anz. 1802. p. 361—365.

von Schrenck (Leopold).

*1. **Reisen und Forschungen im Amur-Lande in den Jahren 1854—1856. St. Petersburg, 1859. 4. T. II. Liefr. 1. Lepidoptera pg. 75. pl. 3 col. — 1860. Liefr. 2. Coleoptera p. 76—258. tab. 6 col. u. 1 Karte.**

Schroeck (Lucas), geb. 30. Septbr. 1646 in Augsburg, gest. 3. Januar 1730 daselbst.

*1. **De Phalaena maxima. (Sphinx Atropos.) fig.**

Ephem. Acad. Nat. Curios. 1688. Dec. 2. Ann. 7. Observ. 231. p. 475—477.

von Schroeckinger Neudenberg.

*1. **Schematische Uebersicht der in den ersten zehn Bänden (der Verhandl. Wien. Zool. Bot. Gesellsch.) veröffentlichten Schriften.**

Verhandl. Wien. Zool. Bot. Gesellsch. 1861. T. 11. Sitzber. p. 38—48. (Insecten p. 42—48.)

Schröder van der Kolk (J. L. C.). Professor in Utrecht.

*1. **Ueber die innere Organisation der Larve von Oestrus Equi.**

Isis. 1830. V. p. 555—556. — *Féruss. Bullet. 1831. T. 24. p. 110—111.

*2. **Mémoire sur l'anatomie et physiologie du Gastrus Equi.**

Nieuwe Verhandl. K. Nederl. Inst. Amsterdam. 1845. T. 9. p. 1—155. tab. 13.

*Separat. Amsterdam. Sulpke. 1845. 4. p. 155. tab. 13 col.

*Erichson Bericht. 1845. p. 109.

Schroeder (Roland). Grosshändler in Stockholm.

1. **Ueber den Fruchtbäumen schädliche Insecten.**

*cf. Bergmann No. 4.

*Uebers. Schreber Samml. verschied. Schrift. 1764. T. 13. p. 186—190.

Schroeder (Samuel).

*1. **Om et insect som skadar Tallskogarna. (Dermestes.)**

*Vetensk. Acad. Handl. 1752. T. 13. p. 156—159. fig.

Deutsche Uebers. 1752. T. 13. p. 163. fig.

*Füessly neues Magaz. 1785. T. 2. p. 362.

Schroeter (Johann Samuel), geb. 25. Februar 1735 in Rastenburg (Weimar), Diaconus in Weimar, gest. 21. März 1808 als Superintendent in Buttstädt (Weimar).

*1. **Etwas zur Naturgeschichte des Kohl-Schmetterlings.**

Berlin. Samml. 1769. T. 1. p. 505—513.

*2. **Ist es ein bequemes Mittel, Insecten, die man aufbewahren will, durchs Glühen zu tödten? oder weiss man ein bequemeres?**

Berlin. Samml. 1771. T. 3. p. 297—301.

*3. **Ueber die kluge Oekonomie der Ameisen bei Veränderung ihrer Wohnung.**

Mannigfaltigkeiten. 1772. T. 3. p. 185—192.

*4. **Einige Bemerkungen für die Sammler der Papilionen.**

Mannigfaltigkeiten. 1773. T. 4. p. 390—400.

5. **Vom Todtenkopfsvogel.**

Neueste Mannigfaltigk. Jahrg. 1. p. 791.

*6. **Abhandlungen über verschiedene Gegenstände der Naturgeschichte. Halle, Gebauer, 1776—1777. 8. pl. col. (T. I. 1776; T. II. 1777.)**

*Beckmann Phys. Oek. Bibl. VII. p. 306.

(Entomologica stehen nur in T. 1.)

*7. **Von den Mitteln, die Insecten, die man aufbewahren will zu tödten und sie vor Zerstörung zu schützen.**

Schroeter Abhandl. 1776. T. 1. p. 115—157.

*8. **Einige Bemerkungen für die Sammler der Papilionen.**

Schroeter Abhandl. 1776. T. 1. p. 158—170.

*9. **Einige Bemerkungen über verschiedene Insecten. (Lepidopter.)**

Schroeter Abhandl. 1776. T. 1. p. 171—185.

*10. **Von besondern Würmern in der Puppe eines grossen Nachtvogels, daraus Fliegen entstanden.**

Schroeter Abhandl. 1776. T. 1. p. 186—193.

*Berlin. Samml. 1771. T. 3. p. 59—65.

*11. **Von dem Kohlschmetterling und seinen Gattungen in Thüringen.**

Schroeter Abhandl. 1776. T. 1. p. 196—208.

Berlin. Samml. 1769. T. 1. p. 505—513.

*12. **Von dem Argus unter den Papilionen und dessen Abänderungen in Thüringen.**

Schroeter Abhandl. 1776. T. 1. p. 208—228.

*Berlin. Samml. 1770. T. 2. p. 341—352.

*13. **Von den Kornwürmern und den Mitteln sie zu vertreiben.**

Schroeter Abhandl. 1776. T. 1. p. 228—250.

(Auszug aus Histoire des Charençons, avec les moyens de les détruire. Avignon. 1768.)

(**Schroeter**, Johann Samuel.)

* 14. Von der Klugheit der Ameisen, wenn sie genöthigt sind ihre Wohnung zu verändern.
Schroeter Abhandl. 1776. T. 1. p. 251—257. — cf. No. 2.

* 15. Von den Heuschrecken, ihrer Naturgeschichte und den Gattungen, welche sich in Thüringen aufhalten.
Schroeter Abhandl. 1776. T. 1. p. 258—316.
* Berlin. Samml. 1772. T. 4. p. 496—541.

* 16. Von der Bissel-Mücke der Thüringer einer besonderen Gattung der Fliegen. (Oestrus.)
Schroeter Abhandl. 1776. T. 1. p. 316—322. fig.

* 17. Von einigen seltenen Insekten aus Surinam.
Schroeter Abhandl. 1776. T. 1. p. 322—373. fig.

* 18. Ueber die Bemühungen und die Verdienste älterer und neuerer Schriftsteller um die Insectenlehre Europens.
Schroeter Abhandl. 1776. T. 1. p. 373—470.

* 19. Artikel: Entomolithen, versteinerte Insecten.
Schroeter Lithol. Real u. Verbal. Lexic. 1779. 8. T. 3. p. 93—100.

* 20. Ueber einige merkwürdige Versteinerungen. (Insecten aus Solenhofen.)
Schroeter neue Litteratur u. Beitr. z. Kenntniss d. Naturg. 1785. T. 1. p. 410—418. 1 pl.

* 21. Neue Litteratur und Beiträge zur Kenntniss der Naturgeschichte vorzüglich der Conchylien und Fossilien. Leipzig, Müller, 1784—1787. 8. 4 vol.

* 22. Schreiben über die Todtenkopfsraupe bei Weimar im Jahre 1783.
Naturforscher. 1784. Stück 20. p. 173—184; 1785. Stück 21. p. 66—85.

* 23. Ob und wie der Seidenbau den Chursächsischen Ländern nützlich sein kann.
Neue Samml. Oekon. Schrift. 1783. T. 2. p. 126—138.
* Beckmann Phys. Oek. Bibl. XVIII. p. 93.

24. Gedanken über die jetzt herrschenden Waldraupen, über die Mittel sie zu vertilgen, und über andere damit verbundene Gegenstände.
Lieker, der besorgte Forstm. 1798. T. 1. p. 63—110. (Lacordaire.)

Schubaert (T. D.).

* 1. Over de gedaante verwisseling van eene soort van Mug, waarschijnlijk Limnobia (Glochina) fusca Meigen; Chironomus plumosus.
Handel. nederl. entomol. Vereen. 1854. p. 10—12; p. 13—15.
am Allgem. Konst- en Letterbode. 1849. No. 40 u. 41; 1850. No. 49—50.

Schubarth (Johann Rudolph).

1. Nützliches Bienenbuch, darinnen von der Bienen Ordnung, Wartung, Vermehrung und Nutzung gehandelt wird. Leipzig, Grosse, 1747. 8. tab. 1. 9 Bogen.

Ed. II. auctior. Leipzig, Grosse, 1754. 8.
(Hannover 1754. 8. nach Haller B. A. T. 2. p. 505.)
Leipz. gel. Zeit. 1747. p. 533. — Strelitz. Abhandl. T. 2. p 170.
Nouvell. économ. littér. T. 2. p. 64; T. 4. p. 14.
(Aus Geddes und Wonders Werk compilirt.) (cf. Boehmer. II, 2. p. 287.)

Schuette (A.).

1. Gespräche über die mechanischen Fertigkeiten der Insecten und Vögel. Prag, Haase Söhne, 1847. 16. pg. 16 et 216. 1 Taf. u. 80 eingedr. Holzschn.
(Illustrirte Jugendbibliothek für praktische u. unterhaltende Belehrung. T. 1.)

Schwed. Uebers. Stockholm, Lundquist, 1847. 16. mit 74 Holzschn.
(cf. Carus p. 286.)

Schütze (H.).

1. Anleitung zum praktischen Seidenbau und zur Maulbeerbaumzucht. Fasslich dargestellt für den Bürger und Landmann. Mit 1 color. u. 1 schwarz. Steindrucktaf. Leipzig, Frohberger, 1838. 8.

Schultes (Joseph August), geb. 15. April 1773 in Wien, gest. 21. April 1831. Professor in Landshut.

* 1. Reise auf den Glockner. (mit Hohenwarth u. Schwägrichen.) Wien, Degen, 1804. 8. T. II. pg. 366. 2 pl.

Schultz (Samuel Wilhelm Gottlieb). Med. Dr. aus Thorn.

* 1. De sexuum discrimine in insectis. Dissert. inaug. Halle, Hendel, 4. Dezember, 1801. 8. pg. 28.

Schultze (Johann Dominicus), geb. 1752 in Hamburg, gest. 22. Mai 1790 in Weimar. Vielleicht gehören nicht alle Nummern zu diesem Verfasser.

* 1. Beiträge zur Kenntniss seltener Insecten. tab. 2. (Lepidopt. Coleopt.)
Naturforscher. 1775. Stück 6. p. 87—98; 1776. Stück 9. p. 99—108.

*2. Vergleichung der entomologischen Abbildungen Wenceslai Hollari mit dem Linneischen System.
Naturforscher. 1776. Stück 9. p. 213—224.
*Füessly neues Magaz. T. 3. p. 302. (Füessly schreibt Schulze.)

3. Nachricht von dem bei Dresden befindlichen Zschonen Grunde und von den darinnen vorhandenen Seltenheiten der Natur.
Neues Hamburg. Magaz. T. 7. Stück 37. p. 1—73.

4. Geschichte meiner Bienen und derselben Behandlung von den Jahren 1781—1782. Dessau, Buchhandl. d. Gelehrten, 1783. 8. tab. 1. pg. 356. (Anonym.)
*Beckmann Phys. Oekon. Bibl. XIII. p. 109. (Beckmann nennt ihn Obercommissionsrath Schulze in Weimar.)
*Schröter neue Litterat. T. 1. p. 336. — Leipz. gel. Zeit. 1783. p. 650.
*Allgem. Deutsche Bibl. Bd. 61. p. 550—565. (cf. Boehmer. II, 2. p. 300.)

Schultze (Simon).

1. De usu Formicarum insigni in Paralysi.
Ephem. Acad. Nat. Curios. 1683. Dec. 1. Ann. IV. Obs. 125. p. 137—138.

Schulz (Johann Christian).

*1. Von Einschläferung der Bienen.
Wittenberg. Wochenbl. 1773. T. 6. p. 301—303.
*Hannöv. Magaz. 1773. T. 11. Stück 58. p. 914—972.
Abhandl. Oberlaus. Bienenges. T. 2. p. 33.

Schulz (Johann Heinrich), Oberlehrer in Berlin.

*1. Lehrbuch der Zoologie. Berlin, Logier, 1836. 8. pg. 601.
(Insecten p. 372—463.)

Schulze (Christian).

1. Memoir on the great advantage of raising Silk-worms and of cultivating bees in Ireland.
Trans. of the Dublin Soc. T. 1. P. 2. p. 73 et 185.
(cf. Reuss Repert. Lacordaire.)

Schulze (Christian Friedrich), geb. 1730 in Wildenhayn bei Torgau, gest. 1775 in Dresden.

*1. Beschreibung der Pappel Weidenraupe u. ihres Nachtvogels. (Cat. Fraxini.)
Hamburg. Magaz. 1757. T. 18. p. 113—120. tab. 1.

2. Von der in Sachsen befindlichen Coccionella, und von den Vortheilen, die man sich von derselben in unseren Färbereien möchte zu versprechen haben. (mit Kretschmer.)
Schriften Leipz. Oekon. Soc. 1771. T. 1. p. 117—184.
*Beckmann Phys. Oekon. Bibl. III. p. 87.

3. Nachricht von einem dem wollenen Zeuge sehr schädlichen Wurme und daraus erzogenem Käfer.
Neues Hamburg. Magaz. 1761. Stück 119. p. 179.
Neue gesellschaftl. Erzähl. Th. 3. p. 99. (cf. Boehmer. II, 2. p. 199.)

Schulze (Johann Heinrich), geb. 12. Mai 1687 in Colbitz, gest. 10. Octbr. 1744 in Halle.

1. Dissertatio de granorum Kermes et Coccionellae convenientia viribus et usu. Halae, Hilliger, 1743. 4. Resp. J. C. F. Berthold. fig. pg. 26. p. 4 et 10.
(cf. Bibl. Banks. II. p. 407.)

Schumacher (Christian Friedrich), geb. 15. Novbr. 1757 in Glückstadt, gest. 9. Decbr. 1830 in Kopenhagen. Dänischer Etatsrath.

*1. Beskrivelse af et hidtil ubeskrevet haardvinget Insect. (Attelabus longimanus.)
Skrivter af Naturhist. Selskab. 1793. T. 3. Heft 1. p. 12—15. fig.

Schumann (A. A. C. E.).

1. Abhandlung über die Einführung der Seidenzucht in Bayern in Beziehung auf Staats Princip. Nürnberg, Riegel, 1830. 8.
(cf. Engelmann Oecon. Bibl. p. 300.)

Schummel (Theodor Emil), geb. 23. Mai 1786 in Breslau, gest. 24. November 1848. Lehrer in Breslau. Sein Leben und Verzeichniss seiner Schriften in Letzner „Die entomol. Section" etc. p. 16.

*1. Beschreibung der in Schlesien einheimischen Arten einiger Dipteren-Gattungen. Limnobia.
Beiträge zur Entomologie besonders in Bezug auf d. Schles. Fauna. 1829. T. 1. p. 97—201. tab. 5.

2. Beschreibung der in Schlesien gefangenen Arten der Gattung Callicera, Ceria, Microdon.
Arbeit. schles. Gesellsch. f. vaterl. Kultur. 1827. p. 67.

3. Beschreibung eines, vielleicht durch Begattung zweier verschiedener Arten entstandenen Tagfalters.
Beiträge zur Entomologie besonders in Bezug auf d. Schles. Fauna. 1829. T. 1. p. 215—226. tab. 1.

(**Schummel**, Theodor Emil.)

* 4. Versuch einer genauen Beschreibung der in Schlesien einheimischen Arten der Gattung Raphidia Linn.
Auch unter dem Titel: Beiträge zur Entomologie, besonders in Bezug auf Schlesien von Stannius und Schummel. Heft 1. Breslau, Pelz, 1832. 8. pg. 16. tab. 1.

* 5. Versuch einer genauen Beschreibung der in Schlesien einheimischen Arten der Familie der Ruderwanzen. (Ploteres Latr.) Breslau, Pelz, 1832. 8. pg. 56. tab. 4.
Auch unter dem Titel: Beiträge zur Entomologie, besonders in Bezug auf Schlesien von Stannius u. Schummel. Heft 2.
*Extr. Silberm. Revue entom. 1833. T. I. p. 260—268.

* 6. Anmerkungen zu Ocskays Orthoptera nova.
Nov. Act. Acad. Leopold. Carol. 1837. T. 16. p. 951—966.

* 7. Versuch einer genauen Beschreibung der in Schlesien einheimischen Arten der Gattung Tipula Meigen, Bachmücke. Breslau, Pelz, 1833. 8. pg. 128. tab. 3.
Auch unter dem Titel: Beiträge zur Entomologie besonders in Bezug auf Schlesien von Schummel u. Stannius. Heft 3.

8. Dryomyza Zawadchii.
Isis. 1834. p. 741.

9. Hammerschmidtia eine neue Gattung der Syrphoden.
Isis. 1834. p. 739.

* 10. Ueber die Gattung Syrphus und vier neue Arten derselben.
Arbeit. schles. Gesellsch. f. vaterl. Kultur. 1836. p. 84—85.

* 11. Ueber Stratiomys paludosa, nov. spec.
Arbeit. schles. Gesellsch. f. vaterl. Kultur. 1836. p. 85; 1840. (p. 15.) p. 93—94.

* 12. Diptera Schlesiens. (Tabanii; Leptides.)
Arbeit. schles. Gesellsch. f. vaterl. Kultur. 1837. p. 107—110.
*Extr. Germar Zeitschr. Entomol. 1839. T. 1. p. 285.

* 13. Fortsetzung der Zusätze zur schlesischen Fauna aus der Ordnung der Dipteren in Meigens T. II u. VI beschrieben. (Thereva subfasciata.)
Arbeit. schles. Gesellsch. f. vaterl. Kultur. 1838. p. 57—58.

* 14. Verzeichniss und Beschreibung der bis jetzt in Schlesien gefangenen Zweiflügler der Syrphen Familie.
Arbeit. schles. Gesellsch. f. vaterl. Kultur. 1841. p. 112—128; p. 162—170. (p. 14—28; 1842. p. 15—27.)

* 15. Insecten auf dem Gesenke gesammelt. (Diptera; Hymenopt.; Coleopt.)
Arbeit. schles. Gesellsch. f. vaterl. Kultur. 1843. p. 16—22.

* 16. Ueber Harpyia Milhauseri und Plusia Moneta.
Arbeit. schles. Gesellsch. f. vaterl. Kultur. 1843. p. 18—18.

* 17. Ueber schlesische Tropideres und Rhynchites.
Arbeit. schles. Gesellsch. f. vaterl. Kultur. 1846. p. 94.

* 18. Bemerkungen über einige neue oder seltene Zweiflügler Schlesiens.
Arbeit. schles. Gesellsch. f. vaterl. Kultur. 1846. p. 160—167.

Schurtz (Carl Heinrich), geb. 4. Mai 1833 in Schneeberg. Dr. med.

* 1. De auditus Orthopterorum organis. Dissert. inaug. zoolom. Lipsiae, typis C. E. Elbert, 1859. 8. pg. 19.

Schuster (Gottfried).

1. Schulabhandlung von den Insecten, besonders von den Heuschrecken. Königsberg, 1750. 4. 7½ Bogen.
(cf. Boehmer. II, 2. p. 138.)

Schwaab (Wilhelm), Dr.

* 1. Geographische Naturkunde von Kurhessen. (Insect. Catalog p. 79—121.) Cassel, Fischer, 1851. 8. pg. 138.

Schwab (A.), in Mistek. Apotheker.

* 1. Bemerkungen über Pteroloma Forstroemii Schoenh.
Verhandl. Wien. Zool. Bot. Verein. 1853. T. 3. Sitzber. p. 41. (von Schwab, ob derselbe?)

* 2. Ueber die Verheerungen der Kieferblattwespe in der Umgebung v. Schwarzwasser u. Skotschau in k. k. Schlesien. (Tenthredo pratensis u. pini.)
Verhandl. Zool. Bot. Gesellsch. Wien. 1860. T. 10. Sitzber. p. 31—32.

Schwab (Konrad Ludwig) Dr.

* 1. Die Oestraciden — Bremsen — der Pferde, Rinder u. Schaafe. Eine naturgeschichtlich thierärztliche Abhandlung. München, 1840. 8. pg. 83. — ibid., 1858. 8. pg. 10 et 93.
*Isis. 1842. IX. p. 679.
Auch in: Anat. pathol. Präparate in dem Museum der Central Veterin. Schule zu München. 1841. pg. 91. — *Erichson Bericht. 1840. p. 97.

Schwacke (J. H.).

1. Praktisches Raupen-Taschenbuch für alle Anfänger u. Freunde der Schmetterlingskunde, insbesondere auch für Forst- und Landwirthe, Lehrer, Aerzte etc. nach einem neuen Plane bearbeitet u. herausgegeben. Alfeld, (Hildesheim, Gerstenberg), 1850. 12. pg. 10 et 34.

Schwägrichen (Christian Friedrich), geb. zu Leipzig 1774, gest. 1853. Professor der Naturgeschichte und Director des botanischen Gartens in Leipzig. Seine Sammlung kaufte das zoolog. Museum daselbst.

* 1. Topographiae botanicae et entomologicae Lipsiensis. Dissert. (Resp. J. C. A. Clarus.) Lipsiae, Tromlitz, 1799. 4. Spec. I. pg. 36. Spec. II. pg. 48.
  * Lipsiae, 14. Novbr. 1804. Partes III. pg. 16.
    P. I. u. III. entomol. Catalog von 740 Coleopt.
  * Topographia naturalis Lipsiensis. * Pars IV. 1806. pg. 20. Pars V. Dissert. Resp. Just. Radius. Lipsiae, 1819. 4. pg. 16.

2. Leitfaden zum Unterricht in der allgemeinen Naturgeschichte für Schulen. Leipzig, Barth, 1803. 8. T. II.
   (cf. Engelmann p. 128.)

* 3. Insecta quaedam nova detecta et descripta (1 Malachius, 2 Gryllus.)
   Schultes Reise auf den Glockner, 1804. 8. T. 2. p. 359—362.

4. Nachwort zu Hapf Bemerkungen über Raupenfrass. (cf. Hapf No. 1.) Bamberg, 1829.

5. Nomina animalium in acroasibus suis de historia naturali commemorandorum. Lipsiae, Barth, 1834. 4.
   (cf. Engelmann p. 200.)

* 6. Ueber ein Synonym der Cassida rubiginosa, Cassida atra Herbst.
   Stett. Ent. Zeit. 1844. T. 5. p. 403.

* 7. Ueber den Cryptorrhynchus Lapathi und seine Verwüstung des Erlenholzes. fig.
   Wiegm. Archiv. 1845. T. 11. p. 337—343.

Schwann (Christian Friedrich).

1. Vom Anbau verschiedener Bäume und Kräuter zur Nahrung für die Bienen.
   Bemerk. Bienengesellsch. zu Lautern. 1769. p. 153. (cf. Boehmer. II, 2. p. 315.)

2. Einige Anmerkungen über die Nahrungsmittel der Bienen.
   Bemerk. Churpfälz. Phys. Oekon. Gesellsch. 1770. T. 1. p. 107—137.
   (cf. Bibl. Banks. II. p. 529.)

3. Allgemeine Grundsätze der Bienenzucht. (Anonym.) Berlin, 1773. 8. 8 Bog.
   * Beckmann Phys. Oekon. Bibl. V. p. 230. (cf. Boehmer. II, 2. p. 304.)

Schwartz (Carl Traugott).

1. Diss. de Hydrophobia eiusque specifico Meloë majali et Proscarabaeo. Halae, 1783. 8. pg. 56. tab. 1. praesid. J. Christ. Remme.
   Journ. de Phys. 1785. T. 26. p. 359—378. 1 pl.

Schwarz (Christian) in Nürnberg.

* 1. Neuer Raupenkalender oder Beschreibung aller bis jetzt bekannten europäischen Raupen nebst ihrer Verwandlung, wie solche alle Monate erscheinen. Nebst einer Anleitung des Mader und Kleemannischen Raupenkalenders mit neuen Beobachtungen herausgegeben. Nürnberg, Raspe, 1791. 8. T. 1. pg. 6 et pg. 336; T. 2. pg. 80 et pg. 337—798. tab. 1.
   Jena allg. Litt. Zeit. 1792. T. 3. p. 461—464.

* 2. Nomenclator über die in den Roeselschen Insecten-Belustigungen und Kleemannschen Beiträgen zur Insecten-Geschichte abgebildeten Insecten und Würmer mit möglichst vollständiger Synonymie. Nürnberg, Raspe. 4. (der Name des Verf. hinter der Vorrede.)
   Abtheil. I. 1793. pg. 100. (Käfer.)
   Abtheil. II. 1810. pg. 62. (Halbkäfer.)
   Abtheil. III—VII. 1830. III. pg. 4—37 (Kieferlipper); IV. pg. 40 (Hornkiefer); V. pg. 78 (Zahnmäuler); VI. pg. 24 (Hackenmäuler); VII. pg. 17 (Bindlose).

Schwarzenbach (Valentin), geb. 2. Febr. 1830 in Zürich. Dr. Chem. in Würzburg.

1. Leucin nachgewiesen in der von Schmetterlingen beim Ausschlüpfen entleerten gelblichen Flüssigkeit.
   Verhandl. phys.-med. Gesellsch. Würzburg. 1858. T. 7. p. 225.

Schwarzer-Becker (Hans).

1. Der Bienenvater zum Nutzen und Vergnügen. Frankfurt, Körner, 1817. 8. pg. 80.
   (Lacordaire.)

Schweigger (August Friedrich), geb. 1783 zu Erlangen, Professor der Botanik in Königsberg, ermordet 1821 von seinem Vetturino bei Palermo in Sicilien.

* 1. Beobachtungen auf naturhistorischen Reisen. (Copal Insecten, angeblich Bernstein.) Berlin, Reimer, 1819. 4. pg. 127. tab. 8.
   * Franz. Uebers. Annal. génér. Sc. phys. Bruxelles. 1820. T. 5. p. 226—253. pl. 1 col. (von Meisner.)

2. Handbuch der Naturgeschichte der skelettlosen und ungegliederten Thiere. Leipzig, 1820. 8.

von Schwenckfeld (Caspar), geb. 14. Aug. 1563 in Greifenberg (Schlesien), gest. 9. Juni 1609 in Görlitz. Arzt.

* 1. Theriotropheum Silesiae, in quo animalium, quadrupedum, reptilium, avium, piscium, insectorum natura, vis et usus sex libris perstringuntur. Lignicii, Albert, 1603. 4. pg. 563.
   Ed. II. Lignicii, 1604. 4.
   (cf. Percheron. II. p. 57.)

Scopoli (Johann Anton), geb. 13. Juni 1723 in Cavalese in Tyrol, gest. 8. Mai 1788 in Pavia. Arzt in Idria, zuletzt Bergrath und Professor der Chemie u. Botanik in Pavia. Sein letztes Lebensjahr blind. Nachricht über sein Leben * Verhandl. Wien. Zool. Bot. Verein. T. I. p. 150.

* 1. Entomologia Carniolica exhibens insecta Carnioliae indigena et distributa in ordines, genera, species, varietates, methodo Linneana. Vindobonae, Trattner, 1763. 8. pg. XXXVI et 420.
   Ueber die nicht publicirten Kupfer vergl. Stett. Ent. Zeit. 1854 p. 81 meine Angaben.
   * Noll Entomol. Nebenst. Schrift. Berl. Gesellsch. naturf. Fr. T. 9. p. 256—260 (stimmt genau mit meiner Angabe in der Entom. Zeit.)
   * Erlang. gel. Beitr. 1764. p. 727—778. — * Götting. gel. Anz. 1764. p. 807.
   Comment. Lips. Vol. 13. p. 437.
   Noll kennt nur Laicharting's Exemplar u. sein eigenes mit Kupfern; jetzt besitzt v. Heyden zwei, Sommer u. die Bibliothek von Banks je eines. Alle stimmen genau überein.

* 2. Annus historico naturalis. Lipsiae, Hilscher. 8.
   Ann. I. 1769. pg. 168. — Ann. II. 1769. pg. 118. — Ann. III. 1769. pg. 103. tab. 1. — Ann. IV. 1770. pg. 150. — Ann. V. 1772. pg. 128.
   * Italien. Uebers. über Bienen von J. G. Monti. Opusc. scelt. 1778. T. 2. p. 201—213.
   * Beckmann Phys. Oekon. Bibl. II. p. 95.

* 3. De cultura Bombycis Mori et Mori albi in Comitatu Tyrolensi.
   Ann. hist. nat. 1769. II. p. 33—38; 1770. IV. p. 120—124.

* 4. Dissertatio de apibus.
   Ann. hist. nat. 1770. IV. p. 1—47.
   Deutsche Uebers. von K. v. Meidinger. Wien, 1787. 8.
   (cf. Engelmann Bibl. Oecon. p. 203.)

* 5. Observationes zoologicae (117 Insect.)
   Ann. hist. nat. 1772. V. p. 75—125.

* 6. Introductio ad historiam naturalem, sistens genera lapidum, plantarum et animalium etc. Pragae, Gerle, 1777. 8. pg. 506 et index.
   (Insecta p. 408—446.)

7. Lettera sull' efficacia dell' Jatropa contra la puntura delle api e delle vespe.
   Opusc. scelt. 1783. T. 6. p. 358. (Lacordaire.)

* 8. Deliciae faunae et florae insubricae, seu novae aut minus cognitae species plantarum et animalium quas in Insubria austriaca tam spontaneas quam exoticas vidit descripsit et aeri incidi curavit. Ticini, Typogr. Reg. et Imp. Monast. St. Salvatoris, 1786—1788. Fol. Fasc. 3.
   P. 1. 1786. pg. 85. tab. 25; P. 2. p. 115. tab. 25; 1788. P. 3. pg. 87. tab. 25.

Scortegagna (Francisco Orazio).

* 1. Intorno ad una specie di Falena rinvenuta in Lonigo.
   Mem. Soc. Italiana. 1841. T. 22. p. 103—110. tab. 1.

Scott (A. W.).

* 1. On Cystosoma Saundersii of Curtis and Westwood.
   Proceed. Zool. Soc. Lond. 1853. T. 20. p. 14—16. 1 pl.
   * Ann. and Magaz. of N. H. ser. 2. 1854. T. 13. p. 236—238.

2. On a new Lepidopterous insect from Australia.
   Proceed. Zool. Soc. Lond. 1850. P. 1. p. 207.

Scott (John).

* 1. Sonderbarer Wohnort der Tinea astella.
   Froriep. Tagsber. 1850. T. 1. p. 24. (aus Zoologist. 1849 Decbr.)

* 2. What has been done for Entomology in Scotland.
   Zoologist. 1853. T. 11. p. 3772—3773.

* 3. Food and transformations of the Larva of Elachista locupletella.
   Zoologist. 1853. T. 11. p. 3778.

*4. **Are Telephorus rusticus and T. lividus the Male and Female of one Species? (in copula capt.)**
Zoologist. 1853. T. 11. p. 3910.

*5. **Notes on a short Excursion to Rannoch.**
Zoologist. 1853. T. 11. p. 4075—4076.

*6. **Description of a new Species of Litkorolletis. fig.**
Trans. Ent. Soc. Lond. ser. 2. 1854. T. 3. p. 9—10.

*7. **A few Notes on the Necessity for Rearing all the Tineidae and other small Groups.**
Zoologist. 1854. T. 12. p. 4188—4191.

*8. **Are the Psychidae to be considered Bombyces or Tineina?**
Zoologist. 1855. T. 13. p. 4855.

*9. **Results of a Residence at Fochabers (Lepidopt.).**
Entomol. Annual. 1856. p. 108—116.

*10. **Descriptions of Five New Species of Coleophora.**
Trans. Ent. Soc. Lond. ser. 2. 1861. T. 5. p. 409—412. fig.

*11. **On Hemiptera, commonly called Bugs.**
Entomol. Annual. 1862. p. 130—137.

Scriba (Ludwig Gottlieb), gest. 31. Mai 1801. *Pfarrer in Arheiligen in Hessen-Darmstadt.*

*1. **Entomologische Berichtigungen. (Lepidopt., Coleopt.)**
Schrift. Berl. Gesellsch. naturf. Fr. 1783. T. 5. p. 437—442; 1787. T. 7. p. 237—241.

*2. **Journal für die Liebhaber der Entomologie. Frankfurt, Varrentrapp, 1790. 8. Stück 1 et 2. pg. 192; 1791. Stück 3. pg. 193—296.**

*3. **Beiträge zur Insectengeschichte. Frankfurt, Varrentrapp. 4. 1790. Heft 1. pg. 68. tab. 6 col.; 1791. Heft 2. pg. 194. tab. 6 col.; 1793. Heft 3. pg. 280. tab. 6 col.**

*4. **Verzeichniss der Insecten in der Darmstädter Gegend. (Coleoptera.)**
Scriba Journal. 1790. Stück 1. p. 40—73; Stück 2. p. 151—192; Stück 3. p. 215—236.

*5. **Beschreibung verschiedener Käfer. fig.**
Scriba Beiträge. 1790. Heft 1. p. 30—50; Heft 2. p. 88—109; Heft 3. p. 219—230.

*6. **Nachtrag zu Scharfenbergs Beobachtungen und Berichtigungen.**
Scriba Journal. 1791. Stück 3. p. 241—244.

*7. **Entomologische Bemerkungen und Erfahrungen. (Lepidopt., Coleopt.)**
Scriba Journal. 1791. Stück 3. p. 244—255.

*8. **Revision einiger Theile des ersten Hefts der Beiträge zur Insectengeschichte und der ersten Stücke dieses Journals.**
Scriba Journal. 1791. Stück 3. p. 265—275.

Scriba (W.), *Pfarrer in Oberlais in Hessen.*

*1. **Einige neue Käfer beschrieben.**
Stett. Ent. Zeit. 1855. T. 16. p. 280—282.

*2. **Neue Staphylinen.**
Stett. Ent. Zeit. 1855. T. 16. p. 295—302.

*3. **Coleopterologisches. (Sammeln der Käfer im Ausspülicht; Coleoptera.)**
Stett. Ent. Zeit. 1857. T. 18. p. 375—380.

*4. **Einige neue deutsche Staphylinen.**
Stett. Ent. Zeit. 1859. T. 20. p. 413—417.

*5. **Sammelbericht. (Coleoptera.)**
Berl. Ent. Zeitschr. 1861. T. 5. 189; 1862. T. 6. p. 276—278.

*6. **Zwei für die deutsche Fauna neue Homaloten.**
Berl. Ent. Zeitschr. 1862. T. 6. p. 273—275.

Scudamore (Edward), *in Canterbury.*

*1. **A Description of Bee-Hives adapted for making Artificial Swarms also in good Years for taking some Honey without destroying the Bees. Canterbury, Author, 1816. 12. pg. 23.**

*2. **Artificial Swarms. A treatise on the production of early swarms of bees by artificial means. Second edition, revised and enlarged. London, Longman, Brown, Green and Longmans, 1848. 12. pg. 60.**

Scudder (Samuel H.).

*1. **Ueber den Schaden, den Termes frontalis den Weinstöcken in den Treibhäusern Nord-Americas zufügt.**
Proc. Boston Soc. Nat. Hist. 1859. T. 7. p. 287.

2. **Chronological Index to the Entomological writings of Thaddeus William Harris.**
Proc. Boston Soc. Nat. Hist. 1860. T. VII. p. 214.

3. On the genus Rhaphidoptera Serv. with descriptions of four species from the Pacific coast.
   Proc. Boston Soc. Nat. Hist. 1860. T. 8. p. 6.
4. Notice of North American species of Pieris.
   Proc. Boston Soc. Nat. Hist. 1860. T. 8. p. 178.

Scufoni (Francesco).

* 1. Osservazioni intorno alle Cavallette. (Locusta migratoria.) Roma, Rossi, 1719. 4. pg. 24. fig.
   * Latein. Uebers.; Observationes circa locustas.
   Ephem. Acad. Nat. Curios. 1722. Cent. IX et X. App. p. 485—508. fig.
   * Estr. Giornale de letterati d'Italia. 1721. T. 33. P. 1. No. 8. p. 411—475.

Seba (Albert), geb. 2. Mai 1665 in Etzeln (Ostfriesland), gest. 3. Mai 1736 in Amsterdam. Apotheker in Amsterdam. Seine Sammlung besitzt die Academie in Petersburg. Beckmann Phys. Oekon. Bibl. VIII. p. 193. Nekrolog. Act. Acad. Nat. Curios. 1752. T. 6. p. 239—252.

* 1. Description exacte des principales Curiosites naturelles du magnifique Cabinet d'Albert Seba oder:
   Locupletissimi rerum naturalium thesauri accurata descriptio et iconibus artificiosissimis expressio, per universam physices historiam. Opus, cui in hoc genere, nullum par exstitit. Ex toto terrarum orbe collegit, digessit, descripsit, et depingendum curavit Albertus Seba.
   T. I. Amstelaedami, apud Janssonio Waesbergios et J. Wetstenium, et Gul. Smith. 1734. pg. 79 et 178. tab. 111, 1 Titelkpfr., 1 Portrait. Latein. u. französ.
   T. II. 1735. pg. 30 et 154. tab. 114.
   T. III. apud H. K. Arksteum et H. Merkum et Petrum Schouten. 1758. pg. 21 et 212. tab. 116.
   T. IV. 1765. pg. 41 et 226. tab. 108. Roy. Fol.
   Schroeter Abhandl. T. 1. p. 419. — Schroeter Journ. T. 6. p. 111.
   Berlin. Samml. T. 4. p. 326.
   Es existiren auch Exemplare tab. color.; Text auch latein. u. holländ.
   Der Text ist von Gaubius, Musschenbroeck u. Massuet; die französ. Uebers. z. Theil von L. v. Jaucourt.
   Ein neuer Abdruck der Tafeln die dem Jardin des Plantes in Paris gehören, ist:
   Planches du cabinet de Seba, accompagnées d'un texte explanatif mis au courant de la science, et rédigé par M. le Baron de Cuvier et une réunion de savants distingues. Ouvrage publié par les soins de M. E. Guérin. Strassbourg et Paris, Levrault, 1827—1830. Fol. 45 livr. a 10 pl.
   Der versprochene Text ist nicht erschienen. (cf. Engelmann p. 100.)

Sebastian (Georg Christian).

* 1. Insecta vulgo fere ignota ad aquas Mattiacas IV Idus Januarii 1769 super nive reperta.
   Acta Soc. Hassiacae. 1771. p. 32—37. (Podura; Larvae Calosomi.)
   Neues Hamburg. Magaz. Stück 63. p. 246—255.
   * Neue Physik. Belust. Prag. 1773. T. 2. P. 1. p. 89—108.
   * Beckmann Phys. Oekon. Bibl. II. p. 238.

von Seckendorff (Christian Wilhelm).

1. Witterungs-Diarium zur Bienenzucht der 1768 Jahres.
   Abhandl. Fränk. Oekon. Bienengesellsch. 1770. p. 143. (Lacordaire.)

Sedileau, gest. 1693.

* 1. Vergl. de la Hire No. 1.
2. Observations sur l'origine d'une espèce de papillon d'une grandeur extraordinaire et de quelques autres insectes. (Bombyx Pavonia major (nebst parasitischen Dipteren u. Hymenopteren).
   Histoire de l'Acad. des Sciences de Paris. 4. 1692. T. 10. (1730.) p. 108—112 oder p. 135—140 oder 159—161 oder p. 187. fig.
   * Ausgezog. Fuessly neues Magazin d. Entom. T. 1. p. 124.

Seeger (Johann Gottfried).

1. Einige wichtige und bis jetzt noch unbekannte Erfahrungen in der Korbbienenzucht. Leipzig, 1819. 8.
   Neue Titel-Ausgabe. Drobligk, 1823. 8.
   (cf. Engelmann Bibl. Oec. p. 303.)

Seetzen (Ulrich Jasper), geb. 30. Januar 1767 in Sophiengroden bei Jever, gest. Septbr. 1811 in Taes, vor Mecca.

* 1. Ueber die Verwandlungshülsen der Phryganeen und einiger verwandten Insecten der Göttingischen Gewässer.
   Meyers Magaz. f. d. Thiergeschichte. 1790. Bd. 1. p. 56—80.
* 2. Beitrag zur Naturgeschichte der Ephemera lutea L.
   Meyers Magaz. f. d. Thiergeschichte. 1790. Bd. 1. p. 41—63.

Sefstroem (Erich).
*1. At fördrifva Mygg utur rum om sommaren.
Vetensk. Acad. Nya Handl. 1787. T. 8. p. 238—239.
* Deutsche Uebers. 1788. T. 8. p. 233—234.

Seger (Georg), geb. 1629 in Nürnberg, gest. 19. December 1678 in Danzig. Arzt in Thorn.
*1. De polygono polonico coccifero, seu Chermecino polonico.
Ephem. Acad. Natur. Curios. 1670. Dec. I. Ann. I. Observ. 8. p. 23—24.

Seger (Johann Gottlieb).
1. Dissertatio Juris Romani et Germanici de Apibus. Resp. Ch. Gott. Sieber. Lipsiae, 1773. 4. pg. 58. (Tractatus juridic.)
(cf. Bibl. Banks. II. p. 527.)

Segnitz (G.).
1. Deilephila nerii 1859 häufig in Mecklenburg.
Archiv f. Freunde d. Naturgesch. Mecklenb. 1860. Jahrg. 14.
cf. Wien. Entom. Monatsschr. 1861. T. 5. p. 58.

Segonne (Bernard).
1. Dissertation sur la cigale, dont l'esprit est un remede spécifique contre la peste. Toulouse, le Camus. 8.
(cf. Nodier Bibliogr. p. 36.)

Seguin (J. M.).
1. Étude sur les vers à soie: Examen des déjections dont les papillons se débarassent avant l'accouplement.
Compt. rend. 1859. T. XLVIII. p. 801—802.
2. Études sur les vers à soie: Examen des matières liquides et solides extraites des papillons.
Compt. rend. 1860. T. L. p. 145—146.
(beides cf. Carus, p. 1655.)

Seguy.
1. Moyens de hâter de huit jours la montée des vers à soie dans les rameaux où ils doivent filer leurs cocons, et par là diminuer d'autant de jours les risques qu'on court lors de la maturité de ces vers.
Journal économique, 1763, p. 131. (cf. Boehmer, II, 2. p. 270.)

Seidl (Wenzel Benno).
*1. Die Orthopteren Böhmens.
Weitenweber Beitr. zur gesammt. Naturk. u. Heilwiss. 1837. T. 1. p. 205—223.
2. Die Hummelarten Böhmens. (Bombus.)
Weitenweber Beitr. zur gesammt. Naturk. u. Heilwiss. 1837. T. 2. p. 65—75.

Seignette (P. E.).
1. Notice sur un insecte qui ravage les vignes dans une partie de l'arrondissement de Marennes. (Haltica oleracea.)
Ann. de l'agric. franç. An XIII. T. 22. p. 39—43. (Lacordaire.)

Seiler.
1. Von den giftigen Fliegen (Rhagio Columbaschensis).
Neue Schriften Gesellsch. naturf. Fr. Berlin. 1803. T. 4. p. 108—112. (Lacordaire.)

Seiler (A.).
*1. Uebersicht der im Canton Schaffhausen vorkommenden Thiere.
Verhandl. schweiz. naturf. Gesellsch. 32. Vers. Schaffhausen, 1847. p. 160—175.

Selby (Prideaux John), geb. 1788.
*1. Notice of the Capture of Deilephila Galii a rare Lepidopterous Insect, belonging to the family of the Sphingidae Leach.
Trans. Berw. Nat. Club. 1834. T. 1. p. 40.
*2. Notice of some of the rarer Nocturnal Lepidoptera taken at Twizell House.
Trans. Berw. Nat. Club. 1834. T. 1. p. 160.
*3. Contributions to the Entomology of Berwickshire.
History of the Berwicksh. Nat. Club. 1834. p. 93—94.
*4. Notice of a curious Aquatic Larva found in a Water Jug at Twizell.
History of the Berwicksh. Nat. Club. 1836. p. 202—203.
*5. The Fauna of Twizell. (Coleopt., Lepidopt.)
*Contin. Ann. and Mag. Nat. Hist. 1839. T. 3. p. 361—375.
*6. List of Insects taken by Mr. Hardy in June and July 1843 in neighbourhood of the Pease Bridge.
Trans. Berw. Nat. Club. 1846. T. 2. p. 110—111.
*7. Observations and Notes during the year 1846, and of the occurrence of insects.
Trans. Berw. Nat. Club. 1847. T. 2. p. 205—210.

Seligmann (Johann Michael).

*1. Sammlung verschiedener ausländischer und seltener Vögel, worinnen ein jeder derselben nicht nur auf das genaueste beschrieben, sondern auch in einer richtigen und sauber illuminirten Abbildung vorgestellet wird. Nürnberg, Fleischmann, 1749—1776. fol. vol. 9. tab. col.
(Es findet sich eine Anzahl Insecten auf den Tafeln aus Edwards u. Catesby.)

Sella (Eugen), in Turin.

*1. Description du Carabus Olympiae, espèce nouvelle.
Ann. Soc. Ent. Fr. sér. 2. 1855. T. 3. Bull. p. 86—87.
*Revue et Magas. Zool. 1855. T. 7. p. 169—171.

Selle (Christian Gottlob), geb. 7. Octbr. 1748 zu Stettin, gest. 9. Novbr. 1800 zu Berlin als Arzt.

1. Von den Wirkungen der Maiwürmer. (Meloë.)
Selle neue Beiträge z. Nat. u. Arzney-Wissensch. 1782. Thl. 1. p. 3—21. 8.
Ausgezogen: Schlegel Med. Litteratur. Thl. 1. p. 54.
Blumenbach med. Bibl. T. 1. p. 28.
*Füessly neues Magaz. 1784. T. 2. p. 104—105.

Sells (William), gest. vor 1842.

*1. Foreign Insects (by W. S. Geneva).
Magaz. of N. H. 1831. T. 4. p. 165—180.

*2. Insects in Jamaica which are either troublesome or injurious.
Magaz. of N. H. 1832. T. 5. p. 479—483. (aus White Selborne p. 80.)

*3. Observations upon the Natural History of various Species of West-India insects. (Elater noctilucus, Flies, Cockroach, Silk-worm.)
Trans. Ent. Soc. Lond. 1835. T. 1. Proc. p. 55—68.

*4. Notes respecting the variety of the Silkworm which spins White Silk.
Trans. Ent. Soc. Lond. 1837. T. 2. p. 40—41.

*5. Observations upon the Chigoe or Pulex penetrans.
Trans. Ent. Soc. Lond. 1839. T. 2. p. 196—198.

*6. Remarks on Mr. Westwoods paper on the Genus Upis.
Trans. Ent. Soc. Lond. 1839. T. 2. p. 182—183.

*7. Facts proving that the best remedy for clearing turnip-fields is found in the use of poultry for that purpose.
Trans. Ent. Soc. Lond. 1839. T. 2. Proc. 78—80.

*8. Observations on the perforations of the larvae of Sirex juvencus.
Trans. Ent. Soc. Lond. 1839. T. 2. Proc. p. 83.

*9. Notes respecting the Nest of Cteniza nidulans.
Trans. Ent. Soc. Lond. 1840. T. 3. p. 207—210. fig.

*10. Observations on the Oestridae.
Trans. Ent. Soc. Lond. 1842. T. 3. p. 72—78.

*11. Entomological Notes. A Plan for Arranging a Cabinet containing illustrations of the Habits and Economy of insects; Experiments with portions of old Honeycomb; Note respecting the Eggcases of Blattae.
Trans. Ent. Soc. Lond. 1842. T. 3. p. 101—104.

de Selys-Longchamps (Baron Michel Edmond), geb. 25. Mai 1813 in Paris. In Lüttich.

*1. Liste des genres d'Insectes Aptères, Neuroptères et Lépidoptères des environs de Liège.
Dictionnaire géogr. de la province de Liège par Ph. Van der Maelen. Bruxelles, 1831. Append. p. 57—60.

*2. Catalogue des Lépidoptères ou Papillons de la Belgique, précédé du tableau des Libellulines de ce pays. Liège, Desoer, 1837. 8. pg. 31.

*3. Description de deux nouvelles espèces d'Aeshna du sousgenre Anax.
Bullet. Acad. Bruxell. 1839. T. 6. No. 10. p. 386—393. tab. 1. — *Separat. pg. 8.

*4. Diagnose de trois espèces européennes d'Aeschna, du sousgenre Anax.
Revue Zool. 1839. T. 2. p. 333—334.

*5. Monographie des Libellulidées d'Europe. Paris, Roret, 1840. 8. pg. 220. tab. 4.

*6. Enumération des Libellulidées de la Belgique.
Bullet. Acad. Bruxell. 1840. T. 7. No. 1. p. 31—42. — *Separat. pg. 12.

*7. Sur trois espèces nouvelles Européennes du genre Agrion.
Revue Zool. 1840. T. 3. p. 213—215.

*8. Additions a deux notices sur les Libellulidées insérées précédemment dans les Bulletins de l'Académie.
Bullet. Acad. Bruxell. 1840. T. 7. No. 8. p. 87—97. tab. 1. — *Separat. pg. 12.

*9. Nouvelles Libellulidées d'Europe. (8 espèces.)
Revue Zool. 1841. T. 4. p. 243—246.

*10. Recension der Synonymia Libellularum europaearum von H. Hagen.
Revue Zool. 1841. T. 4. p. 254—255.
*Die No. 9 u. 10 vereint separat pg. 8.

*11. Nouvelles additions aux Libellulidées de la Belgique de 1840 à 1843.
Bullet. Acad. Bruxell. 1843. T. 10. No. 8. p. 110—162. tab. 1. — Separat. pg. 14.
Die No. 4. 5. 6. 9. vereint unter dem Titel:

*12. Notices sur les Libellulidées extraites des Bulletins de l'Acad. Roy. de Bruxelles. Bruxelles, Hayez, 1843. 8. pg. 8. tab. 1; pg. 12; pg. 17. tab. 1; pg. 14. tab. 1.

*13. Note sur quelques Libellules d'Europe.
Ann. Soc. Ent. Fr. sér. 2. 1843. T. 1. p. 107—108.

*14. Diagnose de Cordulia splendida, espèce nouvelle.
Revue Zool. 1843. T. 6. p. 3. — (Separat.) *pg. 3.

*15. Description de la Cordulia splendens.
Guérin Magas. Zool. 1843. T. 13. No. 117.

*16. Note sur un nouveau Cordulegaster d'Europe. (C. bidentatus.)
Revue Zool. 1844. T. 7. p. 125—128.

*17. Lettre sur quelques Lépidoptères recueillis en Italie.
Ann. Soc. Ent. Fr. 1844. T. 2. Bull. p. 13—15.

*18. Énumération des Insectes Lépidoptères de la Belgique.
Mém. Soc. Sc. Liége. 1845. T. 2. p. 1—35.

*19. Revision of the British Libellulidae.
Ann. and Mag. Nat. Hist. 1846. T. 18. p. 217—227.

*20. Liste des Libellulidées d'Europe et diagnose de quatre espèces nouvelles.
Revue Zool. 1848. T. 11. p. 15—19.

*21. Observations des Phénomènes périodiques. (Insectes.)
Mém. Acad. Roy. Belgique. 1848—50. T. 20—22.

*22. Sur la sauterelle voyageuse observée en Belgique.
Bullet. Acad. Bruxell. 1849. T. 16. P. 2. p. 620—622.
*L'Institut. 1850. XVIII. No. 843. p. 71. — *Froriep Tagsber. 1850. T. 1. p. 119—120.

*23. Revue des Odonates ou Libellules d'Europe. (avec H. Hagen.)
Mém. Soc. Sc. Liége. 1850. T. 6. pg. XXII et 408. tab. 11 u. 6 Tabellen. — *Separ. ebenso.

*24. Discours sur la Faune de Belgique.
Bullet. Acad. Bruxell. 1854. T. 21. P. 2. p. 1020—1050. — *Separat. pg. 32.

25. Résumé géographique sur les Libellules de l'Italie continentale et insulaire. (83 spec.)
Mém. Acad. Torin. sér. 2. 1851. T. 11. p. 64—68.
(cf. Bianconi Repert. T. 2. p. 85.)

*26. Synopsis des Caloptérygines.
Bullet. Acad. Bruxell. 1853—1854. Annex. pg. 73.
*Separat. Bruxelles, Hayez, 1853. 8. pg. 73.
Auch im grösseren Format der Monographie gedruckt. 1853. 8. pg. 73. — Von letzterem existiren auch Exemplare nur auf einer Seite gedruckt.

*27. Monographie des Caloptérygines. (avec H. Hagen.)
Mém. Soc. Sc. Liége. 1854. T. 9. pg. XI et 291. tab. 14.
*Separat. Bruxelles, Muquardt, 1854. 8. pg. XI et 291. tab. 14.

*28. Synopsis des Gomphines.
Bullet. Acad. Bruxell. 1854. T. 21. P. 2. p. 23—111. — Separat. pg. 93.

*29. Catalogue des Insectes Lépidoptères de la Belgique. (Diurn. Sphing.)
Ann. Soc. Ent. Belge. 1857. T. 1. p. 1—111; p. 176—177.

*30. Monographie des Gomphines. (avec H. Hagen.)
Mém. Soc. Sc. Liége. 1858. T. 11. p. 257—720. pl. 23 u. 5 Tabellen.
*Separat. Bruxelles, Muquardt, 1858. 8. pg. VIII et 432. tab. 23 u. 5 Tabellen.

*31. Détails sur le résultat de chasses entomologiques aux Eaux-Bonnes et à Biarritz (Pyrénées).
Ann. Soc. Ent. Fr. sér. 3. 1858. T. 6. Bull. p. 72—73. (Lépidopt., Odonaten.)

*32. Neuroptères de l'Isle de Cuba.
De la Sagra Hist. Cuba. 8. p. 435—473.
De la Sagra Hist. Cuba. 1857. T. 7. p. 183—201. fol.

*33. Corrections aux espèces et variétés nouvelles de Lépidoptères décrites dans l'énumération des Insectes Lépidoptères de la Belgique.
Ann. Soc. Ent. Fr. sér. 3. 1859. T. 7. Bull. p. 92—94.

*34. De la chasse et de la préparation des Neuroptères. Paris, Deyrolle, 1859. 8. pg. 13.
Extr. du nouveau guide de l'amateur d'insectes. (cf. Deyrolle Ed. II.)

*35. Additions au Synopsis des Gomphines.
Bullet. Acad. Bruxell. sér. 2. 1859. T. 7. No. 8. p. 530—552. — *Separat. 8. pg. 26.

*36. Additions au Synopsis des Caloptérygines.
Bullet. Acad. Bruxell. sér. 2. 1859. T. 7. No. 7. p. 437—451. — *Separat. 8. pg. 16.

*37. Catalogue des Insectes Odonates de la Belgique.
Ann. Soc. Ent. Belge. 1859. T. 3. p. 143—164. — *Separat. 8. pg. 20.

(**de Selys-Longchamps**, Baron Michel Edmond.)

*38. Synopsis des Agrionines. Première légion: Pseudostigma.
Bullet. Acad. Bruxell. sér. 2. 1860. T. 10. No. 6. (20 pag.)
*Separat. Bruxelles, Hayez, 1860. 8. pg. 20.

*39. Synopsis des Agrionines. Dernière légion: Protoneura.
Bullet. Acad. Bruxell. sér. 2. 1860. T. 10. No. 9 u. 10. (34 pag.)
*Separat. Bruxelles, Hayez, 1860. 8. pg. 34.

*40. Catalogue des Odonates de la Sicile recueillis par M. Bellier de la Chavignerie.
Ann. Soc. Ent. Fr. sér. 3. 1860. T. 8. p. 741—745.

*41. Synopsis des Agrionines. Seconde légion. Lestes.
Bullet. Acad. Bruxell. sér. 2. 1862. T. 13. No. 4. (pg. 54.)
*Separat. Bruxelles, Hayez, 1862. 8. pg. 54.

*42. Synopsis des Agrionines. Troisième légion. Podagrion.
Bullet. Acad. Bruxell. sér. 2. 1862. T. 13. No. 6. p. 5—44.
*Separat. Bruxelles, Hayez, 1862. 8.

Semeleder (Friedrich). Docent an der Wiener Hochschule.

*1. Beiträge zum Catalogus Coleopterorum Europae. (Lethrus scoparius.)
Wien. Entom. Monatsschr. 1860. T. 4. p. 149—150; 1861. T. 5. p. 30—31.

Semler (Johann Salomo), geb. 18. Decbr. 1725 in Saalfeld, gest. 14. März 1791. Professor der Theologie in Halle.

*1. Versuch eines Diarium über die Oekonomie mancher Insecten im Winter. An die Hallische Gesellschaft der Naturforscher. Halle, Hemmerde, 1782. 8. pg. 30. Fortsetzung. pg. 84.

*2. Nachlese zur Bonnetischen Insectologie. Halle, Gebauer, 1783. 8. pg. 166. Stück 1.
*Beide Schriften recens. Fuessly neues Magaz. 1785. T. 2. p. 397—418.

3. Anmerkungen über einige Besonderheiten an Insecten.
Berlinsch. Magaz. Stück 3. p. 125.

*4. Beobachtungen über das Gebären der Blattläuse.
Lichtenberg Magaz. 1783. T. 2. Stück 2. p. 73—75.

*5. Beschreibung einer weissen schön verwandelten Schildlaus auf Eichenblättern.
Lichtenberg Magaz. 1783. T. 2. Stück 2. p. 76—77.

Semlitsch (A.).

1. Leitfaden zur Bienenzucht. Mit eingedr. Holzschn. Graz, Ferstl, 1856. 16.
2. Die Bienenzucht in Steiermark 1861. 8.

Semmola (Vincenzo).

1. Descrizione dell' insetto del caprifico. (Psenes.)
Rendic. dell' Accad. di Sc. di Napoli. 1844. T. 3. p. 405—407. tab. 1.
(cf. Carus. p. 688; von mir nicht gefunden in den ersten 4 Theilen.)

*2. Della Caprificazione esperienze e ragionamenti.
Rendic. dell' Accad. di Sc. di Napoli. 1845. T. 4. p. 417—455. tab. 13.

Semper (Carl). Dr. Philos. in Altona.

*1. Beobachtungen über die Bildung der Flügel, Schuppen und Haare bei den Lepidopteren.
Zeitschrift f. wissensch. Zool. 1857. T. 8. p. 326—339. tab. 1.
*Gerstaecker Bericht. 1857. p. 17.

Sendel (Nathaniel), geb. 1686, gest. 25. April 1757. Arzt in Elbing.

*1. Historia Succinorum corpora aliena involventium et naturae opere pictorum et caelatorum ex Regiis Augustorum cimeliis Dresdae conditis aeri insculptorum conscripta. Lipsiae, Gleditsch, 1742. fol. pg. 8 et 328. tab. 13.

Sendtner (Th.).

*1. Notizen über das Vorkommen von Alpenfaltern im bayrischen Hochgebirge.
Stett. Ent. Zeit. 1857. T. 18. p. 48—51.

Senguerd (Arnold).

*1. Von dem schiefen Fluge der Insecten und desselben Ursache.
Naturforscher. 1748. Stück 73. p. 580—582. (Aus dem Latein. übers.)

Senni (Pomponio).

*1. Raccolta di osservazioni sulla propagazione delle Locuste, mezzi per impedirne lo sviluppo e per la loro estirpazione. Roma, nella Stamperia Mordacchini, 1811. 8. pg. 35.
(Der Name des Verfassers hinter der Widmung.)

Sepp (Christian), geb. in Goslar, gest. in Amsterdam. Kupferstecher. Nach Beckm. Phys. Oek. Bibl. VII. p. 107 war sein eigentlicher Name Schmidt. Hr. Snellen van Vollenhoven theilt mir mit, dass die Familie Sepp diese Angabe für unrichtig halte. Jedoch ist Beckmann, dessen Glaubwürdigkeit und Genauigkeit zweifellos anerkannt ist, in seiner Angabe so umständlich, dass ich sie der Familientradition gegenüber für zuverlässig halte. „Sepp ist kein Holländer, sondern ein deutscher Kupferstecher und heisst eigentlich Schmidt, welches ich um desto gewisser versichern kann, da er sich hier (Göttingen) einige Jahre aufgehalten hat, hier viel gestochen hat und sonderlich wegen seiner Geschicklichkeit im Schriftstechen beliebt gewesen ist. Er zog mit seiner Frau, einer Holländerin, nach Holland zurück, und seit der Zeit hat er aus einer mir unbekannten Ursache seinen Namen geändert." Sein Sohn Johann Christian Sepp, geb. 8. November 1739, gest. 29. November 1811, und sein Enkel Johann Sepp, geb. 18. September 1778 in Amsterdam, gest. 19. December 1853 daselbst, beide Entomologen und Buchhändler in Amsterdam, setzten sein Werk fort. Stett. Ent. Zeit. 1855. T. 16. p. 16. Theil I bis Tafel 30 ist vom Grossvater allein. Jetzt setzt ein Urenkel in Verbindung mit anderen Gelehrten das Werk fort; der erste Titel ist von 1762, doch hat das Werk weit früher begonnen.

*1. Beschouwing der Wonderen Gods in de minstgeachte Schepzelen. Of Nederlandsche Insecten, in hunne aanmerkelyke Huishouding, wonderbare Gedaantewisseling en andere wetenswaardige Byzonderheeden, Volgens eigen Onderwinding beschreeven, naa't Leven naauwkeurig geteekend, in't Koper gebragt en gecoloreerd door Christian Sepp. ser. I. 1762—1860. vol. 8. tab. 400 col.

Deel I. Amsterdam, 1762. 4.

Stk. 1. 6 Verhandl. pg. 44. tab. 8. Stk. 2. 4 Verhandl. pg. 20. tab. 4. Stk. 3. 6 Verhandl. pg. 20. tab. 6. Stk. 4. 24 Verhandl. pg. 100. tab. 24. Stk. 5. 1 Verhandl. pg. 8. tab. 1. Stk. 6. 7 Verhandl. pg. 32. tab. 7.

Deel II. 1786.

Stk. 1. 8 Verhandl. pg. 12. tab. 3. Stk. 2. 1 Verhandl. pg. 6. tab. 1. Stk. 3. 1 Verhandl. pg. 4. tab. 1. Stk. 4. 27 Verhandl. pg. 110. tab. 27. Stk. 5. 3 Verhandl. pg. 16. tab. 3. Stk. 6. 15 Verhandl. pg. 62. tab. 15.

*Deel III. s. a. 49 Verhandl. pg. 170. tab. 50.

*Deel IV. s. a. 50 Verhandl. pg. 174. tab. 50.

*Deel V. 30 Verhandl. (9 Verhandl. pg. 34. tab. 9.) Nach längerer Unterbrechung vollendet im December 1829. pg. 195. tab. 50.

*Deel VI. 1843. 50 Verhandl. pg. 194. tab. 50.

*Deel VII. 50 Verhandl. pg. 214. tab. 50. (v. 42 Verhandl. Snellen v. V. u. Herklots.)

*Deel VIII. 1855—1860. 50 Verhandl. pg. 190. tab. 50. (v. Snellen van Vollenhoven.)

*Die Fortsetzung siehe bei Snellen van Vollenhoven. ser. 2. T. 1. 1860. (bis Septbr. 1864. tab. 12. pg. 40.)

*Deutsche Uebers. (von N. G. Leske). Leipzig, Beygang, 1783—1785. 4. 4 Hefte. tab. 18 col. (der Originalausgabe).

Heft I. 1783. tab. 7. pg. 58. — Heft II. 1783. tab. 3. pg. 17. — Heft III. 1783. tab. 5. pg. 23. — Heft IV. 1785. tab. 3.

Ich finde noch citirt Heft V. 1787. tab. 6.

*Was sich im T. I. auf Phal. Crataegi bezieht ist abgedruckt: Beschäft. Berl. Gesellsch. naturf. Fr. T. 4. p. 79—41.

Theil I. recens. *Beckmann Phys. Oek. Bibl. VII. p. 107. — Jen. gel. Zeit. 1775. p. 505. — Comment. Lips. Dec. III. Suppl. p. 80. — Ebert Wittenb. Mag. I. p. 306. — Leipz. gel. Zeit. 1783. p. 516.

*2. Surinaamsche Vlinders, naar het leven geteekend. Amsterdam, Verfasser, 1848. T. I. pg. 108. tab. 50. — T. II. pg. 4 et 109—221. tab. 51—100. — T. III. 1855. pg. 4 et 225—328. tab. 101—152.

(No. 2 ist wohl von Jan Sepp.)

*3. Natural History of the Alderman Butterfly (Ammiralis Atalanta Rennie) from the Egg to the adult Insect.

(Translat. van „De Wonderen Gods by C. Thonon".)

Fields Natur. Magaz. 1833. T. 1. p. 5—11. fig.

Sepp (Jan). siehe vorher.

*1. Natuurlijke Historie van schadelijke Insekten. Eerste Stukje. Amsterdam, J. C. Sepp en Zoon. 8. pg. 8. tab. 1 col. (Gastrop. Pini.)

Serain (Pierre Eutrope), geb. 1748 in Saintes, gest. Decbr. 1820 in Chanon, Calvados. Arzt.

1. Instruction sur la manière de gouverner les abeilles, ouvrage qui a obtenu le premier accessit de la soc. d'agric. du Dptmt de la Seine. Paris, Marchant, an XI (1803). 8.

(cf. Dizion. ragion. di V. Re. T. 4. p. 40.)

Seringe (Jean Charles), geb. 13. Novbr. 1810 in Bern, gest. 13. Febr. 1833.

*1. Sur quelques monstruosités des insectes. (Lyon), Merklin, 1831. 8. pg. 12. tab. 1. (Scarites Pyracmon mit drei Vorderfüssen, Helops coeruleus mit dreitheiligem rechten Fühler vom 6. Gliede an.)

de Serres (Pierre Marcell Toussaint), geb. 3. Novbr. 1783 in Montpellier. Professeur de la Minéralogie à Montpellier.

* 1. Comparaison des organes de la mastication des Orthoptères avec ceux des autres animaux.
Ann. du Mus. d'Hist. nat. 1809. T. 14. p. 56—73.

* 2. De l'odorat et des organes qui paraissent en être le siége chez les Insectes.
Ann. du Mus. d'Hist. nat. 1811. T. 17. p. 426—441.
*Bullet. Soc. libr. Sc. et Bell. Lett. Montpellier. T. 4. No. 30. p. 435—446.

* 3. Observations sur les usages des diverses parties du tube intestinal des Insectes. avec 3 pl.
Ann. du Mus. d'Hist. nat. 1813. T. 20. p. 49—88; p. 99—115; p. 213—[illegible]; p. [illegible]—[illegible].
*Nouv. Bullet. Soc. philom. 1813. T. 3. p. [illegible]—[illegible].
* Auch unter dem Titel: Observations sur les Insectes, considérés comme ruminans, et sur les fonctions des diverses parties du tube intestinal dans cet ordre des animaux. Paris, Dufour, 1813. 4. pg. 139. pl. 3. (mit Cuviers Bericht darüber.)
*Extr. Mercure de France. Juin. 1814. 8 pg. 6.

* 4. Observations sur les usages du vaisseau dorsal dans les animaux articulés.
Mém. du Mus. d'Hist. nat. 1818. T. 4. p. 149—192; p. 313—380. avec 2 pl.; 1819. T. 5. p. 39—147. avec 1 pl. — Separat. Paris. 1818. 4. 4 pl.
*Isis. 1819. IV. p. 583—647. 2 tab.
*Ann. Philos. 1814. T. 4. p. 340—355; *1815. T. 5. p. 191—199; *1815. T. 6. p. 34—42.
Extr. Ann. gén. des sc. phys. T. 4. p. 33—48.

* 5. Mémoire sur les yeux composés et les yeux lisses des Insectes et sur la manière dont ces deux espèces d'yeux concourent à la vision. Montpellier, Tournel, 1813. 8. pg. 116. tab. 3.
Journ. de Physique. T. 68. p. 277.
*Philos. Magaz. 1814. T. 44. p. 107—115; p. 183—191; p. 274—287.
* Deutsche Uebers. Ueber die Augen der Insecten von J. F. Dieffenbach. Berlin, Enslin, 1826. 8. p. 91. 3 Taf.

* 6. Essai pour servir à l'histoire des animaux du midi de la France. Montpellier, Gabon, 1822. 4. pg. 95. (Insecten-Catalog p. 66—80.)
*Férusс. Bullet. 1825. T. 3. p. 38—55.

* 7. Observations générales sur les lois de la distribution des animaux sur le globe.
Journ. de Phys. par de Lamétherie. 1823. T. 96. p. 25—53; p. 81—101.
Extr. Paris, 1823. 4. pg. 64.

* 8. Note sur les arachnides et les insectes fossiles, et spécialement sur ceux des terrains d'eau douce. (Extr. aus No. 9.)
Ann. sc. nat. 1828. T. 15. p. 98—108. — *Férusс. Bullet. 1828. T. 15. p. 181—189.
*Analog. Theo Archiv. 1830. T. 2. P. 2. p. 74—77.
*Isis. 1834. X. p. 1033.

9. Géognosie des terrains tertiaires du midi de France, ou tableau des principaux animaux invertébrés des terrains marins tertiaires de la France. Montpellier, Durville, 1829. 8. pg. 92 et 276. tableaux 3 et pl. 6.
*Férusс. Bullet. 1829. T. 17. p. 14—17. *1830. T. 20. p. 163—170; p. 195—204.
*Froriep Notiz. 1828. T. 22. p. 337—342.

10. Recherches sur l'anatomie comparée des animaux invertébrés.
Ann. sc. nat. sér. 2. 1834. T. 2. p. 238—248.

11. Mémoire sur les causes des Migrations de divers animaux et particulièrement des oiseaux et des poissons. (couronné.)
Natuurk. Verhandelingen van de Holl. Maatsch. der Wetensch. te Harlem. 1842. 4. p. 1—221.
*Isis. 1844. IV. p. 302—304.

* 12. Sur les fossiles du Bassin d'Aix. (Bouches du Rhone.)
Ann. sc. nat. sér. 3. 1843. T. 4. p. 249—256.

de Serres (Olivier). Seigneur du Pradel, geb. 1539 in Villeneuve de Berg, Vivarais, gest. 2. Juli 1619.

1. La cueillete de la soye, par la nourriture des vers qui la font. Echantillon du Theatre d'Agriculture d'Olivier de Serres, Seigneur du Pradel.
à Paris chez Jamet Mettayer, imprimeur ordinaire du Roi MCXCIX avec Privilege de sa majesté. pet. in 8. de 6 feuill. non chiffrés pour le titre et l'épître dédicatoire, 1 feuillet blanc; 117 p. de texte, 1 p. non chiffrée pour l'extrait du privilege du Roi et 1 feuillet non chiffré au recto du quel on lit la date de de l'impression et le nom de l'imprimeur. (d'après J. B. Huzard dans sa notice bibliogr. sur les oeuvres d'Olivier de Serres au commencement du 2 vol. de la grande ed. du Théatre d'Agricult. Paris, 1804—1805. 4.)
Olivier de Serres avait extrait à la prière de Henry IV ce petit extrait de son: Théatre d'agriculture et mesnage des champs etc. (Genève 1600, 1629, 1630) encore manuscrit et dont il forma le chapitre XV du 5 Livr. mais en le rapportant dans son grand ouvrage il y fit quelques changemens et quelques suppressions. La cueillete de la soie se trouve par conséquent réimprimée dans les nombreuses éditions du théâtre d'agriculture.
Reimpr. Paris, Huzard, 1843. 8. (nach Cornelia monogr. p. 75.)

Deutsche Uebers. um die Bemühungen Herzog Friedrich v. Würtembergs zu fördern, unter dem Titel:

Seydenwurm; von Art, Natur, Eigenschafft und grosser Nutzbarkeit desz edlen Seydenwurms, auch Pflantzung und Erhaltung desz zu seiner Nahrung hoch erforderten Maulbeerbaums. Wie und was massen solches herrliche Werk, in Teutschen (sonderlich denen Landen, da es Weinwuchs hat) zugleich anderen Orten, andgerichtet und mit Lob Nutzen und Ruhm fortgetrieben werden möge. Uebersetzt von Jac. Rathberger. Tübingen, 1603. 4.

Engl. Uebers. zugleich mit dem folgenden Werke.

3. La seconde Richesse du Meurier blanc, qui se treuve en son escorce, pour faire des toilles, non moins utile que la Soye provenant de la Feuille d'iceluy. Paris, 1603. pet. in 8. pg. 27.

* Engl. Uebers.: The perfect use of Silkwormes and their benefit; with the exact planting, and artificial handling of Mulberrie trees whereby to nourish them and the figures to know how to feede the Wormes and to Winde off the Silke. And the fit maner to prepare the barke of the white Mulberrie to make fine Linnen and other works thereof. Done out of the French originale of D'Olivier de Serres Lord of Pradel into english by Nicolas Geffe Esquire. With annexed Discourse of His owne, of the meanes and sufficiencies of England for to have abundance of fine silke by feeding of Silkewormes within the same; as by apparent proofes by and universall benefit of all those his Country men which embrace them. Never the like yet here discovered by any at London. Imprented by Felix Kyngston and are to be sold by Richard Sergier and Christopher Purset with the assignement of William Stallenge, 1607.

pet. in 4.; tab. 8; 4 feuill. non chiffrés pour le titre, l'épître dédicatoire du traducteur au Roi Jacques I et trois pièces de poésie anglaise en l'honneur d'Olivier de Serres; 98 pg. de texte chiffrées, puis un feuillet chiffré 51 au recto seulement sans interruption de texte et portant au verso une gravure en bois; une seconde gravure analogue se trouve au recto du feuillet suivant qui est sans chiffre. La cueillette de la soye occupe les 55 pg. premières du texte, et la: Seconde richesse les p. 86—93, les trois pages suivantes sont employées à l'explication de figures, qui n'existent pas dans l'original français et que le traducteur a prises dans l'ouvrage de le Tellier ou celui de Laffemas sur les vers à soie. L'Opuscule de Geffe annoncé dans le titre a un titre et une pagination à part et occupe 14 pages (Lacordaire hat 18) de texte avec un feuillet pour le titre et un autre à la fin pour l'errata. (Opuscule rare. Lacordaire.)

Audinet-Serville (Jean Guillaume), geb. 11. Novbr. 1775 in Paris, gest. 27. März 1858 daselbst. Seine Neuroptera besitzt Selys-Longchamps; seine Hemiptera Signoret.

*1. La dernière (15.) livraison des Insectes de l'ouvrage de Palisot de Beauvois. Paris, 1819.
(cf. Palisot de Beauvois No. 2.)

*2. La partie entomologique conjointement avec M. Lepelletier de St. Fargeau du 10. Volume des insectes de l'Encyclopédie méthodique. Paris, 1825.
(Tout excepté les Hyménoptères.)

*3. La partie qui a paru des insectes de la Faune Française (avec Lepelletier de St. Fargeau). Paris, Levrault, 1830. 8.
(Coleoptera p. 1—240. pl. 12 col.; Hyménopt. p. 1—96. pl. 5 col.; Orthopt. pl. 8 col.; Neuropt. pl. 2 col.; Hémipt. pl. 4 col. sans texte.)

*4. Revue méthodique des Orthoptères.
Ann. sc. nat. 1831. T. 22. p. 28—65; p. 134—162; p. 262—292.
*Isis. 1833. II. p. 160—177. — *Féruss. Bullet. 1831. T. 27. p. 102—107.

*5. Description du genre Peirates de l'ordre des Hémiptères.
Ann. sc. nat. 1831. T. 23. p. 213—219. — *Féruss. Bullet. 1831. T. 27. p. 301—302.
Isis. 1833. p. 285—285.

*6. Description de l'Anisoscelis latifolia. (Hemipt.)
Guérin Magas. Zool. 1831. T. 1. No. 18. fig. col.

*7. Description du Nematopus elegans. (Hemipt.)
Guérin Magas. Zool. 1831. T. 1. No. 27. fig. col.

8. Tableau méthodique des insectes de l'ordre des Orthoptères. Paris, 1831. 8.

9. Tableau méthodique des insectes de l'ordre des Coléoptères. Paris, 1831. 8.

*10. Lettre à Ms. Fischer. (Orthoptères.)
Bullet. Moscou. 1833. T. 6. p. 459—461.

*11. Nouvelle classification de la famille des Longicornes. (Prioniens, Cerambycins, Lamiaires.)
Ann. Soc. Ent. Fr. 1832. T. 1. p. 118—201; p. 443; 1833. T. 2. p. 528—573; 1834. T. 3. p. 5—110; 1835. T. 4. p. 5—100; p. 197—228. — *Isis. 1832. II. p. 126—130.

(**Audinet-Serville**, Jean Guillaume.)

*12. Notice sur une espèce d'Aulaque, genre d'Hyménoptères. fig. col. (A. Patrail.)
Ann. Soc. Ent. Fr. 1833. T. 2. p. 411—413.

*13. Observations sur une lettre de Mr. Westermann à Mr. Wiedemann.
Ann. Soc. Ent. Fr. 1833. T. 2. p. 480—496.
*Extr. Silberm. Revue entom. T. 1. p. 125. avec note de Mr. Silbermann sur Cleind. germanica.

*14. Triongulinus Dufour und Pediculus Melittae sind Larven von Meloë.
*Isis. 1835. III. p. 251. — *Férusс. Bullet. 1828. T. 13. p. 180—185.
(Ist die Anzeige von Dufours Schrift.)

*15. Nouveau genre d'Orthoptères de la famille des Mantides (Toxodera.) fig.
Ann. Soc. Ent. Fr. 1837. T. 6. p. 25—29.

*16. Rapport sur le mémoire de Mr. Desjardins intitulé: Notice sur un insecte nouveau faisant partie de la faune de l'île Maurice. (Naucoris.)
Ann. Soc. Ent. Fr. 1837. T. 6. p. 243—246.

*17. Note sur la composition destinée à remplacer le liège dans les boîtes.
Ann. Soc. Ent. Fr. 1837. T. 6. Bull. p. 51.

*18. Histoire naturelle des Insectes Orthoptères. (dans les suites à Buffon.) Paris, Roret, 1839. 8. pl. 14 col. pg. 776.
Ann. sc. nat. sér. 2. T. 10. p. 300. — *Reerus. Revue Zool. 1839. T. 2. p. 30—31.

19. Histoire naturelle des Insectes Hémiptères. (dans les suites à Buffon.) Paris, Roret, 1843. 8. pg. 76 et 675. pl. 12 col. et pg. 6. (cf. Amyot No. 3.)
*Isis. 1845. IV. p. 312—314.

*20. Sur les habitudes de l'Oberea pupillata. (Longicorn.)
Ann. Soc. Ent. Fr. sér. 2. 1844. T. 2. Bull. p. 30—31.

*21. Note sur sa collection entomologique.
Ann. Soc. Ent. Fr. sér. 2. 1844. T. 2. Bull. p. 38—39.

*22. Sur l'Essai monographique sur les Clérides, insectes Coléoptères par M. Spinola. 1844.
Ann. Soc. Ent. Fr. sér. 2. 1845. T. 3. p. 227—235.

*23. Note sur l'Acridium peregrinum.
Ann. Soc. Ent. Fr. sér. 2. 1845. T. 3. Bull. p. 115.

*24. Notice nécrologique sur le Comte Le Peletier de St. Fargeau.
Ann. Soc. Ent. Fr. sér. 2. 1846. T. 4. p. 193—200.

*25. Zahlreiche Anzeigen u. Besprechungen entomologischer Schriften in Férussacs Bulletin.

Sattegast (D. G.). Praecentor in Preekuls, Ostpreussen.

1. Bienenkatechismus für meine Landsleute, darinnen ihnen deutlich in Fragen und Antworten die Kunst gelehrt wird, von Bienen mit geringer Mühe grossen Nutzen zu erlangen. Königsberg, Unzer, 1793. 8. pg. 20 et 132. fig.

2. Das Wahre und Nützliche in der Bienenzucht allen Bienenfreunden auf dem Lande nach lauter eigenen Erfahrungen kurz und deutlich gelehrt. Mit Abbildungen. Königsberg, Hartung, 1828. 8. 6 Bogen.

Littauische Uebers. (einer früheren Auflage oder von No. 1.) ibid. 1806. 8. 9⅓ Bogen.

Seubert (Martin).

*1. Zur Naturgeschichte der Heuschrecken. (Locust. viridissima.)
Verhandl. naturh. Ver. d. Preuss. Rheinl. 1844. T. 1. p. 81—82.

Severinus (Marcus Aurelius), geb. 1580 in Tarsia, Calabrien, gest. 1656 als Prof. Med. in Neapel.

*1. Zootomia Democritaea, id est Anatome generalis totius animantium opificii, libris quinque distincta, quorum seriem sequens facies delineabit. Norimbergae, Literis Endterianis, 1645. kl. 4. pg. 408 et index.
(Insecta p. 343—347.)

Sewell (Arthur).

*1. A few notes on some insects taken during a short tour in Switzerland.
Naturalist. 1852. T. 2. p. 248—250.

Seydel (Johann Gottlieb).

*1. Wohlerprobte Erfahrung von einem bewährten Mittel die Faulbrut zu heilen durch eine Hungerkur.
Abhandl. Oberlaus. Bienengesellsch. 1767. p. 169. (Lacordaire.)

Seyffer (Otto Ernst Julius), geb. 7. October 1823 in Stuttgart. Dr. Philos.

*1. Insecten im Sommer 1846. (Deil. celerio.)
Jahreshefte d. Vereins f. vaterl. Naturk. Württemberg. 1847. T. 3. p. [illegible].

*2. Verzeichniss und Beobachtungen über die in Württemberg vorkommenden Lepidopteren.
Jahreshefte d. Vereins f. vaterl. Naturk. Württemb. 1850. T. 5. p. 76—123.
*Stett. Ent. Zeit. 1855. T. 16. p. 306. (handschriftl. Nachr. v. A. Keller recens.)

Sharpe (Samuel).
* 1. On the figure of the cells of the honycomb.
Philos. Magaz. 1829. T. 6. p. 19—21.

Sharswood (Wilhelm), Dr. in Philadelphia.
* 1. Bibliographia librorum entomologicorum in America boreali editorum.
Linnaea. 1858. T. 13. p. 333—353; 1860. T. 14. p. 236—261.
* 2. Beiträge zu einem Necrolog des Majors J. Eatton Le Conte; aus dem Engl. übers. von C. A. Dohrn.
Stett. Ent. Zeit. 1861. T. 22. p. 156—160.

Shaw (George), geb. 10. Decbr. 1751 in Bierton, gest. 22. Juli 1813 in London. Arzt u. Geistlicher daselbst, Bibliothekar u. Conservator des britischen Museums.
* 1. Account accompagnied by a figure of a minute Ichneumon. (I. punctum.)
Trans. Linn. Soc. Lond. 1798. T. 4. p. 189. fig.
* Wiedem. Archiv. T. 1. P. 1. p. 286.
2. Vivarium naturae, or the naturalist miscellany. (latein. u. engl.) London, 1790—1813. 8. vol. 24. (Kupfer von P. Nodder.)
287 Nummern mit 1064 Kupfern. Die Fortsetzung bildet Leach Zoological miscellany. Der Text von No. 287 fehlt.
3. Musei Leveriani explicatio. (latein. u. engl.) London, 1792. 4. pg. 218. 65 fig. col.; T. II. 1796. pg. 18. 12 fig. col.
(cf. Bibl. Banks. II. p. 21.)
4. Zoology of New Holland. London, 1794. 4. pg. 33. tab. 12.
(cf. Bibl. Banks. II. p. 32.)
5. General Zoology, or systematic natural history. London, 1800—1826. 8. 13 vol. in 26 parts u. 2 parts index.
(Vol. 6 [1806] enthält Insecten 107 pl.) *cf. Beckmann Phys. Oek. Bibl. XIX. p. 292.
6. Zoological lectures. London, 1809. 8. 2 vol. pg. 258 et 255; tab. 163.

Shaw (Thomas), geb. um 1692 in Kendal, Westmoreland, gest. 15. August 1751.
1. Travels, or observations relating to several parts of Barbary and the Levant. Oxford, 1738. fol. pg. 442 et 60; tab. Supplem. 1746. fol. pg. 112. tab. 1; Supplem. (1747.) fol. pg. 6.
Ed. II. London, 1757. 4.
(cf. Bibl. Banks. I. p. 173.)
Ed. III. Edinburg, 1808. 8. 2 vol.
Reimpr. als 15. Theil in Pinkertons Samml. von Reisen.
* Franz. Uebers. à la Haye, 1743. 4. 2 vol.
Deutsche Uebers. Leipzig, 1765. 4.
Holländ. Uebers. Utrecht, 1773. 4. 2 vol.

Shepherd (Forest).
* 1. On the Habits of Notonecta glauca.
Sillim. Amer. Journ. ser. 2. 1847. T. 4. p. 423—424.
* Ann. and Mag. Nat. Hist. ser. 2. 1848. T. 1. p. 159—160.

Shield (Richard), in Dublin.
* 1. New locality for Endorea lineola and Note of the Larvae.
Zoologist. 1853. T. 11. p. 3778.
* 2. On Rearing Lepidoptera from the Pupa state, together with Notes on the Management of the Larvae and Pupae of Micro-Lepidoptera.
Natur. Hist. Review. 1855. T. 2. Proc. p. 106—109.
* 3. Practical hints respecting moths and butterflies, with notices of their localities: forming a calendar of entomological operations throughout the year, in pursuit of Lepidoptera. London, van Voorst, 1856. 8. pg. 191.

Shirreff (Patrick), Farmer, Mungoswells, East Lothian.
* 1. Some account of the Wheat-Fly. (Cecid. tritici.)
Magaz. of N. H. ser. 1. 1829. T. 2. p. 448—451.

Shuckard (W. E.).
* 1. A few Observations on the Habits of the indigenous Aculeate Hymenoptera, suggested by M. de St. Fargeaus Paper upon the Genus Gorytes. Ann. Soc. Ent. T. 1.
Trans. Ent. Soc. Lond. 1836. T. 1. p. 52—69.
* 2. Insects found on Hampstead Heath. (Liste von Coleoptera, Hymenoptera, Diptera.)
Entomol. Magaz. 1833. T. 3. p. 91—93.
* 3. Progress and Prospects of Entomology. (Recension von Dejean Catal., Schönherr Curcul., Klug Jahrb. etc.)
* For. Quart. Review. 1835. T. 15. p. 194—209.
* 4. Entomological Notes.
Entomol. Magaz. 1836. T. 4. p. 78—79.

(**Shuckard**, W. E.)

*5. An account of the Pulex penetrans L. translated from Pohl and Kollars Work on the noxious Insects of Brazil.
Magaz. of N. H. 1836. T. 9. p. 294—298. fig.

*6. A Description of the superior Wing of the Hymenoptera, with a view to give a fuller and more certain Development to the Alary System of Jurine.
Trans. Ent. Soc. Lond. 1836. T. 1. p. 208—214. tab. 1.

*7. Description of the Genera and Species of the British Chrysididae.
Entomol. Magaz. 1837. T. 4. p. 156—177.

*8. On Generic Nomenclature.
Magaz. of N. H. 1837. T. 1. p. 248—257.

*9. Essay on the indigenous fossorial Hymenoptera, comprising a description of all the British species of Burrowing Sand Wasps contained in the Metropolitan Collections. London, Richter, 1837. 8. pg. 239. tab. 4.
*Isis. 1844. XII. p. 866—867.
(dabei eine Liste pg. 8 zu Etiquetten gedruckt.)

*10. Descriptions of new Exotic Aculeate Hymenoptera fig.
Trans. Ent. Soc. Lond. 1837. T. 2. p. 68—82. — *Separat. London, 1837. 8. pg. 16. 1 pl.

*11. Description of a new British Wasp, with an account of its Development. (Odynerus spinipes.)
Magaz. of N. H. ser. 2. 1837. T. 1. p. 490—496.

*12. Description of a new species of Sirex discovered to attack and destroy the Spruce Fir. (Pinus nigra.)
Magaz. of N. H. ser. 2. 1837. T. 1. p. 630—632.

13. Monograph of the Family of Mutillidae.
Magaz. of N. H. ser. 2. 1837. No. 1.

14. Note of the Mode of removing the Grease from Insects by the application of Naphta Petrolei.
Entomol. Magaz. 1838. T. 5. p. 256—258.

*15. Explanations and Observations on Hymenopterous Insects. (cf. J. S—n.)
Entomol. Magaz. 1838. T. 5. p. 481—483.

*16. Description of some new Genera of Coleoptera in the Authors Collection. w. 1 pl. col.
Entomol. Magaz. 1838. T. 5. p. 505—513.

*17. Description of a new species of Myrmica which has been found in houses both in the Metropolis and Provinces. (M. domestica, terminalis.)
Magaz. of N. H. ser. 2. 1838. T. 2. p. 626—627.

*18. The Elements of British Entomology, containing a general introduction to the Science; a systematic description of all the genera of British Insects; a nomenclature of the species hitherto recorded as British; with a history of their transformations, habits, economy and distribution, together with outlines figures of the families of their larvae and pupae; an explication of the technical terms used in the course of the work and full directions for collecting. London, Baillière, 1839. 8. pg. 240. P. I illustrated with fifty Wood-cuts.

*19. On the Pensile Nests of British Wasps.
Magaz. of N. H. ser. 2. 1839. T. 3. p. 438—440.

*20. The British Coleoptera delineated by W. J. Spry consisting of Figures of all the Genera of British Beetles. London, Crosta, 1840. 8. pg. 83. tab. 91.

*21. On the history and natural arrangement of Insects (with Swainson).
Lardner Cyclop. London. 1840. 8.

*22. Monograph of the Dorylidae, a Family of the Hymenoptera heterogyna.
Ann. of. N. H. 1840. T. 5. p. 188—202; p. 258—272; p. 315—330. Appendix. p. 396—398.
*Revue Zool. 1841. T. 4. p. 27.
*Separat. London, 1840. 8. pg. 44.

*23. On the Aulacidae a family of Hymenoptera pupivora, and that Trigonalys is one of its components; with a description of a British species of this genus and incidental remarks upon their collateral affinities.
Entomologist. 1841. p. 115—125. — Revue Zool. 1841. T. 4. p. 350.
*Separat. 8. pg. 11.

*24. Differences of Neuters in Ants.
Ann. and Magaz. of N. H. 1841. T. 7. p. 525.

*25. Description of Scolia fulva.
Trans. Ent. Soc. Lond. 1842. T. 3. p. 277. — Ann. and Magaz. of N. H. T. 6. p. 482.

Shuttleworth (Robert James), in Bern.

*1. Valvata arenifera ein Phryganideengehäuse.
Mittheil. d. naturf. Gesellsch. in Bern, 1843. p. 20—21.

Sibbald (Robert), geb. 1643, gest. 1720.
* 1. Scotia illustrata, sive prodromus historiae naturalis. Edinburgi, Auctor, 1684. Fol. 2 vol. pg. 102, pg. 114 et 56. tab. 22.
Ed. Edinburgi, 1696. Fol. (Titelausgabe.)
(Insecta T. 2. p. 23—35.)

Sibour.
1. Méthode simple et facile pour l'éducation des vers à soie. Pont-Saint-Esprit, Gros, 1855. 18. pg. 12.

Sicca (Arsp).
1. Educazione dei filugelli.
Annal. Accad. R. d'Agric. Torino. 1847. T. 3. (cf. Cornalia monogr. p. 79.)

Sichel (Jules), geb. in Frankfurt a. M. Dr. in Paris.
* 1. Sur la rareté relative de certains Hyménoptères et notament sur la Mutilla incompleta et la Crocisa scutellaris.
Ann. Soc. Ent. Fr. sér. 2. 1852. T. 10. p. 561—569.
* 2. Reunion de Polistes biglumis, gallicus et Geoffroyi en une seule espèce.
Ann. Soc. Ent. Fr. sér. 3. 1854. T. 2. Bull. p. 12—13.
* 3. Note sur des Braconides parasites sur des Coléoptères.
Ann. Soc. Ent. Fr. sér. 3. 1854. T. 2. Bull. p. 57—60.
* 4. Rhophites bifoveolatus, espèce nouvelle.
Ann. Soc. Ent. Fr. sér. 3. 1854. T. 2. Bull. p. 71.
* 5. Note sur l'Anthophora 4-maculata et pubescens.
Ann. Soc. Ent. Fr. sér. 3. 1854. T. 2. Bull. p. 75—76.
* 6. Description de l'Aconelles perlae Doumere (Ichneumonid., c'est Hemiteles floricolator Gr.).
Ann. Soc. Ent. Fr. sér. 3. 1855. T. 3. Bull. p. 55—59; 1857. T. 5. Bull. p. 86.
* 7. Note sur la Cécidomyie du froment et son parasite.
Ann. Soc. Ent. Fr. sér. 3. 1856. T. 4. Bull. p. 51 p. 55.
* 8. Extrait d'une lettre de M. Saussure sur la faune de Tampico. (Mexique.)
Ann. Soc. Ent. Fr. sér. 3. 1856. T. 4. Bull. p. 11.
* 9. Description de l'Anthophora Passerini, espèce nouvelle.
Ann. Soc. Ent. Fr. sér. 3. 1856. T. 4. Bull. p. 19.
* 10. Notes sur les Fourmis introduites dans les serres chaudes.
Ann. Soc. Ent. Fr. sér. 3. 1856. T. 4. Bull. p. 23—24.
* 11. Note sur l'absence d'un système nerveux chez Nemoptera lusitanica, observée par L. Dufour.
Ann. Soc. Ent. Fr. sér. 3. 1856. T. 4. Bull. p. 26.
* 12. Description de l'Abia aurulenta, espèce nouvelle. (Hyménopt.)
Ann. Soc. Ent. Fr. sér. 3. 1856. T. 4. Bull. p. 77.
* 13. Description d'un Bombus lapidarius Gynandromorphe.
Ann. Soc. Ent. Fr. sér. 3. 1858. T. 6. Bull. p. 219—220.
* 14. Remarques et questions sur quelques espèces européennes du genre Sirex.
Ann. Soc. Ent. Fr. sér. 3. 1859. T. 7. Bull. p. 83—84.
* 15. Diagnoses de quelques Hyménoptères nouveaux.
Ann. Soc. Ent. Fr. sér. 3. 1859. T. 7. Bull. p. 212—214.
* 16. Ueber die Hymenopteren Parasiten der Cecidomyia tritici.
Eilfter Bericht des Ohio-Staats-Ackerbauraths. 1858. 8. p. 720—721. fig.
* 17. Liste des Hyménoptères recueillis par M. E. Bellier de la Chavignerie dans le département des Basses Alpes (grandes montagnes) pendant les mois de Juin, Juillet et Août 1858.
Ann. Soc. Ent. Fr. sér. 3. 1860. T. 8. p. 215—218.
* 18. De la Chasse des Hyménoptères. Paris, Deyrolle, 1859. 8. pg. 17.
(cf. Deyrolle.)
* 19. Liste des Hyménoptères recueillis en Sicile par M. Bellier de la Chavignerie.
Ann. Soc. Ent. Fr. sér. 3. 1860. T. 8. p. 749—764.
20. Courtes remarques sur les moyens de conserver les collections entomologiques.
Ann. Soc. Ent. Fr. sér. 4. 1861. T. 1. p. 85—88.

Sichler (Johann Volkmann), gest. 31. März 1820.
1. cf. Wolstein.
2. Ueber die Nothwendigkeit, die den Obstbäumen so schädlichen Insecten zu vertilgen und die Art und Weise wie dieses am besten geschehen könne.
Sichler, Der Teutsche Obstgärtner oder gemeinnütz. Magaz. d. Obstb. in Teutschland. 1796. St. 5. (Lacordaire.)
3. Die Bienenzucht, oder praktischer Unterricht mehrerer Bienenväter, wie man einen Bienenstand anlegen, erweitern und zu dem höchsten Ertrage

(Sickler, Johann Volkmann.)
bringen könne. 2 Bde. (Auch unter dem Titel: Die deutsche Landwirthschaft in ihrem ganzen Umfange. 9. u. 10. Bd.) Erfurt u. Gotha, Hennings, 1808 u. 1810. 8.
(cf. Engelmann Bibl. Oecon. p. [illegible].)
Bd. 1820. 8.

Sidney (Edwin).
* 1. Blights of wheat and their Remedies. London, The religious tract Soc., 1846. 12. pg. 192.
(Der Name des Verf. hinter d. Vorrede.)

Sieber (Franz Wilhelm).
1. Beschreibendes Verzeichniss der in den Jahren 1817 u. 1818 auf einer Reise durch Creta, Aegypten u. Palestina gesammelten Alterthümer und anderer Kunst- u. Natur-Producte, nebst einer Abhandlung über ägyptische Mumien. Wien, Gräffer, 1820. 8. pg. 86.
Isis. 1820. p. 278—[illegible].
(No. [illegible]—[illegible] enthalten die in den Mumien gefundenen Articulata, meist Käfer.)
(Lacordaire.)

Siebert, Geheimer Secretair in Darmstadt, nach v. Heydens Mittheilung cf. Borkhausen. T. 2. p. 179.
* 1. Phalaena Bombyx Phoebe, der Balsam Pappel Spinner. (bezeichnet: von S—t.)
Scriba Beiträge. 1790. 4. Heft 1. p. 16—[illegible].

Siebke (H.).
* 1. Beretning om en i Sommeren 1850 foretagen entomologisk Reise i en Deel af Gulbrandsdalen.
Nyt Magazin for Naturvidenskaberne. 1853. T. 7. p. [illegible]—[illegible].
* Gerstaecker Bericht. 1853. p. 7.

von Siebold (Carl Theodor Ernst), geb. in Würzburg am 16. Febr. 1804. Professor in München. Redacteur der Zeitschrift für wissenschaftliche Zoologie (mit Kölliker).
1. Ueber die Spermatozoen der Crustaceen, Insecten, Gasteropoden und einiger andern wirbellosen Thiere.
Müller Archiv. 1836. p. 13—52. tab. 2.
2. Fernere Beobachtungen über die Spermatozoen der wirbellosen Thiere.
Müller Archiv. 1836. p. 232. *1837. p. 381—432. tab. 1.
* 3. Das Vorkommen von Sphinx Nerii in Westpreussen betreffend.
Preuss. Provinzialbl. 1836. T. 15. p. 108—109.
* 4. Ueber die viviparen Muscիden.
Froriep Notiz. 1837. T. 3. p. 338—340.
* 5. Ueber die weiblichen Geschlechtsorgane der Tachinen.
Wiegm. Archiv. 1838. T. 4. p. 191—201. — *Ann. of N. H. 1839. T. 2. p. 187—[illegible].
* 6. Notiz über die Begattung der Libellen.
Wiegm. Archiv. 1838. T. 4. p. 375—376.
* 7. Die Kolumbatzer Fliege in Preussen.
Preuss. Provinzialbl. 1838. T. 19. p. 432—443.
* 8. Beiträge zur Fauna der wirbellosen Thiere Preussens. Zweiter Beitrag. Preussische Schmetterlinge. (314 spec.)
Preuss. Provinzialbl. 1838. T. 20. p. 21—37. (Der erste Beitrag umfasst Mollusca.)
* 9. Lange Lebensdauer der Spermatozoen bei Vespa rufa.
Wiegm. Archiv. 1839. T. 5. p. 107—108.
* 10. Pilze auf lebenden Insecten. (Orchideen. stamen.)
Froriep Notiz. 1839. T. 10. p. 33—38.
* 11. Ueber die innern Geschlechtswerkzeuge der viviparen u. oviparen Blattläuse.
Froriep Notiz. 1839. T. 12. p. 305—308.
* 12. Beiträge zur Fauna der wirbellosen Thiere Preussens. Dritter Beitrag. Preussische Rauhwespen. (93 spec.)
Preuss. Provinzialbl. 1839. T. 21. p. 43—53.
* 13. Vierter Beitrag. Preussische Wanzen und Zirpen. (268 spec.)
Preuss. Provinzialbl. 1839. T. 21. p. 428—447.
* 14. Fünfter Beitrag. Preussische Schmetterlinge. Erste Fortsetzung. (547 spec.)
Preuss. Provinzialbl. 1839. T. 22. p. 411—427.
* 15. Sechster Beitrag. Preussische Dipteren. (272 spec.) Nachtrag zu Beitrag 3 u. 4.
Preuss. Provinzialbl. 1839. T. 22. p. 528—553.
* 16. Ueber die zur Gattung Gregarina gehörigen Helminthen.
(in Beiträge z. Naturgesch. wirbellos. Thiere.) — Neueste Schrift. naturf. Gesellsch. Danzig. 1839. T. 3. Heft 2. p. 56—71. fig.

* 17. Ueber Xenos Sphecidarum und dessen Schmarotzer in Ammophila sabulosa, Miscus campestris. fig.
Neueste Schriften naturf. Gesellsch. Danzig. 1839. T. 3. Heft 2. p. 72—87.

* 18. Ueber die Fortpflanzungsweise der Libellulinen.
Germar Zeitschr. Entomol. 1840. T. 2. p. 421—438.
* Revue Zool. 1842. T. 5. p. 283—288; p. 324—326.

* 19. Ueberwinterung der befruchteten Weibchen von Culex rufus.
Germar Zeitschr. Entomol. 1840. T. 2. p. 443.

* 20. Ueber die Geschlechtsverschiedenheit der Dermesten.
Stett. Ent. Zeit. 1840. T. 1. p. 137.

* 21. Ueber das Eierlegen von Agrion forcipula.
Wiegm. Archiv. 1841. T. 7. p. 205—211.

* 22. Observationes quaedam entomologicae de Oxybelo uniglumi atque Miltogramma conica. Erlangen, Kunstmann, 1841. 4. pg. 20.
Valent. Repert. VII. p. 44.

* 23. Beiträge zur Fauna der wirbellosen Thiere Preussens. Siebenter Beitrag. Preussische Schmetterlinge. Zweite Fortsetzung. (840 spec.)
Preuss. Provinzialbl. 1841. T. 25. p. 412—431.

* 24. Ueber die Larven der Meloiden.
Stett. Ent. Zeit. 1841. T. 2. p. 130—138.

25. Recension von Prof. Loews Horae anatomicae.
Stett. Ent. Zeit. 1841. T. 2. p. 168—171.

* 26. Achter Beitrag. Preussische Orthoptera. (40 spec.)
Preuss. Provinzialbl. 1842. T. 27. p. 543—550.

* 27. Ueber die Fadenwürmer der Insecten. (nebst Nachträgen.)
Stett. Ent. Zeit. 1842. T. 3. p. 146—161; 1843. T. 4. p. 78—84; 1849. T. 9. p. 290—300; 1850. T. 11. p. 329—336; 1854. T. 15. p. 103—121; 1858. T. 19. p. 325—344.

* 28. Bericht über die Leistungen im Gebiete der Anatomie u. Physiologie der wirbellosen Thiere im Jahr 1842.
Müller Archiv. 1843. p. 1—88.
* Für 1843 u. 1844. Ibid. 1845. p. 1—121.

* 29. Ueber Strepsiptera. fig.
Wiegm. Archiv. 1843. T. 9. p. 137—162. — * Revue Zool. 1844. T. 7. p. 111—118.
* Ann. and Magaz. of N. H. 1844. T. 13. p. 703.

* 30. Ueber das Receptaculum seminis der Hymenopteren-Weibchen.
Germar Zeitschr. Entomol. 1843. T. 4. p. 362—388. tab. 1. — * Müller Archiv. 1843. p. 11.

* 31. Bemerkungen über eine den Bacillus Rossii bewohnende Schmarotzer-Larve.
Germar Zeitschr. Entomol. 1843. T. 4. p. 389—394. fig.

* 32. Zusatz zu dem Rosenhauerschen Aufsatz über Xenos Rossii.
Stett. Ent. Zeit. 1843. T. 4. p. 113—114.

* 33. Anfrage wegen eines Puppengespinnstes; nebst Antwort.
Stett. Ent. Zeit. 1843. T. 4. p. 383—384; 1844. T. 5. p. 131—132.

* 34. Ueber das Stimm- und Gehör-Organ der Orthopteren. fig.
Wiegm. Archiv. 1844. T. 10. p. 52—81.
* Müller Archiv. 1846. p. 7—8.

* 35. Neunter Beitrag. Preussische Blattwespen, Holzwespen und Gallwespen nebst Nachtrag zu den Grabwespen.
Preuss. Provinzialbl. 1844. T. 31. p. 121—133.

* 36. Ueber die Spermatozoiden der Locustinen.
Nova Acta Acad. Leop. Carol. 1845. T. 21. P. 1. p. 249—274. tab. 1.
* Isis. 1846. 1. p. 78.
Amtl. Bericht d. Naturf. Versamml. in Mainz. 1842. p. 273.
* Erichson Bericht. 1842. p. 84.

* 37. Bemerkungen über Ornithobia pallida Meig. u. Lipoptera Cervi Nitzsch.
Stett. Ent. Zeit. 1845. T. 6. p. 275—279.

* 38. Entomologische Notizen. (Gryllus, Tenthredo.)
Stett. Ent. Zeit. 1845. T. 6. p. 323—326.

* 39. Artikel Parasiten.
Wagner's Handwörterbuch der Physiologie (auch separat). 1845. T. 2. p. 640—670.

* 40. Ueber die Leistungen der Schweizer Naturforscher im Gebiet der Entomologie von 1840—1845.
Stett. Ent. Zeit. 1846. T. 7. p. 197—207.

* 41. Zehnter Beitrag. Die Preussischen Käfer. (1768 spec.)
Preuss. Provinzialbl. 1847. T. 37. p. 193—219; p. 340—367; p. 440—461.

* 42. Ueber die Verbreitung der singenden Cicaden in Deutschland.
Stett. Ent. Zeit. 1847. T. 8. p. 6—18.

* 43. Ueber die Fortpflanzung von Psyche. Ein Beitrag zur Naturgeschichte der Schmetterlinge.
Zeitschr. f. wissensch. Zool. 1848. T. 1. p. 93—102.
Nuov. Ann. delle Sc. Bologna. ser. 3. 1850. T. 1. p. 316—318.

(von Siebold, Carl Theodor Ernst.)

* 44. Lehrbuch der vergleichenden Anatomie der wirbellosen Thiere. Berlin, Veit, 1848. 8. pg. 14 et 679.
(Ist T. 1 des Lehrbuchs der vergl. Anatomie von Siebold u. Stannius.)
(Franz. Uebers. von Spring und Lacordaire. Paris, 1850. 8. vol. 3.)

* 45. Beiträge zur Fauna Preussens. (Literatur.)
Preuss. Provinzialbl. 1849. T. 41. p. 177—202.

* 46. Ueber Leon Dufours Beiträge zur Käferfauna der Pyrenaeen.
Stett. Ent. Zeit. 1849. T. 10. p. 306—311.

* 47. Eilfter Beitrag. Die Preussischen Hymenopteren. Nachtrag zu No. 12 u. 35.
Preuss. Provinzialbl. 1850. T. 44 p. 212—217.

* 48. Ueber die auf verschiedenen Hirscharten schmarotzenden Lausfliegen. (Lipoptera cervi.)
Verhandl. des schlesischen Forstvereins. 1850. 8. pg. 6.
*Arbeit. schles. Gesellsch. f. vaterl. Kultur. 1850. (p. 15—16.) p. 83—84.

* 49. Ueber den taschenförmigen Hinterleibsanhang der weiblichen Schmetterlinge von Parnassius.
Zeitschr. wissensch. f. Zool. 1850. T. 3. p. 53—61.
*Reimpr. Stett. Ent. Zeit. 1851. T. 12. p. 178—185.

* 50. Ueber die Raupen im Verdauungskanale der Menschen. Aglossa pinguinalis.
Stett. Ent. Zeit. 1850. T. 11. p. 330—311.

* 51. Noch ein Wort über Lipoptera Cervi.
Stett. Ent. Zeit. 1850. T. 11. p. 407—408.

* 52. Bemerkungen über Psychiden.
Arbeit. schles. Gesellsch. f. vaterl. Kultur. 1850. (p. 16—20.) p. 81—84.
*Reimpr. Stett. Ent. Zeit. 1851. T. 12. p. 341—343.

* 53. Zwölfter Beitrag. Myriapoden, Pseudoscorpione, Orthopteren, Neuropteren.
Preuss. Provinzialbl. 1851. T. 45. p. 351—359.

* 54. Ueber einige Zweifel das Vorkommen gewisser Schmetterlinge in der Provinz Preussen betreffend. Ein Sendschreiben an Hr. Dr. Schmidt.
Preuss. Provinzialbl. 1851. T. 46. p. 378—380.

* 55. Ueber die angeblichen Zahnwürmer.
Stett. Ent. Zeit. 1851. T. 12. p. 51—52.

56. Bemerkungen über die Lebensweise und den Haushalt der Bienen.
Arbeit. schles. Gesellsch. f. vaterl. Kultur. 1851. T. 29. p. 48—49.

* 57. Zusätze zu Fischers Aufsatz über die unvollkommene Flügelbildung bei den Orthopteren.
Stett. Ent. Zeit. 1852. T. 13. p. 21—30.

* 58. Ueber die Verletzungen der Rosenblätter durch Megachile centuncularis u. lagopoda.
Bericht über Verhandl. d. schles. naturw. Vereins zu Breslau in den Jahren 1850 u. 1851. Breslau, 1852. pg. 12.

* 59. Ueber Cecidomyia saliciperda eine den Weidenbäumen nachtheilige Gallmücke. fig.
Verhandl. schles. Forstvereins f. 1852. pg. 8. tab. 1 col.

* 60. Ueber die Büschel- und Hörner-Krankheit der Bienen.
Schmid Bienenztg. 1853. T. 8. p. 130—131.

* 61. Ueber die Auswüchse u. äusseren Anhänge, welche sich auf den Insecten vorfinden.
Arbeit. schles. Gesellsch. f. vaterl. Kultur. 1852. T. 30. p. 51—53.
*Froriep Notiz. 1853. No. 694. p. 249—252.

* 62. Einige spanische neue von Graells entdeckte und beschriebene Insecten.
Stett. Ent. Zeit. 1853. T. 14. p. 16—23.

* 63. Ueber Strepsipteren oder Stylopiden.
Stett. Ent. Zeit. 1853. T. 14. p. 133—136. — Schles. comverz. Bell. 1853. No. 47.
Arbeit. schles. Gesellsch. f. vaterl. Kultur. 1853. p. 83—85.

* 64. Zergliederung einer vom Begattungsfluge heimgekehrten Bienenkönigin.
Bienenzeitung von Barth. 1854. Jahrg. 10. p. 227—231.

* 65. Ueber die Zwitterbildung der Insecten.
Stett. Ent. Zeit. 1854. T. 15. p. 98—101.

* 66. Beiträge zur Naturgeschichte der Mermithen.
Zeitschr. f. wissensch. Zool. 1855. T. 5. p. 201—206.

* 67. Wahre Parthenogenesis bei Schmetterlingen und Bienen. Ein Beitrag zur Fortpflanzungsgeschichte der Thiere. Leipzig, Engelmann, 1856. 8. pg. VI et 144. tab. 1.
*Extr. Ann. sc. nat. sér. 4. 1856. T. 6. p. 193—211.
*Engl. Uebers. v. Dallas. London, Voorst, 1857. 8. pg. 110.

* 68. **Ueber Agriotypus armatus in Trichostoma picicorne; Lebensweise von Donacia linearis.**
Amtl. Bericht d. Versamml. d. Naturf. in Carlsruhe 1858 p. 211. Uebers. in Tijdschr. nederl. entom. Vereen. 1861. T. 4. p. [illegible].

* 69. **Ueber Agriotypus armatus.**
Stett. Ent. Zeit. 1861. T. 22. p. 59—61.

* 70. **Ueber die Larve von Leptis vermileo.**
Bericht 35. Versamml. deutsch. Naturf. 1861. p. 106—107.

* 71. **Ueber Parthenogenesis. Vortrag in der öffentl. Sitzung der K. Akademie der Wissensch. am 28. März 1862 etc.** München, 1862. 4. pg. 25.

von Siebold (Philipp Franz). Cousin des Vorigen.

* 1. **De historiae naturalis in Japonia statu, nec non de augmento emolumentisque in decursu perscrutationum exspectandis dissertatio, cui accedunt spicilegia faunae Japonicae.** (Lepidoptera 4 spec.) (Lugdun. Batav., 1824. 8. pg. 16.) Wirceburgi, 1826. 8. pg. 20.
* Thon Archiv. T. 1, 1. p. 1. — Reimpr. Isis. 1827. p. 135—143.

Siegesbeck (Johann Georg). Dr. in Seehausen bei Magdeburg, später in Petersburg. Botaniker.

* 1. **Von der vermeintlichen Ankunft der Heuschrecken aus dem Mond.**
Bresl. Natur- u. Kunstgesch. 1723. Vers. 23. p. 291—[illegible].

* 2. **Mittel wider die Fliegen.**
Bresl. Natur- u. Kunstgesch. 1723. Vers. [illegible]. p. [illegible].

Siemaschko.

* 1. **Ueber die Entstehung und Gründung der Russischen Entomologischen Gesellschaft.**
Hor. soc. ent. Ross. 1861. T. 1. p. 15—33. (Russisch.)

* 2. **Lebende Insecten auf dem Schnee.** (Podura.)
Hor. soc. ent. Ross. 1861. T. 1. p. 57—61. fig. (Russisch.)

Siemer (J. F. G.).

1. **Bewährtes Schutzmittel, Obstgärten und Plantagen gegen die Verheerungen der Spanner und Baumweisslingsraupe zu sichern und tragbar zu erhalten; auf mehrjährige Beobachtung u. Erfahrung gegründet. Nebst noch einem probaten Mittel, Edelreiser und auch Stämme gegen Vieh und Wildfrass zu schützen.** Sondershausen, Eupel, 1831. 8.
(cf. Engelmann Bibl. Oecon. p. 307.)

Siemssen (Adolph Christian), geb. 3. Mai 1768 in Alt-Strelitz, gest. 17. Juli 1833 in Rostock. Dr. Philos.

* 1. **Naturgeschichte der grossen Tannenraupe nebst Anweisung zu deren Vertilgung.** Schwerin. Barrensprung, 1798. 8. pg. 35.

Ritter von Siemuszowa-Pietrusky (Stanislaus Konstantin).

1. **Nutzen der Spechtmeise (Sitta Europaea) durch die Vertilgung der Borkenkäfer.**
Wiegm. Archiv. 1838. T. 1. p. 48. (Lacordaire.)

von Sierstorpf (Caspar Heinrich), geb. 1750. Oberjägermeister in Braunschweig.

* 1. **Ueber einige Insectenarten, welche den Fichten schädlich sind, und über eine Wurmtrockniss der Fichtenwälder des Harzes.** Helmstädt, 1794. 8. pl. 3 col. pg. 61.

2. **Ueber die forstmässige Erziehung, Erhaltung und Benutzung der vorzüglichsten inländischen Holzarten.** Hannover, 1813. 4.

Sieuve (Lazare), de Marseille. Kaufmann.

* 1. **Mémoire et Journal d'observations, d'expériences, sur les moyens de garantir les olives de la piqure des insectes, et nouvelle méthode pour en extraire l'huile plus abondament etc.** Paris, Impr. Lambert, 1769. 8. pg. 126. tab. 3.

2. **Methode de préserver les laines des vers; ouvrage couronné.** Besançon, 177? 8.
(cf. Querard. T. 9. p. 132.)

Sievers (J.).

1. **On the manner of rearing and treating Silkworms in the northern parts of Europe.**
Trans. of the Soc. for the encour. of Arts. T. 16. p. 330.
cf. Reuss Repert. (Lacordaire.)

Sievers (J. C.), in Petersburg.

* 1. **Schmetterlinge im Gouvernement von St. Petersburg.** (437 Arten.) St. Petersburg, gedruckt bei Kray, 1851. 8. pg. 12. ed. 2. 1852. ibid. 8. pg. 12.

Sievers, J. C.)

* 2. Schmetterlinge im Gouvernement von St. Petersburg bis März 1856, nach Ochsenheimer und Treitschke zusammengestellt. (Catalog 1051 Arten.) Helsingfors, Finnische Litterat. Gesellsch., 1856. 8. pg. 31.
* 3. Schmetterlinge im Gouvernement von St. Petersburg bis Mai 1858. (Microlepidoptera.) Helsingfors, Finnische Litterat. Gesellsch., 1858. 8. pg. 13. 1 pl.
* 4. Explication de la planche II de ces Études, avec la description de deux chenilles peu connues des environs de St. Pétersbourg.
  Motschulsky Etud. Entom. 1859. T. 8. p. 144—146. tab. 1.

Sigaud de la Fond (Jean René), geb. 1740 in Dijon, gest. 26. Januar 1810 in Bourges. Arzt.

1. Dictionnaire des Merveilles de la Nature. Paris, 1781. 8. 2 vol.
   Ed. II. Paris, Delaplace. An X (1802.) 8. 3 vol.
   Deutsche Uebers. (von Chr. G. F. Webel): Wunder der Natur. Eine Sammlung ausserordentlicher und merkwürdiger Erscheinungen und Ereignisse in der ganzen Körperwelt nach alphabetischer Ordnung gesammelt. Aus dem Französischen, mit vielen Zusätzen vermehrt. Leipzig, Heinsius. 8. 1782. T. 1. pg. 472; 1783. T. 2.
   (Im ersten Theil über Insecten.)
   * Recens. Allgem. deutsch. Bibl. Bd. 54. p. 468. — Dresdn. gel. Anz. 1782. p. 90.

Sigel (Christoph Friedrich).

* 1. De Phalaena noctua elingui ejusque larva in Dianthi hortensis flore reperta.
  Nova Acta Acad. Leopold. Carol. 1783. T. 7. Obs. 5. p. 24—27. fig.

Sigismund (Karl). [Louis Garcke.]

* 1. Das Insectenbüchlein, eine kurzgefasste Zusammenstellung des Wissenswürdigsten aus der gesammten Insectenkunde in practischer Auffassung. Zeitz, Garcke, 1853. 8. Abth. I. pg. 84. 1856. Abth. II. p. 188.
* 2. Verzeichniss der Schmetterlinge, welche in der Umgegend von Naumburg bis jetzt aufgefunden wurden.
  Sigismund Zeitschr. f. prakt. Verwerth. aller Naturerzeugn. 1857. T. 1. p. 46—51.
* 3. Verzeichniss der bei Zahna 1851—1856 gesammelten u. erzogenen Schmetterlinge.
  Sigismund Zeitschr. f. prakt. Verwerth. aller Naturerzeugn. 1857. T. 1. p. 77—80.
* 4. Die ausserordentliche Wichtigkeit der Insectenwelt für die gesammte Menschheit.
  Sigismund Zeitschr. f. prakt. Verwerth. aller Naturerzeugn. 1857. T. 1. p. 240—245; p. 249—260.
  (Ist die Einleitung zum Insectenbüchlein wieder abgedruckt.)

Signorelli (Silvestro).

* 1. Metodo pratico per il buon governo dei bachi da seta proposto ai coltivatori del medesimo, ed in ispecie a quelli della Provincia della Lomellina. Pavia, 1843. 8.
  (cf. Cornalia monogr. p. 78.)

Signoret (Victor), Dr. Med. in Paris.

* 1. Description de deux Hémiptères Homoptères, Tribu des Stridules, Groupe des Cicadides.
  Ann. Soc. Ent. Fr. sér. 2. 1847. T. 5. p. 293—296.
* 2. Description de deux Cigales de Java du genre Cicada.
  Ann. Soc. Ent. Fr. sér. 2. 1847. T. 5. p. 297—300.
* 3. Description d'un Hémiptère Hétéroptère, formant le type d'un nouveau genre.
  Ann. Soc. Ent. Fr. sér. 2. 1847. T. 5. p. 301—304.
* 4. Description d'une nouvelle espèce d'Hémiptère homoptère du genre Odontoptera Carreño. fig.
  Ann. Soc. Ent. Fr. sér. 2. 1849. T. 7. p. 177—178.
* 5. Description de quelques Cigales voisines de la C. atrata F.
  Revue et Magas. Zool. 1849. T. 1. p. 406—410. tab. 1.
* 6. Observations sur le Phricodus hystrix. Hémipt. Hétéropt. fig.
  Ann. Soc. Ent. Fr. sér. 2. 1849. T. 7. p. 377—378.
* 7. Description d'un genre nouveau (Dilobopterus) et de quelques espèces du groupe des Tettigonides.
  Revue et Magas. Zool. sér. 2. 1850. T. 2. p. 283—290. pl. 1 col.
* 8. Description d'un genre nouveau (Cryphocricos) de l'ordre des Hémiptères hétéroptères, et de la section des Hydrocorises.
  Revue et Magas. Zool. 1850. T. 2. p. 289—291.

* 9. Description d'une nouvelle espèce de Lystra. fig.
Ann. Soc. Ent. Fr. sér. 2. 1850. T. 8. p. 65—68.

* 10. Description d'Hémiptères nouveaux provenant de la Guinée Portugaise. fig.
Ann. Soc. Ent. Fr. sér. 2. 1850. T. 8. p. 67—71.

* 11. Notice sur le groupe des Eurymélides. fig. (Hémipt.); avec une note de M. Amyot. fig.
Ann. Soc. Ent. Fr. sér. 2. 1850. T. 8. p. 497—511. 1851. T. 9. p. 659—660. tab. 7.

* 12. Hémiptères nouveaux, provenant du Gabon.
Revue et Magas. Zool. 1851. T. 3. p. 438—440. tab. 7.

* 13. Description d'une nouvelle espèce d'Hémiptères-Hétéroptères du groupe des Mictides, genre Pelasceltis.
Ann. Soc. Ent. Fr. sér. 2. 1851. T. 9. p. 121—124.

* 14. Description de nouvelles espèces d'Hémiptères.
Ann. Soc. Ent. Fr. sér. 2. 1851. T. 9. p. 329—348. fig. Bull. p. 108.

* 15. Notice sur quelques Hémiptères nouveaux ou peu connus.
Ann. Soc. Ent. Fr. sér. 2. 1852. T. 10. p. 539—544. fig.

* 16. Notice sur un nouveau genre d'Hémiptères de Java. (Centrocnemis.)
Ann. Soc. Ent. Fr. sér. 2. 1852. T. 10. p. 545—548. fig.

* 17. Revue critique du groupe des Tettigonides et de la tribu des Cercopides.
Revue et Magas. Zool. 1853. T. 5. p. 173—184.

* 18. Revue iconographique des Tettigonides. tab. 21.
Ann. Soc. Ent. Fr. sér. 3. 1853. T. 1. p. 13—40; p. 323—374; p. 661—688. 8 pl. col. 1854. T. 2. p. 5—28; p. 341—366; p. 483—496; p. 717—732; pl. 4 col. 1855. T. 3. p. 49—60; p. 225—240; p. 507—528; p. 763—838. 5 pl.

* 19. Note sur l'habitat de quelques Hémiptères, avec une rectification synonymique.
Ann. Soc. Ent. Fr. sér. 3. 1853. T. 1. Bull. p. 33.

* 20. Notice sur un insecte de la section des Homoptères de la tribu des Tettigonides. (Ectypus.)
Revue et Magas. Zool. 1853. T. 5. p. 263—264. tab. 1 col.

* 21. Note rectificative pour la troisième centurie des Insectes Napolitains par A. Costa. 1852. (Hémiptères.)
Ann. Soc. Ent. Fr. sér. 3. 1853. T. 1. Bull. p. 54.

* 22. Description d'une espèce nouvelle faisant genre dans l'ordre des Hémiptères-Hétéroptères famille des Azopides.
Ann. Soc. Ent. Fr. sér. 3. 1855. T. 3. p. 61—64. fig.

* 23. Note sur deux espèces des Fulgorites peu connues et description de deux espèces nouvelles.
Ann. Soc. Ent. Fr. sér. 3. 1855. T. 3. Bull. p. 4—6.

* 24. Essai monographique du genre Micropus Spinola.
Ann. Soc. Ent. Fr. sér. 3. 1857. T. 5. p. 23—32.

* 25. Hémiptères du Gabon (avec L. Fairmaire).
Thomson Archiv. entomol. 1858. T. 2. p. 265—313. fig. col.

* 26. Note sur le Micropus fulvipes De Geer, et rectifications synonymiques relatives à divers Hémiptères.
Ann. Soc. Ent. Fr. sér. 3. 1858. T. 6. Bull. p. 31—32; p. 38—39.

* 27. Description d'un nouveau genre de la tribu des Longicornes, groupe Emésides. (Stenolemus.)
Ann. Soc. Ent. Fr. sér. 3. 1858. T. 6. p. 251—253. fig.

* 28. Description de nouvelles espèces d'Hémiptères.
Ann. Soc. Ent. Fr. sér. 3. 1858. T. 6. p. 497—507. fig.

* 29. Monographie du genre Corizus.
Ann. Soc. Ent. Fr. sér. 3. 1859. T. 7. p. 75—105.

* 30. Faune des Hemiptères de Madagascar.
Ann. Soc. Ent. Fr. sér. 3. 1860. T. 8. p. 177—206. tab. 2 aen. et col. (I. Partie); p. 917—972. tab. 2.

* 31. Hémiptères de Sicile recueillis par E. Bellier de la Chavignerie.
Ann. Soc. Ent. Fr. sér. 3. 1860. T. 8. p. 728—730.

32. Description de quelques Hémiptères nouveaux.
Ann. Soc. Ent. Fr. sér. 4. 1861. T. 1. p. 2—5. pl. 2.

Sigwart (Georg Friedrich), geb. 3. April 1711 im Würtembergschen, gest. 9. März 1795 in Tübingen.

* 1. Dissertatio de balneis infantum, annexa Buprestidis descriptione. Tubingae, 1758. 4. 6 Bog. tab. 1. Resp. Holz, Auctor. pg. 18 et 8.
(cf. Holz. No. 1.)

2. Von dem Scheinwurme, Cantharis mollinea.
Neu. Hamburg. Magaz. 1767. T. 1. p. 38. (cf. Percheron. II. p. 67.)

Silbermann (Gustav), Buchhändler und Buchdrucker in Strasburg
* 1. Revue Entomologique. (Six livraisons par année.) Strasbourg et Paris, (Auteur). 8.
1833. T. 1. pg. 298 et 44 s. p. (description des espèces nouvelles.) pl. 18. — 1834. T. 1. pg. 293 et 11 s. p. pl. 19—21. — 1833. T. 3. pg. 324. pl. 22—36. — 1836. T. 4. pg. 290. pl. 30—37. — *1837—1840. T. 5. pg. 351. pl. 58.
*Résumé de T. I—III Ann. sc. nat. sér. 2. T. 2 p. 157—192.
*T. IV extr. Germar Zeitschr. Entomol. 1839. T. 1. p. 312—315.
(Eine Anzahl Artikel darin sind von Silbermann übersetzt. cf. Burmeister, Kirby.)
* 2. Mémoire sur la chasse aux Coléoptères et sur la manière de les conserver.
Revue Entom. 1833. T. 1. p. 1—17 ; p. 53—68.
* 3. Notice sur quelques véritables hermaphrodilismes de Papillons.
Revue Entom. 1833. T. 1. p. 50—51.
* 4. Description du genre Odontopus, fam. des Tenrionides.
Revue Entom. 1833. T. 1. Descript. No. 3. 5. pg. 4.
* 5. Description de l'Otiorhynchus substriatus, avec fig.
Revue Entom. 1833. T. 1. Descript. No. 7. pg. 2.
* 6. Quelque idée pour faciliter les travaux de Synonymie.
Revue Entom. 1833. T. 1. p. 131—134.
* 7. Note sur les dégats occasionnés par la Geometra piniaria.
Revue Entom. 1834. T. 2. p. 124—126.
* 8. Note monographique sur le genre Odontopus. Strasbourg, 1834. 8. pg. 12. tab. 1.
* 9. Enumération des Entomologistes vivans, suivie de Notes sur les Collections Entomologiques des principaux Musées d'Histoire Naturelle d'Europe, sur les Sociétés d'Entomologie, sur les Recueils périodiques consacrés à l'Étude des Insectes, et d'une Table alphabétique des Résidences des Entomologistes. Paris, Roret, 1835. 8. pg. 120. (Uebersetzung v. Giell No. 19.)
* 10. Description de trois espèces nouvelles des Buprestides.
Revue Entom. 1837. T. 5. p. 107—109.
* 11. Aperçu des Coléoptères d'Alsace. Statist. général. du Haut-Rhin. Mülhausen. 8. pg. 16.
(Name des Verf. am Schlusse.)

Silenius (C.).
1. Die neuesten Bienenwohnungen. Eine Abhandlung über den theilbaren Bienenstock durch dessen empfehlenswerthe Anwendung die Bienenzucht uns zum grössten Nutzen und zum ungefährlichen, beschaulichen Vergnügen wird. Mit 1 Steintafel. Freiburg im Breisgau, Wagner, 1851. 8.

Silorata (Bernabo).
1. I bachi da seta, Poëma di M. Girolamo Vida, recato in altrettanti versi italiani dal P. B. Silorata ed arricchito di note. Forlì, 1829. 8. (Lacordaire.)

Silvestre (Jean).
* 1. Compte rendu de l'ouvrage de Huber sur les abeilles, fig.
Bullet. Soc. Philom. 1793. T. 1. p. 47—49.
2. Coltivazione delle api del regno d'Italia. Milan, 1811. 8. pg. 68. pl. 2.

Simmons (Samuel Foart).
1. Account of the treatment of Bees by the Dominicain Prior at Louvain.
Med. and Philos. Comment. by a Soc. in Edinburgh. T. 4. p. 320.
cf. Reuss Repert. (Lacordaire.)

Simon, in Metz.
1. Dieu et les mystères les plus remarquables du règne animal. (Extraits de Lyonet, Reaumur etc.) Paris (?), Périsse, 1817. 2 vol. 12.

Simon (E.).
* 1. Sur la sériciculture en Chine.
Bull. Soc. d'acclimat. Paris. 1862. T. 9. p. 221—225.

Simon (Jean Baptiste). Avocat au Parlement de Paris.
1. Le gouvernement admirable, ou la république des abeilles et le moyen d'en tirer une grande utilité. Paris, 1742. 8. 1 vol. pl.
Ed. 2. Paris, Nyon, 1758. 12. pl. (eigentlich ed. 4.)
Imprimé antérieurement sans nom d'auteur. Paris, 1738. 12. et La Haye, Dehondt, 1740. 12. pg. 20 et 280. (Lacordaire.)

Simson (Archibald).
1. Hieroglyphica animalium etc. insectorum, quae scripturis sacris inveniuntur. Edinburgi, 1622. 4. pg. 97, 102, 19.
(cf. Bibl. Banks. II. p. 12.)

de Sinéty, Comte.
* 1. Notes pour servir à la faune du département de Seine et Marne. (Odonates.)
Revue et Magas. Zool. 1858. T. 10. p. 67—81. *Orthoptères. 1861. T. 13. p. 164—170; p. 209—221.

Singer. Dr.
* 1. Flies and other Insects hurtful to live stock etc.
  Prize Essays and Trans. Highl. Soc. Scotl. 1839. T. 12. (n. s. T. 6.) p. 187.

Sirand (Alexandre).
1. Lettres sur les abeilles, avec des observations sur les procédés nouveaux. Bourg, Milliet, 1851. 8. pg. 120.
   „16 lettres qui ont été insérées dans le Journal d'Ain année 1851, et n'ont été tirées à part qu'à 30 exemplaires."

Sircom (John).
* 1. Description of two New Species of Tineidae.
  Zoologist. 1850. T. 8. p. LXXII.

Sirodot (S.), Prof. au Lycée du Cahors.
* 1. Recherches sur les sécrétions chez les insectes.
  Ann. sc. nat. sér. 4. 1858. T. 10. p. 141—189; p. 251—334. 12 pl.

Sitonus.
1. De Cantharidum cum vesica et feminis ammos antipathia.
   Sitonus Miscell. Pract. 21. p. 163. (cf. Percheron. II. p. 69.)

Six (G. A.).
* 1. Eene entomologische wandeling in Augustus in de omstreken van Driebergen.
  Mem. Soc. ent. Pays-Bas. 1857. T. 1. p. 1—14.
* 2. Waarnemingen betreffende inlandsche Insekten.
  Tijdschr. nederl. entomol. Ver. 1858. T. 2. Stück 1. p. 14—20.
* 3. cf. Graaf. No. 14.

Skelton (Philip).
* 1. An account of the Cornel-Caterpillar.
  Philos. Transact. 1748. T. 45. No. 487. p. 282—288.

Skene (James)
* 1. On the emigration of a Colony of Caterpillars observed in Provence. (Phal. processionea.)
  Edinb. Journ. of Sc. 1825. T. 2. p. 92—97.
  * Silliman Americ. Journ. 1825. T. 9. p. 251—257. — * Féruss. Bullet. 1826. T. 13. p. 371.

Skrimshire (Thomas), Rev.
* 1. On Rearing Insects.
  Trans. Ent. Soc. Lond. 1807. p. 70—72.
* 2. Remarks on some rare Insects found during a flood at Wisbech.
  Trans. Ent. Soc. Lond. 1812. T. 1. P. 3. p. 315—322.
  Nebst: A Catalogue of Coleopterous Insects collected in a few hours at Wisbech, with a note of M. Haworth.

Slabber (Martin).
* 1. Waarneeming van den oorsprong der paarel-worm, met de daaruitkomende goud-oogige Stink-vlieg. (Chrysopa.)
  Verhandl. Maatsch. Haarlem. 1768. T. 10. Stück 2. p. 387—412. tab. 2.
  Comment. Lips. T. 17. p. 616.
* 2. Waarneming van de gevleugelde zesendertig-leedige vogel-luis. (Hippobosca.)
  Verhandl. Maatsch. Haarlem. 1768. T. 10. Stück 2. p. 413—425. tab. 1.
  Comment. Lips. T. 17. p. 647.
* 3. Natuurkundige verlustigingen, behelzende microscopise waarnemingen van in- en uitlandse water- en landdieren. Haarlem, Bosch, (1769) 1778. 4. pg. 166. pl. 18.
  * Deutsche Uebers. von P. L. St. Müller. Nürnberg. Winterschmidt. 1775. 4. pg. 21. pl. 6.
  * Dasselbe. 1781 mit demselben Titel („von 43 aus- und inländischen Thieren"). pg. 90. tab. 18 col.

Slater (J. W.).
* 1. On the Functions of the Antennae of Insects.
  Zoologist. 1848. T. 6. p. 2175—2177. — * Froriep Notiz. 1848. T. 8. p. 6—8.

Sloane (Hans), geb. 16. April 1660 in Killileagh (Irland), gest. 11. Januar 1752 in Chelsea. Erster Leibarzt König Georg I., President der Kgl. Societät der Wissenschaften zu London, war ein Jahr in Westindien, kaufte Petiver's Museum, das jetzt nebst dem seinigen dem britischen Museum gehört, für 4000 Pfund Sterl.
* 1. A Voyage to the islands Madera, Barbados, Nieves, St. Christophers and Jamaica, with the Natural History of the Herbs and Trees, Four-footed Beasts, Fishes, Birds, Insects, Reptiles etc. London. (Author). fol. Vol. 1. 1707. pg. 168 et 264. tab. 3 et 156. Vol. 2. 1725. pg. 18 et 499. tab. 7 et tab. 156—274.

Smancini (Gio.).

1. Breve metodo per allevare i bigatti adattato al territorio cremonese. Lettera. Cremona, Manini, 1814. 8.
   (cf. Cornalia monogr. p. 83.)
2. Breve metodo di educare i bigatti. Lettera. Milano, Ferrario, 1823. 8.
   (cf. Cornalia monogr. p. 88.)

Smeathman (Henri), gest. 1787. Sprachlehrer. Bereiste Africa.

*1. Some account of the Termites, which are found in Africa and other hot Climates.
   Philos. Transact. 1781. T. 71. P. 1. p. 139—192. tab. 4.
   Separat. London, 1781. 8. tab. 4 col.
   *Französ. Uebers. von C. Rigaud. Paris, 1786. 8. pl. 4.
   (Auch der französ. Uebers. von Sparrmans Reise angehängt.)
   *Deutsche Uebers. von F. A. A. Meyer. Göttingen, Dietrich, 1789. 8. pg. 112. tab. 2. (von p. 92 Zusätze.)
   *Auch in Samml. z. Physik. 1788. T. 3. p. 357—433. fig.
   *Extr. Lichtenbergs Magaz. T. 1. P. 4. p. 13—20. T. 4. P. 2. p. 19—28.
   Franz. dans l'Abrégé de Transact. philos. par Gibelin. T. 7. 8.
   Smeathmans Bericht ist sehr oft in andern Werken theilweise wiedergegeben. cf. Lan-oace. X. p. 54.

Smellie (William), gest. 1795 in Edinburg. Buchdrucker in Edinburg.

1. The Philosophy of natural history. Edinburgh, 1789. 4. pg. 547.
   (cf. Bibl. Banks. I. p. 270.)

Smirnove (John).

*1. A communication on the Locust (Gr. migratorius L.) which lately devastated the Crimea and the southern Provinces of Russia.
   Trans. Linn. Soc. Lond. 1827. T. 15. p. 507—510.
   *Froriep Notiz. 1828. T. 22. p. 201—203.

van der Smissen (J.).

1. Pleitrede ter verdediging der vliegen, en vooral van die magere, tweevlerkige, langpootige soort, de zwarte vliegen, sedert tal van jaren door partij, de zich noemende publieke opinie, beschuldigd, van ongehoorde feiten, en de laatsten vooral van te hebben opgegeten onze kersen, appelen en peeren voor dat die bestonden; ingediend voor de regtbank van het gezond verstand. Haarlem, Erven F. Bohn, 1832. 8.
   (cf. Carus. p. 544.)

Smith (Alfred Charles). Rever.

*1. Notes on Observations in Natural History during a Tour in Norway.
   Zoologist. 1851. T. 9. p. 3226—3239.
   *Froriep Tagsber. 1852. T. 3. p. 279—280.

Smith (Frederic).

*1. Account of the natural history of one of the Cynipidae, which inhabits the small flat galls on the underside of oak-leaves.
   Trans. Ent. Soc. Lond. 1839. T. 2. Proc. p. 43.
*2. Notes on the Habits of various species of British Ants.
   Trans. Ent. Soc. Lond. 1842. T. 3. p. 151—154.
*3. Notes on the Parasites of the genus Nomada and on other insects.
   Trans. Ent. Soc. Lond. 1843. T. 3. p. 293—294.
*4. Observations on the Synonymy of the genus Nomada.
   Ann. and Mag. Nat. Hist. 1843. T. 11. p. 65—68.
*5. Captures of Hymenopterous insects at Hawley and description of a new British Bee.
   Zoologist. 1843. T. 1. p. 61—64.
*6. Descriptions of British Wasps.
   Zoologist. 1843. T. 1. p. 161—171. fig.
*7. Description of a new British Bee.
   Zoologist. 1843. T. 1. p. 201.
*8. Entomological captures in Hampshire.
   Zoologist. 1843. T. 1. p. 263.
*9. Notes on Formica sanguinea and other Hymenoptera.
   Zoologist. 1843. T. 1. p. 267.
*10. Capture and Habits of Claviger foveolatus.
   Zoologist. 1843. T. 1. p. 268.
11. Memoir on the genus Hylaeus, with descriptions of several new British species. (5 spec.)
   Ann. and Mag. Nat. Hist. 1843. T. 11. p. 60.
*12. On various Hymenopterous Insects and descriptions of two new British Bees.
   Zoologist. 1844. T. 2. p. 403—409.

* 13. On the British Humble Bees. (Bombus auct.)
Zoologist. 1844. T. 2. p. 541—558.
* 14. British Wasp-Bees. (Nomada.)
Zoologist. 1844. T. 2. p. 587—606.
* 15. British Leaf-cutters Bees. (Megachile.)
Zoologist. 1844. T. 2. p. 690—697.
* 16. British Mason-Bees etc. (Osmia Pz.)
Zoologist. 1844. T. 2. p. 737—748.
* 17. Habits on fossorial Hymenoptera.
Zoologist. 1845. T. 3. p. 847.
* 18. Descriptions of the British species of Bees belonging to the Genus Anthophora and Saropoda, with observations on their economy.
Zoologist. 1845. T. 3. p. 880—888.
* 19. Descriptions of the British species of Bees belonging to the Genus Sphecodes of Latreille.
Zoologist. 1845. T. 3. p. 1011—1015.
* 20. Observations on Stylops Melittae.
Zoologist. 1845. T. 3. p. 1082. fig.
* 21. Descriptions of the British species of Bees belonging to the Genera Melecta, Epeolus, Coelioxys, and Stelis.
Zoologist. 1845. T. 3. p. 1146—1155.
* 22. Description of Asiata Jaculator.
Zoologist. 1845. T. 3. p. 1157.
* 23. Descriptions of nine British species of the Genus Hylaeus, together with some notes on the economy of Osmia leucomelana and Epeolus variegatus.
Trans. Ent. Soc. Lond. 1845. T. 4. p. 29—35.
* 24. On the Habits of Odynerus antilope.
*Ann. and Mag. Nat. Hist. 1846. T. 17. p. 60—61.
* 25. Description of the British species of Bees comprised in the genera Colletes of Latreille and Macropis of Klug.
Zoologist. 1846. T. 4. p. 1274—1281.
* 26. Description of the British species of Bees belonging to the genera Chelostoma, Heriades, Ceratina, Eucera, Panurgus and Anthidium.
Zoologist. 1846. T. 4. p. 1445—1454.
* 27. A Supplementary Paper containing descriptions of a few species of Bees recently discovered, or omitted in the descriptions of the genera to which they belong.
Zoologist. 1846. T. 4. p. 1586.
* 28. Enumeration of British Bees.
Zoologist. 1847. T. 5. p. 1650—1651.
* 29. Descriptions of British Bees belonging to the Genus Andrena.
Zoologist. 1847. T. 5. p. 1662—1670; p. 1732—1753; p. 1818—1831.
* 30. Description of a new species of Hymenopterous Insect belonging to the family Sphegidae. (Stethorectus ingens.)
Ann. and Mag. Nat. Hist. 1847. T. 20. p. 394—396. fig.
* 31. Observations on the Sphex figulus of Linnaeus (Trypoxylon figulus Latr. Fab.) and other Hymenoptera.
Trans. Ent. Soc. Lond. 1848. T. 5. p. 57—58.
* 32. Description of the British species of Bees belonging to the genus Hylaeus Fabr. Ent. Syst. 1793 and Prosopis of the same author. Syst. Piezat. 1804, and also of the genus Cilissa of Leach.
Zoologist. 1848. T. 6. p. 2200—2209.
* 33. Description of the British species of Bees belonging to the genus Halictus of Latreille.
Zoologist. 1848. T. 6. p. 2037—2044; p. 2100—2109; p. 2167—2175.
* 34. Appendix to the Descriptions of British Bees.
Zoologist. 1848. T. 6. p. 2209.
* 35. Description of the genus Dasypoda, belonging to the family Andrenidae.
Zoologist. 1848. T. 6. p. 2241.
* 36. Observations on the synonymy of the genus Nomada of Fabricius, belonging to the family of Cuckoo or Parasitic Bees.
Ann. of N. H. ser. 2. 1849. T. 4. p. 438—442.
* 37. Notice of a species of Monodontomerus parasitic in the cells of Anthophora retusa.
Proc. Linn. Soc. Lond. 1849. T. 2. No. 39. p. 79—80.
* 38. Descriptions of new species of Hymenopterous insects from North China.
Trans. Ent. Soc. Lond. ser. 2. 1849. T. 2. p. 430.

(**Smith**, Frederic.)

*39. Observations on the Stylopites and their affinities.
Zoologist. 1850. T. 8. p. 2816—2829.

*40. Descriptions of two new Species of Exotic Hymenoptera. (Paragia.) fig.
Trans. Ent. Soc. Lond. ser. 2. 1850. T. 1. p. 41—42.

*41. On the specific differences of the Vespa vulgaris and Vespa germanica.
Zoologist. Appendix. 1851. T. 9. p. CLXXIII.

*42. Descriptions of some new species of exotic Hymenoptera in the British Museum and other collections.
Ann. and Mag. Nat. Hist. 1851. T. 7. p. 28—33.

*43. On the Nest of Polistes Lanio Fabr. and a Parasite found therein, and on the Nest of a Social Wasp.
Trans. Ent. Soc. Lond. ser. 2. 1851. T. 1. p. 176—178.

*44. Notes on the Habits of Australian Hymenoptera. fig.
Trans. Ent. Soc. Lond. ser. 2. 1851. T. 1. p. 178—181.

*45. Extract of the paper intituled „A new Phase of Bee-life“ in Dickens Household Works.
Trans. Ent. Soc. Lond. ser. 2. 1851. T. 1. Proc. p. 76—79.

*46. On the Synonymy of Lestis bombylans, and description of L. aeratus.
Trans. Ent. Soc. Lond. ser. 2. 1851. T. 1. Proc. p. 84.

*47. Remarks on the note on the Habits of Bombinatrices by H. W. Newman.
Trans. Ent. Soc. Lond. ser. 2. 1851. T. 1. Proc. p. 93.

48. Notes on the nest of Bombus Derhamellus.
Trans. Ent. Soc. Lond. ser. 2. 1851. T. 1. Proc. p. 111—112.

*49. List of the British Animals in the Collection of the British Museum. P. 6. Hymenoptera aculeata. London, 1851. 8. pg. 134.

*50. On the Habits of Osmia parietina.
Zoologist. 1851. T. 9. p. 3233. — *Froriep Tagesber. T. 2. p. 285—286.

*51. Observations on the Habits of Vespa norwegica and Vespa germanica.
Zoologist. 1852. T. 10. p. 3699—3702. fig.

*52. Descriptions of new species of Hymenopterous Insects, with Notes on their Economy by Ezra T. Downes Esq.
Ann. and Mag. Nat. Hist. 1852. T. 9. p. 44—50. fig.

*53. Note on the Pediculus Melittae of Kirby.
Trans. Ent. Soc. Lond. ser. 2. 1852. T. 2. p. 4—5.

*54. Observation on a Paper by G. Newport „on the Anatomy etc. of certain Chalcididae, and a new Genus of Bee-parasites.
Trans. Ent. Soc. Lond. ser. 2. 1852. T. 2. Proc. p. 18.

*55. Descriptions of two new and apparently undescribed Species of Hymenopterous Insects from North-China collected by Robert Fortune. fig.
Trans. Ent. Soc. Lond. ser. 2. 1852. T. 2. p. 33—45.

*56. Descriptions of some Hymenopterous Insects from Northern India. fig.
Trans. Ent. Soc. Lond. ser. 2. 1852. T. 2. p. 45—48.

*57. Notes on the Development of Osmia parietina, and other British Insects.
Trans. Ent. Soc. Lond. ser. 2. 1852. T. 2. p. 81—84.
Froriep Tagesber. 1852. Zool. T. 3. No. 670. p. 255—256.

*58. Monograph of the Genus Cryptocerus, belonging to the Group Cryptoceridae-Family Myrmicidae-Division Hymenoptera Heterogyna.
Trans. Ent. Soc. Lond. ser. 2. 1853. T. 2. p. 213—228. fig.
*Ann. of N. H. ser. 2. 1853. T. 11. p. 333—335.

*59. Notes on the Hymenoptera of Southend and its Vicinity.
Zoologist. 1853. T. 11. p. 4077—4080.

*60. List of the British Animals in the Collection of the British Museum. P. 13. Nomenclature of Hymenoptera. London, 1853. 8. pg. 74.

*61. Catalogue of Hymenopterous Insects in the Collection of the British Museum. London, by order of the Trustees. 8.
P. 1. 1853. Andrenidae p. 1—199. tab. 6. — P. 2. 1854. Apidae p. 199—465. tab. 6. — P. 3. 1855. Mutillidae-Pompilidae. p. 1—206. tab. 5. — P. 4. 1856. Sphegidae, Larridae, Crabronidae. p. 207—497. tab. 6. — P. 5. 1857. Vespidae. p. 1—147. — P. 6. 1858. Formicidae. p. 216. tab. 14. — P. 7. 1859. Dorylidae and Thynnidae. p. 76.

*62. Notes on the Habits of a Bee-parasite, Melittobia Acasta.
Trans. Ent. Soc. Lond. ser. 2. 1854. T. 2. p. 248—252.

*63. Observations on the Economy of Pompilus punctum and other Hymenoptera.
Trans. Ent. Soc. Lond. ser. 2. 1854. T. 3. p. 41—43.

*64. Essay on the Genera and Species of British Formicidae. fig.
Trans. Ent. Soc. Lond. ser. 2. 1854. T. 3. p. 95—135.

*65. Notices of the new British Hymenoptera detected in 1854; Notes in Expla-

nation of the New Species of Aculeate Hymenoptera in Stephens Systematic Catalogue; Notes on British Myrmicidae and Formicidae.
Entomologist's Annual. 1856. p. 87—100.

*66. Descriptions of some Species of Brazilian Ants belonging to the Genera Pseudomyrma, Ection and Myrmica, with Observations on their Economy by Mr. Bates.
Trans. Ent. Soc. Lond. ser. 2. 1855. T. 3. p. 156—169. fig.

*67. Catalogue of British Hymenoptera in the Collection of the British Museum. Part. I. Apidae-Bees. London, 1855. 12. pg. 218. tab. 10.

*68. Nests of Hymenoptera from Port Natal.
Trans. Ent. Soc. Lond. ser. 2. 1855. T. 3. Proc. p. 128—130.

*69. Economy of Brazilian ants.
Zoologist. 1855. T. 13. p. 4801.

*70. Toads long known to be Enemies of the Hive-Bee.
Zoologist. 1855. T. 13. p. 4738—4739.

*71. Notes on Aculeate Hymenoptera. Instructions in Collecting the Aculeate Hymenoptera.
Entomologist's Annual. 1856. p. 93—107.

*72. On the manner in which Vespa rufa builds its Nests.
Zoologist. 1856. T. 14. p. 5169—5174.

*73. Observations on the Difficulties attending the Discrimination of the Species of the Genus Stylops. fig.
Trans. Ent. Soc. Lond. ser. 2. 1857. T. 4. p. 113—118.

*74. Notes and Observations on the (British) Aculeate Hymenoptera.
Entomologists's Annual 1857. p. 27—38; 1858. p. 31—46.

*75. Description of Lamprocolletes bipectinatus. (Hymenopt.)
Trans. Ent. Soc. Lond. ser. 2. 1857. T. 4. Proc. p. 31.

*76. Catalogue of Hymenopterous Insects collected at Sarawark, Mount Ophir and at Singapore by A. R. Wallace.
Journ. Proc. Linn. Soc. Lond. 1857. T. 2. p. 42—130. tab. 2.

*77. On Trigona laeviceps.
Trans. Ent. Soc. Lond. ser. 2. 1858. T. 4. Proc. p. 89—90.

*78. Letter from Mr. R. T. Grant West Canada. (Hymenopt.)
Trans. Ent. Soc. Lond. ser. 2. 1858. T. 4. Proc. p. 73—74.

*79. On the habits of Chelostoma florisomnis; Trypoxylon.
Trans. Ent. Soc. Lond. ser. 2. 1858. T. 4. Proc. p. 77—78.

*80. Catalogue of Hymenopterous Insects collected at Celebes by A. R. Wallace.
Journ. Proc. Linn. Soc. Lond. 1858. T. 3. p. 1—37.

*81. Revision of an essay on the British Formicidae published in the Transactions of the Society.
Trans. Ent. Soc. Lond. ser. 2. 1858. T. 4. p. 274—281.

*82. Catalogue of British fossorial Hymenoptera Formicidae and Vespidae in the Collection of the British Museum. London. 1858. 8. pg. 236. tab. 6.

*83. Notes on the Capture of Rare Species (Hymenoptera) in 1858.
Entomologist's Annual. 1859. p. 108—117.

*84. Catalogue of Hymenopterous Insects collected by Mr. A. R. Wallace at the Islands of Aru and Key.
Journ. Proc. Linn. Soc. Lond. 1859. T. 3. p. 132—178.

*85. On the propriety of including imported species in the list of British insects.
Zoologist. 1859. T. 17. p. 6383—6388.

*86. Observations on two species of fossorial Hymenoptera which construct exterior nests.
Trans. Ent. Soc. Lond. ser. 2. 1859. T. 5. Proc. p. 55—56.
Zoologist. 1859. T. 17. p. 6471—6472.

*87. Observations on the species Prosopis F., belonging to the family Andrenidae, with notes on the economy of P. dilatatus.
Zoologist. 1859. T. 10. p. 6610—6612.

*88. Topsell's history of the Wasp; Note on Xylocopa nigrita.
Zoologist. 1859. T. 17. p. 6465—6469.

*89. A Contribution to the history of Stylops, with an enumeration of such species of exotic Hymenoptera as have been found attacked by those Parasites.
Trans. Ent. Soc. Lond. ser. 2. 1859. T. 5. p. 127—133.

*90. Notes on the Economy of the Ichneumons constituting the Genus Pezomachus of Gravenhorst, and Observations on Pezomachus fasciatus; with a Description of a New Species of Hemiteles (H. formosus) by Thomas Desvignes.
Trans. Ent. Soc. Lond. ser. 2. 1859. T. 5. p. 209—211.

*91. Observations on Hymenopterous Papers which have appeared during the

(**Smith**, Frederic.)
Year 1859; with Notes on the Captures of Rare Species which have occurred during that Period.
Entomologist's Annual. 1860. p. 86—93.
* 92. Descriptions of new Genera and Species of Tenthredinidae in the Collection of the British Museum.
Ann. and Mag. Nat. Hist. ser. 3. 1860. T. 6. p. 254—257.
* 93. Descriptions of new Species of Hymenopterous insects collected by Mr. A. R. Wallace at Celebes.
Journ. Proc. Linn. Soc. Lond. 1860. Suppl. to Vol. 4. 1860. p. 57—93.
* 94. Descriptions of Hymenopterous Insects collected by Mr. A. R. Wallace in the Islands of Batschian, Kaisaa, Amboyna, Gilolo and at Dory in New Guinea.
Journ. Proc. Linn. Soc. Lond. 1860. Suppl. to Vol. 4. 1860. p. 93—143. pl. 1. — 1861. T. 5. p. 57—93.
* 95. Observations on Sitaris humeralis.
Trans. Ent. Soc. Lond. ser. 2. 1860. T. 5. Proc. p. 80—83.
* 96. Observations on the effects of the late unfavourable Season on Hymenopterous Insects; Notes on the Economy of certain Species, on the Capture of others of extreme Rarity and on Species new to the British Fauna.
Entomologist's Annual. 1861. p. 33—45.
* 97. Description of new Genera and Species of Exotic Hymenoptera.
Journ. Entomol. Lond. 1861. T. 1. p. 65—84.; p. 146—155 pl. 1.
98. Descriptions of some species of Ants from the Holy Land with a synonymic list of other previously described.
Proc. Linn. Soc. 1861. T. 6. No. 21. 22.
99. Catalogue of Hymenopterous insects collected by Wallace at Ceram, Celebes, Ternate and Gilolo.
Proc. Linn. Soc. 1861. T. 6. No. 21. 22.
100. Descriptions of new species of aculeate Hymenoptera collected at Panama by R. W. Sketch, with a list of described species etc.
Trans. Ent. Soc. Lond. ser. 3. 1862. T. 1. p. 29—44.
101. Notes on Hymenoptera observed during the past Season; some Observations on Hymenopterous Parasites, and a Monograph of the Family Chrysididae.
Entomol. Annual. 1862. p. 69—104.

Smith (Gideon B.). Dr.
* 1. On the American Locust. (Cicada septendecim.)
The Scientific American. 1851. March 22.
* Extr. by Spence Trans. Ent. Soc. Lond. ser. 2. 1851. T. 1. Proc. p. 80—81.

Smith (James Eduard), geb. 2. December 1759 in Edinburgh, gest. 17. März 1828 in London. * Biographie Magaz. of N. H. ser. 1. T. 1. p. 91.
* 1. The natural history of the rarer Lepidopterous insects of Georgia, collected from the observations of John Abbott, with the plants on which they feed; with a french translat. by Romet. London. Edwards. 1797. fol. 2 vol. pg. 214. (1—100; 101—214.) pl. 104 col. (1—50; 51—104.)
2. Tracts relating to natural history. London, 1798. 8. pg. 314. tab. 7.
(cf. Bibl. Banks. I. p. 208.)

Smitt (J. J.).
* 1. Om en Fluglarv, funnen under huden på pannan hos ett barn.
Vetensk. Acad. Handl. 1840. p. 63—66. (Mit Nachschrift von Sundevall.)

Snart (John).
* 1. Facts respecting the Transition of a species of Fly from the Chrysalid to the Volatile state.
Philos. Magaz. 1801. T. 10. p. 351—356.

Snellen (Pieter C. T.). Kaufmann in Rotterdam.
* 1. Over het wijfje van Fidonia progemmaria Huebn.
Tijdschr. Entom. Nederl. Vereen. 1857. T. 1. p. 28—31.
* 2. De rups van Hepialus sylvinus.
Tijdschr. Entom. Nederl. Vereen. 1857. T. 1. p. 98.
* 3. Eenige opmerkingen omtrent de eerste toestanden en leefwize van sommige soorten onzer Inlandsche Macrolepidoptera.
Tijdschr. Entom. Nederl. Vereen. 1857. T. 1. p. 99—133.
* 4. Mededeelingen over Nederlandsche Lepidoptera.
Tijdschr. Entom. Nederl. Vereen. 1859. T. 2. Stück 3 p. 3. p. 79—85. * 1861. T. 4. p. 98—100.

Soares de Barros e Vasconcellas (José Joaquim), geb. 19. März 1721 in Setubal, gest. 2. Novbr. 1793 in Lissabon.
1. Memoria sobre os Kermes.
Mem. de Math. e Phis. da Acad. R. Lisboa 1812. T. 3. 1. p. 1—14. (cf. Carus p. 334.)

Soave (Felice).

*1. Relazione dell' esperimento fattosi in Lambrate presso Milano intorno al nuovo metodo d'allevare i bachi da seta.
Opuscoli scelti. 1780. T. 3. p. 200—208.

Socoloff (Nicolaus), geb. 18. Novbr. 1826 in Petersburg. Conservator des Mineral. Museums der Akademie daselbst.

1. De modo quo lumbrici terrestres et varia insecta hortis agrisque noxia vel necari vel repelli possunt.
Nova Acta Acad. Petropol. T. 5. p. 213—215.

2. De revivificatione nonnullorum insectorum in spiritu vini mortuorum.
Nova Acta Acad. Petropol. T. 5. p. 216—246. (cf. Percheron. II. p. 71.)

Sodoffsky (Carl Heinrich Wilhelm), gest. 1857 in Riga. Dr. med.

*1. Lepidopterorum Micropterorum Species tres novae. (Tinea, Tortrix.)
Bullet. Moscou. 1829. T. 1. p. 142—145. fig. — Reimpr. Ed. Lequien. T. 1. p. 10—13. Féruss. Bullet. 1829. T. 20. p. 101.

2. Systematisches Verzeichniss der bis jetzt in den Ostseeprovinzen Russlands aufgefundenen Lepidopteren, nebst ihrer Flugzeit.
Trautvetter. Quatember d. Kurl. Gesellsch. f. Lit. u. Kunst. 1829. T. 1.
(cf. Bullet. Moscou. T. 10, 2. p. 234.

*3. Lepidoptera Livoniae observata.
Bullet. Moscou. 1829. T. 1. p. 171—182.

*4. Six nouvelles espèces de Teignes de la Livonie. (contin. von No. 1.)
Bullet. Moscou. 1830. T. 2. p. 67—70. fig.

*5. Observations de M. Treitschke sur les Microptères decrits dans le Bullet. T. 1.
Bullet. Moscou. 1833. T. 7. p. 71—76.

*6. Etymologische Untersuchungen über die Gattungsnamen der Schmetterlinge.
Bullet. Moscou. 1837. T. 10. No. 6. p. 76—97.

*7. Beurtheilende Anzeige einiger neueren Werke über Schmetterlingskunde.
Bullet. Moscou. 1837. T. 10. No. 7. p. 107—118.

*8. Uebersicht der Schmetterlinge Livlands, im Jahre 1837 angefertigt. (693 spec.)
Bullet. Moscou. 1837. T. 10. No. 7. p. 117—134.

*9. Ueber die Behandlung der Microlepidopteren.
Bullet. Moscou. 1841. T. 14. p. 529—538.

*10. Ueber Geometra bromata.
Correspondenzbl. d. Rign. naturf. Vereins. 1846. T. 1. p. 17—21.

*11. Der Frühbirnspanner.
Correspondenzbl. d. Rign. naturf. Vereins. 1847. T. 2. p. 36.

*12. Ueber die Metamorphose des Eies, der Raupe, Puppe und Falter.
Arbeit. naturf. Vereins in Riga. 1848. T. 1. p. 61—83.

*13. Naturgeschichte der Bombyx Neustria, des Ringelvogels.
Arbeit. naturf. Vereins in Riga. 1848. T. 1. p. 276—283. tab. 1.
*Isis. 1848. VIII. p. 63.

*14. Praktische Bemerkungen über Tödtung, Bereitung, Bewahrung, Erziehung der Schmetterlinge.
Arbeit. naturf. Vereins in Riga. 1848. T. 1. p. 331—343.

*15. Beitrag zu der Lehre von dem Schmerz der Schmetterlinge.
Arbeit. naturf. Vereins in Riga. 1848. T. 1. p. 355—365.

*16. Heliothis Victorina.
Stett. Ent. Zeit. 1849. T. 10. p. 130.

*17. Geschichtliches über die neuen Seidenschmetterlinge.
Correspondenzbl. d. Rign. naturf. Vereins. 1857. T. 10. p. 54—63.

Solari (Angelo).

1. Metodo facile e sicuro di coltivare i gelsi ed i bachi da seta. Milano, Ferrario, 1839. 8.
(cf. Cornalia monogr. p. 71.)

Solier (Antoine Joseph Jean), geb. 8. Februar 1792, gest. 27. November 1851 in Marseille, seiner Vaterstadt. Biographie in Mulsant Opusc. Entom. T. 1. p. 87. Liste der Werke Trans. Ent. Soc. Lond. ser. 2. T. 2. p. 52.

*1. Essais sur les Buprestides (avec 3 planches au trait).
Ann. Soc. Ent. Fr. 1833. T. 2. p. 261—316. — *Isis. 1838. VII. p. 492.

*2. Observations sur les deux genres Brachinus et Aptinus du Species de M. le comte Dejean.
Ann. Soc. Ent. Fr. 1833. T. 2. p. 459—463. — *Isis. 1838. VII. p. 496.

*3. Description d'une nouvelle espèce de Gyrinus. (G. limbatus.)
Ann. Soc. Ent. Fr. 1833. T. 2. p. 464—465.

*4. Note sur des apparitions d'Orthoptères dans les environs de Marseille.
Ann. Soc. Ent. Fr. 1833. T. 2. p. 486—489. et Bull. p. 49. — *Isis. 1838. VII. p. 498.
*Froriep Notiz. 1834. T. 39. p. 81—84. — *L'Institut. 1833. I. No. 21. p. 183—184.

(**Solier**, Antoine Joseph Jean.)

*5. Observations sur la tribu des Hydrophiliens, et principalement sur le genre Hydrophilus Fabr.
Ann. Soc. Ent. Fr. 1834. T. 3. p. 299—316. — * Isis. 1846. VII. p. 508.

*6. Extrait d'une lettre sur les tarses des Longicornes.
Ann. Soc. Ent. Fr. 1834. T. 3. p. 400. — * Isis. 1846. VII. p. 510.

*7. Essai d'une division des Coléoptères Hétéromères et d'une Monographie de la famille des Collaptérides. avec 30 pl.
Ann. Soc. Ent. Fr. 1834. T. 3. p. 479—636. 6 pl.; 1835. T. 4. p. 249—420. 5 pl.; p. 509—576. 2 pl.; 1836. T. 5. p. 5—202. 4 pl.; p. 303—356. 2 pl.; p. 403—512. 2 pl.; p. 635—684. 2 pl.; 1837. T. 6. p. 151—172. 1 pl.; 1838. T. 7. p. 5—73. 3 pl.; p. 159—180. 2 pl.; 1840. T. 9. p. 207—370. 2 pl.; 1841. T. 10. p. 29—51. 1 pl.
Die Fortsetzung siehe No. 22. u. 25.

*8. Nouvelles Observations sur les genres Aptinus, Pheropsophus et Brachinus. fig.
Ann. Soc. Ent. Fr. 1834. T. 3. p. 655—658.

*9. Lettre sur les Buprestides.
Ann. Soc. Ent. Fr. 1834. Bull. p. 69.

10. Remarques sur l'Anthicus instabilis.
Ann. Soc. Ent. Fr. 1834. Bull. p. 68.

*11. Observations sur le genre Ditomus.
Ann. Soc. Ent. Fr. 1834. T. 3. p. 639—671. 2 pl.

*12. Prodrome de la famille des Xystropides.
Ann. Soc. Ent. Fr. 1835. T. 4. p. 229—248.

*13. Description de quelques espèces nouvelles de la famille des Carabiques.
Ann. Soc. Ent. Fr. 1835. T. 4. p. 111—121.

*14. Description de la Parmena pilosa sous ses différents états. fig.
Ann. Soc. Ent. Fr. 1835. T. 4. p. 123—129.

*15. Mémoire sur quatre genres de la famille des Carnassiers terrestres. 2 pl.
Ann. Soc. Ent. Fr. 1836. T. 5. p. 589—602.

*16. Description d'une espèce nouvelle du genre Cryptocephalus. fig.
Ann. Soc. Ent. Fr. 1836. T. 5. p. 687—688.

*17. Réponse à l'Examen des genres Brachinus et Ditomus de M. Brullé.
Ann. Soc. Ent. Fr. 1836. T. 5. p. 691—703.

*18. Observations sur quelques particularités de la Stridulation des insectes et en particulier sur le Chant de la Cigale (et Cheloula pudica).
Ann. Soc. Ent. Fr. 1837. T. 6. p. 199—217. — * Isis. 1843. VI. p. 443.
L'Institut. 1839. VII. No. 285. p. 30—31.

*19. Réponse à la Note de M. Lacordaire sur l'habitat de quelques Mélasomes.
Ann. Soc. Ent. Fr. 1837. T. 6. p. 481—495.

*20. Lettre à M. Serville sur quelques Curculionides de Chili.
Ann. Soc. Ent. Fr. 1839. T. 8. Bull. p. 49—50.

*21. Mémoire sur deux genres remarquables de Curculionides de Chili. (avec M. Gay.) fig.
Ann. Soc. Ent. Fr. 1839. T. 8. p. 5—28. et Bull. p. 49.

*22. Essai sur les Collaptérides de la Tribu des Molurites. avec 4 pl.
Separat. Torino, Stamp. Real., 1842. 4. pg. 120. tab. 4.
Mém. Acad. Torin. 1844. T. 6. p. 213—339. — * Isis. 1848. IX. p. 715—719.

*23. Gay, Historia Fisica y Politica di Chili. (Coleoptera, Pentamera et Heteromera.)
1849—1851. T. 4. p. 511. T. 5. p. 1—285.

*24. Observations sur les genres Procrustes, Procerus, Carabus et Calosoma.
Baudi et Truqui Stud. Ent. I. 1848. p. 48—62.

*25. Essai sur les Collaptérides. (15 Tribus Blapsites.)
Baudi et Truqui Stud. Ent. II. 1848. p. 148—370. pl. 18.

Sommer (Johann Gottfried), geb. 1783 in Leuben bei Dresden, gest. 12. Novbr. 1848 in Prag. Professor am Conservatorium der Tonkunst zu Prag.

1. Gemälde der physischen Welt oder unterhaltende Darstellung der Himmels- und Erdkunde. VI. Bd. Gemälde der organischen Welt. Prag, J. G. Calve, 1826. 8. pg. X u. 565. (Insekten [incl. Arachn., Crustac., Myriap.] p. 331—395.)

Sommer (M. C.). Banquier in Altona.

*1. Description d'une nouvelle espèce appartenant au groupe des Carabiques Patellimanes. (Isotarsus eximius.) fig.
Ann. Soc. Ent. Fr. sér. 2. 1852. T. 10. p. 653—654.

Sommerfelt (Sören Christian).

*1. Physisk-oekonomisk Beskrivelse over Saltdalen. (92 spec. und Chrysomela Lycopalae, Musca Rumicis.)
Trondjhem Kongl. Norsk. Vid. Selsk. Skrift. 1824—1827. T. 2. p. 85—100.

Sonière.
1. Geschichte der Ameise. (v. Carré No. 1.)
Natuurkund. Verhandel. Amsterdam. P. 1 et 2. (cf. Boehmer. II, 2. p. 333.)

Sonnerat (Peter), geb. 1745 in Lyon, reiste als Angestellter bei der Marine 1768 nach Isle de France, bereiste mit Commerson Madagascar und Bourbon, 1771 China, 1774 Indien, kehrte 1803 zurück und starb 12. April 1814 in Paris.
*1. Voyage a la Nouvelle Guinée. Paris, Ruault, 1776. 4. 1 vol. pg. 206. tab. 120.
(1 tab. Insectea. Blatta.)
Deutsche Uebers. Leipzig, 1777. 4.

Sonnini de Manoncour (Charles-Nicolas-Sigisbert), geb. 1. Febr. 1751 in Luneville, war zuerst Advocat, dann bei der Marine, bereiste Amerika, Afrika und Asien, und starb 29. Mai 1812 in der Wallachei.
*1. Mémoire sur quelques espèces de Charançons de la Guiane française.
Journ. de Physique. 1789. T. 35. p. 261—270.
*Meyer. Magaz. f. Thiergesch. 1790. T. 1. p. 41—48.
2. Voyage dans la haute et basse Egypte. Paris, An VII (1799.) 8. 3 vol. 40 pl.
*Deutsche Uebers. Leipzig, Heinsius, 1800. 8. 2 vol. tab.

de Soresina Vidoni (Bart.).
1. Genesi del culcino. Cremona, Feraboli, 1839. 8. pg. 24.
(cf. Cornalia monogr. p. 71.)
2. Le Bigattiere; proposte. Milano, Pirola, 1842. 4. con tav.
(cf. Cornalia monogr. p. 74.)

Sorg (Franz Lothar August Wilhelm), geb. 31. Aug. 1773 in Würzburg, gest. 4. März 1827 daselbst als Prof. Chem.
*1. Disquisitiones physiologicae circa respirationem Insectorum et vermium. Rudolstadt, Langbein, 1805. 8. Part. II. pg. 148.

de Soria (Gualbertus Giovanni), geb. 10. April 1707 in Liverno, gest. 18. Aug. 1767 in Calci. Prof. Phys. in Pisa.
*1. Raccolta di opuscoli filosofici et filologici. T. III. (Ragionamenti sull' Insetti.) Pisa, 1766. 8.
Ragionamento filosofico primo sulle metamorfosi degl' Insetti. p. 1—91.

Sotzmann.
1. Natürliche Abbildung der merkwürdigen Insecten nach ihren Geschlechtern gezeichnet von S. Berlin, 1783. pl. 144.

Soubeiran (Léon.)
*1. Note sur une galle du Nasturtium palustre. (Diptere.)
Ann. Soc. Linn. Maine et Loire. 1855. T. 1. p. 179—181.

Souleyet (Louis François Auguste), geb. 8. Januar 1811 in Besse, gest. 7. October 1852 in Martinique.
*1. Coleoptera von Manilla. (v. Eydoux.)
Revue Zool. 1839. T. 2. p. 264—267.

Southall (John).
*1. Treatise of Buggs etc.
Ed. II. London, Roberts, 1730. 8. pl. 1. pg. 12 et 44.
Deutsche Uebers. Hamburg, 1737. 8.
Berlin, 1742. 8.
(cf. Boehmer. II, 2. p. 323.)

Southerne (Edmond).
1. A Treatise concerning the right Use and Ordering of Bees. London, by Thomas Orwin for Thomas Woodcoke, 1593. 4.
(cf. Lowndes. T. 4. p. 1712.)

Southey (Robert).
1. History of Brazil. London, 1810—1819. 4. 3 vol.

Sowerby (Geo. Brettingham), geb. 12. August 1788 in Lambeth, gest. 26. Juli 1854. Bruder des Folgenden.
*1. An account of a new Scarabaeus discovered by M. Neale and observations on two other rare insects.
Trans. Ent. Soc. Lond. 1869. T. 1. P. 4. p. 246—247. pl. 1 col.

Sowerby (James), geb. 3. Juni 1788, gest. 1854.
1. British miscellany, or coloured figures of new, rare or little known animal subjects, many not before ascertained to be natives of the British isles. London, 1806. 8.
Die entomologischen Beschreibungen sind von Kirby. cf. Freeman Life of Kirby p. 275.

Spallanzani (Lazaro), geb. 12. Januar 1729 zu Scandiano (Modena), gest. 12. Februar 1799. Professor der Naturgeschichte und Physik zu Pavia.

1. Opuscoli di fisica animale et vegetabile. Modena, 1776. 8.
   Engl. Uebers.: Dissertations relative to the natural history of animals and vegetables. London, 1784. 8.
2. Memoirs on respiration. London, 1804. 8.

Spannagel, Studienlehrer in Dürkheim.

* 1. Verzeichniss der im Gebiete der Pollichia vorkommenden Insecten.
Zweiter Jahresber. d. Pollichia. 1844. p. 11—19. (Coleoptera.)

Sparrman (Anders), geb. 27. Febr. 1748 in Upland, gest. 9. Aug. 1820 in Stockholm. Linné's Schüler. Reiste nach China, mit Thunberg ans Cap, wurde von Cook bei seiner Weltumsegelung mitgenommen, kehrte nach dem Cap zurück, bereiste das Innere Afrika's u. wurde schliesslich Professor in Upsala.

* 1. Beskrifning på Cimex paradoxus, en ny Insect ifrån Caput bonae spei.
Vetensk. Acad. Handl. 1777. T. 38. p. 234—238.
* Deutsche Uebers. 1782. T. 39. p. 217—220.

* 2. Om Sug-maskar, utdrefne ifrån en människa. (Musca meteorica.)
Vetensk. Acad. Handl. 1778. T. 39. p. 65—70.
* Deutsche Uebers. 1783. T. 40. p. 61—63. — Comment. Lips. T. 25. p. 268.

* 3. Fyratio til större delen obekante curculiones, från Goda hopps-Udden, beskrifne jämte några anmärkningar vid samma Insect-slägte.
Vetensk. Acad. nya Handl. 1785. T. 6. p. 37—57.
* Deutsche Uebers. 1786. T. 6. p. 34—53. tab. 1.

4. A voyage to the Cape of Good Hope. London, 1785. 4. vol. 2.
   Deutsche Uebers. Berlin, 1783.
   Schwedische Uebers. Stockholm, 1783. 8. pg. 766. tab. 10.
   Franz. Uebers. Paris, Buisson, 1787. 4. 2 vol.
   (cf. Bibl. Banks. 1. p. 131.)

* 5. Rön och anmärkningar om Fluge-Mask eller Fluge-Larver som insätta sig i lefvande människors inanmäten, jämte afteckningar på okände species deraf.
Vetensk. Acad. nya Handl. 1806. T. 27. p. 239—248.

Speechly (William), Gärtner des Herzogs von Portland.

* 1. A treatise on the culture of the pine apple and the management of the hothouse. Together with a description of every species of insects, that infest hothouses, with effectual methods of destroying them. (Coccus.) York, 1779. 8. pg. 186. (p. 101—174. tab. 1.)
* Beckmann Phys. Oekon. Bibl. XI. p. 347.
Geneeskund. Jaarboeken. Deel 5. p. 341—376.

Spence (Robert Henry), gest. 1851 in Cold Springs bei Baltimore. Sohn von W. Spence.

* 1. Description d'une nouvelle espèce de Carabe. fig. (C. Cristoforii.)
Ann. Soc. Ent. Fr. 1833. T. 2. p. 500—501.

* 2. On the apparition of Cicada septendecim.
Trans. Ent. Soc. Lond. 1854. ser. 2. T. 1. Proceed. p. 103.

Spence (William), gest. 6. Januar 1860 in London.

* 1. A Monograph of the British species of the genus Choleva. (18 spec.)
Trans. Linn. Soc. Lond. 1815. T. 9. P. 1. p. 123—161.
* Extr. Germar Magaz. Entom. 1817. T. 2. p. 313—316.

* 2. An introduction to Entomology etc. (with Kirby cf. No. 12.)

3. Lettre à Sir J. Banks sur l'erreur des Jardiniers relativement à la destruction des insectes par le froid, lue à la société d'horticulture de Londres le 7 Mars 1815 traduite de l'anglais.
Ann. de l'agric. franç. sér. 2. 1819. T. 5. p. 331—350.
Raimpr. Journ. d'agric. d'écon. rur. et des manuf. des Pays Bas. 1819. T. 7. p. 381—395. (Lacordaire.)

4. On the Disease in Turnips termed in Holderness „fingers and toes". Hull, 1817. 8.

* 5. On an insect which is occasionally very injurious to fruit trees. (Tortrix Woeberana.)
Philos. Magaz. 1820. T. 50. p. 439—445. — * Isis. 1834. V. p. 457.
(From the Transact. of the London Horticult. Soc.)

* 6. Observations relative to Dr. Carus discovery of the Circulation of the Blood in Insects.
Magaz. of N. H. ser. 1. 1830. T. 3. p. 48—50.

* 7. Observations on a mode practised in Italy of excluding the Common House-fly from Apartments.
Trans. Ent. Soc. Lond. 1834. T. 1. p. 1—7. — * Magaz. of N. H. 1834. T. 7. p. 270.

*8. On Aëpus fulvescens and other submarine Coleopterous Insects.
Trans. Ent. Soc. Lond. 1836. T. 1. p. 179—181.

*9. On the Insects which attack the Elm.
Loudon Arboret. Brit. 1838. 8. pg. 6. fig. (separat.)

*10. Notices relative Anobium tessellatum, Anommatus terricola, Bombyx mori and Scolytus destructor.
Trans. Ent. Soc. Lond. 1837. T. 2. Proceed. p. 10.

*11. Additional notices relative to the Ravages and Natural History of Scolytus destructor.
Trans. Ent. Soc. Lond. 1837. T. 2. Proceed. p. 15—17; p. 25—26; p. 45—48.

*12. On the Destruction of the Apple Crop by Insects.
Trans. Ent. Soc. Lond. 1842. T. 3. p. 98—100.

*13. On the Pulvilli of Flies.
Trans. Ent. Soc. Lond. 1845. T. 4. p. 18—19.

*14. Observations upon the popular notion that cold winters are effective in destroying insects.
Trans. Ent. Soc. Lond. 1847. T. 5. Proceed. p. 10—11.

*15. Observations on the honey Bees in Brazil.
Trans. Ent. Soc. Lond. 1847. T. 5. Proceed. p. 13—14.

*16. Einige Fragen. (Insectenzüge.)
Stett. Ent. Zeit. 1847. T. 8. p. 378.

*17. On the Insects which destroy the cotton crop in India, and the turnip crops in Nova Scotia.
Trans. Ent. Soc. Lond. 1848. T. 5. Proceed. p. 53—55.

*18. On the luminosity of Fulgora laternaria; On meal made from vetches, which had been found to be poisonous. (vetches infested with some Bruchus.)
Trans. Ent. Soc. Lond. 1848. T. 5. Proceed. p. 38—39.

*19. Address delivered at the anniversary meeting of the entomological Society of London 1849. London, Taylor, 1849. 8. pg. 14.
Ann. and Magaz. Nat. Hist. 1849. April.
* Froriep Tagsber. 1849. T. 1. p. 189—191.

*20. Remarks on the fly-blight in Australia.
Trans. Ent. Soc. Lond. ser. 2. 1852. T. 1. Proceed. p. 35—38.

*21. On the Tse-tse (Glossina morsitans); discovery of two species of blind Beetles.
Trans. Ent. Soc. Lond. ser. 2. 1853. T. 2. Proceed. p. 96—97.

Spence (W. B.).

*1. Remarks on the Passage in Herodotus referred to in Mr. Spence's Paper. (Trans. Ent. Soc. T. 1. p. 1.)
Trans. Ent. Soc. Lond. 1836. T. 1. p. 7—11.

Spener (C. M.).

1. Catalogus von Natur-Seltenheiten in regno animali auch Indianischen Insecten. Berlin, 1718. 8. (Lacordaire.)

Sperk (Friedrich). Arzt in Novo Tscherkask.

*1. Beschreibung einiger Coleopteren des südlichen Russlands. (Carabus, Staphyl. etc. 8 spec.)
Bullet. Moscou. 1835. T. 8. p. 151—160.

Sperling (O. Fr.).

1. De insectis. Wittebergae, 1637. 4.
(cf. Percheron. II. p. 75.)

Sperling (Paul Gottfried), gest. 1709. Professor in Wittenberg.

*1. Dissertatio de chemica formicarum analysi. Resp. Samuel Gotthilf Manitius, auctor. Wittebergae, 1689. 4. tab. 1. pg. 64 s. p.
Abbildung vom Ei und allen Ständen.

Speyer (Adolph). Dr. in Rhoden, in Waldeck.

*1. Lepidopterologische Beiträge.
I. Isis. 1838. p. 277—311.
II. Isis. 1839. p. 90—128.
III. Isis. 1843. III. p. 161—207; p. 253—264. Untersuchung des Beins der Schmetterlinge. (von O. Speyer.)
IV. Isis. 1845. X. p. 816—864. Ueber den äusseren Bau der Schmetterlinge in den ersten drei Entwicklungsstadien. (mit O. Speyer.)
V. Isis. 1846. I. p. 10—48. Zur Naturgeschichte einzelner Arten.
VI. Isis. 1846. II. p. 84—117. Raupen und Pflanzen.

*2. Beschreibung neuer Spanner.
Bericht d. lepidopter. Tauschver. (Schläger.) 1843. p. 55—63.

*3. Zur Naturgeschichte der Talaeporia lichenella Zell. (Ps. triquetrella Tr.)
Stett. Ent. Zeit. 1847. T. 8. p. 18—21.

(**Speyer**, Adolph.)

*4. Kritische Bemerkungen zu Herrich-Schaeffers systematischer Bearbeitung der Schmetterlinge von Europa, als Text, Revision und Supplement zu Huebners europäischen Schmetterlingen. Erster Band. Tagschmetterlinge. Regensburg, 1845.
Stett. Ent. Zeit. 1848. T. 9. p. 67—76; p. 130—144.

*5. Zur Naturgeschichte zweier Pterophoriden.
Stett. Ent. Zeit. 1849. T. 10. p. 21—27.

*6. Ueber die Verbreitung der Schmetterlinge in Deutschland; ein Beitrag zur Zoologischen Geographie. (mit August Speyer.)
Stett. Ent. Zeit. 1850. T. 11. p. 225—256; 1852. T. 13. p. 273—288; p. 313—328; p. 337—355.

*7. Eine Excursion auf den Patscher Kofel bei Innsbruck.
Stett. Ent. Zeit. 1851. T. 12. p. 329—340.

*8. Recension von Herrich-Schaeffers Bearbeitung europäischer Schmetterlinge.
Stett. Ent. Zeit. 1856. T. 17. p. 383—385.

*9. Deutsche Schmetterlingskunde für Anfänger. Nebst einer Anleitung zum Sammeln, als zweite gänzlich umgearbeitete und vermehrte Auflage von Schenkels Schmetterlingssammler. Mit 251 Abbildungen auf 32 naturgetreu colorirten und 2 schwarzen Tafeln gezeichnet von Philipp Klier. Mainz, Kunze, 1856. 8. pg. 16 et 271. tab. 31. — (Ed. I. ibid. 1854.)

*10. Die geographische Verbreitung der Schmetterlinge Deutschlands und der Schweiz nebst Untersuchungen über die geographischen Verhältnisse der Lepidopteren-Fauna dieser Länder überhaupt. (mit August Speyer.) Erster Theil. Die Tagfalter, Schwärmer, Spinner. (Papilio, Sphinx, Bombyx.) Leipzig, Engelmann, 1858. 8. pg. 478 u. 16.
(Enthält die Literatur sehr vollständig.)

*11. Bemerkungen über die wahrscheinliche Zahl der auf der Erde existirenden Schmetterlingsarten und über das numerische Verhältniss der Tagfalter zur Ordnung im Ganzen.
Linnaea. 1858. T. XII. p. 410—416.

*12. Verzeichniss der im Fürstenthum Waldeck im geflügelten Zustande überwinternden Schmetterlinge.
Stett. Ent. Zeit. 1858. T. 19. p. 74—83.

*13. Ueber Noctua (Cucullia) lactucae und die mit ihr verwechselten Arten.
Stett. Ent. Zeit. 1858. T. 19. p. 83—93.

*14. Ueber die Naturgeschichte und Artrechte von Noctua cerasina Fr. (castanea Esp.)
Stett. Ent. Zeit. 1858. T. 19. p. 105—110.

*15. Lepidopterologische Beobachtungen auf einer Wanderung über das Stilfser Joch.
Stett. Ent. Zeit. 1859. T. 20. p. 17—31.

*16. Die Schmetterlinge Deutschlands und der Schweiz systematisch bearbeitet von A. Heinemann. Erste Abtheilung: Grossschmetterlinge. Braunschweig. 1859. — besprochen und mit gelegentlichen systematischen Bemerkungen begleitet von Dr. A. Speyer.
Stett. Ent. Zeit. 1860. T. 21. p. 57—67.

*17. Einige lepidopterologische Beobachtungen und Bemerkungen.
Stett. Ent. Zeit. 1860. T. 21. p. 369—373.

*18. Kritische Bemerkungen zu dem Katalog der Lepidopteren Europas. (v. Staudinger.)
Stett. Ent. Zeit. 1862. T. 23. p. 161—171.

*19. Psyche tenella nov. spec.
Stett. Ent. Zeit. 1862. T. 23. p. 312—315.

Speyer (August), v. Adolph Speyer No. 6. 10.

Speyer (Otto), v. Adolph Speyer No. 1.

Spielenberger (David).

*1. Cantharides innoxiae sumptae.
Ephem. Acad. Nat. Curios. 1680. Dec. I. Ann. I. Observ. 123. p. 296.

*2. De vermibus nivalibus. (Podura.)
Ephem. Acad. Nat. Curios. 1684. Dec. II. Ann. II. Observ. 110. p. 254—257.

di Spineto (Marquis).

*1. On the Zimb of Bruce, as connected with the Hieroglyphics of Egypt. (Oestrus.)
Philos. Magaz. ser. 3. 1834. T. 4. p. 170—178.
*Isis. 1835. VII. p. 600—601.

Spini (Vincenzo).
1. Ricordi per ben nodrire i Bigatti ad effetto di ritrarne abbondante raccolta di Bozzoli ricchi di seta. Bergamo, Locatelli, 1789. 4.
(cf. Dizion. ragion. di F. Re. T. 4. p. 74.)

Spinola (Marchese Maximilian), geb. 1780 zu Toulouse, gest. 12. November 1857 in Novi.
1. Faunae Liguriae Fragmenta. Auth. M... S... Genuae, typ. P. C. Api, 1805. 8. pg. 21. tab. 1. — Decas I. (10 Hymenopt.)
(cf. Engelmann. pg. 312.)
*2. Considerazioni sulla Bocca degli Insetti, presa per base sistematica. Memorie dell' Istituto Ligure. Genova, 1806. T. 1. pg. 47.
Mem. dell' Accad. delle Sc. di Genova. 1814. T. 3. p. 187—207.
*3. Insectorum Liguriae species novae aut rariores, quae in agro Ligustico nuper detexit, descripsit et iconibus illustravit. (Hymenoptera.) Genuae, 1806—1808. 4. T. II. pg. 159 et 17; pg. 262 et 2. pl. 2 et 5.
*Reimpr. Francofurti ad Moen. Jaeger, 1809. 4. T. II. pg. 159 et 17; pg. 262 et 2. 1 Tabelle. pl. 2 et 5.
*4. Mémoire sur les moeurs de la Cératine albilabre.
Ann. Mus. d'Hist. Nat. 1807. T. 9. p. 236—248.
*Nouv. Bull. Soc. Philom. 1808. T. 1. No. 5. p. 81—83.
*5. Essai d'une nouvelle Classification générale des Diplolépaires.
Ann. Mus. d'Hist. Nat. 1811. T. 17. p. 138—152.
*6. Notice sur un Coléoptère monstrueux. fig.
Ann. Soc. Ent. Fr. 1835. T. 4. p. 587—595.
*7. Description d'un Macraspis nouveau. (M. calcarata.) fig.
Silberm. Revue Entom. 1835. T. 3. p. 130—132.
*8. Description de la Conura flavicans.
Guérin Magas. Zool. 1837. T. 7. No. 180. fig. col.
*9. Lettre adressée à la Société Entomologique de France, sur un groupe de Buprestides.
Ann. Soc. Ent. Fr. 1837. T. 6. p. 101—120. — *Isis. 1848. VI. p. 439.
*10. Essais sur les Genres d'Insectes appartenants à l'ordre des Hémiptères Linn. ou Rhyngotes Fabr. et à la section des Hétéroptères Dufour. Gênes, chez Yves Gravier, 1837. 8. pg. 383. 1 Liste.
*Isis. 1840. X. p. 763—764. (Engelmann p. 553 giebt auch Paris 1840 an.)
*11. Essai sur les espèces des genres Steraspis et Acmaeodera, famille des Buprestides, ordre des Coléoptères.
Ann. Soc. Ent. Fr. 1838. T. 7. p. 343—391. 1 tableau.
*12. Compte-rendu des Hyménoptères, recueillis par M. Fischer pendant son voyage en Egypte. (81 spec.)
Ann. Soc. Ent. Fr. 1838. T. 7. p. 437—546.
*13. Note sur le Phyllocerus de Sicile.
Ann. Soc. Ent. Fr. 1838. T. 7. Bull. p. 11—12.
*14. Observations sur le genre Belostoma et sur les Belostomites.
Revue Zool. 1839. T. 2. p. 117—118.
*15. Essai sur les Fulgorelles, soustribu des Cicadaires, ordre des Rhyngotes. Gênes, 1839. 8. 2 vol. 8 pl. col.
*Revue Zool. 1839. T. 2. p. 199—208.
*Ann. Soc. Ent. Fr. 1839. T. 8. p. 133—456. 8 pl. col.
*16. Description d'un nouveau genre de Coléoptères Xylophages (Tesserocerus).
Guérin Magas. Zool. 1839. T. 9. No. 3. fig. col.
*17. Description du Cercoptera Banonii.
Guérin Magas. Zool. 1839. T. 9. No. 12. fig. col.
*18. Note sur les Stelides.
Revue Zool. 1839. T. 2. p. 305—307; p. 334.
*19. Note sur les Odynères des environs de Gênes.
Ann. Soc. Ent. Fr. 1839. T. 8. Bull. p. 37—40.
*20. Deux nouveaux genres d'Hémiptères géocorises.
Revue Zool. 1839. T. 2. p. 331—333.
*21. Description du Chelochirus atrox. (Rhyng.)
Guérin Magas. Zool. 1839. T. 9. No. 27. fig. col.
*22. Observations sur les Apiaires Méliponides. fig.
Ann. sc. nat. sér. 2. 1840. T. 13. p. 116—140.
*23. Description du Phrerodus hystrix.
Guérin Magas. Zool. 1840. T. 10. No. 40. fig. col.
24. Essai sur les Insectes Hémiptères, Rhyngotes ou Hétéroptères. Paris, Baillière, 1840. 8.
*Extr. Ann. sc. nat. sér. 2. 1839. T. 12. p. 213—225.

(**Spinola**, Marchese Maximilian.)

* 25. Sur trois genres nouveaux de l'ordre des Hymenoptères. (Chalcidites.)
Revue Zool. 1840. T. 3. p. 18—19.

* 26. Description de trois Hyménoptères nouveaux recueillis par M. Leprieur a Cayenne.
Guérin Magas. Zool. 1840. T. 10. No. 41—43. pg. 80. tab. 3 col.

* 27. Note monographique sur le genre Evania.
Revue Zool. 1840. p. 244—248.

* 28. Description du Necianebus Fischeri.
Guérin Magas. Zool. 1840. T. 10. No. 31. fig. col.

* 29. Hymenoptères recueillis à Cayenne en 1839 par M. Leprieur, pharmacien de la marine royale. (100 spec.)
Ann. Soc. Ent. Fr. 1840. T. 9. p. 179—204. fig.; 1841. T. 10. p. 85—149. fig. (seconde partie.) Note supplémentaire. p. 309.

* 30. Note sur le genre Trigonalis. (T. Hahnii.)
Revue Zool. 1841. T. 4. p. 32. — * Guérin Magas. Zool. 1840. T. 10. No. 33. fig. col.

* 31. Monographie des Térédiles. Tableau synoptique des Clairons.
Revue Zool. 1841. T. 4. p. 70—76.

* 32. Description de l'Oxyrynchoius Capensis.
Guérin Magas. Zool. 1841. T. 11. No. 75. tab. col.

* 33. Note supplémentaire sur le genre Pelecinus Latr.
Revue Zool. 1841. T. 4. p. 106—107. — * Guérin Magas. Zool. 1842. T. 12. No. 88. fig. col.

* 34. Nota relativa alla singolare organizzazione d'un imenottero della Nuova Olanda. (Colletes.)
Atti della terza Riunione degli Scienziati Italiani. Firenze, 1841. 4. p. 325.
* Isis. 1843. VI. p. 405.

* 35. Sopre un bozzolo dell' India Orientale. (Bombyx.)
Atti della terza Riun. Scienz. Ital. 1841. p. 400. — * Isis. 1843. VI. p. 419.

* 36. Description du Stenmoderus singularis. (Coleopt.)
Guérin Magas. Zool. 1842. T. 12. No. 91. fig. col.

* 37. Description de trois espèces du genre Evania.
Revue Zool. 1842. T. 5. p. 189—190.

* 38. Note sur les Hyménoptères de la tribu des Mélliponides.
Revue Zool. 1842. T. 5. pg. 216—218; p. 267—268.

* 39. Lettre sur la synonymie de diverses espèces d'Hyménoptères.
Ann. Soc. Ent. Fr. 1842. T. 11. Bull. p. 23—24.

* 40. Dei Prioniti e dei Coleotteri ad essi più affini osservazioni. (1 tableau.)
Mem. Accad. Torin. 1843. T. 1. p. 387—418. — * Revue Zool. 1843. T. 6. p. 242.

* 41. Considerazioni sopra i Costumi degl' Imenotteri del genere Sirex Fabr., e sopra il miglior posto dei Sireciti nel metodo razionale. Genova, 1843. 8. pg. 31.
* Revue Zool. 1843. T. 6. p. 244.

42. Osservazioni sopra i caratteri naturali di tre famiglie d'Insetti Imenotteri cioè le Vesparie, le Masari et le Crisíde. Genova, 1843. 8. pg. 31.
* Revue Zool. 1843. T. 6. p. 244. — * Erichson Bericht. 1843. p. 66.

* 43. Notes sur quelques Hyménoptères peu connus, recueillis en Espagne en 1842 par V. Ghiliani.
Ann. Soc. Ent. Fr. sér. 2. 1843. T. 1. p. 111—144.

* 44. Essai monographique sur les Clérites, Insectes Coléoptères. Gênes, Ponthenier, 1844. 8. T. II. 47 pl. col. — T. I. pg. 386. T. II. p. 226.
* Isis. 1845. XII. p. 931—933.

* 45. Phosphorescence de la Fulgora laternaria.
Revue Zool. 1844. T. 7. p. 240.

46. Rapporto sull' opera del Dahlbom: Hymenoptera europaea praecipue borealia. fasc. I. Sphex.
Giorn. dell' Istit. Lomb. Milano. 1844. T. 5. p. 407—409.
Giorn. dell' Istit. Lomb. e Bibl. Ital. 1845. T. 10. p. 347—360. — * Separat. 8. p. 15.

47. Compte rendu des Hyménoptères inédits provenants du voyage entomologique de Mr. Ghiliani dans le Parà en 1846.
Mem. Accad. Torin. ser. 2. 1853. T. 13. p. 19—94.
Separat. Torino, Impr. Roy., 1853. 4. pg. 76.
* Bel. Bianconi Repert. 1854. T. 3. p. 121—123.

48. Les Hymenoptera dans Gay historia fisica de Chile. 1851. Zool. T. IV—VI.
* Schaum Bericht. 1851. p. 13.

* 49. Tavola sinottica dei generi spettanti alla classe degli Insetti arthrodignati Hemiptera Linn. Latr., Rhyngota Fabr., Rhynchota Burm.
Mem. di Matem. e di Fis. Soc. Ital. Modena, 1852. T. 25. P. 1. p. 43—100.

50. **Di alcuni generi d'Insetti Arthrodignati nuovamente proposti.**
Mem. di Matem. e di Fis. Soc. Ital. Modena. 1850. T. 25. P. 1. p. 101—178.
*(No. 40 u. 50) separat. Modena, 1850. 4. pg. 128.

51. **Verzeichniss der von Osculati am Amazonenfluss gesammelten Käfer und Hymenoptera.**
Osculati Esplorazione. Milano, 1854. p. 202—204.
*Gerstaecker Bericht. 1855. p. 27.

Spitzner (Johann Ernst), gest. 31. Aug. 1805. Prediger zu Trebitz bei Wittenberg. (Er ist Verfasser der meisten mit S. bezeichneten Artikel im Wittenberger Wochenblatt.)

*1. **Von einer schönen braunen Saftfarbe in dem gemeinen Maikäfer.**
Wittenberg. Wochenblatt. 1770. T. 3. p. 383—384.

*2. **Physikalische und ökonomische Bemerkungen an Bienen.**
Wittenberg. Wochenblatt. 1774. T. 7. p. 109—114; p. 117—121. 1777. T. 10. p. 62—63; p. 394—395. 1778. T. 11. p. 73—78; p. 81—83.

3. **Practische Anweisung zur Bienenzucht in Körben, nebst Bestimmung des wahren Werthes der Kunst Ableger zu machen. Leipzig, Boehme, 1775. 8. pg. 230.**
*Extr. Götting. gel. Anz. 1777. p. 1066—1072. — *Wittenberg. Wochenblatt. 1775. T. 8. p. 179—180. — Berlin. Samml. T. 10. p. 304.
*Allg. Deutsche Bibl. T. 30. p. 287—288. — *Beckmann Phys. Oek. Bibl. VIII. p. 218.

*4. **Ueber Bienenwirthschaft im Sommer 1775.**
Wittenberg. Wochenblatt. 1775. T. 8. p. 279—280.

5. **Ausführliche Anweisung, vorliegende Bienenschwärme ohne den geringsten Nachtheil der Alten zur rechten Zeit und auf eine leichte Art abzutreiben. Leipzig, Boehme, 1777. 8. pg. 14.**
*Recens. Wittenberg. Wochenblatt. 1777. T. 10. p. 111—112.
Leipz. gel. Zeit. 1777. p. 431. — Berlin. Samml. T. 10. p. 301.

*6. **Einige Bemerkungen an Bienen.** (v. S.)
Wittenberg. Wochenblatt. 1778. T. 11. p. 313—318; p. 369—373; p. 381—382; p. 385—387. 1780. T. 13. p. 185—188; p. 401—402.

*7. **Ueber das Geschlecht der Bienen.**
Wittenberg. Wochenblatt. 1782. T. 15. p. 412—415. 1783. T. 16. p. 113—116; p. 361—365; p. 385—386; p. 393—396.

*8. **Erläuterung der Beobachtung des Hrn. Dr. Well in Wien über die Art, wie die Wespen und Hornissen ihre Nester bauen.** (v. S.)
Wittenberg. Wochenblatt. 1783. T. 16. p. 313—317.
Nieuwe geneesk. Jaarboek. 1784. Deel 5. p. 47—48.

*9. **Vom Honigthau.**
Wittenberg. Wochenblatt. 1786. T. 19. p. 73—77; p. 81—84; p. 228—229.

*10. **Ausführliche Beschreibung der Korbbienenzucht im sächsischen Churkreise, ihrer Dauer und ihres Nutzens, ohne künstliche Vermehrung, nach den Gründen der Naturgeschichte und nach eigener langer Erfahrung. Leipzig, Junius, 1788. 8. pg. 466. tab. 2. — Ed. 2. Leipzig, 1810. 8. — (Ed. 3 cf. Hans Friedr. Pohl No. 2.)**
*Beckmann Phys. Oek. Bibl. XV. p. 470.
Extr. Jena. Allgem. Litter. Zeit. 1788. T. 2. p. 705—708; 1873. No. 189. p. 70—72.

*11. **Bemerkungen an den Bienen in einem grossen Glasstocke.**
Wittenberg. Wochenblatt. 1792. T. 25. p. 353—356; p. 361—365.

*12. **Von den Processen über sogenannte Raubbienen.**
Wittenberg. Wochenblatt. 1792. T. 25. p. 185—190; p. 193—196; p. 201—203.

13. **Allerley über Bienen.**
Riem Neue Samml. verm. ökon. Schriften. 1793. T. 1. p. 160—196.
*Beckmann Phys. Oek. Bibl. XVIII. p. 307.

*14. **Ob das Versetzen schwacher Bienenstöcke mit volkreichen ein sicheres Mittel sey, lauter gute Körbe zu erlangen.**
Neues Wittenberg. Wochenblatt. 1794. T. 2. p. 65—69; p. 73—76.

*15. **Neue physikalische Entdeckung an den Bienen.**
Neues Wittenberg. Wochenblatt. 1795. T. 3. p. 353—361; p. 366—368.

*16. **Kritische Geschichte der Meinungen vom Geschlechte der Bienen, von der Begattung und Befruchtung der Königin, der Erzeugung der verschiedenen Arten und anderen Merkwürdigkeiten in der Bienen-Republik. Leipzig, Feind, 1795. 8. 2 vol. T. I. pg. 18 et 246. tab. 1; 1796. T. II. pg. 14 et 326.**
*Beckmann Phys. Oek. Bibl. XIX. p. 139.

*17. **Neue physikalische Entdeckung die Begattung der Bienen betreffend.**
Neues Wittenberg. Wochenblatt. 1796. T. 4. p. 353—356; p. 361—366.

*18. **Beschreibung einiger gemachten Erfahrungen an den gesellschaftlichen Wespen und Hornissen zur Erläuterung der Begattung und Befruchtung der Bienenmutter.**
Neues Wittenberg. Wochenblatt. 1798. T. 6. p. 217—223; p. 225—229; p. 281—283.

(**Spitzner**, Johann Ernst.)

19. Ueber Hornisse.
 Oekon. Hefte od. Samml. von Nachricht. etc. f. d. Stadt- u. Landwirth. (vor 1808.) T. 13. p. 194—228.
 * Beckmann Phys. Oek. Bibl. XXIII. p. 191.
20. Immerwährender Bienenkalender in kurzgefassten und aus langer Erfahrung bewährten Regeln, oder Geschäfte eines Bienenvaters auf alle Tage im Jahre. Leipzig, 1805. 8. tab. 1. — Ed. 2. Leipzig, 1810. 8.
 (cf. Engelmann Bibl. Oec. p. 310.)
21. Die Korbbienenzucht in einem vollständigen Auszuge. Pesth, Typogr. Soc., 1806. 8.
 (cf. Engelmann Bibl. Oec. p. 310.)

von Spix (Johann Baptist), geb. 9. Februar 1781 in Höchstädt, gest. 14. Mai 1826 in München. Bereiste mit Martius 1817—20 Brasilien. * Nekrolog in Faunus. T. II. Acta No. 2.

*1. Geschichte und Beurtheilung aller Systeme in der Zoologie nach ihrer Entwickelungsfolge von Aristoteles bis auf die gegenwärtige Zeit. Nürnberg, Schrag, 1811. 8. pg. 14 et 710.
*2. Cephalogenesis sive capitis ossei structura, formatio et significatio per omnes animalium classes, familias, genera ac aetates digesta atque tabulis illustrata, legesque simul psychologiae, cranioscopiae ac physiognomiae inde derivatae. Monachii, typ. Fr. Seraph. Huebschmanni, 1815. gr. fol. pg. 72 et 7. tab. 18.
 (Insecta p. 34—38; tab. V enthält Abbildungen des Kopfes von Lucanus cervus; Gryllus tartaricus; Libellula grandis; Bombus sylvar.; Cimex rufipes; Noctua sponsa; Musca domestica.)

Sprengel (Chr. Konrad), gest. 7. April 1816.

1. Die Nützlichkeit der Bienen und die Nothwendigkeit der Bienenzucht von einer neuen Seite dargestellt. Berlin, Vieweg, 1811. 8.
 (cf. Engelmann. Bibl. Oec. p. 311.)

Sprengel (Kurt), geb. 3. August 1766 in Boldekow (Pommern), gest. 15. März 1833 in Halle. Professor in Halle.

*1. Commentarius de partibus quibus insecta spiritus ducunt. Lipsiae, 1815. 4. pg. 38. pl. 3 col.
 * Isis, 1817. II. p. 223—225.

Sprenger (Balthasar), gest. 14. Septbr. 1791. Prediger zu Maulbronn.

1. Perdix a formicis exclusa.
 Nova Acta Acad. Nat. Curios. 1767. T. 3. Observ. 30. — (cf. Percheron. II. p. 76.)
2. Einleitung in die neuere Bienenzucht nach ihren Gründen, für seine Landsleute in Schwaben und besonders in Würtemberg aus guten Büchern und eigener Erfahrung zusammengetragen. Stuttgart, Metzler, 1773. 8. pg. 296.
 Recens. Jena. gel. Zeit. 1773. p. 757. — * Allgem. Deutsche Bibl. XIX. p. 600.
 * Wittenberg. Wochenblatt. 1774. T. 7. p. 43—48; p. 97—100.
 * Götting. gel. Anz. 1773. Zug. p. 275—278.
 * Beckmann Phys. Oek. Bibl. IV. p. 236.

von Sprewitz (Ad.).

1. Tabellarische Uebersicht I. Naturgeschichte derjenigen Raupenarten, welche bereits in deutschen Nadelholzwaldungen grossen Schaden angerichtet haben, nebst Zeit und Ort ihrer Verwüstungen; und II. der bewährtesten Mittel ihrer ungewöhnlichen Vermehrung entgegenzuwirken, oder sie auszurotten, wo sie sich in grosser Zahl eingefunden haben; für den Gebrauch des Forst-Schutzpersonals nach den besten Quellen entworfen. Stettin, 1831. fol. 2 pl. col. u. 2 Tabellen.
 (cf. Engelmann. Bibl. Oec. p. 311.)

Spring (Anton), geb. 8. April 1814 in Gerolsbach (Bayern). Arzt in Lüttich.

*1. Sur des larves d'Oestre développées dans la peau d'un enfant.
 Bullet. Acad. Med. Belg. sér. 2. 1861. T. 4. No. 2. p. 172—179. pl. 1.
 * Separat. 1861. 8. pg. 7. tab. 1.

Sproede, in Gohlis.

*1. (Biologische) Beobachtungen an einer Locusta viridissima.
 Abhandl. Naturf. Gesellsch. Görlitz. 1840. T. III. 1. p. 46—48.

Spry (W.).

*1. British Coleoptera delineated, consisting of figures of all the genera of British Beetles. London, 1840. 8. pl. 94.
 (cf. Shuckard No. 20.)

Stabile (Giuseppe), Abbate aus Lugano.

* 1. Bulletin entomologique des coléoptères observés au Mont Rosa, val Macugnaga.
Act. Soc. helvét. sc. nat. 38. Vers. Porrentruy. 1853. p. 214—232.

Stackhouse (Hugh).

* 1. An account of the Scarabaeus galeatus Pulsator or the death-watch.
Philos. Transact. 1724. T. 33. No. 385. p. 159—162. — Badd. VII. p. 431.

Stadelmayr (Ludwig).

* 1. Ansichten vom Blutlauf nebst Beobachtungen über das Rückengefäss der Insecten. Dissert. inaug. München, Lindauer. 1829. 4. pg. 24.

Staeger (C.), Justizrath in Kopenhagen.

* 1. Systematisk Fortegnelse over de hidtil i Danmark fundne Diptera.
Kröyer naturh. Tidsskr. 1839. T. 2. p. 549—600; * T. 3. 1840. p. 1—38; p. 228—288.
* Separat. Kjöbenhavn, 1840. 8. p. 55.

* 2. Beskrivelse af Larven og Nymphen til Dixa nigra.
Kröyer naturh. Tidsskr. 1843. T. 4. p. 288—291. — Isis. 1845. p. 531—532.

* 3. Danske Dolichopoder. (Dol. lamelliferae.)
Kröyer naturh. Tidsskr. 1842. T. 4. p. 1—46. — * 1843. T. 4. p. 340—344.
* Separat. 8. pg. 46.
* Isis. 1843. 1. p. 58—58; 1845. IX. p. 731—734.

* 4. Kritisk Bemaerkninger til Antilatslaegten Ocydromia Meig.
Kröyer naturh. Tidsskr. 1842. T. 4. p. 93—107.

* 5. Om Anthomyia triquetra.
Kröyer naturh. Tidsskr. 1843. T. 4. p. 319—320.

* 6. Udsigt over den danske Faunas Arter af Antilatslaegten Platycheirus.
Kröyer naturh. Tidsskr. 1843. T. 4. p. 320—327.

* 7. Bemerkungen über Musca hypoleon L.
Stett. Ent. Zeit. 1844. T. 5. p. 403—410.

* 8. Nogle Bemaerkninger til slaegten Drosophila.
Kröyer naturh. Tidsskr. ser. 2. 1845. T. 1. p. 16—18.

* 9. Beskrivelse af Grönlands Antliater.
Kröyer naturh. Tidsskr. ser. 2. 1845. T. 1. p. 346—369.
* Isis. 1848. XII. p. 1027.

* 10. Forsög til en nöjagtigere Bestemmelse of Scatophaga spurca Meig.
Kröyer naturh. Tidsskr. ser. 2. 1845. T. 1. p. 36—38.

* 11. Bemaerkninger til Synonymien af Sciomyza glabricula Fall.
Kröyer naturh. Tidsskr. ser. 2. 1845. T. 1. p. 39—40.

* 12. Systematisk Fremstilling af den danske Faunas Arter af Antliatslaegten Sepsis.
Kröyer naturh. Tidsskr. ser. 2. 1845. T. 1. p. 22—36.

von Staff (Wilhelm Ferdinand), gest. 1755. Oberforstmeister zu Ilmenau.

1. Etwas über den Borkenkäfer oder die Baumtrocknung fichtener Waldungen. Leipzig. Schwickert. 1786. 8. (Anonym.)
* Extr. Lichtenbergs Magazin. T. 4. P. 1. p. 15—48.

Stagnoli (Giacomo) di Cerano.

1. Metodo razionale per la coltura dei bachi da seta. Memoria letta al Comizio della Lomellina. Milano, Pirotta, 1846. 8.
(cf. Cornalia monogr. p. 76.)

Stainton (Henry Tibbats), geb. 13. Aug. 1822 in London. Mountsfield, Lewisham bei London.

* 1. Description of several species of British Tortricidae.
Zoologist. 1848. T. 6. p. 1997—1999.

* 2. A Monograph on the British Argyromiges.
Zoologist. 1848. T. 6. p. 2079—2097; p. 2150—2161; p. 2273—2275.

* 3. Descriptions of three undescribed species of the genus Aphelosetia.
Zoologist. 1848. T. 6. p. 2161—2163.

* 4. Extracts from a paper by Zeller published in the Linnaea Entomologica vol. 3 on the „Leaf-mining Tineae with eye caps".
Trans. Ent. Soc. Lond. 1849. T. 5. p. 121—147.

* 5. On the Synonyms of Tinea festaliella of Hübner.
Trans. Ent. Soc. Lond. 1849. T. 5. p. 142—143.

* 6. On the species of Depressaria a genus of Tineidae, and the allied genera Orthotaelia and Exaeretia.
Trans. Ent. Soc. Lond. 1849. T. 5. p. 151—173.

* 7. On the Laws regulating Entomological Nomenclature.
Trans. Ent. Soc. Lond. 1849. T. 5. Proceed. p. 77—82.

* 8. An attempt at a systematic Catalogue of the British Tineidae and Pterophoridae. London, Van Voorst. 1849. 8. pg. 37.

(**Stainton**, Henry Tibbets.)

*9. A Catalogue of the British Tineidae and Pterophoridae. (London), 1849. 8. pg. 4. (printed on one side only, for labels.)

*10. On Elachista cerusella Zeller and several species with which it is likely to be confounded.
Trans. Ent. Soc. Lond. ser. 2. 1850. T. 1. p. 21—28. fig.

*11. A Monograph of the British species of the genus Micropteryx of Zeller.
Trans. Ent. Soc. Lond. ser. 2. 1850. T. 1. p. 76—82. fig. — Proceed. p. 3—4; p. 19.

*12. Description of six new species of British Tineidae.
Trans. Ent. Soc. Lond. ser. 2. 1850. T. 1. Proceed. p. 5—6.

*13. A supplementary Catalogue of the British Tineidae and Pterophoridae. London, Van Voorst, 1851. 8. pg. 28.

*14. On Ornix Meleagripennella and its Allies, a group of Lepidoptera, Family Tineidae.
Trans. Ent. Soc. Lond. ser. 2. 1851. T. 1. p. 85—96.

*15. On Gracilaria, a Genus of Tineidae.
Trans. Ent. Soc. Lond. ser. 2. 1851. T. 1. p. 113—132; p. 183—194. fig.

*16. Ueber das Tödten der Microlepidopteren.
Stett. Ent. Zeit. 1851. T. 12. p. [illegible]—227.

*17. A Catalogue of additional British Tineidae and Pterophoridae. (London), 1851. 8. pg. 2. (printed on one side only, for labels.)

*18. Verzeichniss der in England einheimischen Arten der Gattung Lithocolletis nebst Beschreibung mehrerer in Deutschland noch nicht gefundener Arten.
Stett. Ent. Zeit. 1852. T. 13. p. 77—80.

*19. Remarks on the Psychidae by Professor C. T. v. Siebold published in the Silesian Bericht über die Arbeiten der Entomologischen Section im Jahre 1850. (translated.)
Trans. Ent. Soc. Lond. ser. 2. 1852. T. 1. p. 234—240.

*20. The Entomologist's Companion being a Guide to the Collection of Microlepidoptera, and comprising a Calendar of the British Tineidae. London, van Voorst, 1852. 8. pg. 4 et 75.
*Ed. II. Ibid. 1854. 8. pg. 10 et 118.

*21. Bibliotheca Stephensiana, being a Catalogue of the Entomological Library of the late J. F. Stephens. London, 1853. 4. pg. 48. (private Circulation.)

*22. An Introduction to the Study of the Nepticulae.
Zoologist. 1853. T. 11. p. [illegible].

*23. A Glance at the present state of our knowledge of the Coleophorae.
Zoologist. 1853. T. 11. p. [illegible].

*24. Catalogue of the British Microlepidoptera. List of the Specimens of British Animals in the Collection of the British Museum. London, 1854. 8. pg. 199. Part XVI. Lepidoptera.

*25. Remarks on the Larvae of Oecophora and Elachista.
Zoologist 1854. T. 12. p. 4189.

*26. On some of the Difficulties of Entomological Students as exemplified by recent Experience in the Genus Elachista.
Trans. Ent. Soc. Lond. ser. 2. 1854. T. 3. p. 86—90.

*27. Entomological Botany (with more especial reference to the Plants frequented by the Tineina).
Zoologist. 1854. T. 12. p. 4168—4172; p. 4308—4310. — 1855. T. 13. p. 4553—4557; p. 4680—4684; p. 4771—4777; p. 4812—4840; p. 4880—4891. — 1856. T. 14. p. 5009—5012; p. 5135—5139; p. 5188—5190; p. 5238—5241.

*28. Gonepteryx Rhamni double brooded?
Zoologist. 1855. T. 13. p. 4813.

*29. Note sur les moeurs d'une chenille, qui vit dans l'intérieur des feuilles de la vigne. (Elachista).
Ann. Soc. Ent. Fr. sér. 3. 1855. T. 3. p. 211—212. fig.

*30. Galls produced by Cynips Quercus petioli.
Trans. Ent. Soc. Lond. ser. 2. 1855. T. 3. Proceed. p. 76.
*Zoologist. 1855. T. 13. p. 4571; p. 4660.

*31. The Occurrence of the Small Genera of Tineina in Tropical Countries established.
Trans. Ent. Soc. Lond. ser. 2. 1855. T. 3. Proceed. p. 93.
*Zoologist. 1855. T. 13. p. 4747.

*32. On Indian Lepidoptera, an Extract from a Letter addressed to him by Mr. Atkinson.
Trans. Ent. Soc. Lond. ser. 2. 1855. T. 3. Proceed. p. 108.

*33. On the Spirit with which Scientific Books should be Read and Studied.
Trans. Ent. Soc. Lond. ser. 2. 1855. T. 3. Proceed. p. 121—124.

*34. Capture of Callimorpha Hera in England from a letter by Mr. Cooke.
Trans. Ent. Soc. Lond. ser. 2. 1855. T. 3. Proceed. p. 128—129.

*35. Habit of the Larva of Glyphipteryx Haworthana.
Zoologist. 1855. T. 13. p. 4634.

*36. The Entomologist's Annual. London, J. Van Voorst. 8.
*for 1855. pg. 6 et 112. tab. 1 col. *Ed. II. (auctior.) 1855. pg. 12 et 158. tab. 1 col.
*for 1856. pg. 12 et 174. tab. 1 col.
*for 1857. pg. 8 et 181. tab. 1 col. (Library edition; Original edition; The Peoples edit.)
*for 1858. pg. 8 et 159. tab. 1 col.
*for 1859. pg. 7 et 172. tab. 1 col.
*for 1860. pg. 8 et 168. tab. 1 col.
*for 1861. pg. 7 et 152. tab. 1 col.
*for 1862. pg. 7 et 160. tab. 1 col.

*37. The Pursuit of Entomology; an Address to Young Entomologists at Eton, Harrow, Winchester, Rugby and at all other Schools.
Entomologist's Annual. 1855. Ed. II. p. 1—15.

*38. How to collect Lepidoptera. How to rear Lepidoptera from the pupa or larva state. How to kill Lepidoptera. How to pin Lepidoptera. How to set Lepidoptera. How to arrange Lepidoptera in the Collection.
Entomologist's Annual. 1855. Ed. II. p. 16—75.

*39. New British Lepidoptera since 1835. Notices of the new British Lepidoptera detected in 1854 and 1855.
Entomologist's Annual. 1855. p. 28—86.

*40. The natural History of the Tineina. London, Van Voorst. (Paris, Deyrolle; Berlin, Mittler u. Sohn.) 8. tab. col.
(Erscheint englisch, französisch, deutsch, lateinisch) in allen Sprachen gemeinsam.
*T. I. 1855. pg. 16 et 333. (Nepticula, Cemiostoma.) tab. 8 et pg. 8 Erkl. (with Zeller and Douglas.)
*T. II. 1857. pg. 10 et 317. (Lithocolletis.) tab. 8 et pg. 8 Erkl. (with Zeller and Douglas.)
*T. III. 1858. pg. 9 et 329. (Elachista.) tab. 8 et pg. 8 Erkl. (with Zeller, Douglas and Frey.)
*T. IV. 1859. pg. 9 et 292. (Coleophora.) tab. 8 et pg. 8 Erkl. (with Zeller, Douglas and Frey.)
*T. V. 1860. pg. 7 et 233. (Coleophora P. II.) tab. 8 et pg. 8 Erkl. (with Zeller, Douglas and Frey.)
*T. VI. 1860. pg. 7 et 283. (Depressaria P. I.) tab. 8 et pg. 8 Erkl. (with Zeller and Douglas.)
T. VII. 1862. pg. 7 et 233. (Bucculatrix P. I. and Nepticula P. II.) tab. 8 et pg. 8 Erkl. (with Zeller, Douglas and Frey.)

*41. Advantages of the Study of Natural History. — Pleasures of Entomology. — List of British Entomologists. — Ghent to Glogau, and Stettin to Schaffhausen in search of Entomologists. Important New Works on Entomology.
Entomologist's Annual. 1856. p. 1—5; p. 6—10; p. 11—25; p. 123—134; p. 135—138.

*42. Observations on Micro-Lepidoptera.
Zoologist. 1856. T. 14. p. 5002.

*43. Descriptions of Three Species of Indian Micro-Lepidoptera.
Trans. Ent. Soc. Lond. ser. 2. 1856. T. 3. p. 301—304.

*44. Quelques mots sur les moeurs des chenilles des Tineites pour servir d'introduction à l'étude des Lépidoptères de cette tribu et pour faciliter leur chasse.
Ann. Soc. Ent. Fr. sér. 2. 1856. T. 4. p. 749—760; 1858. T. 6. p. 150—160.

*45. How may the Onward Progress of the Study of Entomology be best furthered.
Trans. Ent. Soc. Lond. ser. 2. 1856. T. 4. p. 38—42.

*46. New British Species (Lepidoptera) in 1853. — Rare British Species (Lepidoptera) in 1855. — Observations on British Tineina. — Enigmas.
Entomologist's Annual. 1856. p. 26—45; p. 45—49; p. 49—63.

*47. June: a Book for the Country in Summer Time. London, Longman, Brown etc., 1856. 8. pg. 141.

*48. A Manual of British Butterflies and Moths. London, Van Voorst. 8. Illustr. with wood-cuts.
*T. I. 1857. pg. 338. (the Butterflies and stoutbodied Moths.)
*T. II. 1859. pg. 475 et 11. (the slender-bodied and small Moths.)
(Die Bogen B—G von T. I sind später verändert umgedruckt, der Index giebt deshalb eine doppelte Pagina an.)

*49. The Entomologist's weekly Intelligencer. (a weekly Journal devoted to Entomology.) London, E. Newman. 8.
*T. I. 1856. pg. 212.
*T. II. 1857. April—September. pg. 212.
*T. III. 1857—1858. October—March. p. 208.
*T. IV. 1858. April—September. pg. 212.

(Stainton, Henry Tibbats.)

*T. V. 1858—1859. October—March. pg. 210.
*T. VI. 1859. April—September. pg. 212.
*T. VII. 1859—1860. October—March. pg. 216.
*T. VIII. 1860. April—September. pg. 212.
*T. IX. 1860—1861. October—March. pg. 208.
*T. X. 1861. April—September. pg. 212.

*50. Entomologist's weekly Intelligencer. T. 1. 1856.
Natural History of the Tineina. p. 4; p. 22; p. 30; p. 38; p. 45; p. 53; p. 61; p. 69; Mining Larvae in Fir Leaves. p. 14; Food of Eupithecia Larvae. p. 38; Oecophora Schaefferella. p. 37; Unknown Lepidopterous Larva. p. 59; New Coleophora Larva. p. 60; New Elachista Larva. p. 60; Coleophora Wockeella, Bucculatrix maritima, Aechmia Laudana. p. 67; Nepticula argentipedella bred. p. 68; Observations by Prof. Frey on Nepticulae. p. 77; Acronycta auricoma. p. 83; Bucculatrix maritima bred, Coleophora of the Thistle. p. 85; Vaccinium Vitis-Idaea. p. 91; Elachista adscitella. p. 97; New British Tineina. p. 101; Asychna terminella bred; Nepticula Headleyella and cryptella. p. 101; Larva of Anybia Langiella. p. 116; Attractiveness of Glyceria fluitans to Moths. p. 124; Larva of Elachista Pfeifferella, Larva of Tinea bistrigella. p. 125; Laverna Raschkiella double brooded p. 133; Larva of Bucculatrix Demaryella, Cidarella, Hippocastanella, Coleophora albicosta, Larva on Inula dysenterica. p. 172; Larva of Dictaea and Dictaeoides. p. 180; Do the Lithosiae larvae eat any thing but lichens? p. 199.

*51. The Substitute; or Entomological Exchange facilitator, and Entomologist's Fire-side Companion. London, Newman, 1856—1857. 8. pg. 210.
A new Nepticula Larva. p. 58.

*52. On the Recent Progress of Micro-Lepidopterology on the Continent.
Trans. Ent. Soc. Lond. ser. 2. 1857. T. 4. p. 87—88.

*53. Observations on Genera.
Trans. Ent. Soc. Lond. ser. 2. 1857. T. 4. p. 113—115.

*54. Preparation of the Larvae of Lepidoptera, communicated by Dr. Collingwood.
Trans. Ent. Soc. Lond. ser. 2. 1857. T. 4. Proceed. p. 37.

*55. The Seasons. — Is Entomology progressing? — Supplemental List of British Entomologists. Natural History of the Tineina; Entomological Works.
Entomologist's Annual. 1857. p. 1—6; p. 7—12; p. 13—26; p. 160—163; p. 164—161.

*56. New British Species (Lepidoptera) in 1856. — Rare British Species (Lepidoptera) captured in 1856. — Observations on British Tineina. — Enigmas.
Entomologist's Annual. 1857. p. 97—112; p. 113—120; p. 121—130; p. 131—152.

*57. The educational Sheet of Butterflies (adapted for Schools). London, Newman, 1856. (1 sheet.) Fol. fig.

*58. Entomologist's weekly Intelligencer. T. 2. 1857.
Nepticula Septembrella, Larva of Micropteryx p. 4; Coleophora juncicolella. p. 11; Natural History of the Tineina. p. 7; p. 16; p. 21; p. 29; p. 46; p. 54; p. 71; p. 136; The History of a Long-horned Moth p. 80; Nepticula Myrtillella, Elachista tetragonella. p. 44; A new Gelechia Larva. p. 51; Hypercallia Christiernana. p. 55; A new Nepticula Larva. p. 93; Gelechia desertella. p. 99; Tinagma resplendellum bred, Nepticula cryptella. p. 100; Nepticula Poterii bred. p. 116; Coleophora chalcogrammella. p. 128; A new Lithocolletis. p. 143; Gracilaria imparella bred. p. 178; Tischeria gaunacella. p. 188.

*59. On the aberrant species hitherto placed in the genus Elachista.
Trans. Ent. Soc. Lond. sér. 2. 1858. T. 4. p. 261—271.

*60. Synopsis of the genus Elachista.
Trans. Ent. Soc. Lond. ser. 2. 1858. T. 4. p. 292—334.

*61. Do You study Entomology? — Second Supplemental List of British Entomologists. — Paris viewed Lepidopterologically. — New Works.
Entomologist's Annual. 1858. p. 1—6; p. 7—10; p. 151—153; p. 154—159.

*62. New British Species (Lepidoptera) in 1857. — Rare British Species (Lepidoptera) captured in 1857. — Observations on British Tineina. — Enigmas. — Natural History of Tineina.
Entomologist's Annual. 1858. p. 65—98; p. 99—103; p. 104—112; p. 113—117; p. 118—122.

*63. The Entomologists weekly Intelligencer. T. 3. for 1857—1858.
Natural History of the Tineina. p. 23; Argynnis Lathonia. p. 28; Lithocolletis Cydoniella. p. 29; Parasitic query. p. 31; Nepticula on Potentilla Tormentilla. p. 39; Nepticula Septembrella. p. 76; Problems in Geometrae. p. 120; p. 130; p. 140; Eunomos Lunaria. p. 133; Arrangement of the Geometrae. p. 157; p. 197; Distribution of the Pyralidae in England. p. 165; Camptogramma fluviata, a new British Geometra; a new British Tinea. p. 179; Pyralidae of which the Larvae are unknown. p. 188.

*64. The Entomologist's weekly Intelligencer. T. 4. 1858.
Larva of Eupitheciae. p. 3; Distribution of the Crambidae in England. p. 6; A new Coleophora. p. 14; Two misnamed Elachistae, Coleophora albicostella, albicosta, albidella. p. 19; Larvae in Luzula pilosa. p. 28; On the probable duration of Life of the Larvae of Coleophorae. p. 32; Alucita pictaria. p. 44; Luzula in request. p. 60; Sug-

gestions respecting Tineina for a Traveller in South America. p. 53; p. 63; p. 69; Coleophora muripennella. p. 67; Bucculatrix maritima. p. 68; Another new Coleophora. p. 76; Elachista magnificella bred. p. 100; Alucita pictella, Nepticula cryptella, Asychna terminella. p. 102; Crambidae of which the Larvae are unknown. p. 103; A new Lithocolletis Larva; Larvae of Cemiostoma Lotella. p. 117; Swammerdamia Pruni. p. 118; Larva of Chilo gigantellus; Coleophora laripennella. p. 131; Butalis torquatella, Nepticula Myrtillella. p. 164; p. 175.
Natural History of the Tineina. p. 13; p. 31; p. 38; p. 46; p. 53; p. 70.

* 65. On the persistence of Species.
Trans. Ent. Soc. Lond. ser. 2. 1860. T. 5. Proceed. p. 29—34.

* 66. Note on a curious little Geometra taken in London by Mr. Hunter. (Acidalia herbariata.)
Trans. Ent. Soc. Lond. ser. 2. 1859. T. 5. Proceed. p. 11—12.

* 67. On the Distribution of British Butterflies.
Report of Brit. Assoc. Adv. Sc. 29 Meet. 1859. p. 156—158.

* 68. Description of twenty five species of Indian Micro-Lepidoptera.
Trans. Ent. Soc. Lond. ser. 2. 1859. T. 5. p. 111—126.

* 69. Notes on Lepidoptera collected in Madeira by T. V. Wollaston Esq., with description of some new species.
Ann. of N. H. ser. 3. 1859. T. 3. p. 209—214.

* 70. Observations on Butalis grandipennis.
Zoologist. 1859. T. 17. p. 6483—6484.

* 71. Observations on the Solenobiae of Lancashire.
Zoologist. 1859. T. 17. p. 6462—6463.

* 72. List of British Entomologists. — New Works.
Entomologist's Annual. 1859. p. 1—34; p. 169—173.

* 73. New British Species (Lepidoptera) in 1859. — Observations on British Tineina. — Enigmas. — Natural History of the Tineina.
Entomologists Annual. 1859. p. 145—157; p. 158; p. 159—164; p. 165—168.

* 74. The Entomologist's weekly intelligencer. T. 5. 1858—1859.
Coleophora leucapennella. p. 72: A new Nepticula. p. 123; Observation of Butalis grandipennis. p. 147; Tineina. p. 149; p. 156; p. 163; p. 171. List of the British Plumes (Pterophorus.) p. 199.

* 75. The Entomologist's weekly intelligencer. T. 6. 1859.
Natural history of Tineina. p. 4—5; p. 15—16; p. 20—21; p. 53; p. 63; p. 111—112; p. 118—120; Geographical Distribution in Britain of some of the Coleophoridae. p. 5—6; Hackney Marshes. p. 12; An Elachista Larva. p. 14; Trichiosoma lucorum. p. 45; Observations on Belgian Tineina. p. 68—69; Observations at Ratisbon. p. 84; Nepticula quinquella. p. 107; Gelechia pictella. p. 110; Erastria venustula. p. 129; Bucculatrix maritima. p. 141—142; Leucania putrescens. p. 171; A new Tinea. p. 183; Tischeria angusticollella. p. 198.

* 76. The Entomologist's weekly intelligencer. T. 7. 1859—1860.
Natural History of the Tineina. p. 77; p. 86—85; p. 92; p. 100; p. 107; p. 115; p. 133; p. 142; p. 148; p. 158; p. 171; A new British Pyralis. p. 19; the geographical Distribution of our Butterflies. p. 37; Gelechia subocellea. p. 140; Campanula larvae. p. 157.

* 77. List of British Entomologists.
Entomologist's Annual. 1860. p. 1—45.

* 78. New British Species (Lepidoptera) in 1859. — Rare British Species (Lepidoptera) in 1859. — Observations on British Tineina. — Enigmas. — Natural History of Tineina.
Entomologist's Annual. 1860. p. 126—136; p. 137—143; p. 144—146; p. 147—152; p. 153—155.

* 79. Descriptions of South African Tineina collected by R. Trimen in 1858—1859.
Trans. Ent. Soc. Lond. ser. 2. 1860. T. 5. p. 220—225.

* 80. Notes on the Geographical Distribution on the British Butterflies.
Trans. Ent. Soc. Lond. ser. 2. 1860. T. 5. p. 229—235.

* 81. Observations on American Tineina.
Proc. Acad. Nat. Sc. Philad. 1860. p. 133—141.

* 82. The Entomologist's weekly intelligencer. T. 8. 1860.
Natural History of the Tineina. p. 23; p. 30; p. 45; p. 55; p. 63; p. 70; p. 85; p. 93; p. 182; p. 191; Elachista paludicomella. p. 37 et p. 76; A singular hybrid. p. 47; Deilephila Livornica. p. 54; Coleophora olivaceella; Coleophora saturatella. p. 68; Cosmopteryx Drurella. p. 83; A new Butalis larva. p. 118; On some peculiar Forms amongst the Micro-Lepidopterous Larvae. p. 123—128; A new Coleophora. p. 149; Bucculatrix maritima. p. 161; A new Coleophora Larva, Larva of Phibalocera rugosa. p. 180; Critical Observations on some of the species of the genus Cosmopteryx. p. 198.

* 83. The Entomologist's weekly intelligencer. T. 9. 1860—1861.
Natural History of the Tineina. p. 6; p. 15; p. 22; p. 172; p. 181; p. 197; Larva of Cosmopteryx eximia. p. 5; Nepticula Cinivora. p. 13; Bucculatrix Artemisiella and Gnaphaliella. p. 14; p. 156; Critical observations on some of the Species of the Genus Cosmopteryx. p. 31; American Tineina. p. 36; p. 47; Habit of the Larva of Laverna Decorella. p. 179; Micropteryx Sparmannella. p. 185.

(**Stainton**, Henry Tibbats.)

* 84. New British Species in 1860 (Lepidoptera). — Rare British Species (Lepidoptera) captured in 1860. — Observations on British Tineina. — Enigmas. — Natural History of the Tineina. — Index to the New Lepidoptera in former volumes of the Annual.
Entomologist's Annual. 1861. p. 82—92; p. 93—107; p. 108—113; p. 114—118; p. 119—121; p. 122—125.

* 85. A List of British Hemiptera.
* Entomologist's Annual. 1861. p. 46—51.

* 86. A few words respecting Cemiostoma Coffeella, an insect injurious to the Coffee plantations of the West-Indies.
Entomologist's weekl. Intelligencer. 1861. T. 9. p. 110—111. (cf. Guérin, No. 128.)

* 87. On some Peculiar Forms amongst the Micro-Lepidopterous Larvae.
Report 13 Brit. Assoc. Oxford. 1861. p. 122—123.

* 88. A Chapter on Zyarna Minos. — New British Species in 1861 (Lepidopt.) — Rare British Species (Lepidopt.) captured in 1861. — Observations on British and Continental Tineina. — Answers to Enigmas. — Enigmas still unanswered. — New Enigmas for Solution. — Natural History of Tineina.
Entomologist's Annual. 1862. p. 50—68; p. 105—114; p. 115—118; p. 119—140; p. 141; p. 141—144; p. 145—146; p. 147—149.

Stål (Carl). Dr. in Stockholm.

* 1. Nya Hemiptera från Cafferlandet.
Öfvers. K. Vet. Acad. Förhandl. 1853. T. 10. p. 209—227; *1855. T. 12. p. 27—46; p. 89—100.

* 2. Nya Genera bland Hemiptera.
Öfvers. K. Vet. Acad. Förhandl. 1853. T. 10. p. 259—267.

* 3. Nya Svenska Homoptera.
Öfvers. K. Vet. Acad. Förhandl. 1853. T. 10. p. 174—177.

* 4. Kort öfversigt af Sveriges Delphax-arter.
Öfvers. K. Vet. Acad. Förhandl. 1854. T. 11. p. 189—197. — Separat. pg. 9.

* 5. Nya Hemiptera.
Öfvers. K. Vet. Acad. Förhandl. 1854. T. 11. p. 231—255. Separat. pg. 25. *1855. T. 12. p. 181—192.

* 6. Ny art af Poeciloморpha jemte 3 arter af ett nytt slägte Lucasiea.
Öfvers. K. Vet. Acad. Förhandl. 1855. T. 12. p. 349—352.

* 7. Om Cimex Stockerus L. och Cimex Augur Thb.
Öfvers. K. Vet. Acad. Förhandl. 1855. T. 12. p. 396—397.

* 8. Entomologiska Notiser. (Hemipt., Orthopt., Forficulariae från Cafferlandet.)
Öfvers. K. Vet. Acad. Förhandl. 1855. T. 12. p. 343—353.

* 9. Om Thunbergs Hemipterarter.
Öfvers. K. Vet. Acad. Förhandl. 1855. T. 12. p. 315—317.

* 10. Hemipterologiska bidrag.
Öfvers. K. Vet. Acad. Förhandl. 1856. T. 13. p. 51—68. tab. 1; 1858. T. 15. p. 433—454.

* 11. Hemiptera samlade af Victorin i Caplandet.
Öfvers. K. Vet. Acad. Förhandl. 1856. T. 13. p. 189—199.

* 12. Om Derbides med tre oceller.
Öfvers. K. Vet. Acad. Förhandl. 1856. T. 13. p. 161—164.

* 13. Orthoptera cursoria och Locustina från Cafferlandet.
Öfvers. K. Vet. Acad. Förhandl. 1856. T. 13. p. 165—170.

* 14. Några nya arter of Longicornia.
Öfvers. K. Vet. Acad. Förhandl. 1857. T. 14. p. 63.
*Gerstaecker Bericht. 1857. p. 133.

* 15. Till kännedomen af Phytophaga.
Öfvers. K. Vet. Acad. Förhandl. 1857. T. 14. p. 53—63.
*Gerstaecker Bericht. 1857. p. 144.

* 16. Nya arter af Sphegidae.
Öfvers. K. Vet. Acad. Förhandl. 1857. T. 14. p. 63—65.
*Gerstaecker Bericht. 1857. p. 175.

* 17. Ny art af Copicerus Swartz.
Öfvers. K. Vet. Acad. Förhandl. 1857. T. 14. p. 53.
*Ann. Soc. Ent. Fr. sér. 3. 1857. T. 5. p. 337—339. fig.

* 18. Neue systematische Eintheilung der Homopteren.
Stett. Ent. Zeit. 1858. T. 19. p. 233—234.

* 19. Orthoptera och Hemiptera från södra Afrika.
Öfvers. K. Vet. Acad. Förhandl. 1858. T. 15. p. 307—310.

* 20. Beitrag zur Hemipteren-Fauna Sibiriens und des Russischen Nord-Amerika.
Stett. Ent. Zeit. 1858. T. 19. p. 175—198. fig.

* 21. Nya svenska Hemiptera.
Öfvers. K. Vet. Acad. Förhandl. 1858. T. 15. p. 355—358.

- *22. Två för Sverige nya Orthoptera; Nabides en ny grupp bland Reduvites.
  Öfvers. K. Vet. Acad. Förhandl. 1858. T. 15. p. 247—256.
- *23. Bidrag till Rio Janeiro Traktens Hemipterfauna.
  Vetensk. Acad. Handl. 1858. T. 2. p. 1—84.
- *24. Hemiptera. Kongl. Svenska Fregattens Eugenies resa omkring Jorden. 1851—1853. Stockholm, Norstedt, 1858. 4. Insecter. III. p. 219—298. tab. 2. Orthoptera 1860?
- *25. Till kännedomen om Amerikas Chrysomeliner.
  Öfvers. K. Vet. Acad. Förhandl. 1858. T. 15. p. 469—478.
- *26. Description du Micropus fulvipes De Geer.
  Ann. Soc. Ent. Fr. sér. 3. 1858. T. 6. Bull. p. 31—32.
- *27. Monographie der Gattung Conorhinus und Verwandten.
  Berl. Ent. Zeitschr. 1859. T. 3. p. 99—117. tab. 1.
- *28. Novae quaedam Fulgorinorum formae speciesque insigniores.
  Berl. Ent. Zeitschr. 1859. T. 3. p. 313—328.
- *29. Synopsis specierum Spinigeri generis.
  Stett. Ent. Zeit. 1859. T. 20. p. 395—404.
- *30. Till kännedomen om Reduvini.
  Öfvers. K. Vet. Acad. Förhandl. 1859. T. 16. p. 175—204; p. 363—386.
- *31. Zwei neue europäische Cimiciden-Gattungen. (Tholagmus; Vilpianus.)
  Berl. Ent. Zeitschr. 1860. T. 4. p. 276—277.
- *32. Miscellanea hemipterologica.
  Stett. Ent. Zeit. 1861. T. 22. p. 129—153.
- 33. Till kännedomen om Chrysomelidae.
  Öfvers. K. Vet. Acad. Förhandl. 1861. T. 17. p. 455.
- 34. Genera nonnulla nova Cicadinorum.
  Ann. Soc. Ent. Fr. sér. 4. 1861. T. 1. p. 613—622.
- *35. Hemiptera mexicana enumeravit speciesque novas descripsit.
  Stett. Ent. Zeit. 1862. T. 23. p. 81—118; p. 273—281; p. 289—325.

Stampe (Heinrich).
- *1. De generatione insectorum dissertatio. Resp. Greg. Jensen. Hafniae, 1732. 4. pg. 28.

Stancari (Vitorio Francesco), geb. 29. Juli 1678 zu Bologna, gest. 28. März 1709 daselbst als Prof. Mathem.
- *1. De Perlarum oculis.
  Comment. Inst. Bononiens. 1731. T. 1. p. 75—79; p. 301—308. — *auch 1748. T. 1. p. 75—79; p. 301—308.
  *Deutsche Uebers. von Leske. 1781. T. 1. p. 9—13.

Standfuss (G.), Pastor in Schreiberhau, in Schlesien.
- *1. Lepidopterologische Beiträge.
  Stett. Ent. Zeit. 1846. T. 7. p. 380—387.
- *2. Amphidasis extinctaria, nov. spec.
  Stett. Ent. Zeit. 1847. T. 8. p. 62—63.
- *3. Lepidopterologisches. (Notizen f. Sammler.)
  Stett. Ent. Zeit. 1848. T. 9. p. 26—28.
- *4. Zwei lepidopterologische Excursionen auf das Riesengebirge im Juli 1847.
  Stett. Ent. Zeit. 1848. T. 9. p. 44—50; p. 153—159; p. 306—314.
- *5. Die Raupe von Hipparchia Euryale und Eupithecia silenata.
  Breslau. Zeitschr. Entom. 1849. p. 15—18.
- *6. Lepidopterologische Beiträge zur Kenntniss der Iserwiesen; Eudorea petrophila.
  Breslau. Zeitschr. Entom. 1849. p. 19—28. tab. 2.
- *7. Lepidopterologische Beiträge zur Kenntniss der Seefelder bei Reinerz und ihrer Umgebung.
  Breslau. Zeitschr. Entom. 1850. p. 49—58; 1851. p. 38—60.
- *8. Die Raupe von Macroglossa oenotherae; Cidaria turbulata, ein neuer schlesischer Spanner.
  Breslau. Zeitschr. Entom. 1851. p. 79—88.
- *9. Lepidopterologische Beiträge zur Kenntniss der Iserwiesen.
  Abhandl. d. naturw. Gesellsch. Saxonia 1853. T. 1. p. 23—32.
- *10. Bemerkungen über einige an den Küsten von Spanien und Sicilien fliegende Falter.
  Stett. Ent. Zeit. 1855. T. 16. p. 151—163; 1856. T. 17. p. 65—82; 1857. T. 18. p. 71—85.
- *11. Einzelne (lepidopterologische) Notizen aus meinem Tagebuche.
  Bericht d. lepidopter. Tauschver. f. 1856. p. 47—51.

Stange (A.).
- *1. Verzeichniss der bei Halle bisher aufgefundenen Schmetterlinge. I. Macrolepidopteren.
  Zeitschr. f. d. gesammt. Naturwissensch. Halle. 1859. T. 14. p. 33—42.

Stanhuf (Michael).
1. Oratio de praecipuis proprietatibus Apium, et allegoriis quae in harum contemplatione occurrunt. Vitebergae, 1558. 4.
(cf. Buchner. II, 2. p. 281.)

Stanley (E.). Lord Bischoff von Norwich.
* 1. Observations and Experiments for excluding the House- and other Flies from Apartments, by means of Nets.
Trans. Ent. Soc. Lond. 1837. T. 2. p. 43—46.

Stannius (Friedrich Herrmann).
* 1. Zur Verwandlungsgeschichte der Limnobia xanthoptera. fig.
Beiträge zur Entomologie besonders in Bezug auf die schles. Fauna. 1829. T. 1. p. 207—208.
* 2. Bemerkungen über einige Arten der Zweiflügler-Gattungen Macrocera, Platyura, Sciophila, Leia u. Mycetophila.
Isis. 1830. VIII. p. 752—758.
* 3. Observationes de speciebus nonnullis generis Mycetophila vel novis, vel minus cognitis. Breslau, Pelz, 1831. 4. pg. 30. tab. 1 col.
* Extr. Silberm. Revue entom. 1833. T. 1. p. 273—275.
* 4. Die europäischen Arten der Zweiflügler-Gattung Dolichopus.
Isis. 1831. I. p. 28—68. tab. 1; II. p. 122—146; III. p. 248—271.
5. Beobachtungen über Missbildungen bei Insekten.
Müller Archiv. 1835. p. 295—310. tab. 4.
Medic. Vereinszeit. 1833. No. 1. — * Müller Archiv. 1834. T. 1. p. 190.

Stark (J.). Obergeometer in Anspach, Bayern.
* 1. Notizen aus dem Allgäu über das Vorkommen einiger seltener Gebirgskäfer.
Siebent. Bericht d. naturh. Ver. Augsburg. 1854. p. 27—29.
* 2. Entomologischer Bürschgang in den Allgäuer Alpen.
Dreizehnt. Bericht d. naturh. Ver. Augsburg. 1860. p. 120—133.

Stark (John).
1. Elements of natural history; containing the generic characters of nearly the whole animal kingdom, and descriptions of the principal species. Edinburgh, (Allan) 1828. 8. 2 vol. pg. 1036.
(cf. Carus p. 267.)

Starke (J.). Rittergutsbesitzer in Ober-Ullersdorf bei Sorau.
1. Bemerkungen zur Characteristik der neuen Roggenmade oder Roggengallmücke (Cecidom. secalina) u. der Zwergsägewespe (Ceph. pygmaeus).
Abhandl. naturf. Gesellsch. in Görlitz. 1860. T. 10. p. 201—209. (cf. Carus. p. 1662.)
* 2. Bemerkungen über das Auftreten mehrerer dem Getreide schädlichen Insecten im Jahr 1859. (Cecid. secalina, Cephus pygmaeus, Elater segetis.)
Koch. Wochenschr. des Ver. z. Beförder. d. Gartenbaues. Berlin. 1860. Jahrg. 3. p. 81—84.
* 3. Ueber kropfartige Auftreibungen und ähnliche Missbildungen an den Gewächsen. (Anthomyia brassicae.)
Koch. Wochenschr. des Ver. z. Beförder. d. Gartenbaues. Berlin, 1860. Jahrg. 3. p. 177—180.

Statham (F. F.). Rever.
* 1. On the occurrence of Bombyx mori in a wild state in this country.
Rep. Brit. Assoc. Adv. Sc. 28. Meet. 1858. p. 130—131.

Staudigel (Udalrich).
* 1. De curiosis post apum ictus symptomatibus.
Ephem. Acad. Nat. Curios. 1699. Dec. III. Ann. 7. Obs. 194. p. 314—316.
* 2. De musca compluribus vermibus foeta.
Ephem. Acad. Nat. Curios. 1699. Dec. III. Ann. 7. p. 323—326.

Staudinger (Otto). Dr. phil. in Dresden, bereiste in entom. Zwecken Island, Norwegen, Sardinien und Spanien.
* 1. De Sesiis agri Berolinensis. Dissert. entomol. Berolini, Hirschwald, 1854. 4. pg. 66. 2 tab. 1 Schema.
2. Lepidopteren-Catalog mit Bezeichnung der bei Berlin in einem Umkreise von etwa 5 Meilen vorkommenden Arten. 1855. (ob Manuscript?)
(cf. Speyer geogr. Verb. p. 443.)
* 3. Beitrag zur Lepidopteren-Fauna von Ober Kärnthen.
Stett. Ent. Zeit. 1855. T. 16. p. 374—379; 1856. T. 17. p. 37—46.
4. Catalog der Macrolepidopteren Europas. Berlin, 1853.
(cf. Stett. Ent. Zeit. 1855. T. 16. p. 387.) Ob dasselbe mit No. 2?
* 5. Beiträge zur Feststellung der bisher bekannten Sesien-Arten Europas und des angränzenden Asiens.
Stett. Ent. Zeit. 1856. T. 17. p. 145—176; p. 193—224; p. 257—288; p. 322—338.
* 6. Reise nach Island zu entomologischen Zwecken unternommen.
Stett. Ent. Zeit. 1857. T. 18. p. 209—290. — * Gerstaecker Bericht. 1857. p. 40.

* 7. Beitrag zur Kenntniss der nordischen Anarta-Arten.
Stett. Ent. Zeit. 1857. T. 18. p. [illegible].
* 8. Beitrag zur Lepidopteren-Fauna Grönlands.
Stett. Ent. Zeit. 1857. T. 18. p. [illegible].
* 9. Diagnosen nebst kurzen Beschreibungen neuer andalusischer Lepidopteren.
Stett. Ent. Zeit. 1859. T. 20. p. 211—259.
* 10. Crymodes (Hadena) exulis a British species translat. by J. W. Douglas.
Zoologist. 1859. T. 17. p. 6339—6347.
* 11. Zur Rechtfertigung (gegen Lederer).
Stett. Ent. Zeit. 1860. T. 21. p. 259—270; p. 421.
* 12. Pieris Krueperi, ein neuer europäischer Tagfalter.
Wien. Entom. Monatsschr. 1860. T. 4. p. 19—20.
* 13. Kurze Notizen (über die Untersuchung des Rippenverlaufs der Schmetterlings-Flügel).
Herrich-Schäffer. Correspondenzbl. 1860. T. 1. p. 31.
* 14. Description d'un Lépidoptère nouveau des Hautes Pyrénées. (Psyche Leschenaultii.)
Ann. Soc. Ent. Fr. sér. 3. 1860. T. 8. p. [illegible].
* 15. Catalog der Lepidopteren Europas und der angränzenden Länder. I. Macrolepidoptera bearbeitet von Dr. O. Staudinger. II. Microlepidoptera bearbeitet von Dr. M. Wocke; auch mit französ. Titel: Catalogue des Lépidoptères d'Europe et des pays limitrophes etc. Dresden, Verfasser, 1861. 8. pg. 16 Vorrede et pg. 192.
* 16. Ueber einige neue und bisher verwechselte Lepidopteren.
Stett. Ent. Zeit. 1861. T. 22. p. 357—[illegible].
* 17. Reise nach Finmarken (mit Wocke). Macrolepidoptera.
Stett. Ent. Zeit. 1861. T. 22. p. [illegible]; p. 312—404.
* 18. Ueber einige neue griechische Lepidoptera.
Stett. Ent. Zeit. 1862. T. 23. p. 257—271.
* 19. Die Arten der Lepidopterengattung Ino Leach, nebst einigen Vorbemerkungen über Localvarietäten.
Stett. Ent. Zeit. 1862. T. 23. p. 341—359.
20. Catalogus Lepidopterorum Europaeorum. Dresdae, Burdach, 1861. 8. pg. 20.
21. Alphabetisches Verzeichniss der Arten der Lepidopteren. Dresden, Burdach, 1861. 8. pg. 62.

Standtmeister (Johann Christoph).
1. Bienenlehre, oder Anleitung zu einer natürlichen und zweckmässigen Bienenzucht. Leipzig, 1798. 8.
2. Entdeckungen und Erfahrungen für Bienenfreunde und Naturforscher. Halle, Hendel, 1799. 8.

Staunton (Georg).
1. An authentic account of an Embassy etc. of China. London, 1797. 4. vol. 2. pg. 518 et 626. tab. 44.
(Pelz wax. T. I. p. 353.)
* Deutsche Uebers. von Matth. Chr. Sprengel. Halle, Renger, 1798. 8. 2 vol.

Stavely.
1. Observations on the Neuration of the Hind-wings of Hymenopterous Insects, and on the Hooks which join the Fore and Hind-wings together in flight.
Trans. Linn. Soc. Lond. 1861. T. 23. P. I.

Stedman (John G.).
* 1. Voyage à Surinam et dans l'Intérieur de la Guiane. Paris, Buisson, An VII (1799). 8. 3 vol. pl. 44. (trad. par P. F. Henry.)

Steeb (Johann Heinrich). Schäferei-Verwalter.
* 1. Von den Maykäfer-Würmern (Brachwürmern, Quatten, Engerlingen, Schafbunden) wie sie vorzüglich auf den Wiesen am leichtesten vertilgt und die Wiesen sogleich in den besten und tragbarsten Zustand gebracht werden können.
(Abhandl. landwirthsch. Gesellsch. Burghausen.) 1788. 4. p. 91—118.
Separat. München, Lentner, 1789. 4.
Der Titel der Schrift heisst: Abhandlung vom Nationalstolze aus Vaterlandsliebe etc. Zum Namensfeste Carl Theodors. Burghausen, 1788. 4. pg. 112.
Das Werk enthält vier Abhandlungen, die Steeb's ist die letzte.

Steenstrup (Johann Japetus Simon), geb. 1813, zu Vang, wo sein Vater Prediger war. Seit 1845 Professor der Zoologie und Director des kgl. Museums zu Kopenhagen.
* 1. Om Audouins Undersögelser over Muscardinen.
Kröyer naturh. Tidsskr. 1839. T. 2. p. [illegible].

(**Steenstrup**, Johann Japetus Simon.)

2. Om Forplantning og Udvikling gjennem vexlende Generationsrækker, en særegen Form for Opfostringen i de lavere Dyrklasser. Indbydelsesskrift til Examen artium ved Soröe-Akademie 1842. Kjoebenhaven, Reitzel, 1842. 4. pg. 7 et 76. tab. 3.
   * Deutsche Uebers. von C. H. Lorenzen. Copenhagen, Reitzel, 1842. 8. pg. 140. tab. 3.
   Englische Uebers. von G. Busk. London, 1845. 8.

von Steenvelt (Christian).

* 1. Dissertatio de ulcere verminoso. (Musca.) Lugdun. Batav., 1697. 4. pg. 24. tab. 2.

Steffahny (Gustav Emil), geb. in Marienburg. Dr. med. in Putzig.

* 1. Tentamen monographiae generis Byrrhi. Dissert. inaug. Berolini, 1842. 8. pg. 6 et 42.
   * Reimpr. Germar Zeitschr. Entomol. 1843. T. 4. p. 1—42.
   Ann. and Mag. Nat. Hist. T. 12. p. 131.
* 2. Notizen zum Catalogus Coleopterorum Europae.
   Stett. Ent. Zeit. 1856. T. 17. p. 52—59.

Stegmann. Dr. Med. in Wernigerode.

1. Ueber Phthiriasis.
   Horns Archiv. 1839 Novbr., Decbr.

Stein (Friedrich), geb. 1818 zu Niemegk. Professor in Prag, vorher an der Academie für Forst- und Landwirthschaft in Tharand.

* 1. Beschreibung eines neuentdeckten Bastards in der Schmetterlingskunde. (Von Maniola Pamphilus und Iphis.)
   Isis. 1835. IV. p. 310—311
* 2. Beschreibung einer merkwürdigen Varietät von Argynnis Latonia.
   Isis. 1835. IV. p. 417—418.
* 3. Ist Maniola Statilinus Ochsenh. von Man. Allionia F. standhaft verschieden?
   Isis 1835. VIII. p. 708—709.
* 4. Naturgeschichte einer neuen Melitaea. (Astraea.)
   Isis. 1835. VIII. p. 863—865.
* 5. Entomologische Beobachtungen. A. Bemerkungen zu den von Herrn Schummel aufgestellten Arten der Gattung Raphidia. B. Bemerkungen über einige Schmetterlinge. C. Einige Bemerkungen und Zusätze zu Hr. Treitschkes Geistchen.
   Isis. 1837. II. p. 98—102; p. 102—105; p. 105—109.
* 6. Entwickelungsgeschichte mehrerer Insectengattungen aus der Ordnung der Neuroptera. (Raphidia, Panorpa, Osmylus.)
   Wiegm. Archiv. 1838. T. 4. p. 315—332. fig.
* 7. Vergleichende Anatomie und Physiologie der Insecten. I. Monographie. Ueber die Geschlechts-Organe und den Bau des Hinterleibes bei den weiblichen Käfern. Berlin, Duncker u. Humblodt, 1847. 4. pg. 8 et 139. tab. 9.
   Stett. Ent. Zeit. 1853. T. 14. p. 16.
8. Ueber die Natur der Gregarinen. fig.
   Müller Archiv. 1848. p. 182—223.
* 9. Beiträge zur Forstinsectenkunde. (anatom.) Bostrichus, Curculio, Tenthredo.
   Tharand. Jahrb. 1852. T. VIII. p. 218—238.
   * Schaum Bericht. 1852. p. 5.

Stein (Joh. Phil. Emil Friedrich), geb. 1814. Apotheker in Berlin.

* 1. Aufforderung zum Einsammeln von Schmarotzer-Insecten der höheren Thierklassen.
   Stett. Ent. Zeit. 1843. T. 4. p. 316—318; 1844. T. 5. p. 385—386.
* 2. Dipterologisches. (Inflatae, Oestraciden, Coriaceae.)
   Stett. Ent. Zeit. 1849. T. 10. p. 117—120.
* 3. Rezension von Gorski Analecta ad Entomographiam provinc. occident. merid. Russic.
   Stett. Ent. Zeit. 1853. T. 14. p. 53—61.
* 4. Ueber einige Gattungs- und die Familien-Namen der Käfer.
   Stett. Ent. Zeit. 1855. T. 16. p. 282—287.
* 5. v. Ruthe No. 9.
* 6. Die Gattung Prostemma Laporte.
   Berl. Ent. Zeitschr. 1857. T. 1. p. 81—88.
* 7. Die Gattung Cerateptus Costa. (Hemipt.)
   Berl. Ent. Zeitschr. 1858. T. 2. p. 68—76.

*8. Eine neue Art der Gattung Homonotes Dahlb.
Berl. Ent. Zeitschr. 1859. T. 3. p. 60—64.
*9. Zwei neue Prostemma-Arten.
Berl. Ent. Zeitschr. 1860. T. 4. p. 76—78.
*10. Ueber Acanthia intrusa Herrich-Schaeffer.
Berl. Ent. Zeitschr. 1860. T. 4. p. 79—80.
*11. Ueber einige Coreïden-Gattungen.
Berl. Ent. Zeitschr. 1860. T. 4. p. 246—256.
*12. Eine neue europäische Heuschrecken-Gattung. (Drymadusa.)
Berl. Ent. Zeitschr. 1860. T. 4. p. 257—259. tab. 1.
*13. Dipterologische Mittheilungen. (Callicera; Ogcodes.)
Berl. Ent. Zeitschr. 1860. T. 4. p. 323.
*14. Recension von Müllers Insekten Epizoen; Dubois Lépidoptères de la Belgique.
Berl. Ent. Zeitschr. 1860. T. 4. p. XXX; p. XLVI.

Stein (Th.).
1. Ueber die besten Bienen-Wohnungen und die besten Geräthschaften bei der Bienenzucht, die Behandlung der Bienen, nach welcher denselben jährlich im Herbste oder Frühjahre, der überflüssige Vorrath an Honig und Wachs ohne sie zu tödten, genommen wird, im Auge behaltend. Leipzig, Baumgärtner, 1837. 4. 4 Kpfr.
(cf. Engelmann Bibl. Oec. p. 313.)

Steinbart (J. C.).
1. Anweisung wie Seidenbau auf die leichteste Art zu treiben. Züllichau. Waisenhaus, 1761. 8.
Ed. II. Ibid. 1763. 8. 14 Bogen.
*Recens. Allg. deutsche Bibl. T. 10. Stück 2. p. 182.

Steinbrück.
1. Mittel wider den Kornwurm und die weisse Made. Sondershausen. (vor 1811.)
(cf. Engelmann Bibl. Oec. p. 314.)

Steiner (J. F. R.). Bau-Controleur in Sachsen-Weimar.
*1. Versuche über die Herkunft des Borkenkäfers oder fliegenden Holzwurms nach Linné Derm. typographicus genannt, nebst einigen wahrscheinlichen Mitteln, diese Insecten zu vertilgen. Jena, 1785. pg. 52. tab. 2.
Recens. Leipz. gel. Zeit. 1785. p. 1664.

Steinmetz (Johann Friedrich). Diaconus in Melkendorf.
*1. Physikalische Untersuchung von den verschiedenen Geschlechtsarten der Bienen und insbesondere von den praeformirten Weyseleiern und von dem doppelten Aste des Eierstocks der Bienenmutter. Nürnberg, Zehe, 1772. 8. pg. 176.
*Ed. Ibid. 1780. 8. pg. 176.
Recens. Beckmann Phys. Oek. Bibl. IV. p. 115. — *Allgem. deutsche Bibl. T. 19. p. 667.
Reimpr. Abhandl. fränk. ökon. Bienengesellsch. 1771. p. 1—176; 1772—1773. p. 151—273. (nebst Beantwortung der Erfurtischen Recension.)
? Abhandl. Oberlaus. Bienengesellsch. 1772.
2. Grundriss von etlichen praktischen Regeln, zu Verbesserung der gewöhnlichen Bienenpflege, mit einigen nützlichen Anmerkungen begleitet von der Fränkischen Bienengesellschaft.
Abhandl. fränk. ökon. Bienengesellsch. 1771. p. 177. (Lacordaire.)
3. Vorschlag die Holzbeuten auf die leichteste Art nicht nur magazinmässig zu benutzen, sondern sogar magazinmässig abzulegen.
Abhandl. fränk. ökon. Bienengesellsch. 1772—1773. p. 1. (cf. Boehmer. II, 2. p. 321.)
4. Freundschaftliche Anmerkung über Hr. Riems neu erfundene Bienenmutter aus dem Arbeits-Bienen-Geschlecht und über Hr. Korsemka's neu verbesserte practische Bienenanstalten. Nürnberg, Zehe, 1774. 8. pg. 176.
Abhandl. fränk. ökon. Bienengesellsch. 1772—1773. p. 1.)
Recens. *Beckmann Phys. Oek. Bibl. V. p. 606. — *Allg. deutsche Bibl. T. 24. p. 562.
5. Aufrichtige Beurtheilung einer bruchierischen Recension, die im 52. Stück der Erfurter gelehrten Zeitung 1773 wider Hr. Steinmetz von den verschiedenen Geschlechtsarten der Bienen eingerückt stand, von einigen Patrioten der Wahrheit gedruckt im Ober-Rheinkreis. 1774. 8. pg. 32. (Lacordaire.)
6. Nähere Aufklärung der sonderbaren Abstammung der verschiedenen Geschlechts-Arten der Bienen nach physischen Grund- und Erfahrungssätzen mit angefügten practischen Anmerkungen über die Entstehung der Faulbrut bei Magazinstöcken und über den Ursprung eines gewissen widernatürlichen Insectes der Läuse bei dem Bienenvolke; samt beyderseitiger

Abhülfe; zum Nutzen für den Oekonomen und zum Nachdenken für den Naturforscher. Breslau, 1776. 8. pg. 128.
Reimpr. Klem Phys. Oek. Bienenbibl. T. 1—92; mit Bemerk. p. 93—108.
(cf. Bibl. Banks. II. p. 356.)

Stellamonte.
1. Katechismus des Seidenbaues, oder vollständiger Unterricht über die Zucht des weissen Maulbeerbaumes, die Behandlung der Seidenraupen und von der Zubereitung der Seide. Nebst einer tabellarischen Darstellung der bei der Seidenzucht täglich vorkommenden Beschäftigungen. Leipzig, Baumgärtner, 1827. 8.
(cf. Engelmann Bibl. Oec. p. 313.)

Steller (Georg Wilhelm), geb. 1709, gest. 1746.
*1. Beschreibung von dem Lande Kamtschatka. Frankfurt, Fleischer, 1774. 8. pg. 384 et 71.

Stenhammar (Chr.).
*1. Försök till Gruppering och Revision af de Svenske Ephydrinae.
Vetensk. Acad. Handl. 1843. p. 75—272.
*2. Ny Svensk art af Dipter-familjen Dolichopodrae och slägtet Rhaphium.
Öfvers. K. Vet. Acad. Förhandl. 1850. p. 280—281.
*3. Nya arter af Dipter-slägtet Dolichopus, samt Medeterus pusillus Meig. funna i Sverige.
Öfvers. K. Vet. Acad. Förhandl. 1851. p. 128—131.
*4. Copromyzidae Scandinaviae granskade och beskrifne.
Vetensk. Acad. Handl. 1853. p. 257—442.
*Separat. Holmiae, 1855. 8. pg. 186.
*Gerstaecker Bericht. 1854. p. 128.

Stentzel (Christian Gottfried), geb. 1698, gest. 1748. Professor in Wittenberg.
*1. Dissertatio de Cantharidibus prosperae adversaeque valetudinis actoribus. Resp. J. G. Herrmann. Wittembergae, 1740. 4. pg. 46.
*2. Dissertatio de Cantharidum et his similium medicamentorum calculis compactis alterendis minus parium virtute. Resp. Krieg. Wittenbergae, 1741. 4. pg. 62. tab. 1.
*3. Dissertatio de Insectorum in corpore humano genitorum varia forma ac indole. Resp. G. Vagbi Auctor. Wittenbergae, Eichsfeld, 1741. 4. pg. 90.
(Ungeachtet Vagbi auctor genannt ist, bleibt es wahrscheinlich, dass Stentzel der Verfasser ist.)
4. Dissertatio de externo Cantharidum usu imprudentum prudentiumque asylo medicorum. Resp. Haenischel. Wittenbergae, 1743. 4. 9 Bogen.
5. De Cantharidibus aliisque aphrodisiacis Veneri inimicis amicisque. Resp. Horn. Wittenbergae, 1747. 4. pg. 72.
(cf. Boehmer. II, 2. p. 205.)

Stephens (Henry).
1. Notice sur la culture du Mûrier et l'éducation des vers à soie.
Journ. d'agric. d'écon. rur. et des manuf. des Pays-Bas. sér. 2. 1828. T. 7. p. 323—336.
(avec Edouard Jacquemyns.) (Extr. aus Dandolo u. Bonafous. — Lacordaire)

Stephens (James Francis), geb. 16. Septbr. 1792 in London, gest. 22. December 1852 daselbst. Autobiographie im Zoologist. Nekrolog von Westwood. Trans. Ent. Soc. Lond. ser. 2. T. 2. Proc. p. 46 nebst Liste der Schriften. Seine Sammlung befindet sich im Brittischen Museum und enthält Marshams und theilweise Haworths Sammlung. Catalog seiner Bibliothek (jetzt in Staintons Besitz) nebst Biographie cf. Stainton.
*1. Some observations on the British Tipulidae, together with descriptions of the species of Culex and Anopheles found in Britain.
Zool. Journ. 1825. T. 1. p. 448—457.
*Isis. 1830. VIII. p. 879. — *Féruss. Bullet. 1826. T. 7. p. 394.
*2. Note on a Memoir of Mr. Halliday, on Insects taken in the North of Ireland, with the Description of a new species of Anopheles.
Zool. Journ. 1828. T. 3. p. 502—504. — *Féruss. Bullet. 1829. T. 18. p. 466—467.
*3. Illustrations of British Entomology, or a Synopsis of Indigenous Insects, containing their generic and specific Descriptions, with an account of their Metamorphoses, times of Appearance, Localities, Food and Economy, as far as practicable, with coloured figures (from Westwood) of the rarer and more interesting species. London. 8.
(Monthly numbers, the first 1. Mai 1827.)
Mandibulata. Vol. 1—5. 1828—1832. Coleoptera. Vol. 6. 1836—1837. Dermaptera, Or-

thoptera, Neuroptera, Trichoptera. Vol. 7. 1835, 1836 and 1845. Hymenoptera, Tenthredinidae to Ichneumonidae.

Supplement August 1846, containing Preface, and Descriptions of species of Hymenoptera, and Strepsiptera figured in the Plates.

Haustellata. Vol. 1—4. 1828—1835. Lepidoptera, with a Supplement, containing an Abstract of the indigenous Lepidoptera contained in the „Verzeichniss bekannter Schmetterlinge“ by Hübner, and with Descriptions of a number of species of Diptera represented in the plates.

Mandibulata.

T. 1. 1828. pg. 186. pl. 1—9. T. 2. 1829. pg. 200. pl. —15. T. 3. 1830. pg. 374. pl. —19. T. 4. 1831. pg. 406. pl. —23. T. 5. 1832. pg. 447. pl. —27. T. 6. 1833. pg. 240. pl. —34. T. 7. 1835. pg. 310. pl. —40. Supplement. pl. —47.

Haustellata.

T. 1. 1828. pg. 150. pl. 1—12. T. 2. 1829. pg. 202. pl. —24. T. 3. 1830. pg. 333. pl. —32. T. 4. 1834. pg. 431. pl. —41. Supplement. 1846. pg. 32. pl. —48.

Nach Lacordaire ist Revue No. 7 ein Nachdruck der Lepidoptera mit den Druckfehlern und Irrthümern (die Stephens inzwischen verbessert hatte).

*4. A Systematical Catalogue of British Insects, being an attempt to arrange all the hitherto discovered indigenous Insects in accordance with their natural affinities; containing also the references to every English writer on Entomology, and to the principal foreign authors; with all the published British genera to the present time. London, Baldwin, 1829. 8. pg. XXXIV et 416 et pg. 388.

*5. The Nomenclature of British Insects being a Compendious List of such Species as are contained in the Systematic Catalogue of British Insects. London, Baldwin, 1829. 8. column. 68.

Edit. II. ibid. 1833. column. 136.

*6. Reply to Mr. Davis' Animadversions upon the recent method of publishing the Illustrations of British Entomology.

Magaz. of N. H. 1831. T. 4. p. 185—189.

*7. Note on the Review of Newmans „Essay on Sphinx Vespiformis“.

Magaz. of N. H. 1832. T. 5. p. 383—384.

*8. A Description of Chiasognathus Grantii, a new Lucanideous Insect forming the type of a undescribed genus. 2 pl. col.

Trans. Cambr. Phil. Soc. 1833. T. 4. p. 209—219. — *Isis. 1835. XII. p. 1020.

*9. Longevity of Lepisma saccharina and other Insects.

Entomol. Magaz. 1833. T. 1. p. 528.

*10. Discovery of Sphinx Nerii in England.

Entomol. Magaz. 1833. T. 1. p. 585.

*11. Remarkable Capture of Butterflies.

Entomol. Magaz. 1833. T. 1. p. 527—528.

*12. Insensibility in Insects. (Aeschna.)

Entomol. Magaz. 1833. T. 1. p. 518.

*13. Mode of killing Insects with Laurel-leaves.

Entomol. Magaz. 1834. T. 2. p. 436—437.

*14. An Abstract of the Indigenous Lepidoptera contained in the „Verzeichniss bekannter Schmetterlinge“ by Hybner. London, 1835. 8. pg. 25. (v. No. 3.)

*15. On the apparent identity of Sphinx ephemeraeformis of Haworth, with Psyche plumifera of Ochsenheimer.

Trans. Ent. Soc. Lond. 1835. T. 1. p. 76—78.

*16. Indigenous Nature of Papilio Podalirius.

Magaz. of N. H. 1836. T. 9. p. 643—644.

*17. Description of Cucullia solidaginis, together with its Larva. fig.

Trans. Ent. Soc. Lond. 1837. T. 2. p. 57—58.

*18. An Address on the Fourth Anniversary of the Entomological Society. (London), 1838. 8. pg. 7.

*19. A Manual of British Coleoptera or Beetles containing a brief Description of all the Species hitherto ascertained to inhabit Great Britain and Ireland, together with a Notice of their chief Localities, times and places of Appearance etc. London, Longman, 1839. 8. pg. 443 et 12.

Revue Zool. 1841. T. 4. p. 253.

*20. Description of Zeuzera Arundinis.

Entomologist. 1841. p. 160.

*21. List of insects found near Harrietsham, in Kent; together with the Description of a new genus and Species of Yponomeutidae (Parasemia transversalis).

Entomologist. 1841. p. 180—182.

*22. List of some of the rarer insects taken near Weybridge.

Entomologist. 1841. p. 254.

(**Stephens**, James Francis.)

*23. Captures near Guildford.
Zoologist. 1843. T. 1. p. 30.

*24. Capture of Yponomeuta sedella.
Zoologist. 1844. T. 2. p. 687.

*25. Note on Geometra gemmata.
Zoologist. 1845. T. 3. p. 968.

*26. On Coccinella labilis Muls.
Zoologist. 1847. T. 5. p. 1664.

*27. On the occasional abundance and rarity of certain British Insects.
Zoologist. 1847. T. 5. p. 1613—1617.

*28. On three new British Coccinellidae.
Zoologist. 1847. T. 5. p. 1866—1867.

*29. Random Observations on the Psychidae in reference to Mr. Newmans paper on that family.
Zoologist. 1850. T. 8. p. CVI—CIX.

*30. List of the specimens of British Animals in the Collection of the British Museum. Part V. Lepidoptera. *London, 1850. 8. pg. 352.
London, 1856. 8. pg. 224.
*Gerstaecker Bericht. 1856. p. 157.

*31. Reply to Mss. H. Doubleday and Guenée, on the Generic Names employed in the British Museum Catalogue of British Lepidoptera.
Zoologist. 1851. T. 9. p. 3161—3163.

*32. Descriptions of Selandria sericea Hartig, and of the male of Lyda inanita.
Zoologist. 1851. T. 9. p. 3163.

*33. Notice of further captures of Gastropacha ilicifolia.
Zoologist. 1851. T. 9. p. 3244.

*34. Notes on Trochilium chrysidiforme and Gastropacha ilicifolia.
Zoologist. 1852. T. 10. p. 3357.

*35. Reply to Mr. H. Doubledays „Notes on Mr. Stephens Catalogue of Lepidopterous Insects in the Cabinet of the British Museum. (Tortrices.)
Zoologist. 1853. T. 11. p. 3733—3745.

36. The Entomological Articles in the Encyclopaedia Metropolitana.

Stephenson (William).

*1. Remarks on the Entomology of New Zealand.
Trans. Ent. Soc. Lond. 1857. T. 4. p. 262—267.

Sterler (Alois), geb. 1787, gest. 15. December 1831. Professor in Nymphenburg.

1. Deutschlands Seidenbau und die Bedingnisse seines Gedeihens. Eine Würdigung der spanischen Scorzonere als Nahrungsmittel der Seidenraupen. Nach vierjährigen Erfahrungen der Seidenzüchter des In- und Auslandes. München, 1832. 8.
(cf. Engelmann Bibl. Oec. p. 316.)

Stern (Joseph).

1. Anleitung zu einer naturgemässen und nützlichen Pflege der Bienen. Mit 1 lithogr. Tafel. Linz, Haslinger, 1840. 8.
(cf. Engelmann Bibl. Oec. p. 316.)

2. Wie kann man Bienenzucht mit Nutzen betreiben? Wien, Dirnboeck, 1851. 12.
(Abdruck aus der allgem. land- u. forstwirthsch. Zeitung. 1851.)

von Sternberg (Graf Caspar Maria), geb. 6. Januar 1761 in Prag, gest. 20. December 1838 in Brzezina in Böhmen.

*1. Ueber den Borkenkäfer.
Isis. 1830. III. p. 313—315.

*2. Insectengänge im Blatte der Flabellaria borassifolia.
Verhandl. Gesellsch. vaterl. Museum in Böhmen. 1834—1836. p. 34—35. fig.
*Froriep Notiz. 1836. T. 49. p. 312.

Steuart (Henri), in London.

*1. Description d'une nouvelle espèce de Carabe du Nord de la Chine.
Ann. Soc. Ent. Fr. sér. 3. 1855. T. 3. p. 71—76. fig.

Steuchius (Johann).

*1. Dissertatio de generatione insectorum. Resp. J. Moehlin. Upsaliae, 1719. 8. pg. 16.

von Steven (Christian), in Sympheropol in der Krim. Seine Sammlung besitzt die Gesellschaft der Naturforscher in Moskau.

*1. Decas Coleopterorum Rossiae meridionalis nondum descriptorum.
Mém. Soc. Nat. Moscou. 1806. T. 1. p. 155—167. tab. 1.

2. Unterricht über den Seidenbau. St. Petersburg, 1808. 8. (Lacordaire.)

* 3. **Description de quelques insectes du Caucase et de la Russie méridionale.**
Mém. Soc. Nat. Moscou. 1809. T. 2. p. 31—42.
* 4. **Notice sur quelques insectes de la collection de C. Steven. (7 spec. Coleopt.)**
Bullet. Moscou. 1829. T. 1. p. 284—298. — *Féruss. Bullet. 1831. T. 24. p. 310.
5. **Museum historiae naturalis universitatis Caesareae Mosquensis.** Mosquae, 1829. 8. Pars II. Insecta. (ob dasselbe mit No. 3 ?)
* 6. **Tentyriae et Opatra collectionis Stevenianae nunc in Museo Universitatis Mosquensis.**
Mém. Soc. Nat. Moscou. 1829. T. 7. (ou Nouv. Mém. T. 1.) p. 81—100.
* Separat. 4. pg. 20.
* 7. **Description de l'Elater Parreyssii et de quelques nouveaux Buprestes.** (11 spec.)
Bullet. Moscou. 1830. T. 2. p. 153—172.
Mém. Soc. Nat. Moscou. 1832. T. 8. (ou Nouv. Mém. T. 2.) p. 79—94. tab. 2.
Reimpr. Ed. Lequien. T. 1. p. 80—93.

Stevens (Samuel), in London.
* 1. **List of Coleoptera captured in Sussex, near Hammersmith.**
Entomologist. 1841. p. 223—225; 1842. p. 307—309.
* 2. **Minute Coleoptera from Kent.**
* Ann. and Mag. Nat. Hist. 1842. T. 8. p. 452.
* 3. **Directions for Collecting and Preserving Specimens of Natural History in Tropical Climate.** (London, Newman, 1850.) 8. pg. 8.
* 4. **Note on Paussidae from a letter from Mr. Plant.**
Trans. Ent. Soc. Lond. ser. 2. 1855. T. 3. Proc. p. 121.
* 5. **Larva of Agdistes Bennettii. Curt.**
Trans. Ent. Soc. Lond. ser. 2. 1856. T. 4. Proc. p. 16—17.

Stevens (T. J.), in Bogotá.
* 1. **Note of a larva with a fungus growing from the body.**
Trans. Ent. Soc. Lond. ser. 2. 1853. T. 2. Proc. p. 100.

Stevenson.
* 1. **Entomological Peculiarities of New Zealand.**
* Ann. and Mag. Nat. Hist. 1845. T. 17. p. 285. — * Erichson Bericht. 1845. p. 15.

Stewart.
1. **Elements of natural history; being an introduction to the Systema naturae of Linnaeus. London and Edinburgh, 1802. 8. vol. 2. Ed. II. ibid. 1817.**
(cf. Percheron. II. p. 51.)

Stewart (Charles).
* 1. **List of insects found in the neighbourhood of Edinburgh.**
Mem. Wern. Soc. 1811. T. 1. p. 566—577.
2. **Notes on the Winding and Dying Branches of the Silk Trade of Kurachi.** Lahore, 1853. fol.
(Ob vom selben Verfasser?)

Stieglitz (Johann Friedrich). Probst in Pasewalk.
1. **Nachricht vom Abtreiben und Beschneiden der Bienen.**
Berlin. wöchentl. Relat. 1755. Stück 92 u. 93.
Gemeinnütz. Arbeit. Oberlaus. Bienengesellsch. T. 2. p. 64. (cf. Boehmer. II, 2. p. 323.)
2. **Oekonomisches Gutachten der Societät in der Oberlausitz wegen vergifteter Bienen und einer Abhandlung von Raubbienen.**
Abhandl. Oberlaus. Bienengesellsch. 1767. p. 136. (Lacordaire.)
3. **Anmerkungen von Glas-Stöcken und dem Erfolge eines besetzten Palteauschen Stockes.**
Abhandl. Oberlaus. Bienengesellsch. 1767. p. 134. (Lacordaire.)
4. **Nachricht wie die Bienen zu beschneiden oder zu zeidlen, ohne sich dazu mit einer Kappe oder Handschuhen versehen zu dürfen.**
Abhandl. Oberlaus. Bienengesellsch. 1768—1769. Samml. 3. p. 53.
(cf. Boehmer. II, 2. p. 323.)
* 5. **Methode zusammengeflogene Bienenschwärme zu theilen.**
Gemeinnütz. Arbeit. Oberlaus. Bienengesellsch. 1773. T. 1. p. 168—170.
6. **Abhandlung von den Raubbienen.**
Berlin. wöchentl. Relat. 1775 Stück 118 et 122.
Gemeinnütz. Arbeit. Oberlaus. Bienengesellsch. Samml. 2. p. 147.
(cf. Boehmer. II, 2. p. 325.)
7. **Einige vormals bei den Bienen gehabte Bemerkungen.**
Gemeinnütz. Arbeit. Oberlaus. Bienengesellsch. T. 2. p. 174. (Lacordaire.)

Stierlin (G.). Dr. med. in Schaffhausen.
* 1. **Eine neue Gattung von Rüsselkäfern mit zwei Europäischen Arten. Dichotrachelus.**
Stett. Ent. Zeit. 1853. T. 14. p. 171—172; p. 183—184.

(**Stierlin**, G.)

* 2. Synonymische Bemerkungen. (Curculioniden.)
Stett. Ent. Zeit. 1856. T. 17. p. 361—362.
Berl. Ent. Zeitschr. 1859. T. 3. p. 97.

* 3. Zwei neue europäische Käferarten (Metallites Pirazzolii; Dichotrachelus Imhoffii).
Stett. Ent. Zeit. 1857. T. 18. p. 63—64.

* 4. Die schweizerischen Otiorhynchen.
Berl. Ent. Zeitschr. 1858. T. 2. p. 250—310.

* 5. Ueber Dichotrachelus und zwei neue Rüsselkäfer.
Berl. Ent. Zeitschr. 1859. T. 3. p. 265—270.

* 6. Revision der europäischen Otiorhynchus-Arten. Berlin, Nicolai, 1861. 8. pg. 344.
Auch als Beiheft zu Jahrg. 5 der Berl. Ent. Zeitschr.

* 7. Beitrag zur Insecten-Fauna von Epirus. (Coleopt. u. Hemipt. Catalog.)
Wien. Entom. Monatschr. 1861. T. 5. p. 216—220.

8. Mittheilungen der schweizerischen entomologischen Gesellschaft. Redigirt von Dr. G. Stierlin und Meyer Duerr. No. 1. 1. Febr. 1862. Burgdorf. 8. pg. 36.

9. Schweizer Coleoptera, Elater concolor, Cryptohypnus Meyeri.
Mittheil. schweiz. entom. Gesellsch. 1862. No. 1. p. 91.

Stikney (William).

1. Observations respecting the grub. Halle, 1800. 8. (?)
(cf. Percheron. II. p. 81.)

Stiller (Erdmann).

* 1. Die Ameisen hinsichtlich der Liebe zu ihren Jungen.
Abhandl. naturf. Gesellsch. Görlitz. 1827. T. 1. Heft 2. p. 16—21.

Stocker.

1. Dissert. de usu Cantharidum interno. Goettingae, 1781. 4. (Lacordaire.)

Stockley (George).

* 1. Notice of some Insects occurring in the Hainault Forest.
Morris Naturalist. 1854. T. 4. p. 227—228.

* 2. Notice of the species of Carabus, occurring around London.
Morris Naturalist. 1855. T. 5. p. 253—254.

* 3. Notice of the Diurnal Lepidoptera in my neighbourhood.
Morris Naturalist. 1857. T. 7. p. 85—87.

von Stolzner (Lud.).

1. Vollständiger Unterricht in der Bienenzucht für Landwirthe. Nürnberg, Stein, 1788. 8.
Ed. II. ibid. 1808. 8.

2. Abhandlung vom Seiden-, Flachs- und Hanfbau, nebst einem Anhang von einer Art Seide aus Spinnenweben. Nürnberg, Stein, 1788. 8.
Ed. II. München, 1808. 8.
(Beides Engelmann Bibl. Oec. p. 318.)

3. Vollständiger Unterricht in der Bienenzucht, zum Gebrauch der k. k. Militair-Grenz-Provinzen. Auf Anordnung einer hohen k. k. Militair-Grenz-Direction entworfen nach den neuesten Erfahrungen des Verfassers. Wien, 1808. 8.

Stoll (Caspar), gest. 1795.

* 1. Natuurlyke en naar't Leeven naauwkeurig gekleurde Afbeeldingen en Beschryvingen der Cicaden en Wantzen in alle vier Waerelds deelen Europa, Asia, Africa en America huishoudende, by een verzameld en beschreeven door C. Stoll. Oder: Représentation exactement coloriée d'après nature des Cigales et des Punaises, qui se trouvent dans les quatre parties du monde, l'Europe, l'Asie, l'Afrique et l'Amérique; rassemblées et décrites par C. Stoll. (Holländ. u. französ.) Amsterdam, Sepp, 1780. (1788—1790.) 4. pg. 35 et 124. (Cigales.) — pg. 172. (Punaises.) — Cigales tab. 29 col. et tab. 1. Titre; Punaises tab. 41 col. et tab. 1 Titre.
Dazu deutscher Text:

Beschreibung verschiedener Geschlechte Cicaden und Wanzen, nebst ihren natürlichen und mit Farben sehr genau nach dem Leben illuminirten Abbildungen, wie selbige in den vier Welttheilen Europa, Asia, Africa und Amerika gefunden werden. Gesammelt und beschrieben durch C. Stoll. Amsterdam, Sepp, 1781. 8.
(cf. Cobres. p. 392 et 810.)

* Deutsche Uebers. (von J. C. Heppe.) Des Herrn Caspar Stoll natürliche und nach dem Leben gemalte Abbildungen und Beschreibungen der Cicaden und Wanzen und anderer damit verwandten Insecten aus Europa, Asia, Africa und America. Nürnberg, Winterschmidt, 1781—1792. 4. 7 Hefte. tab. col. Cicaden tab. 29. pg. 4 et 90; Wanzen tab. 41. pg. 4 et 120.
Rel. Jena. gel. Zeit. 1782. p. 56. — 1792. T. 2. p. 2[illegible]—2[illegible].
Leipz. gel. Zeit. 1780. p. 6[illegible]. — Schroeters Litt. T. 1. p. 100.

* 2. Natuurlyke en naar't Leeven naauwkeurig gekleurde Afbeeldingen en Beschryvingen der Spooken, wandelende Bladen, Zabel springhanen, Krekels, Treksprinhanen, en Kakkerlakken. Oder: Représentation des Spectres ou Phasmes, des Mantes, des Sauterelles, des Grillons, des Criquets et des Blattes des quatre parties du monde. (Holländ. u. französ.) Amsterdam, Sepp, 1787—1790—1815. pg. 36, 16, 16. tab. 73 col.
Stoll gab nur 4 Liefr. der Spectres von tab. 1—18 und 1 Liefr. der Locustes von tab. 1—6 heraus; nach Stolls Tode beendigte Houttuyn das Werk.

* 3. Supplementband zu Cramers Papillons exotiques. Aanhangsel van het werk etc. Amsterdam, Graevius, 1787—1791. 4. 5 Cah. pg. 184. tab. 42 col.

Stoller (F. C.).
1. Von der Tinctur der Spanischen Fliegen. Gotha, 1777. 8.
(cf. Parehorea. II. p. 52.)

Stollwerck (F.).
* 1. Ueber die Flugperiode der Maikäfer.
Verhandl. naturhist. Vereins preuss. Rheinl. 1846. T. 3. p. 54—56.
* 2. Der Trichterwickler, Rhynchites betulae Gyll. Einige Beobachtungen über die Lebensweise desselben.
Verhandl. naturhist. Vereins preuss. Rheinl. 1848. T. 5. p. 90—111.
* 3. Entomologische Notiz. (Missbildung bei Calosoma Sycophanta.)
Verhandl. naturhist. Vereins preuss. Rheinl. 1849. T. 6. p. 87.
* 4. Entomologische Beobachtungen und Erfahrungen aus dem Jahre 1849. (Missbildungen Coleopt.)
Verhandl. naturhist. Vereins preuss. Rheinl. 1850. T. 7. p. 2[illegible]—227.
* 5. Entomologische Mittheilungen. (Dorcatoma; Necrophorus.)
Verhandl. naturhist. Vereins preuss. Rheinl. 1853. T. 10. p. [illegible]—[illegible]
* 6. Verzeichniss der bis jetzt im Kreise Crefeld, namentlich in der Umgebung der Städte Crefeld, Uerdingen, Linn, und der nächstgelegenen Ortschaften aufgefundenen Schmetterlinge. 1. Abth. Die Tagfalter, Schwärmer, Spinner, Eulen und Spanner. 2. Abth. Die Pyraliden.
Verhandl. naturhist. Vereins preuss. Rheinl. 1854. T. 11. p. 393—420. 1859. T. 16. p. 70—83. 1860. T. 17. p. 40—97. (Schluss der Microlepidopteren; Nachtrag.)
* 7. Die Gattung Poropoea Foerst. (P. Stollwerckii Foerst.) Nachrichten über die Lebensweise dieses Parasiten, mit Beziehung auf den Rüsselwickler Attelabus curculionoides L.
Verhandl. naturhist. Vereins preuss. Rheinl. 1857. T. 14. p. 112—125; 1861. T. 18. p. 191.

Stone (Stephens) in Brighthampton.
* 1. Protracted continuance of insects in the Chrysalis state.
Morris Naturalist. 1854. T. 4. p. 10—18.
* 2. Observations on Sitaris humeralis.
Zoologist. 1859. T. 17. p. 6775—6776. (Reimpr. Proc. Entom. Soc. Lond.)
* 3. Facts connected with the History of a Wasp's Nest; with Observations on Ripiphorus paradoxus.
Trans. Ent. Soc. Lond. ser. 2. 1860. T. 5. Proc. p. 86—87.
* 4. Capture of a Nest of Hornets, with a Specimen of Velleius dilatatus.
Entomologists weekl. Intellig. 1860. T. 8. p. 188.
* 5. Means employed in the Capture of a Nest of Hornets.
Entomologists weekl. Intellig. 1860. T. 9. p. 37—40.

Stopp (J. F.).
1. Entwurf der Insectenwissenschaft, oder was von Kenntniss, Erzeugung, Verwandlung und Sammlung der Insecten zu wissen nöthig ist. Leipzig, Hilscher, 1788. 8. pg. 126. (anonym von J. F. St.)
(cf. Ochsenheimer Schmetterl. Sachs. p. 8.)

Storer (D. H.).
* 1. Descriptions of several species of Aphis, inhabiting Pennsylvania.
Proc. Boston Soc. Nat. Hist. 1844. p. 168—169.

Storer (Frank H.).

* 1. On the power possessed by the larves of various common Flies of consuming, without apparent injury to themselves, the flesh of animals which have died from the effects of arsenic.
Silliman. Amer. Journ. ser. 2. 1859. T. 29. p. 166—169.

Strack (Friedrich Christian Leberecht), gest. 21. Juli 1852. Professor in Düsseldorf.

*1. Aristoteles Naturgeschichte der Thiere übers. Frankf. a. M., Herman, 1816. 8. pg. 616.

*2. Einige Beziehungen zwischen Insecten, und den andern Thierklassen und Pflanzen.
Neue Annal. Wetterau. Gesellsch. Frankfurt. 1819. 4. T. 1. p. 63—83.

*3. Cajus Plinius Naturgeschichte übers. Bremen, Heyse, 1853. 8. T. 1. pg. 531.
(Ueberarb. u. herausgegeb. v. M. E. D. L. Strack.)

Strada (Luigi.)

1. Riforma della bigattiera, e reintegrazioni da farsi ai bachi. Ragionamenti e disegni etc. Milano, Messaggi, 1840. 8. fig.
(cf. Cornalia monogr. p. 73.)

2. Mobile-bigattiera-Strada privilegiata e speciementata e proposta anche coll' appoggio dell' induzione desunta dalle ricerche di Audouin. Milano, Guglielmini, 1841. 8.
(cf. Cornalia monogr. p. 74.)

3. Mobile-bigattiera-Strada, privilegiata, premiata, sperimentata, etc. Il tutto per opera dell' inventore e scopritore. Milano, Guglielmini, 1841. 8.
(cf. Cornalia monogr. p. 74.)

4. Bachi da seta: errori e pregiudizj che sono ostacolo alla proficua riuscita loro, e causa principale della loro degenerazione. Ragionamento, osservazioni, esperimenti e ritrovati dell' inventore della mobile bigattiera. Milano, Silvestri, 1845.
(cf. Cornalia monogr. p. 77.) — (cf. Bianconi Repert. T. 1. p. 64.)

Stradanus (Joannes).

* 1. Vermis sericus. Dom. Constantiae Alamanniae nobil. Florentinae ex viro suo illustr. Raphaele Mediceo Florent. Hetruriae pedestris militiae Rectore liberorum XVI simul vivorum pudicissimae matri Joannes Stradanus inventor D.D.
6 Blatt in quer Fol. s. a. mit dem Beisatz: Phl. Galle excud. (Nach Brunet T. 4. p. 338 scheint es um 1580 wohl in Antwerpen erschienen zu sein.)
Die Abbildungen stellen den ganzen Process der Seidenzucht dar, und sind mit Unterschriften versehen; ich habe dies Werk nur in der Bibliothek des german. Mus. in Nürnberg gesehen.
Percheron II. p. 43 giebt: Paris, 1688 an; nach ihm soll ausser den 6 Blättern noch ein Frontispiece existiren, welches das Insect in seinen verschiedenen Zuständen darstellt. Ich meine dies auf einem jener 6 Blätter gesehen zu haben. vergl. le Tellier.

Stradivari (Cesare).

1. Sull educazione dei bachi da seta, e sulla coltivazione dei Gelsi. Memoria premiata. Milano, Bernardoni, 1841. 8.
(cf. Cornalia monogr. p. 74.)

Straube (Gustav), früher in Dresden, nach Brasilien ausgewandert.

* 1. Alphabetisch geordnetes Verzeichniss der europäischen Schmetterlinge nach Ochsenheimer und Treitschke nebst den neueren Entdeckungen. Dresden, 1846. 8. pg. 10.

* 2. Systematisch geordnetes Verzeichniss der europäischen Schmetterlinge nach Ochsenheimer und Treitschke, nebst den neueren Entdeckungen bis 1845. Dresden, 1846. 8. pg. 12.

* 3. Bemerkungen bei der Zucht von Bombyx Dryophaga.
Stett. Ent. Zeit. 1849. T. 10. p. 156—160.
*Reimpr. Abhandl. d. naturw. Gesellsch. Saxonia. 1858. T. 1. p. 14—18.

* 4. Entomologische Beiträge. (Lepidopt. Bemerkungen gesammelt auf einer Reise im Orient.)
Abhandl. d. naturw. Gesellsch. Saxonia. 1855. T. 1. p. 9—10.
(Ist wohl Original von No. 3 u. 5.)

* 5. Verzeichniss der 1847 bei Constantinopel u. Brussa gefundenen Schmetterlinge.
Correspondenzbl. d. schles. Vereins f. Insectenk. 1854. T. 8. p. 16—17.
(Aus der Saxonia von Assmann abgezogen.)

Strauch (Alexander). Dr. in Petersburg.

* 1. Catalogue de tous les Coléoptères décrits dans les Annales de la Société Entomologique de France depuis 1832 jusqu'à 1859. Halle, Schmidt, 1851. 8. pg. 4 et 159.

Strauch (W.).

1. **Natürliche Conterfeyhung des gewaltigen Fluges Heuschrecken, welcher gefangen worden ist zu Mailand 1556. Nürnberg, durch W. Strauch.**
   (Scheuchz. p. 137.) (cf. Boehmer. II, 2. p. 216.) Vielleicht ist Strauch nur der Buchdrucker.

Straus-Duerkheim (Hercule Eugène), geb. 1790 in Mamot, in Strasburg.

* 1. **Considérations générales sur l'anatomie comparée des animaux articulés, auxquelles on a joint l'anatomie descriptive du hanneton vulgaire. Paris, Levrault, 1828. 4. pg. 19 et 434. Atlas de 10 pl. doubles, explic. pg. 36.**
   *Férussac. Bull. 1830. T. 14. p. 370—380. — Isis. 1831. V. p. 557.
   Müller Archiv. 1837. p. 400. — Isis. 1839. III. p. 231. fig. (Blutkreislauf beim Maikäfer.)
   *Revans. Revue trimest. 1829. T. 3. No. 4. p. 142—482.
   Ausz. von Van der Hoeven in Bijdrag tot de natuurk. Wetensch. 1828. Deel 3. St. 3. p. 720-[illegible].
   Transl. by Bonnie:

* **On the Antennae and the Hearing of Insects.**
   Fields Naturl. Magaz. 1833. T. 1. p. 58—67. fig.

* **On the Discovery of the Circulation of the Fluids in Insects.**
   Fields Naturl. Magaz. 1833. T. 1. p. 726—729.

* 2. **Lettre sur le mémoire de M. Mueller sur la vision du hanneton.**
   Ann. sc. nat. 1829. T. 18. p. 463—466. — Isis. 1831. XI. p. 1093.

* 3. **Sur l'anatomie des Hyménoptères et spécialement sur les organes de mouvement du frélon.**
   Féruss. Bull. 1830. T. 22. p. 347—349.
   Analyse des trav. Acad. Sc. Paris. 1830. Phys. p. 82—83.

4. **Nouveau mémoire sur l'anatomie du hanneton.**
   Mém. Acad. Sc. Paris. 1833. Decbr. — Féruss. Bull. T. 2. p. 3.

* 5. **Sur la formation de soie chez les chenilles.**
   Revue Zool. 1839. T. 2. p. 723. — *L'Institut. 1839. VII. No. 291. p. 257.

* 6. **Remarques sur le mémoire d'Herold „über das Rückengefäss der Insecten".**
   Féruss. Bull. 1824. T. 2. p. 390—394. (Eine Anzeige von Herolds Schrift.)

* 7. **Traité pratique et théorique d'Anatomie comparative, comprenant l'art de disséquer les animaux de toutes les classes et les moyens de conserver les pièces anatomiques. Paris, Méquignon-Marvis, 1842. 8. T. 2. pg. 434 et 435. tab. 4.**
   Revue Zool. 1842. T. 2. p. 219.

Streubel (August Vollrath).

* 1. **Ueber die Stellung der Brachyelytren oder Staphylinen im natürlichen System.**
   Isis. 1839. p. 126—137.

Stricker (S.).

* 1. **Microscopische Untersuchung der von Hypoderma Diana Br. u. H. Actaeon Br. erzeugten Dasselbeulen.**
   Verhandl. Wien. Zool. Bot. Gesellsch. 1858. T. 8. p. 415—416.

Strickland (Hugh Edwin), geb. 2. März 1811 in Righton, gest. 14. September 1853 in Clarborough Tunnel.

* 1. **On the Luminosity of Glow-worms Eggs.**
   Magaz. of N. H. 1834. T. 7. p. 258.

* 2. **Vespa britannica occasionally builds underground, as well as in Beehives.**
   Magaz. of N. H. 1834. T. 7. p. 784—785.

* 3. **On the occurrence of a Fossil Dragon-fly in the Lias of Warwickshire.**
   Magaz. of N. H. ser. 2. 1840. T. 4. p. 301—303. fig.

4. **Rules, by wich the Nomenclature of Zoology may be established on a uniform and permanent Basis London, 1842. 8. pg. 17. (In Gemeinschaft mit Westwood und andern Forschern.)**
   *Isis. 1846. V. p. 370—385.

* 5. **On the results of recent Researches into the Fossil Insects of the Secondary Formations of Britain.**
   Report. Brit. Assoc. 1845. Sect. p. 58—59. — Erichson Bericht. 1845. p. 19.

* 6. **Agassiz Bibliographia etc. T. 1—3. — v. L. Agassiz No. 2.**

Strobel, Professor in Pavia.

1. **Cimici pavesi. Strenna pavese. 1857.**
   *Berl. Ent. Zeitschr. 1860. T. 4. p. XXXII.

Strobelberger (Johann Stephan) in Grätz.

1. **Tractatus in quo de Cocco Baphico et quae inde paratur, confectione Alkermes usu disseritur; accedit L. Catelani ejusdem confectionis parandae modus. Jenae, 1620. 4. 13½ Bogen.**
   (cf. Bibl. Banks. I. p. 291.)
   * Nodier Bibliogr. p. 68 „cette ouvrage ne trouve place ici qu'à cause de son titre, car il n'y est fait nulle mention de l'insecte."
   *Haller B. B. T. I. p. 423. Der Verfasser weiss nicht dass Kermes ein Insect sei, er hält es für ein Product der Eiche, und fügt einiges über Cochenille bei.

Stroem (C. L.).

1. Naturhistorisk Laesebog for Menigmand. Kjöbenhavn, Höst, 1850—1851. 8. 4 Tom.
   (T. 4 [1851.] enthält Insecten, pg. 156. 19 Holzschn.)
   Schwed. Uebers. Stockholm, Thimgreen et Hultman, 1851—1852. 12. 4 Tom.
   (cf. Carus. p. 284.)

Stroem (Hans), geb. 25. Januar 1726 in Borgand auf Söndmör, gest. 1797 als Probst in Söndmör in Norwegen.

1. Physiske och Oekonomiske beskrivelse öfwer fogderie Söndmör. Soroe, 1762. 4. pg. 570. tab. 4; P. II. 1766. pg. 309.
   Bernoulli Samml. kurz. Reisebeschr. T. 6. p. 385. (cf. Bibl. Banks. 1. p. 109.)
2. Beskrivelse over Norske Insecter med Anmaerkninger.
   *Skrivter Kjöbenh. Selsk. 1765. T. 10. p. 329—365. tab. 2.
   (Deutsche Uebers. Leipzig, 1767.)
   *II. Fortsetzung. 1768. T. 10. p. 1—28; tab. 2.
   *III. Fortsetzung. Trondjemsk. Selsk. Skrifter. 1765. T. 3. p. 376—434; *1768. T. 4. p. 313—364.
   *(Deutsch Th. 3. p. 339—395; Th. 4. p. 285—310. tab. 1. — *Beckmann Phys. Oekon. Bibl. I. p. 517.)
   *IV. Fortsetzung. Skrivter Kjöbenh. Selsk. Nye Saml. 1781. T. 1. p. 87—120; *1783. T. 2. p. 49—93. tab. 7; *1788. T. 3. p. 264—283.
3. Nogle Insect larver med deres forvandlingar. (Coccinella 14-punctata, Cassida viridis, Elater mesomelas, Staphylinus murinus, Hemerobius betulinus, Tenthredo betulae, u. 4 unbekannte Larven.)
   Norske Selsk. Skrift. nye Saml. 1788. T. 2. p. 375—400; T. 4. p. 313.
   (cf. Bibl. Banks. II. p. 215.)

Stroemer (Marten), geb. 7. Juni 1707 in Upsala, gest. 2. Januar 1770. Professor in Upsala. *Nekrolog Act. Upsaline T. 4. p. 318.

*1. Om Gräsmatkar kring Upsala.
   Vetensk. Acad. Handl. 1742. T. 3. p. 46—48. — Deutsche Uebers. 1750. T. 4. p. 68—80. fig. Ital. Uebers. Analecta Transalp. T. 1. p. 204—205.

Strong (A. B.).

1. The illustrated natural history, containing scientific and popular descriptions of quadrupeds, birds, fishes, reptiles, insects etc. New York, Green et Spencer, 1851. 8. 3 vol. 144 plates.
   (cf. Carus p. 139.)

Strube (Christian Ferdinand), Salzfactor zu Gandersheim.

1. Practische Anweisung zur Bienenzucht, besonders in Niedersachsen, nebst einer Abhandlung vom Eingraben der Bienenstöcke im Winter. Celle, 1789. 8.
   Ed. 2. Celle, 1793. 8. tab. 1.
   *Beckmann Phys. Oekon. Bibl. XV. p. 213.
   Ed. 3. (auct.) Hannover, Hahn, 1797. 8. pg. 396. tab. 1.
   *Beckmann Phys. Oekon. Bibl. XIX. p. 489.
   (Aus den Cellischen Abhandl. u. Nachricht. d. K. Grossbrit. Kurf. Br. Lüneb. Landwirthschafts-Gesellschaft von 1787. T. 1. p. 1 (u. 1789?)
   Jena Allgem. Litter. Zeit. 1789. T. 4. p. 343—344. (Lacordaire.)

Struck (Carl Johann Christian), geb. 1832.

*1. Zur Naturgeschichte des Gryllus gryllotalpa.
   Gesellsch. d. Naturf. Meklenburg. 1852. Heft 6. p. 127—129.
   cf. Stett. Ent. Zeit. 1852. T. 13. p. 473.
*2. Die Orthopteren Meklenburgs.
   Gesellsch. d. Naturf. Meklenburg. 1852. Heft 6. p. 130—131.

Struebing, Seminarlehrer in Erfurt.

*1. Aus meinem Tagebuche. (Coleopterol.)
   Stett. Ent. Zeit. 1848. T. 9. p. 28—31.
*2. Ueber die Spaltung der Fühler bei Claviger.
   Stett. Ent. Zeit. 1850. T. 11. p. 412—413.
*3. Epitomatische Uebersicht der Monographie De l'ancien genre Cis par Mellie.
   Stett. Ent. Zeit. 1851. T. 12. p. 23—33; p. 84—93; p. 99—108.
*4. Malachius fallax nov. spec.
   Stett. Ent. Zeit. 1851. T. 13. p. 198—199.
*5. Ueber Dinoderus substriatus Pkl. und D. elongatus Pkl.
   Berl. Ent. Zeitschr. 1859. T. 3. p. 370—372.
*6. Coleopterologische Mittheilungen.
   Berl. Ent. Zeitschr. 1860. T. 4. p. 319—322.

Strumpf, Lehrer in Königsberg.

1. Leitfaden beim Unterricht in der Naturgeschichte für Bürger und gehobene Elementarschulen. Königsberg, Hartung, 1828. 8. 6 Bogen.

2. Die Geradflügler. Mit 1 lithogr. Tafel. Königsberg, Bon, 1840. 8. (Volksschulfreund. T. 4. p. 33.)

3. Die Netzflügler. (Mit 1 lithogr. Tafel. Königsberg, Bon, 1842. 8. (Volksschulfreund. T. 6. p. 232.)
   (cf. Elditt im Anhang.)

von Struve (Heinrich Christoph Gottfried), geb. 10 Januar 1772 in Regensburg, gest. 9. Januar 1851 in Hamburg als Legationsrath.

* *1. Ueber die Kunst Schmetterlinge nach dem Leben abzudrucken.
  Wetterauer Annal. Naturk. 1811. T. 2. Heft 1. p. 183—197.
  Hermbstaedt Bullet. 1812. T. 12. p. 310.

Struve (O.).

* *1. Ueber entomologische Reisen in den Alpen.
  Herrich-Schäffer Correspondenzbl. 1860. T. 1. p. 2—4; p. 9—12; p. 17—19; p. 33—36; p. 49—52; p. 57—59; p. 65—66.

Stubbes.

* *1. Enlargement of the observations in a voyage to the Caribes.
  Philos. Transact. 1668. T. 3. No. 36. p. 708. (Elater noctilucus; Termes.)

Studer (Samuel), geb. 18. Nov. 1757 in Bern, gest. 21. Aug. 1834 daselbst als Professor.

* *1. Methode die kleinen Insecten aufzukleben.
  Naturforscher. 1802. Stück 29. p. 97—103.
* *2. Einige Bemerkungen und Fragen die Maykäfer betreffend.
  Meisner Naturwiss. Anzeiger. 1818. T. 1. p. 10—23. — Isis. 1818. IV. p. 599.

Stumpf (Johann Georg), gest. 30. Mai 1798.

1. Von einigen zur Bienenzucht nützlichen Pflanzen. Rhus glabrum et Asclepias Syriaca.
   Leipz. Magaz. 1786. p. 79—83. (cf. Bibl. Beske. II. p. 529.)
2. Nachrichten und Bemerkungen über die Landwirthschaft Böhmens. Prag, Calve, 1787. 8. 9. Kapitel. (Kap. 7 über Bienenzucht in Böhmen.)
   Extr. Jena Allgem. Litter. Zeit. 1787. T. 4. p. 654—656; 1788. T. 4. p. 185—188. (Lacordaire.)
3. Dreimal sieben Vortheile in der Bienenzucht mit 60 Beispielen. Rostock, Stiller, 1795. 8.
   (cf. Engelmann Bibl. Oecon. p. 318.)

de Sturler (W. L.).

* *1. Over de Cochenille-teelt op Java.
  Tijdschr. neder. entom. Vereen. 1858. T. 2. p. 29—31.

Sturm (C. Ch. G.).

1. Ueber die Spannraupen und die zweckmässigsten Mittel sie zu vertilgen. (Phal. brumata.)
   Sturm Jahrb. der Landwirthsch. Jena. 1811. T. 4. Heft 2.

Sturm (Dr. Jacob), geb. 21. März 1771 in Nürnberg, gest. daselbst 28. November 1848. Kupferstecher. Nekrolog von der naturhist. Gesellsch. in Nürnberg. "Zum Andenken an Dr. J. Sturm von Joh. Wolfg. Hilpert. Nürnberg, 1849. 8. pg. 21 mit Sturms Portrait. Ausgezogen in Stett. Ent. Zeit. 1849. T. 10. p. 162—167. Seine Sammlung besitzt jetzt sein zweiter Sohn.

1. Insecten-Cabinet, nach der Natur gezeichnet und gestochen. Nürnberg, Verfasser, 1791—92. 12. Heft 1—4, jedes mit 25 illum. Kupfern ohne Text.
   (cf. Engelmann p. 317.)
   „Da den Abbildungen keine Beschreibungen beigegeben waren, so kam Panzer auf die Idee, aus denselben ein grösseres Werk zu bilden, und so entstand Panzers Faunae Insectorum Germaniae initia, wozu Sturm die Zeichnung und Stich der Tafeln von 1 bis 110 Hefte fertigte." cf. Stett. Ent. Zeit. 1849. T. 10. p. 163.
2. *2. Verzeichniss meiner Insecten-Sammlung. Nürnberg, Verfasser, 1796. 12. tab. 4 color. (Die schönen Tafeln sind durchgängig von Sturm selbst illuminirt.)
   p. 1—64 enthält Vorbericht pg. 8, Verzeichniss bis p. 33, Beschreibungen der abgebildeten Arten bis p. 61.
   Die Ankündigung vom 22. Septbr. 1796 kl. 8. pg. 2 mit Panzer. Fn. Germ. Heft 41 ausgegeben.
   Lacordaire hat noch eine mir sehr zweifelhafte Schrift, die ich nirgends erwähnt finde: Verzeichniss meiner Insecten-Sammlung. Nürnberg, 1786. pet. 8. pg. 48. tab. 4 col. Les planches représentent 33 espèces rares d'Allemagne qui sont en outre décrites par de phrases spécifiques latines dans le texte.
   Die Angaben stimmen nicht mit dem Verzeichnisse von 1796, welches pg. 64 u. 31 Arten abgebildet, auch die Beschreibungen nicht dem Verzeichniss eingereiht hat. Doch scheint mir aus der Vorrede hervorzugehen, dass Sturm 1796 zum ersten Mal ein Verzeichniss seiner Sammlung edirt hat.

(**Sturm**, Dr. Jacob.)

*3. **Verzeichniss meiner Insecten-Sammlung von Jacob Sturm. 1796. 12. pg. 16. (s. p.)**
(Sehr selten; Bibl. Hope.)

*4. **Verzeichniss meiner Insecten-Sammlung oder Entomologisches Handbuch für Liebhaber und Sammler. Nürnberg, Verfasser, 1800. Erstes Heft. tab. 4 color. incl. Praef. p. XVI. p. 1—112. excl. Regist. 4 pag. (Lethrus bis Copris. 94 spec.)**
In der Vorrede p. I gedenkt er des 1796 gedruckten Verzeichnisses seiner Insecten-Sammlung, welches ich sonst nirgend erwähnt finde; doch sagt Sturm selbst (Avertissement zum Catalog 1826 p. 1), dass er „ausser Tauschverzeichnissen" seit 1796 kein Verzeichniss edirt habe.
Anzeige davon Nov. 1799. kl. 8. pg. 4. und 1800. pg. 4. kl. 8. — Jena allg. Litt. Zeit. 1801. T. 1. p. 117—140.

*5. **Abbildungen zu Karl Illigers Uebersetzung von Oliviers Entomologie oder Naturgeschichte der Insecten. Käfer. Nürnberg, Verfasser, 1802—3. 4. Mit deutsch. u. lat. Text. 18 Hefte od. 2 Bd. mit den illum. Kupfern 1—54 u. 55—96. pg. 136 u. 132.**
Die Anzeige davon 1801. pg. 4. kl. 8.

*6. **Catalog meiner Insecten-Sammlung. Nürnberg, Verfasser, 1826. 8. Erster Theil. Käfer. tab. 4 col. Praef. p. VIII. p. 1—207.**
Abtheil. I. p. 1—32 systemat. Aufzählung der Gattungen nebst deutschen Namen.
Abtheil. II. bis p. 64 Beschreibung u. Abbildung einiger neuen Arten zur Erläuterung des Systems. (40 spec.)
Abtheil. III bis p. 207 Catalog oder alphab. Verzeichniss der Käfer in seiner Sammlung. (7180 spec.)
Dazu unter besonderer Paginirung 1—16 ein Doubletten-Verzeichniss mit Preisen und Avertissement 2 pag. — Ein ähnliches Verzeichniss findet sich *Isis. 1826. p. 933—978. Isis. 1827. p. 102—109.

*7. **Deutschlands Fauna in Abbildungen nach der Natur mit Beschreibungen. V. Abtheilung. Die Insecten. Nürnberg, Verfasser. kl. 8. tab. color. 425.**
Auch unter dem Titel: Deutschlands Insecten. Käfer.
Bd. 1. 1805. Praef. 10 pag. Einleitung p. XXXXIV. p. 1—268. tab. I—XX. (20.)
Bd. 2. 1807. Praef. 4 pag. p. 1—270. tab. XXI—LII. (32.)
Bd. 3. 1815. p. 1—192 incl. Praef. p. 10. tab. LIII—LXXVI. (24.) Der Titel hat den Beisatz mit 24 von dem Verf. nach der Natur gezeichneten und in Kupfer gestochenen, illuminirten Kupfertafeln.
Bd. 4. 1818. p. 1—179. tab. LXXVII—CIV. (28.) Titel wie Bd. 3. Der Titel giebt nur 24 Kupfer an, es sind aber 4 mehr vorhanden.
Bd. 5. 1824. p. 1—220. tab. CV—CXXXVII. (33.) Der Titel heisst einfach: mit 33 illum. Kupfertafeln, und so in allen folgenden Theilen.
Bd. 6. 1825. p. 1—188. tab. CXXXVIII—CLXIII. (26.) Nach dem Titel sollen 27 Kupfer sein, es sind aber nur 26 geliefert.
Bd. 7. 1827. Praef. 2 pag. p. 1—188 incl. Register über Bd 1 bis 7. tab. CLXIV—CLXXXIV. (21.)
Bd. 8. 1834. Praef. 2 pag. p. 1—170 incl. Register. tab. CLXXXV—CCII. (18.)
Bd. 9. 1835. Praef. nebst Nachtrag zu Bd. 8. pg. XII. p. 1—120 incl. Regist. tab. CCIII—CCXVI. (14.)
Bd. 10. 1836. p. 1—108 incl. Register. tab. CCXVI—CCXXVII. (12.) Die Tafel 216 ist zweimal aus Versehen vorhanden, so dass Bd. 9 mit dieser Nummer schliesst u. Bd. 10 mit derselben Nummer beginnt.
Bd. 11. 1837. p. 1—148 incl. Register. tab. CCXXVIII—CCXLIII. (16.)
Bd. 12. 1837. p. 1—88 incl. Register. tab. CCXLIV—CCLVIII. (15.)
Bd. 13. 1838. p. 1—128 incl. Register. tab. CCLIX—CCLXXI. (13.)
Bd. 14. 1839. p. 1—128 incl. Register. tab. CCLXXII—CCLXXXVII. (16.)
Bd. 15. 1844. p. 1—140 incl. Register. tab. CCLXXXVIII—CCCIII. (16.) incl. Anhang über Anophthalmus.
Bd. 16. 1845. p. 1—114 incl. Register. tab. CCCIV—CCCXIX. (16.)
Bd. 17. 1845. Praef. p. XVIII. p. 1—88 incl. Register. tab. CCCXX—CCCXXVIII. (9.) Auch unter dem Titel: Trichopterygia von Dr. C. J. F. Gillmeister mit 7 illum. u. 2 schwarz. Kupfern.
Bd. 18. 1846. Praef. 2 pag. p. 1—80 incl. Register. tab. CCCXXIX—CCCXLIV. (16.)
Bd. 19. 1847. Praef. 2 pag. p. 1—120 incl. Register. tab. CCCXLV—CCCLX. (16.) incl. Anhang über Anophthalmus.
Bd. 20. 1849. Praef. 2 pag. p. 1—103 incl. Register. tab. CCCLXI—CCCLXXVI. (16.) incl. Anhang über Leptodirus.
Bd. 20 und die folgenden sind fortgesetzt vom Sohne des Verfassers J. H. C. F. Sturm.
Bd. 21. 1851. Praef. 2 pag. p. 1—116 incl. Register. tab. CCCLXXVII—CCCXCII. (16.) incl. Anhang über Anophthalmus.
Bd. 22. 1853. Praef. 2 pag. p. 1—97 incl. Register. tab. CCCXCIII—CCCCVIII. (16.) incl. Anhang über Leptodirus.
Bd. 23. 1856. p. 1—123. tab. CCCCIX—CCCCXXIV. (16.)

* 8. **Anophthalmus Blindlaufkäfer. Neue Gattung aus der Familie der Caraben. Nürnberg, Verfasser, 1844. 8. pg. 6. 1 tab. col.**
Separatabdruck aus Bd. 15 der Fauna.

* 9. **Catalog der Käfersammlung von J. Sturm. Nürnberg, Verfasser, 1843. gr. 8. p. 386 et 12. tab. 6 color.**
* Isis. 1844. VII. p. 633—638.

* 10. **Beschreibung einer neuen Art Anophthalmus. Nürnberg, Verfasser, 1847. 8. pg.**
Separatabdruck aus Bd. 19 der Fauna.

* 11. **Ueber das Vorkommen von Purpuricenus dalmaticus.**
Stett. Ent. Zeit. 1847. T. 8. p. 57—58.

* 12. **Eine Anzahl Verzeichnisse zum Insecten-Tausch. Mir haben (ausser No. 3 u. 6) folgende vorgelegen: Novbr. 1799 der Nachricht vom Verzeichniss (cf. No. 4) beigefügt p. 3—16. kl. 8. — Decbr. 1802. pg. 16. 8. — Novbr. 1804. pg. 8. 8. — Octbr. 1808. pg. 8. 8. — Novbr. 1812, Mai 1817, Mai 1833. pg. 8. kl. 8. Octbr. 1829. 8. pg. 16. Sämmtlich in Nürnberg gedruckt u. Panzers Fn. Germ. beigelegt.**
J. Sturm hat die Kupfer zu vielen Werken geliefert; die ersten 16 Jahr alt zu Pallas Icon. Ins. tab. B. C. D. — Dann zu Schoenherr Synonym. Ins. III. tab. 5. 6, zu Panzers Faun. Germ. Heft 1—110, Hoppe Enumer. Insect., Creutzer Entom. Vers., Bechstein u. Scharfenberg Forstins., zu Schuberts Naturgeschichte, Panzers Prodrom. Faun. Amer. bor., Panzer Entomol. German.

Sturm (Johann Heinrich Christian Friedrich), Dr., Mag. der freien Künste der Akademie zu Gettysbourgh in Pennsylvanien (Nordamerika), Naturhistoriker, Iconograph, Sohn des Vorigen, starb am 21. Januar 1862.

1. v. Jacob Sturm No. 7.

* 2. **Leptodirus, Gattung aus der Familie der Scydmaenides, beschrieben und abgebildet. Nürnberg, Verfasser, 1849. 8. pg. 8. tab. 1 col.**
Separatabdruck aus Bd. 20 der Fauna.

* 3. **Abbildung und Beschreibung einer dritten deutschen Art von Anophthalmus. Nürnberg, Verfasser, 1851. 8. pg. 4.**

* 4. **Abbildung und Beschreibung einer vierten u. fünften Art von Anophthalmus. Nürnberg, Verfasser, 1853. 8. pg. 7. tab. 1.**
(Reimpr. aus Sturms deutsch. Fauna.)

Styles (Francis Ayles)

* 1. **An account of a specimen of the labour of a kind of bees, which lay up their young in cases of leaves, which they bury in rotten wood. (Osmia.)**
Philos. Transact. 1760. Vol. 50. Pars 2. p. 844—846.

Suardi (Bartolommeo).

1. **Lettera sopra l'uso della stufa ad acqua bollente per uccidere i Bachi incrisalidati nei loro bozzoli,**
Nuov. Giorn. d'Italia 1778. T. 2. (cf. Dizion. ragion. di F. Re. T. 4. p. 83.)

Suckow (Friedrich Wilhelm Ludwig), Arzt in Mannheim.

1. **Myologiae Insectorum specimen. Heidelberg, 1813. 4. (Crustac.)**

* 2. **Anatomisch physiologische Untersuchungen der Insecten u. Krustenthiere. Heidelberg, Engelmann, 1818. 4. T. 1. Heft 1. pg. 70. tab. XI.**
(Entwicklung von Bombyx Pini. p. 19—45.)
* Isis. 1819. XI. p. 1749.

* 3. **Naturgeschichte der Insecten. Heidelberg, Engelmann, 1819. 8. Bd. 1. Th. 1. pl. 3. (Scarabaei.) pg. 262.**
* Isis. 1819. XI. p. 1750—1753.

* 4. **Ueber die Natur der gemeinen Werre (Acheta gryllotalpa.)**
Verhandl. Badisch. landwirthsch. Vereins zu Ettlingen. 1822. Heft 4. p. 6—8.

* 5. **Naturgeschichte des Maikäfers. (Melol. vulgaris F.)**
Verhandl. Badisch. landwirthsch. Vereins zu Ettlingen. 1823. Heft 12. tab. 3.
* Auch separat: Carlsruhe, Marx, 1824. 8. pg. 36. tab. 3.
(von Dr. Suckow dem Jüngeren in Mannheim nach dem Titel.)

* 6. **Ueber den Winterschlaf der Insecten.**
Heusinger Zeitschr. org. Phys. 1827. T. 1. p. 597—612.
* Féruss. Bull. 1828. T. 14. p. 444—445.

* 7. **Sembils bicaudata F. und S. lutaria F. zwei verschiedene Gattungen.**
Heusinger Zeitschr. org. Phys. 1828. T. 2. p. 265—272. pl. 1.
* Féruss. Bull. 1829. T. 17. p. 145—147.
* Thon Archiv. 1830. T. II, 2. p. 61—69. fig.

* 8. **Geschlechtsorgane der Insecten.**
Heusinger Zeitschr. org. Phys. 1828. T. 2. p. 231—264. tab. 1.
* Féruss. Bull. 1829. T. 17. p. 313—314. — Müller Archiv. 1837. p. 401.

(**Suckow**, Friedrich Wilhelm Ludwig.)

* 9. Respiration der Insecten, insbesondere über die Darm-Respiration der Aeschna grandis.
Heusinger Zeitschr. f. org. Phys. 1828. T. 2. p. 24—[illegible]. tab. 4.
* Féruss. Bull. 1829. T. 17. p. 447—451.
* Extr. Ann. Stor. nat. Bologna. 1829. T. 2. p. 4—8.

* 10. Verdauungsorgane der Insecten.
Heusinger Zeitschr. org. Phys. 1828. T. 3. p. 1—[illegible].
* Féruss. Bull. 1829. T. 19. p. 131—133.

11. Vademecum für Naturalien-Sammler, oder vollständiger Unterricht, Säugethiere, Vögel, Amphibien, Fische, Käfer, Schmetterlinge, Würmer, Pflanzen, Mineralien, Petrefacten zu sammeln, zu conserviren und zu versenden. Stuttgart, Neff, 1830. 8. pg. 189. tab. 3.
* Isis. 1831. II. p. 212.

Suffrian (E.), Schulrath in Münster.

* 1. Eleutheratorum Tremoniensium enumeratio. (Carabidae — Malacodermata.) (Aufzählung der Käfer um Dortmund.)
Programm des Gymnasiums in Dortmund.) 1836. 4. p. 1—[illegible].

* 2. Bemerkungen über einige deutsche Rüsselkäfer in besonderer Beziehung auf Schoenherrs genera et species Curculionidum.
Stett. Ent. Zeit. 1840. T. 1. p. 8—30; p. 44—47; p. [illegible]—61; 1845. T. 6. p. [illegible]—[illegible]; 1847. T. 8. p. 87—91; p. 157—160; p. 163—167; p. [illegible]—[illegible]; p. [illegible]—[illegible]; 1848. T. 9. p. 32—[illegible].

* 3. Fragmente zur genauern Kenntniss deutscher Käfer. (Zeugophora; Lema; Gyrinus; Cassida.)
Stett. Ent. Zeit. 1840. T. 1. p. [illegible]—86; p. [illegible]—101; 1841. T. 2. p. [illegible]—[illegible]; p. [illegible]—47; p. [illegible]—74; p. 97—108. — (Gyrinus.) 1842. T. 3. p. 219—237; p. 242—257. Berichtigungen u. Nachträge. 1843. T. 4. p. 25—27. — (Cassida.) 1844. T. 5. p. [illegible]—[illegible]; p. [illegible]—107; p. 133—148; p. 186—193; p. [illegible]—224; p. 241—257; p. 270—[illegible]; 1846. T. 7. p. [illegible]—384.

* 4. Bemerkung über Micropeplus porcatus.
Stett. Ent. Zeit. 1840. T. 1. p. [illegible]—140.

* 5. Die Caraben des Regierungsbezirks Arnsberg verglichen mit denen der Mark Brandenburg.
Germar Zeitschr. Entom. 1843. T. 4. p. 149—171. tab. 1.

* 6. Ueber die Zeichnung bei Cicindela campestris.
Stett. Ent. Zeit. 1840. T. 1. p. 165.

* 7. Entomologische Bemerkungen. (Coleoptera.)
Stett. Ent. Zeit. 1843. T. 4. p. 91—95; p. 173—125; p. [illegible]—337; p. [illegible]—374; 1844. T. 5. p. 25—[illegible]; 1846. T. 7. p. 210—216; p. 247—[illegible]; 1848. T. 9. p. [illegible]—101; p. 163—171.

* 8. Aphoristische Mittheilungen über die Umgebungen von Bad Ems in entomologischer Beziehung.
Stett. Ent. Zeit. 1843. T. 4. p. [illegible]—[illegible]; p. [illegible]—[illegible].

* 9. Bemerkungen zu den in Lacordaires Monographie des Coléoptères subpentamères de la famille des Phytophages vorkommenden deutschen Arten.
Stett. Ent. Zeit. 1845. T. 6. p. [illegible]—301; p. 327—333; p. [illegible]—357; 1846. T. 7. p. 51—58; p. [illegible]—[illegible]; p. 152—160; 1851. T. 12. p. 194—[illegible].

* 10. Zur Kritik einiger Käferarten nach Vergleich der Typen aus der Fabriciusschen Sammlung.
Stett. Ent. Zeit. 1847. T. 8. p. [illegible]—102; 1849. T. 10. p. 74—80; 1856. T. 17. p. 246—[illegible].

* 11. Revision der Europäischen Arten der Gattung Cryptocephalus.
Linnaea. 1847. T. 2. p. 1—194; 1848. T. 3. p. 1—132.

* 12. Drei neue europäische Cryptocephali; abermals zwei neue europ. Cryptocephali.
Stett. Ent. Zeit. 1849. T. 10. p. 17—21; p. [illegible]—[illegible]. (cf. Fairmaire No. 6.)

* 13. Zur Kenntniss der Europäischen Chrysomelen.
Linnaea. 1851. T. 5. p. 1—280. (Uebers. v. Fairmaire 29.)

* 14. Zur Kenntniss der nordamerikanischen Cryptocephalen.
Linnaea. 1852. T. 6. p. 198—318; T. 7. p. 1—238.

* 15. Synonymische Miscellaneen. (Coleoptera.)
Stett. Ent. Zeit. 1853. T. 14. p. [illegible]—[illegible]; 1854. T. 15. p. 84—[illegible]; p. 143—165; 1855. T. 16. p. 142—150; p. 273—[illegible]; 1856. T. 17. p. 91—[illegible]; p. 250—[illegible]; 1858. T. 19. p. 58—60; 1859. T. 20. p. 40—43; 1860. T. 21. p. 123—157; p. [illegible]—412; 1861. T. 22. p. 87—[illegible]. p. 429—437.

* 16. Berichtigtes Verzeichniss der Europäischen Cryptocephalen.
Linnaea. 1853. T. 8. p. 88—138; p. 323—324.

* 17. Verzeichniss der bis jetzt bekannt gewordenen Asiatischen Cryptocephalen.
Linnaea. 1854. T. 9. p. 1—169.

*18. Zur Kenntniss der Africanischen Cryptocephalen.
Linnaea. 1857. T. 11. p. 57—280.

*19. Berichtigtes Verzeichniss der Nordamerikanischen Cryptocephali.
Linnaea. 1858. T. 12. p. 343—409.

*20. Synonymologisch nomenclatorische Neujahrsgedanken, dem entomologischen Publikum zu geneigter Prüfung vorgelegt von einem norddeutschen Entomophilen.
Stett. Ent. Zeit. 1858. T. 19. p. 161—178. (anonym.)

*21. Uebersicht der in den Vereinigten Staaten von Nordamerika einheimischen Chrysomelen von T. W. Rogers, aus dem Englischen übersetzt mit Zusätzen. fig.
Stett. Ent. Zeit. 1858. T. 19. p. 238—278; p. 381—400.

*22. Beitrag zur genauern Kenntniss der Cryptocephalen Australiens.
Linnaea. 1859. T. 13. p. 1—171.

*23. Berichtigtes Verzeichniss der bis jetzt bekannt gewordenen Asiatischen Cryptocephalen.
Linnaea. 1860. T. 14. p. 1—72.

Sulzer (Johann Heinrich), geb. 1735, gest. 10. August 1813 in Winterthur. Dr. — Nekrolog Germar Magaz. Entom. T. 1, 2. p. 193.

*1. Die Kennzeichen der Insecten nach Anleitung des Königl. Schwed. Ritters u. Leibarztes Carl Linnaeus durch 24 Kupfertafeln erläutert und mit derselben natürlichen Geschichte erläutert; mit einer Vorrede des Herrn Johannes Gessners. Zürich, Heidegger, 1761. 4. pg. 28 u. 67.
Recens. Commerc. Lips. T. 11. p. 447. — Schroeters Journ. T. 3. p. 472. — Tübing. Berichte. 1762. Stück 7.
*Erlang. gel. Beiträge. 1762. p. 168—169. — Journal Etranger. 1762. Juill. p. 186.

*2. Abgekürzte Geschichte der Insecten nach dem Linneischen System. Winterthur, H. Steiner u. Co., 1776. 4. tab. 32 col. pg. 274 et 71.
*Beckmann Phys. Oekon. Bibl. VIII. p. 1.
*Fuessly Magaz. Entom. 1778. T. 1. p. 141—262.
*Neues Magaz. Entom. 1781. T. 1. p. 55—61.

*3. Allgemeine Betrachtungen der Insecten.
Neue Mannigfaltigkeiten. 1774. T. 1. p. 690—703; p. 705—717; p. 721—729.

Sundevall (Jacob Carl), geb. 1801, Director des Museums der Akademie in Stockholm.

*1. Oeconomisk Afhandling om Insecternas åverkan på våra Skogar. (mit Axel C. Böös.) Lund, 1826. 8. pg. 23.

*2. Beschreibung einer neuen Coleopteren Gattung Symbius Blattarum.
Isis. 1831. XI. p. 1222—1228. fig.

3. Om en Fluglarv i menskliga huden.
Förhandl. skand. Naturf. 2. Möde. 1840. Kjöbenhavn, 1841. p. 295—296.

4. Om Coleopterernes antal och geografiska utbredning.
Förhandl. skand. Naturf. 2. Möde. 1840. Kjoebenhavn, 1841. p. 253—270.
*Isis. 1843. IV. p. 291—295. (reimpr.)

*5. Oestrus hominis; Fliegenlarven ausgebrochen.
Öfvers. K. Vet. Acad. Förhandl. 1844. T. 1. p. 162—164; *1845. p. 98.

6. Larve von Condylopalma agilis Forficul.)
Förhandl. skand. Naturf. 4. Möde. 1844. Christiania, 1847. p. 255.
*Isis. 1848. VII. p. 534.

*7. Om växtelande Carabici. (herbivora.)
Öfvers. K. Vet. Acad. Förhandl. 1847. T. 4. p. 200—201.

8. Om larverne af Tenthredinet slägtet Fenusa.
Förhandl. skand. Naturf. 4 Möde. 1844. Christiania, 1847. p. 260—261.

Swagerman (Everard Pieter).

*1. Waarneming omtrent de insecten welken in de Gomlak gevonden worden.
Verhandl. Genootsch. te Vlissingen. 1780. Deel VII. p. 227—238. tab. 1.

Swainson (Williams), gest. 7. Decbr. 1856 in Neu Seeland.

1. Zoological Illustrations, or original Figures and Descriptions of new, rare or interesting Animals, selected chiefly from the Classes of Ornithology, Entomology and Conchology, and arranged on the principles of Cuvier and other modern Zoologists. London. 8. Vol. I. 1820—1821; Vol. II. 1821—1822; Vol. III. 1822—1823. Vol. I. 66 Taf. u. ebensoviel Text; Vol. II. 53 Taf. Vol. III. 63 Taf.
*Reimpr. (der entomol. Theil nebst Abbild.) Thon Archiv. T. 1, 3. p. 89—92. (Lepidoptera.) p. 116—136.

*2. A sketch on the Natural Affinities of the Lepidoptera Diurna of Latreille.
Philos. Magaz. ser. 2. 1827. T. 1. p. 180—190. — *Féruss. Bull. 1827. T. 12. p. 175.
*Isis. 1834. VIII. p. 753.

(**Swainson**, William.)

* 3. Inquiry respecting the Genus Castnia.
Entomol. Magaz. 1833. T. I. p. 309.

* 4. Varieties. Edictorial Criticisms.
Entomol. Magaz. 1834. T. 2. p. 114.

* 5. Hints relative to the present Plans, and future Prospects of the Entomological Society.
Entomol. Magaz. 1834. T. 2. p. 180—200.

* 6. A Preliminary Discourse on the Study of Natural History.
(Lardner) Cabinet Cyclop. No. 59. London, Longman, 1834.

* 7. On the Series of Nature, and on the Relations of Animals. Remarks occasioned by a Review of the Preliminary Discourse on Natural History.
Entomol. Magaz. 1835. T. 3. p. 1—12.

* 8. Note on the Entomological Peculiarities of Van Diemens Land.
Entomol. Magaz. 1835. T. 2. p. 379—505.

* 9. Taxidermy with the Biography of Zoologists and notices of their works. London, Longman, 1840. 8. pg. 392.
(Die Bibliographie ist nach Stephens Ansicht äusserst incorrect u. unvollständig.)

* 10. On the History and Natural Arrangement of Insects. (with W. E. Shuckard.) London, Longman, 1840. 8. pg. 406. fig.
*Isis. 1844. X. p. 791—798.
(Gehört zu Lardners Cyclopädie. Vol. 129.)
* Entomologist. p. 23—41.

Swalbach (Jan Georg).

1. Particularités remarquables des sauterelles venues en Russie. Paris, 1690. 4.
Nach Nodier ist der Verfasser d'Usanne. (Lacordaire.)

Swammerdamm (Johann), geb. 12. Februar 1637 in Amsterdam, gest. 15. Febr. 1685 daselbst. Dr. Med. Sein Leben findet sich in der Vorrede der Bibel der Natur geschrieben von Boerhaave. Seine Sammlung ist zerstreut.

* 1. Historia Insectorum Generalis, ofte Algemeene Verhandeling van de Bloedeloose Dierkens. Waarin de waaragtige Gronden van haare langsame Aangroeingen in Leedemaaten, klaarelyk werden vorgestelt; kragtiglyk, van de gemeene dwaaling der Vervorming, anders Metamorphosis genoemt, gesuyvert: ende beknoptelyk, in vier onderscheide Orderen van Veranderingen, ofte natuurelyke uytbottingen in leeden, begreeben. Het I Deel met uytgesogte afbeeldingen verrykt. Utrecht, Dreunen, 1669. kl. 4. pg. 168, nebst pg. 12 Zuschrift u. Vorrede; pg. 48 Nachrede nebst 1 Tabelle; pg. 12 Register; 13 Kupfertafeln.
Schroeter Abhandl. Bd. 1. p. 386.
Dasselbe Lateinisch:

* Historia insectorum generalis, in qua quaecunque ad insecta eorumque mutationes spectant, dilucide ex sanioris philosophiae et experientiae principiis explicantur, cum Figuris et indicibus necessariis ex Belgica Latinam fecit Henricus Christianus Henninius D. M. Lugd. Batavor., Luchtmans, 1685. 4. pg. 212, nebst pg. 33 Zuschrift, Vorrede, Lobgedicht, 1 Tabelle, 13 Kupfertafeln.
Engelmann zählt 13 Kupfertafeln.
Von der lateinischen Uebersetzung führt die zweite Auflage folgenden Titel:

* Historia insectorum Generalis in qua verissimae mutationum, seu lentae in membra Epigeneseos rationes, duce Experientia redduntur, recepta vulgo Insectorum Metamorphosis solide refutatur: plurimi Errores Auctorum circa hoc argumentum deteguntur ac corriguntur: et tandem omnes Insectorum Mutationes ad Quatuor ordines distinctos summa industria descriptos revocantur, subjecto singulis Ordinibus indice Insectorum eo spectantium. Adjicitur Dilucidatio, qua specialia cujusvis Ordinis Exempla figuris accuratissime, tum naturali magnitudine, quam ope microscopii aucta illustrantur; summa in singulis harmonia, quae et Sanguineis Animalibus, nec non Plantis conspirare, iisdem figurarum ope, specialibus exemplis docetur. Obiter in toto Opere hinc inde Varia Insecta, Auctoribus Physicis aut neglecta, aut male descripta, additis fere figuris, aeri tam naturali, quam aucta microscopia magnitudine, nitidissime incisis, accuratius describuntur. Cum indic. necessariis. Ex Belgica Latinam fecit Henr. Christian. Henninius Doct. Med. Editio secunda. Ultrajecti, Vries, 1693. kl. 4. pg. 16 Zuschrift, Lobgedicht, Vorrede; pg. 1—212, 1 Tabelle, pg. 17 Register, 13 Kupfertafeln.
Eine französische Uebersetzung führt den Titel:

* Histoire générale des Insectes, où l'on expose clairement la manière lente et presque insensible de l'accroissement de leurs membres, et où l'on découvre évidement l'erreur où l'on tombe d'ordinaire au sujet de leur prétendue transformation. Utrecht, Walchren, 1682. 4. avec 13 pl. pg. 215.

Dieselbe Ausgabe erschien später mit ausgedruckter Einleitung u. Titel Utrecht, Ribbius, 1685. kl. 4. mit 13 pl. (cf. Engelmann p. 343.)

* Ed. Lugd. Batav., Joh. van Abkoude, 1733. 4. pg. 16 et 212 et 18.

Percheron II p. 67 giebt eine Ed. angl. Perth, 1792 an, selbe finde ich sonst nirgends erwähnt. Frisch Deutschl. Ins. T. 8 giebt in der Vorrede eine Exposition der Historia Insectorum. Lister Anmerkungen dazu. (cf. Lister No. 6.)

Recens. Philos. Transact. No. 64. p. 2078; Journ. des Sçav. T. 10. p. 247.

* 2. Ephemeri vita, of afbeeldingh van's menschen leven, vertoont in de wonderbaarelycke historie van het vliegent ende een-daghlevent Haft of Oever-aas etc. Amsterdam, Wolfgang, 1675. 8. pg. 422 et 8. tab. 8.

* Engl. Uebers. (von Tyson.) Ephemeri vita, or the natural history and anatomy of the Ephemeron. London, Faithorne etc., 1681. 4. pg. 44 et 8. 8 Taf.)

(Percheron u. Engelmann haben irrig 1781.)

Auch in: Recueil de voyages de Mr. Thevenot, pg. 20 et 52, avec les histoires naturelles de l'Ephemere et du Cancellus, ou Bernhard l'Hermite, décrites et représentées par figures par Mr. Swammerdam, pour servir de supplement à ce qu' Aristote et les autres en ont écrit. Paris, 1682. 8. avec figures. (cf. Bibl. Banks. II. p. 288.)

* 3. Bybel der natuure, door Jan Swammerdam Amsteldammer. Of historie der Insecten etc. Joannis Swammerdammii Amstelaed. Biblia naturae; sive Historia insectorum, in classes certas redacta, nec non exemplis, et anatomico variorum animalculorum examine, aeneisque tabulis illustrata. Insertis numerosis rariorum naturae observationibus. Omnia Lingua Batava, Auctori vernacula, conscripta. Accedit Praefatio, in qua vitam Auctoris descripsit Hermannus Boerhaave Med. Prof. Latinam versionem adscripsit Hieron. Dav. Gaubius etc. 2 Tom. Leydae, Severin etc. Latein. u. Holländ. Fol.

T. 1. 1737. pg. 550 u. pg. 34 Zueschrift, Leben Swamm., Vorrede, Lobgedicht, Register etc. T. 2. 1738. pg. 551—910 u. pg. 38 Register, pg. 134 Erklärung der 53 Kupfertafeln.

* Deutsche Uebers.: Bibel der Natur, worinnen die Insekten in gewisse Classen vertheilt, sorgfältig beschrieben, zergliedert, in saubern Kupferstichen vorgestellt, mit vielen Anmerkungen über die Seltenheiten der Natur erleutert, und zum Beweis der Allmacht und Weisheit des Schöpfers angewendet werden, nebst Herm. Boerhave Vorrede von dem Leben des Verfassers. Leipzig, Gleditsch, 1752. Fol. Mit 53 Kupfertafeln. pg. 16 Widmung pg. 4, Leben Swammerd. pg. XII; pg. 1—410 u. pg. 14 Register.

* Engl. Uebers.: The book of nature; or the history of insects; with the life of the author by Herm. Boerhave, translated from the dutch and latin original edition by Thom. Floyd, revised and improved by notes from Reaumur and others by John Hill. London, Seyffert, 1758. with 53 pl. Fol. p. 236, 153, u. 63.

Nach Boehmer Bd. II. 2 p. 124. Englisch u. Französ.

Französ. Uebers.: Histoire naturelle des insectes, traduite du Biblia naturae de Jean Swammerdam avec des notes par Savary, Gueneau de Montbeillard, et M*** avec 36 pl. in 4. Dijon, Desventes. 1758. 4. pg. 673 et pg. 40 Vorreden.

Bildet T. 5 der Collection Académique composée des Mémoires etc., concernant l'Histoire Naturelle etc. (cf. Cobres I. p. 48 u. Engelmann p. 343.)

Die Bibel der Natur ist erst lange nach Swammerdams Tode publicirt. Swammerdam hatte das Manuscript an Thevenot vermacht, der erst durch Petreus 1682 es von Wingendorp, welcher die lateinische Uebersetzung machen sollte, erstritt. Aus Thevenots Erbschaft kam es an den Maler Joubert, von welchem der Anatom Duverney in Paris es um 50 Thaler erstand. Von ihm kaufte es Boerhave um 1500 Gulden 1727. Einige Platten waren damals schon gestochen.

4. Specialia experimenta et artificia circa insecta, iconibus expressa. Fol.

„Livre de la plus grande rareté, dont on n'a tiré que deux exemplaires, ce qui fait qu'il est peu connu." *Nodier bibl. entom. p. 40.

Ich habe in Holland u. England keine Auskunft über dies Werk erhalten können.

Swartz, (Olof).

* 1. Pulex penetrans Linn. beskrifven. tab. 1.

Vetensk. Acad. nya Handl. 1788. T. 9. p. 40—48.
*Deutsche Uebers. 1788. T. 9. p. 37—44. fig.
*Mayer Magazin f. Thiergesch. 1790. T. 1. p. 82—85.

* 2. Anmärkningar vid hvita myrans historia. (Termes)

Vetensk. Acad. nya Handl. 1792. T. 13. p. 223—228. tab. 1.

(**Swartz**, Olaf.)

* 3. Copicerus ett nytt slägte bland Insecterna från Westindien beskrifvet. (Coleopt.)
Vetensk. Acad. nya Handl. 1802. T. 23. p. 177—183. fig.

* 4. Svensk Zoologi författad af C. Quensel. Stockholm, Delén, 1806—1825. 8. 12 Hefte. (Heft 2—11 von Swartz.) 2 Tom. tab. 72 col.
T. 1. 1806—1809. Insecta p. 1—61; T. 2. 1810—1825. Insecta p. 63—108.
(cf. Carus. p. 280.)

5. Fortsetzung des neuen ökonomischen Wörterbuchs Schwedens von Fischerstroem.
(cf. Percheron. II. p. 66.)

Swayne (George).

1. Letter on Silkworms.
Trans. of the Soc. for the encour. of arts. T. 5. p. 150 et T. 7. p. 121; p. 147.
cf. Reuss Repert. (Lacordaire.)

2. On the culture of Silk in England.
Trans of the Soc. for the encour. of arts. T. 10. p. 177. (Lacordaire.)

Swederus (Nils Samuel).

*1. Et nytt Genus, och femtio nya species af Insekter beskrifne (22 Coleopt., 5 Lepid., 2 Neuropt., 12 Hymenopt., 6 Dipt.)
Vetensk. Acad. nya Handl. 1787. T. 8. p. 181—201; p. 276—290.
* Deutsche Uebers. 1788. T. 8. p. 174—197; p. 268—279.
Reuss Repert. 1. p. 251.

*2. Beskrifning på et nytt genus ibland Insecterna, hörande til Coleoptera efter Linnei System. (Ceropterus.)
Vetensk. Acad. nya Handl. 1788. T. 9. p. 203—204.
* Deutsche Uebers. 1789. T. 9. p. 198—200. fig.
* Meyer Magaz. f. Thiergesch. 1791. T. 1. P. 2. p. 120.

*3. Beskrifning på et nytt Genus Pteromalus ibland Insecterna, hoerande til Hymenoptera.
Vetensk. Acad. nya Handl. 1795. T. 16. p. 200—205; p. 216—222.

Swinton (John).

* 1. Some observations on swarms of Gnats, particularly one seen at Oxford, August 20. 1766.
Philos. Transact. 1767. Vol. 57. P. 1. p. 111—112.
Comment. Lips. Vol. 16. p. 263.

Sybel (N.), Inspector in Cleve.

* 1. Etwas über Bienenzucht.
Schrift. Berl. Gesellsch. naturf. Fr. 1781. T. 2. p. 265—280.

Sykes (William Henry), geb. 25. Januar 1790 in London. Lieutenant Colonel.

* 1. Descriptions of new species of Indian Ants. fig. (Myrmica Kirbyi, Atta providens, Formica indefessa.)
Trans. Ent. Soc. Lond. 1836. T. 1. p. 99—107.

* 2. On the Habits of Copris Midas.
Trans. Ent. Soc. Lond. 1835. T. 1. p. 130—132.

* 3. Some Account of the Kolisurra Silk-Worm of the Deccan. (Bombyx Paphia.)
Trans. Roy. Asiat. Soc. 1835. T. 3. p. 541—547. tab. 1 col. — Separat London, 1834. 4.
* Isis. 1838. V. p. 342—345.

Tabourot (Estienne).

1. La fourmi de Ronsard et le papillon de Belleau, traduits en vers latins. Paris, Antoine Houic, 1572. 8.
(cf. Nodier Bibliogr. p. 63.)
Brunet T. 4 p. 381 erwähnt diese Schrift nicht hat aber folgende: La defense et la louange du pou, ensemble celle du ciron. Langres, Jean Despreys, 1597. 12. en vers de huit sillabes.

Tagnon (Jean Joseph).

1. Mémoire destiné à concourir pour le prix proposé par la société d'agriculture du Département de la Seine pour l'an 1812, sur la multiplication des abeilles, présenté par le Sieur J. J. Tagnon, fermier à Baronville présentement province de Namur.
Journ. d'agric. d'écon. rur. et des manuf. des Pays-Bas. 1815. T. 5. p. 167—175.
(Lacordaire.)

Tallier (Angelo Natale).

*1. Lettera al sig. Giovanni Arduino, in cui si spiega il modo di servirsi delle reti per mutare di letto i Filugelli ossia Bachi da seta, senza pericolo di offenderli; pratica ottima e molto utile, usata nella di lui Parrochia. Venezia, Perlini, 1791. 4.
Nuov. Giorn. d'Italia. T. 2. (cf. Dizion. ragion. di F. Re. T. 4. p. 58.)

Tamburin (F.).
1. Sur le Thrips olivarius et sur les moyens de prévenir les ravages de cet insecte. Draguignan, 1842. 8. pg. 4.
Publié par M. Dubrot de Glory. (Litt. fr. cont. T. 6. p. 4[illegible].)

Tamburini (G.).
1. Raccolta di recenti importantissimi lavori sulla pratica educazione dei bachi da seta. Milano, 1852.
(cf. Cornalia monogr. p. 45.)

Tanara (Vincenzo).
1. Economia del cittadino in villa, L. VII. Il pane, e il vino, le viti e le api il cortile, i giardini, la terra, il sole etc. Bologna, 1644. 4. — Ibid. 1648. 4.
Ed. con un trattato della Caccia Venezia, 1648. 4. — Ibid. 1651.
Ed. 3. accresciuta. Bologna per Dozza, 1651. 4.
Ed. accresciuta Roma, Frid. Moneta, 1651. 4.
Ed. Venez., 1665 et 1687. 4. — Ibid. per Prodocimo, 1700. 4.
Ed. 10. Ibid. G. Bettinelli, 1731. 4.
(Lib. II. handelt von den Bienen.) (cf. Boehmer. Bd. 1, 2. p. 407.)
(Haller B. B. T. I. p. 460.)

Tannoja (Antonio Maria). Prete della Congreg. del Redentore.
1. Delle Api e loro utile, e della maniera di ben governarle; Trattato economico rustico. Napoli, Morelli, 1798—1801. 8. vol. 3.
(cf. Dizion. ragion. di P. Re. T. 4. p. 82.)

Tappes (Gabriel).
*1. Notice sur la vie et les travaux de Passerini.
Ann. Soc. Ent. Fr. sér. 3. 1858. T. 6. p. 187—192.

Targioni-Tozetti (Giovanni), geb. 11. Septbr. 1712 in Florenz, gest. 7. Januar 1783 daselbst als Director des Botan. Gartens.
*1. Lettera sopra una numerosissima specie die farfalle vedutasi in Firenze sulla metà di Luglio, (Ephemera.) Firenze, 1741. 4. pg. 32. pl. 1.
2. De usu Cantharidum in hydrope ac prima recolta di observazioni. Firenze. 8.
Leipz. gel. Zeit. 1755. p. 30. (cf. Percheron. II. p. 90.)

Tarnier (Frédéric).
*1. Coléoptères des Iles Azores.
Voyage aux Azores par Mr. Arth. Morelet. Dijon, 1860. gr. 8. p. 87—98.

Tartet (Emile).
1. Rapport sur l'introduction en France des vers à soie sauvages de la Chine.
Bullet. Soc. d'acclimatat. Paris, Reçon, 1856. 8. p. 53.

Taschenberg (E. L.). Dr. in Halle.
*1. Schlüssel zur Bestimmung unserer heimischen Blatt- und Holzwespengattungen, und Verzeichniss der bisher in der Umgegend von Halle gefundenen Arten.
Zeitschr. f. d. gesammt. Naturwissensch. Halle. 1857. T. 10. p. 113—118.
*2. Schlüssel zur Bestimmung der bisher in Deutschland aufgefundenen Gattungen und Arten der Mordwespen (Sphex Linn.) nebst einer lithographirten Tafel.
Zeitschr. f. d. gesammt. Naturwissensch. Halle, 1858. T. 12. p. 57—122.
*3. Sammelbericht. (Hymenoptera.)
Berl. Ent. Zeitschr. 1861. T. 5. p. 191—197.
*4. Was da kriecht und fliegt. Bilder aus dem Insektenleben. Berlin, Bosselmann, 1861. 8. p. 632. Mit Holzschnitten.
*5. Monströser Käfer, Enema Pan. (3 Beine an der linken Hinter-Hüfte.)
Zeitschr. f. d. gesammt. Naturwissensch. 1861. T. 18. p. 331.

Tassinari.
1. Mollusci fluviatilis Italici nova species (Valvata agglutinans). Forocornelii, typ. Galeati, Decemb. 1858. 8. pg. 2. (Phryganiden-Larve.)

Tastè (Armand).
*1. Description d'une nouvelle espèce d'Insecte Coléoptère longicorne du genre Taeniotes Serv.
Revue Zool. 1841. T. 4. p. 14—15.

Tatum (T.).
*1. Descriptions of new species of Coleopterous Insects.
Ann. and Mag. Nat. Hist. ser. 2. 1851. T. 8. p. 49—51.
*2. On two new species of Carabus from Asia.
Ann. and Mag. Nat. Hist. ser. 1. 1847. T. 20. p. 14—15.

Tauscher (A. M.).

*1. Lepidopterorum Russiae indigenorum observationes sex.
Mém. Soc. Nat. Moscou. 1806. T. 1. p. (174—179.) 207—213. pl. 1.

*2. Sur quelques Noctuelles nouvelles de la Russie.
Mém. Soc. Nat. Moscou. 1809. T. 2. p. 313—326. tab. 1.

*3. Tentyriae Ruthenicae descriptae et iconibus illustratae.
Mém. Soc. Nat. Moscou. 1812. T. 3. p. 17—42. pl. 2.; p. 310—316.

*4. Enumeratio et descriptio insectorum e familia Cantharidiarum, quae in Russia observavit.
Mém. Soc. Nat. Moscou. 1812. T. 3. p. 129—164. pl. 8.

*5. Entomologische Bibliothek. (Grundriss.)
Thon Archiv. 1827. T. 1, 2. p. 38—40. — *Féruss. Bullet. 1826. T. 8. p. 158—160.

6. Beruhigung wegen der Besorgnisse über ein neues schädliches Forstinsect. (Tenthredo Pini.)
Abhandl. aus d. Forst- u. Jagdwissensch. André oekon. Neuigk. u. Verhandl. T. 2. p. 9—14. (Lacordaire.)

Taylor (Henry Stuart), in London.

*1. Notice of the Capture of Vanessa Antiopa in the Neighbourhood of London.
Entomol. Magaz. 1838. Vol. 5. p. 253.

*2. The bee-keepers manual; or practical hints on the management and complete preservation of the honey-bee, with a description of the most approved hives, modes of constructing them, and other appurtenances of the apiary. London, Groombridge, 1838. 12. pg. 78. with woodcuts.

*Ed. II. ibid. 1839. 12. pg. 126. fig.
*cf. Ann. of N. H. 1839. T. 3. p. 121.

Ed. III.

Ed. IV. ibid. 1850. 12. pg. 184.
*Recens. Morris Naturalist. 1851. T. 1. p. 47.

Ed. V. auct. ibid. 1855. 12. pg. 228. fig.

Taylor (Joseph).

*1. Anecdotes of Remarkable Insects selected from Natural History and interspersed with Poetry. London, Baldwin, 1817. 12. pg. 224. fig.

Tegetmeier (W. B.).

*1. On the formation of cells of bees.
Report. Brit. Assoc. Adv. Sc. 28. Meet. 1858. p. 132—133.

*2. On the cells of the honey-bee.
Trans. Ent. Soc. Lond. ser. 2. 1859. T. 5. Proc. p. 34—35.

*3. A newly constructed bee-hive.
Trans. Ent. Soc. Lond. ser. 2. 1860. T. 5. Proc. p. 17—18.

Teichmann (Johann Chr. Friedrich).

1. Die den Obstbäumen schädlichen Raupenarten. Leipzig, Engelmann, 1829. 12. pg. 62.
(cf. Carus p. 498.) Engelmann Bibl. Oec. p. 323 hat auch: ibid. 1823. 12.

le Tellier (Jean Baptiste).

1. Brief discours contenant la manière de nourrir le ver à soye avec figures et interprétation d'icelles.. Paris, Pautonnier, 1602. 4. oblong.
(Brunet T. 3. p. 121; nach ihm gehört hierzu das Kupferwerk von Stradanus in 6 Tafeln.)
(Nach Nodier Bibliogr. p. 47. in 12.)

2. Mémoires et instructions pour l'établissement des meuriers, et art de faire la soie en France. Paris, Jamet, 1603. 4. pg. 32. 4 Holzschn.
Nach Nodier Bibliogr. p. 43 anonym; gehört nach Böhmer II, 2. p. 252. wahrscheinlich zu le Roy, nach Brunet T. 3. p. 111. zu le Tellier.

3. Discours contenant la manière de nourrir les vers à soie et de les tirer: avec les figures de Jean Galle. Paris, 1668. pet. in fol. obl. fig.
(Nach Lacordaire wohl Reimpression von No. 1.)
Wahrscheinlich sind die bei Stradanus erwähnten Kupfer zu diesen Werken gehörig; sie müssen dann früher erschienen sein als bei Stradanus angegeben ist.

Tellkampf (Theodor). Dr.

*1. Beschreibung einiger neuer in der Mammuth-Höhle in Kentucky aufgefundener Gattungen von Gliederthieren. (Coleoptera.) fig.
Wiegm. Archiv. 1844. T. 10. p. 318—322. — Müller Archiv. 1844. p. 381—394.
Ann. and Mag. Nat. Hist. 1844. T. 13. p. 111—112. (von Thompson.)

Temple.

1. Travels to various parts of Peru.

*Daraus T. 1. p. 106. Ueber die Heuschrecken in Süd-America.
Froriep Notiz. 1830. T. 28. p. 126—127; p. 169.

Templer (John).

*1. **Some observations concerning glow-worms.**
Philos. Transact. 1671. T. 6. No. 72. p. 2177; No. 76, p. [illegible].
*Badd. 1733. T. 1. p. 313—314; p. 333. — Leske, Uebers. T. I. Bd. 1. p. 47.

Templeton (Robert).

*1. Thysanurae Hibernicae, or Descriptions of such species of Spring tailed Insects (Podura and Lepisma Linn.) as have been observed in Ireland; with Introductory Observations upon the Order by Westwood.
Trans. Ent. Soc. Lond. 1833. T. 1. p. 89—98. fig.

*2. Description of a new Hemipterous Insect from the Atlantic Ocean. (Halobates Streatfeildiana.) fig.
Trans. Ent. Soc. Lond. 1836. T. 1. p. 230—231.

*3. Description of a new Strepsipterous Insect. (Xenos Westwoodi) fig.
Trans. Ent. Soc. Lond. 1841. T. 3. p. 51—56.

*4. Descriptions of some species of the Lepidopterous genus Oiketicus, from Ceylon.
Trans. Ent. Soc. Lond. 1847. T. 5. p. 38—40.

*5. Notes upon Ceylonese Lepidoptera.
Trans. Ent. Soc. Lond. 1847. T. 5. p. 41—45.

Tengmalm (Pehr Gustaf).

*1. Rön om en mängd flugor som framkommit ur näsan på et spädt barn.
Vetensk. Acad. nya Handl. Stockholm. 1796. T. 17. p. 286—291.

von Tengstroem (J. M. J.).

*1. Bidrag till Finlands Fjäril-Fauna.
Notiser Sällskap. pro Fauna Fenn. Förhandl. 1847. T. 1. p. 69—164.
*Isis. 1848. VIII. p. 707.

*2. Geometridae, Crambidae et Pyralidae Faunae Fennicae.
Notiser Sällskap. pro Fauna Fenn. Förhandl. 1859. T. 4. p. 115—151. (oder Bidrag till Finlands Naturkännedom. T. 3.)

*3. Anmaerkningar och Tillägg till Finlands Småfjäril-Fauna. (Geometr.)
Notiser Sällskap. pro Fauna Fenn. Förhandl. 1859. T. 4. p. 155—226. (oder Bidrag till Finlands Naturkännedom. T. 3.)

Tennent (J. Emerson), in Ceylon.

1. Ceylon, an account of the island, physical, historical, and topographical etc. London, 1859. 8. Vol. I.
(Insecten p. 247—268.)

2. Sketches of the natural history of Ceylon with narratives and anecdotes illustrative of the habits and instincts of the mammalia, birds, reptiles, fishes, insects etc. including a monograph of the elephant, and a description of the modes of capturing and training it, with 82 engravings from original drawings. London, Longman, 1861. 8. pg. 516. fig.
(Insecten p. 403—479, nebst einem Catalog von F. Walker.)

Tenzel.

1. Ueber Heuschrecken aus Ludolf.
Monatl. Unterred. 1691. p. 527; 1693. p. 838. (cf. Boehmer II, 2. p. 216.)

Terme, Dr. in Lyon.

1. Rapport présenté à la société d'agriculture du Département du Rhone sur les établissemens formés par M. Poidebar à Saint-Alban (pour l'éducation des vers à soie et la filature de la soie) au nom d'une commission par M. le Dr. Terme et imprimé par ordre de la société. Lyon, impr. Barret, 1823. 8. pg. 16.
(cf. Querard. T. 9. p. 378.)

de Termeyer (Raimond Maria). (oder Termeyer?)

1. Osservazioni sull' utile che più ricavarsi dalla seta de' Ragni paragonato col vantaggio che ricavasi dalla seta de Filugelli.
Opuscoli scelti 1778. T. 1. p. 69—91. tab. 1.

*2. Lettera su due Insetti non conosciuti sinora dai naturalisti. (Coleopt., Hemipt. Larve.)
Opuscoli scelti 1784. T. 7. p. 67—72.

3. Opuscoli scientifici di Entomologia, di Fisica e di Agricoltura. Milano, 1807—1810. 4. fig. 6 vol. (Lacordaire.)

du Tertre (Jean Baptiste), geb. 1610, gest. 1687. Dominicaner.

1. Histoire générale des Iles habitées par les François. Paris, 1667. 4. 4 vol. pg. 593; pg. 519; p. 317; p. 362.
(cf. Bibl. Banks. I. p. 101.)

Terzaghi (Ercole).

1. Il bigattiere alla prova, ossieno Nuove istruzioni de' bachi da seta, tratte dai migliori autori antichi e moderni e confermate dall' esperienza. Milano, Visaj, 1810. 8.
   (cf. Cornalia monogr. p. 73.)

Tesauro (Alessandro).

1. Della Sereide alle nobili e virtuose Donne. Canti 2 (doveva averne 4). Torino, Bevilacqua, 1585. 8.
   Reimpr. Vercelli, 1777. dal sig. Ranza. (cf. Dizion. ragion. di F. Re. T. 4. p. 110.)

Tessien (H.).

*1. Verzeichniss der bisher um Altona und Hamburg gefundenen Schmetterlinge. Hamburg, Niemeyer, 1855. 4. pg. 4 et 20.
   *Recens. Stett. Ent. Zeit. 1855. T. 16. p. 372.
   (Die Jahreszahl 1853 ist daselbst angegeben.)

*2. Zur Fauna der Nieder-Elbe. Verzeichniss der bisher um Hamburg gefundenen Käfer mit Angabe der Fundorte und sonstigen Bemerkungen (mit Endrulat). Hamburg, Niemeyer, 1854. 8. pg. 17.

Tessier (Henri Alexandre), geb. 16. October 1741 in Augerville, Seine et Oise, gest. 11. December 1837 in Paris.

1. Sur une espèce de charançon. (Fruchtbäumen schädlich.)
   Ann. de l'agric. franc. sér. 1. An VI (1798). T. 1. p. 54. (Lacordaire.)
2. Sur un insecte qui devore les sapins (Bombyx Pini.)
   Ann. de l'agric. franc. sér. 1. An VI (1798). T. 1. p. 97—99. (Lacordaire.)
3. Observations sur la cochenille à l'occasion de celle qui existe au Jardin des Plantes à Paris.
   Ann. de l'agric. franc. sér. 1. An IX (1801). T. 6. p. 81—107. (meist historisch.) (Lacordaire.)
4. Note sur le Kermes et instruction sur sa récolte, redigées d'après le voeu de la Société d'Agriculture du Département de la Seine. Paris, 1808. 8. (avec L. A. G. Bosc et G. A. Olivier.)
   Ann. de l'agric. franc. sér. 1. 1808. T. 34. p. 231—237. (Lacordaire.)
5. Remèdes pour la piqure des abeilles et des guêpes.
   Journ. d'agric. d'écon. rur. et des manuf. des Pays-Bas. 1817. T. 3. p. 140—142. (Lacordaire.)

Thalberg (C.).

1. Der Bienenfreund. Ein Handbuch für Freunde der Bienenzucht. Leipzig, Glück, 1831. 8.
   (cf. Engelmann Bibl. Oec. p. 376.)
2. Der Bienenfreund, oder nützliche Belehrungen über Bienenzucht, Bienenstöcke, Bienenkönig, Bienenschwärme, Krankheiten der Bienen, Raubbienen, Bienenfeinde, nebst Th. Nutt' Lüftungs-Bienenzucht. Für Freunde der Bienenzucht. Quedlinburg, Ernst, 1845. 8.
   Ed. II. aucta. ibid. 1846. 8.

Then (B.).

1. Bienenpflege der Natur gemäss. Nach ganz neuen bewährten und aus der Natur der Bienen erwiesenen Grundsätzen. Nach vierjährigen Erfahrungen herausgegeben. Mit 1 Steintaf. Passau, Winkler, 1839. 8.
   (cf. Engelmann Bibl. Oec. p. 327.)
   Ed. II. (Titelausgabe.) Passau, Plenger, 1853. 8.

Theobald. Episcopus. Ob in Monte Cassino? dann von 1022—1035.

1. Physiologus de naturis duodecim animalium. Antwerp., 1487. 4. — Coeln, 1492. 4. — Delft. 1492. 8. — Ibid. Ch. Snellaert, 1495. 4. — Cologne, H. Quentel. s. a. 4. goth. 17 Bl. — s. l. et a. (Deventer, Rich. Paffroet.) 4. 17 Bl. — s. l. 1502. 4. 14 Bl. — Cologne, 1508. 4. — Leipzig, Wfg. Monacensis, 1510. 4.
   Reimpr. von Beaugendre in Hildeberti Opera. p. 1173. (cf. Brunet. T. 4. p. 648.)
   (Gedichte über Löwe, Adler, Schlange, Ameise, Fuchs, Hirsch, Spinne, Wallfisch, Syrene, Elephanten, Turteltaube, Panther.) (cf. Carus p. 265.)

Theodosius (Johan Baptista), gest. September 1538.

*1. Quid sit Verticillus, Polypus, Corbien, Spondylus.
   Theodos. Epistol. Medic. 1553. Ep. 17. p. 148—152.
*2. De Lampyride.
   Theodos. Epistol. Medic. 1553. Ep. 50. p. 305—310.
*3. Medicinales Epistolae. Basel, Nic. Episcopius, 1553. 8. pg. 397.
   Ed. II. Lyon, 1557.

Theophrastus, geb. in Eresus auf Lesbos 371 a. Ch. n., gest. 286 a. Ch. n. in Athen.

1. De apibus; de melle.
   In seinen Schriften. cf. Aldrovandi Opera.

Thiebaut de Berneaud (J. B. M. Arsenne), geb. 16. Januar 1777 in Sèdan.

*1. Remarques sur les moeurs et les habitudes de la Noctuelle du genêt. (N. spectrum Esp.)
   Mém. Soc. Linn. Paris. 1822. T. 1. p. 244—249.

*2. Description d'une nouvelle espèce de Dorthesia existante aux environs de Paris.
   Mém. Soc. Linn. Paris. 1824. T. 3. p. 293—302. tab. 1.
   *Extr. Férussac. Bullet. 1825. T. 4. p. 146—148.

Thiede (C. Gottfried).

1. Das Ganze des Seidenbaus. Jüterbog, 1815. 8. pl. 2.
2. Der practische Bienenzüchter, oder Wegweiser, die Bienenzucht in jeder Gegend zu heben und naturgemäss zu betreiben. Nebst Angabe der bei den Bienen in jedem Monat vorkommenden Beschäftigungen. Mit 1 Taf. Jüterbog, Colditz, 1845. 8.

Thienemann (Friedrich August Ludwig). Dr., geb. 25. Decbr 1793 in Gleina bei Freiburg a. d. Unstrut, gest. 24. Juni 1858 in Trachenbergen bei Dresden.

*1. Lehrbuch der Zoologie. Berlin, Rücker, 1828. 8. pg. 686.
   (Insecten p. 124—335.)

Thiéry de Menonville (Niclas Joseph), geb. 1739 zu Saint Mihiel in Lothringen, gest. 1780 in St. Domingo. Botaniker.

*1. Traité de la culture du Nopal et de l'éducation de la cochenille dans les colonies Françaises de l'Amérique; precédé d'un voyage à Guaxaca. Auquel on a ajouté une préface, des notes et des observations relatives à la culture de la cochenille avec des figures coloriées. Le tout recueilli et publié par le cercle des Philadelphes établi au Cap Français, Isle et cote St. Domingue. avec fig. Au Cap Français 1787. 8. 2. vol. pg. 436 u. 94.
   *Extr. Beckmann Phys. oekon. Bibl. XV. p. 301. Wohl irrig bei Percheron: Paris, 1787.

Thiersch (Ernst), geb. 1786 zu Burgscheidungen, seit 1818 kgl. sächs. Oberförster zu Eibenstock in Sachsen.

*1. Die Forstkäfer oder vollständige Naturgeschichte der vorzüglichsten den Gebirgsforsten schädlichen Insekten, hauptsächlich der Borkenkäfer mit Angabe der Mittel zu ihrer Vertilgung. Stuttgart u. Tübingen, Cotta, 1830. 8. pg. 37 u. 6. pl. 2 col. (18 spec.)
   ? Ed. II. Stuttgart. 1831. pl. 3 col.
   *Kien. Ent. Zeit. 1852. T. 13. p. 318.

Thion. Dr. Medic. à Orléans.

*1. Description des Organes de la Manducation chez le Sièges. avec une pl.
   Ann. Soc. Ent. Fr. 1835. T. 4. p. 153—168.
   (Avec des notes par Buquet p. 163. et Audouin p. 168.)

Thomas (David).

*1. Remarks on the American Locust. (Cicada septendecim.)
   Silliman. Amer. Journ. 1832. T. 21. p. 184—189.

*2. Some Account of the Chrysomela vittivora.
   Silliman. Amer. Journ. 1834. T. 26, 1. p. 113—114.

Thomé. Négociant, gest. 1787.

1. Mémoires sur la culture du mûrier blanc dans lequel on trouve les instructions nécessaires aux jardiniers pour la culture de cet arbre, depuis le semis jusqu'à la cueillette de ses feuilles, avec des observations sur l'éducation des vers à soie. Amsterdam, 1751.
   Lyon, de la Roche et Paris, Desplilly, 1763. 12. — Yverdun, 1763. 8.
   Querard T. 9. p. 449. hat noch ausserdem: Mémoire sur le mûrier blanc, lu à la Société R. d'agric. de Lyon. Lyon, Aimé de la Roche, 1763. 8.

2. Mémoires sur la manière d'élever les vers à soie et de cultiver les mûriers blancs. Lyon, 1767. 8.
   Mémoire sur la manière d'élever les vers à soie et sur la culture du mûrier blanc. Amsterdam et Paris, Vallat la Chapelle, 1767. 12.
   *Rel. Götting. gel. Anz. 1768. p. 30. (cf. Querard T. 9. p. 449.)
   Ed. II. Amsterdam et Lyon, de la Roche, 1772. 8. vol. 2. pg. 375 et 360.
   Nach Querard l. c. Reimpression von No. 1 u. 2. — Rel. Comment. Lips. T. 19. p. 605.
   Nach Boehmer II, 2. p. 882. ist die letzte Schrift nur aus Thomé's Schriften compilirt von einem Andern.
   Musset Pathay in Bibliogr. agronomique giebt eine Ausgabe: Paris, 1771. 8. 2 vol. an, die Lacordaire für zweifelhaft hält; wahrscheinlich ist sie mit der Amsterdamer und Lyoner identisch.

Thompson (Thos).
* 1. The Dusy Fly dead in the Posture of Life.
Magaz. of N. H. ser. 1. 1834. T. 7. p. 520—522.

Thompson (Williams) from Belfast, gest. 17. Februar 1852 in London auf der Reise.
* 1. Note on Clouds of Diptera.
Ann. of N. H. 1842. T. 10. p. 8.
* 2. On the habits of Aleyrodes Phillyreae.
Trans. Ent. Soc. Lond. 1845. T. 3. Proc. p. 48.
3. The Natural History of Ireland. London, Bohn, 1856. Vol. 4.
T. IV. nach dem Tode Thompsons von Dickie und Ball herausgegeben enthält eine Liste der Insecten von Haliday. — *Zoologist. 1856. p. 5180.

Thomson (C. G.).
* 1. Coleoptera funna vid Ramlösa.
Öfvers. K. Vet. Acad. Förhandl. 1851. T. 8. p. 131—134.
* 2. Öfversigt af de i Sverige funna arter af slägtet Homalota.
Öfvers. K. Vet. Acad. Förhandl. 1852. T. 9. p. 131—146.
* 3. Öfversigt af de i Sverige funna arter af familjen Palpicornia.
Öfvers. K. Vet. Acad. Förhandl. 1853. T. 10. p. 40—58.
* 4. Öfversigt af de arter inom insekt-familjen Cyphonidae, som blifvit funna i Sverige.
Öfvers. K. Vet. Acad. Förhandl. 1855. T. 12. p. 217—222.
* 5. Öfversigt af de arter tillhörande insect-familjen Trichopterygia, som blifvit funna i Sverige.
Öfvers. K. Vet. Acad. Förhandl. 1855. T. 12. p. 323—341.
* 6. Öfversigt af de arter tillhörande Slägtet Oxypoda, som blifvit funna i Sverige.
Öfvers. K. Vet. Acad. Förhandl. 1855. T. 12. p. 193—208.
* 7. Några nya arter af insekt-slägtet Homalota.
Öfvers. K. Vet. Acad. Förhandl. 1856. T. 13. p. 91—107.
* 8. Öfversigt af de arter inom familjen Dytisci, som blifvit anträffade på Scandinaviska halfön.
Vetensk. Acad. Handl. (1854) 1856. p. 177—237.
* 9. Arter af slägtet Omalium, funna i Sverige.
Öfver. K. Vet. Acad. Förhandl. 1856. T. 13. p. 223—236.
* 10. Skandinaviens Coleoptera synoptiskt bearbetade. Lund, 1857. 8.
T. 1. Heft 1. (Carabici.) 1860. Heft 2. p. 1—64; p. 65—290. *T. 2. 1860. pg. 304; *T. 3. 1861. p. 278.
*Berl. Ent. Zeitschr. 1859. T. 3. p. 30—58.
* 11. Öfversigt af de arter inom insektengruppen Steoini, som blifvit funna i Sverige.
Öfvers. K. Vet. Acad. Förhandl. 1857. T. 14. p. 219—223.
* 12. Skandinaviens Proctotruper beskrifna af C. G. Thomson.
Öfvers. K. Vet. Acad. Förhandl. 1857. T. 14. p. 411—422; 1858. T. 15. p. 155—180; p. 287—305; p. 330—380; p. 417—431; 1861. T. 18. p. 169.
* 13. Försök till uppställning af Sveriges Staphyliner.
Öfvers. K. Vet. Acad. Förhandl. 1858. T. 15. p. 27—40.

Thomson (James), in Paris.
* 1. Descriptions d'une Cicindela et de deux Longicornes. (C. Craverii, Cerosterna voluptuosa, Batocera Victoriana.)
Revue et Magas. Zool. 1856. T. 8. p. 528—530.
* 2. Description de dix Coléoptères et de dix sept Coléoptères.
Revue et Magas. Zool. 1856. T. 8. p. 112—116; p. 478—483.
* 3. Description de quelques Coléoptères nouveaux ou peu connus.
Ann. Soc. Ent. Fr. sér. 3. 1856. T. 4. p. 317—335. fig. col.
* 4. Description de trois Carabes.
Ann. Soc. Ent. Fr. sér. 3. 1856. T. 4. p. 335—338.
* 5. Description de quatre Lucanides nouveaux, d'une Cicindele et de deux Longicornes, précédée du catalogue des Coléoptères Lucanoides de Hope (1845) et de l'arrangement méthodique adopté par Lacordaire pour sa famille des Pectinicornes.
Revue et Magas. Zool. 1856. T. 8. p. 518—528.
* 6. Monographie des Cicindélides ou exposé méthodique et critique des tribus, genres et espèces de cette famille. Paris, Baillière, 1857. 4. 3 Livr. pg. 17 et 66. tab. 10.
* 7. Archives entomologiques ou recueil contenant des illustrations d'insectes nouveaux ou rares. Paris, (Baillière). 4. T. 1. 1857. pg. 514. tab. 21 et 1 col. T. 2. 1858. pg. 469. tab. 14 et 1 col.
* 8. Monographie de la Tribu des Anacolites, de la famille des Longicornes.
Archiv. entom. 1857. T. 1. p. 7—20. fig. col.

* 9. Description de deux genres nouveaux de Longicornes. (Georgia, Hamadryades.)
Archiv. entom. 1857. T. 1. p. 70—73. fig. col.; p. 128.

* 10. Description d'une espèce de Batocera. (B. Victoriana.)
Archiv. entom. 1857. T. 1. p. 23—24. fig. col.

* 11. Monographie du groupe des Tragocéphalites, de la famille des Cérambycides.
Archiv. entom. 1857. T. 1. p. 25—29. fig. col.; p. 67.

* 12. Monographie du groupe des Tapeinites, de la famille des Cérambycides.
Archiv. entom. 1857. T. 1. p. 30—44. fig. col.

* 13. Essai monographique sur le groupe des Tetraophthalmites, de la famille des Cérambycides.
Archiv. entom. 1857. T. 1. p. 45—67; p. 128.

* 14. Essai synoptique sur le Compsosomites de la famille des Cérambycides.
Archiv. entom. 1857. T. 1. p. 68—77. fig. col.

* 15. Description d'un genre nouveau de Cérambycides. (Holorionomus.)
Archiv. entom. 1857. T. 1. p. 78—79. fig. col.

* 16. Mélanges et nouvelles (collection Bates.)
Archiv. entom. 1857. T. 1. p. 79—80.

* 17. Abrégé de l'histoire des Cérambycides (Longicornes) et Revue des divisions primaires et secondaires établies dans cette famille jusqu'à ce jour.
Archiv. entom. 1857. T. 1. p. 81—99.

* 18. Mémoire pour servir à l'histoire de l'entomologie d'Aristote.
Archiv. entom. 1857. T. 1. p. 100—104.

* 19. Description de trente-trois espèces de Coléoptères.
Archiv. entom. 1857. T. 1. p. 109—127. fig.; p. 378—387.

* 20. Description d'un genre nouveau de la famille des Cérambycides.
Archiv. entom. 1857. T. 1. p. 127—128. fig. col.

* 21. Description de quatorze espèces nouvelles. (Coléopt.)
Archiv. entom. 1857. T. 1. p. 129—136.

* 22. Synopsis des Stibara de ma collection.
Archiv. entom. 1857. T. 1. p. 137—147.

* 23. Chrysina? Truquii Thoms. nouvelle espèce et peutêtre nouveau genre de Scarabaeide du Mexique.
Archiv. entom. 1857. T. 1. p. 148. fig. col.

* 24. Remarques sur le genre Triammatus de la famille des Cérambycides.
Archiv. entom. 1857. T. 1. p. 149—150.
Ann. Soc. Ent. Fr. sér. 3. 1857. T. 5. p. 107—108.

* 25. Description d'une espèce nouvelle de Dorcadion. (D. Fairmairei.)
Archiv. entom. 1857. T. 1. p. 151—152. fig. col.

* 26. Description d'un genre nouveau de la famille des Eumorphides et de plusieurs espèces qui rentrent dans cette division.
Archiv. entom. 1857. T. 1. p. 153—157.

* 27. Note sur le quatrième volume du genera des Coléoptères, publié par Lacordaire.
Archiv. entom. 1857. T. 1. p. 158—161.

* 28. Description d'un genre de la tribu des Trichiites. (Iocala.)
Archiv. entom. 1857. T. 1. p. 162—163.

* 29. Description d'un Elateride, de deux Carabus et d'un Helluonite nouveaux.
Archiv. entom. 1857. T. 1. p. 164—167.

* 30. Description d'un genre nouveau de la famille des Buprestides. (Tyndaris.)
Archiv. entom. 1857. T. 1. p. 168.

* 31. Diagnoses de Cérambycides nouveaux ou peu connus de ma collection.
Archiv. entom. 1857. T. 1. p. 169—194.

* 32. Description de treize Coléoptères.
Archiv. entom. 1857. T. 1. p. 281—289.

* 33. Description de Cérambycides nouveaux ou peu connus de ma collection.
Archiv. entom. 1857. T. 1. p. 291—320. fig. col.; p. 384.

* 34. Voyage entomologique à Londres.
Archiv. entom. 1857. T. 1. p. 331—335.

* 35. Description de trois espèces de Coléoptères.
Archiv. entom. 1857. T. 1. p. 341—344. fig. col.

* 36. De M. Guérin-Meneville et de trois Eumorphides.
Archiv. entom. 1857. T. 1. p. 345—371. — *Separat. Paris 1859. 4. p. 27.

* 37. Synopsis du genre Trachysomus.
Archiv. entom. 1857. T. 1. p. 384—387.

* 38. Liste des espèces de Coléoptères qui vivent sur le Poirier (Pyrus communis L.).
Archiv. entom. 1857. T. 1. p. 389—395.

(**Thomson**, James.)

*39. Description de trois Coléoptères.
Archiv. entom. 1857. T. 1. p. [illegible].

*40. Description de dix Coléoptères.
Archiv. entom. 1857. T. 1. p. 399—411. fig. col.

*41. Description de deux espèces du genre Passalus.
Archiv. entom. 1857. T. 1. p. 420—[illegible]. fig. col.

*42. Description d'un Colydide. (Eulachus.)
Archiv. entom. 1857. T. 1. p. 422—423.

*43. Wallace; voyage dans l'Asie orientale; fragments entomologiques renfermant la description de Coléoptères nouveaux ou rares.
Archiv. entom. 1857. T. 1. p. 423—[illegible]. fig. col.
Separat. Paris. Maillentr. 1858. 8. pg. [illegible].

*44. Voyage au Gabon. Histoire naturelle des Insectes et des Arachnides recueillis pendant un voyage fait au Gabon en 1856 et en 1857 par M. Henry C. Deyrolle sous les auspices de MM. le Comte de Mniszech et James Thomson précédée de l'histoire du voyage par J. Thomson; Arachnides par H. Lucas.
(fait le T. 2. des Archives entomologiques.)
Archiv. entom. 1858. T. 2. p. 1—[illegible]. tab. 14 et 1 col.
Histoire du voyage p. 1—27; Coléoptères p. [illegible]—256; Lépidoptères p. 344—365.
(Orthoptères, Neuroptères, Hyménoptères par Fairmaire; Hémiptères par Fairmaire et Signoret; Diptères par Bigot, Aptères par Lucas.)

*45. Description d'une espèce nouvelle de Scarabaeide (Golofa imperialis) et du Psalidognathus Sallei.
Ann. Soc. Ent. Fr. sér. 3. 1858. T. 6. Bull. p. 140; p. 246.

*46. Description d'un nouveau Buprestide. (Calozantha Lacordairei.)
Ann. Soc. Ent. Fr. sér. 3. 1859. T. 7. Bull. p. 12—13.

*47. Arcana naturae, ou archives d'histoire naturelle. Paris, Baillière, 1859. fol. 3 Livr. pg. 132. pl. 13 col.

*48. Essai synoptique sur la soustribu des Scarabaeides vrais.
Arcan. nat. 1859. Livr. 1. p. 1—37.

*49. Monographie du genre Psalidognathus.
Arcan. nat. 1859. Livr. 1. p. 37—45.

*50. Monographie des Batocera.
Arcan. nat. 1859. Livr. 2. p. 65—84. pl. 3.

*51. Notice historique sur le genre Cicindela.
Arcan. nat. 1859. Livr. 2. p. 85—97.

*52. Coléoptères nouveaux et Revue des Taeniotes.
Arcan. nat. 1859. Livr. 2. p. 86—99.

*53. Monographie des Sphenliscus.
Arcan. nat. 1859. Livr. 2. p. 101—112. 2 pl.

*54. Description de deux Curculionides.
Arcan. nat. 1859. Livr. 3. p. 179—120.

*55. Observations sur plusieurs genres de Cérambycidae.
Arcan. nat. 1859. Livr. 2. p. 85.

*56. Musée scientifique ou recueil d'histoire naturelle. (Coléopt.) Paris, Auteur, 1860. 8. Livr. 1 et 2. pg. 72. tab. 5 col.

*57. Description de deux espèces nouvelles de Carabidae.
Arcan. nat. 1859. Livr. 2. p. 93—94.

*58. Insectes de la région du Nil blanc.
Arcan. nat. 1859. Livr. 3. p. 114—120.

*59. Monographie de la famille des Monommides.
Ann. Soc. Ent. Fr. sér. 3. 1860. T. 8. p. 5—34. tab. 3 sec. et col.

*60. Essai d'une classification de la famille des Cérambycides et matériaux pour servir à une monographie de cette famille. Paris, Auteur, 1860. 4. pg. 396. 1 pl.

Thomson (William).

*1. A description of a Beehouse useful for preventing the Swarming of Bees, used in Scotland with good success.
Philos. Transact. 1673. T. 8. No. 96. p. 6076—6079.

Thon (G.).

*1. Die in der Medicin gebräuchlichen Coleopteren.
Zeitschr. f. d. gesammt. Naturwiss. Halle. 1859. T. 14. p. 153—160. tab. 1.

Thon (Theodor) Dr. in Jena.

1. Ueber das Skelett der Käfer. (Mit Vor- und Nachwort von Heusinger.)
Meckel Archiv. 1822. T. 8. p. 374—[illegible].

2. Abbildungen ausländischer Insecten. Jena, Verfasser, (Cröker), 1826—1828. 4. Coleopt. pl. 6 col. *(1 Tafel u. 4 pag. Text. Ankündigung.)
* Isis. 1827. XII. p. 1077.

*3. Entomologisches Archiv. Jena, Verfasser. (Schmid). 4.
Bd. I. 1827. Heft I u. II; 1828. Heft III u. IV. pg. 126. tab. 8.
Bd. II. 1829. Heft I. pg. 36. tab. 1; 1830. Heft II. p. 37—80. tab. 2. (Bogen 1 ist p. 1—8 beziffert.)
* Isis. 1828. p. 932.

*4. Handbuch für Naturaliensammler etc. Ilmenau, Voigt, 1827. 8. pg. 486. fig. 38.

*5. Neue Schmetterlingsbelustigungen. Prospectus, Jena u. Leipzig, Fleischer, 1828. 8. 1 illum. Karte u. 2 Blatt Text; Heft 1. 8 Blatt Text.

*6. Nachtrag zu Dalmans Prodromus monographiae Castniae.
Thon Archiv. 1829. T. 2. Heft 1. p. 7.

*7. Nachtrag zu Verdats und Fries Arbeit über Simulia.
Thon Archiv. 1829. T. 2. Heft 2. p. 74.

*8. Archiv der Naturgeschichte oder Sammlung belehrender Abbildungen aus dem Thierreiche mit erklärendem Texte. (angef. von G. A. W. Thienemann.) Naumburg, Wild, 1830. 4. T. I. Heft 1—6. pg. 487 et 18. tab. 48.
Tab. 39. p. 395—400. Coleopt. — Tab. 40. p. 409—418. Lepid. — Tab. 45. p. 418—453. Orthopt. — Tab. 46. p. 453—466. Lepid. — Tab. 47. p. 466—481. Bomb. Mori. Bredensebl.

9. Fauna von Thüringen und den angrenzenden Provinzen. (Lepidoptera.) Jena u. Leipzig, Schmid, 1838. 39. 8. Heft I. II. tab. 8. (mit Joh. W. Krause.)

10. Die Naturgeschichte der in- und ausländischen Schmetterlinge, mit einer Anweisung zum Schmetterlingsfang und deren Aufbewahrung. Leipzig, Eisenach, 1837. 4.

11. Die Insecten, Krebse und Spinnenthiere. Leipzig, Eisenach, 1838. fol. (mit Reichenbach.)

Thorley (John), in Oxford.

*1. Melissologia or female monarchy or history of Bees. London, Author, 1744. 8. pg. 206. fig. et 1 tab. Frontispice. — Ed. 2. London, 1765. 8.
Deutsch in Kuestners Samml. 1765. T. 1. p. 204. pl. 2 col.

2. An enquiry into the nature, order, and government of bees. Ed. II. London, 1765. 8. tab. 2. pg. 158.
* Deutsche Uebers. s. l. et a. 8. pg. 360. tab. 2.
* Recens. Wittenb. Wochenblatt. 1770. T. 3. p. 236—239.

3. Description d'une ruche très curieuse et fort utile.
Journal Economique. 1767. Août. p. 352. (cf. Boehmer, II, 2. p. 321.)

Thornton (J.).

1. On the pupa of Phillophorus testudinatus. (Aphidae.)
Trans. Microscop. Soc. Lond. 1852. 28. January.
(cf. Trans. Ent. Soc. Lond. ser. 2. T. 2. Proc. p. 78.)

de Thosse.

1. Sur la manière de détruire les Pucerons qui attaquent les arbres fruitiers.
Mém. Soc. d'Agric. Paris. 1787. Trim. de print. p. 106—111.
* Voigts Magaz. T. 6. P. 2. p. 116.

Thrupp (G. A.).

*1. Notice of a Gynandromorphous Specimen of Smerinthus Populi.
Trans. Ent. Soc. Lond. 1845. T. 4. p. 68.

Thunberg (Carl Peter), geb. 11. November 1743 in Jönköping, gest. 8. August 1828 auf seinem Landsitze Tunaberg. Linné's Nachfolger als Professor der Naturgeschichte in Upsala. Vorher, 1772—75 als Arzt der holländisch-ostind. Comp. am Cap, und 1775 in Batavia und Japan lebend. Seine Sammlungen schenkte er dem Museum der Universität. Seine Lebensbeschreibung steht in Kongl. Vetensk. Acad. Handl. 1828, und * deutsch von Mohnike. Stralsund, 1831. 8., nebst dem Verzeichniss seiner Schriften. cf. Hagen Stett. Ent. Zeit. 1857. p. 8 u. 202.

*1. Paussus et nytt genus ibland insecterne upptäckt och beskrifvit.
Vetensk. Acad. Handl. 1775. T. 36. p. 751—[illegible]. tab. 1.
* Deutsche Uebers. 1781. T. 37. p. 257—259. tab. 1.
* Ausgezogen. Fuesslys neues Magaz. T. 3. p. 81—8[illegible].

*2. Beskrifning på tvänne nya insecter. (Paussus ruber, lineatus.)
Vetensk. Acad. nya Handl. 1781. T. 2. p. 168—171. fig.
* Deutsche Uebers. 1784. T. 2. p. 170—172. fig.

*3. Beskrifning på en ny silkes-mask ifrån Japan. (Noctua serie.)
Vetensk. Acad. nya Handl. 1781. T. 2. p. 240—242. fig.
* Deutsche Uebers. 1784. T. 2. p. 239—242. fig.

(Thunberg, Carl Peter.)

*4. Dissertatio Entomologica novas insectorum species sistens. Upsaliae, Edman. 4. tab. 6.

Pars 1. Resp. Casstrom. 15. Decbr. 1781. p. 1—28. (80 Arten.) — Pars 2. Resp. Ekelund. 22. April 1783. p. 29—52. (48 Arten.) — Pars 3. Resp. Lundahl. 25. Mai 1784. p. 53—68. (33 Arten.) — Pars 4. Resp. Engström. 28. Mai 1784. p. 69—84. (34 Arten.) — Pars 5. Resp. Noraeus. 18. Juni 1789. p. 85—106. (41 Arten.) — Pars 6. Resp. Lagus. 1. Juni 1791. p. 107—130. (65 Arten.)

Bei jeder Dissertation befindet sich eine Tafel, doch sind nur 2. 5. 6. bezeichnet. (Coleopt. 171, Hemipt. 32, Orthopt. 11, Neuropt. 5.)

*Extr. Stett. Ent. Zeit. 1857. T. 18. p. 1—8.

*Ein Abdruck findet sich in Persoons Edit. T. 3. p. 184—249. Taf. 7—12.

Die Pars 1 u. 2 steht nach Percheron auch in Comment. Lips. T. 29. p. 482.

*Die Pars 1 steht auch in Acta medicorum Suecicorum. Upsaliae, Holmiae et Aboae, 1783. T. 1. p. 281—298. nebst Kupfertafel.

*5. Novae insectorum species descriptae. (45 Arten.)

Nova Acta Upsal. 1784. T. 4. p. 1—28.

*Ein Verzeichniss der Arten in Reuss Repert. T. 1. p. 248.

(Coleopt. 35, Hemipt. 5, Hymenopt. 2, Diptera 3.)

*6. Curculio Zamiae, nova et singularis insecti species e Cap. b. sp.

Nova Acta Upsal. 1784. T. 4. p. 29—30.

7. Resa uti Europa, Africa, Asia förrättad åren 1770—1779. Upsala, 1788. 8. 4 vol. pg. 389, 384, 414, 341. tab. 2, 4, 4.

Engl. Uebers. London, (1794) 1795.

(cf. Bibl. Banks. I. p. 87.)

Franz. Uebers. Paris, Fuchs, 1794. 8.

*8. Dissert. Entomol. sistens Insecta Suecica. Upsaliae, Edman. 4. Bei Pars 1, 2, 4, 7 eine Kupfertafel.

Pars 1. Resp. Borgström. 11. Decbr. 1784. p. 1—24. (57 Arten.) pg. 4 Vorrede. — Pars 2. Resp. Becklin. 10. Decbr. 1791. p. 25—46. (53 Arten.) — Pars 3. Resp. Åkerman. 9. Mai 1792. p. 47—52. (17 Arten.) — Pars 4. Resp. Sebaldt. 23. Mai 1792. p. 53—67. (53 Arten.) — Pars 5. Resp. Hallj. 10. Mai 1794. p. 68—72. (20 Arten.) — Pars 6. Resp. Kiemmansen. 3. Decbr. 1794. p. 73—82. (30 Arten.) — Pars 7. Resp. Wenner. 22. Decbr. 1794. p. 83—88. (47 Arten.) — Pars 8. Resp. Hallberg. 15. Decbr. 1795. p. 89—104. (33 Arten.) — Pars 9. Resp. Westman. 29. Mai 1795. p. 105—112. (31 Arten.)

(Enthält Lepidoptera 167 Arten, Coleoptera 143.)

*Ein Abdruck findet sich in Persoons Edit. T. 3. p. 13—124. mit Taf. 3—6.

*Extr. Stett. Ent. Zeit. 1857. T. 18. p. 6—7.

*9. Periculum Entomologicum, quo characteres generum insectorum proponit etc. Dissert. Resp. Törner. 10. Juni 1789. Upsaliae, Edman. p. 1—16.

*Ein Abdruck findet sich in Persoons Edit. T. 3. p. 249—264.

*Edit. nova: Characteres generum insectorum variis cum annotationibus denuo ed. Fr. Alb. Ant. Meyer. Gottingae, Dietrich, 1791. 8. pg. 48.

*Edit. 2. Schwedische Uebers. Känneteken på insect-slägterne, öfversatte af Dav. Hummel. Upsaliae, 1793. 8. pg. 18.

*10. Dissertationes academicae Upsaliae habitae sub praesidio C. P. Thunberg ed. Persoon. Goettingae, Dieterich, 1799—1801. 8. 3 vol. c. tab. 5. 3. 12.

Entomologisches enthält nur T. 3, und zwar einen Abdruck von No. 4, 8, 9 nebst den Tafeln.

*11. Museum naturalium Academiae Upsaliensis. Dissert.

Unter dem Titel Donatio Thunbergiana giebt er einen Catalog seiner der Academie geschenkten Sammlung. Mitunter sind die neuen Arten (am Fuss der Seite) beschrieben, einige abgebildet. Ein vollständiger Catalog der bis 1788 erschienenen Theile findet sich in Dryanders Catal. Bibl. Banks. T. 1. p. 232. Entomologica enthalten nur folgende Theile:

Pars 3. Resp. Ekeberg. 21. Juni 1787. p. 33—42. — Pars 4. Resp. Bjerken. 19. Decbr. 1787. p. 44—58. mit 1 Kpfrtaf. — Pars 5. Resp. Gallen. 5. Decbr. 1787. p. 59—68. — Pars 6. Resp. Schalen. 17. Mai 1788. p. 69—84. mit 1 Kpfrtaf. — Pars 7. Resp. Broozell. 7. März 1789. p. 85—94.

Sie umfassen, nur Donat. Thunberg. von 1785 gehörig, sämmtliche Insectenklassen.

Pars 22. Resp. Rudolphi. 23. Mai 1801. p. 1—11. Umfasst Donatio D. Regis Gustavi Adolphi 1802, aus allen Klassen.

*Museum naturalium Academiae Upsaliensis. Dissert.

Appendix Pars 1. Resp. Landelius. 9. Februar 1791. p. 111—122. — Appendix Pars 2. Resp. Ymme. April 1791. p. 123—130. — Appendix Pars 3. Resp. Asplin. 18. Decbr. 1794. p. 131—144. — Appendix Pars 4. Resp. Sundberg. 22. Novbr. 1798. p. 145—150. — Appendix Pars 6. Resp. Forsstroem. 21. Juni 1798. p. 111—117.

Es schliesst sich Appendix 1 durch fortlaufende Seiten- und Bogenzahl unmittelbar an (die nicht entomologische) Pars 8 der vorher erwähnten Dissertationen. Appendix 1 und 2 enthalten eine neue Schenkung Thunbergs durch alle Klassen, Appendix 3 und 4 wieder eine andere Schenkung durch alle Klassen. Appendix 6 schliesst sich

in der fortlaufenden Seitenzahl wahrscheinlich an die Pars 23 der vorerwähnten Dissertationen und enthält gleichfalls eine eigene Bezeichnung.
cf. meinen Bericht in Stett. Ent. Zeit. 1857. T. 18. p. 8—11 u. p. 222—224.
* Vom Museum natur. etc. erschienen von 1787 bis 1821 Partes 33, u. 1827 noch 2 ohne Nummer; vom Append. von 1791—1819 Partes 28, also im Ganzen 61 Partes; ihre genaue, sonst nirgends verzeichnete Liste steht Stett. Ent. Zeit. 1857. T. 18. p. 222.

* 12. Descriptiones insectorum suecicorum. (56 spec.)
Nova Acta Upsal. 1792. T. 5. p. 85—119.
* Extr. Meyer Zool. Annalen. 1794. T. 1. p. 16.

* 13. Cordyle et särskildt insect-slägte beskrifvit. (Calandra.)
Vetensk. Acad. nya Handl. 1797. T. 18. p. 45—49.
*cf. Die Arten Reuss Repert. 1. p. 267.

* 14. Några nya natt-fjärilar af bladrullare-slägtet. (6 Tortrix.)
Vetensk. Acad. nya Handl. 1797. T. 18. p. 165—171.
*cf. die Arten Reuss Repert. 1. p. 273.

* 15. De Brachycero tractatus Entomologicus.
Nova Acta Upsal. 1799. T. 6. p. 11—38.
Percheron citirt T. 7 (also 1815) p. 104, Reuss citirt T. 7. p. 11. Bei beiden vermuthe ich einen Druckfehler. Wenigstens finde ich in den Mém. Acad. Petersb. 1813. Coleoptera rostrata Capensia von Thunberg selbst Nov. Act. Upsal. T. 6. p. 11—38 citirt.

* 16. Triacus, ett nytt slägte bland Insekterna. (Coleopt.)
Vetensk. Acad. nya Handl. 1804. T. 25. p. 181—186. fig.

* 17. Tvenne nya Insect-slägten, Pyrocerus och Ripidius.
Vetensk. Acad. nya Handl. 1806. T. 27. p. 1—6. fig.

* 18. Lucani monographia. mit 1 Taf.
Mém. Soc. Nat. Moscou. 1806. T. 1. p. (150—153) 183—206.

* 19. Anmärkningar vid Svenska Ler-Snetaren eller Sphex figulus. fig.
Vetensk. Acad. nya Handl. 1808. T. 29. p. 303—307.

* 20. Nya arter af Pneumorae slägtet.
Vetensk. Acad. nya Handl. 1810. T. 31. p. 54—65.

* 21. Några nya species af Blattae-slägtet beskrifna. fig.
Vetensk. Acad. nya Handl. 1810. T. 31. p. 183—189.

* 22. Beskrifning på tvenne nya Insect-slägten, Gnathocerus och Taumacera.
Vetensk. Acad. Handl. 1814. p. 46—50.

* 23. Coleoptera rostrata Capensia. (78 spec.)
Mém. Acad. St. Pétersb. 1813. T. 4. p. 376—400.

* 24. De Coleopteris rostratis.
Nova Acta Upsal. 1815. T. 7. p. 104—125.
* Extr. Germar Magaz. Entom. 1818. T. 3. p. 403.

* 25. Generis Philanthi monographia.
Nova Acta Upsal. 1815. T. 7. p. 126—130.
* Extr. Germar Magaz. Entom. 1818. T. 3. p. 405.

* 26. Generis Anthreni monographia.
Nova Acta Upsal. 1815. T. 7. p. 130—136.
* Extr. Germar Magaz. Entom. 1818. T. 3. p. 406.

* 27. Descriptio Acridii.
Nova Acta Upsal. 1815. T. 7. p. 157—162.
* Extr. Germar Magaz. Entom. 1818. T. 3. p. 407.

* 28. Additamenta ad monographiam Philanthi.
Nova Acta Upsal. 1815. T. 7. p. 256—258.
* Extr. Germar Magaz. Entom. 1818. T. 3. p. 408.

* 29. Hemipterorum maxillosorum genera illustrata. (221 Orthopt.) mit 1 Taf.
Mém. Acad. St. Pétersb. 1815. T. 5. p. 211—301.

* 30. Fyra nya arter af Bruchus-slägtet.
Vetensk. Acad. Handl. 1816. p. 43—47.

31. Mydas gigantea beskrifven.
Vetensk. Acad. Handl. 1818. p. 246—248.

* 32. Coleoptera Capensia antennis lamellatis, sive clava fissili instructa. (161 spec.)
Mém. Acad. St. Pétersb. 1818. T. 6. p. 395—450.

* 33. Coleoptera Capensia antennarum clava solida et perfoliata. (2 Paussus, 15 Coccinella, 5 Anthrenus, 2 Hister, 3 Dermestes, 1 Brachypterus, 3 Corynetes, 2 Sphaeridium, 1 Bostrichus, 1 Hydrophilus, 1 Megatoma, 1 Clerus.)
Mém. Acad. St. Pétersb. 1820. T. 7. p. 362—372.
* Extr. Germar Magaz. Entom. 1821. T. 4. p. 383.

* 34. Coleoptera Capensia antennis fusiformibus.
Nova Acta Upsal. 1821. T. 8. p. 137—193. — * Féruss. Bullet. 1824. T. 1. p. 203.

* 35. Alurni tres novae species.
Nova Acta Upsal. 1821. T. 8. p. 199—202.

* 36. Opatrum Insecti Genus, Dissert. Upsaliae, 1821. 4. pg. 31.

* 37. Ichneumonidea Insecta. Pars 1. (292 spec.)
Mém. Acad. St. Pétersb. 1822. T. 8. p. 249—281.

(**Thunberg**, Carl Peter.)

*38. Trachyderes insecti genus ulterius examinatum et auctum sex novis speciebus. fig.
Mém. Acad. Sc. Pétersb. 1822. T. 8. p. [illegible].

*39. Novae insectorum species Ruteiae genere. fig. (11 spec.)
Mém. Acad. St. Pétersb. 1822. T. 8. p. [illegible].

*40. Ichneumonidea insecta. Pars 2.
Mém. Acad. St. Pétersb. 1824. p. [illegible].

41. Beskrifning på en ny insect, Pantophthalmus tabaninus.
Nouv. Recueil de Mém. de la Soc. roy. des Sc. et belles lettres de Gothenbourg. (1818—1822.) (cf. Percheron. T. 2. p. 94.)

*42. Dissertatio Entomologica de Hemipteris rostratis Capensibus. Upsaliae, Acad. Typogr., 1822. 4.
Pars 1. Resp. Bjursted. 11. Mai 1822. p. 1—6. (24 Arten.) — Pars 2. Resp. Edenborg. 25. Mai 1822. p. 1—8. (43 Arten.) — Pars 3. Resp. Ramgren. 15. Juni 1822. p. 1—6. (27 Arten.) — Pars 3. Resp. Westerling. 15. Juni 1822. p. 1—6. (18 Arten.)

*43. Dissertatio Entomologica de Hemipteris maxillosis Capensibus. (Orthoptera 41 Arten.) Resp. Arnberg. 4. Mai 1822. Upsaliae, Acad. Typogr. 4. p. 1—8.

*44. Fauna Novae Hollandiae. Resp. Huss. 4. Dezbr. 1822. Upsaliae, Acad. Typogr. 4. p. 1—4.
Diese und die folgenden Cataloge enthalten nur ein Namensverzeichniss der beschriebenen Thiere. (Insecten 200 Arten.)

*45. Fauna Japonica. Resp. Wernberg. 11. Dezbr. 1822. Upsaliae, Acad. Typogr. 4. p. 1—7. (Insecten 45 Arten.) — Continuat. Resp. Ahlström. 21. März 1823. p. 1—5. (Insecten 76 Arten.)

*46. Fauna Surinamensis. Resp. Collin. 12. Dezbr. 1822. Upsaliae, Acad. Typogr. 4. p. 1—8. (Insecten 261 Arten.)

*47. Fauna Cayenensis. Resp. Kjeller. 4. Juni 1823. Upsaliae, Palmblad. 4. p. 1—11. (Insecten 361 Arten.)

*48. Fauna Brasiliensis. Resp. Ekstrand. 7. Juni 1823. Upsaliae, Palmblad. 4. p. 1—9. (Insecten 401 Arten.)

*49. Fauna Guineensis. Resp. Kahn. 14. Juni 1823. Upsaliae, Palmblad. 4. p. 1—9. (Insecten 310 Arten.)

*50. Fauna Americae meridionalis. Upsaliae, Palmblad. 4.
Pars 1. Resp. Nystedt. 10. Juni 1823. p. 1—11. (Insecten 452 Arten.) — Pars 2. Resp. Gestrin. 11. Juni 1823. p. 1—9. (Insecten 340 Arten.) — Pars 3. Resp. Wellander. 14. Juni 1823. p. 1—11. (Insecten 840 Arten.)

*51. Fauna Chinensis. Resp. Acksell. 13. Juni 1823. Upsaliae, Palmblad. 4. p. 1—7. (Insecten 205 Arten.)

*52. Grylli monographia illustrata. mit 1 Taf. (106 spec.)
Mém. Acad. St. Pétersb. 1824. T. 9. p. [illegible].

*53. Blattarum novae species descriptae. fig. (16 spec.)
Mém. Acad. St. Pétersb. 1826. T. 10. p. 275—[illegible].
*Féruss. Bullet. 1828. T. 13. p. 153—154. — *Isis. 1836. IV. p. 207.

*54. Coleoptera Capensia antennis filiformibus.
Nova Acta Upsal. 1827. T. 9. p. 1—52.

*55. Tabani septendecim novae species descriptae.
Nova Acta Upsal. 1827. T. 9. p. 53—62. — *Féruss. Bullet. 1829. T. 16. p. 154—155.

*56. Tanyglossae septendecim novae species descriptae. tab. 1.
Nova Acta Upsal. 1827. T. 9. p. 63—75. — *Féruss. Bullet. 1829. T. 16. p. 331—333.

*57. Truxalis insecti genus illustratum.
Nova Acta Upsal. 1827. T. 9. p. 76—85. — *Féruss. Bullet. 1829. T. 17. p. 143.

*58. Gelis insecti genus descriptum. (Ichneumon.)
Nova Acta Upsal. 1827. T. 9. p. [illegible]. — *Féruss. Bullet. 1829. T. 18. p. 157.

*59. Afhandling om de Insekter och Mask-Kräk som i Bibeln omtalas. Upsala, Palmblad. 1828. 8.
Pars 1. Resp. J. B. J. Zethraeus. 15. März. p. 1—12. — Pars 2. Resp. G. Nedderbjelke. 26. März. p. 13—26. — P. 3. Resp. R. Haddeland. 28. März. p. 27—40. — Pars 4. Resp. J. W. Welin. 16. April. p. 41—56.
(Gehört zu Afhandling om de Djur, som i Bibeln omtalas 27 Partes. cf. Stett. Ent. Zeit. 1857. p. 204. Diese Schrift ist äusserst selten; Bibl. Zimmer u. v. Siebold.)

Thurmius (Johann Jacob).

*1. Dissertatio de Apibus. Resp. Joh. Frid. Lehmann. Lipsiae, Hahn, 1668. 4. pg. 24. s. f.

Thwaites (G. H. K.).

*1. Notes on a species of Stylops.
Trans. Ent. Soc. Lond. 1841. T. 3. p. 67—68. Proc. p. 8.

2. Notes upon the genus Hylaeus, and on Cryptus bellosus and other insects.
Trans. Ent. Soc. Lond. 1843.
*Ann. and Mag. Nat. Hist. 1843. T. 11. p. 60.

*3. A note upon Flights of Aphides.
Trans. Ent. Soc. Lond. 1847. T. 5. Proc. p. 23.

*4. Note upon the crepitation of Cerapterus Westermanni.
Trans Ent. Soc. Lond. ser. 2. 1852. T. 2. Proc. p. 72.

*5. On Ants destructive to Cocci.
Trans. Ent. Soc. Lond. ser. 2. 1854. T. 3. Proc. p. 10.

Thylesius (Anton).

*1. De Aranrola et Cicindela. (Lampyris.) in: Liber de coloribus. Basileae, Froben. 1530. 8. p. 536 (mit Joann. Zachariae de urinis actuarii.) *Basileae, Froben, 1544. 8. p. 536. — *Lutet., 1546. 8.

2. De Cicindela (cum Aldrovando).
Dornavii Amphitheatr. T. 1. (cf. Boehmer. II. 2. p. 201.)

Thym (Johann Friedrich). Kgl. Preuss. Plantagen-Inspector in der Mittelmark.

*1. Die Practik des Seidenbaues bestehend in drei Theilen. 1. Wartung der Maulbeerbäume; 2. Wartung der Seidenwürmer; 3. Zubereitung der Seide. Berlin, Decker, 1760. 8. pg. 120.
(Ist nach Petersen auch französ. erschienen, doch fand Lacordaire nirgends diese Uebersetzung angezeigt.)

Ed. nova unter dem Titel: Neu entdeckte Oekonomie des Seidenbaues. Berlin, 1765. 8.

Ed. III. Berlin, 1777. 8.

*Ed. IV. Berlin, Decker, 1781. 8. pg. 187.

2. Auszug aus der Practik des Seidenbaues, betreffend die Wartung der Seidenwürmer, mit Bemerkungen vermehrt. Berlin, Rellstab, 1783. 8. pg. 67.
*Rel. Allgem. Deutsche Biblioth. T. 61. p. 575.

*Ed. II. Berlin, Decker, 1789. 8. pg. 71. — (Von den Maulbeerbäumen. ibid. pg. 31.)

Tibertius (Tiberg), geb. 25. Juli 1706 in Falun, gest. 19. Dezbr. 1787 in Vreta, Pfarrer.

*1. Om et beprôfvadt Satt att fördrifva Vägglöss.
*Vetensk. Acad. Handl. 1766. T. 27. p. 269—270.
*Füessly neues Magaz. 1780. T. 3. p. 67.

Tiede.

*1. Ueber die Augen der Raupen.
Neueste Mannigfaltigk. 1778. Jahrg. 1. p. 29—31.

von Tiedemann (A.). Gutsbesitzer auf Russoczin bei Danzig.

*1. Die Microlepidopteren der Provinz Preussen. (141 Spec. u. 138 Spec.)
Preuss. Provinzialbl. 1845. T. 34. p. 525—540; 1850. T. 44. p. 165—169.

Tiedemann (Friedrich), geb. 23. August 1781 in Cassel, gest. 27. Januar 1861 in München. Prof. der Anatomie.

1. Von lebenden Würmern und Insecten in den Geruchsorganen der Menschen. Mannheim, Bassermann, 1844.

Tieffenbach, in Berlin.

*1. Coleopterologische Mittheilungen.
Berl. Ent. Zeitschr. 1860. T. 4. p. 271.

*2. Myrmedobia coleoptrata Fall. u. Anthocoris exilis Fall. die beiden Geschlechter einer Art.
Berl. Ent. Zeitschr. 1861. T. 5. p. 197.

de Tigny (F. M. G. T.).

1. Histoire naturelle des insectes, composée d'après Reaumur, Geoffroy, De Geer, Roesel, Linné, Fabricius etc. et rédigée suivant la méthode d'Olivier, avec des notes, plusieurs observations nouvelles et des figures dessinées d'après nature. Paris, Deterville, 1801. Vol. 10. 12.
(Gehört zur Ausgabe Buffons von Castel.)

*Ed. II revue par Guérin. Paris, 1828. 12. Vol. 10. pl. 118. (les généralités par Brongniart.)

Tilesius von Tilenau (Wilhelm Gottlob), geb. 17. Juli 1769 in Mühlhausen, gest. 17. Mai 1857 daselbst. Hofrath und Professor der Naturgeschichte zu Leipzig. Begleitete 1803—8 Krusenstern auf dessen Reise um die Welt.

1. Wasserinsecten in Krusensterns Reise. 1806. (ob entomologisch?)

*2. Zur Biologie der Kerfthiere.
Isis, encyclop. Zeitschr. 1830. No. 2. p. 30—31; No. 3. p. 42—43.

Tillet (Mathieu), geb. um 1720 in Bordeaux, gest. 20. Decbr. 1791.
- *1. Mémoires sur un insecte qui détruit le froment dans les provinces de l'Angoumois. (Tinea granella?) avec Du Hamel.
  Mém. Acad. Sc. Paris. 1761. p. 290—331. — Hist. p. 68—77. 3 pl.
  Réimpr. Paris, Guérin. 1762. 12. pg. 314. 3 pl.
  *Extr. Füessly neues Magaz. 1784. T. 3. p. 10—16.
  Rel. Comment. Lips. T. 12. p. 14. — *Götting. gel. Anz. 1764. p. 70—78.
  *Erlang. gel. Beitr. 1761. p. 197—198. — Journal économique. 1762. Avril. p. 145.

Tilling (Mathias), geb. 18. August 1634 in Jevern (Westphalen), gest. 1685. Professor in Rinteln.
- 1. De vermium in herbis putrefactis generatione. — De vermium ac araneorum in fungis generatione.
  Ephem. Acad. Nat. Curios. 1683. Dec. II. Ann. II. Obs. 72 et 73. p. 167—170.

Timmer (Johann David).
- 1. Gedanken von Seidenwürmern, ob und wie solche selbst auf den Maulbeerhecken füttern und spinnen können.
  Zinkil. Leipz. Samml. T. 12. p. 132 et 775. (cf. Boehmer. II, 2. p. 267.)

Tischbein. Oberförster in Herrstein.
- *1. Verzeichniss der in den Fürstenthümern Lübeck und Birkenfeld von mir bisher aufgefundenen Blattwespen.
  Stett. Ent. Zeit. 1846. T. 7. p. 76—80; p. 113—115.
- *2. Cephus pygmaeus, Männchen zu C. spinipes.
  Stett. Ent. Zeit. 1848. T. 9. p. 160.
- *3. Verzeichniss der bei Herrstein im Fürstenthum Birkenfeld aufgefundenen Mordwespen. (Sphex in sensu Linnaeano.)
  Stett. Ent. Zeit. 1850. T. 11. p. 5—10.
- *4. Zwitter von Formica sanguinea.
  Stett. Ent. Zeit. 1851. T. 12. p. 295—297.
- *5. Hymenopterologische Beiträge. (Blatt- u. Holzwespen.)
  Stett. Ent. Zeit. 1852. T. 13. p. 103—108; p. 137—142; 1853. T. 14. p. 347—349.
- *6. Ichneumon luctatorius L. mit zweifachen Tarsen am rechten Hinterbein.
  Stett. Ent. Zeit. 1861. T. 22. p. 428—429. fig.

von Tischer (Carl Friedrich August), geb. 1777, gest. 4. August 1849 in Dresden. Hauptmann in Schandau in Sachsen. Nekrolog in Stett. Ent. Zeit. 1850. T. 11. p. 32.
- *1. Encyclopädisches Taschenbuch für deutsche angehende Schmetterlingssammler zum Gebrauch auf Excursionen. Leipzig, Graaff, 1804. 8. pg. 112. pl. 4.
  - *Ed. II. Encyclopädisches Taschenbuch für Anfänger in der deutschen Schmetterlingskunde und überhaupt für Freunde dieser Wissenschaft. Zum Gebrauch auf Wanderungen herausgegeben. Leipzig, Wienbrack, 1825. 8. pg. 4 et 204. tab. 5.
- 2. Die kleinen Schmetterlingsfreunde. Leipzig, Wienbrack, 1806. pl. 4 col.
- 3. Winterlecture für Entomologen und überhaupt für Freunde der Naturkunde. 1806. 8.
- *4. Ueber die Zweifel der Artverschiedenheit von Pap. Prorsa u. Levana.
  Germar Magaz. Entom. 1815. T. 1, 2. p. 101.
- *5. Die Raupen der Graphiphora candelisequa und Hadena Pteridis Ochsenh.
  Germar Magaz. Entom. 1818. T. 3. p. 428—431.

Titius (Johann Daniel), geb. 2. Januar 1729 in Conitz, Westpreussen, gest. 16. December 1796. (hiess Tietz.) Professor in Wittenberg.
- 1. Abhandlung von der Cochenille um Wittenberg.
  Titius gemeinnütz. Abhandl. T. 1. p. 371.
  Neues Hamburg. Magaz. Stück 78. p. 423—435.
- *2. De divisione animalium generali programma. Wittebergae, 1760. 4. pg. 16.
- 3. Lehrbegriff der Naturgeschichte zum ersten Unterricht. Leipzig, Hertel, 1777. 8. pg. 413. tab. 12.
  (cf. Bibl. Banks. I. p. 180.)
- 4. Raubbienen.
  (cf. Beckmann Phys. Oek. Bibl. XVIII. p. 31.)
- *5. Wittenbergisches Wochenblatt. (Redacteur.) 25 Jahrgänge.
- *6. Von einem dicken Ameisenschwarme.
  Neues Wittenberg. Wochenbl. 1792. T. 1. p. 265—266.
- *7. Die Made in Kirschen. (Dipt.)
  Neues Wittenberg. Wochenbl. 1795. T. 3. p. 371—375.

Tobias (Robert Ottomar), geb. 1810. Lehrer in Sagan.
*1. Zur Naturgeschichte der Hummel (Bombus).
Abhandl. naturf. Gesellsch. Görlitz. 1842. T. 3. Heft 2. p. 58—61.
*2. Der Ameisenlöwe, Myrmeleon formicarius.
Abhandl. naturf. Gesellsch. Görlitz. 1851. T. 6. Heft 1. p. 15—21.

Todd (John Tweedy) geb. 1789 in Berwick, gest. 4. August 1840.
*1. An inquiry respecting the nature of the luminous power of some of the Lampyridae, particularly of L. splendidula, italica and noctiluca.
Quart. Journ. Sc. and Arts. 1826. T. 21. No. 42. p. 241—251. — *1824. T. 17. p. 269—270. *Féruss. Bullet. 1827. T. 12. p. 290—291. — *Zoolog. Journ. 1826. T. 1. p. 374—375. *Froriep Notiz. 1826. T. 15. p. 1—9.

Todd (William).
*1. Description of an improved Beehive.
Prize Essays and Trans. Highl. Soc. Scotl. 1835. T. 10. (n. s. T. 4.) p. 160—164. fig.

Toderini (Giovanni Battista), geb. 1728 in Venedig, gest. 1799.
1. Lettera sull' induramento di molti Bachi da Seta. Modena, 1770. 8.
(imprimé avec sa dissertation sur un bois fossile.) (cf. Percheron. II. p. 101.)

Tollin (C.). Apotheker in Neudamm, jetzt in Madagascar.
*1. Ueber Kleinzirpen, besonders über die Gattung Typhlocyba, nebst Beschreibung einiger neuen Arten. fig.
Stett. Ent. Zeit. 1851. T. 12. p. 67—76.
*2. Correspondenz vom Cap.
Stett. Ent. Zeit. 1856. T. 17. p. 331—332; 1857. T. 18. p. 101.
*3. Zur Naturgeschichte der Termiten (vom Cap).
Stett. Ent. Zeit. 1862. T. 23. p. 215—218. (mit Nachschrift von Hagen.)

Rost van Tonningen (D. W.).
1. De zoogenaamde witte stof, afgescheiden door het Kochenille-insekt scheidkundig onderzocht.
Natuurk. Tijdschr. voor Nederl. Indië. 1852. T. 3. p. 39—50. (cf. Carus. p. 551.)

Torco (M. J.).
1. Wahrer Ursprung des Bienenwachses. Oldenburg, 1776. 8.
(cf. Boehmer. II, 2. p. 330.)

Torelli (Giuseppe).
1. Trattato sulle piantagioni dei gelsi e' l'educazione dei bachi. Milano, 1816. 8.
(cf. Cornalia monogr. p. 78.)

Torre (Giuseppe).
1. Discorso economico sugl' insetti, cioè Api e Vermi da Seta, col modo pratico di allevarli, conservarli, moltiplicarli, e cavarne il corrispondente loro frutto. Roma, Casaletti, 1786. 8.
(cf. Orioli, regina. di P. Re. T. 4. p. 139.)

de Torres (Luys Mendez).
1. Tratado breve de la cultivacion y cura de las colmenas. Alcala, 1586. 8
(cf. Boehmer. II, 2. p. 281.)

Torrubia (Joseph).
1. Pilz auf Wespen in Cuba.
Apparato para la historia natural d'Espagna. Madrid, 1754. T. 1.

Tot.
*1. The Aphis of the Cowslip.
Entomol. Magaz. 1835. T. 3. p. 208.

Touchy. Dr.
1. Observations relatives aux moeurs d'Eumolpus obscurus (Colaspis atra).
Bullet. de la Soc. d'Agric. de l'Hérault. 1828. Janvier. p. 6.
(cf. Ann. sc. nat. sér. 3. T. 2. p. 7.)

Toupiolle.
1. Catalogue des Lépidoptères des environs d'Angers, recueillis de 1835 à 1857 et remarques diverses.
Mém. Soc. acad. Maine-et-Loire. 1858. 8. T. 1. N. 3.

Tournier (H.).
*1. Drei neue europäische Käferarten. (Anchomenus corsicus; Dermestes holosericeus; Lelosomus Stierlini.)
Berl. Ent. Zeitschr. 1860. T. 4. p. 317—318.

de la Tourrette (Antoine Louis Claret). Percheron schreibt Tourette.
1. Abrégé de l'histoire des Gallinsectes. Paris, 1759.
Amoreux No. 8. p. 11 führt diese sonst nirgends erwähnte Schrift als Fortsetzung des Werkes von Fasio an, nach Mercure de France 1759. Avril, p. 148. Es ist wie jenes in Dialogen geschrieben. Eine weitere Fortsetzung fehlt.

(**de la Tourrette**, Antoine Louis Claret.)

*2. Memoire sur une nouvelle espèce de mouche du genre des Cynips, trouvée dans l'enceinte de la ville de Lyon. avec pl.
Mém. des Sav. étrang. à l'Acad. Sc. Paris. 1780. T. 9. p. 730—748.

*3. Description d'une Production extraordinaire formée sur la tête d'une Abeille; conjecture sur cette maladie.
Journ. de Phys. 1773. T. 1. p. 323.
v. le Cat No. 1) diese Schrift gehört wohl doch zu Tourrette.

Touvenel.

1. Anatomia insectorum variorum.
Mém. Soc. Roy. Med. Par. 1. (cf. Boehmer, II, 2. p. 172.)

Townson (Robert).

1. Travels in Hongrie. Londres, 1797. 4. pg. 506. tab. 16.
Trad. franç. par Cantwell. Paris, 1803. vol. 3. 8.
(cf. Bibl. Banks. I. p. 117.)

Trail. Dr.

*1. Ueber die Schnelligkeit des Flugs der Insecten.
Froriep Notiz. 1832. T. 33. p. 6—7.
* Aus The Journal of the Royal Institution of Great Britain. 1831. T. 2. p. 412.

Tralles (Balth. Ludwig), gest. 7. Febr. 1797.

1. Usus vesicantium salubris et noxius in morborum medela, solidis et certis principiis superstructus. Wratislaviae, Gosotzorsky, 1782. 4.
(§. 9—13 über Cantharides.) (Lacordaire.)

Tramontini (Giuseppe), geb. 1770 in Verona.

1. Nuovo metodo di mantenere i bachi da seta nella prima età colla foglia secca. Milano, Pirola, 1815. 8. pg. 13.
(cf. Cornalia monogr. p. 77.)

Trautmann (Christian), geb. 21. Januar 1676 in Löbau, gest. 10. Juli 1740 daselbst als Assessor.

*1. Das Winterquartier der Maykäfer.
Breslau Natur- u. Kunstgesch. 1723. Vers. 23. p. 177—178.

von Trautvetter (Ernst Christian).

1. Novum systema theriologicum brevi in conspectu.
Bull. Soc. Natur. Moscou. 1843. T. 3. p. 618—570.
Sendung d. Naturf. Gesellsch. 1847. T. 2. p. 79—83. (cf. Carus. p. 200.)

von Trebra (Friedrich Wilhelm Heinrich), geb. 5. April 1740 in Allstedt, Thüringen; gest. 16. Juli 1819 in Freiberg als Berghauptmann.

*1. Nachricht vom schwarzen Wurm, und der Wurmtrockniss in den Fichten und Rothtannen. (Bostrichus.)
Schrift. Berl. Gesellsch. naturf. Fr. 1783. T. 4. p. 78—90. pl. 1 col.

Trecco (Giovanni Batista).

*1. Scoperta de' Luoghi ove pongono i loro vovicini verificata per commissione della publ. Accademia agraria di Vicenza e pubblicata da uno de' suoi soci con alcune riflessioni sul modo di preservare i Meli dal gusto delle Ruche. Vicenza, presso il Vendramini Mosca, 1794. 8. pg. 41. tab. 2.
(Der Name des Verfassers steht auf p. 3 bei der Widmung.)

Tregear (V.).

1. A few instructions for Insect Collectors.
Journ. Asiat. Soc. Bengal. 1842. T. 11. P. 1. p. 473—478. (cf. Carus. p. 1649.)

Treitschke (Friedrich), geb. 1776 in Leipzig, gest. 1842 in Wien als Hoftheaterökonom.

*1. Die Schmetterlinge von Europa. (Fortsetzung von Ochsenheimers Werk.) Leipzig, Fleischer. 8.
T. V. 1825. P. I. pg. 414. P. II. pg. 417. 1826. P. III. pg. 419. (Noctuae.)
T. VI. 1827. P. I. pg. 444. 1828. P. II. pg. 319. (Geometrae.)
T. VII. 1829. pg. 252. (Pyraliden.)
T. VIII. 1830. pg. 312. (Tortricciden.)
T. IX. 1832. P. I. pg. 272. 1833. P. II. pg. 294. (Tineiden; Pterophoren.)
T. X. 1834. P. I. pg. 286. 1835. P. II. pg. 340. Supplemente. P. III. pg. 302.
* Isis. 1826. p. 54—55; p. 1084—1087; 1828. p. 952; 1833. VIII. p. 829.

*2. Caractères des genres établis dans la Tribus des Noctuélides. (trad. par Dr. Basche.)
Ann. sc. nat. 1830. T. 20. p. 160—168.

*3. Hülfsbuch für Schmetterlings-Sammler. Systematische Stellung, Naturgeschichte, Jagd, künstliche Zucht und Aufbewahrung der Schmetterlinge. Beschreibendes Verzeichniss der meisten deutschen und kürzere Erwähnung der fremden Arten. Wien, Wallishauser, 1834. 8. pg. 412 et 16. tab. 4 col.
Ed. II. Wien, Wallishauser, 1844. 8. tab. 4 col.

4. Naturgeschichte der europäischen Schmetterlinge. Pesth, Hartleben. 8.
Th. I. 1840. Tagfalter; mit dem Bildniss und der Lebensbeschreibung der Merian. tab. 25 col.
Th. II. 1841. Schwärmer; Spinner; mit dem Bildniss und der Lebensbeschreibung Ochsenheimers. tab. 30 col.
Das Werk bildet T. VIII u. IX. Entomologie von der Uebersetzung von Jardines Naturgeschichtlichem Kabinet des Thierreiches. (cf. Engelmann, p. 290.)

5. Naturhistorischer Bildersaal des Thierreiches. Nach Will. Jardine. Nebst einem Vorworte von Karl Vogel, herausgegeben von Fr. Treitschke. Pesth u. Leipzig, Hartleben, 1840—1843. 8. tab. 180 col.
T. I. 1840. tab. 45; T. II. 1841. tab. 45; T. III. 1842. tab. 45; T. IV. 1843. tab. 45.
(Ob von No. 4 verschieden?) (cf. Engelmann. p. 290.)

Le Tremblais.

1. Notice sur le ver des blés.
Rapport à la soc. d'agricult. de Loire et Cher. Blois, 1829. 8. pg. 30.

2. De l'alucite ou chenille des grains.
Extrait du procès verbal. soc. d'agricult. de Loire et, Cher. Blois. 1829. 8. pg. 30.

Trembley (Abraham), geb. 3 September 1710 in Genf, gest. 12. Mai 1784 daselbst.

* 1. An abstract of M. Bonnet his memoir, concerning caterpillar.
Philos. Transact. 1748. T. 45. No. 487. p. 300—310.

Trentepohl (Johann Jacob), geb. 4. Febr. 1776 in Bremen, gest. 16. Febr. 1837 als Arzt daselbst.

* 1. Revisio critica generis Ichneumonis specierum, quae Kiliae in Cl. Fabricio museo adhuc superstites sunt. Sectio I. Dissert. inaugur. Kiliae, Mohr, 1825. 4. pg. 25.
Nova Acta Acad. Nat. Curios. T. 13. p. 31. — *Féruss. Bullet. 1826. T. 9. p. 117—121.
Reimpr. Isis. 1826. I. p. 55—67; II. p. 210—259; III. p. 333—358.

* 2. Kritische Revision der Gattung Cryptus F. (81 spec.)
Isis. 1829. VIII. p. 817—871; IX. p. 929—960.

* 3. Zehn Arten der Gattung Ichneumon F. in seinem Systema Piezatorum beschrieben nach den Originalexemplaren in der Toender Lundschen Sammlung in Kopenhagen.
Isis. 1829. VIII. p. 804—812.

von Trentinaglia (Joseph).

1. Zur Kenntniss der Coleopteren um Innsbruck.
Zeitschr. des Ferdinandeums in Innsbruck. 1860. 3. Folge. Heft 9.
cf. Wien. Ent. Monatsschr. 1861. p. 56.

Treuern (Gotthilf). Archidiaconus in Frankfurt.

* 1. Die Heuschrecken, wie sie in der heiligen Schrift in ihrer Vermehrung und Vertilgung, in ihrer natürlichen Eigenschafft, in Historien und Sprichwörtern betrachtet werden, beschrieben. Franckfurt a. O., Eichorn, 1681. 4. pg. 48. (s. p.)

Treuner (Johann Philipp). geb. 1666, gest. 1722. Superintendent in Weimar.

* 1. Dissertatio Phaenomena Locustarum praecipue nuperrimarum. Resp. A. Richerz. (L. migratoria). Jena, Müller, 1693. 4. pg. 32. tab. 1.

Treviranus (George Reinhold), geb. 4. Januar 1776 in Bremen, gest. 16. Februar 1837.

* 1. Biologie, oder Philosophie der lebenden Natur, für Naturforscher u. Aerzte. Göttingen, Vandenhoeck etc., 1802, 3, 5, 14, 17, 21, 22. — 8. 6 vol.

* 2. Resultate einiger Untersuchungen über den innern Bau der Insecten. (Ohr von Blatta orientalis; Verdauungsorgane von Cimex rufipes.)
Annal. d. Wetterau. Gesellsch. 1809. T. 1. p. 169—177. tab. 1.

* 3. Ueber das Saugen und das Geruchsorgan der Insecten.
Annal. d. Wetterau. Gesellsch. 1812. T. 3. Heft 1. p. 147—161; 1814. Heft 2. p. 334-316.

* Reimpr. Ueber die Saugwerkzeuge und den Sitz des Geruchssinnes bei den Insecten.
*Trevirau. Vermischte Schrift. 1817. T. 2. p. 93—136. tab. 7.
*Fields Natural. Magaz. 1835. T. 2. p. 23—35. fig.

* 4. Ueber das Leuchten der Lampyris splendidula.
Trevirau. Vermischte Schrift. 1816. T. 1. p. 87—94.

5. Vermischte Schriften anatomischen und physiologischen Inhalts. (mit Lud. Christian Treviranus.) 4. vol. 4. Göttingen, Röwer, 1816. T. 1. tab. 16; Bremen, Heyse, 1817. T. 2. tab. 7; 1820. T. 3; 1821. T. 7. tab. 6.

* 6. Ueber Lepisma saccharina.
Isis. 1818. VII. p. 1191—1197. tab. 1.
Ausgezogen aus: *Trevirau. Vermischte Schrift. 1817. T. 2. p. 11—17.
*Transl. by Brodie. Fields Natural. Magaz. 1833. T. 1. p. 28—31. fig.

(**Treviranus**, Georg Reinhold.)

7. Zeitschrift für Physiologie in Verbindung mit mehreren Gelehrten herausgegeben von F. Tiedemann, G. R. u. L. C. Treviranus. 4. vol. 5. Heidelberg, 1824. T. 1; Darmstadt, Leske, 1827. T. 2; 1829. T. 3; Heidelberg, Groos, 1832. T. 4; 1833—1835. T. 5.

8. Bemerkungen über das Nervensystem der Moosbiene des E. Home.
   Zeitschr. f. Physiolog. 1826. T. 2. Heft 1. — *Féruss. Bullet. 1827. T. 10. p. 316.

9. Ueber Bereitung des Wachses durch die Bienen.
   Zeitschr. f. Physiolog. 1828. T. 3. p. 62—71. — *Féruss. Bull. 1829. T. 16. p. 130—131.

10. Ueber das Insect welches die wilden Feigen in Oberitalien bewohnt. (Cynips.)
   Isis. 1827. IV. p. 313—314. — Linnaea. 1828. T. 3. p. 70.
   Féruss. Bullet. 1829. T. 17. p. 147—148.

11. Ueber die Entstehung der geschlechtslosen Individuen bei den Hymenopteren besonders bei den Bienen.
   Zeitschr. f. Physiolog. 1828. T. 3. p. 220—231. — *Féruss. Bull. 1830. T. 21. p. 178.
   Franz. Uebers. von Pierrard mit Anmerk. von Espaignet. Act. Soc. Linn. Bordeaux. 1833. T. 6. p. 74.
   Franz. Uebers. von Pierrard. Ann. Soc. d'Agric. Lyon. 1840. T. 3. p. 207—223.

12. Ueber das Herz der Insecten, dessen Verbindung mit den Eierstöcken und ein Bauchgefäss der Lepidopteren.
   Zeitschr. f. d. Physiologie. 1832. T. 4. p. 181—183. tab. 1.

13. Beobachtungen und Tafeln zur Erläuterung des Baues und Wirkens der Tastwerkzeuge der Thiere.
   Zeitschr. f. d. Physiologie. 1832. T. 4. p. 185—191. tab. 2.

14. Versuche über das Athemholen der niederen Thiere.
   Zeitschr. f. d. Physiologie. 1832. T. 4. p. 1—39.

15. Ueber die organischen Körper des thierischen Saamens und deren Analogie mit dem Pollen der Pflanzen.
   Zeitschr. f. d. Physiologie. 1835. T. 5. p. 136—153. tab. 2.
   (Cantharis livida, Pieris Brassicae, Vanessa Jo.)

*16. Beobachtungen aus der Zootomie und Physiologie. Bremen, Heyse, 1839. 4. pg. 128. tab. 19.
   (Ueber die Organe des Blutumlaufs bei Insecten. p. 34—38.)

Trew (Christoph Jacob), geb. 1695 in Laufen (Franken), gest. 1769. Arzt in Nürnberg.

1. De duabus erucis. (Sphinx Convolvuli.)
   Commerc. lit. Norimb. 1733. p. 316—318. (cf. Carus. p. 627.)

*2. De insectorum quodam genere (Chermes et Coccus).
   Commerc. literar. Norimb. 1731. p. 381—383. fig.

*3. Peculiare quoddam Quercus excrescentiarum genus (Chermes; Cynips.)
   Commerc. literar. Norimb. 1733. p. 339—341. fig.

Tribukait (G.), Conrector.

*1. Für Bienenzüchter. (Nochmaliger Ausflug einer befruchteten Königin.)
   Preuss. Provinzialbl. 1841. T. 26. p. 573—575.

Triepke, gest. 1846. Superintendent in Garz.

*1. Einige Bemerkungen über Ephemera flos aquae Illig.
   Stett. Ent. Zeit. 1840. T. 1. p. 54—58.

Triewald (Mårten), geb. 18. Novbr. 1691 in Stockholm, gest. 8. Aug. 1747 daselbst.

*1. Nödig tractat om By etc. Stockholm, 1728. 8. pg. 103. tab. 3.
   *Act. Act. litter. Upsal. 1729. T. 2. p. 510—524.

*2. Ytterligare Rön och bot emot Renarnas elaka sjukdom, Curbma kallad.
   Vetensk. Acad. Handl. 1739. T. 1. p. 130—135.
   *Deutsche Uebers. 1749. T. 1. p. 138—163.

*3. Rön och försök angående möjeligheten at Svea Rike kunde äga egit rådt silke.
   Vetensk. Acad. Handl. 1745. T. 6. p. 23—29; p. 136—147; p. 180—208; p. 259—306;
   *1746. T. 7. p. 83—93; p. 237—273.
   *Deutsche Uebers. 1752. T. 7. p. 24—30; p. 135—146; p. 192—207; p. 255—290. fig.;
   1753. T. 8. p. 87—99; p. 265—290.

Trimen (Roland).

*1. On the entomology of the Cape of Good Hope.
   Trans. Ent. Soc. Lond. ser. 2. 1859. T. 5. Proc. p. 58—59.
   *Reimpr. Zoologist. 1859. T. 17. p. 6473—6474.

2. Rhopalocera Africae australis; a Catalogue of South-African Butterflies, comprising descriptions of all the known species with notices of there larvae, pupae, localities, habits, seasons of appearance and geographical distribution. Part I. Papilionidae, Pieridae, Danaidae, Acraeidae, Nymphalidae. Cape Town, W. F. Mathew, 1862. 8. pg. 4 et 190. 1 pl.

Trimmer (Mary).

1. A natural history of the most remarkable quadrupeds, birds, fishes, serpents, reptiles and insects. Chiswick, 1826. 18. fig. (Lacordaire.)

Trimoulet (H.).

1. Catalogue des Lépidoptères de la Gironde. Bordeaux, Lafarge, 1858. 8. pg. 72.
   Extr. Act. Soc. Linn. Bordeaux. T. 22. Livr. 1.

Trinkh (Georg).

1. Diss. unde fiat ut animalia quaedam insecta diu moveantur, quaedam vero minime. Jenae, 1666. 4.
   (cf. Haller. B. A. T. 1. p. 513.)

Tripaldi (Andrea).

* 1. Su taluni insetti che fanno diseccare i rami degli ulivi e che divorano la polpa di loro frutti, e sul modo di distruggerli (Phloiotribus).
   Atti Real Istit. incoragg. Napoli. 1822. T. 3. p. 139—179.
   * Féruss. Bull. 1826. T. 7. p. 148.

de Tristan (Jules).

1. Mémoire sur le Cephus pygmée etc.
   Ann. de la Soc. des sc. belles lettres et arts d'Orléans.
   Ann. de l'agric. franc. sér. 2. 1823. T. 21. p. 159—162. rel. par Bosc. (Lacordaire.)

Troili (Padre Domenico), geb. 11 April 1722 in Macerata, gest. 15. Febr. 1792 daselbst.

* 1. Lettera sull' induramento de' bachi da seta. Modena, Montanari, 1770. 8.
   (cf. Dizion. region. di P. Re. T. 4. p. 157.)

Troost (Gerard), geb. 15. März 1776 in Hertogenbosch, Holland, gest. 14. April 1850 in Nashville. Prof. Chem. in Philadelphia.

* 1. Description of a variety of Amber, and on a Fossil Substance supposed to be the Nest of an Insect discovered at Cap Sable, Magothy River, Ann Arundel, County Maryland.
   Sillim. Amer. Journ. 1821. T. 3, 1. p. 8—15.

Troschel, (Franz Hermann), Professor in Bonn.

* 1. Holz und Bleiplatten zerfressen durch Cerambyx bajulus.
   Verhandl. d. naturhist. Ver. f. preuss. Rheinlande. 1859. T. 16. Sitzber. p. 117.

Trost (Patriz), Kanonikus in Rebdorf im Eichstettischen.

* 1. Kleiner Beytrag zur Entomologie in einem Verzeichnisse der Eichstettischen bekannten und neuentdeckten Insecten mit Anmerkungen für Kenner und Liebhaber. (1000 Species.) Erlangen, Palm, 1801. 8. Heft 1. pg. 71.

Trozel (C. B.).

* 1. Abhandlung von der Schonenschen Bienenzucht aus dem Schwedischen übersetzt.
   Schrebers neue Samml. 1765. Th. VIII. p. 729—766.

de Truchet (Michel), geb. in Arles.

1. Traité complet de l'Insecte Kermes, considéré sous un rapport nouveau, relativement aux circonstances de sa vie, à sa propagation, à sa conservation et au moyen de le rendre propre à remplacer la Cochenille des Iles. Paris, 1811. 8. pg. 100. tab. 2.
   Extr. par Bosc. Ann. de l'agric. franc. sér. 1. 1811. T. 46. p. 328—335. (Lacordaire.)
   Ed. II. Paris, impr. de Lebel, 1825. 8. pg. 101. 1 pl.

Trumphius.

* 1. De nigris vermibus super nive visis. (Podura?)
   Commerc. lit. Noremb. 1735. p. 23—24.

Truqui (Eugen), sard. Consul in Cypern, gest. im April 1860 als Generalconsul in Rio Janeiro.

* 1. Revue du genre Amphicoma dans Burmeister Handb. Ent. IV. P. 1 et prodrome d'une monographie de ce genre.
   Revue Zool. 1847. T. 10. p. 161—165.

* 2. Amphicoma et Eulasia insectorum Coleopterorum genera monographice disserta.
   Studi Entomologici. 1848. T. 1. p. 1—48. tab. 3.
   * Separat. Turin, 1847. 4. pg. 48. tab. 3.

* 3. Studi Entomologici publicati per cura di Flaminio Baudi e di Eugenio Truqui. Torino, Stamperia degli artisti tipographi, 1848. 8. T. 1. pg. 376. pl. 16.

* 4. Novae Histeridarum et Cryptocephalorum species descriptae.
   Ann. Soc. Ent. Fr. sér. 2. 1852. T. 10. p. 61—68. fig.

* 5. Anthicini insulae Cypri et Syriae.
   Mém. Acad. sc. Turin. ser. 2. 1855. T. 16. p. 329—372.
   * Separat. Taurini, 1855. 4. pg. 35. tab. 1 col.

* 6. Note pour servir à la distinction et à la synonymie des Cicindela Ritchii et Peletieri.
   Revue et Magas. Zool. 1855. T. 7. p. 80—90.
   * Ann. Soc. Ent. Fr. sér. 3. 1855. T. 3. Bull. p. 49—50.

(Truqui, Eugen.)

*7. Generis Iphthimi characteres. (Tenebrio.)
Stett. Ent. Zeit. 1857. T. 18. p. 92—94.

*8. Enumération des espèces mexicaines du genre Passalus.
Revue et Magas. Zool. 1857. T. 9. p. 258—269; p. 308—317.
*Gerstaecker Bericht. 1857. p. 101.

Trzebitzky (Franz Xaver).

1. Physikalisch-ökonomische Bemerkungen über die sich so sehr verbreitende Trockniss der Nadelwaldungen nebst Vorbauungs- und Hülfs-Mitteln dawider.
Abhandl. d. patriot. Gesellsch. in Böhmen. 1799. p. 10. — Separ. Prag, 1810. 8. tab. 3 col.
cf. Braun Repert. (Lacordaire.)

Tschapeck (H.), Hauptmann in Gratz.

*1. Elodes Carolinae nov. spec.
Stett. Ent. Zeit. 1859. T. 20. p. 423—426.

Tscharner (N. E.)

1. Observations sur les abeilles.
Mém. de la Soc. économ. de Berne. 1764. P. 4. p. 126.
Deutsche Uebers.. ibid. 1764. Stück 4. p. 119. (Lacordaire.)

2. Projet pour encourager la culture des mûriers dans les Pays Bas de Vaud et de l'éducation des Vers à soie.
Mém. de la Soc. économ. de Berne. 1764. P. 4. p. 30.
Deutsche Uebers. ibid. 1764. Stück 4. p. 3. (Lacordaire.)

Tudor (R. A.), in Montgomeryshire.

*1. A Species of Bee which perforates the Corolla of the Bean in search of Honey.
Magaz. of N. H. ser. 1. 1831. T. 4. p. 93—94; p. 470.

Tuellmann (Jacob Heinrich), gest. 3. April 1807.

1. Abhandlungen über den Seidenbau und andere ökonomische Gegenstände, nach dem Italienischen des Grafen von Landriani und Dänischen bearbeitet von T. Herausgegeben u. mit Anmerkungen begleitet von Nicolai, Fleischmann und Riem. Dresden, Walther, 1793. 8.
Riem neue Samml. ökon. Schriften. Dresden. 1793. 8. pg. 125.
*Beckmann Phys. Oekon. Bibl. XVII. p. 377.

Tuerk (Rudolf).

*1. Ueber die in Oesterreich unter der Ens bis jetzt aufgefundenen Orthopteren.
Wien. Entom. Monatsschr. 1858. T. 2. p. 360—385.

*2. Ueber die Phytoecia aurinala Redtb. u. molybdaena Schbr.
Wien. Entom. Monatsschr. 1859. T. 3. p. 256.

*3. Mehrere für Niederösterreichs Fauna neue Orthopteren.
Wien. Entom. Monatsschr. 1860. T. 4. p. 84—88.

*4. Ueber Mordella bisignata Redtenb.
Wien. Entom. Monatsschr. 1860. T. 4. p. 256.

*5. Zur Fauna Austriaca. (Coleoptera.)
Wien. Entom. Monatsschr. 1860. T. 4. p. 281; 1861. T. 5. p. 79—80.

*6. Für Niederösterreichs Fauna neue Orthopteren. (Stenobothrus crassipes.)
Wien. Ent. Monatsschr. 1862. T. 6. p. 81—82.

*7. Ueber die in Europa vorkommenden Tettix-Arten.
Wien. Ent. Monatsschr. 1862. T. 6. p. 215—217. tab. 1.

von Tuerk (Carl Wilhelm Chr.).

1. Ueber den Seidenbau, nebst Anleitung zu dessen Betreibung. Potsdam, Riegel, 1825. 8.
(cf. Engelmann Bibl. Oecon. p. 333.)

2. Von dem Seidenbau im Allgemeinen nebst Abriss der Geschichte des Seidenbaues. Potsdam, 1829. 8. T. 3. tab. 4.

3. Von den neuesten Erfahrungen des Seidenbaues. Leipzig, Reichenbach, 1837. 8.

4. Vollständige Anleitung zur zweckmässigen Behandlung des Seidenbaues und des Haspelns der Seide, sowie zur Erziehung und Behandlung der Maulbeerbäume. Leipzig, Reichenbach, 1829. 8. Th. 3. 2 Kpfr.
Ed. II. ibid. 1835. 8. Ed. III. ibid. 1843. 8.
(cf. Engelmann Bibl. Oecon. p. 333.)

5. Kurze Anleitung zur Erziehung und Pflege der Maulbeerbäume und zum Seidenbau. (mit Sello.) Berlin, 1851. 8.
(cf. Cornalia monogr. p. 81.)

Tulk (Alfred).

*1. Lithic acid in Lucanus cervus.
Ann. and Mag. of Nat. Hist. 1843. T. 12. p. 451—452.

Tulpius (Nicolaus), geb. 1593, gest. 1674.

1. De vermibus per nares excretis. Tulp. Observ. Medic. 1652. L. IV. c. 12. p. 299.
   (cf. Wohlfahrt l. c. p. 9.)

Tumiati (Giovanni).

1. Opuscoli. Memoria insettologico-agraria intorno ai Bruchi dei Meli, presentata all Accademia di Milano nel 1791. 4. (Phal. Tinea padella.)
   (cf. Dizion. ragion. di F. Re. T. 4. p. 164.)

Turbini (Gaspero Antonio).

1. L'Economia per la Coltura della Seta, e descrizione delle Fabbriche ad essa appartenenti per fino all' uscita delle Stoffe lavorate etc. Brescia, Vescovi, 1778. 8.
   (Enthält mehr als der Titel besagt.)
2. Lettera sopra una nuova Stufa per istufare i Grani.
   Nuovo Giornal. d'Italia. T. 3. (1 et 2 cf. Dizion. ragion. di F. Re. T. 4. p. 165.)

Turner (Daniel).

*1. Two Cases of Insects voided by the urinary Passage. (Larvae.)
   Philos. Transact. 1725. T. 33. No. 391. p. 410—411.

Turner (H. N.).

*1. Thoughts on the disputed Sensibility of Insects.
   Zoologist. 1847. T. 5. p. 1582—1583.
*2. An Essay of Classification.
   Zoologist. 1847. T. 5. p. 1943—1955.

Turner (John Aspinall), geb. 1797 in Manchester.

*1. Remarks on the Linnaean Orders of Insects, forming a short and familiar introduction to the Study of Entomology by a Member of the Manchester Natural History Society; illustrated by Drawings from Nature. London, Longman, 1828. 4. pg. 40. tab. 7 col.
   (Anonym; Stephens hat in seinem Exemplar als Verfasser „Turner" beigeschrieben; unter den Tafeln steht J. A. Turner.)

Turner (Rev. W.).

*1. On the Feeling of Insects.
   Zoologist. 1847. T. 5. p. 1576—1582.

Turpin (Pierre Jean François), geb. 11. März 1775 in Vire, Calvados.

1. Rapport sur une larve trouvée dans l'intérieur de la tige d'un chou brocoli.
   Ann. d'hortic. 1824. T. 14. 8. pg. 8. pl. 1.

Turra (Antonio), Dr. Med. in Vicenza.

1. Insecta Vicentina etc. Vicentiae, 1780. 8. (anonym.)
   (cf. Opusc. scelti. 1781. T. 4. p. 3. (Lacordaire.)
2. Dissertazione in risposta al Quesito: Se convenga o no spogliare i Gelsi della seconda loro foglia.
   Magazzino Toscano. T. 25. (cf. Dizion. ragion. di F. Re. T. 4. p. 166.)
3. Istruzione per coltivar utilmente le api e far gli sciami artificialmente: opera approvata della pubblica Accademia agraria di Vicenza e pubblicata da uno de suoi membri ordinarj a vantaggio della nazione (anonym.) Vicenza, 1793. 8. tab. 1.
   (nach Lacordaire von Turra.)

Turton (W.).

*1. A general System of nature. London, Lackington, 1806. 8. Vol. 2. Part. III. pg. 717 et 784.
   (Uebersetzung von Gmelins Ausgabe von Linné Syst. Nat.)

Tychsen (Olaf Gerhard), gest. 30. Dec. 1815. Prof. in Bützow. Sein eigentlicher Name war Tuke.

*1. Abhandlung von den Heuschrecken und ihren Vertilgungsmitteln. Aus dem Spanischen übersetzt und mit einem Anhange von den biblischen Heuschrecken belegt. Rostock, Koppe, 1787. 8. pg. 101. tab. 1.
   (Der Anhang p. 41—101. tab. 1.)
   — v. Asso y del Rio No. 1.

Tyrell (J.).

*1. Sur la circulation du sang chez les insectes.
   Ann. Soc. Ent. Fr. 1836. T. 4. Bull. p. 45—46.
   *Froriep. Notiz. 1835. T. 41. p. 218. — *L'Institut. 1835. III. No. 105. p. 150.
*2. Feet and wings of insects. fig.
   Quarterl. Journ. microsc. Soc. 1853. T. 3. p. 230—231. fig.

Tyzenhaus (Graf Constantin), geb. 22. Mai 1786, gest. 28. März 1853. Nekrolog Bullet. Moscou. 1853. T. 26. p. 317: nebst Liste der Schriften.

1. Sur les chenilles de Tipula, nuisibles aux blés. (polnisch.)
   Tygodnik rolnicso-technologiczny Korownkiego. Varsovie, 1835. No. 41.

(**Tyzenhaus**, Graf Constantin.)

* 2. Notice sur une pluie d'insectes observée en Lithuanie le 24 Janvier 1849. (Teleph. fuscus.)
Revue et Magas. Zool. 1849. T. 1. p. 73—76. — Bibl. univers. Genève 1849 Nov.
* Froriep Tagsber. 1850. T. 1. p. 85—86.
Rigaisches Correspondenzblatt. 1849. Jahrg. 3. No. 12. p. 191—186. p. 47.
Mittheilungen über einen Insectenregen im Wilnaschen Gouvernem. 1850. pg. 7. tab. 1.

von Twardowsky in Stettin.

* 1. Coleopterologische Mittheilungen.
Berl. Ent. Zeitschr. 1860. T. 4. p. 323.

Uddman (Isaac).

* 1. Novae Insectorum Species. Dissert. inaug. praeside J. Leche. (104 Spec.) Aboae, Merckell, 1753. 23. Juni. 4. pg. 48. tab. 2.
* Reimpr. von Panzer. (cf. Panzer No. 4.)
Recens. Jena gel. Zeit. 1755. p. 635. — Erlang. gel. Bektr. 1755. p. 789.

Ueberschaer, Bienenwirth in Hüfel in Schlesien.

1. Ueber Hubers Bienenbeobachtungen nebst eigener Hypothese.
Arbeit. schles. Gesellsch. f. vaterl. Kultur. 1824. p. 71. — * Isis. 1826. p. 475.

von Uechtritz (Baron M.). gest. 1852 in Breslau.

* 1. Ueber die bei Protsch (Schlesien) gefangenen Käfer.
Arbeit. schles. Gesellsch. f. vaterl. Kultur. 1843. p. 9—12.

* 2. Ueber die Caraben Schlesiens.
Arbeit. schles. Gesellsch. f. vaterl. Kultur. 1845. p. 9—10.

Uhler (Philipp R.), in Baltimore.

* 1. Descriptions of a few species of Coleoptera supposed to be new.
Proc. Acad. Nat. Sc. Philad. 1855. T. 7. p. 415—418.

* 2. Contributions to the Neuropterology of the United States. (Libellula.)
Proc. Acad. Nat. Sc. Philad. 1857. p. 87—88.

* 3. Descriptions of new species of Neuropterous Insects collected by the North Pacific Expedition, Expedition under Capt. John Rodgers.
Proc. Acad. Nat. Sc. Philad. 1858. p. 29—31.

* 4. Hemiptera of the North Pacific Exploring Expedition etc.
Proc. Acad. Nat. Sc. Philad. 1860. p. 221—231.

5. Hemiptera Homoptera of the north pacific exploring expedition 1861.
Proc. Acad. Nat. Sc. Philad. 1861. p. 281.

6. Description of a few new species of Hemiptera.
Proc. Entom. Soc. Philad. 1861. T. 1. p. 21.

de Ulloa (Don Antonio), geb 1716, gest 1795.

* 1. Aus einer Nachricht vom Erdbeben zu Cadix 1755.
Füessly neues Magaz. 1788. T. 3. p. 45—48.
* Extr. aus Vetensk. Acad. Handl. 1756. T. 18. p. 139—140.

Ulmi (Fabro).

1. De mellis oportuna quantitate pro theriaco mitridatoque componendo. Venetiis, 1617. 4. (Lacordaire.)

Ultjesfort (Heinrich), aus Meure.

1. Fortgesetzte Erfahrungen von dem Ursprunge der Drohnen.
Abhandl. Oberlaus. Bienengesellsch. 1770—1771. p. 68. (cf. Boehmer. II, 2. p. 816.)

2. Mittel, dass sich die Schwärme in Mauden (Körben) bequem anlegen.
Gemeinnütz. Arbeit. Oberlaus. Bienengesellsch. 1773. T. 1. p. 159—164.

* 3. Besondere Weise beim Abtreiben der Bienen.
Gemeinnütz. Arbeit. Oberlaus. Bienengesellsch. 1773. T. 1. p. 164—165.

Unger (Franz), Professor an der Hochschule zu Wien.

1. Ueber die Pflanzen und Insecten-Reste in Radoboj in Croatien.
Leonh. u. Bronn Jahrb. 1840. p. 374.

* 2. Fossile Insecten von Radoboj. (Diptera.)
Acta Acad. Natur. Curios. 1841. T. 19. P. 2. p. 413—428. tab. 2.
Leonh. u. Bronn. Jahrb. 1842. p. 369.

Unger (Robert August), geb. 1813.

* 1. Zum Verständniss der in der Lepidopterologie gebräuchlichen Namen.
Archiv Vereins Fr. Naturg. Mekleuburg. 1856. Heft 10. Abth. 1. p. 53—63.

* 2. Dritter Nachtrag zur Uebersicht der Meklenburgischen Lepidopteren.
Archiv Vereins Fr. Naturg. Meklenburg. 1856. Heft 10. Abth. 1. p. 63—64.

Ungnad (Christian Samuel), gest. 23. Januar 1804.

1. Der Maywurm ein Mittel wider den tollen Hundsbiss gegen Einwürfe vertheidigt und durch eigene Beobachtungen bestätigt. Züllichau, Waisenhaus, 1783. 8. pl. 1 col. pg. 88.
*Rel. Allgem. Deutsche Bibl. T. 57. p. 468. — Todens Medic. Bibl. T. 0. p. 443.

Unhoch (Nicolaus).

1. Anleitung zur wahren Kenntniss u. zweckmässigen Behandlung der Bienen nach 33jähriger genauer Beobachtung und Erfahrung. München, Fleischmann, 1823—1824. 8. 3 Liefr. tab. 17 lithogr.
   Rud. André Oecon. Neuigk. u. Verhandl. 1826. T. 2. p. 677—678.
   Jena Allgem. Litter. Zeit. 1825. No. 60. p. 163—168. (Analyse v. Liefr. 1.)
2. Anleitung zur wahren Kenntniss und zweckmässigsten Behandlung der Bienen. Ein Auszug aus dem grösseren Bienenbuch, mit mehreren neuen Anmerkungen und Verbesserungen, besonders den Landschullehrern und Landleuten gewidmet. Mit 1 Steintaf. u. 1 Holzschn. München, Jaquet, 1828. 8.
   (cf. Engelmann Bibl. Oecon. p. 334.)

Unwin (W. C.).

* 1. A few Additions to Miss Callows Account of the Diurnal Lepidoptera of Sussex.
   Morris Naturalist. 1853. T. 3. p. 48—50.
* 2. Libellulinae observed in Sussex, chiefly in the neighbourhood of Lewes.
   Morris Naturalist. 1853. T. 3. p. 71—73.
* 3. A List of those Insects (rarer species of Coleoptera) observed in the southern part of the County of Sussex.
   Morris Naturalist. 1858. T. 8. p. 18—20; p. 39—41; p. 91—93; p. 158—160; p. 208—210; p. 235—237; p. 276.
* 4. Diptera, Aculeate Hymenoptera, Coleoptera, Neuroptera. (Catalog.)
   Merrifield Sketch of the Nat. Hist. of Brighton. Brighton, 1860. 8. p. 215—223.

Unzer (Johann August), geb. 29. April 1727 in Halle, gest. 2. April 1799. Arzt in Altona.

1. Von einem Ohrwurme, der seinen Leib aufgefressen hat.
   Hamburg. Magaz. 1753. T. 12. p. 90—93.
   Unzer physik. Schrift. 1766. Samml. 1. p. 438—440.
   Wöchentl. Danziger Anz. 1769. No. 18.
2. Vom Nutzen einiger Insecten zur Färberey.
   Unzer physik. Schrift. 1766. Samml. 1. p. 345—355.
   Neues Hamburg. Magaz. 1774. Stück 81. p. 483—493. (cf. Bibl. Banks. II. p. 531.)
3. Unpartheiisches Gutachten über die Ameisen.
   Unzer physik. Schrift. 1766. Samml. 1. p. 377—381.
   Neues Hamburg. Magaz. 1774. Stück 83. p. 373—382. (cf. Bibl. Banks. II. p. 273.)
4. Einige nützliche Mittel wider die Kornwürmer und andere Insecten auf den Getreideböden.
   Unzer physik. Schrift. 1766. Samml. 1. p. 330—344.
   Neues Hamburg. Magaz. 1774. Stück 84. p. 528—532. (cf. Bibl. Banks. II. p. 543.)

Upmarck (Johannes).

* 1. Dissertatio de formicis. Resp. L. Sylenius. Upsaliae, 1766. 8. pg. 44.

Urban (Emanuel), Professor in Ofen.

* 1. Naturhistorische Briefe über die Ofener Gegend. (Insecten-Verzeichn.)
   Lotos. 1857. T. 7. p. 44—48.

D'Urban (William Stewart M.), von Newport.

* 1. On Saturnia (Hyalophora) Cecropia.
   Trans. Ent. Soc. Lond. ser. 2. 1855. T. 3. Proc. p. 96—97.
* 2. Notes on Insects now injuring the Crops in the vicinity of Montreal.
   Canadian Naturalist and Geologist. 1858. Vol. 2. p. 161—170.
3. On the Order Lepidoptera with the description of two species of Canada Butterflies.
   Canadian Naturalist and Geologist. 1857. Vol. 2. p. 215—220.
4. Description of four species of Canada Butterflies.
   Canadian Naturalist and Geologist. 1857. Vol. 2. p. 310—316; p. 345—355.
5. Description of two species of Canada Butterflies.
   Canadian Naturalist and Geologist. 1857. Vol. 2. p. 348—351.
6. Description of a Canadian Butterfly, and some remarks on the Genus Papilio.
   Canadian Naturalist and Geologist. 1857. Vol. 2. p. 410—419.
   (cf. Sherwood Linnaea XIV. p. 200.)
* 7. A Systematic List of Coleoptera found in the vicinity of Montreal.
   Canadian Naturalist and Geologist. 1859. Vol. 4. p. 307—320.
* 8. Observations on the Natural History of the Valley of the River Rouge, and the surrounding Townships in the Counties of Argenteuil and Ottawa. (contin. from. p. 276 vol. IV.) (Coleopt. Lepid.)
   Canadian Naturalist and Geologist. 1860. Vol. 5. p. 81—98.

Ure, Dr.

* 1. Account of the present state of the silk manufactories in England.
   Trans. Ent. Soc. Lond. 1835. T. 1. Proc. p. 50—51.

Ursinus (Johann Heinrich), geb. 1608, gest. 1667.

1. Paegnion seu Pediculus Philosophus miscellanella sacra et philologica. Norimberg., 1666. 8. Libr. VI. p. 97—250.
(cf. Bibl. Banks. II. p. 37.)

von Uslar (Johann Jacob), geb. 1752 zu Clausthal, gest. 1838 zu Herzberg (am Harze), wo er Oberförster war.

*1. Pyralis hercyniana. Ein Beitrag zur Kenntniss der Waldverderbenden Insecten. Hannover, Helwing, 1798. 8. pg. 63. tab. 1 col.

*2. Schreiben naturgeschichtlichen Inhalts eines Forstmannes an seinen Freund. Lüneburg, Herold, 1810. 8. pg. 57.
(schädl. Forstinsecten.)

Ussane (S.).

1. Particularités remarquables des sauterelles qui sont venues en Russie. Paris, 1690. 4. vgl. Swalbach.
(cf. Nodier Bibliogr. p. 60.)

Uzál (Péter).

1. A tapasztalt méhészgazda. Oktatások a méhészet körül az egész esztendőben előjövő minden foglalatosságokról. Útmutatásul azoknak, kik a mézei gazdaság ezen szép olly nevezetes mint hasznos ágában örömmel, okosan és szerencsével akarnak foglalatoskodni. Magyarország különféle égaljához alkalmaztatva. Tizennegy ábrázolattal. Kassán, (Pest, Heckenast,) 1835. 12. pg. 13 et 178.
(Der erfahrene Bienenzüchter.) (cf. Carus. p. 667.)

Vaillant, Maréchal à Paris.

*1. Communication sur les balles de plomb perforées par un insecte. (Sirex Juvencus.)
Compt. rend. 1857. T. XLV. p. 360—361.

Valagussa (Natale).

1. Il bigattiere di Brianza. Monza, Corbetta, 1835. 12.
(cf. Cornalia monogr. p. 429.)

Valentin (Johann Ernst), Arzt in Giessen.

*1. Nidus Vesparum admirandus.
Acta Acad. Nat. Curios. 1730. Vol. 2. p. 285—286.

Valentini (Michael Bernard), geb. 26. November 1657 in Giessen, gest. 13. März 1729 daselbst. Professor in Giessen.

1. De vermibus salivatoriis unde spuma cuculi.
Ephem. Acad. Nat. Curios. 1696. Dec. III. An. II. p. 183.

*2. Musei Museorum oder der vollständigen Schaubühne fremder Naturalien etc. Frankfurt a. M., Zunner, 1714. Fol. Tom. 3.
(T. 2 enthält eine Tafel Insecten.)

*3. Amphitheatrum Zootomicum. fig. Francfurt, 1720. Fol. pg. 231 et 231. tab. 102.
* Ed. II. Francfurt, Zunner, 1742. Fol. pg. 231 et 231 et 114. tab. 103.
In Pars II findet sich p. 181—231 die Anatomie von 20 Insecten; ein Wiederabdruck von Muralto No. 52.)

Valentyn (François), geb. um 1660 in Dortrecht.

1. Beschryving van Oud en Nieuw Oost Indien. Amsterdam, 1724—1726. Fol. 5 Part. in 8 Vol. pl. et cart.
(cf. Bibl. Banks. I. p. 138.)

Vallée (Alexander).

1. Discours sur les abeilles. (Selecta.) 8.
cf. Bibl. agronomique. p. 68. (cf. Quérard. T. 10. p. 25.)

Valleriola (François), Arzt in Arles oder in Valence.

1. Verwüstung durch Heuschrecken um Arles um 1555.
Valleriola Curationes medicales. Livr. II. obs. 1. (cf. Amoreux. No. 3. p. 23.)

Valléry (Ch.).

*1. Appareil destiné à la conservation des grains: insectes destructeurs du blé.
Silberm. Revue. 1836. T. 4. p. 218—253. (Rapport de M. Séguier.)

*2. Considérations générales sur la conservation des grains et description d'un appareil propre à cet usage. Rouen, 1830. 8. pg. 41. 1 tab. in Fol.

Vallisnieri (Antonio), geb. 3. Mai 1661 in Trasilico (Modena), gest. 28. Jan. 1730 in Padua.

*1. Dialoghi (fra Malpighi e Plinio intorno la curiosa origine de molti insetti). Venezia, Albrizzi, 1700. 8. pg. 268.
Patavii, 1700. 8.
In seinen Werken T. I p. 1—65 mit Verbesserungen u. Vermehrungen; die Dialoge waren zuerst in einer Zeitschrift Galleria di Minerva erschienen.

2. Dialoghi delle Origini Sviluppi e di Costumi degl' Insetti. Padova, 1700. 8.
Opera fis. med. T. 1. p. 1. (Ob die bei No. 3 citirte Ausgabe?)

*3. Esperienze ed osservazioni intorno all' origine sviluppi e costumi di varii Insetti. Padova, Manfrè appresso 1713. 4. pg. 232. pl. 12.
Ed. II. Padova, 1726. 4.
Opera fis. med. T. 1. p. 201. (Nach Bibl. Banks. II. p. 200 steht p. 179—200.)
cf. Boehmer. I, 1. p. 250 u. II, 2. p. 378.

*4. Istoria del Camaleonte Africano e di vari animali d'Italia. Venezia, G. Gabbriello appresso 1715. 4. tab. 5. p. 1—160. (Mantis.)
(Pars 2 cf. Cestoni No. 3; Pars 3 p. 161—180 Brief von Sprenger an Vallisnieri, darin über [illegible].)

5. Historia Muscae rosiseccae, idea divisionis insectorum in classes loco natali desumptas. Padova, 1725. 4.
Opera fis. med. T. 1. p. 179.

6. Osservazioni sopra la Cantharide. fig.
Opera fis. med. T. 1. p. 258.

7. Della nobilità et utilità dello studio degl' Insetti.
Opera fis. med. T. 1. p. 307.

*8. De rara quadam Locusta c. fig. (Phalaena.)
Ephem. Acad. Nat. Curios. 1715. Dec. II. Cent. III et IV. Observ. 25. p. 81—84.
Opera fis. med. T. 2. p. 82—86.

9. Scarafaggio notturno marino. (Nepa?)
Opera fis. med. T. 2. p. 93. (cf. Bibl. Banks. II. p. 265.)

10. Imeglioramenti e correzioni di alcune esperienze de F. Redi.
Opera fis. med. T. 3. p. 417.

11. Conclusiones physico-medicae, ubi etiam de insectorum genesi egit.
Opera fis. med. T. 3. p. 672. (cf. Boehmer. II, 2. p. 175.)

12. Opere fisico-mediche contenenti un gran numero di trattati, osservazioni, ragionamenti e dissertazioni sopra la fisica, la medicina e la storia naturale. Venezia, 1733. Fol. 3 vol. (von seinem Sohn edirt.)
(cf. Bibl. Banks. I. p. 62.)

Vallot (Jean Nicolas), Dr. Med. in Dijon.

*1. Concordance systématique, servant de table des matières à l'ouvrage de Réaumur intitulé Mémoires etc. Paris, An X. (1802.) 4. pg. 198 et 11.

*2. Observations entomologiques, trad. et extr. d'un ouvrage inédit, intitulé Insectorum incunabula. Paris, 1812. 8. pg. 79.

*3. Notice des insectes qui se volent sur la vigne ou vivent à ses dépens, avec l'indication des plantes parasites de cet arbuste.
Mém. Soc. Linn. Paris. 1827. 8. T. 1. p. 245—251.

4. Mémoire sur quelques espèces nouvelles d'insectes et de Cryptogames.
Bibl. phys. écon. Mai 1823. p. 350.
*Féruss. Bullet. 1823. T. 2. p. 462.

5. Mémoires sur quelques Diptères du genre Cécidomye.
Analyse des travaux de l'Acad. Sc. à Dijon. 1827. Partie physique. p. 59.
*Féruss. Bullet. 1828. T. 15. p. 318—319.

*6. Observations sur les habitudes de l'Anthribe marbré, espèce qui vit parasite à l'état de larve.
Ann. sc. nat. 1828. T. 13. p. 68—71.
*Isis. 1830. II. p. 205. — *Féruss. Bullet. 1828. T. 15. p. 317.

*7. Nouvelles espèces de Cochenilles.
Acad. sc. Dijon. 1829. p. 30—32. — *Féruss. Bullet. 1830. T. 22. p. 469—470.

*8. Notice sur différents insectes et différentes larves qui vivent sur les plantes.
Acad. sc. Dijon. 1829. p. 98—116.
*Féruss. Bullet. 1830. T. 22. p. 470—474.

*9. Sur la manière dont les insectes déposent leurs oeufs.
Acad. sc. Dijon. 1829. p. 116—131.
*Féruss. Bullet. 1830. T. 22. p. 466—468.
*Froriep Notiz. 1831. T. 30. p. 37—39.

*10. Sur la galle chevelue du gramen et sur l'insecte qui la produit. (Cecidom. Poae.)
Ann. sc. nat. 1833. T. 28. p. 263—269. — *Isis. 1835. VI. p. 517.

*11. Observations sur les larves qui dévastaient le chanvre.
Ann. Soc. Ent. Fr. 1834. T. 3. Bull. p. 63—66. — *L'Institut. 1834. II. No. 80. p. 378.
*Froriep Notiz. 1834. T. 42. p. 511—512.

*12. Sur le cri du Sphinx Atropos.
L'Institut. 1835. II. No. 35. p. 7.

*13. Sur une sorte de Teigne. (T. vibicella.)
Ann. sc. nat. sér. 2. 1835. T. 4. p. 188. — *C. rend. 1835. T. 1. p. 101—103.
*L'Institut. 1835. III. No. 123. p. 191.

(**Vallot**, Jean Nicolas.)

*14. Note sur les insectes qui produisent la Galle en clou du Tilleul et autres fausses Galles analogues. (Acarus plantarum?)
Compt. rend. 1835. T. I. p. 74.

*15. Tinea Craccella nov. spec.
L'Institut. 1835. III. No. 118. p. 229.

16. Observations sur deux espèces de fausses galles.
Ann. sc. nat. sér. 2. 1836. T. 6. p. 319.

*17. Note sur deux espèces de fausses Galles. (de Lonicera.)
Compt. rend. 1836. T. II. p. 312—313.

*18. Observations sur deux insectes Hémiptères qui vivent l'un sur le Mélèze et l'autre sur le Caféier. (Adelges laricis; Psylla Coffeae.)
Compt. rend. 1836. T. III. p. 72—73. — *L'Institut. 1836. IV. No. 167. p. 230—231.

*19. Observations diverses (Disparition des Fourmilions par la clôture et la culture des carrières; disparition de végétaux et d'insectes rares par suite du dessèchement des mares des Petites-Roches; (p. 180.) Sur quelques fausses galles; galles chevelues du gramen: (p. 246.) Observation entomologique; Tenthrède du vinetier, Hannetons; Sur le Cryptorrhynchus lapathi; Sur le Caty-did (Orthopt.), insectes vivant sur le rhododendron; Note sur l'Adelges laricis; sur la Psylle du Caféier et par suite sur les autres insectes qui vivent aux dépens de cet arbre; sur la Teigne humérale et le Dermeste atome; éclaircissement sur quelques oeufs d'insectes; sur une Phrygane; sur la Lepte automnale.).
Mém. Acad. sc. Dijon. 1836. p. 150; p. 159—180; p. 238—247.

*20. Observations entomologiques.
Mém. Acad. sc. Dijon. 1837—1838. p. 41—66.

*21. Lettre sur la larve d'une petite Cecidomyia qui vit aux dépens du Parenchyme de la feuille de Laitron. (C. Sonchi.)
Compt. rend. 1837. T. V. p. 510.

*22. Mémoire pour servir à l'histoire des insectes ennemis de la vigne, et à l'indication des moyens propres à prévenir leurs ravages.
Mém. Acad. sc. Dijon. 1839—1840. p. 31—59.
Ann. Soc. d'Agric. Lyon. 1841. T. 4. p. 257—315. — *Revue Zool. 1840. p. 298—300.

23. Sur deux espèces de Cionus, confondues par les naturalistes (C. Scrophulariae et Verbasci) et sur un autre Coléoptère Porte-bec. (Oxystoma pomonae.)
?Revue zool. 1839. T. 2. p. 117. (nicht zu finden.)

*24. Quelques considérations sur l'étude de la Botanique liée à l'étude de l'Entomologie.
Acad. sc. Dijon. Séance publ. 1843. p. 107—119.

*25. Sur les Galles du Verbascum pulverulentum. (Eulophus.)
Mém. Acad. sc. Dijon. 1845. p. 481—482.

*26. Sur une petite espèce de Charançon de la Malva sylvestris et Alcea rosea. (Apion aeneum.)
Mém. Acad. sc. Dijon. 1845—1846. p. 483—484.

*27. Sur la larve de la Clythra 4-punctata.
Revue Zool. 1848. T. 11. p. 180. — *Compt. rend. 1848. T. XXVI. p. 610—611.

*28. Observations d'histoire naturelle (sur diverses Tenthrèdes, sur la Tipula Thomae.)
Mém. Acad. sc. Dijon. 1848. p. 185—213.

*29. Observations sur des Hyménoptères.
Ann. Soc. Ent. Fr. sér. 2. 1849. T. 7. Bull. p. 74.

*30. Éclaircissemens relatifs à plusieurs passages des Mémoires de Reaumur.
Mém. Acad. sc. Dijon. 1849. p. 81—111.

*31. Observations entomologiques. (Chryside enflammée; Simulie vernale; Musca vitripennis. Sur les nids de plusieurs insectes hyménoptères; sur les galles des rosiers.)
Mém. Acad. sc. Dijon. sér. 2. 1850. T. 5. p. 177—183; 1852. T. 1. p. 85—[illegible].

Vandelli (Domingos).

1. Diccionario dos termos technicos de historia natural. Coimbra, 1788. 8. pg. 36 et 301. tab. 20. (Lacordaire.)

*2. Sobre a ferrugem das Oliveiras.
Mem. econom. Lisboa. 1789. T. I. p. 8—9.

3. Florae et Faunae Lusitanicae specimen.
Mem. da acad. real de Scienc. de Lisboa. 1797. T. I. p. 37—79.
(Catalog von [illegible] Coleopt., [illegible] Hemipt. et Orthopt., [illegible] Lepidopt., 6 Neuropt., 26 Hymenopt., 17 Dipt., 17 Apt. — Lacordaire.)

Vanière (Jacques), geb. 1664 in Béziers, gest. 1739 in Toulouse. Jesuit.

*1. Jacobi Vanierii e Societate Jesu praedium rusticum. Nov. edit. auct. et emendata. Tolosae, Robert, 1730. 12. pg. 320. (liber XIV. Apes.)

Ed. I. Tolosae, 1706. 12.

(cf. Dizion. ragion. di F. Re. T. 4. p. 174.)

Tolosae, 1727. 12. pg. 16. — Paris, 1707, 1730, 1746, 1756, 1774, 1817. 12.

*2. Apes ad eminentissimum Cardinalem de Fleuri.

Praedium rusticum. Colon. Thoracense. 1750. p. 213—278. Lib. XIV.

Vannoni (Berardo).

1. La piccola nella grande bigattiera, ossia metodo profilatico per curare le più gravi infermità del baco da seta. Brescia. Con un' appendice: la bigattiera di pertiche e di tela etc. Milano, Centenari, 1853. 8.

(cf. Cornalia monogr. p. 58.)

Varembey (J.).

*1. La Ruche française avec la manière de s'en servir; ou nouveau Procédé qui réunit les avantages de tous ceux publiés jusqu'à ce jour sur l'éducation des abeilles. Paris, Michaud, (1811). 8. pg. 175. 1 pl.

Ed. II. augmentée par l'auteur de plusieurs paragraphes, figures et autres additions importante, et d'un Appendice sur la législation concernant les abeilles. Dijon, Douillier, 1843. 8.

(cf. Litt. fr. cont. T. 6. p. 529.)

Varley (Cornelius).

*1. Microscopical Observations on a Malady affecting the Common Housefly.

Trans. Microscop. Soc. Lond. 1852. T. 3. p. 55—57.

Varney (William). Lebte als Geisteskranker in einer Anstalt bei Oxford, als er diese Beobachtungen machte.

*1. Notes on the Habits of various Insects. (Hymenoptera, Lepidoptera, Diptera.)

Trans. Ent. Soc. Lond. ser. 2. 1853. T. 2. p. 113—119.

Vasalli di Gropello (G. B.)

1. Nuove osservazioni sul calcino.

Giorn. agrar. 1831. p. 315. Crepuscolo, 1 Giugnio. (cf. Cornalia. monogr. p. 81.)

Vasco (Giovanni Battista). Abt.

*1. Giornale dell' esperienza fatta per far morire le crisalidi ne bozzoli de bachi da seta, senza farli cuocere nel forno, col vapore della Canfora, o dello Zolfo.

Opuscoli scelti. 1779. T. 2. p. 225—233.

*2. Lettera sulla seconda raccolta de' bozzoli.

Opuscoli scelti. 1789. T. 12. p. 70—72.

*3. Observations sur l'insecte qui ronge les cocons des vers à soie. (Derm. lardarius.)

Mem. Acad. Torin. 1790. T. 4. p. 208—222. 1 pl.

*Opuscoli scelti. 1790. T. 13. p. 400—416.

Vascotti (Bartol.).

1. Codice del Regno dei Bachi da seta. Venezia, Mollnari. 1840. 8.

(cf. Bianconi Repert. T. 1. p. 64.)

Vassalli Eandi (Antoine Marie), geb. 30. Juni 1761 in Turin, gest. 5. Juli 1825 daselbst. Prof. Phys.

*1. Memoria sopra il Cerambice odoroso.

Opuscoli scelti 1790. T. 13. p. 89—94.

*2. Sur une maladie particulière qui en Mai 1803 s'est manifestée en Piémont dans les bleds, causée par de très petits insectes.

Mém. Acad. Torin. 1809. T. 16. p. 76.

*3. Note sur quelques insectes nuisibles aux cotonniers herbacés.

Mém. Acad. Torin. 1809. T. 16. p. 77.

de Vaucanson (Jacques), geb. 24. Januar 1709 in Grenoble, gest. 21. Novbr. 1782.

1. Construction d'un nouveau four à tirer la soie des Cocons.

Hist. de l'Acad. R. des Sc. Paris. 1749. p. 142—154. (Lacordaire.)

2. Mémoire sur la filature des soies où l'on donne les plans et la description des fourneaux avec la forme que doit avoir le batiment du tirage.

Hist. de l'Acad. R. des Sc. Paris. 1773. p. 445—460. tab. 8. (Lacordaire.)

Vaudouer.

*1. Observations sur la léthargie périodique des chenilles des papillons Euphrosina et Dia.

Ann. Soc. Linn. Paris. 1827. Septbr. T. 6. p. 374—378.

Vauquelin (Nicolas Louis), geb. 1763 in St. André d'Herbelot in der Normandie, gest. 14. November 1830 daselbst. Chemiker.

1. Observations chimiques et physiologiques sur la respiration des insectes et des vers.
   Ann. de Chimie. T. 12. p. 273—291. — *Bull. Soc. philom. 1791. T. 1. p. 23—24.

*2. Analyse du propolis ou mastic des abeilles.
   Bull. Soc. philom. (1803) an XI. T. 3. p. 177—178. No. 71.
   *Wiedem. Archiv. 1801. T. IV. P. 1. p. 138.

Vauthier (C.).

1. Figures et synonymie des Lépidoptères nocturnes de France. Paris, 1822. 8. 3 livr. à 3 pl. col.
   *Bull. Soc. philom. 1822. p. 49.

Vautrin de Lamotte.

1. Réflexions pratiques pour arriver à la destruction de la Pyrale. Epernay, Noël, 1858. 8. pg. 15.

Vecchietti (Nicolo).

1. Il baco da seta. Milano, tip. dei Class. Ital., 1846. 16.
   (cf. Cornalia monogr. p. 78.)

Velsch (Georg Hieronymus), geb. 1624, gest. 1677. Arzt.

1. Dentes Gryllorum et aliorum insectorum.
   Scaligeri Observ. hecat. I. Observ. 87. p. 90. (cf. Boehmer II, 2. p. 212.)
2. De talpa Ferranti Imperati seu vermis cucurbitarii anatome. fig.
   Scaligeri Observ. hecat. I. Observ. 26. p. 30. (cf. Boehmer II, 2. p. 214.)
3. Galiae silviae halebensis. fig. (Cynips.)
   Scaligeri Observ. hecat. I. Observ. 99. p. 128. (cf. Boehmer II, 2. p. 276.)
4. De punctura Vespae.
   Ephem. Acad. Nat. Curios. 1677. Dec. I. Ann. VIII. Observ. 25. p. 69. (cf. Boehmer II, 2. p. 279.)
5. De Tithymalocampis Clagenfurtensibus. (Chelonia.)
   Ephem. Acad. Nat. Curios. 1677. Dec. I. Ann. VIII. Observ. 45. p. 73—74.

von Veltheim (August Ferdinand Graf), geb. 2. October 1801. Braunschweigscher Berghauptmann.

1. Von den Gold grabenden Ameisen und Greiffen der Alten. Helmstädt, 1799. 8. pg. 32.
   (cf. Bibl. Banks. V. p. 17.)
   Reimpr. in *Sammlung einiger Aufsätze historischen, antiquarischen, mineralogischen und ähnlichen Inhalts. Thl. II. p. 253 sqq. Helmstädt, Fleckeisen, 1800. 8. 2 vol.

Venema (G. A.).

*1. Dieren, die voor den landbouw schadelijk zijn. 1. de ritnaald, Elat. segetis; 2. de hamei, Tipul. oleracea; 3. de aardvloo, Haltica oleracea.
   uit De Boeren-Goudmijn 1856. 8. No. 10. pg. 3; No. 11. pg. 6; No. 12. pg. 5.

Ventris (E.), in Cambridge.

*1. The Polyommatus Argiolus is double-brooded.
   Magaz. of N. H. ser. 1. 1832. T. 5. p. 205.

Venturi (Alberto).

1. De mellis origine et usu. Venetiis, 1763. 8.
   Deutsche Uebers. Von dem Ursprung und Nutzen des Honigs. Coethn, 1765. Aus dem Latein. übers. u. mit einigen Anmerkungen begleitet von einem Verehrer der Oberlaus. Bienengesellsch.
   Abhandl. Oberlaus. Bienengesellsch. 1767. p. 159.
   Haller. B. A. T. 2. p. 593. (Lacordaire.)

Venturi (Carlo Antonio).

1. Sullo Sviluppo della Botrytis Bassiana, e d'altri Miceti Memoria.
   Commentar. dell' Ateneo di Brescia 1848—1850. p. 120.
   *Bel. Bianconi Repert. T. 1. p. 53—56.

Venus (C. E.), in Dresden.

*1. Zur Aufklärung des Putzeysschen chemischen Problems und über die möglichen Ursachen der gefährlichen Wirkungen der Haare der Liparsiden-Raupen.
   Stett. Ent. Zeit. 1859. T. 20. p. 280—283.

*2. Ueber entomologische Reisen in den Alpen.
   Herrich-Schaeffer Correspondenzbl. 1860. T. 1. p. 81—85.

Verardi, (ist Pseudonym für Boitard, nach Quérard. T. 2. p. 384.)

1. Manuel du destructeur des animaux nuisibles, ou l'art de détruire tous les animaux nuisibles au jardinage à l'économie domestique à la conservation des chasses, des étangs etc. Paris, 1827. 18. fig. (Lacordaire.)
   Ed. 2. Paris, 1834. 12.

Verdat (G. J.). Médecin à Delémont.

* 1. Mémoire pour servir à l'histoire des Simulies genre d'insectes de l'ordre des Diptères, famille des Tipulaires; lu à la réunion de la Société helvétique des Sciences naturelles à Bâle le 25. Juillet 1821.
Naturwiss. Anzeig. d. allg. schweiz. Gesellsch. 1822. Jahrg. 5. No. 9. p. 65—70. tab. 1.
* Thon Archiv. 1829. II, 2. p. 66—69. fig. — * Féruss. Bullet. 1824. T. 1. p. [illegible]

Verdier (Emile).

1. Les graines de vers à soie pouvant être conservées jusqu'en Septembre, on peut 1. faire trois éducations; 2. avoir une recolte d'alcool en cueillant les mures. Montpellier, Virenque, 1835. 12. pg. 21.

du Vergé. Arzt in Tours.

1. Précis sur l'education des vers à soie. fig. Tours, Lambert, 1763. 8.
Nel. Journ. des Sçav. 1764. p. 121. — Biblioth. des Sçav. 1763. T. 20. p. 29.
(cf. Boehmer II, 2. p. 261.)

Verhuell (Q. M. R.).

* 1. Waarnemingen omtrent het langdurig overblijven van prikkelbaarheid in de voortplantingsdeelen eener Bombyx chrysorrhoea.
Van der Hoev. Tijdschr. 1834. T. 1. p. 97—100. — * Isis. 1840. IV. p. 843.

* 2. Beschrijving der zonderlinge achterpoten van Geometra scutellaria.
Van der Hoev. Tijdschr. 1835. T. 2. p. 252—253. tab. 1. — * Isis. 1840. IV. p. 334.

* 3. De Rups van den Bombyx-Atlas.
Van der Hoev. Tijdschr. 1836. T. 3. p. 29—30. tab. 1. — * Isis. 1840. IV. p. 365.

* 4. Verscheidenheden van Pieris Napi en Pieris Rapae beschreven en afgebeeld. fig. col.
Van der Hoev. Tijdschr. 1839. T. 6. p. 204—206. — * Isis. 1840. IV. p. 309.

5. Handboek voor liefhebbers en verzamelaars van Vlinders. Rotterdam, Wijt et Zonen, 1842. 8.

* 6. Sur les metamorphoses du Mormolyce phyllodes. fig.
Ann. sc. nat. sér. 3. 1847. T. 7. p. 342—347.
* Froriep Notiz. 1847. T. 4. p. 163—165.

* 7. Mededeeling der metamorphose van eene in Guyana voorkomende vliegensoort. (Calliphora.) fig.
Tijdschr. voor de wis- en natuurk. Wetensch. 1850. T. 3. p. 273—275. fig.

* 8. Eigenschappen van twee exotische Lepidoptera.
Mém. Soc. Entom. Pays-Bas. 1857. T. 1. p. 131—132.

* 9. Over de rups van Papilio Machaon. fig.
Tijdschr. nederl. Entom. Vereen. 1860. T. 3. p. 129—130.

* 10. Aanteekening omtrent het leven de wetenschappelijke werkzaamheden.
Tijdschr. nederl. Entom. Vereen. 1861. T. 4. p. 55—61.

Verloren (Margaretus Cornelius), geb. 1816. Dr. en sciences à Utrecht.

* 1. Catalogus Insectorum Lepidopterorum, quae in opere Crameri delineata sunt. Traject. ad Rhen., Altheer, 1837. 8. pg. 280.

* 2. Bijdrage over de schadelijke Rupsen der Dennenbosschen in het bijzonder over de Noctua piniperda.
Algem. Konst- en Letterbode, Januar 1845. 4. pg. 88.

* 3. Mémoire (couronné) en réponse à la question suivante: Eclaircir par des observations nouvelles le phénomène de la circulation dans les insectes, en recherchant si on peut la reconnaître dans les larves des différents ordres de ces animaux.
Mém. Acad. Roy. Belg. 1847. T. 19. pg. 93. tab. 7.

* 4. Waarnemingen over de buitengewone Vermenigvuldigung van Noctua piniperda en Hylesinus piniperda, in de Dennenbosschen te Zeist
Algem. Konst- en Letterbode. 1846. No. 13 en 15. pg. 9; * 1847. No. 9. pg. 8.
Relmpr. * Handel. Nederl. Entom. Vereen. 1851. p. 1; p. 6.

* 5. Von den Ernährungsfunctionen der Insecten.
Moleschott. Holländ. Beitr. Utrecht. 1847. 8. T. 1. Heft 2. p. 218—232; * Heft 3. p. 303—330. fig.

* 6. Ueber periodische Verschiedenheiten in der Entwicklung der Insecten. (Sph. ligustri.)
Handel. Nederl. Entom. Vereen. 1854. p. 15—26.
Algem. Konst- en Letterbode. 1840. No. 48—51.

* 7. Over de levenswijze van Acanthia lectularia en Cimex (Reduvius personatus.
Aanteek. Utrecht. Genootsch. v. Natuur. etc. 1853—1854. p. 80—99.

* 8. Untersuchungen über die Todtenuhr Atropos pulsatorius.
Handel. Nederl. Entom. Vereen. 1854. p. 61—66.

* 9. Quelques observations sur le Papilio Machaon.
Tijdschr. Nederl. Entom. Vereen. 1858. T. 2. p. 99—105.

(**Verloren**, Margaretus Cornelius.)

*10. On the Effect of Temperature and Periodicity on the Development of certain Lepidoptera.
Report 13 Brit. Assoc. Oxford. 1861. p. 123.

*11. Over bijenteelt; Mededeelingen over Engeland.
Tijdschr. Nederl. Entom. Vereen. 1861. T. 4. p. 30—34; p. 35—39.

Veray, Apotheker in Montpellier.

*1. An accompt of the Use of the Grain of Kermes for coloration.
Philos. Transact. 1684. T. 1. No. 20. p. 362—363.
*Redd. 1738. T. 1. p. 67. — Leske Uebers. T. 1. p. 80.
Revers. Crells chem. Archiv. T. 1. p. 9.

Verri (Carlo).

1. Del modo di propagare, allevare e regolare i Gelsi. Milano, Pirotta etc., 1801. 8.
(cf. Dizion. ragion. di F. Re. T. 4. p. 183.)
Deutsche Uebers. Ulm, Ebner, 1830. 8.
(cf. Engelmann Bibl. Oec. p. 10.)

Vialet-Martignat.

1. La ruche conservatrice, ou reforme et perfectionnement de la culture des abeilles en Bresse. Bourg, impr. de Milliet-Bottier, 1849. 12. pg. 24.
(cf. Caron. p. 067.)

Vibert, Cultivateur des Roses à Chennevieres sur Marne.

1. Du ver blanc; exposé de ses ravages et de la necessité de le détruire avec une notice sur le charançon gris et celui de la livèche. Paris, 1827. 8. pg. 101.
Quérard T. 10. p. 128 hat: pg. 58.

2. Du ver blanc et des moyens de le détruire.
Journ. d'agricult. pratiq. 1837. 4. pg. 8.
*Bull. Ann. Soc. Ent. Fr. 1838. T. 2. p. 66.

Vicat (Philip Rudolph), geb. 1720 in Payerne, gest. 1783 in Lausanne.

*1. Supplement au dictionnaire raisonné universel d'histoire naturelle de Valmont de Bomare; contenant des tables alphabétiques et systématiques pour tous les objets d'histoire naturelle, de physique et des arts, pour la medecine etc., des articles retouchés, ou nouveaux etc. *Lausanne*, Société typ., 1776. 8.

Vicat, Madame, geb. Curtas.

1. Observations sur les abeilles.
Mém. soc. écon. Berne. 1764. P. 1. p. 93. — Deutsche Edit. ibid. 1764. Stück 1. p. 79.
(Lacordaire.)

2. Observations sur les mauvais effets du miel grené et sur les fausses teignes.
Mém. soc. écon. Berne. 1764. P. 4. p. 109. — Deutsche Edit. ibid. 1765. Stück 1. p. 90.
(Lacordaire.)

*3. Experiences sur un nouveau moyen de multiplier les abeilles.
Mém. soc. écon. Berne. 1769. P. 2. p. 81—94. — Deutsche Edit. ibid. 1769. Stück 2. p. 89.

Vida (Marcus Hieronymus), geb. 1490 in Cremona, gest. 1566 in Alba. Bischof.

*1. De Bombycum cura et usu. Libri II. (Poema.) Roma, 1527. 4.
(Cornalia monogr. p. 55 und Dizion. ragion. di F. Re. T. 4. p. 187.)
Brunet T. 4. p. 608 hat als Ed. I. s. a. s. 4.
*Lugduni, Gryphius, 1536. 8. pg. 155. (Bomb. p. 07—98.)
Basileae, R. Winter, 1537. 8. — Romae, 1537. 4.
Antwerpen, 1585. 12. — Cremona, 1560. 8.
In ejus operibus. Lugduni, Gryphius, 1548. 8.
Antwerpen, Plantin, 1567. 8. — Cremona, 1592. 8.
(cf. Nodier Bibl. p. 63.)
Oxonii, 1701. 8.; *ed. Th. Tristram. Oxonii, 1723. 8. pg. 116. — Patavii, 1731. 4.
Ital. Uebers.: von Marco Sandi. Venezia, 1516; von Benedetto Del Bene. Verona, 1817.
Franz. Uebers.: von M. Crignon. 1786. 12.; von Levée. 1809. 8.; von Silorate Forli. 1829. 8. pg. 70; von Matthieu Bonafous. Paris, 1840. 8. 1 pl.
Auch in Dormanni Amphitheatr. T. 1.

Vieweg (Carl Friedrich).

*1. Tabellarisches Verzeichniss der in der Churmark Brandenburg einheimischen Schmetterlinge. Berlin, Vieweg, 1789—1790. 4. Heft 1. pg. 8 et 70. tab. 1 col. — Heft 2. pg. 98. tab. 3 col.
(Der Name des Verfassers fehlt auf dem Titel von Heft 1.)

Vigelius (Ludwig Christian), geb. 15. Februar 1797, gest. 15. April 1857 in Wiesbaden. * Nekrolog: Jahrb. Verein Naturk. Nassau. 1857. XII. p. 474.

*1. Verzeichniss der in der Umgegend von Wiesbaden vorkommenden Schmetterlinge.
Jahrb. d. Vereins f. Naturk. im Herzogth. Nassau. 1850. Heft 6. p. 43—115.

* Nachträge.
ibid. 1855. Heft 10. p. 67—128.

Erste Fortsetzung der Nachträge.
ibid. p. 356—360.

de Aqueta y Vigil (Antonio), oder de Elgueta y Vigil.

1. Cartilla de la Agricultura de Moreras y arte para la cria de la seda. Madrid, 1761. 4.
cf. Haller B. A. T. 2. p. 706. (Lacordaire.)

Vigors (Nic. Aylward), gest. October 1840. Ornitholog, Mitdirector am britischen Museum.

*1. Redaction des Zoological Journal. London, 1825—1834. 8. 5 vol.

*2. Descriptions of some rare, interesting, or hitherto uncharacterised subjects of zoology. (Coleoptera.) figures by Ch. Sowerby.
Zoolog. Journ. 1825. T. 1. p. 409—418; p. 526—542; tab. 1 col.; 1826. T. 2. p. 231—242; p. 510—516. tab. 1 col.
*Isis. 1830. X. p. 1086—1087. — *Féruss. Bull. 1826. T. 7. p. 383—385.

Villa (Antonio), in Mailand.

*1. Coleoptera Europae duplicta in collectione Villae. (mit Giovanni Baptista Villa.) Mediolani, 1833. 8. pg. 36.

*2. Supplementum Coleopterorum Europae dupletorum Catalogo. Mediolani, 1835. 8. p. 37—50. (Descr. nov. spec.)

*3. Alterum supplementum Coleopterorum Europae, sive additio ad catalogum et supplementum I dupletorum collectionis Villae, continens species alias, nunc pro mutua commutatione adhuc offerendas, nec non aliquorum specierum emendationes et synonymia quae in catalogo 1833 et supplemento anni 1835 oblatae fuerint. Mediolani, 1838. 8. p. 51—66.
Revue Zool. 1839. T. 2. p. 149.

4. De Coleopteris novis ac rarioribus minusve cognitis Provinciae Novarni. (vor 1838?)

*5. Notice sur le Cryptocephalus Loreyi.
Ann. Soc. Ent. Fr. 1838. T. 7. Bull. p. 33—35.

*6. Note su alcuni Insetti osservati nel periodo dell' Eclisse del 8. Juglio 1842. Milano, 1842. 12. pg. 4. — Auch * Milano, 1842. 12. pg. 12.
*Revue Zool. 1843. T. 6. p. 50—52. — *Isis. 1844. IV. p. 307.

7. Notizie naturali civili sulla Lombardia. (mit G. Villa.) Milano. 8. pg. 192. tab. 4.
Isis. 1845. IV. p. 470.

*8. Catalogo dei Coleopteri della Lombardia. (mit Giovanni B. Villa.) Milano, 1844. 8. pg. 77.

*9. Degli Insetti Carnivori adoperati a distruggere le specie dannose all' Agricoltura. Milano, 1845. 8. pg. 35. tab. 1.
Spettatore III. No. 19. — *Isis. 1847. IX. p. 697.

10. Notizie intorno agli Insetti dannosi. I. Le Locuste o Cavalette. Milano, 1845. 8.
Extr. Spettatore industriale. (cf. Caros. p. 499.)
*Uebers. v. A. Senoner in Hammerschm. Allgem. Oesterr. Zeit. f. Landw. 1847. T. 1. p. 17—19.

*11. Rivista analitica delle objezioni publicate dai Signori Bassi e Bellani sulle memorie intorno gli insetti carnivori e le locuste. Milano, Valentini, 1846. 8. pg. 23.
Spettatore III. No. 27.

*12. Comparsa periodica delle efimere nella brianza. Milano, 1847. 8. pg. 6.
(dall' Economista Novbr. 1847.)

*13. Osservazioni Entomologiche durante l'Eclisse de 9. Octbr. 1847. Milano, Redaelli, 1848. 8. pg. 8.
Extr. dal Diario ed Atti No. 2 dell Anno 1848 dell Accad. Fisic. Medic. Statist. di Milano.

*14. Le Cavalette o Locuste.
Milano. Giorn. Fotografo. 1856. Ann. 4. No. 3. pg. 4. tab. 1.

*15. Le Cetonie.
Milano. Giorn. Fotografo. 1856. Ann. 4. No. 10. p. 1. tab. 1.

*16. Le Farfalle.
Milano. Giorn. Fotografo. 1856. Ann. 4. No. 20. p. 1. tab. 2.
No. 14—16 extr. Giorn. dell' Ing. Arch. ed Agron.

(**Villa**, Antonio.)

*17. Necessità dei Boschi nella Lombardia, come prodotto di combustibile e di legname, e come riparo a disastri meteorici modo di rimettere i medesimi di conservarli e di difenderli dai guasti, massime degli insetti. Milano. Salvi, 1856. 4. pg. 38.
Estr. Giorn. dell' Ing. Arch. ed Agron. Ann. 3 No. 7. 8.

*18. Intorno all' Opera del Prof. E. Cornalia del Bombice del Gelso.
(Schrift. Päpstl. Acad. Mailand. 1857. pg. 4.)
Estr. del Giorn. dell' Ing. Arch. ed Agron. Ann. 5.

19. Ein neuer Adelops von Leprieur am Comer See entdeckt.
Atti Soc. geolog. di Milano. 1859. p. 365.
(Berl. Ent. Zeitschr. 1860. T. 4. p. XXXII.)

20. Sui curculionidi dell' agro pavese enumerato del Dott. Prado.
Atti Soc. Ital. Sc. nat. Milano. 1860. T. 2. p. 27.

Fouques de Villaret.

*1. Mémoire sur quatre nouvelles espèces de Teuthrédines. fig.
Ann. Soc. Ent. Fr. 1832. T. 1. p. 303—305.

*2. Description d'une nouvelle espèce du genre Lampyris. fig.
Ann. Soc. Ent. Fr. 1833. T. 2. p. 352—354.

Villermont.

*1. An account of a strange sort of Bees in the West-Indies.
Philos. Transact. 1685. T. 15. No. 172. p. 1030—1031. fig.
*Badd. 1739. II. p. 338—339. fig. — Leske Uebers. T. I. P. 1. p. 85. fig.

de Villers (Charles Joseph), geb. 24. Juli 1724 in Rennes, gest. 3. Januar 1810 in Lyon. * Nekrolog von Meissant Ann. Soc. d'Agric. Lyon. T. 3. p. 243.

*1. Caroli Linnaei entomologia, faunae suecicae descriptionibus aucta; D. D. Scopoli, Geoffroy, De Geer, Fabricii, Schrank etc. speciebus vel in systemate non enumeratis, vel nuperrime detectis, vel speciebus Galliae australis locupletata, generum specierumque rariorum iconibus ornata, curante et augente Carolo de Villers. Lugduni, Piestre et Delamolliere, 1789. 8.
T. I. pg. 24 et 765. tab. 3; T. II. pg. 16 et 656. tab. 3; T. III. pg. 656. tab. 4; T. IV. pg. 213 et 556. tab. 1.

*2. Prospectus d'une histoire générale des insectes de France, décrits et classés selon la methode de Linnaeus. Lyon, 1780. 8.
Opuscoli scelti. 1780. p. 38.
(Das beabsichtigte Werk ist nicht erschienen.)

de Villiers (Adrien Prudent), in Lyon.

*1. Notice sur trois Lépidoptères inédits ou peu connus de la France méridionale.
Mém. Soc. Linn. Paris. 1827. T. 5. p. 471—485. tab. 1. — Separat. Paris, Decourchant, 1827. 8. pg. 16. pl. 1.
*Féruss. Bullet. 1827. T. 14. p. 294—295.

*2. Notice sur deux Lépidoptères inédits. (Glyphiptera Collol; Tortrix Collol.)
Ann. Soc. d'Agric. Lyon. 1841. T. 4. p. 162—168. tab. 1.

de Villiers (Alexandre).

1. Nouveau manuel complet de la Soierie, contenant l'art d'élever les vers à soie et de cultiver le mûrier, et le commerce des soieries. Paris, Bouchard-Huzard, 1839. 18. 2 vol. et atlas in 8.
(cf. Carus. p. 369.)

de Villiers (François), geb. 1790 in Montpellier, gest. 6. Juli 1847 in Chartres. Capitaine d'Infanterie à Chartres. Nekrolog von Guenée. Ann. Soc. Ent. Fr. 1847. T. 5. p. 619.

*1. Rectification de la Description du Bombyx Milhauseri dans l'ouvrage de feu Godart sur les Lépidoptères de France.
Mém. Soc. Linn. Paris. 1827. T. 5. p. 403—491. fig.

*2. Observations sur le Bombyx pityocampa de Godart. (Gastropacha Ochsenh.)
Ann. sc. nat. 1832. T. 27. p. 111—112. — *Ann. Soc. Ent. Fr. 1832. T. 1. p. 201—203.
*Isis. 1835. VII. p. 619; 1842. II. p. 120.

*3. Observations sur l'Ecaille pudique de Godart. (Euprepia Ochsenh.)
Ann. Soc. Ent. Fr. 1832. T. 1. p. 203—204. — *Isis. 1842. II. p. 131.

*4. Notice sur un Accouplement de deux Zygènes d'espèces différentes.
Ann. Soc. Ent. Fr. 1832. T. 1. p. 421—422.

*5. Lettre relative aux moeurs de la Cicindela germanica.
Silberm. Revue entom. 1831. T. 2. p. 281—282.

*6. Tableaux synoptiques des Lépidoptères d'Europe, contenant la description etc. Paris, 1834. 4. fig. (v. Guenée No. 3.)

*7. Sur les moyens de conserver les Lépidoptères dans les collections.
Ann. Soc. Ent. Fr. 1838. T. 7. Bull. p. 60—61.
*8. Details sur les premiers états du Lucanus cervus; observations sur les moeurs de certains Lépidoptères. (Nocturn.)
Ann. Soc. Ent. Fr. 1842. T. 11. Bull. p. 11—12.

de Vincenti.
1. Giornale di osservazioni dell' educazione del baco da seta. Napoli, 1815.
(cf. Cornalia monogr. p. 77.)

Vincenti (Giulio).
1. Metodo sicuro d'innestare i Gelsi o Mori. Venezia, Perlini. 1782. 4.
Nuov. Giorn. d'Italia. T. 4.
(cf. Dizion. ragion. di F. Re. T. 1. p. 103.)

de Morel-Vindé (Vicomte Charles Gilbert), geb. 20. Januar 1759 in Paris. Agronom.
*1. Extrait d'une lettre à M. Fremy sur le procedé employé à la Celle-Saint-Cloud pour protéger contre l'attaque du ver blanc, quelques planches de son potager, où sont placées les plantes qu'il préfère. (Paris, Huzard, 1838.) 8. pg. 4.

Vinen (Edward Hart).
*1. On the quantity of Tannin in the galls of Cynips quercus-petioli.
Journ. Proc. Linn. Soc. Lond. 1858. T. 2. p. 72—73.
*Gerstaecker Bericht. 1857. p. 155.
2. Description of a curious form of Dipterous Larva. fig.
Proc. Linn. Soc. Lond. 1861. T. 6. No. 21. 22.

Virey (Julien Joseph), geb. in Hortes, Haute-Marne.
1. Histoire naturelle des Galles des Végétaux et des Insectes qui les produisent.
Journ. de Pharmac. Avril 1810. (1870?) 8. pg. 8.
2. Histoire naturelle de la Lacque, avec des nouvelles Observations sur les Insectes qui la produisent. fig.
Dict. Sc. Méd. Article Cochenille. T. 10. p. 193.
Journ. de Pharmac. Avril 1810.
3. Observations sur une Cochenille qui fait périr les Rosiers.
Journ. Dict. Sc. Méd.
4. Sur les Insectes qui produisent la substance appelée par les Chinois Cire d'arbre.
Compt. rend. T. X. p. 660. (cf. Agassiz, IV. p. 407.)
5. De l'Entomophagie.
Journ. Dict. Sc. Méd. T. 15.
6. Pucérons des Thérébinthes.
Journ. Dict. Sc. Méd. T. 9. p. 307.

Publius Virgilius Maro, geb. 15. Oct. 70 v. Chr. in Mantua, gest. 22. Septbr. 19 v. Chr. in Brundisium.
1. Georgicon. Asili sive Oestri III v. 146; Apes. IV; Culex.

Virginio (Betta). Betta (Virginius), aus Tirol.
*1. De quibusdam Coleopteris agri Ticinensis. Dissert. inaug. Ticini, 1817. 8. pg. 35.

Virginio (Vincenzo).
*1. Per preservar in qualunque estensione con tenuissima spesa li fiori, frutti, ed erba dal danno che recan le brine e per evitare in qualunque estensione senza spesa la nebbia detta volgarmente manna e gl' insetti divoratori delle biade osservazioni. Torino, 1796. 8. pg. 23.

Virlet d'Aoust.
*1. On some Eggs of Insects employed as Human Food, and giving rise to the formation of Oolites in Lacustrinae Limestones in Mexico.
Ann. and Mag. Nat. Hist. ser. 3. 1858. T. 1. p. 79—80.
Aus Compt. rend. 1857. 23. Novbr. p. 865. (cf. Guérin No. 281.)

Vittadini (Carlo). Dr.
*1. Risultato di alcuni esperimenti istituiti sul baco da seta, e sopra altri insetti allo scopo di chiarire la vera natura del calcino.
Giorn. Istit. Lombardo. 1850. T. 2. p. 295—313.
*Bel. Bianconi Repert. 1855. T. 2. p. 13—14.
*2. Della natura del Calcino, o mal del segno.
Giorn. Istit. Lombardo. 1852. T. 3. p. 143—298. tab. 2.
Separat. Milano, Bernardoni, 1852.
*Extr. Bianconi Repert. 1855. T. 2. p. 105—107.
*3. Dei mezzi di prevenire il calcino o male del segno nei bachi da seta.
Mem. Istit. Lombardo. 1854. T. 4. p. 251—278. tab. 1.
*Reimpr. Giorn. Istit. Lombardo. 1852. T. 5. p. 331—378. tab. 1.

Vitzthum (Anton). Schullehrer.

1. Handgriffe und Erfahrungen im Gebiete der praktischen Bienenzucht. Ein Beitrag zur Beförderung und bessern Emporbringen der Bienenzucht in Bayern. mit 22 lithogr. Abbild. München, (Landshut, Thomann), 1830. 8.
   Ed. II. München, 1834. 8. fig. 22.
2. Monatsschrift über die Bienenzucht. München, 1836. 8.
   (Ob dasselbe mit No. 3?)
3. Monatsblatt für die gesammte Bienenzucht. Herausgegeben in Verbindung mit mehreren Bienenfreunden vom Schullehrer Ant. Vitzthum. 1. Jahrg. 1838. Juli. Hin und wieder mit anschaulichen Abbildungen geschmückt. Landshut, Palm, 1839. 4. 12 Nummern (à 1—1½ Bogen). — Jahrg. 2—6. 1839—1843.
   (cf. Engelmann Bibl. Oec. p. 218.)

Viviani (Domenico).

1. Del Bisso degli antichi. 8. (Lacordaire.)

Voet (Johann Eusebius), gest. 1778. Med. Dr.

*1. Catalogus Systematicus Coleopterorum. — Catalogue Systématique des Coléoptères. — Systematische Naamlyst van dat geslacht van Insecten dat men Torren noemt. à la Haye, Bakhuysen, s. a. Text lateinisch, französisch, holländisch separat gedruckt.
   T. I. Latein. Uebers. T. I. p. 1—74 (eigentlich p. 1—104, da auf Bogen N die Zahlen verdruckt sind und hinter p. 96 die p. 67—74 folgt.)
   Franz. Uebers. p. 1—114.
   Holländ. p. 1—111. Widmung u. Vorber. holländ. pg. 4. tab. 55 col. (gestochen von Hiermann, Roesel, Lotter, Veelwaard.)
   Der Theil wurde nach dem Vorbericht 1769 (nach Beckmann 1765) begonnen und 1804 beendet.
   * Es existiren auch Exemplare mit der Zahl 1806 auf dem Titel.
   T. II. Derselbe Titel. à la Haye, Bakhuysen, 1806.
   Latein. Uebers. p. 1—82.
   Französ. Uebers. p. 1—86.
   Holländ. p. 1—87. nebst Register pg. 20 in drei Sprachen dreispaltig gedr. tab. 50 col. (gestochen von Trautner, Bischoff, Eisenmann, Lotter).
   Der Theil wurde mit dem ersten zugleich begonnen.
   Ueber Voets Werk vergl. * Hagen Stett. Ent. Zeit. 1867. T. 18. p. 405—408.
   * Beckmann Phys. Oek. Bibl. VII. p. 104. — * Füessly Magaz. Entom. 1778. T. I. p. 1.
   Leske Anfangsgr. I. p. 412. — Comment. Lips. XXIV. p. 274.
   Jena gel. Zeit. 1765. No. 37 u. 1777. p. 745. — Gaz. litt. de l'Europe 1767. Avril. p. 417.
   Da ein Theil dieser Recensionen vor 1769 fällt, ist wahrscheinlich Beckmanns Angabe über den Beginn des Werkes um 1765 richtig, und die Zahl 1769 in Bakhuysens Vorrede ein Druckfehler. Die Tafel 23 war schon früher als Probebogen versendet.
   Bis zu Voets Tode war erschienen nach Cobres I. p. 390:
   T. I. Bogen A—L in allen drei Sprachen u. tab. 45.
   T. II. Bogen A—C in allen drei Sprachen u. tab. 24.
   Alles übrige ist nach Voets Papieren von Bakhuysen geliefert.
   Dies ist was Engelmann und Percheron die erste Ausgabe nennen; es existirt aber in der That nur eine Ausgabe, da später neue Titel bei Beendigung des Werkes geliefert sind.
   Deutsche Uebers. von Panzer. (cf. Panzer No. 10.)
2. De familia Briscunda lib. Basileae, 1760. 8.
   (cf. Engelmann. p. 615.)
   Von Voets Vater Karel Borchart Voet, geb. 1670 in Zwolle, gest. nach 1725, ist ein Manuscript im Besitze des Hrn. Snellen van Vollenhoven in Leiden:

*3. Nederlandsche Insekten naar 't Leven naauwkeurig geteekend met derzelver natuurlijke Couleuren en de Beschrijvingen. fol. tab. 108 col.
   Der saubere Band enthält Voets Portrait, Titel, Beschreibungen der Metamorphose vorzüglich von Schmetterlingen.
   cf. Handel. nederl. entom. Vereen. 1854. p. 3.

Vogel (Christ. Friedrich).

*1. Schmetterlings-Cabinet für Kinder, oder kurze Beschreibung der europäischen Schmetterlinge. Nebst einer Anweisung solche zu fangen, aufzubewahren und aus Raupen zu ziehen. (gezeichnet, gestochen u. beschrieben von C. F. Vogel.) Leipzig, Hunger, (1821) 1823—1828. 8. 10 Hefte mit Register. tab. 160 col. 1 nigr. Heft 1 ed. 2 auct. et emend.
   (Die Kupfer sind später zu Koyeers Deutschlands Schmetterlingen wieder benutzt.)

*2. Chronologischer Raupencalender oder Naturgeschichte der europäischen Raupen. Berlin, Bade, 1835. 8. pg. 149. tab. 41 col. — ibid. 1836. 8. — ibid. 1837. 8. pg. 21 et 149.
   *Ed. III. Berlin, Gumprecht, 1845. 8. pg. 148. tab. 41 col.
   *Ed. IV. Chronologischer Raupencalender oder Naturgeschichte aller euro-

päischen Raupen, wie sie der Zeit nach in gewissen Monaten in der Natur zum Vorschein kommen. Nebst einem einleitenden Vorbericht über das Aufsuchen und zweckmässige Erziehen der Raupen etc. Mit 538 nach der Natur richtig gezeichneten u. colorirten Abbildungen auf 41 Kupfertafeln. Berlin, Grobe, 1852. 8. pg. 160. tab. 41 col.

*3. Vollständige Anweisung über das Aufsuchen und zweckmässige Erziehen der Raupen, das Ausgraben der Puppen, Einfangen und Aufspannen der Schmetterlinge. Berlin, Bade, 1837. 8. pg. 21.

4. Ein neuentdeckter Schmetterling aus Spanien (Polyommatus Miegel).
Allgem. Deutsche naturhist. Zeitung. 1857. T. 3. p. 201—203. fig.
*Berl. Ent. Zeitschr. 1858. T. 2. p. 160.
(v. E. Vogel cf. Carus. p. 672.)

Vogel (Johann Georg), Rector in Muskau.

1. Anleitung zu einer neuen Entdeckung in Ansehung des Ursprungs der Drohnen, und dass dieselben wahrscheinlicher Weise von Arbeits-Bienen herkommen.
Abhandl. Oberlaus. Bienengesellsch. 1770—1771. p. 20. (cf. Boehmer. II, 2. p. 319.)

*2. Von der wilden Bienenzucht und der Oberlausitz. Zeidler-Gesellschaft in Muskau Alterthum, Einrichtung etc.
Gemeinnütz. Arbeit. Oberlaus. Bienengesellsch. 1773. T. 1. p. 176—183.

Vogel (Rudolph August), gest. 5. April 1774.

1. Diss. de insigni venenorum quorundam virtute medica, inprimis de Cantharidum ad morsum animalium rabidorum praestantia. Resp. Wichmann. Goettingae, 1762. 4. 5 Bog.
Deutsche Uebers. in Vogel kl. acad. Schrift. Lemgo, Meyer, 1775. 8. No. 3.
(cf. Boehmer. I, 2. p. 183.)

Vogelbacher (Johann Baptist).

1. Anleitung zur nützlichen Bienenzucht, besonders für den Landmann und die Schulen. Kurz aber doch vollständig bearbeitet. Freiburg im Breisgau, Wagner. 16.
Ed. II. ibid. 1832. 16.
Ed. III. ibid. 1851. 16.
Ed. IV, vermehrt mit der Beschreibung der neuen Dzierzonschen Bienenzuchtmethode. ibid. 12.

Vogler (Johann Philipp), geb. 1746 in Darmstadt, gest. 14. April 1816.

1. Versuche mit den Scharlachbeeren in Absicht ihres Nutzens in der Färberkunst. Wetzlar, 1790. 8. pg. 76.
(cf. Bibl. Banks. II. p. 535.)

2. Methode der Leinewand und Baumwolle vermittelst der Cochenille eine schöne rothe Farbe zu geben.
Crells Chem. Annal. T. 2. p. 497. (cf. Boehmer. II, 2. p. 231.)

Vogt (Carl). Prof. in Genf.

*1. Zoologische Briefe: Naturgeschichte der lebenden und untergegangenen Thiere, für Lehrer, höhere Schulen und Gebildete aller Stände. Frankfurt, Literar. Anstalt, 1851—1852. 8. 2 vol. pg. 719 et 640. m. eingedr. Holzschn. (Insecten. Bd. I. p. 514—703.)

*2. Untersuchungen über Thierstaaten. Frankfurt, Litterar. Anstalt, 1851. 8. pg. 16 et 248. tab. 3.

*3. Bilder aus dem Thierleben. Frankfurt, Litterar. Anstalt, 1852. 8. pg. 8 et 452. mit 120 eingedr. Holzschn.

Voigt (C. G.). Musterzeichner in Grossschönau (Sachsen).

*1. Beiträge zur Lepidopteren-Fauna der Sächsischen Oberlausitz.
Abhandl. d. naturw. Gesellsch. Saxonia. 1853. T. 1. p. 33—41.

Voigt (Friedr. Siegm.). Professor in Jena.

*1. Lehrbuch der Zoologie. Stuttgart, Schweizerbart. 8.
Insecten T. IV. 1839. pg. 430; T. V. 1840. pg. 1—412. tab. 2 col. in 4.
(Bildet T. X u. XI der Naturgeschichte der drei Reiche von Bischoff, Blum, Bronn, Leonhard, Leuckart u. Voigt.)

Voigt (Gottfried), geb. 1644, gest. 1682. Rector in Hamburg.

1. Dissertatio de nivis albea, (Podura.) Gustrow, 1669. (sect. III. quaest. II.) Rostochii, (1669). 8. p. 91—96.
(cf. Bibl. Banks. V. p. 31.)

Voigt (Johann Christian), geb. 22. November 1725 in Zappolhen, Reuss, gest. 28. Juni 1810 in Schwarzach, Franken.

1. v. P. C. Wagner No. 1.

(**Voigt**, Johann Christian.)

* 2. Auszug eines Briefes, die Insecten betreffend, so die Viehseuche mit verursachet.
Früh. Samml. 1746. T. 2. p. 455—461.

* 3. Physikalische Bemerkungen über die Bienen und eine ihrer Krankheiten, die Faulbrut. Schwarzburg, 1775. 8. pg. 47.
(Nürnberg cf. Carus. p. 887.) (cf. Bibl. Banks. II. p. 327.)

4. Gedanken über die Naturkräfte thierischer Körper in dem Zeugungsgeschäfte besonders der Bienen. Culmbach, 1778. 8.
Rel. Jena gel. Zeit. 1778. p. 692. (cf. Boehmer. II, 1. p. 135.)

5. Kurze Geschichte der Drohnenmütter nebst einigen Bemerkungen über die andern Geschlechtsarten der Bienen. Culmbach, 1797. 8. (anonym.)

Voigt (Johann Heinrich), gest. 6. Septbr. 1823. Professor in Jena.

* 1. Magazin für das Neueste aus der Physik und Naturgeschichte. Gotha, Ettinger, 1781—1799. 8. T. I—XII.
(T. I—III. von Lichtenberg.)

* 2. Magazin für den neuesten Zustand der Naturkunde mit Rücksicht auf die dazu gehörigen Hülfswissenschaften. Weimar, Ind.-Comptoir, 1798. 8.
(cf. Percheron. II. p. 117.)

Volbeding, Prediger auf dem Schlosse Annaburg.

* 1. Nachricht von der ehemaligen Bienen Beuthner Innung in Annaburg.
Wittenberg. Wochenbl. 1790. T. 23. p. 105—109; p. 113—115; p. 121—124.
(nebst Zusatz v. Spitzner.)

Volckmann (J. A.), Dr. Med. in Liegnitz.

* 1. Einige Observationes von Erzeugung und Verwandlung der Raupen.
Breslau. Natur- u. Kunstgesch. 1719. Vers. 8. p. 464—467; Vers. 9. p. 361—354. fg. (Diptera; Cynips.); 1720. Vers. 12. p. 564—571.

Snellen van Vollenhoven (Samuel Constantinus), geb. 18. October 1816 in Rotterdam. Director des entomol. Museums in Leiden.

* 1. Over de Larve van Cimbex lucorum.
Van der Hoev. Tijdschr. 1843. T. 10. p. 97—103. tab. 1. — *Separat. 8. pg. 6. tab. 1 col.

* 2. De schadelijke Insecten in Tuinen met de Middelen tot derzelver Verdelging. Rotterdam, Kramers, 1843. 8. pg. 122. Index tab. 3 col.

* 3. Beschrijvingen eeniger Larven van Tenthredinetae.
Van der Hoev. Tijdschr. 1844. T. 11. p. 157—163. — *Separat. pg. 9.

* 4. Bijdrage tot de Fauna van Nederland. Naamlijst van de schildvleugelige Insecten. (Coleopt.) Haarlem, Arum, 1849. 4. pg. 3 et 50.

* 5. De Insecten welke den Landbouwer schaden. Arnhem, Thieme, 1852. 8. pg. 136. fig. (aus Geldersche Maatschappy van Landbouw.)
* Haarlem, Kruseman, 1856. 8. pg. 136. fig. (Titelausgabe.)

* 6. Nederlandsche Blad en Houtwespen. (Tenthredo; Sirex.)
Herklots Bouwstoffen. 1852. T. 1. P. 2. p. 101—112.

* 7. Naamlijst van inlandsche Diptera. (mit van der Wulp.)
Herklots Bouwstoffen. 1852. T. 1. P. 2. p. 138—154; p. 189—206; 1856. T. 2. p. 80—117.

* 8. Nederlandsche Hemiptera. (mit Graaf. No. 1.)
Herklots Bouwstoffen. 1852. T. 1. P. 3. p. 169—180.

* 9. De zwarte Vliegen onder Rijswijk. Dierk. Verscheidenh.
Herklots Bouwstoffen. 1853. T. 1. P. 3. p. 186—187.

* 10. Naamlijst van de Nederlandsche schildvleugelige Insecten.
Herklots Bouwstoffen. 1854. T. 2. P. 1. p. 1—70. (Beschreib. neuer Arten p. 70.)

* 11. Mierengasten.
Jaarb. Kgl. Zool. Genootsch. Amsterdam. 1855. p. 140—148.

* 12. Description de quelques espèces nouvelles de Coléoptères Lamellicornes.
Mém. d'Entomol. Soc. entom. Pays-Bas. 1857. T. 1. p. 20—27. tab. 1.

* 13. De inlandsche Bladwespen in hare gedaantewisselingen en levenswyze beschreven.
Mém. d'Entomol. Soc. entom. Pays-Bas. 1857. T. 1. p. 133—154; p. 171—194. tab. 1.
*1858. T. 2. p. 63—78. tab. 1; p. 131—151. tab. 2; 1860. T. 3. p. 99—110. tab. 3; 1861. T. 4. p. 63—87. tab. 4.
Engl. Uebers. von May in Zoologist. 1861. Mai.

* 14. Notes diptérologiques.
Mém. d'Entomol. Soc. entom. Pays-Bas. 1857. T. 1. p. 88—93.

* 15. Phyllodes Verhuellii, nieuwe Vlindersoort uit Java.
Tijdschr. nederl. entom. Vereen. 1857. T. 1. p. 159—162.

* 16. Naamlijst van Nederlandsche vliesvleugelige Insecten. (Hymenopt.)
Herklots Bouwstoffen. 1858. T. 2. P. 3. p. 221—292. (Beschr. neuer Arten.)

* 17. Over de Verdedigingsmiddelen der Bladwespenlarven.
Jaarb. Kgl. Zool. Genootsch. Amsterdam. 1859. p. 125—132. — *Separat. 12. pg. 8.

* 18. Phyllodes Eyndhovii, nieuwe Vlindersoort uit Java.
Tijdschr. nederl. entom. Vereen. 1859. T. 2. p. 86—89.

* 19. Eenige Aanteekeningen van gemengden inhoud. (Lepidopt.)
Tijdschr. nederl. entom. Vereen. 1859. T. 2. p. 132—138.

* 20. Naamlijst van Nederlandsche regtvleugelige Insecten. (Orthopt.)
Herklots Bouwstoffen. 1859. T. 3. p. 34—39.

* 21. Iets over de Columbatscher Mug. (Simulium maculatum Meig.)
Jaarb. Kgl. Zool. Genootsch. Amsterdam. 1860. p. 119—125. — *Separat. 16. pg. 7.
*Uebers. von Dohrn. Stett. Ent. Zeit. 1860. T. 21. p. 308—319.

* 22. Over eenige nieuwe soorten van Dagvlinders uit Oost-Indie.
Tijdschr. nederl. entom. Vereen. 1860. T. 3. p. 35—45. tab. 4 col.

* 23. Description du Papilio Trogon; énumération des espèces du genre Papilio du Musée royal.
Tijdschr. nederl. entom. Vereen. 1860. T. 3. p. 67—80. tab. 1 col.

* 24. Deux Lépidoptères nouveaux décrits.
Tijdschr. nederl. entom. Vereen. 1860. T. 3. p. 125—127.

* 25. Beschrijving van eenige nieuwe soorten van bladwespen.
Tijdschr. nederl. entom. Vereen. 1860. T. 3. p. 128—139.

* 26. Naamlijst van Nederlandsche Hemiptera (erste gedeelte) mit Graaf (No. 14) u. Six (No. 3.)
Tijdschr. nederl. entom. Vereen. 1860. T. 3. p. 166—183.

* 27. Overzigt der gelede Dieren. Natuurlijke Historie van Nederland. Haarlem, Kruseman, 1861. 8. pg. 558. tab. 35.
(Bildet einen Band jenes Werkes.)

* 28. Over twee Bladwespen.
Tijdschr. nederl. entom. Vereen. 1861. T. 4. p. 41—46.

* 29. Beschrijving van eenige nieuwe soorten van Lucanidae.
Tijdschr. nederl. entom. Vereen. 1861. T. 4. p. 101—115. tab. 2.

* 30. Description de quelques espèces nouvelles de Lépidoptères.
Tijdschr. nederl. entom. Vereen. 1861. T. 4. p. 157—163. tab. 2.

* 31. Nederlandsche Insecten naar hunne aanmerkelijke Huishouding, verwonderlijke Gedaanteverwisseling en andere wetenswaardige Bijzonderheden beschreven en afgebeeld door Jaan Christiaan Sepp. 2. Serie. — Auch unter dem Titel:
Beschrijvingen en Afbeeldingen van Nederlandsche Vlinders bijeengebragt door S. C. Snellen van Vollenhoven. Amsterdam, J. C. Sepp en Zoon, 1860. 4. pl. col. — Je 50 Tafeln mit Text bilden einen Theil — bis September 1861 sind erschienen tab. 12 u. pg. 40.
Von der ersten Serie dieses Werkes (v. Sepp No. 1) ist Deel 7 von Verhandl. 42 an und Deel 8 ganz von Snellen van Vollenhoven.

* 32. Bij de Afbeelding der Larve en Pop van Rhyssa persuasoria.
Tijdschr. nederl. entom. Vereen. 1861. T. 4. p. 176—177. tab. col.

* 33. Mitredacteur der Tijdschrift voor Entomologie.

Vollgnad (Heinrich).

1. Rariora quaedam naturae sive luxuriantis sive ludentis Exempla. (darunter Mel. Fullo.)
Ephem. Acad. Nat. Curios. 1685. D. 1. A. 6 u. 7. Obs. 239. p. 315—332. tab. 6. (Lacordaire.)

Vollmar.

* 1. Ueber Pulex penetrans L. u. die Mosquitos in Paraguay, nach J. R. Rengger.
Gistel Faunus. N. Folge. 1837. T. 1, 2. p. 71—77.

* 2. Ueber fossile Entomologie.
Gistel Faunus. 1835. T. 2. p. 56—62.

Vollmar (Johann Christoph).

* 1. Uvae quercuae portentum fabulosum.
Ephem. Acad. Nat. Curios. 1695. Dec. 3. Ann. 2. Append. p. 30. (cf. Joh. Math. Faber.)

Vollum (Edward P.), Dr. Med. in Fort Crook, California.

* 1. Notes on the wingless Grasshopper of Shasta and Fall River Valleys California.
Ann. Report. of the Smithson. Inst. 1861. p. 122—125. fig.

Volta (Giovanni Serafino) in Pavia.

* 1. Memoria sulle Farfalle. (Lepidopt. diurna).
Opuscoli scelti. 1782. T. 5. p. 189—218.

* 2. Osservazioni botanico-zoologiche e agrarie sul Riso sativo e lo Scarabaeo Fruticolo. Mantova. Negretti, 1835. 8. pg. 8.
(Ob vom selben Verf.?)

Voltaire (François Marie Arouet). geb. 1694, gest. 30. Mai 1778.

* 1. Les singularités de la nature par un Academicien de Londres, etc. Genève et Bâle, 1769. 12. p. 117.
(Abeilles p. 13—16.)

von Vorster (Karl Freiherr.)

1. Beantwortung der Preisfrage: Welches ist die Natur und Eigenschaft der Rebenstecher, die in dem Frühjahr an den frischen Keimen u. Reben öfters so grossen Schaden thun, von dem Ey an bis zu ihrem Untergange? Wie sieht dies Ungeziefer aus, u. welchen Veränderungen ist es unterworfen? In welchem Boden und in welcher Art von Reben trifft man es am häufigsten an, und wie kann es am besten und leichtesten vertilgt oder die Reben dawider verwahret werden? (Curculio Bacchus.)
   Bemerk. d. Churpfälz. phys. ökon. Gesellsch. 1770. T. 2. p. 1.
   *Separat. Mannheim, Schwan, 1771. 8. p. 23—110.
   Ich finde auch Mannheim, 1767. 8. angegeben.

de la Voye (Mignot).

1. Sur les vers qui mangent pierres.
   Mém. Acad. Sc. Paris. 1666—1699. T. 10. p. 438—441.
   *Philos. Transact. 1666. T. 1. No. 18. p. 321—322.
   *Badd. 1738. T. 1. p. 61. — Leske Uebers. T. 1. P. 1. p. 112.
   Journ. des Sav. ed. latine. p. 480.

Vramant.

1. De la Pyrale de la vigne, de ses causes et des moyens sûrs et faciles de la détruire et de parer aux gelées du printemps sans augmenter les frais de culture. Epernay, impr. Noël-Boucart, 1860. 8. pg. 8.

Vrolik (Gerardus), geb. 1775, gest. 1859.

*1. Aanteekeningen over de uitwendige kenmerken van het sexuel verschil der Veenmollen en over hunne Huishouding. (Gryllotalpa.)
   Aus Mededeelingen d. K. Akad. v. Wetensch. Afd. Natuurk. 1858. T. 7. p. 43—61. tab. 1.
   *Separat. pg. 20. tab. 1.

Wachanru à Marseille.

*1. Eclosion curieuse observée chez une chrysalide de Saturnia Pyri traversée d'une épingle au moins sept mois.
   Ann. Soc. Ent. Fr. sér. 3. 1852. T. 10. Bull. p. 41.

2. v. Mulsant No. 16. 40. 44. 55. 131.

Wagner (Joh. Wilh.), Königl. Preuss. Ober-Oeconomie-Inspector.

*1. Das Ganze der Bienenzucht oder auf Erfahrung gegründeter Unterricht für Oekonomen, Cameralisten, und Bienenväter, die Bienenzucht auf einen höheren Ertrag als zeither zu bringen. Posen u. Leipzig, Kühn, 1803. 8. pg. 212.

Waga (G.), Professor in Warschau.

*1. Notice sur les dégâts occasionnés aux arbres fruitiers par Polydrusus oblongus.
   Ann. Soc. Ent. Fr. 1839. T. 8. Bull. p. 8.

*2. Description d'une nouvelle espèce d'Ophthalmicus. (Hemipt.) fig.
   Ann. Soc. Ent. Fr. 1839. T. 8. p. 523—525.

*3. Note sur les moeurs de Rhizodes europaeus.
   Ann. Soc. Ent. Fr. 1841. T. 10. Bull. p. 3.

*4. Description d'un insecte aptère qui se trouve en quantité aux environs de Varsovie (Achorutes Bielanensis). fig.
   Ann. Soc. Ent. Fr. 1842. T. 11. p. 264—272.

*5. Description d'un insecte Coléoptère indigène de la Chine trouvé dans du Thé de commerce. (Anisoplia thericola.) fig.
   Ann. Soc. Ent. Fr. 1842. T. 11. p. 273—274.

*6. Diraphia novum insectorum genus Liviae proximum. (Aphid.) fig.
   Ann. Soc. Ent. Fr. 1842. T. 11. p. 275—278.

*7. Adapsilia genre de Diptères appartenant à la soustribu Dolichocères de Macquart voisin de Sepedon et Tetanocera. fig.
   Ann. Soc. Ent. Fr. 1842. T. 11. p. 279—282.

*8. Sur un Crustacé et plusieurs insectes de divers ordres. (Anisoplia, Livia juncorum etc.)
   Revue Zool. 1842. T. 5. p. 291.

*9. Ophthalmicus dispar et Ophthalmicus grylloides doivent être regardés comme espèces distinctes.
   Ann. Soc. Ent. Fr. sér. 2. 1848. T. 6. Bull. p. 6—7.

*10 Note sur une immense multiplication de Chlorops laeta aux environs de Varsovie.
   Revue Zool. 1848. T. 11. p. 49—54.

*11. Sur les larves des Lampyrides. (avec fig.)
Motschulsky Etud. Ent. 1856. T. 5. p. 40—41.

*12. Leptinus testaceus parasite des Musaraignes; note sur les insectes nuisibles de la Pologne.
Ann. Soc. Ent. Fr. sér. 3. 1857. T. 5. Bull. p. 125—129.

*13. Observations sur quelques particularités des moeurs de la petite Blatte des cuisines (Blatta Germanica) et sur les effets de la poudre persane comme moyen de destruction de cet insecte.
Revue et Magas. Zool. 1857. T. 9. p. 414—419; p. 505—510.

*14. Sur la prétendue pluie des insectes.
Revue et Magas. Zool. 1858. T. 10. p. 201—209.

Wagner (Carl) in Bingen.

*1. Noch ein Wort über die Enstehung der Zwetschgentaschen, Narren. (Rhynch. Bacchus.)
Zeitschrift f. d. landwirthsch. Vereins d. Grossherzogth. Hessen. 1846. No. 11. p. 123-129.

2. v. Bach No. 2.

Wagner (Johann Jacob), geb. 30. April 1641, gest. 14. December 1695. Arzt.

*1. Historia naturalis Helvetiae curiosa in septem sectiones digesta. Tiguri, Lindinner, 1680. 12. pg. 390.
(Insecta p. 224—241.)

*2. De generatione Culicum.
Ephem. Acad. Nat. Curios. 1684. Dec. 2. Ann. 3. Observ. 188. p. 368—370.

Wagner (Peter Christian), geb. 10. August 1703. gest. 8. October 1764. Arzt.

*1. Betrachtung der Wirkung der Insekten in Absicht auf das Viehsterben. (mit J. C. Voigt.)
Fränk. Samml. 1756. T. 2. p. 118—124.

Wagner (Rudolph), geb. 1805 zu Baireuth, seit 1840 Prof. der Anatomie und Physiologie in Göttingen.

1. Beobachtungen über den Kreislauf des Blutes und den Bau des Rückengefässes bei den Insecten.
Isis. 1832. III. p. 30; VII. p. 320—331; p. 778—783. fig.

*2. Zur Kenntniss der numerischen Verhältnisse der Thiere.
Isis. 1833. I. p. 163—168.

*3. Neue Bemerkungen über Blut- und Lymphkörperchen bei verschiedenen Thieren. (Dytiscus marginalis.)
Isis. 1833. X. p. 1011—1014.

*4. Lehrbuch der vergleichenden Anatomie. Leipzig, Voss, 1834, 1835. 8. pg. 607.

*5. Einige Bemerkungen über den Bau der zusammengesetzten Augen der Insecten.
Wiegm. Archiv. 1835. T. 1. P. 1. p. 372—373. fig.
*Philos. Magaz. 1836. T. 8. p. 46; p. 809.

6. Ueber Blutkörperchen bei Regenwürmern, Blutegeln und Dipteren-Larven.
Müller Archiv. 1835. p. 311—313.

*7. Icones Zootomicae. Handatlas zur vergleichenden Anatomie nach fremden und eigenen Untersuchungen. Leipzig, Voss, 1841. fol. tab. 35. pg. 41. (Insecten tab. 23 et 24.)

Wagstaffe (John).

1. Directions for preserving threshed wheat from weevils and other insects, while lodged in granaries.
Letters on Agric. of the Bath Soc. T. 3. p. 315.
cf. Renss. Repert. (Lacordaire.)

Wahlberg (P. F.). Professor in Stockholm.

*1. Bidrag till swenska Dipternas kännedom.
Vetensk. Acad. Handl. 1838. p. 1—23.

2. Några anmärkningar rörande Libellula Olympia Fonsc.
Förhandl. skandinav. Naturf. 3 Möte. 1842. Stockholm, 1843. p. 681—684.
*Isis. 1846. p. 648.

3. Jakttagelser vid några Parasit insecters hushallning.
Förhandl. Scandinav. Naturf. 3 Möte. 1842. Stockholm, 1843. p. 229—235.
*Isis. 1845. IV. p. 425—427.

*4. Amphipogon, nytt Dipterslägte.
*Öfvers. K. Vet. Acad. Förhandl. 1844. T. 1. p. 217—219.
*Horuschach Archiv. T. 1. p. 446—448. fig.

*5. Nya Diptera fran Lappland.
Öfvers. K. Vet. Acad. Förhandl. 1844. T. 1. p. 61—68; p. 106—110; p. 217—219.

*6. Aphis tanacelicola och dess fiergämnar.
Öfvers. K. Vet. Acad. Förhandl. 1844. T. 1. p. 133—134.

(**Wahlberg**, P. F.)

- *7. Ändamålet med Tachydromidernes fortbildning.
  *Öfvers. K. Vet. Acad. Förhandl. 1845. T. 2. p. 253—254.
  *Hornschuch Archiv. T. 2. p. 328—330.
- *8. Om Rhaphium flavipalpe Zetterst.
  Öfvers. K. Vet. Acad. Förhandl. 1844. T. 1. p. 37—38.
- *9. Iakttagelser vid Dolichopodernes lefnadssätt, samt närmare utredning of Raphium flavipalpe Z.
  Kröyer naturh. Tidsskr. ser. 2. 1845. T. 1. p. 41—48.
- *10. Om Sträckgräshopper. (Gryll. migratorius.)
  Öfvers. K. Vet. Acad. Förhandl. 1846. T. 3. p. 214—215.
- *11. Svärmar af Bladlöss. (Aphis bursarius.)
  Öfvers. K. Vet. Acad. Förhandl. 1846. T. 3. p. 283.
  *Isis. 1848. IV. p. 302. (No. 8—10.)
- *12. Om missbildningar hos Insecter.
  Öfvers. K. Vet. Acad. Förhandl. 1847. T. 4. p. 100—102.
- *13. Nya slägten af Agromyzidae.
  Öfvers. K. Vet. Acad. Förhandl. 1847. T. 4. p. 259—263.
- *14. Om stickmyggornas fiender. (Culex.)
  Öfvers. K. Vet. Acad. Förhandl. 1847. T. 4. p. 257—259.
- *15. Nya Svenska Diptera.
  Öfvers. K. Vet. Acad. Förhandl. 1848. T. 5. p. 198—201.
- *16. Ytterligare bidrag till kännedommen om Svampmyggan Ceroplatus sesioides.
  Vetensk. Acad. Handl. 1848. p. 317—327.
- *17. Märkvärdig instinkt och ljusutveckling hos en svensk Myggart. (Ceroplatus sesioides.)
  Öfvers. K. Vet. Acad. Förhandl. 1848. T. 5. p. 128—131.
  *Stett. Ent. Zeit. 1849. T. 10. p. 120—123.
- *18. Nya Diptera.
  Öfvers. K. Vet. Acad. Förhandl. 1850. T. 7. p. 218—225.
- *19. Bidrag till kännedomen om Psyche larverna.
  *Öfvers. K. Vet. Acad. Förhandl. 1850. T. 7. p. 225—228.
  *Froriep Notiz. 1853. T. 3. p. 248—317.
- *20. Nya Svenska Dolichopus Arter.
  Öfvers. K. Vet. Acad. Förhandl. 1851. T. 8. p. 201—203.
- 21. Teckningar ur Insekternas hvardagslif.
  Förhandl. scandinav. Naturf. 6. Möte. 1851. Stockholm, 1855. p. 72a—72d.
  (cf. Carus p. 400.)
- *22. Lappska Insekter nedstigande till Wermland.
  Öfvers. K. Vet. Acad. Förhandl. 1852. T. 9. p. 185—187.
- *23. Bidrag till kännedomen om de nordiska Diptera.
  Öfvers. K. Vet. Acad. Förhandl. 1854. T. 11. p. 211—216.
- *24. Sphecomyia funnen i Norden.
  *Öfvers. K. Vet. Acad. Förhandl. 1854. T. 11. p. 131—134.
- *25. Insekternas Förhallande under cholera — epidemien. (Boheman No. 43.)
  Öfvers. K. Vet. Acad. Förhandl. 1854. T. 11. p. 12—13.
- *26. Iakttagelser och anmärkningar öfver de nordiska Humlorna.
  Öfvers. K. Vet. Acad. Förhandl. 1854. T. 11. p. 199—211.
  Förhandl. skandinav. Naturf. 6. Möte. 1851. Stockholm, 1855. p. 230—233.
  *Deutsche Uebers. von Creplin. (No. 3.)

Wahlbom (Johann Gustav).

- *1. Rön om Bogo-maskar uti människans kropp.
  Vetensk. Acad. Handl. 1752. T. 13. p. 46—52; *deutsche Uebers. 1756. T. 14. p. 50—55. Analecta transalp. T. 2. p. 295—298.

Wahnschaffe (M.), in Berlin.

- *1. Ueber einige salzhaltige Lokalitäten und das Vorkommen von Salzkäfern.
  Berl. Ent. Zeitschr. 1861. T. 5. p. 185—187.

Wailes (George), aus Newcastle on Tyne.

- *1. Catalogue of a few Insects, found in Castle Eden Dean and its Vicinity, in the County of Durham, the beginning of July 1831 and 1832.
  Entomol. Magaz. 1833. T. 1. p. 39—43.
- *2. The Characters of the European Diptera from Meigens System. Beschreibung.
  Magaz. of N. H. ser. 2. 1832. T. 5. p. 158—162.
- *3. Notice of the Habits of Characus Graminis.
  Entomol. Magaz. 1833. T. 1. p. 199—202.
- *4. Observations on the Eulcoceri.
  Entomol. Magaz. 1833. T. 1. p. 236—238.
- *5. Observations on Varieties. (Lepidoptera.)
  Entomol. Magaz. 1833. T. 1. p. 523—531.

* 6. Economy of the Hive-Bee.
Entomol. Magaz. 1833. T. 1. p. 526.

* 7. Hymenopterous insect parasitic on the Egg of a Spider.
Entomol. Magaz. 1834. T. 2. p. 334.

* 8. Query respecting Hyale and Lathonia.
Entomol. Magaz. 1835. T. 3. p. 329—330.

* 9. A Catalogue of the Lepidoptera of Northumberland and Durham.
Transact. Tyneside Natur. Field Club. 1858. T. 2. P. 4. p. 189—231.
* Separat. Newcastle upon Tyne, 1858. 8. pg. 46.

10. Ueber einen parasitischen Platygaster. (Hymen.)
Berl. Ent. Zeitschr. 1859. T. 3. p. 98.

* 11. Rhododendrons and their Enemies.
Trans. Ent. Soc. Lond. ser. 2. 1860. T. 5. Proc. p. 83.

* 12. The Hybernation of Vespa vulgaris.
Trans. Ent. Soc. Lond. ser. 2. 1860. T. 5. Proc. p. 109—110.

Wakefield (Priscilla).

1. Introduction to the natural history and classification of insects. London, 1816. 8. fig. col.

Wakefield (Robert).

* 1. On some of the habits of Ants.
Proc. Linn. Soc. Lond. 1851. T. 2. No. 46. p. 133—134.

Walch (Johann Ernst Emanuel), geb. 1725 in Jena, gest. 1. Dec. 1778.

* 1. Beschreibung einer seltenen Phalaene alis cinnamomeis. (Ph. aulica.)
Naturforscher. 1774. St. 4. p. 131—141. tab. 1 col.
* Füessly Magaz. Entom. 1779. T. 2. p. 227—231.

* 2. Beiträge zur Insectengeschichte. (Coleopt., Lepidopt.)
Naturforscher. 1775. St. 6. p. 123—131. tab. 1; 1775. St. 7. p. 113—116. tab. 1; 1778. St. 12. p. 56—67. tab. 1; 1779. St. 13. p. 21—37. tab. 1.
* Rel. Füessly neues Magaz. Entom. T. 1. p. 310; p. 402.

* 3. Der Naturforscher. Halle, Gebauer. 8. tab. col. (ein Journal, das in „Stücken" erschien.)
1774. St. 1—4; 1775. St. 5—7; 1776. St. 8—9; 1777. St. 10—11; 1778. St. 12; 1779. St. 13; 1780. St. 14 (von hier ab herausgegeben von J. C. D. Schreber). 1781. St. 15—16; 1782. St. 17—18; 1783. St. 19; 1784. St. 20; 1785. St. 21; 1787. St. 22; 1788. St. 23; 1789. St. 24; 1791. St. 25; 1792. St. 26; 1793. St. 27; 1799. St. 28; 1802. St. 29; 1804. St. 30.

de Walckenaer (Baron Charles Athanasie), geb. 25. December 1771 zu Paris, gest. 28. April 1852 auf seinem Landgute bei Paris.

* 1. Faune Parisienne. Histoire abrégée des Insectes des environs de Paris, classés d'après le Système de Fabricius, précédée d'un Discours sur les Insectes en général, pour servir d'introduction à l'étude de l'Entomologie. Paris, Dentu. An XI (1802). 2 vol. 8. T. I. pg. VIII et CXXX et pg. 303. tab. 7. T. II. pg. XXII et pg. 438.

* 2. Mémoires pour servir à l'Histoire naturelle des Abeilles solitaires, qui composent le genre Halicte. Paris, Didot, 1817. 8. pg. 90. tab. 1. (tiré à 150 exempl.)
* Recens. Germar Magaz. Entom. 1818. T. 3. p. 469.

* 3. Recherches sur les Insectes nuisibles à la Vigne, connus des anciens et modernes, et sur les moyens de s'opposer à leurs ravages. Paris, 1835. 8.
Ann. Soc. Ent. Fr. 1835. T. 4. p. 687—778; 1836. T. 5. p. 219—795.
* Entomol. Magaz. 1837. T. 4. p. 117—144; p. 203—229.
* Taylor Scient. Mem. 1837. T. 1. p. 107—222. — * Isis. 1846. VII. p. 523—541.

* 4. Histoire naturelle des Insectes. (Suites à Buffon) Aptères. Paris, Roret, 1837—1847. 8. 4 vol. avec un atlas 52 pl. col. 8. et 24 pg.
T. I. 1837. pg. 8 et 682. — T. II. 1837. pg. 518. — T. III.
T. IV. 1847. pg. 16 et 623.

Walcott (W. H. L.), in Bristol.

* 1. Note on the scarcer Species of Andrena being found on the Catkins of the Willow.
Zoologist. 1853. T. 11. p. 3780.

Walford (Thomas).

* 1. Some observations on an insect that destroys the wheat supposed to be wireworm; with an additional note by T. Marsham.
Trans. Linn. Soc. Lond. 1808. T. 9. p. 156—161. tab. 1.

Walker (Francis), in London.

* 1. Monographia Chalcidum. (von T. 2 ab „Chalciditum".)
Entomol. Magaz. 1833. T. 1. p. 12—39; p. 115—142; p. 367—384; p. 455—468. — 1834. T. 2. p. 13—39; p. 148—179; p. 286—309; p. 340—369; p. 476—502. — 1836. T. 3.

(**Walker**, Francis.)

p. 94—98; p. 182—208; p. 403—408. — 1836. T. 4. p. 9—26; p. 349—364; p. 430—441. — 1837. T. 5. p. [illegible]—35; p. 102—118; 1838. p. 418—121.

Separat. *Monographia Chalciditum. London, Baillière, 1839. 8. 2 vol. T. 1. pg. 333. — *T. 2. (species collected by C. Darwin.) pg. 100.

* 2. Observations on the British Species of Sepsidae.
Entomol. Magaz. 1833. T. 1. p. 244—256.

* 3. List of a few Insects observed in Devonshire and Cornwall September 1833.
Entomol. Magaz. 1835. T. 2. p. 117—118.

* 4. Observations on the British Species of Pipunculidae.
Entomol. Magaz. 1835. T. 2. p. 262—270.

* 5. A List of described Diptera new to Britain.
Entomol. Magaz. 1835. T. 2. p. 439.

* 6. Characters of some undescribed New Holland Diptera.
Entomol. Magaz. 1835. T. 2. p. 468—473.

* 7. Descriptions of some British Species of Anacharis. (Cynips.)
Entomol. Magaz. 1835. T. 2. p. 518—522.

* 8. Discussion on the Luminosity of Fulgora Candelaria.
Entomol. Magaz. 1836. T. 3. p. 45—57; p. 105—120.
(Der Artikel ist nicht unterschrieben; vielleicht von E. Newman.)

* 9. Description of the British Tephritites. 1 pl.
Entomol. Magaz. 1836. T. 3. p. 57—85.

* 10. Observations on the British Cynipites.
Entomol. Magaz. 1836. T. 3. p. 159—170.

* 11. Notes on Diptera.
Entomol. Magaz. 1836. T. 3. p. 178—182; T. 4. p. 112—117; p. 226—230.

* 12. On the Species of Platygaster. 1 pl.
Entomol. Magaz. 1836. T. 3. p. 217—274.

* 13. On the Species of Teleas. 1 pl.
Entomol. Magaz. 1836. T. 3. p. 341—370.

* 14. Notes on the Genus Aphis.
Entomol. Magaz. 1836. T. 3. p. 405—407.

* 15. Agriotypus armatus descends under the surface of the water; Notes on some Insects of Teneriffe.
Entomol. Magaz. 1836. T. 3. p. 412—413.

* 16. Characters of two undescribed British Coleoptera. (Abdera, Orchesia.)
Entomol. Magaz. 1837. T. 4. p. 83.

* 17. On the Dryinidae. 1 pl.
Entomol. Magaz. 1837. T. 4. p. 411—435.

* 18. Descriptions of Diptera collected by Cpt. King in the survey of the straits of Magelhan.
Trans. Linn. Soc. Lond. 1837. T. 17. p. 331—359. — Isis. 1838. V. p. 412.

* 19. Descriptions of some Oxyuri.
Entomol. Magaz. 1838. T. 5. p. 453—458.

* 20. Descriptions of some Chalcidites discovered by C. Darwin.
Entomol. Magaz. 1838. T. 5. p. 469—477.

* 21. Species of Eucyrtus.
Entomol. Magaz. 1838. T. 5. p. 518.

* 22. Note on the geography of Insects.
Magaz. of N. H. ser. 2. 1838. T. 2. p. 677—678.

* 23. Descriptions of British Chalcidites.
Ann. of N. H. 1838. T. 1. p. 307—312; p. 381—387; p. 449—454; *1839. T. 2. p. 198—205; p. 350—355; 1839. T. 3. p. 177—182; p. 415—419; 1840. T. 4. p. 30—37; p. 232—236.
*Isis. 1844. VII. p. 805.

* 24. Descriptions of some new species of Chalcidites in the collection of J. Curtis.
Entomologist. 1841. p. 131—135; p. 217—220; p. 331—339.

* 25. Notes on Virey's System of Animal Structure.
Entomologist's. 1841. p. 211—215.

* 26. Descriptions of Chalcidites discovered by C. Darwin near Valparaiso and Valdivia.
Ann. and Mag. Nat. Hist. 1842. T. 10. p. 113—117; p. 271—274; *1843. T. 12. p. 45—46.

* 27. Descriptions of Chalcidites found near Lima by C. Darwin.
Ann. and Mag. Nat. Hist. 1843. T. 11. p. 113—117.

* 28. Descriptions of Chalcidites discovered in the isle of Chonos and in Coquimbo by C. Darwin.
Ann. and Mag. Nat. Hist. 1843. T. 11. p. 184—186.

* 29. Descriptions of Chalcidites discovered near Conception in South America by C. Darwin.
Ann. and Mag. Nat. Hist. 1843. T. 11. p. 30—32.

*** 30. Descriptions of Chalcidites discovered in St. Vincents Isle by Landsdowne Guilding.**
Ann. and Mag. Nat. Hist. 1843. T. 12. p. 46—49.

*** 31. Descriptions of some new species of Chalcidites.**
Ann. and Mag. Nat. Hist. 1843. T. 12. p. 103—104.

*** 32. Description de Chalcidites trouvées au Bluff de St. Jean dans la Floride orientale par Ms. E. Doubleday et F. Forster.**
Ann. Soc. Ent. Fr. sér. 2. 1843. T. 1. p. 145—162.

*** 33. Note on the Larva of Cis Boleti.**
Zoologist. 1843. T. 1. p. 116.

*** 34. Descriptions of some Chalcidites of North America, collected by George Barnston.**
Ann. and Mag. Nat. Hist. 1844. T. 14. p. 14—18.

*** 35. Description of some British Chalcidites.**
Ann. and Mag. Nat. Hist. 1844. T. 14. p. 18—22; p. 181—185.

*** 36. On the species of Chalcidites inhabiting the Arctic region.**
Ann. and Mag. Nat. Hist. 1844. T. 14. p. 331—342; p. 407—410.

*** 37. On the Habits of some Chalcidites.**
Zoologist. 1845. T. 3. p. 818—850.

*** 38. Parasitism of the Chalcidites.**
Zoologist. 1845. T. 3. p. 1010; p. 1092; p. 1142; p. 1158; 1846. T. 4. p. 1233.

*** 39. Characters of undescribed species of British Chalcidites.**
Proc. Linn. Soc. Lond. 1845. T. 1. No. 27. p. 261—263.

*** 40. Notes on the Variations of Structure in the British species of Eurytomidae.**
Ann. and Mag. Nat. Hist. 1845. T. 15. p. 195.
* Proc. Linn. Soc. Lond. 1845. T. 1. No. 21. p. 233.

*** 41. Characters of some undescribed species of Chalcidites.**
Ann. and Mag. Nat. Hist. 1846. T. 17. p. 108—115; 177—185; p. 270—273.

*** 42. Descriptions of the Mymaridae.**
Ann. and Mag. Nat. Hist. 1846. T. 18. p. 49—54.

*** 43. Notes on Aphides with reference to the Plants on which they feed.**
Zoologist. 1846. T. 4. p. 1288—1297.

*** 44. Insects inhabiting Oak-apples.**
Zoologist. 1846. T. 4. p. 1454—1457.

*** 45. Description of Eulophus Agathyllus.**
Zoologist. 1846. T. 4. p. 1458.

*** 46. On the Aphis of the Hop or Hopfly.**
Zoologist. 1846. T. 4. p. 1461.

*** 47. List of the Hymenopterous Insects in the Collection of the British Museum. London, by order of the Trustees. 8.**
1846. P. 1. Chalcididae p. 1—100; 1848. P. 2. Additions to Chalcididae p. 101—237 et 4.

*** 48. Notes on some Chalcidites and Cynipites in the collection of the Rev. F. W. Hope.**
Ann. and Mag. Nat. Hist. 1847. T. 19. p. 227—231.

*** 49. Characters of some undescribed Chalcidites collected in North America by E. Doubleday, and now in the British Museum.**
Ann. and Mag. Nat. Hist. 1847. T. 19. p. 392—398; T. 20. p. 19—29.

*** 50. On the Migrations of Aphides.**
Ann. and Mag. Nat. Hist. ser. 2. 1848. T. 1. p. 372—373.
* Froriep Notiz. 1848. T. 7. p. 182—183.

*** 51. Descriptions of Aphides.**
Ann. and Mag. Nat. Hist. ser. 2. 1848. T. 1. p. 240—260; p. 328—345; p. 443—454; T. 2. p. 43—48; p. 95—109; p. 190—203; p. 421—431; 1849. T. 3. p. 43—53; p. 295—304; T. 4. p. 41—48; p. 195—202; 1850. T. 5. p. 14—28; p. 269—281; p. 388—395; T. 6. p. 41—48; p. 118—127.

*** 52. Notes on Aphides.**
Trans Ent. Soc. Lond. 1848. T. 5. p. 60—61.

*** 53. Descriptions of Aphides.**
Zoologist. 1848. T. 6. p. 2217; p. 2246.

*** 54. Notes on Chalcidites and Descriptions of various new species.**
Ann. and Mag. Nat. Hist. ser. 2. 1849. T. 3. p. 201—210; 1850. T. 5. p. 125—133; 1851. T. 7. p. 210—216; 1852. T. 9. p. 39—43; T. 10. p. 45—48.

*** 55. Catalogue of the Specimens of Dipterous Insects in the collection of the British Museum. London, by order of the Trustees. 8.**
1848. P. 1. p. 1—229; 1849. P. 2. p. 230—484; P. 3. p. 485—687; P. 4. p. 688—1172; 1854. (Supplem. 1.) P. 5. p. 1—330; (Supplem. 2.) P. 6. p. 331—506. 1 pl.; 1855. (Supplem. 3.) P. 7. p. 507—775.

*** 56. Characters of undescribed Diptera in the British Museum.**
Zoologist. 1850. T. 8. p. LXV; p. XCV; p. CXXI.

(Walker, Francis.)

* 57. Descriptions of New British Aphides.
Zoologist. 1850. T. 8. p. 131.

* 58. Insecta Saundersiana or Characters of undescribed Insects in the Collection of W. W. Saunders. London, van Voorst, 1850—1856. 8. pg. 474. tab. 8. (Diptera.)
1850. P. 1. p. 1—75. tab. 2; 1851. P. 2. p. 76—156. tab. 3—4; 1852. P. 3. p. 157—252. tab. 5—8; P. 4. p. 253— ; 1856. P. 5. p. —474.

* 59. Descriptions of Chalcidites.
Trans. Linn. Soc. Lond. 1851. T. 20. P. 1. (1846.) p. 153—162.

* 60. Insecta Britannica. Diptera. London, Reeve, 1851—1856. 8.
1851. T. 1. pg. 6 et 313. tab. 10; 1853. T. 2. pg. 297. tab. 11—20; 1856. T. 3. p. 352. tab. 21—30.

* 61. List of specimens of Homopterous Insects in the collection of the British Museum. London, by order of the Trustees. 8.
1850. P. 1. p. 1—260; 1851. P. 2. p. 261—636; P. 3. p. 637—907; 1852. P. 4. p. 908—1188. tab. 8; 1858. P. 5. Supplem. pg. 369. (the Physopoda compiled from Haliday's Mscpts.)

* 62. Catalogue of the specimens of Neuropterous Insects in the collection of the British Museum. London, by order of the Trustees. 8.
1852. P. 1. Phryganides, Perlides. p. 1—192; 1853. P. 2. Sialides-Nemopterides p. 193—476; Termitidae-Ephemeridae p. 477—585; P. 4. Odonata p. 586—658.

* 63. List of the specimens of Lepidopterous Insects in the collection of the British Museum. London, by order of the Trustees. 8.
1854. P. 1. p. 1—278; P. 2. p. 279—582; 1855. P. 3. p. 583—775; P. 4. p. 775—976; P. 5. 6. p. 977—1258; 1856. P. 7. p. 1509—1808. (P. 1—7. Lepidopt. heterocera); 1856. P. 8. p. 1—271. (Sphingides); P. 9. p. 1—252; P. 10. p. 253—491; 1857. P. 11. p. 493—764; P. 12. p. 765—982; P. 13. p. 983—1236; 1858. P. 14. p. 1237—1520; P. 15. p. 1521—1888. (P. 9—15. Noctuidae); 1858. P. 16. p. 1—253 (Deltoides). 1859. P. 17. p. 253—508; P. 18. p. 509—798; P. 19. p. 799—1036. (P. 17—19. Pyralidea.); 1860. P. 20. p. 1—276; P. 21. p. 277—498; 1861. P. 22. p. 499—755. (P. 20—22. Geometridae, wird fortgesetzt.)

* 64. Catalogue of the Dipterous Insects collected at Sarawak, Borneo by Mr. Wallace.
Journ. Proc. Linn. Soc. Lond. 1856. T. 1. p. 105—136. tab. 4.

* 65. Catalogue of the Homopterous Insects collected ad Sarawack', Borneo by Wallace with descriptions of new Species.
Journ. Proc. Linn. Soc. Lond. 1856. T. 1. p. 141—175. tab. 8.

* 66. Catalogue of the Dipterous Insects collected at Singapore and Malacca by Mr. A. R. Wallace, with descriptions of new species.
Journ. Proc. Linn. Soc. Lond. 1856. T. 1. p. 4—39. tab. 2.

* 67. Characters of undescribed Diptera in the Collection of W. W. Saunders.
Trans. Ent. Soc. Lond. ser. 2. 1857. T. 4. p. 119—158; p. 190—235.

* 68. Catalogue of the Homopterous Insects collected at Singapore and Malacca.
Journ. Proc. Linn. Soc. Lond. 1857. T. 1. p. 82—100.

* 69. Note on Aphis Quercus.
Trans. Ent. Soc. Lond. ser. 2. 1858. T. 4. Proc. p. 95.

* 70. Catalogue of Dipterous Insects collected in the Aru Islands by Mr. A. R. Wallace, with descriptions of new species.
Journ. Proc. Linn. Soc. Lond. 1858. T. 3. p. 77—110; * 1859. p. 111—131.

* 71. Characters of some apparently undescribed Ceylon Insects.
Ann. and Mag. Nat. Hist. ser. 3. 1858. T. 2. p. 202—209; p. 286—288. * 1859. T. 3. p. 50—56; p. 258—265; * T. 4. p. 217—224; p. 241—245; p. 370—376; * 1860. T. 5. p. 304—311; T. 6. p. 357—360.

* 72. Catalogue of the heterocerous Lepidoptera collected at Singapore by Mr. A. R. Wallace, with descriptions of new species.
Journ. Proc. Linn. Soc. Lond. 1859. T. 3. p. 183—196.

* 73. Catalogue of the Heterocerous Lepidoptera collected at Malacca by A. R. Wallace.
Journ. Proc. Linn. Soc. Lond. 1859. T. 3. p. 196—198.

* 74. Catalogue of Dipterous Insects collected at Makassar in Celebes by Mr. A. R. Wallace.
Journ. Proc. Linn. Soc. Lond. 1859. T. 4. p. 90—144; * 1860. p. 145—172.

* 75. List of undescribed Neuroptera in the Collection of W. W. Saunders.
Trans. Ent. Soc. Lond. ser. 2. 1859. T. 5. p. 176—199.

* 76. Characters of undescribed Species of the genus Leucopis.
Journ. of entomol. descript. and geogr. 1860. T. 1. p. 16—23.

* 77. List of British Euplexoptera, Orthoptera, Thysanoptera and Hemiptera. London, Newman, 1860. 8. pg. 55.

*78. Catalogue of the Dipterous Insects collected in Amboyna by Mr. A. R. Wallace, with Descriptions of new Species.
Journ. Proc. Linn. Soc. Lond. 1860. Suppl. to Vol. 4. p. 114—168.
79. Notes on the Zoology of the last Arctic Expedition under Cap. Sir F. L. M'Clintok.
Journ. of the Dublin Soc. 1860. No. 18 u. 19.
*80. Characters of undescribed Diptera in the Collection of W. W. Saunders.
Trans. Ent. Soc. Lond. ser. 2. 1860. T. 5. p. 268—334.
*81. Catalogue of the Dipterous Insects collected at Dorey, New Guinea by A. R. Wallace, with Descriptions of new Species.
Journ. Proc. Linn. Soc. Lond. 1861. T. 5. p. 229—254.
*82. Catalogue of the Dipterous Insects collected at Menado in Celebes and in Tond, by Mr. A. R. Wallace, with Descriptions of new Species.
Journ. Proc. Linn. Soc. Lond. 1861. T. 5. p. 258—264.
*83. Characters of undescribed species of the Family Chalcididae.
Journ. of Entomol. 1861. T. 1. p. 172—185.
84. Catalogue of Dipterous Insects collected in the Batchian, Kaisaa and Makian, and in Tidon in Celebes by M. A. R. Wallace with description of new species.
Journ. Proc. Linn. Soc. Lond. 1861. T. 5. p. 270—303.
85. List of Ceylon Insects.
J. E. Tennent Sketches of the natural history of Ceylon. London. 1861.
86. Catalogue of the Dipterous Insects collected at Gilolo, Ternate and Ceram by R. Wallace.
Proc. Linn. Soc. Lond. 1861. T. 6. No. 21, 22.
Catalogue of Heterocerous Lepidoptera collected at Sarawak in Borneo by A. Wallace.
Proc. Linn. Soc. Lond. 1861. T. 6. No. 21, 22.
87. Die entomologischen Artikel im Penny Magazin.

Wallace (Alfred R.).
*1. Some Remarks on the Habits of the Hesperidae.
Zoologist. 1853. T. 11. p. 3884.
*2. On the Insects used for Food by the Indians of the Amazon.
Trans. Ent. Soc. Lond. ser. 2. 1854. T. 2. p. 241—244.
*3. On the Habits of the Butterflies of the Amazon Valley.
Trans. Ent. Soc. Lond. ser. 2. 1854. T. 2. p. 253—264.
*4. Letters from Singapore; Borneo.
Zoologist. 1854. T. 12. p. 4395; 1855. T. 13. p. 4803.
*5. Description of a New Species of Ornithoptera. (O. Brookiana.)
Trans. Ent. Soc. Lond. ser. 2. 1855. T. 3. Proc. p. 104.
*6. The Entomology of Malacca.
Zoologist. 1855. T. 13. p. 4636—4639.
*7. Observations on the Zoology of Borneo.
Zoologist. 1856. T. 14. p. 5113—5117.
*8. On the habits and transformations of a species of Ornithoptera, allied to O. Priamus inhabiting the Aru Islands.
Trans. Ent. Soc. Lond. ser. 2. 1858. T. 4. p. 272—273.
*9. Letter from Arru Islands (Coleopt.); from Batchian.
Trans. Ent. Soc. Lond. ser. 2. 1858. T. 4. Proc. p. 91—93; 1859. T. 5. Proc. p. 61; p. 66—67; p. 70—71.
*10. Note on the Habits of Scolytidae and Bostrichidae.
Trans. Ent. Soc. Lond. ser. 2. 1860. T. 5. p. 218—220.
*11. Note on the Sexual Differences in the Genus Lomaptera. (Col.)
Trans. Ent. Soc. Lond. ser. 2. 1860. T. 5. Proc. p. 107.
*12. How to cure Grease in Insects.
Trans. Ent. Soc. Lond. ser. 2. 1861. T. 5. Proc. p. 144—145.

Wallbrecht (Chr. C.)
1. Die Bienenwirthschaft. Ein Handbuch zur Förderung der neuesten Zuchtmethode mit Berücksichtigung der verschiedensten Betriebsweisen, als: Schwarm-, Zeidel-, Garten- und Wanderbienenzucht nach den besten Hülfsquellen und den neuesten Erfahrungen für angehende Bienenfreunde bearbeitet. Göttingen. Vandenhoeck u. Ruprecht, 1858. 8.
Ed. II. ganz umgearbeit. u. vielf. vermehrt mit 31 Abbild. in Holzschn. ibid. 1860. 8.
2. Bienenpredigt, zur Förderung der neuesten Betriebsmethode, nach Aufforderung vorgetragen zu Brokeln in einer Versammlung von Bienenfreunden am 28. December 1858. Erste (u. zweite unveränderte und mit einem Nachtrage versehene) Ausgabe. Göttingen, Dieterich, 1859. 8.

Wallengren (H. D. J.).

- *1. Hemiptera fauna i nord-östra Skåne.
  Öfvers. K. Vet. Acad. Förhandl. 1850. T. 7. p. 252—253.
- *2. Fjärilar i nord-östra Skåne.
  Öfvers. K. Vet. Acad. Förhandl. 1850. T. 7. p. 142—145; p. 235—238; *1851. T. 8. p. 253—258.
- *3. Nya Svenska Lepidoptera.
  Öfvers. K. Vet. Acad. Förhandl. 1852. T. 9. p. 80—82; p. 211—220; 1853. T. 10. p. 169—176.
- *4. Skandinaviens Hesperioidae med särskild hänsyn till arterne af slägtet Syrichtus.
  Öfvers. K. Vet. Acad. Förhandl. 1853. T. 10. p. 19—26.
- *5. Lepidoptera rhopalocera Scandinaviae disposita ac descripta. Skandinaviens Dagfjärilar. Malmö, Cronholm, 1853. 8. pg. 20 et 263.
- *6. Om Sphinx Euphorbiae.
  Öfvers. K. Vet. Acad. Förhandl. 1854. T. 11. p. 16—18.
- *7. Skandinaviens Corisae.
  Öfvers. K. Vet. Acad. Förhandl. 1854. T. 11. p. 140—151.
- *8. Om Lycaena Argus och Lycaena Calliopis.
  Öfvers. K. Vet. Acad. Förhandl. 1855. T. 12. 205—210.
- *9. Bidrag till Sveriges Lepidopterfauna.
  Öfvers. K. Vet. Acad. Förhandl. 1856. T. 13. p. 213—222.
  *Gerstaecker Bericht. 1856. p. 165.
- *10. Kafferlandets Dagfjärilar, insamlade åren 1838—1845.
  Vetensk. Acad. Handl. ser. 2. 1857. T. 1. pg. 55.
- *11. Nya Fjäril-slägten.
  Öfvers. K. Vet. Acad. Förhandl. 1858. T. 15. p. 75—81; p. 135—142; p. 209—215.
- *12. Öfversigt af Skandinaviens Coleophorer.
  Öfvers. K. Vet. Acad. Förhandl. 1859. T. 16. p. 163—173.
  *Ref. Zeitschr. f. d. gesammt. Naturw. Halle. 1860. T. 15. p. 144—145.
- *13. Lepidopterologische Mittheilungen.
  Wien. Entom. Monatsschr. 1862. T. 6. p. 33—46; p. 161—178.
- 14. Lepidoptera in K. Fregatten Eugenies Resa etc. Stockholm, 1861. 4.

Wallenius (Johann Friedrich). Professor in Abo.

- 1. Historia et descriptio Paroeciae Mändybarju. Resp. A. G. Törnudd. Aboae, 1814. (51 Insecten beschrieben.)
  (cf. Percheron II. p. 120.)
- 2. Fauna Fennica, sive enumeratio animalium, quae alit terra Finlandiae, insularque ei adjacentes. Aboae. 8.
  P. 1. 1810. p. 1—34. Resp. F. U. Sadelin; P. 2. 1819. p. 35—46. Resp. J. J. Alcenius; P. 3. 1819. p. 45—52. Resp. G. H. Ingman. (Ob entomologisch?)
  (cf. Carus p. 252.)

Waller (Richard).

- *1. Observations on the Cicindela volans or flying glowworm. (Lampyris.)
  Philos. Transact. 1684. T. 15. No. 167. p. 841—845. 1 pl.
  *Budd. 1730. T. 2. p. 310—311. fig. Acta Erudit. Suppl. T. 1. p. 442. — Manget Bibl. T. 2. P. 2. p. 568.

Wallis (John).

- 1. The natural History and Antiquities of Northumberland, and of so much of the County of Durham as lies between the Rivers Tyne and Tweed, commonly called North Bishoprick. London, 1769. 4. 2 vol.
  *Recens. Beckmann Phys. Oek. Bibl. 1. p. 333.
  Im Cap. X sind die Insekten enthalten.

von Wallmoden (N.).

- 1. Etwas von der Sibirischen Kresse (Winter-Kresse, Erysimum Barbarea) und deren guten Nutzen in der Bienenzucht.
  Abhandl. Oberlaus. Bienengesellsch. 1766—1769. p. 71. (Lacordaire.)

Wallroth (Fr. With. W.). Kreisphysikus in Nordhausen.

- 1. Zur Naturgeschichte der mykelischen Entomophyten.
  Preis Beiträge zur Botanik. Leipzig. 1.

Walmsley (William Mason), in Pennsylvania.

- *1. Observations relative to the Wheat Moth of Pennsylvania and other parts of the United States.
  Barton Philad. medic. and physic. Journ. 1805. T. 1. P. 2. p. 118—131. with Notes of Mr. Barton.

Walpurger (Johann Gottlieb), gest. 1763.

- 1. Der grosse Gott im Kleinen auf eine seiner Majestät anständige Weise, an

dem edlen Geschöpfe der Bienen vorgestellt; nebst einer Abhandlung von dem Ungeziefer überhaupt. Chemnitz, Stoessel, 1767. 8. pg. 362.
(cf. Bibl. Banks, II. p. 35.)
Rel. Leipz. gelehrt. Zeit. 1768. p. 334. — cf. Schirach Bienenbibl. p. 223.

Walser, Dr. in Schwabhausen, Bayern.
* 1. Zur Naturgeschichte der Phryganeen.
Correspondenzbl. Zool. Mineral. Ver. Regensburg. 1848. T. 2. p. 34—38.

Walsh (Benjamin D.). Rock Island, Illinois.
* 1. Insects injurious to vegetation in Illinois. 1861. 8. pg. 43. tab. 1.
Trans. Illinois St. Agric. Soc. 1861. p. 335—378. tab. 1.

Walter (F.).
1. Unterricht in der Bienenzucht, in Frage u. Antwort, nach den neuesten naturwissenschaftlichen Entdeckungen und landwirthschaftlichen Erfahrungen entworfen. Nebst einem Anhange über die Nutzliche Bienenzucht. Mit 1 Steintafel. Schönburg, (Hamburg, Schuberth.) 1833. 8.
Ed. II. Güstrow, Opitz, 1837. 8.
(nach Engelmann Bibl. Oec. p. 331 ist dies Ed. III.)
Ed. III. Anklam, Dietze, 1839. 8.

Walter (Julius).
1. Mittheilungen über die geographische Verbreitung der Tagschmetterlinge in Mitteleuropa.
Lotos. 1859. Jahrg. 9. p. 60—69.

Walter (M.).
1. Bemerkungen über die Verheerung des Fichten-Rüsselkäfers (Curculio Pini L.) und einige Hülfsmittel zur Vertilgung desselben. Carlsbad, (Prag, Borrosch.) 1824. 8.

Walther (Friedrich Ludwig), gest. 30. Mai 1824.
1. Lehrbuch der Forst-Physiographie oder Naturbeschreibung derjenigen Thiere, Gewächse, Mineralien, welche Objecte der Jagd- und Forstwissenschaft sind, Hadamar u. Herborn, (Weilburg, Lanz.) 1800. 8. pg. 508.
Ed. II. Hadam., 1820.
(T. III. Naturbeschreibung der Insecten.)

Walther (Isaac), gest. 1781. Pfarrer zu Westhofen.
* 1. Von den Rebenstichern. (Curculio Bacchus.) Gekrönte Preisschrift. Mannheim, 1767. 8. p. 17—30.
Bemerk. der Churpfälz. phys. ökon. Gesellsch. vom Jahre 1770. Mannheim, 1771. Th. II. p. 110—149. (cf. Brenchel No. 1.)
* Separat. Mannheim, Schwan, 1771. 8. (p. 110—149.)

Waltl (Joseph), Dr. in Passau.
* 1. Catalogue des Lépidoptères de Hongrie et prix auquel on peut se les procurer.
Silberm. Revue entom. 1834. T. 2. p. 121—130.
* 2. Ueber das Sammeln exotischer Insecten.
Gistel Passau. 1834. T. 1. Heft 3. p. 166—171.
* Trad. Silberm. Revue entom. 1834. T. 2. p. 253—258.
* 3. Reise durch Tyrol, Oberitalien und Piemont nach dem südlichen Spanien. Passau, Pustet, 1835. 8. pg. 247 et pg. 120. (Ueber die Insecten Andalusiens p. 217.)
* Burmeister Bericht f. 1835. p. 700. — * Isis. 1835. VI. p. 485.
* Die Insecten auch in Silberm. Revue entom. 1836. T. 4. p. 137—164.
* Ed. II. Passau, Pustet, 1839. 8. pg. 247 et 220. (Insecta p. 31—220.)
* 4. Neue Arten von Dipteren aus der Umgegend von München. (36 spec.)
Gistel Passau 1835. T. 2. p. 66—73. — * Isis. 1837. IV. p. 283—287.
* 5. Bemerkungen über einige Insecten (Käfer); Verzeichniss von schädlichen Lepidopteren um Magdeburg.
Isis. 1837. IV. p. 277—279.
* 6. Neue Gattungen von Mücken bei Passau. (56 spec.)
Isis. 1837. IV. p. 279—283.
* 7. Beschreibungen zweier neuer Gattungen aus Andalusien. (Cicada undulata u. varipes.)
Isis. 1837. IV. p. 288.
* 8. Verzeichniss der um Passau vorkommenden seltenen Käfer nebst Beschreibung der neuen Arten.
Isis. 1838. IV. p. 263—273; 1839. III. p. 221—227.
* 9. Beiträge zur Kenntniss der Coleopteren der Türkey.
Isis. 1838. VI. p. 446—472.
* 10. Bemerkungen über Insecten. (Coleopt.)
Stett. Ent. Zeit. 1842. T. 3. p. 70—72.

(**Waltl**, Joseph.)

*11. Zur Nomenclatur der Käfer.
Correspondenzbl. d. Zool. Mineral. Ver. Regensburg. 1848. T. 2. p. 62—64.

*12. Verzeichniss von einigen Käfern Oberbayerns u. des Allgäues die zugleich im hohen Norden vorkommen.
Correspondenzbl. d. Zool. Mineral. Ver. Regensburg. 1849. T. 3. p. 79—80.

Walton (John).

*1. Capture of Nocturnal Lepidoptera on Yew Trees in Norbury Park.
Entomol. Magaz. 1834. T. 2. p. 210—212.

*2. Entomological Captures at Mickleham and Neighbourhood.
Entomol. Magaz. 1834. T. 2. p. 277—280.

*3. Notes upon the Genera Sitona, Polydrusus, Phyllobius and Apion.
Entomol. Magaz. 1837. T. 5. p. 1—21.

*4. Additional Notes on the Genus Apion.
Entomol. Magaz. 1838. T. 5. p. 254—257.

*5. Notes on the Coleopterous genus of Insects Rhynchites.
Ann. and Mag. Nat. Hist. 1844. T. 13. p. 81—89.
*Deutsche Uebers. Stett. Ent. Zeit. 1845. T. 6. p. 18—24; p. 40—45.

*6. Notes on British Species of the genus Bruchus, with descriptions of two species not hitherto recorded as indigenous.
Ann. and Mag. Nat. Hist. 1844. T. 13. p. 306—310.
*Deutsche Uebers. Stett. Ent. Zeit. 1846. T. 7. p. 41—47.

*7. Notes on the Synonymy of the genus Apion with descriptions of five new species.
Ann. and Mag. Nat. Hist. 1844. T. 13. p. 444—457; *1845. T. 16. p. 331—342. p. 392—401.
*Deutsche Uebers. Stett. Ent. Zeit. 1845. T. 6. p. 226—238; p. 256—270; p. 279—283.

*8. Notes on the genera of Insects Oxystoma and Magdalis.
Ann. and Mag. Nat. Hist. 1845. T. 16. p. 271—277.
*Deutsche Uebers. Stett. Ent. Zeit. 1846. T. 7. p. 163—180.

*9. Note on the genera of Insects Phyllobius, Polydrusus, and Metallites.
Ann. and Mag. Nat. Hist. 1846. T. 17. p. 12—20.
*Deutsche Uebers. Stett. Ent. Zeit. 1846. T. 7. p. 307—316.

*10. Notes on the genus of Insects Sitona.
Ann. and Mag. Nat. Hist. 1846. T. 17. p. 227—235.

*11. Notes etc. on the genera of Insects Cneorhinus and Strophosomus, with descriptions of two new species.
Ann. and Mag. Nat. Hist. 1846. T. 17. p. 304—310.

*12. Notes on the genus of Insects Trachyphloeus, with description of new species.
Ann. and Mag. Nat. Hist. 1847. T. 19. p. 217—222.
*Deutsche Uebers. von No. 12, 13 u. 14. Stett. Ent. Zeit. 1848. T. 9. p. 341—352; p. 353—360.

*13. On the genus of Insects Omias, with descriptions of new species.
Ann. and Mag. Nat. Hist. 1847. T. 19. p. 314—317.
*Deutsche Uebers. v. No. 12.

*14. Notes on the genus of Insects Otiorhynchus, with descriptions of new species.
Ann. and Mag. Nat. Hist. 1847. T. 19. p. 445—453.
*Deutsche Uebers. v. No. 12.

*15. Notes on the genera of Insects Erirhinus, Notaris and Procas, with descriptions of two new species.
Ann. of N. H. ser. 2. 1848. T. 2. p. 166—169.

*16. Notes etc. on the genus of Insects Pissodes, Hypera, Anthonomus etc., with a description of a new species.
Ann. and Mag. Nat. Hist. ser. 2. 1848. T. 1. p. 290—303; p. 416—419; *T. 2. p. 166—169.
*Deutsche Uebers. Stett. Ent. Zeit. 1849. T. 10. p. 335—339.

*17. Notes on the British species of Curculionida belonging to the genera Dorytomus and Ellescbus.
Ann. of N. H. ser. 2. 1851. T. 7. p. 210—218.

*18. Descriptions of two (new British) genera of Insects, and of two new species belonging to the family Curculionides.
Ann. of N. H. ser. 2. 1852. T. 9. p. 204—208.

*19. List of British Curculionidae with Synonyms. London, by order of the Trustees, 1856. 8. pg. 46.

Wankel (H.).

*1. Ueber die Fauna der mährischen Höhlen. (Podura.)
Verhandl. Wien. Zool. Bot. Vereis. 1856. T. 6. p. 467—470.

2. Beiträge zur Fauna der mährischen Höhlen.
Lotos. 1860. Jahrg. 10. p. 33.

*3. Beiträge zur österreichischen Grottenfauna. (Thysanura.)
Sitzungsber. Wien. Acad. Wissensch. 1861. T. 43. p. 251—264. tab. 4.

Ward (Samuel).

1. A modern System of natural history. London, 1776. 12. Vol. 12. fig.
London, 1777.
London, 1780. 18. Vol. 12. (Vol. 11 Insecten.)
Rec. Journ. des scav. 1778. Avril. p. 431. — Gel. anzeig. 1777. p. 388.
(cf. Boehmer. 1, 1. p. 329.)

Warder (Joseph).

1. Aplarium, or a Discourse of Bees, tending to the best way of improving them, and to the discovery of the fallacies that are imposed by some, for private lucre, on the credulous lovers and admirers of these Insects. London, 1676. 8.
* Ed. 7. Aplarium, or a Discourse of the Government an Ordering of Bees, their Nature and Properties. London, Dring, 1678. 8. pg. 18 et 42. tab. 1.
cf. Rasden No. 1, dass auch unter Warders Namen citirt wird.
* 2. The true Amazons or the monarchy of Bees being a Discovery and Improvement of these Wonderful Creatures. London, 1712. 12.
(Dem von mir verglichenen Exemplar in Staintons Bibliothek fehlt der Titel; es ist ähnlich der Ed. von 1713, hat aber pg. 166. Nach Stainton ist es Ed. 1.)
* Ed. II. London, Pemberton, 1713. 12. pg. 160.
Ed. III. London, 1716. 8. pg. 120.
* Ed. London, Pemberton, 1726. 8. pg. 21 et 112.
* Ed. VIII. London, Longman, 1749. 12. pg. 164.
* Deutsche Uebers. von Heinzelmann. Hannover, Foerster, 1718. 8. pl. 1. pg. 251. — Reimpr. ibid. 1721.
Strelitz. Abhandl. Th. II. p. 170.
(In Betreff anderer Ausgaben v. Rasden No. 1. 2.)

Warren (G.).

1. An impartial description of Surinam upon the continent of America, with an history of several strange beasts, birds, fishes, serpents, insects and customs of that colony. London, 1667. 4.
Reimpr. in the Oxford Collect. of Voyages. T. 2. (cf. Lowndes. T. 4. p. 1897.)

Warrington (R.).

* 1. Notice of the peculiar economy of certain Larvae, in eating the Egg-shell which previously contained them.
Entomologist. 1841. p. 98.

Wartmann (Bernhard), Dr. in St. Gallen.

* 1. Naturgeschichte der Mauerbiene.
Naturforscher. 1787. Stück 23. p. 87—112. tab. 1.

Wassali (Friedrich).

* 1. Die Seidenzucht im Kanton Graubünden.
Jahresber. d. naturf. Gesellsch. Graubünd. 1860. Neue Folge. Jahrg. 5. p. 55—70.

Wastel (Gregor).

1. Nichts kostende verlässliche Motten-Vertilgung; oder das Nöthigste aus der Naturgeschichte der Motten. Prag, Haase Söhne, 1812. 8.
(cf. Agassiz IV. p. 530.)

Waterhouse (George Robert), geb. 6. März 1810 in London.

* 1. Monographia Notiophilön Angliae. (18 spec.)
Entomol. Magaz. 1833. T. 1. p. 202—211.
* 2. Monographia Hydraenarum Angliae. (11 spec.)
Entomol. Magaz. 1833. T. 1. p. 297—298.
* 3. Description of some Coleopterous Larvae. 1 pl.
Entomol. Magaz. 1834. T. 2. p. 373—378.
* 4. Description of the Larva and Pupa of Raphidia Ophiopsis. 1 pl.
Trans. Ent. Soc. Lond. 1834. T. 1. p. 23—27.
* 5. Descriptions of the Larvae and Pupae of various species of Coleopterous Insects. 1 pl.
Trans. Ent. Soc. Lond. 1834. T. 1. p. 27—34.
* 6. On some peculiarities observed in the Stag-beetle. (Lucanus Cervus.)
Trans. Ent. Soc. Lond. 1834. T. 1. Proc. p. 6.
* 7. Description of a new Species of Longicorn Beetle from the East Indies. 1 pl. (Remphan Hopei.)
Trans. Ent. Soc. Lond. 1834. T. 1. p. 67—69.
* 8. Monograph on the Coleopterous Genus Diphucephala, belonging to the Lamellicorns. 1 pl. (16 spec.)
Trans. Ent. Soc. Lond. 1836. T. 1. p. 215—227. — Revue Zool. 1838. T. 1. p. 92.

Waterhouse, George Robert))

* 9. Description of a new Coleopterous Insect of the genus Manticora (M. latipennis.)
Magaz. Nat. Hist. ser. 2. 1837. T. 1. p. 503—504.

* 10. Larva of Megaloma serra.
Entomol. Magaz. 1838. T. 5. p. 112.

* 11. A few Observations on the Habits of some Species of Bees.
Entomol. Magaz. 1838. T. 5. p. 488—489.

* 12. Descriptions of some of the Insects brought to this country by C. Darwin Esq. (16 Coleopt. aus Neuholland.)
Trans. Ent. Soc. Lond. 1838. T. 2. p. 131—135.

* 13. Description of the Male of Goliathus torquatus, an Insect belonging to the Order Coleoptera and Family Cetoniidae.
Magaz. of N. H. ser. 2. 1838. T. 2. p. 635—638. tab. 1 col.

* 14. Descriptions of some new species of Exotic Insects. (Coleopt., Hymenopt.)
Trans. Ent. Soc. Lond. 1839. T. 2. p. 188—196. fig.

* 15. Observations upon an Insect presented to the Society by R. Mackay. (Larve mit Ectophyten.)
Proc. Zool. Soc. Lond. 1839. T. 7. p. 160.

* 16. Descriptions of two new Coleopterous Insects from the Collection of Sir P. Walker.
Trans. Ent. Soc. Lond. 1840. T. 2. p. 225—229. 2 pl.

* 17. On some new species of Carabideous Insects, from the Collection made by C. Darwin Esq. in the Southern Parts of South America.
Magaz. of N. H. ser. 2. 1840. T. 4. p. 354—362.

* 18. Description of a new species of the genus Lopholus from the collection of Charles Darwin.
Ann. of N. H. 1840. T. 5. p. 378—383.

* 19. Description of some new Coleopterous Insects from the Southern parts of South America.
Proc. Zool. Soc. Lond. 1841. T. 9. p. 105—128.
*Ann. and Mag. Nat. Hist. 1842. T. 10. p. 131—147; p. 217—224.

* 20. Euchirus quadrilineatus and Xylotrupes pubescens from the Philippine Islands.
*Ann. and Mag. Nat. Hist. 1841. T. 7. p. 539.

* 21. Carabideous Insects collected by C. Darwin Esq. during the Voyage of H. M. S. Beagle. tab. 1. (ist Fortsetzung von No. 17.)
Ann. and Mag. Nat. Hist. 1841. T. 6. p. 254—257; p. 351—355; T. 7. p. 120—129; 1842. T. 9. p. 134—140. — *Entomologist. 1841. p. 62—63.

* 22. Description of a Subgenus of Coleopterous Insects closely allied to the genus Carabus. fig. (Aplothorax.)
Trans. Ent. Soc. Lond. 1842. T. 3. p. 207—209.
*Ann. and Mag. Nat. Hist. 1841. T. 7. p. 145.

* 23. Description of a new genus of Carabideous Insects. (Dispherícus Gambianus from tropical Africa.)
Trans. Ent. Soc. Lond. 1842. T. 3. p. 210—212. fig.
*Ann. and Mag. Nat. Hist. 1842. T. 8. p. 203.

* 24. On the names Promecoderus, Cnemacanthus, and Odontoscelis, as applied to certain genera of Carabideous Insects.
Ann. and Mag. Nat. Hist. 1842. T. 8. p. 206—207.

* 25. Descriptions of various Coleopterous Insects brought from the Philippine Islands by Mr. Cuming.
*Ann. and Mag. Nat. Hist. 1842. T. 8. p. 221—222.

* 26. Description of a new species of Coleopterous Insects belonging to the genus Apocyrtus, collected by H. Cuming in the Philippine Islands.
Ann. and Mag. Nat. Hist. 1842. T. 9. p. 302—311; *1843. T. 11. p. 247—255.

* 27. Descriptions of two new genera of Curculionidae, allied to Rhynchites. (Minurus testaceus, Metopon suturalis.)
*Ann. and Mag. Nat. Hist. 1842. T. 10. p. 64.

* 28. Description of a new species of Lamellicorn Beetles, brought from Valdivia. (Oryctomorphus? pictus.)
Entomologist. 1842. p. 281—283.

* 29. Descriptions of some new Longicorn and Rhynchophorous Beetles from the Philippine Islands.
Ann. and Mag. Nat. Hist. 1842. T. 10. p. 70.

* 30. Descriptions of the species of the Curculionideous genus Pachyrhynchus Sch. collected by H. Cuming Esq. in the Philippine Islands.
Trans. Ent. Soc. Lond. 1843. T. 3. p. 310—327.
Ann. and Mag. Nat. Hist. 1842. T. 9. p. 217—220.

* 31. Descriptions of a new genus of Carabideous Insects brought from the Falklands Islands by C. Darwin. (Lissopterus quadrinotatus.)
Ann. and Mag. Nat. Hist. 1843. T. 11. p. 281—283.

* 32. Descriptions of three new species of the Coleopterous genus Gyriosomus, collected in Chile.
Ann. and Mag. Nat. Hist. 1843. T. 12. p. 258—260.

* 33. Contributions on the Entomology of the Southern Portions of South America.
Ann. and Mag. Nat. Hist. 1844. T. 13. p. 41—55.

* 34. On the Habits of Osmia atricapilla.
Zoologist. 1844. T. 2. p. 603.

* 35. Descriptions of some new genera and species of Heteromerous Coleoptera.
Ann. and Magaz. Nat. Hist. 1845. T. 16. p. 317—326.

* 36. Descriptions of Coleopterous Insects collected by Charles Darwin, in the Galopagos Islands.
Ann. of N. H. 1845. T. 16. p. 19—41.

* 37. Descriptions of some new Coleoptera from the Philippine Islands, collected by H. Cuming. (Lamellicorn, Longicorn.)
Trans. Ent. Soc. Lond. 1845. T. 4. p. 38—45.

* 38. Descriptions of two new Curculionideous genera.
Trans. Ent. Soc. Lond. 1845. T. 4. p. 69—70.

* 39. Description of Tricorynus Zeae and Cryptorhynchus Batatae.
Trans. Ent. Soc. Lond. 1848. T. 5. Proc. p. 67—70.

* 40. Presidents Address.
Trans. Ent. Soc. Lond. ser. 2. 1851. T. 1. p. 49—59.

* 41. Descriptions of New Genera and Species of Curculionides.
Trans. Ent. Soc. Lond. ser. 2. 1853. T. 2. p. 172—207. — Proc. p. 99—105.

* 42. A Revision of the Synonymy of the British Species of the Coleopterous Genera Hydrochus and Ochthebius.
Trans. Ent. Soc. Lond. ser. 2. 1853. T. 2. p. 229—231.

* 43. Notes on the Species of Amycterus and Allied Genera with Descriptions of some New Species. (Curculionidae.)
Trans. Ent. Soc. Lond. ser. 2. 1854. T. 3. p. 73—80.

* 44. British Species of the Genus Stenus. (with Mr. E. W. Janson.)
Trans. Ent. Soc. Lond. ser. 2. 1855. T. 3. p. 128—143.

* 45. Notes on the Species of Stenus described by Kirby; and in the Illustrations of British Entomology by Mr. Stephens; together with Observations upon the Specimens in Mr. Stephens Collection.
Trans. Ent. Soc. Lond. ser. 2. 1855. T. 3. p. 143—156.

* 46. List of British Tachyporidae.
Trans. Ent. Soc. Lond. ser. 2. 1858. T. 1. Proc. p. 82—84.

* 47. Catalogue of British Coleoptera. London, Taylor, 1858. 8. pg. 1 et 117. (printed on one side only for labelling collections, and on both sides.)

* 48. Oxypoda alerrima n. sp.
Trans. Ent. Soc. Lond. ser. 2. 1859. T. 5. Proc. p. 72.

* 49. Description of four new species of Staphylinidae.
Trans. Ent. Soc. Lond. ser. 2. 1859. T. 5. Proc. p. 14—17.

* 50. A revision of the British species of Corticaria.
Trans. Ent. Soc. Lond. ser. 2. 1859. T. 5. p. 134—145.

* 51. Notes upon the species of Elateridae in the Stephensian Cabinet.
Trans. Ent. Soc. Lond. ser. 2. 1859. T. 5. p. 88—93.

* 52. Notes on the British Species of Heterocerus.
Trans. Ent. Soc. Lond. ser. 2. 1859. T. 5. p. 162—169.

* 53. List on the British Species of Lathridius.
Trans. Ent. Soc. Lond. ser. 2. 1859. T. 5. p. 171—175.

* 54. Notes on the British Species of Cissidae.
Trans. Ent. Soc. Lond. ser. 2. 1860. T. 5. p. 200—206.

* 55. Note on the British Species of Donacia.
Trans. Ent. Soc. Lond. ser. 2. 1860. T. 5. p. 212—217.

* 56. The Cassidae in the Linnean collection which might be referred to British species.
Trans. Ent. Soc. Lond. ser. 2. 1860. T. 5. Proc. p. 111—112.

* 57. Pocket-Catalogue of British Coleoptera. London, Taylor, 1861. 12. pg. 42.

58. Notes on Chrysomelidae in the Linnean and Banksian Collection.
Trans. Ent. Soc. Lond. ser. 3. 1862. T. 1. p. 18—28.

59. Descriptions of the British Species of the Genus Euplectus, Family Pselaphidae.
Trans. Ent. Soc. Lond. ser. 3. 1862. T. 1. p. 15—18.

Waterton (Charles).
* 1. On preserving Insects selected for Cabinets.
Magaz. of N. H. ser. 1. 1832. T. 5. p. 693—694; *1833. T. 6. p. 90—92.
*Remarks from H. Fielding and Brown. ibid. 1833. T. 6. p. 551—557.
* 2. Notes on the Habits of the Chegoe of Guiana (Pulex penetrans) and Instances of its Effects on Man and Dogs.
Magaz. of N. H. 1836. T. 9. p. 290—294.

Watson.
1. Bemerkungen über diejenigen Insecten, welche im Sommer 1820 die Gerstenfelder verwüsteten.
Livländ. oekon. Ökon. Repert. T. 8, 3. p. 202—210.
(cf. Bahse Litterat. d. Fauna Livlands.)

Watson (William), geb. 1715, gest. 1787.
* 1. An account of the insect called the vegetable fly.
Philos. Transact. 1763. T. 53. p. 271—274. fig.

Weaver (R.) in Birmingham.
* 1. Five specimens of Cicada haematodes captured in the New Forest.
Magaz. of N. H. 1832. T. 5. p. 668—669.

Weber (E.), Dr. Med. in Carlsruhe.
* 1. Ueber Schmarotzerthiere.
20. Jahresber. d. Mannheim. Ver. f. Naturk. 1854. p. 10—41.
(Insecten. p. 32—33.)

Weber (Friedrich), geb. 1752 in Göttingen, gest. 1823 in Kiel. Etatsrath, Leibarzt des Königs von Dänemark, Professor der Botanik u. Medicin in Kiel.
* 1. Nomenclator entomologicus secundum Entomologiam systematicum illustr. Fabricii, adjectis speciebus recens detectis et varietatibus. Chilonii et Hamburgii, Bohn, 1795. 8. pg. 171. (Catalog.)
* 2. Observationes entomologicae, continentes novorum quae condidit generum characteres, et nuper detectarum specierum descriptiones. Kiliae, Univers. Buchh., 1801. 8. pg. 12 et 116. (117 Coleopt.; 6 Orthopt.; 2 Neuropt.; 12 Hymenopt.; 12 Lepidopt.; 7 Hemipt.; 1 Dipt.)
3. Naturhistorische Reise durch einen Theil Schwedens. (Mit M. H. Mohr.) Göttingen, Dieterich, 1804. 8.
* 4. Archiv für die systematische Naturgeschichte. (Mit M. H. Mohr.) Leipzig, 1804. 8. T. 1. P. 1. — Die Fortsetzung unter dem Titel: Beiträge zur Naturkunde etc. Kiel, Acad. Buchhandl., 1805. 1810. 8. T. I. II. tab. 7 et 4.

Weber (Johann Andreas).
1. Discursus curiosi et fructuosi ad praecipuas litteraturae totius humanae scientias illustrandas accomodati. Salisburg., 1673. 8.
(Discurs. XIV. p. 212—225 de insectis. 21 Observat. — Observ. 8. Universus urbis ejusdem incolae a culicibus fugati et migrare compulsi.)
*Mull. Entom. Nebenst. — Schrift. Berl. Gesellsch. nat. Fr. T. 8. p. 301.

Webster (George) aus Albany.
* 1. On preventing the destruction of Trees by Caterpillars.
New England Farmer. Boston. 1823. T. 1. p. 379.
(from the second Vol. of the Mem. of the Board of Agricult. of the St. of New York.)

Webster (W. H. B.).
1. Narrative of Capt. Henry Fosters Voyage to the Southern Atlantic Ocean, in His Majestys Ship Chanticleer. London, Bentley, 1834.
*Bericht von E. Newman Entomol. Magaz. 1837. T. 4. p. 375—383.

von Wedekind (Frhr. G. W.).
1. Neue Jahrbücher der Forstkunde. Darmstadt, Dingeldey, 1836. Heft 12.

Wedelius (Georg Wolfgang), geb. 12. November 1645 in Golzen, gest. 6. Septbr. 1721.
1. Programma de purpura et bysso. Jena, 1706. 4. (Lacordaire.)
* 2. Dissertatio de Cantharidibus. Resp. J. C. Arzwieser. Jenae, 1717. 4. pg. 28. (medic.)

Wedl (C.). Dr.
* 1. Ueber das Herz von Menopon pallidum.
Sitzungsber. Acad. Wissensch. Wien. 1855. T. 17. p. 173—180. — *Separ. 8. pg. 10. tab. 1.
*L'Institut. 1855. XXIII. No. 1140. p. 381.

Weeks (John M.).
1. A manual, or, an easy method of managing bees in the most profitable manner to their owner; with infallible rules to prevent their destruction by the moth; with an appendix by Wooster A. Flanders. (anonym.) New York, Saxton, 1854. 12. pg. 119.
(cf. Carus. p. 667.) nach Agassiz. IV. p. 542. Boston, 1840. 12.

Weichardt (Theodor Thomas), Arzt in Leipzig
*1. **Vom Drath- oder Fadenwurm der Heuschrecken.**
Neue Mannigfaltigk. 1777. T. 4. p. 27—30.

Weichsel, Ober-Bergmeister in Blankenburg.
*1. Ueber das Erscheinen der sogenannten Heerwürmer bei Zorge am Harze im Juli 1846.
Bericht d. naturw. Ver. d. Harz. 1855. p. 5—6.

von Weidenbach (Carl), Dr. in Augsburg.
*1. Entomologische Excursionen im Monat Juni 1842 in der Umgegend des Bades Kissingen. (Coleoptera.)
Stett. Ent. Zeit. 1843. T. 4. p. 125—126.
*2. Ueber Bostrichus curvidens Germ. und dessen Verwüstungen im Sommer 1843.
Stett. Ent. Zeit. 1845. T. 6. p. 116—119.
*3. Systematische Uebersicht der Käfer um Augsburg. (mit Alb. Petry.)
Zwölfter Jahresbericht naturhist. Ver. Augsburg. 1859. p. 33—92.
*Separat. Augsburg. 1859. 8. pg. 56.
*4. Sechs neue Käfer aus der Umgegend von Augsburg, und die dort vorkommenden Myrmecophilen.
Zwölfter Jahresbericht naturhist. Ver. Augsburg. 1859. p. 83—86.

Weidler (Johann Friedrich), gest. 30. Novbr. 1755.
*1. Narratio de Erucarum et Locustarum, quae agros Vitembergae vicinos aliquot abhinc annis vastarunt, interitu.
Philos. Transact. 1734. T. 38. No. 432. p. 294—298.
*Bald. 1741. T. 9. p. 512—514.

Weigel (Johann Adam Valentin), gest. Juni 1806. Prediger.
*1. Faunae Silesiacae prodromus. Verzeichniss der Thiere, die in Schlesien bisher entdeckt und bestimmt sind. Berolini, Hamburg, 1806. 8. pg. 358.)
(Insecten p. 65—339.)

Weiler (Johann Friedrich).
*1. De animalibus noxiis Alsatiae specimen. Praesid. D. J. Reinhold Spielmann. Argentorati. 1768. 4. pg. 56.
(Insecten p. 10—55.)

Weiss (Emanuel).
*1. Observations sur le Notopède. (Elater.)
Acta Helvetica. 1755. T. 2. p. 250—254. tab. 1.
*Journ. de Physique. 1771. T. 1. p. 232—236.
Holland. Uitgez. Verhandl. T. 2. p. 390—417.
*2. Observatio de pulice.
Acta Helvetica. 1762. T. 5. p. 310.

Weiss (Simon), aus Thorn in Preussen.
*1. De excrescentiis plantarum animatis. Resp. P. F. Baldwin. Lipsiae, 1694. 4. pg. 24.

Weissenborn (W.), in Weimar.
*1. **Great Migration of Dragonflies observed in Germania.**
Magaz. of N. H. ser. 2. 1839. T. 3. p. 516—518.

Weissenbruch (Joh. Wilh. Jos.). — v. Roehling No. 2.

Weitenweber (Wilhelm Rudolph). Dr.
*1. **Zur schlesischen Dipterenfauna.**
Lotos. 1855. T. 5. p. 20.
*2. **Diagnosen einiger neuen oder minder bekannten Hemipteren.** (nach Mulsant u. Rey.)
Lotos. 1856. T. 6. p. 223—228; p. 248—249.
(Aus Ann. Soc. Linn. Lyon. 1855.)
3. **Aphis papaveris polyphag.**
Lotos. 1860. T. 10. p. 36.

von Well (Jacob), geb. 1725, gest. 4. April 1787. Professor in Wien.
*1. **Additamenta quaedam ad entomologiam.** (Coleopt., Lepidopt.)
Jacquin Miscell. Austr. 1781. T. 2. p. 380—393. tab. 1 col.
Gegen eine heftige Recension in der Wiener Realzeitung 1782 vertheidigte ihn: (Anton Auger) Frage ob ein Recensent, wenn er nur derb schimpfen kann, darum auch schon recht haben müsse, untersucht von dem Verfasser der freimüthigen Gedanken. Wien, Kurzböck, 1782. 8. pg. 45. — *Recens. Allgem. Deutsche Bibl. T. 53. p. 178.

Wencker, in Strassburg.
*1. **Description de trois nouvelles espèces du genre Apion.**
Ann. Soc. Ent. Fr. sér. 3. 1858. T. 6. Bull. p. 21—24.

(**Wencker.**)

* 2. Description de trois nouvelles espèces du genre Apion.
Ann. Soc. Ent. Fr. sér. 3. 1858. T. 6. Bull. p. 106—108; p. 236—242.

* 3. Ueber einige Apionen.
Berl. Ent. Zeitschr. 1858. T. 2. p. 373.

Werneburg (A.). Kgl. Forstmeister in Erfurt.

* 1. Ueber Coleophora tulipennella Zell. und über Coccyx duplana.
Bericht d. Lepidopt. Tauschver. f. 1853. p. 82—84 (128—130).

* 2. Einige Notizen über die geographische Verbreitung der Schmetterlinge.
Bericht d. Lepidopt. Tauschver. f. 1854. (Martini.) p. 141—148.

* 3. Raupe von Noctua cubicularis.
Bericht d. Lepidopt. Tauschver. f. 1854. (Martini.) p. 164—165.

* 4. Ueber Noctua didyma und N. genistae.
Bericht d. Lepidopt. Tauschver. f. 1855. (Martini.) p. 5—7.

* 5. Lepidopterologische Bemerkungen.
Bericht d. Lepidopt. Tauschver. f. 1856. p. 61—66.

* 6. Ueber einige Schmetterlinge älterer entomologischer Schriftsteller.
Stett. Ent. Zeit. 1858. T. 19. p. 49—57.

* 7. Bemerkungen über die Lepidopteren in Scopoli's Entomologia Carniolica.
Stett. Ent. Zeit. 1858. T. 19. p. 165—167.

* 8. Ueber einige Abbildungen in C. Clerk's Icones insectorum.
Stett. Ent. Zeit. 1858. T. 19. p. 251—266.

* 9. Die Lepidopteren in Thunberg's Dissertationes Academicae.
Stett. Ent. Zeit. 1858. T. 19. p. 418—429; 1859. T. 20. p. 65—74; p. 283—284.

* 10. Einige Bemerkungen über die Spanner des Genus Eugonia.
Stett. Ent. Zeit. 1859. T. 20. p. 334—362.

* 11. Verzeichniss der Schmetterlinge von Erfurt, in einem Umfange von zwei Stunden. (mit Dr. Keferstein.)
Jahrb. K. Acad. Erfurt. 1860. — Auch separat.

* 12. Ueber die scheckensaumigen Arten der Gattung Hesperia.
Stett. Ent. Zeit. 1861. T. 22. p. 69—73.

* 13. Zur Naturgeschichte der Geometra Pomonaria.
Stett. Ent. Zeit. 1861. T. 22. p. 322—324.

Werner.

1. Collection iconographique des animaux utiles et d'agrément, mammifères, oiseaux, poissons, insectes, pouvant servir d'atlas au Bulletin de la Société Impériale d'acclimatation et à l'ouvrage de M. Isidore Geoffroy St. Hilaire sur l'acclimatation des animaux. Dédiée à la Soc. Impér. d'Acclimatation. Paris, l'auteur, 1856. fol. 3 livr. tab. 30 col.

Werner (Dietrich).

1. Anleitung zur Bienenzucht. Hannover, Helwing, 1766. 8. pg. 112. (anonym.)
Serens, Abhandl. Oekon. Bienengesellsch. Oberlausitz. 1767. p. 308. (Lacordaire.)

Werner (Johann Ernst), gest. Januar 1799. Pastor in Nöda.

1. Handbuch zur einfachsten Behandlung der Bienen nach den neuesten Grundsätzen und Erfahrungen. Leipzig u. Gera, Heinsius, 1795. 8. pg. 157. (Dialog.)
(cf. Engelmann Bibl. Oec. p. 361.)

* 2. Der praktische Bienenvater in allerley Gegenden etc. (mit Riem.) Leipzig. Fleischer, 1798. 8. pg. 238. tab. 1.

Werner (Johannes).

1. Art und Weise die Ungeziefer ohne Gift zu vertilgen. Ed. II. Breslau, 1803. 8.
(cf. Engelmann Bibl. Oec. p. 361.)

Wesley (Samuel).

1. A survey of the Wisdom of God in the creation; or a compendium of natural philosophy. London, 1764. 12. 2 vol.
(Extr. aus Ray, Derham, Nieuwentyt, Mathers etc., handelt auch von Insecten. Lacordaire.)

Wesmael (Constantin). Prof. in Brüssel; geb. daselbst.

* 1. Monographie des Odynères de la Belgique. Bruxelles, Hauman, 1833. 8. pg. 51. avec 1 pl. (198 spec.)
*Extr. Ann. sc. nat. 1833. T. 30. p. 420—433. — *Isis. 1838. VI. p. 477—478.

* 2. Monographie des Braconides de Belgique. avec 1 pl.
Nouv. Mém. Acad. Brux. *1835. T. 9. pg. 252. *1837. T. 10. pg. 68 et 8. 1 pl. col. *1838. T. 11. pg. 166. 1 pl.
*Extr. Ann. Soc. Ent. Fr. 1835. T. 4. p. XLI. p. 63—66.

* 3. Note sur la respiration de quelques insectes qui vivent sous l'eau. (Coléopt.)
Bullet. Acad. Brux. 1834. T. 1. p. 183—185; p. 219 (?).
*L'Institut. 1834. II. No. 88. p. 421—422.

*4. **Revue des Coléoptères Carnassiers de Belgique. (243 Carab.; 56 Hydrocanth.)**
Bullet. Acad. Brux. 1835. T. 2. p. 22; p. 47.

*5. **Observations sur les espèces du genre Sphecodes.**
Bullet. Acad. Brux. 1835. T. 2. p. 279—287. fig. col. — *Isis. 1846. V. p. 333.
*L'Institut. 1835. III. No. 125. p. 310.

*6. **Description d'un nouveau genre d'Insectes Coléoptères de la famille des Xylophages, tribu des Bostrichiens (Anommate terricole). avec fig. col.**
Bullet. Acad. Brux. 1835. T. 2. p. 335—340.

*7. **Supplément à la Monographie des Odynères. avec 1 pl.**
Bullet. Acad. Brux. 1836. T. 3. p. 44—51.
Deuxième Supplément.
Ibid. 1837. T. 4. p. 388—391.

*8. **Sur la découverte du Dr. Behn d'une circulation du fluide nutritif chez Corixa.**
Bullet. Acad. Brux. 1836. T. 3. p. 158—162. — *L'Institut. 1836. IV. No. 166. p. 228.

*9. **Description d'une nouvelle espèce de Boletophagus (gibbifer) de Java. fig. col.**
Bullet. Acad. Brux. 1836. T. 3. p. 112—113. — *Revue Zool. 1838. T. 1. p. 117.

*10. **Nouveau genre de Lépidoptères (Himantopterus) et Mitorrhynchus (Curculion.). avec 1 pl. col.**
Bullet. Acad. Brux. 1836. T. 3. p. 162—165—166.
*Revue Zool. 1838. T. 1. p. 120; p. 307. — *Isis. 1844. V. p. 340.

*11. **Nouveau genre de Hémérobides (Malacomyza). avec 1 pl.**
Bullet. Acad. Brux. 1836. T. 3. p. 166—168; p. 211—215.
*Revue Zool. 1838. T. 1. p. 121. — *L'Institut. 1836. IV. No. 166. p. 228.
*(No. 8—11 réunies sous le titre Mélanges Entomologiques. 8. pg. 11. 1 pl.)

*12. **Sur un Ichneumon gynandromorphe.**
Bullet. Acad. Brux. 1836. T. 3. p. 337—341. fig. col. — *L'Institut. 1837. V. No. 213. p. 80.

*13. **Notice sur un Lépidoptère gynandromorphe. (Argynnis Paphia.)**
Bullet. Acad. Brux. 1838. T. 4. p. 11—15. fig. — *Revue Zool. 1838. T. 1. p. 144.
*L'Institut. 1837. V. No. 217. p. 226. — *Ann. Soc. Ent. Fr. 1837. T. 6. Bull. p. 63—66.
*Froriep Notiz. 1837. T. 3. p. 321—325.

*14. **Note sur la Fulgore lanterne.**
Bullet. Acad. Brux. 1838. T. 4. p. 136. — Revue Zool. 1838. T. 1. p. 144.
*Ann. Soc. Ent. Fr. 1837. T. 6. Bull. p. 67. — *Froriep Notiz. 1837. T. 3. p. 231.
*L'Institut. 1837. V. No. 218. p. 239.

*15. **Notice sur le Bracon initiator l'ennemi du Scolytus destructor.**
Bullet. Acad. Brux. 1838. T. 4. p. 270—271. — *Revue Zool. 1838. T. 1. p. 144.
*Ann. Soc. Ent. Fr. 1837. T. 6. Bull. p. 68.

*16. **Sur la larve de Sarcophaga. (Elle avait vécu dans l'abdomen d'un Mel. fullo.)**
Bullet. Acad. Brux. 1838. T. 4. p. 319—320. — *Revue Zool. 1838. T. 1. p. 145.

*17. **Notice sur la métamorphose d'un Xylophage. (X. marginatus Meig.)**
Bullet. Acad. Brux. 1838. T. 4. p. 320—321. — *Revue Zool. 1838. T. 1. p. 145.
*Ann. Soc. Ent. Fr. 1837. T. 6. Bull. p. 90. — *Froriep Notiz. 1838. T. 6. p. 39—40.
*L'Institut. 1837. V. No. 221. Suppl. p. 370.

*18. **Sur une difformité observée chez un Lépidoptère. avec fig. (Nymph. Populi mit Raupenkopf.)**
Bullet. Acad. Brux. 1838. T. 4. p. 359—361. — *Froriep Notiz. 1838. T. 5. p. 243—244.
*Ann. sc. nat. sér. 2. 1837. T. 8. p. 191—192.
*Ann. Soc. Ent. Fr. 1837. T. 6. Bull. p. 91—92.
*L'Institut. 1837. V. No. 221. Suppl. p. 380—381.

*19. **Sur la Vespa muraria Linné.**
Bullet. Acad. Brux. 1838. T. 4. p. 390—391. — Revue Zool. 1838. T. 1. p. 145.
*Isis. 1844. V. p. 367.

*20. **Enumeratio methodica Orthopterorum Belgii. avec 1 pl. col. (30 spec.)**
Bullet. Acad. Brux. 1838. T. 5. p. 587—597.

*21. **Sur un cas de renversement de jambe compliqué de brièveté chez un Coléoptère. avec fig.**
Bullet. Acad. Brux. 1838. T. 5. p. 662—664. — *L'Institut. 1839. VII. No. 284. p. 181.

*22. **Notice sur une nouvelle espèce de fourmi du Mexique. (Myrmecocystus Mexicanus.) avec 1 pl. col.**
Bullet. Acad. Brux. 1838. T. 5. p. 766—771.

*23. **Notice sur les Chrysidides de Belgique.**
Bullet. Acad. Brux. 1839. T. 6. P. 1. p. 167—177.

*24. **Notice sur la Synonymie de quelques Gorytes (Hyménoptères fouisseurs).**
Bullet. Acad. Brux. 1839. T. 6. P. 1. p. 71—81.

*25. **Sur un Ichneumon gynandromorphe.**
Bullet. Acad. Brux. 1839. T. 6. P. 2. p. 448—450.

*26. **Notice sur les Hémérobides de Belgique. avec 1 pl.**
Bullet. Acad. Brux. 1840. T. 7. P. 1. p. 203—221. — Separat. pg. 19. tab. 1.

*27. **Note sur les Caractères d'Euceros Grav. genre d'Ichneumonides.**
Bullet. Acad. Brux. 1840. T. 7. P. 1. p. 360—364.

(**Wesmael**, Constantin.)

*28. Notice sur l'instinct des insectes.
Bullet. Acad. Brux. 1841. T. 8. P. 2. p. 34—35. — *L'Institut. 1841, IX. No. 401. p. 325.

*29. Tentamen dispositionis methodicae Ichneumonum Belgii.
Nouv. Mém. Acad. Brux. 1844. T. 18. 4. pg. 238. 1 pl. lithogr.

*30. Mantissa Ichneumonum Belgii.
Bullet. Acad. Brux. 1848. T. 15. P. 1. p. 138—167; p. 292—341.

*31. Adnotationes ad descriptionem Ichneumonum Belgii.
Bullet. Acad. Brux. 1849. T. 16. P. 1. p. 35—14.
Separat. Bruxelles, Muquardi, 1848. 8. pg. 12.

*32. Tératologie entomologique. avec fig. (Monstra.)
Bullet. Acad. Brux. 1849. T. 16. P. 2. p. 378—391.
*L'Institut. 1850. XVIII. No. 84. p. 53—55.
*Ausgezog. Froriep Tagesberichte. 1850. T. 1. p. 153—156.

*33. Notice sur les Ichneumonides de Belgique appartenant au genre Metopius, Banchus etc.
Bullet. Acad. Brux. 1849. T. 16. P. 1. p. 621—634.
*L'Institut. 1849. XVII. No. 816. p. 285.

*34. Remarques au sujet d'une pluie de fourmis.
Bullet. Acad. Brux. 1849 T. 16. P. 8. p. 113.

*35. Revue des Anomalons de Belgique.
Bullet. Acad. Brux. 1849. T. 16. P. 2. p. 115—139.

*36. Revue critique des Hyménoptères Fouisseurs de Belgique.
Bullet. Acad. Brux. 1851. T. 18. P. 2. p. 362—384; p. 461—483. 1852. T. 19. P. 1. p. 82—110, p. 261—288; p. 589—633.
*Separat. Bruxelles, 1852. 8. pg. 170. (tiré à 50 exempl.)
Tableau des Hyménoptères fouisseurs.
*L'Institut. 1852. XX. No. 977. p. 305.

*37. Ichneumones amblypygi Europaei. avec 2 pl.
Bullet. Acad. Brux. 1854. (Annexe au 1853—54.) T. 21. p. 77—142.

38. Ichneumones platyuri Europaei; descriptiones et adnotationes novae.
Bullet. Acad. Brux. 1853. T. 20. p. 297—328. — *Gerstaecker Bericht. 1853. p. 88.
(No. 37 u. 38 separat. Bruxelles, Muquardi, 1853—1854. 8.)

39. Ichneumonologica miscellanea.
Bullet. Acad. Brux. 1855. T. 22. P. 2. p. 363—435.

*40. Ichneumonologica otia.
Bullet. Acad. Brux. 1857. T. 24. P. 2. p. 355—426. — *Separat. 8. pg. 72.
*Gerstaecker Bericht. 1857. p. 178.

*41. Remarques critiques sur diverses espèces d'Ichneumons de la collection de feu le Prof. Gravenhorst, suivies d'un court appendice ichneumonologique.
Mém. couron. Acad. Belg. Collect. in 8. 1859. T. 8. pg. 99.

Westcott (Michael).

*1. On the common Dung Beetle (Bolboceras mobilicornis).
Morris Naturalist. 1851. T. 1. p. 277—278.

*2. An Entomologists Excursion to Warminster Down.
Morris Naturalist. 1852. T. 2. p. 345—348.

*3. An Entomologists Excursion to Ebbor Rocks.
Morris Naturalist. 1853. T. 3. p. 34—39.

*4. The Autobiography of a white Cabbage Butterfly with a few introductory Remarks by Beverly R. Morris. Wells, Author, 1856. 12. pg. 32.

Westerhauser (Joseph), geb. um 1780 in München, gest. 16. Juni 1840 in München.

*1. Cryptophagi aus der Gegend um München.
*Gistel Faunus. 1834. T. 1. Heft 2. p. 118—119; p. 142—143. — *Isis. 1834. IX. p. 887.
Uebers. *Silberm. Revue Entom. 1834. T. 2. p. 238—244.

*2. Lathridii aus der Gegend um München.
*Gistel Faunus. 1834. T. 1. Heft 3. p. 151—163.
Uebers. *Silberm. Revue Entom. 1835. T. 3. p. 109—121.

*3. Entomologische Excursionen, Febr. u. März 1834.
Gistel Faunus. 1834. T. 1. Heft 3. p. 162—165.

*4. Ueber die Unterschiede von Byturus tomentosus und fumatus.
Gistel Faunus. 1835. T. 2. p. 80—72.
Uebers. *Silberm. Revue Entom. 1836. T. 4. p. 192—182.

*5. Bemerkungen über Elater sanguineus und seine Anverwandten.
Gistel Faunus. 1835. T. 2. p. 63—66.

Westermann (B. W.) in Kopenhagen.

*1. Ueber die Lebensweise der Insecten in Ostindien und am Cap; Schreiben an Wiedemann.
Germar Magaz. Entom. 1821. T. 4. p. 411—427.
*Franz. Uebers. Silberm. Revue Entom. 1833. T. 1. p. 103—118.
*Froriep Notiz. 1834. T. 40. p. 70—71.

Westfeld (Chr. Friedrich Gotthard).

1. Von dem Scheinwurme (Cantbar. noctiluca).
   Neu. Hamb. Magaz. 1765. T. 6. Stück 19. p. 33—61. (cf. Boehmer. II, 2. p. 202.)

van Westmaas (A. de Roo).

* 1. Eene hybride soort uit het genus Smerinthus.
   Mém. entomol. Soc. Pays-Bas. 1857. T. 1. p. 154—158.

* 2. Aanteekeningen omtrent Lepidoptera.
   Tijdschr. Entom. Nederl. Vereen. 1859. T. 2. Stück 4. p. 109—116; 1860. T. 3. p. 90—94.

* 3. Eene twijfelachtige Cabera.
   Tijdschr. Entom. Nederl. Vereen. 1859. T. 2. Stück 4. p. 123—126.

* 4. Notice sur la Eubolia palumbaria.
   Tijdschr. Entom. Nederl. Vereen. 1859. T. 2. Stück 5. p. 131—133.

* 5. Quelques observations sur le cri que fait entendre Sphinx Atropos.
   Tijdschr. Entom. Nederl. Vereen. 1860. T. 3. p. 120—126.

* 6. Een hermaphrodit van Tephrosia crepuscularia.
   Tijdschr. Entom. Nederl. Vereen. 1861. T. 4. p. 171—173. fig.

Westphal (P. N.).

1. Anweisung die Bienen in eine Art Schlaf zu bringen, dass sie den Winter über ihren Vorrath von Honig nicht verzehren.
   Braunschw. Lüneburg. Landwirthsch. Gesellsch. T. 2. Samml. 1. p. 92.
   (cf. Boehmer. II, 2. p. 817.)

Westring (J. P.).

* 1. Om ett slags Flug-larver i sår, och deras förvandling anmärkte och beskrifne.
   Vetensk. Acad. Handl. 1811. p. 51—56. fig.

Westring (N.).

* 1. Bidrag till Historien om insekternas stridulationsorganer.
   Kröyer Tidskr. 1838. T. 2. P. 2. p. 331—345; 1845. T. 1. p. 57—70.
   *Isis. 1848. XII. p. 1029. — *Erichson Bericht. 1847. p. 18.

2. Beskrifning på stridulationsorganer hos slägtena Pachycoris Burm. och Scutellera Lam. af insektsordningen Hemiptera, jemte öfversigt af alla de hittills bekanta olika sätten för sådane ljuds framalstrande bland andra insecter.
   Göteborgs K. Vet. och Vitt. Samh. Handl. Ny Tidsf. 1858. Haft. 4. p. 45—57.
   (cf. Carus. p. 559.)

Westwood (John Obadiah), geb. 22. Decbr. 1805 zu Sheffield, Yorkshire. Prof. in Oxford.

* 1. Note on Psilus Boscii et Drylous formicarius.
   Literary Gazette. 1827. 24. March.

* 2. Observations upon Siagonum quadricorne of Kirby, and the other portions of the Brachelytra.
   Zoolog. Journal. 1827. T. 3. p. 56—66. 1 pl.
   *Férusa. Bullet. 1828. T. 15. p. 107—108. — *Isis. 1830. X. p. 1079.

* 3. Additional observations and corrections of a paper upon the genus Staphylinus of Linnaeus.
   Zoolog. Journal. 1828. T. 3. p. 501—511.
   *Férusa. Bullet. 1828. T. 15. p. 198.

* 4. On the Chalcididae.
   Zoolog. Journal. 1828. T. 4. p. 3—31. 1 pl.
   *Férusa. Bullet. 1829. T. 17. p. 462. — Isis. 1830. XII. p. 1251.

* 5. Observations of the genus Scaphurus Kirby, with descriptions of two new species.
   Zoolog. Journal. 1828. T. 4. p. 225—231.
   *Férusa. Bullet. 1830. T. 22. p. 147. — *Isis. 1830. XII. p. 1253.

* 6. History of insects. London, Tegg etc., 1828—1829. kl. 8. pg. 317 et 352. fig.
   (Bildet vol. 7 u. 31 von The family Library; die Insecten sind zur Hälfte von Westwood gearbeitet.)

* 7. Observations upon the genus of Coleopterous insects Ctenostoma Klug and its species.
   Zoolog. Journal. 1829. T. 5. p. 53—57. fig.
   *Isis. 1831. VII. p. 722.

* 8. Observations upon the Notoxidae, a family of Coleopterous insects, with Characters of two new British genera.
   Zoolog. Journal. 1829. T. 5. p. 57—61. 1 pl.
   *Isis. 1831. VII. p. 722—724.

* 9. Characters of the genus of Coleopterous insects Amydetes Hoffmansegg, belonging to the Family Lampyridae, and descriptions of two species.
   Zoolog. Journal. 1830. T. 5. p. 62—64. fig.
   *Isis. 1831. VII. p. 724.

(**Westwood**, John Obadiah.)

*10. On the affinities of the genus Cilaidium of Kirby.
Zoolog. Journal. 1830. T. 5. p. 213—237; p. 378—329. 1 pl.
*Féruss. Bullet. 1831. T. 25. p. 212. — *Isis. 1831. VII. p. 716.

*11. On the Thorax of Insects.
Zoolog. Journal. 1830. T. 5. p. 320—328.

*12. Insectorum Arachnoidumque novorum Decades duo. (Coleopt.; Hymenopt.; Orthopt.; Hemipt.; Dipt.; Lepidopt.)
Zoolog. Journal. 1830. T. 5. p. 440—453.

*13. On Ichneumonidae; on the larva of Elophilus tenax; Wasps nest.
Magaz. of N. H. 1830. T. 3. p. 452—456; p. 476.

*14. On Hermaphrodite Insects.
Magaz. of N. H. 1831. T. 4. p. 434—435. fig.

*15. Mémoire pour servir à l'histoire naturelle de la famille des Cicindélètes.
Ann. sc. nat. 1831. T. 22. p. 299—317. 1 pl. — *Isis. 1833. II. p. 183—184.

*16. On a remarkable Sexual peculiarity exhibited by the Earwig. (Forficula auricularia.)
Zoolog. Journal. 1832. T. 5. p. 454—456.

*17. Description du genre Desmia. (Lepid. noct. D. maculalis.)
Guérin Magas. Zool. 1832. Ins. No. 2. fig. col.

*18. Description du genre Cerocephala. (Hymenopt. C. cornigera.)
Guérin Magas. Zool. 1832. Ins. No. 4. fig. col.

*19. Parasites (Microgaster glomeratus) upon the Cabbage Caterpillars.
Magaz. of N. H. 1832. T. 5. p. 301.

*20. Description of several new British forms among the Parasitic Hymenoptera.
Philos. Magaz. ser. 3. 1832. T. 1. p. 127—129; *T. 2. p. 443—445; *1833. T. 3. p. 342—344. — *Reimpr. Isis. 1833. VI. p. 540—547.

*21. Further Notice of the British parasitic Hymenopterous Insects; together with the Transactions of a Fly with a long Tail observed by Mr. E. W. Lewis, and additional observations by J. O. Westwood.
Magaz. of N. H. 1833. T. 6. p. 414—421. fig.

*22. On some remarkable forms in Entomology, including a notice of Chiasognathus Grantii.
Magaz. of N. H. 1832. T. 5. p. 318—327. fig.; p. 506—507. fig.

*23. Caterpillars found in a Book.
Magaz. of N. H. 1832. T. 5. p. 206.

*24. On the probable number of species of Insects in the Creation, with description of several Hymenoptera.
Magaz. of N. H. 1833. T. 6. p. 116—123; p. 414—421; p. 880.

*25. Description de l'Encephalus complicans. (Coleopt. Brachelytr.)
Guérin Magas. Zool. 1833. Ins. No. [illegible]. fig. col.

*26. Description du genre Leucothyreus de Mac Leay.
Guérin Magas. Zool. 1833. Ins. No. 70, 71, 72. 3 pl. col.

*27. Description du genre Trochalonota. (T. badia.)
Guérin Magas. Zool. 1833. Ins. No. 95. fig. col.

*28. On the connecting Links between the Geocorisiae and Hydrocorisiae of Latreille.
Magaz. of N. H. 1833. T. 6. p. 228—230.

*29. Notice of the Habits of a Cynipideous Insect parasitic upon the Aphis Rosae with descriptions of several other parasitic Hymenoptera. (Allotria victrix.)
Magaz. of N. H. 1833. T. 6. p. 491—497.

*30. On the Paussidae a family of Coleopterous Insects.
Trans. Linn. Soc. Lond. 1833. T. 16. p. 607—684. 1 pl.
*Ann. sc. nat. 1833. T. 30. p. 432—433. — *Isis. 1834. VI. p. 478—480.
*Philos. Magaz. ser. 2. 1830. T. 8. p. 62—63. — Isis. 1831. VIII. p. 804.

*31. Notes upon the Natural System of Mr. Newman and Sphinx Vespiformis.
Entomol. Magaz. 1833. T. 1. p. 232—236.

*32. Observations on the Saltatorial Powers of Insects, and upon the British Coleopterous genus Choragus.
Entomol. Magaz. 1833. T. 1. p. 288—291.

*33. On the Structure of the Antennae in the order of Aphaniptera Kirby, with reference to the Propriety of the Establishment of Genera upon the Variations of those Organs.
Entomol. Magaz. 1833. T. 1. p. 359—362.

*34. A Notice of the Ravages of the Cane-fly, a small-winged Insect, including some Facts on its Habits; by a Subscriber in Grenada; with additional Observations by Westwood.
Magaz. of N. H. 1833. T. 6. p. 407—412. fig.; *1834. T. 7. p. 486.

* 35. Report of the Committee etc. for investigating the nature of the ravages of the Cane Fly, Delphax saccharivora in Grenada. (London), 1834. fol. pg. 7.

* 36. Note on Dryophilus Anobioides.
Entomol. Magaz. 1834. T. 2. p. 112—113.

* 37. On Leucospis, a Genus of Hymenopterous Insects. (7 spec.)
Entomol. Magaz. 1834. T. 2. p. 212—218.
*Uebers. Germar Zeitschr. Entomol. 1839. T. 1. p. 237—266. tab. 2.

* 38. Description of a minute Coleopterous Insect, forming the type of a new Subgenus allied to Tomicus, with some Observations upon the Affinities of the Xylophaga.
Trans. Ent. Soc. Lond. 1834. T. 1. p. 34—36. 1 pl.

* 39. Description of the Nest of a gregarious species of Butterfly from Mexico. (Eucheira socialis.)
Trans. Ent. Soc. Lond. 1834. T. 1. p. 38—44. 1 pl.

* 40. Extract from a letter from M. Benson, relating to the devastation caused by Ptilinus pectinicornis upon a newly made bed post.
Trans. Ent. Soc. Lond. 1834. T. 1. Proc. p. 8.

* 41. Note about the Ticking of Anobium.
Magaz. of N. H. 1834. T. 7. p. 470—472.

* 42. Pertinacity of attacks by Ants.
Trans. Ent. Soc. Lond. 1834. T. 1. Proc. p. 21.

* 43. Articles upon the insects injurious to various trees in Loudon Arboretum Brit. (Pinus insect. pg. 9. fig.)

* 44. Mémoire sur les genres Xylocoris, Hylophila, Microphysa, Leptopus, Velia, Microvelia et Hebrus, avec quelques observations sur les Amphibicorisiae de M. Dufour et sur l'état imparfait, mais identique de certaines espèces.
Ann. Soc. Ent. Fr. 1834. T. 3. p. 637—653. — Separat. Paris, 1834. 8. pg. 16.

* 45. Note on Malachius bipunctatus Babington.
Magaz. of N. H. 1834. T. 7. p. 279.

* 46. Descriptio generum nonnullorum novorum e familia Lucanidarum, cum tabula synoptica familiae notulis illustrata.
Ann. sc. nat. sér. 2. 1834. T. 1. p. 112—121. — *Isis. 1836. VII. p. 501—507.

* 47. Larva of the Bruchus granarius.
Magaz. of N. H. 1834. T. 7. p. 257—258.

* 48. On the most advisable method for discovering Remedies against the Ravages of insects, and (Scatophaga ceparum) a Notice of the Habits of the Onion-Fly.
Magaz. of N. H. 1834. T. 7. p. 425—431.

* 49. On the Nomenclature of the Thoracic Appendages of Insects.
Magaz. of N. H. 1834. T. 7. p. 178—179.

* 50. Notes on some Species of Insects which consume Pulse, Grain, Biscuits etc.
Magaz. of N. H. 1835. T. 7. p. 255—257.

* 51. New species of Nemoptera.
Trans. Ent. Soc. Lond. 1835. T. 1. Proc. p. 75.

* 52. Notice of the Habits of Odynerus Antilope.
Trans. Ent. Soc. Lond. 1835. T. 1. p. 78—80.

* 53. Introductory Observations upon the Thysanura.
Trans. Ent. Soc. Lond. 1835. T. 1. p. 88—97.

* 54. Note upon the British Genera Acentria, Acentropus and Zancle.
Trans. Ent. Soc. Lond. 1835. T. 1. p. 117—118.

* 55. Proceedings at the meeting of German Naturalists held at Bonn 1835.
Trans. Ent. Soc. Lond. 1835. T. 1. Proc. p. 71—72.

* 56. Description du Dysides obscurus.
Guérin Magas. Zool. 1835. T. 5. Ins. No. 125. fig. col.

* 57. Insectorum nonnullorum novorum ex ordine Dipterorum descriptiones.
Philos. Magaz. ser. 3. 1835. T. 6. p. 280—281; p. 447—449.
*Ann. Soc. Ent. Fr. 1835. T. 4. p. 681—685. — *Reimpr. Isis. 1838. II. p. 83—87.

* 58. On Nycteribia a Genus of wingless Insects. (11 spec.)
Trans. Zool. Soc. Lond. 1835. T. 1. p. 275—294. 1 pl.
*Proc. Zool. Soc. Lond. 1834. T. 2. p. 135—141.
*Reimpr. Isis. 1835. XII. p. 1054—1056. — *Isis. 1836. V. p. 412—432. fig.
*Philos. Magaz. ser. 3. 1835. T. 6. p. 392—394. — *L'Institut. 1835. III. No. 113. p. 221.
*Esle Gistel Faunus. 1837. T. 1. 1. p. 63—67.

* 59. Address on the Recent Progress and Present State of Entomology. London. 1835. 8. pg. 23.

* 60. De genere Ozaena et affinitatibus suis.
Guérin Magas. Zool. 1835. T. 5. Ins. No. 132. fig. col.

(**Westwood**, John Obadiah.)

*61. Notice of the Ravages of Insects upon Barley and Turnips by J. C. Farmer, with Observations thereon by Westwood.
Mag. of N. H. 1835. T. 8. p. 171—179.

*62. Characters of new genera and species of Hymenopterous Insects.
Proc. Zool. Soc. Lond. 1835. T. 3. p. 51—54; p. 68—72.
*Reimpr. Isis. 1837. II. p. 123—125; p. 129—131.
*Philos. Magaz. 1835. ser. 3. T. 7. p. 228.

*63. Descriptions of a New Exotic Species of Longicorn Beetle. (Lamia Norrisii.)
Trans. Ent. Soc. Lond. 1836. T. 1. p. 118—119. 1 pl.

*64. On the Earwig. (Zahl der Abdominalsegmente u. Stigmen bei beiden Sexus.)
Trans. Ent. Soc. Lond. 1836. T. 1. p. 157—163. 1 pl.

*65. Observations upon the Strepsiptera.
Trans. Ent. Soc. Lond. 1836. T. 1. p. 169—172. 1 pl.

*66. Description of a new Strepsipterous Insect recently discovered in the Island of Mauritius. (Elenchus Templetonii.)
Trans. Ent. Soc. Lond. 1836. T. 1. p. 173—174. 1 pl.

*67. Notes upon the Habits of various British Insects. (Hymenopt., Lepidopt., Dipt., Hemipt. Nestbau. Aphis auf Ananas.)
Trans. Ent. Soc. Lond. 1836. T. 1. p. 193—207.

*68. On the modern Nomenclature of Natural History.
Magaz. of N. H. 1836. T. 9. p. 561—566.

*69. Notice of a Congregation of Moths found in the interior of the false Acacia Tree. (Ilithya sociella.)
Magaz. of N. H. 1836. T. 9. p. 578—587.
Trans. Ent. Soc. Lond. 1837. T. 2. Proc.

*70. Descriptions of some new species of Exotic Coleopterous Insects from the Collection of Sir Patrik Walker.
Magaz. Zool. and Botan. 1837. T. 1. p. 251—257. fig.
*Isis. 1841. VIII. p. 511. — *Erichson Bericht. 1838. p. 290.

*71. Note sur les habitudes de certaines espèces d'Hyménoptères fouisseurs.
Ann. Soc. Ent. Fr. 1836. T. 5. p. 297—302.

*72. Chalcis (Brachymeria) Euploeae.
Trans. Ent. Soc. Lond. 1836. T. 2. Proc. p. 6.

*73. New Edition from: Drury Illustrations of natural history etc. London, Bohn, 1837—1842. 4. 3 vol. tab. 150 col. pg. 116, 97, 93.

*74. Insectorum nonnullorum exoticorum e familia Cynipidarum descriptiones. (Leiopteron; Porus.)
Guérin Magas. Zool. 1837. T. 7. Ins. No. 179. fig. col.

*75. Characters of Embia, a Genus of Insects allied to the White-Ants (Termites) with Descriptions of the Species of which it is composed.
Trans. Linn. Soc. Lond. 1837. T. 17. p. 369—375. 1 pl.
*Isis. 1838. V. p. 413—414.

*76. On Diopsis a genus of Dipterous Insects, with Descriptions of twenty one species.
Trans. Linn. Soc. Lond. 1837. T. 17. p. 283—318. 1 pl. col.
*Isis. 1838. V. p. 407—411.

*77. Descriptions of some new species of Diopsis. (13 spec.)
Trans. Linn. Soc. Lond. 1837. T. 17. p. 543—550. 1 pl. col.
*Philos. Magaz. 1835. ser. 3. T. 7. p. 519.

*78. Description du Luperus nasutus.
Guérin Magas. Zool. 1837. T. 7. Ins. No. 177. fig. col.

*79. Description de la Steira costata.
Guérin Magas. Zool. 1837. T. 7. Ins. No. 176. fig. col.

*80. Description de la Forficula parallela.
Guérin Magas. Zool. 1837. T. 7. Ins. No. 178. fig. col.

*81. Characters of some new Coleopterous Insects, belonging to the Family of Sacred Beetles.
Proc. Zool. Soc. Lond. 1837. T. 5. p. 12—13. — *Isis. 1838. p. 845—857.
*Trans. Zool. Soc. Lond. 1841. T. 2. p. 155—163. tab. 1.
L'Institut. 1838. VI. No. 243. p. 276.

*82. Characters of new Insects from Manilla collected by Mr. Cuming.
Proc. Zool. Soc. Lond. 1837. T. 5. p. 127—130.

*83. Some account of the Habits of an East Indian Species of Butterfly, belonging to the genus Thecla. (Isocrates.) (Gesellschaftl. Leben der Raupen.)
Trans. Ent. Soc. Lond. 1837. T. 2. p. 1—5. 1 pl. col.

*84. Descriptions of several new Species of exotic Hemipterous Insects.
Trans. Ent. Soc. Lond. 1837. T. 2. p. 18—21. 1 pl.

* 85. Descriptions of some new Species of British Hymenopterous Insects.
Philos. Magaz. ser. 3. 1837. T. 10. p. 440—442. — * Isis. 1838. II. p. 101.
* 86. Descriptions of two new Genera belonging to the family Chalcididae.
Entomol. Magaz. 1837. T. 4. p. 435—438. fig.
* 87. On generic Nomenclature.
Magaz. of N. H. ser. 2. 1837. T. 1. p. 169—173; p. 216—218. fig.
* 88. Nomenclature of the Subgenera separated from Odynerus.
Magaz. of N. H. ser. 2. 1837. T. 1. p. 554.
* 89. Catalogue of Hemiptera in the Collection of the Rev. F. W. Hope and Descriptions of the new species of Scutelleridae. London, Bridgewater, 1837. 8. P. I. pg. 46; 1812. P. II. pg. 26.
* Revue Zool. 1838. T. 1. p. 116.
* 90. The entomological articles in Partington British Cyclopaedia of Natural History. 1835—1837. 4. fig.
* Article Insect. Divis. III. P. 24. Mai 1837. p. 625—658. 1 pl. col.
(Die zahlreichen entomolog. Artikel in jenem Werke sind sämmtlich von Westwood.)
* 91. Notice sur le Clerus Buquetii de Mr. Lefebure.
Ann. Soc. Ent. Fr. 1838. T. 8. Bull. p. 13.
* 92. On Coptosoma, on an anomalous genus of Heteropterous Insects.
Magaz. of N. H. ser. 2. 1838. T. 2. p. 28—30. fig.
* 93. Remarks upon Mr. Ogilbys Views of Zoological Nomenclature.
Magaz. of N. H. ser. 2. 1838. T. 2. p. 204—205.
* 94. Description of a new genus of British parasitic Hymenopterous Insects. (Tetracnemus.)
Magaz. of N. H. ser. 2. 1837. T. 1. p. 257—259. fig.
* 95. On the Cicindela hybrida Linn.
Magaz. of N. H. ser. 2. 1838. T. 2. p. 312—313.
* 96. Notes on the Natural History of the Ant-Lion. (Myrmeleon.)
Magaz. of N. H. ser. 2. 1838. T. 2. p. 601—604. fig.
* Froriep Notiz. 1840. T. 13. p. 1—3. fig.
* 97. On Descriptions of some new or but imperfectly known species belonging to the Coleopterous Family Passalidae.
Trans. Ent. Soc. Lond. 1535. T. 2. p. 84—96. tab. 9.
* 98. Description of a new genus of Exotic Bees. (Mesotrichia torrida.)
Trans. Ent. Soc. Lond. 1838. T. 2. p. 112—113. fig.
* 99. On the Apod Larvae of the Hymenoptera, with reference to the Segmental Theory of Annulose Animals.
Trans. Ent. Soc. Lond. 1838. T. 2. p. 171—187.
* 100. Notes upon Subaquatic Insects, with the Description of a new genus of British Staphylinidae. (Micralymma Johnstonis.)
Magaz. Zool. and Botan. 1838. T. 2. p. 124—132. — * Erichson Bericht. 1838. p. 43.
* 101. Descriptions of several new species of Insects belonging to the Family of the Sacred Beetles.
Trans. Zool. Soc. Lond. 1838. T. 3, 2. p. 133—164. 1 pl.
Isis. 1839. III. p. 160. — * L'Institut. 1838. VI. No. 243. p. 270.
* Philos. Magaz. ser. 3. 1838. T. 12. p. 441—447. — * Isis. 1838. IX. p. 845—847.
(v. No. 104.)
* 102. Gynandromorphous Hymenopterous Insects.
Magaz. of N. H. ser. 2. 1838. T. 2. p. 393.
* 103. Lucanidarum novarum exoticarum descriptiones, cum monographia generis Nigidii et Figuli.
Entomol. Magaz. 1838. T. 5. p. 259—268. fig.
* 104. On the Comparative Structure of the Scutellum and other Terminal Dorsal Parts of the Thorax of Winged Insects.
Entomol. Magaz. 1838. T. 5. p. 150—169.
* 105. On the genus Cerapterus of Swederus.
Entomol. Magaz. 1838. T. 5. p. 500—505.
* 106. The entomologist's text-book, an introduction to the natural history, structure, physiology and classification of Insects, including the Crustacea and Arachnida. A guide to the natural history, habits, and classification of Insects. with pl. and woodcuts. London, W. S. Orr and Co., 1838. 8. pg. 432. pl. 5 et fig.
* 107. Die Hymenopteren-Gattung Leucospis. (36 spec.)
Germar Zeitschr. Entom. 1839. T. 1. p. 237—268. 2 pl.
* 108. Description of a new genus of Dipterous Insects from New South Wales. (Trichopsidea oestracea.)
Trans. Ent. Soc. Lond. 1839. T. 2. p. 151—152. fig.

(**Westwood**, John Obadiah.)

* 109. Observations upon the Economy of a South American species of the Coleopterous genus Upis, with a few Remarks on Carpophagous insects in general.
Trans. Ent. Soc. Lond. 1839. T. 2. p. 157—162. fig.

* 110. Monograph upon the Hymenopterous genus Sclerodermа. (16 spec.)
Trans. Ent. Soc. Lond. 1839. T. 2. p. 164—172. fig.

* 111. On the notions entertained respecting the emblem Scarabaeus.
Trans. Ent. Soc. Lond. 1839. T. 2. p. 172—174.

* 112. Description of a new genus of Coleopterous Insects from Corfu. (Amaurosia.)
Trans. Ent. Soc. Lond. 1839. T. 2. p. 174—175. fig.

* 113. Notice of a minute parasite inhabiting the Larva of the Stylopidae, and upon the Animal produced from the Eggs of Meloë.
Trans. Ent. Soc. Lond. 1839. T. 2. p. 184—188. fig.

* 114. On the disease of the domestic flies.
Trans. Ent. Soc. Lond. 1839. T. 2. Proc. p. 63—64.

* 115. Descriptions and figures of some new Indian insects in Boyles Work on the Himalaya. 1839. fol. — v. Royle No. 1.

* 116. On Hymenotus a genus of Exotic Orthopterous insects.
Magaz. of N. H. ser. 2. 1839. T. 3. p. 490—493. fig.

* 117. On the Family Fulgoridae, with a monograph of the genus Fulgora of Linnaeus. (27 spec.)
Trans. Linn. Soc. Lond. 1839. T. 18. p. 133—153. 1 pl. col.
*Philos. Magaz. ser. 3. 1838. T. 12. p. 83—91. — *L'Institut. 1838. VI. No. 224. p. 66.
*Extr. Ann. Soc. Ent. Fr. 1838. T. 7. Bull. p. 38—39. — *Isis. 1842. VI. p. 434.

* 118. Xylophora Ewingii.
Trans. Ent. Soc. Lond. 1839. T. 2. Proc. p. 55.

119. Description of a new species of the Coleopterous genus Cerapterus from South Africa.
Trans. Ent. Soc. Lond. 1839. June.
*Ann. and Mag. Nat. Hist. 1841. T. 6. p. 237. — *Revue Zool. T. 3. 1840. p. 118.

* 120. Anomalous insect found in Spongilla fluviatilis.
Magaz. of N. H. ser. 2. 1839. T. 3. p. 381.

* 121. An introduction to the modern classification of insects, founded on the natural habits and corresponding organisation of the different families. London, Longman. 8. T. 1. 1839. pg. 12 et 462. 1 pl. col.; T. 2. 1840. pg. 11 et 587. with 133 fig.
Synopsis of the British insects. pg. 158.
*Ann. and Mag. Nat. Hist. 1841. T. 7. p. 55—58. — *Erichson Bericht. 1838. p. 8—10.

* 122. Plates in Jardines Naturalists Library. vol. 1, 6, 7. 1840—1841. v. Duncan. No. 9, 10, 11.

* 123. A treatise on insects injurious to gardeners, foresters and farmers by Vincent Kollar; translated from the German, and illustrated by engravings by J. and M. Loudon with Notes by J. O. Westwood. London, Smith, 1840. 8. pg. 16 et 377. fig.

* 124. On the Characters of the Chigoe or Jigger.
Trans. Ent. Soc. Lond. 1840. T. 2. p. 199—203. fig.

* 125. On Caprification as practised upon the Figs in the South of Europe and the Levant, with Descriptions of the insects employed for that purpose, and Observations upon Agaon paradoxon Dalm.
Trans. Ent. Soc. Lond. 1840. T. 2. p. 214—224. fig.

* 126. Memoir on the genus Holoptilus. (4 spec.)
Trans. Ent. Soc. Lond. 1840. T. 2. p. 248—253.

127. New and greatly improved edition from M. Harris: The Aurelian etc. London, Bohn, 1840—1841. fol. pg. 83. tab. 46 col.

* 128. Insect monsters.
Trans. Ent. Soc. Lond. 1840. T. 2. April. 6; 1846. March. 6; 1852. Aug. 2.

* 129. Illustrations of the relationships existing amongst natural objects, usually termed Affinity and Analogy, selected from the class of insects.
Trans. Linn. Soc. Lond. 1840. T. 18. p. 409—421. 1 pl.
*Magaz. of N. H. ser. 2. 1840. T. 4. p. 141—144; p. 305—308.
*Isis. 1842. VI. p. 447—449.

* 130. Descriptions of some new species of the genus Cerapterus.
Proc. Linn. Soc. Lond. 1840. T. 1. p. 75.

* 131. Observations on the genus Typhlopone, with Descriptions of several exotic species of Ants.
Ann. and Mag. Nat. Hist. 1840. T. 6. p. 81—89. 1 pl. — *Revue Zool. T. 4. 1841. p. 97.

* 132. On new exotic Hymenoptera belonging to the family Sphegidae.
Trans. Ent. Soc. Lond. 1840. T. 4. Proc. p. 18.
* Ann. and Mag. Nat. Hist. 1841. T. 7. p. 152.

* 133. British Butterflies, and their transformations, arranged and illustrated in a series of plates by H. N. Humphreys; with descriptions by J. O. Westwood. London, Will. Smith, 1841. 4. pg. 138. tab. 42 col. — * Ed. 2. (1848—) 1849. — Ed. 3. (1851—) 1855. — Ed. 4.

* 134. British Moths and their transformations arranged etc. by Humphreys, with descriptions by Westwood.
Ed. 2. London, Will. Smith, 1843 et 1845. 4. 2 vol. pg. 258. pl. 56 col.; pg. 268. pl. 57—124 col. — Ed. 1857.

* 135. Monograph of the genus Nematoptera.
Proc. Zool. Soc. Lond. 1841. T. 9. p. 9—11.
* Ann. and Mag. Nat. Hist. 1842. T. 8. p. 376—380. — * Revue Zool. 1842. T. 5. p. 123.

* 136. Descriptions of some Coleopterous Insects from Tropical Africa belonging to the Section Heteromera. — v. No. 153.
Proc. Zool. Soc. Lond. 1841. T. 9. p. 66—68.
* Ann. and Mag. Nat. Hist. 1842. T. 9. p. 61—65. — * Isis. 1845. XII. p. 927.
* Trans. Zool. Soc. Lond. 1849. T. 3. p. 207—221. 2 pl.

* 137. On various insects presenting several remarkable physiological peculiarities.
Trans. Ent. Soc. Lond. 1841. T. 3. Proc. p. 4—6. fig.
(Coleopt. with Dipter. larva; Hemiptera with fungi; Hymenopt. with vegetable substances; Lepidopt. with Sphaeria Robertsii; Coleopt. with fungi; Sporendonema Muscae with literature.)

* 138. Observations upon the Hemipterous insects composing the Genus Syrtis of Fabricius, or the Family Phymatites Laporte, with a monograph of the genus Macrocephalus.
Trans. Ent. Soc. Lond. 1841. T. 3. p. 18—28. fig.

* 139. Description of a new Subgenus of Exotic Hemipterous insects. (Amblythyreus.)
Trans. Ent. Soc. Lond. 1841. T. 3. p. 28—31. fig.

* 140. Description de Amblysoma Latreillii, Anodontyra tricolor, Centrotus horrificus, Smilia bifoliata, Lycisca Romandi, Tmesidera rufipennis. (Hymenopt., Hemipt., Coleopt.)
Guérin Magas. Zool. 1841. T. 11. Ins. No. 80—85. 5 pl. col.

* 141. The Insects abridged with additional notes in Cuviers Animal Kingdom. London, Orr, 1840. 8. (p. 471—637.)
Supplement for the 2. Edit. 1848. 8. (p. 625—690.)
(Das Suppl. enthält eine Uebersicht der system. entomol. Arbeiten von 1840—1848.)

* 142. Note on Mr. Shuckards Memoir on the Aulacidae etc. at page 115 of the Entomologist.
Entomologist. 1841. p. 139—140.

* 143. Synopsis of the Coleopterous genus Cerapterus. (8 spec.)
Trans. Linn. Soc. Lond. 1841. T. 18. p. 581—585. 1 pl.

* 144. Observations on the genus Derbe of Fabricius.
Trans. Linn. Soc. Lond. 1841. T. 19. p. 1—18. 2 pl.
* Proc. Linn. Soc. Lond. 1840. T. 1. p. 82—85.

* 145. Descriptions of several new Homopterous insects, belonging to various subgenera of Derbe Fabr.
Trans. Linn. Soc. Lond. 1841. T. 19. p. 19—21. 1 pl. — * Isis. 1845. VIII. p. 702.

* 146. Synopsis of the Coleopterous family Paussidae with a new genus and some new species.
Proc. Linn. Soc. Lond. 1841. T. 1. p. 110—113; p. 115; * 1842. p. 133—134.
* Ann. and Mag. Nat. Hist. 1841. T. 7. p. 532—535; * T. 8. p. 419; 1842. T. 10. p. 409.
* Trans. Linn. Soc. Lond. 1841. T. 19. p. 45—52.
* Isis. 1845. VIII. p. 704.

* 147. Arcana Entomologica, or illustrations of new, rare, and interesting exotic insects. London, Smith. 8.
T. 1. 1841—1842. pg. 188. 48 pl. col. — T. 2. 1843—1845. pg. 191. 48 pl. col.
* Isis. 1846. VI. p. 476—480. — * Revue Zool. 1842. T. 5. p. 47—48; p. 120—122.
* Ann. sc. nat. sér. 2. T. 17. p. 238.

* 148. On the Nomenclature of the genus Chlorion of Latreille.
* Ann. and Mag. Nat. Hist. 1841. T. 7. p. 435.
Trans. Ent. Soc. Lond. 1841. Proc. Jan.

* 149. On the Evaniidae and some allied genera.
* Ann. and Mag. Nat. Hist. 1841. T. 7. p. 535.
Trans. Ent. Soc. Lond. 1841. Proc.

(Westwood, John Obadiah.)

*150. Descriptions of some Dynastidae in the Collection of the Rev. F. W. Hope, illustrating the natural relations of the genus Cryptodus.
*Ann. and Mag. Nat. Hist. 1842. T. 8. p. 454—455.
Trans. Ent. Soc. Lond. 1841. Proc.

*151. New Edition from Donovan Epitome of the natural history of the Insects of China. London, Bohn, 1842. 4. pg. 96. tab. 50 col.

*152. New Edition from Donovan Epitome of the natural history of the Insects of India, etc. London, Bohn, 1842. 4. pg. 102. tab. 58 col.

*153. On various Coleopterous Insects from Western Africa, belonging to the Section Heteromera. — v. No. 136.
Proc. Zool. Soc. Lond. 1842. T. 10. p. 117—127.
*Ann. and Mag. Nat. Hist. 1843. T. 10. p. 531—537.

*154. Generis Dipterorum Monographia Systropi.
Guérin Magas. Zool. 1842. T. 12. Ins. No. 90. fig. col.

*155. Description de l'Aslhenia fasciata.
Guérin Magas. Zool. 1842. T. 12. Ins. No. 91. fig. col.

*156. Descriptions of some new species of Exotic Coleopterous Insects. (Slepusa, Rhipidocerus.)
Trans. Ent. Soc. Lond. 1842. T. 3. p. 69—71. fig.

*157. Description of some Insects which inhabit the Tissue of the Spongilla fluviatilis. (Sisyra.)
Trans. Ent. Soc. Lond. 1842. T. 3. p. 105—108. fig.
*Ann. sc. nat. sér. 2. 1839. T. 11. p. 320.

*158. Description of a Hybrid Smerinthus, with Remarks on Hybridism in general.
Trans. Ent. Soc. Lond. 1842. T. 3. p. 195—202. fig.

*159. Description of a case of Monstruosity occurring in a specimen of Dyticus marginalis, in which a portion of the external marks of Sexual Distinction are abortive.
Trans. Ent. Soc. Lond. 1842. T. 3. p. 203—208. fig.

*160. Observations on the Analysis (E. Newman) of „British Butterflies". (Entomologist p. 265.)
Entomologist. 1842. p. 285—287.

*161. Descriptions of some new species of Exotic Hymenopterous Insects.
Trans. Ent. Soc. Lond. 1842. T. 3. p. 223—231. fig.

*162. Insectorum novorum Centuria. (Coleoptera, Lepidopt., Hemipt.)
Ann. and Mag. Nat. Hist. 1842. T. 8. p. 123—125; p. 203—205; p. 272—273; *T. 10. p. 36—39; p. 118—120.

*163. Notice of a hitherto undescribed Character distinctive of the sexus in certain Lucanidae and Cetoniidae.
Ann. and Mag. Nat. Hist. 1842. T. 8. p. 121—123; p. 338—341.

*164. Descriptions of some new Exotic genera belonging to the Family of the Sacred Beetles.
*Ann. and Mag. Nat. Hist. 1843. T. 10. p. 61—63.
Trans. Ent. Soc. Lond. 1842. Proc. March.

*165. Description of a new genus of Lamellicorn Beetles allied to Pachypus. (Metascelis flexilis.)
*Ann. and Mag. Nat. Hist. 1842. T. 10. p. 65.
Trans. Ent. Soc. Lond. 1842. Proc. March.

*166. Pompilus audax. — v. No. 189.
Trans. Ent. Soc. Lond. 1842. Jan. 7. — Ann. and Mag. Nat. Hist. 1843. T. 10. p. 69.

*167. On three new species of Australian Rhipicera.
*Ann. and Mag. Nat. Hist. 1843. T. 10. p. 66.
Trans. Ent. Soc. Lond. 1842. Proc.

*168. Notice of various Insects from the Collection of J. B. Hearsey.
Proc. Linn. Soc. Lond. 1842. T. 1. p. 131.

*169. Revision and correction of the Entomological portion of Loudons Horticulturist. London, 1842. 8.

*170. Description of a new genus of Apterous Hexapod Insects found near London. (Lithobius, Campodea Staphylinus.)
Trans. Ent. Soc. Lond. 1842. T. 3. p. 231—234. fig. — v. No. 177.

*171. On Evania and some allied genera of Hymenopterous Insects.
Trans. Ent. Soc. Lond. 1843. T. 3. p. 237—278. fig.

*172. Note on the Saw-Fly. (Lyda inanita.)
Ann. and Mag. Nat. Hist. 1843. T. 11. p. 376—377.

*173. Notice of some Oestrideous Insects. (Oe. Tarandi et Trumpe spec. differ.)
Proc. Linn. Soc. Lond. 1843. T. 1. p. 179.

* 174. Descriptions of some new exotic Lamellicorn Beetles. (Slipbodes.)
Ann. and Mag. Nat. Hist. 1843. T. 11. p. 315.

175. Descriptions of the Australasian species of Lamellicorn beetles belonging to the Family of the sacred Beetles.
Ann. and Mag. Nat. Hist. 1843. T. 10. p. 60—67. (Lacordaire.)

176. Descriptions of some new exotic Reduviidae of large size.
Ann. and Mag. Nat. Hist. 1843. T. 11. p. 488. (Lacordaire.)

* 177. Note sur le genre Campodea. (Thysanura.)
Ann. Soc. Ent. Fr. sér. 2. 1844. T. 2. Bull. p. 53—53.
Ann. and Mag. Nat. Hist. 1842. T. 10. p. 71. (cf. Gervais No. 1.)

* 178. Diopsis Hearseana.
Trans. Ent. Soc. Lond. 1844. Proc. Jan. 11.

* 179. On the Occurrence of the Coleopterous Genus Serropalpus in Leicestershire.
Zoologist. 1844. T. 2. p. 701.

* 180. Two new species of Pinlaria.
Trans. Ent. Soc. Lond. 1844. Proc. July 1.

* 181. Observations on the Lamellicorn Genus Cryptodus and its allies.
Trans. Ent. Soc. Lond. 1845. T. 4. p. 19—28. fig. — v. No. 150.

* 182. Observations on the Linnean species of Staphylinus, a genus of Coleopterous Insects.
Trans. Ent. Soc. Lond. 1845. T. 4. p. 43—64.
*Ann. and Mag. Nat. Hist. 1841. T. 7. p. 149—120.

* 183. Observations upon the structoral Character of the Death-watch, with Description of a new British Genus in the Family to which it belongs. (Clothilla.)
Trans. Ent. Soc. Lond. 1845. T. 4. p. 71—72.
*Ann. and Mag. Nat. Hist. 1841. T. 6. p. 480.

* 184. On the Genus Macchidius of Mac Leay.
Trans. Ent. Soc. Lond. 1845. T. 4. p. 78—83.
*Ann. and Mag. Nat. Hist. 1842. T. 8. p. 457—458.

* 185. On the Asiatic Goliathideous genera Trigonophorus et Rhomborhina.
Trans. Ent. Soc. Lond. 1845. T. 4. p. 87—91.

* 186. Description of an Asiatic genus of Lamellicorn Beetles belonging to the Family Rutelidae. (Parastasia rufopicta.)
Trans. Ent. Soc. Lond. 1845. T. 4. p. 91—92.
*Ann. and Mag. Nat. Hist. 1842. T. 8. p. 303; T. 10. p. 69.

* 187. Descriptions of some Coprophagous Lamellicorn Beetles from New Holland.
Trans. Ent. Soc. Lond. 1845. T. 4. p. 114—118. fig.

* 188. Descriptions of some Species of Exotic Heteropterous Hemiptera.
Trans. Ent. Soc. Lond. 1845. T. 4. p. 119—122. fig.

* 189. Memoirs on various species of Hymenopterous Insects. (1. On the Economy and Relations of the genus Xiphydra; 2. On the Proceedings of a Colony of Polistes gallica introduced into my Garden at Hammersmith from the neigbourhood of Paris; 3. Some account of the Habits of a new species of fossorial Hymenopterous Insect from South Australia. Pompilus audax.)
Trans. Ent. Soc. Lond. 1845. T. 4. p. 123—141. fig.

* 190. On the Lamellicorn Beetles which possess exserted Mandibles and Labrum, and 10 jointed Antennae.
Trans. Ent. Soc. Lond. 1845. T. 4. p. 155—180. fig.
*Ann. and Mag. Nat. Hist. 1843. T. 11. p. 315. — v. No.

* 191. A Catalogue of the Lucanoid Coleoptera in the collection of F. W. Hope. London, 1845. 8. pg. 31. (ohne Namen des Verf.)

* 192. Remarks on Entomology. (Swarming of Insects.)
Report. Brit. Assoc. 1845. Sect. p. 64.

* 193. Descriptions on some new Scutelleridae from Cape Palmas.
Trans. Ent. Soc. Lond. 1845. T. 4. Proc. p. 143.
*Ann. and Mag. Nat. Hist. 1847. T. 19. p. 66—67.

* 194. New Subgenus and Species of Paussidae.
Trans. Ent. Soc. Lond. 1845. Proc. Aug. 4.

* 195. Monograph of the genus Panorpa, with Descriptions of some species belonging to other allied groups.
Trans. Ent. Soc. Lond. 1846. T. 4. p. 184—196. fig.
*Ann. and Mag. Nat. Hist. 1842. T. 8. p. 299—300.

* 196. Description of a new genus of Longicorn Beetles. (Eupromera.)
Trans. Ent. Soc. Lond. 1846. T. 4. p. 274.

* 197. The Wheat-Midge. (Cecidomyia.)
Gardeners Chronicle. 1847. No. 37. p. 604. fig.

* 198. The Rose Caddice Saw-Fly. (Lyda inanita.)
Gardeners Chronicle. 1847. No. 42. p. 684. fig.

(**Westwood**, John Obadiah.)

*199. The Thistle Gall Tephritis.
Gardeners Chronicle 1847. No. 50. p. 818. fig.

*200. The Willow-twig Midge.
Gardeners Chronicle. 1847. No. [illegible] p. 588. fig.

*201. Characters of various new Groups and Species amongst the Coprophagous Lamellicorn Beetles.
Trans. Ent. Soc. Lond. 1847. T. 4. p. 223—[illegible]. fig.

*202. Notes on the genera Holoparamecus Curt., Amphibolonarzon Por., Latrinus Waltl, and Calyptobium Villa.
Trans. Ent. Soc. Lond. 1847. T. 4. p. 234—238.

*203. Descriptions of a new Dorylideous Insect from South Africa, belonging to the genus Oenictus.
Trans. Ent. Soc. Lond. 1847. T. 4. p. 237—238. fig.

*204. Descriptions of some Exotic Insects belonging to the Family Aphodiidae.
Trans. Ent. Soc. Lond. 1847. T. 4. p. 239—243. fig.

*205. Descriptions of various Exotic Heteropterous Hemiptera. — (v. No. 188.)
Trans. Ent. Soc. Lond. 1847. T. 4. p. 245—249. fig.
*Ann. and Mag. Nat. Hist. 1846. T. 17. p. 67.

*206. On the Economy of the genus Palmon of Dalman, with Descriptions of several species belonging thereto.
Trans. Ent. Soc. Lond. 1847. T. 4. p. 256—261. fig.

*207. On the sectional Characters of the genus Lucanus, with Descriptions of some new species of Lucanidae.
Trans. Ent. Soc. Lond. 1847. T. 4. p. 271—277. fig.
*Ann. and Mag. Nat. Hist. 1846. T. 17. p. 59; p. 490.

*208. Descriptions of two new genera of Carabideous Insects.
Trans. Ent. Soc. Lond. 1847. T. 4. p. 278—280. fig.
*Ann. and Mag. Nat. Hist. 1846. T. 18. p. 354.

*209. The Pyralis of the Vine.
Gardeners Chronicle. 1847. No. 24. p. 388. fig.

*210. Notice of several instances of Insect Monstrosities. (3 Coleopt.)
Proc. Linn. Soc. Lond. 1847. T. 1. p. 316.

*211. The Down-Gathering Bee.
Gardeners Chronicle. 1847. No. 16. p. 252. fig.

*212. Description of a new genus of Lamellicorn Beetles from India (Chaetopisthes) belonging to the family of Rutelidae.
Trans. Ent. Soc. Lond. 1847. T. 4. p. 296—300. fig.
*Ann. and Mag. Nat. Hist. 1846. T. 17. p. 497.

*213. Description of the Driver Ants. (Anomma arcens.)
Trans. Ent. Soc. Lond. 1847. T. 5. p. 16—18. fig.

*214. Descriptions of two new Goliath Beetles from Cape Palmas.
Trans. Ent. Soc. Lond. 1847. T. 5. p. 18—21. fig.
*Ann. and Mag. Nat. Hist. 1847. T. 19. p. 66.

*215. Springtailed Insects. (Poduridae.)
Gardeners Chronicle. 1847. No. 14. p. 220—221. fig.

*216. Description of another new species of Paussus from India, with Notes of other additional Species.
Trans. Ent. Soc. Lond. 1847. T. 5. p. 24—27. fig.

*217. On the Swarms of Aphis Fabae.
Trans. Ent. Soc. Lond. 1847. T. 5. Proc. p. 21.

*218. Descriptions of a new species of the Coleopterous Family Paussidae from India.
Trans. Ent. Soc. Lond. 1847. T. 5. p. 13—23. fig.
*Ann. and Mag. Nat. Hist. 1847. T. 18. p. 469.

*219. Description of new species of Paussus (P. Parrianus) from Southern Africa.
Trans. Ent. Soc. Lond. 1847. T. 5. p. 29—32. fig.

*220. Description of two new Exotic Species of the genus Papilio. (P. Brostratus; Zetis.)
Trans. Ent. Soc. Lond. 1847. T. 5. p. 36—37. fig.

*221. Description of Dicranorhina micans and cavifrons. — v. No. 214.
Trans. Ent. Soc. Lond. 1847. T. 5. Proc. p. 57.

*222. Description of the Nemoptera Huttii.
Trans. Ent. Soc. Lond. 1847. T. 5. Proc. p. 26—27. fig.

*223. The Goat-Moth. (Cossus Ligniperda.)
Gardeners Chronicle. 1847. No. 19. p. 303. fig.

*224. The Potato Bug. (Phytocoris pabulinus.)
Gardeners Chronicle. 1847. No. 29. p. 468. fig.

225. On certain Blind species of Insects.
Rep. Brit. Assoc. 1847. Sect. p. 81. — *Gardeners Chronicle. 1847. No. 38. p. 621.

*226. Wheat Flies. (Chlorops lineata.)
Gardeners Chronicle. 1848. No. 48. p. 789. fig. et 798. fig.

*227. The Orange Fly. (Ceratitis capitata.)
Gardeners Chronicle. 1848. No. 37. p. 604. fig.

*228. The Spongilla Insect. (Larva Sisyrae.)
Gardeners Chronicle. 1848. No. 34. p. 557. fig.

*229. The Celery Stem-Fly. (Tephritis.)
Gardeners Chronicle. 1848. No. 21. p. 332. fig.

*230. Descriptions of some new species of Mydasidae from Western Australia. (Diptera.)
Trans. Ent. Soc. Lond. 1848. T. 5. p. 87—91. fig.

*231. Descriptions of some new Exotic species of Acroceridae (Vesiculosa Latr.) a family of Dipterous insects.
Trans. Ent. Soc. Lond. 1848. T. 5. p. 91—98. fig.

*232. On Melittobia Audouini. (Chalcidid.)
Trans. Ent. Soc. Lond. 1848. T. 5. Proc. p. 65; 1849 May.
*Proc. Linn. Soc. Lond. 1849. T. 2. p. 37.

*233. Pea Weevils. (Sitona lineata and tibialis.)
Gardeners Chronicle. 1848. No. 23. p. 364. fig.

*234. The Aphis Lion. (Chrysopa Perla.)
Gardeners Chronicle. 1848. No. 24. p. 390. fig.

*235. Lettre à Mr. Amyot sur la méthode mononymique; avec réponse de M. Amyot.
Ann. Soc. Ent. Fr. sér. 2. 1848. T. 4. Bull. p. 70.

*236. The Saw-Flies of the Pear and Rose-Leaves. (Selandria Aethiops.)
Gardeners Chronicle. 1848. T. 27. p. 534. fig.

*237. The common Flea. (Pulex irritans.)
Gardeners Chronicle. 1848. No. 10. p. 150. fig.
*Repr. Ann. and Mag. Nat. Hist. ser. 2. 1848. T. 1. p. 310—316. fig.

*238. The cabinet of Oriental Entomology; a selection of some of the rarer and more beautiful species of insects, natives of India and the adjacent islands, the greater portion of which are now for the first time described and figured. London, Smith, 1848. 4. pg. 88. pl. 42 col.

*239. The new Indian Silk Moth. (Bomb. Huttoni.)
Gardeners Chronicle. 1848. No. 12. p. 185. fig.
*Proc. Linn. Soc. Lond. 1848. T. 1. p. 357.

*240. The watercress Fly. (Simulia reptans.)
Gardeners Chronicle. 1849. No. 13. p. 204. fig.

*241. Pilinus bololeucus; Pilnidae found in a barrow.
Trans. Ent. Soc. Lond. 1849. Proc. June 4; Novbr. 5.

*242. Monograph of the large African species of Nocturnal Lepidoptera belonging to or allied to the genus Saturnia.
Proc. Zool. Soc. Lond. 1849. T. 17. p. 33—61. tab. 4.
*Ann. and Mag. Nat. Hist. ser. 2. 1850. T. 5. p. 290—306; p. 395—407.
Revue Zool. 1844 (?) p. 168.

*243. Crioceris melanopa.
Gardeners Chronicle. 1849. No. 21. p. 324. fig.

*244. Descriptions of several new species of Cetoniidae collected in India by Col. Hearsey, Capt. Boys and W. Benson Esq.
Trans. Ent. Soc. Lond. 1849. T. 5. p. 144—150. fig.

*245. Descriptions of some new Exotic Coleoptera.
Trans. Ent. Soc. Lond. 1849. T. 5. p. 202—211. fig.

*246. The Lunar Hornet Moth. (Sphinx crabroniformis.)
Gardeners Chronicle. 1849. No. 4. p. 53. fig.

*247. Descriptions of seventeen new species of the family Paussidae: two from Australia.
Proc. Linn. Soc. Lond. 1849. T. 2. p. 55—60. — *1850. T. 2. p. 100—101.

*248. Cionus Scrophulariae.
Gardeners Chronicle. 1849. No. 15. p. 228. fig.

*249. Wingless subterranean Plant Lice. (Smynthurodes Betae.)
Gardeners Chronicle. 1849. No. 27. p. 420. fig.

*250. The May-Bug or Cockchaffer and the July-Bug. (Melol. vulgaris et solstitialis.)
Gardeners Chronicle. 1849. No. 31. p. 485. fig.

*251. On the identification of a genus of parasitic Hymenoptera (Monodontomerus.)
Ann. and Magaz. Nat. Hist. ser. 2. 1849. T. 4. p. 39—41.

*252. In: The Cottage Gardener by Johnson. London, Orr, 1849 et sqq. 4. (monatl. Liefr.) hat Westwood die Figuren und Bestimmungen der Insecten geliefert; auch eine kleine Zahl von Bemerkungen publicirt.

*253. The Aphis of the Lettuce Root
Gardeners Chronicle. 1849. No. 35. p. 548. fig.

(**Westwood**, John Obadiah.)

*254. The Raspberry-Leaf Miner. (Foenusa pumila.)
Gardeners Chronicle. 1849. No. 33. p. 517. fig.

*255. The Small Ermine Apple-Moth (Yponomeuta.)
Gardeners Chronicle. 1849. No. 43. p. 680. fig.

*256. The Mole-Cricket. (Acheta Gryllotalpa.)
Gardeners Chronicle. 1849. No. 52. p. 821. fig.

*257. Tortrix angustiorana.
Gardeners Chronicle. 1850. No. 3. p. 37.

*258. Aphis sexton; Cemonus unicolor.
Gardeners Chronicle. 1850. No. 3. p. 35. fig.

*259. The House Ant.
Gardeners Chronicle. 1850. No. 22. p. 340. fig.

*260. Lymexylon navale.
Gardeners Chronicle. 1850. No. 43. p. 677. fig.; No. 46. p. 789.

*261. Sirex gigas.
Gardeners Chronicle. 1850. No. 33. p. 517. fig.

*262. The Pine-Bud Tortrix. (Tinea Turionana.)
Gardeners Chronicle. 1850. No. 44. p. 692. fig.

*263. Rose insects. (Cetou. aurata; Tortrix Bergmanniana et aquana, Cynips Rosae, Brandtii, Cladius difformis, Entomology (in May).
Gardeners Magazin of Botany. 1850. T. 1. p. 183–185. tab. 1 col.; p. 207–208.

*264. Diptera nonnulla exotica descripta.
Trans. Ent. Soc. Lond. 1850. T. 5. p. 231–236. fig.

*265. Gall-like protuberances caused by the punctures of a species of Aphis.
Proc. Linn. Soc. Lond. 1850. T. 2. p. 63.

*266. Revision with additions of the Entomological portion of Loudons Encyclopaedia of Gardening. 2nd. Edition 1850. (originally written by Swainson.)

*267. Edward Doubleday; biographical notice.
Gardeners Chronicle. 1850.

*268. Observations on the destructive species of Dipterous insects known in Africa under the names of the Tsetse, Zimb and Tsaltsalya, and on their supposed connexion with the fourth plague of Egypte.
Proc. Zool. Soc. Lond. 1850. T. 18. p. 258–270.

*269. Entomologists Calendar.
Gardeners Magazin of Botany. London, Orr, 1850–1851. 4. 3 vol.
1850. T. 1. p. 55; p. 119; p. 159; p. 207; p. 271; p. 320.
1851. T. 2. p. 55; p. 104; p. 158; p. 210; p. 248; p. 286.
(monatliche Listen über beobachtete Insecten.)

*270. Description of two new butterflies and the characters of the new genus (Sericinus) proposed for Papilio Telamon Donov.
Trans. Ent. Soc. Lond. ser. 2. 1851. T. 1. Proc. p. 74–75.

*271. Extract from a Letter from J. P. Kirtland relative to North American Lepidoptera.
Trans. Ent. Soc. Lond. ser. 2. 1851. T. 1. Proc. p. 101.

*272. Descriptions of some new species of Exotic Homopterous Insects.
Ann. and Mag. Nat. Hist. ser. 2. 1851. T. 7. p. 207–210.

*273. Pear-Tree Lyda. (L. fasciata.)
Gardeners Chronicle. 1851. No. 3. p. 38. fig.

*274. Bostrichus Capucinus (the Scarlet-Bark Owled Beetle.).
Gardeners Chronicle. 1851. No. 6. p. 85. fig.

*275. What is an Insect?
Gardeners Chronicle. 1851. No. 12. p. 181. fig.

*276. The Pear-shaped Weevil. (Apion.)
Gardeners Chronicle. 1851. No. 15. p. 229. fig.; No. 17. p. 261. fig.

*277. The large Pear Tree Astyages. (A. Hemerobiella.)
Gardeners Chronicle. 1851. No. 23. p. 357. fig.

*278. The Yellow underwinged Bark-Moth. (Oecophora sulphurella.)
Gardeners Chronicle. 1851. No. 26. p. 402. fig.

*279. The Diamond-Backed Turnip Moth. (Tinea xylostella.)
Gardeners Chronicle. 1851. No. 31. p. 484. fig.

*280. Descriptions of some new species of Athyreus Mac Leay, a genus of Lamellicorn Beetles.
Trans. Linn. Soc. Lond. 1851. T. 21. p. 453–460. 1 pl.
*Proc. Linn. Soc. Lond. 1848. T. 1. p. 358–360.
*Ann. and Mag. Nat. Hist. ser. 2. 1848. p. 386–387.

*281. Descriptions of three new Genera of Exotic Coleoptera.
Trans. Ent. Soc. Lond. ser. 2. 1851. T. 1. p. 167–172. fig.

*282. On the Papilio Telamon of Donovan, with Description of two other Eastern Butterflies.
Trans. Ent. Soc. Lond. ser. 2. 1851. T. 1. p. 173—176. — v. No. 270.

*283. Description of some new Species of exotic Hymenoptera belonging to Evania and the allied Genera, being a Supplement to a Memoir on those insects published in the Third Volume of the Transactions of the Entomological Society. — v. No. 171.
Trans. Ent. Soc. Lond. ser. 2. 1851. T. 1. p. 213—236. fig.

*284. On the Insects obnoxious to the Rose. (Porthesia auriflua; Balaninus Brassicae; Meligethes aeneus; Lyda inanita; Megachile centuncularis; Microsetia centifoliella.)
Gardeners Magaz. of Botany f. 1851. T. 3. p. 273—280. tab. 1 col.

*285. Observations on the dentition of the Tiger-Beetles. (Cicindela.)
Proc. Zool. Soc. Lond. 1851. T. 19. p. 196—201.
*Ann. and Mag. Nat. Hist. ser. 2. 1853. T. 12. p. 216—218.

*286. W. Wood Index entomologicus; or a complete illustrated catalogue, consisting of about two thousand accurately coloured figures of the Lepidopterous insects of Great Britain, a new edition by J. O. Westwood. London, Willis, 1852. 8. pg. 8 et 253. pl. 54 col.
*A Supplement and Index. Ibid. 1854. p. 254—298 et pl. 55—59. Catalogue pg. 21.

*287. The Bee-like Sawfly. (Tenthr. lucorum.)
Gardeners Chronicle. 1852. No. 5. p. 68. fig.

*288. The long-horned Tortrix. (Tortrix quercana.)
Gardeners Chronicle. 1852. No. 17. p. 261. fig.

*289. The Rose-leaf Miner. (Nepticula Samiatella.)
Gardeners Chronicle. 1852. No. 19. p. 292. fig.

*290. The Early Spring Wild Bee. (Anthophora retusa.)
Gardeners Chronicle. 1852. No. 22. p. 341. fig.

*291. The Spruce-Gall Adelges. (A. laricis.)
Gardeners Chronicle. 1852. No. 37. p. 580. fig.

*292. The Small Wax Moth. (Tinea mellonella.)
Gardeners Chronicle. 1852. No. 27. p. 470. fig.

*293. The Psylla of the Box. (Psylla Buxi.)
Gardeners Chronicle. 1852. No. 32. p. 517. fig.

*294. Tenthredo Cerasi. Pear Insects.
Gardeners Chronicle. 1852. No. 34. p. 533. fig.

*295. The Feather horned Pine-Saw Fly. (Lophyrus Pini.)
Gardeners Chronicle. 1852. No. 45. p. 708. fig.

*296. Wine Cork Insect. (Gracillaria V-flava.)
Gardeners Chronicle. 1852. No. 52. p. 820. fig.; 1853. No. 2. p. 21.

*297. On the Genus Mantispa with Description of various new Species.
Trans. Ent. Soc. Lond. ser. 2. 1852. T. 1. p. 252—270. 3 pl.

*298. Memoir on the Tsetse and other destructive species of flies found in Tropical Africa.
Ann. and Mag. Nat. Hist. ser. 2. 1852. T. 10. p. 138—150.
*Trans. Ent. Soc. Lond. ser. 2. 1852. T. 2. Proc. p. 85. — v. No. 268.

*299. On the Habits of the Species of the Coleopterous Genus Megacephala, inhabiting the Amazonian Region of South America, by H. W. Bates Esq., with a Synopsis of the Species by J. O. Westwood Esq.
Trans. Ent. Soc. Lond. ser. 2. 1852. T. 2. p. 49—58. fig. col. — Proc. p. 63. (Notes from M. Reiche.)

*300. On the Lamellicorn Beetles which possess exserted Mandibles and Labrum, and 10 jointed Antennae; Being a Supplement to a Memoir published in the Fourth Volume of the Trans. of the Ent. Soc.
Trans. Ent. Soc. Lond. ser. 2. 1852. T. 2. p. 59—71. fig. — v. No. 190.

*301. Descriptions of some new Species of the Coleopterous Family Paussidae, with a Synopsis of the Family.
Trans. Ent. Soc. Lond. ser. 2. 1852. T. 2. p. 84—96.

*302. Anniversary Presidents Adress for 1851.
Trans. Ent. Soc. Lond. ser. 2. 1852. T. 2. Proc. p. 131—166.

*303. Descriptions of new species of Cleridae, from Asia, Africa and Australia.
Proc. Zool. Soc. Lond. 1852. T. 20. p. 35—55. tab. 4 col. — Aerb. *Separat. 1854. 8.

*304. On the Australian species of the Coleopterous genus Bolboceras Kirby.
Trans. Linn. Soc. Lond. 1853. T. 21. p. 11—18. 1 pl.
Proc. Linn. Soc. Lond. 1848. T. 1. p. 385—386; p. 394—397.

*305. Descriptions of some new or imperfectly known species of Bolboceras Kirby.
Trans. Linn. Soc. Lond. 1852. T. 21. p. 19—30. 1 pl.

(**Westwood**, John Obadiah.)

* 306. Vol. 2. from E. Doubleday: The genera of Diurnal Lepidoptera etc. London, Longman, (1850—)1852. Fol. von p. 251—534. (containing the completion of the family Nymphalidae and the families Morphidae, Brassolidae, Satyridae, Libytheidae, Erycinidae, Lycaenidae, Hesperidae.)

* 307. Ed. II. von Richardson. The Hive and Honey-Bee etc. — v. Richardson No. 1.

* 308. The Weevil of the Cabbage-Stalk and Turnip-Galls, Fingers and Toes, Anbury (Ceutorhynchus sulcicollis.)
Gardeners Chronicle. 1853. No. 5. p. 69. fig.

* 309. The Weevil of the Potato-Stem. (Baridius vestitus Schoenh.)
Gardeners Chronicle. 1853. No. 21. p. 324. fig.

* 310. The Swallow Tail Moth. (Ourapteryx Sambucaria L.)
Gardeners Chronicle. 1853. No. 22. p. 356. fig.

* 311. Wax Insects. (Ceroplastes Jamaicensis.)
Gardeners Chronicle. 1853. No. 31. p. 484. fig.

* 312. The Wax Insect of Chine, Coccus Pe-la.
Gardeners Chronicle. 1853. No. 34. p. 532. fig.

* 313. The Mushroom Grub. (Coenosia fungorum Meig.)
Gardeners Chronicle. 1853. No. 37. p. 591. fig.

* 314. Sinodendron cylindricum.
Gardeners Chronicle. 1853. No. 41. p. 645. fig.

* 315. New African Silk.
Gardeners Chronicle. 1853. No. 44. p. 693. fig.

* 316. The Grub of the Raspberry Bud. (Tinea corticella.)
Gardeners Chronicle. 1853. No. 45. p. 757. fig.

* 317. Anniversary Presidents Adress for 1852.
Trans. Ent. Soc. Lond. ser. 2. 1853. T. 2. Proc. p. 40—80.

* 318. Descriptions of some new species of Coleoptera from China and Ceylon.
Trans. Ent. Soc. Lond. ser. 2. 1853. T. 2. p. 232—241. fig.

* 319. Pseudomorpha et Adelotopus, genera duo anomalia e familia Carabidarum synoptice tractata.
Revue et Magas. Zool. 1853. T. 5. p. 395—410.

* 320. The Cock Roach Parasite. (Evania appendigaster.)
Gardeners Chronicle. 1854. No. 33. p. 533. fig.

* 321. Aphis Brassicae.
Gardeners Chronicle. 1854. No. 37. p. 596. fig.

* 322. Steropus madidus. (Col.)
Gardeners Chronicle. 1854. No. 38. p. 613. fig.

* 323. The American Oak-Gall clear-winged Sphinx. (Trochilium gallivorum.)
Gardeners Chronicle. 1854. No. 47. p. 757. fig.
* Trans. Ent. Soc. Lond. ser. 2. 1855. T. 3. Proc. p. 119—120.

* 324. Supplemental Descriptions of Species of African, Asiatic and Australian Cetoniidae.
Trans. Ent. Soc. Lond. ser. 2. 1854. T. 3. p. 61—74. fig.

* 325. Descriptions of Four New Species of Beetles belonging to the Family Paussidae.
Trans. Ent. Soc. Lond. ser. 2. 1854. T. 3. p. 81—83.

* 326. Species of Trochilium and Cynips reared from American Oak-galls: *Economy of Evania.*
Trans. Ent. Soc. Lond. ser. 2. 1854. T. 3. Proc. p. 21.

* 327. Motion communicated to Seeds by Insects. (Larvae Jumping.)
Trans. Ent. Soc. Lond. ser. 2. 1854. T. 3. Proc. p. 34.

* 328. Descriptions of some species of Lepidopterous Insects, belonging to the genus Oiketicus.
Proc. Zool. Soc. Lond. 1854. T. 22. p. 219—243. 4 pl.

* 329. On the Larva of Diglossa mersa.
Nat. Hist. Review. 1854. T. 1. p. 53.

* 330. Contributions to fossil Entomology.
Quarterl. Journ. Geol. Soc. Lond. 1854. T. 10. p. 378—396. tab. 5.

* 331. The British Ink Gall. (Cynips terminalis.)
Gardeners Chronicle. 1855. No. 12. p. 189. fig.

* 332. The Chrysanthemum Field Bug. (Phytocoris campestris L.)
Gardeners Chronicle. 1855. No. 46. p. 757. fig.

* 333. The Seychelles Dorthesia. (D. Seychellarum.)
Gardeners Chronicle. 1855. No. 51. p. 836. fig.

* 334. The Butterflies of Great-Britain with their Transformations delineated and described. London, Orr, 1855. 8. pg. 138. 20 pl. col. et 3 outline pl. Ed. 2.

* 335. Description of a new Genus of Coleopterous Insects inhabiting the Interior of Ants Nests in Brazil. (Gnostus.)
Trans. Ent. Soc. Lond. ser. 2. 1855. T. 3. p. 90—94. fig.

* 336. Descriptions of some new Species of Exotic Lucanidae.
Trans. Ent. Soc. Lond. ser. 2. 1855. T. 3. p. 197—221. fig.

* 337. Note on Oak-galls. (Cynips Quercus-petioli), the gooseberry saw-fly, the Chrysanthemum fieldbug, the Seychelles Dorthesia.
Extr. from the Gardeners Chronicle. 1855. v. No. 319.
Trans. Ent. Soc. Lond. ser. 2. 1855. T. 3. Proc. p. 119—120.

* 338. Descriptions of some new species of Cleridae collected at Singapore by Mr Wallace.
Proc. Zool. Soc. Lond. 1855. T. 23. p. 19—26. 1 pl. col.

* 339. Descriptions of some new species of Exotic Moths mostly belonging or allied to the Genus Saturnia.
Proc. Zool. Soc. Lond. 1853. T. 21. p. 157—167. 2 pl.
Ann. and Mag. Nat. Hist. ser. 2. 1855. T. 15. p. 291—303.

* 340. De Coleopteris Goliathidis novi mundi.
Linnaea. 1855. T. 10. p. 376—228. 1 pl.

* 341. Luminosity of Helobia brevicollis.
Zoologist. 1855. T. 13. p. 1565.
Trans. Ent. Soc. Lond. ser. 2. 1854. T. 3. Proc. 6. Novbr.

* 342. Introduction of Bombyx Cynthia into Malta and Italy.
Zoologist. 1855. T. 13. p. 4569.
Trans. Ent. Soc. Lond. ser. 2. 1854. T. 3. Proc. 4. Decbr.

* 343. Locality of Papilio Antenor.
Zoologist. 1855. T. 13. p. 1571.
Trans. Ent. Soc. Lond. ser. 2. 1854. T. 3. Proc. 4. Decbr.

* 344. Indian method of preparing the silk of Bombyx Cynthia.
Zoologist. 1855. T. 13. p. 4611.
Trans. Ent. Soc. Lond. ser. 2. 1855. T. 3. Proc. 5. Febr.

* 345. Rectification of misstatements. (Conioptery x; Stenamma.)
Zoologist. 1855. T. 13. p. 4740.
Trans. Ent. Soc. Lond. ser. 2. 1855. T. 3. Proc. 7. May.

* 346. Destruction of cropshy insects.
Zoologist. 1855. T. 13. p. 4908.
Trans. Ent. Soc. Lond. ser. 2. 1855. T. 3. Proc. 1. Octbr.

* 347. The Wheat-Fly. (Chlorops lineata et Tipula maculosa.)
Gardeners Chronicle. 1856. No. 10. p. 158. fig.

* 348. The Rose Stem Boring Saw-Fly. (Emphytus cinctus.)
Gardeners Chronicle. 1856. No. 25. p. 421. fig.

* 349. The new Aleyrodes of the Greenhouse. (A. vaporariorum.)
Gardeners Chronicle. 1856. No. 52. p. 852. fig.

* 350. Descriptions of various Species of the Coleopterous Family Pselaphidae natives of New South Wales and South America.
Trans. Ent. Soc. Lond. ser. 2. 1856. T. 3. p. 268—280. fig.

* 351. Description of the Species of the Australian Lamellicorn Genus Cryptodus.
Trans. Ent. Soc. Lond. ser. 2. 1856. T. 4. p. 1—7. fig.

* 352. Destruction of growing Corn by Dipterous Larvae.
Trans. Ent. Soc. Lond. ser. 2. 1856. T. 4. Proc. p. 5.

* 353. Description of a new Species of Paussus from Western Africa. (P. Murrayi.)
Proc. Linn. Soc. Lond. 1856. T. 1. p. 74—78.

* 354. Notice of the Borer, a Caterpillar very injurious to the Sugar-cane.
Journ. Proc. Linn. Soc. Lond. 1856. T. 1. p. 102—103.

* 355. Note on Insects producing wax from Port Natal and China.
Journ. Proc. Linn. Soc. Lond. 1856. T. 1. p. 104.

* 356. Notes and Queries (Lepidopt.): Porrectaria versus Coleophora.
Entomol. weekly Intellig. 1856. T. 1. p. 63—64; p. 79—80; p. 88; p. 105; p. 120; p. 128.

* 357. Notes on the Wing Veins of Insects.
Trans. Ent. Soc. Lond. ser. 2. 1857. T. 4. p. 60—64.

* 358. On the Oriental Species of Butterflies related to the Genus Morpho.
Trans. Ent. Soc. Lond. ser. 2. 1857. T. 4. p. 158—190. fig.

* 359. On the eggs of Phryganidae.
Trans. Ent. Soc. Lond. ser. 2. 1857. T. 4. Proc. p. 27.

* 360. Note on the small honey moth Achroea alvearia.
Trans. Ent. Soc. Lond. ser. 2. 1857. T. 4. Proc. p. 30.

* 361. Upon the jumping seeds. (Carpocapsa saltitans.)
Proc. Ashmol. Soc. 1857. T. 3. p. 137—138.

* 362. Upon the distinction of the Tsetse from Oestrus.
Proc. Ashmol. Soc. 1857. T. 3. p. 145—148.

* 363. Practical Agriculture. Insects noxious.
Oxford Journal fol. 1858. January 8 and 9.

(**Westwood**, John Obadiah.)

* 364. Articles on obnoxious insects in Loudons Gardeners Magazine. 8.
1. Turnip flea-beetle. (Haltica.) T. 12. p. 97.
2. Otiorhynchus sulcatus. T. 13. p. 167.
3. Turnip Sawfly. (Athalia centifoliae.) T. 13. p. 168.
4. Onion fly, Anthomyia ceparum. T. 13. p. 241.
5. Wheatfly, Chlorops glabra et Pumilionis. T. 13. p. 289.
6. Crioceris Asparagi. T. 13. p. 337.
7. Rose Moths, Tortr. Bergmanniana. T. 13. p. 385.
8. Small Ermine Moth Yponomeuta Padella. T. 13. p. 433.
9. Slimy Grub of Pear Selandria Aethiops. T. 13. p. 481.
10. Apricot-bud moth. Tort. (Ditul.) angustiorana. T. 14. p. 1.
11. Wire worm, Elater lineatus. T. 14. p. 113.
12. Apple or Codling Moth. (Carpocapsa Pomonella.) T. 14. p. 334.
13. Elm Scolytus. (destructor.) T. 14. p. 385.
14. Anthonomus Pomorum. T. 14. p. 465.
15. Chrysanthemum and Celery Leaf miners. T. 15. p. 168. (Tephrit. Centaureae et Artemisiae.)
16. Raspberry beetles. (Bytur. tomentos.) T. 19. p. 411.

* 365. Structure of the tarsi of insects.
Trans. Ent. Soc. Lond. ser. 2. 1858. T. 4. Proc. p. 63—64.

* 366. On Phyllomorpha Livingstonii (Hemipt.); insects from Africa collected by Dr. Livingstone.
Trans. Ent. Soc. Lond. ser. 2. 1858. T. 4. Proc. p. 70—71.

* 367. Carpocapsa saltitans, new species from the jumping seeds in Mexico.
Trans. Ent. Soc. Lond. ser. 2. 1858. T. 4. Proc. p. 27. — s. No. 361.

* 368. On Acentria nivea.
Trans. Ent. Soc. Lond. ser. 2. 1858. T. 4. Proc. p. 70.

* 369. Note of Glossina morsitans.
Trans. Ent. Soc. Lond. ser. 2. 1858. T. 4. Proc. p. 89—90.

* 370. On the Caterpillars of the Saw-Flies. (Tenthredo.)
Entomologist's Annual for 1855. p. 122—138. fig.

* 371. Catalogue of Orthopterous insects in the Collection of the British Museum. London, printed by order of the trustees, 1859. 4. pg. 195 tab. 40 et 5.
Part. I. Phasmidae.

* 372. Description of a new Genus of Carabideous insects from the Upper Amazon River Brazil.
Trans. Ent. Soc. Lond. ser. 2. 1859. T. 5. p. 170—172. fig.

* 373. Papilio Ulyssinus from New Caledonia.
Trans. Ent. Soc. Lond. ser. 2. 1860. T. 5. Proc. p. 72. — * Zoologist. 1859. T. 17. p. 6867.

374. Mr. Darwins Theory of development.
Ann. and Mag. Nat. Hist. ser. 3. 1860. T. 5. p. 347—348.

* 375. Notice of Acentropus; On Mummy Beetles; On a Lepidopterous Parasite occurring on the Body of the Fulgora candelaria.
Report 13 Brit. Association, Oxford. 1861. p. 123—124.

* 376. The Gardeners Chronicle and Agricultur Gazette. London, published for the Proprietors, 1846—1861. Fol. Jeden Sonntag erscheint eine Nummer. Westwood hat seit 1858 die Redaction.
(* Darin List of insects injurious in gardens contributed by Mr. Curtis and Westwood. 1858. No. 11. p. 191—192.)

377. Notice of the occurrence of a Strepsipterous insect parasite on Ants, discovered in Ceylon by J. Nietner. (Myrmecolax Nietneri.)
Trans. Ent. Soc. Lond. ser. 2. 1861. T. 5. p. 418—420. fig.

378. Description and Figures of a new Genus and Species of Galleruciдae.
Journ. of Entomologie. 1861. T. 1.

(* 379. Catalog von Haworths Sammlung. cf. Haworth.)

Wethin (A. C. F.).
1. Von Vergrabung der Bienen im Keller.
Abhandl. d. Fränk. Oekon. Bienengesellsch. 1773—1778. Abth. 2. p. [illegible] (Lusatiaire.)

Weyen (Hermann).
1. Le jardin des sauterelles et papillons ensemble, la diversité des mouches recueilli au service d'un chacun. Vers 1650. 15 pl. 4. sans texte.
(Bibl. Audouin. p. 55.)
(vergl. Hollar; vielleicht ist dies Werk von Weyen auch nur eine Nachahmung Hollars.)

Weygand.
1. Von den Werren in Kurland.
Breslauer Samml. v. Natur u. Med. 1717—1730. T. 8. p. [illegible]
2. Von den schwarzen Wasserkäfern.
Breslauer Samml. v. Natur u. Med. 1717—1730. T. 10. p. 556—557.
(cf. Bohns naturhist. Litt. Livlands.)

Whitaker (Wilhelm).

1. Dissertatio de Cantharidibus. Lugduni Batavorum, 1718. 4. pg. 14.
   (cf. Bibl. Banks. II. p. 407.)

Whitby.

* 1. On the Growth of Silk in England.
   Report Brit. Assoc. 1840. Sect. p. 81—89.

White (Adam), geb. 29. April 1817 zu Edinburgh. Assistent Zool. Dept. British Museum.

* 1. Descriptions of two Hemipterous Insects.
   Magaz. of N. H. ser. 2. 1839. T. 3. p. 537—542. fig.

* 2. Descriptions of two new species of Beetles, belonging to the family Cetoniadae of Mac Leay (Platygenia Macleaii and Eudicella Morgani).
   Magaz. of N. H. ser. 2. 1839. T. 3. p. 24—30. fig.

* 3. Notes on some Insects from King Georges Sound. fig.
   Appendix F in Capt. Geo. Greys Journals of two Expeditions of Discovery in N. W. and Western Australia. London, 1841. T. 2. p. 430—482.
   * Revue Zool. 1842. T. 5. p. 123—124.
   * Entomologist. 1842. p. 315. — * Erichson Bericht. 1841. p. 10.

* 4. Description of Myrapetra scutellaris, a South American Wasp which collects honey.
   Ann. and Mag. Nat. Hist. 1841. T. 7. p. 315—318.
   Addit. Note. ibid. 1843. T. 12. p. 265—270.
   * Froriep Notiz. 1842. T. 21. p. 1—9. fig.

* 5. Description of Lageroderus gnomoides, a rare species of the Orthoceratous Curculionidae from Madagascar.
   Entomologist. 1841. p. 181—183. fig.

* 6. Description of (Plataspis bucephalus) an apparently new species of Hemipterous Insect from Fort Accra.
   Entomologist. 1841. p. 135—137. fig.

* 7. Descriptions of some Hemipterous Insects. fig.
   Trans. Ent. Soc. Lond. 1842. T. 3. p. 84—94.

* 8. Description of Demacrida and Paranephrops from New Zealand.
   Dr. Grays Zool. Miscellany. June 1842. p. 78—79.

* 9. Descriptions of Hemipterous Insects from the Philippine Islands.
   Dr. Grays Zool. Miscellany. June 1842. p. 79—80.

* 10. Description of Probaenops dromedarius, a new Scutelleridous Insect from Sierra Leone.
   Entomologist. 1842. p. 401—407. fig.

* 11. Notice of two new species of Papilio (P. Varuna and Iswara) from Penang.
   Entomologist. 1842. p. 280.

* 12. Monstrosity in the Antennae of a Beetle (Macrotoma) from Sierra Leona.
   Zoologist. 1843. T. 1. p. 29.

* 13. Description of Erycina Margaretta from Honduras.
   Zoologist. 1843. T. 1. p. 28. fig.

* 14. Descriptions of Insects from Congo, collected by A. Curror. (Colenpt.; 2 Lepidopt.)
   Ann. and Mag. Nat. Hist. 1843. T. 12. p. 262—264.

* 15. Descriptions of apparently new species and Varieties of Insects, principally from the collection in the British Museum, Coleoptera, Lepidoptera and Crustacea.
   Ann. and Mag. Nat. Hist. 1843. T. 12. p. 342—346.

* 16. List of Annulosa found by Henry H. Methuen Esq. during his Wanderings in South Africa.
   Methuens Wanderings in South Africa. 8. p. 12. two plates.

* 17. Descriptions of Coleoptera and Homoptera from China, collected in Hongkong by J. Bowring Esq.
   Ann. and Mag. Nat. Hist. 1844. T. 14. p. 422—426. fig.

18. Descriptions of four Australian Insects.
   Eyres Expedition of Discovery into Central Australia. App. 1845. I. p. 432—434. fig.

* 19. Descriptions of a new genus and some new Species of (Ancyra) Homopterous Insects from the East in the Collection of the British Museum.
   Ann. and Mag. Nat. Hist. 1845. T. 15. p. 34—38. fig.

* 20. Description of (Callidodes Graylanus and Compsocephalus Horsfieldianus) two apparently new Lamellicorn Beetles.
   Ann. and Mag. Nat. Hist. 1845. T. 15. p. 38—41. fig.

* 21. Description of (Prionacalus Cacicus) an apparently new species of Longicorn Beetle from Mexico.
   Ann. and Mag. Nat. Hist. 1845. T. 15. p. 108—111. fig.

(**White**, Adam.)

* 22. **Remarks on the Synonyms of (Poeciloptera circulata) a Homopterous Insect described in the last Number of the Annals.**
Ann. and Mag. Nat. Hist. 1843. T. 12. p. 119—120.

* 23. **Wonders on the Insect World.**
Nelsons British Library. 1845. 12. No. 5. p. 18.

24. **Descriptions of Australian Insects.**
Stokes Voyage. London. 1846. T. 1. p. 505—512. fig. — *Erichson Bericht. 1846. p. 11.

* 25. **Descriptions of some apparently new species of Homopterous Insects in the British Museum.**
Ann. and Mag. Nat. Hist. 1846. T. 17. p. 330—333.

* 26. **Descriptions of some apparently new species of Orthopterous and Homopterous Insects. fig.**
Ann. and Mag. Nat. Hist. 1846. T. 18. p. 23—26.

* 27. **Descriptions of four apparently new species of Longicorn Beetles in the British Museum.**
Ann. and Mag. Nat. Hist. 1846. T. 18. p. 47—49. fig.

* 28. **Descriptions of Coleoptera and Orthoptera of New Zealand.**
Zoology of the Voyage of H. M. S. Erebus and Terror. P. XI. April 1846. 4. fig. (unvollendet; zum Theil ohne Text.)
*Erichson Bericht. 1846. p. 10.

* 29. **Notes toward a Statistical Account of the Fauna of New Zealand and the Auckland Islands, so far as regards Annulose Animals.**
Proc. Linn. Soc. Lond. 1846. T. 1. p. 316—317.
Revue Zool. 1847. T. 10. p. 84—87; 1848. T. 11. p. 20—24; p. 51—56; p. 76—80; p. 110—118.

* 30. **Note on Petasida ephippigera, a Grashopper found by Dr. Leichardt in Northern Australia.**
Ann. and Mag. Nat. Hist. 1847. T. 20. p. 409—410.
Froriep Notiz. 1851. Zool. T. 2. p. 129—130.

* 31. **Nomenclature of Coleopterous Insects in the British Museum.** London. 8.
1847. P. 1. Cetoniadae. pg. 4 et 56; P. 2. Hydrocanthari. pg. 4 et 59; 1848. P. 3. Cupressidae. pg. 4 et 67; 1849. P. 4. Cleridae. pg. 4 et 68. (Fortsetz. cf. No. 67.)

32. **Description of Clinteria Hoffmeisteri, a new species of the family Cetoniidae from N. India.**
Ann. and Mag. Nat. Hist. 1847. T. 20. p. 341—342. fig.

* 33. **Remarks on some Cetoniadae, with description of Schizorhina Bassii.**
Ann. and Mag. Nat. Hist. 1847. T. 20. p. 264—267. fig.

* 34. **Description of an apparently new subgenus of Calandridae (Hyposarothra imperatrix) from the Philippine Islands.**
Ann. and Mag. Nat. Hist. ser. 2. 1848. T. 1. p. 107—110. fig.

35. **Descriptions of two Coleoptera from Borneo.**
Lowe's Sarawak, its inhabitants and productions. App. 1848. p. 413—414. with plate.

* 36. **Descriptions of Annulosa collected by Mr. John Macgillivray during the Voyage of H. M. S. Rattlesnake.**
Macgillivrays Voyage of H. M. S. Rattlesnake. 1852. T. 2. App. p. 387—395. fig.

* 37. **Notice of a species of Monodontomerus parasitic in the cells of Anthophora retusa.**
Proc. Linn. Soc. Lond. 1849. T. 2. p. 20.

* 38. **Notice of Monohammus Sutor boring into lead.**
Trans. Ent. Soc. Lond. ser. 2. 1850. T. 1. Proc. p. 34—35.

* 39. **Descriptions of some apparently new species of Longicorn Coleoptera in the Collection of the British Museum.**
Proc. Zool. Soc. Lond. 1850. T. 18. p. 10—14. tab. 1.
*Ann. of. N. H. ser. 2. 1851. T. 7. p. 70—74.

40. **List of Insects collected by Sir John Richardson and John Rae Esq. in Arctic N. America, with some remarks on the Distribution of Hymenoptera there.**
Richardsons Arctic Searching Exped. Appendix to vol. II. 1851. p. 351—362.

* 41. **Note on the Natural History of Shetland, with a notice of Bombus Smithianus (B. arcticus Dahlb. not Kirby).**
Proc. Linn. Soc. Lond. 1851. T. 2. p. 157—158.

* 42. **List of Annulose Animals found in New Zealand, with descriptions of new species.**
Dieffenbachs New Zealand. II. 1852. p. 265—268; p. 270—283; p. 290—291.

* 43. **Description of Doubledaya viator, a Beetle belonging to the family Languriadae.**
Trans. Ent. Soc. Lond. ser. 2. 1852. T. 2. p. 1—3. fig. — 1850. T. 1. Proc. p. 13.

* 44. On the Perforation of a Cistern (lined with lead) by Anobium striatum.
Zoologist. 1853. T. 11. p. 3781.
*Proc. Linn. Soc. Lond. 1854. T. 2. p. 133—134.

* 45. Monograph of the genus Argonoma Serv., with the description of a new genus and species allied to it.
Proc. Zool. Soc. Lond. 1853. T. 21. p. 26—89.
*Ann. of N. H. ser. 2. 1855. T. 16. p. 137—140.

* 46. Catalogue of Coleopterous Insects in the collection of the British Museum. London, by order of the trustees. 8.
Longicornia P. I. 1853. p. 1—174. tab. 1—4; P. 2. 1855. p. 175—412. tab. 5—10.
*Gerstaecker Bericht. 1853. p. 1855. p. 23—27.

* 47. List of the specimens of British animals in the collection of the British Museum. London, by order of the trustees. 8.
P. 14. Nomenclature of Neuroptera. 1853. pg. 16. (auf einer Seite gedruckt.) P. 17. Anoplura, Euplexoptera, Orthoptera. 1855. pg. 17.
*Gerstaecker Bericht. 1855. p. 89.

* 48. On the Baladeva Walkeri Waterh. and on the affinities of Hypocephalus.
Proc. Linn. Soc. Lond. 1854. T. 2. p. 281—283.

* 49. Descriptions of some Coleopterous Insects in the collection of the British Museum, hitherto apparently unnoticed.
Proc. Zool. Soc. Lond. 1856. T. 24. p. 8—17; p. 405—410. tab. 2.
*Gerstaecker Bericht. 1856. p. 65.

* 50. Spicilegia entomologica. (Coleoptera.)
Ann. of N. H. ser. 3. 1858. T. 2. p. 353—361. fig. — *1859. T. 3. p. 284—291.

* 51. Descriptions of Monohammus Bowringii, Batocera Una and other Longicorn Coleoptera apparently as yet unrecorded.
Proc. Zool. Soc. Lond. 1858. T. 26. p. 398—413. tab. 1.

* 52. Descriptions of some apparently unrecorded species of Longicorn Beetles, belonging to the genera Phrissoma, Xyphona etc.
Ann. and Mag. Nat. Hist. ser. 3. 1858. T. 2. p. 264—278.

* 53. On a newly discovered moth in Ireland. (Spatalia bicolora.)
Nat. Hist. Review. 1859. T. 6. Proc. p. 88—89.

* 54. Caloxantha (? Demochroa) carinata n. sp.
Trans. Ent. Soc. Lond. ser. 2. 1859. T. 5. Proc. p. 64.
*Zoologist. 1859. T. 17. p. 6615.

55. Note on the Pupa-case of a Coleopterous Insect from Northern China (Paralichus.)
Ann. of N. H. ser. 3. 1859. T. 3. p. 284—290.

56. Descriptions of unrecorded species of Australian coleoptera.
Proc. Zool. Soc. Lond. 1859. T. 1. p. 117.

White (Gilbert), geb. 18. Juli 1720 in Selborne, gest. 26. Juni 1793. Revd.

* 1. A Naturalists Calendar with Observations in various branches of Natural History extracted from the Papers of the late Rev. Gilbert White. London, White, 1795. 8. pg. 170.
(Insecta p. 87—118.)

*The Natural History and Antiquities of Selborne, with the Naturalists Calendar and Miscellaneous Observations extracted from his Papers. New Edition with Notes by E. T. Bennet and Others. London, Longman etc., 1837. 8. pg. 23 et 640. fig.

*New edit. with Notes by the Rev. L. Jenyns. London, Van Voorst, 1843. 8. pg. 398.

White (John).

1. Journal of a voyage to New South Wales. London, 1790. 4. pg. 299. pl. 65. Paris, 1795. 8.
*Recens. Beckmann Phys. Oek. Bibl. XVII. p. 350.

White (Stephen).

1. Collateral Bee-Boxes; or a new, easy and advantageous method of managing Bees. London, 1756. 8.
Ed. II. London, 1763. 8. London, 1764.
(cf. Trans. Ent. Soc. Lond. T. 3. Proc. p. 32.)
Deutsche Uebers. Mus. rustic. et commerc. T. 2. No. 80.
Journ. des Savans. 1758. — *Nodier Bibl. p. 53.

White (W. H.).

* 1. The Glowworm (Lampyris); the Results of Experiments in Elucidation of a Knowledge of its Habits.
Magaz. of N. H. 1835. T. 8. p. 623—625.

White (William).

1. A complete guide to the mystery and management of bees. Banbury. 8. pg. 76.
2. A complete guide to the mystery and management of bees. (1772 reprinted); to which is added a practical monthly bee calendar by James Beesley. London, Simpkin, 1851. 12.

von Wickede (A. J. O.), gest. 5. Juli 1822.

1. Ueber Bienenzucht. Rostock, 1820. 8.

Wiedemann (Christian Rudolph Wilhelm), geb. 1770 in Braunschweig, gest. 1840 als Staatsrath und Professor in Kiel. Seine Dipteren-Sammlung kaufte v. Winthem; jetzt ist sie im k. k. Museum in Wien.

* 1. Archiv für Zoologie und Zootomie.
   T. I. P. 1. Berlin, Voss, 1800. 8. pg. XII et 196. tab. 4.
   von da ab: Braunschweig, Reichard.
   T. I. P. II. 1800. pg. IV et 218. pg. 4 Register, tab. 2.
   T. II. P. 1. 1801. pg. III et 238. tab. 2; P. II. 1802. pg. 235. tab. 3.
   T. III. P. 1. 1802. pg. 228. tab. 2; P. II. 1803. pg. 260. tab. 2.
   T. IV. P. 1. 1804. pg. 218. tab. 1; P. II. 1805. pg. 230.

* 2. Zoologisches Magazin. Kiel, Akadem. Buchhandl., 1817. 8.
   T. I. Stück 1. pg. II et 200. tab. 2. — Altona, Hammerich, 1818. T. I. Stück 2. pg. 186; 1819. T. I. Stück 3. pg. IV et 183. tab. 1; 1823. T. II. Stück 1. pg. 164.
   *Isis. 1818. VI. p. 1042—1048. — *Extr. Germar Magaz. Entom. 1821. T. 4. p. 357—358.

3. Die entomologischen Artikel mit A in Ersch u. Gruber Encyclopädie.
   *Germar Magaz. Entom. 1821. T. 4. p. 380.

* 4. Ueber einige neue Fliegengattungen.
   Wiedem. Magaz. 1817. T. I. P. 1. p. 57—61. — *Isis. 1818. VI. p. 1044.

* 5. Neue Zweiflügler (Diptera Linn.) aus der Gegend um Kiel. (41 spec.)
   Wiedem. Magaz. 1817. T. I. P. 1. p. 61—84. — *Isis. 1818. VI. p. 1046.

* 6. Aus Pallas dipterologischem Nachlasse.
   Wiedem. Magaz. 1818. T. I. P. 2. p. 1—40.

* 7. Neue Insecten vom Vorgebirge der guten Hoffnung (Diptera.)
   Wiedem. Magaz. 1818. T. I. P. 2. p. 40—58.

* 8. Beschreibung neuer Zweiflügler aus Ostindien und Afrika.
   Wiedem. Magaz. 1819. T. I. P. 3. p. 1—39.

* 9. Brasilianische Zweiflügler.
   Wiedem. Magaz. 1819. T. I. P. 3. p. 40—56.

* 10. Neue Käfer aus Bengalen und Java.
   Wiedem. Magaz. 1819. T. I. P. 3. p. 157—182. (38 spec.)

* 11. Nova Dipterorum genera iconibus illustrata. Kiliae, Mohr, 1820. 4. pg. 23. tab. 1.
   *Isis. 1820. X. p. 673—675. — *Extr. Germar Magaz. Entom. 1821. T. 4. p. 378—380.
   (*Reimpr. fälschlich als eigene Arbeit v. Jensen Henning. — v. Jensen Henning.)

12. Neue exotische Käfer. (mit Germar Nr. 23.)
   Germar Magaz. Entom. 1821. T. 4. p. 107—183.

* 13. Diptera exotica. Kiliae, 1821. 8. Pars I. pg. 244. tab. 2.
   *Extr. Germar Magaz. Entom. 1821. T. 4. p. 381—387. — *Isis. 1821. VI. p. 623.

* 14. Zweihundert neue Käfer von Java, Bengalen und dem Vorgebirge der guten Hoffnung.
   Wiedem. Magaz. 1823. T. 2. P. 1. p. 1—133; Berichtigungen u. Zusätze. p. 162—164.

* 15. Analecta entomologica ex Museo regio Hafniae maxime congesta. (154 Dipter., 3 Hymenopt., 2 Coleopt.) Kiliae, (Reg. typogr. Schol.) 1824. 4. pg. 60. tab. 1.
   *Féruss. Bullet. 1826. T. 8. p. 291; *1827. T. 10. p. 421—422.

* 16. Aussereuropäische zweiflüglige Insecten, als Fortsetzung des Meigenschen Werkes. Hamm, Schulz, 1828—1830. 8. 2 vol. T. 1. 1828. pg. 32 et 608. tab. 7; T. 2. 1830. pg. 12 et 684. tab. 5.
   *Isis. 1831. VI. p. 633—646.

* 17. Achias Dipterorum genus a Fabricio conditum, illustratum novisque speciebus auctum. Kiel, Mohr, 1830. 8. pg. 16. tab. 1.

* 18. Monographia generis Midarum.
   Nov. Act. Acad. Nat. Curios. 1831. T. 15. P. 2. p. 19—56. tab. 3 col.

Wiegmann (Arend Friedrich August), geb. 1802 in Braunschweig, gest. 1841 in Berlin als Prof. Zool.

* 1. Ueber Entstehung von Entomostraceen und Podurellen aus der Priestleyschen grünen Materie, Verwandlung derselben in kryptogamische Gewächse und dieser wieder in die obengenannten Thiere.
   Act. Acad. Leopold. Carol. T. 10. P. 2. p. 719—778. 1823. T. 11. P. 2. p. 541—558.

2. Observationes zoologicae criticae in Aristotelis historiam animalium. Lipsiae et Berol., 1827. 4.

*3. Die Krankheiten und Missbildungen der Gewächse. Braunschweig, Vieweg, 1839. 8. pg. 176. tab. 1.
(Feinde der Gewächse. p. 154—175.)

*4. Handbuch der Zoologie. — v. Ruthe No. 2.

*5. Archiv der Naturgeschichte. Berlin, Nicolai, 1835—1861. 8. 26 Jahrg. à 2 Bde.
1. In Verbindung mit mehreren Gelehrten herausgegeben von Ar. Fr. Wiegmann. T. 1—6. 1835—1840.
2. Gegründet von Wiegmann; in Verbindung mit Griesebach, v. Siebold, Troschel, A. Wagner, R. Wagner herausgegeben von Erichson. T. 7—14. (darin Register über T. 1—11.) 1841—1848.
3. Gegründet von Wiegmann, fortgesetzt von Erichson; in Verbindung mit Griesebach, v. Siebold, A. Wagner, Leuckart herausgegeben von F. H. Troschel. T. 15—21. 1849—1855.
4. (wie 3); in Verbindung mit Griesebach und Leuckart herausgegeben von Troschel. T. 22. 1856.
5. (wie 3); in Verbindung mit Leuckart und R. Wagner herausgegeben von Troschel. T. 23—26. 1857—1860.
Darin die Berichte über Leistungen in der Entomologie v. Burmeister No. 13. 14; Erichson No. 7; Schaum No. 29. 6. (Anhang); Gerstaecker No. 6.

van der Wiel (Cornelius Stalpart), geb. um 1630.

*1. Cantharides corpori exterius admotae etiam vesicae noxiae. (medicin.)
Wiel Observ. rar. med. la Haye. 1687. 8. Cent. I. Observ. 83. p. 333—334.
Holländ. Uebers. La Haye, 1682. 8.
Latein. Uebers. La Haye, 1727. 8.
Franz. Uebers. von Planque. Paris, 1758. 12. 2 vol.

Wiesenhütter (Friedrich), Kunstgärtner in Oberlichtenau bei Lauban.

*1. Beitrag zur Kenntniss der überwinternden Schmetterlinge
Stett. Ent. Zeit. 1859. T. 20. p. 387—395.

Wighton (J.).

*1. Wasps. (biolog.)
Gardeners Chronicle. 1849. No. 18. p. 276.

Wilbrand (Johann Bernhard), Professor.

*1. Ueber die Classification der Thiere. Gekrönte Preisschrift. Giessen, Tasché, 1814. 8. pg. 116. 1 Tabelle.

*2. Das Urinsystem in den Mollusken und Insecten.
*Isis. 1825. VI. Litt. Anz. p. 265—288; 1826. p. 475—485; 1831. p. 712.

3. Uebersicht des Thierreichs nach natürlichen Abstufungen und Familien; zum Gebrauche bei Vorlesungen. Giessen, Heyer, 1828. 8. 1 Tabelle in gr. Fol.

*4. Handbuch der Naturgeschichte des Thierreichs, nach der verbesserten Linné'schen Methode. Giessen, Heyer, 1829. 8. pg. 612.
(Insecten p. 478—546.)

Wilcke (Johann Carl), geb. 1732, gest. 1796.

*1. Rön i natural-historien: Beskrifning på et litet vattukräk, funnet på unga grodor.
Vetensk. Acad. Handl. 1761. T. 22. p. 283—289.
Deutsche Uebers. 1761. T. 22. p. 287.

*2. Rön i natural-historien: Sätt at fånga hvarjehanda små vatten-insecter.
Vetensk. Acad. Handl. 1761. T. 22. p. 289—290.
Deutsche Uebers. 1761. T. 22. p. 291.

*3. Om sädes masken och dess fördrifvande. (Curculio granarius.) fig.
Vetensk. Acad. Handl. 1776. T. 37. p. 271—289.
*Deutsche Uebers. 1782. T. 38. p. 270—292. tab. 1.
*Fuessly neues Magaz. 1786. T. 3. p. 89—91.

Wilcke (Samuel Gustav).

*1. Dissertatio exhibens primas Entomotheologiae lineas, Linnaei nomina insectorum ad usum auditorum. Resp. B. E. Crueger. Gryphiswaldae, 1763. 4. pg. 20. (ob von Crueger?)

Wilé (Ph.), de Baltimore.

*1. Note relative aux moeurs de la Cicada septendecim.
Ann. Soc. Ent. Fr. sér. 2. 1852. T. 10. Bull. p. 18.

Wilde (Jeremias).

*1. De formica liber unus. Ambergae, Schönfeld, 1615. 8. pg. 108.

Wilde (F.), Lehrer in Lübeck.

*1. Ueber Carabus hortensis.
Archiv. Verein Fr. Naturg. Mecklenburg. 1852. Heft 6. p. 131.

Wilde (O.), Staatsanwalt in Zeitz.

* 1. Beiträge zur Naturgeschichte der Schmetterlinge.
Stett. Ent. Zeit. 1859. T. 20. p. 381—383.

* 2. Die Pflanzen und Raupen Deutschlands. Versuch einer lepidopterologischen Botanik. Erster Theil. Systematische Beschreibung der Pflanzen unter Angabe der an denselben lebenden Raupen. Berlin, Mittler, 1860. 8. T. 1. pg. 221; 1861. T. 2. tab. 10.
* Recens. Wien. Entom. Monatsschr. 1861. T. 5. p. 209.

* 3. Zur Falterfauna von Zeitz an der Elster. (Catalog.)
Zeitschr. f. die gesammt. Naturwissensch. Halle, 1860. T. 16. p. 201—221.

Wildenhayn, in Baruth.

* 1. Bericht von den im hiesigen Fliesswasser sich aufhaltenden Fischwürmern. (Dytiscus semistriatus.)
Schreber Cameralschrift. 1763. T. 3. p. 604—609.

Wildmann (Daniel.)

1. A complet Guide for the management of Bees. London, 1773. 8.
(cf. Nodier Bibliogr. p. 53.)
London, 1775. 8. — London, 1778. 8.
(cf. Trans. Ent. Soc. Lond. T. 3. Proc. p. 22.)
London, 1779. 8. — London, 1780. — London, 1783. 8. — London, 1792. 8. — London, 1801. 8.
* Ed. 20. London, Author, 1819. pg. 48. tab. 2.
Französ. Uebers. von Schwartz. Amsterdam, van Harreveld, 1774. 8. pg. 78. tab. 1.
(gehört nach Querard. T. 10. p. 513 zum Folgenden. (cf. Boehmer II, 2. p. 301.)
Französ. Guide complet pour le gouvernement des abeilles pendant toute l'année par Daniel Wildemann, trad. par M. Schwartz. Paris, Prault, 1774. 8. fig.
(cf. Nodier Bibliogr. p. 53.) Wohl dasselbe mit dem Vorigen.
* Deutsche Uebers.: Vollständige Anleitung wie die Bienen das ganze Jahr hindurch zu behandeln sind. Hannover, Helwing, 1782. 8. pg. 56. tab. 1.
* Recens. Allgem. Deutsche Bibl. T. 53. p. 579. — Leipz. gel. Zeit. 1783. p. 524.

Wildmann (Thomas).

* 1. A Treatise of the managements of Bees. London, Author, 1768. 4. pg. 169. tab. 3.
* Ed. 2. London, Strahan, 1770. 8. pg. 311 et Append. pg. 16. tab. 1.
* Ed. 3. London, Strahan, 1778. 8. pg. 318 index et Append. pg. 16. tab. 3.
Deutsche Uebers. Kopenhagen, Rothe, 1769. 8. 16 Bog. tab. 3. — * Leipzig. Junius, 1769. 8. pg. 280. tab. 4. (v. Carl Fr. Spitzner.)
Trattato sopra la cura delle api contenente l'istoria naturale di quest' insetti, co' varj metodi si antichi come moderni di governarli; e l'istoria naturale delle Vespe e' di Calabroni, co' mezzi di distruggerli, del Sig. Tomaso Wildmann; tradotto dal inglese nella Toscana favella da Pier Domenico Soresi. Torino, 1771. 8. pg. 291. tab. 3.
Bremer Magaz. T. 2. p. 217; T. 3. p. 152.
Ital. populair gemacht: Guide sicura del Governo delle Api in tutto il corso dell' anno, colle Annotazioni di Angelo Contardi Veronese. Cremona, Manni, 1775. 8.
(cf. Disinn. ragion. di F. Re. T. 4. p. 204.)

2. Nachricht von Hr. Wildmann, der eine bewunderungswürdige Gewalt über Bienen besitzt.
Universal-Magaz. 1776. Octob. p. 217.
Neues Bremer Magaz. T. 2. p. 217.

3. Methode den Honig aus den Bienenkörben zu nehmen, ohne die Bienen zu tödten.
London. Magaz. 1768. Juni. p. 317. u. Bremer Magaz. T. 2. p. 52.
(Aus Wildmann Treatise.) (cf. Boehmer II, 2. p. 294.)

Wilhelm (Gottlob Tobias), gest. 12. December 1811.

1. Unterhaltungen aus der Naturgeschichte. Wien. 8. (Insecten 3 vol.)
Ed. Augsburg, Schlosser, 1792. u. 1817—1821. Vol. 27. pl. 56 et 27 Titelkpfr.
Französ. Uebers. Recreations tirées de l'histoire naturelle. Bâle, la Haye, Paris, 1799—1800. 8. 2 vol. (6 cah. 48 pl. col.)
* Rel. Millin Magaz. Encycl. 1799. T. 6. 6. p. 418—417; * T. 4, 1. p. 279—282; T. 3. 3. p. 377—379.

Wilhelmi (Johann Gottlob), gest. 16. April 1796. Pastor in Diesa, Lausitz.

1. Abhandlung von dem nutzbarsten inneren Raume der Bienenstöcke.
   Abhandl. Oberlaus. Bienengesellsch. 1766. p. 36; 1767. p. 63. (cf. Boehmer II, 2. p. 321.)
2. Beweiss, dass die Befruchtung der Bienen von den Drohnen ursprünglich herkomme, und dass diese letzteren die wahren Männchen in einem Bienenstocke sind.
   Abhandl. Oberlaus. Bienengesellsch. 1770—1771. p. 9. (cf. Boehmer II, 2. p. 319.)
3. Einige nothwendige Cauteleu beim Ablegen der Bienen nach dem Reaumur'schen oder Fahrenheitischen Thermometer nebst Vorschlägen ein Wetterglas für den Landmann anzustellen.
   Abhandl. Oberlaus. Bienengesellsch. 1770—1771. Samml. 4. p. 109. (cf. Boehmer II, 2. p. 321.)
4. Physische Beobachtung von einem Honig, den die Bienen auf den Steineichen Haden. (Lacordaire.)
   Abhandl. Oberlaus. Bienengesellsch. 1770—1771. p. 102. (Lacordaire.)
*5. Abhandlung, dass der Bienenbau, wenn er einträglich sein soll, in den Haiden zu veranstalten sei.
   Gemeinnütz. Arb. Oberlaus. Bienengesellsch. 1773. T. 1. p. 163—190.
*6. Des Herrn Bonnets Schrift über die vornehmsten Resultate, aus denen Erfahrungen, die man in der Pfalz und Lausitz mit den Bienen gemacht aus d. Französ. übers.
   Gemeinnütz. Arb. Oberlaus. Bienengesellsch. 1773. T. 1. p. 1—20.
7. Jährliche Anzeigen der die Geschichte der Bienengesellschaft betreffenden Sachen. Görlitz, 1773—1776. 8.

Wilken (C.). Lehrer in Hildesheim.

*1. Sammelbericht. (Coleoptera.)
   Berl. Ent. Zeitschr. 1861. T. 5. p. 190—194. — 1862. T. 6. p. 276—280.

Wilkes (Benjamin).

*1. Twelve new designs of english butterflies. London, 1741—1742. 4. pl. 12. u. Titel; ohne Text.
   Auch unter dem Titel: Bowles' new collection of english moths and butterflies.
*2. The english moths and butterflies, together with the plants, flowers and fruits whereon they feed, and are usually found. London. (1747—1760.) 4. pg. 26. (s. n.) Einleitung etc. Register et pg. 63. tab. 120. col. — s. a.) (Anonym.) Der Name hinter der Widmung.
   *Ed. II. One hundred and Twenty Copper-Plates of English Moths and Butterflies, representing their Changes into the Caterpillar, Chrysalis and Fly States, and the Plants, Flowers, and Fruits, whereon they feed. Coloured with great Exactness from the Subjects themselves. With a Natural History of the Moths and Butterflies, describing the Method of Managing, Preserving and Feeding them. To which is added an Index of the Insects and Plants, adapted to Linnaeus System. London, White, 1773. 4. pg. 32 et 63. tab. 120 col.
   (Ist dasselbe mit dem Vorigen; wahrscheinlich das erste nur Schmutztitel.)

Wilkin (S.).

1. Catalogue of British Insects.
   „Began to print 1813; not published." (cf. Curtis. Guide preface.)
2. Catalogue of some rare insects in the Collection of S. Wilkin. Norwich, 1816. 8.
   (cf. Percheron I. p. 132.)

Wilkinson (S. J.).

*1. The British Tortrices. London, V. Voorst, 1859. 8. pg. 7 et 328. pl. 4. (4 Blatt Erklärung.)

Will (Friedrich). Prof. in Erlangen.

*1. Beiträge zur Anatomie der zusammengesetzten Augen mit facettirter Hornhaut. Leipzig, Voss, 1840. 4. pg. 37 u. 1 Kpftaf.
*2. Ueber einen eigenthümlichen (Bewegungs?) Apparat in den facettirten Insectenaugen.
   Müller Archiv. 1843. p. 348—353.
*3. Vorläufige Mittheilung über die Structur der Ganglien und den Ursprung der Nerven, der wirbellosen Thiere.
   Müller Archiv. 1844. p. 76—92.
*4. Ueber die Gallenorgane der wirbellosen Thiere.
   Müller Archiv. 1848. p. 502—510.

(**Will**, Friedrich.)

* 5. Ueber die Processions-Raupe (Bombyx processionea) und die Ursache ihrer schädlichen Einwirkung auf die Haut.
Froriep Notiz. 1848. T. 7. p. 145—148.
*Bullet. Acad. München, 1849. p. (245—247.) 441—443.

* 6. Ueber das Gift im Wehrstachelapparat der Hymenopteren und in den Oberkiefern der Spinnen.
Froriep Notiz. 1848. T. 8. p. 17—21.

Willemet (Remi), geb. 3. Septbr. 1735 in Norroi (bei Pont à Mousson), gest. 21. Juni 1807 in Nancy. Botaniker.

* 1. Lettre aux auteurs du Journal de Physique sur la Blatta orientalis.
Journ. de Physique, 1784. T. 24. p. 62.

Willemot (Ch.).

1. De la destruction des insectes nuisibles, ou résumé historique des propriétés du Pyrèthre du Caucase, accompagné d'instructions pratiques sur la culture, la récolte, et la pulvérisation de cette plante et de son emploi. Paris, l'auteur, 1859. 8. pg. 32.
(cf. Carus p. 1649.)

Williams (Mrs. Ann.).

1. Account of Silkworms.
Trans. of the Soc. for the encour. of arts. T. 2. p. 153.
cf. Reuss Repert. (Laverdaire.)

Williams (Edward).

1. Virgo triumphans: or Virginia in general, but the South Part thereof in particular. Second Edition, with the Addition of the Discovery of Silkworms. London, 1650. 4. pg. 52.
(cf. Lowndes. T. 4. p. 1958.)

Ed. Virginias discovery of Silkworms, with their benefit and the implanting of Mulberry-trees etc. London, 1650. 4. pg. 75. fig.
(cf. Bibl. Banks. V. p. 55.)

Williams (Thomas).

* 1. On the Blood-proper and Chylo-aqueous Fluid of the Invertebrated Animals.
Proc. Royal Soc. 1852. T. 6. p. 163—165.

* 2. On the Mechanism of Aquatic Respiration and on the Structure of the Organs of Breathing in Invertebrate Animals.
*Ann. and Mag. Nat. Hist. ser. 2. 1853. T. 12. p. 243—261; p. 333—348; p. 393—406. tab. 3. — *1854. T. 13. p. 131—137; p. 180—200. tab. 2; p. 294—312. tab. 2. — *1854. T. 14. p. 34—37. tab. 2; p. 241—262. tab. 3. — *1855. T. 16. p. 313—329. tab. 1; p. 404—421. tab. 1. — *1856. T. 17. p. 28—42; p. 142—154; p. 247—258. tab. 2. — *1857. T. 19. p. 181—201. tab. 1.

* 3. On the tracheal system of insects.
Ann. of N. H. ser. 2. 1856. T. 17. p. 317—343.

Williams (W.).

* 1. On a remarkable Wasp's Nest.
Proc. Zool. Soc. Lond. 1838. T. 6. p. 167. — *Ann. of N. H. 1840. T. 4. p. 62—63.

Williamson. Dr.

* 1. On the Ephoron Leukon, usually called the White Fly of Passaik River.
Trans. Amer. Soc. Philad. 1802. T. 5. p. 71—73.

Willich (Jodocus).

1. Dialogus de Locustis. Argentorati, 1544. 8. (zusammen mit seiner Anatomie.)
(cf. Boehmer II, 2. p. 214.)

Willis (Thomas).

* 1. De anatomia brutorum quae hominis vitalis ac sensitiva est exercitationes duae prior physiologica, altera pathologica. Amstelodami, Sommeren, 1674. 12. p. 552 et index.
(Anatomia Bomb. Mori. c. fig. p. 44.)

Oxoniae, 1672. 4. fig. — Londini, 1672. 8. — Amstelodami, 1672. 12.
Engl. Uebers. von Pordage. London, 1683.
Reimpr. Opera omnia. Londini, 1679. fol.
Lugduni, 1679. 4. — Genevae, 1680. 4. — Amstelodami, 1682. 4. — Venetiis, 1720. fol.
Engl. Uebers. London, 1681. 4.

Willkomm (Heinrich Moritz). Professor an der Akademie für Forst- und Landwirthschaft in Tharand. Bereiste Spanien als Botaniker.

1. Die Nonne, der Kiefernspinner und die Kiefernblattwespe. Populaire Beschreibung der Lebensweise und der Vertilgung dieser forstschädlichen

lparcien, im Auftrage der Hohen Kgl. Sächs. Regierung herausgegeben. Dresden, Schönfeld, 1858. 8. (zweiter Abdruck.) pg. 6 et 34. fig.

von Willmann (Fr. Wilh.), gest. 20. Januar 1819.

1. **Anleitung zur Bienenzucht für Lief-, Esth- und Curländer. Mitau, 1787. 8. 1 Kupfer. pg. 160.**

Willoughby (Francis), geb. 1635 in Middleton, gest. 3. Juli 1672.

* 1. **Observations of the Insects and Cartrages lodging in old willows.**
Philos. Transact. 1670. Vol. 5. No. 65. p. 2098—2102. (cf. King No. 2.)

* 2. **Some considerable observations about that kind of Wasps call'd Vespae Ichneumones, especially their several ways of Breeding and among them that odd way of laying their eggs in the Bodies of Caterpillars.**
Philos. Transact. 1671. Vol. 6. No. 76. p. 2279—2281.
* Badd. 1738. T. 1. p. 327—328. — Leske Uebers. T. 1. P. 1. p. 93.

* 3. **Lettre about the Hatching of a Kind of lodged Bees in old willow.**
Philos. Transact. 1671. Vol. 6. No. 74. p. 2221.
* Badd. 1738. T. 1. p. 310—320.

Wilson (Andrew).

* 1. **Entomological notices (Coleoptera from Scotland) for 1857.**
Proc. Roy. Phys. Soc. Edinb. 1858. T. 1. p. 410—411.

Wilson (C. A.).

* 1. **Injurious Insects (in Tasmania).**
The Farm and Garden. Adelaide, 1858. 4. T. 2. No. 13. 14. July. p. 1—2; No. 14. 11. August. p. 18; No. 15. 8. Septbr. p. 33—34.

Wilson (Edward).

* 1. **On the Metamorphosis of the Bloody-nosed Beetle. (Timarcha tenebricosa.)**
Magaz. of N. H. 1833. T. 6. p. 533—535. fig.

Wilson (James).

* 1. **Illustrations of Zoology; being representations of new, rare or otherwise remarkable subjects of the animal kingdom, drawn and coloured after nature with historical and descriptive details. Vol. I. (Pars I—9, w. 4 pl. col.) with 36 pl. colour. Edinburgh, Blackwood, 1828—1831. fol.**
(Tab. 4 et 28. haben 2 Lepidoptera.)

* 2. **Entomologia Edinensis, or a description and history of the insects found in the neighbourhood of Edinburgh. Coleoptera. London, Cadell, 1834. 8. (Im Verein mit J. Duncan.) pg. 351.**

* 3. **Notes on the Moth named Saturnia Luna, the Domestication of Foreign Butterflies, and on the Geographical Distribution of Insects.**
Edinb. new Philos. Journ. 1830. T. 8. p. 365—371.

* 4. **Remarks on the Distribution of Insects, and Account of Coleoptera taken in Sutherland in June 1834.**
Edinb. new Philos. Journ. 1834. T. 18. p. 297—300.

* 5. **A treatise on Insects general and systematic, reprinted from the ed. VII. Encyclopaedia Britannica. with 20 pl. containing 540 fig. Edinburgh, Black, 1835. 4. pg. 327. pl. 20.**
(cf. Froriep Notiz. 1836. T. 47. p. 95.)

* 6. **A List of Coleoptera taken in the County of Sutherland in Juni 1834.**
Entomol. Magaz. 1836. T. 1. p. 70—78. — * Isis. 1838. 1. p. 61.

* 7. **Notice regarding the Coleopterous Insects collected during a tour to Sutherland.**
Report. Brit. Assoc. Adv. Sc. 4. Meet. 1834 (1835). p. 615—617.

* 8. **Article Entomology.**
Encyclopaed. Britannica. 1855. 4. 8 Edit. Vol. 9. p. 2—34.

Wing (William), geb. 1827, gest. 9. Januar 1855 in London. Von ihm sind die Zeichnungen zu Stainton's Tineina T. 1.

* 1. **Characters of three new species of Lepidoptera.**
Proc. Zool. Soc. Lond. 1849. T. 17. p. 104—105.

* 2. **Descriptions of some Hermaphrodite British Lepidoptera with Figures of the Insects**
Trans. Ent. Soc. Lond. 1849. T. 5. p. 110—121.

Winkler (H.). Pastor in Ossa.

* 1. **Beobachtungen über einige Psyche-Arten.**
Mittheil. aus d. Osterlande. 1857. T. 13. p. 189—207.

2. **Grundstein zu einer Lepidopterenfauna der Elster im Voigtlande und seiner Umgebung. 183 spec.**
Mittheil. aus d. Osterlande. 1861. T. 15. H. 3 u. 4.

Winnertz (Johannes), geb. 11. Januar 1800. Kaufmann in Crefeld.
* *1. Beitrag zur Kenntniss der Gattung Ocyptera.
  Stett. Ent. Zeit. 1845. T. 6. p. 33—40.
* *2. Beschreibung einiger neuen Gattungen aus der Ordnung der Zweiflügler.
  Stett. Ent. Zeit. 1846. T. 7. p. 11—20.
* *3. Beitrag zur Kenntniss der Gattung Ceratopogon Meigen.
  Linnaea. 1852. T. 6. p. 1—80. tab. 5.
* *4. Dipterologisches. fig.
  Stett. Ent. Zeit. 1852. T. 13. p. 49—58.
* *5. Beitrag zur Monographie der Gallmücken.
  Linnaea. 1853. T. 8. p. 154—322. tab. 4.
* *6. Ueber Cecidomyia juniperina und Pini.
  Stett. Ent. Zeit. 1854. T. 15. p. 322—327.

Winter (Thomas).
* 1. Note on the Entomological Peculiarities of Van Diemens Land.
  Entomol. Magaz. 1833. T. 1. p. 503—505. (cf. Swainson.)

Winterschmidt (Adolph Wolfgang).
* *1. Beobachtung einer Stuben-Mücke mit sehr vielen kleinen Insekten, welche durch die Vergrösserungs-Linse No. 3 auf das genaueste nach der Natur abgebildet ist. Nürnberg, Winterschmidt, 1765. 1. pg. 8. tab. 1 col.

von Winthem (Wilhelm), gest. 7. September 1847 in Hamburg. Nekrolog von Steetz Stett. Ent. Zeit. 1848. T. 9. p. 194—198. Seine Hymenopteren- und Dipteren-Sammlung nebst der Wiedemann's befindet sich jetzt in Wien; die Neuropteren besitzt H. Hagen; die Coleoptera sind zerstreut.

Winther (M.).
* 1. Litteraturae scientiae rerum naturalium in Dania, Norvegia et Holsatia usque ad annum 1829 Enchiridion in usum physicorum et medicorum. Hafniae, Wahl, 1829. 8. pg. 340.
  Ral. * Isis. 1831. IV. p. 341.

Wirtgen (Philipp).
* *1. Ueber die Flugperiode der Maikäfer.
  Verhandl. naturh. Ver. Preuss. Rheinl. 1845. T. 2. p. 62—63.

Wissmann. Oberförster in Hannöv. Minden.
* *1. Entomologische Notizen. (Coleoptera, Diptera.)
  Stett. Ent. Zeit. 1846. T. 7. p. 24—26; 1848. T. 9. p. 78—80.
* *2. Verzeichniss der im Königreich Hannover, zumal im südlichen Theile und am Harze, bisher aufgefundenen Mordwespen.
  Stett. Ent. Zeit. 1849. T. 10. p. 8—17.

Witowski (Hippolit).
* 1. Najnowsze Pszczelnictwo. (Bienenzucht.) Lwów, (Lemberg) 1833. 8.
  (In gallizischer Sprache.)

Witte (Baerjes), in Hannover.
* *1. Mittel wider den schwarzen Kornwurm.
  Hannöv. Magaz. 1770. p. 191; p. 415.

Wocke (M. F.). Dr. in Breslau.
* *1. Beiträge zur Kenntniss der Lithocolletis-Arten.
  Arbeit. schles. Gesellsch. f. vaterl. Kultur. 1848. p. 105—109.
* *2. Eine Excursion ins Altvatergebirge.
  Arbeit. schles. Gesellsch. f. vaterl. Kultur. 1849. p. 7[?]—74.
* *3. Ueber die schlesischen Arten der Genera Hyponomeuta und Psecadia.
  Arbeit. schles. Gesellsch. f. vaterl. Kultur. 1849. p. 69—71.
* *4. Eine Wanderung durchs Altvatergebirge. (Lepidopt.)
  Breslau. Entom. Zeitschr. 1850. p. 13—48. tab. 2.
* *5. Ueber die schlesischen Arten der Genera Agdistis, Pterophorus und Alucita.
  Arbeit. schles. Gesellsch. f. vaterl. Kultur. 1852. p. 97.
* *6. Ueber die schlesischen Arten der Gattung Teras.
  Arbeit. schles. Gesellsch. f. vaterl. Kultur. 1852. p. 97.
* *7. Ueber die schlesischen Arten der Tineaceen-Gattungen Talaeporia, Solenobia, Diplodoma, Xysmatodoma, Adela, Nemotois.
  Arbeit. schles. Gesellsch. f. vaterl. Kultur. 1853. p. 181—183.
* *8. Ueber die Ergebnisse einer im September in das höhere Riesengebirge gemachten Reise.
  Arbeit. schles. Gesellsch. f. vaterl. Kultur. 1853. p. 183.
* *9. Catalogus Lepidopterorum Silesiae; auf Veranlassung des Vereins für schlesische Insektenkunde zu Breslau zusammengestellt. Breslau, Kern, 1853. 8. pg. 16.

* 10. Ueber seltene oder für Schlesien neue Falter-Arten.
Arbeit. schles. Gesellsch. f. vaterl. Kultur. 1854. p. 96—98; 1855. p. 120—123; 1856. p. 112—115; 1857. p. 106—110.

* 11. Ueber die schlesischen Arten der Gattung Cochylis.
Arbeit. schles. Gesellsch. f. vaterl. Kultur. 1854. p. 98.

* 12. Mittheilungen über die bei Breslau zum ersten Male gefangene Acrolepia betulella Curt.
Arbeit. schles. Gesellsch. f. vaterl. Kultur. 1855. p. 122.

* 13. Ueber die schlesischen Arten der Gattung Gracillaria.
Arbeit. schles. Gesellsch. f. vaterl. Kultur. 1855. p. 124.

* 14. Synonymie der Sesia bracouiformis H. S.
Arbeit. schles. Gesellsch. f. vaterl. Kultur. 1855. p. 120. (18.)

* 15. Ueber die in Schlesien beobachteten Arten der Wickler-Gattung Penthina, Gracillaria.
Arbeit. schles. Gesellsch. f. vaterl. Kultur. 1855. (p. 15—16.) p. 118—119.

* 16. Ueber die in Schlesien vorkommenden Nepticulina.
Arbeit. schles. Gesellsch. f. vaterl. Kultur. 1856. (p. 17—21.) p. 116—117.

* 17. Zweiter Nachtrag zur schlesischen Lepidopteren-Fauna, und Beschreibung von Gelechia pudorina.
Breslau. Entom. Zeitschr. 1856. p. 1—8.

* 18. Ein Beitrag zur Lepidopteren-Fauna von Reinerz; seltene schlesische Falter.
Arbeit. schles. Gesellsch. f. vaterl. Kultur. 1858. (p. 2—4.) p. 100—102.

* 19. Reise ins Gesenke: Fundorte seltener (Lepidopt.) Arten; über einen Aufenthalt in Misdroy (Lepid.).
Arbeit. schles. Gesellsch. f. vaterl. Kultur. 1859. p. 8—11.

* 20. Mittheilungen über schlesische Lepidoptera; über in Norwegen beobachtete Lepidoptera.
Arbeit. schles. Gesellsch. f. vaterl. Kultur. 1860. p. 4—7.

* 21. Reise nach Finmarken. (mit Staudinger. No. 17.)
Stett. Ent. Zeit. 1861. T. 22. p. 325—340. — Microlepidoptera. 1862. T. 23. p. 30—78; p. 233—257.

Wohlfahrt (Johann August), gest. 15. Sept. 1784. Dr. med. in Halle.

* 1. Observatio de vermibus per nares excretis. (Musca carnaria.) Halae Magdeburgicae, Trampe, 1768. 4. 1 tab. aenea. p. 4 Widmung. p. 1—24.
* Reimpr. Nov. Act. Acad. Nat. Curios. T. 4. p. 277—280.
Recens. Comment. Lips. T. 17. p. 130.
* Journ. de Physique Introd. 1771. T. 1. p. 143—148.
* Opuscoli scelti. (1773. T. 3. p. 98—109.) nov. ed. 1781. T. 1. p. 168—170. fig.

Wohlfromm (Fr. August)

* 1. Entomologische Bruchstücke, mit besonderer Rücksicht der Preussischen Fauna. (Libell. pedemontana, Coleoptera.)
Preuss. Provinzialbl. 1841. T. 25. p. 362—371.

Wolf (Johann), gest. 12. Febr. 1824, Dr. und Professor.

1. Abbildungen und Beschreibungen merkwürdiger naturgeschichtlicher Gegenstände. Nürnberg, Tyroff, 1818—1822. 4. 2 vol. a 36 illum. Taf. (27 Hefte mit ca. 2 Bogen Text u. 3 Taf.)
Enthält color. Tafeln verschiedener Thiere, darunter zahlreiche Insecten theils copirt, theils nach der Natur gemalt.

Wolf (Joh.). Lehrer in Nürnberg.

* 1. Merkwürdiger Fang von Bettwanzen.
Voigt Magaz. 1800. T. 2. p. 117—118.

* 2. Nachricht für Entomologen Raupenkabinette betreffend.
Voigt Magaz. 1801. T. 3. p. 580—582.

* 3. Ein sicheres und wohlfeiles Mittel Insecten schnell und ohne Verletzung zu tödten.
Voigt Magaz. 1804. T. 7. p. 80—83.

* 4. Sphinx Atropos.
Voigt Magaz. 1805. T. 9. p. 179—181.

* 5. Begattung von Cetonia hirta mit Melolontha agricola.
Voigt Magaz. 1805. T. 9. p. 232—233.

Wolff (Christian).

1. Museum Wolffianum, oder Verzeichniss der Insecten, Thiere, Mineralien, Petrefacten, welche Chr. Wolff colligirte. Leipzig, 1714. 8.
(cf. Boehmer I, 1. p. 387.)

Wolff (D. H.).

1. Abhandlung vom Nutzen der Spanischen Fliegen in soporösen Wechselfiebern. Altona, 1785. 8.
(cf. Persheron II. p. 135.)

Wolff (Jacob), geb. 30. December 1662 in Naumburg, gest. 4. Juli 1694.
* 1. Dissertatio de insectis in genere. Resp. Thyselius. Lipsiae, Spoerel, 1689. 4. pg. 21. s. f.

Wolff (Johann Friedrich), geb. 1778, gest. 13. März 1806.
* 1. Icones Cimicum descriptionibus illustratae. Erlangen, Palm. 4. 20 pl. col. (199 spec.)
  Heft 1. 1800. pg. 40. tab. 4; Heft 2. 1801. pg. 41—84. tab. 5—8; Heft 3. 1802. pg. 85—124. tab. 9—12; Heft 4. 1804. pg. 125—166. tab. 13—16; Heft 5. pg. 165—208. tab. 17—20. (Nach Lacordaire Heft 5 durch Wolffs Vater aus dem Nachlass publicirt 1811.)

Wolff (Nathanael Matthew).
* 1. An account of the Polish Cochineal. fig.
  Philos. Transact. 1764. Vol. 54. p. 91—98.
  Neu. Hamburg. Magaz. Stück 63. p. 270—280.
* 2. A further account of the Polish Cochineal. fig.
  Philos. Transact. 1766. Vol. 56. p. 184—186.
  Neu. Hamburg. Magaz. Stück 71. p. 476—480.

Wolfner (Wilhelm).
1. Beschreibung einer neuen Art Grammoptera (Leptura) Sacheri.
  Lotos. 1853 (?) T. 3. p. 93. (cf. Bericht f. d. lit. Litterat. Wien. 1855. p. 37.)
2. Noch eine alte Beobachtung über die Funktion der Schwingkölbchen der Zweiflügler.
  Lotos. 1855. T. 5. p. 20—22. (cf. Carus p. 546.)

Wollaston (T. Vernon).
* 1. On the Entomology of Lundy Island.
  Zoologist. 1845. T. 3. p. 897; * 1847. T. 5. p. 1783—1787.
* 2. Descriptions of three newly discovered British species of Coleoptera.
  Ann. and Mag. Nat. Hist. 1846. T. 18. p. 453—454. 1 pl.
* 3. On the Coleoptera of South Wales.
  Zoologist. 1846. T. 4. p. 1284—1288.
* 4. Observations on Insect Sensibility.
  Zoologist. 1846. T. 4. p. 1550—1565.
* 5. Note on the Coleoptera of the South of Ireland.
  Zoologist. 1847. T. 5. p. 1570—1578.
* 6. Notes on the Habits of the Dyschirii.
  Zoologist. 1847. T. 5. p. 1671—1674.
* 7. Notes on the Coleoptera of the South of Dorsetshire.
  Zoologist. 1847. T. 5. p. 1934—1942.
* 8. Remarks on certain Districts in the West of England; with Notes on Coleoptera recently captured in them.
  Zoologist. 1852. T. 10. p. 3616—3573.
* 9. Insecta Maderensia, being an Account of the Insects of the Islands of the Madeiran Group. London, Van Voorst, 1854. 4. pg. 43 et 634. tab. 13 col.
* 10. Description of a new genus and species of British Curculionidae. (Pentarthrum Huttoni.)
  Ann. and Mag. Nat. Hist. ser. 2. 1854. T. 14. p. 129—132.
* 11. Note on the Orchesia minor of British Cabinets, note on the Tachyporus nitidicollis Steph.
  Zoologist. 1855. T. 13. p. 4655.
* 12. Descriptions of two Coleopterous Insects new to the British Fauna.
  Zoologist. 1855. T. 13. Append. p. 203—207.
* 13. Revision of the Characters of Derelaphrus and Descriptions of Two New Species.
  Zoologist. 1855. T. 13. Append. p. 207—210.
* 14. Notes on the collecting and preserving of Coleoptera. (Suggestions where Coleoptera should be looked for; the apparatus necessary for the collector of Coleoptera; — the mode of preparing the specimens when caught.)
  Entomologist's Annual. 1855. (ed. II.) p. 101—108.
* 15. On the variation of species, with especial reference to the Insecta, followed by an inquiry into the nature of genera. London, Van Voorst, 1856. 8. pg. 208.
  * Zoologist. p. 5188.
* 16. A Revision of the British Atomariae, with Observations of the Genus.
  Trans. Ent. Soc. Lond. ser. 2. 1857. T. 4. p. 64—88.
* 17. On certain Coleopterous Insects from the Cape de Verde Islands.
  Ann. and Mag. Nat. Hist. ser. 2. 1857. T. 20. p. 503—506.

* 18. Catalogue of the Coleopterous insects of Madeira in the collection of the British Museum. London, printed by order of the trustees, 1857. 8. pg. 234. tab. 1.

* 19. On Grooves in the eyes of certain Coleoptera.
Trans. Ent. Soc. Lond. ser. 2. 1858. T. 4. Proc. p. 89—89.

* 20. Brief diagnostic characters of undescribed Madeiran insects.
Ann. and Mag. Nat. Hist. ser. 3. 1858. T. 1. p. 18—29; p. 113—124. 3 pl.

* 21. Description of a Coleopterous insect from the Canary Islands. (Coptostethus, Elater.)
Ann. and Mag. Nat. Hist. ser. 3. 1858. T. 2. p. 196—197.

* 22. On a new genus of European Coleoptera. (Autidipnis.)
Ann. and Mag. Nat. Hist. ser. 3. 1858. T. 2. p. 337—339.

* 23. On additions to the Madeiran Coleoptera.
Ann. and Mag. Nat. Hist. ser. 3. 1858. T. 2. p. 407—415.

* 24. Descriptions of two Coleopterous insects from the North of China.
Ann. and Mag. Nat. Hist. ser. 3. 1859. T. 3. p. 430—431.

* 25. On the Aphanarthra of the Canary Islands.
Ann. and Mag. Nat. Hist. ser. 3. 1860. T. 5. p. 163—169.

* 26. On additions to the Madeiran Coleoptera.
Ann. and Mag. Nat. Hist. ser. 3. 1860. T. 5. p. 217—222; p. 253—267; p. 358—364; p. 448—460; T. 6. p. 48—51; p. 100—109.

* 27. On certain musical Curculionidae; with Descriptions of two new Plinthi.
Ann. and Mag. Nat. Hist. ser. 3. 1860. T. 6. p. 14—21.

* 28. Synonymische Mittheilungen. (Coleopt.)
Berl. Ent. Zeitschr. 1860. T. 4. p. 100.

* 29. On the Halticidae of the Canary Islands.
Journ. of Entomol. London. 1860. T. 1. p. 1—12.

* 30. On the Coleoptera of the Salvages.
Journ. of Entomol. London. 1860. T. 1. p. 84—93.

* 31. On the Anobiadae of the Canary Islands.
Ann. and Mag. Nat. Hist. ser. 3. 1861. T. 7. p. 11—19.

* 32. On the Atlantic Cossonides.
Trans. Ent. Soc. Lond. ser. 2. 1861. T. 5. p. 362—407.

* 33. On certain Coleopterous insects from the Cape of Good Hope.
Journ. of Entomology London. 1861. T. 1. p. 133—146.

34. On certain Coleoptera from St. Helena.
Journ. of Entomology London. 1861. T. 1.

Wollebius (Johann Jacob).

1. Dissertatio de origine motus brutorum cum observationibus de Cicindela. (Lampyris.) Basileae, 1702. 4. 5 Bogen.
(cf. Boehmer. II, 1. p. 201.)

Wollenhaupt (F.).

1. Kurze Anweisung zur einträglichen und angenehmen Bienenzucht in hölzernen Magazinen. Nach praktischen Erfahrungen bearbeitet. Lissa, Günther, 1837. 12. 2 Steintaf.
(cf. Engelmann Bibl. Oecon. p. 370.)

Wollenhaupt (Georg Andreas). Prof. in Erfurt.

* 1. Dissertatio Locustas et portentosam earum nubem etc. (L. migratoria) das ungewöhnliche Heuschrecken Heer. Erfurt, Grosch, 1693. 4. Resp. Oberländer. pg. 24. s. l.

Wolstein (Joh. Fr.).

1. Die Kunst ohne alle Anleitung Pferde, Rindvieh, Schafe und das sämmtliche Federvieh, sowie Bienen, Seidenwürmer u. s. w. selbst zu erziehen, warten, füttern und ihre Krankheiten erkennen und heilen zu lernen, herausgegeben von J. V. Sickler. Erfurt, Hennings, 1805. 8.

Wood (C.).

* 1. Note on Cynthia Cardui.
Entomol. Magaz. 1834. Vol. 2. p. 111.

Wood (J. G.).

1. Bees, their habits etc. London, Routledge, 1853. 12. pg. 118.

* 2. The Common Objects of the Country with illustrations by Coleman. London, Routledge, 1858. 8. pg. 183. tab. 11 col.

Wood (William).

* 1. Illustrations of the Linnean genera of insects. London, Taylor, 1821. 12. 2 vol. pg. 118 et 161. tab. 86 col.

(**Wood**, William.)

* 2. Index Entomologicus or a complete illustrated catalogue of the Lepidopterous Insects of Great Britain, consisting of 1946 Figures. London, (1833) 1839. 8. vol. 1. pg. 266. pl. 54.
*Rel. Magaz. of N. H. 1833. T. 6. p. 351—354. — *Revue Zool. 1840. p. 115—117.

Woodward (Samuel) in Norwich.

* 1. On Trichiosoma lucorum, its pupa, imago, habitat, destruction by Ichneumon.
Magaz. of N. H. 1832. T. 5. p. 83—84. fig.

Woodworth (Francis C.).

1. Wonders of the insect world. With illustrations. New York, Woodworth, 1853. 16. pg. 336.

Worlidge (John).

* 1. Vinetum Britanicum, or a Treatise of Cider and other Wines and Drinks etc. to which is added a Discourse teaching the best way of improving Bees. London, Dring, 1678. 8. pg. 18 et 240.

Worm (Olaus), geb. 1588 zu Aarhuus, gest. 1651 zu Kopenhagen. Canonicus in Lund, Leibarzt Christian V und Prof. der Arzneikunde.

* 1. Museum Wormianum seu Historia rerum rariorum etc. Amstelodamae, Elzevir, 1655. Fol. pg. 389 et index fig.

Worth (James).

* 1. An account of the insect so destructive to the Peach Tree (Aegeria exitiosa.)
Journ. Acad. Nat. Sc. Philadelph. 1823. T. 3. p. 216—221.
*Féruss. Bull. 1825. T. 4. p. 148—150.
(Ist von Say; Worth macht nur in 4 Reihen bekannt dass er Say die Thiere gab.)

Wotton (Eduard), geb. 1492 in Oxford, gest. 1555 in London.

* 1. Edoardi Wottoni Oxoniensis de differentiis animalium libri decem ad serenis. Angliae Regem Edoardum VI. Cum amplissimis indicibus in quibus primum authorum nomina unde quaeque desumpta sunt, singulis capitibus sunt notata et designata; deinde omnium animalium nomenclatura itemque singulae eorum partes recensentur, tam graece quam latine. Lutetiae Parisiorum apud Vascosanum. 1552. Fol. 220 Blatt. Reg. Vorrede.
*Excerp. die Titel: Isis. 1832. XII. p. 1173—1182.

Wray (J.).

* 1. Letter concerning some uncommon Observations and Experiments made with an Acid Juyce to be found in Ants.
Philos. Transact. 1670. Vol. 5. No. 68. p. 2063—2066.
*Badd. 1738. T. 1. p. 289—290.
Leske Uebers. Th. 1. P. 1. p. 90. — Recens. Crells Chym. Arch. Th. 1. p. 27.

Wright (A.) in York.

* 1. Velia rivulorum and currens.
Magaz. of N. H. 1831. T. 4. p. 350.

* 2. Rare Insects taken in the Neighbourhood of Askam Bryan near York. (Coleopt. Lepidopt.)
Magaz. of N. H. 1831. T. 4. p. 165—166.

* 3. Carabus nemoralis; Colias Edusa and Cynthia Cardui.
Magaz. of N. H. 1831. T. 4. p. 188.

Wright (Edward Percival), geb. 1834. Professor in Dublin.

* 1. On fungi parasitic on insects, with particular reference to some lately discovered Irish specimens.
Natur. hist. Review. 1855. T. 2. Proc. p. 55—59. tab. 2. — *Zoologist. p. 4758.
*Gerstaecker Bericht. 1855. p. 14.

* 2. On Anthocera Minos.
Natur. hist. Review. 1856. T. 3. Proc. p. 73—75.

* 3. Notes of a visit to Mitchelstown caves.
Natur. hist. Review. 1857. T. 4. p. 231—233. fig.

Wright (S.) in Lancaster County, Pennsylvania.

* 1. Directions for the management of the Silk-Worms.
Barton. The Philad. medic. and physic. Journ. 8. 1805. T. 1. p. 103—107.

Wttewaall (J.). Dr., gest. 1867.

* 1. Schadelijke Insekten.
Aus Volksalmanak. Amsterdam, 1860. 8. pg. 39. fig.
In Landbouw Courant sind viele Mittheilungen über schädl. Insecten. Arnhem. 4.

* 2. De Larve van eene Aardvloo-soort. (Psylliodes chrysocephala.)
Landbouw Courant. 1859. Jar XIII. No. 12. p. 45—46. fig.

* 3. Forstschädliche Coleoptera. fig.
Landbouw Courant. 1858. Jar XII. No. 43. p. 169—170; No. 44. p. 173—174; No. 46. p. 181—182; *1859. Jar XIII. No. 19. p. 73—74.

von Wulfen (Franz Xaver), gest. 17. März 1805. Freiherr und Abt zu Klagenfurt.

*1. Descriptiones quorundam Capensium Insectorum. (Coleopt. Lepid.) Erlangae, (Heyder), 1786. 4. tab. 2 col. pg. 40.

*2. Winterbelustigungen. (Podura.)
Schrift. Berl. Gesellsch. naturf. Fr. 1785. T. 6. p. 53—102.

Wullschlegel (J.). Lehrer bei Aarburg (Schweiz).

*1. Einige Mittheilungen über Cucullia Campanulae Freyer.
Stett. Ent. Zeit. 1859. T. 20. p. 100—101.

*2. Mittheilungen über die ersten Stände einiger Schmetterlinge.
Stett. Ent. Zeit. 1859. T. 20. p. 379—381.

3. Geschicklichkeit der Schmetterlings-Männchen im Aufsuchen der Weibchen.
Mittheil. schweiz. entom. Gesellsch. 1862. No. 1.

van der Wulp (F. M.).

*1. De zwarte vliegen onder Rijswijk. (Chironom. occultans.)
Herklots Bouwstoffen. 1847. T. 1. P. 2. p. 156—157.

*2. Iets betreffende de entwikkeling van een tweetal soorten van Diptera.
Mém. Soc. Ent. Pays-Bas. 1857. T. 1. p. 15—19. tab. 1.

*3. Over het geslacht Chironomus.
Tijdschr. Entom. nederl. Vereen. 1859. T. 2, 1. p. 5—11.

*4. Beschrijving van eenige tweijfelachtige soorten van Diptera uit de familie der Nemocera.
Tijdschr. Entom. nederl. Vereen. 1859. T. 2, 5. p. 159—183. tab. 8.

*5. Nieuwe Naamlijst van inlandsche Diptera.
Herklots Bouwstoffen. 1859. T. 3. P. 1. p. 1—32.

*6. Over nieuwe soorten van Diptera.
Tijdschr. Entom. nederl. Vereen. 1861. T. 4. p. 16—20.

Wundram (Frz. Fr.).

1. Kurze und auf eigene Erfahrung gegründete Anweisung zum inländischen Seidenbau. Hannover, Hahn, 1792. 8.
(cf. Engelmann Bibl. Oec. p. 372.)

Wundram, Dr.

1. Beobachtungen über die Erdflöhe.
Verhandl. Landwirth. Gesellsch. Wien. 1834. II. III.
*Isis. 1834. VII. p. 719.

Wurster (Sim. Fr.).

*1. Vollständige Anleitung zu einer nützlichen u. dauerhaften Magazin-Bienenzucht. Tübingen, Heerbrandt, 1790. 8. pg. 320. tab. 6. Ed. III. ibid. 1804. 8. tab. 6.
Rel. Jena. allgem. Lit. Zeit. 1792. T. 3. p. 601—604.
Ed. 1. soll 1786 anonym erschienen sein.

2. (cf. Joh. Ludw. Christ No. 5.)

3. Die Weisellosigkeit und das Rauben der Bienen, nebst Anhang von Gesetzen zur Beförderung der Bienenzucht. Tübingen, (Osiander), 1802. 8.
(cf. Engelmann Bibl. Oec. p. 372.)

4. Journal für Beobachtungen und Erfahrungen der Bienenzucht von einer Gesellschaft praktischer Bienenfreunde im Königreich Würtemberg. Tübingen, (Osiander), 1805—1809. 8. 1 vol. in 2 Liefr.
(cf. Engelmann Bibl. Oec. p. 372.)

Wurzer.

1. Chemische Untersuchung des Stoffes, welcher sich in den sogenannten Gallengefässen der Schmetterlinge der Seidenraupe befindet. (Harn.)
Meckel Archiv. 1818. T. 4. p. 213—215.
Diction. des sc. médic. T. 6.

Wyman (Jeffries).

*1. Remark on growth of Parasitic Plant upon the common House-Fly.
Proc. Boston. Soc. Nat. Hist. 1854. T. 5. p. 90—91.

*2. Remark on the cold endured by Hybernating Insects. (Peloporus.)
Proc. Boston. Soc. Nat. Hist. 1855. T. 5. p. 157.

3. Observations on the habits of a species of Hornet (Vespa) which builds a nest in the ground.
Proc. Boston Soc. Nat. Hist. 1861. T. 8. p. 411.

Wyttenbach (Samuel), geb. 1748, gest. 22. Mai 1830 in Bern. Pfarrer.

1. Von Vermehrung der Schmetterlinge.
Bern. Magazin. T. 1. Stück 1. (cf. Boehmer. II, 2. p. 376.)

Yarrell (William), geb. 3. Juni 1784, gest. 1. September 1856 in Yarmouth.

* 1. Some Observations on the Economy of an Insect destructive to Turnips. (Athalia centifoliae.)
Trans. Zool. Soc. Lond. 1841. Vol. 2. Pars 1. p. 67—70.
* Proceed. Zool. Soc. Lond. 1835. T. 3. p. 183—184.
* Magaz. Zool. and Bot. 1837. T. 1. p. 495. — * Philos. Magaz. 1836. T. 8. p. 347.
* Isis. 1838. 1. p. 37—39. — * L'Institut. 1836. IV. No. 163. p. 200—201.

Yates (James) in London.

* 1. Textrinum Antiquorum an Account of the Art of Weaving among the Ancients. London, Taylor, 18[illegible]. 8. pg. 472. fig. Part. I.

Yeats (Thomas Pattinson).

* 1. Institutions of entomology, being a translation of Linnaeus ordines et genera insectorum, or systematic Arrangement of Insects etc. London, Horsfield, 1773. 8. p. 272.

Yersin (Alexander), Lehrer in Morges in der Schweiz.

* 1. Observations sur le Gryllus campestris.
Bull. Soc. Vaudoise sc. nat. 1852. T. 3. p. 178. — * Gerstaecker Bericht. 1853. p. 57.

2. Mémoire sur la stridulation des Orthoptères.
Bull. Soc. Vaudoise sc. nat. 1853. T. 3. p. 100; p. 230. — * Separat. pg. 8.

* 3. Note sur la dernière mue des Orthoptères.
Bull. Soc. Vaudoise sc. nat. 1854. Avril. pg. 7. tab. 1.

* 4. Sur quelques Orthoptères nouveaux ou peu connus du midi de la France. tab. 2.
Bull. Soc. Vaudoise sc. nat. 1854. pg. 8. tab. 1.

5. Note sur le Xiphidium fuscum.
Bull. Soc. Vaudoise sc. nat. 1855. Avril. — * Gerstaecker Bericht. 1855. p. 97.

* 6. Mémoire sur quelques fait relatifs à la stridulation des Orthoptères et à leur distribution géographique en Europe, avec une planche de musique.
Bull. Soc. Vaudoise sc. nat. 1855. pg. 28.

* 7. Extrait d'une lettre adressée à M. L. Brisout sur les Orthoptères et quelques Hémiptères des environs d'Hyères en Provence.
Ann. Soc. Ent. Fr. sér. 3. 1856. T. 4. p. 737—748.

* 8. Recherches sur les fonctions du système nerveux dans les animaux articulés. (Orthopt.)
Bull. Soc. Vaudoise sc. nat. 1856. T. 5. p. 119—129; * Separat. pg. 4. * 1857. T. 5. p. 284—308.
* Compt. rend. 1857. T. XLIV. p. 912—918.

* 9. Observations sur le Gryllus Heydenii.
Ann. Soc. Ent. Fr. sér. 3. 1857. T. 5. p. 761—779. fig.

* 10. Description de la Pterolepis alpina.
Ann. Soc. Ent. Fr. sér. 3. 1857. T. 5. Bull. p. 161.

* 11. Note sur un Orthoptère nouveau. (Pterolepis alpina.)
Ann. Soc. Ent. Fr. sér. 3. 1858. T. 6. p. 111—122. fig.

* 12. Note sur le Pachytylus migratorius.
Archiv. des sc. de la Biblioth. univers. 1858. pg. 20.

* 13. Notes sur les murs du grillon champêtre.
Bull. Soc. Vaudoise sc. nat. 1858. T. 6. * p. 62—69.

* 14. Sur les dégâts produits par les sauterelles dans la vallée du Rhone.
Bull. Soc. Vaudoise sc. nat. 1860. T. 6. p. 241—254.

* 15. Note sur quelques Orthoptères nouveaux ou peu connus.
Ann. Soc. Ent. Fr. sér. 3. 1860. T. 8. p. 509—537. tab. 1.

Yonge (James).

* 1. The internal use of Cantharides.
Philos. Transact. 17[illegible]. No. 280. p. 1210—1212.
* Ibid. 17[illegible]. T. 4. p. 152—153.

Young (Thomas), geb. 13. Juni 1773 in Milverton, gest. 10. Mai 1829 in London.

* 1. On the Mechanism of the Eye. (Libellula.)
Philos. Transact. 1801. T. 91. p. 53—88.

Ysabeau (A.).

1. Entretiens familiers d'un instituteur avec ses élèves sur les insectes nuisibles. Paris, Dezobry etc., 1860. 12. pg. 6 et 231.

2. Entretiens familiers d'un instituteur avec ses élèves sur les insectes utiles. Paris, Dezobry etc., 1860. 12. pg. 6 et 120.

Yule (J.), Dr.

* 1. Account of the deleterious effects produced by the presence of the larva of an insect in the human stomach.
Edinb. philos. Journ. 18[illegible]. T. 13. p. 72—73.
* Froriep Notiz. 18[illegible]. T. 11. p. 197—200.

Zacharides (Georg). Arzt.

* 1. Hemicrania rebellis et perquam acerba, a verme in nare sinistra hospitante excitata.

Nova Acta Acad. nat. Curios. 1770. T. 4. Obs. 39. p. 187—191. fig. (Musca.)

Zacutus Lusitanus.

* 1. An Cantharides sint venenosae. Lugdun., Huguetan, 1649. Fol.

Med. Princip. Histor. L. II. — Opera. T. I. p. 383. — (Nur medicinisch.)

Zaddach (Ernst Gustav), geb. in Danzig, Prof. Zool. in Königsberg.

* 1. Erster Bericht des Vereins für die Fauna der Provinz Preussen, nebst naturwissenschaftlichen Anfragen.

Preuss. Provinzialbl. 1846. T. 35. p. 332—360.

* 2. Uebersicht über die bisherigen Leistungen im Gebiete der preussischen Fauna.

Preuss. Provinzialbl. 1846. T. 35. p. 401—425.

* 3. Ueber die Eintheilung des Thierreichs in Kreise und Klassen. (Programm d. Friedr. Collegium.) Königsberg, 1847. 4. pg. 20.

* Recens. Erichson Bericht. 1847. p. 1—7.

* 4. Zweiter Bericht des Vereins für die Fauna der Provinz Preussen; nebst naturwissenschaftlichen Anfragen.

Preuss. Provinzialbl. 1847. T. 37. p. 295—310.

* 5. Dritter Bericht.

Preuss. Provinzialbl. 1848. T. 39. p. 384—398; p. 430—447.

* 6. Vierter Bericht.

Preuss. Provinzialbl. 1849. T. 41. p. 417—428.

* 7. Fünfter Bericht.

Preuss. Provinzialbl. 1850. T. 44. p. 451—470.

* 8. Sechster Bericht.

Preuss. Provinzialbl. 1851. T. 46. p. 40—60.

(Preuss. Xylophagen von C. Andersch; Lepidopterologisches von R. Schmidt.)

* 9. Untersuchungen über die Entwicklung und den Bau der Gliederthiere. Heft I. Die Entwicklung des Phryganiden Eies. Berlin, Reimer, 1854. 4. pg. 138. tab. 5.

* 10. Siebenter Bericht.

Preuss. Provinzialbl. 1855. T. 52. p. 311—333; p. 347—404; p. 431—434.

* 11. Achter Bericht.

Preuss. Provinzialbl. 1857. T. 57. p. 170—178. (Aphis von Dr. Neumann.)

* 12. Beschreibung neuer oder wenig bekannter Blattwespen aus dem Gebiete der preussischen Fauna. Königsberg, Schultz, 1859. 4. pg. 39. tab. 1 col.

Separatabdruck aus dem Programm des Friedrichs Collegiums in Königsberg 1859.

Zamboccari (Joseph).

1. Esperienze de Insetti. Firenze, 1680. 4.

(cf. Boehmer. II, 1. p. 87.)

Zammit (Charles).

1. Notes sur les insectes qui attaquent les cotonniers (à l'île de Malte) et sur la manière de les en écarter.

Annal. de l'agric. franc. 1849. T. 34. p. 188—191. (Lacordaire.)

Zannichelli (Johann Hieronymus). Sein Leben cf. Manget Bibl. T. II. Pars 2. p. 642.

* 1. De quodam insecto aquatili epistola illustr. Carol. Nicol. Langio. Venetiis, Corona, 1727. 8. p. 16. 1 tab. aen.

Wenig kenntlich; wohl Dipterenlarven.

Zanoni ((Antonio), geb. 1696 in Udine, gest. 1770.

1. Historia da Seda.

Zanoni Oper. Venet. 1764. T. 9.

* Beckmann Phys. Oekon. Bibl. V. p. 505.

In Edizione compl. degli scritti di agricoltura etc. Udine Mattiuzzi. 16. 2 vol.

* cf. Bibl. italian. 1829. T. 54. p. 284.

von Zanthier (Hans Dietrich), gest. 30. Nov. 1778.

* 1. Abhandlungen über das theoretische und practische Forstwesen mit Zusätzen u. Anmerkungen herausgegeben von Hennert. Berlin, Sander, 1799. 8. 2 vol.

Zebe (Gustav), Forstbeamter in Pommern.

* 1. Synopsis der bisher in Deutschland aufgefundenen Coleoptera.

Stett. Ent. Zeit. 1852. T. 13. p. 123—128; p. 161—176; p. 200—216; p. 241—256; p. 280—296; p. 329—336; p. 360—376; p. 409—416; p. 455—462; 1853. T. 14. p. 33—40; p. 65—81; p. 113—120; p. 142—156; p. 173—182.

(cf. Kriechbaumer No. 8 u. Schmidt-Goebel No. 7.)

* 2. Cryptocephalus saliceti. nov. spec.

Stett. Ent. Zeit. 1855. T. 16. p. 75—80.

Zebe (F. S.), Oberförster zu Buratin bei Ratibor, Vater des Vorigen.

1. Schädliche Forstinsecten.
   Arbeit. schles. Gesellsch. f. vaterl. Kultur. 1837.

*2. Ueber ein Zwillingspaar von Rhagium indagator, und über Scardia mediella Treit.
   Stett. Ent. Zeit. 1840. T. 1. p. 61.

Zebrawski (Teofil). Architect.

*1. Owady Łuskoskrzydłe czyli Motylowate z okolic Krakowa. (Lepidopt. um Krakau.) Krakowie, Universit. Druck., 1860. 8. pg. 331. tab. 12.

Zeghers, Priester aus St. Leonhardt bei Hoogstraeten.

1. Mémoire sur la question quels seraient les meilleurs moyens d'élever les abeilles dans nos provinces et d'en tirer le plus grand avantage par rapport au commerce et à l'économie. Mémoires sur les questions proposées par l'Acad. des sciences, qui ont remporté le prix 1779. Bruxelles, 1780. 4. pg. 55. (von Zegher, Norton und einem Anonymus.)
   Rec. Allgem. Deutsch. Bibl. T. 49. p. 552.
   Zegher. p. 1—55.

Zehnpfennig (J. A.).

1. Vollständige Anleitung zu einer vollkommenen Bienenzucht, worin von der ganzen Bienenzucht, von den Bienen-Krankheiten und Heilungs-Mitteln ausführlich gehandelt wird. Düsseldorf, Verfasser, 1772. 8. pg. 77.
   Ed. (blos neuer Titel.)
   *Recens. Allgem. Deutsch. Bibl. Anhang zu Bd. 13—24. p. 1469.
   Riem. Phys. Oekon. Bienenbibl. T. 1. p. 349—356.

Zeis.

1. Dissertatio de Phthiriasi. Heidelbergae, 1678. 4.
   cf. Ploucquet, 3. 257. (Lacordaire.)

Zeiss (Johann Justus). Rector zu Treisa Ziegenhain.

*1. Von der besten Bienenzucht in der Churpfalz; drei Preisschriften. Mannheim, Akademie, 1769. 8. (mit Riem und Hampel.) p. 1—75.
   (Zeiss Schrift folgt auf den Vorbericht von pg. 16.)

Zeller (Philipp Christoph), geb. 9. April 1808 zu Steinheim a. d. Murr im Königr. Würtemberg. Professor in Meseritz.

*1. Kritische Bestimmung der in Réaumurs Memoiren vorkommenden Lepidopteren.
   Isis. 1838. IX. X. p. 625—730.

*2. Beurtheilung der Freyerschen Preisarbeit über Réaumurs Schmetterlinge Isis. 1838.
   Isis. 1839. IV. p. 418—470.

*3. Kritische Bestimmung der in DeGeers Memoiren enthaltenen Schmetterlinge.
   Isis. 1839. III. p. 243—349.

*4. Versuch einer naturgemässen Eintheilung der Schaben. Tinea.
   Isis. 1839. II. p. 167—220.
   *Extr. Bericht d. schles. Tauschver. f. 1845. p. 11—17.

*5. Ueber die Schmetterlingsarten in Ratzeburgs Forstinsecten.
   Stett. Ent. Zeit. 1840. T. 1. p. 183—192; 1841. T. 2. p. 9—13.

*6. Beitrag zur Kenntniss der Dipteren aus den Familien der Bombylier, Anthracier u. Asiliden.
   Isis. 1840. I. p. 10—78; 1842. p. 807—848.

*7. Lepidopterologische Beiträge.
   Isis. 1840. I. p. 115—143; p. 208—248.

*8. Nachricht über die Seefelder bei Reinerz in Entomologischer Beziehung.
   Stett. Ent. Zeit. 1841. T. 2. p. 171—176; p. 178—182.

*9. Vorläufer einer vollständigen Naturgeschichte der Pterophoriden.
   Isis. 1841. VIII. p. 755—795; XI. p. 827—893.

*10. Beitrag zur Kenntniss der Volucella plumata und bombylans.
   Stett. Ent. Zeit. 1842. T. 3. p. 65—67.

*11. Dytiscus oder Dyticus.
   Stett. Ent. Zeit. 1842. T. 3. p. 67.

*12. Beschreibung der Gelechia lapella Linné.
   Stett. Ent. Zeit. 1842. T. 3. p. 250—253.

*13. Asopia Lienigialis und Crambus Lienigiellus zwei neue Falterarten.
   Stett. Ent. Zeit. 1843. T. 4. p. 139—142.

*14. Zwei hermaphroditische Falter.
   Stett. Ent. Zeit. 1843. T. 4. p. 229—232.

*15. Ueber Phalaena Tinea Xylostella Linn.
   Stett. Ent. Zeit. 1843. T. 4. p. 281—283.

* 16. Die schlesischen Arten der Dipterengattung Sphegina.
Stett. Ent. Zeit. 1842. T. 4. p. 301—303.

* 17. Beobachtung an Musca erythrocephala.
Stett. Ent. Zeit. 1843. T. 4. p. 314—315.

* 18. Einige Bemerkungen über Zygaenen.
Stett. Ent. Zeit. 1844. T. 5. p. 35—48.

* 19. Berichtigung der Synonymie im Genus Paecadia.
Stett. Ent. Zeit. 1844. T. 5. p. 379—381.

* 20. Synonymie der Hufnagelschen Falterarten.
Isis. 1844. I. p. 16—49.

* 21. Monographie des Genus Hyponomeuta. 2 pl.
Isis. 1844. III. p. 197—238.

* 22. Ueber Linné's Citate aus Schaeffers Icones.
Stett. Ent. Zeit. 1845. T. 6. p. 219—220.

* 23. Polyommatus Polonus eine neue Tagfalter Art.
Stett. Ent. Zeit. 1845. T. 6. p. 351—354.

* 24. Ueber Anthophila rosina Hueb.
Stett. Ent. Zeit. 1845. T. 6. p. 355—357.

* 25. Anmerkungen zu Lienigs Lepidopterologischer Fauna von Livland und Curland.
Isis. 1846. III. p. 175—302.

* 26. Die knotenhornigen Phyciden.
Isis. 1846. X. p. 729—788.

* 27. Comparative Beschreibung des Genus Hyponomeuta.
Berichte d. Lepidopter. Tauschver. (Schlaeger.) 1846. p. 165—170.

* 28. Beschreibung der Trichosoma Loewii nov. sp. nebst Bemerkungen über Carrenos insect „dont l'ordre est incertain."
Stett. Ent. Zeit. 1846. T. 7. p. 5—11.

* 29. Ueber die Synonymie der Emydia Arten Coscinia et Candida.
Stett. Ent. Zeit. 1846. T. 7. p. 150—152.

* 30. Euplocamus boleti u. tessulatellus.
Stett. Ent. Zeit. 1846. T. 7. p. 178—182.

* 31. Lepidopterologische Beiträge.
Stett. Ent. Zeit. 1846. T. 7. p. 323—328; 1847. T. 8. p. 170—185; p. 331—330; 1848. T. 9. p. 13—20; p. 271—273; p. 274—277.

* 32. Die Arten der Blattminirergattung Lithocolletis beschrieben. fig.
Linnaea. 1846. T. 1. p. 166—261.

* 33. Die Arten der Gattung Endorea beschrieben. fig.
Linnaea. 1846. T. 1. p. 262—318.

* 34. Verzeichniss der vom Prof. Loew in der Türkey und in Asien gesammelten Lepidopteren.
Isis. 1847. I. p. 3—39.

* 35. Bemerkungen über die auf einer Reise nach Italien und Sicilien gesammelten Schmetterlingsarten.
Isis. 1847. II. p. 121—159; III. p. 213—233; p. 284—308; VI. p. 401—457; VII. p. 483—522; VIII. p. 561—591; IX. p. 639—673; X. p. 721—771; XI. p. 800—859; XII. p. 880—914.

* 36. Ueber einige Meigensche Asilus Arten.
Stett. Ent. Zeit. 1847. T. 8. p. 280—281.

* 37. Beitrag zur Naturgeschichte der Sericoris artemisiana Z.
Stett. Ent. Zeit. 1847. T. 8. p. 282—284.

* 38. Die Argyresthien beschrieben. fig.
Linnaea. 1847. T. 2. p. 233—353.

* 39. Revision der Lepidoptera in Agassiz Nomenclator. — v. L. Agassiz No. 1.

* 40. Die Gallerien und nacktthornigen Phyciden.
Isis. 1848. VIII. p. 569—618; IX. p. 650—691; X. p. 720—754.

* 41. Exotische Phyciden.
Isis. 1848. XI. p. 857—890.

* 42. Kolenatis Meletemata entomologica recensirt.
Stett. Ent. Zeit. 1848. T. 9. p. 360—377.

* 43. Die Gattungen der mit Augendeckeln versehenen blattminirenden Schaben. fig.
Linnaea. 1848. T. 3. p. 248—344.
*Entr. Trans. Ent. Soc. Lond. 1849. T. 5. p. 121—142. cf. Stainton No. 4.

* 44. Ueber Decticus tessellatus Charp., D. Philippicus Zell. und D. strictus Zell.
Stett. Ent. Zeit. 1849. T. 10. p. 113—116.

* 45. Ueber die Artrechte des Polyommatus Amyntas u. Polysperchon.
Stett. Ent. Zeit. 1849. T. 10. p. 177—183.

(**Zeller, Philipp Christoph.**)

* 46. **Verzeichniss der von Herrn Jos. Mann beobachteten Toscanischen Microlepidoptera.**
Stett. Ent. Zeit. 1849. T. 10. p. [illegible]; p. [illegible]; p. 278–[illegible]; p. 312–317; 1850. T. 11. p. 59–61; p. 134–[illegible]; p. [illegible]; p. 195–[illegible].

* 47. **Beitrag zur Kenntniss der Coleophoren.**
Linnaea. 1849. T. 10. p. 191–416.

* 48. **Bemerkungen zu einigen für Schlesien neuen Falterspecies.**
Breslau. Entom. Zeitschr. 1850. p. 31–36; 1851. p. 63–68; 1852. p. 53–56; 1854. p. 9–11.

* 49. **Zwei neue Tagfalter. Triphysa Dohrnii u. Phryne, Lycaena Hoffmanseggii.**
Stett. Ent. Zeit. 1850. T. 11. p. 308–311.

* 50. **Drei Schabengattungen: Incurvaria, Micropteryx und Nemophora. fig.**
Linnaea. 1851. T. 5. p. 301–362.

* 51. **Rezension von Bohemann Försök till systematisk uppställning af de i Sverige förekommande Nattfjaerilar.**
Stett. Ent. Zeit. 1851. T. 12. p. 12–17.

* 52. **Rezension von Gerhards Versuch einer Monographie der Lycaenen. Heft I.**
Stett. Ent. Zeit. 1851. T. 12. p. 17–20.

* 53. **Lepidopterologische Bemerkungen.**
Stett. Ent. Zeit. 1851. T. 12. p. 145–151.

* 54. **Die Schaben mit langen Kiefertastern.**
Linnaea. 1852. T. 6. p. 81–197.

* 55. **Revision der Pterophoriden.**
Linnaea. 1852. T. 6. p. 319–416.
* Traduct. Trans. Ent. Soc. Lond. 1852. T. 2. Proc. p. 10–12.

* 56. **Lepidopterologische Mittheilungen. (Thais Polyxena, Geom. Sicanaria etc. Geom. emutaria u. flaccidaria.)**
Stett. Ent. Zeit. 1852. T. 13. p. 177–187.

* 57. **Die Raupe von Polyommatus Corydon.**
Stett. Ent. Zeit. 1852. T. 13. p. 425–428.

* 58. **Sieben Tineaceen-Gattungen beschrieben.**
Linnaea. 1852. T. 7. p. 325–367; 1853. T. 8. p. 1–87.

* 59. **Lepidoptera Microptera quae J. A. Wahlberg in Caffrorum terra collegit.**
Vetensk. Acad. Handl. 1852. (ed. 1854.) p. 1–120.
* Separat. Stockholm, Norstedt, 1852. 8. pg. 120.

* 60. **Verzeichniss der in den mittlern Odergegenden im geflügelten Zustande überwinternden Lepidopteren.**
Stett. Ent. Zeit. 1853. T. 14. p. 49–53; p. 82–86.

* 61. **Caroli Clerck Icones Insectorum rariorum 1759, kritisch bestimmt.**
Stett. Ent. Zeit. 1853. T. 14. p. 199–214; p. 239–251; p. 271–294.

* 62. **Lepidopterologisches. (Synonyma. Lepidopt. fictilia, Elachista n. sp.)**
Stett. Ent. Zeit. 1853. T. 14. p. 408–416.

* 63. **Drei Javanische Nachtfalter beschrieben.**
Bullet. Moscou. 1853. T. 26. p. 502–516. tab. 1.

* 64. **Note on impaled insects; larva of Polyommatus Artaxerxes.**
Trans. Ent. Soc. Lond. ser. 2. 1853. T. 2. Proc. p. 106–107.

* 65. **Lokalitäten an der Ostküste Siciliens in lepidopterologischer Hinsicht dargestellt.**
Bullet. Moscou. 1855. T. 27. P. 2. p. 3–52.
* Separat. Moscou, 1854. 8. pg. 52.

* 66. **Lebensweise von Grapholitha corollana.**
Zeitschr. entom. Verein f. Schles. Insectenk. 1853. No. 23. (ed. 1854.)

* 67. **Neue Arten für die schlesische Fauna entdeckt im Jahre 1853 bei Gr. Glogau.**
Assmann. Zeitschr. Entomol. 1854. T. 8. p. 9–11.

* 68. **Ueber Zygaena Ephialtes.**
Stett. Ent. Zeit. 1854. T. 15. p. 82–91.

* 69. **Litterarisches. Gladbachs Europ. Schmetterlinge; Bremer Lepid. Chinas; Lederers Lepid. Sibiriens.**
Stett. Ent. Zeit. 1854. T. 15. p. 168–176; 1855. T. 16. p. 39–43; p. 91–96.

* 70. **Anzeige der Lepidopteren in der Exploration scientif. de l'Algérie.**
Stett. Ent. Zeit. 1854. T. 15. p. 280–298; p. 299–310.

* 71. **Die Depressarien und einige ihnen nahe stehenden Gattungen. tab. 2.**
Linnaea. 1854. T. 9. p. 189–403.

* 72. **Die Lepidopteren in Scopolis Entomologia Carniolica.**
Stett. Ent. Zeit. 1855. T. 16. p. 233–257.

* 73. **Rezension von Fischers Orthoptera Europaea.**
Stett. Ent. Zeit. 1856. T. 17. p. 15–27.

*74. Nachtrag zu den im 9. Bande der Linnaea beschriebenen Arten des Genus Cryptolechia.
Linnaea. 1855. T. 10. p. 165—168. tab. 1.
*75. Die Arten der Gattung Butalis beschrieben.
Linnaea. 1855. T. 10. p. 169—[illegible].

Zendrini (J. M.).
*1. Enumeratio Carabicorum Ticinensium. Ticini Regii, 1830. 8. pg. 36.

Zeni (Fortunato).
1. Coleoptera Tridentino-Roveretana pro mutua commutatione oblata. Patavii, Sicca, 1857. 8. pg. 8.

Zenker (Jonathan Carl). Dr. Med.
*1. Das thierische Leben und seine Formen, ein zoologisches Handbuch, zum Gebrauch academischer Vorlesungen und zum Selbststudium. Jena, Cröcker, 1828. 8. pg. 720.
(Insecten p. 371—491.) — Isis. 1829. p. 181—182.
*2. Thaumatomyia prodigiosa. (Dipter.)
Froriep Notiz. 1833. T. 35. p. 344. fig.
*3. Naturgeschichte schädlicher Thiere. Versuch einer naturhistorischen Darstellung der für die Oekonomie, Gärtnerei und Forstwissenschaft wichtigsten schädlichen Thiere Deutschlands, nebst den zweckmässigsten Mitteln zu ihrer Vertilgung und Vertreibung. Leipzig, Baumgärtner, 1836. 4. *tab. 16. (10 Insecten.)
(gehört zur allgem. Encyclop. der gesammten Land- u. Hauswirthschaft der Deutschen.)

Zenker (Wilhelm).
1. Kritik der Erichsonschen Gliedmaassentheorie.
Wiegm. Archiv. 1854. T. 20. P. 1. p. 115—138.

Zenneck. Professor in Stuttgart.
*1. Eintheilung der Raupen zur leichtern Bestimmung der gefundenen inländischen Arten.
Stett. Ent. Zeit. 1840. T. 1. p. 125—128; p. 133—136.
*2. Ob es Zeit sei, eine allgemeine deutsche Insectenfauna zu bearbeiten.
Stett. Ent. Zeit. 1844. T. 5. p. 177—179.

Zetterstedt (Johann Wilhelm), geb. zu Mißlby, auf einem Landgute in Ostgothland am 20. Mai 1785. Professor in Lund.
*1. Nagra nya Svenske insect-arter fundne och beskrifne. (Hemiptera, Coleoptera.)
Vetensk. Acad. Handl. *1818. p. 249—262; *1819. p. 69—86; *1824. p. 149—160.
*Féruss. Bullet. 1828. T. 8. p. [illegible].
*2. Orthoptera Sueciae disposita et descripta. Lundae, Berling, 1821. 8. pg. 132.
Féruss. Bullet. 1824. T. 1. p. 304.
*3. Fauna Insectorum Lapponica. (Coleoptera, Orthoptera, Hemiptera.) Hammone, Schulz, 1828. 8. pg. XX et 563.
*Féruss. Bullet. 1830. T. 22. p. 162.
*4. Monographia Scatophagarum Scandinaviae. fig.
Ann. Soc. Ent. Fr. 1835. T. 4. p. 175—189.
*5. Conspectus familiarum, generum et specierum Dipterorum in Fauna Lapponica descriptorum.
Isis. 1837. 1. p. 28—67.
*6. Insecta Lapponica descripta. Lipsiae, Voss, 1840. 4. pg. 1140. (zweispaltig gedruckt.)
Erschien in 6 Heften; 1838. Coleoptera, Orthoptera, Hemiptera, Hymenoptera, Diptera; 1839. Lepidoptera, 1840. Neuroptera.
*Revue Zoolog. 1838. T. 1. p. 228.
*7. Diptera Scandinaviae disposita et descripta. Lund, Verfasser. 8.
T. I. 1842. pg. 16 et 440. T. II. 1843. p. 441—894. T. III. p. 895—1280. T. IV. 1845. p. 1281—1738. T. V. 1846. p. 1739—2162. T. VI. 1847. p. 2163—2580. T. VII. 1848. p. 2581—2934. T. VIII. 1849. p. 2935—3366. T. IX. 1850. p. 3367—3710. T. X. 1851. p. 3711—4090. T. XI. 1852. p. 4091—4545. T. XII. 1855. p. 20 et 4547—4942. T. XIII. 1859. p. 16 et 4943—6190. T. XIV. 1860. p. 4 et 6191—6609. (Addenda, Corrigenda, Index.)

Zeuschner. Förster in Habichtswald.
*1. Schutz gegen die Kiefern-Blattwespe. (Tenthredo pini.)
Landwirthschaftl. Zeit. f. Westfal. 1852. Jahrg. IX (11.) p. 189—190.

Ziegler (Anton).
1. Die Seidenzucht, ihre Behandlung und Vortheile. In Fragen und Antworten dargestellt und allen Freunden vaterländischer Industrie gewidmet. Regensburg, 1840. 8. tab. 2.
(cf. Engelmann Bibl. Oec. p. 376.)

Ziegler (Daniel).

* 1. Descriptions of new North American Coleoptera.
Proc. Acad. Nat. Sc. Philad. 1844. T. 2. p. 43—47; p. 266—272.

Ziegler (J. W. August). Pfarrer in Jodlauken bei Insterburg.

* 1. Anleitung zur Saat, Pflanzung und Pflege der Maulbeerbäume und zum Verfahren bei der Seidenzucht. Königsberg, Hartung, 1836. 8. pg. 76. tab. 2.

Zier.

1. Sur le développement de la Cantharide. fig.
Brandes Archiv. d. Apothek. Vereins. 1829. T. 29. p. 209.
* Féruss. Bullet. 1830. XX. p. 181—182.

von Zieten (A.).

1. Anweisung zum Seidenbau, wie derselbe in Deutschland nach untrüglichen Regeln mit leichter Mühe zum einträglichsten aller bisher genannten Erwerbszweige gemacht werden kann. Mit gewissenhafter Genauigkeit nach mehrjährigen Erfahrungen bekannt gemacht. Stuttgart, Schweizerbart, 1831. 8. 2 Steintaf.
(cf. Engelmann Bibl. Oec. p. 379.)

Zimmermann (Christoph), in Amerika.

* 1. Monographie der Carabiden. Berlin (Halle, Anton), 1831. 8. pg. 8 et 76. Stück 1. Zabroida. 26 spec.
* Isis. 1832. V. p. 539; X. p. 1117.
* Zabrus extr. Silberm. Revue entom. 1833. T. 1. p. 45—47.

* 2. Ueber die bisherige Gattung Amara, ein Beitrag zu einer künftigen Monographie der hierher gehörigen Thiere.
Gistel Faunus. 1832. Heft 1. p. 5—40.
* Französ. Uebers. Silberm. Revue entom. 1834. T. 2. p. 190—232.

* 3. Einige Worte über die Gattung Masoreus. 7 spec.
Gistel Faunus. 1832. Heft 1. p. 110—121. — * Silberm. Revue entom. 1834. T. 2. p. 233—235.

* 4. Tachygonus Lecontei.
Germar Zeitschr. Entomol. 1840. T. 2. p. 445—166.
* Silberm. Revue entom. 1840. T. 5. p. 343—346.

* 5. Zur Naturgeschichte der Mantis Carolina.
Wiegm. Archiv. 1843. T. 9. p. 390—397. — * Ann. and Mag. Nat. Hist. 1844. T. 14. p. 78.

Zinanni (Conte Giuseppe), aus Ravenna, geb. 1692, gest. 1753.

* 1. Delle Uova e dei nidi degli Uccelli libro primo. Aggiunte in fine alcuni Osservazioni, con una Dissertazione sopra varie specie di Cavallette etc. Venezia, Antonio Bortoli, 1737. 4. 6 pg. Widmung (s. p.). pg. 130 incl. Praef. et Register.
In derselben Bogenzahl aber mit besonderem Titel und eigener Paginirung:
Osservazioni giornali sopra le Cavallette con una Dissertazione in fine intorno alle medesime p. 1—33; und: Dissertazione delle Cavallette p. 35—55 incl. Expl. tabul. 1 Haupt- und 3 Classen-Titelkupfer und 22 Kupfertafeln der Eier, und 8 Kupfertafeln der Heuschrecken.
Biologie und Anatomie der Heuschrecken.

2. Opere postume, nelle quali si contengono 114 piante che vegetano nel mare Adriatico, nelle paludi e nel territorio di Ravenna, coll' istoria d'alcuni insetti. Venezia, 1755—1757. fol.
(Nouv. biogr. génér. T. 20. p. 370.)

Zincken genannt **Sommer** (Johann Leopold Theodor Friedrich), geb. 1770, gest. 8. Februar 1856 in Braunschweig. Hofmedicus daselbst. Seine Sammlung wurde 15. December 1857 durch Auction verkauft. * Verzeichniss der entomologischen Sammlung etc. Braunschweig, 1857. 8. pg. 72. (Lepidoptera.)

* 1. Beobachtungen über die Sackträger unter den Schmetterlingen, ihre Fortpflanzung und Entwickelung.
Germar Magaz. Entom. 1813. T. 1. p. 19—66.

* 2. Die Linneischen Tineen in ihre natürlichen Gattungen aufgelöst und beschrieben.
Germar Magaz. Entom. 1817. T. 2. p. 24—113; 1818. T. 3. p. 113—176; 1821. T. 4. p. 230—245.
(Monographie der Gattung Chilo, Phycis u. Galleria.)

* 3. Miscellen. (Psyche, Papilio Dictynna, Athalia, Polychloros, Xanthomelas, Delius.)
Germar Magaz. Entom. 1815. T. 1. p. 168—180. (Bombyx graminis.) 1817. T. 2. p. 237. (Verwüstung der Wälder durch Liparis dispar; Bombyx graminis; Nachricht über einige dem Sommerrübsamen schädlichen Insecten, Plusia gamma, Pyralis aruncalis; Ueber das Gewächs des sogenannten Oeligwerdens der Schmetterlinge; Beiträge zur Naturgeschichte einiger ausländischen Schmetterlinge aus New York.) 1818. T. 3. p. 631—658.

*4. Nachtrag zur Monographie der Gattung Chilo.
Germar Magaz. Entom. 1821. T. 4. p. 166—226.
5. Beschreibung von Schmetterlingsgattungen.
Ersch u. Gruber Encyclop. Buchstabe A. 1818—1821. T. 1—6.
*6. Die Zünsler, Wickler und Geistchen des Wiener Verzeichnisses. Braunschweig, 1821. 8.
(cf. Charpentier No. 3. Zinken lieferte nur Anmerkung zu Chp. Schrift.)
7. Anweisung zum Seidenbau überhaupt und insbesondere in Bezug auf das nördliche Deutschland nach den neuesten Verbesserungen desselben und nach eigenen Erfahrungen und über die Naturgeschichte des Seidenspinners selbst angestellten Versuchen abgefasst. Mit einer Anleitung zu einer leichtern, wohlfeilern und naturgemässen Fütterungsweise der Seidenraupe und zu einer zweifachen Zucht in einem Jahr. Braunschweig, Meyer, 1829. 8. pg. 111.
*Isis. 1831. IV. p. 312; VIII. p. 841—850.
*8. Beiträge zur Insectenfauna von Java. (Lepidoptera. 32 spec.)
Nov. Act. Acad. Natur. Curios. 1831. T. 15. P. 1. p. 129—194. tab. 3 col.
*Isis. 1833. VIII. p. 875.
Recens. von Boisduval. No. 6.
9. Anweisung für Gartenbesitzer und Landleute, wie dieselben in jedem Monate des Jahrs zu verfahren haben, um in ihren Gärten Obst und Gartenfrüchte vor den Zerstörungen durch schädliche Insecten am sichersten und leichtesten zu schützen. Auf Veranlassung des Vereins zur Beförderung des Gartenbaus im Herzogthum Braunschweig herausgegeben. Braunschweig, Meyer, 1832. 8.
(cf. Engelmann Bibl. Oec. p. 390.)

Zinke (Georg Gottfried).
*1. Kriecht die Waldraupe im Herbste oder Frühjahre aus? und was ist in Absicht ihrer Vertilgung von Vögeln zu erwarten.
Laicher d. besorgte Forstm. 1798. p. 413—460.
*2. Bemerkungen über die schädliche Waldraupe. (B. Monacha.) Jena, Göpferdt, 1797. 8. pg. 32.
*3. Naturgeschichte der schädlichen Nadelholz-Insecten nebst Anweisung zu ihrer Vertilgung; ein nützliches Lehrbuch für Naturforscher, Forstmänner und Oekonomen. Weimar, Industrie-Compt., 1798. 8. tab. 2. pg. 126.
(Erschien zuerst in: Laicher d. besorgte Forstm. Weymar, 1798. T. 1. p. 25—92. a. p. 137—204. Lacordaire.)
4. Beantwortung der im Reichsanzeiger vorigen Jahres No. 23. p. 120 befindlichen Fragen, die im Voigtlande wüthende Waldraupe betreffend.
Laicher d. besorgte Forstm. 1798. T. 1. p. 316—350. (Lacordaire.)
5. Die Kunst allerhand natürliche Körper zu sammeln, selbige auf eine leichte Art für das Kabinet zuzubereiten, und sie vor Zerstörung feindlicher Insecten zu sichern. Jena, (Schmid), 1802. 8.

Zinken.
1. Unterricht vom Seidenbau. Wolfenbüttel, 1753. 8.
(cf. Boehmer II, 2. p. 257.)

Zinzendorff.
1. Anleitung zur Pflege der Maulbeerbäume und der Seidenraupen, 1653.
(cf. Cornalia monogr. p. 30.)

Zirkler (Conrad W.).
1. Genaue Beschreibung einer neuen Methode des Abdruckens der Schmetterlinge. Tübingen, Zu-Guttenberg, 1816. 16. pg. 30. tab. 3.
(cf. Curna p. 12.)

Żmudziński (Anton).
1. Wyciąg z nauki pszczelnictwa wykładanéj przez. Leszno, Günther, 1853. 8. pg. 68. (Auszug aus der Bienenkunde. Böhmisch.) v. Dzierzon No. 3.

Zollinger (H.).
1. Beiträge zur Naturgeschichte der Holzhummel. (Xylocopa violacea [amethystina].)
Natuur- en Geneesk. Archiv. voor Neerlands Indie. 1848. T. 3. p. 195.
*Uebers. v. Prantius. Stett. Ent. Zeit. 1851. T. 12. p. 228—240.

Zopf (Karl). Fürstl. Reuss. Plauisch. Forstsecretair.
*1. Die Nonne im Walde und ihre Schwester die Nonnenraupe. Leipzig, Crusius, 1796. 8. pg. 12 et 100.
(der Name hinter der Vorrede.)

Zoubkoff (B.).

* 1. Notice sur un nouveau genre et quelques nouvelles espèces de Coléoptères. (17 spec.)
Bullet. Moscou. 1829. T. 1. p. 147—168. tab. 7. — Reimpr. Ed. Lequien. T. 1. p. 59—66. *Férus. Bullet. 1830. T. 22. p. 153—154.

* 2. Catalogue des Coléoptères pris par Mr. Karelin dans les Steppes des Kirguises, entre le Volga et l'Oural.
Bullet. Moscou. 1829. T. 1. p. 169—170.

* 3. Nouveaux Coléoptères recueillis en Turcménie. 55 spec.
Bullet. Moscou. 1833. T. 6. p. 310—340. — Reimpr. Ed. Lequien. T. 1. p. [illegible]—[illegible].

* 4. Description de quelques Coléoptères nouveaux.
Bullet. Moscou. 1837. T. 10. No. 5. p. 50—72. pl. 8.
*Revue Zool. 1840. T. 3. p. 140.

Zschach (Johann Jacob). Leskes Sammlung ist im Museum der Dublin Society vorhanden *Isis. 1821. Litt. Anzeig. p. 339.

* 1. Museum N. G. Leskeanum. Pars entomologica ad systema entomologiae C. Fabricii ordinata. Lipsiae, Müller, 1788. 8. pg. 136. tab. 3 col.
*Auch in: Museum Leskeanum. Regnum animale. Vol. 1. Lipsiae, Müller, 1789. 8. pg. 136. tab. 3 col. (Insecta.) — Jena. allg. Litt. Zeit. 1788. T. 4. p. 409—410.

Zschorn (C.). Oberlehrer in Halle.

* 1. Vanessa Pyromelas.
Thon. Archiv. 1830. T. 2. P. 2. p. 79.

Zuccagni (Attilio) Dr.

1. Esperienze sulle Api.
Atti dei Georgofili. T. 1. — Atti della Soc. econom. di Firenze. T. 1. p. [illegible].
(cf. Dizion. ragion. di F. Re. T. 4. p. 337.)

Zuchold (Ernst Amandus), in Leipzig.

* 1. Eine neue Heuschrecke aus Australien, Petasida ephippigera White.
Froriep Tagsber. 1851. T. 2. p. 129—130.

* 2. Bibliotheca historico-naturalis et physicochemica (et mathematica) oder Systematisch geordnete Uebersicht der in Deutschland und dem Auslande auf dem Gebiete der gesammten Naturwissenschaften (und der Mathematik) neu erschienenen Bücher. Göttingen, Vandenhoeck etc. 8. (erster Jahrgang ohne Mathematik.) 1851—1860. Jahrg. I—X. à 2 Hefte.

Zuschlag.

* 1. Bemerkungen über die Nomenclatur der Käferfauna.
Dritter Jahresbericht d. Ver. f. Naturk. in Cassel. 1839. p. 17—20.

Zwanziger (J.).

1. Handbuch der Schmetterlingskunde. Wien, 1844. 8. tab. 7 col.

Zwinger (Theodor). Arzt in Basel.

* 1. De variis insectis per vomitum excretis a virgine quadam fascinata.
Ephem. Acad. Nat. Curios. 1719. Cent. VII et VIII; Obs. 26. p. 64—67.

Die anonymen und pseudonymen Schriften sind das Kreuz jedes Bibliographen. Von einer beträchtlichen Anzahl habe ich die Verfasser ermittelt, und diese Schriften an ihrem Orte eingereiht. Ich habe es übersehen, dass diese Titel oder wenigstens ihr Anfang unter den Anonymen aufgeführt werden müssen, und vermag jetzt dies nicht mehr nachzuholen. Anonyme Schriften, die dem Verzeichniss der Anonyma fehlen, und den Schriftstellern angereiht sind, werden meistens durch den systematischen Theil zu ermitteln sein. Auch unter den angeführten Anonymen befindet sich ein Theil, der bestimmt schon bei den Schriftstellern vorgekommen ist, dessen Ermittelung mir aber jetzt nicht gelingen will. Die ganze Masse habe ich zur leichteren Uebersicht in folgende Abtheilungen gesondert.

Alle, deren Schriftsteller durch Anfangs-Buchstaben oder Pseudonyme bezeichnet sind in alphabetischer Folge.

I. Allgemeines und Vermischtes.
II. Lepidoptera.
III. Bombyx Mori.
IV. Apis mellifica.
V. Vespa und andere Hymenoptera.
VI. Cochenille, Manna.
VII. Schädliche Insecten.
VIII. Locusta.
IX. Gryllotalpa, Gryllus, Blatta, Forficula.
X. Pulex.
XI. Schädliche Diptera.
XII. Cimex.
XIII. Aphis.
XIV. Ameisen, Termiten.
XV. Meloë.
XVI. Maikäfer-Schaden.
XVII. Haltica.
XVIII. Dem Weinstock schädliche Insecten.
XIX. Fruchtbäumen schädliche Insecten.
XX. Dem Gemüse schädliche Insecten.
XXI. Dem Getreide schädliche Insecten.
XXII. Forstschädliche Insecten.
XXIII. Den Büchern und Zeugen schädliche Insecten.

A. L. A., aus Alnwick.

*1. Carabus crepitans and nemoralis.
Magaz. of N. H. 1830. T. 3. p. 477.

E. A. A.

1. Några rön och försök angående honungsdagg, samt tankar och Anmärkningar deröver.
Vetensk. Acad. Handl. 1748. p. 236. Deutsche Uebers. ibid. p. 240.

A. B. (wohl Bourgeois.)

*1. Études spéciales et raisonnés de la Pyrale de la vigne du Beaujolais dans ses phases diverses et unique moyen de la détruire. par A. B. Lyon, 1841. 8. pg. 16. — ob dasselbe mit Bourgeois No. 1?

2. Tournées en avril, mai et juin 1842 dans les vignobles du Beaujolais et du Maconnais pour observer la Pyrale, et faire quelques recherches locales. par A. B. Lyon, 1842. 8. (Der Titel führt wohl irrig 1841.)
(cf. Ann. Soc. Ent. Fr. 1842. T. 11. Bull. p. 34.)

A. B.

*1. Versuche, die Bienen ohne Aufwand im Winter zu erhalten.
*Hannöv. Magaz. 1770. Stück 90. p. 1431—1436.
*Abhandl. Oberlaus. Bienengesellsch. 1773. T. 1. p. 197—210.
(aus The Repository mag. 1768. Stück 2. p. 163.)

A. B., aus Whitby.

*1. Observations on the Nettle Caterpillar.
Urban Gentlem. Magaz. 1757. T. 27. p. 498.

A. P. D. B., Moulinier filateur de l'Isère.

1. Coup d'oeil sur le commerce des soies au point de vue de la filature et du moulinage. Grenoble. Impr. de Baratier, 1850. 8.
(cf. Chéron. p. 229.)

J. B., aus Worcester.

*1. Aphides produced in the winged state.
Entomol. Magaz. 1833. T. 1. p. 315.

J. B—n. (J. Bevington ?)

*1. Observations on Spontaneous or Equivocal Generation.
Entomol. Magaz. 1837. T. 4. p. 365—373.
*Erichson Bericht. 1838. p. 2. — Wiegm. Archiv. 1839. T. 2. p. 258.

*2. Notes on various insects, with further explanatory Observations by Shuckard, (Hymenopt.)
Entomol. Magaz. 1838. T. 5. p. 177—180.

J. G. B.

1. Bericht von denen auf den Blättern der Bäume 1680 häufig gefundenen Schlangengestalten. Frankfurt a. O. 4. 2½ Bog. 1 Taf.
(cf. Boehmer II, 2. p. 276.)

Le B.**

1. Sur un moyen qu'il a découvert pour garantir les ruches d'un cruel insecte, connu sous le nom de Teigne de cire.
Journ. oeconom. 1767. Octob. p. 462. — Hamburg. Magaz. St. 33. p. 188.
(cf. Boehmer. II, 2. p. 325.)

T. B.

*1. A compendious account of the whole art of breeding, nursing, in the right ordering of the Silkworm. London, Worrall, 1733. 4. pg. 4 et 32. tab. 6 aen.

Th. v. B.

1. Beschryving der dieren, en van zeldzame visschen en gekorvene diertjes. Amsterdam, 1770. 8. pg. 170. tab. 10.

W. A. B. Clifton.

*1. On the Claim of certain Lepidopterous insects taken in England to be considered as indigenous.
Magaz. of N. H. 1830. T. 3. p. 149—156.

W. T. B.

*1. Microgaster glomeratus.
Magaz. of N. H. 1833. T. 3. p. 107—109.

R. B. Blois.

*1. Has any one observed the undescribed Act in the Great Black-Ant?
Magaz. of N. H. 1833. T. 6. p. 287.

*2. The vitality of the Eggs of some species of Insects is very persistent.
Magaz. of N. H. 1834. T. 7. p. 230.

J. Chr. Br.

*1. Von den natürlichen Feinden schädlicher Raupen und Insecten.
Neues Wittenberg. Wochenbl. 1804. T. 12. p. 401—406; p. 409.

T. G. Turvey.

*1. In insect Transformations it is the tail of the Caterpillar which becomes the head of the Butterfly.
Magaz. of N. H. 1832. T. 5. p. 208.

A. P. L. C.

*1. Einige Nachrichten von der Bienenzucht in den Churfürstl. Zellischen und Lüneburgschen Ländern veranlasst durch die Gedanken von Verbesserung der Bienenzucht im 9. Stücke der diesjährigen Anzeigen.
Hannöv. gelehrt. Anzeig. 1750. St. 41. p. 181—188; St. 43. p. 199—206.

Clericus.

*1. Observations on the Newmanian Septenary System.
Entomol. Magaz. 1833. T. 1. p. 236—239.

D.

*1. Beitrag zur Geschichte und Cultur der Seide.
Frankfurter Beyträge. 1780. Stück 33. p. 511—535; Stück 35. p. 573—587; Stück 37. p. 605—616; 1781. T. 3. Stück 20 u. 21. p. 313—318—331.

D.

*1. Von den Ameisen und den Mitteln wider dieselben.
Hannöv. Anzeig. 1754. T. 4. p. 1219; p. 1439; 1757. T. 3. p. 255.

D. aus Dresden.

*1. Ueber das Versetzen schwacher Bienenkörbe mit starken.
Neues Wittenberg. Wochenbl. 1791. T. 2. p. 153—156; p. 161—163. (nebst Spitzners Zusatz.)

D . . . s, Dr. in Florenz. (Carus zieht diese Schriften zu Denis, der meines Wissens stets in Wien lebte.)

*1. Entomologische Fragmente. (Kupfer zu Scopolis Entom. Carniol, Bomb. Pavonia major, Nicolas Bastard Schaefferi., Buprestis 9-maculata, Raupe von Bomb. versicolora, Truxalis nasutus.)
Füessly neues Magaz. 1785. T. 2. p. 391—309.

*2. Bemerkungen, Berichtigungen und Zusätze zu dem Wiener syst. Verz. d. Schmetterlinge.
Füessly neues Magaz. 1785. T. 2. p. 270—287, nebst Zusatz Füessly's.

A. D.
1. Un mot sur les fabriques étrangères de soieries. Lyon, 1834. 8. pg. 152.
(cf. Catal. Bibl. Audouin. p. 96.)

O. D. Penzance.
*1. On the injury produced to Plantations of Sallows and Osiers, and Loss of Gain to the Proprietor, by the Ravages on the Foliage of these Plants, of the Caterpillars of the Insect Nematus Capreae etc.
Magaz. of N. H. 1834. T. 7. p. 473—423.

O. D. D.
*1. Vom Nutzen und der Nothwendigkeit der Drohnen in den Bienenstöcken.
Hanndv. Magaz. 1787. Stück 102. p. 1617—1630.

E. N. D.
*1. Notes on Names.
Entomol. Magaz. 1834. T. 2. p. 260—262.
*2. Varieties.
Entomol. Magaz. 1834. T. 2. Stylops Melittae, Bombus Regelationis, Bombus opening the Nectary of Flowers. p. 327; p. 328; Ophrys apifera p. 460; Brachinus crepitans. 1835. T. 2. p. 528; Sphinx Convolvuli. 1836. T. 3. p. 410.
*3. Hermaphrodite specimen of Polyommatus Alexis.
Entomol. Magaz. 1835. T. 3. p. 306.
*4. Bericht über: Appendix to Captain Sir John Ross's Narrative of his Second Voyage etc. London, Webster, 1835.
Entomol. Magaz. 1836. T. 3. p. 427—433.
*5. Figures of the six British species of the Linnean Genus Cicindela.
Magaz. of N. H. 1833. T. 6. p. 552—553. fig.

A. E.
*1. A Caterpillar infesting the Sycamore Tree.
Magaz. of N. H. 1831. T. 4. p. 93.

B. A. E.
1. L'Entomologie ou histoire des insectes enseignée en quinze leçons. Paris, 1826. 12. 1 vol. tab. 9. (fig. 75.)
(cf. Percheron II. p. 162.)

J. H. F.
*1. Larvae of Syrphidae.
Magaz. of N. H. 1834. T. 7. p. 181.

G.
1. Notice sur la vertu odontalgique de plusieurs Coléoptères. (Curculio anti-odontalgicus, Jaceae, Bacchus; Carabus chrysocephalus, ferrugineus, Chrysomela populi, sanguinolenta, Coccinella septempunctata, bipunctata.)
Journ. de la Soc. des Pharmaciens de Paris. T. 1. p. 396. — Reuss. Repert. (Lacordaire.)

H. G.
1. Memorie ed osservazioni sulla vera causa della malattia e sviluppo del calcino nei bachi da seta. Verona, Libanti, 1839. 8.
(cf. Cornalia monogr. p. 71.)

Germanicus.
*1. Von den Gewächsen, woraus die Bienen Honig sammeln.
Wittenberg. Wochenbl. 1773. T. 6. p. 9—14.
*2. Ueber die Krautraupen und deren Vertilgungsmitteln.
Wittenberg. Wochenbl. 1776. T. 9. p. 17—22.
*3. Die Bienenstöcke durchs Vergraben zu erhalten; Fortschaffung an andere Orte.
Wittenberg. Wochenbl. 1779. T. 12. p. 329—334.
*4. Excremente von Seidenwürmern und abgefressenen Maulbeerblättern, ein guter Dünger.
Wittenberg. Wochenbl. 1779. T. 12. p. 83—84.
*5. Subsidiarisches Futter der Seidenwürmer.
Wittenberg. Wochenbl. 1780. T. 13. p. 249—255.

H.
*1. Von den Zellen, in welchen die Bienen Honig aufbehalten.
Hanndv. nützl. Samml. 1758. St. 91. p. 1426—1431.
*2. Von dem Drohnenweiser.
Hanndv. Magaz. 1768. T. 6. St. 71. p. 1127—1134.

H. C. C. H., in Springe.
*1. Neue Erfahrungen von den Raubbienen.
Hanndv. Magaz. 1774. T. 12. p. 1323—1325.

T. H., in Clapham.
*1. On the metamorphosis of a species of Cassida from Calcutta.
Magaz. of N. H. 1830. T. 3. p. 323—324; 1831. T. 4. p. 88.
*2. On the extraordinary instincts peculiar to some insects. (Ichneumon.)
Magaz. of N. H. 1830. T. 3. p. 89—91. fig.

T. L. H.
*1. Some account of Fr. Redis Experiments on the generation of Insects.
Magaz. of N. H. 1829. T. 1. p. 221—227.

W. H.
*1. Coleopterous Insects taken in the Neighbourhood of Manchester last Year. 1832.
Magaz. of N. H. 1833. T. 6. p. 156.
*2. Lepidopterous Insects taken in the Neighbourhood of Manchester last Year. 1831.
Magaz. of N. H. 1833. T. 6. p. 156.

H. J.
1. An account of a strange sort of Bees in the West Indies.
Philos. Trans. 1685. T. 15. No. 178. p. 1030—1031.
(Nest von Mellipona.)

P. H. J.
1. Gedanken von dem erkünstelten Winterschlafe der Bienen.
Pratic. Landwirthsch. Erfahr. Quartal. II. p. 313; III. St. 6. p. 537.
(cf. Boehmer II, 2. p. 317.)

Inquisitor.
*1. Note on Butterflies questionably British.
Entomol. Magaz. 1837. T. 4. p. 177—179.

Lady K.
*1. Caroline and her mother; or familiar conversations for children principaly upon entomological subjects. London, Hatchard, 1827. 8. pg. 245.
(Aus Kirby Introduction.)

D. L.
1. Istruzione sulla coltura dei Gelsi o Mori bianchi, estesa sulla pratica e sull' esperienza de' migliori moderni Coltivatori. s. a. et l. (vor 1809.)
(cf. Dulon. region. di F. Re. T. 3. p. 46.)

F. C. L. Guernsey.
*1. Ants and Aphides.
Magaz. of N. H. 1830. T. 3. p. 148. fig.

J. F. S. L.
1. Bienenbüchlein für die Frankengegend, oder ist es vortheilhafter die Bienenschwärme zu lassen, oder als Magazinbienen zu behandeln? Untersucht von J. F. S. L. Nürnberg, Riegel und Wiessner, 1827. 8.
(cf. Engelmann Bibl. Oec. p. 116.)

L. L., Dr.
1. Vollständige Abhandlung über Bienenkenntniss und Bienenzucht. Mit 2 Kupfern. Augsburg, Rieger, 1795. 8.

W. L., in Selkshire
*1. On the natural history of the Bee.
Magaz. of N. H. 1831. T. 4. p. 234—236.

M., Med. Dr.
1. Eine Anfrage wegen des Gifts einiger Raupen.
Reichards medicin. Wochenblatt. 1781. 8. Jahrg. 2. Stück 31. p. 482—484.
*Ausgezogen in Füessly neues Magaz. 1782. T. 1. p. 188—190. nebst Zusatz von Füessly.

M..sh
*1. Von den Büscheln auf den Stirnen der Bienen des Frühlings, oder der Hörnerkrankheit.
Berlin. Samml. 1768. T. 1. p. 247—249.
Abhandl. Oberlaus. Bienengesellsch. Samml. 4. p. 107.

D. J. M.
1. Introduccion a la historia natural de los insectos, con el modo de coger, matar y conservar estos animales, recopilada de varias obras estrangeras y dedicada à los entomofilos por D. J. M. Con dos láminas y una porteda alegorica. Madrid. Cuesta y Sanz, 1816. 8.
(cf. Carus p. 488.)

B. C. M.
1. Quattro parole sul nuovo Opuscolo dal Dott. A. Bassi intitolato: Il miglior governo de' bachi da seta. Milano, Carrara, 1851. mezzo folio.
(cf. Cornalia monogr. p. 83.)

O. M.

1. **Avvertimenti ed osservazioni sulle varie cause di una buona riuscita o cattiva dei bachi da seta. Milano, Bernardoni, 1830. 8.**
(cf. Cornalia monogr. p. 81.)

J. M.

*1. **Natural history of the earwig Forficula auricularia.**
Quarterl. Journ. Sc. Liter. Art. R. Instit. ser. 2. 1829. p. 78—81.

A. J. N.

*1. Description and History of some of the principal British Insects. — Terminology.
Magaz. of N. H. 1829. T. 1. p. 421—424. fig.

D. N., Worksop.

*1. Remarkable Appendage to the Eye of Staphylinus hirtus.
Magaz. of N. H. 1833. T. 6. p. 104—105. fig.

N. N., Conte.

*1. Estratto del Nobile Sign. Conte N. N. Cavaliere Siciliano al Compilatore del presente Giornale, a cui v' e' aggionta l'esposizione d'un nuovo utilissimo metodo, che riguarda la coltivazione delle Api.
Giornale d'Italia. 1765. T. 1. p. 42—44; p. 49—51.

W. G. N.

*1. Umständliche Beschreibung derer Raupen, Maden, Käfer, Heuschrecken und andern Ungeziefers, insonderheit in Baum- und Krautgärten, desgleichen anderer Orten; wie solche sich generiren und zeugen, und wie solche durch geringe Mühe nächst göttlichem Seegen zu vertreiben; von einem wohlmeynenden christlichen Nachbar. s. l. 1731. 8. pg. 32.

J. A. O., in H.

*1. Untersuchung des bei den Bienen gewöhnlichen Klingelns, und was es damit für eine Beschaffenheit habe.
Hannöv. nützl. Samml. 1755. T. 1. p. 1516—1522.

O., in Clapton.

*1. Scolytus destructor attacks healthy Trees.
Magaz. of N. H. 1836. T. 9. p. 611—613.

*2. A lobster like Insect attacking the Leg of a Housefly. (Chelifer.)
Magaz. of N. H. 1831. T. 4. p. 96; p. 479; 1832. T. 5. p. 751.

*3. A Battle of Ants.
Magaz. of N. H. 1831. T. 4. p. 149—150.

*4. Congregation of Gnats or other Insects mistaken for Clouds.
Magaz. of N. H. 1833. T. 6. p. 344—345.

*5. Habits of the Macroglossa stellatarum observed.
Magaz. of N. H. 1834. T. 7. p. 532—533.

V. O.

1. Il Calcino, melodramma giocoso.
Dal Giornale l'Artista. Maggio, 1850. (cf. Cornalia monogr. p. 81.)

Omega.

*1. On the Structure of the Annulate Animals and its Relation to their Economy.
Magaz. of N. H. 1834. T. 7. p. 121—125; p. 233—235.

P.

*1. Anmerkungen über einige Besonderheiten an Insecten. (Biologie.)
Stralsund. Magaz. 1768. T. 1. St. 3. p. 225—247.

C. P., Surrey.

*1. Extensive Ravages committed by the Caterpillar of the Tortrix viridana on the Leaves of Oak Trees in Surrey in the last three Years.
Magaz. of N. H. 1832. T. 5. p. 669—671.

J. P. P., in Erlangen.

*1. Von einem zweifachen Seidenbaue in einem Jahre.
Fränk. Samml. 1756. T. 2. p. 31—38.

J. P. (James Paget?) Hoskeans.

*1. Varieties. Wireworm, Turnipfly (Haltica nemorum).
Entomol. Magaz. 1833. T. 1. p. 519—520.

S. G. P.

1. Intorno al coloramento della seta procurato ad arte nella nutrizione delle larve etc.
Nuov. Ann. dell. sc. natur. Bologna. 1853. — Separat. Bologna. 1853. 8.
(cf. Cornalia monogr. p. 84.)

R.

*1. Neue Erfahrungen und Entdeckungen bei den Bienen.
Wittenberg. Wochenbl. 1792. T. 25. p. 323—326; p. 329—330. (Angezeigt von Haber.)

Dr. R.

* 1. **Etwas für die Liebhaber der Bienen. (die Stöcke zu schneiden ohne sie zu tödten.)**
Hannöv. Beyträge. 1759. T. 1. St. 50. p. [illegible]—[illegible].
Stuttg. Phys. Oek. Auss. T. 3. p. 191.

Dr. O. J. R.

* 1. **Beantwortung der Aufgabe von der Conservation der Raupen und Schmetterlinge, dass solche wenig oder nichts von ihren Farben verlieren.**
Hannöv. nützl. Samml. 1757. T. 3. p. 1474—1480.

F. R. *

1. Kurze und Erfahrungs-mässige Anweisung zur Bienen-Pflege für die Anfänger in derselben.
Oecon. Nachr. d. Gesellsch. in Schlesien. T. 2. p. 54 et 70. cf. Reuss, Report. (Lacordaire.)

Rusticus, aus Godalming bei London. Entomol. Magaz. T. 3. pg. 107 ist der Verfasser Dr. K. genannt.

* 1. Some observations on Blight.
Entomol. Magaz. 1832. T. 1. p. 33—37; 1833. T. 1. p. 143—146; p. 217—224; p. 363—367; p. 425—431.

* 2. The other End of a Trip to the Isle of Wight. (Larva Cicindel. campestris, Myrmeleon.)
Entomol. Magaz. 1834. T. 2. p. 144—148.

* 3. Privat Lives of Insects.
Entomol. Magaz. 1835. T. 2. p. 505—512.

* 4. Portion of a Letter from the Author of the letters of Rusticus to Ed. Newman.
Entomol. Magaz. 1836. T. 3. p. 336—341. (Aphides, Turnipfly.)

* 5. History of the Gooseberry-Grub. (Nematus Capreae.)
Entomologist. 1841. p. 149—154. fig.

S.

1. Nachricht von einem dem wollenen Zeuge sehr schädlichen Wurme, und dem Käfer, der aus solchen erzeugt wird.
Neues Hamburg. Magaz. St. 110. p. 179—187.

S. aus Th.

* 1. Gesammelte Vorschläge wegen Vertilgung schädlicher Thiere und Insecten.
Berlin. Samml. T. 4. p. 68; p. 341—369.

A. P. S., Naturaliste.

1. v. Lyonet No. 5.
2. L'existence de la toute-puissance de Dieu prouvée par l'admirable organisation du vers à soie. Metz, impr. de Lamort, 1816. 12. Atlas in 4. de 8 pl.
(cf. Chéron, p. 220.)

B. J. S.

1. **Kurzgefasster populairer Unterricht über die Behandlung der Seidenwürmer und des Maulbeerbaumes, nach dem Lehrbuche von Hazzi bearbeitet. Grätz, 1828. 8. 1 Steindr.**
(cf. Engelmann Bibl. Oec. p. 330.)

E. S.

* 1. **Winter Quarters of Leptura micans.**
Magaz. of N. H. 1830. T. 3. p. 148. fig.

* 2. **On the Gooseberry Grub. by E. S. (Nematus Capreae.)**
Magaz. of N. H. 1830. T. 3. p. 245—248. fig.

3. **Remarkable visitation of the Phalaena typicoides. (Schwarm.)**
Magaz. of N. H. 1830. T. 3. p. 404—405.

F. A. S.

1. **Unterhaltungen in der Naturgeschichte aller Arten Insecten zum nützlichen Gebrauche für die Jugend, sowohl aus verschiedenen Schriften berühmter Naturforscher zusammengetragen, als auch vorzüglich in diesem Bande aus eigener Beobachtung und Fleiss verfertigt von F. A. S. Altona u. Leipzig, Kaven. 8.**
Thl. 1. Die Käfer. 1788. mit Kpfrn.
Thl. 2. Die Schmetterlinge. 1799. pg. 518. pl. 45.
(bildet T. 5. aus Unterhaltungen über Gegenstände aus dem Reiche der Natur. Leipzig u. Altona, 1785—1789. 8.) (cf. Engelmann p. 134. u. Lacordaire.)

Scrutator.

* 1. Comments on Sphinx Vespiformis Newman.
Entomol. Magaz. 1833. T. 1. p. 221—237.

T. Sigma, in Saffron Walden.

* 1. Pontia Chariclea seen on the Wing; Vanessa Io caught.
Magaz. of N. H. 1833. T. 6. p. 178.

* 2. On the ravages of the Turnip-Fly (Haltica nemorum) with experiments.
Trans. Ent. Soc. Lond. 1838. T. 2. p. 109—111.

St., in Elbg.

* 1. Wanzen zu vertreiben (durch ein Decoct von Wallnussblättern).
Hannöv. Magaz. 1773. T. 2. p. 1125—1136. — Gerin. Samml. T. 6. p. 156.

J. F. St. und B.

* 1. Entwurf der Insecten-Wissenschaft oder was von der Kenntniss, Erzeugung, Verwandlung und Sammlung der Insecten zu wissen nöthig ist, nebst einer Classen-Ordnung der Conchylien und ihrer Behandlung. Leipzig, Hilscher, 1788. 8. pg. 126.

C. T.

1. Dizionario dei bigattiere etc. con un' analisi dell' opera del Dottor Bassi sul Calcino. Milano, Silvestri, 1836.
(cf. Cornalia monogr. p. 69.)

J. F. T.

1. Die Wartung und Auffütterung derer Seidenwürmer, wie selbige mit Nutzen zu verrichten, und wie hoch sich dieser Nutzen belaufen könne. Quedlinburg, Ernst, 1752. 8.
(cf. Boehmer II, 2. p. 237.)

J. S. T.

* 1. Interesting Facts in relation to a species of Beetle and the Scolopendra electrica.
Magaz. of N. H. 1834. T. 7. p. 252—253.

Tyrensis, aus Clapham.

* 1. Portrait of Lord Brougham on the reverse of Hipparchia Janira.
Entomol. Magaz. 1833. T. 1. p. 518.

G. A. W., in G.

* 1. Wie der junge Schwarm von der alten Imme heruntergebracht werden könne.
Hannöv. nützl. Samml. 1758. T. 4. St. 57. p. 890—906.

G. W.

* 1. Notes on Butterflies, and other natural Objects made in Cumberland through the mont of May. 1832.
Magaz. of N. H. 1833. T. 6. p. 198—202; p. 374.

Y. (Yarrell?).

* 1. On the different appearence of Insects in different localities and Seasons.
Entomol. Magaz. 1833. T. 1. p. 215—216.

I. Allgemeines und Vermischtes.

1. Abbildungen der Insecten. Augsburg, 1828. 8. 15 Hefte. 50 pl. col. in 3 Abth. mit Text.

2. Account of a curious insect. (Larve.)
Gleanings in Science. 1830. T. 2. p. 259—260. (cf. Carus. p. 478.)

3. Account of that surprising Insect called Formicaleo.
Urban Gentlem. Magazin. — Deutsche Uebers. Brittische Bibl. T. 4. p. 63.
(cf. Boehmer. II, 2. p. 271.)

* 4. Adress to the members of the Berwickshire Naturalists Club. (Insecta.)
Magaz. of N. H. 1833. T. 6. p. 16.

5. A description of the Island of St. Helena. London, 1808. 8.
(cf. Percheron. II. p. 144.)

6. A description of three hundred animals; viz. beasts, birds, fishes, serpents and insects. London, 1730. 8. pg. 212. fig.
Edit. altera. London, 1734. 8. pg. 213. fig.
Editiones et supplem.
1) A description of a great variety of animals and vegetables, being a supplement to a description of three hundred animals. (Ignis fatuus proceeds from some flying insect; description and figure of the Lanthornfly. London, Gyles, 1736. 12. pg. 129. fig. (fig. animal. 114.)
2) A description of two hundred animals, extracted from the best authors. London, 1738. 8.
3) A description of 300 animals, with an account of the manner of their catching whales in Greenland. London, 1738. 8.

Ed. quarta. London, Ware, 1740. 8. 11 Bogen. tab. 55.

Recens. Leips. gel. Zeit. 1740. p. 321. Liber IX continet serpentes et insecta plurima. Addita est appendix titulo: A description of some curious creatures omitted in the description of three hundert animals. 9 Bogen. tab. 16.

Edit. London, 1753. 8. fig. Titulus supplementi: A description of a great variety of animals and vegetables, illustrated with above 90 Copperplates. Ibid. eod.

1) A description of some curious of incommon animals, omitted in the description of 300 animals, with the natural history of the Chimpanze, male and female. London, 1739. 8. fig.

(cf. Boehmer. II, 1. p. 30.)

*7. Affection of Insects for their Young.

Zoolog. Magaz. or Journ. of Nat. Hist. London. 1833. p. 137—139.

8. A new system of the natural history of fishes and insects. Edinburg, 1792. 8. tab. 41.

9. An extrait of some letters sent to Sir C. H. relating to some microscopical observations. (Pediculus.)

Philos. Trans. 1703. T. 23. No. 281. p. 1357—1372. (Lacordaire.)

10. Arcana; or Museum of Natural History, containing the most recent discovered objects; embellished with coloured plates and corresponding descriptions, with extracts relating to animals and remarks of celebrated travellers, combining a general scenery of nature. London, 1811. 8. 1 vol.

Erschien in Lieferungen; Tafeln u. Text ohne Nummern. Enthält: Abriss von Smeathmans Termiten ohne Tafeln, Fulgora pyrorhynchus, Mantis foliatus, Papilio Demosthenes (Morph. Iacchus God.), Heliconia Phyllis, Arcustus ceruleus (Morph. Menelaus God.), Phal. Atlas, Papil. Vulcanica (Callydrias), Sphynx carianens, Phal. (Saturn.) fenestra. (Lacordaire.) — wahrscheinlich dasselbe mit Perry.

11. A short history of insects designed an introduction to study of that branch of natural history (extracted from work of credit.) Norwich. 12.

(cf. Percheron. II. p. 157.)

*12. A supernumerary appendage found on the tarsus of Chlaenius vestitus.

Magaz. of N. H. 1829. T. 2. p. 302. fig.

*13. Bericht über die Arbeiten der entomologischen Section in der Versammlung der Naturforscher in Jena.

Isis. 1837. VII. p. 525—528.

14. Beschreibung der im Jahre 1672 in Oberungarn mit dem Schnee herabgefallenen Würmer. Astrolog. Vorstell. 1673. 4.

15. Beschreibung und Abbildung schweizerischer Insecten.

Neujahrsstücke der Zürich. naturf. Gesellsch. 1809—1816. St. 11—18. tab. 8.
(cf. Carus. p. 510.)

16. Beschreibung von der List des Ameisen-Löwen.

Reiche der Natur u. Sitten. Stück 71. (cf. Boehmer. II, 2. p. 274.)

17. Beyträge zur Beförderung der Naturkunde. (Von Fr. Wilh. v. Leysser.) 1. Bd. Halle, Trampe, 1774. 8.

18. Bible natural history; containing a description of quadrupeds, birds, trees, plants, insects etc. mentioned in the Holy Scriptures. Illustrated by coloured engravings. London, Groombridge. 1852. 16. pg. 322.

(cf. Carus. p. 114.) (vielleicht doch identisch mit No. 88?)

19. Bibliothèque de Physique et d'Histoire naturelle, contenant etc. l'Histoire naturelle des Insectes. Paris, 1709. 12. 6 vol.

(cf. Percheron. II. p. 155.)

20. Blumen und Insectenbuch. Nürnberg, sine anno. Fol. tab. 65.

(cf. Boehmer. III, 1. p. 191.)

21. Brief notices of the habits and transformations of the Dragon Fly.

Magaz. of N. H. 1832. T. 5. p. 317—320. (Lacordaire.)

22. Catalogue of a collection of insects, presented to the Queen; printed at Frogmore Lodge in 1810 by the Princess Charlotte.

(cf. Trans. Ent. Soc. Lond. I. Proceed. p. 68.)

*23. Catalogue of Birds, Insects etc. new exhibiting at Springgardens. London, 1764. 8. pg. 19.

24. Catalogue of Insects, published at Manchester.

25. Catalogue raisonné de coquilles, insectes, plantes marines et d'autres curiosités naturelles. Paris, 1736. 8.

*26. Catalogus A. continens illas species coleopterorum e collectione Sturmiana quarum aut plura, aut permulta individua in duplo constant. (spec. 2175.) Wien, (1836?) 8. pg. 28.

27. Collection entomologique. Paris, 1830 et suiv. 8. Livrais.
(surtout Papillons. cf. Percheron. II. p. 154.)

28. Cours d'Histoire naturelle ou tableau de la Nature. fig. Paris, 1770. 12. 7 vol.
Deutsche Uebers.: Handbuch der Naturgeschichte, oder Vorstellung der Allmacht, Weisheit u. Güte Gottes in den Werken der Natur. Nürnberg, Hauffe, 1773—1774. 8. 4 vol. (T. 4 enthält Insecten, mit 7 Kpftaf.)
(cf. Cobres. I. p. 222.)

* 29. Das Heimchen gebiert mehrere Junge in einem Behältniss, das einer Erbsenschote gleicht.
Berlin. Samml. 1813. T. 5. p. 365—367.

30. De Insectenwereld met ca 75 afbeeldingen. Liefr. 1 et 2. Amsterdam, Peypers en Lintvelt, 1853. 8. p. 109.

31. De quelques Insectes et des propriétés de quelques plantes.
* Erreurs populaires. T. 1. Lib. 2. Cap. 7. p. 219. (cf. Boehmer. II, 2. p. 163.)

* 32. Der grünlich glänzende Erdkäfer. (Carabus nitens.)
Wittenberg. Wochenbl. 1779. T. 12. p. 342—343.

* 33. Dialogues on Entomology in which the forms and habits of insects are familiarly explained, illustrated with twenty five engravings. London, Hunter, 1819. 8. pg. 12 et 108. tab. 25.

34. Die grosse Furcht vor dem kleinen Wurme Todtenuhr genannt.
Forst-Magazin. T. 7. p. 313.

* 35. Elater murinus with a branched antenna.
Magaz. of N. H. 1831. T. 4. p. 470.

* 36. Encyclopaedia Britannica or a Dictionary of Arts, Sciences etc. Edinburgh. Ed. III. 1788—1797. 4. 18 vol. Suppl. 1801. 2 vol. (von Robinson.)
(Entomology. 1797. T. 6. p. 676—683. tab. 1; Insects 1797. T. 9. p. 751—757; Suppl. 1803. T. 20. p. 8—9. fig.)
Ed. I. 1771. 4. 3 vol. — Ed. II. 1778—1783. 4. 10 vol.
(beide von James Tytler.)
Ed. IV. 1810. 4. 20 vol. — Ed. V. 1817. 4. 20 vol. — Ed. VI. 1822—1823. 4. 20 vol. — Suppl. 1824. 4. 6 vol.
(cf. Lowndes. T. 2. p. 665.)

* 37. Entdeckung des Geruchsorgans bei den Insecten.
Floerke Repert. 1812. T. 3. p. 250—263.

38. Entomology in sport. By two lovers of the science. To which is added, entomology in earnest. London, Jerard, 1858. 16. pg. 70.

39. Entozoologia; an inquiry into the original production of insects in human bodies etc. London, 1727. 8.
(cf. Percheron. II. p. 162.)

40. Essais sur l'histoire naturelle de Saint Domingo. Paris, 1776. 8. tab. 10.
(cf. Percheron. II. p. 162.)

41. Etiquettes entomologiques. Coléoptères de France. Livr. I. contenant tous les genres et espèces connus qui se trouvent en France. Montpellier, Boehm, 1858. 4. pg. 30.

42. Extract of a Letter written from Dublin containing divers particulars of a philosophy nature. (Lucanus e Virginia.)
Philos. Transact. 1676. T. 11. No. 127. p. 632.

43. Histoire naturelle des oiseaux peu communs et d'autres animaux rares et qui n'ont pas été décrits, consistant en quadrupedes, reptiles, poissons, insectes etc. représentés sur 362 planches en taille douce très magnifiquement enluminées d'apres nature, avec une ample et exacte description de chaque figure, à laquelle on à ajouté quelques reflexions sur les oiseaux de passage. Londres, 1751—1753. (oder 1763?) 4. 7 vol.
(cf. Füessly neues Magaz. I. p. 170. u. Lacordaire.)

44. Histoire naturelle en couleur. IV Parties. Bruxelles, Kiessling etc., 1861. 4. (Partie III) Les reptiles, les poissons, les insectes et les infusoires. 9 pl.)

45. Illustrations of Zoology; comprising above 1000 figures of quadrupeds, birds, fishes, reptiles, mollusca, insects, and other invertebrate animals. Engraved by J. W. Lowry and Thomas Landseer, from original drawings by Charles Landseer, Sowerby etc. 89 plates, with descriptive letterpress, embracing a general view of the ancient Kingdom. London, Griffin et Co., 1851. 4.
(cf. Carus. p. 251.)

46. Insectchanges; an illuminated present for youth, forming a first lesson in entomology. London, Grant, 1817. 16. pg. 31.
(cf. Carus. p. 505.)

I. Allgemeines und Vermischtes.

- *47. Insecta. (The Penny Cyclopaed. of the Soc. for the diffusion of useful knowledge). London, Knight. 1838. 4. T. 12. p. 188—195.
- *48. Insecten Process und Excommunication.
  Vorzeit. Stuttgart, 1837. 8. p. 131—132.
- *49. Insectes grossis au microscope. Paris, 1733. 4. tab. 9.
  (cf. Catal. bibl. Audouin. p. 50.)
- *50. Insects and their habitations; a book for children.
  London. Soc. for promot. Christ. knowl. (1833. 12. pg. 96. fig.
- *51. Killing large insects.
  Magaz. of N. H. 1831. T. 4. p. 149.
- *52. Kleine Fauna und Flora von den Gegenden um Baden. Wien u. Baden, Geistinger, 1805. 8. pg. 92.
  (Catalog. Insecten. p. 10—50; p. 92.)
- *53. Kleines Käferbuch für Knaben. Eine Anleitung zur Kenntniss der Käfer und zur Einrichtung von Käfersammlungen. 2. Aufl. Mit 5 illum. Kpftaf. Halle, Hendel, 1856. 12. pg. 16 et 120.
- 54. Les insectes. Ed. 3. Lille, Lefort, 1858. 18. pg. 36.
- 55. Les serpents, les fourmis, et les insectes, les coquillages, les crustacees, phénomènes, instinct des animaux. Lille, Lefort, 1839. 12. pg. 108.
- *56. Letters on Entomology intended for the amusement and instruction of young persons, and to facilitate their acquiring a knowledge of the natural history of insects. London, Whittaker, 1825. 8. pg. 160. tab. 3 col.
- 57. Life in the insect world. Philadelphia, Longstreet. 8.
  (cf. Carus. p. 491.)
- 58. Liste des Insectes des environs de Bordeaux.
  Act. Soc. Linn. Bordeaux. 1833. 8. pg. 3.
- *59. Maikäferöl.
  Landwirthsch. Zeit. f. Westfalen. 1852. 1. Jahrg. 9. p. 579.
- *60. Manière de fixer sur le papier les ailes des papillons et de les representer au naturel.
  Journ. de Physique. Introduct. 1771. T. I. p. 52—54.
  *Beckmann Phys. Oek. Bibl. I. p. 420; V. p. 110.
- 61. Melanges d'Histoire naturelle. Leyde, 1761. 1. 4 Livr. à 6 pl. col.
  (cf. Percheron. II. p. 174.)
- 62. Mémoire pour indiquer la manière de tuer les insectes, à l'usage des cabinets d'Histoire naturelle.
  The Athenaeum. 21. Mai 1828. (cf. Percheron. II. p. 172.)
- 63. Mémoire sur la chasse aux Coléoptères et sur la manière de les conserver. Paris, 1833. 8. fig.
  (cf. Agassiz, I. p. 134.)
- 64. Memoria sopra i Mali di varii Autori. Modena, 1768. 4.
  (cf. Percheron. II. p. 175.)
- 65. Methode die Flügel der Schmetterlinge aufs Papier zu bringen.
  Bernisches Magazin. T. I. Stück I. No. 8.
- 66. Musei Imperialis Petropolitani Vol. I pars prima, qua continentur res naturales ex regno animali. Petropoli. 1742. pg. 609—755. Insecta.
  *Beckmann Phys. Oekon. Bibl. VIII. p. 498.
  (Ist nicht in den Buchhandel gekommen.)
- 67. Muthmaassung, dass die Viehseuche von Insecten entstehe welche aus der Tartarei durch die Ostwinde verweht werden. (aus dem Englischen.)
  Hamburg. Magaz. 1748. T. I. p. 97—103.
- 68. Nachricht von dem Wasserwurm der sein Gehäuse in süssem Wasser von kleinen Tellerschnecken baut.
  Berlin. Magaz. 1767. T. I. p. 98—107. (cf. Percheron. p. 180.)
- *69. Nachricht von einem sonderbaren Insect. (ob Aphis? fabelhaft.)
  Berlin. Magaz. 1769. T. 4. p. 108—109. fig.
- *70. Nachricht wie die Feigen auf der griechischen Insel Zia durch Fliegen zur Reife gebracht werden.
  Mylius Physik. Belust. 1751. T. 3. p. 1058—1065.
  Aus Tournefort Voy. Levant. Lettre 8. 22. ed. Lyon. 1717.
- 71. Namen der sämmtlichen Gattungen von Käfern nach dem Linneischen System. Augsburg. Brachmanser. 1785. Fol. 5 Tabellen.
  Die Namen zum Auseinanderschneiden gedruckt.)
  Vielleicht identisch mit Gattenberg.
- 72. Namen der sämmtlichen Gattungen von Schmetterlingen nach dem Linneischen System. Erlangen. Palm. 1781. Fol. 3 Tabellen.
  (cf. Boehmer. II, 2. p. 280.)

73. Natural history of insects, with an appendix containing the natural history of worms. London, 1837 (?) 8. fig. (gehört zu Lewis Catechismus of the
* arts and sciences. Lacordaire.)

74. Natural history of insects. New-York, Harper et brothers. 18. 2 vol.
(cf. Carus. p. 487.)

75. Natural philosophy (forming a Volume of the Library of useful knowledge). London, Baldwin, 1829. 8.
(Economy of ants, bees. p. 23—28; flies walking of glass. p. 30; glowworms, purpose of sight. p. 31.) (Evans.)

76. Naturgeschichte der Amphibien, Fische, Weich und Schaalenthiere, Insecten, Würmer und Strahlenthiere, treu theils nach der Natur, theils nach den ausgezeichnetsten zoologischen Bildersammlungen gezeichnet, fein und getreu colorirt zum Anschauungsunterricht für die Jugend in Schulen und Familien nach der Anordnung des allgemein bekannten und beliebten Lehrbuchs der Naturgeschichte für Schulen von G. H. v. Schubert. Ausserdem zu jedem Lehrbuche der Naturgeschichte passend mit erklärendem Text in deutscher und französischer Sprache. Stuttgart u. Esslingen, Schreiber et Schill, 1855. Fol. pg 4 et 21. tab. 30 lithogr.
(cf. Carus. p. 290.)

77. Naturgeschichte der Insecten in getreuen Abbildungen u. mit ausführlichen Beschreibungen. Leipzig, 1835. 12 Liefr. 64 tab.

*78. Naturhistorische Bildergallerie oder Abbildungen der vorzüglichsten Säugethiere, Vögel, Amphibien, Fische, Insecten, Würmer aller Welttheile nebst erklärendem Texte, ein Geschenk für die Jugend. Berlin, Steffen, (1823) 1836. 4. pg. 125. Kupfer in Fol. (tab. 7 Insecten.)

*79. Note on animals about Whitehaven.
Magaz. of N. H. 1832. T. 5. p. 560—561.

80. Note sur la manière de recoller les insectes. Paris, Malleste, 1853. 8. pg. 4.

81. Notes of an Iris Insect Hunter.
Entomol. Magaz. 1838. T. 5. p. 150—168.

82. Notes on the Names.
Entomol. Magaz. 1834. T. 2. p. 260—262. (Lacordaire.)

83. Nomenclator entomologicus enumerans insecta omnia in J. C. Fabricii Entomologia systematica emendata et aucta. Manchester, 1795. 8.
(Lacordaire.)

*84. Notonectae, the Boatflies.
Magaz. of N. H. 1834. T. 7. p. 258—259.

85. Observations curieuses sur les insectes.
Journ. des Savants. T. 10. p. 272. (cf. Boehmer. II, 2. p. 153.)

86. Observations sur le Formica-Vulpes.
Mém. Acad. Sc. Paris. 1706. Hist. p. 7. — Ed. 8. 1706. p. 8.
(cf. Percheron. II. p. 186.)

87. Observations sur l'insecte poisson qui se transforme en demoiselle.
Mém. Acad. Sc. Paris. 1706. Hist. p. 90. — Ed. 8. 1706. p. 11.
(cf. Percheron. II. p. 187.

*88. On the geographical distribution of insects.
Edinb. new. Philos. Journ. 1839. T. 27. p. 94—111; p. 331—351. — 1840. T. 28. p. 170—183; p. 221—258.

89. Portraits d'oiseaux, papillons, insectes etc. gravés en taille douce, et enluminés avec soin selon leurs couleurs naturelles.
13 cahiers à 24 pl. (312 pl.) Fol. (Percheron. II. p. 189.

*90. Preservation of insects without eviscerating them.
Magaz. of N. H. 1832. T. 5. p. 495.

*91. Raupenfall mit Schnee in der Eifel am 30. Jan. 1847.
Allgem. Deutsche naturhist. Zeit. 1847. T. 2. p. 170—177. (aus der Weser-Zeitung.)

92. Recueil d'oiseaux, d'insectes et autres animaux d'après van Kessel et autres grands maîtres. Paris, Bogaie, 1722. 4. pl. 36.
(cf. Füessly. N. Mag. I. p. 366.

93. Remarks of the Linnean orders of insects. London. 1828. 4.
(cf. Percheron. II. p. 192.

94. Report of the 12 meeting of the British Association of the advance of science held in Manchester. June 1842. London. 1843. p. 105—121.

95. Resumé des travaux de la commission entomologique de la Soc. Linn. de Bordeaux pendant l'annee 1853. Bordeaux. 8.

96. Revision der Litteratur der Naturgeschichte von 1785—1800. Entomologie. Revision der Litteratur in den drei Quinquennien des 18. Jahrhunderts.
Ergänzungsbl. zur Jena Allg. Litter. Zeit. T. 2. p. 358—375. (Lacordaire.

I. Allgemeines und Vermischtes.

97. Rozrywki entomologiczne dla młodzieży, pismko zawierające w sobie opisy pospolitszych owadów krajowych. I. książeczka. Warszawa, 1835. 18.
(cf. Carus. p. 696.)

* 98. Scripture natural history containing a description of etc. insects mentioned in the holy scripture. London, the relig. Tract. Soc. s. a. 8. pg. 276. fig.

* 99. Series of propositions for rendering the nomenclature of zoology uniforme and permanent, being the report of a committee for the consideration of the subject appointed by the British association for the advancement of science.
Ann. of N. H. 1843. T. 9. p. 259—275.

* 100. Sobre el origen de los insectos.
Diario philos. med. chir. Madrid. 1757. I. No. 3. p. 88—91.

101. Sur les insectes.
Mém. Acad. Sc. Paris. 1699. Hist. p. 50. (cf. Boehmer. II, 2. p. 153.)

102. Systematisches Lehrbuch der drei Reiche der Natur zum Gebrauch für Lehrer und Hofmeister. (Von J. C. Heppe.) 2 Thle. Nürnberg, Hauffe, 1777. 8. T. I. tab. 20.

103. Systematisches Verzeichniss ökonomisch wichtiger Insecten.
Anzeiger d. Leipz. Oeco. Soc. — 1810. Käfer; 1811. Orthoptera.

104. Systême naturel du Règne animal. fig. Paris, 1754. 8. 2 vol. (T. II. Insectes.)
(cf. Percheron. II. p. 103.)

105. Tabular view of the orders and leading families of insects. London, Hamilton, 1838. 4.
(cf. Carus. p. 409.)

* 106. The History of insects. (The Family Library vol. 7 et 51.) London, Murray, 1829 and 1835. 8. 2 vol. pg. 313 et 352. fig. (Zum Theil von Westwood.)

* 107. The insect world; or a brief outline of the classification, structure and economy of insects. London, Till, 1843. 8. pg. 276. tab. 3.

108. The joung Ladys introduction to natural history. London, 1766. 8.
(cf. Percheron. II. p. 260.)

* 109. The Journal of a Naturalist; fourth edition. London, Murray, 1838. 8. pg. 440. fig.
(Insectes. p. 273-330.)

110. The life of an insect; being a history of the changes of insects from the egg to the perfect being. London, Soc. for promot. christ. knowld., (1849.) 12. pg. 418. fig.
* Part II., being an account of insect habits and manners. ibid. 1850. 12. pg. 384.

* 111. The natural history of insects compiled from Swammerdam, Brookes, Goldsmith etc. embellished with Copperplates. Intended as a companion to Buffons Natural History. Perth, Morison, 1792. 8. pg. 310. tab. 20.

* 112. The natural history of remarkable insects, with their habits and instincts. Dublin, de Veaux, 1819. 12. pg. 177. fig.

* 113. The Naturalists Pocket-Magazin or complete cabinet of curiosities and beauties of nature. London, Harrison, 1799. 8. 2 vol. (s. I.) pl. col.

* 114. The possibility of introducing and naturalising that beautiful insect the Fire-fly.
Magaz. of N. H. 1832. T. 5. p. 672.

* 115. The preservation of dead insects.
Magaz. of N. H. 1833. T. 5. p. 80.

* 116. The term trunk in Entomology.
Magaz. of N. H. 1831. T. 4. p. 186.

* 117. The wonders of the Microscope. London. 8. (s. a.) pg. 118. pl.

* 118. Turkeys eat caterpillars which feed on tobacco.
Magaz. of N. H. 1833. T. 5. p. 478.

119. Ueber das Betragen der Lampyris.
Isis. 1834. p. 800—831. — Froriep Notiz. T. 43. p. 324—333.

120. Ueber das Insect Todtengräber genannt.
Rheinische Beiträge. 1781. 8. (cf. Boehmer. II, 2. p. 197.)

121. Ueber einige Gehäuse von Sand und kleinen Schnecken. (Phryganea.)
Mylius Physik. Belust. T. 2. p. 1155—1161. (Silek 79. p. 1515.) (cf. Percheron. II. p. 197.)

122. Ueber nützliche Insecten.
Columbus Ohio State Board of Agriculture. 1858. T. 12.

123. Ueber Wachs erzeugende Insecten.
Froriep Notiz. 1840. T. 14. No. 291. p. 65—72. (cf. Carus. p. 199.)

124. Unterricht in der Naturgeschichte zum Gebrauch der Jugend. Breslau, W. G. Korn, 1776. 8.

125. Verzeichniss der Insecten des Königreich Hannover vorzüglich der Gegend um die Haupt- und Residenzstadt. Heft 1. a. Eleutherata. b. Glossata. Hannover, 1825. 8. pg. 15.
(cf. Carus. p. 420.)

* 126. Verzeichniss von einer Menge Insecten nach dem Regen.
Fränk. Samml. 1765. T. 7. p. [illegible].

* 127. Von dem sogenannten Johannisblute.
Altona gel. Merkur. 1763. p. 232. (cf. Boehmer. II, 2. p. 232.)

* 128. Von den Absichten der Insecten.
Oekon. phys. Abhandl. 1756. T. 9. p. 236—250.

129. Von den Beschwerlichkeiten des Regens und der Insecten in Cayenne.
Berlin. Samml. 1775. T. 7. St. 3. p. 279—[illegible].
(aus Barrères Description de la France [illegible]noxiale. Lacordaire.)

* 130. Von den Insecten auf den Dänischen Karaibischen Inseln.
Neueste Mannigfalt. 1778. T. 1. p. 801—816.

* 131. Von den Raupen die man auf dem Schnee gefunden hat.
Stuttgart Phys. Oecon. Ausz. 1758. T. 1. p. 157—158.

132. Von den spanischen Fliegen welche in Sicilien gefunden sind.
Allerneueste Mannigfalt. T. 1. p. 104. (cf. Boehmer. II, 2. p. 208.)

* 133. Von der Eichenrose.
Berl. Samml. 1775. T. 7. p. 593—601.

134. Von der innerlichen Beschaffenheit einer Raupe.
Neue gesellschaftl. Erzähl. T. 2. p. 33. (cf. Boehmer. II, 2. p. 242.)

* 135. Von geschnellen Würmern oder so mit dem Schnee herabgefallen sein sollen. (Larven.)
Breslau Natur- u. Kunstgesch. 1722. Vers. 19. p. 166—167.

* 136. Von Raupengeweben.
J. D. Denso, Fortges. Beitr. z. Naturk. 1765. p. 805—820.

* 137. Von Weidenrosen.
Wittenberg. Wochenbl. 1767. T. 20. p. 311.

138. Vorschlag zu natürlichen Characteren in Bestimmung der Ordnung und Geschlechter der Thiere.
Physikal. Belustig. T. 3. p. 1373—1383.

* 139. Vorzeichen der Witterung an einigen Insecten.
Neues Wittenb. Wochenbl. 1810. p. 276—278.

* 140. Wahrnehmungen über die besondere Begattung einiger Insecten, vornehmlich der Libellen und Schmetterlinge.
Wittenberg. Wochenbl. 1773. T. 6. p. 133.
*Reimpr. Neue Mannigfalt. 1773. T. 2. p. [illegible]—74.

* 141. Wanderings and ponderings of an Insect Hunter.
Entomol. Magaz. 1836. T. 3. p. 303—313; T. 4. p. 26—37; p. 85—92; p. 197—203; 1837. T. 4. p. 389—410; T. 5. p. 66—76.

* 142. Wieviel Flügelschläge macht ein Insect in der Secunde.
Floerke Repert. 1812. T. 3. p. 300—[illegible].

* 143. Zoologie universelle et portative, ou histoire naturelle de tous les quadrupèdes, cetacées, oiseaux et reptiles connus, de tous les poissons, insectes ou vers etc. Paris, 1788. 4. (Lacordaire.)

II. Lepidoptera.

1. Abbildung und Beschreibung der vorzüglichsten und schönsten Schmetterlinge Europas, getreu nach der Natur. Frankfurt a. M., Döring, 1825. 8. 8 tab. col.

* 2. Abbildung und Beschreibung der bekanntesten Schmetterlinge Deutschlands, nach ihren Lebensperioden nebst Anweisung wie sie zu erziehen, zu fangen, zu behandeln und aufzubewahren sind. Zum Gebrauch für angehende Sammler und Besitzer von Sammlungen. Nürnberg, Merz, 1836. 8. tab. 30 col. pg. 22 et 108. (s. p.) edit. 2.
Ed. 1. ibid. 1831. 8. 2 Liefr. à 10 tab. col.

3. Abécédaire entomologique ou histoire naturelle, description et chasse des plus beaux papillons. Paris, 1818. 12. pg. 84. 3 tab.

* 4. Anzeige eines ganz neuen in Frankreich kürzlich entdeckten Insects. (Raupe von Sph. Atropos.)
Berl. Samml. 1777. T. 9. p. 150—153. — Altona. gel. Zeit. 1776. Stück 48.

* 5. Anweisung wie Schmetterlinge gefangen, zubereitet, benennet und vor Schaden bewahrt werden müssen. (Herausgeber Amt Beesen, Julius 1794.) Halle, Dreyssig, (1794.) 8. pg. 144.

II. Lepidoptera.

*6. Beiträge zu einer Monographie der Mecklenburgischen Schmetterlinge. Rostock, Stiller, 1801. 8. pg. 56.

*7. Beschreibung des kleinen violetblauen Honigschmetterlings.
Wittenberg. Wochenbl. 1774. T. 7. p. 252—255; 1775. T. 8. p. 193—194.

*8. Beschreibung und Abbildung Schlesischer Schmetterlinge. Band 1. Tagschmetterlinge. Breslau, Foerster, s. a. (1832.) 4. pg. 197. tab. 48 col. (wohl von Richter.)

9. Bijzonderheid de Hout-rups betreffende. (Cossus ligniperda.)
Algem. geneesk. Jaarboek. 1796. D. 3. p. 115—116. (cf. Carus. p. 803.)

*10. British Butterflies their distinctions, generic and specific with lithographic illustrations of each genus (comprising thirty-three species) drawn by the children of the Institution for the Deaf and Dumb, Edgbaston. Birmingham, 1828. 12. pg. 42. tab. 18.

11. British Butterflies. 12 plates printed in colours, with description letter press. London, 1860. 16.

*12. Couleurs des ailes de papillons.
Millin Magas. encycl. 1799. T. 5. I. p. 103—107.

13. Der kleine Schmetterlingssammler. Beschreibung und Abbildung der vorzüglichsten in Deutschland einheimischen Tag-, Dämmerungs-, Abend- u. Nachtfalter. Nebst Anleitung zum Fangen, Auspannen und Aufbewahren derselben. Stuttgart, Thienemann, 1855. 16. pg. 6 et 82. tab. 16.

14. Der Schmetterlingsjäger u. Raupen-, Puppen-, Käfer-, Insecten-, Spinnen-, Mücken- und Pflanzen-Sammler, oder Anleitung Raupen etc. zu sammeln, kennen zu lernen, zu trocknen und aufzubewahren. Ulm, Ebner, 1837. 12. 8 pl. col.

15. Description of the Goose-berry Caterpillar. (Fidonia wawaria.)
Philos. Magaz. 1827. T. 30. p. 436—438. (cf. Carus. p. 808.)

*16. Description of two species of Canadian Butterflies.
The Canad. Naturalist and Geolog. Montreal. 1858. T. 3. p. 346—351. fig.

17. Gesammelte Vortheile und Geheimnisse für das Insecten- und Schmetterlingskabinett. Leipzig, 1825. 8. tab. 1.

*18. Histoire naturelle des Papillons, suivie de la manière de s'en emparer etc. Paris, Desloges, 1810. 12. pg. 111. tab. 16 col.

19. Histoire naturelle des Papillons de Surinam. Amsterdam, 1828. 4. 5 livr. pl. col.
(cf. Percheron. II. p. 160.)

20. Histoire naturelle des Papillons. Paris, Chaix, 1850. 18. pg. 180. pl. 25.
(cf. Carus. p. 576.)

21. Instruction sur la chasse et le développement des papillons. Paris, 1779. 4. pg. 111. tab. 3.

22. Kurze Anweisung für die angehenden Liebhaber der Schmetterlingssammlung. Bonn, 1780. 8. pg. 24.
(cf. Füessly Neu. Magaz. T. 1. p. 337.)

23. Les Papillons. Description de leur nature, de leurs moeurs et habitudes. Paris, Bedel, 1814. 8. 1 feuill. 16 pl. col.

24. Les Tissur une production très curieuse des chenilles.
Nova Act. Petrop. T. 4. Hist. p. 33. (cf. Percheron. II. p. 173.)

25. Nachricht von den Arten von Raupen.
Ziek. Leipz. Samml. T. 2. p. 1038. (cf. Boehmer. II, 2. p. 241.)

26. Namentliches Verzeichniss der in Böhmen vorkommenden Glossaten in Fr. Wilh. Schmidts Sammlung.
Phys. Ökon. Aufsätze. Prag. 1795. T. 1. p. 70.

27. Naturgeschichte des Erlenspinners. (Bomb. camelina.)
Forst- u. Jagdkalender für 1800. (Lacordaire.)

28. Naturgeschichte der deutschen Schmetterlinge, für die Jugend. Nebst einer passenden Anweisung sie zu fangen, zuzubereiten, zu ordnen und unbeschädigt zu erhalten. Halberstadt, Vogler, 1805. 8.

29. Naturgeschichte der Insecten (Sommervögel) aus Rössler, Cramer und andern Schriftstellern mit Merianschen und neuen Kupfern. Heilbronn, Class, 1778—1779. 12 Tabb. in Fol. Abschn. 1 u. 2.

*30. Natürliche Merkwürdigkeiten in den englischen Provinzen in America. (Lepidopt.)
Berl. Samml. 1776. T. 8. Stück 5. p. 433—496. fig.

31. Neues Raupen- und Insectenbüchlein. Hamburg. 8.
(cf. Schmidt Catal. CVIII.)

*32. Remarkable Visitation of the Phalaena typicoides.
Magaz. of N. H. 1830. T. 3. p. 404—418.

33. Schmetterlinge um Oedenburg gesammelt.
Programm des Benedictiner Obergymnas. zu Oedenburg 1858.
*Berl. Ent. Zeitschr. 1860. T. 4. p. 21.

34. Schmetterlingsbuch für Knaben. Eine Anleitung zur Kenntniss der Schmetterlinge und ihrer Raupen, wie auch zur Einrichtung von Schmetterlings- und Raupensammlungen. 2. vermehrte Aufl. Halle, Hendel, 1854. 8. pg. 12 et 118. tab. 6 aen. et col.

35. Schmetterlingskabinet für Kinder oder kurze Beschreibung der europäischen Schmetterlinge nebst einer Anweisung solche zu fangen, aufzubewahren und aus Raupen zu ziehen. Leipzig 1821—1828. 8. im 2. Bde. pg 211. Vogel, Chr. Fr.

*36. Schmetterlings-Album für die Jugend mit Text nach Oken. Mainz, Linn. s. a. 4. oblong. tab. 16 col. pg. 54.

*37. Sphinx Atropos met with a Sea.
Magaz. of N. H. 1831. T. 4. p. 436.

38. Taschenbuch für junge Schmetterlingsfreunde mit Kupfern u. Abbildungen nach der Natur gezeichnet und ausgemalt. Pirna, Pinther, 1801. 8.
(cf. Wiedem. Archiv. T. 3. p. 271.)

39. Taschenbuch für Schmetterlingssammler. Berlin, Lewent, 1836. tab. 12.

*40. The caterpillar of the Broom Moth eats the Petals of Flowers in preference to herbage; on Arctia Caja.
Magaz. of N. H. 1832. T. 5. p. 687—688.

*41. The colour of the eggs of the Puss-Moth. (Cerura vinula.)
Magaz. of N. H. 1834. T. 7. p. 533.

*42. The Mazarine Blue Butterfly.
Magaz. of N. H. 1833. T. 6. p. 96.

43. Verzeichniss und Beschreibung der vornehmsten Schmetterlinge in der Gegend um Holzminden. Göttingen, gedruckt mit Bohnschen Schriften, 1782. 8.
(cf. Engelmann p. 515.)

*44. Von der dies Jahr häufigen Wolfsmilchsraupe.
Wittenberg. Wochenbl. 1780. T. 13. p. 277—279.

III. Bombyx Mori.

1. Abhandlungen von den Seidenwürmern und dem in den Nieder-Sächsischen Gegenden nützlichem Seidenbau.
Ziek. Leipz. Samml. T. 6. p. 607; p. 851. T. 7. p. 535; p. 557; p. 801. — T. 8. p. 39; p. 202; p. 747. (cf. Boehmer. II, 2. p. 267.)

2. Allgemeine Betrachtungen über den Anbau der Maulbeerbäume und über die Seidenwürmer-Zucht.
Oekon. Nachr. d. Gesellsch. in Schlesien. T. 2. p. 271; p. 280; p. 291; p. 299; p. 337. cf. Reuss Repert. (Lacordaire.)

*3. Allgemeine Oesterreichische Zeitschrift für den Landwirth, Forstmann und Gärtner. Wien, 1845. 4. Jahrg. XVIII.
No. 19. p. 149—150. Ein Wort zur Hebung der Seiden-Industrie.
Zur Geschichte der Seidenzucht und Seidenkultur in Frankreich von 1460—1841 in Beibl. Universalist. No. 19. p. 73—75.
Betrachtungen über die französ. Seidenzucht- und Seiden-Industrie-Zustände. No. 20. p. 153—154.

4. Amusements poétiques sur les vers a soie. Paris, 1750.
(cf. Boehmer. II, 2. p. 257.)

5. Anleitung zum Seidenbau. Berlin, 1827. 8. tab.

*6. Anleitung zum Seidenbau nach den besten Regeln zusammengetragen und herausgegeben vom Vereine zur Beförderung des Seidenbaues in der Provinz Schlesien. 1 Bogen roy. fol. c. fig. Breslau, Druck von Grass, Barth etc. s. a.

7. Anleitung, Kurze, zur Erziehung und Pflege des Maulbeerbaums und zum Seidenbau. Herausgegeben von dem Vorstande des Vereins zur Beförderung des Seidenbaues in der Mark Brandenburg u. Niederlausitz. 2. Ausg. Berlin, G. Bethge, 1851. 8. pg. 73. — Ed. 1. 1851.

8. Anleitung zur Pflanzung der Maulbeer-Bäume, q. unten No. 65.

9. Anleitung zur Zucht der Seidenraupen. Insbruck, 1854. 8.
(cf. Verhandl. Wien. Zool. Bot. Ver. 1854. T. 4. p. 116.)

10. Anmerkungen über den Seidenbau in Deutschland.
Vermischte Verbesserungs-Vorschläge. 1778. T. 1. Stück 3.
(cf. Boehmer. II, 2. p. 265.)

11. Anmerkung vom Seidenbau aus Keysslers Reisebeschreibung.
Ziek. Leipz. Samml. T. 9. p. 610. (cf. Boehmer. II, 2. p. 269.)

III. Bombyx Mori.

12. Anmerkung zur Beförderung des Seidenbaus.
    Bremer Magaz. T. 2. Stück 3. p. 510. (cf. Boehmer. II, 2. p. 255.)
13. Annales de la Société séricole, fondée en 1837 pour la propagation et l'amélioration de l'industrie de la soie en France. Vol. I—XXI. Année 1837—57. Avec planches. Paris, Mme. Bouchard-Huzard. 8.
    Table analytique et raisonnée des 10 premiers volumes. ibid. 1847. 8.
    (Extr. de la Muscardine par G. Méneville. Avec pl. col. Ibid. 1848. 8. (Carus p. 298.)
14. Anweisung wie mit Saung des Maulbeersaamens, Pflanzung und Wartung der Maulbeerbäume, desgleichen Wartung und Fütterung der Seidenwürmer zu verfahren. Berlin, 1751. 8.
    (cf. Boehmer. II, 2. p. 257.)
15. Anweisung wie sich bei Anziehung weisser Maulbeerbäume zu verhalten, ingleichen, was bei der Zucht der Seidenwürmer zu beobachten und wie die Seide zu bereiten. Dresden, 1754. 8. 1 Bog.
    Recens. Leipz. gel. Zeit. 1755. p. 165. — Erlang. gel. Beytr. 1755. p. 307.
    Jen. gel. Zeit. 1755. p. 277. (cf. Boehmer. II, 2. p. 258.)
16. Anweisung zum Seidenbaue, Säung des Maulbeersaamens, Wartung der Maulbeerbäume und Seidenwürmer, auch von der Haspelung und Zubereitung der Seide. Breslau, W. G. Korn, 1756. 8.
    (Ist Stück 9 der Schles. ökon. Sammlungen. (cf. Boehmer. II, 2. p. 259.)
17. Anweisung zum Seidenbau. Magdeburg, 1770. 8.
    (cf. Schmidt. Catalog. CVIII.)
* 18. Anweisung zum Seidenbau, wie solcher auf das leichteste und vortheilhafteste zu betreiben sei, aus den richtigsten und zuverlässigsten theils fremden theils eigenen vieljährigen Erfahrungen des Züllichauer Waisenhauses mitgetheilt. Ed. 2. Züllichau, Frommann etc., 1765. 8. pg. 214.
19. Arte di moltiplicare la seta. Milano, Agnelli, 1766. 8.
    (cf. Cornalia, p. 59.)
20. Ausführliche Erzählung wie Maulbeerbäume und Seidenwürmer gepflegt, gewartet, fortgepflanzt, die Seide recht zugerichtet und genützt werden könne. Leipzig, 1693. 8.
    (Ob von Isnards Werk verschieden? (cf. Boehmer. II, 2. p. 255.)
21. Auszüge aus Briefen den Seidenbau betreffend.
    Annal. d. ökon. Gesellsch. in Potsdam, T. I. Heft 1. p. 77.
    cf. Reuss Repert. (Lacordaire.)
22. Avvertimenti pratici per l'educazione dei bachi da seta, o cavalieri, nel territorio veronese. Verona, 1791.
    (cf. Cornalia monogr. p. 62.)
23. Balance des Seidenbaues mit andern wirthschaftlichen Nutzungen. Berlin, 1730. 4.
    (cf. Boehmer. II, 2. p. 255.
24. Beschreibung des Seidenwurms, nebst lustigen Gedanken von dem, was natürlich ist. Leipzig, 1714. 8. 1 Bogen
    (cf. Boehmer. II, 2. p. 256.
25. Breve Trattato della Coltura dei Gelsi volgarmente detti Mori, della loro infermità, e del suo rimedio in molte di dette piante con esito felice sperimentato. Trento, Battisti, 1772. 8.
    (cf. Orion. ragion. di F. Re. T. 4. p. 133.)
26. Catechismo ad uso degli agenti per la coltivazione dei bachi da seta. Milano, Libr. Autica e Moderna, 1853. 8. fig.
    (cf. Cornalia monogr. p. 86.)
27. Cenni storici sul commercio della seta. Milan, 1826. 8. pg. 20.
    (cf. Catal. Bibl. Audouin. p. 98.
* 28. Chinesische Nachrichten den Seidenbau betreffend.
    Stuttg. phys. ökon. Ausz. 1761. T. 6. p. 56—73.
* 29. Concorso con premii proposto da lui nel Comune di Rochela Tanaro durante la primavera 1841. Milano, Guglielmini, 1841. 8.
    (cf. Cornalia monogr. p. 78.)
30. Consigli dati ai coltivatori sullo schiudimento della semente e buon governo de filugelli.
    Gazetta dell' Associaz. agrar. 11 Maggio 1842. (Cornalia monogr. p. 79.)
31. Della maniera d'educare i filugelli. Bergamo, 1788. 12.? (Lacordaire.)
32. Della maniera di arrestare o togliere la calcinazione nei bachi da seta, così detta ai nostri giorni la malattia del segno. Milano, Pirotta, 1829. 8. pg. 30.
    (cf. Cornalia monogr. p. 6.

33. **Della produzione della Seta in Italia.**
Indicator. Modenese, Giornal. di Letter. 10. April 1852.
* Extr. Bonomi Repert. 1853. T. 1. p. 68.

34. **Del modo di far nascere ed allevare i bigatti, con un breve trattato sulla coltivazione dei gelsi. Milano, Agnelli, 1833. 16.**
(cf. Cornalia monogr. p. 69.)

35. **Der Seidenbau in seiner nöthigen Vorbereitung, gehörigen Bestellung und endlichen Gewinnung. Berlin, 1714. 4.**
(cf. Boehmer. II, 2. p. 255.)

36. **Der Seidenbau nach seiner Möglichkeit und Nutzbarkeit vorgestellet. Berlin, 1713. 4.**
cf. Lesser Theol. T. 2. p. 157. (Lacordaire.)

37. **Education des Vers à Sole.**
Journ. Oeconom. 1751. p. 145; p. 497. (cf. Boehmer. II, 2. p. 270.)

*38. **Educazione de' bachi da seta come si pratica in Brianza. Milano, Pirola, 1840. 8. pg. 30. tab. 10.**
Quadro sinottico eretto dietro la guida di G. Treschi per condurre calcolatamente qualsiasi partita di filugelli sul modello d'una bigattiera mediocre di 36 a 40 graticci etc. e del prodotto di libre 500 con oncie 3 di semente. San Vito, Pascatti, 1840. Fol.
(cf. Cornalia monogr. p. 72.)

39. **Eigentliche Art den Seidenbau mit Nutzen zu tractiren. Berlin, 1731. 8.**
(cf. Boehmer. II, 2. p. 255.)

*40. **Ein neuer Japanischer Eichen-Seide-Spinner. Bombyx Yama-Mai.**
Mittheil. d. Central-Inst. für Akklimatisation in Deutschl. Dovry, Berlin, 1862. Jahrg. 3. p. 78–89.

41. **Eine Vorstellung wegen Etablirung einer Seidenmanufactur, wie solche geschehen, wie sie stehe, und wie alle Schwierigkeiten zu überwinden.**
Zink. Leipz. Samml. T. 2. p. 410; T. 3. p. 152. (cf. Boehmer. II, 2. p. 260.)

42. **Einwendungen wider den Seidenbau im Würtenbergschen.**
Stuttg. phys. ökon. Ausz. T. 2. p. 525. (cf. Boehmer. II, 2. p. 260.)

*43. **Entwurf den Seidenbau vortheilhaft im Kleinen zu betreiben.**
Berl. Samml. 1760. T. 1. p. 113–142.

44. **Extrait d'un ancien livre chinois qui indique la manière d'élever et de nourrir les vers à sole pour l'avoir et meilleure et plus abondante. Paris, Vve. Bouchard-Huzard. 1836. 8.**
(cf. Carus. p. 399.)

45. **Extrait d'un rapport de Bertucelli et Volta sur la méthode de filer la sole à froid. 8. pg. 6.**
(cf. Catal. Bibl. Audouin. p. 98.)

*46. **Fenomeno straordinario di anticipata trasformazione in farfalla del verme da seta.**
Giorn. di Fis. Chim. e Stor. natur. di Brugnatelli. 1813. T. 6. p. 399–400.

47. **Geschichte des Seidenbaues in der Grafschaft Hanau.**
Hanauisches Magaz. T. 1. p. 225. (cf. Boehmer. II, 2. p. 265.)

48. **Gründlicher Unterricht vom Seidenbau. Wolfenbüttel, 1753. s. im I. Bde. p. 333. du Halde No 2.**

49. **Hinlängliche Anleitung zur Seidenzucht, und Anweisung mit was für einem Nutzen dieses Geschäft betrieben werden könne. Ulm, Bartholomaei, 1767. 8. pg. 76. tab. 1.**
*Rec. Erlang. gel. Anm. 1767. p. 182. (cf. Boehmer. II, 2. p. 262.)

50. **Il Bigattiere della Brianza. Monza, Corbetta, 1851. 16.**
(cf. Cornalia monogr. p. 81.)

51. **Il bigattiere. Istruzioni pratiche per fare la semente dei bigatti, e teorie par le siepi pei boschetti dei gelsi. Cremona, Feraboli, 1837. 8.**
(cf. Cornalia monogr. p. 70.)

52. **Il Brianzino, ossia Trattato sul governo dei bachi da seta. Brescia, Bendiscioli, 1817.**
(Cornalia monogr. p. 65.)

53. **Incisa della Rocchetta Leopoldo. Sull' allevamento del baco da seta nelle località in cui domina una temperatura soverchiamente umida. Milano, Guglielmini, 1841. 8.**
(cf. Cornalia monogr. p. 76.)

*54. **Instruction for the increasing of Mulberie trees, and the breeding of Silke worms for the make of Silke in this Kingdome. London, Edgar, 1649. kl. 4. pg. 24. s. l. (3 figur.)**
(In Banks Bibl. der Uebers. Geddes v. O. Serres beigebunden; nach Haller Bibl. Bot. T. 1. p. 400 [Lacordaire] ist die erste Ausgabe ibid. 1609. 4.)

III. Bombyx Mori.

55. Instruction sommaire sur la manière de cultiver les muriers et d'elever les vers à soie. Lyon, 1755. 8. (Lacordaire.)
56. Istruzione del miglior metodo per la coltivazione de' bachi da seta. Milano, Borroni e Scotti, 1839. 8.
(cf. Cornalia monogr. p. 72.)
57. Istruzione pel governo de Bachi da Seta per uso del Territorio Mantovano. Mantova, Pazzoni, 1777. 8.
(Dizion. ragion. di F. Re. T. 3. p. 30.)
58. Istruzione per avere buona semente de' bachi da seta. Milano, 1780. pg. 7.
(cf. Cornalia monogr. p. 69.)
* Opusc. scelti. 1780. T. 3. p. 198—199.
59. Istruzione pratica per ben allevare i bigatti, proposta alle genti di campagna da un cittadino piemontese. 1851.
(cf. Cornalia. p. 81.)
60. Istruzione pratica per la coltivazione dei gelsi. Trento, 1855?
(cf. Verhandl. Wien. Zool. Bot. Ver. T. 5. p. 37.)
61. Istruzione sommaria per le piccole bigattiere, e per le bigattiere coloniche, pubblicate per cura della Camera Provinciale di Comercio in Treviso. Treviso, Andreoli, 1812. 8.
(cf. Cornalia monogr. p. 75.)
62. Königl. Preuss. Notification, dass Maulbeersaamen, Cocons und Graines, oder Seidenwürmersaamen von den Unterthanen gesammelt, nebst einer kurzen Anweisung wie mit Säung des Maulbeersaamens und Pflanzung, auch Wartung der Maulbeerbäume zu verfahren. Berlin, 1751. Fol.
cf. Haller B. B. T. 2. p. 405. (Lacordaire.)
63. Krankheiten der Seidenraupen.
Journal f. Fabrik, Manufakt. u. Handl. 1796. p. 212. (cf. Beckmann Bibl. XX. p. 513.)
*64. Kurze Anleitung zum Seidenbau auf deutschem Boden. Innsbruck, 1857.
(Verhandl. Wien. Zool. Bot. Ver. 1857. T. 7. p. 41.)
65. Kurze Anleitung zu Pflanzung der Maulbeerbäume und Erziehung der Seidenwürmer. (Von Chr. Baumann.) Wien, 1764. 8.
(cf. Boehmer. II, 2. p. 252.)
66. Kurze Anleitung zu Pflanzung der Maulbeerbäume u. Erziehung der Seidenwürmer. Freyburg, 1779. 8.
(cf. Boehmer. II, 2. p. 283.)
67. Kurze Anleitung zur Obstbaumzucht. Nebst einem Anhang über den Anbau des Maulbeerbaumes und Behandlung der Eier des Seiden-Raupen-Schmetterlings. Cöslin, Hendess, 1839. 12.
(cf. Engelmann Bibl. Oec. p. 10.)
*68. Kurze Anweisung wie die weissen Maulbeerbäume von den Saamen erzogen, verpflanzet und gewartet werden sollen: dann auch wie derselben Blätter zur Nahrung derer Seidenwürmer zu sammeln: nach der Beschaffenheit und Witterung des löblichen Herzogthums Würtemberg eingerichtet und als der erste Theil des Unterrichts zum Seidenbau auf Hochfürstl. gnädigst. Befehl zum Druck befördert.
Stuttgart. Selecta Phys. Oecon. 1749. 8. T. 1. Stück 2. p. 146—157; 1750. Stück 3. p. 217—222.
69. Kurze Anweisung wie die Wartung der Seidenwürmer auf das Vortheilhafteste anzustellen. Zürich, 1760. 8.
(cf. Boehmer. II, 2. p. 260.)
70. Kurze doch gründliche Anweisung, wie der Maulbeerbaum fortgepflanzet und die Seide erzielet werden möge. 1711. 4.
(cf. Boehmer. II, 2. p. 255.)
71. Kurze Geschichte der Seide.
Giornale d'Italia. T. 9. p. 15. (cf. Boehmer. II, 2. p. 266.)
72. Kurzer Unterricht vom Seidenbaue in drei kleinen Schriften, die Pflanzung und Pflegung der Maulbeerbäume, Wartung der Seidenwürmer und Haspelung der Seide betreffend. Züllichau, Frommann, 1751. 8.
(cf. Boehmer. II, 2. p. 257.)
73. L'Art de multiplier la soie. Aix, 1760. 12.
(cf. Catal. Bibl. Audouin. p. 88.)
74. Les plaisirs innocens et amoureux de la campagne, contenant un traité des mouches à miel et des vers à soie. Amsterdam, Marret, 1699. 12.
(cf. Nodier Bibliogr. p. 61; Boehmer. II, 2. p. 251.)
*75. Magdeburgische Anweisung zum Seidenbau. Magdeburg, Faber, 1770. 8. pg. 100.

76. Manière d'élever les vers à soie et cultivers des muriers blancs. Paris, 1767. 1 pl.
(cf. Catal. Bibl. Audouin. p. 89.)

77. Mélanges d'agriculture sur les mûriers et l'education des vers à soie, sur la meilleure maniere de faire le pepinieu des mûriers et de cultiver les figuiers et les oliviers. s. n. et l. 8. 2 vol.
Bibliogr. agron. p. 182. (Lacordaire.)

78. Mémoires sur les vers à soie sauvages par des Missionnaires du Pekin.
Journ. d'agricult. des Com. et des Arts. Janv. 1781. p. 3.
* Füessly neues Magazin d. Entom. 1781. T. 2. p. 96.

79. Memorie sull' origine e specie diverse della Seta.
Magazzino Toscano. (vor 1800.) T. 3. P. 1. (Dizion. ragion. di F. Re. T. 3. p. 100.)

80. Metodo di coltivare i Bachi da Seta molto più vantaggioso di quello che usar si suole comunemente. Firenze, Cambiagi, 1780. 8. fig.
(cf. Dizion. ragion. di F. Re. T. 3. p. 117.)

81. Metodo di soffocare le crisalidi colla canfora. Milano, 1779. 4. (Lacordaire.)

82. Metodo economico e sicuro per far nascere i Bachi da Seta tutti ad un tempo medesimo; Osservazioni dedotte dalla diligente pratica del Sig. G. B. P. valente economo nella Marca Trivigiana.
Nuovo Giornal. d'Italia (vor 1800.) T. 5.
(cf. Dizion. ragion. di F. Re. T. 3. p. 118.)

83. Metodo facile e sicuro per far nascere e ben regolare i bachi da seta. Brescia, Bettoni, 1817. 12.
(cf. Cornalia monogr. p. 64.)

84. Metodo facile e sicuro per far nascere e ben regolare i bigatti. Cremona, Manini, 1818. 12.
(cf. Cornalia monogr. p. 71.)

85. Modo pratico per ben allevare e custodire i Bigatti. Vincenza, Anton Veronese, 8. pg. 8.
(cf. Dizion. ragion. di F. Re. T. 3. p. 161.)

* 86. Nachricht von dem Herkommen und der Erziehung derer Seidenwürmer.
Stuttgart. Selecta Phys. Oecon. 1759. 8. T. 1. Stück 1. p. 89—91; Stück 1. p. 111—145.
Annales de la société séricicult. 1837.

87. Nachricht von der Art Seidenwürmer in Frankreich und allen Himmelsgegenden zu erziehen, wo man Maulbeerbäume hat.
Journ. Oeconom. 1752. Juli. p. 53. — Deutsch. Allgem. Magaz. T. 2. p. 292.
(cf. Boehmer. II, 2. p. 265.)

88. Neue Seidenmanufactur. Leipzig, 1693. 8.
cf. Heller Bibl. B. T. 2. p. 10. (Lacordaire.)

89. Notes pour servir a l'histoire de la grande manufacture de Lyon. (étoffes de soie.) 8. pg. 16.
(cf. Catal. Bibl. Audouin. p. 98.)

* 90. Notiz über den Seidenbau im nördlichen China. Aus einem vom Grafen von Eulenburg eingereichten Bericht eines als Seiden-Inspector ansässigen Deutschen.
Annal. d. Landwirthsch. in d. Kgl. Preuss. Staaten. 1862. Jahrg. 20. p. 353—371.

91. Novello apparecchio per la covatura dei bachi da seta.
Giorn. agrario Milano. 1817. (cf. Cornalia monogr. p. 70.)

92. Ob der Seidenbau in hiesiger Gegend mit Nutzen einzuführen.
Kölnisch. Encyclop. Journal. Jahrg. 1. Stück. p. 16. (cf. Boehmer. II, 2. p. 265.)

93. Ob die Seidenwürmer mit Gundermann zu füttern.
Götting. Polizeiwochenbl. 1757. p. 22. (cf. Boehmer. II, 2. p. 269.)

94. Observations sur le tirage des Soies.
Journ. Oeconom. 1761. p. 330. (cf. Boehmer. II, 2. p. 271.)

95. Observations sur toute l'Oeconomie des vers à Soye pour l'usage de la Hollande. Amsterdam, 1709. 12.
(cf. Boehmer. II, 2. p. 254.)

* 96. Of the designed progress to be made in the breeding of Silkworms, and the making of Silk in France.
Philos. Transact. 1665. T. 1. No. 5. p. 87—91.

97. Osservazioni e Riflessioni sui Grisi.
Magazzino Toscano. T. 2. (Dizion. ragion. di F. Re. T. 3. p. 200.)

98. Petit discours contenant la maniere de nourrir les vers a soie et la tirer. Paris, 1668. 4. 6 pl.
(cf. Catal. Bibl. Audouin. p. 98.)

99. Pregi ed utilità del nuovo gelso ossia moro delle Filippine. Modena, 183.. 8. pg. 11.
(cf. Catal. Bibl. Audouin. p. 98.

III. Bombyx Mori.

100. Raccolta di scritti sulla pratica educazione del baco da seta etc. Milano, Tamburini, 1852. 8. tab.
(Estrat. da giornali.) (cf. Cornalia monogr. p. 55.)

101. Rapport présenté à la société nationale (impériale) d'Agriculture, d'histoire naturelle et des arts utiles de Lyon au nom de la commission des soies, sur ses travaux.
*(1850.) sér. 2. T. III. p. 187—[illegible]. Gamot Rapporteur.
*(1851.) sér. 2. T. IV. p. [illegible]—117. Meiheron Rapporteur.
*(1852.) sér. 2. T. V. p. [illegible]—65.
*(1854.) sér. 2. T. VI. p. [illegible]—314.
*(1855.) sér. 2. T. VII. p. 271—[illegible].
*(1856.) sér. 3. T. I. p. [illegible]—179.

*102. Recueil des opinions émises sur les avantages de la race de vers à soie Bronski et sur la qualité de la soie produite par cette race. Paris, Chaix, 1851. 4. pg. 23.

103. Regola pratica et compiuta di allevare i bigatti felicemente. Udine Galici, 1777. (ob von Pezzoli?)
(cf. Cornalia monogr. p. 60.)

104. Regola pratica e compiuta di allevare i bachi da seta adattata alla Lombardia. Milano, Galeazzi, 1784. 8. pg. 68. tab. 1.
(cf. Cornalia monogr. p. 60.)

*105. Regola sicura ed esperimentata molti anni per allevare i Bachi da Seta che da sette pesi di Gallette per ogni oncia di semenio.
Giorn. d'Italia. 1768. T. 2. p. 284.

106. Seidenzucht, soll sie in unserem Klima betrieben werden?
André Oekon. Neuigk. u. Verhandl. 1823. T. 2. p. 473—475. (Lacordaire.)

*107. Silkworm.
Magaz. of N. H. 1832. T. 5. p. 652.

108. Sobre la seda y especialmente sobre el cultivo de las moreras.
Ensayo de la Soc. Bascongada. 1768. p. 135.
cf. Hensn. Repert. (Lacordaire.)

109. Studj sul calcino.
Estr. dell' Eco della Borsa 1848. (cf. Cornalia monogr. p. 80.)

110. Studio degl' Italiani sul Calcino.
Giorn. il Tornacanto di Padova. 8. 1847. (cf. Cornalia monogr. p. 79.)

111. Sur la culture de la soie en Languedoc.
Journ. d'agricult. et de commerce. 1766. (cf. Boehmer II, 2. p. 206.)

112. Sur la manière d'élever les mûriers en prairie, et de les préserver de la gelée.
Ann. d'agric. 1831. T. 7. pg. 27. (cf. Catal. Bibl. Audouin. p. [illegible].)

113. Traité curieux des vers à soie, imprimé avec un traité des mouches à miel. Paris, 1734. 12.
(cf. Percheron II. p. 104.)

114. Traité sur l'éducation des vers à soie précédé d'une instruction sur les diverses espèces des mûriers, terminé par une méthode sur la purification de l'air des ateliers; par D. T. et compagnie. Allais, Brussel, 1844. 8. pg. 52.

115. Trasformazione dei globuli del sangue del baco in rudimento del vegetale del calcino.
Compt. rend. 1849. No. 19. (cf. Cornalia monogr. p. 80.)

*116. Trattato de Cavalieri overo Vermicelli, che fanno la seda, con il modo di regolarli, e conservarli da ogni loro infermità. Venezia, Pittoni, 1692. 12. pg. 24.
Ed. 3. ibid. 1699. 12.
(cf. Dizion. ragion. di F. Re. T. 4. p. 153.)

117. Ueber den Seidenbau in Sclavonien.
Magaz. d. Buch- u. Kunsthand. 1781. Stück 5. p. [illegible].
*Fleissiy neues Magaz. d. Oekon. 1781. T. 2. p. [illegible].

118. Ueber die Fortschritte des Seidenbaues in preussischen und norddeutschen Staaten. 1836.
(cf. Cornalia monogr. p. 70.)

119. Ueber die Natur der Seide, des Flachses und des Hanfes. Zwickau, 1806. 8.
(cf. Engelmann Bibl. Oec. p. 125.)

120. Ueber die Seidenraupenzucht und die Maulbeerpflanzungen im Elsass. 1837.
(cf. Cornalia monogr. p. 69.)

121. Unterricht von Pflanzung des Maulbeerbaums und Pflegung der Seidenwürmer. Leipzig, 1761. 8.
(cf. Boehmer II, 3. p. 284.)

122. Unterricht über den Seidenbau. St. Petersburg, 1808. 8. pg. 53.
(cf. Catal. Bibl. Autonio. pg. 95.)
123. Unterricht vom Seidenbau, die Pflanzung und Pflegung der Maulbeerbäume, Wartung der Seidenwürmer. s. oben No. 72.
124. Unterweisung zur Maulbeer- und Seidenzucht. Bern, 1689. 8.
(cf. Boehmer II, 2. p. 234.)
125. Unterricht, wie die Maulbeerbäume zu pflanzen und die Seidenwürmer zu erziehen sind. Wien, Krüchten, 1765. 8.
nach Haller Bibl. B. T. 2. p. 707. aus dem Französ. übers.
126. Vers à soie et mûriers.
Journ. d'agric. d'écon. rur. et des manuf. des Pays-Bas. sér. 2. 1827. T. 6. p. 272—278.
(La reproduction d'une lettre publiée dans la Gazette des Pays-Bas le 16. Octbr. 1817.)
(Lacordaire.)
127. Vers à soie.
Journ. d'agric. d'écon. rur. et des manuf. des Pays-Bas. sér. 2. 1828. T. 7. p. 39—46.
(Extr. d'un Mém. lu par le Colonel Martinel à la Soc. Linn. de Lyon en 1827.)
(Lacordaire.)
128. Versuch einer Geschichte des Seidenbaus.
Schrebers Samml. T. 1. No. 21. (cf. Boehmer II, 2. p. 269.)
129. Vollständige auf vieljährige Erfahrung gegründete Anleitung sowohl zur Seidenzucht, als auch zum Pflanzen und Beschneiden der Maulbeerbäume, nebst Widerlegung einiger bey dieser Zucht eingeschlichenen Missbräuche. Carlsruhe, 1776. 8. 5 Bogen.
*Recens. Beckmann Phys. Oek. Bibl. VII. p. 173.
*130. Von dem Brandenburgschen Seidenbaue.
Breslauer Natur- u. Kunstgesch. 1719. Vers. 3. p. 841—847. (cf. Boehmer II, 2. p. 268.)
131. Von dem Seidenbau in Sachsen.
Anzeig. v. d. Leipzig. Oekon. Soc. 1771. Oster-M. p. 82. cf. Reuss Repert. (Lacordaire.)
*132. Von der Generation der nachgekünstelten Seidenwürmer aus Fleisch.
Breslauer Natur- u. Kunstgesch. 1718. Vers. 6. p. 1740—1744.
*133. Von verschiedenen Arten Seide und Wolle.
Breslauer Natur- u. Kunstgesch. 1724. Vers. 27. p. 210—222.
134. Vorschlag den Seidenbau in einem Jahre zweimal mit Nutzen zu treiben.
Realzeitung. 1755. p. 112; p. 135. (cf. Boehmer II, 2. p. 288.)
135. Vorschlag zur Aufmunterung des Seidenbaues in der Waat.
Samml. d. Gesellsch. zu Bern. Jahrg. 5. St. 4. p. 1. (cf. Boehmer II, 2. p. 285.)
136. Wartung der Seidenwürmer. Quedlinburg, Ernst, 1751. 8.
(cf. Engelmann Bibl. Oec. p. 333.)
137. Wie die Seide an einigen Orten angebauet werde.
Hallesche Frag- u. Anz. 1755. St. 27. (cf. Boehmer II, 2. p. 285.)
138. Zufällige Gedanken von dem Seidenbaue in Teutschland.
Dresden. gel. Anzeig. 1751. St. 46, 47; 1752. St. 24; 1753. St. 17; *1755. St. 11. p. 169—176; St. 21. p. 265—283. 1754.

IV. Apis mellifica.

1. Abeille. Article dans le cours complet d'agriculture ou diction. universel d'agriculture par Thouin. Paris, 1805. 4. T. XI.
*Beckmann Phys. Oek. Bibl. XXIII. p. 260.
2. Abhandlungen über das schädliche oder vortheilhafte Tödten der Bienen.
Leipzig. ökonom. Gesellsch. Schriften. T. 8. p. 19.
*Recens. Allgem. deutsche Bibl. T. 81. p. 437.
3. Abhandlungen von Bienen für alle Gegenden. Zittau, Schöps, 1788. 4.
*4. A curious Fact concerning Bees.
Magaz. of N. H. 1832. T. 5. p. 638.
*5. A description of a Bee-house useful for preventing the swarming of bees uses in Scotland with good success. tab. 1.
Philos. Transact. 1673. T. 8. N. 96. p. 6076—6079.
6. Almanach für Bienenfreunde, oder erfahrungsmässige Anweisung zur praktischen Bienenzucht auf jeden Monat im Jahr. Halberstadt, Grossens Erben, 1793. 8. (oder Leipzig. 1792.)
*7. A new phase of Bee-life (Abstract from Dickens Householdworks).
Trans. Ent. Soc. Lond. ser. 2. 1851. T. 1. Proc. p. 76—79.
8. Anleitung auf die vortheilhafteste Weise Honig und Wachs auszumachen, mittelst einer dazu neu erfundenen praktisch erprobten Presse. Herausgegeben von einem Mitgliede der schweizerischen naturforschenden Gesellschaft. Zürich, Orell, Füssli et Co., 1821. 8.
(cf. Engelmann Bibl. Oec. p. 9.)

IV. Apis mellifica.

9. Anleitung zur Bienenzucht. Hannover, Helwing, 1767. 8.

10. Anleitung zur praktischen Bienenzucht, nebst dem Besten und Brauchbarsten über Verbesserung und Erleichterung der Bienenzucht; aus den Werken der Ausländer, gesammelt und niedergeschrieben von einem praktischen Bienenwirthe. Leipzig, 1801. 8.
(cf. Engelmann Bibl. Oec. p. 9.)

11. Anmerkungen von den denen Bienen schädlichen und nützlichen Kräutern.
Avant Coureur, 1763. Stück 18. — Leipzig. Intelligenzblatt. 1763. Stück 26.
(cf. Boehmer II, 2. p. 315.)

12. Anmerkungen von der Beschaffenheit der Bienenzucht in der Oberlausitz im Jahr 1766 u. 1768; wohlfeile Bienenfütterung.
Abhandl. Oberlaus. Bienengesellsch. 1768. p. 91; 1768—1769. p. 107. (Lacordaire.)

13. Anmerkung über die Beobachtung, dass ein Bienenkorb, worin der Weisel eingesperrt war, voller junger Bienen gewesen.
Nachr. d. Landw. Gesellsch. in Zelle. T. 3. Samml. 1. p. 108. (Lacordaire.)

14. Anzeige wie hoch der Nutzen von den Bienen zu rechnen.
Leipzig. Intelligenzbl. 1761. Stück 50; 1765. Stück 26. (cf. Boehmer II, 2. p. 312.)

* 15. Apis anglica sive P. Virgilii M. Georgicon liber quartus ad nova experimenta reformatus. Cui accedit Corinea, quae est ad amicum quendam in uxoris funere aegloga. Una cum Monarchia formicarum multis in locis emendata. Oxoniae, typ. Lichfieldianis. 1687. 8. pg. 17. (ob von Butler?)

* 16. A short and simple Letter to Cottagers from a conservative Beekeeper. (Oxford, 1838.) 8. s. l. et a. pg. 24.

17. A treatise on the Nature, Economy and Practical Management of Bees. London, 1817.
(cf. Trans. Ent. Soc. Lond. T. 3. Proc. p. 33.)

18. Auf die Erfahrung gegründete Betrachtungen über die Raubbienen.
Gemeinnütz. Arbeit. Oberlaus. Bienengesellsch. T. 2. p. 112. (Lacordaire.)

19. Ausführliche Erläuterung einer Bienenhyäne im Oberrheinischen Kreise. (ohne Druckort.) 1776. 8. pg. 24.
*Neuest. Allg. Deutsche Bibl. T. 29. p. 584.

* 20. Ausführlicher Unterricht von Zubereitung des rohen Zuckers zu einer guten Bienenfütterung.
Gemeinnütz. Arbeit. Oberlaus. Bienengesellsch. 1773. T. 1. p. 180—192.

21. Auszug aus verschiedenen Abhandlungen über die Bienen und Bienenzucht, nebst beigefügten kurzen Anmerkungen und eigenen Beobachtungen.
Abhandl. Oekon. Gesellsch. in St. Petersburg. T. 9. p. 70. (Lacordaire.)

22. Beiträge zu einer rationellen Bienenzucht. Apolda, Teubner, 1848. 8.

23. Bemerkungen der physikalisch-ökonomischen und Bienengesellschaft in Laun von 1769—1772. Mannheim, Schwan u. Goetz, 1770—73. 8. 5 vol. — Dieselben 1773—83. Ibid. 1775—85. 11 vol. mit einem Register über alle 16 Bände.
Später hat diese Schrift den Titel:
Bemerkungen der Churpfälzischen ökonom.-physik. Gesellschaft erhalten.
(cf. Boehmer II, 2. p. 290.)

* 24. Bemerkungen über die Bienen.
Allerneueste Mannigfaltigk. 1783. T. 3. p. 479.

25. Beobachtungen bei der Wartung der Bienen.
Universal Magaz. 1755. Mai, p. 207. — Bremisch. Magaz. T. 1. p. 150.
Hamburg. Journ. 1765. p. 1110. (cf. Boehmer II, 2. p. 312.)

26. Beobachtungen bei einem vor Kälte völlig erstarrten aber vorsichtig aufgelebten Bienenstock.
Abhandl. Oberlaus. Bienengesellsch. 1767. p. 135. (Lacordaire.)

* 27. Beobachtungen über die Bienen.
Berlin. Magaz. 1765. T. 1. p. 710—712.

* 28. Beobachtungen von den Bienen auf wilden Kastanienblüthen.
Hamburg. Magaz. 1757. T. 19. p. 115—117.

29. Bericht der X. Versammlung der deutschen Bienenwirthe in Gratz. 4.
(cf. Verhandl. Wien. Zool. Bot. Gesellsch. 1861. T. 11. Sitzber. p. 95.)

30. Beschreibung einer neuen Art Bienenkörbe, mit einer Tafel.
Oekon. Hefte für Stadt u. Landwirthe. 1799. T. 12. Januar. (Lacordaire.)

31. Beschreibung eines immerwährenden Bienenstockes von drei Theilen, in welchem die Bienen vom Schwärmen abgehalten und zum beständigen Arbeiten gezwungen werden.
Wienerische ökonom. Samml. T. 2. p. 323. (cf. Boehmer II, 2. p. 322.)

32. **Beurtheilung einiger Bücher so von der Bienenzucht handeln.**
Breslauische Abhandl. T. 2. p. 170. (cf. Boehmer II, 2. p. 290.)

33. **Bevestigung der Hornbostelischen vortrefflichen physikalischen Erfahrung, dass die Bienen das Wachs ausschwitzen, in einem Briefwechsel zwischen Hornbostel u. Stieglitz.**
Abhandl. Oberlaus. Bienengesellsch. 1767. p. 1. (Lacordaire.)

34. **Beytrag zu einer Bienengeschichte.**
Allerneueste Mannigfaltigk. T. 2. p. 145; p. 604; T. 3. p. 198. (cf. Boehmer II, 2. p. 313.)

35. **Bienenfragen mit Loppens Experimenten.** Halle, 1767. 12.
(cf. Boehmer II, 2. p. 285.)

36. **Bienen-Kalender oder vernünftige und praktische Anleitung, wornach durchs ganze Jahr die Zucht in Körben insonderheit der Natur der Bienen gemäss, ohnumgänglich und fördersamst herzurichten ist, wenn man anders wahren Nutzen von derselben erhalten und sodann den vernünftigen Weg der Kunst betreten will, als eine nähere Erläuterung des Entwurfs zur vollkommensten Bienenpflege.**
Abhandl. Fränk. ökon. Bienengesellsch. 1770. p. 1. (Lacordaire.)

37. **Briefwechsel die Landwirthschaft, insbesondere die Mecklenburgsche betreffend. Nebst einigen vom Herausgeber beigefügten Anmerkungen und Prüfung verschiedener in neuen ökonomischen Schriften vorgetragenen Lehrsätzen.** Schwerin, 1787. 8. 2 vol. (In Briefen, der letzte über Bienen.)
Extr. Jena Allg. Litterat. Zeit. 1790. T. 3. p. 177–182. (Lacordaire.)

38. **Churfürstliche Bienengesellschaft in der Oberlausitz.**
Auf Veranlassung Schirachs 1766 gestiftet, 1769 bestätigt. Ihre Schriften hatten zuerst den Titel:

1. **Abhandlungen und Erfahrungen der physikalischen Bienengesellschaft der Oberlausitz.** Dresden, Walther. 8. Erste Sammlung. 1766. 6 Bogen; Zweite Sammlung. 1767. 16 Bogen. (Samml. 1 u. 2 herausgegeben von Schirach.) — Leipzig u. Zittau, Spiekermann. 8. Dritte Sammlung. 1770. 8 Bogen. (enthält die Schriften von 1768 u. 1769. — Berlin u. Leipzig, Decker. s. a. (1771.) 8. Vierte Sammlung. 14 Bogen. (enthält die Schriften von 1770 u. 1771. nebst allgemeinem Register über alle vier Sammlungen.)
Die Fortsetzung führt den Titel:

*2. **Gemeinnützige Arbeiten der Churfürstlich Sächsischen Bienengesellschaft in Oberlausitz, die Physik und Oekonomie der Bienen betreffend, nebst andern dahin einschlagenden natürlichen Dingen.** Berlin u. Leipzig, Decker, 1773–1776. 8. 2 vol. T. 1. pg. 422. tab. 1.
Fortsetzung:

3. **Arbeiten der Churfürstlich S. Bienengesellschaft.** Leipzig, 1776. 8. Zweiter Band. pg. 138.
Auch hat diese Gesellschaft die Geschichte der die Churf. S. Bienengesellschaft betreffende Sachen jährlich herausgegeben, und ist die sechste Anzeige davon Görlitz und Bautzen, 1773. 8. erschienen.
(cf. Boehmer II, 2. p. 292.)

*39. **Dass die Bienen eine besondere Nutzung auf gewissen Auswüchsen der Steineichen finden.**
Wittenberg. Wochenblatt. 1774. T. 7. p. 243–244.

40. **Der Bauernfreund in Niedersachsen.** Lemgo, Meyer, 1775. 8. 2 vol. à 12 Bogen. (Lieder, Fabeln, Abhandl. über Bienenzucht etc.)
*Recens. Allgem. deutsche Bibl. Anhang z. 25–36. Bd. p. 3133.

41. **Der erfahrene Bienenvater, oder aufrichtige Beschreibung der Bienenzucht für alle Gegenden Norddeutschlands.** Lüneburg, Herold u. Wahlstab, 1808. 8. — Einbeck, 1809. 8.
(cf. Engelmann Bibl. Oec. p. 34.)

42. **Der kluge und sorgfältige Bienenfreund, oder gründlicher Unterricht in allen zur Bienenzucht nöthigen und nützlichen Stücken.** Leipzig, 1803. 8.
(cf. Engelmann Bibl. Oec. p. 34.)

43. **Der Krieg der Bienen, eine ökonomische Erzählung.**
Göttinger Polizeynachrichten. 1756. p. 338. (cf. Boehmer II, 2. p. 314.)

44. **Der naerstige Byenhouder.** Amsterdam, 1699. 4.
(cf. Boehmer II, 2. p. 283.)

45. **Der praktische Bienenvater.** 1 tab. Leipzig, 1820.

46. **Der sichere Wegweiser für erfahrene und unerfahrene Bienenwirthe, den Bienenstand in kurzer Zeit stark zu vermehren und reichlichen Honig zu ernten, oder Anleitung zum gründlichen Studium der Bienennatur und Bienenzucht. Unter Revision der bisherigen Grundsätze über Bienenzucht**

IV. Apis mellifica.

herausgegeben von einem Verein rationeller Bienenwirthe. Arnstadt, 1831. 8.

(cf. Engelmann Bibl. Oec. p. 333.)

47. Der sorgfältige Bienenhalter nebst einer Viehe-Apotheke. Osnabrück, 1674. 4. Edit. Osnabrück, 1677. 4.

(cf. Boehmer II, 2. p. 283.)

48. Der Thierarzt bei den Krankheiten der Schweine, nebst einem Anhange von den Krankheiten der Bienen. Leipzig, Schwickert, 1793. 8.

49. Der verständige Landwirth; enthält. Witterungskunde, Bauernregeln, Monatsgärtner, Bienenkalender, monatliche landwirthschaftliche Verrichtungen. Karlsruhe, Marx, 1825. 8. (Ed. II.)

(cf. Engelmann Bibl. Oec. p. 181.)

*50. Der Wiesel, ein Feind der Bienen.

Wittenberg. Wochenblatt. 1773. T. 6. p. 11—12.

51. Des avantages que procure l'éducation des abeilles.

Journ. d'agric. d'écon. rur. et des manuf. des Pays-Bas. 1822. T. 15. p. 100—117. (Lacordaire.)

52. Des ruches et des mouches à miel. Reponse à cette question: Le revenu d'une certaine collection des ruches à miel vaut il la peine de s'en occuper?

Journ. d'agric. d'écon. rur. et des manuf. des Pays-Bas. sér. 2. 1829. T. 10. p. 337—348. (Lacordaire.)

53. Die neueste Theorie der Drohnen.

Gemeinnütz. Arbeit. Oberlaus. Bienengesellsch. T. 2. p. 1.

54. Die nützliche Biene oder Anweisung, wie man zum allgemeinen Besten eines Landes die Bienen vermehren, erhalten und nutzen könne, aus unterschiedlichen Büchern und eigener Erfahrung zusammengetragen. Nebst einem Anhange und einer Widerlegung der im Fuldaischen Wochenblatte 1767 im 8. Stücke ertheilten Beantwortung jener in dem 3. Theile der Frankfurter neuen Auszüge p. 59 aufgeworfenen Frage von einer im Frühjahre bei den Bienen verspürten Krankheit dem Publicum mitgetheilt von einem Menschenfreunde und Bienenliebhaber. Frankfurt u. Leipzig, 1777. 8. pg. 231.

*Beckmann Phys. Oek. Bibl. III. p. 370. — Riem Phys. Oek. Bienenbibl. T. 2. p. 100—120.

55. Die vortheilhafteste Bienenzucht für den Landmann, oder gründliche Anweisung, wie der Ertrag der Bienen dem Landmann den Schaden ersetzen kann, den er durch verminderte Getreidepreise erleidet. Hamm, Wundermann, 1827. 16. 1 Tafel.

(cf. Engelmann Bibl. Oec. p. 31.)

56. Die wohlerfahrene Landwirthin in ihrem Hauswesen, oder Unterricht für Hausmütter zur klugen Besorgung ihrer Geschäfte in der Küche, in der Speisekammer, im Garten, im Viehstalle und Geflügelhofe. Nebst einem Anhang von der Wartung der Bienen und einem Haushaltungskalender. 3. verm. Ausg. Nürnberg, Stein, 1808. 8.

(cf. Engelmann Bibl. Oec. p. 183.)

57. Dissertatio de jure imperiali circa mellifodinas quas vocant majorales. Argentorati, 1745. 4.

(cf. Nodier Bibl. p. 52.)

58. Drei Abhandlungen von den Bienen, Futterkräutern und Korn. Bern, Typogr. Gesellsch., 1775. 8.

59. Eine besondere Erfahrung vom Bienenweisel.

Nachr. Braunschw. Lüneb. Landwirthsch. Gesellsch. T. 3. p. 108.

Rec. Götting. gelehrt. Anzeig. 1771. p. 978. (cf. Boehmer II, 2. p. 310.)

60. Eine besondere Merkwürdigkeit, so die Bienen denen, die die Natur der Vegetabilien erforschen, an die Hand geben.

Beyträge zu den Strelitz. Anz. 1766. St. 14. (cf. Boehmer II, 2. p. 324.)

61. Einfache Anweisung zu einer einfachen Bienenzucht für den Landmann. Mit einer Belehrung zum Honig- und Wachsausmachen. Reutlingen, Kurtz, 1830. 8.

(cf. Engelmann Bibl. Oec. p. 12.)

62. Einfache und leichtfassliche Grundregeln zur gedeihlichen Bienenzucht auf eigene und anderer Bienenwirthe gemachten Erfahrungen gegründet. Geschrieben für Schulen und zum Privat-Unterrichte von einem Bienenfreunde. Mit einem Vorwort vom Ministerial-Registrator Brotbeck. Wiesensteig, Schmid, 1856. 8.

63. Entwurf zu einem Chur-Sächsischen Bienenrecht.
Gemeinnütz. Arbeit. Oberlaus. Bienengesellsch. T. 1. p. 217. (Lacordaire.)

64. Erfahrungen von dem Eingraben der Bienen im Herbst.
Nachr. d. Braunschw. Lüneb. Landwirthsch. Gesellsch. T. 2. Samml. 4. p. 401. (Lacordaire.)

65. Erfahrungen zur richtigen Beurtheilung des so übel berüchtigten Raubens der Bienen.
Beyträge zu d. neuen Strelitz. Anz. 1769. vom 10., 17. u. 21. Mai. (cf. Boehmer II, 2. p. 325.)

66. Erfahrungsmässige Anweisung zur praktischen Bienenzucht für Jedermann. Halberstadt, Gross, 1792. 8.

67. Erfahrung wegen zuverlässiger Vertilgung der Ameisen, einer Art Bienenfeinde.
Abhandl. Oberlaus. Bienengesellsch. 1768. p. 59. (Lacordaire.)

* 68. Erzählung einer Begebenheit sammt ihren Umständen, betreffend die schädliche Wirkung der Sonnenhitze in Bienenstöcken.
Hamburg. Magaz. 1758. T. 20. p. 320—328. (cf. Boehmer II, 2. p. 371.)

69. Etwas von dem Gebrauche der Thermometer bei den Bienen-Stöcken, um daraus zu ersehen, welches die beste Materie zur Verfertigung der Bienenwohnungen sei, ob die Materie derselben Wärme genug in sich enthält oder nicht.
Gemeinnütz. Arbeit. Oberlaus. Bienengesellsch. T. 2. p. 16. (Lacordaire.)

* 70. Etwas zur Untersuchung des Geschlechts der Bienen.
Wittenberg. Wochenblatt. 1780. T. 22. p. 133—136.

71. Extrait du Mémoire anonyme sur la question, quels seraient les meilleurs moyens d'élever les abeilles dans le Pays-Bas et d'en tirer les plus grands avantages par rapport au commerce et à l'économie auquel l'Académie a accordé un accessit en 1779. (cf. Zegher.)
Mém. de Prix de l'Acad. de Bruxelles. 1779. (Lacordaire.)

72. Fleur de Tilleul pernicieuse aux abeilles.
Journ. économique. 1765. Octobre. p. 166. (cf. Boehmer II, 2. p. 316.)

* 73. Food of Bees in North America.
Magaz. of N. H. 1832. T. 5. p. 437. (aus North Americ. Review.)

* 74. Formation of Wax by the Bee.
Magaz. of N. H. 1831. T. 4. p. 276.

75. Fragen und Anekdoten aus der Bienenwirthschaft.
Thüringer Beyträge. St. 1. No. 4. (cf. Boehmer II, 2. p. 314.)

76. Gedanken über die neuen Verbesserungen in der Bienenzucht.
Oekon. Nachr. d. Gesellsch. in Schlesien. T. 1. p. 85. (Lacordaire.)

* 77. Gedanken von Verbesserung der Bienenzucht.
Hannöv. gelehrt. Anz. 1750. St. 9. p. 33—35. (cf. Boehmer II, 2. p. 311.)

* 78. Gegenstände, worauf bei Wartung der Bienen zu sehen.
Berlin. Samml. 1769. T. 1. p. 53—78.

79. Gesammelte Erfahrungen, welche theils in die Zucht der Bienen, theils in die nähere Erkenntniss ihrer Natur einen Einfluss haben: 1. Von nützlicher Aufbewahrung der Stöcke über Winter in der Erde; 2. Einige neue Erfahrungen, die zu der näheren Kenntniss der verborgenen Geheimnisse der Natur der Drohnen und der Arbeitsbienen etwas beitragen. 3. Ein durch Erfahrung bewährt gefundenes Mittel die Bienen zu füttern.
Gemeinnütz. Arbeit. Oberlaus. Bienengesellsch. T. 2. p. 108. (Lacordaire.)

80. Geschichte meiner Bienen und derselben Behandlung von den Jahren 1781 u. 1782. Dessau u. Leipzig, Verlags-Buchhdlg. etc. 8. pg. 256. tab. 1.
(cf. Schroeter neuer Litter. T. 1. p. 238.)

81. Gesetze der patriotischen Bienengesellschaft in Baiern. München, Strobl, 1784. 8. 1 Bogen.
* Recens. Allgem. deutsche Biblioth. T. 62. p. 502.

82. Goldkörner für Bienenhalter und Bienenfreunde, oder verschiedene Vortheile und Handgriffe, um aus der Bienenzucht den grösstmöglichsten Nutzen zu ziehen. Ulm, Ebner, 1835. 12. mit vielen eingedr. Abbildungen. Ed. II. ibid. 1836. 12. Ed. III. ibid. 1839. 12. Ed. IV. auct. ibid. 1848. 12.

83. Gut befundenes Gartenbuch, item von Bienen und Tauben. 1730. 8.
(cf. Boehmer II, 2. p. 256.) Haller B. B. T. 2. p. 231.

* 84. Hints for Promoting a Bee Society. London, Darton. 1796. 8. pg. 7. tab. 1. 1 Blatt Erklärung.

* 85. Honey in Madagascar. (aus Univ. Dist. T. 11. p. 620.)
Entomol. Magaz. 1838. T. 5. p. 522.

86. Inhalt eines zum Druck fertigen neuen Bienenbuches.
Zink. Leipz. Samml. T. 2. p. 779. — * Fränkische Samml. 1765. T. 8. p. 64—75.

42 *

IV. Apis mellifica.

87. Instruction sur la récolte de la cire au printems.
Journ. du Dépt. de la Marne. 1831. 8. pg. 2.
(cf. Catal. Bibl. Audouin p. 67, wo es wohl irrig Lombard zugeschrieben ist.)

88. Istruzione sulla maniera la più semplice e la più utile di governare le api. 4.
(cf. Atti soc. patr. Milano. T. 3. p. 122. Lacordaire.)

89. Kirchheimer Wandtabelle für Bienenzucht bearbeitet nach den neuesten Hülfsmitteln, nach Dzierzon, von Berlepsch, Busch, Fuchel etc. ein Bogen mit eingedruckten Holzschnitten. Kirchheim, 1856. Imp. Fol.

90. Kurze Anleitung für das Landvolk in Absicht auf die Bienenwirthschaft für die Kais. K. Erbländer, vorzüglich Ungarn, eingerichtet; worinnen deutlich gezeiget wird, wie durch eine wohleingerichtete Bienenwirthschaft in kurzer Zeit ein beträchtliches Vermögen gesammelt werden könne. Alles aus eigener Erfahrung zusammengetragen und zum Nutzen des Landmanns in Fragen und Antworten eingerichtet; nebst einem kleinen Bienenkalender. Pressburg u. Leipzig, Loewe, 1773. 8. pg. 150. 4 Taf.
Ed. II. Pressburg, 1781. 8.
(Engelmann Bibl. Oec. p. 9.)
Riem Phys. Oek. Bienenbibl. T. 2. p. 313—323.

91. Kurze Anleitung zur Bienenzucht nach einer bestimmten Verfahrungsweise. Frankfurt a. M., Brönner, 1851. 12.

92. Kurze Anweisung zur Bienenzucht für den Landmann. Anspach, Haueisen. 1779. 8. 4 Bogen. — ibid. 1790. 8.
*Rec. Allgem. deutsche Bibl. Anhang zu T. 25—36. p. 2284.

93. Kurzgefasste Nachricht des Bienenzustandes in Sachsen und den meisten Deutschen Ländern in den Jahren 1771 u. 1772, 1773 u. 1774.
Gemeinnütz. Arbeit. Oberlaus. Bienengesellsch. T. 1. p. 421; T. 2. p. 137.
cf. Reuss Repert. (Lacordaire.)

94. Kurzgefasster Unterricht vor den Nassauischen Landmann, wegen der Bienenzucht in Magazinen etc. Mit Kpf. Karlsruhe, 1771. 8. pg. 62.

*95. Le bon Abeillier, ou manuel simple et suffisant pour établir et diriger une Abeillerie. Evreux, Despierres, 1822. 12. pg. 4 et 172.

96. Lebensdauer der Mutterbiene.
Isis. 1830. Litt. Anz. p. 380.

97. L'éducation des abeilles simplifiée et rendue très facile. Paris, 1804. 8. pg. 57.

98. Le moyen d'enrichir (sic) en amusant ou manuel contenant la meilleure manière de gouverner, conserver et multiplier les mouches à miel, dedié à la jeunesse destinée aux travaux des campagnes. Paris, an VII (1799). 12. pg. 48. (Lacordaire.)

99. Les plaisirs innocents et amoureux de la campagne, contenant un traité des mouches à miel et des vers à soie. Amsterdam, 1699. 12.
(cf. Bibliogr. agron. p. 207.) (Lacordaire.)

100. Mémoire envoyé d'Espagne sur les abeilles.
Gentilhomme Cultivateur. 1765. T. 15. p. 40. (cf. Boehmer II, 2. p. 318.)

*101. Mittel wider das Faulwerden der Bienen.
Berlin. Samml. 1771. T. 3. p. 600—616. (aus Hannöv. Magaz. 67.)

102. Mittel zur Erhaltung der Bienen.
Sammlung ökon. Anmerkungen. p. 37. (cf. Boehmer II, 2. p. 316.)

103. Mittel zur Erhaltung der Bienen und Vertreibung der Raubbienen.
Giessener wöchentl. Anzeig. 1764. p. 89. (cf. Boehmer II, 2. p. 320.)

104. Nachricht von den Zeidlern und Zeidelgerichte, nebst Anmerkungen von wilden Bienen im Forste.
Moser Grundsätze der Forstökonomie. T. 2. p. 756. — Oekonom. Forstmagazin. T. 1. p. 104.
(cf. Boehmer II, 2. p. 325.)

105. Natürliche wirthschaftliche Betrachtung der Bienen. Leipzig, Jacobi, 1755. 8. 11 Bogen. (1754 nach Lacordaire.)
Hompr. Physik. Oekon. Abhandl. T. 8. p. 861—1032.
Recens. Leipz. gel. Zeit. 1755. p. 399. — Erlang. gel. Beitr. 1755. p. 418.
Comment. Lips. T. 4. p. 606. (cf. Boehmer II, 2. p. 297.)

106. Neuere Erfahrung auf eine leichte und nützliche Weise Ableger von den Bienen zu machen.
Abhandl. Oberlaus. Bienengesellsch. 1766. p. 30. cf. Reuss Repert. (Lacordaire.)

107. Neues Bienenbuch oder kurze Anweisung, wie die Bienen das Frühjahr und den Sommer hindurch zu behandeln sind, wenn man Nutzen davon ziehen will. Stendal, Franzen u. Grosse, 1770. 8.

108. Neueste summarische Hauptanzeige von den diesjährigen Bemühungen und

Anstalten der gnädigst bestätigten physikalisch-ökonomischen Bienen-Gesellschaft in der Oberlausitz nach dem Haupt-Convente den 6. Febr. 1769 bekannt gemacht.
Berlin. Samml. 1769. T. 1. St. 5. p. 403—502. (Lacordaire.)

109. Nouvelles decouvertes sur l'éducation des abeilles, les moyens de les faire multiplier etc.
Nouv. Oecon. et litt. T. 1. P. 1. 1754. Novbr. p. 64. — T. 6. P. 1. 1755. Janv. p. 12. (cf. Boehmer II, 2. p. 312.)

* 110. Nouvelles observations sur l'éducation des abeilles. (Rapport sur un travail de Mr. Bardon.)
Bullet. Soc. philom. 1793. T. 1. p. 81—82.

111. Observations nouvelles sur les abeilles.
Journ. oeconom. 1760. p. 480; 1761. p. 137; 1765. p. 509. (cf. Boehmer II. p. 311.)

112. Ontdekking in de Staatkunde der natuur in de Byen en Zydewormen. Amsterdam, 1748. 8.? (Lacordaire.)

* 113. On the collateral Bee Boxes.
Urban. Gentlem. Magaz. 1757. T. 27. p. 212—218.

114. Patriotische Aufmunterung des Badischen Landmanns zur Bienenzucht. Karlsruhe, 1771. 8. 1 Kpfr.

115. Physikalisch und moralische Betrachtung über der Bienen Sprache und Gesang.
Abhandl. Oberlaus. Bienengesellsch. 1766. p. 77.

116. Plan und Grundsätze der zu Lampertswalde errichteten Bienengesellschaft. 1789. 8.

* 117. Pommersche Winterfütterung der Bienen.
Schreber neue Cameralschrift. 1781. Th. 11. No. 11. p. 221—227.

118. Praktische Bemerkungen über die Zucht, Wartung und Krankheiten der Pferde, des Rindviehs, der Schafe, Ziegen, Schweine, des Federviehs, der Fische, Bienen und Seidenwürmer. Zweite von einem Praktiker verbesserte und vermehrte Auflage. Leipzig, Baumgärtner, 1828. 8.
Ed. I. ibid. 1796. 8.
(cf. Engelmann Bibl. Oec. p. 26)

* 119. Rather remarkable Archive.
Entomol. Magaz. 1833. T. 1. p. 319. (aus Northampton Mercury.)

* 120. Sächsisches Land- und Hauswirthschaftsbuch, worinnen alles was ein Hauswirth und Landmann in seiner Haushaltung bey dem Ackerbau, der Vieh- und Bienenzucht bey Fischereyen, in Gärten und Weinbergen zu wissen nöthig hat, gründlich enthalten ist, auf die Obersächsischen Lande eingerichtet. Leipzig, 1704. 4. (conf. an. 1741.)
(cf. Boehmer I, 2. p. 617.) (Vielleicht von Jul. Bernh. v. Rohr.)

121. Schreiben über die jetzt in Griechenland übliche Methode den Honig aus den Bienenstöcken zu nehmen und mithin auch Ableger zu machen.
Abhandl. Oberlaus. Bienengesellsch. 1768—1769. p. 16. cf. Reuss Repert. (Lacordaire.)

122. Sobre las colmenas.
Ensayo de la Soc. Bascongada. 1768. p. 140. cf. Reuss Repert. (Lacordaire.)

* 123. Sopra le Api.
Giorn. d'Italia. 1768. T. 4. p. 327—328.

124. Tabelle über die Gegenstände, worauf die Mitglieder der phys.-oecon. Bienengesellschaft in der Oberlausitz, und die übrigen Bienenkenner und Freunde, die man feierlichst dazu einladet, vornehmlich zu sehen haben, und die theils zu weiterer Prüfung, theils zu einiger Anleitung in ihrer Untersuchung dienen kann.
Abhandl. Oberlaus. Bienengesellsch. 1768—1769. p. 109.
Berlin. Samml. 1768. T. 1. St. 1. p. 58—78. (Lacordaire.)

125. The handbook of the honey-bee, with hints on hives. London, 1850. 32. pg. 58.
(aus Slaters Sixpenny handbooks.)

126. The honey-bee. (reprint. from the Quarterly Review.) London, J. Murray, 1851. 8. pg. 98.
(aus Murrays Readings for the rail.)

* 127. The natural history of Bees, containing an account of their making wax and honey and the best methods for the improvement and preservation of them. (Dialog.) London, Knapton, 1744. 8. pg. 452. tab. 12.
(cf. Reaumur No. 14.)

128. The reformed common-wealth of Bees, presented in several letters to S. Hartlib. London, 1655. 4. (Lacordaire.)

129. Traité curieux des mouches à miel. Paris, 1734. 12. pg. 148.
(cf. Percheron II. p. 191.)

IV. Apis mellifica.

130. Traité des mouches à miel, avec un traité des vers à soie. Paris, 1753. 12. fig.
(cf. Boehmer II, 2. p. 281.)

131. Traité des mouches à miel, nouvelle édition, augmentée de plusieurs avis touchant les vers à soie. Paris, 1714. 12. fig.
(cf. Boehmer II, 2. p. 255.)

132. Traité des mouches à miel. Paris, 1690. 12. fig.
(cf. Boehmer II. 2. p. 281.)

* Traité des mouches à miel, ou les règles pour les bien gouverner, et le moyen d'en tirer un profit considérable par la récolte de la cire et du miel, augmenté de plusieurs avis touchant les vers à soie. Paris, Musier, 1697. 12. pg. 263. seconde édition augmentée 2 pl.

133. Treugemeynte Aufmunterung des Badendurlachischen Landmannes zu der Bienenzucht; wobey die grossen Vortheile derer Magazinkörbe, vor denen bisher gewöhnlichen einzelnen Behältnissen gezeigt werden. Carlsruhe, 1771. 8. 5 Bogen. 1 Kpfr. (Lacordaire.)

134. Ueber die Bienenzucht, nebst Beschreibung der hölzernen Bienenkörbe.
Stuttg. phys. ökon. Ausz. T. 2. p. 78. (cf. Boehmer II, 2. p. 322.)

135. Ueber die Wuth der Bienen.
Neueste Mannigfaltigk. T. 3. p. 444. (cf. Boehmer II, 2. p. 315.)

136. Unterricht für den Nassauischen Landmann, wegen der Bienenzucht in Magazinen, worinnen gezeigt wird, wie man Bienen mit wenig Mühe halten, und auf das Dreifache benutzen könne, ohne sie zu tödten, zu schneiden, zu füttern und ohne sie schwärmen zu lassen. Mit Kupfern. Karlsruhe, 1771. 8.
(cf. Kugelmann Bibl. Oec. p. 335.)

137. Unterricht von Wartung der Bienen. Görlitz, 1602. 8.
(cf. Lesser Theol. Ins. T. 2. p. 207. (Lacordaire.)

138. Unterricht von der Wartung der Bienen. (sine loco.) 1702. 8. — Coburg, 1707. 8.
(cf. Boehmer II, 2. p. 285.)

139. Unterricht für einen angehenden Bienenliebhaber.
Samml. oekon. Anmerk. p. 54 et 80. (cf. Boehmer II, 2. p. 313.)

140. Variorum auctorum Economia apum in Amphitheatr. Dornavii. T. 1.
(cf. Boehmer II, 2. p. 280.)

141. Verfahren eines Engländers die Bienen des Winters in kalten Kammern zu verwahren.
Gemeinnütz. Arbeit. Oberlaus. Bienengesellsch. T. 1. p. 197 et 200.
cf. Reuss Repert. (Lacordaire.)

142. Versuche zur Verbesserung der Bienenpflege.
Oecon. Nachr. d. Gesellsch. in Schles. T. 1. p. 85. cf. Reuss. Repert. (Lacordaire.)

143. Viele Schriften über Honig und Wachs finden sich gesammelt bei Boehmer II, 2. p. 327—331.

144. Vom Bienenstich und den Mitteln dagegen.
Gothaisch. Wochenbl. Jahrg. 3. St. 9. (cf. Boehmer II, 2. p. 323.)

145. Vom Honig und dessen Bearbeitung in Pohlen.
Abhandl. d. Warschauer Gesellsch. T. 1. St. 1. p. 104. cf. Reuss Repert. (Lacordaire.)

146. Vom Eingraben der Bienenstöcke während des Winters.
Neue Abhandl. Braunschw. Lüneburg. Landwirthsch. Gesellsch. T. 1. p. 131.
cf. Reuss Repert. (Lacordaire.)

147. Von dem Einfassen der Schwärme.
Abhandl. fränk. ökon. Bienengesellsch. 1771. p. 280. cf. Reuss Repert. (Lacordaire.)

148. Von dem Magazin-Ableger der Bienen und den Magazin-Körben.
Abhandl. fränk. ökon. Bienengesellsch. 1771. p. 306; p. 318; p. 337; p. 389.
cf. Reuss Repert. (Lacordaire.)

149. Von dem Nutzen des Blumenstaubes, welchen die Bienen so häufig eintragen.
Gemeinnütz. Arbeit. Oberlaus. Bienengesellsch. T. 2. p. 16.
cf. Reuss Repert. (Lacordaire.)

* 150. Vom Nutzen des Heidekrauts im Winter für die Bienen.
Wittenberg. Wochenbl. 1777. T. 10. p. 209—213; p. 217—219.

151. Von dem Alter der Bienen.
Zuck. Leipzig. Samml. T. 1. p. 915. (cf. Boehmer II, 2. p. 315.)

* 152. Von dem Zustande der Bienen im Winter, und von der rothen Ruhr derselben.
Breslauer Natur- u. Kunstgesch. 1718. p. 901—903. Vers. 3.

153. Von den schädlichen Bienenwürmern.
Schwed. ökon. Wochenbl. T. 2. p. 201. (cf. Boehmer II, 2. p. 321.)

154. Von der Bienenzucht.
Abhandl. Petersb. ökon. Gesellsch. T. 8. p. 83; T. 9. p. 60. (cf. Boehmer II, 2. p. 314.)

*155. Von der Gelehrigkeit und Zahmheit der Bienen.
(aus Journ. Encycl. 69. Novbr.)
Berlin. Samml. 1769. T. 1. p. 307–309.

156. Von der nutzbaren Bienenzucht, dem Honigbau und der Natur der Bienen.
Ziob. Leipz. Samml. T. 7. p. 995; T. 8. p. 2; T. 10. p. 828; T. 11. p. 88.
(cf. Boehmer II, 2. p. 311.)

157. Von der Tödlung der Bienen.
Thomol. Obererzgebirg. Journ. St. 3. p. 220. (cf. Boehmer II, 2. p. 321.)

158. Von guten und bösen Vorhersagungen, so die Alten von den Bienen genommen.
Hannöv. Samml. 1758. p. 867. (cf. Boehmer II, 2. p. 311.)

159. Vorschläge zur Verbesserung der Bienenzucht.
Strelitz. Abhandl. T. 2. p. 78; p. 108; p. 111. (cf. Boehmer II, 2. p. 311.)

160. Was bei Wartung der Bienen zu beobachten.
Samml. ökon. Anmerk. p. 54. (cf. Boehmer II, 2. p. 311.)

161. Weitere Erfahrungen der Societät in der Oberlausitz wegen wohlfeiler Bienenfütterung zur Zeit grossen Mangels.
Abhandl. Oberlaus. Bienengesellsch. 1767. p. 98. cf. Reuss Repert. (Lacordaire.)

*162. Wider den Stich der Bienen.
Wittenberg. Wochenbl. 1768. T. 1. p. 143–144.

163. Wie die Bienen den ganzen Winter hindurch mit geringer Kost zu erhalten und für Krankheiten bewahrt werden können.
Stuttg. phys. ökon. Ausz. T. 3. p. 251. (cf. Boehmer II, 2. p. 316.)

164. Wie alt kann ein Weisel werden?
Gemeinnütz. Arbeit. Oberlaus. Bienengesellsch. T. 1. p. 64; p. 780. (cf. Boehmer II, 2.)

165. Wie kann Baiern seine Unabhängigkeit vom Auslande, und sein Nationalwohl am ersten begründen? Und wie liesse sich in Baiern die so sehr vernachlässigte Bienenzucht wieder emporbringen? Ein paar Versuche. Salzburg, Mayr, 1812. 8.

166. Witterungs-Register zur Bienenzucht des Jahres 1771.
Abhandl. fränk. ökon. Bienengesellsch. 1771. p. 463. cf. Reuss Repert. (Lacordaire.)

167. Zufällige Streit erweckende Bienenbegebenheiten und deren natürliche Schlichtung, als ohngefähre Beyträge zum Bienen-Recht, insonderheit in Ansehung der Körbe-Zucht.
Abhandl. fränk. ökon. Bienengesellsch. 1771. p. 235. cf. Reuss Repert. (Lacordaire.)

168. Zuschrift der Nacheiferungsgesellschaft von Colmar, an die Landleute des Oberrheinischen Departements die Bienenzucht betreffend. Strassburg, Levrault, 1809. 8.
(cf. Engelmann Bibl. Oec. p. 390.)

169. Zwei Schreiben von angestellten Versuchen, Ableger von Bienen zu machen und mehrere Gegenstände die Bienen-Pflege betreffend.
Oekon. Nachr. d. Gesellsch. in Schles. T. 1. p. 327–333. cf. Reuss Repert. (Lacordaire.)

V. Vespa und andere Hymenoptera.

*1. Bemerkungen über ein amerikanisches Wespennest.
Berlin. Samml. 1775. T. 7. p. 176–178.

2. Beschreibung der Oekonomie der Hornissen in Vergleichung mit der der Bienen nebst Abbildung der Bauart ihrer Nester.
Oekon. Hefte f. Stadt u. Landwirthsch. 1799. Septbr. T. 13. (Lacordaire.)

3. Betrachtung über die grosse braune Hornisse von Neu-Süd-Wales in Beziehung auf den Instinct.
Froriep Notiz. 1828. T. 21. p. 97.

*4. De insecto novo Czerkiensi hominibus jumentisque lethifero.
Ephem. Acad. Nat. Curios. 1690. Dec. 1. Ann. X. p. 427–430.

*5. Der künstliche Bau eines Wespennestes.
Wittenberg. Wochenbl. 1776. T. 9. p. 320–322.

*6. Method of destroying Wasps and Hornets.
Gentlem. Magaz. 1765. T. 35. p. 328. — Neues Brem. Magaz. T. 1. p. 308.

*7. Mittel für einen Wespenstich.
*Hannöv. Magaz. 1771. p. 1327.
Urban Gentlem. Magaz. 1765. Octbr. p. 450. — Neues Brem. Magaz. T. 1. p. 77.
Fritze Medicin. Annal. T. 1. p. 706. — Scherf Archiv d. mediz. Polizey. T. 1. p. 321.

8. Mittel zur Vertreibung der Wespen.
Stuttg. phys. ök. Ausz. T. 2. p. 582. — *Hannöv. Samml. 1758. p. 95.

9. Nachricht von einer Amerikanischen Wespe, der Maurer genannt.
Brem. Magaz. T. 1. St. 1. No. 10. (cf. Boehmer II, 2. p. 278.)

V. Vespa und andere Hymenoptera.

10. On the Gooseberry Grub. (Nematus capreae.) fig.
Magaz. of N. H. 1830. T. 3. p. 245—246.

* 11. On Vespa Britannica.
Magaz. of N. H. 1835. T. 8. p. 636—637.

12. Sur la noix de galle.
Roux Journ. Médecine. T. 40. p. 387. (cf. Percheron II. p. 210.)

* 13. Vespa campanaria: What is the Name of the species of Wasp described below, which had built its Nest suspended from the Forks of two or three contiguous Branchlets of a Pear Tree?
Magaz. of N. H. 1833. T. 6. p. 538—540.

14. Vespa, masonfly dicta.
Gentlem. Magaz. T. 24. p. 330. (cf. Boehmer II, 2. p. 278.)

15. Von der Art Schlupfwespen, deren Maden das Mark einiger Pflanzenzweige verzehren.
Danso physik. Briefe. T. 1. p. 168. (cf. Boehmer II, 2. p. 277.)

16. Von einer Schnecke, in welche eine Schlupfwespe Eier gelegt hatte.
Mylius physik. Belustig. 1757. T. 3. St. 29. p. 1461—1462. (cf. Boehmer II, 2. p. 277.)

* 17. Wasps their relative abundance or rarity in 1833.
Magaz. of N. H. 1834. T. 7. p. 665.

VI. Cochenille. Manna.

1. Abhandlung von der deutschen Cochenille.
Schreber Samml. T. 2. p. 276. (cf. Boehmer II, 2. p. 233.)

2. Anmerkungen von der Cochenille.
Greifswald. Beiträge. T. 3. p. 817. (cf. Boehmer II, 2. p. 233.)

3. Cochenille teelt op het eiland Groot-Canarien. Paramaribo, 1846. 12.

* 4. De Cochenille-Teelt; Handleiding ten Gebruike van Nederlandsche Planters door een Zee-Officier. Rotterdam van Gogh, 1848. 8. pg. 30.

* 5. Eine auf der Saubohne lebende Coccus-Art, als Ersatz der Cochenille. (Guérin Compt. Rend.)
Landwirthsch. Zeit. f. Westfalen. 1852. Jahrg. 9. Anzeigen. No. 24.

6. Instruccion sobre el cultivo del Nopal y cria de la cochinilla de America. Licenzia, 1815. 4.

7. Manna erzeugende Insekten.
Archiv d. deutschen Apotheker-Vereins im nördl. Deutschland. Lemgo. 1828. T. 24. p. 302.

8. Monographie von Coccus, und Beschreibung von Phalaena roboris, alpium, Cynips inanita.
Del Götheborgske wetenskaps och witterhets samhällets handlingar. Wetenskaps afdelningen första stycket. Götheborg, 1778. 8. pg. 108.
*Beckmann Phys. Oek. Bibl. XI. p. 286.

* 9. Neu in England entdeckte Kunst die Cochenille zu cultiviren u. zuzubereiten.
Breslauer Natur- u. Kunstgesch. 1722. Vers. 20. p. 639—641.

* 10. Observations concerning Cochineal, accompanied with some suggestions for finding out and preparing such like substances out of other vegetables.
Philos. Transact. 1668. T. 3. No. 40. p. 796—797.
Badd. T. 1. p. 168. — Leske Uebers. T. 1, 1. p. 92.

* 11. Observations on the making of Cochineal according to a relation had from an old Spaniard at Jamaika, who hat lived many Years in that part of the Westindies, where great quantity of that rich Commodity are yearly made.
Philos. Transact. 1691. T. 16. No. 193. p. 502—504.

12. Sur la Cochenille.
Mémoir. de Trevoux. 1707. p. 1765.
Observations sur toutes les parties de la Physique. T. 2. p. 25. (cf. Boehmer II, 2. p. 231.)

13. Sur la Cochenille.
Mém. Acad. Sc. Paris. 1701. p. 10.
Anmerk. über alle Theile d. Naturl. T. 1. p. 51; T. 2. p. 32. (cf. Boehmer II, 2. p. 231.)

14. Ueber Cochenille.
(cf. Boehmer I, 2. p. 762.)

15. Vom Nutzen einiger Insekten zur Färberey.
Gesellschaftl. Erzähl. T. 3. p. 81. (cf. Boehmer II, 2. p. 233.)

* 16. Von den Kermes-Körnern.
Breslauer Natur- u. Kunstgesch. 1718. Vers. 6. p. 1093—1100.

17. Von den medicinischen Tugenden der Scharlachbeere.
Carthenser vermischte Schrift. St. 1. p. 77. — Commerc. Lips. T. 6. p. 510. (cf. Boehmer II, 2. p. 228.)

18. Von der Cochenille.
Danziger wöchentl. Anzeig. 1761. (cf. Boehmer II, 2. p. 232.)

*19. Von der Cochenille um Wittenberg.
Wittenberg. Wochenbl. 1768. T. 1. p. 183—189; p. 381—383.

20. Von der Sibirischen Cochenille.
Abhandl. Petersburg. ökonom. Gesellsch. T. 6. p. 54. (cf. Boehmer II, 2. p. 232.)

VII. Schädliche Insecten.

1. Abhandlung über eine Raupe von der Farbe der Blätter und die Mittel sie zu vertilgen. Berlin u. Leipzig. 1778. 8. tab. 1.
(cf. Percheron II, p. 160.)

2. Allgemeine Landesordnung in Absicht des Verfahrens und der Vorbauungsmittel gegen die Verheerung der Insecten-Schäden. Bayreuth, 1798. fol.
(Lacordaire.)

3. Anweisung zur Vertreibung der dem Landmann zunächst schädlichen Thiere und Insecten. Leipzig, Rein, 1796. 8. — Ed. 2. ibid. 1798. 8.

4. Auflösung der Frage, wie kommen die Würmer in das Obst, besonders in die Haselnüsse.
Hamburg. phys. ök. Auszüge. T. 1. p. 314.

5. Aus Erfahrung bewährte und geprüfte Mittel, Fliegen, Wanzen, Schaaben, Ratten, Mäuse, Flöhe etc. aus Kleidern und Kasten zu vertreiben. Aus dem Englischen. Brünn. 8.
(cf. Engelmann Bibl. Oec. p. 213.)

6. Der Insectenjäger oder Vertilger des Ungeziefers etc. Leipzig, Drobisch, 1834. 12. (Aufl. 1 u. 2.)
(cf. Engelmann Bibl. Oec. p. 141.)

7. Der in seiner Haushaltung sehr bewährte Hauswirth, welcher zeigt, wie in dem Hauswesen alles Ungeziefer leichtlich zu tödten und zu vertreiben sei. Baruth, 1736. 8.

8. Der Raupen-, Insecten- und Würmer-Vertilger etc. Quedlinburg, 1826. 8.
(cf. Engelmann Bibl. Oec. p. 253.)

9. Der Verfolger der Insecten und Säugethiere etc. Grillen, Motten, Ameisen, Fliegen, Bremsen, Mücken, Raupen, Käfer etc. Nordhausen, 1831. 8.
(cf. Schmidt Catalog. CVIII.)

10. Destruction des insectes nuisibles. Paris. 18. — Ed. II.
(cf. Percheron II. p. 138.)

11. Die schädlichen und lästigen Insecten der Wohnungen. (ob von Korth?) Berlin, 1822. 18.

12. Fünf gemeinnützige und durch vieljährige Erfahrung erprobte Recepte Ameisen, Fliegen, Mäuse, Schaben, Wanzen etc. zu vertreiben. Landshut, Torno. 8.
(cf. Engelmann Bibl. Oec. p. 353.)

13. Gänzliche Ausrottung der sowohl Menschen und Vieh grausamen Thiere schädlichen Ungeziefers und verderblichen Gewürme. Nürnberg, 1713. 8. 2 vol. tab.

*14. Gründliche Anweisung zur Vertilgung der dem Landmann höchst schädlichen Thiere und Insecten. Leipzig, Rein, 1796. 8. pg. 92 et 2.

15. Handbuch für Landwirthe, Gärtner und Ackerbauer, zur untrüglichen Vertilgung aller Arten, Garten-, Wald-, Baum- und Feldraupen. Nebst einem Anhang, enthaltend: die Vertilgung der Käfer, Blattläuse, Baumwanzen, Ameisen und anderer schädlicher Thiere. Nach vieljährigen Erfahrungen gesammelt und herausgegeben von einem praktischen Landwirthe. Berlin, Lewent, 1836. 8.
(cf. Engelmann Bibl. Oec. p. 115.)

16. Medel at drifva bårt sädes-masken från rågbrodden.
Vetensk. Acad. nya Handl. 1741. p. 273. — Deutsche Uebers. ibid. 315—318. (Lacordaire.)

17. Mémoire pour défendre les jeunes plantes de la voracité des insectes lorsqu'elles sortent de terre.
Mém. de la soc. d'agr. de Rouen. T. 1. p. 345. (Lacordaire.)

*18. Mittel die Tiger, eine Art Insecten in den Garten zu vertilgen.
Berlin. Samml. 1775. T. 7. p. 60—63. — *Gazett. litter. Berlin. 1775. No. 531.

19. Mittel Kornwürmer, Erdflöhe und Erdratzen zu vertreiben.
Stuttg. phys. ök. Ausz. T. 7. p. 317. (cf. Boehmer II, 1. p. 352.)

*20. Mittel wider das Ungeziefer und der Wolle der Schaafe. (Schaafläuse.)
Berlin. Samml. 1773. T. 5. p. 352—363. 1774. T. 6. p. 50. (aus Königsb. Zeit. 1773. p. 33.)

21. Mittel wider die Raupen.
Boehmer oec. Bibl. T. II, 2. p. 166—180. (mehrfache Angaben.)

VII. Schädliche Insecten.

22. Mittel wider einige den Pflanzen schädlichen Insecten.
 Journ. f. die Gartenkunst. St. 2. p. 330. (cf. Boehmer II, 2. p. 196.)
23. Moyen pour mettre à l'abri des insectes les semences de quelques plantes.
 Journ. d'agr. d'écon. rur. Pays-Bas. 1817. T. 3. p. 131—137. (Lacordaire.)
24. Nachricht von zweierley Winterraupen und deren Vertilgung.
 Oekon. Nachricht. T. 3. p. 89. (cf. Boehmer. II, 2. p. 214.)
25. Nachricht von den schädlichen Raupen.
 Oekon. Hefte. Leipzig. 1794. p. 89. fig. col. (cf. Beckmann Phys. Oek. Bibl. XX. p. 583.)
26. Over de schadelijke Huis-Insekten. Amsterdam, 1832. 8.
27. Praktisches Handbuch, enthaltend Anweisung zur Vertilgung schädlicher Insekten. Berlin, 1796. 8.
 (Schmidt Catalog. CVIII.)
28. Sammlung einiger Verwahrungsmittel gegen Maulwürfe, Feldmäuse, Raupen, Ameisen und ähnliche Gartenfeinde.
 Hirschfelds Gartenkalender. 1783. p. 140.
29. Sur une chenille qui attaque les indigotiers.
 Bullet. Soc. philom. An. 7. T. 1. p. 10. (cf. Percheron II. p. 102.)
*30. Ueber die Austreibung der kleinen Thiere.
 Wittenberg. Wochenbl. 1773. T. 6. p. 281—284.
31. Vertilgung schädlicher und bessere Benützung nützlicher Thiere. Leipzig, 1793. 8. s. im Bd. II. p. 73. Chr. Fr. Reuss.
32. Vierzig vorzüglich wirksame Mittel zur Vertreibung und Vertilgung der Ratten, Mäuse, Kornwürmer, Schaben, Wanzen, Motten, Kohl- und Baumraupen, Erdflöhe, Ohrwürmer, Ameisen und noch andern die Pflanzen zerstörenden Insecten. 2. verb. Aufl. Quedlinburg, Ernst, 1831. qu. 8.
 (cf. Engelmann Bibl. Oec. p. 214.)
*33. Von Vertreibung der Läuse aus den Hühnerhäusern.
 Hannöv. Magaz. 1776. T. 14. p. 767.
34. Von der Wichtigkeit der Polizeianstalten wider einige den Feldfrüchten schädliche Thiere und Ungeziefer.
 Thüring. Beitr. St. 1. No. 9.
35. Vorschläge, die Raupen, Käfer, Wespen, Spinnennester und anderes Ungeziefer zu vertilgen.
 Zink. Leipzig. Samml. T. 3. p. 27; p. 107; p. 200. (cf. Boehmer II, 2. p. 199.)
36. Zur Naturgeschichte einiger besonders schädlichen Insecten nebst den bewährtesten Mitteln zu ihrer Vertilgung.
 André oec. Neuigk. u. Verhandl. 1829. T. 2. p. 609—613. (Lacordaire.)

VIII. Locusta.

*1. Abhandlung von den Strich-Heuschrecken, nebst einer Anzeige der zuverlässigsten Mittel dieselben zu vertilgen. (Uebers. aus Müllers Russischer Monatsschrift. Petersburg.)
 Hamburg. Magaz. 1760. T. 21. p. 186—216. fig.
*2. An account of the Locust which did vast damage in Walachia, Moldavia and Transilvania in the years 1747—1748 and of some swarms of them, which in the Months of July and August 1748 came in to Hungary and Poland.
 Philos. Transact. 1749. T. 46. No. 491. p. 30—37.
 * Hamburg. Magaz. 1751. T. 7. p. 548—554.
3. Anmerkungen von Heuschrecken- und Raupenfrass.
 Zink. Leipzig. Samml. T. 1. p. 379. (cf. Boehmer. II, 2. p. 200.)
4. A true representation of the Locusts that fell in England the 4. Aug. 1748. 1 pl.
 (cf. Percheron II, 2. p. 147.)
5. Beiträge zur Geschichte der Heuschrecken.
 Wasserberg. Samml. T. 2. No. 18. (cf. Boehmer II, 2. p. 200.)
*6. Beschreibung der Heuschrecken, sonderlich der heurigen. (L. migratoria.) Dresden, Harpeter, 1748. 8. pg. 70. tab. 1.
7. De la figure des sauterelles.
 Erreurs populaires. T. II. L. V. C. III. p. 181. (cf. Boehmer II, 2. p. 210.)
8. Description of Phyllium Westw. (from the Mauritius Watchman.)
 Proc. Bost. Soc. Nat. Hist. 1856 T. 5. p. [illegible]
9. Die Heuschrecken in ihrem Heerzuge als ein Schreckgast in Betrachtung gezogen. Leipzig, 1748. 4. 5 Bogen. tab. 1.
 Berum. Neue Hamburg. gel. Zeit. 1748. St. 7. (cf. Boehmer II, 2. p. 207.)

*10. **Edict wegen Vertilgung der Heuschrecken oder Sprengsel: sub dato Berlin 13. April, 24. Octbr. 1731.**
Corpus constit. Marchic. 1740. fol. T. V. Th. III. p. 261—266. No. 41 u. 42.
Reimpr. 7 Königsberg, Hartung. 23. Mai 1805. 8 Bogen. fol.

*11. **Eine Heuschreckliche Schreckruthe so zu Plauen im Voigtlande am 15. und folgenden Tagen Augusti dieses laufenden Jahres 1693 sich merklich blicken gelassen etc. Dresden, (1693.) 4. pg. 4. (s. l.)**

*12. **Geschichte der Heuschrecken, darinnen unter andern gezeigt wird, wie man dieselben wo nicht gleich vertilgen doch gar bald so dünne machen kann, dass ihre Anzahl dem Lande nicht mehr so empfindlich sein wird. Nürnberg, Zimmermann, 1753. 8. pg. 77.**

13. Heerzug der Heuschrecken. Leipzig, 1693. 4. 1 Bogen. fig.
(cf. Boehmer II, 2. p. 216.)

14. Heuschrecken in Südamerika.
Froriep Notiz. 1828. T. 15. p. 177—180.

15. Historia natural y descripcion de la Langosta y modos de destruirla. Madrid, Cuesta. 8.
(cf. Carus p. 643.)

16. Kaiserliches Mandat wegen der Heuschrecken, wie auch Beschreibung der 1747 und 1748 in Ungarn eingedrungenen Heuschrecken.
Natur- u. Kunsthistorie von Obersachsen, T. 8. p. 208. (cf. Boehmer II, 2. p. 220.)

17. Nachrichten von den landverderblichen Heuschrecken. Frankfurt a. M., 1750. 8. (Lacordaire.)

*18. Nachricht von denen Heuschrecken und wie selbige auszurotten.
Stuttgart. arlect. Phys. Oecon. 1751. T. 1. St. 4. p. 311—323.

19. Note sur les sauterelles qui se sont propagées dernièrement dans le territoire d'Arles et sur les moyens employés pour leur destruction.
Ann. de l'Agric. franc. sér. 2. 1810. T. 8. p. 357—363.
(Extr. du Journ. de Marseille.) (Lacordaire.)

20. Osservazioni naturali intorno alla Cavalette nocive della Campagna Romana. Roma, 1825.
(Vielleicht Ed. 1 des folgenden.)

*21. Osservazioni naturali intorno alle Locuste nocive della Campagna Romana. Roma, Tipogr. Magnoz. 1839. 8. pg. 72. tab. 1 col. Terza Ediz. Italiana.

22. Pariiculariiez remarquables des sauterelles, qui sont venus en Russie. Paris, 1690. 4. pg. 5. tab. 2.
(cf. Boehmer II, 2. p. 215.)

23. Remedia quibus in regno Neapolitano Locustae earumque ova destruuntur.
Histoir. Acad. des Sc. Paris. 1765. (cf. Boehmer II, 2. p. 221.)

*24. Sammlung merkwürdiger Nachrichten von den Heuschrecken, welche 1747 und 1748 aus der Türkey in Siebenbürgen, Ungarn, Polen eingedrungen, und von da 1749 durch Oestreich, Bayern etc. ausgebreitet. (Loc. migratoria.) Frankfurt a. M., Gronau, 1750. 8. pg. 110. tab. 1.
(Auch in Hundmanns Schrift über schlesische Heuschrecken.)

25. Sepia hexapoda Molina als ein Orthopteron erkannt.
Froriep Notiz. 1835. T. 45. p. 273—275.

*26. Some observations of swarms of strange Insects and the Mischief done by them.
Philos. Transact. 1665. T. 1. No. 8. p. 137—138.

27. Supplément aux réflexions sur le désastre de Lisbonne avec un Journal des phénomènes etc. en 1755 et des remarques sur la plaie des sauterelles. 1757. 8.
(cf. Catal. Bibl. Audouin. p. 107.)

28. Ucber die Italienische Heuschrecke. (Acrid. Italicum.)
André oecon. Neuigk. u. Verhandl. 1826. T. 2. p. 393—395.
(Uebers. aus Bibl. Italiana. 1825. October.) (Lacordaire.)

*29. Ueber Heuschrecken-Schaden in der Krim.
Froriep Notiz. 1824. T. 8. p. 202. — Morgenblatt. 1824. No. 224.

*30. Von dem sogenannten wandelnden Blatte.
Breslauer Natur- u. Kunstgesch. 1723. Vers. 25. p. 304—309.

31. Zur Kunde fremder Völker und Länder; aus französischen Missionsberichten. Leipzig, 1781. 8. T. 1. p. 19 22. Heuschreckenschwärme aus der Reise eines Missionairs von Constantinopel nach Haleb.
*Füessly neues Magaz. T. 1. p. 185—187.

IX. Gryllotalpa, Gryllus, Blatta, Forficula.

1. Acheta Domestica, Episodes of insect life. London, Reeve, 1850. 8. pg. 152. fig. ser. 3.
   Series 2. New York, Redfield. 12. pg. 326.

*2. Bemerkungen über den Ohrwurm. Observation sur le perce-oreille.
   Gazett. litter. Berlin. 1773. No. 570. p. 71—72. — *Berlin. Samml. 1776. T. 8. p. 542.

3. De Grillotalpis.
   Zink. Leipzig. Samml. T. 12. p. 860. (cf. Boehmer II, 2. p. 214.)

4. Ein sicheres und neues Mittel zur Vertreibung der Grillen.
   Themel. Obererzgeburg. Journ. St. 2. p. 102. (cf. Boehmer II, 2. p. 212.)

*5. Heimchen zu vertreiben.
   Hannöv. Magaz. 1773. p. 728. — *Berlin. Samml. 1774. T. 6. p. 160.

*6. Maniera di distruggere in breve tempo e con sicurezza quel nero scarafaggio notturno che infesta le case, dal Naturalisti conosciuto col nome di Blatta orientalis.
   Giorn. di fis. chimic. e stor. nat. 1808. T. 1. p. 355.

7. Mittel wider die Maulwurfsgrille.
   Mém. de la soc. écon. Berne. 1763. T. 4. p. 184. (Edit. franç. p. 150.)
   (cf. Boehmer II, 2. p. 212.)

8. Mittel wider die Werre. (Gryllus grillotalpa.)
   Oekon. Nachr. d. Gesellsch. in Schlesien. T. 1. p. 170; p. 280.
   cf. Reuss Repert. (Lacordaire.)

9. Moyen pour détruire la jardinière.
   Mém. de la soc. écon. de Berne. T. 2. p. 407. (Ed. allemand. p. 109.)
   Reimpr. en allem. Hannöv. nützl. Samml. 1758. p. 1018. cf. Reuss Repert. (Lacordaire.)

10. Procédé pour détruire les courtillières.
   Journ. d'hist. nat. 1758. 8. pg. 10. tab. 1.

11. Procédé pour détruire le Perce-oreille et le limaçon.
   Ann. de l'agric. franç. sér. 1. An IX. T. 6. p. 106—107. (Lacordaire.)

12. Ueber die Schädlichkeit der Werre.
   Giornal. d'Italia. T. 5. p. 205; T. 10. (fig. falsa.) (cf. Boehmer. II, 2. p. 213.)

13. Ueber die Werre.
   Nachricht. d. schles. patriot. Gesellsch. T. 1. p. 169. (cf. Boehmer II, 2. p. 212.)

*14. Vom Fangen der Gryllo Talpae oder Ackerwirbel.
   Fränk. Samml. 1757. T. 2. p. 10—11.

*15. Von der Gryllotalpa oder Erdwolfe und Vertreibung desselben.
   Wittenberg. Wochenbl. 1768. T. 1. p. 80; p. 281—[illegible]; 1769. T. 2. p. [illegible]—[illegible]; p. [illegible]—312; 1774. T. 7. p. 401—402.

16. Von Hausgrillen und Heimchen.
   Zink. Leipzig. Samml. T. 12. p. 923. (cf. Boehmer II, 2. p. 212.)

17. Von Vertreibung der Hausgrillen.
   Wittenberg. Wochenbl. T. 2. p. 338. (cf. Boehmer II, 2. p. 212.)

18. Werren oder Schrootwürmer in Gärten zu vertreiben.
   Stuttg. physik. ökon. Ausz. T. 2. p. 314. (cf. Boehmer II, 2. p. 213.)

X. Pulex.

1. Curieuse Flohjagd. sine loco et anno. 8.
   (cf. Boehmer II, 2. p. 356.)

2. De vermiculis Pique et Culebrilla incolis Americanis familiaribus et infestis. (P. penetrans.)
   Act. Acad. Nat. Curios. T. 1. Observ. 5. p. 19—20. (Lacordaire.)

*3. Der Chigger ein schädliches indianische Insect. (Pulex penetrans.)
   Berlin. Samml. 1772. T. 5. p. [illegible]—[illegible].

*4. Historische und physikalische Untersuchung der Flöhe.
   Breslauer Natur- u. Kunstgesch. 1725. Suppl. II. p. 109—112.

5. Laus Pulicis, in vino se suffocaturi, versiculis Anacreonticis lociosa. Schleusingen, 1631. 12.

6. Origine des puces. (philologisch.) Londres, 1749. 16.
   (cf. Nodier Bibliogr. p. 63.)

7. Sendschreiben von den Flöhen und den Mitteln dagegen.
   Zink. Leipzig. Samml. T. 11. p. 1022.

8. Tractatus varii de pulicibus. (philologisch.) Utopiae. 12. fig.
   (cf. Nodier Bibliogr. p. 63.)

XI. Schädliche Diptera.

1. Account of the Gad Fly (Oestrus) from various authors.
   Annual Register. 1806. p. 812. (Evans.)
*2. Aus dem Leben einer Mücke.
   Natur u. Offenbarung. 1855. T. 1. p. 276—278. fig.
*3. Blights of the Wheat and their remedies. London, the religious Tract. Soc. 16. pg. 192. fig. (nach 1846.)
4. Die neue Kornmade. (Cecid. secalina.)
   Verhandl. Ver. z. Beförd. Gartenbaues in Preuss. 1860. T. 7.
5. Engerlinge und Engerlingsfliegen.
   Columbus, Ohio State Board of Agriculture. 1859. T. 13.
6. List of natural flies taken by Trout, Grayling and Smelt in the streams of Ripon. Ripon, London, Simpkin, 1854. 12. pg. 280. (ed. nov.)
7. Methode die Delphinsfliege auszurotten, welche die Bohnen angreift.
   Museum rusticum. T. 6. No. 51. (cf. Boehmer II, 2. p. 166.)
8. Mittel, die Ochsen wider den Ungestüm der Fliegen zu vertheidigen.
   Gazette salutaire. 1769. — *Berlin. Samml. 1770. T. 2. p. 387—395.
*9. Mittel wider den Mückenstich.
   Berlin. Samml. 1772. T. 4. p. 139. aus Gentlem. Magaz. T. 66. p. 303.
10. Muscarum quarundam vegetantium historia.
   Rozier Observ. Physique. 1772. Juin. p. 100. (cf. Boehmer II, 2. p. 179.)
11. Naturgeschichte der Stubenfliege.
   Olla potrida. 1780. No. 1. p. 87. (cf. Boehmer II, 2.)
12. Naturhistorie der Fliegen und neu erfundene Fliegenfalle. 1735. 8.
*13. Remedy against the Hessian Fly.
   New England Farmer. Boston. 1823. T. 1. p. 347; p. 351; p. 355; p. 410.
14. Von den die Pferde sehr peinigenden Fliegen, die aus Maden entstehen, welche aus dem Leibe der Pferde kommen, und den Mitteln dagegen.
   Schrebers Samml. verschied. Schrift. Theil 16. p. 312. cf. Boehmer II, 1. p. 720.)
*15. Von den schädlichen Fliegen in Serbien.
   Breslauer Natur- u. Kunstgesch. 1718. Vers. 4. p. 968—971.
*16. Weiteres über dem Getreide schädliche Insekten, insbesondere die Weizenmücke (Cecidom. tritici) und ihre Parasiten.
   Annalen der Landwirthschaft. 1860 August.
   *Separat. Berlin. Unger. 8. pg. 16. fig.
17. Wie das Stechen der Fliegen und des andern Ungeziefers im Sommer bei den Pferden zu verhüten.
   Leipzig. Intelligenzblatt. 1768. No. 13.

XII. Cimex.

1. Chemisches Mittel, die Wanzen zu vertreiben. (Vitriol-oel.) aus dem Englischen. s. l. 1780. 8. 1 Bogen.
*2. Curieuse Nachricht von den Wantzen, betreffend deren Natur und Nahrung und Fortzeugung sammt der besten Manier, bequemster Zeit und dem bewährtesten Mittel zu ihrer gänzlichen Ausrottung: aus dem Englischen übersetzt. Hamburg, 1737. 8. pg. 24.
3. Der unfehlbare Ratten-, Mäuse-, Maulwürfe-, Wanzen-, Motten-, Flöhe- und Mücken-Vertilger. Nebst sicheren Mitteln gegen Erdflöhe, Schnecken, Raupen, Ameisen, Kornwürmer, Blattläuse, Heimchen, Ohrwürmern, Wespen, Hornissen, Kellen, Erdkrebsen und noch vielen andern schädlichen Geschöpfen, auf 30jährige Erfahrung gegründet. Sondershausen u. Nordhausen, Voigt, 1821. 8. — Ed. III. ibid. 1825.
4. Mittel, die Wanzen zu vertreiben.
   Universal Magaz. 1764. Mai. p. 273. — Brem. Magaz. T. 7. p. 619.
5. Mittel wider die Wanzen.
   Zinck. Leipzig. Samml. T. 7. p. 280. — Stuttg. phys. ökon. Ausz. T. 6. p. 355.
   Schwed. Akad. Abhandl. 1746. p. 277. (cf. Boehmer II, 2. p. 721.)
*6. Mittel wider die Wanzen.
   Berlin. Samml. 1770. T. 2. p. 393.
7. Mittel wider die Wanzen.
   Prakt. allgem. ökon. Magaz. Jahrg. 1. p. 63.
8. Mittel wider die Flöhe und Wanzen.
   Neues Hamburg. Magaz. St. 93. p. 283.
9. Mittel wider die Wanzen.
   Nachricht d. schles. patriot. Gesellsch. T. 4. p. 118.

XII. Cimex.

10. Mittel wider die Wanzen.
    Baldingers neues Magaz. T. 6. p. 43.

*11. Notice historique sur la Punaise accompagnée de son portrait etc. (C. lectularia.) Paris, 1817. 4. pg. 7. tab. 1.

12. Sechs Mittel wider die Wanzen. Heilbronn, Class, 1826. 8.
    (cf. Engelmann Bibl. Oec. p. 214.)

13. Von Motten und Wanzen und einem den jungen Maulbeerbaumwurzeln schädlichen Wurme.
    Lipz. Leipzig. Samml. T. 11. p. 76. (cf. Boehmer II, 2. p. 723.)

14. Von Vertilgung der Wanzen.
    Museum Rusticum. T. 4. No. 52.

*15. Von Vertilgung der Wanzen.
    Wittenberg. Wochenbl. 1769. T. 1. p. 427—428.
    Neues Wittenberg. Wochenbl. 1802. T. 10. p. 227—228; 1811. p. 247.

16. Von den Wanzen, die auf Pomeranzenbäume kommen.
    Neue Anmerk. über alle Theile d. Naturlehre. Th. 3. p. 478. (cf. Boehmer II, 2. p. 721.)

XIII. Aphis.

1. Account of the genus Aphis.
   Annual Register. 1805. p. 637. (Evans.)

2. Beobachtung über die Blattläuse.
   Risse u. Loewe Phys. Oek. Zeit. 1783. p. 231.
   Journ. f. Gärtnerey. St. 10. p. 233. (cf. Boehmer II, 2. p. 770.)

3. Beobachtung vom Honigthau.
   Oekon. Nachr. d. Gesellsch. in Schlesien. T. 2. p. 277; p. 287; p. 301.

4. Blattläuse und Ameisen.
   Froriep Notiz. 1830. T. 28. p. 247—248.

*5. Die Blattläuse oder der Mehlthau.
   Landwirthsch. Zeit. f. Westfalen. 1852. 4. Jahrg. 9 (8). p. 351.

*6. Mittel gegen Blattläuse.
   Borh. Wochenschr. zur Beförd. des Gartenbaues. Berlin. 1860. Jahrg. 3. p. 248.

7. Moyen de détruire le Puceron lanigère.
   Ann. de l'agric. franç. sér. 2. 1828. T. 44. p. 390—392.
   (reprod. d'un circulaire du Préfet de Morbihan. Lacordaire.)

8. Moyens de préserver les plantes de choux et de raves des Pucerons.
   Journ. d'agric. d'écon. rur. et des manuf. Pays-Bas. sér. 2. 1830. T. 11. p. 171—172.
   (Lacordaire.)

*9. On obnoxious insects. (Lice infesting young orchards.)
   New England Farmer. Boston. 1823. T. 1. p. 333—334.

10. Programme et résumé des observations et des mémoires présentés à la société d'agriculture de Caen pour la destruction du puceron lanigère. Caen, 1830. 8. pg. 82. tab. 2.

11. Von den Baumläusen und wie sie zu vertilgen.
    Gemeinnützl. Erzähl. T. 1. p. 130. — Neues Hamburg. Magaz. St. 88. p. 370.
    (cf. Boehmer II, 2. p. 776.)

XIV. Ameisen, Termiten.

1. Ameisenöl.
   Allerneueste Mannigfaltigk. T. 3. p. 321. (cf. Boehmer II, 2. p. 835.)

2. Anfrage, wie die Ameisen zu vertreiben.
   Oekon. Nachr. d. Gesellsch. in Schlesien. T. 2. p. 415. (Lacordaire.)

3. De formicis albis.
   Dresdner Magaz. T. 1. p. 395. — Botrou. Comment. Lips. T. 18. p. 461.
   (cf. Boehmer II, 2. p. 835.)

4. Die Ameisen und Blattläuse auf den Bäumen und Pflanzen.
   Rheinische Beiträge. Heft 12. (cf. Boehmer II, 2. p. 770.)

5. Die Säure von den Ameisen abzuscheiden.
   Allmanach für Scheidekünstler. 1781. p. 54. (cf. Boehmer II, 2. p. 835.)

6. Erfahrung und Anweisung, wie die sogenannten Garten-Ameisen auf eine leichte Art vertilgt werden können.
   Oekon. Nachr. d. Gesellsch. in Schlesien. T. 3. p. 378. (Lacordaire.)

*7. Erzählung von einem Ameisenkriege.
   Mylius physik. Belust. 1757. T. 3. p. 839—842.
   Hamburg. Magaz. 1748. T. 2. p. 317—324. fig. — Allerneueste Mannigfaltigk. T. 3. p. 130.
   * The natural history of Ants; Battle of Ants.
   Urban Gentlem. Magaz. 1763. T. 33. p. 253—256.

8. **Mittel die Ameisen zu vertreiben.**
Journ. f. d. Gartenkunst. St. 7. p. 433. (cf. Boehmer II, 2. p. 334.)

9. **Mittel wider die Ameisen an Pfirsichbäumen.**
Gothaisch. Wochenblatt. Jahrg. 3. No. 3. (cf. Boehmer II, 2. p. 334.)

10. **Moyen de préserver les greffes des Chenilles et des fourmis.**
Gazette salutaire. 1764. p. 80. (cf. Boehmer II, 2. p. 279.)

11. **Moyen pour faire fuir les fourmis.**
Mém. de la soc. écon. de Berne. T. 2. p. 407. (Edit. allem. p. 408.)
Reimpr. Hanndv. allul. Samml. 1758. T. 1013. (Lacordaire.)

12. **Moyens de détruire les fourmis noires et les chenilles.**
Journ. d'agric. d'écon. rur. et des manuf. des Pays-Bas. 1822. T. 14. p. 74—75. (Lacordaire.)

13. **Moyens de détruire les fourmis.**
Journ. d'agric. d'écon. rur. et des manuf. des Pays-Bas. 1820. T. 10. p. 187—198; p. 251—254; p. 253—258; 1821. T. 11. p. 63—64; T. 12. p. 301. (Lacordaire.)

14. **Naturgeschichte der Ameisen aus den Moral-Miscellen.**
Bertrner Samml. zur Naturgesch. T. 1. p. 179. (cf. Boehmer II, 2. p. 333.)

*15. **Observations sobre las hormigas.**
Diario philos. med. chir. Madrid. 4. 1757. No. 2. p. 50—53.

16. **Observations sur les fourmis nommées fourmis de visite connues à Paramaribo, province de Surinam.**
Mém. Acad. Sc. Paris. 1701. Histoire. p. 10. — ed. 8. Hist. 1701. p. 10.
(cf. Boehmer II, 2. p. 177.)

17. **Sur les fourmis qui à la Martinique nuisent aux cannes à sucre.**
Rozier Observat. sur la Physique. T. 8. p. 344.

18. **Unpartheyisches Gutachten über die Ameisen.**
Coner Samml. kl. Schrift. No. 28 u. 29. — Gesellschaftl. Erzähl. T. 1. p. 223.
Neues Hamburg. Magaz. St. 82. p. 373. (cf. Boehmer II, 2. p. 332.)

19. **Von den grossen braunen Ameisen in Surinam.**
Lichtenberg. Magaz. 1786. T. 4. 1. p. 47—48.

*20. **Von der Schädlichkeit der Ameisen.**
Wittenberg. Wochenbl. 1769. T. 2. p. 49—51. (cf. nebst vielen andern Citaten Boehmer II, 2. p. 334.)

21. **Von einem Heer fliegender Ameisen.**
Schreber neue Cameralschrift. T. 1. p. 218. (cf. Boehmer II, 2. p. 333.)

22. **Von Vertilgung der Ameisen.**
Pelluh. Samml. T. 3. p. 538. (cf. Boehmer II, 2. p. 334.)

23. **Wonderen, verscheidenheden en geheimen der schepping.** Amsterdam, Seyffardt, 1852—1856. 8. 1—14 stuckje.
(4. De Mieren en Termieten, met 2 gekl. platen. — 6. Het Microscop.) (cf. Carus p. 166.)

XV. Meloë.

1. **Bekanntmachung des specifiquen Mittels wider den tollen Hundsbiss, welches seiner Kgl. Majestät zum allgemeinen Besten vom Besitzer erkaufen, untersuchen und dessen Gebrauch in vorkommenden Fällen den medicinischen Collegien und dem gesammten Publik empfelen lassen durch höchst derselben Obercollegium Medicum.** Berlin, 1777. 8.
Ital. Uebers. Scelta d'opusc. interr. 1. 1777. T. 3. p. 460—464. (Lacordaire.)

2. **Bekanntmachung eines specifischen Mittels gegen den tollen Hundsbiss.** (Meloë.)
Samml. f. prakt. Aerzte. T. 3. p. 673. — Hannöv. Magaz. 1777. p. 1658.
(cf. Boehmer II, 2. p. 705.)

3. **Unerwartete Wirkung des Maiwurmes.** (Meloë.)
Baldinger Neues Magaz. T. 2. p. 218. (cf. Boehmer II, 2. p. 806.)

4. **Unterricht gegen den tollen Hundsbiss und dessen Folgen von den Physicis in Frankfurt a. Mayn.** Frankfurt a. Mayn, 1780. (Lacordaire.) 8.

XVI. Maikäfer-Schaden.

1. **Abhandlung über Maikäfer und Engerlinge von einem Berner Landmann.** Altdorf, 1839. 8.

2. **Auszug aus zwei Preisschriften von den Maykäfern.**
Bemerk. Churpfälz. phys. ökon. Gesellsch. 1770. T. 2. p. 410—461.

3. **Die merkwürdige Erzeugung der Maykäfer.**
Parat. Magaz. T. 2. p. 149. (cf. Boehmer II, 2. p. 194.)

4. **Mittel gegen den Mai- und Spätfrost und gegen die Maikäfer.** Graetz, 1801. 8.
(cf. Engelmann Bibl. Oec. p. 212.)

5. **Mittel gegen Maikäfer.**
Beckmann Phys. Oek. Bibl. XXIII. p. 170.

XVI. Maikäfer-Schaden.

6. Observations sur les vers du terreau et les moyens de les détruire.
   Mém. d'agric. 1787. Printemps. p. 112. (Lacordaire.)
*7. Oekonomische Blätter für den Landmann in Bünden. (Ausrottung der Maikäfer.) Herausgegeben von d. ökon. Gesellsch. d. Kantons Graubünden, 1804. 8. No. 1 u. 2. pg. 31.
8. Programme du prix proposé par la société d'Horticulture de Paris pour la destruction de la larve du Hanneton dite Ver Blanc, sur le rapport d'une commission spéciale composée de MM. le Comte de Lasteyrie etc.
   Ann. de l'agric. franç. sér. 2. 1836. T. 4. p. 219—279.
   (Enthält Details über Sitten u. Larve des Käfers.) (Lacordaire.)
*9. Ueber die Maykäferlarven oder Maykäferwürmer, die seit einigen Jahren die Feldfrüchte mehrerer Gegenden gar sehr verwüstet haben. Nebst Anleitung zu ihrer Vertilgung. Meiningen, Hanisch, 1789. 16. pg. 27.
   Beckmann Phys. Oek. Bibl. XVI. p. 118.
10. Ver blanc; notice sur cet insecte et sur les moyens employés pour le détruire.
   Journ. d'agric. d'économ. rur. et des Manufact. des Pays Bas. sér. 2. 1829. T. 9. p. 247—251. (Lacordaire.)
*11. Von den vielen Maden der Maikäfer, die sich in diesem Jahre in den Fruchtäckern finden.
   Wittenberg. Wochenbl. 1787. T. 20. p. 269—270.
12. Wie die schädlichen Würmer auf den Aeckern zu vertreiben (larva Melolonthae).
   Berlin. Samml. 1772. T. 8. St. 5. p. 488—493. (Lacordaire.)

XVII. Haltica.

1. A Description of a net invented to effectually destroy the Turnip fly. Leeds, 1784. 8. pg. 8. 1 pl.
   (cf. Percheron II. p. 144.)
2. Bemerkungen über die Mittel wider die Erdflöhe.
   Oekon. Nachr. d. Gesellsch. in Schlesien. T. 3. p. 221. (Lacordaire.)
3. Mittel, die im Frühjahre gesäeten Pflanzen wider die Erdflöhe zu schützen.
   Hirschfeld. Gartenkalender. 1782. p. 173.
4. Mittel gegen etc. Erdflöhe etc. Leipzig, 1806. 8.
   (cf. Hogelmann Bibl. Oec. p. 215.)
5. Mittel wider die Erdflöhe.
   Stuttg. phys. Oek. Anz. T. 2. p. 409. (cf. Boehmer II, 2. p. 211.)
*6. Mittel wider die Erdflöhe.
   *Berlin. Samml. 1776. T. 8. p. 207. — *Gazette litter. Berlin. 1775. No. 575.
7. Mittel wider die Erdflöhe.
   Schles. Oek. Samml. T. 1. p. 142; Samml. Oek. Anmerk. p. 60—72.
   Stuttg. phys. Oek. Anz. T. 1. p. 142.
*8. Mittel wider die Erdflöhe und Kohlraupen.
   Berlin. Samml. 1758. T. 7. p. 626.
9. Mittel wider die Erdflöhe.
   Journ. f. Gärtnerei. St. 10. p. 278.
*10. Mittel zur Vertilgung der Erdflöhe.
   Neues Wittenberg. Wochenbl. 1808. p. 60—61; 1809. p. 49—50.
11. Observations on the best method of destroying vermin and preventing the destructions of young Turnips by the fly.
   Letters on agric. of the Bath Soc. T. 1. p. 273. (Lacordaire.)
12. On preserving turnips from the fly.
   Letters on agric. of the Bath Soc. T. 2. p. 232; p. 115. (Lacordaire.)
13. On the best method of raising elms for fence, manuring fallows for wheat and preventing the ravages of the fly in young turnips.
   Letters on agric. of the Bath Soc. T. 1. p. 90. (Lacordaire.)
*14. Report of the Committee of the Doncaster Agricultur Association; on the Turnip fly and the Means of its prevention. London, Ridgway, 1836. 8. pg. 89.

XVIII. Dem Weinstock schädliche Insecten.

1. Des insectes essentiellement nuisibles à la vigne.
   (wohl aus den bei Brenchel angeführten Preisschriften.)
   Journ. de Physique. Introduct. T. 1. p. 59—67; p. 133—157; p. 195—203.
   Tableau annuel de Dubois. 1772. p. 164—172.
   Rozier Observ. Phys. 1771. Juill. p. 181; Août p. 245; Septbr. p. 120.
   (cf. Boehmer II, 2. p. 185.)

4. Essai sur la destruction de la Pyrale, par un vigneron d'Ay. Epernay, Fievet, 1857. 8. pg. 11.

* 5. Etwas zur Insectengeschichte. (Motte im Weinlaub.)
Wittenberg. Wochenbl. 1776. T. 9. p. 166—167; p. 158.

6. Von der Weinraupe.
Danzig. wöchentl. Anzeig. 1763. (cf. Boehmer II, 2. p. 241.)

7. Zuruf an die Bewohner der Oberpfälzischen Herzogthümer, wegen schädlicher Weinraupen. Sulzbach, Seidel, 1797. 8.
(cf. Schmidt Catalog. CVIII.)

XIX. Den Fruchtbäumen schädliche Insecten.

* 1. Abhandlung von der Wickelraupe nebst Vorschlägen zu deren Vertilgung. Berlin u. Leipzig, Decker, 1779. 8. pg. 78. tab. 1.
* Rev. Allgem. deutsche Bibl. T. 43. p. 257. — Gothaische gel. Zeit. 1779. p. 870.

2. Beantwortung der Frage wegen der besten Art die Raupen der Obstbäume zu verhindern.
Schreber Samml. T. 13. p. 137. — Schreber Cameralschrift. T. 2. p. 290.
(cf. Boehmer II, 2. p. 186.)

3. Bemerkungen und Erfahrungen in Rücksicht der Mittel zur Verminderung und Tilgung der Baumraupen. Leipzig, Schwickert, 1791. 8.
(cf. Engelmann Bibl. Oec. p. 25.)

4. Beschreibung von den gewöhnlichen Gattungen der Raupen und der Weise sie zu vertilgen.
Realzeitung. 1755. p. 153; p. 169; p. 287. (cf. Boehmer II, 2. p. 188.)

5. Cossus; moyens de détruire cet insecte qui s'attache aux arbres et les fait périr.
Journ. d'agric. d'écon. rur. et des manuf. des Pays-Bas. sér. 2. 1827. T. 6. p. 50—52. (Lacordaire.)

6. Des insectes et autres animaux nuisibles aux arbres fruitiers.
Journ. d'agric. d'écon. rur. et des manuf. des Pays-Bas. 1817. T. 2. p. 49—58. (Lacordaire.)

7. Ein Mittel zur Vertilgung der Raupen und aller Insecten anderer Art, welche die Bäume zu beschädigen pflegen.
Oekon. Nachr. d. Gesellsch. in Schlesien. T. 1. p. 410. (Lacordaire.)

* 8. Instrucciones que se inprimen de orden del consejo para la extincion del gusano llamado Arañuela ó Roya, que infesta los manzanos y arboles frutales de la Vega de Daroca, y otros del Reyno de Aragon. En la imprenta de Don Antonio de Sancha. Año 1786. 12. pg. 27. tab.

9. Lettre sur un insecte qui cause beaucoup de dégâts aux poiriers.
Journ. d'agric. d'écon. rur. et des manuf. des Pays-Bas. 1822. T. 12. p. 312—315. (Lacordaire.)

10. Mittel, die Pfropfreiser für die Raupen und Ameisen zu verwahren.
Schreber neue Cameralschrift. T. 9. No. 18.
(aus Adanson famille des Plantes. cf. Boehmer II, 2. p. 185.)

11. Mittel zu Vertilgung der Apfelbaumraupen.
Journ. Oekon. Octbr. 1766. p. 432; Marz. 1767. p. 107.
Neues Hamburg. Magaz. St. 60. p. 574. (cf. Boehmer II, 2. p. 185.)

* 12. Nachricht von dem Brande oder dem Bastardwurme an den Apfelbäumen.
Hannöv. Samml. 1758. T. 4. St. 7. p. 97—106.

13. Nachricht von den Verwüstungen, welche die Raupen in den Obstgärten im Jahr 1776 angerichtet haben.
Oekon. Nachr. d. Gesellsch. in Schlesien. T. 4. p. 378. (Lacordaire.)

* 14. Naturgeschichte der schädlichen Raupen an Obstbäumen mit der Anweisung dieselben zu vertilgen, für Schullehrer und Oeconomen. Bonn, 1839. 8. pg. 36.

15. Noch einige Bemerkungen über die Vertilgung der Baumraupen.
André Oekon. Neuigk. u. Verhandl. 1831. T. 1. p. 255—256. (Lacordaire.)

16. Pour faire mourir les chenilles.
Journ. oecon. 1760. p. 311; 1761. p. 401. (cf. Boehmer II, 2. p. 188.)

17. Rath gegen die Raupen.
Danzig. wöchentl. Anzeigr. 1761. (cf. Boehmer II, 2. p. 188.)

18. Sur la destruction des chenilles sur les arbres à fruit.
Journ. d'agric. d'écon. rur. et des manuf. des Pays-Bas. 1823. T. 16. p. 121. (Lacordaire.)

XIX. Fruchtbäumen schädliche Insecten.

*19. Ueber einige den Obstbäumen schädlichen Insecten. (Altelabus alliar., Curcul. pomor., Pyralis pomon.)
Mittheil. aus dem Osterlande. 1838. T. 2. p. 213—215.

20. Vom Blattwickler, einer sehr schädlichen Baumraupe.
Oekon. Nachr. d. Gesellsch. in Schlesien. T. 1. p. 148—153.

XX. Dem Gemüse schädliche Insecten.

1. Anmerkung und Mittel gegen die Raupen in den Kraut- und Pflanzengärten.
Abhandl. d. Landwirthsch. Gesellsch. in Burghausen. 1776. p. 28. (Lacordaire.)

2. Anmerkungen über einige angegebene Mittel wider die Mäuse, die Krautraupen und Kornwürmer.
Oekon. Nachr. d. Gesellsch. in Schlesien. T. 1. p. 279. (Lacordaire.)

3. Bemerkungen über die Mittel gegen die Krautraupen.
Oekon. Nachr. d. Gesellsch. in Schlesien. T. 2. p. 267. (Lacordaire.)

4. Beschreibung der Raupen und Maden in Baum- und Krautgärten. 1730. 8.
(cf. Boehmer II, 2. p. 234.)

5. Beschreibung einer grossen Kohlraupe, mit den Maden der Schlupfwespe, die aus ihr kommen.
Neue gesellschaftl. Erzähl. T. 4. p. 281. (cf. Boehmer II, 2. p. 276.)

6. Chenilles; Notice sur leur destruction. (B. processionea.)
Journ. d'agric. d'écon. rur. et des manuf. des Pays-Bas. sér. 2. 1830. T. II. p. 40—45. (Lacordaire.)

7. Die Erdraupe der Wintersaateule. (Phal. Noct. segetum.)
André Ökon. Neuigk. u. Verhandl. 1828. T. I. p. 220. (Lacordaire.)

*8. Ein Mittel zur Vertilgung der Raupen.
Schreber neue Cameralschrift. 1765. T. 11. p. 170—172.

9. Ein sicheres Mittel, die Raupen aus dem Kohl zu vertreiben.
Dresdener gel. Anzeig. 1760. St. 17. (cf. Boehmer II, 2. p. 187.)

10. Geschichte der Kohlraupe, mit den Mitteln sie aus den Gärten zu vertilgen.
Berlin. Samml. T. 9. p. 215.

11. Middel om raapen en andere gewassen op het veld tegen slakken, aardvloyen en Wormen te bewaaren, getrokken uit the Massachusetts Magazine voor Febr. 1789; en uit hoofde van waarschynelyke nuttigheid, die ook voor onze landlieden in dat middel zoude konnen gevonden worden, uit het English vertaald.
Verhandl. Maatsch. ter bevord. van den Landbouw. D. 7. St. 2. p. 125. (Lacordaire.)

12. Mittel, die Insecten und den Mehlthau an den Fruchtbäumen zu vertreiben, und den Kohl vor Raupen zu bewahren.
Neues Brem. Magaz. T. 8. p. 210—216. (cf. Boehmer II, 2. p. 186.)

*13. Mittel wider die Raupen.
Berlin. Samml. 1770. T. 2. p. 383—393; 1774. T. 6. p. 57. — Gazett. litter. Berlin. No. 519.

*14. Mittel wider die Raupen.
Wittenberg. neues Wochenbl. 1810. p. 9—12; p. 179.

*15. Naturgeschichte der Kohlraupe sammt kräftigen Mitteln dieselbe aus den Gärten zu vertilgen; zum Nutzen des Kuhrpfälzischen Landmanns. Zweite Auflage. Mannheim, 1768. 8. pg. 30.

16. Neues Raupen- und Insectenbüchlein, enthaltend erprobte Recepte solche auszurotten etc. Insbruck, 1807. 8.
(cf. Engelmann Bibl. Oec. p. 282.)

17. Raupenbüchlein d. i. gründliche Anleitung, wie der Bürger und Landmann seine Obstbäume, Aecker, Wiesen, Gärten von schädlichen Raupen und anderen Insecten auf eine leichte und wohlfeile Art befreien kann. Giessen, Heyer, 1802. 8.

*18. Report of the Committee on the Cane Borer of Mauritius. (Diatraea sacchari.) Mauritius, 1836. 8. pg. 46. tab. 5.

19. Von den Raupen so im Jahr 1748 im Flachs gefunden worden.
Thomal Obererzgebirg. Journ. St. 5. p. 287; p. 315. (cf. Boehmer II, 2. p. 346.)

20. Von denen 1759 in Menge sich zeigenden Raupen und daher entstehenden Schmetterlingen nebst Anmerkungen darüber.
Dresden. Magaz. T. 1. St. 5. No. 4. (cf. Boehmer II, 2. p. 344.)

21. Von den Mitteln wider die Kohl- oder Krautraupe.
Oekon. Nachr. d. Gesellsch. in Schlesien. T. 1. p. 245—253. (Lacordaire.)

*22. Wie die schädlichen Würmer auf den Aeckern zu vertreiben.
Berlin. Samml. 1772. T. 3. p. 458—463. — Hamburg. Magaz. 1771. p. 1318.

XXI. Dem Getreide schädliche Insecten.

* 1. On corn-eating Curculionidae at Philippsburg in Pensylvania.
Magaz. of N. H. 1833. T. 6. p. 93—98.

* 2. Articolo di lettera scritta di Bretagna su la maniera di preservare il grano degli insetti.
Scelta di Opusc. interess. 1778. (nuov. ed. 1782.) T. 2. p. 70.

3. Contre les Calendres des blés.
Nouv. économ. T. 25. p. 37. (cf. Boehmer II, 2. p. 199.)

4. Das Mehl wider die Würmer zu vertheidigen.
Journ. Encycl. 1772. T. 6. p. 106. — *Berlin. Samml. 1773. T. 5. p. 56.

* 5. De la destruction des insectes nuisibles aux blés et aux olives.
Revue nouvelle. 1847. T. 15. p. 620—650. fig.

6. Destruction des charançons.
Journ. d'agric. d'écon. rur. et des manuf. des Pays-Bas. 1829. T. 8. p. 118—120. (Lacordaire.)

Mittel wider die Kornwürmer.
Oekon. Nachr. d. Gesellsch. in Schlesien. T. 1. p. 158. T. 2. p. 113. (Lacordaire.)

7. Gesammelte Mittel wider die Kornwürmer nebst Naturgeschichte dieses Insects.
Abhandl. merkwürd. Grundsätze u. Erfahr. Nürnberg. 1786. (cf. Boehmer II, 2. p. 198.)

8. Histoire des Charançons, avec les moyens de les détruire. Avignon, Chambeau, 1768. 12.
(cf. Nodier Bibliogr. p. 57.) (nach Lacordaire 1760 u. wahrscheinlich ein Separatabdruck des Folgenden.)

9. Histoire des Charançons, avec les moyens pour les détruire et empêcher leurs degâts dans le blé; tirée des écrits de Joyeuse, Leinet et Lottinger.
Journ. de Physique. Introduct. T. 1. p. 192—201; p. 686—693. (cf. Percheron II. p. 165.)
Rozier Observ. phys. 1772. T. 1. p. 171; p. 269. — *Beckmann Phys. Oek. Bibl. V. p. 116.
Forster Samml. oekon. Abhandl. 1784. No. 7. — *Schriften Abhandl. 1776. T. 1. p. 224—230.

10. L'aiguillonier, nouvel insecte dont la larve détruit les blés.
Renseignem. publ. par la Soc. d'Agric. de la Charente Angoulême. 1840. 8. pg. 16.

11. Mittel zur Vertreibung der Kornwürmer vom Kornboden.
Leipz. Intelligenzbl. 1762. No. 2. p. 16. (cf. Gründl. Anweis. zur Vertilgung etc. p. 54.)

* 12. Mittel die Kornwürmer zu vertreiben.
Bieling. Selecta phys. oekon. 1749. T. 1. St. 2. p. 97—118; p. 142; p. 351; T. 2. p. 30; 1752. T. 7. St. 1. p. 28—29.

13. Mittel den Kornwurm und anderes Ungeziefer auszurotten.
Oekon. physik. Patriot. T. 2. p. 109. (cf. Boehmer II, 2. p. 199.)

14. Mittel gegen die Kornwürmer.
Realzeitung. 1756. p. 671. — Samml. Ökon. Anmerk. pg. 75.
*Hannöv. Samml. 1755. T. 1. p. 431.

15. Mittel wider den Kornwurm, nebst einer Naturgeschichte dieses Insekts.
Berlin. Samml. T. 4. p. 341. (cf. Boehmer II, 2. p. 198.)

16. Mittel gegen den schwarzen Wurm und fliegende Insecten auf den Getreide-Kästen.
Abhandl. d. Landwirthsch. Gesellsch. in Burghausen. 1778. p. 30. (Lacordaire.)

* 17. Mittel gegen den Kornwurm.
Landwirthsch. Zeit. f. Westfalen. 1852. Jahrg. 9. p. 302; p. 503; p. 323; p. 578.

18. Method of destroying weevils in wheat.
Letters on agric. on the Bath Soc. T. 2. p. 115. (Lacordaire.)

19. Moyens de détruire les Charançons ou Calendres du blé.
Journ. d'agric. d'écon. rur. et des manuf. des Pays-Bas. 1817. T. 1. p. 219—223. (Lacordaire.)

20. Observations concerning the Fly-Weevil.
Trans. Amer. Soc. T. p. 203—217. — Französ. Uebers. Journ. de Physique. T. 3. p. 457—462. (cf. Percheron II. p. 186.)

21. Observation sur un procédé particulier que Mr. Brun Dr. en médecine à Trie emploie pour écarter les charansons.
Mém. d'agric. fr. 1787. Automne. p. VII. (Lacordaire.)

* 22. Segreto provato contra i Gorgoglioni, ossia insetti, che introduconsi nelle Biade, e ne' Legumi.
Scelta di Opusc. interess. 1776. (nuov. ed. 1782.) T. 2. p. 187.

23. Sur les Charançons.
Délibérations et Mémoires de la Soc. de Rouen. (cf. Percheron II. p. 192.)

24. Sur l'Urubec. (Calandra granaria.)
Journ. d'agric. d'écon. rur. et des manuf. des Pays-Bas. 1816. T. 3. p. 95. (Lacordaire.)

25. Unterricht wegen der eingerissenen Hornviehseuche, nebst einem Anhange von den Kornwürmern. Cöthen, 1751. 8.
(cf. Boehmer II, 2. p. 197.)

XXI. Dem Getreide schädliche Insecten.

*26. Unterricht wegen Erhaltung des gesöllerten Korns für den schwarzen und weissen Wurm.
Hamburg. Magaz. 1748. T. 1. p. 301—308. — Hannover. 1747.

*27. Ueber die Kornwürmer und den dawider dienenden Mitteln.
Wittenberg. Wochenbl. 1770. T. 3. p. 125—128; 1771. T. 4. p. 433—434; 1770. T. 9. p. 230—237.

*28. Verzeichniss einiger Mittel wider die Kornwürmer und andere Insecten auf den Getreideböden.
Unser Samml. kl. Schrift. No. 25. — Gesellschaftl. Erzähl. T. 2. p. 177.
Neues Hamburg. Magaz. St. 84. p. 338. (cf. Boehmer II, 2. p. 199.)

29. Vollständige Naturgeschichte der sogenannten Rapsmade, nebst den Mitteln gegen ihre Verheerungen der Oelsaaten. Neustrelitz u. Neubrandenburg, Dümmler, 1836. 8.
(cf. Engelmann Bibl. Oec. p. 225.)

30. Von den Kornwürmern und die Mittel dieselben zu vertreiben.
Zieh. Leipzig. Samml. T. 1. p. 307; T. 3. p. 118; T. 4. p. 387; T. 12. p. 373.
(cf. Boehmer II, 2. p. 199.)

*31. Von den schwarzen und weissen Kornwürmern.
Hannöv. Samml. 1755. p. 1570—1575; 1756. p. 111.

32. Von Vertilgung der Getreide-Raupen.
Schreber Samml. T. 7. p. 214. (cf. Boehmer II, 2. p. 187.)

33. Vorschläge zur Tilgung des schädlichen Engers oder Kornwurms. Hamburg, 1723. 4. 2 Bogen.
(cf. Boehmer II, 2. p. 197.)

XXII. Forstschädliche Insecten.

1. Aufgabe die Roggen- und Fichten-Raupe betreffend.
Oekon. Nachr. d. Gesellsch. in Schlesien. T. 4. p. 143. (Lacordaire.)

2. Auszüge aus den Acten des Churfürstl. Sächsischen Geheimen Finanz-Collegii zu Dresden enthaltend verschiedene Nachrichten über die Natur, Wirkung und Vertilgungsmittel der grossen rauchen Kieferraupe (Phalaena Bombyx Pini), wie solche in Brandenburgischen und Chursächsischen Landen beobachtet und angewendet worden.
(Linker der besorgte Forstmann. 1798. T. 1. p. 111—131; p. 255—288. (Lacordaire.)

*3. Beiträge zur Geschichte der Kieferraupe nach angestellten Bemerkungen erfahrener sächsischer Forstmänner. (B. Monacha.) Dresden, Gerlach, 1800. 8. pg. 44. tab. 2 col.

4. Beobachtungen von Insecten wilder Bäume.
Forst-Magaz. T. 1. p. 128; T. 7. p. 183; T. 9. p. 221. (cf. Boehmer II, 2. p. 196.)

5. Bericht des Magistrats der Stadt Brandenburg an die Kgl. Preuss. Kriegs- und Domainen-Kammer zu Magdeburg, enthaltend eine merkwürdige Nachricht und Beschreibung der Anstalten mittelst welchen derselbe seine beträchtliche Kämmerey-Waldung vor dem Frasse der Kiefer-Raupe geschützt hat; nebst einem Schreiben desselben über diesen Gegenstand.
Linker der besorgte Forstmann. 1798. T. 1. p. 205—218. (Lacordaire.)

6. Chronik der Waldverheerungen durch Raupenfrass.
Linker der besorgte Forstmann. 1798. T. 1. p. 19—24. (Lacordaire.)
(Von 1449—1797 zählt er 42 Waldverheerungen.)

*7. Die Verheerungen des Borkenkäfers.
Flörke Repertor. 1812. T. 3. p. 160—172.

*8. Etwas über den Borkenkäfer oder die Baumtrocknung fichtener Waldungen. Leipzig, Schwickert, 1786. 8. pg. 86.
Rec. Schreuter neuere Litteratur. T. 3. p. 608.

9. Etwas über die Fichtenraupe in einigen Gegenden des Voigtlandes und den Mitteln zu ihrer Verminderung.
Linker der besorgte Forstmann. 1798. T. 1. p. 331—366. (Lacordaire.)

*10. Gedanken über die verschiedenen Meinungen von den Ursachen und Folgen der in den Tannen- und Föhrenwäldern sich hin und wieder findenden Holzwürmer, und ob es wahrscheinlich sei, dass diese für die Ursache anzusehen, warum viele Stämme absiehen und sohr werden, mithin ob sie das gesunde Holz zur Sohrung bringen, oder ob solche Sohrung von Verrückung oder Verdorrung der Wurzel entstehe.
Hamburg. Magaz. 1753. T. 4. p. 555—573.

11. Gutachten der Societät zu Wallershausen, die Verwüstungen der Nonne (Phal. Bombyx Monacha) betreffend.
Linker der besorgte Forstmann. 1798. T. 1. p. 391—416. (Lacordaire.)

12. Tabellarische Beschreibung aller schädlichen Waldinsekten und ihrer Feinde. 1798. fol. 2 Hefte pl. col.
(cf. Eiselt p. 171.)

* 13. Ueber die Fichtenraupe. (Tenthredo Pini.)
Isis. 1880. p. 655—601. fig.

* 14. Ueber die Fichtenraupe.
Wittenberg. Wochenbl. 1792. T. 25. p. 217—218.

15. Versuch über eine Kunst die schädliche Vermehrung der Waldraupen durch die Vermehrung ihrer natürlichen Feinde unter den Insecten abzuhalten. Allen Forstmännern, Naturforschern und Chymisten Deutschlands zu schneller Prüfung, Verbesserung und Anwendung bei der jetzt allgemeinen Waldraupennoth dargelegt.
Linker der besorgte Forstmann. 1798. T. 1. p. 461—480.
(dieser Arbeit folgen Bemerkungen von C. J. Zinken p. 481—492.) Lacordaire.

16. Verwüstung der grossen Kieferaraupe zu Kreutzstetten in Nieder-Oesterreich.
Abhandl. aus dem Forst- u. Jagdw. aus C. C. André Oekon. Neuigk. u. Verhandl. T. 2. p. 149—151. (Lacordaire.)

17. Von Insecten, welche die Föhren und Fichten aufreiben, und einem unentdeckten Insecte, welches vielen Arten von Bäumen schadet.
Museum Rusticum. T. 5. p. 16. (cf. Boehmer II, 2. p. 185.)

XXIII. Den Büchern und Zeugen schädliche Insecten.

1. Anmerkungen von Motten und Schaben.
Zink. Leipzig. Samml. T. 1. p. 473; T. 4. p. 270; T. 10. p. 76. (cf. Boehmer II, 2. p. 251.)

2. Mittel wider Insecten, welche Bücher zerfressen.
Dresden. gel. Anzeig. 1758. p. 785; p. 417; 1762. p. 6—8; p. 23; p. 33.
Berlin. Samml. T. 2. p. 612. — Breslau. 1755. p. 785.
Zink. Leipzig. Samml. T. 2. p. 324. (cf. Boehmer II, 2. p. 185.)

* 3. To preserve Books from the Depredations of Worms and Insects.
Urban Gentlem. Magaz. 1754. T. 24. p. 72.

4. Wie man Motten aus wollenen Zeugen vertreiben soll.
Universal-Magaz. 1752. Jan. p. 40. — Uebers. Brem. Magaz. T. 2. p. 85.
(mehrere ähnliche Citate bei Boehmer II, 2. p. 251.)

Entomologische Vereine.

(cf. Newman The Grammar of Entomology und Laporte *Ann. Soc. Ent. Fr. 1837. VI. p. 5.)

1. Societas Aureliana in London, blühte um 1745, nach Harris; versammelte sich in der Taverne zum Schwan. 1748 zerstörte ein Brand Sammlung und Bibliothek; es fand gerade eine Sitzung statt, und die Mitglieder retteten kaum ihre Hüte und Mäntel; die Versammlung erholte sich nicht wieder.
2. Societas Aureliana, 1762 zu London gestiftet. Bestand noch um 1766, wo Harris ihr sein Werk weihte; sonst ist nichts über sie bekannt.
3. Societas Entomologica in London 1780 bis August 1782.
4. Societas Aureliana in London 1801 durch Haworth begründet; erreichte nie 10 Mitglieder; bestand bis 1806.
5. Societas Entomologica in London 1806 begründet; nach 1813 fanden regelmässige Versammlungen nicht mehr statt.
6. Societas Entomologica de la grande Bretagne in London. Dauerte von 1822 an 2 Jahre, und vereinigte sich dann als Section mit dem zoolog. Club der Linnéischen Gesellschaft.
7. Entomological Club in London bildete sich 3 Jahr später (1826) in 8 Mitgliedern. In dem Winter 1831—1837 bestimmte er die Herausgabe einer Vierteljahrsschrift, unter dem Titel Entomological Magazin (edited by E. Newman), reorganisirte sich neu 1836, nebst Sammlung und Bibliothek.
8. Entomological Society in London, gegründet 7. Decbr. 1833.
9. Société Entomologique de France in Paris 31. Januar 1832 begründet.
10. Der Stettiner Entomologische Verein, gegründet 6 Novbr. 1837.
11. Verein für schlesische Insectenkunde in Breslau. (Die von ihm herausgegebene Zeitschrift für Entomologie, redigirt von Assmann 1848—1856. 10 Jahrgänge v. Assmann No. 2.)
12. La Société Entomologique Belge, gegründet 26. August 1855.
13. Die Nederlandsche Entomologische Vereeniging.

Entomologische Vereine.

14. Der Berliner Entomologische Verein, gegründet 1857.
15. The Cambridge Entomological Society. 1857.
16. The Oxford University Entomological Society. 1858.
17. Die Schweizerische Entomologische Gesellschaft, gegründet 9. Octbr. 1858.
18. Die Entomologische Gesellschaft in St. Petersburg, gegründet 1860.
19. Entomological Society of Philadelphia.

La Société entomologique de France à Paris.

Annales de la Société Entomologique de France. Paris. 8. pl. en partie coloriées.

I. Série. T. 1—3. Méquignon Marvis; T. 6—9. Levrault; T. 10—11. Bertrand. (Pitois, Editeur.)

- *T. 1. 1832. p. 1—468. 13 pl. 1 autographe de Cuvier.
- *T. 2. 1833. p. 1—508. Bull. pg. 109. pl. 18.
- *T. 3. 1834. p. 1—810. Bull. pg. 106. pl. 18. autographe de Latreille. (T. 1—3. verbrannte 1835, und ist nochmals gedruckt.)
- *T. 4. 1835. p. 1—728. Bull. pg. 137. pl. 22.
- *T. 5. 1836. p. 1—703. Bull. pg. 110. Errata et Addenda pg. 4. pl. 24.
- *T. 6. 1837. p. 1—513. Bull. pg. 128. pl. 18.
- *T. 7. 1838. p. 1—573. Bull. pg. 100. pl. 15.
- *T. 8. 1839. p. 1—[illegible]. Bull. pg. 81. pl. 21.
- *T. 9. 1840. p. 1—473. Bull. pg. 63. pl. 12.
- *T. 10. 1841. p. 1—370. Bull. pg. 78. pl. 8.
- *T. 11. 1842. p. 1—545. Bull. pg. 89. pl. 13.

II. Série. T. 1—10. par la Société.

- *T. 1. 1843. p. 1—386. Bull. pg. 89. pl. 12. *Entr. Stett. Ent. Zeit. 1845. T. 6. p. 68—76.
- *T. 2. 1844. p. 1—465. Bull. pg. 112. pl. 10. *Entr. Stett. Ent. Zeit. 1845. T. 6. p. 81—86.
- *T. 3. 1845. p. 1—530. Bull. pg. 115. pl. 9.
- *T. 4. 1846. p. 1—531. Bull. pg. 117. pl. 11.
- *T. 5. 1847. p. 1—625. Bull. pg. 142. pl. 9.
- *T. 6. 1848. p. 1—481. Bull. pg. 170. pl. 12.
- *T. 7. 1849. p. 1—487. Bull. pg. 123. pl. 15.
- *T. 8. 1850. p. 1—671. Bull. pg. 113. pl. 17.
- *T. 9. 1851. p. 1—[illegible]. Bull. pg. 109. pl. 14.
- *T. 10. 1852. p. 1—723. Bull. pg. 132. pl. 16.

III. Série, par la Société.

- *T. 1. 1853. p. 1—[illegible]. Bull. pg. 112. pl. 22.
- *T. 2. 1854. p. 1—750. Bull. pg. 128. pl. 21.
- *T. 3. 1855. p. 1—838. Bull. pg. 164. pl. 24.
- *T. 4. 1856. p. 1—788. Bull. pg. 167. pl. 21.
- *T. 5. 1857. p. 1—832. Bull. pg. 231. pl. 18.
- *T. 6. 1858. p. 1—903. Bull. pg. 233. pl. 17. (cahier 1—3.)
- *T. 7. 1859. p. 1—640. Bull. pg. 233. pl. 11. (cahier 1—2.)
- *T. 8. 1860. p. 1—1012. Bull. pg. 188. pl. 16.

IV. Série, au bureau du trésorier de la Société.

T. 1. 1861. pg. 16 et 144. pl. 2. (Trimestre 1.)

Entomological Society in London. (No. 5.)

*Transactions of the Entomological Society of London. 8. 1 vol. 9 tab. P. 1. 1807; P. 2. 1809; P. 3. 1812. (Redigirt von Haworth.)

Entomological Society in London. (No. 8.)

Transactions of the Entomological Society of London. 8.

- *Vol. I. P. I. 1834. 7 pl. Introduct. pg. 8; p. 1—66. — P. II. 1835. p. 67—132. 6 pl. — P. III. 1836. p. 133—218. 11 pl. — Proceedings. pg. 108. — Address by Mr. Westwood. 1835. pg. 23.
- *Vol. II. P. I. 1837. p. 1—82. 8 pl. — P. II. 1838. p. 83—150. 6 pl. — P. III. 1839. p. 151—188. 5 pl. — P. IV. 1840. p. 189—272. 5 pl. — Proceedings. pg. 91.
- *Vol. III. P. I. 1841. p. 1—68. 6 pl. — P. II. 1842. p. 69—136. 7 pl. — P. III. 1842. p. 137—236. 4 pl. — P. IV. 1843. p. 237—317. 5 pl. — Proceedings. pg. 85.
- *Vol. IV. P. I. 1845. p. 1—96. 5 pl. — *P. II. 1845. p. 97—160. 4 pl. — P. III. 1846. p. 161—224. 4 pl. — P. IV. 1847. p. 225—272. 6 pl. — P. V. 1847. p. 273—380. 4 pl. — Proceedings. pg. 19 et 17.
- *Vol. V. P. I. 1847. p. 1—28. 2 pl. — P. II. 1847. p. 29—48. 3 pl. — P. III. 1848. p. 49—68. 2 pl. — P. IV. 1848. p. 69—98. 3 pl. — P. V. 1848. p. 99—118. 2 pl. — P. VI. 1849. p. 119—166. 1 pl. — P. VII. 1849. p. 167—190. 4 pl. — P. VIII. 1849. p. 191—214. 3 pl. — P. 9. 1850. p. 215—236. 3 pl. — Proceedings. pg. 89. — General Index. Vol. I—V. p. 237—254.

New Series.

- *Vol. I. P. I. 1850. 2 pl. — P. II. 1850. 1 pl. — P. III. 1850. 3 pl. — P. IV. 1851. 4 pl. — P. V. 1851. 4 pl. — P. VI. 1851. 2 pl. — P. VII. 1851. 1 pl. — P. VIII. 1852. 2 pl. p. 1—272. — Proceedings. pg. 176.
- *Vol. II. P. I. 1852. 4 pl. — P. II. 1852. 3 pl. — P. III. 1852. 3 pl. — P. IV. 1853. 3 pl. — P. V. 1853. 2 pl. — P. VI. 1853. 2 pl. — P. VII. 1854. 4 pl. — P. VIII. 1854. 2 pl. — p. 1—284. — Proceedings. pg. 168.

*Vol. III. P. I. 1854. 3 pl. — P. II. 1854. 4 pl. — P. III. 1855. 2 pl. — P. IV. 1855. 3 pl. — P. V. 1855. 5 pl. — P. VI. 1856. 1 pl. — P. VII. 1856. 1 pl. — P. VIII. 1856. 3 pl. — p. 1—304. Proceedings. pg. 170.

*Vol. IV. P. I. 1856. p. 1—16. 12 pl. — P. II. 1856. p. 17—48. 1 pl. — P. III. 1857. p. 49—80. 3 pl. — P. IV. 1857. p. 81—112. 1 pl. — P. V. 1857. p. 113—160. 3 pl. — P. VI. 1858. p. 161—[illegible]. 2 pl. — P. VII. 1858. p. [illegible]— 2 pl. — P. VIII. 1858. p. —352. — Proceedings. pg. 123.

*Vol. V. P. I. 1859. p. 1—32. 1 pl. — P. II. 1859. p. 33—80. — P. III. 1859. p. 81—161. 6 pl. — P. IV. 1859. p. 165—176. 3 pl. — P. V. 1860. p. 177—216. 1 pl. — P. VI. 1860. p. 217—248. 2 pl. — P. VII. 1860. p. 249—[illegible]. 1 pl. — P. VIII. 1861. p. 297—[illegible]. 3 pl. — P. IX. 1861. p. 361—[illegible]. 2 pl. — P. X. 1862. p. [illegible]—[illegible]. 3 pl. — Proceedings. pg. 1—167.

Third Series.

Vol. I. P. I. 1862. pg. 68. 6 pl. — Proceedings. pg. 48.

Der **Stettiner Entomologische Verein** gab folgende Schriften heraus:

*1. Erster Jahresbericht. Stettin, 1839. 8. pg. 27. von Dr. Schmidt.

*2. Entomologische Zeitung, herausgegeben von dem entomologischen Vereine zu Stettin. 8.

(Unter Redaction des Dr. Schmidt; monatlich erschien eine Nummer, 12 bilden einen Jahrgang.)

T. I. Stettin, Becker u. Altendorff, 1840. pg. 191.
T. II. Leipzig, Fleischer, 1841. pg. 194. tab. 1.
T. III. Leipzig, Fleischer, 1842. pg. 290. tab. 1. Register zu T. I—III.
T. IV. Leipzig, Fleischer, 1843. pg. 374. tab. 3. (von jetzt jeder Jahrgang nebst Register.)
(Unter Redaction von C. A. Dohrn, von Juli 1843 ab.)
T. V. Stettin, (Commission bei Fleischer.) 1844. pg. 422. tab. 3.
T. VI. Stettin, 1845. pg. 410. tab. 1. Verzeichniss der Bibliothek des Vereins.
T. VII. Stettin, 1846. pg. 400. tab. 3.
T. VIII. Stettin, 1847. pg. 381. tab. 2.
T. IX. Stettin, 1848. pg. 378. tab. 2.
T. X. Stettin, 1849. pg. 376. tab. 1.
T. XI. Stettin, 1850. pg. 417. tab. 3.
T. XII. Stettin, 1851. pg. 379. tab. 2. Verzeichniss der Bibliothek des Vereins.
T. XIII. Stettin, 1852. pg. 462. tab. 3.
T. XIV. Stettin, 1853. pg. 422. tab. 3.
T. XV. Stettin, 1854. pg. 402. tab. 2.
T. XVI. Stettin, 1855. pg. 380. tab. 3. (Klug's Portrait.)
T. XVII. Stettin, 1856. pg. 407. tab. 1. (Erichson's Portrait.)
(Von jetzt ab jährlich in 4 dreimonatlichen Heften.)
T. XVIII. Stettin, 1857. pg. 424. tab. 1. Verzeichniss der Bibliothek des Vereins. pg. 42.
T. XIX. Stettin, 1858. pg. 434. tab. 2. (Linné's Portrait.)
T. XX. Stettin, 1859. pg. 448. tab. 2.
T. XXI. Stettin, 1860. pg. 435. tab. 2.
T. XXII. Stettin, 1861. pg. 468. tab. 1.
T. XXIII. Stettin, 1862. pg. 588. tab. 1. Verzeichniss der Bibliothek des Vereins pg. 30. — Repertorium von 1840—1862.

*3. Linnaea Entomologica. Zeitschrift herausgegeben von dem Entomologischen Vereine in Stettin. Berlin, Posen, Bromberg, E. S. Mittler. 8. — von T. XIII ab Leipzig, Fr. Fleischer. Redaction von Dohrn (u. Schaum T. I; u. Linke T. II—IV.).

T. I. 1846. pg. 532. tab. 4. — T. II. 1847. pg. 384. tab. 2. — T. III. 1848. pg. 493. tab. 6. — T. IV. 1849. pg. 411. tab. 3. — T. V. 1851. pg. 418. tab. 2. — T. VI. 1852. pg. 418. tab. 5. — T. VII. 1852. pg. 418. tab. 4. — T. VIII. 1853. pg. 324. tab. 4. — T. IX. 1854. pg. 403. tab. 3. — T. X. 1855. pg. 330. tab. 2. — T. XI. 1857. pg. 446. tab. 2. — T. XII. 1858. pg. 461. tab. 4. — T. XIII. 1859. pg. 333. — T. XIV. 1860. pg. 297. tab. 1.

*4. Catalogus Coleopterorum Europae, zusammengestellt auf Veranlassung des Entomologischen Vereins.

Ed. I. (Stettin, 1839.) 8. pg. 58. (von Dr. Schmidt.)
Ed. II. Stettin, 1844. pg. 76. pg. 6 Addenda. (von Geheimrath Schmidt.)
Ed. III. Bautzen, 1849. pg. 82 et 7. (von v. Kiesenwetter.)
Ed. IV. Berlin, Trowitzsch u. Sohn, 1852. 8. pg. 4 et 96; index pg. 12. (von Schaum.)
Ed. V. Stettin, Hessenland, 1855. 8. pg. 4 et 98; index pg. 12. (von C. A. Dohrn.)
Ed. VI. Stettin, Hessenland, 1856. 8. pg. 14 et 92. (von C. A. Dohrn.)
Ed. VII. Stettin, Grassmann, 1858. 8. pg. 13 et 104. (von C. A. Dohrn.)

La Société Entomologique Belge (à Bruxelles).

*Annales de la Société Entomologique Belge. Bruxelles. 8.

T. I. 1857. Typogr. de H. Beghein. pg. 23 et 188. — T. II. 1858. Impr. de E. Guyot. pg. 20 et 258. — T. III. 1859. Aug. Schnée. pg. 19 et 203. — T. IV. 1860. Aug. Schnée. pg. 22 et 118. tab. 2. Semestre 1. (nicht mehr erschienen.) — T. V. 1861. pg. 20 et 92. tab. 3.

Der **Berliner Entomologische Verein** hat publicirt:

* 1\. Berliner Entomologische Zeitschrift. (Redacteur Dr. Kraatz.) Berlin, Nicolai. 8.
  Jahrg. 1. 1857. pg. 205 et 17. tab. 1. — Jahrg. 2. 1858. pg. 380 et 12 et 76. tab. 10. — Jahrg. 3. 1859. pg. 319 et 74. tab. 6. — Jahrg. 4. 1860. pg. 338 et 12 et 30 et 22. tab. 8. — Jahrg. 5. 1861. pg. 16 et 412 et 19. tab. 2. — Jahrg. 6. 1862. pg. 4 et 302 et 70. tab. 2. (Heft 1 u. 2.)
* 2\. Catalogus Coleopterorum Europae (von Schaum mit Kraatz u. Kiesenwetter). Berlin, Nicolai, 1859. 8. pg. 4 et 121.
  Ed. II. ibid. 1861. 8. pg. 130.
* 3\. Hemiptera heteroptera Europae systematice disposita. 1860. 8. pg. 25.
  (von Sitzenprung als Anhang zu T. 4.)
* 4\. Revision der europäischen Otiorhynchus-Arten (von Stierlin). Berlin, Nicolai, 1861. 8. pg. 344.
  (als Beiheft zu T. 5.)

Die **Nederlandsche Entomologische Vereeniging** hat publicirt:

* Handelingen der Nederlandsche Entomologische Vereeniging. Leyden, Trap, 1854—1857. 4. T. I. St. 1—4. (pg. 4 et 109.)
  (abgedruckt aus: Allgemeene Konst- en Letterbode. 8.)
* Tijdschrift voor Entomologie. Uitgegeven door de Nederlandsche entomologische Vereeniging, onder redactie van J. van der Hoeven, M. C. Verloren en S. C. Snellen van Vollenhoven. Gravenhage, Nijhoff, 1857. 8. T. I. Liefr. 1—6. pg. 194. tab. 12.
  T. 2. (1858) 1859. pg. 185. tab. 12. — T. 3. (1859) 1860. pg. 195. tab. 12. — T. 4. 1861. pg. 177. tab. 12.
  T. I. Liefr. 1. u. 2. erschien unter dem Titel: Mémoires d'Entomologie publiés par la Société entomologique des Pays-Bas etc.; die Fortsetzung Leyden, Brill.

Schweizerische entomologische Gesellschaft, gestiftet in Olten.

* 1\. Bericht über das Leben und Wirken der schweizerischen entomologischen Gesellschaft innert der Zeit von Mitte 1858 bis Ende 1859, herausgegeben von Adolph Ott, Studirender in Zürich. Bern, Druck d. Haller'schen Buchdr., 1860. 8. pg. 50.
* 2\. Mittheilungen der schweizerischen entomologischen Gesellschaft. Redigirt von Dr. G. Stierlin in Schaffhausen und Meyer-Dür in Burgdorf. 1862. 8. pg. 56. No. 1.

Entomologische Gesellschaft in St. Petersburg.

* Horae Societatis Entomologicae Rossicae, variis sermonibus in Rossia usitatis editae. Petropoli, Typis V. Besobrasovii et Comp., 1861. 8. Fasc. I. pg. 72 et 169. tab. 4.

Entomological Society of Philadelphia.

Proceedings of the Entomological Society of Philadelphia. 1861. 8. Vol. I.

British Museum in London (printed by order of the trustees). Die bis jetzt erschienenen entomologischen Cataloge sind:

* 1\. Nomenclature of Coleopterous insects (with characters of new species). 8.
  *P. I. Cetoniadae. 1847. pg. 4 et 56. — *P. II. Hydrocanthari. 1847. p. 4 et 60. — *P. III. Buprestidae. 1848. pg. 4 et 88. — *P. IV. Cleridae. 1849. pg. 4 et 68. (by A. White.) — *P. V. Cucujidae. 1851. pg. 4 et 25. — *P. VI. Passalidae. 1852. pg. 4 et 14. tab. 1. (by F. Smith.) — *P. VII. Longicornia. 1853. (P. I.) pg. 4 et 174. tab. 4. 1855. (P. II.) p. 175—412. tab. 5—10. — *P. VIII. 1855. p. 175—412. (by White.) — *P. IX. Cassididae. (by Boheman.) 1856. pg. 225.
  (vorläufig steht eine Fortsetzung der Coleoptera nicht in Aussicht.)
* 2\. Catalogue of the Coleopterous Insects of Madeira (by Wollaston). 1857. 8. pg. 234. 1 pl.
* 3\. List of British Curculionidae, 1856. 12. by Walton. pg. 46.
* 4\. Catalogue of Hispidae in the Collection of the Br. Museum. (by J. S. Baly.) London etc., 1858. 8. pg. 172. tab. 9. nebst 9 Blatt Text.
* 5\. Catalogue of Halticidae in the Coll. Br. Mus. (by Haml. Clark). P. I. 1860. 8. pg. 9 et 1 frontisp. pg. 301 et expl. of table.
* 6\. Catalogue of Neuropterous insects (with characters of new species). 8.
  P. I. Phryganides — Perlides. 1852. p. 1—192. — P. II. Sialidae — Nemopterides. p. 193—476. — P. III. Termitidae — Ephemeridae. p. 477—585. — P. IV. Odonata. 1853. p. 586—658. (by F. Walker.)
  1858. Termitina. 8. pg. 34. (by H. Hagen. Abdruck der Diagnosen aus Linnaea T. 12.)
* 7\. List of Hymenopterous insects. 8.
  P. I. Chalcididae. 1846. p. 1—100. — *P. II. Additions to Chalcididae. 1848. p. 101—237 et 4. (by F. Walker.)

8\. Catalogue of Hymenopterous insects. 8. (by F. Smith.)
  *P. I. Andrenidae. 1853. p. 1—198. tab. 6. — *P. II. Apidae. 1854. p. 199—465. tab. 6.

— *P. III. Mutillidae-Pompilidae. 1855. p. 1—206. tab. 5. — *P. IV. Sphegidae, Larridae, Crabronidae. 1856. p. 207—497. tab. 6. — *P. V. Vespariae. 1857. p. 1—147. — *P. VI. Formicidae. 1858. pg. 216. tab. 14. — *1859. P. VII. Dorylidae and Thynnidae. pg. 76.

* 9. Catalogue of British Hymenoptera in the Collection of the British Museum. 8. (by F. Smith.) P. I. Apidae. 1855. 12. pg. 218. tab. 10.

* 10. Catalogue of the British fossorial Hymenoptera, Formicidae, and Vespidae. (by F. Smith.) 1858. 8. pg. 236. pl. 6.

* 11. Catalogue of British Hymenoptera, Ichneumonidae. 1856. 12. pg. 120. (by Th. Desvignes.)

* 12. Catalogue of Lepidoptera. 4. (by G. R. Gray.) [P. I. Papilionidae. 1852. 15 tab. col. pg. 4 et 84.

*Ed. 2. 1856. pg. 106. (by G. R. Gray.)

* 13. List of Lepidopterous insects. 8. (by E. Doubleday.)
P. I. Papilionidae. 1844. pg. 150. — *P. II. Erycinidae. 1847. pg. 57. — *P. III. Appendix to Papilionidae, Erycinidae. 1848. pg. 37.

* 14. List of the specimens of Lepidopterous insects in the collection of the British Museum. 8. (by F. Walker.)
1854. P. 1. p. 1—278; P. 2. p. 279—582. — 1855. P. 3. p. 583—775; P. 4. p. 776—976; P. 5. p. 977—1257; P. 6. p. 1258—1507. — 1856. P. 7. p. 1508—1808. (P. 1—7. Lepidoptera heterocera.) — 1856. P. 8. p. 1—271. (Sphingidae.) — 1856. P. 9. p. 1—252; P. 10. p. 253—491. — 1857. P. 11. p. 493—764; P. 12. p. 765—982; P. 13. p. 983—1236. — 1858. P. 14. p. 1237—1520; P. 15. p. 1521—1888. (P. 9—15. Noctuidae.) — 1858. P. 16. p. 1—253. Deltoides.) — 1859. P. 17. p. 255—508; P. 18. p. 509—798; P. 19. p. 799—1036. (P. 17—19. Pyralides.) — 1860. P. 20. p. 1—276; P. 21. p. 277—498. — 1861. P. 22. p. 499—755. (Geometrites.)

15. Catalogue of the Lycaenides 1861. 8. Part. 1. tab. 8. (by W. C. Hewitson.) (Im Druck.)

* 16. Catalogue of the specimens of Dipterous insects in the collection of the British Museum. 8. (by F. Walker.)
1848. P. 1. p. 1—229. — 1849. P. 2. p. 230—484; P. 3. p. 485—687; P. 4. p. 688—1172. — 1854. P. 5. (Suppl. 1.) p. 1—330; P. 6. (Suppl. 2.) p. 331—506. 4 pl. — 1855. P. 7. (Suppl. 3.) p. 507—775.

* 17. List of the specimens of Homopterous insects in the collection of the British Museum. 8. (by F. Walker.)
1850. P. 1. p. 1—260; 1851. P. 2. p. 261—636; P. 3. p. 637—907; 1852. P. 4. p. 908—1188. pl. 8; 1858. P. 5. Suppl.) pg. 369. (Physapoda compiled from Hallidays Manuscripts.)

* 18. List of the specimens of Hemipterous insects in the collection of the British Museum. 8. (by W. S. Dallas.)
P. I. 1851. pg. 368. tab. 11; P. II. 1852. p. 369—592. tab. 4.

* 19. List of the British Animals in the collection of the British Museum. 8.
(P. I. Radiata; P. II. Sponges; P. III. Birds; P. IV. Crustacea.)
*P. V. Lepidoptera. 1850. (by J. F. Stephens.) pg. 352 et 12. — *Ed. 2. pg. 224.
*P. VI. Hymenoptera aculeata. 1851. (by F. Smith.) pg. 134.
(P. VII. Mollusca; P. VIII. Fish.; P. IX. Eggs of British Birds.)
*P. X. Lepidoptera contin. 1852. (by J. F. Stephens.) pg. 120.
*P. XI. Anoplura or Parasitic Insects. 1853. (by H. Denny.) pg. 51.
*P. XII. Lepidoptera contin. 1852. (by J. F. Stephens.) pg. 54.
*P. XIII. Nomenclature of Hymenoptera. 1853. (by F. Smith.) pg. 74.
*P. XIV. Nomenclature of Neuroptera. 1853. (by A. White.) pg. 16.
*P. XV. Diptera. 1853. (by F. Walker.) pg. 62.
*P. XVI. Lepidoptera. 1854. (by H. Stainton.) pg. 199.
*P. XVII. Anoplura, Euplexoptera, Orthoptera. 1855. (by A. White.) pg. 17.

Zusätze und Verbesserungen.

p. 1. Der Artikel **Abate Antonio** ist zu streichen; er findet sich p. 13 an der richtigen Stelle.

Acerbi — geb. 3. Mai 1773 in Castel Goffredo bei Mantua, gest. 25. Aug. 1846 daselbst.

Acharius — geb. 10. Octbr. 1757 in Gefle, gest. 13. Aug. 1819 in Wadstena in Schweden.

p. 2. l. 6 v. o. pg. 18. pg. 4.

Acrel.

zu No. 2. — nach: hospitantium, unacum variis experimentis ea expellendi propos.

Adam (M. T.), de la société séricicole de Paris.

1. Education des vers à soie en 1840, et plantation des mûriers dans les environs de Metz. Metz, Verronnais, 1841. 8.
(cf. Chénu. T. 1. p. 33.)

Adams (Arthur), in Alverstoke, Hantshire.

zu No. 1. pg. 750; pg. 150.

*3. Notice of a new species of Damaster from Japan. (D. Fortunei.)
Ann. and Mag. Nat. Hist. ser. 3. 1861. T. 8. p. 59.

Adams (George), Vater, gest. 5. März 1786 in London. Opticus.

daselbst: pg. 263; pg. 325.

Adams (George), Sohn, gest. 14. Aug. 1795 in London. Opticus.

daselbst: pg. 724.
(Ich habe im Folgenden das pg. [die Summe von Seiten], bei welchem auf den ersten Bogen das g fortgelassen war, nur dann verbessert, wenn ein Zweifel möglich war, ob pg. oder p. stehen sollte.)

Adanson — geb. 7. April 1727 in Aix, gest. 3. Aug. 1806.

p. 3. **Adlerheim.**

p. 24—29; p. 344. — p. 26—30; p. 339.

l'Admiral.

in No. 1. lies (l. 4. v. o.) Füessly.

zu No. 2. — Lacordaire hat denselben Titel, Seitenzahl u. Kupfer. Amsterdam, s. a. (1762?)

p. 4. **Afzelius** — geb. 8. Octbr. 1750 in Larf, Westgothland.

zu No. 1. füge: P. sphaerocerus, dont la massue des antennes est phosphorescente. (Lacordaire.)

Agassiz (Alexander). Sohn des Folgenden.

Agassiz (Louis), geb. 28. Mai 1807 in Motier, Freiburg. Seit 1847 Professor in Cambridge. N. America.

No. 1. a. — Matériaux pour servir à une énumération etc. pour une Bibliothèque zoologique et palaeontologique. 1845. gr. fol.
281 (nur Blätter auf einer Seite bedruckt) enthalten die alphabetische Zusammenstellung aller Akademischen und Zeitschriften mit den alphabetisch geordneten Titeln des Inhalts. Das Werk ist als Manuscript gedruckt und wurde an namhafte Gelehrte zur Completirung vertheilt. (Bibl. Erichson u. A. Wagner.) Es bildet die Grundlage zu Agassiz Bibliographie.

p. 5. **Agricola** — geb. 24. März 1494 in Glauchau, Sachsen, gest. 21. Novbr. 1555 in Chemnitz. Sein deutscher Name ist Bauer.

Ahrens (August).

zu No. 1. adde 27 spec.

zu No. 2. adde 7 spec. und statt II. 4 lies: II Heft 4.

zu No. 4. statt p. 1—40; II. 4 lies: p. 1—40. tab. 2 col.; II. Heft. 4.
Diese Abhandlung umfasst vier Abschnitte; 1. Beschreibung 15 neuer deutscher Käfer; 2. Beschreibung von 3 früher schlecht beschriebenen Käfern; 3. Bemerkungen über die Synonymie einer grossen Zahl von Käfern; 4. Aufstellung der Gattung Hexarthrus mit E. capucinus.

zu No. 5. adde G. natator, mergus, marinus, urinator, bicolor, villosus, minutus.

zu No. 6. adde 238 spec.; Auszug aus einem grösseren nicht publicirten Werke.

zu No. 8. adde Die Larve lebt in verfaulten Birken und Eichen, die Nymphe liegt ein Jahr und schlüpft im Mai aus.

d'Ailly.

No. 1. adde rel. Ann. sc. nat. 1830 Juin et Juillet par Ch. Morren.

p. 6. **Albertus Magnus** (Graf von Bolstädt), geb. 1193 in Lauingen in Schwaben, gest. 15. Novbr. 1280 in Cöln; vergl. über ihn die kritische Darstellung in E. Meyer Geschichte d. Botanik 1857. T. 4. p. 9 sq. — Das Buch de animalibus ist nach 1255 und bestimmt vor 1261 geschrieben.

zu No. 1. Edit. Mantua, Paul Johann de Butschbach 1479, 12. Januar fol. goth. 306 Bl. 2 Col. 62 Zeil. a2—z. A—Z 5.

(cf. Brunet. T. I. p. 137.)

Albite de Vallivon (Comte).

1. Ruches à abeilles perfectionnées, tant pour procurer abondance de miel et de cire que pour conserver la vie en toute saison aux laborieuses ouvrières, qui ne peuvent avoir de concurrentes. Prospectus. Paris, Lamy, Chassaignon, Girard, 1827. 12.

(cf. Chérau. T. I. p. 84.)

Albrecht (Johann Peter), geb. 7. März 1647 in Hildesheim, gest. 16. Decbr. 1721. daselbst.

zu No. 1. a. De pediculis abortum praesagientibus.

Ephem. Acad. Nat. Curios. 1690. Dec. II. Ann. 9. Observ. 88. p. 151—152.

zu No. 2 adde Zerene grossularia (?) aus der Puppe erzogen legte unbefruchtet Eier, aus welchen Raupen auskamen; die Erziehung mislang.

p. 7. **Albrecht** (Johann Sebastian).

zu No. 1. adde tab. I. Eine Erdkugel in der Erde gefunden enthielt die noch weiche Puppe.

Aldrovandus.

Nach Nouv. Biogr. gen. T. 1. p. 712. besitzt die öffentliche Bibliothek in Bologna seine Manuscripte nebst den colorirten Zeichnungen.

Alexander (Wilhelm), gest. 1783 in Edinburg. Arzt.

p. 8. **Allard** (E.).

6. Catalogue complémentaire des diverses espèces d'Altises qui ont été décrites tant dans cet ouvrage par E. Allard, que par MM. Foudras, Wollaston, Kutschera etc. qui proviennent d'Europe et du Nord de l'Afrique.

Ann. Soc. Ent. Fr. sér. 4. 1861. T. 1. p. 307—358.

Allen (Benjamin).

No. 1. adde Cynips aus einer Galle; Anobium.

Allen (William); in Nottingham.

Allibert.

zu No. 1. adde 27 spec.

Allioni (Carlo), geb. 23. Septbr. 1725 in Turin.

Allis (Thomas H.), in York.

p. 9. **Almond** (G. A.), in Birkenhead.

*2. Botys terrealis. (Metamorphose.)

Entom. weekl. Intellig. 1856. T. 1. p. 133.

Alpinus (Prosper), geb. 23. Novbr. 1553 in Marostica bei Vicenza, gest. 5. Febr. 1616.

Alsted (Joh. Heinrich), geb. 7. Januar 1588 in Herborn, gest. 8. Octbr. 1638 in Weissenburg, Siebenbürgen. Prof. Philos. et Theol.

Alt (Heinrich Christian).

zu No. 1. adde Dissert. inaug. pathologica. Pediculos tabescentium.

Altmann (L.).

zu No. 1. adde Enthält im Widerspruch mit dem Titel meist die alten Gattungseintheilungen. (Lacordaire.)

De Alzate (Josef Antonio y Ramirez), geb. vor 1750 in Mexico, gest. gegen 1795. Astronom u. Geograph.

p. 9. **Amatus Lusitanus**, geb. 1511 in Castello Bianco in Beira, gest. 1568.
zu No. 1. adde pg. 406.
Amoretti — geb. 13. März 1741 in Oneglia bei Genua, gest. 25. März 1816 in Mailand.

p. 10. **Ampère** — gest. 10. Juni 1836 in Marseille. Prof. d. Physik.
Amyot — geb. in Vendeuvre.
zu No. 2. c'est presque uniquement un exposé de ce que les anciens ont écrit sur cet insecte. (Lacordaire.)

p. 11. **Andersch** (Carl), geb. 1. April 1814. Neffe des Folgenden.
Andersch (Johann Daniel), geb. 7. Septbr. 1768, gest. 17. Octbr. 1817.

p. 12. **Angas.**
zu No. 1. adde insecta tab. 37, 48, 50.
Angelinus.
zu No. 1. pg. 18.
Angeliny (Augustin Rose), aus Bergamo.
zu No. 1. Beschreibung der Methode der Bergamasken und eigener Erfahrungen in reichem Wortschwall.
Bibliogr. agronom. p. 127.
D'Annone — geb. 12. Juli 1728, gest. 18. Septbr. 1804 in Basel.

p. 13. **Antelme** (Adrien).
1. a. Rapport sur l'éducation des vers à soie, fait au comice agricole de Romans et du bourg de Péage. Valence, impr. Marc-Aurel, 1810. 8.
(cf. Chéron. T. 1. p. 205.)
Antelme (Pierre).
1. Traité de la culture du mûrier et de l'éducation des vers à soie. Valence, Marc-Aurel, 1853. 8.
(cf. Chéron. T. 1. p. 205.)
Abate Antonio, vgl. denselben Artikel p. 1.
D'Arcet (Felix), geb. gegen 1807 in Paris, gest. 18. Decbr. 1846 daselbst. Arzt.
zu No. 1. Nach Querard Litt. fr. contemp. T. 3. p. 141. ist der Verfasser der Vater Jean Pierre Joseph d'Arcet, Chemiker in Paris, geb. 31. August 1777, gest. 2. August 1844 daselbst.
Ed. III. Paris, Mme Huzard, 1838. 4. pl. 5. mit dem Zusatz auf dem Titel: suivie de divers documents relatifs à l'amélioration de la production des soies.
3 Description des appareils de chauffage à employer pour élever convenablement la température du courant ventilateur dans les magnaneries salubres, suivie de quelques renseignements sur l'emploi du tarare et sur l'étouffement des cocons. Paris, 1841.
4. Expériences faites à Lyon par M. d'Arcet sur les procédés proposés pour les soies etc. Lyon, 1838. pg. 79.
(cf. Catal. Bibl. Audouin. p. 100.)
Arduino (Luigi), geb. 29. März 1759 in Padua, gest. 5. April 1834 daselbst. Prof. d. Agricultur.
Arduino (Pietro), geb. 18. Juli 1728 in Caprino bei Verona, gest. 13. April 1805 in Padua. Prof. d. Agricultur. Vater des Vorigen.

p. 14. **Aristoteles**, geb. in Stagira 384 a. C. n., gest. in Chalcis 322 a. C. n.
Die naturhistorischen Schriften fallen vor 337.
Die Schrift de partibus animalium ist übersetzt von Frantzius. Leipzig 1853.
Assmus (Hermann Martin).
zu No. 2. Die Schrift enthält Monstra oder Difformitäten 6 per fabricam alienam, 3 per defectum, 11 per excessum, 2 Zwitter, 3 durch Vermischung der Farben; es sind meist früher beschriebene Fälle; die Abbildungen roh. (Lacordaire.)
zu No. 3. male et femelle d'une même espèce. (Lacordaire.)

p. 15. **Atkinson** (W. S.), in Calcutta.
*1. Indian Microlepidoptera.
Entom. weekly Intellig. 1858. T. 4. p. 100—101.
Aubé.
zu No. 1. (Pt. trisulcatum, H. formicetorum.)
zu No. 3. 13 gener., 1 Metopias, 1 Chennium, 1 Tyrus, 2 Ctenistes, 4 Pselaphus, 14 Bryaxis, 12 Bythinus, 1 Tychus, 1 Trimium, 8 Batrisus, 13 Euplectus, 2 Claviger, 1 Articerus.

p. 16. zu No. 4. (Larve u. Nymphe lebt in Birken.)
zu No. 6. (M. conicollis, angusticollis, picipes, brevicollis, americana, spinicollis, quadricollis, longicollis, quadrifoveolata.)
Auszu No. 2. hat ein Supplement von 5 Arten gegeben.
zu No. 12. (1 Langelandia, 2 Hydroporus, 3 Abraeus, 2 Scydmaenus, 2 Ocypus, 1 Paederus.)
zu No. 13. (H. lythri, hippophaes, erucae.)
zu No. 15. (Monotoma punctaticollis, Abraeus rhombopterus.)
zu No. 16. (Oedichirus unicolor, Bledius tristis.)
zu No. 17. (Xylophages, Philothermus Montandoni.)
zu No. 18. (C. Villae, Kunzei, Caelarum, nigrum.)
zu No. 19. (Ergänzung u. Verbesserung von No. 3. 16 gener. enthält mehr 13 Bairisus, 3 Hamotus, 1 Pharnisus, 2 Ctenistes, 10 Bryaxis, 3 Tychus, 1 Bythinus, 4 Euplectus, 1 Claviger, 1 Articerus, Faronus.)

p. 17. 33. Description de quatre nouvelles especes de Coléoptères appartenant à un genre nouveau. (Theca.)
Ann. Soc. Ent. Fr. sér. 4. 1861. T. 1. p. 93—98.
34. Description de six espèces nouvelles de Coléopteres nouveaux propres à la faune Française.
Ann. Soc. Ent. Fr. sér. 4. 1861. T. 1. p. 183—189.

Aubriet (Claude), geb. 1651 in Chalons sur Marne, gest. 1743 in Paris. Maler.
Aucher-Eloy, Buchdrucker u. Buchhändler.
zu No. 1. anonym.
Audouin, nach Querard T. 1. p. 123, geb. 27. April 1797.

p. 21. **von Autenrieth** (Johann Heinrich Ferdinand), geb. 20. Octbr. 1772 in Stuttgart, gest. 3. Mai 1835 als Prof. Med. in Tübingen.
Auzoux ist wahrscheinlich Louis Auzou, geb. 1797 in Saint-Aubin d'Écroville, Eure. Arzt in Paris

p. 22. **de Azara** — geb. 18. Mai 1746 in Barbunales bei Balbastro, gest. 1810 in Aragonien.

p. 24. **Bacon** — geb. 22. Januar in London, gest. 9. April daselbst.
Baeck — gest. 15. März.

p. 25. **von Baer** (Carl Ernst), geb. auf seinem Landgute Piep in Esthland.
Bajer (Joh. Wilh.), geb. 12. Juni in Jena, gest. 11. Mai als Prof. Phys. in Altorf. Bruder des Vorigen.

p. 26. **Baker** — geb. 8. Mai.
Balbin — geb. 1611 in Königgrätz, gest. 1689. Jesuit.
Balding (James) in Wisbech.
* 1. Hermaphrodite Gonepteryx Rhamni.
Entom. weekly Intellig. 1856. T. 1. p. 44.
Baldinger (E. G.).
1. Catalogus dissertationum, quae medicamentorum historiam, fata et vires exponunt. Altenburgi, 1768. 4. pg. 6 et 128.
Ballenstedt — geb. 11. Aug. 1758 in Schöningen. Pastor zu Pabstdorf bei Quedlinburg.

p. 27. **Bancroft** (Edward Nathaniel), gest. 8. Septbr. 1821.
Banister — gest. gegen 1689.

p. 28. **Baran.**
3. Notice nécrologique sur Charles Delarouzée.
Ann. Soc. Ent. Fr. sér. 4. 1861. T. 1. p. 239—264.
Barba. — Chéron hat: Jacques Barba in Mailand.
Barbarus (Hermolaus), geb. 21. Mai 1454 in Venedig, gest. 14. Juni 1493 in Rom an der Pest.

p. 29. **Barrington** — gest. 11. März 1800 in London. Jurist.
Barth (Johann Matthaeus), gest. nach 1757. Senior des geistlichen Ministeriums in Regensburg.

p. 30. **Bartholomaeus Anglicus**, ein Franciscaner-Mönch, der in Oxford, Paris und London studirt hatte. Meyer Gesch. d. Botanik T. 4. p. 84—91. widerlegt wohl mit Recht die allgemeine Ansicht, die übrigens noch Brunet in der neuesten Ausgabe T. 2. p. 1619 festhält, dass sein Name Glanvilla oder de Glanville, aus dem Hause der Grafen von Suffolk gewesen sei. Nach Meyer ist dabei eine Verwechselung mit einem jüngeren Bartholomäus de Glanvilla vorgekommen. Der ältere hat nicht um 1360, sondern schon um 1260 geblüht, sein Werk ist eine Compilation, jedoch nicht, wie stets angegeben wird, aus dem gleichzeitigen

(p. 30. **Bartholomaeus Anglicus.**)

Vincentius Bellovacensis, und zwischen 1250 und 1260 geschrieben, wie schon Haller B. Med. pr. T. 1. p. 434. bewiesen hat. Es bildet eine Encyclopaedie der Wissenschaften und handelt im 18. Buche de animalibus. Die früheste datirte Handschrift ist von 1296. Meyer zählt vor 1500 15 Ausgaben und 13 Uebersetzungen, nachher 9 Ausgaben. Eine vollständige Zusammenstellung der Ausgaben scheint noch zu fehlen; der nachfolgende Versuch ist vorzüglich nach Hain; Pritzel (die Nummern mit † bei Pritzel gesehen); Brunet Ed. V. T. 2. p. 1619; Ebert T. 1. p. 686; Haller B. B. T. 1. p. 231. u. T. 2. p. 662; Haller B. Med. pr. T. 1. p. 434; Boehmer T. I. 1. p. 224; Lowndes T. 2. p. 795; Allibone T. 1. p. 135. gefertigt. Ueber die bekannten Codices vergl. Haller B. B. T. 1. p. 231. u. T. 2. p. 662.

1. Tractatus de proprietatibus rerum libr. XIX.

Ed. 1. Incipit prohemium de proprietatibus rerum fratris bartholomei anglici de ordine fratrum minorum. Explicic (sic) tractatus etc. fol. goth. s. l. et a. 247 (oder 238) Bl. 2 Col. 55 Zeil.

Sie wird Ulrich Zell in Cöln zugeschrieben. Leigh Sotheby hält sie für die von Will. Caxton um 1470 in Cöln gedruckte Ausgabe, von der bis jetzt Exemplare nicht bekannt sind, obwohl W. de Worde in seiner engl. Uebers. ausdrücklich sagt, dass William Caxton zuerst dies Werk zu Cöln lateinisch gedruckt habe. Brunet hält diese Annahme für gewagt. (cf. Hain No. 2498.)

Ed. 2. fol. goth. s. l. et a. 218 (oder 217 Bl., darin 3 (?) Register. 2 Col. 60—61 Zeil. mit Typen von Richel u. Wensler in Basel vor 1480 gedruckt. (cf. Hain No. 2499.)

* Ed. 3. Impressus per Nicolaus pistoris de Benssheym et Marcum reinhardi de Argentina socios. 1480. 29. Julii. fol. goth. s. l. (Lyon) 320 Bl. 2 Col. 48—49 Zeil. ohne Custos u. Seitenz. a—z, r, q, et A—H. (cf. Hain No. 2500.)

† Ed. 4. per Johannem Koelhoff de Lubech Colonie civem. Coeln, (Lyon nach Ebert), 1481. fol. goth. 457 Bl. (cf. Hain No. 2501.)

Ed. 5. per Petrum Ungarum. 1482. 21. Novbr. fol. goth. s. l. (Lyon). 2 Col. 55 Zeil. a—x et A—F. (cf. Hain No. 2502.)

Ed. 6. s. l. 1482. 10. Decbr. fol. goth. 2 Col. (cf. Hain No. 2503.)

† Ed. 7. per Johannem Koelhoff de Lubeck, Colonie civem, 1483 in vigilia Sebastiani martyris. fol. goth. 471 Bl. 2 Col. 38—39 Zeil. (cf. Hain No. 2504.)

† Ed. 8. per Anthonium Koburger Nurenberge civem, 1483. III Kal. Junii. (Nürnberg.) fol. goth. 265 Bl. 2 Col. 53 Zeil. (cf. Hain No. 2505.)

† Ed. 9. Argentinae 1485; finitus in die sancti Valentini. fol. goth. 300 Bl. 2 Col. 47 Zeil. (cf. Hain No. 2506.)

† Ed. 10. s. l. 1488; Kalend. Junii XII. fol. goth. 326 Bl. 2 Col. 50 Zeil. (cf. Hain No. 2507.)

† Ed. 11. Argentinae 1488. fol. (cf. Hain No. 2508.)

Ed. 12. Argentinae. 1491. die post festum sancti Laurentii martyris. fol. goth. 257 Bl. 2 Col. 52 Zeil. (cf. Hain No. 2509.)

† Ed. 13. Argentinae 1491. fol. min. 323 Bl. (cf. Pritzel p. 13.)

Ed. 14. per Anthonium Koburger, Nurenberge civem. 1492. die Junii. (Nürnberg.) fol. goth. 199 Bl. 2 Col. 61 Zeil. (cf. Hain No. 2510.)

† Ed. 15. Norimbergae per A. Koburger 1492. fol. min. 360 Bl.

Ed. 16. Argentinae 1495. fol.

Von mir zweifelhaften Ausgaben vor 1500 citirt Boehmer l. c. (nach Maittaire) Coloniae per Joh. Koelhoff de Lubeck 1470. fol. — Haller B. B. T. I. p. 231 (nach Maittaire): Colon. 1483. fol. (vielleicht Ed. 6.); ferner: Argentinae, 1480. fol. (wohl Verwechselung mit Ed. 3.); 1483. fol.; ferner: Noriberg. 1483. fol.; 1493. fol.; 1495. fol.

Nach 1500 werden folgende Ausgaben angegeben.

† Ed. 17. Argentinae 1505. fol. (cf. Pritzel.)

Ed. 18. Norimbergae 1509. fol.
(cf. K. Meyer.)
Ed. 19. Nürenberg. correct. et emend. per Fr. Peypus. 1519. fol. 192 Bl.
(cf. Boehmer.)
Ed. 20. Venezia 1571. fol.
(cf. Ebert.)
Ed. 21. Francof. apud Wolffg. Richter, 1601. 8.
(cf. Boehmer.)
Ed. 22. cura Bertholdi Pontani a Braitenberg. Francofurti, 1603. fol. — und gleichfalls
Ed. 23. Ibid. 1619. 8.
(cf. Haller B. B.)
Ed. 24. Unter eigenthümlichem Titel: Allegoriae sive tropologiae in utrumque testamentum, nebst beigedrucktem Th. Cantipratensis de proprietatibus apum. Paris, 1573.

Engl. Uebersetzungen:
Ed. 1. Translated by John Trevisa (um 1318 nach Ebert); Printed by Wynkyn de Worde. s. l. et a. (um 1471 nach Haller) fol. goth. m. Holzschn. (London.) A iiij; B viij; b. vj; c to z, eigth each; 7 (6); 9 (6); A to V, eight each; X, Y, Z, six each; aa to cc, eight each; dd to gg, six each; hh to mm, eight each; nn four; oo six.
(cf. Hain No. 2520.) (cf. Lowndes T. 2. p. 793.)
(Ed. 1536. fol. Haller B. B. T. 2. p. 682, vermuthet er selbst als identisch mit der vorigen; Allibone sagt ausdrücklich, dass die Ed. 1535 die zweite, u. die 1582 die dritte u. letzte sei.)
÷ Ed. 2. London, Th. Berthelet, 1535. fol. translated at Berkeley 1397. 388 numerirte Blätter, ausser Titel u. 4 Bl. Index.
(cf. Lowndes l. c.)
Ed. 3. London, Bateman vermehrt u. verb. 1582. fol. 426 Bl.
(cf. Lowndes.)

Franz. Uebersetzungen:
Ed. 1. Uebersetzt auf Befehl Carl V. durch den Caplan Jehan Corbichon 1372.
Lyon, Mathieu Hutz, 1482. 12. Novbr. fol. goth. 2 Col. 46 Zeil. a—x u. A—Tv u. 5 Bl. Prolog d. Uebersetzers sign. a m. Holzschn.
(cf. Hain No. 2514.)
Ed. 2. Revisie par frère Pierre Fergel. Lyon, Mathieu Husz, 1485. 12. Octbr. fol. goth. 2 Col. a—z et A—Niij u. 8 Bl. Prol.
(cf. Hain No. 2516.)
Ed. 3. Lyon, Guil. le Roi, 1485. 25. Janv. fol.
(cf. Hain No. 2515.)
Ed. 4. Lyon, Mathieu Husz, 1487. 8. April. fol. goth. 2 Col. 50 Zeil. a—z et A—L. V. et 8 Bl. Prol. m. Holzschn.
(cf. Hain No. 2516.)
Ed. 5. Lyon, Mathieu Husz, 1491. 15. (6.) März. fol. goth. 2 Col. 57 Zeil. a—z, r, ρ et A—B et 6 Bl. Prol. m. Holzschn.
(cf. Hain No. 2517.)
Ed. 6. Lyon, Jean Cyber. s. a. fol. goth. 2 Col. 55 Zeil. 7 Bl. Prol. m. Holzschn.
(cf. Hain No. 2513.)
Ed. 7. Le Proprietaire en francais. Paris, Antoine Verard. s. a. fol. goth. 2 Col. 8 Bl. Prol. Register m. Holzschn.
(cf. Hain No. 2512.)
Ed. 8. Lyon, Jehan Dyamantier, 1500. fol. goth.
(cf. Hain No. 2519.)
(? Ed. s. l. et a. publ fol. goth. 2 Col. ist nach Brunet wohl nur ein defectes Exemplar einer der angeführten Editionen.)
Ed. 9. Paris, Jehan Petit et Michel le Noir, 1510. 15. Novbr. fol. goth. m. Holzschn.
Ed. 10. Rouen, Francois Regnault, Jean Mace, Michel Angier, Richard Mace, 1512. 15. Novbr. fol. goth. m. Holzschn.
Ed. 11. Paris, Jehan Petit et Michel le Noir, 1518. 8. Januar. fol. goth. m. Holzschn.
÷ Ed. 12. Paris, Phil. le Noir, 1525. 20. Mai. fol. goth. m. Holzschn.
Ed. 13. Paris, Jehan Longis, 1539. fol. goth. m. Holzschn.
Ed. 14. Paris, Ch. l'Angelier, 1556. fol. (lettres rondes.)

(p. 30. **Bartholomaeus Anglicus.**)
Holländ. Uebersetzungen:
Ed. 1. s. l. 1479.
(cf. Hain No. 2521.)
† Ed. 2. Harlem, Jacop Bellaert, 1485. fol. goth.
(cf. Hain No. 2522.)
Span. Uebers. von Vicente de Burgos.
Ed. 1. Tholosa, Enrique Meyer, 1494. 18. Septbr. fol. goth. 2 Col. s. p. m. Holzschn.
(cf. Hain No. 2523.)
Ed. 2. Toledo, Gaspard de Avila, 1529. fol. goth.
Ital. Uebersetzung:
Ed. 1516. 4.
(cf. Haller B. B.)

Barton (Benjamin Smith), geb. 10. Febr. 1766 in Lancashire, Pennsylvania, gest. 19. Decbr. 1815 in Philadelphia.

p. 31. **Bartram** (Moses).
zu No. 2. ist zu streichen, und gehört zu Collinson No. 2.

Barzelotti — geb. 11. Novbr. 1768 in Amiata, gest. 9. Novbr. 1839 in Pisa. Prof. Med.

p. 32. **Bassi.**
zu No. 21. Franz. Uebers. von Fréderic Cazalis, D. M. Montpellier, impr. de Dumas 1853. 12.
(cf. Chévreul. T. 1. p. 562.)

Baster.
zu No. 3. — (p. 117—123 von den Haaren der Insecten.)

p. 33. **Bates.**
13. Contributions to an Insect Fauna of the Amazon Valley. Lepidoptera, Papilionidae.
Journ. of Entomol. 1861. T. 1.
14. Contributions to an Insect Fauna of the Amazon Valley. Lepidoptera, Heliconinae.
Proc. Linn. Soc. Lond. 1861. T. 6. No. 22.
*15. Contributions to an Insect Fauna of the Amazon Valley. Longicornes.
Ann. and Mag. Nat. Hist. ser. 3. 1861. T. 8. p. 40—52; p. 147—152; p. 212—219; p. 471—476.

Baud' Lafarge oder Baudet de la Farge.
zu No. 2. Ouvrage posthume et publié par son fils; redigé d'après le Species de Mr. Dejean.

Baudry des Lozières (Louis Narcisse), geb. 16. Juni 1761 in Paris, gest. 29. Juli 1841 daselbst.

p. 34. **Bauhin.**
zu No. 2. die am Schlusse erwähnte deutsche Uebersetzung erschien auch 1599. 4.; 1602. 4.

Baumé (Antoine), geb. 26. Febr. 1728 in Senlis, gest. 13. Octbr. 1804 in Paris. Apotheker. Audouin schreibt Beaumé.
2. Sur le blanchiment des soies sans les décruer.
Ann. de Chimie. 1793. p. 55. (cf. Catal. Bibl. Audouin p. 90.)

Baumer (Johannes Paulus), geb. 1725 in Rebweiler, Franken, gest. 19. Septbr. 1771.

p. 35. **Bazin** (Gilles Augustin).
zu No. 3. im Cataloge Bibl. Audouin p. 95. findet sich als Edit. II. Paris, 1747. 12. 2 vol.

Beal (John), geb. 1603 in Herefordshire, gest. 1683 in Yeovil in Somersetshire. Dr. Theol.

de Beaujour (Baron Louis Felix), geb. 1765 in d. Provence, gest. 1. Juli 1836. Diplomat.

Élie de Beaumont (Jean Baptiste Armand Louis Léonce), geb. 25. Septbr. 1798 in Canon, Calvados, seit 1832 Prof. Geol. in Paris.

D'Éon de Beaumont (Charles Geneviève Louis Auguste André Timothée), geb. 5. Octbr. 1728 in Tonnerre, gest. 21. Mai 1810 in London. Der berüchtigte Chevalier D'Éon.

p. 36. **Beaurepère.**
zu No. 1. L'art d'élever les vers à soie dans le département de la Côte-d'Or et dans les départemens circonvoisins; précédé d'une instruction sur la culture du mûrier. Dijon, Lagier, 1833. 8. pg. 140. tab. 4.
(cf. Litt. fr. contemp. T. 1. p. 225.)
de Beaurieu — geb. 3. Juli 1728 in St. Paul, Artois, gest. 5. Octbr. 1795 in Paris.
Bechstein — geb. 11. Juli 1757 in Waltershausen bei Gotha.
p. 37. **Becker** (Alex.).
7. Verzeichniss der um Sarepta vorkommenden Käfer.
Bull. Moscou. 1861. T. 34. p. 305—330.
Becker (Leon).
*6. Insectes observés en Campine, pendant le mois d'août 1860. (Lépid., Coléopt.)
Ann. Soc. Ent. Belg. 1861. T. 5. p. 33—16.
*7. Observations sur quelques chenilles de Tinéides. (Schreckensteinia Roeselklella, Scythris inspersella, Coleophora saccurella, Pteroph. scarodactylus.)
Ann. Soc. Ent. Belg. 1861. T. 5. p. 52—57. 1 pl.
p. 38. **Becquerel** — geb. 8. März 1788 in Chatillon-sur-Loing, Loiret. Prof. in Paris.
Behlke.
*1. Nouveau moyen contre les pucerons.
Journ. Soc. imp. centr. d'horticult. Paris. 1863. T. 8. p. 102.
(aus d. Monatsschr. f. Pomologie 1861. p. 166.)
Behn (W. F. G.).
*3. Cuviers Briefe an Pfaff; herausgegeben 1845. — v. Cuvier No. 9.
p. 39. **Beireis** — geb. 28. Febr. 1730 in Mühlhausen, Thüringen, gest. 17. Septbr. 1809.
Bellani — gest. in Mailand.
Bellardi (Carlo Lodovico), geb. 1741 in Cigliano bei Vercelli, gest. 1826 in Turin. Arzt.
p. 41. **Bellier de la Chavignerie.**
62. Descriptions de trois Lépidoptères nouveaux de l'île de Corse.
Ann. Soc. Ent. Fr. sér. 4. 1861. T. 1. p. 29—30.
63. Note sur un Lépidoptère hermaphrodite. (Chelonia Latreillii.)
Ann. Soc. Ent. Fr. sér. 4. 1861. T. 1. p. 31—32.
Belval (Th.), in Brüssel.
*1. Note sur une variété de Semblis établissant la transition entre le S. sanguinicollis et suturalis.
Bull. Acad. Bruxell. 1861. p. 95—97. 1 pl.
p. 42. **Bennet.**
zu No. 1. ist meist Auszug aus Chabrier.
Benson (W. H.), in De Beauvoir Town.
Beraud (Jean Jacques), geb. 1753 in Castellano, gest. 1794 in Carthagena. Physiker.
Berce (H.).
6. Catalogue méthodique des Lépidoptères d'Europe pouvant être employé comme etiquettes pour le classement des collections, dressé. Paris, Deyrolle, 1861. 8. pg. 59.
Berelius — geb. in Calmar.
p. 43. **Berger** (Johann Franz), geb. 22. Juni 1779 in Genf, gest. 5. Juni 1833 daselbst. Arzt.
Bergius — geb. 6. Juli in Erikstad, Småland; gest. 10. Juli in Stockholm.
Bergmann — gest. in Bad Medevi.
zu No. 3. (Beschreibung der Larven und 14 erzogener Imago; Art des Eierlegens; Eintheilung der Larven nach Zahl und Form der Füsse in 4 Gruppen.)
p. 44. **Bergsträsser** — geb. 21. Decbr. in Idstein, gest. 24. Decbr. in Hanau als Rector.
zu No. 4. Lacordaire hat 1779—1781. Decas 1—5.
p. 45. **Berkenhout** — geb. in Leeds.
Bernard (J. Et.).
zu No. 3. Paris, Baillière, 1855. 8. fig. — No. 3. ist von Claude Bernard, geb. 12. Juli 1813 in St. Julien, Rhone.
p. 46. **Bernoulli** (Jean), geb. 18. Mai, gest. 17. Juli.

p. 46. **Bernoulli** (Christoph.).
1. Ueber das Leuchten des Meeres mit besonderer Hinsicht auf das Leuchten thierischer Körper. Göttingen, Dietrich, 1803. 12. pg. 182.
(cap. V. Articulata; Lacordaire.)
de Beroalde — geb. 28. April 1558 in Paris, gest. gegen 1612 in Tours. Canonicus.
Berquin (Arnaud), geb. 1749 in Bordeaux, gest. 21. Decbr. 1791 in Paris.
zu No. 1. Chéron T. I. p. 838 citirt diese Schrift bei diesem Schriftsteller; es muss also, nach dem Todesjahre zu urtheilen, eine neue Edit. sein.
Berthold, Prof. Physiol. in Göttingen, geb. 26. Febr. in Soest.
1. a. Beiträge zur Anatomie, Zoologie und Physiologie. Göttingen, Dietrich, 1831. 8. pg. 265. tab. 9.
Extr. Isis. 1832. p. 984—987.
(Ueber Blut u. Temperatur der Articulata; Lacordaire.)
p. 47. **Bertin.**
* 1. Instruction sur la culture des abeilles, indiquant les moyens éprouvés par une longue expérience pour veiller à leur conservation. Versailles, impr. de Martin, 1836. 8. 2 pl.
(cf. Chéron. T. I. p. 876.)
p. 48. **Bertoloni.**
zu No. 17. Mem. Accad. Sc. Istit. Bologna. 1859. T. X. p. 377—390. tab. I.
Bertuch (Friedrich Justin), geb. 30. Septbr. 1747 in Weimar, gest. 3. April 1822 als Buchhändler.
* 1. Bilderbuch etc. Weimar, Industriecomptoir, 1790—1813. 4. 13 Vol. in 237 Heften, mit col. Kpfr.
Enthält Copien aus seltenen Reisewerken.
p. 49. **Besche** — geb. 26. Septbr. in Burg, Magdeburg, gest. 19. Octbr.
Betti — geb. 16. Juli 1732 in Verona, gest. 1788 daselbst.
zu No. 3. Nach Burmeist. Hdb. T. 2. p. 17. ist dies Bd. II auct.
Bettoni, Conte, geb. 26. Mai 1735 in Bogliaco, gest. 31. Juli 1786 in Brescia.
p. 50. **Bewick** — gest. 8. Novbr. 1828.
Bibiena.
zu No. 1. Vollständige Anatomie, und Untersuchung der Ursache der Muscardine.
von Bibra — geb. 9. Juni in Schwebheim, Unterfranken. Dr. Med. u. Chem.
von Bieberstein (Friedrich August), geb. 11. Aug. 1766, in Aarberg, Bern, gest. 5. Octbr. 1826 in Merosa bei Charkow.
p. 51. **Abbé Bienaymé** (Pierre François), gest. 9. Febr. 1806 in Paris.
p. 52. **Bigot.**
13. Trois Diptères nouveaux de la Corse.
Ann. Soc. Ent. Fr. sér. 4. 1861. T. 6. p. 227—229.
p. 53. **Bilberg** (Johann), geb. in Mariestadt, gest. in Streugnaes.
Billberg (Gustav Johann).
zu No. 4. Enthält ein System der Coleoptera, die in 5 Sectionen, 38 Tribus und 381 Gattungen getheilt werden; es werden nur die Merkmale der Tribus angegeben.
Bingley — gest. 11. Febr. in Bloomsbury.
Biot — geb. 21. April in Paris, gest. 3. Febr. 1862. Prof. Phys.
Birchall (Edwin), in Dublin.
p. 54. **Bischoff** (Georg Johann).
1. a. Nachricht über eine lepidopterologische Excursion von Wien aus in die Steyrischen Alpen.
Stett. Ent. Zeit. 1843. T. 4. p. 114—131.
Blackwall — geb. in Llanrwst in Wales.
Bladon (James), in Pontypool.
de Blainville.
1. a. Note sur les animaux articulés.
Journ. de Physique. 1819. T. 88. p. 467—472. (Lacordaire.)
p. 55. **Blanchard** (Emile), geb. 6. März 1819.
p. 56. 31. a. Les Insectes (avec Audouin et Doyère) dans: Cuvier Règne animal Ed. Masson, 1849. 8. 2 vol. et atlas de 202 pl.
Coléopt. 68 pl., Hyménopt. 23 pl., Diptèr. 20 pl., Lépidopt. 25 pl. (avec Doyère). Névropt. 8 pl.
47. Zoologie agricole. Partie I. Les insectes nuisibles aux plantes d'ornement. Paris, 1859. 8. pl. col. 15 Livrais.

p. 56. **Blanchard** (P.).
zu No. 1. Ed. V. Ibid. 1817. 12. 4 vol. — Ed. VI. Ibid. 1835. 12. 1 vol.
Blanchet — geb. 13. Mai in Vevey. Vicepräsident des Erziehungsraths in Lausanne.
Blankaart — geb. 24. Octbr. 1650 in Middelburg, gest. 23. Febr. 1702.
zu No. 1. Nach Lacordaire 22 Tafeln, deren einige meist ausser der Reihe gebunden angetroffen werden; es führt nämlich jede Tafel ausser der Nummer noch die Seitenzahl, wo sie hingehört, und beide Zahlen befolgen nicht dieselbe Reihe. Taf. 18—22 enthalten Lepidopteren aus Surinam.
p. 57. **Blassière** (Jean Jacques), geb. 1736 im Haag, gest. 8. Decbr. 1791 daselbst. Lehrer der Mathem.
de Bleguy — geb. 1652.
p. 58. **Blom** — geb. 1. März 1737 in Kafswik, Smaland, gest. 4. April 1815.
p. 59. **Blumenstetter** (Joseph).
1. Bienenbüchlein. Hechingen, Walther, 1859. 12.
Bobe Moreau (C. J.).
Bocandé — geb. 18.. in Nantes.
Bocchart — geb. 30. Mai, gest. 16. Mai.
p. 60. **Boccone** — geb. 24. April, gest. 22. Decbr.
Bock — geb. 20. Mai.
Boddaert — geb. um 1730 in Zeland.
p. 61. **Boehmer** geb. 1. Octbr.
Boerner — geb. 10 Juni in Clobikau, Merseburg.
Boffinet, in St. Jean d'Angely.
1. Recherches sur les Termès de la Charente-Inférieure.
Recueil périodique de la soc. d'agricult. de St. Jean d'Angely. 1847. No. 5. (cf. Bobe Moreau.)
p. 63. **Boheman.**
50. Coleoptera samlade af J. A. Wahlberg i Syd-Vestra Afrika. (108 spec.)
Öfvers. Vet. Acad. Förhandl. 1860. T. 17. p. 3—22; p. 107—120.
Boie.
1. a. Naturhistorische Beiträge vermischten Inhalts. (Actora vestuum Meig.; Reinigung des Wassers durch Mückenlarven.)
Isis. 1827. p. 726—732. (Lacordaire.)
p. 64. **Boisduval** — geb. 17. Juni 1801 in Ticheville. Dr. Med.
p. 65. zu No. 15. Nach Lacordaire Ed. à part de No. 13. 1833. 8. pg. 122. pl. 16 col.
zu No. 16. Anthophila Sancti Florentis.
p. 66. **Boitard.**
zu No. 5. Ed. Nouveau manuel etc. Paris, Roret, 1838. 18. 1 pl.
Ed. Ibid. 1845. 18. 5 pl.
6. cf. Verardi. No. 1.
von Boith.
1. Einige zoologische Betrachtungen.
Isis. 1831. p. 633—635. (Ameisen, Blattläuse. — Lacordaire.)
p. 68. **Bonafous.**
zu No. 1. La deuxième édition a été destinée au prix d'encouragement pour les agriculteurs. Litt. fr. cont. T. 2. p. 192.
Die Schriften No. 1. u. 3. finden sich abgedruckt im Cours complet d'agriculture pratique trad. de l'allem. par M. L. Noirot. Dijon, 1836. 4. pl. 14.
6. a. Analyse de la feuille du mûrier. 1825. 8. pg. 3.
6. b. Saggio sui gelsi. Turin, 1831. 8. pg. 17.
(beides Catal. Bibl. Audouin. p. 99.)
p. 69. zu No. 13. Ist Widerlegung einer anonymen Schrift des Marquis de Lascaris „publiée par la chambre d'agricult. et du commerce à Turin".
zu No. 18. Bonafous Noten sind auf Kaiserl. Befehl ins Russische übersetzt.
zu No. 21. — Edit. I. 1810. 8. — Ed. II. Ibid. 1813. 12. — Ed. III. Ibid. 1852. 18. 1 pl.
Der Uebersetzung sind zahlreiche Noten beigefügt.
29. Histoire naturelle, agricole et économique du maïs. Turin, Bocca, 1836. fol. pg. 181. pl. 19 et 11 fig. insér. dans le texte.
(Cap. V. Insectes qui lui nuisent en attaquant ou les racines, ou les feuilles ou le grain.)
(cf. Litt. fr. contemp. T. 3. p. 195.)

p. 68. **Bonafous.**
30. Éloge historique du Comte Dandolo. Paris, 1839. 8. Portrait. — Ed. II. Ibid. 1840. 8. pg. 32.
(cf. Litt. fr. contemp. T. 3. p. 198.)

p. 70. **Bondaroy.**
5. Mémoire sur une excroissance de l'épine blanche. (Galle.)
Mém. Acad. Sc. Paris. 1762. p. 206—208. 1 pl.

Bonnet.
zu No. 1. Deutsche Uebers. von Goeze No. 4.

p. 73. **Bonvouloir.**
zu No. 2. sér. 4. 1861. T. 1. p. 349—380. tab. 1.
3. Description d'un genre nouveau et de deux espèces nouvelles de coleoptères de France. (Aphaenops [Höhlenkäfer]; Dichotrachelus bigorrensis.)
Ann. Soc. Ent. Fr. sér. 3. 1861. T. 9. p. 567—571. tab. 1.

p. 74. **Bosc.**
zu No. 1. „Le nom d'Orthesia a été plus tard changé en celui de Dorthesia, comme cela dévait être, le genre étant dedié au célèbre Dr. Dorthez." Lacordaire.

p. 76. zu No. 30. Reimpr. Journ. de Physique 1818. T. 86. p. 476.
zu No. 31. Journ. de Physique 1817. — Uebers. in Isis. etc.

Bossart (Johann Jacob), gest. 13. Novbr. 1789.
1. Kurze Anleitung wie Naturalien zu sammeln und zu verschicken sind. Barby, 1774. 8. pg. 24.

p. 78. **de Boullenois.**
zu No. 1. Lies statt Ob Ed. II?, nach Chéron T. 2. p. 162. Ed. II.

p. 80. **Boyd.**
*2. Why do Lepidoptera, recently hatched, hang their wings downwards?
Entom. weekly Intellig. 1856. T. 1. p. 60; p. 93.

p. 81. **Brahm.**
zu No. 7. *Entomologische Nebenstunden No. 2.

p. 82. **Brandt.**
zu No. 6. Mém. Acad. St. Pétersb. sér. 6. 1835. T. 1. p. 561—615.
zu No. 7. Das Citat ist falsch; No. 7. ist identisch mit No. 8.

p. 84. **Brauer.**
*31. Ueber Oestrus leporinus Pallas.
Verhandl. Wien. Zool. Bot. Gesellsch. 1861. T. 11. p. 311—314.
*32. Ein Beitrag zur Lösung der Frage, wie die Hypodermen-Larve unter die Haut ihres Wohnthiers gelangen.
Verhandl. Wien. Zool. Bot. Gesellsch. 1862. T. 12. p. 509—510. — *Separat. 8. pg. 6.

p. 86. **de Brème** (François).

Bremer.
5. Neue Lepidopteren aus Ost-Sibirien und dem Amur-Lande gesammelt von Radde und Maack.
Mélang. biolog. Acad. Sc. St. Pétersb. 1861. T. 3. p. 538—580.
Bullet. Acad. Sc. St. Pétersb. 1861. T. 3. p. 462.

p. 89. **Breyer.**
*4. Quelques mots sur le groupe ou la famille des Psychides.
Ann. Soc. Ent. Belg. 1861. T. 5. p. 1—11. 1 pl.
*5. Quelques petits détails sur la transformation et la manière de vivre de différentes espèces de Lépidoptères.
Ann. Soc. Ent. Belg. 1861. T. 5. p. 63—67.

p. 90. **Brischke.**
zu No. 3. *1862. Jahrg. 2. Abth. 2. p. 97—118; Jahrg. 3. Abth. 1. p. 1—14.

Brisout de Barneville (Charles).
1. Espèces nouvelles de Coléoptères français.
Ann. Soc. Ent. Fr. sér. 4. 1861. T. 1. p. 597—606.

p. 91. **Brockholes.**
zu No. 1. p. 6338—6339.

p. 92. **Bronn** — gest. 5. Juni 1862.
2. Gedrängte Anleitung zum Sammeln, Zubereiten und Verpacken von Thieren, Pflanzen und Mineralien für naturhistorische Museen. Heidelberg, Winter, 1818. 8. (p. 57—73. Fang u. Zubereitung der Insecten.)
3. Allgemeine Zoologie. Stuttgart, Franckh, 1849. 8. (pg. VI u. 312.) [Aus der Neuen Encyclopädie für Wissenschaften u. Künste Bd. 3. abgedruckt.]

p. 93 **de la Brousse.**

2. Quelle est la meilleure manière de cultiver l'olivier et de le préserver des insectes. Collect. acad. de Marseille, 1772. 8. pg. 4. 1 pl.
(cf. Catal. Bibl. Audouin. p. 106.)

Brown (Edwin), in Burton on Trent.

* 1. Acentropus niveus.
Entom. weekly Intellig. 1860. T. 1. p. 171.

p. 95. **Bruand**, gest. 1861. Nécrologe par Millière.

36. Note sur quelques espèces du genre Pterophorus.
Ann. Soc. Ent. Fr. sér. 4. 1861. T. 1. p. 23—28. fig.

p. 96. **Brugnatelli** (Luigi Gasparo), geb. 1761 in Pavia, gest. 24. Octbr. 1818 daselbst als Prof. Chem.

p. 98. **Brunet de Lagrange.**

zu. No. 2. — Nach Chéron T. 2. p. 402 ist No. 1. und 2. dasselbe, und lithographirt. Der Titel von No. 2. folgt gleich auf den von No. 1.
Nach Chéron l. c. findet sich der Uebersetzung von Dandolos Werk durch Ph. Fontaneilles. Paris, Maison, 1845. 8. angehängt: Le tableau synoptique d'une magnanerie salubre par Brunet de Lagrange.

Brunner von Wattenwyl (Carl). Dr.

* 1. Ueber die Genitalien der Blattiden.
Verhandl. Wien. Zool. Bot. Gesellsch. 1861. T. 11. Sitzber. p. 33—36.

* 2. Orthopterologische Studien.
Verhandl. Wien. Zool. Bot. Gesellsch. 1861. T. 11. p. 221—228; p. 285—310. tab. 9 col.
*Separat. Nouvelle Orthoptera europaea nova vel minus cognita. Lipsiae, Brockhaus, 1861. 8. pg. 76 tab. 9 col.

Bruno.

zu No. 1. Text französisch und italienisch.

p. 100. **Buckley.**

3. Note on the Ants in Texas.
Proc. Acad. Nat. Sc. Philadelph. 1861. p. 9.

Büchting (Adolph). Buchhändler in Nordhausen.

* 1. Bibliographie für Bienenfreunde oder Verzeichniss der in Bezug auf die Bienen von 1700 bis 1861 in Deutschland und der Schweiz erschienenen Bücher und Zeitschriften mit Angabe des Formates und Verlagsortes, der Verleger und Preise derselben. Mit einem Sach-Register. Nordhausen, Büchting, 1861. 16. pg. 75.

p. 111. **Cagnard.**

zu No. 3. Réponse de Ms. etc. aux critiques qui ont paru sur le livre intitulé: Discours à Ariste. Paris, Le Normant, 1812. 8. — Livre second de la Réponse de Ms. etc. aux critiques etc. terminé par un ouvrage sur les abeilles, faisant corps avec la Réponse. Paris, Colas, Petit, Delaunay, 1813. 8.

zu No. 4. Traité succint sur les abeilles. Paris, Le Normant, 1815. 8. 2 pl. — Le résultat de douze années, suite du livre intitulé: Traité succinct etc. 1. Année 1. 1814. — 2. Année. 2. 1815. — Issodun, impr. Delorme, 1815. 8.

zu No. 5. Ecole pratique de la Prée sur les abeilles. Fondement de cette école. Tels et tels principes, dérobés aux abeilles, ont fait naître telle méthode, telle ruche, tel rucher. Paris, Le Normant, 1822. 8. 2 pl.
(nach Chéron. T. 2. p. 523.)

p. 112. **Campbell.**

zu No. 1. and 1822. 8. 3 vol. (second Journey.) (cf. Allibone p. 333.)

p. 113. **Cantipratanus** (Thomas) oder Thomas Brabantinus de Cantimpré oder de Cantiprato, ritterlichen Geschlechts 1201 zu Lennis bei Brüssel geboren, erhielt 1216 in der Abtei Cantimpré bei Cambrai die priesterliche Weihe, wurde Schüler von Albertus Magnus, studirte 1240 in Paris, und starb wahrscheinlich 1270 (zwischen 1263 u. 1293). Ueber sein Leben und seine Schriften. vgl. E. Meyer Gesch. d. Botanik. T. 4. p. 91—96; p. 200—206.

1. De naturis rerum. Libr. XX. — Libr. IV—IX. de animalibus, Libr. IX. de vermibus.
Diese wohl noch ungedruckte Encyclopaedie, von der die Handschriften nicht selten erscheinen (Paris, Breslau, Gotha, Krakau) ist gleichzeitig mit dem Werke von Bartholomaeus Anglicus von 1240—1255 gefertigt; die Hauptquelle ist Plinius. Nach Choulant u. Meyer l. c. ist das Buch der Natur — v. Conrad v. Megenberg No. 1. — eine freie Uebersetzung von Cantipratanus Buch.

(p. 113 **Cantipratanus**, Thomas.)

*2. Incipit liber qui dicitur bonum universale de proprietatibus apum. fol. goth. s. l. et a. (anonym.) 133 Bl. 2 Col. 39—40 Zeil.
(Bibliotb. Regiomont. — Nach Brunet. T. I. p. 546 in Strassburg. 1472 gedruckt.)

Ed. 2. fol. goth. s. l. et a. (anonym.) 2 Col. 35 Zeil., 8 Bl. Register.
(Nach Brunet l. c. in Coeln von Weldener 1475 gedruckt.)

*Ed. 3. Liber apum, aut de apibus mysticis, sive de proprietatibus apum, seu universale bonum tractans de praelatis et subditis ubique sparsim exemplis notabilibus. — Venalis habetur in vico sancti Jacobi apud sanctum Benedictum, ad signum sancti Georgii. s. l. et a. (anonym.) 4. 6 Bl. Titel u. Index, 90 Bl. u. 4 Bl. Index.
(Nach Brunet l. c. in Paris gedruckt. Jahr unbekannt, aber wohl später als die vorigen. — Bibl. Monacens.)
*Eine alte Handschrift Bibl. Regiom. habe ich verglichen.

Ed. 4. Th. Cantipratani miraculorum exemplorum mirabilium sui temporis libri duo. Duaci, Balthas. Beller, 1597. pet. 8.

Ed. 5. ibid. 1605. pet. 8.

Ed. 6. ibid. 1624. pet. 8.
(cf. Brunet l. c.)

*Ed. 7. Bonum universale de apibus, in quo ex mirifica Apum republica universa vitae bene et christianae instituendae ratio traditur et artificiose contemplatur, notis G. Colvenerii. Duaci, Balthas. Beller, 1627. 8. pg. 594 et 176 et Index.

Franz. Uebers. v. Vinc. Willart. Le bien universel, ou les abeilles mystiques du célèbre docteur Thomas de Cantimpre. Bruxelles, 1650. 4.
Eine frühere franz. Uebers. aus dem 14. Jahrh. ist wohl noch nicht gedruckt.

Holländ. Uebers. Dit is der bien boeck. Swolle, Pet. van Os, 1488. fol. 4 Bl. Prolog, 183 Bl. beziffert, 2 Col. 36 Zeil. Frontispice in Holzschn.

Ed. 2. Leyden, Jan Zennert, 1515. fol. 4 u. 123 Bl.
(cf. Brunet ed. 5. T. I. p. 1552. u. Hain.)
„Dies Werk ist keine zoologische Monographie, sondern zum Theil allegorisch, und vergleicht die staatliche Einrichtung des Clerus mit dem Bienenstaat. Weil die Bienen gewissermaassen ein klösterliches Leben führen, so knüpfte Thomas seine Erzählungen an das, was er von den Bienen zu sagen wusste. Das Buch enthält eine Sammlung erbaulicher meist wunderbarer Geschichten älterer u. neuerer Zeit zum Vorlesen in den Klöstern. Es ist 1256 begonnen.“ cf. E. Meyer.

p. 114. **Carlier.**
zu No. 1. p. 659—660.

von Carlowitz (G. H.).
1. Wie kann der Anbau des Maulbeerbaumes und die Seidenraupenzucht, jetzt in Sachsen mit glücklicherem Erfolge betrieben werden. Leipzig, 1842. 4. (Preisschrift.)
Act. Soc. Jablonovianae nova. 1842. T. 8.

p. 115. **Carus** (C. G.).
zu No. 1. Franz. Uebers. von A. J. L. Jourdan. Paris, Baillière, 1835. 8. 3 vol. pl. 31 in 4.
3. a. Erläuterungstafeln zur vergleichenden Anatomie. (mit Ed. d'Alton.) Leipzig, Barth, 1826—1855. fol. 9 Hefte.
Latein. Uebers.: Tabulae anatomiam comparativam illustrantes von F. A. L. Thienemann. ibid. 1826—1855. fol. 9 Hefte.
(cf. Engelmann p. 306. u. Carus p. 210.)

p. 116. **Carus** (J. V.).
3. a. System der thierischen Morphologie. Leipzig, W. Engelmann, 1853. 8. pg. XII u. 506, mit 97 Holzschnitten.

Casas.
zu No. 1. Arte nuevo etc.
Der Titel der Ed. 1628 heisst nach Lacordaire: Arte de criar seda en la nueva España.

p. 117. **Castelli.**
zu No. 1. Lacordaire hat: sulla coltivazione delle Api in Toscana.

p. 118. **ten Cate.**
zu No. 2. lies Swaad für Kwaad.

p. 119. **Cestone.**
3. Memorie concernente la storia naturale e la medicina tratte delle lettere inedite di H. Cestone al Cav. An. Vallisnieri.
Opuscoli scelti. 1787. T. 10. p. 149—183; p. 265—278; p. 363—379.
(p. 156. Generation des Flohs; p. 158. verschiedene Insecten; p. 180. Ameisen, Wespen; p. 255. Eichen-Raupen; p. 280. Kohlraupen; p. 371. Laus.) (Lacordaire.)

p. 120. **Chabrier.**
zu No. 2. Journ. de Phys. 1820. T. 90. p. 321—344.
zu No. 3. Paris, 1820. pg. 33. und Ann. génér. Sc. phys. 1820. T. 5. p. 148—197.
Chalumeau (Marie François), geb. in Manley, Côte-d'Or, gest. 1818.
p. 121. **Chapman**, in Glasgow.
*2. Eggs of Limacodes Testudo.
Entomol. weekly Intellig. 1856. T. 1. p. 99.
Chappel (Joseph), in Oxford.
*1. Caenonympha Davus. (Raupe, Puppe.)
Entomol. weekly Intellig. 1856. T. 1. p. 35.
p. 122. **Charlot.**
2. Essai historique sur les principaux Insectes qui ravagent les céréales panifiables et leurs produits en Touraine. Entomologie appliquée à l'agriculture. Tours, impr. Ladevèze, 1861. 8. pg. 33.
p. 123. **de Chaudoir.**
zu No. 19. Bullet. Moscou. 1861. T. 34. p. 491—576.
23. Révision du genre Agra, d'après les espèces de sa collection.
Ann. Soc. Ent. Fr. sér. 4. 1861. T. 1. p. 109—128.
24. Description de nouvelles espèces des genres Tricondyla et Therates.
Ann. Soc. Ent. Fr. sér. 4. 1861. T. 1. p. 129—140.
25. Description de quelques espèces nouvelles d'Europe et de Syrie appartenant aux familles des Cicindélètes et des Carabiques.
Bullet. Moscou. 1861. T. 34. p. 1—13.
p. 125. **Chereau** (A.).
1. Note sur les antennes du Spilophora trimaculata.
Ann. Soc. Ent. Fr. sér. 4. 1861. T. 4. p. 200.
p. 128. **Chevrolat.**
zu No. 89. Cynoderus für Cynoderma.
92. Description d'un genre inédit de Dejean (Centrocerum) de la tribu des Cérambycides.
Ann. Soc. Ent. Fr. sér. 4. 1861. T. 4. p. 169—181.
93. Description de Clytides de l'ancienne Colombie.
Ann. Soc. Ent. Fr. sér. 4. 1861. T. 4. p. 377—388.
94. Observations et notes synonymiques.
Ann. Soc. Ent. Fr. sér. 4. 1861. T. 4. p. 389—392.
p. 130. **Christ.**
zu No. 4. Jena allg. Litt. Zeit. 1793. T. 2. p. 233—239.
Christoph.
*4. Der Begattungsact von Orgyia dubia, und wahrscheinlich noch mehreren Orgyia-Arten.
Stett. Ent. Zeit. 1862. T. 23. p. 134—135.
*5. Vier neue südrussische Schmetterlinge.
Stett. Ent. Zeit. 1862. T. 23. p. 220—224.
Chydenius.
1. Berättelse öfver en naturhistorisk resa i Karelen. (mit Furuhjelm.)
Notiser Sällsk. pro fauna et flora Fennica Förhandl. 1858—1858. p. 109—118.
[Verzeichniss der in Karelen gesammelten Lepidopt. [Malmgren], Hymenopt. und Diptera [Appelberg, Pipping, Nylander].]
(cf. Gerstaecker Bericht. 1859. p. 395.)
Clantar.
zu No. 1. T. XIV statt XXIV.
p. 131. **Claparède**, Dr. in Genf.
p. 132. **Clasen.**
zu No. 1. *1861. Heft 15. p. 151—190; Register p. 190—196.
Claus. Prof. in Würzburg.
zu No. 3. Würzburg. Verhandl. etc. T. 1. p. 150—154.
*4. Ueber die Seitendrüsen der Larve von Chrysomela populi.
Zeitschr. f. wissensch. Zoologie. 1861. T. 11. Heft 3. p. 309—313. tab. 1.
Clemens.
*1. a. Entomology in America.
Entomol. weekly Intellig. 1857. T. 2. p. 173.
Clément-Mullet (J. J.).
1. De la culture du mûrier chez les anciens et particulièrement chez les Arabes. Caen, Hardel, 1854. 12.
(cf. Chéron. T. 2. p. 1122.)

p. 137. **Cook.**

*3. The effects of Cold on Butterflies.
Entomol. weekly Intellig. 1857. T. 3. p. 71.

Cooke (Nicholas).

*4. Importation of Coleoptera.
Entomol. weekly Intellig. 1856. T. 1. p. 83; p. 109; p. 125.

p. 138. **Coquerel.**

18. Espèces nouvelles du genre Sternotomis.
Ann. Soc. Ent. Fr. sér. 4. 1861. T. 1. p. 183—188. 1 tab.

19. Orthoptères de Bourbon et de Madagascar.
Ann. Soc. Ent. Fr. sér. 4. 1861. T. 1. p. 495—500. 2 tab.

p. 139. **Cornalia.**

zu No. 1. das: cf. Verhandl. Wien. etc. der ersten Zeile gehört in die dritte Zeile.

Cornelius.

*20. Entomologische Notiz. Einiges über die Notiophilen hiesiger Gegend.
Stett. Ent. Zeit. 1862. T. 23. p. 76—79; p. 272.

*21. Libellenzüge im Bergischen.
Stett. Ent. Zeit. 1862. T. 23. p. 458—466.

p. 142. **Costa** (O.).

zu No. 1. — v. Ribbe No. 1.

zu No. 6. (cf. Silberman Revue. T. 1. p. 261.)

p. 146. **Cranstone** (Joseph), in Bath.

*1. Colias Edusa hybernating.
Entomol. weekly Intellig. 1857. T. 2. p. 11.

Cresson (E. T.).

1. Catalogue of Cicindelidae of North America.
Proc. Ent. Soc. Philad. 1861. p. 7.

2. Catalogue of the described Tenthredinidae and Uroceridae inhabiting North America.
Proc. Ent. Soc. Philad. 1861. p. 43.

Crewe.

*1. a. Larva of Leiocampa dictaea and dictaeoides.
Entomol. weekly Intellig. 1856. T. 1. p. 180.

*1. b. Observations on Lepidoptera.
Entomol. weekly Intellig. 1857. T. 2. p. 76.

p. 147. **Cuba** oder Johann Wonnecke (oder Dronnecke) von Cuba oder Caub. In den Jahren 1484 bis 1495, wahrscheinlich schon früher, Stadtarzt in Frankfurt a. M., vordem in Augsburg. Die beste Auskunft über ihn gibt E. Meyer, Geschichte d. Botanik T. 4. p. 189 sq. Darnach ist Cuba nur der deutsche Uebersetzer des Ortus sanitatis (doch fügt Brunet noch in der neuesten Ausgabe dem lateinischen Original bei: auctore Joan. Cuba), und letzterer das Werk eines unbekannten Verfassers, vielleicht aus der ersten Hälfte des 15. Jahrhundert. Es ist dies Werk fast durchaus dem Matthaeus Sylvaticus und Vincentius Bellovacensis entlehnt; wenige Beiträge haben Bartholomaeus Anglicus und Thomas Cantipratanus geliefert. Da aus des letztern Werke de naturis rerum, welches meist dem Albertus Magnus irrig zugeschrieben wird, auch das von Conrad von Megenberg übersetzte Buch der Natur geschöpft ist, erklärt sich, dass der Ortus sanitatis als aus dem letzteren Werke entstanden, angeführt wird. Die Ausgaben des Ortus Sanitatis werden am vollständigsten in Pritzel Thesaurus p. 349 sq. No. 11876—11906 meist nach eigener Vergleichung aufgeführt; doch habe ich auch verglichen Hain Repert. T. 2. P. 1. p. 95—106. No. 8941—8958, Panzer, Brunet Ed. VI. T. 3. p. 313, Ebert, Haller B. B. T. 1. 236—240, Boehmer T. 1, 2. p. 82. Choulants Arbeit über Cuba habe ich nicht benutzen können; nach Haller l. c. ist für die erste lateinische Ausgabe des Ortus sanitatis von Trew 1470 als Jahr angegeben.

1. (H)Ortus sanitatis. De herbis et plantis, de animalibus et reptilibus; de avibus et volatilibus, de piscibus et natatilibus, de lapidibus, in terre venis nascentibus, de urinis et earum speciebus. Tabula medicinalis cum directorio generali per omnes tractatus. (Anonym.) s. l. et a. fol. goth. 2 Col. 55 Zeil. 360 Bll. a—z. Aa—Ii. A—Z. aa—ee. m. Holzschn.

Drei andere Ausgaben differiren nur sehr wenig in den Signaturen, und sind wohl vom selben Ort.

Ed. alt. (H)Ortus sanitatis etc. — *Propriis impensis Jacobus Meyden-*

bach civis Moguntinus Ioraplelissime impressit. Anno salutis millesimo quadringentesimo nonagesimo primo (1491). fol. goth. 2 Col. 57 Zeil. 355 Bll. m. Holzschn.

(Nach Brunet l. c. 452 Bll.)

Ed. alt. Venetiis per Bern. Benalium et Joh. de Cereto 1511. fol. — ibid. 1521 u. 1538. fol.

Ed. alt. s. l. 1517. pet. fol. goth. 2 Col. 57 Zeil. 355 Bll. m. Holzschn. der Titel roth und schwarz mit einer Einfassung.

Deutsche Uebers. von Johann von Cuba; doch fehlt der Name auf dem Titel.

Ed. s. a. et l. (Aug. Vind.) fol. goth. 2 Col. 42 Zeil. 257 Bll. m. Holzschn.

Ed. s. a. et l. (Argentor. od. Mogunt.) fol. 2 Col. 42—43 Zeil. 223 Bll. m. Holzschn.

Ed. s. a. et l. fol. 2 Col. 43 Zeil. 223 Bll. m. Holzschn.

Ed. Ortus sanitatis, uff teutsch in Gart der Gesuntheit. Diser herbarius ist czu mencz (Mainz, Pt. Schöffer) gedruckt und geendet uff dem xxviii dage des mercz Anno M,cccc,lxxxv (1485). fol. goth. 358 Bll. 42 Zeil. m. Holzschn.

Ed. Augsburg (Ant. Sorg), 1485. fol. 369 Bll. m. Holzschn.

Ed. Augsburg, Joh. Schoensperger, 1486. fol. 2 Col. 42 Zeil. 257 Bll. m. Holzschn.

Eine andere Ausgabe vom selben Jahre u. Orte differirt unbedeutend.

Ed. ibid. 1488. fol. 2 Col. 42 Zeil. 261 Bll. m. Holzschn.

Ed. ibid. 1493. fol. 2 Col. 42 Zeil. 261 Bll. m. Holzschn.

Es gibt von ihr etwas differente Exemplare.

Ed. ibid. 1496. fol. 2 Col. 39 Zeil. 261 Bll. m. Holzschn.

Ed. ibid. 1499. fol. m. Holzschn.

Ed. ibid. 1502. fol.

Ed. Ulm, Conrad Dinckmut, 1487. fol. 2 Col. 48 Zeil. 247 Bll. m. Holzschn.

Ed. Strassburg, Joh. Prüss, 1507. fol.

Ed. ibid. 1509. fol.

Ed. ibid. Renat Beck, 1515. fol.

Ed. ibid. 1521. f. 160 Bll. m. Holzschn.

Ed. ibid. 1524. fol.

Ed. ibid. 1528. fol.

Ed. ibid. Balthas. Beck, 1530. fol. 162 Bll. m. Holzschn.

Uebers. im niedersächsischen Dialect (andere Behandlung des Inhalts).

Ed. Lübeck, 1492. fol. min. (gr. 4.) m. Holzschn.; ibid. 1510 u. 1517.

Ed. ibid. Steffen Arndes (haered.), 1520. fol. m. Holzschn.

Holländ. Uebers. Antwerpen, Civelaes Graue, 1514. fol. et 1517. fol.

Ed. Utrecht, 1538. fol.

(Die Ed. 1517 hat Cuba's Name zuerst auf dem Titel.)

Franz. Uebers. Paris, pour Antholne Verard, (gegen 1501.) fol. goth. 2 vol. mit Holzschn. 2 Col. 50 Zeil. — T. 1. 275 u. 17 Bll.; T. 2. 270 u. 13 Bll. u. 14 Bll. Register.

Ed. Paris, Phil. le Noir, 1539. fol. goth. 246 Bll. m. Holzschn.

(Nach Brunet Ed. 6. 1529.)

?? Engl. Uebers. The great herbal etc. 1526, 1539, 1561. fol.

Der die Thiere betreffende Theil des Ortus sanitatis ist auch separat erschienen:

Argentorati, Joh. Prüss, 1509.

ibid. Balthas. Beck, 1529.

*ibid. Matthias Apiarius, 1536. fol. 130 Bll. u. Register. m. Holzschn.

(Ribonne et Blattes foll. 47 fig.)

Die deutsche Uebersetzung soll über Thiere viel weniger enthalten, als das lateinische Original, denn dafür erklärt Meyer den Ortus sanitatis, im Widerspruch mit Trew und andern, die den Garten der Gesundheit für älter halten. Cuba's Arbeit ist später von Eucharius Rhodion oder Roesslin vermehrt u. öfter edirt; hier steht Cuba's Name auf dem Titel. Frankfort, Egenolff, 1533, 1535, 1536, 1538, 1540, fol. Auch Loniceros Kräuterbuch. ibid. 1557, 1560, 1569, 1573, fol. ist wohl nur weitere Umarbeitung.

*Moll. Entomol. Nebenstunden verzeichnet die Insecten. Schrift. Berl. Gesellsch. nat. Fr. T. IX. p. 290

p. 140. Curtis.

zu No. 1. Ed. 1. p. 256.

p. 152. **Cuvier.**
Nach E. Meyer Geschichte d. Botan. T. 2. p. 126. ist Cuvier Verfasser des zoologischen Commentars in A. de Grandsagne französ. Uebers. des Plinius. Paris, 1829—1833. 8. 20 vol.

p. 153. **Cyrillo.**
zu No. 1. Jena allg. Litt. Zeit. 1790. T. 2. p. 329—334; 1792. T. 3. p. 523—525.

Czekanowski.
zu No. 1. Reimpr. Ed. Lequien. T. 1. p. 187—192.

p. 156. **Daguenet** (Grégoire), geb. in Chalons sur Marne.
zu No. 2. lies 1840 statt 1880.

p. 158. **Dahlbom.**
zu No. 29. lies No. 24. 25. 27—29. übers. v. Crepiln.

p. 161. **Dandolo.**
zu No. 1. — Ed. IV. Paris, Bohaire, 1836. 8. 1 portrait, 2 pl.
zu No. 2. Separat, Verona, 1815. 8.

Dareste (Camille).

p. 162. **Darwin** (Charles).
zu No. 1. * Entom. Mag. etc.

Daubassans (A.). Propriétaire-Cultivateur.

p. 164. **Debeauvoys.** Chéron schreibt de Beauvoys o. T. 3. p. 524. Debeauvoys, Arzt in Selebes.
zu No. 1. Chéron T. 1. p. 672. hat als Druckort: Angers, Cosnier et Lachèse. 12.
Ed. III. Paris, Mme Bouchard-Huzard, Dusacq, 1851. 12.
Ed. IV. Revue et enrichie de beaucoup de gravures. Angers, impr. de Cosnier et Lachèze; Paris, Mme Bouchard-Huzard, Dusacq, 1853. 12.
(cf. Chéron. T. 3. p. 524.)
5. Calendrier du propriétaire d'abeilles, indiquant mois par mois, les soins à leur donner, d'après les meilleures méthodes connues. Angers, Lecerf, frères, 1854. 12. 1 pl.
(A paru d'abord dans le Conseiller de l'Ouest. Chéron T. 3. p. 524.)

Dehne (A.), gest. 10. April 1858.

p. 165. **Dejean.**
zu No. 6. Analyse des T. 1. von de Haan. Bijdrag tot de natuurk. Wet. 1826. D. 1. p. 102—107.

p. 168. **Demaudray.**
1. Rapport sur une nouvelle culture de la soie par le procédé de feu Berthezen. An. II. 8. pg. 19.
(cf. Catal. Bibl. Antoine. p. 100.)

p. 170. **Desmartis.**
zu No. 1. Extr. Soc. Linn. de Bordeaux. T. 19.

Desmoulins (Antoine).

p. 171. **Desportes** (H. T.).

Desvignes.
* 8. Description of a new species of Hemiteles.
Trans. Ent. Soc. Lond. ser. 2. 1859. T. 5. p. 211.

p. 172. **Deyrolle** (Henry) fils.
2. Description de deux Buprestides nouveaux. (Caloxantha Bonvouloiri et Chrysochroa Mniszechii.)
Ann. Soc. Ent. Fr. sér. 4. 1861. T. 1. p. 385—386.

p. 173. **Dietrich.**
* 4. Zur Systematik der Schmetterlinge.
Stett. Ent. Zeit. 1862. T. 23. p. 466—479.
* 5. Neue Käfer-Arten für die Fauna der Schweiz.
Stett. Ent. Zeit. 1862. T. 23. p. 515—518.

Dioscorides.
zu No. 1. Ausführliche Nachricht über seine Werke und deren Ausgaben und Uebersetzungen gibt E. Meyer, Geschichte der Botanik T. 2. o. 3.

p. 174. **Doebner.**
* 8. Beiträge zur Entwickelungsgeschichte einiger Coleopteren.
Berl. Ent. Zeitschr. 1862. T. 6. p. 64—68. tab. 1.

p. 176. **Dohrn** (C. A.).
* 32. Europäische Bürgerbriefe für Käfer.
Stett. Ent. Zeit. 1862. T. 23. p. 119—128.
* 33. Macrocrates bucephalus Burm. fem.
Stett. Ent. Zeit. 1862. T. 23. p. 134—136.
* 34. Paromia dorcoides Westw.
Stett. Ent. Zeit. 1862. T. 23. p. 138—139.
Dohrn (F. A.).
* 9. Drei neue europäische Heteroptera.
Stett. Ent. Zeit. 1862. T. 23. p. 210—211.
Dohrn (W. L. H.). Dr. Philos.
* 2. Dermaptera aus Mexico.
Stett. Ent. Zeit. 1861. T. 22. p. 225—232. tab. 1.

p. 178. **Dorthes.**
5. Moyen de garantir les marronniers d'Inde du dégât des chenilles.
Mém. Soc. d'agric. 1791. 8. pg. 9. (cf. Catal. Bibl. Andrese. p. 180.)

p. 181. **Doubleday** (H.).
* 17. Larva of Leiocampa dictaea and dictaeoides.
Entomol. weekly Intellig. 1856. T. 1. p. 106.

p. 182. **Douglas** (J. W.).
* 28. Lithocolletis irradiella.
Entomol. weekly Intellig. 1856. T. 1. p. 2.
* 29. Captures of Coleoptera.
Entomol. weekly Intellig. 1856. T. 1. p. 3—4; p. 11; p. 13; p. 21; p. 20; p. 29; p. 37; p. 53; p. 62—63; p. 69; p. 84; p. 95; p. 92; p. 111; p. 147—149; p. 181; p. 203.
* 30. Harpalyce silaceata is a variety from H. insulata; Ennomos illustraria is a variety from E. sublunaria.
Entomol. weekly Intellig. 1856. T. 1. p. 85.
* 31. Asychna terminella.
Entomol. weekly Intellig. 1856. T. 1. p. 107.
* 32. Stenolophus elegans.
Entomol. weekly Intellig. 1856. T. 2. p. 127.
* 33. Narycia and Acentropus.
Entomol. weekly Intellig. 1856. T. 2. p. 50.
* 34. Bostrichus bispinus.
Entomol. weekly Intellig. 1856. T. 2. p. 68.
* 35. Carpocapsa splendana.
Entomol. weekly Intellig. 1857. T. 3. p. 7.
* 36. The Gradus. (Nomenclatur.)
Entomol. weekly Intellig. 1857. T. 3. p. 127.
* 37. Larves in Blackberries. (Byturus tomentosus.)
Entomol. weekly Intellig. 1858. T. 4. p. 6.
* 38. Ants-nest Beetles.
Entomol. weekly Intellig. 1858. T. 4. p. 15—16; p. 27—28.
* 39. Record of Captures.
Entomol. weekly Intellig. 1858. T. 4. p. 142.
* 40. Swarm of Insects. (Athalia centifoliae; Coccinella 7-punctata.)
Entomol. weekly Intellig. 1858. T. 4. p. 149—150.
* 41. Beetles at Home.
Entomol. weekly Intellig. 1858. T. 4. p. 166.
* 42. Megachile centuncularis.
Entomol. weekly Intellig. 1858. T. 4. p. 167.
* 43. Rubbish-heaps. (Coleoptera.)
Entomol. weekly Intellig. 1859. T. 5. p. 179; p. 180; p. 200—201.
(Die folgenden fünf Bände des Entomol. weekly Intellig. liegen mir jetzt nicht vor.)
44. Raphidia aus der Larve erzogen.
Trans. Ent. Soc. Lond. ser. 2. 1859. T. 5. Proc. p. 69.
* 45. Douglas ist Editor von The Substitute, der bei Stainton No. 31. irrig angeführt ist.

p. 183. **Dours.**
12. Observations sur divers points d'entomologie. I. Notice sur le Botys du Cobea; II. Notice sur la teigne des toiles d'araignées tegenaire et segestre.
Ann. Soc. Ent. Fr. sér. 4. 1861. T. 1. p. 77—78.
13. Description d'une nouvelle espèce de Neuroptère de la tribu des Hémerobiens.
Ann. Soc. Ent. Fr. sér. 4. 1861. T. 1. p. 182.

p. 183. **Dours.**
1. Catalogue raisonné des Hyménoptères du département de la Somme. Partie I. Mellifères. Amiens, Impr. Yvert, 1861. 8. pg. 51.

Doyère.
zu No. 4. Gegen Dufour No. 10. gerichtet, der in No. 46. darauf antwortet.

p. 185. **Dubel.** — v. Buffet No. 1.

Dubois.
zu No. 1. Bis Septbr. 1862 26 Livrais.

Ducarne.
zu No. 2. Supplément au traité de l'éducation économique des abeilles, ou l'art de former soi même les essaims quand on juge à propos de le faire sans être obligé d'attendre qu'ils viennent d'eux mêmes.
Die Ed. II. enthält beides vereint unter dem Titel: Traité etc. nouvelle édition dans laquelle on a retranché les longueurs des dialogues et à laquelle on a ajouté les nouvelles découvertes de Mr. Huber avec leur application à la pratique de cet art.

p. 186. **Duchesne.**
1. Manuel du naturaliste. Paris, 1770. 8. (Lacordaire.)

p. 187. **Dufour.**
zu No. 4. Ist Critik von Dutrochet No. 1; dessen Antwort No. 2.

p. 188. zu No. 28. Ist Extract von No. 21.

p. 189. zu No. 50. — v. Audouin No. 60.
51. a. Description et figures de quelques Parasites de l'ordre des Acariens (auf Insecten).
Ann. sc. nat. sér. 2. 1839. T. 11. p. 274—281. 1 pl.

p. 193. **Dufour.**
zu No. 163. Compt. Rend. 1860. T. LI. p. 232.
164. Notice entomologique. I. Sur l'Epeira sericea et le Pompilus croceiformis, avec quelques considérations sur leur habitat géographique. II. Sur l'Eurhalcis Miegii, nouveau genre et nouvelle espèce de Chalcidite et sur quelques autres Hyménoptères de ce même genre. III. Sur une nouvelle espèce d'Astata. IV. Sur une nouvelle espèce de Bembex. V. Sur une nouvelle espèce de Cephus. VI. Sur une nouvelle espèce de Phalangopsis. — Lettre à la Société entomologique de France. Notice nécrologique sur le Professeur Mieg.
Ann. Soc. Ent. Fr. sér. 4. 1861. T. 1. p. 3—20. 1 pl.
165. Des cocons de la puce.
Ann. Soc. Ent. Fr. sér. 4. 1861. T. 1. p. 255—258.
166. Note à l'occasion de l'histoire des métamorphoses du Trachys pygmaea de Mr. Leprieur.
Ann. Soc. Ent. Fr. sér. 4. 1861. T. 1. p. 467—469.
167. Un mot sur la galle du ronce. (Lasioptera picta Meig.)
Ann. Soc. Ent. Fr. sér. 4. 1861. T. 1. p. 272.

p. 194. **Duhamel.**
zu No. 2. Die Edit. 1762 ist eine Reimpr. der Mém. etc. 1761. Der Catal. Bibl. Audouin p. 103. gibt auch an: Dijon, 1763. 4. pg. 11., wahrscheinlich ein Separat.

Du Hamel.
zu No. 1. — v. Brandt No. 7.
Mém. Acad. St. Pétersbourg. sér. 6. 1835. T. 1. p. 9—61.
Separat. Pétersbourg. 1835. 4. pg. 60. 2 pl.

Dujardin.
2. a. Histoire d'une plantation de mûrier à Rouen. 1839.
(cf. Catal. Bibl. Audouin. p. 102.)

p. 196. **Duméril.**
zu No. 11. Tous les articles entomologiques etc.
zu No. 12. Nach Lacordaire ist der Text eine Wiederholung des entomologischen Theils im Diction. des sc. nat.

p. 197. zu No. 45. *Gerstaecker Bericht. 1859. p. 390—392.

p. 201. **Dupont.**
zu No. 6. Lies: Polybothris.

p. 202. **Dutrochet.**
Zeile 3 lies: Brongniart.
zu No. 4. Froriep Notiz. 1833.

p. 203. **Duvaure.**

1. Mémoire sur les avantages ou les inconvénients de la culture du mûrier blanc greffé. Valence, 1796. 8. pg. 64.
   (cf. Catal. Bibl. Audouin. p. 100.)

p. 204. **Dybowski** (B.).

1. Commentationis de Parthenogenesi specimen. Diss. Berolini, 1860. 8.

p. 205. **Eble.**

zu No. 1. Extr. Isis. 1832. p. 1118—1126.

Edleston (R. S.). Ob derselbe mit R. T. Edleston?

*1. On the habits of Argyresthia glaucinella.
   Entomol. weekly Intellig. 1856. T. 1. p. 110.

p. 206. Zeile 1 lies: George statt Ceorge.

p. 207. **Ehrenberg.**

3. Beobachtung einer bisher unbekannten auffallenden Structur des Seelenorgans bei Menschen und Thieren.
   Abhandl. Akad. Wissensch. Berlin. 1836. p. 605—731. tab. 6.
   (Mikroskop. Beobacht. der Nerven von Gastropus ossicornis.)
4. Das Leuchten des Meeres. Neue Beobachtungen nebst Uebersicht der geschichtlichen Entwicklung dieses merkwürdigen Phaenomens.
   Abhandl. Akad. Wissensch. Berlin. 1834. p. 411—572. tab. 2.
   (Uebersicht des Leuchtens der Thiere, nebst deren Abbildungen; Litteratur; Geschichte.)

p. 209. **Elditt** (Heinrich Ludwig), geb. 21. Januar 1807. in Königsberg.

zu No. 1. Lies Microdon für Micron.

*11. Ist es möglich und erspriesslich, die Seidenzucht auch in Preussen zu betreiben. (anonym.)
   Preuss. Provinzialbl. 1835. T. 14. p. 551.
12. Beschreibung derjenigen Thiere, die als Repräsentanten der wichtigsten Thiergattungen beim naturkundlichen Unterricht betrachtet werden können. (im Volksschulfreund.)
   1. Käfer. 1 lithogr. Taf. Königsberg, Bon, 1840. T. 4. p. 238.
   2. Geradflügler v. Strumpf No. 2.
   3. Die wanzenartigen Insecten, Halbflügler oder Schnabelkerfe. Königsberg, Bon, 1840. T. 5. p. 34. 1 lithogr. Taf.
   4. Die Schmetterlinge. Ibid. 1840. T. 5. p. 319. (vom Lehrer Dembowski in Königsberg.)
   5. Die zweiflügligen Insecten, Zweiflügler, Fliegen. Ibid. 1842. T. 6. p. 14. (vom Lehrer Schumann in Königsberg.)
   6. Die Netzflügler v. Strumpf No. 3.

*13. Naturhistorische Zeichnungen, die Repräsentanten der einzelnen Familien in Contouren darstellend, als Vorlegeblätter zum Zeichnen. Nebst einem Vorwort herausgegeben von H. L. Elditt. Erste Abth. Das Thierreich. Heft 1. Säugethiere, Vögel, Fische. Heft 2. Amphibien, Insecten, die übrigen wirbellosen Thiere. Berlin, Winckelmann u. Söhne. s. a. (Ende der 40 Jahre.) kl. 4. (Insect. T. 13—19.)
*14. Ueber die früheren Zustände von Microdon mutabilis.
   Schrift. Phys. Oec. Gesellsch. Königsberg. 1862. Jahrg. 2. Abth. 2. p. 9—11.
*15. Ueber Harmonia Equiseti.
   Schrift. Phys. Oec. Gesellsch. Königsberg. 1863. Jahrg. 3. Abth. 3. p. 11—13.

p. 211. **Enklaar.**

4. De Vrienden van den Landen Tuinbouw onder de Dieren, als natuurlijke verdelgers van allerlei ongedierte. Sneek, van Druten et Bleeker, 1860. 8. pg. 6 et 134. (Uebers. v. Gloger. Ed. III.)

Erichson.

5. a. Beschreibung von 19 neuen Hymenopteren aus Andalusien in:
   Waltl Reise nach dem südl. Spanien. 1835. T. 2. p. 101—108.

p. 214. **Erxleben.**

zu No. 4. Ed. II. 1777.

l'Escalopier.

zu No. 1. Querard T. 5. p. 235. citirt dies Werk ohne Druckort bei Lescalopier, und T. 2. p. 750. bei Duverge (du Vergé No. 1.) vollständig mit dem Beisatz: Tiré d'une notice sur l'auteur écrite en tête d'un exemplaire.

p. 215. **Eschscholtz.**
zu No. 15. Reimpr. Ed. Lequien T. 1. p. 77—79.
Esper.
zu No. 1. Thl. 4. Taf. 1—80; 80—125 etc. — Nach Lacordaire existirt von Taf. 1—16. eine neue Auflage von 1786.
p. 216. **Eversmann.**
zu No. 1. Reimpr. Ed. Lequien T. 1. p. 99—103.
zu No. 3. Reimpr. Ed. Lequien T. 1. p. 153—155.
p. 219. **Eyrich.**
zu No. 6. für 1770. 24 Bogen; für 1771 (Ed. 1772). 28 Bogen; für 1772 u. 1773 (Ed. 1774). 2 Part. pg. 344 u. 366. Vorrede, Register.
(cf. Beckmann Phys. Oek. Bibl. T. II. p. 109; T. V. p. 894.)
Fabre (Joseph).
zu No. 1. pg. 20. (cf. Catal. Bibl. Audouin. p. 100.)
p. 220. **Fabricius.**
zu No. 10. Analyse in Jena allg. Litt. Zeit. 1787. T. 3. p. 685—687.
p. 222. **Fairfax.**
zu No. 1. Lies: innoxiousness für innoxious.
p. 221. **Fairmaire.**
zu No. 42. sér. 4. 1861. T. 1. p. 577—598.
zu No. 53. Supplement I. aux Cerambycidae Ann. Soc. Ent. Fr. sér. 4. 1861. T. 1. p. 105—108. p. 105—156.
68. Coléoptères nouveaux recueillis pendant l'excursion en Savoie.
Ann. Soc. Ent. Fr. sér. 4. 1861. T. 1. p. 647—650.
p. 225. **Faivre.**
zu No. 2. Ann. sc. nat. sér. 4. 1860. T. 11. p. 320—338. — Compt. rend. 1860. T. LI. p. 530—531.
Faldermann.
zu No. 1. Ist Ankündigung von No. 6. — Reimpr. Ed. Lequien T. 1. p. 104—108.
zu No. 2. Reimpr. Ed. Lequien. T. 1. p. 212—231.
zu No. 5. Petropoli etc. pg. 128.
p. 229. **Fauvel** (A.). Ob derselbe mit M. Fauvel?
zu No. 2. Catalogue des Insectes recueillis à la Guyane française par M. E. Déplanche, années 1854—1856. 2. partie. Caen, Hardel, 1862. 8. pg. 19.
Extrait du 6 volume du Bull. Soc. Linn. Normand.
3. Aleocharien nouveaux ou peu connus et description de larves de Phytosus et Leptusa.
Ann. Soc. Ent. Fr. sér. 4. 1862. T. 2. p. 81.
Fauvel (M.).
1. Sur les genres Calyptomerus Redtb. u. Comazus Fairm.
Ann. Soc. Ent. Fr. sér. 4. 1861. T. 1. p. 573—577. fig.
2. Note sur le Paederus à abdomen concolore.
Ann. Soc. Ent. Fr. sér. 4. 1861. T. 1. p. 230.
p. 230. **Felder**, lies mit seinem „Sohn" R. Felder.
zu No. 5. *ibid. 1862. T. 6. p. 282—294.
*8. Specimen faunae Lepidopterologicae riparum fluminis Negro superioris in Brasilia septentrionali. 191 spec.
Wien. Entom. Monatsschr. 1862. T. 6. p. 65—80; p. 109—126; p. 175—192; p. 229—235.
9. Lepidopterorum Amboinensium species novae diagnosibus illustratae.
Sitzber. Wien. Akad. Wissensch. 1860. T. 40. p. 448—462.
*10. Ueber gelegentliche Verbreitung von Lepidopteren.
Verhandl. Wien. Zool. Bot. Gesellsch. 1861. T. 11. Sitzber. p. 69.
p. 235. **Fischer.**
zu No. 3. Lies: T. 3. 1806 enthält Insecten p. 37—102, statt p. 234—325.
p. 236. zu No. 20. Reimpr. Ed. Lequien. T. 1. p. 5—6.
zu No. 21. Reimpr. Ed. Lequien. T. 1. p. 7—8.
zu No. 22. Reimpr. Ed. Lequien. T. 1. p. 9—11.
zu No. 23. Reimpr. Ed. Lequien. T. 1. p. 68—69.
zu No. 24. Reimpr. Ed. Lequien. T. 1. p. 94—98.
zu No. 26. Reimpr. Ed. Lequien. T. 1. p. 154—166.
zu No. 29. Reimpr. Ed. Lequien. T. 1. p. 323—354.

p. 238. **Fischer** (J. L.).
zu No. 1. Reimpr. im Auszug: J. L. Fischer, Vermium intestinalium brevis expositio. Lipsiae, 1788. 8.
Fischer (S. C.).
zu No. 1. Extr. Isis. 1829. p. 538—540.
p. 240. **Fleischer** (J. G.).
zu No. 1. Reimpr. Ed. Lequien. T. 1. p. 12—14.
de la Flémas ist identisch mit **Laffemas**.
Flor.
zu No. 2. Separat aus d. Archiv f. d. Naturkunde Liv-, Esth- u. Kurlands. ser. 2. T. 2. — T. 2. pg. 1 et 638.
4. Zur Kenntniss der Rhynchoten. (Psylloden.)
Bullet. Moscou. 1861. T. 34. p. 331—422.
(cf. Wien. Entom. Monatsschr. 1862. T. 6. p. 88.)
5. Rhynchoten aus dem Caucasus von der Graenze Persiens gesammelt von N. v. Seidlitz. 44 spec.
Bullet. Moscou. 1861. T. 34. p. 619—623.
p. 242. **de Fonscolombe.**
zu No. 12. Tinea aglaella.
p. 243. **Forel.**
*5. Note sur la Pyrale ou Teigne de la vigne. (Conchylis Roserana.)
Ann. Soc. Linn. Lyon. 1860. p. 173—180. 1 pl. col.
6. Observations sur deux Parasites de la Cécidomyie du Chou.
Bull. Soc. Vaudois. 1861. T. 7. Bull. p. 44.
7. Deltocephalus aurantiacus.
Verhandl. 43 Schweiz. naturf. Gesellsch. Bern, 1858. p. 198—199.
* Zeitschr. f. d. gesammt. Naturw. 1861. T. 18. p. 357.
p. 244. **Forster** (J. R.).
2. a. De Bysso antiquorum. Londini, 1776. 8. (Lacordaire.)
p. 245. **Foudras.**
zu No. 4. * Ibid. 1861. T. 7. p. 17—128.
p. 250. **Frauenfeld.**
*43. Notiz von Strohmayer über Apion hiemale.
Verhandl. Wien. Zool. Bot. Gesellsch. 1861. T. 11. Sitzber. p. 62.
de Fraula.
zu No. 1. Journ. de Physique. 1781. T. 24. p. 62.
Frei-Gessner.
1. Hemiptera aus Oberwallis. 118 spec.
Mittheil. schweiz. entom. Gesellsch. 1863. No. 1. p. 29
p. 251. **Frey.**
*10. Hypercallia Christierniana bred.
Entomol. weekly intellig. 1856. T. 1. p. 106.
*11. Bucculatrix cristatella in copula with B. gracilella.
Entomol. weekly intellig. 1857. T. 2. p. 71; p. 84.
*12. Elachista tapeziella bred.
Entomol. weekly intellig. 1857. T. 2. p. 126.
p. 255. **Frivaldszky.**
zu No. 1—4. cf. Heyden No. 36.
von Frivaldszky (Johann).
*1. Ein neuer Grottenkäfer aus Ungarn. (Anophthalmus Milleri.)
Wien. Entom. Monatsschr. 1862. T. 6. p. 327.
p. 257. **Füessly.**
zu No. 10. Engl. Uebers. — Nach Lacordaire mit franz. u. engl. Text. 51 pl. — Magas. encycl. T. 5. p. 34.
p. 260. **Gärtner** (J. F.).
2. Die Biene im Garten. Ein Monatsblatt für Freunde der Bienenzucht und Liebhaber der Gartenkunst. Redigirt von J. F. Gärtner. Granzin. 4. Jahrg. 1. April bis Decbr. 1854. 9 Nummern; Jahrg. 2. 1855. 12 Nummern.
p. 261. **Galle** hat nur die Kupfer gestochen: cf. Le Tellier u. Stradanus.
p. 262. **Garden.**
zu No. 1. p. 1156—1158. statt 1126.
Garnier.
zu No. 2. Mém. Acad. sc. Dept. de la Somme. 1833. p. 53—79.
zu No. 3. Mém. Soc. d'Emul. Abbéville. 1836—1837. p. 333—345.
* Separat. Abbéville, Boulanger, 1838. 8. pg. 13.

p. 263. **Gartner.**
*5. Lepidopterologische Beiträge. (Conchylis flagellana, Platyptilus Fischeri.)
Wien. Entom. Monatsschr. 1862. T. 2. p. 328—332.
Gatterer (Christoph Wilhelm Jacob.)
Allgemeines Repertorium der forst- und jagdwissenschaftlichen Litteratur, nebst beigefügten kritischen Anmerkungen über den Werth der einzelnen Schriften. Ulm, Stettin, 1796. 8. 2 vol.
p. 264. **Gautier des Cottes.**
5. Description de cinq nouvelles espèces de Coléopteres propres a la faune française.
Ann. Soc. Ent. Fr. sér. 4. 1861. T. 1. p. 97—100; p. 103—104.
6. Caracteres différentiels de 3 espèces nouvelles de Paederus propres à la faune française.
Ann. Soc. Ent. Fr. 4. sér. 1861. T. 1. p. 303—304.
7. Description de quatre espèces nouvelles de Coléoptères d'Europe.
Ann. Soc. Ent. Fr. sér. 4. 1862. T. 2. p. 75.
p. 265. **von Gebler.**
zu No. 8. Reimpr. Ed. Lequien. T. 1. p. 235—282.
p. 268. **de Gélieu.**
zu No. 1. Deutsche Uebers. 1770. Stück 1. p. 143.
?zu No. 2. Anonym. 1772. cf. Bibl. agronom. p. 115. (Lacordaire.)
zu No. 6. Aarau, Sauerländer, 1817. 8. pg. 20 u. 139. 2 Kpfr.
zu No. 7. Extr. Journ. de Physique. 1819. T. 89. p. 317—318. (Lacordaire.)
p. 269. **Gené.**
zu No. 15. die Angabe: Fasc. II. ibid. 1839. etc. ist vor Isis. 1814. etc. zu stellen.
p. 270. **de Genlis.**
zu No. 1. Nicht „pour" sondern „par les enfans", denn meines Wissens haben die Kinder selbst das Werk gesetzt und gedruckt.
Gensoul (Justin).
2. Rapport fait à la Soc. R. d'agric. du Rhone (Soie.) 1825. 8. pg. 15.
(cf. Catal. Bibl. Andomio. p. 100.)
Gensoul (Ferdinand).
1. Quelques mots en reponse au mémoire du Chevalier Aldini. Lyon, 1819. 8. pg. 19. — (Aldini Recherches expérimentales sur l'application de la vapeur pour échauffer l'eau dans la filature de la soie. Trad. de l'Italien. Paris, 1819. 8. pg. 47.)
(cf. Catal. Bibl. Andomio. p. 98.)
p. 271. **Geoffroy** (E. L.).
zu No. 1. Nachdruck, lies tab. 11—22. statt 21—22.
p. 272. **Georgi.**
zu No. 3. — v. Hagen No. 70.
Gerdes (Olof).
zu No. 1. Orkon. Nachr. d. Gesellsch. in Schles. T. 2. p. 432.
p. 273. **Germain.**
1. cf. Fairmaire No. 53.
Germar.
zu No. 17. Bildet die Folge zu Oken No. 3.
p. 277. **Gerstaecker.**
zu No. 4. *Bericht für 1859 u. 1860. Erste Hälfte pg. 175.
*25. Die Käfer von Mossambique. v. Klug No. 64.
Peters Reise nach Mossambique. 1862. T. 2. p. 145—318. tab. 8 col.
*26. Die Hautflügler von Mossambique.
Peters Reise nach Mossambique. 1862. T. 2. p. 439—526. tab. 4 col.
*27. Ueber die geographische Verbreitung und die Abänderungen der Honigbiene nebst Bemerkungen über die ausländischen Honigbienen der alten Welt. Zur XI. Wander-Versammlung deutscher Bienenwirthe. Potsdam, Krämer, 1862. 8. p. 1—75.
p. 278. **Gervais.** Prof. Zool. Anat. comp. in Montpellier.
6. Notice sur les travaux de Zoologie, d'anatomie comparée et de paléontologie publiés par M. Paul Gervais. Paris, impr. Vve Bouchard-Huzard, 1862. 8. pg. 31.

p. 279. **Ghilioni de Leonis**, nach Lacordaire: di Lieme.
zu No. 1. (cf. Catal. Bibl. Andonis. p. 100.)
Giebel.
zu No. 2. wohl dasselbe mit No. 1; Annales etc. existiren nicht.
zu No. 4. Statt Annal. Naturf. Gesellsch. lies: Jahresber. naturwiss. Ver.
p. 280. * 12. Verzeichniss der von Chr. L. Nitzsch untersuchten Epizoen nach den Wohnthieren geordnet. (342 spec.)
Zeitschr. f. d. gesammt. Naturwiss. 1861. T. 18. p. 289—310.
* 13. Geologische Uebersicht der vorweltlichen Insecten.
Zeitschr. f. d. gesammt. Naturwiss. 1856. T. 8. p. 174—188.
* 14. Analyse von Berendt, die im Bernstein befindlichen organischen Reste der Vorwelt. T. II.
(? Zeitschr. f. d. gesammt. Naturwiss. 1856. T. 8.) p. 619—624.
15. Naturgeschichte des Thierreichs.
(Insecten 1862. in T. 4. p. 129—256.)
Bildet Abtheil. 1. Heft 25 u. 26 der Drei Reiche der Natur. Leipzig, Wigand. 4.
Gimmerthal.
zu No. 5. Reimpr. Ed. Lequien. T. 1. p. 115—131.
p. 281. **Ginanni.**
1. Produzioni naturali che se ritrovano nel Museo Ginanni in Ravenna. Lucca, 1762. 4. (Lacordaire.)
p. 282. **Girard** (M.).
5. Secretions de matière musquée chez les insectes.
Ann. Soc. Ent. Fr. sér. 4. 1861. T. 1. p. 284.
6. Recherches sur la chaleur animale des articulés. Communications verbales faites à la société dans ses séances des 8. Mai, 28. Juin et 23. Octbr. 1861.
Ann. Soc. Ent. Fr. sér. 4. 1861. T. 1. p. 503—608.
7. Note sur l'emploi de divers liquides et en particulier du sulfure de carbone pour la conservation des collections entomologiques.
Ann. Soc. Ent. Fr. sér. 4. 1861. T. 1. p. 623—624.
8. Expériences sur la fonction des ailes chez les insectes.
Ann. Soc. Ent. Fr. sér. 4. 1862. T. 2. p. 153.
p. 283. **Gistel.**
zu No. 11. Ist Fortsetzung von No. 3.
p. 286. **von Gleichen.**
zu No. 4. pg. 8 u. 28.
p. 287. **Gloger.**
zu No. 1. Holland. Uebers. von Enklaar.
zu No. 2. Holländ. Uebers. von Enklaar.
Gmelin (Ph. F.).
1. Onomatologia medica completa, seu Onomatologia historiae naturalis, oder vollständiges Lexicon, das alle Benennungen der Kunstwörter der Naturgeschichte nach ihrem ganzen Umfang erklärt, und den reichen Schatz der ganzen Natur durch deutliche und richtige Beschreibungen des Nützlichen und Sonderbaren von allen Thieren, Pflanzen und Mineralien sowohl vor Aerzte als andere Liebhaber in sich fasst zu allgemeinem Gebrauch von einer Gesellschaft naturforschender Aerzte nach den richtigsten Urkunden zusammengetragen. Ulm, Frankfurt u. Leipzig, Gaum, 1758—1777. 8. 7 vol. (Vol. 5—7. von G. F. Christmann.)
(cf. Engelmann p. 115.)
Gockel (Eberhard), geb. 1636, gest. 1703.
1. Muscae majoris ictus admiranda symptomata inverens.
Ephem. Acad. Nat. Curios. 1690. Dec. 2. Ann. 8. Observ. 63. p. 106—107. (Lacordaire.)
Godard (A.) oder Godart.
* 8. Stenolophus humeratus.
Ann. Soc. Linn. Lyon. 1861. T. 7. p. 150—152. (cf. Mulsant No. 138.)
* 9. Agabus foveolatus, Hydroporus atropos.
Ann. Soc. Linn. Lyon. 1861. T. 7. p. 13—16. (cf. Mulsant No. 137.)
* 10. Xanthochroa Raymondi.
Ann. Soc. Linn. Lyon. 1861. T. 7. p. 158—161. (cf. Mulsant No. 160.)
p. 291. **Goeze.**
41. Entdeckungsgeschichte der wahren Polypenfresser. (Tipula-Larven.)
Beschäft. Gesellsch. nat. Fr. Berlin. 1770. T. 6. p. 225—240. (Lacordaire.)

p. 294. **Gesler.**
zu No. 1. „nebst einem bewährten Mittel wider das Rauben der Bienen“.
Extr. Jena allg. Litt. Zeit. 1787. T. 4. p. 550.

p. 295. **Gould** (W.).
zu No. 1. An Account of English Ants, which contains: 1. their different species and mechanism, 2. their manner of government and a description of their several queens, 3. the production of their eggs and process of the young, 4. the incessant labours of the workers or common ants, with many other curiosities observable in these surprising insects.
Nach Lacordaire gibt es eine Deutsche Uebers.

p. 296. **Goureau.**
zu No. 31. lies 245—253, statt 258.

p. 297. 61. (Dipteren Gallen an Himbeersträuchen nebst Parasiten.)
Ann. Soc. Ent. Fr. sér. 3. 1859. T. 7. Bull. p. 246.

p. 301. **Gray.**
zu No. 4. Extr. Entomol. Magaz. T. 1. p. 500—501.

p. 302. **Graymy** ist derselbe Autor mit Craymy.

p. 303. **Gregson.**
*5. Economy of Micropteryx and Argyresthia Brockeella.
Entomol. weekly Intellig. 1858. T. 1. p. 28.

p. 305. **Gregnier.**
zu No. 1. u. 2. (cf. Catal. Bibl. Audouin. p. 100.)

p. 306. **Grube** (August Wilhelm), geb. 1816, in Hard bei Bregenz.
1. Biographieen aus der Naturkunde in ästhetischer Form und religiösem Sinne. Stuttgart, J. F. Steinkopf, 1851. 8. pg. XI. u. 300.
(p. 130—180. Die Honigbiene.)
(2. Aufl. ibid. 1852. 8. pg. XIV. u. 306. — 3. Aufl. ibid. 1854. 8. pg. 357. — 4. Aufl. ibid. 1858. 8. pg. 359.)
2. Biogr. etc. Neue Reihe. ibid. 1853. 8. pg. 263.
Ann. Soc. Ent. Fr. 4. sér. 1861. T. 1. p. 283—294.
(p. 108—116. Die Heuschrecke. p. 117—178. Die Seidenraupe. p. 232—238. Der Ameisenlöwe. p. 239—248. Die Eintagsfliege. (mit einer lith. Tafel).)
(2. Aufl. ibid. 1854. 8. pg. 267.)

p. 309. **Guenée.**
33. Études sur le genre Lithosia.
Ann. Soc. Ent. Fr. sér. 4. 1861. T. 1. p. 39—64.

p. 314. Z. 1. v. o. lies Méneville statt Méneville.

p. 316. **Guérin.**
zu No. 155. v. Herpin No. 2. 3.

p. 318. zu No. 204. v. No. 215.

p. 320. Z. 1. v. o. lies Méneville statt Ménoville.

p. 323. zu No. 305. adde: Revue etc. 1859. p. 123; p. 144.
zu No. 309. Revue et Magas. Zool. 1859. T. 11. p. 68; p. 136.
321. (Zucht von B. Mori im Freien in Guyana; Fütterung derselben mit Tragopogon pratensis u. Dipsacus fullonum.)
Revue et Magas. Zool. 1859. T. 11. p. 91; p. 190.
(cf. Gerstaecker Bericht. 1859. p. 390.)
322. Krankheit von B. mori im südlichen Frankreich (mit Quatrefages).
Compt. rend. 1859. T. XLVIII. p. 552 u. 1025; 1860. T. L. p. 61 u. 767.
*323. Du ver à soie de l'Ailanthe à l'Etranger et éducation du ver à soie du Ricin.
Bull. Soc. d'Acclimat. Paris. 1862. T. 9. p. 308—312.
324. Description d'une nouvelle espèce de Coléoptère du genre Melanerus et rectification relative à une note publiée dans le Bulletin entomologique de 1859.
Ann. Soc. Ent. Fr. sér. 4. 1861. T. 1. p. 389—392.

p. 325. **de Guilhermier.**
zu No. 1. Ed. Paris, 1806. 8. (cf. Catal. Bibl. Audouin. p. 106.)

p. 328. **Haesbaert** (Martin Johann).
1. De conchylio et ape petrefactis.
Ephem. Acad. Nat. Curios. 1691. Dec. 2. Ann. 9. Obs. 41. p. 48. fig. (Lacordaire.)

Haesler (Fr.).
1. Gemeinnützliche Mittheilungen über Wein, Obst und Gemüsebau,

Bienenkunde, Feld- und Hauswirthschaft. Weissensee, Grossmann, 1833—1854. 4. 22 Jahrgänge à 26 Nummern, mit Beilagen.
(Hessler ist Redacteur.)

p. 329. **Hagen** (H.).
zu No. 36. 1862. T. 2. p. 57—106.

p. 332. * 109. Insecten im Sicilianischen Bernstein im Oxforder Museum.
Stett. Ent. Zeit. 1862. T. 23. p. 512—514.

Hagen (Johann Heinrich), geb. 20. Decbr. 1738 in Schippenbeil, gest. 30. Novbr. 1775 als Apotheker in Königsberg. Grossonkel des Vorigen.

1. Physikalisch botanische Betrachtungen über die Weidenrosen. Königsberg, 1769. 4. pg. 20.
Reimpr. Königsbergische Frag u. Anzeigen 1769. 4.
Recens. Berlin. Samml. 1770. T. 2. St. 3. p. 314—328

p. 336. **Haliday.**
42. (Philomides paphius u. Chirolophus eques, neue Chalciden.)
Ann. Soc. Ent. Fr. sér. 4. 1862. T. 2. p. 115.

Hamm (Wilh.).

2. Anleitung zur einträglichsten Seidenraupenzucht, sowie zur Pflege des Maulbeerbaums. Eine vollständ. Unterweisung zum vortheilhaftesten Betriebe der Seidenraupenzucht auf Grund der neuesten Erfahrungen. Nach Frayssinet, Rubens, Töpffer, Netz u. A. 2. verm. u. verb. Aufl. Leipzig, Neumeister, 1860. gr. 8. 38 pg. 1 Holzschnitttaf.
Belehrungen, leichtfassl., über die ges. Zweige der land- u. hauswirthschaftlichen Viehzucht. 5. Heft. 1. Aufl. Hrsg. v. F. W. Rubens. Leipzig, Spamer, 1852. 8. 37 p.

3. Anleitung zur einträglichsten Bienenzucht nach dem neuesten Verfahren. Zusammenstellung der wichtigsten Lehren über die Bienenzucht von Dzierzon, Kleine, v. Berlepsch etc. 2. verm. u. verb. Aufl. Leipzig, Neumeister, 1861. gr. 8. 28 pg. u. 1 Holzschn.
Belehrungen, leichtfassl., über die ges. Zweige der land- u. hauswirthschaftlichen Viehzucht. 9. Heft.

p. 338. **Hampel.**
zu No. 1. Blem Phys. Oek. Bienenbibl. T. 1. p. 337—345.

p. 339. **Hapf.**
zu No. 2. Aschaffenburg, 1829. 8. pg. 31. 1 pl. (cf. Catal. Bibl. Audouin. p. 108.)

p. 341. **Harold.**
zu No. 3. * Stk. III. 1862. T. 6. p. 130—171.

p. 343. **Harris** (T. W.).
zu No. 1. Die Worte: „Nach handschriftlichen Mittheilungen von Sherwood bearbeitet" gehören nicht zu No. 1., sondern eine Zeile höher zum Schriftsteller. Das Verzeichniss von Harris Schriften von Scudder in Proc. Bost. Soc. N. H. T. 7. p. 214. soll 99 Nummern umfassen.

p. 344. zu No. 38. A treatise on some of the insects injurious to vegetation. A new edition, enlarged and improved, with additions from the authors manuscripts and original notes, and illustrated by engravings drawn from nature, under the supervision of Louis Agassiz. Edited by Charles L. Flint. Boston, 1862. 8. pg. 651.

p. 346. 93. Description of Haplocampa Rubi.
Proc. Boston Soc. N. H. T. 7. p. 235.

p. 347. **Harting** (Pieter), geb. 1812. Professor in Utrecht.

1. Skizzen aus der Natur. Aus dem Holländ. übersetzt von J. E. A. Martin. (Mit einem Vorworte von M. J. Schleiden, Dr. Prof. in Jena.) Leipzig, Engelmann, 1854. 8. pg. 103. Nebst 18 Holzschnitten u. 1 lith. Tafel.
p. 39 - 58. Das Leuchten der Thiere. (Aus dem Album der Natur, 1853, 3. Lief. 6. 123.)

p. 351. **Heeger** (E.).
Goldeggs Sammlung enthielt keine Metamorphosen; in Heegers Besitz ist Duftschmidts, Dahls und Schmidts Sammlung.

p. 352. zu No. 27. Achtzehnte statt Dreizehnte Fortsetzung.
zu No. 33. Edit. nov. 1862. gr. 8. tab. 10. (statt 15) Heft 1.
Es sind die 23 (statt 20) Tafeln der früheren Ausgabe hier auf 10 (statt 15) Tafeln vereint.

p. 352. **Heeger** (Wenzel).
zu No. 1. Statt Pavonia minor lies: media.

p. 354. **von Heinemann.**
*5. Ueber Nepticula-Raupen.
Herrich-Schäffer Correspondenzbl. 1861. T. 2. p. 174—175.
*6. Einige Bemerkungen über die Arten der Gattung Nepticula.
Wien. Entom. Monatsschr. 1862. T. 6. p. 237—268; p. 301—320.

p. 356. **Henon.**
1. Sur le mûrier multicaule. Lyon, 1835. 8. pg. 38.
(cf. Catal. Bibl. Audouin. p. 100.)

p. 357. **Henschel** (Gustav).
1. Larve und Puppe von Psoa viennensis; über Tillus elongatus; Verzeichniss der Käfer im Mühlkreise; Bericht über das Museum Francisco-Carolinum. Linz, 1861.
2. Leitfaden zur leichteren Bestimmung der schädlichen Forstinsecten, mit Angabe ihrer Lebensweise, der gegen dieselben seither mit Erfolg angewendeten Vorbauungs- und Vertilgungsmittel, unter gleichzeitiger Berücksichtigung der den Obstbäumen schädlichen Arten. Für Forstleute, Oekonomen, Gärtner analytisch bearbeitet. Wien, Braumüller, 1861. 8. pg. 16 et 175.

p. 361. **Herpin.**
7. Sur l'Alucite ou teigne des blés et sur les moyens de la détruire.
In 8, extrait des Mémoires de la Soc. du Berry. 1860. — cf. Revue de Zool. 1861. No. 11. p. 501—505.

p. 363. **Hewitson.**
14. On Pronophila a genus of diurnal Lepidoptera.
Trans. Ent. Soc. Lond. ser. 3. 1862. T. 1. p. 1—16. fig.
15. Descriptions of new diurnal Lepidoptera.
Journ. of Entomol. 1861. No. 5.

p. 364. **von Heyden.**
zu No. 18. 1856. T. 4. statt T. 5.
zu No. 27. *1862. T. 23. p. 171—176; p. 360—367.
*35. Verwandlungsgeschichte des Trachys minutus und Rhamphus flavicornis.
Berl. Ent. Zeitschr. 1862. T. 6. p. 61—63.
*36. Aus meinen entomologischen Tagebüchern. (Fortsetzung von No. 31.)
Herrich-Schaeffer Correspondenzbl. 1861. T. 2. p. 95—99. (Geom. vernaria, Cecid. Salicis.); p. 105—108. (Parmula ist Larve von Microdon, Haematopinus suis); p. 137—138. (Anob. tessellatum, Xyloc. violacea, Tinea granella, Forfic. acanthopygia.)
*37. Ueber die von Herrn von Frivaldszky in ungarischen Werken beschriebenen Insecten.
Herrich-Schaeffer Correspondenzbl. 1861. T. 2. p. 113—116.

p. 365. **Hicks.**
zu No. 4. Trans. Linn. Soc. Lond. 1859. T. 23. p. 139—150. tab. 2.
Proc. Roy. Soc. Lond. 1859. 26. Mai. — *Gerstaecker Bericht. 1859. p. 350.

p. 366. **Hildegard.**
zu No. 1. Im Lib. VI. de Avibus cap. 63 Apis, cap. 64 Musca, cap. 65 Cicada, cap. 66 Locusta, cap. 67 Mugga, cap. 68 Humbelen, cap. 69 Wespa, cap. 70 Glimo (Lampyris). Lib. VII. cap. 33 Pulex, cap. 34 Formica.

p. 367. **Hinterberger** (J.).
1. Beiträge zur Characteristik der Oberösterreichischen Hochgebirge. (Coleopt., Lepidopt., Hymenopt., Neuropt., Orthopt. von Linz.) Achtzehnter Bericht über das Mus. Francisco Carolinum 1859. p. 29.
(cf. Gerstaecker Bericht. 1859. p. 394.)

p. 368. **von Hisinger.**
zu No. 1. Separat aus: *Bidrag till Finlands Naturkännedom etc. Helsingfors, 1861. 8. Sjette Häftet. p. 1—35. tab. 1.
zu No. 2. *Sällsk. pro Fauna et Flora Fenn. Notiser. ser. 2. 1861. T. 6. p. 111—121.

Hobson.
zu No. 1. Statt Samuel lies Samouelle.

p. 369. **Hoefler** — v. Jacob (N.).
zu No. 1. Haller B. A. T. 2. p. 469. hat: Nic. Jacobi rechte Bienenkunst in drei Büchern, vermehrt durch Caspar Hoefler. Leipzig, 1614. 4.
Ich vermuthe in der Jahrzahl 1614 einen Druckfehler.

p. 372. **Hoess.**
zu No. 2. Wien, Strauss (1835). 8. pg. 77.
das Werk ist gedruckt, und nicht lithographirt.

p. 373. **van der Hoeven.**
*21. Over een klein Hemipterum, dat op de Bladen van verschillende Soorten van Acer gevonden wordt. Leyden, 1862. 8. pg. 7. tab. 1.
(Separat aus Tijdschr. voor Entomologie.)

p. 375. **Hoffmeister.**
zu No. 6. lies 90—92. statt 99.
Hofmann (C. E.).
zu No. 1. Ed. II. Nördlingen, Beck, 1861. 8. pg. 18.
zu No. 2. Ed. II. Nördlingen, Beck, 1861. 8. pg. 21.
Hofman (O.).
*3. Zur Naturgeschichte der Micropteryginen.
Herrich-Schaeffer Correspondenzbl. 1861. T. 2. p. 116—117.

p. 377. **Holmgrén.**
12. Sveriges Pimplariae.
Öfvers. K. Vet. Acad. Förhandl. 1859.

p. 378. **d'Hombres-Firmas.**
zu No. 3. pg. 13.

p. 382. **Hope.**
zu No. 57. Lies T. 4. Proc. p. 17—19.
Hopffer.
*3. Die Schmetterlinge von Mossambique.
Peters Reise. 1862. T. 2. p. 349—438. tab. 8 col.

p. 383. **Horn** (G. H.).
1. Descriptions of new North American Coleoptera in the cabinet of the entomological society of Philadelphia.
Proc. Acad. Nat. Sc. Philad. 1860. p. 569. tab. 1.
(cf. Gerstaecker Bericht. 1860. p. 422.)
2. Bemerkungen über die Lebensweise einiger Käferlarven und Puppen.
Proc. Entom. Soc. Philad. 1861. T. 1. p. 63.

p. 385. **Houton-Labillardière** gehört zu Labillardière.

p. 393. **Jacob** (Nicolas), vergleiche die Werke von Hoefler. In No. 3. muss es dreimal statt Horstler, Hoefler heissen.
zu No. 3. statt 1840 lies 1741.
Jacobaeus (Oligerius), lies Holger Jacobi.

p. 394. **Jacquemart** (F.).
*1. Tentatives d'éducation du ver sauvage de Chêne de la Chine.
Bull. Soc. d'Acclimat. Paris. 1862. T. 9. p. 93—98.

p. 396. **von Jaethenstein**, lies Kalina von Jaethenstein (M.).
Jardin.
1. Essai sur l'histoire naturelle de l'Archipel de Mendana ou des Marquises.
Mém. Soc. Cherbourg. 1859. T. 6. p. 161. (Auszug aus Boisduval Voy. de l'Astrolabe.)
*Gerstaecker Bericht. 1859. p. 370.

p. 397. **Jekel.**
12. Observations suggérées par les Notes de M. Chevrolat sur les Cérambycides de Mr. Thomson. Lamiadae.
Journ. of Entomol. London. 1861. T. 1.
13. Tentamenta Entomologica.
Journ. of Entomol. London. 1861. T. 1.

p. 398. **Illiger.**
zu No. 2. Recens. Jena allg. Litt. Zeit. 1800. T. 4. p. 497—502; p. 506—508.

p. 401. **Imhoff.**
zu No. 20. Statt T. 19. lies T. 10.

p. 403. **Joly** (N.).
zu No. 7. Statt Compt. rend. 1839. lies 1849.
Jones (J. M.).
2. The naturalist in Bermuda, a sketch of the geology, zoology and botany of that remarkable group of islands. London, 1859. 8. (Articulata p. 109—130.)
*Gerstaecker Bericht. 1859. p. 370.

p. 404. **Josselyn.**
zu No. 1. Lies 5021—5023. statt 523.

p. 405. **Juch** (C. W.), geb. 30. Novbr. 1774 in Mühlhausen, Thüringen, gest. 9. März 1821 in Augsburg. Prof. Chem. am polytechn. Institut.

Judeich. Forstmeister in Hohenelbe, Schlesien.

p. 406. **Julien.**
zu No. 1. Der 4100 jährige Seidenwurm-Meister aus China. Aus dem Chinesischen ins Französische übersetzt von Stanislaus Julien. Ins Deutsche frei bearbeitet von H. Henning. St. Gallen, Scheitlin, 1838. 8.
(cf. Engelmann Bibl. Oec. p. 304.)

p. 408. **Kalina** — v. Jaethenstein.

p. 409. **Kaufmann** (E.).
1. Vergleiche zwischen der Ricinus- und Maulbeer-Seidenzucht, mit Hinweis auf deren Producte. Mittheilungen über neue Seidenspinner. Vortrag gehalten am 22. Octbr. 1858 in der öffentl. Versammlung des Acclimatisations-Vereins für die Königl. Preuss. Staaten. Aus d. Zeitschrift f. Acclimatisation abgedr. Berlin, Bosselmann. 8. m. Holzschn. im Text. (pg. VIII, 19.)
2. Die vortheilhafteste Zucht der Ricinus-Seidenraupe (Bombyx Cynthia) ein Mittel zur Abhülfe des Pauperismus. In neuester Zeit gesammelte Erfahrungen. Mit 1 Abbild. (in Holzschn. in 4.) Abdr. aus d. Zeitschrift f. Acclimatisation. Berlin, Bosselmann, 1858. 8. pg. 34.

Kaup.
zu No. 1. Lies 1837. statt 18337.

p. 411. **Kellner.**
*7. Ueber das Vorkommen des Cryphalus binodulus Ratzb.
Berl. Ent. Zeitschr. 1862. T. 6. p. 260.

p. 412. **Kiefhaber** (Joh. K. Siegm.).
1. Ordnung des Nürnbergischen Zeidelgerichts zu Feucht. Nürnberg, 1809. 8.

p. 413. **Kienreich** (J. E.).
1. Der vollkommenste Bienenmeister oder praktische Anweisung zur Wartung der Bienen, um von denselben den möglichsten Nutzen zu ziehen. Aus eigener Erfahrung gesammelt. Grätz, 1792. 8. (anonym.)

Kiesenwetter. Regierungsrath in Bautzen.

p. 415. **Kirby.**
zu No. 12. Lies Ed. II. 1816, statt 1815.

p. 417. **Kirchhof** (F.).
1. Die Fischerei, Bienen- und Seidenraupenzucht. 1835. 8.
(Bildet Heft 14 aus: Das Ganze der Landwirthschaft. Leipzig, Wienbrack, 1831—1836. 8. cf. Engelmann Bibl. Oec. p. 97.)

p. 419. **Kittel.**
zu No. 1. Streiche l. 8. hinter pucerons.

p. 420. **Kleemann.**
zu No. 2. Statt Schwarz No. 1. lies No. 3.

Kleine (Georg).
3. Der erfahrene Bienenwärter, gründl. Anweisung zur Bienenzucht für alle Gegenden Deutschlands mit Berücksichtigung der Dzierzon'schen Methode. Einbeck, Ehlers.

p. 421. Statt Klippert lies Klippart.

p. 422. **Klug.**
zu No. 13. Statt Gualho lies Gualbo.

p. 423. 27. a. Beschreibung von neuen Hymenopteren.
Germars Reise nach Dalmatien. p. 257—280.
29. a. Beschreibung von 25 neuen Hymenopteren aus Andalusien.
Waltl Reise nach dem südl. Spanien. 1835. T. 2. p. 99—101.

p. 424. zu No. 54. Berlin, 1862. 4. p. 145—267. tab. 8 col.

p. 427. **Kölliker.**
zu No. 3. Verhandl. d. phys. medic. Gesellsch. Würzburg. 1859. T. 9. Sitzber. p. 28.

p. 430. **Kolenati.**
zu No. 33. Statt Jahresber. Mähr. Gesellsch. 1859. lies: 1858.

zu No. 35. Statt Schrift No. 31. lies: No. 33.
37. Die Forstschädlichen Insecten nach den neuesten Erfahrungen zusammengestellt. Brünn, 1860. 8. pg. 11.
Separat aus Verhandl. d. Mähr.-Schles. Forstsection. Heft 42.

p. 433. **Kouschakewitsch.**
zu No. 1. Statt Coleopt. lies: Hemipteron.

Kraatz. Redacteur der Berliner Entomologischen Zeitschrift.

p. 434. zu No. 23. Statt Cyphiobium lies: Typhlobium.
zu No. 34. * Berl. Ent. Zeitschr. 1862. T. 6. p. 281; p. 299—300.

p. 435. * 62. Ueber die Arten der Gattung Hyperops, Microtelus u. Dichillus.
Berl. Ent. Zeitschr. 1862. T. 6. p. 91—99. fig.
* 63. Metacinops und Auchmeresthes, zwei neue Griechische Rüsselkäfer-Gattungen.
Berl. Ent. Zeitschr. 1862. T. 6. p. 115—120. fig.
* 64. Beitrag zur Käferfauna Griechenlands. Von Krueper neu aufgefundene Arten.
Berl. Ent. Zeitschr. 1862. T. 6. p. 121—126.
* 65. Ueber die Silvaniden-Gattungen Airaphilus, Cathartus und über Leucohimatium.
Berl. Ent. Zeitschr. 1862. T. 6. p. 127—136.
* 66. Beiträge zur europäischen Käferfauna.
Berl. Ent. Zeitschr. 1862. T. 6. p. 263—272.
* 67. Ueber neuerdings beschriebene Homaloten.
Berl. Ent. Zeitschr. 1862. T. 6. p. 275—276.
* 68. Recension von Preller. Hamburgs Käfer.
Berl. Ent. Zeitschr. 1862. T. 6. p. X—XI.
* 69. Ueber schlechtes Gericht. (Rhegmatocerus.)
Berl. Ent. Zeitschr. 1862. T. 6. p. 159—160.

p. 436. **Kratzenstein.**
zu No. 1. Statt pg. 62. lies: 52.

p. 437. **Kretschmar.**
* 2. Zwei neue europäische Schmetterlinge.
Berl. Ent. Zeitschr. 1862. T. 6. p. 133—137.
* 3. Oodes gracilis; Lepidoptera.
Berl. Ent. Zeitschr. 1862. T. 6. p. 281—282.

Kriechbaumer.
* 12. Ein neues Callidium (cupripenne).
Stett. Ent. Zeit. 1862. T. 23. p. 209—210. fig.

p. 440. **Kundt** (Emanuel). Dr. in Oedenburg.
1. Beiträge zur Käferfauna Ungarns.
Wachtel Zeitschr. f. Natur- u. Heilkunde in Ungarn. 1857. Jahrg. 8. No. 42. pg. 7.

p. 441. **Kutschera.**
zu No. 1. * 1862. T. 6. p. 213—228.

Labillardière.
3. v. Houton.

p. 442. **Laboulbène.**
* 11. a. Faune entomologique française v. Fairmaire No. 33.

p. 443. 34. Métamorphoses d'une mouche parasite Tachina (Masicera) villica.
Ann. Soc. Ent. Fr. sér. 4. 1861. T. 1. p. 231—248. tab. 1.
35. Description et figure d'une larve d'Oestride de Cayenne extraite de la peau d'un homme.
Ann. Soc. Ent. Fr. sér. 4. 1861. T. 1. p. 249—253. fig.
36. Description de la larve de Callicnemis Latreillei.
Ann. Soc. Ent. Fr. sér. 3. 1861. T. 9. p. 607—611. fig.
37. Note pour servir à l'histoire des Parasites de la Noctua (Hadena) brassicae.
Ann. Soc. Ent. Fr. sér. 4. 1861. T. 1. p. 618.
38. Note sur la Perisphaera glomeriformis.
Ann. Soc. Ent. Fr. sér. 4. 1862. T. 2. p. 160.

de Labrenaise.
zu No. 1. Streiche (1824? Lacordaire.) — Füge zu: Apiculture dans le Dept. Calvados. (cf. Catal. Bibl. Audouin. p. 102.)

Lacène (Antoine Marie Étienne), geb. 30. Decbr. 1769 in Lyon, gest. 14. April 1859 daselbst.
zu No. 1. Lyon, Barret. u. Mém. Soc. d'agric. Lyon. 1832. p. 145—224.
zu No. 2. Ann. Soc. Linn. Lyon. 1836. T. 1.

p. 443. **Lacordaire.** Lies Theodore statt Theodora.
zu No. 9. Die Angabe des Titels ist irrig; lies: Monographie des Erotyliens, famille des Coléoptères.

p. 444. **Ladmiral.**
zu No. 1. Ed. II. cf. Pommier.

p. 445. **Lagrenée.**
zu No. 1. Hinter: „die Querard nicht kennt" füge zu: „die sich aber Catal. Bibl. Audouin. p. 96 findet."

de Laffemas (Barthélemy), sieur de Bauthor ist identisch mit le Flémas.
3. Instruction du plantage des meuriers avec les figures pour apprendre à nourrir les vers etc. Paris, David Le Clerc, 1605. pet. 4. p. 14 et 8. 4 Holzschn.
(Nach Brunet T. 3. p. 115. ist dies Werk von Laffemas und hat dieselben Holzschnitte mit Le Tellier No. 2. Ich habe das Werk bei Le Roy aufgeführt. Die Werke von le Flémas, Laffemas, Le Roy und Le Tellier sind sämmtlich sehr selten, und ich habe keines gesehen. Es werden wahrscheinlich diese Artikel beim Vergleich der Werke noch wesentliche Berichtigungen zu erfahren haben.)

p. 446. **de Laharpe.**
9. Larentia Zumsteinaria.
Mittheil. Schweiz. entomol. Gesellsch. 1862. No. 1. p. 24.

de Lamarck.
zu No. 5. Statt p. 603. lies: pg. 603.

p. 447. **Lancret.**
zu No. 1. 1804.
2. v. Illiger No. 2.

p. 448. **Langer** (K.).
1. Ueber den Gelenkbau der Arthrozoen.
Denkschr. Akad. Wissensch. Wien. 1859. T. 18. Phys. Math. Kl. p. 99—140. tab. 3.
Extr. Sitzber. Akad. Wissensch. Wien. 1858. T. 33. p. 303—304.
*Gerstaecker Bericht. 1859. p. 301—305.

p. 451. **Latreille.**
zu No. 33. Statt T. 2. p. 1—289. lies: 280

p. 455. zu No. 49. Statt No. 45. lies: No. 48.

p. 456. **Lawson.** Dr.
1. On the Silk-Worm and other fibre-yielding insects, and the growth of their Food Plants in Canada.
Ann. Botan. Soc. Canada. March 1861. T. 1. p. 42—48. (Sharswood.)

p. 459. **Lebert.**
zu No. 4. Statt p. 18 lies: pg. 48.
9. Die Wanderheuschrecke im Canton Wallis. 1838.
Arbeit. Schles. Gesellsch. f. vaterl. Kultur. 1839. p. 30.

p. 462. **Le Conte.**
*67. a. Instructions for collecting Coleoptera.
Ann. Report Smiths. Instit. for 1858. p. 160—161.

Le Conte (John Eaton).
2. a. Remarks on two species of American Cimex (Reduvius pungens; Conorhinus sanguisuga).
Proc. Acad. Nat. Sc. Philad. 1855. T. 7. p. 404.
Ist nach Sharswood vom Vater, von mir beim Sohn No. 32. angeführt.

p. 464. **Lederer.** Redacteur der Wiener Entomologischen Monatsschrift.
zu No. 9. 1862. T. 6. p. 1—340. October.
zu No. 32. Füge zu p. 157—158.
*33. Celonoptera mirificaria, ein neuer europäischer Spanner.
Berl. Ent. Zeitschr. 1862. T. 6. p. 59—60. fig.

p. 465. **van Leeuwenhoek.**
zu No. 1. Füge zu: p. 6116—6118. tab. 1; 1674. T. 9. No. 102. p. 23—25.
2. a. An extract of a letter containing the history of the generation of an insect called by him the wolf. (Alucita.)
Philos. Transact. 1693. T. 18. No. 202. p. 194—199. tab. 1.
6. a. Part of two letters from etc. concerning worms pretended to be taken from the teeth. (Dipteren-Larven aus Käse.)
Philos. Transact. 1700. T. 22. No. 265. p. 635—642.
6. b. Part of a letter concerning the worms in Sheeps livers, gnats and animalcula in the excrements of frogs. (Dipteren-Larven.)
Philos. Transact. 1700. T. 22. No. 261. p. 509—518. tab. 1.

6. c. An abstract from a letter to Sir G. W. (Metamorphose von Pulex.)
Philos. Transact. 1683. T. 13. No. 148. p. 74—81.

zu No. 13. Lacordaire hat darüber Folgendes:

Arcana naturae ope et beneficio exquisitissimorum microscopiorum detecta variisque experimentis demonstrata, una cum decursu et ulteriori delucidatione epistolis suis ad celeberrimum, quod Serenissimi Magnae Britanniae Regis auspicio Londini floret, Philosophorum Collegium datis comprehensa. In 4. pl. n. Delphis Batavorum, 1685. — 2. ed. ibid. in 4. pl. n. 1697. — 3. ed. in 4. pl. n. Lugduni Batavorum, 1708.

Il y a une trad. allem. de la 1. ed. 1 vol. in 4. pl. n. imprimée dans la même ville en 1696. et une trad. anglaise faite sur les 2 premières ed. in 4. pl. n. 2 vol. London, 1698.

—— Epistolae ad Societatem Regiam Anglicanam et alios viros illustres datae, seu continuatio mirandorum arcanorum naturae detectorum quadraginta epistolis contentorum quae ex Belgica in Latinam linguam translatae sunt. In 4. pl. n. Lugduni Batavorum, 1719.

—— Epistolae physiologicae super compluribus naturae arcanis, ubi variorum animalium atque plantarum fabrica, conformatio, proprietates atque operationes novis et hactenus inobservatis experimentis illustrantur et oculis exhibentur; item peculiares et hactenus incognitae rerum quarundam qualitates explicantur. In 4. pl. n. Delphis, 1719.

—— Arcana naturae detecta, editio novissima auctior et accuratior. In 4. pl. n. Lugduni Batavorum, 1722.

—— Antonii a Leeuwenhoek Regiae societatis anglicanae socii, opera omnia, seu Arcana naturae, ope exactissimorum microscopiorum detecta, experimentis variis comprobata, epistolis ad varios illustres viros, ut et ad integram, quae Londini floret, sapientem societatem cujus membrum est datis, comprehensa et quatuor tomis distincta. In 4. pl. n. Lugduni Batavorum, 1722.

Des quatre parties annoncées dans ce titre, il n'en a paru que trois qu'on doit réunir en un seul vol. Les deux 1. ont été publiées ensemble et ont chacune leur pagination distincte; l'une a 61 et l'autre 258. A la fin de la 2. on trouve un index général qui s'applique non seulement à les 2 parties, mais à la 3.; celle-ci se compose de 124 p. et a en tête un index dans lequel se trouve rappelé le contenu des deux précédentes. La 4. partie ne paroît pas avoir jamais été publiée. Je connais 3 ed. de la 3. dont la dernière est de 1730, toujours de Leyde.

Ces divers ouvrages malgré leurs titres différens ne sont jusqu'à un certain point que des répétitions les uns des autres; les mêmes observations y sont rapportées sous des formes différentes, mais chacun d'eux en a qui ne se trouvent pas dans les autres, de sorte que pour avoir les oeuvres complètes de Leeuwenhoek il faut les réunir tous ou moins quatre d'entre eux.

Les observations contenues dans ces ouvrages sont extraites les unes des Transactions philosophiques de la Société Royale de Londres les autres des éditions en langue hollandaise des travaux de l'auteur, les dernières sont nombreuses et sont à leur tour pour la plupart de simples extraits des mêmes transactions philosophiques. Nous renvoyons pour ce qui les concerne à la Bibliotheca Regni animalis atque lapidei (in 4. Lugduni Batavorum 1760) de Laurent Théodore Gronovius qui en mentionne 14. Du reste rien n'est plus difficile à débrouiller, bibliographiquement parlant que les oeuvres de Leeuwenhoek et on ne les trouve bien indiquées nulle part, pas même dans les bibliographies hollandaises.

p. 469. Lenz (H. O.).
*3. Die aussereuropäischen Ameisen.
Petermann Mittheilungen etc. 1863. p. 237—239.

p. 470. Leprieur (C. E.).
9. Description de la larve du Tercirius parasita.
Ann. Soc. Ent. Fr. 4. sér. 1861. T. 1. p. 457—458.
10. Essai sur les métamorphoses du Trachys pygmaea, insecte de la famille des Buprestides.
Ann. Soc. Ent. Fr. 4. sér. 1861. T. 1. p. 459—466. pl. 9.
[Anschliesst: eine Note à l'occasion de l'hist. des métam. pp. de M. Leprieur par Léon Dufour. ibid. p. 467—468.]

p. 472. Lesson. Statt nochmals lies: nahm als.
zu No. 1. Isis. 1834. p. 265—267.
zu No. 2. Statt printes lies: peintes.

p. 472. **Lethierry** (M.)
1. Rapport sur l'excursion provinciale faite en Savoie en Juillet 1861.
Ann. Soc. Ent. Fr. sér. 4. 1861. T. 1. p. 633—647.
2. Enumération des insectes Coléoptères nuisibles à l'agriculture ou à l'industrie qui se trouvent le plus fréquemment dans l'arrondissement de Lille. Lille, impr. Leleux, 1862. 8. pg. 43.
Extrait des Archives de l'agriculture du nord de la France, publiées par le Comice agricole de Lille.

p. 474. **Leuckart** (Rudolf).
zu No. 13. * Ann. and Mag. Nat. Hist. ser. 3. 1861. T. 8. p. 428—439.

p. 478. **Lieberkuehn.**
No. 2. ist von einem andern Verfasser: Lieberkuehn (N.), Presector u. Prof. Med. extraord. in Berlin.

p. 479. **Lincecum** (Gideon).
1. Notice on the habits of the agricultural ant of Texas (stinging ant or moundmaking ant, Myrmica [Atta] malefaciens).
Journ. Proc. Linn. Soc. Lond. 1861. T. 6. p. 29—31.

p. 486. **Lister.**
zu No. 1. Statt Aoide lies: Acide, und statt 1760 lies: 1670.

p. 488. **de Loche.**
12. — v. Lombard No. 4.

Loeffler.
zu No. 2. Lies: „zu dem Aufsatze (von Eiditt), ist es möglich" etc.

p. 490. **Loew.**
zu No. 29. Statt p. 459—472. lies: p. 312—436.

p. 492. zu No. 78. Statt No. 115. lies: 118.

p. 493. Streiche No. 110., die schon No. 94. aufgeführt ist, und setze dafür:
* 110. Instructions for collecting Diptera with additions by R. Osten-Sacken.
Ann. Report Smithson. Instit. for 1858. p. 167—173. fig.
zu No. 124. Statt 14 Bogen lies: 42 Bogen.
zu No. 126. Füge zu * 1862. T. 6. p. 90.
zu No. 127. Centuria secunda p. 185—232.
zu No. 131. p. 63—89.
* 135. Ueber einige bei Varna gefangene Dipteren.
Wien. Entom. Monatsschr. 1862. T. 1. p. 161—175.
* 136. Diptera von Mossambique. (gedruckt 1852.)
Peters Reise. Berlin. 1862. 4. T. II. p. 1—34. tab. 1 col.
* 137. Sechs neue europäische Dipteren.
Wien. Entom. Monatsschr. 1862. T. 6. p. 294—300.

p. 494. **Loiseleur.**
zu No. 4. pg. 72. (cf. Catal. Bibl. Audouin. p. 101.)
7. Considérations sur le mûrier multicaule. Paris, 1836. 8. pg. 11.
(cf. Catal. Bibl. Audouin. p. 101.)

p. 495. **Lombard.**
zu No. 6. v. Ducouedic No. 2.

p. 496. **Lomeni.**
9. Del nuovo gelso delle isole filippine. Milano, 1834. 8. pg. 48.
(cf. Catal. Bibl. Audouin. p. 101.)
10. Résultats d'une expérience comparative entre l'emploi des feuilles de mûrier blanc et celui des feuilles de mûrier des philippines.
Ann. agric. franc. 1833. pg. 6. (cf. Catal. Bibl. Audouin. p. 101.)
11. Nuova sperienze intorno gli effetti del gelso delle isole filippine. Milano, 1832—1833. 8. pg. 40.
(cf. Catal. Bibl. Audouin. p. 101.)

p. 497. **Loudon.**
zu No. 3. Ulmaceae, Juglandiae No. 31., Urticaceae, Ficus No. 31 u. 32. (schädl. Insecten.) Arboretum et fruticet., 1837. pg. 6.
(cf. Catal. Bibl. Audouin. p. 108.)

p. 498. **Lubbock.**
zu No. 6. Statt 153 lies: 173.

p. 506. **Lucas** (H.).
203. Note sur le genre Eugaster, Orthoptère de la famille des Locustiens, qui habite le sud des possessions Françaises dans le nord de l'Afrique.
Ann. Soc. Ent. Fr. sér. 4. 1861. T. 1. p. 315—318.

204. Quelques remarques sur la manière de vivre du Mellinus sabulosus, hyménoptère de la tribu des fouisseurs.
Ann. Soc. Ent. Fr. sér. 4. 1861. T. 1. p. 218—224.
205. Note sur le Chrysodema erythrocephala, Buprestien qui habite l'île de Balade (Nouvelle Calédonie).
Ann. Soc. Ent. Fr. 4. sér. 1861. T. 1. p. [illegible]—[illegible].
206. Quelques remarques sur les métamorphoses de l'Araeocerus fasciculatus coléoptère rhynchophore de la tribu des Anthribides.
Ann. Soc. Ent. Fr. 4. sér. 1861. T. 1. p. [illegible]—401.
207. Note sur la Perisphaera glomeriformis.
Ann. Soc. Ent. Fr. sér. 4. 1862. T. 2. p. 130.
208. cf. Maillard No. 2.

p. 508. **Lund** (A. W.).
zu No. 1. Lies: Isis. p. 276—281.

p. 510. **M'Lachlan.**
*3. Descriptions of the British species of the genus Stenophylax.
Trans. Ent. Soc. Lond. ser. 2. 1862. T. 1. No. 16. tab. 1. — *Separat. pg. 10.
*4. Characters of new Species of Exotic Trichoptera; also of one new Species inhabiting Britain.
Trans. Ent. Soc. Lond. ser. 3. 1863. T. 1. No. 23. — *Separat. pg. 11.

p. 513. **Mäklin.**
zu No. 5. Statt rikarieranda lies: vikarierande.
*7. Ueber Acropteron geniculatum Germ., nigricorne Mäkl., rufipes u. nigripes Perty.
Stett. Ent. Zeit. 1862. T. 23. p. 314—315.
8. Ueber Acropteron, Statira, Synonymie nordischer Käfer etc. Helsingfors, 1862. 4.

p. 514. **Maillard** (L.).
2. Notes sur l'île de la Réunion (Bourbon.). Paris, Dentu, 1862. (mit wenigstens 21 Tafeln.)
Enthält: Coléoptères par Ach. Deyrolle. — Orthoptères par H. Lucas. — Hémiptères par Dr. Signoret. — Neuroptères par Dr. Selys-Longchamps. — Hyménoptères par Dr. Sichel. — Diptères par J. Bigot. — Myriapodes par H. Lucas.

p. 515. **Malberti.**
zu No. 1. Mem. soc. agr. Torino. T. 9. u. 10. pg. 124.
(cf. Catal. Bibl. Audouin. p. 107.)

Mallet.
zu No. 1. (cf. Catal. Bibl. Audouin. p. 109.)

p. 517. **Mannerheim.**
zu No. 6. Separat. Petersburg, 1826. 4. tab. 1.

p. 520. **de Marseul.**
zu No. 1. Füge zu 1861. T. 1. p. 145—181. tab. 1; p. 509—566. tab. 3; 1862. T. 2. p. 1.

p. 525. **Matuschka.**
zu No. 4. Auch unter dem Titel: Taschenbuch für Bienenliebhaber auf 1807.

Maudult (P. J. E. Delavarenne) statt B. J. E.

p. 528. **Megenberg.**
zu No. 1. Ed. nov. Das Buch der Natur. Die erste Naturgeschichte in Deutscher Sprache. Herausgegeben von Franz Pfeiffer. Stuttgart, Aue, 1861. 8. pg. 64 et 808.

p. 530. **Melly.** Seine Sammlung hat er seiner Vaterstadt Genf vermacht.

p. 532. **Ménétriés.**
zu No. 24. Statt p. 99 lies: p. 90.

p. 534. **Merian.**
Streiche „durch ihren Schwiegersohn den berühmten Leonhard Euler".
Die älteste Tochter Johanna Maria Helene, geb. 1668 in Frankfurt, heirathete einen Kaufmann Herold in Surinam; die jüngste, Dorothea Maria Henriette, geb. 1678 in Frankfurt, heirathete einen Maler Xsell oder Gsell, den Peter d. Grosse nach Russland gezogen hatte. Ihre Tochter heirathete Euler, und nach deren Tode die zweite Tochter gleichfalls.

p. 535. zu No. 3. Die Originalzeichnungen der Surinamischen Insecten soll das Staedelsche Institut in Frankfurt a. M. besitzen.

p. 539. **Meyer-Dür.**

11. Mittheilungen der schweizerischen entomologischen Gesellschaft. Redigirt von Dr. G. Stierlin u. Meyer-Dürr. Burgdorf, 1862. 8. pg. 80. No. 1.

Darin von Meyer: Ueber Wernebargs Gruppe der scheckenflügeligen Arten der Faltergattung Hesperia p. 19; Wo ist Bremis hinterlassene Sammlung schweizerischer Dipteren? p. 21; Ueber das Aufsuchen der Nesterraupen nach Blissen p. 38; Auseinandersetzung der Hesperien, Cirsii, Alveolus, Fritillum p. 39; Neue Schweizer Hymenoptera.

p. 542. **Millière.**

zu No. 14. p. 651—656.

p. 543. **Moberg** (Adolf).

*1. Klimatologiska Jakttagelser i Finland. (Erscheinungszeit der Insecten p. 356.)

Bidrag till Finlands Naturkännedom etc. utgifna af Finska Vet. Soc. Helsingfors. 1860. 8. Sjunde Häftet.

p. 544. **Miller.**

*27. Ergebnisse einer entomologischen Reise nach Cephalonia.

Wien. Entom. Monatsschr. 1862. T. 6. p. 279—282; p. 320—326.

p. 544. **Modeer.**

zu No. 3. Statt p. 41—57. lies: p. 41—47.

p. 545. **Moeschler.**

*12. Diacanthoecia Christophii n. sp.

Wien. Entom. Monatsschr. 1862. T. 6. p. 235—236.

p. 546. **Molyneux.**

zu No. 2. Statt Island lies: Irland.

p. 547. **Villa de Montpascal.**

1. Lettre à Mr. Bonafous sur l'utilité du mûrier des Philippines. Turin, 1838. 8. pg. 20.

(cf. Catal. Bibl. Audouin. p. 103.)

Montrouzier.

zu No. 4. p. 265—306. (Coléopt. Fin.)

p. 548. **Morawek** (Franz).

1. Der Seidenraupenwärter in der Brianza, oder praktische Anleitung zur Cultur der Seidenraupen. Ein Auszug aus den besten und neuesten Werken. Aus dem Italienischen mit Anmerkungen von Fr. Morawek. Wien, 1840. 8.

(cf. Engelmann Bibl. Oec. p. 304.)

Morawitz.

zu No. 3. p. 314—320.

Nach Dr. Gerstaeckers Mittheilung ist vielleicht No. 2—6. oder ein Theil derselben von einem jüngern Bruder verfasst.

Morgenstern (J. K.).

1. Unterricht im Seidenbau. Braunschweig, 1796. 8. — Ed. II. ibid. 1813. 8.

(cf. Engelmann Bibl. Oec. p. 338.)

Moria v. Radouan No. 2.

p. 550. **Morris** (Miss Margarethe).

5. The Apple borer, Saperda bivittata.

American Agriculturist. March, 1848.

6. History of the Flea, Pulex irritans.

American Agriculturist.

7. The Cut worm, Phyllophaga quercina.

American Agriculturist.

8. The Cotton Worm, Noctua xylina.

American Agriculturist.

9. The Apple Moth, Carpocapsa pomonana.

American Agriculturist.

10. History of the Bed Bug. (Cimex lectularius L.)

American Agriculturist.

11. History of the Potatoe Weavel. (Baridius trinotatus.)

American Agriculturist. — v. No. 8.

12. On the Plum Curculio. (Rhynchaenus nenuphar.)

American Agriculturist.

13. Larva of the Midge on young wheat plants.

American Agriculturist.

14. History of Cicada septendecim. Part I et II.

American Agriculturist. — v. No. 3.

15. History of the Dryocampa rubicunda.
Horticulturist. 1859.
16. History of Tomicus liminaris.
Horticulturist. 1858.
17. History of the Peach Borer. (Aegeria exitiosa.)
Horticulturist. 1858.
18. History of the Plum Curculio. (Rhynchaenus nenuphar.)
Horticulturist. 1859.
(The chief of Miss Morris list was furnished to me by herself; a large portion were published in Agricultural periodical and necessarely compilations, for the purpose of giving information in the subjects. Those to be regarded as contributions to the science were published by Societies. Sharswood.)

von Motschulsky, jetzt in die Krim übersiedelt.
zu No. 14. Die Worte ,,Article I avec 3 pl. partim color. gehören hinter: T. 18. p. 1—127.
zu No. 21. Statt p. 274. lies: pg. 274.
p. 552. zu No. 35. *T. 10. 1861. Dresde pg. 24; T. 11. 1862. Dresde pg. 55.
zu No. 38. Statt T. 8. p. 183—168. lies: p. 163—168.
p. 553. zu No. 48. Ueber Oedipoda engl. übers. von Wm. W. Turner: *On the means of destroying the Grasshopper.
Ann. Report Smiths. Instit. for 1858. p. 215—228.
zu No. 56. Statt P. 4. p. 199—517. lies: p. 190—517.
zu No. 64. *Bullet. Acad. St. Petersb. 1860. T. 2. p. 513—514.
zu No. 66. *Separat Moscou. 1860. 8. pg. 61. 1 pl.
*67. Coleopterorum species novae a Dr. Schrenk in deserto Kirgisico-Songorico anno 1843 detectae. Moscou, 1860. 8. pg. 39.
Separat aus Bullet. Moscou. 1860. T. 33.
*68. Insectes du Japon. (Coleopt. Hemipt.)
Etud. Entom. 1861. T. 10. p. 1—24. (Suite.)
*69. Remarques sur la collection d'insectes de V. de Motschulsky. (Coleopt.)
Etud. Entom. 1862. T. 11. p. 15—55.

p. 554. **Müller** (Gottlieb).
1. Geheimnisse der Natur, oder Zeugung und Fortpflanzung aller organischen Wesen auf Erden. Berlin, 1804. (mit Ernst Schulz.)

p. 563. **Mulsant.**
*149. Souvenirs d'un voyage en Allemagne. Paris, Magnin etc., 1862. 8. pg. 144.
150. Description d'une espèce nouvelle d'Ochthebius et de la larve de cet insect. (O. Lejolisii.) avec Cl. Rey.
Mém. Soc. Sc. Cherbourg. 1861. T. 8. p. 181.
151. Etablissement d'un nouveau genre parmi les Téléphorides. (Pygidia.) avec Cl. Rey.
Mém. Soc. Sc. Cherbourg. 1861. T. 8. p. 189.

p. 565. **Murray.**
zu No. 15. *p. 567—587.

Bd. II.

p. 3. **Neidhart.**
zu No. 4. Statt p. 384—295. lies: p. 284—295.

Neukirch (J. Chr. L.). Lehrer an der westlichen Bürgerschule zu Braunschweig.
1. Naturbilder aus dem Insektenleben. Ein auf naturhistorischem Grunde ruhendes belehrendes Unterhaltungsbuch für die Jugend. Leipzig, Bernhard Schlicke, 1863. kl. 8. pg. VIII u. 215. m. eingedr. Holzschnitten.

p. 14. **Nilsson.**
zu No. 1. Statt ,,erschienen, als" lies: ,,erschienen, aber".

p. 16. **von Nordmann**, geb. 24. Mai 1803.

p. 17. **Nyder.**
zu No. 1. Statt fol. 125, fol. 36, fol. 190, fol. 41. lies jedes Mal: foll.

p. 21. **de Paiva.**
*2. Descriptions of two new Species of Coleoptera from the Canary Islands. (Catoconilcus Wollastoni, Hylastes Lowei.)
Ann. and Mag. Nat. Hist. ser. 3. 1861. T. 8. p. 210—212.

p. 27. **Panzer.**
zu No. 4. Erlangae, 1793. (Titelausgabe.)

p. 28. **Papa** ist dieselbe Person mit Popa p. 51.

p. 33. **Paykull.**
No. 14. bildet Stk. 3 von No. 12.

p. 38. **Perris.**
zu No. 36. Supplement. Ann. Soc. Ent. Fr. sér. 4. 1862. T. 2. p. 173.

Perrotet.
1. Sur la culture et les usages du mûrier à tiges nombreuses. 1836. 8. pg. 8. pl. 1.
(cf. Catal. Bibl. Audouin. p. 109.)

p. 40. **Petiver.**
zu No. 2. Die in No. 7, 10, 11 aufgeführten Thiere sind meist in No. 2. abgebildet und beschrieben.

p. 44. **Pictet.**
zu No. 13. Statt „Verbreitung" lies: „Beschreibung".

p. 53. **Preller.**
No. 2. Die Käfer von Hamburg etc. gehört zu Preller und nicht zu Precht.

p. 54. **Prittwitz.**
zu No. 12. Füge zu: p. 481—512.
*13. Bemerkungen und Zusätze zu Wildes systematischer Beschreibung der Raupen.
Stett. Ent. Zeit. 1862. T. 23. p. 149—153.
*14. Das Seppsche Schmetterlingswerk.
Stett. Ent. Zeit. 1862. T. 23. p. [illegible].

p. 58. **Raffeneau-Delile.**
1. Notes pour servir à la culture et aux essais de la propagation des mûriers.
Bullet. Herault. 1836. 8. pg. 12. pl. 1. (cf. Catal. Bibl. Audouin. p. 109.)

Rafinesque.
3. Second Memoir on the Genus Aphis containing the description of twenty four new American Species.
American Monthly Magazin and Critical Review. T. 3. p. 15—18.
(Aphis Rosae-suaveolens, diplopha, rhodryas, Viburnum-Opulus, acerifolium, Crataegus-coccinea, Cornus-stricta, Populus-grandidentata, Populus-trepida, Jacobaea-balsamita, arvensis, Erigeron-strigosum, gibbosa, anathelia, solidaginis, Hieracium-paniculatum, Verbena-hastata, Polemonium-graveolens, Arabis-mollis, Polygala-senega, Brassica-napus, Erigeron-canadense.)
(Sharswood.)

p. 61. **Rathke.**
zu No. 6. Füge zu: 1862. T. 23. p. 389—408.

p. 63. **Raynaud** ist derselbe Autor mit Reynaud.

p. 66. **Regel** (Ed.). Wissenschaftl. Director des Kaiserl. Botan. Gartens in Petersburg.
1. Ein noch unbeschriebener Thrips, der die Gewächshauspflanzen der St. Petersburger Gärten bewohnt.
Bullet. phys. Acad. St. Pétersb. 1858. T. 16. p. [illegible].
Mélang. biolog. Acad. St. Pétersb. 1858. T. 2. p. [illegible]. fig.
2. Ueber das Absterben der Tannen und anderer Bäume in den Gartenanlagen St. Petersburgs. (Bostrichus chalcographus, var. setosus M.)
Regel Gartenflora. 1860 Octbr. (cf. Wien. Entom. Monatsschr. 1861. p. [illegible].)

p. 69. **Reiche** (L.).
65. Coléoptères nouveaux recueillis en Corse par M. Bellier de la Chavignerie et decrits.
Ann. Soc. Ent. Fr. sér. 4. 1861. T. 1. p. 201—210.
66. Espèces nouvelles de Coléoptères appartenant à la faune circa-méditerranéenne. (23 Species.)
Ann. Soc. Ent. Fr. 4. sér. 1861. T. 1. p. 361—374.
67. Notes synonymiques.
Ann. Soc. Ent. Fr. sér. 4. 1862. T. 2. p. 79.

p. 70. **Reichenbach.**
zu No. 4. *Bau von Eucera Ungarica. p. 17—18.

p. 72. **Rennie.**
zu No. 3. Deutsche Uebers. von Dr. Franz Kottenkamp: Die Baukunst der Insecten, ihre Verheerungen, ihre Aufbewahrung zu wissenschaftlichen Zwecken und ihre Eintheilung. Stuttgart, 1847. 2 vol. — Gehört als Vol. 91 u. 104 zu den 1846 u. sq. erschienenen Wochenbänden.

p. 73. **Rey.** v. Mulsant No. 20. 23. 24. 26. 47. 49—53. 55—58. 62. 63. 65. 73. 79. 81. 82. 89—91. 93. 99. 101. 110. 112. 113. 116. 120. 127. 128. 133. 143. 144—148.

von Rosch (F. A.).

1. Noth- und Hülfstafeln zur Vertilgung der schädlichen Waldraupe Phalaena Bombyx Monacha, die Nonne mit nach der Natur gezeichneten und illuminirten Abbildungen. 2. Aufl. Erfurt, 1798. gr. fol.
   (cf. Engelmann Bibl. Oec. p. 285.)

p. 74. **Riedi.**

zu No. 1. Nach Catal. Bibl. Audouin: 1811. 8. pg. 77.

p. 75. **Riedel** (W.).

1. Die Bienenzucht in ihrem ganzen Umfange oder leichtfassliche Anweisung zur vortheilhaften Behandlung der Bienen. Ulm, Ebner, 1825. 8.
   (anonym; nach Engelmann Bibl. Oec. p. 34. fraglich von Riedel.)

p. 77. **Riem.**

No. 27 ist dasselbe mit No. 28.

Rindfleisch.

* Bericht über eine Züchtung der Ailanthus-Seidenraupe oder der eigentlichen Bombyx Cynthia.
  Mittheil. d. Central-Instit. Akklimat. in Deutschland. 1862. Jahrg. 3. p. 79—83.

p. 78. **Rizzi.**

2. Nuovo metodo di propagare i gelsi domestici. Padova, 1837. 8. pg. 20. pl. 1.
   (cf. Catal. Bibl. Audouin. p. 109.)

p. 79. **Robert** (E.), in Saint Tulle; ob dieselbe Person mit Eugène Robert; No. 2. gehört wenigstens zu E. Robert.

1. Conseils aux magnaniers de la nouvelle école séricole. 1839.
   (cf. Quérard. T. 10. p. 194.)
2. v. Guérin No. 213. 221. 246.

Robin (Charles).

* 1. Histoire naturelle des végétaux parasites qui croissent sur l'homme et sur les animaux vivants. Avec un Atlas de 15 planches gravées, en partie coloriées. Paris, J. B. Baillière. 1853. 8. pg. 16 u. 702; Errata pg. 2. Atlas Lex.-8. pg. 24. pl. 15.

p. 80. **Robineau.**

zu No. 3. Statt p. 216—318. lies: p. 316—318.

p. 81. **Robinet.**

3. a. Mémoire sur le mûrier. 1840. 8.
3. b. De la taille du mûrier. 1840. 8.
   (cf. Catal. Bibl. Audouin. p. 108.)

p. 85. **Roessler.**

* 10. Zur Naturgeschichte von Bapta pictoria Curt. u. Epione vespertaria L. (parallelaria S. V.)
  Wien. Entom. Monatschr. 1862. T. 6. p. 212—215.

Rogenhofer.

* 7. Beitrag zur Kenntniss der Entwicklungsgeschichte von Mantispa Styriaca. Poda.
  Verhandl. Wien. Zool. Bot. Gesellsch. 1862. T. 12. p. 583—588.
  * Separat pg. 6.

p. 87. **Rolander.**

No. 7. gehört zu No. 6.; d. h., von Bolo daraus mitgetheilt: Die Reinigung des Wassers etc.

p. 90. **Rondani.**

zu No. 50. p. 286.

51. Specie europeae generis Phasia.
    Atti Soc. Ital. Sc. Milano. 1861. T. 3. p. 209.

p. 93. **Rossi.**

zu No. 5. Von Hellwig u. Illiger ist eine neue Ausgabe, nicht eine deutsche Uebersetzung besorgt.

p. 94. **Rother** (A.). Rector emeritus.

* 1. Statistische Mittheilungen über den Zustand des Seidenbaues in Deutschland besonders im Preussischen Staate am Anfange des Jahres 1862.
  Zeitschr. d. Kgl. Preuss. Statist. Bureaus. Berlin. 1862. Jahrg. 2. No. 6. p. 138—143.

p. 93. **Rouvel.** Pastor in Franz. Buchholz bei Berlin.

*1. Bericht über den Stand der Bienenzucht in der Mark. Zur XI. Wander-Versamml. deutscher Bienenwirthe, Potsdam, 1862. 8. p. 76—80.

p. 101. **von der Osten-Sacken.**

zu No. 4. Supplementum. October 1859. pg. 3.

*5. a. v. Loew No. 110.

zu No. 8. Füge: 1862. T. 23. p. 127—128; p. 408—415.

zu No. 11. Statt Colepleru lies: Coleoptera.

p. 105. **Santez** ist dieselbe Person mit Santel p. 108.

de Saporta. Statt Roger lies: Boyer.

p. 106. **de Saulcy** (Felix).

1. Megarthrus Bellevoyi.

Ann. Soc. Ent. Fr. sér. 4. 1867. T. 7. p. 69.

p. 108. **de Saussure.** Lies: Henri statt Henry.

23. Etudes sur quelques Orthoptères du musée de Genève nouveaux ou imparfaitement connus.

Ann. Soc. Ent. Fr. 4. sér. 1861. T. 1. p. [illegible]. tab. 2.

p. 109. **Savage.** Eine Notiz über ihn gibt Haldeman in Sillim. Amer. Journ. T. 42. p. 250.

p. 110. **Say.**

zu No. 11. Statt p. 216—217. lies: p. 216—221.

p. 117. **Schaufuss.**

zu No. 7. *p. 66—69.

In die Stelle von No. 8. rücke Folgendes:

*8. Ueber Sphodrus Clairo.

Sitzungsber. naturw. Gesellsch. Isis. 1861 p. 18—19.

*9. Sieben augenlose Silphiden-Gattungen; Queatlenius und Quaestus nov. gen.

Sitzungsber. naturw. Gesellsch. Isis. 1861. p. 23—24.

*10. Beschreibung von (20) neuen Käferarten aus seiner Preisliste XVIII.

Sitzungsber. naturw. Gesellsch. Isis. 1861. p. 47—50.

*11. Ueber Coreinellen nebst vier neuen Arten.

Sitzungsber. naturw. Gesellsch. Isis. 1861. p. 58—62.

*12. Sechs neue Käfer (zwei Sphodrus aus den Höhlen von Narenta).

Sitzungsber. naturw. Gesellsch. Isis. 1861. p. 91—92.

p. 118. **Schaum.**

*29. b. Bericht über die wissenschaftlichen Leistungen im Gebiete der Entomologie (in Troschels Archiv). für 1848 (1850). p. 107—316; für 1849 (1851). p. 139—230; für 1850 (1852). pg. 128; für 1851 (1853). pg. 152; für 1852 (1854). pg. 146.

Die Fortsetzung v. Gerstaecker No. 4.

p. 120. **Schaum.**

77. Damaster Fortunei.

Ann. Soc. Ent. Fr. sér. 4. 1862. T. 2. p. 69. fg.

p. 121. **Schenck.**

zu No. 3. Statt p. 149. lies: pg. 149.

zu No. 7. Statt Diploptera lies: Diploptera.

p. 125. **Schiner.**

zu No. 22. T. 1. 1860—1862. 8. pg. 4, 80, 674. tab. 2.

p. 129. **Schlueter.**

zu No. 1. Statt Scluter lies: Schluter.

Schmid (A.).

zu No. 1. Jahrg. 14 mit v. Berlepsch, dann von Schmid allein. Jahrg. 1. u. 2. à 12 Nummern, die übrigen à 24 Nummern.

p. 131. **Schmidt** (F. J.).

zu No. 14. Statt p. 3—5. lies: p. 3—4.

p. 132. **Schmidt** (H. R.), geb. 13. August 1814 in Königsberg.

*7. Die Macrolepidopteren der Provinz Preussen.

Schrift. Phys. Oek. Gesellsch. Königsberg. 1862. Jahrg. III. Abth. 1. p. 67—87.

p. 145. **Schwacke.**

zu No. 1. Statt pg. 34. lies pg. 84.

zu No. 3. Statt 8 Bogen lies: pg. 128. — Bienw Phys. Oec. Bienenbibl. T. 2. p. 290—300.

p. 145. **Schwarz.**
*3. v. Kleemann No. 2.
4. Schmetterlings-Belustigungen für die Jugend und angehende Entomologen überhaupt. Ein Auszug aus dem grossen Röselschen Insectenwerke, mit Hinweisung auf das Linnéische System und mit Beibehaltung der Original-Kupfer-Tafeln. Nürnberg, Bauer u. Raspe, (1822—1825). 1825—1826. 4. 2 Bde. mit 36 u. 38 fein ausgemalten Kupfern. (anonym.)
1822 erschien Bd. I. unter dem Titel: Insecten-Belustigungen etc.

p. 146. **Scilla** (Saverio), aus Rom.
1. Trattato delle Farfalle, Erùche e Crisalidi e loro respettive figure, ricavate del Naturale nella Raccolta di Saverio Scilla che si conserva nella Biblioteca casanatense di Roma detta volgarmente Biblioteca della Minerva delineate, e colorite da Francesco Pascucci. Manuscript in fol. mit gemaltem Titel, pg. 34 Text, tab. 42 col. aus dem Anfange des 18. Jahrhunderts.
(Nach Dr. Loews Mittheilung in der Churf. Bibl. in Cassel; Ausführung mittelmässig, die meisten Arten kenntlich.)

Selopis.
1. Rapporto sul discorso del Fr. Lencisa intorno all' industria della seta. Torino, 1839. pg. 14.
(cf. Catal. Bibl. Audouin. p. 109.)

p. 151. **de Selys-Longchamps.**
zu No. 11. Statt No. 4. 5. 6. 9. lies: No. 3. 6. 8. 11.

p. 152. 43. cf. Maillard No. 2.

p. 157. **Sharswood.**
3. Catalogue of the Coleopterous Fauna of Mss. Blue and Abraham in the State of Maine.
Ann. Lyc. Nat. Hist. N. York. (nach Sharswood Mittheilung.)

p. 159. **Sichel.**
21. Observations hyménoptèrologiques.
Ann. Soc. Ent. Fr. sér. 4. 1862. T. 2. p. 118—122.
22. cf. Maillard No. 2.

p. 163. **von Siebold.**
zu No. 71. *Reimpr. Stett. Ent. Zeit. 1862. T. 23. p. 417—436.

p. 165. **Signoret.**
33. Description de deux Homoptères types de genres nouveaux. (Dracela, Cadrela.)
Ann. Soc. Ent. Fr. 4. sér. 1861. T. 1. p. 501—502.
34. Hémiptères nouveaux de Cochinchine.
Ann. Soc. Ent. Fr. sér. 4. 1862. T. 2. p. 123.
35. cf. Maillard No. 2.

p. 168. **Smith** (Fr.). Assistent beim British Museum.
zu No. 98. p. 31—35; lies: „of some new species".
zu No. 99. p. 36—38. tab. 1.

p. 178. **Speyer.**
*30. Zur Vertheidigung (gegen Lederer).
Stett. Ent. Zeit. 1862. T. 23. p. 480—481.

p. 189. **Stål.**
zu No. 34. lies p. 613—622. statt 608—627.

p. 194. **Stephens** (James).
zu No. 1. Statt p. 829. lies: 820.

p. 199. **Stollwerck.**
zu No. 7. p. 191—198.

p. 200. **Stradanus** Werk bildet die Kupfer zu le Tellier.

p. 201. **Straus-Dürckheim.**
zu No. 1. v. E. Doubleday No. 1.

Strobel (Pellegrino).
2. Saggio di osservazioni fenologiche relative ai climi dell' agro pavese e studii su la flora da essi prediletta.
Atti Soc. Ital. Sc. Milano. 1861. T. 3. p. 181.

p. 203. **Struyk.**

1. Verschijden uijtlandsche insecten geteekent na het cabinet van d'Hn. Seba, J. ten Kate etc. door Struyck. 1718. gr. fol. 6 vol.
   (Ce véritable chef d'œuvre fait par un vrai artiste et exécuté d'une main de maître se compose de 200 feuillets dessinés à la plume et peints d'après nature. Il renferme 271 feuillets de papillons et d'autres insectes, 7 ff. d'oiseaux, 6 ff. de coquilles, 14 de plantes. Chaque feuille est soigneusement monté et l'ouvrage entier est renni dans 6 etuis. — In T. O. Weigels Catalog XIII. 1860. p. 48, für 300 Thlr. ausgeboten.)

p. 210. **von Tacchetti** (Carl).

1. Brevi cenni sopra alcune specie lombarde del genere Chrysopa.
   Atti Soc. Ital. Sc. Milano. 1861. T. 3. p. 201.
2. In alcune Libellule del Bresciano. (Nachtrag zu Erra; 6 spec.)
   Atti Soc. Ital. Sc. Milano. 1861. T. 3. p. 338.

Talabot.

1. Note sur un procédé nouveau proposé pour la condition publique des soies à Lyon. 1837. 8. pg. 117.
2. Note sur un procédé pour la condition publique des soies. Lyon, 1832. 8. pg. 123.
   (Beide Catal. Bibl. Audouin. p. 102.)

p. 212. **le Tellier.**

zu No. 1. Lacordaire hat: „avec des belles figures dessinées par Stradan et gravées par Galle." v. Olivier de Serres No. 2.

Taylor (Alexander S.).

*1. An account of the Grasshoppers and Locusts of America, condensed from an article written and furnished by Al. S. Taylor.
   Ann. Report Smithson. Instit. for 1858. p. 200—213.

p. 231. **Turgot** (Etienne François).

1. Mémoire instructif sur la manière de rassembler, de préparer, de conserver et d'envoyer les diverses curiosités d'histoire naturelle; auquel on a joint un mémoire intitulé: avis pour le transport par mer des plantes vivantes, des semences, et de diverses autres curiosités d'histoire naturelle. Paris et Lyon, 1758. 8. pg. 235. pl. 25. (cap. 6 u. 7 Articulata.)
   (Anonym. Nach Haller B. B. T. 2. p. 679. von Etienne François Turgot, nach Lacordaire von Mauduit oder vom Abbé Mazeas; der Anhang ist von Du Hamel.)

   Deutsche Uebers. von W. Jaeger. Anweisung wie die verschiedenen Seltenheiten der Naturgeschichte zu sammeln etc. Nürnberg, 1761. 8. pg. 14. 268. tab. 25.
   (Von Du Hamels Werk existirt eine frühere Edition 1752 u. 1753. 8., und eine Deutsche Uebers. Kopenhagen, 1758. 8.)

Turpin.

2. Notice sur une maladie qui se développe sur les tiges vivantes des mûriers.
   Ann. Soc. hort. Paris. 1838. 8. T. 22. pg. 7.

p. 232. **Uhler.**

*7. Instructions for collecting Orthoptera, Hemiptera, Neuroptera.
   Ann. Report Smithson. Instit. for 1858. p. 161—167.

p. 233. **d'Urban.**

9. On the Natural History of the Gulf of St. Lawrence. (Catalogue of Coleoptera collected by Mr. R. Bell.)
   Canadian Naturalist and Geologist. 1858. p. 212—215. (Sharswood.)
10. Catalogue of Lepidoptera collected by M. Robert Brown.
   Canadian Naturalist and Geologist. 1858. p. 215—216. (Sharswood.)
11. Geological Survey of Canada. Report of Progress for the year 1858. Montreal 1859. Catalogue of Animals and Plants collected and observed in the Valley of the River Rouge and the neighbouring Township, in the Counties of Argenteuil and Ottawa by Mr. W. S. d'Urban, Assistant to Sir William E. Logan in 1858. Articulata. Class Insecta, Order Coleoptera p. 233—237; Lepidoptera p. 237—241. (Sharswood.)

p. 241. **Vigil.**

Statt Haller B. A. lies: Haller B. B.

p. 242. **Villa.**

31. Straordinaria apparizione di insetti carnivori in Lombardia. (Harpalus griseus.)
Atti Soc. Ital. Sc. nat. 1861. T. 2. p. 785.

de Villeneuve (Comte H.).

1. Rapport sur la magnanerie salubre de M. Darcet fait à l'académie de Marseille au nom de la commission d'agriculture. Marseille, impr. de Feissat, 1837. 8. pg. 18.
2. Note sur la ventilation des magnaneries, imprimée à la suite d'un Opuscule de M. E. Robert de Sainte Tulle: Conseil aux magnaneries de la nouvelle école séricicole.
(cf. Querard. T. 10. p. 194.)

p. 243. **Vinen.**

zu No. 7. p. 1—3.

Virey.

zu No. 1. Catalog Bibl. Audouin p. 109. hat: 1820.

p. 243. **Vincentius Bellovacensis.** Ob er in Beauvais (Dept. Oise) geboren ist oder nur im dortigen Kloster als Dominicaner lebte, ist unbekannt. Er war Lector Ludwigs IX. und starb wahrscheinlich 1264. Ausführliche Nachricht über ihn und sein grosses encyclopädisches Werk gibt E. Meyer Geschichte der Botanik. T. 4. p. 96 sq.

1. Speculum majus tripartitum. Argentinae, Mentelin, 1473—1476. fol. 7 vol.

Ed. II. Nürnberg. Anton Koburger, 1483. fol.
Es gibt 5 bis 6 Editionen; Brunet T. 4. p. 658. gibt genaue Nachricht über einen Theil derselben. Daunou hat in Histoire littéraire de France T. 18. eine gute Analyse des Speculum geliefert.

p. 244. **Vitzthum.**

zu No. 2. Statt 1831. lies: 1838.

Voet.

zu No. 3. Streiche die Nummer, da das beschriebene Manuscript von Voets Vater herrührt.

p. 255. **Walker.**

zu No. 87. (die Nummer fehlt) p. 1—23.

p. 266. **West** (Tuffen).

1. On certain appendages to the feet of insects subservient to holding or climbing.
Journ. Proc. Linn. Soc. Lond. 1861. T. 6. p. 26—28.

p. 272. **Westwood.**

zu No. 119. Statt p. 237. lies: p. 297.

p. 285. **White** (A.).

57. Article Insects in Mackenzie Museum of animated nature. 1861. pg. 125. tab. 11 col. (teste A. White.)

p. 287. **Wiegmann.**

zu No. 5. Statt Schaum No. 29. 6. lies: No. 29. b. z.

p. 295. **Wollaston.**

zu No. 26. Füge hinzu: 1861. T. 8. p. 99—111.

p. 296. **Wright** (A.).

zu No. 1. Statt p. 350. lies: p. 150.

p. 297. **Worster.**

zu No. 1. Ed. I. Tübingen, Osiander, 1786. 8. pg. 248. tab. 3. (Anonym.)
Rec. Jena allg. Litt. Zeit. 1786. T. 3. p. 500—501. (Lacordaire.)

p. 305. **Zinken.**

zu No. 8. Statt Isis p. 505. lies: p. 595.

p. 312. **F. A. B.** ist p. 122 bei Scheuereck schon aufgeführt.

p. 317. No. 93. ist bei J. A. Turner p. 231 aufgeführt.

p. 328. zu No. 23. Statt Laun, lies: Lautern.

p. 331. zu No. 80. ist p. 143 bei J. D. Schultze No. 4. aufgeführt.

p. 350. Soc. Ent. Fr. 1861. T. 1. p. 1—650; Bull. pg. 116. tab. 12.

T. 1. p. 84. **Brauer.**

*33. Cephenomyia Ulrichii, die Rachenbremse des Elennthieres.
Verhandl. Wien. Zool. Bot. Gesellsch. 1862. — Separat. pg. 4.

p. 105. **Edwin Burchell** ist dieselbe Person mit Edwin Birchall. p. 63. (teste M'Lachlan.)

p. 202. **Dupont** (Emil).

1. Essai sur les insectes et les maladies qui affectent le Blé. Montreal, 1857. 8. pg. 40. (Sharswood.)

p. 324. **Guichenot.** No. 1. fällt fort; Cossyphus gehört zu den Fischen. (teste H. Lucas.)

p. 327. **de Haan.**

Die Schrift No. 6. Het Haft ist nicht von de Haan sondern von Herklots, woselbst sie p. 359. No. 5. richtig aufgeführt ist. (teste Snellen v. Vollenhoven.)

p. 537. **Menke** (Carl Theodor). Dr. Med.

*1. Pyrmont und seine Umgebungen mit besonderer Rücksicht auf seine Mineralquellen, historisch, geographisch und medicinisch dargestellt. Zweite verb. Auflage. Pyrmont, Uslar, 1840. 8. pg. 448.
(pg. 162—163. sind 12 Arten Insecten, darunter eine neue Aphis vorläufig beschrieben.)

(Geschlossen den 29. November 1862.)

Sach-Register.

Das Sach-Register muss für einzelne Theile, besonders die specielle beschreibende Entomologie, die Nachsicht der Kritik in beträchtlichem Grade in Anspruch nehmen. Für den Naturforscher hat begreiflicher Weise eine bibliographische Arbeit nur dann Nutzen, wenn sie ihm erlaubt, bei jedem zu bearbeitenden Stoffe sogleich die ganze darüber vorhandene Litteratur zu ermitteln und zu übersehen. Der Specialist wird also bei Beurtheilung eines derartigen Werkes eine von ihm besonders gut gekannte Familie wählen, und jenachdem er die Litteratur darüber vertreten findet, den Werth oder Unwerth des Werkes abschätzen. Gewiss mit Recht. Als Ziel hat mir ein Werk, das derartigen begründeten Ansprüchen genügt, vorgeschwebt; aber Ziele lassen sich meist nur auf Umwegen und durch Vorarbeiten erreichen. So musste zum Fertigen einer Bibliographie zuvörderst das Fundament, d. h. die Existenz der Schriften gesichert werden, und in diesem rein bibliographischen Theile liegt allein der Schwerpunkt meiner Arbeit.

Bei Ablieferung des Manuscripts war das Sach-Register noch nicht begonnen. In Betracht der umfangreichen Arbeit, die es erfordert, und bei der Ueberzeugung, dass meine Kenntnisse nicht ausreichen, es so zu fertigen, dass es meinen Ansprüchen an ein derartiges Register genügen kann, war ich zuerst entschlossen die Bibliotheca ohne Sach-Register heraus zu geben, und diese zweite wichtigere Arbeit gewiegteren Kräften zu überlassen. Der Wunsch jedoch, meine Arbeit schon jetzt den Entomologen so zugänglich als möglich zu machen, und die Hoffnung wenigstens für einige Theile eine brauchbare Uebersicht geben zu können, hat mich veranlasst von meinem Entschlusse abzugehen. Vielleicht mit Unrecht.

Das Register ist stets neben der Correctur der Druckbogen im Verlaufe des letzten Jahres gefertigt *). Bei der Aufstellung des Schema sah ich mich vergebens nach einer Vorarbeit um, die meinen Ansprüchen genügte. Die Eintheilung in Dryanders Catalog der Bibliothek von Banks und die von Tauscher in Thons Archiv sind fast die einzigen Arbeiten, die Berücksichtigung verdienen; erwiesen sich aber für meinen Plan als durchaus ungenügend. Das von mir befolgte Schema habe ich den mannigfachen Ansprüchen so gut als möglich anzupassen gesucht, und

---

*) Es sind aufgeführt von 4768 Autoren und 831 Anonymen 18,120 Schriften, von denen 14,334 von mir verglichen sind; also beinahe 4/5 (es fehlen daran 170). Dabei sind die Auszüge, Uebersetzungen, Referate, deren oft mehrere bei einer Nummer angeführt sind, nicht mitgezählt. Die grösste Anzahl Schriften hat Hr. Westwood geliefert, dann folgen Hr. Guérin und Hr. Lucas.

mich nicht gescheut, in einzelnen Fällen die streng logische Ordnung der Zweckmässigkeit und leichteren Uebersicht zu opfern. Ich habe mit Absicht die einzelnen Theile so viel als möglich gespalten, da ich aus eigener Erfahrung weiss, dass lange und massenhafte allgemeine Register ihren Zweck verfehlen, oder sehr umständliches Nachschlagen veranlassen. Leider sind auch in meinem Register die allgemeinen Titel noch viel umfangreicher als ich wünschte.

Um die Citate so kurz als möglich zu machen, ist stets nur der Name des Schriftstellers und die Nummer der Schrift angeführt; ein der Nummer beigefügtes Z. bedeutet, dass sie in den Zusätzen zu finden ist. Wo es mir nöthig schien, ist dasselbe Citat in verschiedenen Abtheilungen wiederholt.

Besondere für mich zum Theil unüberwindliche Schwierigkeiten bot die specielle Entomologie. Ich hätte sie durch eine alphabetische Reihenfolge der Namen leicht vermeiden können, es schien mir aber eine systematische Anordnung für den Gebrauch vortheilhafter. Für eine Zahl Gattungsnamen und selbst für einige Klassen reicht die mir in Königsberg zu Gebote stehende Litteratur nicht aus. Einige Theile haben deshalb Freunden zur Verbesserung vorgelegen, die ich hier nur deshalb nicht namhaft mache, weil ich sie nicht für die von mir begangenen Irrthümer verantwortlich machen darf. Wo ich nicht anders konnte, habe ich doch die alphabetische Folge benutzt.

Noch muss ich einer Ungleichheit erwähnen, die im speciellen Theile oft störend hervortritt. Einzelne unbedeutendere Arbeiten sind weitläufig ausgezogen und im Register vermerkt, während bedeutende, allgemein bekannte Arbeiten darin zurückstehen. Mitunter ist dies absichtlich geschehen, um auf solche leicht zu übersehende Arbeiten aufmerksam zu machen. In der Mehrzahl der Fälle liegt der Grund jedoch im Mangel einer detaillirten Angabe des Inhaltes der Werke, dem ich bei Fertigung des Registers nur Ausnahmsweise abhelfen konnte.

Möge meine Arbeit den Zweck, dem ich nachstrebte, das Studium der Entomologie zu erleichtern und zu fördern, erfüllen!

Dr. H. Hagen.

I. Hülfsmittel; Allgemeines.

1. Bibliographie.

2. Verzeichnisse der Entomologen.

3. Biographien und Nekrologe.

4. Nutzen der Entomologie.

5. Anregung zur Entomologie.

6. Schriften für Kinder und Anfänger.

7. Anleitung zum Sammeln und Erziehen.

a. *Im Allgemeinen.*

b. *Coleoptera.*

c. *Lepidoptera.*

d. *Diptera.*

e. *Tödten der Insecten.*

8. Anleitung Sammlungen einzurichten und zu bewahren.

a. *Im Allgemeinen.*

b. *Präpariren der Raupen und Larven.*

c. *Oeligwerden der Schmetterlinge.*

d. *Abdrücken der Schmetterlinge.*

e. *Firnissen der Schmetterlinge.*

9. Museen und deren Cataloge.

10. Philosophia und Philologia entomologica.

11. Lexica.

12. Nomenclatoren.

13. Nomenclatur.

14. Berichte über die Leistungen in der Entomologie.

15. Geschichte der Entomologie.

16. Entomologie der Griechen, Römer und Egypter.

17. Biblische Entomologie.

II. Allgemeine Entomologie.

1. Schriften über Naturgeschichte.

2. Zeitschriften über Naturgeschichte.

3. Systeme und Handbücher der Naturgeschichte.

4. Schriften über Zoologie.

5. Zeitschriften über Zoologie.

6. Systeme und Handbücher der Zoologie.

7. Schriften über Entomologie.

Kunze 1.
Kalmus 3.
Labouldène 29.
Latreille 23. 71.
Laumann 3.
Leach 1.
Leach (F.) 1.
Lederer 23.
Lorenz 1.
Leborius 1.
Linné 9. 20.
Lutter 8. 9.
Lussac 2.
Lunden 5.
Macquart 22.
Melsheim 2.
Mein 2.
Mannerheim 44.
Martin (M.) 3.
Manders 4.
Meisterke 2.
Michelet 1.
Millard 1.
Mink 6.
Moores 2.
Motschulsky 33.
Monfet 1.
Napier 1.
Newman 124.
Orkshay 3.
Owen 1.
Patterson 4.
Parthenay 7. 16.
Perroud 1.
Plummer 1.
Rendy 3.
Rengle 5.
Robinson 10.
Rossi 3.
Rudd 4.
Sander 1.
Schaeffer 13. 14.
Schaum 47.
Schiner 16. 17. 18. 81.
Schmidt (F. J.) 5.
Sebreek 7.
Selle 1.
Semler 2. 8.
Serville 1. 2. 15.
Shuckard 4.
Siemaszko 1.
Sommer 1.
Serle 1.
Spears (W. B.) 1.
Sperling 1.
Spinola 2.
Stainton 47.
Stein (J.) 1.
Stephens 27.
Sulzer 2.
Swainson 5. 10.
Tuschenberg 4.
Termerer 3.
Tilesius 1. 3.
Trisk 1.
Ullen 1.
Vollet 4. 5. 10. 22.
Walker 87.
Walll 2.
Weber (J.) 1.
Westwood 35. 98. 140. 173.
White 23. 37. Z.
Wiedemann 3.
Wolff 1.
Woodworth 1.
Zamberconi 1.
Zenneck 2.
Anonym:
Th. v. B. 1.
Omega 1.
P. 1.
Rusticus 3.
J. S. T. 1.
1. Anonym 3. 4. 12. 20. 27. 31. 34. 48. 54. 55. 57. 81. 85. 93. 93. 97. 101. 105. 106. 107. 110. 111. 112. 116. 118. 141.
Turner (J.) 1.
Villers 1. 2.
Wakefield 1.
Westwood 6. 109. 121. 141. 200.
Wilson (S.) 1.
Wilson (J.) 5. 6.
Yeats 1.
Anonym:
B. A. E. 1.
D. J. M. 1.
J. F. 64. 1.
1. Anonym 6. 11. 19. 20. 23. 25. 47. 73. 74. 77.

8. Zeitschriften über Entomologie.

Assmann 2.
Boisduval 40.
Dalman 10.
Douglas 43. Z.
Füessly 8. 10. 15.
Germar 6. 30.
Gravenhorst 17.
Herrea 70.
Hoffmann (J. J.) 8.
Hoppe (D.) 2. 3.
Hummel 1.
Jekel 3.
Illiger 7.
Kraatz 28.
Lederer 9.
Müller 8.
Motschulsky 35.
Newman 11. 34.
Roemer 3.
H. Schaeffer 31.
Schlaeger 6.
Schneider (D. H.) 4.
Scriba (L.) 2. 3.
Silbermann 1.
Stainton 55. 60. 31.
Stierlin 8.
Thomson (J.) 7. 47.
Thon 3.
Traquel 3.
Vollenhoven 33.

9. Systeme und Handbücher der Entomologie.

Altmann 1.
Antelme 1.
Audouin 12.
Burgsdorffer (J. A.) 1.
Blanchard 11. 33. e. Z.
Boitard 3.
Brogniard 2.
Brünnich 2.
Brullé 13. 17. 27.
Burmeister 3.
Dallas 11.
Duméril 45.
Duncan 10.
Erichson 9. 36.
Kraleben 6.
Estrupt 1.
Fabricius 2. 3. 7. 10. 13. 17. 19. 20.
Fourcroy 27.
De Geer 13.
Geoffroy 1.
Gerstaecker 24.
Glaser 6.
Goeze 26. 27.
Guérin 45. 320.
Hentsch 1.
Herbst 13. 14.
Herman (J. F.) 1.
Hill (J.) 4.
Iser 1.
Kirby 12.
Lacordaire 5.
Lalanne 1.
Laporte 24.
Latreille 5. 13. 22. 23. 37. 39. 43. 45. 60. 69.
Leach 4. 5.
Linné 21.
Mac Leay 1.
Marsham 7.
Mieg 2.
Mulsant 1. 2.
Newman 15. 23.
Newport 5.
Nodier 2.
Oken 8.
Olivier 4.
Porsberum 10.
Parolli 1.
Parnérus 1.
Perrel 1.
Potagna 2.
Pincock 1.
Ray 3. 4.
Réaumur 7.
Regley 1.
Ruisme 1.
Roemer 4.
Rossel 1.
Rusebzeberger 1.
Rothe 8.
Ronsselle 1.
Schaeffer 15. 16.
Schlage 1.
Schmiedlein 1. 2. 3. 9.
Sigismund 1.
Spence 2.
Stopp 1.
Sulzer 1. 2.
Swammerdam 1. 3. 4.
Thon 11.
Thunberg 9.

10. Auszüge, Zusätze und Recensionen.

a. *Aus Zeitschriften und Sammelwerken; Repertorien.*

Beckmann 3.
Bonconi 1.
Borkhausen 3.
Dejean 15.
Férussac 1.
Guérin 49.
Boerner 1.
Kundmann 3.
Lambert 1.
Oken 3.
Brahm 5. — Naturforscher Stück 24.
Füessly 9. — Naturforscher Stück 1—19.
Füessly 17. — Naturforscher Stück 5—14.
Moeller (O.) 12. — Naturforscher Stück 1—10.
Sebrock 20. — Naturforscher Stück 1—20.
Bremond 1. — Philosophical Transactions.
Gibelin 1. — Philosophical Transactions.
Laporte 23. — Entomological Magazine No. 1.
Lederer 31. — Proc. Acad. Nat. Sc. Philadelphia 1860.
Newman 26. — Trans. Ent. Soc. Lond. T. 3. P. 4; T. 3. P. 1.
Newman 39. — Annals and Mag. Nat. Hist. No. 38, 41, 44, 46, 49.
Newman 42. — Trans. Linn. Soc. Lond. T. 15. P. 4.
Schaum 64. — The Journal of Entomology T. 1.
Herbst 3. — Auszüge der Schriften der Pariser und Stockholmer Academie.
Lederer 31. — Mém. Soc. sc. nat. Cherbourg 1860.
Lederer 31. — Ann. Soc. Linn. Lyon. 1860.
Lederer 31. — Ann. Soc. Ent. Fr. 1861.
Schiner 19. — Ann. Soc. Ent. Fr.
Schiner 19. — Ann. Soc. Ent. Belge.
Costa (A.) 7. — Travaux entomologiques Acad. Aspiranti Natur. Napoli.
Lederer 17. — Berl. Entom. Zeitschrift.
Lederer 31. — Berl. Entom. Zeitschrift. 1861.
Schiner 19. — Berl. Entom. Zeitschrift.
Lederer 17. — Linnaea T. 12.
Schiner 19. — Linnaea T. 13.
Lederer 17. — Stett. Ent. Zeit.
Lederer 31. — Stett. Ent. Zeit. 1861.
Lederer 17. — Verhandl. Wien. Zool. Bot. Gesellsch.
Schiner 19. — Sitzungsber. Akad. Wissensch. Wien.
Lederer 31. — Bull. Acad. St. Pétersbourg 1861.
Lederer 31. — Bull. Moscou 1861.
Lederer 31. — Horae Soc. Ent. Rossicae T. 1.
Schiner 24. — Bull. Moscou.
Schiner 24. — Nouv. Mém. Soc. Nat. Moscou.
Schiner 24. — Kgl. Svensk. Vet. Acad. Handl.
Schiner 24. — Öfvers. Kgl. Svensk. Vet. Acad. Handl.
Serville 28. — Recensionen u. Anzeigen in Férussac Bulletin.
Sodoffsky 7. — Anzeige lepidopterologischer Werke.

b. *Aus einzelnen Werken.*

Gmelin 6. — Ahlers 4. Zygaena Balearica.
Dormitzer 2. — Agassiz 7. Classification of Insects.
Hagen 68. — Agassiz 2. Bibliographie.
Germar 30. — Ahrens 3. Fauna Insectorum Europae.
Füessly 4. — Amstein (J. G.) 1. Auszug aus dem systematischen Verzeichnisse der Schmetterlinge der Wiener Gegend.

Dejean 9. — Aubé 8. Hydrocanthares et Gyriniens.
Cuvier 8. — Audouin 4. Sur le thorax des animaux articulés.
Duméril 16. — Audouin 20. Chenille du genre Dorthesia.
Dutrochet 5. — Audouin 19. Nemura fulvescens.
Latreille 58. — Audouin 6. Sur la génération des insectes.
Douglas 6. — Badham 2. Insect life.
Schaum 64. — Baly 4. Catalogue of Hispidae.
Blainville 6. — Behn 1. 2. Blutbewegung in Hemipteren-Füssen.
Füessly 7. — Bergsträsser 2. Nomenclatur der Insecten der Grafschaft Hanau-Münzenberg.
Schaum 72. — Berlepsch 1. Die Biene.
Duméril 31. — Blanchard 22. Sur le système nerveux des Coléoptères.
Démary 3. — Blisson 2. Méthode propre à faciliter l'étude des larves et des Lépidoptères.
Dohrn (C.) 4. — Boheman 31. Monographia Cassididerum.
Dohrn (C.) 5. — Boheman 27. Insecta Caffrariae.
Zeller 31. — Boheman 26. Sveriges Nattfjarilar.
Bree 32. — Boisduval 24; Guenée 29. Species général des Lépidoptères.
Freyer 15. — Boisduval 6. Europaeorum Lepidopterorum index methodicus.
Keferstein 17. — Boisduval 4. Europaeorum Lepidopterorum index methodicus.
Heyden 4. — Bouché 2. Naturgeschichte der schädlichen u. nützlichen Garten-Insecten.
Duméril 33. — Bourcier Peribeuogenesis bei Bombyx mori.
Kolenati 21. — Brauer 24. Neuroptera austriaca.
Herrich-Schaeffer 18. — Brauer 24. Neuroptera austriaca.
Schaum 40. — Brauer 24. Neuroptera austriaca.
Lederer 17. — Braun 1. Abbildung europäischer Schmetterlinge.
Zeller 69. — Bremer 2. Lepidoptera Chinae.
Duméril 13. — Bretonneau 1. Propriétés vésicantes de quelques insectes.
Lederer 31. — Brunner 2. 2. Disquisitiones Orthopterologicae.
Hagen 107. — Buchting 1. Bibliographie für Bienenfreunde.
Kraatz 58. — Buchting 1. Bibliographie für Bienenfreunde.
Charpentier 12. — Burmeister 5. Orthoptera.
Reiche 28. — Burmeister 4. Pectinicornes.
Reiche 33. — Burmeister 4. Lamellicornes.
Kiesenwetter 22. — Candèze 2. Monographie des Elaterides.
Kraatz 38. — Candèze 3. Métamorphoses des Coléoptères exotiques.
Schaum 33. — Carus (V.) 2. Icones zootomicae.
Geoffroy (E.) 4. — Chabrier 2. Sur le vol des insectes.
Schaum 43. — Chaudoir 16.
Kraatz 37. — Clasen 1. Käfer Mecklenburgs.
Latreille 42. — Clark 1. Observations on the genus Oestrus.
Mac Leay 10. — Clark 1. Observations on the genus Oestrus.
Freyer 10. — Clerck 4. Icones insectorum.
Werneburg 8. — Clerck 4. Icones insectorum.
Zeller 61. — Clerck 4. Icones insectorum.
Cornelii (M.) 8. — Cornalia 1. Monografia del Bombice del Gelso.
Hagen 35. — Cornelius 10. Periplaneta orientalis.
Dohrn (C.) 20. — Costa (A.) 23. 26; Costa (O.) 17.
Hagen 80. — Costa (A.) 37. Neuroptera Neapolitana.
Yersin 1. — Cramer 1. Catalog der Lepidoptera.
Schlaeger 9. — Cyrillo 1. Entomologiae Neapolitanae specimen.
Le Pelletier 11. — Dahlbom 4. Bombi Scandinaviae.
Spinola 48. — Dahlbom 20. Hymenoptera Europaea, praecipue borealia.
Latreille 66. — Dalman 9. Analecta entomologica.

Duponchel 24. — Desjardins 7. Sur l'Alucite Xylostella.
Haworth 5. — Donovan 1. Brittische Lepidoptera.
Stein (J.) 14. — Dubois 1. Lépidoptères de la Belgique.
Duméril 22. — Dufour 31. Recherches anatomiques sur les Orthoptères.
Duméril 24. — Dufour 35. Entozoaires et larves parasites des Orthoptères.
Duméril 46. — Dufour 162. Recherches anatomiques sur le genre Leptopus.
Hagen 19. — Dufour 140. Zusätze zu Etudes sur les larves des Libellules.
Newman 63. — Duncan 12. The natural history of exotic Moths.
Démary 2. — Duponchel 23. Sur l'usage des antennes.
Dohrn 13. — Dudraint 1. Verzeichniss der Käfer um Hamburg.
Rose 29. — Eujalrie, Altelabus Bacchus nuisible à la vigne.
Motschulsky 27. — Erichson 20. Die Käfer Deutschlands.
Gerning 3. — Ernst 1. Papillons d'Europe.
Füessly 7. — Esper 1. Die Europäischen Schmetterlinge.
Hacwich 1. — Esper 1. Bestimmung der Europäischen Schmetterlinge.
Hering 7. — Eversmann 18. Fauna lepidopterologica Volgo-Uralensis.
Herrich-Schaeffer 18. — Eversmann 35. Les Noctuélites de la Russie.
Duméril 39. — Fabre 5. Hypermetamorphose et moeurs des Méloides.
Children 4. — Fabricius 31. Systema Glossatorum.
Füessly 7. — Fabricius 3. Genera Insectorum.
Gravenhorst 11. — Fabricius, Zusätze zu seiner Beschreibungen der Ichneumoniden.
Hope 14. — Fabricius Lamellicorn Beetles.
Illiger 18. — Fabricius 21. Zusätze zu Systema Eleutheratorum.
Leske 3. — Fabricius 7. Species insectorum.
Megerle 3. — Fabricius 21. Systema Eleutheratorum.
Schaum 15. — Fabricius. Coleoptera.
Schneider (D.) 9. — Fabricius Coleoptera.
Schneider (D.) 10. — Fabricius 13. Entomologia systematica.
Rose 10. — Le Febvre 2. Traité sur les abeilles.
Reiche 23. — La Ferté 8. Monographie des Anthicus.
Flor 3. — Fieber 14. Rhynchota austriaca.
Hagen 63. — Finger, Reductions-Tafeln des Millimeter-Punkts.
Zeller 73. — Fischer (L. H.) 14. Orthoptera Europaea.
Reinhard 3. — Foerster 9. Hymenopterologische Studien.
Raithe 11. — Foerster 14. Synoptische Uebersicht der Proctotrupier.
Nylander 6. — Foerster 9. Hymenopterologische Studien.
Kaltenbach 3. — Fonscolombe 15. Pucerons des environs d'Aix.
Deyeux 1. — Fourcroy (F.) 3. Nature de l'acide des animaux.
Duméril 14. — Fontanille, larves de Noctua envoyées.
Kiesenwetter 38. — Fondras 4. Altisides.
Leske 2. — Füessly 15. Neues Magazin der Entomologie.
Dohrn (C.) 6. — Gardeners Chronicle; Englische Popular-Entomologie.
Reiche 29. — Gaubil 1. Carabiques nouveaux pour la faune de la France.
Zeller 3. — De Geer 13. Bestimmung der Lepidopteren.
Erxleben 2. — Geoffroy (E. L.) 1. und Schaeffers System.
Hagen 79. — Georgi 2. 3. Fauna Russlands.
Zeller 53. — Gerhard 1. Monographie der Lycaenen.

Guérin 97. — Germar 89. Cerambycidae in Insectorum species novae.
Schaum 18. — Germar 16. Fauna Insectorum Europae Fasc. 23.
Ménétriés 89. — Gerstaecker 12.
Schaum 60. — Gerstaecker 14. Monographie des Endomychides.
Bigot 6. — Gerstaecker 6.
Ménétriés 23. — Gerstaecker 6.
Schiner 15. — Gerstaecker 4.
Schaum 18. 70. — Gillmeister 1. Trichopterygia.
Millie 3. — Ghiron 1. Calendario entomologico.
Dohrn (C.) 18. — Gistel 23. Mysterien der Insecten-Welt.
Mannerheim 13. — Gistel 19. Die jetzt lebenden Entomologen.
Mannerheim 15. — Gistel 21. Systema Insectorum.
Mannerheim 15. — Gistel 23. Mesoclastus paradoxus.
Mannerheim 15. — Gistel 4. Enumeratio Coleopterorum Monacensis.
Füessly 7. — Gladbach 1. Beschreibung neuer europäischer Schmetterlinge.
Zeller 69. — Gladbach 7. Beschreibung neuer europäischer Schmetterlinge.
Stein (J.) 3. — Gorski 1. Analecta ad Entomographiam Rossiae occident. merid.
Germar 47. — Gory 18. Monographie des Cétoines.
Mannerheim 13. — Gory 18. Monographie des Cétoines.
Newman 40. — Gosse 1. The Canadian Naturalist.
Newman 45. — Capt. Grey, Insects collected in King Georges Sound.
Kraatz 38. — Gredler 2. Käfer von Passeier.
Lederer 27. — Guenée 19. Noctuélites.
Herrich-Schaeffer 20. — Guenée 19. Noctuélites.
Duméril 34. — Guérin 258. Sur le Bombyx Mylitta.
Germar 38. — Guérin 5. Berichtigungen zum Magasin de Zoologie.
Mannerheim 15. — Guérin 45. Genera des insectes.
Brischke 1. — Harris (T. W.) 38. Insects of Massachusetts injurious to vegetation.
Germar 76. — Harris (T. W.) 38. Insects of Massachusetts injurious to vegetation.
Hagen 105. — Harris (M.) 1. 2. 3. 4.
Herrich-Schaeffer 33. — Haworth 1. Lepidoptera Britannica.
Germar 75. — Heer 14. Insektenfauna der Tertiärgebilde von Oeningen u. Radoboy.
Schmidt (W. L.) 8. — Heer 4. Käfer der Schweiz.
Schmidt (W. L.) 12. — Heer 5. Fauna Coleopterorum Helvetica.
Kiesenwetter 38. — Heinemann 4. Schmetterlinge Deutschlands und der Schweiz.
Speyer 18. — Heinemann 4. Schmetterlinge Deutschlands und der Schweiz.
Koch (G.) 7. — Heyden 15. Recension der Schmetterlinge der Wetterau.
Hagen 30. — Hill 5. A Decade of curious insects.
Hering 11. — Hoffmann (Jul.) 2. Die Macrolepidopteren Württembergs.
Schultze (J. D.) 2. — Holler 1. Muscarum etc. figurae.
Rose 24. — Huber (P.) 2. Recherches sur les fourmis indigènes.
Rose 26. — Huber (P.) 1. Nouvelles observations sur les abeilles.
Ducarne 4. — Huber (P.) 1. u. andere Bienenbücher.
Freyer 5. — Hübner 1. Kolontafeln.
Hoffmannsegg 3. — Hübner 4. Alphabetisches Verzeichniss der Abbildungen der Papilionen.
Zeller 90. — Hufnagel 1. Synonymie der Lepidoptera.
Newman 41. — Humphrey 1. British Butterflies.
Kiesenwetter 38. — Jacquelin Duval 21. Glanures.
Kraatz 18. — Jacquelin Duval 14. Manuel entomologique.
Kraatz 34. — Jacquelin Duval 21. Glanures.
Schaum 41. — Jacquelin Duval 8. De Bembidiis Europaeis.
Schaum 55. 64. — Jacquelin Duval 14. Manuel entomologique.
Schaum 60. — Imhoff 22. Einführung in das Studium der Coleoptera.
Herrich-Schaeffer 18. 20. — Kaltenbach 5. Die deutschen Phytophagen.
Fischer (L. H.) 17. — Kampmann 1. Catalogus coleopterorum vallis rhenanae alsatico badensis.
Illiger 23. — Kirby 7. Monographia Apum Angliae.
Dohrn (C.) 19. — Kirschbaum 4. Die Rhynchoten um Wiesbaden.
Füessly 17. — Klemch 1. Beiträge zur Insecten-Geschichte.
Laske 2. — Knoch 1. Beiträge zur Insecten-Geschichte.
Glaser 5. — Koch (G.) 5. Schmetterlinge des südwestlichen Deutschlands.
Heyden 15. 33. — Koch (G.) 1. Die Raupen u. Schmetterlinge der Wetterau.
Herrich-Schaeffer 18. — Koch (G.) 5. Die Schmetterlinge des südwestlichen Deutschlands.
Zeller 42. — Kolenati 1. Meletemata entomologica.
Gistel 21. — Kollar 4. Brasiliens lästige Insecten.
Keferstein 8. — Kollar 2. Systematisches Verzeichniss der Schmetterlinge Oesterreichs.
Schaum 9. — Küster 1. Die Käfer Europa's.
Huguet 67. — Lacordaire 13. Genera des Coléoptères.
Dejean 14. — Lacordaire 9. Monographie des Erotyliens.
Duméril 18. — Lacordaire 5. Introduction à l'Entomologie.
Guérin 138. — Lacordaire 10. Révision de la famille des Cicindélides.
Kiesenwetter 24. — Lacordaire 13. Genera des Coléoptères. Buprestides.
Reiche 19. — Lacordaire 11. Monographie des Coléoptères Phytophages.
Schaum 69. — Lacordaire 13. Genera des Coléoptères.
Thomson (J.) 27. — Lacordaire 13. Genera des Coléoptères T. 4.
Herbst 6. — Laicharting 1. Verzeichniss der Tyroler Insecten.
Laske 2. — Laicharting 1. Verzeichniss der Tyroler Insecten.
Duméril 13. — Lamare-Picquot 1. Sur le Bombyx Paphia.
Füessly 17. — Landriani 1. Firnissen der Lepidopt.
Duméril 21. — Laporte 30. Monographie du genre Clytus.
Mannerheim 13. — Laporte 30. Histoire naturelle des Coléoptères.
Gistel 17. — Latreille 33. Zusätze zu Genera Crustaceorum et Insectorum.
Hoffmannsegg 5. — Latreille 38. Recueil d'observations de Zoologie.
Illiger 23. — Latreille 23. Familien, Gattungen, Horden der Käfer.
Dejean 3. — Leach 6. Monograph on the Cebrionidae.
Duméril 61. — Leclerc, Caprification chez les Cabyles.
Herrich-Schaeffer 18. 20. — Lederer 14. Die Noctuinen Europa's.
Zeller 60. — Lederer 4. 6. Lepidoptera Sibiriens.
Speyer 20. 2. — Lederer 17.
Duméril 23. — Lefebvre 20. Nouveau groupe des Mantides.
Schaum 60. — Lentz 1. Catalog der Coleopteren Preussens.
Duméril 38. — Leprieur 7. Métamorphose des Trachys pygmaea.
Duméril 40. — Lespès 5. Sur l'appareil auditif des insectes.
Charpentier 15. — Lichtenstein 4. Mantis.
Hope 18. — Linné Laurellicorn Beetles.
Schaum 18. — Linné Coleoptera.
Zeller 28. — Linné's Citate von Lepidopteren.
Schaum 72. — Loew 131. Dipterenfauna Süd Africa's.
Siebold 25. — Loew 10. Horae anatomicae.

Lasperres 9. — Schiffermüller 2. Schmetterlinge der Wiener Gegend.
Schaum 64. — Schiner 23. Diptera Austriaca.
Kiesenwetter 14. — Schmidt, Catalogus Coleopterorum Europae. (Stett. Ent. Ver. Bd. III.)
Schaum 25. — Schmidt 7. Catalogus Coleopterorum Europae.
Hagen 32. — Schneider (W. L.) 8. Monographia generis Chrysopae.
Kollar 40. — Schneider, Ueber Kartoffelkrankheit.
Jekel 1. — Schoenherr 6. Index ad Genera et Species Curculionidum.
Schmidt 8. — Schoenherr 6. Genera et species Curculionidum.
Giebel 39. — Schrank 17. Zusätze zur Fauna Boica.
Leske 3. — Schrank 11. Enumeratio Insectorum Austriae.
Herbst 7. — Schroeter (J. S.) Abhandlungen über verschiedene Gegenstände der Naturgeschichte.
Hagen 32. — Scopoli 1. Kupfer zur Entomologia Carniolica.
Schiner 14. — Scopoli 1. Entomologia Carniolica.
Werneburg 7. — Scopoli 1. Entomologia Carniolica. Lepidoptera.
Zeller 73. — Scopoli 1. Entomologia Carniolica. Lepidoptera.
Scriba (L.) 5. — Scriba (L.) 2 u. 3. Journal f. Entomologie, Beiträge zur Insectengeschichte.
Schaum 69. — Selys 20. Monographie des Gomphines.
Schneider (W. G.) 9. — Selys 13. Revue des Odonates d'Europe.
Kolenati 36. — Sommer, Die Markgrafschaft Mähren.
Prittwitz 14. Z. — Sepp 1. Schmetterlinge Hollands.
Cuvier 7. — de Serres (M.) 3. Observations sur le tube intestinal des insectes.
Burmeister 21. — Audinet-Serville 18. Histoire naturelle des Orthoptères.
Charpentier 12. — Audinet-Serville 15. Histoire naturelle des Orthoptères.
Dale 47. — Smith (F.) 67. Catalogue of British Hymenoptera ...
Freyer 21. — Speyer 10. Geographische Verbreitung der Schmetterlinge Deutschlands.
Kiesenwetter 27. — Speyer 10. Geographische Verbreitung der Schmetterlinge Deutschlands.
Lederer 17. — Speyer 10. Geographische Verbreitung der Schmetterlinge Deutschlands.
Herrich-Schaeffer 29. — Speyer 10. Geographische Verbreitung der Schmetterlinge Deutschlands.
Schlaeger 11. — Speyer 10. Geographische Verbreitung der Schmetterlinge Deutschlands.
Blanchard 10. — Spinola 10. Hemiptera heteroptera.
Schmidt 7. — Spinola 41. Clerites.
Serville 12. — Spinola 41. Clerites.
Frey 6. — Stainton 40. The natural history of the Tineina.
Lederer 31. — Staudinger 15. Catalog der Lepidopteren Europa's.
Speyer 15. — Staudinger 15. Catalog der Lepidopteren Europas.
Dale 13. — Stephens 3. Illustrations of British Entomology.
Keferstein 7. — Stephens 4. Catalogue of English Insects.
Kraatz 34. — Sirrach 1. Catalogue systématique des Coléoptères.
Doubleday (E.) 15. — Straus-Durckheim 1. Considérations sur l'anatomie comparée des animaux articulés.
Dohrn 19. — Sturm 7. Deutschlands Insecten-Fauna. P. 23.
Schaum 13. 20. — Sturm 7. Carabicinen.
Füessly 5. — Sulzer 2. Abgekürzte Geschichte der Insecten.
Scheven 3. — Sulzer 2. Abgekürzte Geschichte der Insecten.
Doubleday (E.) 13. — Swainson 6. Preliminary discourse on the Study of Natural History.
Newman 27. — Swainson 10. On the History and Natural Arrangement of Insects.
Hering 11. — Tessien 1. Verzeichniss der Schmetterlinge um Hamburg und Altona.
Kiesenwetter 36. — Thomson (C.) 10. Skandinaviens Coleoptera.
Kraatz 37. — Thomson (J.) 7. Archives entomologiques.
Kraatz 54. — Thomson (J.) 47. Arcana naturae.
Kraatz 58. — Thomson (J.) 60. Classification des Cérambycides.
Hagen 51. — Thunberg 4. 8. 11. Entomologiska Dissertationen.
Hummel 1. — Thunberg 9. Periculum entomologicum, übersetzt.
Kewell 9. — Thunberg 37. 40. Insecta Ichneumonides.
Stål 9. — Thunberg, Hemiptera.
Werneburg 9. — Thunberg, Lepidoptera.
Children 2. — Treitschke 1. Schmetterlinge von Europa.
Freyer 6. — Treitschke 1. Schmetterlinge von Europa.
Duméril 29. — Vallot, Notes concernant diverses questions d'Entomologie.
Walker 25. — Virey, System of animal structure.
Füessly 3. — Voet 1. Catalogus systematicus Coleopterorum.
Hagen 55. — Voet 1. Catalogus systematicus Coleopterorum.
Loew 77. — Walker 80. Diptera Britannica.
Herrich-Schaeffer 18. 30. — Walker 62. Lepidopterous Insects in the Brit. Museum.
Herrich-Schaeffer 24. — Wallengren 11. Nya Fjäril ...
Newman 61. — Westwood 147. Arcana Entomologica.
Buquet 63. — White 46. Longicornia.
Kraatz 54. — Wilde 2. Pflanzen u. Raupen Deutschlands.
Prittwitz 13. Z. — Wilde 2. Pflanzen und Raupen Deutschlands.
Roessler 8. — Wilde 2. Pflanzen u. Raupen Deutschlands.
Dale 13. — Wood 2. Index of Lepidopterous Insects of Great Britain.
Freyer 5. — Zeller 1. Bestimmung von Réaumurs Lepidopteren.
Stainton 1. — Zeller 43. Die mit Augendeckel versehenen blattminirenden Schaben.

11. Gesammelte Werke eines Schriftstellers.

Bonnet 15.
Harris 97. (bis 1863 nicht erschienen, v. Sacken.)
Hombres Firmas 4.
Malanot 73.
Moralte 23.
Petiver 12. 14.
Say 30. 31.
Schaeffer 12.
Schrank 23.
Thunberg 10.
Vallisnieri 12.

12. Schriften, in welchen nebenbei Entomologie behandelt wird.

Adams (A.) 1.
Agricola 1.
Alsted 1.
Anderson (James) 15.
Baikie 1.
Barclay 3.
Bartholinus (T.) 3.
Bewick 1.
Bost 1.
Bousmeier 1.
Bradley 1. 8.
Braun 1.
Brown (T.) 1.
Buchholz 2.
Buchoz 4. 9.
Bullivant 1.
Buquet 68.
Burgsdorf 2.
Camerarius (J.) 1.
Camerarius (Joh. R.) 1.
Carroll 1.
Chool 1.
Cooke (N.) 1.
Daniel 1.
Darwin 1.
Dioscorides 1.
Faber (J. P.) 1.
Fabricius 9. 78.
Fischer ... 1.
Franklin (W.) 1.
Freigius 1.
Gerlside 1.
Gregory 1.
Guettard 5.
Hill (J.) 2.
Hooke 2.
Lamarck 3.
Lacroix 1.
Lempriere 1.

13. Gedichte.

14. Allegorien.

15. Kupferwerke für die Naturgeschichte.

16. Kupferwerke für Zoologie.

17. Kupferwerke für Entomologie.

18. Fauna von Europa.

a. *Europa im Allgemeinen.*

b. *Schweden.*

Norwegen.

Lappland.

c. *Dänemark.*

Island.

d. *Deutschland.*

Preussen.

Oesterreich.

Baiern.

Bergsträsser 3. Hanau Münzenberg und Wetterau.
Fabricius (P. C.) 1. Wetterau.
Fahraeus 7. Ems.
Klingelhoeffer 4. Darmstadt.
Riehl 4. Kurhessen.
Schwaab 1. Kurhessen.
Rehmann 1. Rippoldsau.
Ludwig 3. Sachsen.
Black 1. Pfungstädter Grund.
Schultze 3. Zeehener Grund.

e. Schweiz.

Bremi 17. 20.
Bremi 20. Uetli.
Füessly 1.
Hagenbach 1.
Imhoff 4.
Jurine 1. Chamounix.
Labram 1. 3.
Razoumowsky 1. Jura.
Sahn 2.
Schellenberg 1.
Seiler 1.
Sewell 1.
Wagner (J. J.) 1.
1. Anonym 15.

f. Holland

l'Admiral 1.
Anslijn 1.
Bennet 1.
Greuer 1.
Herklots 1. 2.
Hoeven 2. 10.
Maitland 1. 2.
Six 1. 2. 3.
Voet 3.
Vollenhoven 27.

g. Belgien.

Robert 1. Lüttich.
Selys 24.

h. England.

l'Admiral 1.
Albin 1. 2.
Barbut 1.
Berkenhout 1. 2.
Bird 2. Burghfield.
Blomer 2. Bridgend.
Borlase 1. Cornwall.
Boys 1. Sandwich.
Burrell 1. Norfolk.
Catlow 1.
Clark (H.) 1. Towcester.
Curtis 1. 4. 18.
Dale 1. 3. 38. 48.
Dale 13. Purley Heath.
Dale 44. Dorsetshire.
Donovan 1.
Doubleday 16. Epping.
Duncan 3. Edinburg.
Forster (J. R.) 1.
Foster (B.) Shellness.
Gray (J.) Perthshire.
Greenhow 1. Tynemouth.
Haliday 27. Kerry.
Harris (M.) 1. 2. 3. 4.
Haworth 4. 8.
Hobson 1.
Merrett 1.
Newman 12.
Norman 1. Darenth Wood.
Paget 1. Yarmouth.
Patterson 4.
Plott 1. Staffordshire.
Ray 4.
Samouelle 2. 3.
Scott 2. Schottland
Selby 2. 7. Berwickshire.
Sibbald 1. Schottland.
Sowerby 1.
Stephens 3. 4. 5. 6. 31. 32. 33. 35. 36.
Stewart 1. Edinburgh.
Stockley 1. 2. London.
Thompson (W.) 8. Irland.
Wailes 1.
Walker 3. Cornwall, Devonshire.
Wallis 1. Northumberland.
Westwood 67.
White (G.) 1. Selborne.
Wilkin 1. 2.
Wollaston 1. Lundy Island.
Anonym A. J. N. 1.
1. Anonym 79. Whitehaven.

i. Frankreich.

l'Admiral 1.
Bertrand 1. Cherbourg.
Blot 1. Caen.
Bory St. Vincent 3. Gironde.
Buchoz 2. Lothringen.
Borbon 7.
Descourtils 2.
Desportes 1. Dépt. de la Sarthe.
Donzel 11. Basses Alpes.
Dufour 108. Pyrénées.
Fonscolombe 17. Aix.
Fourcroy 1. Paris.
Gourman 27. Cherbourg.
Hammer 2. Bas Rhin.
Lahmalbèse 52. Clermont.
Millet 1. 2. 3. Maine Loire.
Mulsant 1.
Salzmann 1. Südfrankreich.
Serres 6. Südfrankreich.
Serville 2.
Villers 1. 3.
Walckenaer 1. Paris.
1. Anonym 68.

k. Spanien.

Bowles 1.
La Gasca 1.
Graells 10.
Graells 1.
Rambur 9.
Rosenhauer 13.
Siebold 62.

l. Portugal.

Vandelli 3.

m. Italien.

Allioni 1. Turin.
Arragona 1.
Contarini 4. Padua und Venedig.
Curigliano 1. 2. Reggio.
Costa (A.) 11. 20. 22. 26. 27. 30. 31. 33. 39. Neapel.
Costa (A.) 30. Sardinien.
Costa (A.) 32. Ischia.
Costa (O.) 8. 10. 22. 23. 25. Neapel.
Costa (O.) 14. 15. Vesuv.
Costa (A.) 35. Vesuv.
Costa (O.) 27. Capri.
Cyrillo 1. Neapel.
Gioma 2. Piemont.
Cioli 1.
Hellwig 2. Fn. Etrusca.
Illiger 32. Fn. Etrusca.
Marians 1.
Mueller (O.) 2. Turin.
Petagna 1. Neapel.
Petagna (V.) 1. Calabrien.
Risso 1. Nizza.
Rossi 4. 5. Toscana.
Scopoli 8. Insubria.
Turra 1. Vicenza.
Zinanni 2. Ravenna.

n. Sicilien.

Bellier de la Chavignerie 57. 61.
Blanchard 21. 22.
Costa (A.) 8. Palermo.
Costa (O.) 21. 28.
Ghiliani 1.
Lefebvre 3.
Rafinesque 1.
Savi 1. Aetna.

o. Griechenland.

Brullé 3. 9. Morea.
Lucas (H.) 112. Creta.

p. Dalmatien.

Frauenfeld 15. 21. 25. 28. 30.

q. Siebenbürgen.

Bielz 3. 4. 7.
Frivaldszky 1. Balkan.

r. Ungarn.

Dahl 3.
Pillér 1.
Heyden 28. E.
Urban 1. Ofen.

s. Russland.

Asmuss 2. 3. 6. 10.
Eichwald 1.
Fischer 13.
Georgi 3.
Gmelin (S.) 1.
Gorski 1.
Koeppen 1.
Kolenati 1.
Lepechin 1.
Motschulsky 13.
Pallas 5. 6. 7.
Georgi 3. Petersburg.
Sacken 3. 6. Petersburg.

Finnland.

Gadd 1.
Hellenius 2. Åbo.
Panzer 4.
Udmann 1.
Wallenius 1. 2.

Ingermanland.

Cederjhelm 1.
Boeber 1. Petersburg.

Ostsee-Provinzen.

Drumpelmann 2. Lief- Esth- Curland.
Fischer (J. B.) 1. Liefland.
Grosschke 1. Curland.
Hupel 1. Lief- Esthland.
Kawall 6. 12. Curland.

Belke 1. 2. Kaminiec.
Rzaczynski 1. 2. Polen.
Dwigubsky 1. Moscau.
Becker (A.) 2. 3. 4. 5. Sarepta.
Eversmann 10. 19. Kasan, Ural.
Boeber 2. 3. Taurien.
Koeppen 3. Krim.

19. Fauna von Asien.

20. Fauna von Africa.

21. Fauna von America.

22. Fauna von Australien.

23. Reisen in Europa.

Malsont 109. 2. Deutschland.
Bruchmann 7. Deutschland.
Hoppe (D.) 4. 8. Krain, Kärnthen, Baiern, Böhmen.
Leske 4. Sachsen.
Preyssler 3. Böhmen.
Schrank 18. 24. Bayern.
Mannerheim 23. Nord-Deutschland.
Weidenbach 1. Kissingen.
Waltl 3. Tyrol.
Scholtes 1. Glockner.
Strave (O.) 1. Alpen.
Dohrn 21. Schweiz.
Eversmann 34. Provence.
Kiesenwetter 18. Südfrankreich, Pyrenäen.
Mink 4. Südfrankreich.
Dillon 1. Spanien.
Loefling 1. Spanien.
Meyer-Duer 9. Spanien.
Waltl 3. Andalusien.
Rosenhauer 13. Andalusien.
Bertrand 1. Elba.
Dohrn 21. Italien.
Scheem 29. Nizza.
Waltl 3. Ober-Italien, Piemont.
Frauenfeld 15. Dalmatien.
Germar 12. Dalmatien.
Miller 22. 2. Cephalonien.
Frivaldszky 3. 4. Balkan.
Hobhouse 1. Albanien, Rumelien.
Mitterpacher 1. Ungarn.
Townson 1. Ungarn.
Pallas 3. 6. Russland.
Georgi 1. Russland.
Acerbi 1. Finnland.
Consett 1. Finnland.
Chydenius 1. 2. Karelien.
Clarke (E.) 1.

24. Reisen in Asien.

Gebler 10. Katunische Alpen.
Laxmann 1. Sibirien.
Lepechin 1. Sibirien.
Ménétriés 13. Sibirien.
Pallas 5. 6. Sibirien.
Meyendorf 1. Orenburg Buchara.
Ménétriés 5. Caucasus.
Motschulsky 33. Caucasus.
Frauenfeld 30. China.
Linné 23. China.
Staunton 1. China.
Blanchard 14. Indien.
Hamilton 1. Indien.
Broughton 1. Mahratten.
Forbes 1. Indien.
Frauenfeld 33. Madras.
Guérin 6. Indien.
Guérin 151. Indien.
Heber 1. Indien.
Mornor 1. Indien.
Osbeck 1. Indien.
Thomson (J.) 43. Indische Inseln.
Kaempfer 1. Japan.
Frauenfeld 31. Ceylon.
Knox 1. Ceylon.
Layard 1. Ceylon.
Frauenfeld 31 Nicobaren.
Ménétriés 13. Persien.
Morier 1. Persien.
Olivier 1. Levante.
Forskål 1. 3. Arabien.
Clarke (E.) 1.
Hasselquist 1. Palästina.

25. Reisen in Africa.

Forskål 1. Egypten.
Bruce 1. Abyssinien.
Guérin 204. 215. Abyssinien.
Jackson 1. Marocco.
Poiret 1. Barbarei.
Shaw 1. Barbarei.
Eversmann 34. Algier.
Dupuis 1. Ashantee.
Adanson 1. Senegal.
Thomson (J.) 44. Gabon.
Chrìbty 6. Madeira.
Christy 7. Teneriffa.
Barrow 1. Süd-Africa.
Burchell 1. Süd-Africa.
Campbell 1. Süd-Africa.
Frauenfeld 31. Cap.
Sparrman 6. Cap.
King 60. Mozambique.
Kollar 55. Madagascar.
Bory St. Vincent 6. Mauritius, Bourbon.
Clarke (E.) 1.

26. Reisen in America.

Curtis 5. Arct. America.
Kirby 18. Arct. America.
Anonym E. N. D. 4. Arct. America.
Bartram 1. Carolina, Georgia, Florida.
Gosse 6. Alabama.
Haldeman 31. Utah, Salzsee.
Kalm 3. Nord-America.
Lambert 1. Nord-America, Canada, Georgia.
Chanvalon 1. Martinique.
Gosse 5. Jamaica.
Mac Kinnen 1. Bahama-Inseln.
Bancroft 1. Guyana.
Stedman 1. Surinam.
Bates 1. Pará, Santarem.
Piso 1. Brasilien.
Pohl 2. Brasilien.
Burmeister 34. Brasilien.
Burmeister 42. La Plata Staaten.
Azara 1. Paraguay.
Rengger 2. Paraguay.
Frauenfeld 33. Valparaiso.
Temple 1. Peru.
Miers 1. Chile.
Curtis 16. Magellans-Strasse.
Blanchard 19. Süd-America.
Darwin 1. Süd-America.
Andrew 1.

27. Reisen in Australien.

Angas 1.
Behr 1. 3.
Bennett (G.) 1. New-South-Wales.
Bennett (G.) 1.
Cunningham 1.
Leichard 1.
White (J.) 1. Süd-Wales.

28. Circumnavigationen.

Blanchard 40. — Dumont d'Urville.
Boheman 17. — Fregatte Eugenie.
Boisduval 9. — Dumont d'Urville, Astrolabe.
Boisduval 10. — Duperrey, Coquille.
Dampier 1.
Duperrey 1.
Edwards (M.) 2.
Erichson 3.
Eschscholtz 8.
Felsthemel 12.
Felder 6. — Novara.
Frauenfeld 30. 31. 32. 33. 34. 35. 41. Novara.
Freycinet 1.
Gaimard 1.
Guérin 4. Duperrey.
Guérin 83. — Favorite.
Guillou 6.
Hagen 48.
Jekel 9. — Herald.
King 28. — Erebus.
Quoy 1.
Schiœdte 29.
Thunberg 7.
White 28.

29. Excursionen.

Holmgren 1. Westerwas.
Holmgren 2. Südschweden.
Siebke 1. Gulbrandsdalen.
Schiœdte 3. Dänische Inseln.
Assmann 4. Kieferkrenst.
Brehm (O.) 1. Harz.
Cornelius 6. Grafschaft Mark.
Egger 7. Neusiedlersee.
Frauenfeld 3. Tyrol.
Fuss 18. Herner Gebirge.
Hohenwarth 2. Ober-Kärnthen.
Kiesenwetter 8. Riesengebirge.
Kiesenwetter 17. Kärnthner Alpen.
Kolenati 21. Steiermark.
Maerkel 5. Riesengebirge.
Miller 15. Neusiedlersee.
Speyer 7. Patscher Kofel.
Speyer 13. Stilfser Joch.
Standfuss 4. Riesengebirge.
Westerhauser 3.
Wocke 2. 4. Altvater.
Wocke 8. Riesengebirge.
Wocke 10. Gesenke; Niederung.
Bree 31. Schweiz.
Gacogne 2. 3. Mont-Blanc.
Hagenbach 3. Alpen.
Kiesenwetter 30. Monte Rosa.
Mengelbier 3. Alpen.
Venus 2. Alpen.
Bentley 1. Devonshire.
Chant 1. South Devon.
Davis 5. England, Irland.
Doubleday 4. England.
Hardy 15. Northumberland.
Newman 4. England.
Scott 5. Renmark.
Westcott 2. 3. Warminster.
Bellier 28. Compiègne.
Fairmaire 28. Baie de la Somme.
Graslin 5. Südfrankreich.
Martin 1. Besançon.
Selys 31. Biaritz.
Bellier 49. Pyrenäen.
Dufour 29. 71. 118. Pyrenäen.
Dufour 148. Biscarosse, Arcachon.
Jacquelin Duval 6. Prades.
Lethierry 1. 2. Savoyen.
Carmel 1. Vesuv.
Costa (O.) 10. Vesuv.
Costa (O.) 5. 29. Adriatische und Jonische Küste.
Miller 17. Tatra Gebirge.
Motschulsky 37. Petersburg.

30. Geographische Verbreitung.

Aussmbre 7.
Blanchard 1. 17.
Bremi 12. 11.
Costa (A.) 20. 80.
Couper 1.
Doering 4.
Donzel 10.
Doubleday 13.
Dufour 105.

31. Terminologie.

32. Systematik.

33. Begriff der Gattung, Art und Abart.

34. Affinität und Analogie.

35. Beobachtungen über ungewisse Arten.

III. Specielle Entomologie [*]).

I. Hymenoptera.

1. Allgemeines.

2. Fauna von Europa.

a. Europa im Allgemeinen.

b. Schweden.

---

*) Die specielle Entomologie hat nur durch die freundschaftliche Beihülfe des Herrn Dr. Gerstaecker, der selbige einer energischen Correctur und theilweisen Umarbeitung unterzog, in dieser Form gegeben werden können.

c. Dänemark.

Drewsen 4.   Meinert 1.

d. Island.

Bethe 1.

e. Holland.

Boeten 2.   Vollenhoven 6. 13. 16.

f. Belgien.

Wesmael 1. 2. 23. 29. 30. 31. 35. 36.

g. England.

Curtis 20.   Smith 2. 3. 6. 7. 8. 12. 13. 14. 15. 16. 18. 19. 21. 23. 25. 26. 27. 28. 29. 32. 33. 34. 49. 57. 58. 60. 61. 63. 67. 74. 81. 82. 83. 85. 92. 102.
Dale 47.   Stainton 85.
Gould (W.) 1.   Lewis 4.
Haliday 4. 17. 18.   Walker 7. 10. 25. 35. 39. 40.
Harris (M.) 4.   Westwood 10. 21. 63. 94.
Kennedy 1.
Kirby 7.
Lewis 1.
Ormerod 1.
Shuckard 1. 2. 7. 9. 11. 19.

h. Frankreich.

Goureau 5.   Latreille 1. 2. 13.
Dours 1. Z. Dépt. de la Somme.   Nylander 13. Mont-Dore.
Fonscolombe 1. 8. Aix. 18. 19.   Nylander 11.
    Sichel 17. Basses Alpes.

i. Italien.

Allioni 1. Turin.   Lessona 2. Piemont.
Costa (A.) 37.   Mueller (O. F.) 2. Turin.
Gravenhorst 9. Piemont.   Sichel 19. Sicilien.
Leach 13. Nizza.   Spinola 1. 3. Ligurien.

k. Spanien.

Spinola 12.   Klug 29. u. Z. Andalusien.
Erichson 3. u. Z. Andalusien.

l. Dalmatien.

Klug 27. u. Z.   Frauenfeld 30.

m. Griechenland.

Saunders (S. S.) 4. Epirus.

n. Siebenbürgen.

Fuss 10. 13.   Mayr 6.

o. Ungarn.

Mayr 10.

p. Schweiz.

Imhoff 8. 11.   Meyer-Duer 11. Z.
Meyer-Duer 6. Burgdorf.

q. Deutschland.

Hartig 3. 18.   Taschenberg 7.
Klug 3.   Brischke 2. Ost-Preussen.
Kriechbaumer 7.   Siebold 12. 24. 47. Ost-Preussen.
Panzer 12.

Schilling 16. 17. 18. 27. 28. 29. 30. Schlesien.   Gredler 6. Oesterreich.
Schummel 13. Schlesien.   Mayr 5. Oesterreich.
Taschenberg 1. Halle.   Giraud 6. 7. 8. 9. 10. 11. Wien.
Kiesenwetter 13. Sachsen.   Scheffer 1. Wien.
Leuckart 2. Hildesheim.   Schrankenstein 2. Bodensee.
Saxesen 5. Harz.   Gredler 4. Tirol.
Kirschbaum 1. 3. Nassau.   Seidl 9. Boehmen.
Schenck 2. 2. 3. 6. 7. 10. 12. 13. 16. 17. Nassau.   Kirchner 1. 2. 6. 7. 8. 9. 11. Kaplitz. Boehmen.
Wissmann 2. Hannover.
Giraud 4. Oesterreich.

r. Russland.

Assmuss 9. Moscau.   Fischer 40. Livland.
Baer (J.) 1. 2. 3. Russland.   Gimmerthal 7. 8. 11. 28. Livland, Curland.
Eversmann 21. Russland.   Nowell 4. 5. Curland.
Eversmann 25. Wolga-Ural.   Mayr 12. Russland.
    Ruaser 2. Volhynien.

3. Fauna von Asien.

Saussure 22.   Smith 78. Sarawak, Singapore.
Erichson 38. Sibirien.   Smith 80. 99. Celebes.
Motschulsky 62. Amur.   Smith 84. 95. Aru, Key.
Smith 28. 35. Nord-China.   Smith 94. Batchian, Amboina, Gilolo, Kaisaa.
Eltenrieder 1. Ind. Archipel.   Smith 89. Ternate, Gilolo, Ceram.
Jerdon 1. Süd-Indien.   Doumerc 1. Amboina.
Saunders 5. Nord-Indien.   Ménétriés 28. Persien.
Smith 56. Nord-Indien.   Smith 96. Palästina.
Petiver 10. Philippinen.   Klug 24. Syrien, Arabien.
Walker 63. Sarawak.

4. Fauna von Africa.

Dufour 143.   Fairmaire 69. Gabon.
Imhoff 20.   Dahlbom 32. Süd-Africa.
Saussure 22.   Guérin 1. Port Natal.
Westwood 102.   Smith 69. Port Natal.
Klug 24. Egypten.   Gerstaecker 7. 26. Z. Mozambique.
Savigny 1. Egypten.   Sichel 22. Z. Bourbon.
Spinola 11. Egypten.
Nylander 14. Algier.

5. Fauna von America.

Cresson 2. Z. Nord-America.   Smith 100. Panamá.
Haldeman 14. Nord-America.   Walker 30. St. Vincent.
Norton 1. 2. Nord-Amer.   Curtis 12. 20. Süd-America.
Saussure 10. 11. Nord-America.   Walker 19. Süd-Amer.
Say 7. 12. 19. 28. Nord-America.   Guilding 9. Tropisch. America.
Walker 34. 49. Nord-America.   Spinola 27. 29. Cayenne.
Walker 38. Arctic Amer.   Oliveira 2. Amazon.
White 40. Arctic Amer.   Spinola 31. Amazon.
Smith 78. West-Canada.   Villermont 1. Westind.
Bartram (J.) 1. 2. 3. Pennsylvania.   Burmeister 28. Brasilien.
Latrobe 1. Pennsylvania.   Koster 1. Brasilien.
Walker 22. Florida.   Smith 68. Brasilien.
Lucas 149. Cuba.   Spinola 47. Pará.
Saussure 13. Cuba.   Walker 28. Chonos, Coquimbo.
Saussure 14. Mexico, Süd-America.   Spinola 48. Chile.
    Walker 26. Valparaiso, Valdivia.
    Walker 27. Lima.
    Haliday 14. Magelhaenstr.

6. Fauna von Polynesien.

Boisduval 19. Hutton 1. Leach 18. Lewis 3. May 1. Smith 44. Smith 94. Neu-Guinea.

7. Systeme.

Christ 6. Dahlbom 7. 21. Fabricius 28. 67. Fallén 10. Haliday 23. 41. Hartig 3. Illiger 27. Jurine 8. Le Peletier 17. Smith 62. Spinola 5. Walker 47.

8. Hymenoptera vermischter Gruppen.

Brullé 8. Champion 1. Dalman 6. Drapiez 1. 3. 4. 5. 8. 10. 11. 12. Dufour 173. 145. Fabricius 11. Foerster 10. Forster (J. R.) 10.7. Giraud 4. Gray (R.) 2. Guillou 4. 5. Illiger 13. Laxmann 2. Leach 5. Linné 20. Ljungh 3. Mikan 1. Molyneux 1. Mueller (O.) 7. Muralto 3. Newman 48. Le Peletier 5. Pollich 1. Radoschkoffsky 1. Schrank 3. Schreber 1. Scopoli 5. Siebel 15. Smith 42. 53. 97. Swederus 1. Thunberg 3. Waterhouse 16. Weber 2. Westwood 13. 25. 67. 161. Wiedemann 15. Anonym J. B—n. 2.

Incertae sedis.

Bassches 1. Notopherus.

9. Tenthredinidae.

King 18. 37.
Hartig 3.
Bergmann 3. 5.
Bouché 9.
Brischke 2.
Costa (A.) 29.
Cresson 2.
Curtis 27.
Dahlbom 4. 10. 29.
Fallén 6. 16.
Foerster 2. 18.
Forel 3.
Giraud 4.
Gimmerthal 7. 11. 20.
Hessmann 1.
Huber (P.) 15.
Lewis 3.
Lauchge 2.
Marshall 1.
Newman (E.) 20.
Norton 3.
Le Peletier 8.
Pelision 1.
Rosenhauer 3.
Ruxensm 3. 5.
Schilling 10.
Siebold 35. 38.
Smith (F.) 92.
Stein 9.
Taschenberg 1.
Tischbein 1. 3.
Vallot 19. 26.
Villaret 1.
Vollenhoven 3. 8. 12. 17. 25. 28.
Westwood 370.
Zaddach 13.
King 21. Cimbex.
Le Peletier 12. Cimbex.
Dahlbom 13. C. fasciata.
Drewsen 1. C. femorata.
Heyshom 1. C. femorata.
Ratzeburg 19. C. Humboldti.
Lucas 87. Trichiosoma.
Dale 25. T. lucorum.
Gardiner 2. T. lucorum.
Meyneaur 1. T. lucorum.
Stainton 75. T. lucorum.
Westwood 287. T. lucorum.
Woodward 1. T. lucorum.
Vollenhoven 1. Cimbex lucorum.
Fennell 1. T. Americana.
Lucas 157. T. Americana.
Siebel 12. Abia aurulenta.
Pinlelmann 1. Lophyrus.
King 11. Lophyrus.
Fischer 1. Hylotoma Pini.
Oken 3. Tenthredo Pini.
Schwab 2. T. Pini.
Taucher 4. T. Pini.
Westwood 285. Lophyrus Pini.
King 11. Hylotoma.
Merat 1. Hylotoma.
Goureau 30. Hylotoma caudis.
King 48. H. Olfersii.
Sundevall 8. Perreus.
Vallot 234. Foenus pumila.
Cornelius 16. Athalia spinarum.
Curtis 10. (2.) A. spinarum.
Duncan 3. A. spinarum.
Morris (F.) 4. A. spinarum.
Manning 1. A. centifoliae.
Menzel 1. A. centifoliae.
Newport 6. A. centifoliae.
Westwood 284. A. centifoliae.
Margetts 1. Hylotoma Rosae.
Harris 61. Selandria Rubi.
Stephens 33. Selandria cerisera.
Westwood 188. 284. S. Aethiops.
King 11. Tenthredo.
Bosc 30. Tenthredo Betuli.
Dahlbom 75. Tenthredo Salicis.
Goureau 1. Tenthr. nigra.
Klauprecht 1. T. Juniperi.
Leffner 30. T. punctata.
Peck 3. Tenthr. cerasi.
Westwood 294. T. cerasi.
Scholtz 6. Dolerus.
Boeger 4. 9. niger.
Kollar 25. 33. Emphytus cerris.
Westwood 316. E. cinctus.
Dahlbom 21. E. succinctus.
Brischke 1. Nematus helicinus.
Contarini 3. N. Redii.
Dahlbom 11. 28. N. conjugatus.
Dahlbom 28. N. Ribesii.
Dale 25. N. Ribesii.
Dale 78. N. Capreae.
Dufour 111. N. Ribis.
Goureau 30. N. Ribis.
Dufour 112. N. De Geerii.
Gimmerthal 23. Nematus.
Jaeger 2. N. Laricis.
Leduc 1. Nematus.
Moore (J.) 1. N. grossulariae.
Anonym C. D. 1. N. Capreae.
V. Anonym 10. N. Capreae.
Braild 6. Cladius difformis.
Westwood 283. C. difformis.
King 11. Lyda.
Saxesen 3. 5. Lyda.
Giraud 11. Lyda.
Hopf 1. 2. L. pratensis.
Huber (P.) 10. L. inanita.
Newman (E.) 6. L. sylvatica.
Schwab 2. L. pratensis.
Westwood 172. 188. 284. L. inanita.
Westwood 273. L. fasciata.
Burmeister 37. Albiapherus Klugii.
Fischer (v. W.) 1. Syntaridium.
King 11. Pterygophorus.
Davis 11. Perga, Eurys.
Lewis 3. Perga.
Newman 63. Perga scabra.
Doubleday 7. Cressona septentrionalis.
Brebisson 1. Pinicola.
Norton 1. Allantus.
Le Peletier 13. Syzygonia.
King 19. Pachylosticta, Syzygonia, Tarpa.
King 11. Tarpa.
Duguigueau 1. Cephus minutus.
Guérin 58. C. compressus.
Tischbein 8. C. spinipes.
Starke 1. 2. C. pygmaeus.
Tischbein 2. C. pygmaeus.
Tristan 1. C. pygmaeus.
Curtis 21. C. pygmaeus.
Dalman 3. Xyela.
Schilling 1. Tritokreion.

10. Urocerata.

Dufour 167.
Cresson 2.
Foggio 1. Urocerus.
Bassi 12. Sirex.
Dahlbom 8. 31. Sirex.
Doubleday 32. Sirex.
Guérin 44. Urocerus Lefebvre.
Harris 8. S. columba.
Hartig 3. Sirex.
Ingpen 5. S. duplex.
King 2. Sirex.
Kollar 33. S. juvencus.
Lucas 108. S. gigas.
Mac Intosh 2. S. gigas.
Ruaresen 3. Sirex.
Betta 8. S. juvencus.
Sborhard 13. Sirex.
Siebel 14. Sirex.
Spinola 41. Sirex.
Taschenberg 1. Sirex um Halle.
Vollenhoven 6. Sirex.
Westwood 701. S. gigas.
Westwood 188. Xiphydria.
King 2. Oryssus, Hybonotus.
Dahlbom 6. Oryssini.

11. Cynipidae.

Spinola 8. Diplolepairea.
Fonscolombe 1. Diplolepairea.
Walker 68. Cynipitea.
Hartig 8. 9. 11. Cynips.
Giraud 9. Cynips.
Dahlbom 72. Cynips.
Curtis 27. Cynips.
Allen 1. Cynips.
Bucherer 1. Cynips.
Huber (P.) 8. Cynips.
Lacaze 2. Cynips.
Schmidt (F. J.) 3. Cynips.
Smith (F.) 1. Cynips.
Tourolts 1. 2. Cynips.
Hirsbarr 2. 3. Cynips.
Lowrop 8. Cynips auf Eichen.

Buckley 3. Cynips in Ficus racemosa.
Bairoie 3. Cynips im Winter-Rüpa.
Bremi 30. Cynips der Schweiz.
Acharius 1. Cynips insanita.
Bosc 7. C. aptera.
Bosc 9. C. Quercus Tozae.
Borgsdorff 1. C. calycis Quercus.
Camb 5. C. longiventris.
Dumont 1. C. frumenti.
Fairmaire 2. C. pallida.
Giraud 37. C. Rosae.
Gravenhorst 10. C. pace.
Jordan 2. C. Quercus petioli.
Koller 22. C. calycis.
Wenzel 1. 7. C. Rosae.
Perfitt 3. C. ligniccla.
Schilling 13. C. calycis Quercus.
Stainton 20. C. Quercus petioli.
Westwood 162. C. Rosae, Brandtii.
Westwood 331. C. terminalis.
Westwood 337. C. Quercus petioli.
Amerling 6. C. interrupta, terminalis.
Giraud 10. Figitidae.
Reinhard 5. Figitides.
Dahlbom 23. Figites.
Goureau 33. Figites.
Dahlbom 18. Onychia, Callaspidea.
Dahlbom 23. Eucoila.
Walker 7. 10. Anacharis.
Westwood 29. Allotria victrix.
Berre 3. Diplolepis Fagi.
Westwood 74. Leiopteron, Perus.

12. Chalcididae.

Foerster 9. 14.
Fonscolombe 2.
Goureau 27.
Haliday 6. 23.
Newport 20. 21. 24.
Siebold 34.
Spinola 25.
Walker 1. 20. 22. 24. 25. 27. 28. 29. 30. 31. 32. 34. 35. 36. 37. 38. 39. 41. 43. 49. 54. 59. 83.
Westwood 4. 98.
Klug 14. Leucospis grandis, gigas, varia, intermedia, ornata, dorsigera, bifasciata, gibba.
Schembri 1. L. Costae.
Füessly 21. L. dorsigera.
Walker 70. Leucospis.
Westwood 27. 107. Leucospis.
Dufour 67. Chalcis.
Westwood 72. Chalcis Kaplesae.
Hope 15. C. Kaplesae.
Dufour 104. 2. Euchalcis Miegii.
Kirchner 10. Eurytoma embryophaga.
Walker 21. Eurytoma.
Wenzel 5. Decatoma vibrans.
Ruthe 6. D. vibrans.
Goureau 29. Macroneura obscura.
Gravenhorst 10. Blastophaga.
Semmola 1. 2. Psenes.
Parfitt 3. Callimome flavipes.
Doumerc 6. Eulophus.
Walker 43. E. agathyllus.
Kirby 20. E. damicornis.
Siebold 37. Monodontomerus.
Westwood 231. Monodontomerus.
Newport 32. Monodontomerus.
Nees 6. Siphonura Schmidtii.
Schmidt (F. J.) 9. S. Schmidtii.
Spinola 8. Cosura Seriesne.
Curtis 11. Smiera Mac Leayii.
Cooper 1. Cheiropachus pulchellus.
Westwood 18. Cerocephala cornigera.
Goureau 29. Perilampus laevifrons.
Dufour 110. Miscogaster stigmatizans.
Westwood 96. Tetracampe.
Boheman 3. 48. Pteromalini.
Dalman 6. 8. Pteromalini.
Foerster 1. Pteromalini.
Reinhard 2. 8. Pteromalini.
Filippi 2. 3. 7. Pteromalus.
Sucderus 8. Pteromalus.
Guérin 142. P. pione.
Guérin 142. Calypsus macrocephalus.
Kirchner 13. Chrysolampus solitaria.
Walker 40. Eurytomides.
Harris 73. 75. E. hordei.
Stollwerck 7. Peropoea Stollwerckii.
Westwood 122. Agaon paradoxum.
Westwood 232. Melittobia Audouini.
Smith 62. Mel. acasta.
Newport 30. 31. 34. Anthophorabia.
Haliday 42. 2. Philomides paphius.
Haliday 42. 2. Chiralophus eques.
Haldeman 30. Eriophilus mali.
Westwood 110. Lyciscus Romandi.

13. Proctotrypidae.

Foerster 9. 14.
Thomson (C. G.) 12.
Haliday 38. Diapridae.
Foerster 2. Diapria elegans.
Curtis 21. Proctotrupes viator.
Frauenfeld 7. Isostasius Rossii.
Walker 10. Platygasterus.
Reinhard 7. Cephalonomia formiciformis.
Walker 42. Mymaridae.
Foerster 6. Mymarides.
Loew 66. Mymarides.
Walker 13. Teleas.
Kirchner 13. Teleas Phalaenarum.
Walker 17. Dryinidae.
Westwood 1. D. formicarius.
Haliday 15. Dryinus.
Haliday 7. D. pedestris.
Klug 11. Gonatopus.
Ljungh 6. G. formicarius.
Boheman 4. Ceraphron.
Walker 12. Platygaster.
Walker 10. Oxyura.
Haliday 18. Oxyura.
Westwood 110. Sclerodermus.
Klug 3. Bethylus.
Haliday 7. Bethylus.
Klug 2. Pristocera.
Haliday 16. Epyris.
Westwood 1. Psilus Bossii.
Spinola 33. Pelecinus.
Romand 8. 11. 16. Pelecinus.
Latreille 19. Pelecinus polyturator.
Klug 30. P. polyturator, dichrous, rufus, thoracicus, annulatus.

14. Ichneumonidae.

Evaniidae.

Spinola 27. 37. Evania.
Guérin 132. Evania.
Haldeman 14. Evania.
Westwood 169. 171. 283. 228. Evania.
Shuckard 22. Aulacidae.
Westwood 162. Aulacidae.
Sichel 2. Aulacus Patrati.
Dahlbom 15. Aulacus.
Guérin 174. Trigonalys melanoleuca, Lepeletierii, Hahnii.
Spinola 30. Trigonalys Hahnii.
Shuckard 22. Trigonalys.

Braconidae.

Ruthe 2. 5. 10. 12. 14.
Sichel 3.
Wesmael 2.
Nees 1.
Wesmael 15. Bracon initiator.
Romand 16. B. inoccultator.
Ruthe 7. Microctonus.
Harris 32. Microgaster.
Nees 7. M. glomeratus.
Westwood 19. M. glomeratus.
Anonym W. T. B. 1. M. glomeratus.
Bree 11. M. glomeratus.
Doumerc 4. M. Perlae.
Goureau 65. M. globatus.
Giraud 5. Tapheus annoformis.
Haldeman 22. Sigalphus.
Haldeman 22. Chelonus.
Dahlbom 5. Chelonus.
Romand 4. Pexylemma Grevieri.
Haldeman 18. Alysia.
Haliday 18. Alysia.

Ichneumonidae.

Altum 1.
Audouin 20.
Assmbre 3.
Balker 6.
Beamer 3.
Bjerkander 20.
Blackwall 4. auf Spinnen.
Bole 9.
Bose 24. der Heuschrecke.
Brischke 8.
Brand 9. in Deileph. Celerio.
Brullé 29.
Caldani 1.
Costa 1.
Dahlbom 13.
Dalman 14.
Desvignes 7.
Elliot 1.
Fonscolombe 19.
De Geer 2.
Gaeze 28. 31.
Gravenhorst 6. 7. 8. 9. 10. 11. 13. 14. 15. 23.
Gray (J.) 3.
Guérin 187.
Hartig 2.
Holmgrén 10.
Huber 9.
Kawall 4. 8.
Kirchner 6. am Kaplitz.
Kirchner 8. in Aphiden.
Lewis 2. in England.
Loeffler 4.
Maynmeer 1.
Nees 4. 6.
Ratzeburg 17. 20. 22. 24. 25.
Rosenhauer 3.
Ruthe 4. 11.
Schiødte 3. 7.
Thunberg 37. 40.
Tschek 1. 3.
Wesmael 29. 30. 31. 37. 38. 40. 41.
Westwood 13. 20. 21.
V. Anonym 15. 16.

Boudier 2. Ichneumon.
Berger 1. Ichneumon nigriventris.
Boerner 10. I. merarius.
Desvignes 6. I. paludator.
Doumerc 10. I. fasciatus.
Haliday 10. I. bordei.
Kirby 1. I. Tipulae.
Latreille 16. I. pavitator.
Lewis 2. I. chrysopus.
Lund 45. I. phyllophorus.
Newport 27. I. atropos.
Riche 1. I. hemipteron.
Shaw 1. I. punctum.
Trentepohl 2. Cryptus.
Boudier 3. C. Myrmeleonidum.
Boudier 4. C. Bombycis.
Grabel 2. C. glomeratus.
Thwaites 2. C. bellicosus.
Desvignes 6. 2. Eremiteles.
Siebold 20. H. formosus.
Fourcier 11. Pezomachus.
Siebold 20. P. fasciatus.
Holmgrén 12. 2. Pimplariae.
Dalman 14. Pimpla strata.
Marsham 3. Ichn. manifestator.
Guérin 20. P. alerata.
Laboulbène 30. P. Fairmairei.
Boheman 1. P. ovivora.
Thunberg 30. Gelis.
Wesmael 27. Eucerus.
Desvignes 3. Mesrus.
Sauveur 1. Eurylabus dirus.
Desvignes 6. Colpocentrus.
Siebold 65. 69. Agriotypus armatus.
Walker 15. A. armatus.
Koller 30. A. armatus.
Holmgrén 5. Schizopyga.
Holmgrén 5. Orthocentrus.
Holmgrén 9. 11. Ophionides.
Dale 16. Ophion vinulae.
Siebel 6. [Acoenites Perlae.
Wesmael 33. Metopius.
Kiesenwetter 3?. Metopius mirratorius.
Lucas 172. Mesochorus testaceus.
Romand 14. Oxyrrhynchotus.
Spinola 32. O. capensis.
Holmgrén 6. Anomalon.
Wesmael 35. Anomalon.
Wesmael 33. Banchus.
Gravenhorst 13. Helwigia.
Holmgrén 5. Cteniscus.
Holmgrén 3. 4. 7. Tryphonides.
Nees 2. Lapton femoralis.

Aculeata.

Dale 47.
Saunders (S. S.) 4.
Schenck 16.
Shuckard 10.
Smith (F.) 40. 71. 74.

Fossoria.

Doubleday 17.

Gemmus 6.
Guérin 130.
Linden 5.
Shuckard 9.
Smith (F.) 17. 62. 66.
Wesmael 36.
Westwood 71.
Siebold 21. 35.

15. Formicina.

Latreille 13. 24.
Aldrovandus 2.
Amoreux 3.
Bach 13. 24.
Barbotteau 2.
Boerner 3.
Barthing 1.
Bose 24.
Bastock 1.
Bachols 9.
Bannemann 1.
Carré 1.
Castles 1.
Chool 1.
Christ 4.
Conway 2.
Dale 27.
Delarous 2.
Dilger 1.
Dombey 1. Amboina.
Dorthes 4.
Doubleday 18. St. Domingo.
Douglass 1.
Dupaix 1. Africa.
Ebnerus 1.
Ewald 1.
Foerster 9.
Fontana 2.
Fourcroy 2.
Gardes 1.
Gleditsch 1.
Gould (W.) 1.
Graaf 2.
Gredler 4. 6.
Groshans 2.
Haliday 23.
Hanhart 1.
Hardwicke 3.
Heer 15.
Heister 1.
Helfer 6.
Hildegard 1.
Hope 13. 28.
Hoppe (T.) 3.
Hubbard 1.
Huber (F.) 5.
Huber (P.) 2.
Hutton 1.
Jerdon 1.
Imhoff 13. 20.
Jolin 2.
King 1.
King 53.
Kollwitz 24.
Koster 1.
Leach 13.
Leeuwenhoek 3.
Linné 34.
Lochner 2.
Losana 1. 3.
Lucas 144.
Lund 1. Brasilien.
Maudait 3. Louisiana.
Mayr 3. 4.
Mayr 8. Oesterreich.
Mayr 10. Ungarn.
Mayr 13. Russland.
Mayr 14. Europa.
Meinert 1. Dänemark.
Meyer 1.
Meyer-Dorr 8.
Motschulsky 37.
Nagel 1.
Needham 1.
Nietner 3.
Nyder 1.
Nylander 1. 2. 3. Nord-Europa.
Nylander 13. Mont-Dore.
Nylander 14. Frankreich u. Algier.
Perris 1.
Petiver 10. Philippinen.
Rafinesque 7.
Ratzeburg 2.
Ray 1.
Rayger 9.
Roberg 8.
Robert (E.) 3
Roger 6. 7. 8. 9.
Rossmaessler 8.
Schenck 5. 12.
Schilling 16.
Shuckard 24.
Siebel 10.
Smith 2. 9.
Smith 65. 66. 69. 81. 82. 99.
Sperling 1.
Sprenger 1.
Thwaites 5.
Upmarck 1.
Wakefield 1.
Wilde (J.) 1.
Anonym H. B. 1.
Lent (H. O.) 3. 2.
Dufour 101. Formica barbara.
Kirchner 5. F. rufa.
Pissot 3. F. rufa.
Latreille 15. F. fungosa.
Lucas 176. F. fugax.
Nylander 18. F. gracilescens.
Roger 4. F. rupsicola.
Sykes 1. F. indefessa.
Daniell 3. F. nigra.
Romand 17. F. Chevrolatii.
Lucas 163. F. crateliaris.
Lucas 133. Myrmecocystus Mexicanus.
Lucas 199. M. melligerus.
Pagenstecher 1. 2. M. Mexicanus.
Wesmael 27. M. Mexicanus.
Buckley 1. Oecodoma Mexicana.
Buckley 2. 3. O. Texana.
Reiche 17. O. cephalotes.
Rennie 12. Amazon Ant.
XIV. Anonym 16. 19. 33. Fourmis de visite.
Curtis 89. Myrmica.
Mayr 3. Myrmica.
Noerdlinger 3. Myrmica.
Géné 18. Myrmica.
Buckley 3. M. molefaciens.
Lincecum 1. 2. M. molefaciens.
Daniell 1. M. domestica.
Shuckard 17. M. domestica, terminalis.
Dale 78. M. rubra, caespitum.
Guérin 243. M. Sallei.
Lucas 163. M. testaceopilosa.
Mayr 7. M. rubriceps.
Sykes 1. M. Kirbyi.
Saunders (W.) 3. Myrmicaria.
Heer 18. Oecophthora pusilla.
Mayr 7. Acrocoelia ruficeps.
Smith 59. Cryptocerus.
Klug 10. Cryptocerus.
Sykes 1. Atta providens.
Roger 6. Ponera.
Schenck 9. Eciton testaceum.
Westwood 213. Anomma arcens.
Haldeman 24. Anomma.
Savage 4. Driver Ant.

Dorylidae.

Westwood 131. Typhlopone.
Lucas 108. T. Oranieusis.
Shuckard 22. Dorylidae.
Haldeman 23. 24. Dorylus.
Nietner 7. Dorylus.
Westwood 203. Aenictus.

16. Chrysididae.

Courtiller 5.
Dahlbom 3. 20. 33.
Guérin 95. 126.
Klug 35.
Schenck 10.
Shuckard 7.
Smith 101.
Rothe 9.
Spinola 12.
Stein 3.
Wesmael 23.
Le Peletier 1.
Laboulbène 27. Chrysis ignita.
Lucas 37. C. ignita.
Le Peletier 1. Hedychrum.
Henriques 1. Hedychrum.
Guérin 126. Hedychrum.
Guérin 126. Stilbum.
Le Peletier 1. Cleptes.

17. Heterogyna.

Klug 30. Heterogyna.
Gerstaecker 7. Heterogyna.

Mutillariae.

Klug 19. Mutillae aus Brasilien.
Burmeister 30. Mutillen aus Brasilien.
Latreille 1. 2. Mutillae aus Frankreich.
Nylander 4. Mutillae aus Nordeuropa.
Baer (J.) 1. Mutilla.
Champion 1. Mutilla.
Romand 7. Mutilla.
Shuckard 13. Mutilla.
Dahlbom 19. M. europaea.
Drewsen 8. M. Europaea.
Guérin 21. M. Bourgalensis.
Siebel 1. M. coarctata.

Thynnidae.

Klug 30. Thynnus.
Leach 13. Thynnus.
Guérin 134. Thynnidae.
Klug 13. Scotaena.
Westwood 160. Amblyosoma Latreillei, Aeodontyra tricolor.
Lucas 6. Tengyra Sanvitali, Methoca ichneumonides.

Scoliidae.

Burmeister 34. Scolia.
Champion 1. Scolia.
Coquerel 1. Scolia.
Dufour 7. Scolia.
Klug 3. Scolia.
Nylander 4. Scolia.
Passerini 12. 13. Scolia.
Saussure 7. 16. 17. 21. Scolia.
Bassi 9. Scolia flavifrons.
Shuckard 23. S. fulva.
Guérin 67. Plesia.
Romand 3. 5. Epomidiopteron Julii.
Klug 3. Meria.
Guérin 99. Meria abdominalis thoracica.
Klug 3. Elis, Tiphia.
Latreille 8. T. rufipes.
Guérin 24. Myzine.
Guérin 80. Myz. Rousselii.

Sapygidae.

Nylander 4. Sapygidae.
Klug 2. Sapyga.
Gerstaecker 21. Sapyga.
Dahlbom 20. Sapyga.
Boblerau 7. Sapyga.
Newman (E.) 2. Sap. prisma.

18. Pompilidae.

Gerstaecker 7. Pompilidae.
Carpenter (W.) 1. Pompilus.
Dahlbom 1. 18. Pompilus.
Goureau 6. Pompilus.
Guérin 128. Pompilus.
Schiødte 2. Pompilus.
Smith 63. P. punctum.
Westwood 166. 169. P. andes.
Dufour 104. 2. P. urceiformis.
Boullion 4. P. affinis.
Dufour 23. Anoplius.
Le Peletier 7. Macromeria.
Germar 16. Pepsis lutaria.
Heyer 1. Pepsis lutaria.
Klein 8. Hemonotus.
Dahlbom 31. Ceropales.
Lucas 125. Ceropales.
Dufour 141. Ct. Klugii.
Lucas 80. 89. 135. Claveliа.
Lucas 102. C. pompiliformis.
Lucas 108. C. melas.

19. Crabronina.

Gerstaecker 7. Crabronina, Sphegidae.
Rothe 9. Sphegidea.
Dahlbom 18. 20. 27. Sphex.
Fabre 4. Sphex.
Guérin 128. Sphex.
Kiesenwetter 12. Sphex.
Kirchbaum 1. Sphex.
Mandell 5. Sphex.
Schenck 13. Sphex.
Schreiber (J.) 3. Sphex.
Siebold 23. Sphex.
Sibl 16. Sphex.
Stein 5. Sphex.
Tamsbuchberg 2. Sphex.
Westwood 183. Sphex.
Wissmann 2. Sphex.
Tischbein 3. 2. Sphex in Birkenfeld.
Le Peletier 5. S. Latreillei.
Le Peletier 9. S. Thunbergii.
Poiret 3. S. maxillosa.
Newman (E.) 111. Pelopoeus.
Eversmann 27. P. destillatorius.
Kirby 3. Ammophila.
Guérin 130. Ammophila.
Kirchner 10. A. arenaria.
Dufour 42. A. armata.
Kirschbaum 7. Miscus campestris.
Klug 1. Sceliphron.
Smith 80. Stethorrectus ingens.
Giraud 6. Ampulex.
Haldeman 22. Ampulex.
Westwood 168. Chlorion.
Saunders (W.) 5. Pronaeus.
Dahlbom 15. Mellinidae.
Lucas 201. 2. Mellinus sabulosus.
Klug 11. Philanthus.
Latreille 17. 21. Philanthus.
Thunberg 25. 28. Philanthus.
Klug 13. Trachypus.
Dufour 120. Cerceris.
Fabre 2. 3. Cerceris.
Mathieu 5.
Saussure 7.
Dufour 63. C. bupresticida.
Géné 3. C. aurata.
Goureau 1. C. ornata.
Lucas 176. C. arenaria.
Spinola 28. Nectanebus Fischeri.
Smith 79. Tripoxylon.
Smith (F.) 31. Sphex figulus.
Thunberg 19. S. figulus.
Géné 18. Stigmus.
Goureau 16. Celia troglodytes.
Schilling 27. Pemphredon.
Dahlbom 15. Pemphredonides.
Dahlbom 23. 29. Diodontus.
Goureau 10. Cemonus.
Westwood 230. C. unicolor.
Brullé 11. Crabro.
Dahlbom 16. 18. Crabro.
Dale 31. Crabro.
Dufour 41. Crabro.
Hunter 3. Crabro.
Mac Garvie 1. Crabro.
Malmowski 2. Crabro.
Mueller (P. W.) 7. Crabro.
Morellet 4. Crabro.
Newman (H. W.) 1. Crabro.
Newport 1. Crabro.
Le Peletier 11. 16. Crabro.
Perris 7. Crabro.
Saussure 7. Crabro.
Spinoner 8. 16. 18. Crabro.
V. Anonym 2. 3. Crabro.
Scheven 1. Crabro.
Schreiber (J.) 1. Crabro.
Bold 4. C. rostratus.
Goetz 8. C. cribrarius.
Kittel 2. C. Parisiensis.
Rolander 2. V. cribraria.
Dufour 104. 2. Astata.
Klug 2. Astatus.
Smith 77. Astata jucunda.
Robert 3. A. Vanderlindenii.
Romilion 4. Oxybelus.
Schilling 27. Oxybelus.
Harrison 1. Oxybelus.
Siebold 22. O. uniglumis.
Dahlbom 23. 29. Alyson.
Brullé 10. Nephridia.
Wesmael 34. Gorytes.
Le Peletier 10. Gorytes.
Kirschbaum 3. Hoplisus punctuosus, punctatus.
Dahlbom 18. Larridae, Nyssonidae, Bembecidae.
Dufour 44. Stizus.
Rossi 22. Bembex.
Champion 1. Bembex.
Robertson 31. B. rostrata.

20. Vesparine.

Sociales.

Saussure 6. Vespidae.
Saussure 4. 7. 8. 9. 10. 12. 13. 14. 18. 22. Vespa.
Gerstaecker 7.
Armstrong 1. Vespa.
Bach 24. Vespa.
Barchard 1. Vespa.
Barclay 2. Vespa.
Bartrom (J.) 1. 2. 3. Vespa.
Baspie 1. Vespa.
Bigge 1. Vespa.
Bonme 1. Vespa.
Buist 1. Vespa.
Cognoli 1. Vespa.
Carpenter (W.) 1. Vespa.
Christ 4. Vespa.
Clerquet 4. Vespa.
Durham 5. Vespa.
Fulton 1. Vespa.
Fritze 1. Vespa.
Goeze 11. Vespa.
Gosse 1. Vespa.
Guilding 9. Vespa.
Hanow 7. Vespa.
Haustead 1. Vespa.
Hunter 3. Vespa.
Imhoff 17. Vespa.
Latreille 27. Vespa.
Latrobe 1. Vespa.
Levade 1. Vespa.
Mondait 1. Vespa.
Moebius 1. 2. Vespa.
Newport 3. Vespa.
Ormerod 1. Vespa.
Réaumur 2. Vespa.
Schenck 8. 7. 17. Vespa.
Schilling 30. Vespa.
Shuckard 10. Vespa.
Smith 6. 82. 88. Vespa.
Spinola 42. Vespa.
Spitzner 8. 18. Vespa.
Wighton 1. Vespa.
V. Anonym 1. 9. 17. Vespa.
Bond 3. Vespa vulgaris.
Davis 4. V. vulgaris.
Hogg 3. V. vulgaris.
Mac Intosh 2. V. vulgaris.
Wailes 13. V. vulgaris.
Smith 41. V. vulgaris, Germanica.
Cuvier 3. V. nidulans.
Dale 7. V. britannica.
Newman (G.) 6. V. britannica.
Strickland 2. V. britannica.
V. Anonym 11. V. britannica.
Smith 31. V. Norwegica, Germanica.

Solitariae.

Masaridae.

21. Apiariae.

Andrenidae.

Apidae.

Bombus, Apis

22. Metamorphose. Larven.

Dahlbom 24. 28. Emphytus succinctus. Dahlbom 14. Nematus conjugatus. Doubleday 5. Sirex gigas. Westwood 370. Tenthredo.
Dumeril 6. Eulophus. Chevrolat 22. Nematus. Selis 6. S. juvencus. Fennell 1. T. Americana.
Perris 77. 85. Eumenes infundibuliformis. Lauer 1. Nematus. Fabre 4. Sphegines. Bohemann 40. Trachusa Serratulae.
Goetze 40. Formica. Dufour 50. Odynerus. Brischke 2. Tenthredo. Dale 25. Trichiosoma lucorum.
Meyer 1. Formica. Holmgrén 5. Orthocentrus. Curtis 89. (P. 2. 7. 8.) Tenthredo. Vollenhoven 1. T. lucorum.
Bohemann 77. Leucospis. Bohemann 23. Osmia. Dahlbom 28. Tenthredo. Cuilding 3. Xylocopa Teredo.
Newman 4. Lyda sylvatica. Vollenhoven 22. Rhyssa persuasoria. Huber (P.) 15. Tenthredo.
Newman 7. Microgaster glomeratus. Passerini 12. 13. Scolia flavifrons. Schilling 10. Tenthredo.
Vollenhoven 3. 13. 17. Tenthredo.

II. Coleoptera.

1. Allgemeines.

Agassiz (L.) 1. Atkinson 1. Audouin 15. Bach 4. 23. Baune 3. Betra 1. 3. 3. Bergsträsser (J. A.) 2. Bacher 3. Bochm 1. Boie 9. 20. Brahm 3. 4. Brodie 7. Buckland 2. Buquet 42. Burmeister 35. Curtis 1. Cornelius 3. 8. 15. Cremtner 1. Dahl 2. Dale (S.) 1. Dallinger 1. Dalman 10. Dejean 1. Deschamps 2. Desmoulins 1. Doué 3. Douglas 2. Dufour 74. Duval 1. 3. 4. Erichson 10. 25. 32.

Esterbrook 8. 12. Esslund 1. Fairmaire 13. 50. Farines 5. Fischer (E. H.) 17. Frisch (C.) 2. 4. 6. Gardens 1. Germar 23. 45. Gistel 3. 5. 8. 9. 10. 11. Hamm 5. Haughton 2. Hausmann 1. Heer 11. 15. Heer 1. Heyden 21. Hoffmeister 1. Hohenwarth 1. Hochner (J. G.) 6. Jacquelin du Val 6. Illiger 22. Kirby 25. 26. Klingelhoeffer 1. Koy 3. Laudgrebe 3. 3. Laporte 2. Le Conte 67. a. E. Levrat 1. 3. Liefmann 1.

Laugh 1. Lucas 147. Lucciani 1. Mellinowsky 2. Molo 1. Marcuse 2. Mals 2. Mink 5. Marquerys 1. 9. Motschulsky 31. 32. Mueller (O.) 12. Mueller (P. W.) 2. Murray (W. C.) 2. Ormerey 2. Perty 1. Plenter 1. Preemmel 1. Robinson 1. Rosenhauer 3. Schwedts 17. Strauch 1. Streubing 6. Sundevall 4. Thomson (J.) 34. Thon 1. Walsh 2. Walti 5. 10. 11. Weidenbach 1. Westmael 2. Walker 1. Wissmann 1. 1. Anonym 63.

2. Systeme und Handbücher.

Bruillé 13. Chenu 2. Dejean 1. 3. 6. 7. Duncan 5. Fabricius 21. 22. Germar 34. Gistel 22. Gory 33. Guérin 133. Haliday 11.

Herbst 11. Jablonsky 1. Jacquelin du Val 14. Jekel 2. 3. Illiger 4. 30. Imhoff 22. Lacordaire 13. Laporte 27. 30. Le Conte 75.

Mac Leay 7. Olivier 2. Panzer 10. Protier 1. Schoenherr 1. Serville 8. Sharkard 10. Sturm 7. 4. Voet 1.

3. Käferbücher für Anfänger.

Bach 3. Berge 2. 3. Bernhard 1. Calwer 1. Delaplace 1. 2.

Deyrolle 2. Gebauer 1. Lenz 3. Maillard 1.

Malinowsky 4. Reichenbach 2. Schreusreck 1. 1. Anonym 63.

4. Synonymie.

Chevrolat 91. E. Ghiliani 12. Guérin 97. 108. 170. 189. 207. Hope 16. Illiger 19. Kiesenwetter 30. Kraatz 8. 17. 20. 22. 34. 50.

Mogerle 4. Reiche 25 49. 53. 54. 57. 67. E. Schaum 28. 30. 49. 70. Schmidt (H. M.) 6. Schmidt (W. L.) 8.

Schoenherr 1. Strasburg 1. Suffrian 10. 15. White 21. Wollaston 29. Zaebling 1.

5. Fauna von Europa.

a. Europa im Allgemeinen.

Ahrens 3. Allard 2. 3. 5. 6. E. Baudouvel 5. Chevrolat 85. 90. Dejean 2. Duhrn 3. 11. 16. 20. 23. 24. 25. 33. E. Duanderff 1. Kochnebolts 15. Fairmaire 15. 40. 61. Ferrari 3. Galeazzi 1.

Gaubil 3. Gautier 2. 4. Jacquelin du Val 3. 8. 11. Kiesenwetter 17. Kraatz 2. 7. 21. 53. 66. 3. Kuester 4. Katterbeere 1. Latreille 61. Letzner 30. Marseul 2. Rosenhauer 7.

Rosenmere 19. Schaum 26. 27. 27. 30. Schmidt 7. Schmidt (W. L.) 4. 12. 17. Schneider (D. H.) 6. 7. Stierlin 2. Stierlin 6. Suffrian 11. 10. 13. 16. Villa 1. 2. 3.

b. Mittelmeer-Fauna.

Allard 5. Aubé 24.

Fairmaire 22. 25. 26. 28. Reiche 60. E.

c. Schweden.

Boheman 13. 30. Boheman 30. Gotland. Bonsdorff 1. 9. Fallén 1. 8. Gyllenhal 2. Ljungh 7. Nauzen 1. 2. Nilsson 1. Nyblaeus 1. Stockholm. Paykull 5. 6. 7. 8. 10. 12. 14.

Rosenmörkeld 1. Lund. Schoenherr 2. Thomson (C. G.) 1. Remflbu. Thomson (C. G.) 2. 3. 4. 5. 6. 7. 8. 9. 10. 11. 13. Thunberg 8. Zetterstedt 1. Zetterstedt 2. 6. Lappland.

d. Dänemark.

Deiherding 2. Jacobsen 1. 2. 4. 5. 6.

Schiødte 1. 5. 81.

e. England.

Localfauna.

f. Frankreich.

Localfauna.

g. Belgien.

h. Holland.

i. Spanien.

k. Portugal.

l. Italien.

m. Piemont.

n. Sicilien.

o. Neapel.

p. Griechenland. Türkei.

q. Schweiz.

Bremi 16. 17. 19. Heer 1. 4. 5. 6. Labram 1. 3.
Clairville 1. Imhoff 16. Stierlin 1.
Dietrich 3. 5. 2. Kiesenwetter 31. Stierlin 4. 9.
Hagenbach 1. Kriechbaumer 5.

r. Deutschland.

Ahrens 1. 4. 5. 6. 7.
Altmann 2.
Bach 6. 8.
Bose 2.
Erichson 20.
Germar 10.
Gistl 1.
Herger 3.
Kiesenwetter 72.
Kriechbaumer 8. 9.
Panzer 8. 12. 13.
Schaum 70.
Schmidt (H. M.) 7.
Schmidt (W. L.) 7. 9.
Sturm 7.
Suffrian 2. 3. 9.
Zebe 1.

s. Preussen.

(Ostpreussen.)

Andersch 1. Frantzius 5. Pfeil 3. 4.
Bach 1. Illiger 2. 8. Schmidt 1.
Bommer 1. Kugelann 1. 2. Siebold 41.
Eldiit 2. Lentz 1. 2. 3. 4. Wohlfromm 1.

Jaenisch 1. 3. Schlesien.
Letzner 8. 11. 16. 42. Schlesien.
Letzner 4. 14. 21. Schles. Gebirge.
Matzek 3. Schlesien.
Hendschuch 1. 2. 3. 4. Schlesien.
Roger 2. Schlesien.
Schilling 19. 21. 23. Schlesien.
Schneider (W. G.) 17. Schlesien.
Schummel 13. Schlesien.
Uechtritz 1. 2. Schlesien.
Kelch 2.3. Oberschlesien.
Dohrn 17. Stettin.
Pfeil 1. Misdroy.
Erichson 9. Mark Brandenburg.
Kraatz 1. Mark Brandenburg.
Grimm 1. Berlin.
Nicolai (E. A.) 1. Halle.
Suede 1. Halle.
Ahrens 2. Halle.
Suffrian 1. Dortmund.
Foerster 4. Aachen.
Foerster 8. Rheinprovinz.
Bach 14. 17. 10. Rheinprovinz.

t. Mecklenburg, Hannover etc.

Kersten 1. Mecklenburg.
Clasen 1. Mecklenburg.
Ebeling 2. Schöneberg.

Preller 2. Hamburg.
Tessien 2. Hamburg.
Koltze 1. Hamburg.
Endrulat 1. 2. Hamburg.

Brauns 1. Lüneburger Haide.
Gravenhorst 8. Braunschweig.
Hornung 8. 9. 10. 11. Harz.
Lueben 3. Harz.
Meyer (F. A.) 1. Göttingen.
I. Anonym 123. Hannover.

Ahrens 6. Norddeutschland.
Judeich 1. Sachsen.
Kellner 1. Thüringer Wald.
Kiesenwetter 4. Leipzig.
Nicolai 1. Thüringen.
Schwengrichen 1. Leipzig.
Goebel 1. Sondershausen.

Apetz 2. Osterland.
Brahm 13. 14. 17. 18. Mainz.
Brahm 10. Wetterau.
Junker 4. Hanau.
Landgrebe 1. Cassel.
Mueller (P. W.) 3. Donnersberg.
Riehl 1. Cassel.
Spaeneagel 1. Gebiet der Pollichia.
Klingelhoeffer 7. Grossherz. Hessen.
Bargmiresner 3. Hanau Münzenberg, Wetterau.
Scriba 1. Darmstadt.

Fischer (L. H.) 1. Freiburg, Breisgau.
Roser 1. Würtemberg.
Fuss (H.) 1. 2. Aarthal.
Hoppmann 1. Baden.
Kraatz 13. Aarthal.
Maehler 1. Heidelberg.
Schreckenstein 2. Bodensee.
Suffrian 8. Ems.
Dombacher 1. Rastatt.

---

u. Baiern.

Gemminger 3. München.
Gistel 4. München.
Kriechbaumer 1. München.
Perty 3. München.
Westerhauser 1. 2. München.
Gistel 7. Zusmarshausen.
Peck 1. Zusmarshausen.
Herrer 1. Regensburg.
Hoppe (D.) 1. 2. Erlangen.
Rosenhauer 1. Erlangen.
Petry 1. Augsburg.
Weidenbach 3. 4. Augsburg.
Kube 1. Südbaiern.
Gerhauer 1. Aschaffenburg.
Waltl 18. Oberbayern, Allgau.
Stark 1. 2. Allgäu.
Kress 1. Steiger Wald.

v. Oesterreich.

Dollschmid 1.
Hampe 2.
Hoffmann (Joh.) 1.
Killemstein 1.
Redtenbacher 3. 5. 6.
Redtenbacher (W.) 1.
Schiner 1.
Tusch 5.
Froelich (J. L.) 2.
Krackowitzer 1.
Czagl 1. Wien.
Schoenn 1. Wien.
Miller 3. 9. 11. 14. 15. 18. Wien.
Hummel 1. 2. Mühlkreis.
Hinterwerker 1. Linz.
Schaschl 2. Ferlach.
Waltl 8. Passau.
Frantzius 3. Tyrol.
Giraud 2. Gastein.
Gredler 3. Passeier.
Leiberting 1. Tyrol.
Letzner 18. Meran.
Trentinaglia 1. Innsbruck.
Gobanz 1. Vellach-Thal.
Moll 1. Salzburg.
Pfeil 6. Gastein.
Pacher 1. Kärnthen.
Grimmer 1. 2. Steiermark.
Klug 1. Olmütz.
Letzner 10. Beskiden.
Kuester 2. Dalmatien.

w. Böhmen.

Riegger 2.
Schmidt 2.
Schmidt (H. M.) 1.
Fieber 1.
Ahrbeck 1. Marienbad.
Mueller (L.) 1. Marienbad.
Kirchner 11. Kaplitz.

x. Ungarn.

Conrad 1. Oedenburg.
Frivaldszky 5. 6. Ungarn.
Sacher 1. Ungarn.
Kuedt 1. 2. Ungarn.

y. Galizien.

Nowicki 1.

z. Siebenbürgen.

Fuss 1. 2. 3. 6. 12. 13. 15. 16. 17. 18. 19. 20. 21. 22. 23. 24. 25. 26.
Hampe 4. 9.
Herbert 1.
Bielz 4. 5.

aa. Russland.

Adams (M.) 1.
Chaudoir 14.
Faldermann 4. 6. 7.
Fischer 4. 5. 11. 26. 33. 47. 50.
Hochhuth 5. 6.
Kolenati 1. 5.
Ménétriès 6.
Motschulsky 4. 6. 11. 12. 14. 18. 19. 20. 22. 24. 25. 34. 40.
Tauscher 3. 4.
Zoubkoff 1. 4.
Morawitz 4. 5. 6.
Mäklin 1. 2. 3. 4. 5. Finnland.
Mannerheim 4. 21. 27. 30. 31. 40. Finnland.
Sahlberg 1. 2. Finnland.
Sahlberg (F. R.) 1. Finnland.
Hummel 3. Ingermannland.
Fleischer (J. C.) 3. Curland.
Gimmerthal 2. Livland.
Kawall 11. Curland, Livland.
Ledebour 1. Livland.
Motschulsky 7. Livland.
Precht 1. Riga.
Eschscholtz 14. Livland.
Czernay 1. Charkow.
Kryniclky 1. 3. Charkow.
Bailion 1. Wolga, Ural.
Becker 7. 2. Sarepta.
Morawitz 2. 3. Sarepta.
Spek 1. Süd-Russland.
Steven 1. 2. Süd-Russland.
Carle 1. Krim.

6. Fauna von Asien.

7. Fauna von Africa.

Algerien.

---

8. Fauna von America.

a. Nord-America.

---

12. Carabici.

Mare 2. B. Revelièrei.
Palli 2. B. Jordanos, Siculus.
Reiche 44. B. Hebraicus.

Lebiidae.

Bates 6. Agra.
Buquet 3. Agra.
Chaudoir 12. 23. Z. Agra.
Klug 18. 19. Agra.
Buquet 3. Callida.
Buquet 3. Cymindis.
Peyron 6. Cymindis.
Fairmaire 10. Platytarsus.
Motschulsky 20. Glycia virgata.
Schaum 67. Singilis, Phloeozeteus.
Reiche 81. Singilis.
Schmidt (H. M.) 4. Demetrias.
Babington 8. Dromius.
Schmidt (H. M.) 4. Dromius.
Letzner 43. D. Hoverii.
Motschulsky 20. Blechrus.
Buquet 1. 3. 24. Lebia.
Chevrolat 24. L. quadrinotata.
Zimmermann 3. Masoreus.
Barthélémy 1. Plochionus.

Pericalidae

Buquet 3. Coptodera.
Klug 29. Selenoptera.
Klug 29. Thyreopterus.
Schaum 63. Thyreopterus.
Laporte 4. Eurydera armata.
Guérin 28. E. striata.
Hagenbach 3. Mormolyce phyllodes.
Mulder 10. M. phyllodes.
Overdijk 1. M. phyllodes.
Verhuell 6. M. phyllodes.
Kirby 17. Catascopus.
Chaudoir 22. Gyphonoma unicolor.
Chevrolat 3. Pericalus guttatus.
Schaum 63. Pericalus.

Pseudomorphidae.

Westwood 220. Pseudomorpha.
Guérin 160. Sphallomorpha nitiduloides.
Westwood 220. Adelotopus.
Hope 2. Adelotopus.
Haliday 32. Adelotopus.
Newman 107. Adelotopus.

Ozaenidae.

Westwood 60. Ozaena.

Siagonidae.

Guérin 89. Siagona mandibularis, Goryi, Buquetii.

Ditomidae.

Brullé 15. Ditomus.
Solier 11. 17. Ditomus.

Graphipteridae.

Guérin 308. Graphipterus.
Chevrolat 76. G. fumoratus.
Gory 37. G. trivirgatus.
Lucas 88. G. exclamationis.

Anthiadae.

Guérin 158. Anthia.
Lequien 1. Anthia.
Perroud 2. Anthia.
Gory 37. 43. A. costata.

Morionidae.

Chevrolat 33. Catapiesis.
Reiche 64. Nomius Graecus.

Scaritidae.

Putzeys 4. Pasimachus.
Le Conte 6. Pasimachus.
Champion 1. Scarites.
Guérin 96. Scarites.
Guérin 23. S. Gaudotii.
Wollaston 6. Dyschirius.
Ahrens 7. Clivina.
Le Conte 63. Clivina.
Putzeys 3. 5. Clivina.

Panagaeidae.

Roller 9. Panagaeus.
Schaum 39. Panagaeus.
Sommer 1. Isotarsus calmius.
Javet 1. Loricera Wollastoni.

Chlaeniidae.

Schaum 63. Dercylus.
Le Conte 86. Chlaenius.
Lucas 193. Chlaenius.
Letzner 16. C. tibialis.
Krynicky 1. C. Fischeri.
Laporte 17. C. Madagascariensis.
Lucas 133. C. holosericeus.
Schaum 51. Atranus.
Buquet 2. Oodes.
Kretschmar 3. Z. O. gracilis.
Lambert (P.) 4. O. gracilior.

Licinidae.

Letzner 42. Licinus depressus.
Guérin 1. Badister.

Cnemacanthidae.

Ménétriés 16. Harpactes.
Schiœdte 27. Microderes.
Dohrn 9. Lachnophorus crucigerus.
Waterhouse 26. Cnemacanthus.

Waterhouse 26. Odontoscelis.
Rosenhauer 8. Broscosoma.
Putzeys 8. Broscosoma.
Schiœdte 27. Broscosoma.
Guérin 118. Promecoderus.
Waterhouse 24. Promecoderus.
Guérin 98. Cascellius.

Stomidae.

Chaudoir 10. Stomides.
Waterhouse 22. Disphaericus.
Schaum 63. 71. Pelecium.
Guérin 18. P. refulgens.

Cratoceridae.

Chaudoir 10. Somoplatidae.

Anisodactylidae.

la Ferté 2. Gynandrotarsus.
Guérin 118. Heterodactylus.

Harpalidae.

Waterhouse 31. Lissopterus quadrinotatus.
Bach 6. Harpalus.
Bertoloni 9. Harpalus.
Mulsant 46. Harpalus.
Reiche 22. Harpalus.
Douglas 22. Z. Stenolophus elegans.
Gaubil 3. S. Chevrolatii.
Germar 38. S. vaporariorum.
Godard 8. Z. S. humeratus.
Mulsant 128. S. humeralis.

Feronidae.

Chevrolat 37. Eucamptognathus.
Chaudoir 4. 18. Feronia.
Mulsant 33. Feronia.
Baudier 5. F. excavata.
Levrat 10. Poecilus.
Westwood 323. Steropus madidus.
Meade 1. S. madidus.
Klug 29. Eudromus.
Putzeys 2. Molops truncatus.
Kraatz 29. Percus.
Le Conte 16. Pterostichus.
Letzner 3. P. cordatus.
Letzner 13. P. lepidus.
Putzeys 2. P. aurorius.
Schaschl 1. P. ploesipennis.
Zimmermann 1. Zabrus.
Champion 1. Zabrus.
Bertoloni 8. Z. gibbus.
Germar 7. Z. gibbus.
Rudd 1. Z. gibbus.
Sander 1. Z. gibbus.
Zimmermann 1. Amara.

LeConte 31. Amara.
Rylands 2. 9. Amara.
Schiœdte 1. Amara.
Chevrolat 31. A. trivialis.

Anchomenidae.

Schaufuss 1. 3. 7. 8. Z. 13. Z. Sphodrus.
Miller 4. S. Schmidtii.
Fairmaire 63. Pristonychus.
Schaufuss 7. Pristonychus.
Sander 1. Dolichus flavicornis.
Buquet 3. Anchomenus.
Gautier 1. A. ruficollis.
Newman (E.) 50. A. picticornis.
Tournier 1. A. Corsicus.
Le Conte 39. Platynus.
Reiche 67. Olisthopus orientalis.
Bassi 2. Cardiomera.
Schaum 61. Cardiomera.
Guérin 138. 138. Pleurosoma sulcatum.
Guérin 98. Metius.
Chaudoir 17. Colpodes.

Pogonidae.

Putzeys 3. Trechus.
Fairmaire 37. Trechus amplicollis.
Laboulbène 4. Trechus.
Fleischer (G. J.) 1. T. sericeus.
Levrat 12. T. Chaudoirii.
Frivaldszky (J.) 1. Anophthalmus Milleri.
Linder 1. 3. A. minor.
Beauvoisir 8. Z. Aphaenops.
Laboulbène 4. Aepus Robinii.
Coquerel 3. A. Robinii.
Spence 5. A. fulvescens.
Audouin 19. 28. Blemus fulvescens.
Dutrochet 3. B. fulvescens.

Bembidiidae.

Baudi 8. Anillus.
Jacquelin Duval 9. A. coecus.
Putzeys 1. Bembidium.
Schilling 88. Bembidium.
Guérin 1. Bembidium.
Le Conte 61. Bembidium.
Jacquelin Duval 8. 16. Bembidium.
Schaum 7. 51. 63. Bembidium.
Schaum 63. Periocompus.
Schaum 63. Tachys infans.
Haliday 12. Cillenum laterale.
Delarouzée 3. Davalius Raymondi.

13. Dytiscidae.

Dytiscidae.

Haliplidae.

Hydroporidae.

Colymbetidae.

14. Gyrinidae.

15. Palpicornia.

Hydrophilidae.

Hydrobiidae.

Spercheidae.

Helophoridae.

Sphaeridiidae.

16. Paussidae.

---

17. Staphylinidae.

Aleocharidae.

Haliday 12. 23. Diglossa mersa.
Westwood 229. Diglossa mersa.
Hagen 1. Diglossa mersa.
Haliday 20. Gymnusa.

Tachyporidae.

Leitner 28. Tachyporini.
Waterhouse 46. Tachyporidae.
Perris 10. Tachyporus cellaris.
Wollaston 11. T. nitidicollis.
Perris 10. Tachinus humeralis.

Xantholinidae.

Jacobsen 3. Xantholinini.
Haliday 20. Othius.
Kraatz 35. 39. Diochus, Rhegmatocerus.
Motschulsky 65. Diochus, Rhegmatocerus.
Schaufuss 8. Rhegmatocerus convicollis.
Schaum 74. Diochus, Rhegmatocerus.
Guérin 156. Thyreocephalus.
Leitner 28. Xantholinus lentus.
Leitner 43. X. linearis.
Guérin 156. Xantholinus.

Staphylinidae.

Blanchard 2. Staphylinus olens.
Burrell 3. St. tricornis.
Godard 1. St. Mulsanti.
Gravenhorst 25. St. olens.
Risso 2. St. lugubris.
Stroem 2. St. marinus.
Thomson (C. G.) 13. Staphylinini.
Waterhouse 40. Staphylinides.
Westwood 182. Staphylinl.
Dale 23. Goërius olens.
Erichson 8. Creophilus ciliaris.
Guérin 156. Philonthus.
Leitner 8. Philonthus.
Macklin 2. Mycetoporus.
Stoen 4. Velleius dilatatus.
Gravenhorst 26. Quedius.
Kellner 2. Q. riparius.
Kellner 3. Q. dilatatus.
Laroyais 2. Q. varius.
Hoeger 12. Oxyporus maxillosus.
Bloudel 1. Prognathus rufipennis.

Paederidae.

Guérin 156. Cryptobium.
Guérin 156. Latona.
Jacobsen 3. Lathrobium elongatum.
Rouget 7. L. Terminel.
Reid 8. L. coriaceum.
Mueller (H.) 1. Glyptomerus.
Kraatz 25. Typhlobium.
Allard 1. Lithocharis brevicornis.
Mulsant 79. Scopaeus.
Dietrich 1. Paederus.
Fuss 12. Paederus.
Fauvel (M.) 2. 2. Paederus.
Gautier 6. 2. Paederus.

Stenidae.

Audouin 24. Stenus.
Cussac 2. St. Lepriouri.
Dufour 158. St. cautium.
Jacquelin Duval. 20. Stenus.
Jansen 13. Stenus.
Leprieur 12. Stenus.
Ljungh 3. Stenus.
Thies 1. Stenus.
Thomson (C. G.) 11. Stenini.
Waterhouse 44. 45. Stenus.

Oxytelidae.

Rudd 1. Hesperophilus arenarius.
Janson 5. Bledius.
Mulsant 89. Trogophloeus.

Omalidae.

Laboulbène 22. Micralymma brevipenne.
Schioedte 18. Micralymma.
Westwood 100. M. Johnstonis.
Haliday 20. Boreaphilus.
Kraatz 37. 33. B. Henningianus.
Aubé 29. Coryphium.
Cussac 3. Macropalpus.
Aubé 29. Macropalpus.
Lacordaire 14. M. pallipes.
Haliday 20. Arpedium.
Mulsant 10. Trigonurus.
Kiesenwetter 7. Anthophagus.
Thomson (C. G.) 9. Omalium.
Mulsant 23. Eugnathus.

Proteinidae.

Kraatz 28. Proteinini.
Sanley 1. 2. Megarthrus Bellevoyi.
Westwood 2. Siagonium quadricorne.
Fauvel 1. Micropeplus.
Haliday 20. Micropeplus.
Hoffman 4. M. porcatus.
Kraatz 17. Micropeplus.
Mulsant 91. Phloeidus.

18. Pselaphidae.

Aubé 2. 3. 10. Pselaphus.
Boheman 36. Pselaphus.
Chaudoir 9. Pselaphus.
Denny 1. Pselaphus.
Heyden 11. Pselaphus.
Klingelhoeffer 7. Pselaphus.
Leach 18. Pselaphus.
Le Conte 10. Pselaphus.
Reichenbach 1. Pselaphus.
Schaum 18. Pselaphus.
Schmidt (H. M.) 1. 2. Pselaphus.
Waterhouse 79. Pselaphus.
Westwood 350. Pselaphus.
Guérin 66. Ctenistes palpalis, Dejeanii.
Lucas 119. Faronus Aubei.
Gory 25. Metopias curculionoides.
Delarouzée 3. Amaurops gallicus.
Motschulsky 2. Bryaxis.

19. Clavigerini.

Boheman 36. Claviger.
Mueller (P. W.) 8. Claviger.
Stierbing 2. Claviger.
Guérin 78. Claviger.
Guérin 88. C. longicornis.
Doubleday 32. C. foveolatus.
Smith 10. C. foveolatus.
Jacquelin Duval 2. C. testaceus.

20. Scydmaenidae.

Jacquelin Duval 3. Chevrolatia.
Pirazzoli 1. Leptomastax.
Boheman 36. Scydmaenus.
Fuss 32. Scydmaenus.
Kunze 2. Scydmaenus.
Le Conte 25. Scydmaenus.
Schaum 1. 3. 11. Scydmaenus.
Aubé 27. Cephennium Kiesenwetteri.
Illig 19. Mastigus.

21. Silphidae.

Leptoderidae.

Schmidt (F. J.) 1. 2. Leptoderus Hohenwarthii.
Schmidt (F. J.) 10. Lept. angustatus, serripes.
de Haren 2. Leptoderus.
Schiner 2. Leptoderus.
Sturm (J. H.) 2. Leptoderus.

Silphidae.

Marcuse 1. Necrophages.
Carpenter (W.) 1. Necrophorus.
Dupuchel 23. Necrophorus.
Eldin 2. Necrophorus.
Gleditsch 2. Necrophorus.
Matzeck 1. Necrophorus.
Stollwerk 5. Necrophorus.
1. Anonym 120. Necrophorus.
Chapman 1. N. germanicus.
Klingelhoeffer 1. N. germanicus.
Colin 2. N. vadosarius.
Hoffmann (Joh.) 1. N. humator.
Herschel 1. N. vestigator.
Le Conte 31. Silpha.
Schaufuss 3. Silpha.
Schioedte 10. Silpha.
Schmidt (R. C. E.) 1. Silpha.
Bach 4. Silpha reticulata.
Bellier 23. S. unicostata, rugosa.
Nilsson 6. S. obscura.
Curtis (W.) 4. S. grisea.
Dahl 1. S. subterranea.
Guérin 108. S. opaca.
Buist (H.) 3. Necrodes humeralis.
Erichson 8. Pteroloma.
Schwaab 1. Pteroloma Forstroemii.
Schilling 3. Holocnemis.
Mueller (P. W.) 6. Leptinus.
Dohrn 9. L. testaceus.
Wage 12. L. testaceus.
Schaufuss 9. 2. Quaestiuncula adnexa, arenaria.
Schaufuss 9. 2. Quaestus.
Hampe 8. Pholeuon angusticolle.
Frivaldszky 6. P. gracile.
Mahler 2. Adelops.
Miller 2. A. Khevenhülleri.
Miller 3. Adelops.
Schmidt (F. J.) 14. 16. A. Milleri.
Villa 19. Adelops.
Kraatz 7. 23. Catops.
Kellner 5. Catops.
Murray 8. Catops.
Kiesenwetter 20. C. nivicola.
Schmidt (F. J.) 3. Catops.
Spence 1. Choleva.
Rouget 10. Catopsimorphus.

Mulsant 63. Catopsimorphus.
Kraatz 2. 15. Colon.

Anisotomidae.

Schmidt (W. L.) 9. Anisotomen.
Fairmaire 37. Anisotoma ervesta.
Maerkel 1. Triarthron Maerkelii.
Fairmaire 35. Hydnobius Perrisii.
Fairmaire 38. A. lucens.
Riehl 2. A. tarsalis.
Kraatz 6. Anisotoma.
Perris 31. Agathidium seminulum.
Kryaicky 1. A. striatum.
Perris 30. Clambus enshamensis.
Fauvel (M.) 1. Calyptomerus, Comazus.

Sphaeriidae.

Hoffmann 1. Sphaerius acaroides.
? Hagen 6. Sphaeria.

22. Trichopterygia.

Allibert 1. 2. 4. Trichopteryx.
Aubé 1. Trichopteryx.
Gillmeister 1. Trichopteryx.
Haliday 28. Trichopteryx.
Heer 9. 12. Trichopteryx.
Kraatz 42. Trichopteryx.
Matthews 3. Trichopteryx.
Motschulsky 8. 12. Trichopteryx.
Perris 14. Trichopteryx.
Sartorius 1. Trichopteryx.
Thomson (C. G.) 3. Trichopteryx.
Schiödte 30. Ptilium.
Guérin 81. 172. P. apterum.

23. Scaphidiidae.

Le Conte. 74.

24. Histerini.

Caegl 2. Hister.
Erichson 4. Hister.
Habelmann 2. Hister.
Hoffmann (J. J.) 3. Hister.
Jacquelin Duval 16. 20. Hister.
Jaranch 3. Hister.
Jemsson 1. Hister.
Leach 17. Hister.
Le Conte 19. Hister.
Le Conte (J. E.) 3. 4. 5. Hister.
Marseul 1. Hister.
Paykull 12. 13. Hister.
Peyron 3. 8. Hister.
Thunberg 33. Hister.
Tranqui 4. Hister.
Say 16. Hister.
Dale 17. H. 4-maculatus.
Grimm 2. H. ruficornis.
Aubé 1. Hister formicetorum.
Coquerel 12. Dimeracerus sociator.
Say 16. Hololepta.
Lucas 129. Hetaerius punctulatus.
Mulsant 20. Plegaderus.
Le Conte 31. Abraeus.
Bonnet 1. Abraeus rhombophorus.

25. Phalacridae.

Le Conte 55. Phalacridae.
Heeger 10. Olibrus tricolor.

26. Nitidulariae.

Erichson 28. 30.
Rendschmidt 2. Nitidula.
Sottie Desspies 1. Nitidula.
Imhoff 11. N. aenea.
Fischer 81. Psilotus Hoffmannseggii.
Jacquelin Duval 22. Meligethes aeneus.
Heeger 16. M. aeneus.
Westwood 251. M. aeneus.
Fabricius 12. Ips.
Hentol 6. Rhizophagus parallelicollis.

Trogositidae.

Gory 4. Trogosita splendida.
Dorthes 2. T. mauritanica.
Olivier 8. T. cylindrica.

27. Colydiidae.

Schiödte 9. Sarrotrium muticum.
Hampe 6. Pleganophorus.
Thomson (J.) 42. Eulachus.
Habelmann 1. Teredus opacus.
Wesmael 6. Anommatus terricola.
Spence 10. A. terricola.
Mulsant 108. Dorstophrus.
Wollaston 12. Deretaphrus.
Bonnet 1. Philotherma Montandonii.

Rhysodidae.

Newman (E.) 24. Rhysodes.
Germar 58. Rhysodes.
Westwood 10. Clinidium.
Kirby 53. Clinidium Guildingii.
Spinola 28. Stemmoderus singularis.

28. Cucujini.

Jacquelin Duval 21. Cucujipes.
Newman (E.) 23. Passandra.
Bold 3. Cucujus monilicornis.
Giebel 6. C. Heldii.
Hayden 2. C. Freyreissii.
Herbst 8. Cucujus.
Le Conte 40. Cucujus.
Chevrolat 73. Ino prusulsis.
Bach 10. Laemophloeus Clematidis.
Laboulbène 1. Laemophloeus.
Jacquelin Duval 3. L. Dufouri.
Kraatz 65. 2. Aerophilus, Catharius, Lentobimanus.
Boudier 3. Psammoechus.

29. Cryptophagidae.

Boerner 5. Scarabaeus acadenianus.
Miller 12. Cryptophagus.
Kraatz 5. 24. Cryptophagus.
Westerhauser 1. Cryptophagus.
Perris 38. C. dentatus.
Marquart 5. C. Bellae.
St. Martin 1. Cryptophagus.
Newport 28. C. cellaris.
Jacquelin Duval 31. Cryptophagidae.
Dohrn 26. Emphylus, Sparius.
Wollaston 17. Atomaria.
Kraatz 9. Atomaria.
Germar 72. Atomaria linearis.
Lucas 180. A. linearis.

30. Lathridiidae.

LeConte 30. Lathridiidae.
Aubé 4. Monotoma.
Aubé 14. Monotoma 4-foveolata.
Guérin 82. M. Blairii.
Motschulsky 23. M. 4-foveolata.
Kunze 2. M. brevipennis, scabra, bicolor, Serripes, Headeni.
Lucas 88. Merophysia.
Motschulsky 10. Holoparamecus.
Westwood 207. Holoparamecus.
Guérin 170. Holoparamecus Pashoski.
Aubé 18. Calyptobium.
Westerhauser 8. Lathridius.
Mannerheim 31. Lathridius.
Perris 38. Lathridius minutus.
Waterhouse 53. Lathridius.
Kyber 3. L. porcatus.
Waterhouse 30. Corticaria.
Mannerheim 34. Corticaria.
Foss 3. Corticaria mucularia.
Perris 38. C. pubescens.
Mueller (P. W.) 6. Dasycerus.
Brongniart 3. Dasycerus.

31. Thorictidae.

Kraatz 67. Thorictus.
Germar 60. Thorictus.
Peyron 4. Thorictus.
Schaum 68. Xylonotrogus, Elaphrotopus ?

32. Mycetophagidae.

Le Conte 54. Mycetophagidae.
Perris 35. Triphyllus punctatus.
Perris 35. Diphyllus lunatus.

33. Dermestidae.

Westwood 264. Byturus tomentosus.
Westerhauser 4. B. tomentosus, fumatus.
Dufour 37. Dermestes.
Le Conte 43. Dermestes.
Rousseau 1. Dermestes.
Siebold 20. Dermestes.
Harris 6. D. lardarius.
Meyer (F. A. A.) 6. D. lardarius.
Kirby 18. D. vulpinus.
Tournier 1. D. holosericeus.
Vallot 19. D. murinus.
Fuss 7. Attagenus pantherinus.
Hampe 10. A. pantherinus.
Brahm 15. Megatoma.
Waterhouse 10. Megatoma serra.
Perris 41. Dermestes serra.
Letzner 45. Tiresias serra.
Guérin 63. Globicornis rufitarsis, fulvipes.
Thunberg 20. Anthrenus.
Guérin 77. Anthrenus.
Letzner 25. A. muscorum.
Reiche 13. A. muscorum.
Letzner 25. A. claviger.

34. Byrrhidae.

Dufour 27. Byrrhus.
Le Conte 41. Byrrhus.
Mulsant 57. Byrrhus.
Reichenbach 2. Byrrhus.
Steffahny 1. Byrrhus.
Hope 2. Microchaetes.
Letzner 29. Syncalypta semistriata.

35. Parnidae.

Kiesenwetter 29. Parnidae.
Le Conte 18. Parnidae.
Mueller (P. W.) 4. Parnus substriatus.
Latreille 21. 24. Elmis.
Mulsant 3. 4. Elmis Maugetii.
Le Conte 15. Elmis Herrickii.
Dufour 33. Elmis.
Mueller (P. W.) 3. 6. Limnius.
Dufour 33. Macronychus.
Gotarini 1. Macronychus 4-tuberculatus.
Mueller (P. W.) 4. M. 4-tuberculatus.

Georyssidae.

Motschulsky 7. Georissus.
Christy 2. Georyssus pygmaeus.
Kunze 1. Potamophilus.
Coquerel 7. Potamophilus.
Germar 5. Potamophilus.

36. Heteroceridae.

Kiesenwetter 7. 19. 29. Heterocerus.
Waterhouse 52. Heterocerus.
Motschulsky 40. Heterocerus.

37. Lamellicornia.

Baudet Lafarge 1.
Burmeister 5. 72. 77. 82.
Carpenter (W.) 1.
Claparède 1.
Coleman 1.
Conte (A.) 15.
Doldorf 1.
Dejean 5.
Garnier 3.
Hope 16. 19. 34. 44. 50.
Jacquelin Duval 14.
Kiesenwetter 28.
Kaulfreuter 2.
Le Conte 57.
Mannerheim 5.
Mondait 3.
Mulsant 5.
Muralto 9.
Newman 2.
Reiche 23.
Sowerby 1.
Suckow 3.
Thomson (J.) 43.
Thunberg 32.
Vollenhoven 18.
Waterhouse 19. 37.
Westwood 187. 190. 201. 300.

Lucanini.

Pictet 8. Capricornus.
Buquet 31. Pholidotus Dejeanii.
Babington 10. C. Grantii.
Stephens 8. C. Grantii.
Westwood 22. C. Grantii.
Reiche 83. Chiasognathus.
Buquet 10. Sphenognathus.
Guérin 80. 87. S. Feisthamelii.
Fairmaire 17. Streptocerus.
Reiche 8. Lamprima.
Bonsdorff 1. Lucanus.
Hope 51. 52. Lucanus.
Jacquelin Duval 14. Lucanus.
Kraatz 33. Lucanus.
Mulsant 53. Lucanus.
Reiche 81. Lucanus.
Saunders (W.) 21. Lucanus.
Thomson 5. Lucanus.
Thunberg 18. Lucanus.
Vollenhoven 79. Lucanus.
Westwood 46. 163. 191. 207. 236. Lucanus.
J. Anonym 62. Lucanus.
Albrecht (J. S.) 1. L. cervus.
Brueckmann 5. L. cervus.
Davis 4. L. cervus.
Desmarest (E.) 7. L. cervus.
Koechlin 1. L. cervus.
Muralto 29. L. cervus.
Villiers (F.) 8. L. cervus.
Waterhouse 6. L. cervus.
Audouin 37. L. capreolus.
Koechlin 1. L. capreolus.
Bellier 3. L. capreolus.
Chenu 1. L. Chevrolatii.
Reiche 42. L. prolophyllus.
Mulsant 6. Hexaphyllus.
Deyrolle 32. 2. Macrocrates bucephalus.
Buquet 41. Dorcus.
Guérin 98. Dorcus.
Hope 51. Dorcus.
Koechlin 1. Dorcus.
Mulsant 70. Dorcus.
Bree 20. D. parallelepipedus.
Dufour 69. D. parallelepipedus.
Lucas 189. D. parallelepipedus.
Buquet 43. D. Lacordairei.
Boilard (D.) 1. Platycerus caraboides.
Westwood 163. Nigidius, Figulus.
Blanchard 22. Figulus.
Buquet 21. Hexaphyllum aequinoctiale.
Buquet 29. Hexaphyllum Westwoodii.
Guérin 186. Philophyllum Gaderi.
Parry 1. Nitophyllus irroratus.
Bree 20. Sinodendron cylindricum.
Westwood 314. S. cylindricum.

Passalidae.

Eschscholtz 9. Passalus.
Thomson (J.) 41. Passalus.
Percheron 6. 13. Passalus.
Truqui 8. Passalus.
Melly 3. P. Coryl.

Ateuchidae.

Burmeister 60. Ateuchus.
Brullé 80. Ateuchus.
Reiche 14. Ateuchus.
Westwood 81. 101. 164. 175. Ateuchus.
Germar 16. A. sacer.
Murray 18. A. sacer.
Poiret 3. A. marginatus, sacer.
Kirby 79. A. femoralis.

Aphodiidae.

Klug 33. Aulonocnemis.
Erichson 19. Aphodius rufus.
Harold 9. Aphodius.
Heer 6. Aphodius.
Heeger 13. Aph. foetens.
Landgrebe 8. Aphodius.
Rosinus 1. Aphodius.
Schmidt (W. L.) 7. Aphodius.
Westwood 201. Aphodius.
Kriechbaumer 3. Aph. luridus, nigripes.
Mulsant 35. Aph. luridipennis.
Mulsant 29. Ammoecius.
Godard 7. Ammoecius.
Mulsant 131. Psammodius.
Westwood 213. Chaetopisthes.
Mulsant 38. Eremazus quinistriatus.

Copridae

Harold 1. 3. Coprophaga.
Reiche 9. 18. Coprophaga.
Geritard 3. Pillulaires.
Gory 21. Sisyphus.
Guérin 90. Coprobius.
Burmeister 30. Deltochilum.
Buquet 1. Hybomus.
Gory 5. H. rubripennis.
Sykes 2. Copris Midas.
Klug 37. Phanaeus.
Laporte 3. Enicotarsus viridipennis.
Kirby 19. Uroxys ambiguus.
Reiche 42. O. Osiridis.
Kirby 21. Onthophagus.
Reiche 41. Onthophagus.
Reiche 6. O. gazella.
Guérin 41. O. nudatus.
Kirby 29. Drepanocerus Kirbyi.

Cetoniariae.

Anderech (J.) 1. Cetonia.
Audouin 30. Cetonia.
Bainbridge 2. Cetonia.
Blanchard 16. 25. Cetonia.
Champion 1. Cetonia.
Fieber 1. Cetonia.
Godard 2. Cetonia.
Gory 16. 85. Cetonia.
Hope 62. Cetonia.
Knoch 1. Cetonia.
Mac Leay 14. Cetonia.
Percheron 3. 9. Cetonia.
Schaum 1. 5. 6. 81. 87. Cetonia.
Ville 15. Cetonia.
Westwood 163. 246. 324. Cetonia.
White 33. Cetonia.
Brahelmann 8. C. aurata.
Dufour 60. C. aurata.
Graebel 2. C. aurata.
Guérin 206. 277. C. aurata.
Muralto 15. C. aurata.
Westwood 263. C. aurata.
Füessly 15. Scarab. auratus.
Pallas 5. Scarab. hirtellus.
Parisus 6. C. hirta.
Füessly 16. Scarab. stictiens.
Mell 2. 8. stictiens.
Albers 1. Heurnaraensis.
Guérin 105. Centrognathus sobrugosus.
Kirby 25. Cymophorus undatus.
Kirby 21. Gnathus.
Guérin 25. Cetonia episcopalis.
Guérin 103. Cetonia Madagascarensis, Coryi, rufovittata.
Harris (T. W.) 85. 86. C. Inda.
Lenage 1. C. Dumerilii.
Picciuoi 1. C. cardui.
Haldeman 18. Cremastocheilus.
Harris 9. Cremastocheilus.
Knoch 2. Cremastocheilus.
Schaum 1. Cremastocheilus.
Saunders (W.) 7. Cremastocheilus.
Kirby 27. C. castaneae.
Kirby 28. C. canaliculata.
Lucas 163. Zaeplotarsus.

Trichiidae.

Chevrolat 13. Incu irrorata.
Olivier 6. Cetonia clathrata.
Thomson (J.) 28. Incala.
Bainbridge 2. Damoderma.
White 2. Platygenia Mac Leayi.
Kirby 28. Campulipus.
Helfer 2. Gnorimus 10-punctatus.
Kirby 27. 28. Trichius.
Kirby 28. T. Bigsbyi.
Muralto 31. T. nobilis.
Schmidt (W. L.) 6. T. fasciatus, abdominalis.
Kirby 28. Arcalborus.
Knoch 1. T. hemipterus.
Lucas 82. Valgus hemipterus.

38. Buprestidae.

Blanchard 20.
Chevrolat 22. 51.
Drysander 1.
Dufour 41. 134.
Géhin 4.
Gory 17. 27. 32.
Hammerschmidt 6.
Harris 19.
Herbst 2.
Hope 11. 50.
Holt 1.
Jacobch 3.
Kiesenwetter 22. 24. 29.
Laporte 27. 30.
Le Conte 62. 70.
Lucas 17. 108.
Mannerheim 12.
Pecchioli 3.
Mulsant 77. 75.
Murray 1.
Say 14.
Schlodte 23.
Sigwart 1.
Silbermann 10.
Sollier 1. 9.
Spinola 9.
Steven 7.
Guérin 85. Sternocera Chrysis.
Buquet 41. Juledia Cloeni.
Guérin 237. J. Leopardi.
Lucas 108. J. cicatricosa, Jaminii.
Deyrolle (H.) 2. Z. Catoxantha Lacordairei.
Thomson (J.) 68. C. Lacordairei.
White 14. C. carinata.
Spinola 11. Sternaspis.
Guérin 131. Chrysochroa Perrotetii.
Deyrolle (H.) 2. Z. C. Mniszechii.
Thomson (J.) 30. Tyndaris.
Chevrolat 46. Chalcophora Langeri.
Bertoloni 7. C. Fabricii.
Loew 7. Buprestis mariana.
Lucas 20. B. mariana.
Lucas 105. Z. Chrysodema erythrocephala.
Buquet 46. Polybothris.
Dupont 6. P. Crœsus.
Audouin 22. Dicerca Berolinensis.
Chevrolat 18. Buprestis ovalis.
Dufour 127. B. pulchra.
Dupont 3. B. Rogerii.
Gory 11. B. opulenta.
Gory 12. B. empyrea.
Gory 20. B. Buquet.
Guérin 11. B. Perrbernolli.
Guérin 24. B. aureopilosa.
Guérin 27. B. scapularis.
Guérin 28. B. complanata.
Guérin 29. B. exophthalma.
Guérin 30. B. pallidata.
Guérin 31. B. rotundata.
Guérin 32. B. cassidioides.
Guérin 28. B. Coryi.
Guérin 30. B. Lucasii.
Heeren 9. B. Dalmi.
Laboulbène 28. B. gigantea.
Lucas 111. B. Bellamarei.
Germar 72. Eurythyrea.
Moraham 10. E. splendens.
Buquet 13. 35. Anthaxia.
Laboulbène 20. A. manca.
Perris 1. B. manca.
Robert 1. Anth. Ariaal.
Desmarest (E.) 1. Hyperantha.
Rojas 1. H. Vargasi.
Chevrolat 48. Stigmodera gratiosa.
Guérin 114. Spencer.
Gemminger 1. Ptosima 9-maculata.
Anonym: D—s. 1. Bupr. 9-maculata.
Buquet 24. Acmaeodera.
Sollier 11. Acmaeodera.
Mulsant 143. A. Revelierii.
Morawitz 5. Sphenoptera.
Guérin 111. Sphenoptera Perrotetii.
Guérin 107. Belionota femorata.
Rojas 5. Colobogaster Acostae.
Heyden 10. Chrysobothris veterana.
Dufour 55. Bupr. chrysostigma.
Saunders (W.) 16. Diphucrania auriflua.
Perris 31. Agrilus.
Goureau 11. A. biguttatus.
Guérin 111. A. brevicornis.
Haldeman 10. A. ruficollis.
Hollar 30. A. viridis.
Guérin 111. Amorphosoma fasciatum.
Dufour 155. Coraebus bifasciatus.
Douglas 25. Trachys pygmaea.
Duméril 28. T. pygmaea.
Laprieur 7. T. pygmaea.
Guérin 111. T. Boll.
Heeger 4. T. nana.
Guérin 83. Aphanisticus Lamotei.

39. Eucnemidae.

Guérin 147. Eucnemidae.
Ahrens (A.) 4. Z. Eucnemis.
Kawall 11. Eucnemis.
Le Conte 21. Eucnemis.
Laporte 37. Eucnemis.
Mannerheim 3. Eucnemis.
Cussac 7. E. capucina.
Perris 17. Melasis flabellicornis.
Coquerel 12. Fornax Madagascariensis.
Hampe 7. Rhacopus cinnamomeus.
Spinola 13. Phyllocerus.
Guérin 61. Phyllocerus flavipennis, Spinolae.

Throscidae.

Bonvouloir 1. 2.
Gerstaecker 15. Lissomus.
Guérin 62. L. bisignatus.

40. Elateridae.

Candèze 2.
Curtis 33.
Erichson 17.
Eschscholtz 1. 5. 11. 14.
Germar 49. 52. 57. 64.
Gory 17.
Janson 2.
Illiger 30.
Kawall 11.
Kiesenwetter 29.
Laboulbène 3.
Laporte 27.
Le Conte 25.
Mulsant 71. 87. 95.
Muralto 32.
Say 14.
Thomson (J.) 29.
Waterhouse 51.
Weiss 1.
Blisson 6. Agrypnus varius.
Lucas 88. A. atomarius.
Percy 2. Alaus.
Steven 7. Elater Pereyaudi.
Audouin 22. E. segetis.
Hagen 62. 95. E. segetis.
Kollar 30. E. lineatus.
Brauer 8. 23. E. aquisetti.
Mulsant 107. Ludius ferrugineus.
Letzner 39. Ampedus alpinus.
Curtis 30. E. pomorum.
Heeger 15. E. pomorum.
Westerhauser 5. E. sanguineus.
Desvignes 1. E. crucatus.
Desvignes 3. E. ruficeps.
Dufour 54. H. rhombeus.
Curtis 31. E. rhombeus.
Gory 13. E. Coryi.
Guérin 187. E. varius.
Lapaige 1. E. linearis.

Olivier 9. E. mucronatus, farinosus, cuniculus, interruptus.
Pelerin 1. E. puncto-lineatus.
Saxesen 2. E. Heyeri.
Schmidt (P. J.) 1. E. Gruelli.
Stierlin 9. E. cearoler.
Strecm 3. E. mesomelas.
Erichson 14. Cardiophorus.
Germar 80. Pyrophorus.
Bell 2. E. noctilucus.
Boudaroy 1. E. noctilucus.
Curtis 2. E. noctilucus.
Sells 3. E. noctilucus.
Burnett 3. Pyroph. phosphoreus.
Hope 43. 60. Campsosternus.
Erichson 15. Chalcolepidius.
Guérin 186. Eucamptus, Semiotus, Chalcolepidius.
Belval 1. Z. Semiotus.
Hope 42. Phyllophoridae.
Gory 16. 38. Tetralobus.
Mulsant 66. Crepidophorus mutilatus.
Blisson 4. Stenoderus ferrugineus.
Mulsant 64. Trichophorus Guillebelli.
Germar 74. Campylus.
Schmidt (W. L.) 2. C. mesomelas, borealis, lineatus.
Ahrens 10. E. livens.
Erichson 19. E. livens.
Dohrn 19. Aphileus lucanoides.
Hope 2. Macromalocera.
Guérin 7. Lobederus monilicornis.
Letzner 43. Diacanthus cruciatus.
Stierlin 9. Cryptohypnus Meyeri.

41. Cebrionidae.

Fischer 16. Physodactylus.
Mannerheim 16. Physodactylina.
Audouin 16. Cebrio.
Brightwell 1. Cebrio.
Dejean 3. Cebrio.
Graëlls 1. Cebrio.
Guérin 246. Cebrio.
Leach 6. Cebrio.
Lefebvre 37. Cebrio.
Guérin 257. C. gigas.
Miller 1. C. gigas.
Forbes 4. C. xanthomerus.
Guérin 183. C. Chevrolatii.
Guérin 171. C. Goyenii.

42. Rhipiceridae.

LeConte 23. Rhipiceridae.
Westwood 107. Rhipicera.
Laporte 26. Rhipicera.
Guérin 139. Sandalus.
Fairmaire 27. Sandalus.
Knoch 2. Sandalus.
Thunberg 17. Ptyocerus.
Guérin 5. Microrhipis Dumerilii.

43. Dascillidae.

LeConte 32. Atopidae, Cyphonidae.
Thomson (J.) 4. Cyphonidae.
Guérin 144. Anchytarsus, Odontonyx, Cneoglossa, Octoglossa, Dascillus.
Tschapeck 1. Elodes Coroliae.
Guérin 164. Brudytoma.
Guérin 141. Scirtes, Eucinetus, Rhipicera.
Perris 34. Eucinetus meridionalis.
King 33. Colobodera.
White 35. Paralichas.

44. Malacoderma.

Redi 4. Malacodermata.
Kiesenwetter 29. Malacodermata.
Guérin 12. Cladophorus latericollis.
Pute 21. Eros.
Guérin 31. Calochromus.

Lycidae.

Mulsant 3. Lycidae.
Boquet 84. Lycus.
Guérin 207. Lycus.
Olivier 9. L. striatus.
Perris 13. L. sanguineus.
Mulsant 41. Homalisus.
Costa (A.) 14. Omalisus sanguinipennis.

Lampyridae.

Le Conte 17. Lampyridae.
Motschulsky 39. Lampyridae.
Gourmes 25. Aspisoma candelaria.
Reiche 18. A. candelaria.
Dale 18. Lampyris.
Laporte 20. Lampyris.
Maille 1. Lampyris.
Mulsant 128. Lampyris.
Muralto 11. Lampyris.
Villaret 2. Lampyris.
Waga 11. Lampyris.
Lucas 83. L. noctiluca.
Newport 7. 35. L. noctiluca.
Mueller (P. W.) 1. L. italica.
Reiche 48. L. Bellieri.
Guérin 17. L. Madagascariensis.
Mulsant 133. L. bicoriata.
Westwood 9. Amydetes.

Telephoridae.

Fallén 3. Cantharides.
Blanchard 4. Telephorus.
Dietrich 3. Telephorus.
Hentz 3. Telephorus.
Letzner 15. 24. Telephorus.
Philippi (F.) 1. Telephorus.
Rylands 8. Telephorus.
Fischer 19. T. fuscus.
Heer 73. T. fuscus.
Pacher 1. T. signatus.
Scott 4. T. rusticus, lividus.
Mulsant 116. T. illyricus.
Mulsant 151. E. Pygidia.
Puss 5. Cantharis.
Harris 62. 65. Cantharis vittata.
Letzner 6. C. melanocerus.
Letzner 8. C. denticollis.
Letzner 8. C. Sudetica.
Fischer 1. C. melanurus.
Kiesenwetter 21. Malthinus.
Motschulsky 38. Malthinides.

Drilidae.

Desmarest 2. Drilus.
Lucas 9. Drilus.
Mielzynski 1. Drilus.
Audouin 7. D. flavescens.
Desmarest (A. G.) 3. Cochleoctonus vorax.
Rossi 1. Malacogaster.

Melyridae.

Le Conte 76. Melyridae.
Dejean 12. Malachius.
Erichson 13. Malachius.
Fallén 3. Malachius.
Melsheimer 2. Malachius.
Mulsant 81. Malachius.
Schwaegrichen 3. Malachius.
Babington 3. 6. 12. Malachius bipustulatus, ruficollis.
Dale 20. 30. M. bipustulatus, ruficollis.
Westwood 45. M. bipustulatus.
Heeger 19. M. bipustulatus.
Laboulbène 76. M. bipustulatus.
Miller 10. M. gracilis.
Krantz 16. M. fallax.
Strübing 4. M. fallax.
Perris 39. M. aeneus.
Mink 1. Troglops limbatus.
Kraatz 47. Antidipnis.
Wollaston 72. Antidipnis.
Graëlls 4. Dasytes.
Paykull 12. D. linearis.
Mulsant 141. D. tibialis.
Laboulbène 23. D. coeruleus.
Mulsant 78. Zygia.
Westwood 112. Amauronia.
Fairmaire 7. 14. Chalcas.
Morawitz 3. Melyris.
Mulsant 52. Diprosopus.

45. Cleridae.

King 38. Clerii.
Spinola 21. 44. Clérites.
Chevrolat 44. 45. Térédiles.
Le Conte 13. Cleridae.
Laporte 17. Clerus.
Lefebvre 73. Clerus.
Klug 38. Cylidrus.
Fischer 23. Denops.
Klug 38. Tillus.
Biele 3. T. pallidipennis.
Perris 15. T. unifasciatus.
Hennebel 1. 2. T. elongatus.
Klug 38. Priocera.
Kirby 77. P. pusilla.
Klug 38. Axina.
Klug 38. Opilus.
Letzner 39. O. domesticus.
Klug 38. Pyrrhopterus.
Brahm 11. Clerus.
Lucas 92. C. formicarius.
Westwood 91. 303. 334. C. Bequetii.
Klug 38. Erymanthus.
Klug 38. Trichodes.
Klug 38. Cyllitus.
Chevrolat 103. Platynoptera.
Lucas 30. Stenomera.
Klug 38. Enoplium.
Lacdans 1. E. dulce.
Rosenhauer 5. Laricobius.
Klug 38. Corynetes.

46. Xylophila.

Lymexylonidae.

Palisot 1. Atractocerus.
Westwood 309. Lymexylon navale.
Herklots 3. L. navale.
Pfeil 5. Hylecoetus.

Ptiniores.

Boieldieu 1. 2. Ptinus.
Chevrolat 62. Ptinus.
Girard (M.) 4. Ptinus.
Gorie 23. Ptinus.
Leroyale 1. Ptinus.
Audouin 35. P. fur.
Molinowsky 1. P. fur.
Andre 1. P. Aubei.
Azambre 1. P. conspersulatus.
Bremi 17. P. Otti.
Robinson 6. P. coriaceus.
Schilling 22. P. oblongus.
Westwood 241. P. holoiceus.
Westwood 22. Dyalites obscurus.
Audouin 25. Gibbium Scotias.

Anobiadae.

Dale 23. Anobium.
Edmonds (R.) 1. Anobium.
Mulsant 40. Anobium.
Holmer 1. Anobium.
Wollaston 27. Anobium.
Reid 1. A. molle.
Gistel 20. A. pertinax.
Schmid (C. A.) 2. A. pertinax.
Ratzeburg 1. A. abietis, striatum.
Heydon 38. Z. A. tessellatum.
Laxford 1. A. tessellatum.
Spence 19. A. tessellatum.
Chevrolat 2. Dryophilus anobioides.
Westwood 26. D. anobioides.
Westwood 40. Ptilinus pectinicornis.
Dufour 76. Xyletinus hederae.
Guérin 194. X. serricornis.
Hoffmann (J. J.) 3. Dorcatoma.
Stallwerk 8. Dorcatoma.
Brasselmann 2. D. flavicornis.

Girard 3. D. rubens.
Letzner 10. D. rubens, flavicornis.
Guérin 233. Catorama Tabaci.
Waterhouse 33. Tricorynus Zeae.
Aubé 23. Z. Theca.
Mulsant 166. Theca.
Kraatz 10. Coelophagus.
Mink 1. C. humeralis.
Chevrolat 11. Sphindus.
Doubleday 3. Aspidiphorus orbiculatus.

Apatidae.

Gerstaecker 7.
Lucas 107. Apate francisca.
Desmarest (E.) 2. A. capucina.
Keller 20. A. capucina.
Perris 31. A. capucina, sexdentata, Dufourii.
Passerini 11. A. sexdentata.
Klingelhoeffer 1. A. Dufourii.
Straubing 5. Dinoderus substriatus, elongatus.
Assmuss 3. A. elongata, substriata.
Fuss 15. A. substriata.

———

Audouin 61. Lyctus canaliculatus.
Heeger 14. L. pubescens.

Cissidae.

Walker 34. Cisidae.
Mellié 2. Rhopalodontus perforatus.
Mellié 1. Cis.
Straubing 3. Cis.
Mellié 3. C. Wollastoni.
Walker 33. C. Boleti.
Mellié 2. Ennearthron cornutum.
Dufour 133. Xylographus bostrichoides.

Heteromera.

Solier 19. Mélasomes.
Biessig 1. Heteromera.
Waterhouse 33. Heteromera.
Westwood 130. 133. Heteromera.
Mulsant 3. 83. Latigènes.
Mulsant 3. 94. Pectinipèdes.
Lucas 12. Trachélides.

Fischer (v. W.) 27. Mélasomes.
Gerstaecker 2. 7. Vesicantica. Melasoma.
Guérin 46. 130. Mélasomes.
Lacordaire 7. Mélasomes.
Mulsant 3. 33. 133. Mélasomes.
Mulsant 110. Longipèdes.

47. Tenebrionidae.

Kiesenwetter 29. Tenebrionidae.
Solier 7. 27. 28. Collaptérides.
Miller 13. Dirosis.

Miller 12. Ammodeis.
Lucas 188. Pisslognathus Doeei.
Chevrolat 7. Leptonychus.

Brême 2. Adesmia.
Fischer (v. W.) 34. Adesmia.
Lucas 18. Adesmia.
Guérin 165. 130. A. Longii.
Lucas 63. A. Cossyi.
Besser 1. Tentyria.
Lucas 139. Tentyria.
Steven 8. Tentyria.
Tourcher 2. Tentyria.
Schaum 77. Pachycera.
Heinecken 1. Hegeter Webbianus.
Lucas 132. 180. Micipsa.
Kraatz 60. Z. Hyporops, Dichillus.
Guérin 316. 322. 2. Melanerus subcostatus.
Guérin 51. Cologmathus Chevrolatii.
Guérin 136. Zophorus.
Lucas 64. 113. Eurychora Lovaillantii.
Westwood 79. Stetes costata.
Dupouchel 5. Adelostoma.
Kraatz 182. Z. Mesostena.
Reiche 60. Microtelus.
Mulsant 109. Elenophorus collaris.
Lucas 140. Moricejevialli.
Lucas 180. M. Favieri.
Lucas 63. M. octocostata.
Mulsant 11. Akis punctata.
Fontvan 1. A. acuminata.
Lucas 190. A. Tingitana.
Guérin 118. Scaurus.
Mannerheim 23. Centrioptera caraboides.

Blaptidae.

Brême 2. Blaps.
Heinecken 2. Blaps.
Miller 11. Blaps.
Boulard 2. B. obtusa.
Costa (O.) 19. B. australis.
Roker 1. B. mortisaga.
Haliday 18. B. mortisaga.
Patterson 3. B. producta.
Perris 40. B. producta.
Letzner 5. B. fatidica.
Perris 40. B. fatidica.
Schaum 1. B. ovata.
Schaum 1. B. reflexicollis.
Krynicky 1. B. Krynickyi.
Le Conte 67. Eleodes.
Mannerheim 24. E. gigantea.
Mannerheim 25. E. sulcipennis.
Mannerheim 26. E. pimelioides.
Mannerheim 27. E. grandicollis.
Laporte 17. Asida corsica.
Waterhouse 33. Gyriosomus.
Germar 43. Brachyscelis.

Pimeliidae.

Dufour 180. Pimelis arenata.

Levrat 4. P. Mulsanti.
Levrat 14. P. rugosicollis.
Amyot 1. Maluria Pierrotii.
Guérin 167. M. Bartolonii.
Guérin 170. Sepidium Prediori.
Guérin 118. Praocis.
Lucas 93. Oorhrotus.
Reiche 40. Ammidium.
Mulsant 61. Pandarinus.
Mulsant 72. Heliopathes.
Mulsant 72. Omocrates.
Kraatz 47. Cnemeplatia.
Reiche 40. Cnemeplatia.
Feldermann 3. Melanesthes.
Besser 1. Opatrum.
Steven 6. Opatrum.
Thunberg 36. Opatrum.
Bosc 3. O. rufipes.
Schlechtendal 9. O. sabulosum.
Larmius 1. O. pinnigerum.
Mulsant 130. Bioorus ciliaris.
Mulsant 116. Phaleria.
Guérin 9. Phaleria ephippiger.

Diaperidae.

Wesmael 9. Bolitophagus gibbifer.
Dufour 73. Eledona agaricicola.
Brullé 3. Diaperis.
Laporte 5. Diaperis.
Dufour 75. D. Boleti.
Laporte 5. Oplocephala.
Laporte 8. Platydema.
Lucas 176. P. Europaeum.
Laporte 3. Ceropria.
Laporte 5. Hemicera.
Lucas 123. 188. Tribolium castaneum.
Guérin 189. Margus.
Kirby 21. Gnathocerus.
Thunberg 22. Gnathocerus.
Mulsant 77. Enelus sulcipennis.
Gistel 2. Anthracias.
Mulsant 89. 105. Ulomus.
Chevrolat 8. Oopiestus.
Lucas 130. Alphitobius mauritanicus.
Lucas 38. Heterophaga opatroides.
Hope 64. Helopidae.
Brême 3. Cossyphidae.
Laporte 17. Cossyphus Senegalensis.
Mulsant 122. Iphthimus.
Truqui 7. Iphthimus.
Rolls 8. Upis.
Westwood 100. Upis.
Mulsant 69. 137. Tenebrio.
Kirkup 1. T. mauritanicus.
Hagen 28. T. molitor.
Guérin 55. Dolichoderus.
Guérin 58. Nycteropus.

Knoch 1.
Kolenati 1.
Kyber 1.
Kirchweitner 1.
Lebram 8.
Laporte 1.
Mocca 1.
Moeller (P. W.) 10.
Mulsant 30. 118.
Paykull 7.
Preda 1.
Reich (G. C.) 1.
Rossmaessler 3.
Ray 24.
Schilling 19. 24.
Sahar 29. 21.
Rossini 1.
Sparrman 3.
Stierlin 8.
Suffrian 8.
Thomson (J.) 54.
Thunberg 23. 24.
Villa 20.
Walton 19.
Waterhouse 19. 38. 41.

Bruchidae.

Blanchard 22. 23. Bruchus.
Germar 19. Bruchus.
Motschulsky 42. 48. Bruchus.
Mulsant 113. Bruchus.
Thunberg 30. Bruchus.
Walton 5. Bruchus.
Hagen 16. B. granarius.
Westwood 47. B. granarius.
Guérin 197. B. lentus.
Kalch 4. B. Pisi.
Koller 43. 60. B. Pisi.
Leisner 56. B. Pisi.
Heeger 28. B. lentis.
Bureau 1. Caryoborus.
Eldell 9. C. gonagra.
Lucas 113. Spermophagus fasciatus.
Fischer (v. W.) 6. Xylorhinus.

Anthribidae.

Pascoe 4. Anthribidae.
Dalman (L. R. N.) 1. Anthribus varius.
Robert 2. A. pygmaeus.
Vallot 6. A. marmoratus.
Garde 8. Acanthothorax longicornis.
Schimmel 17. Tropideres.
Lemm 4. Brachytarsus scabrosus.
Lucas 210. Z. Araeocerus fasciculatus.
Westwood 32. Choragus.
Dufour 16. 53. Choragus Sheppardi.

Attelabidae.

Kelechhamer 10. Apoderus.
Roker (P.) 8. Attelabus.
Gory 31. Attelabus.
Goureau 9. A. curculionoides.

Gyllenhal 2. A. glaber.
Schimmel 17. Rhynchites.
Walton 5. Rhynchites.
Boisduval 43. R. conicus.
Bose 29. Attelabus Bacchus.
Brauer (A.) 1. Curculio Bacchus.
Galli 1. Rhynch. Bacchus.
Brrechel 1. C. Bacchus.
Curtis 27. 30. Rhynchites Betuleti.
Bach 4. Rh. Betuleti.
Filippi 3. 7. R. Betuleti.
Stollwerk 2. R. Betuleti.
Debey 1. R. Betulae.
Horvath 2. Rhynchites Hungaricus.
Waterhouse 27. Minurus, Metopon.
White 5. Lagmoderus geomoides.
Latreille 9. Rhinomacer.
Philippi 3. Rhinotia bicolata, annulifera, marmorata.
Walton 8. Oxystoma.
Vallot 23. O. Pomonae.
Kirby 5. 9. Apion.
Germar 14. 20. 21. Apion.
Garstaecker 1. Apion.
Goureau 27. Apion.
Guérin 202. Apion.
Herb 9. Apion.
Miller 9. Apion.
Schaum 7. Apion.
Walton 3. 4. 7. Apion.
Wencker 1. 2. 3. Apion.
Westwood 276. Apion.
Harpin 2. A. Trifolii.
Markwick 7. Curculio Trifolii.
Marsham 7. C. Trifolii.
Lehmann (M. C. G.) 4. Curculio Trifolii.
Guérin 163. A. apricans.
Hardy 8. A. flavipes.
Curtis 38. Apion Curtisii.
Vallot 28. A. aeneum.
Heeger 16. A. carduorum.
Heeger 10. A. crassicorne.
Letzner 15. Apion Sorbi.
Frauenfeld 43. Z. A. hiemale.
Nietner 3. Cylas turcipennis.
Chevrolat 6. Oxyrrhynchus.

Brenthidae.

Thunberg 6. Curculio Zamiae.
Chevrolat 34. Brenthidae.
Lund 1. Brenthus.
Motschulsky 46. Brenthus.
Gory 42. Arrhenodes bipunctatus.
Guérin 90. Apronstoma Rinae.
Boheman 6. Calodromus.
Guérin 33. Calodromus Mellyi.

Gonatoceridae.

Guérin 107. Pachyrhynchus.

Waterhouse 30. Pachyrhynchus.
Guérin 132. P. biplagiatus.
Waterhouse 26. Apocyrtus.
Wesmael 10. Mitorrhynchus.
Thunberg 15. Brachycerus.
Champion 3. B. undatus.
Kraatz 47. Pimeraetis.
Walton 11. Cneorhinus.
Fairmaire 126. Strophosomus.
Walton 11. Strophosomus.
Jacquelin Duval 29. Strophosomus.
Noble 1. S. lateralis.
Chevrolat 53. Cyphus.
Lindenberg 2. Curculio imperialis.
Harris 78. Ithycerus Noveboracensis.
Walton 3. 10. Sitona.
Westwood 253. S. lineata.
Hardy 5. S. lineata.
Lucas 164. Anomphus Coltyi.
Desjardins 1. Curculio striga.
Walton 3. 9. Polydrosus.
Blackwall 2. P. argentatus.
Jovet 2. P. corruscus.
Stierlin 2. Metallites Pirazzolii.
Kraatz 63. Z. Metacinops, Aachmoeroatbes.
Bach 16. Chlorophanus.
Lucas 18. Cleonus.
Lucas 63. C. hieroglyphicus.
Jekel 2. Cherrus.
Jekel 2. Polyphrades.
Guérin 62. Aterpus Pipo.
Hope 2. Lophotus.
Waterhouse 18. Lophotus.
Guérin 107. 133. Sophulus.
Guérin 86. Listroderes.
Wollaston 28. Phaleus.
Frauenfeld 16. Plinthus.
Schmidt (F. J.) 13. P. Megerlei.
Walton 18. Hypera.
Perris 33. Phytonomus.
Heeger 3. P. maculatus.
Goureau 20. P. Rumicis.
Goureau 16. P. rufescens.
Tournier 1. Leiosomus Stierlini.
Gory 31. Coniatus.
Lucas 30. Coniatus.
Perris 29. C. chrysochlora.
Godard 3. C. chrysochlora.
Guérin 88. 107. Cylindrorhinus.
Le Conte 38. Lithodus.
Waterhouse 13. Amycterus.
Hope 4. A. Schoenherri.
Walton 15. Prarus.

Walton 3. 8. Phyllobius.
Walton 12. Trachyphloeus.
Walton 13. Omias.
Lucas 133. Rhytirhinus.
Stierlin 1. 8. Dichotrachelus.
Stierlin 3. D. imhoffi.
Rouvenaire 3. 2. D. bigueranais.
Goutier 1. Periteles Margoetti.
Kaltenbacher 1. Otiorhynchus Ligustici.
Kiesenwetter 6. O. nigrita.
Newman 104. O. sulcatus.
Schmidt 4. O. niger.
Silbermann 5. O. substriatus.
Stierlin 4. 8. Otiorhynchus.
Walton 11. Otiorhynchus.
Westwood 284. O. sulcatus.
Schlerdte 9. O. atroapterus.
Rosiel 3. O. raucus.
Schmidt (F. J.) 12. Troglorhynchus anophthalmus.
Guérin 118. Captorhynchus.
Kyber 1. Lixus.
Jekel 10. Lixus.
Dieckhoff 4. Lixus.
Godard 3. Lixus.
Laboulbène 2. Lixus.
Loew 25. Lixus.
Eversmann 13. L. turbatus.
Gedd 6. L. perspicillatus.
Godard 4. L. angustatus.
Perris 25. L. angustatus.
Passerini 3. L. ascanii-oratus.
Schmidt (W. L.) 13. L. gracilatus.
Jekel 10. Larinus.
Husbery 3. L. maculatus, mellificus.
Laboulbène 23. L. Carlinae.
Grebl 1. Rhinocyllus antodontalgicus.
Walton 8. Magdalis.
Koller 34. Magdalinus violaceus.
Mac Leay 5. Hylobius abietis.
Ratzeburg 26. Curculio pini.
Walton 16. Pissodes.
Audouin 44. P. notatus.
Hoffmann (F. W.) 1. P. notatus.
Goureau 12. P. Pini.
Letzner 22. P. abietis.
Peck 4. Rhynchaenus Strobi.
Walton 18. Dorytomus.
Walton 13. Erirhinus, Notaris.
Goureau 52. Erirhinus lacustris.
Desmarest 3. E. verus.
Chevrolat 69. E. verus.
Kyber 1. Rhynchaenus.
Walton 16. Ellescus.

38. Bostrichidae.

39. Longicornia.

Hypocephalidae.

Curtis 60. Hypocephalus.
Guérin 120. Hypocephalus.
White 46. Hypocephalus.
Desmarest 5. H. armatus.
Giebel 23. Mesarleotes paradoxus.

Prionidae.

Guérin 108. Cyrtognathus.
Chevrolat 16. Macrodontia.
Blanchard 29. Macrodontia.
Gory 44. Macrodontia.
Buquet 45. Ctenoscelis.
Buquet 61. Ancistrotus uncinatus.
Buquet 20. Ergates Huberti.
Lucas 18. E. Faber.
Dupont 3. Callipogon senex.
Reiche 11. C. Lemoinei.
White 45. Aegosoma.
Mulsant 76. A. scabricorne.
Buquet 49. Mallodon.
Germar 68. Aulacopus robustus.
Buquet 40, 58. Derobrachus.
Chevrolat 84. Prionoblos.
Mulsant 120. P. Germari.
Douglas 18. Prionus.
Mulsant 7. Prionus.
Hope 2. Prionus.
Spinola 40. Prionus.
Blanchard 13. Prionus Parieri.
Gray (J.) 4. P. Westwoodianus.
Lequien 1. Amallopodes scabrosus.
Dupont 7. Mallodorus microcephalus.
Waterhouse 7. Remphan Hopei.
White 48. Baladeva Walkeri.
Lucas 132. Acanthophorus serraticornis.
Newman (E.) 37. Hermerius impar.
Buquet 13. Mecosarthron.
Newman 43. Necopilis tetra.
Westwood 136. Rhipidocerus.
?Gory 17. Allocerus.
Thomson (J.) 9. Georgia, Hamadryades.
Guérin 202. Mallaspis Moreletii.
Lucas 79. M. Moreletii.
Buquet 28. Solenoptera Toulei.
Buquet 11. Calocomus.
Buquet 28. C. Kreuchelii, Lycius.
Fries 4. Psalidognathus.
Reiche 7. 23. P. erythrocerus.
Thomson (J.) 45. 48. P. Rellei.
White 21. Prionocalus Cacicus.
Guérin 87. Prionoplerus flavipennis, Staphylinus.
Guérin 303. Aridares Ricaudii.
Thomson (J.) 8. Anacolites.
Buquet 82. Anacolus.
Ménétriés 8. Anacolus.
Gory 14. A. quadrimaculatus.
Guérin 110. Sypilus Orbignyi.
Guérin 110. Anoplodermus bicolor.

Cerambycidae.

Dupont 10. 11. 12. Trachydérides.
Thunberg 38. Trachyderes.
Newman (E.) 33. Tr. venulosus.
Buquet 11. 32. Stenaspis.
Buquet 33. Stiphilus.
Buquet 5. Aegoidus.
Guérin 113. A. Buqueti.
Guérin 108. Oxodera.
Buquet 14. Oxoderes.
Dupont 11. O. callidioides.
Guérin 79. Phaedinus Dehaanii, lania.
Buquet 42. Tornentes Boarhautii.
Reich 3. T. pallidipennis.
Guérin 151. T. obscurus.
Reiche 30. Thaumasus gigas.
Rollé 4. Metopocoelus Rojasi.
Perty 1. Psygmatocerus.
Gory 21. Xestia elegans.
Buquet 37. Criodion.
Buquet 15. Coccoderus.
Buquet 24. Hammaticherus.
Gory 9. H. suturalis.
Hope 1. Pachylocerus.
Lavrat 11. Purpuricenus.
Blanchard 15. P. Loreyi.
Buquet 20. P. Loreyi.
Dupoochel 25. P. Loreyi.
Sturm 11. P. Dalmatinus.
Lucas 74. P. barbarus.
Chevrolat 92. E. Centrocerum.
Lucas 117. 133. Icosium tomentosum.
Mulsant 80. Oxypleurus Nodieri.
Lucas 105. Hesperophanes.
Mulsant 85. H. nebulosus.
Lucas 64. H. griseus.
Buquet 27. 28. Pteroplatus.
Guérin 166. Amphidesmus.
Buquet 56. Chlorida.
Desberger 1. Cerambyx moschatus.
Vassalli 1. Cerambyx odoratus.
Hope 8. C. tetraspilosus.
Guérin 107. Promeces jucundus.
Hope 2. Stenoderus, Tragocerus.
Chevrolat 81. 86. Dihammaphora.
Chevrolat 41. Megaproctus.
Chevrolat 81. 88. Rhopalophora.
Chevrolat 90. Cycnoderus.
Chevrolat 81. 88. C. expeditus.
Newman (E.) 85. 93. Distichocera.
Buquet 11. Galissus.
Buquet 65. 73. 75. Ancylocera.
Lucas 86. 109. Sympiezocera Laurasii.
Buquet 64. 72. Euryprosopus.
Heeger 19. Hylotrupes bajulus.
Chevrolat 87. Callidium.
Rendschmidt 2. Callidium.
Audouin 18. Callidium.
Kirby 6. Cerambyx violaceus.
Krynicki 1. Callidium Fischeri.
Kriechbaumer 12. Z. C. rufipenne.
Aumann 8. C. rusticum.
Gourreau 16. C. sanguineum.
Koller 48. C. russicum.
Kriechbaumer 3. C. angustum.
Newman (E.) 30. C. rubricolle.
Guérin 107. C. longicolle.
Heeger 14. C. dilatatum.
Lucas 21. Phymatodes thoracicus.
Newman (E.) 87. Pseudocephalus.
Mulsant 14. Drymochares.
Chevrolat 88. 82. Clytus.
Duméril 21. Clytus.
Fenzel 2. Clytus.
Laporte 30. Clytus.
Lucas 41. Clytus.
Drapiez 7. C. arietis.
Renaud 17. C. quadripunctatus.
Perris 8. C. abietis.
Perris 23. C. Lama.
Mulsant 15. C. Lama.
Boyd 1. 3. C. arcuatus.
Lucas 180. C. Hartwegii.
Lucas 73. C. longiclavis.
Bouillon 6. Gracilia pygmaea.
Lucas 189. Gr. pygmaea.
Lucas 53. Gr. timida.
Davis 4. Obrium cantharinum.
Gory 19. Ibidion amoenum.
Spinola 17. Cercaptera Rosoolii.
Mulsant 15. Callimus abdominalis.
Perris 32. C. abdominalis.
Lucas 44. Stenopterus mauritanicus.
Schaeffer 2. Molorchus.
Bertinor 3. M. abbreviatus, Populi.
Newman 66. Agapete carissima.
Buquet 17. 32. Heteropalpus.
Buquet 40. Cometes.
Desjardins 8. Leptocera.
Perris 8. Tmesisternus mirabilis.

Lamiariae.

Jekel 12. Z. Lamiadae.
Gory 8. Acanthoderes Bergi.
Schumacher 1. Cerambyx longimanus.
Fairmaire 28. Astynomus Edmondi.
Heeger 18. Leiopus nebulosus.
Perroud 4. Exocentrus balteatus.
Westwood 108. Eupromera.
Thomson (J.) 37. Trachysomites.
Buquet 37. Trachysomus.
Buquet 62. Polyrhaphis.
Buquet 9. 35. Phacellus.
Thomson (J.) 24. Compsosomites.
Thomson (J.) 12. Topinites.
Georg 2. Pogonocherus multipunctatus.
Tusid 1. Taeniotes.
Thomson (J.) 52. Taeniotes.
Rojas 6. T. Pauli.
Bowring 3. Monochammus Bowringii.
Chevrolat 80. M. tridentatus.
Lefever 43. M. sutor.
White 31. M. Bowringii.
Pascoe 3. M. Grayi.
Thomson (J.) 58. Batocera.
Thomson (J.) 10. B. Victoriana.
Javet 3. Batocera Thomsonii.
White 31. B. Una.
Pascoe 1. Lamia rubus.
Brongniart 1. Lamia.
Gory 34. Lamia.
Hope 23. 31. Lamia.
Parry 2. Lamia.
Dupont 5. L. radiata.
Golding 1. L. amputator.
Newman (E.) 87. L. Lucia.
Westwood 62. L. Norrisii.
Thomson (J.) 11. Tragocephalites.
Buquet 70. Tragocephala Blatelii.
Chevrolat 49. Sternodonta.
Chevrolat 68. Sternotomis.
Coquerel 10. Z. Sternotomis.
Buquet 69. Sternotomis.

Gourreau 77. Morimus lugubris.
Pascoe 2. Agnia fasciata.
Paiva 1. Abryna Regis Petri.
White 22. Nyphona.
Paiva 1. Nyphona Regis Fernandi.
Thomson (J.) 18. Hoteriomenus.
Thomson (J.) 74. Trimmatius.
Mulsant 48. Dorcadion.
Thomson 23. D. Fairmairei.
White 32. Phrissoma.
Boisduval 81. Cerosgi-dium horrens.
Saller 14. Parmena pilosa.
Brémo 1. Saperda.
Froelich (J.) 7. Saperda.
Goureau 78. S. scalaris.
Guérin 270. S. gracilis.
Harris 40. S. bivittata.
Harris 47. S. vestita.
Lucas 16. S. populnea.
Perris 4. S. punctata.
Guérin 107. Stenias Allionii.
Buquet 38. Eudesmus.
Buquet 71. Hemicladus.
Buquet 77. 78. Taleanus, Trestonia.
Leseleuc 1. Amphionycha lactuosa.
Hope 2. Dorcathria.
Guérin 205. Xylotoles.
Thomson (J.) 22. Stibara.
Serville 20. Oberea pupillata.
Fuss 15. Phytoecia.
Tuerk 2. Phytoecia nucinata, mulplidarsa.
Rieseowetter 40. P. caeca, virgula.
Lareynie 2. P. ephippium.
Lucas 78. P. Ammonianus.
Sartorius 6. P. Auchatae.
Chevrolat 78. Oleauxompus serratus.
Chevrolat 14. Dadoychus.

Guérin 107. Hippopsis lemniscata.
Reiche 3. Amphion vittatum.
Gruëlle 9. Agapanthia.
Guérin 183. Ag. marginalis.
Heller 3. Doropila Genei.
Thomson (J.) 13. Tetraophthalmites.
Chevrolat 85. Tetrops Starkii.

Lepturidae.

Jacquelin Duval 4. Vesperus Xatartii.
Mulsant 64. V. Xatartii.
Letzner 39. Rhagium bifasciatum.
Heeger 70. R. mordax.
Hope 9. 31. Stenocorus.
Dufour 58. R. inquisitor.
Peck 3. R. putator.
Harris 74. R. putator.
Mulsant 7. Toxotus.
Kriechbaumer 10. Toxotus.
Newman (E.) 48. T. rugipennis.
Guillart 1. Pachyta decempunctata.
Perris 9. Strangalia.
Buquet 24. Leptura.
Kortreuter 3. Leptura.
Bond 1. L. scutellata.
Chevrolat 73. L. militaris.
Costa (A.) 9. L. hastata, cruciata.
Hampe 3. L. Kratteri.
Lefebure 24. L. Silbermanni.
Letzner 5. L. lineata.
Kiesenwetter 40. L. bisignata.
Allmen 1. Acanthophorus fimetaceus.
Wolfner 1. Grammoptera Sacheri.
Fuss 6. G. nigriflava.
Perris 9. 18. ruficornis.

60. Chrysomelinae.

Lacordaire 11. Phytophages.
Suffrian 9. Phytophaga.

Sagridae.

Boisduval 27. Megamerus Kingii.
Baly 9. Sagra, Chelloxrus.
Rowerog 3. Sagra femoralis.
Dupont 6. S. Boisduvalii.
Mals 1. Orsodacna ruficollis.
Newman (E.) 68. Ametella.

Donacidae.

Hauge 1. Donacia.
Ahrens 1. Donacia.
Germar 2. Donacia.
Guérin 170. Donacia.
Le Conte 17. Donacia.

Mulsant 12. Donacia.
Merullo 16. Donacia.
Schilling 20. Donacia.
Waterhouse 33. Donacia.
Letzner 21. D. palustris.
Schilling 9. D. palustris.
Perris 74. D. Sagittariae.
Heeger 15. D. Menyanthidis.
Babington 13. Macroplea Zosterae.
Lacordaire 12. Haemonia Gyllenhalii.
Foheum 34. H. Gyllenhalii.
Heeger 14. H. Equiseti.

Crioceridae.

Kunze 1. Zeugophora.
Lalmolière 6. Zeugophora.

Suffrian 3. Zeugophora, Lema.
Bandier 1. Lema.
Cornelius 8. Lema.
Brodschmidt 2. Lema.
Schmidt (W. L.) 11. L. Suffriani.
Harris 69. Crioceris trilineata.
Letzner 29. C. Asparagi.
Westwood 206. C. Asparagi.
Westwood 262. C. melanopa.

Megalopidae.

Giebel 27. Megalopus.
Klug 10. 27. Megalopus.
Mannerheim 3. Megalopus.
Stål 6. Poecilomorpha.

Clythridae.

Knoch 2. Chlamys.
Klug 18. Chlamys.
Keller 1. Chlamys.
Burmeister 12. Chl. monstrosa.
Forsberg 2. Clythra.
Fuss 3. Clythra.
Rosenhauer 4. 11. Clythra.
Schaller 2. Clythra.
Leach 2. Clythra.
Letzner 1. C. diversipes.
Letzner 34. C. Neapolitana.
Schmidt (W. L.) 10. C. quadripunctata.
Vallot 27. C. quadripunctata.
Guérin 77. C. quadripunctata.
Lucas 71. 90. Titubora octosignata.
Lucas 85. 90. Lachnaea vicina.

Cryptocephalidae.

Suffrian 11. 12. 14. 16. 17. 18. 19. 22. 23. Cryptocephalus.
Bertolini 1. Cryptocephalus.
Fairmaire 9. Cryptocephalus.
Géné 3. Cryptocephalus.
Germar 18. Cryptocephalus.
Haldeman 22. Cryptocephalus.
Mulsant 24. 117. Cryptocephalus.
Newman (E.) 20. Cryptocephalus.
Rosenhauer 4. 11. Cryptocephalus.
Schneider (D. H.) 7. Cryptocephalus.
Salter 16. Cryptocephalus.
Stål 15. Cryptocephalus.
Traqui 4. Cryptocephalus.
Letzner 21. C. Betulae nanae.
Schilling 9. C. Betulae nanae.

Letzner 31. C. Pini, janthinus.
Letzner 30. C. sericeus.
Lorey 1. C. Loreyi.
Villa 3. C. Loreyi.
Rouget 1. Homalopus Loreyi.
Mulsant 33. C. gloriosus.
Rouget 2. C. informis.
Sartorius 3. C. laevicollis.
Zebe 2. C. Salicetii.
Dohrn (A.) 5. C. Suffriani.
Saunders (W.) 9. Mitocera, Dicenopsis.
Saunders (W.) 18. Chloroplisma, Lachnabothra.
Saunders (W.) 14. Pleomorpha.
Saunders (W.) 8. Apocerora.

Eumolpidae.

Baly 7. Eumolpiden.
Blanchard 27. Eumolpiden.
Demerndiz 1. Eumolpus.
Morawitz 4. Eumolpus.
Perry 8. Eumolpus.
Guérin 180 230. E. vitis.
Laporte 18. Colaspis.
Bouquet 1. C. atra.
Boucoiran 1. C. atra.
Dupin 1. C. atra.
Joly 3. 4. C. atra.
Lheureux 1. C. atra.
Daube 1. C. barbara.
Dufour 37. C. barbara.

Chrysomelidae.

Baly 2. Chrysomeliden.
Fairmaire 18. Cyrtonus.
Mulsant 18. C. rotundatus.
Perris 21. C. rotundatum.
Lareynie 2. C. Dufourii.
Dufour 113. C. Dufourii.
Wilson (F.) 1. Timarcha tenebricosa.
Baly 1. 5. 8. 10. 11. Chrysomela.
Cornelius 8. 13. 17. Chrysomela.
Fairmaire 79. Chrysomela.
Gebler 3. 8. Chrysomela.
Godard 2. Chrysomela.
Hornstedt 1. Chrysomela.
Letzner 18. Chrysomela.
Mutzek 3. Chrysomela.
Morawitz 2. Chrysomela.
Mulsant 97. Chrysomela.
Rogers 1. Chrysomela.
Saunders (W.) 12. Chrysomela.
Stål 25. 33. Chrysomela.
Suffrian 13. 31. Chrysomela.
Waterhouse 58. Chrysomela.
Fuss 10. Chrysomela.
Babington 6. C. graminis.
Bertolini 1. C. Rubrialis.
Bertrand 2. C. Betulae.
Blackwell 1. C. cerealis.

Letzner 8. C. carcolis.
Gistel 1. C. Menthae, polita.
Letzner 2. C. fulgida.
Letzner 8. C. Salicis, collaris.
Letzner 32. C. viminalis.
Letzner 28. C. Polygoni, Cocalliae.
Letzner 43. C. sanguinolenta.
Ljungh 1. C. divittata.
Mulsant 60. C. dilata.
Mulsant 67. C. Ludovicae.
Schrank 15. C. 10-punctata.
Schreber (J.) 6. C. Adonidis.
Sombverfelt 1. C. Lycogalae.
Thomas 2. C. viltvora.
Herrick 1. C. vituvera.
Fuss 16. Oreina.
Kraatz 40. Oreina.
Kraatz 61. O. Peyroleril.
Perroud 7. O. speciosa.
Guérin 16. Doryphora Dejeanii.
Chevrolat 1. D. 21-punctata.
Marsham 8. Nolocles.
Westwood 27. Trochalonota Indica.
Baly 1. Phyllocharis.
Baly 2. Paropsis.
Kllagelhoeffer 1. Lina Populi, Tremulae.
Letzner 62. L. Tremulae.
Letzner 30. Chrys. cuprea, 20-punctata, litura.
Heeger 14. Gastrophysa Polygoni.
Letzner 62. G. Raphani.
Cornelius 8. Goniortena.
Heeger 16. Plagiodera Armoraciae.
Heeger 6. Phratora Vitellinae.
Letzner 22. P. Vitellinae.
Letzner 30. Hologis Phellandrii, Beccabungae.
Gadd 6. Chrys. Phellandrii.

Gallerucariae.

Fuss 16. Adimonia Tanaceti.
Rarmbuber 2. A. Tanaceti.
Herung 11. Galleruca Tanaceti.
Ridderbjelke 1. A. festivalis.
Bertoloni 5. Gallerucae.
Westwood 275. Gallerucs.
Buquet 53. G. Calmariensis.
Kawall 1. G. Viburni.
Keller 37. G. xanthomelaena.
Leinweber 1. G. xanthomelaena.
Heeger 30. G. xanthomelaena.
Westwood 75. Laperus annulas.

Thunberg 52. Thoumasera.
Paiva 2. Z. Colomicrus Wollastoni.
Drapiez 7. Octogonotes.
Dohrn 16. Loxoprosopus ceramboides.
Babington 8. Cardispas Malhewsii.
Allard 2. Graptodera.
Allard 2. 4. 5. 6. Z. Haltica.
Aubé 12. Haltica.
Boidsert 4. Haltica.
Bourdin 1. Haltica.
Clark (H.) 8. Haltica.
Foudras 4. Haltica.
Guérin 135. Haltica.
Hoffmann (J. J.) 3. Haltica.
Illiger 20. Haltica.
Kageleon 3. Haltica.
Kutschera 5. Haltica.
Letzner 8. Haltica.
Maraîte 30.
Schilling 26. Haltica.
Wollaston 30. Haltica.
Braillé 16. Altica de navet.
Harris 60. H. cucumeris.
Herrick 1. H. chalybea.
Kerr 1. H. nemorum.
Lucas 176. H. Anchusae.
Pearson 1. H. nigrofusca.
Rodd 7. H. dispar.
Heeger 30. H. fuscicornis.
Hardy 8. H. nemorum.
Wittewall 3. Psylliodes chrysocephala.
Heeger 20. Dibolia femoralis.
Kraatz 57. Sphaeroderma Cardui.
Heeger 30. Argopus hemisphaericus.

Hispariae.

Klug 30. Alurnus.
Thunberg 34. Alurnus.
Guérin 112. Alurnus, Botryonops, Anisodera, Callistola, Promecotheca.
Rojas 7. Arescus candatus.
Baly 4. Hispa.
Guérin 115. Hispa.
Harris 24. Hispa.
Guérin 163. H. Lacordairei.
Harris 77. H. rosea.
Baly 8. Oxycephala imperialis.
Guérin 108. Platypria.

Cassidariae.

Boheman 34. 43. Cassididae.
Brahm 18. Cassida.
Cornelius 2. Cassida.
Gravenhorst 21. Cassida.
Hope 26. Cassida.
Huber (P.) 14. Cassida.
Kirby 1. Cassida.
Kllagelhoeffer 5. Cassida.
Scholtz 1. Cassida.
Saffrise 2. Cassida.
Waterhouse 66. Cassida.

Audoyn T. H. 1. Cassida.
Koch 12. C. equestris.
Germar 18. C. austriaca.
Dufour 105. C. maculata.
Fuss 9. C. azurea.
Gardiner 4. C. obsoleta.
Guérin 12. C. tricolor.
Guérin 107. C. nebulosa.
Hornung 12. C. lucida.
Latreille 28. C. 14-maculata.
Letzner 33. C. Nasoie.
Laaben 1. C. murraea.
Pflaemer 1. C. murraea.
Schwaegrichen 6. C. rubiginosa, atra.
Stroem 3. C. viridis.
Guérin 157. Delocrania cossyphoides.
Chevrolat 52. Omocera suturicornis.
Lucas 50. Aspidimorpha quadriremis.
Chevrol 1. Z. Spilophora trimaculata.

61. Erotylidae.

Lacordaire 6. Erotyliens.
LeConte 45. Erotylidae.
Dupoachel 1. Erotylus.
Chevrolat 67. Erotylus.
Hope 35. Erotylus.
Germar 66. 79. Erotylus.
Guérin 116. Erotylus, Pselaphacus, Episcopha, Triplatoma.
Dufour 70. Triplax nigripennis.
White 42. Doubledaya victor.

62. Endomychidae.

Gerstaecker 14. Endomychidae.
Bates 12. Endomychidae.
Costa (A.) 27. Endomychidae.
LeConte 31. Endomychidae.
Germar 79. Eumorphus.
Gerstaecker 10. Eumorphus, Endomychus.
Guérin 256. Eumorphus.
Thomson (J.) 25. 34. Eumorphidae.
Buquet 19. Trochoideus americanus.
Guérin 63. Trochoideus Desjardinsii.
Janson 5. Symbiotes.

——

Gory 30. Notiophygus.

63. Coccinellina.

Mulsant 37. Trimères.
Redtenbacher 3. Pseudotrimera.
Afiro (W.) 1. Coccinella.
Audouin 14. Coccinella.
Bouillon 1. 3. Coccinella.
Brahm 17. Coccinella.
Costa (A.) 18. 27. Coccinella.
Costa (O.) 3. Coccinella.
Forster 4. Coccinella.
Göbia 8. Coccinella.
Haworth 6. Coccinella.
LeConte 23. Coccinella.
Mulsant 103. 121. Coccinella.
Maraîte 19. Coccinella.
Paykull 8. Coccinella.
Philippi 2. Coccinella.
Sebastian 6. 11. Z. Coccinella.
Schneider (D. H.) 6. Coccinella.
Stephens 28. Coccinella.
Thunberg 33. Coccinella.
Classonits 1. C. 7-punctata.
Hirsch 3. C. 7-punctata.
Heeger 7. Coccinella 6-punctata.
Huber 11. C. Saponariae.
Letzner 29. C. mutabilis.
Mulsant 17. C. antipodum.
Newman 16. C. M-nigrum.
Reich (G. C.) 2. C. hieroglyphica.
Stephens 27. C. labilis.
Stroem 3. C. 11-punctata.
Boerner 7. C. transverse punctata.
Heeger 30. C. 17-guttata.
Heeger 13. C. 22-punctata.
Mulsant 147. Harmonia lyncea.
Letzner 29. Chilocorus renipustulatus, bipustulatus.
Buio 10. Cynegetis globosa, Epilachna chrysomelina.
Junker 3. Epilachna chrysomelina.
Koller 22. Epilachna globosa.
Mulsant 49. Scymnus.
Mulsant 18. 134. S. ocellaris.
Heeger 19. S. arcuatus.
Heeger 12. S. ater.
Redtenbacher 4. Alexia.
Peyron 8. Orthoperus.
Perris 38. O. piceus.

——

Leech 14. Meroidius.

64. Höhlenkäfer.

65. Salzkäfer.

66. Ameisenkäfer.

67. Metamorphose.

Aubé 11. Dasacm crassipes.
Guérin 109. D. Lemnae.
Perris 21. D. Sagittariae.
Giraud 2. Dorcatoma rubens.
Dufour 69. Dorcus parallelepipedus.
Kalmus 1. Dytiscus.
Miger 3. Dytiscus.
Meinke 28. Dytiscus.
Jacnsch 1. Eccoptogaster scolytus.
Brauer 6. 23. Elater Equiseti.
Curtis 30. E. pomorum.
Curtis 31. E. rhombeus.
Dufour 34. E. rhombeus.
Guérin 187. E. varius.
Lucas 88. E. atomarius.
Stroem 2. E. mesomelas.
Fabricius 3. E. mesomelas.
Dufour 73. Elodes agaricicola.
Kolenati 34. Elmis Maugetii.
Lo Costa 15. E. Herrichii.
Mollié 8. Enneartbron cornutum.
Lucas 19. Ergastes Faber.
Perris 35. Euclestes meridionalis.
Cussac 7. Eucnemis capucina.
Perroud 4. Ennearthrus baltentus.
Coquerel 13. Fornax Madagascariensis.
Kowall 2. Galleruca Viburni.
Letzner 42. Gastrophysa Raphani.
Cornelius 8. Goniocteus 5-punctata.
Perris 15. Grammoptera ruficornis.
Rikli 13. Z. Haemonia Equiseti.
Lacordaire 12. H. Gyllenhalii.
Cussac 6. Helochares lividus.
Letzner 39. Helodes Phellandrii.
Letzner 39. H. Beccabungae.
Blanchard 6. Helops lanipes.
Kyber 3. H. ater.
Perris 9. H. caeruleus.
Lucas 105. Hesperophanes.
Guilding 3. Horia maculata.
Lanereil 1. Hydrophilus piceus.
Miger 2. H. piceus.
Schmitt 3. Hylesinus Trifolii.
Lucas 85. 88. Lachnaea vicina.
Guilding 1. Lamia stupulator.
Maille 1. Lampyris.
Waga 11. Lampyris.
De Geer 16. L. noctiluca.
Lucas 82. L. noctiluca.
Laboulbène 23. Larinus Carlinae.
Kyber 3. Lathridius porcatus.
Perris 30. Lathridius minutus.
Cornelius 8. Lema melanopa.
Fauvel (A.) 3. Z. Lepinus.
Klingelhoeffer 1. Lina Populi.
Klingelhoeffer 1. Lina Tremulae.
Bergmann 15. Lixus turbatus.
Perris 25. L. angustatus.
Schmidt (W. L.) 13. L. gemellatus.
Delarouzée 1. Longicornes.
Goureau 22. Longicornes.
Brueckmann 5. Lucanus Cervus.
Villiers (P.) 8. L. Cervus.
Mulsant 107. Ludius ferrugineus.
Perris 13. Lycus sanguineus.
Herklots 2. Lymexylon navale.
Laschge 3. Lytta vesicatoria.
Perris 30. Malachius aeneus.
Coquerel 17. Megacephala Euphratica.
Waterhouse 10. Megalosoma serra.
Perris 9. Melandrya serrata.
Perris 17. Melasis flabellicornis.
Fabre 3. Meloë.
Duméril 39. Meloë.
Mikan 1. Meloë.
Siebold 24. Meloë.
Dufour 36. Mordella fasciata.
Letzner 38. M. guttata.
Letzner 39. M. pumila.
Guérin 183. Mordella.
Goureau 13. M. fasciata.
Verhoeff 6. Mormolyce phyllodes.
Cussac 8. Mycetochares lucaris.
Gervais 3. Nacerdes Tamariscis.
Blisson 9. Nebria brevicollis.
Lucas (P.) 1. N. picicornis.
Baist 8. Necrodes littoralis.
Klingelhoeffer 1. Necrophorus germanicus.
Hagen 33. Noterus.
Mulsant 130. Ochthebius Lejolisii.
Haliday 22. Ochthebius punctatus.
Dufour 68. Oedemera sedadonea.
Letzner 39. Opilus domesticus.
Brueckmann 1. Orchesia micans.
Laboulbène 14. Orchestes rufus.
Letzner 38. O. Populi.
Perris 30. Orthoperus piceus.
Sellier 14. Parmena pilosa.
Haldeman 28. Physocarlus inflatus.
Perris 33. Phytobius notula.
Goureau 20. Phytonomus rumicis.
Goureau 41. P. fasciculatus.
Perris 33. P. viciae.
Fauvel (A.) 3. Z. Phytosus.
Perris 9. Platypus cylindrus.
Frauenfeld 14. Plinthus Megerlei.
Schmidt (F. J.) 13. P. Megerlei.
Mulsant 130. Prinobius Germari.
Douglas 18. Prionus.
Heeschel 1. Z. Psoa Viennensis.
Gemminger 1. Ptosima 9-maculata.
Ahrens 8. Pyrochroa coccinea.
Goureau 13. P. coccinea.
Letzner 39. Rhagium bifasciatum.
Farines 2. Rhipiphorus bimaculatus.
Debey 1. Rhynchites Betulae.
Mellié 2. Ropalodontus perforatus.
Bowring 3. Sagra femorata.
Lucas 28. Saperda populnea.
Perris 18. S. punctata.
Lea (J. L. W.) 1. Scarabaeus solstitialis.
Desmarest 1. Scolytus limbatus.
Feisthamel 7. S. pygmaeus.
Assmuss 11. Serropalpus striatus.
Allison 6. Silpha obscura.
Coquerel 2. Silvanus sexdentatus.
Blisson 11. S. sexdentatus.
Audouin 23. Sitaris humeralis.
Cussac 6. Spercheus emarginatus.
Heeger 3. S. emarginatus.
Leprieur 2. S. emarginatus.
Bros 1. Staphylinus.
Stroem 2. Staphylinus murinus.
Fabricius 3. St. murinus.
Blisson 8. Stenoderus ferrugineus.
Dufour 48. Stenocorus inquisitor.
Guérin 85. Sternocera Chrysis.
Mendo 1. Steropus madidus.
Perris 9. Strangalia aurulenta.
Letzner 39. Symplocaria semistriata.
Perris 30. Tachinus humeralis.
Perris 18. Tachyporus cellaris.
Blanchard 4. Telephorus fuscus, lividus.
Fischer (G.) 10. T. fuscus.
Goeze 40. Tenebrio.
Hagen 18. T. molitor.
Dagen 28. T. obscurus.
Leprieur 9. Z. Teretrius parasita.
Perris 15. Tillus unifasciatus.
Wilson (E.) 1. Timarcha tenebricosa.
Duméril 38. Trachys pygmaea.
Leprieur 7. T. pygmaea.
Dufour 106. Z. T. pygmaea.
Leprieur 10. Z. T. pygmaea.
Heyden 35. Z. T. minuta.
Lucas 122. 126. Tribolium castaneum.
Iher 9. Trichopteryx.
Perris 33. Triphyllus punctatus.
Dufour 70. Triplax nigripennis.
Dufour 14. Triangulinus.
Berville 14. Triangulinus.
Lucas 82. Valgus hemipterus.
Letzner 38. Xanthofleus lentus.
Dufour 70. Xylotinus (?) Ilederae.
Dufour 133. Xylographus bostrichoides.

III. Orthoptera.

1. Allgemeines.

2. Systeme und Handbücher.

3. Fauna von Europa.

4. Fauna von Asien.

5. Fauna von Africa.

6. Fauna von America.

7. Fauna von Australien.

8. Orthoptera vermischter Gruppen.

9. Physopoda.

10. Mallophaga.

11. Thysanura.

Podura.

Amyot 1.
Bourlet 1. 2. 4. 5.
Brébisson 2.
Brueckmann 8.
Camerarius (Joc. R.) 3.
Davis (J. B.) 1.
Delius 2.
Elditt 5. 8. 9.
Fabricius (O.) 2.
Gahrlieb 4.
De Geer 1. 4.
Gébin 8.
Gervais 2.
Herklots 8. P. grisea.
Kolenati 29.
Loew (F.) 3.
Lucas 8. 16.
Perty 6.
Rayger 1.
Spielenberger 2.
Trumphius 1.
Walckenaer 4.
Wankel 1. 3.
Westwood 215.
Wiegmann 1.
Wulfen 8.

Smynthurus.

Bourlet 3.
Hardy 9. S. bicinctinus.
Harris 51. S. cucumeris.
Koelbing 1. S. ater.
Westwood 169. Smynthurides Botar.

Degeeria.

Nicolet 1. D. saltans.
Papon 1. D. nivalis.
Audouin 38. P. nivalis.
Rossmaessler 2.

Frauenfeld 17. Tritomurus scutellatus.
Wage 4. Acherutes Bielanensis.

Lepisma.

Burmeister 10.
Davis (J. B.) 1.
Dickie 1.
Dufour 77.
Heyden 16.
Latreille 70.
Rafinesque 1.
Stephens 9.
Treviranus 8.
Guérin 33. Machilis polypoda.

Gervais 1. Campodea.
Westwood 170. 177. C. staphylinus.

12. Corrodentia.

Termitina.

Bobeuf 1. 2.
Fabricius 1.
Guérin 128.
Hagen 16. 47.
Harris 58.
Heister 1.
Home 7.
Joly 8.
Koenig (J.) 1.
Kollar 31. 55.
Lafosse 1.
Lardner 1.
Latreille 7.
Lespès 3. 4.
Ouchakoff 2.
Quatrefages 3. 4. 6.
Rankin 1.
Rigaud 1.
Rosenschoeld 2.
Savage 5.
Schiff 1.
Scudder 1.
Smeathman 1.
Swartz 7.
Tuttle 2.
Walker 63.
XIV. Anonym 2. 23.
(Die Litteratur für Termes vgl. bei Hagen 47.)

Embidae.

Hagen 16. Embidae.
Westwood 75. Embia.
Lucas 199. Embia Mauritanica.

Psocina.

Fischer (L. H.) 12.
Hagen 16. 97.
Hoppe 1.
Huber (P.) 12.
Latreille 7. 70.
Loew 3.
Loew (F.) 8.
Hardy 10. Ps. 4-punctatus.
Westwood 183. Clothilla.
Hagen 72. Lepinotus.
Heyden 12. Lepinotus.

Atropos pulsatorius.

Allen 1.
Carpenter (W.) 1.
Derham 1. 2.
Edmonds (R.) 1.
Giebel 28.
Graff 1.
Hanow 6.
Nitzsch 5.
Rolander 4.
Schrank 4.
Stackhouse 1.
Verloren 8.

13. Blattina.

Brisout 3.
Brueckmann 2.
Brunner 2. Z.
Costa (O.) 22.
Gerstaecker 72.
Costa 31. 38.
Haldeman 14.
Marollo 13.
Newman 101.
Rathke 4.
Schreiber (J.) 2.
Sonnerat 1.
Stål 12.
Stoll 3.
Thunberg 21. 53.
Bartholinus 1. Blatta Americana.
Brisout 15. B. nicaeensis.
Heyden 10. Blabera avita.
Laboulbène 28. Z. Perisphaeria glomeriformis.
Lucas 207. Z. P. glomeriformis.
Blanchard 8. Phoraspis.
Gerstaecker 72. Corydia.

Blatta germanica.

Brittinger 4.
Hagen 33.
Hummel 7.
Kollar 87.
Morawitz 1.
Wage 12.

Periplaneta orientalis.

Busch 1.
Cornelius 10.
Frauls 1.
Hagen 33.
Willemet 1.

14. Mantodea.

Adam 1.
Carpenter (W.) 1.
Champion 1.
Charpentier 15.
Christy 1.
Draparnaud 1.
Duméril 23.
Erichson 99. ?
Lefebure 20.
Lichtenstein 4.
Poiret 2.
Stoll 2.
Vallisnieri 4.
VIII. Anonym 30.
Gourreau 11. M. religiosa.
Kollar 47. M. religiosa.
Blanchard 2. M. chlorophora.
Zimmermann 3. M. Carolina.
Guérin 130. Perlamantis Allibertii.
Serville 15. Toxodera.
Brisout 17. Eremiphila barbara.
Lucas 131. 163. Eremiophila.
Lucas 123. 134. E. denticollis.
Charpentier 7. Empusa tricolor, hyalina.
Gierus 3. 4. Mant. pectinicornis.

15. Phasmodea.

Westwood. 271.
Carus (C. G.) 6.
Charpentier 7.
Fischer (v. W.) 38.
Goudot 2.
Gray 4. 5. 6.
Lichtenstein 4.
Mueller (J.) 3.
Stoll 2.
Guilding 2. Phasma cornutum.
Parkinson 1. Ph. dilatatum.
Gray 10. Phyllium.
VIII. Anonym 8. Phyllium.
Murray 7. P. Scythe.
Lucas 168. Ph. Magdelainei.
Dufour 157. Bacillus gallicus.
Laboulbène 18. B. gallicus.
Leidy 2. Spectrum femoratum.
Schaum 61. Bacteria bituberculata.

16. Acridiodea.

Klug 17. Proscopia.
Thunberg 37. Truxalis.
Latreille 85. Truxalis.
Lucas 34. T. procera.
Lucas 159. T. grandis, procera.
Anonym D—s. 1. T. nasuta.
Blanchard 6. Xiphicera Pierretii.
Feisthamel 11. X. Catersaulii.
White 30. Petasida ephippigera.
Zuchold 1. P. ephippigera.
Lucas 68. Eremobia Claveli.
Lucas 110. 115, 163. E. Jovisii.
Blanchard 3. Acridium.
Costa (O.) 7. Acridium.
Geubel 1. Acridium.
Thunberg 87. Acridium.
Lucas 72. Algier.
Brisout 8. A. Um Paris.
Brisout 1. A. emilaceum.
Brisout 5. A. brevipenne.

Laboulbène 3. A. brevipenne.
Brisout 10. A. amoenum.
Brisout 11. A. Lucasii.
Brisout 13. A. Galloprovinciale.
Brisout 17. A. Setifense, Syriacum.
Brisout 18. A. petraeum.
Lucas 31. 37. A. peregrinum.
Serville 23. A. peregrinum.
Nieto 1. A. Velasquezii.
Brisout 11. Acinipe microptera.
Brisout 13. A. quadridentata.
Costa (O.) 7. Podisma.
Tuerk 6. Stenobothrus crassipes.
Gruendler 1. Gryllus migratorius.
Gruithuisen 1. G. migratorius.
Lucas 34. Acridium migratorium.
Motschulsky 46. Oedipoda migratoria.
Yersin 12. Pachytylus migratorius.
(vgl. P. VIII. Heuschrecken.)
Lucas 64. Oedipoda longipes.
Lucas 145. O. coerulescens.
Lucas 146. O. mauritanica.
Eversmann 8. Gomphocerus rufus.
Fischer (v. W.) 30. Phlocerus.
Baron 1. Tetrix.
Tuerk 7. Tettix.
Brisout 4. T. harpago.
Brisout 11. T. acuminata.
Westwood 116. Hymenotes.
Fairmaire 10. Xerophyllum Servillei.
Charpentier 7. Pneumora.
Thunberg 1. 20. Pneumora.

17. Locustina.

Barolet 1.
Bambis 1.
Boheman 10.
Brunelli 1.
Carpenter (W.) 1.
Clarke (E.) 2.
Colebrook 1.
Coquerel 6.
Dewals 1.
Doria 1.
Faber 1.
Fischer (v. W.) 26. 41.
Foerster 4.
Frisch 3.
Fritze 1.
Gemel 1.
Grube (A.) 1. Z.
Grundig 1.
Hausen 1.
Hesse 2.
Hasselquist 1.
Herbst 17.
Hume 2.
Hunter 3.
Imhoff 7.
John 1.
Koeppner 2.
Koerte 1. 2.
Koller 38.
Leidy 1.
Lichtenstein 2.
Linck 1.
Muralto 10.
Rappolt 1.
Schreibner 1. 2.
Schlotthauer 14.
Schroeter 15.
Siebold 20.
Stal 12.
Stoll 2.
Taylor (A.) 1. 2.
Villa 14.
Vallum 1.
Zimmel 1.
VIII. Anonym 28.
Lucas 73. Hetrodes Guyonii.
Lucas 202. 2. Eugaster.
Lefebvre 3. Ephippigera macrogaster.
Schmidt (F. J.) 6. 12. E. ornata.
Finbog 1. Gryllus ephippiger.
Bombrun Firmas 1. Locusta ephippigera.
Charpentier 17. Barbitistes Ocskayi.
Lucas 184. B. Bacties.
Jacquelin Duval 7. Meconema varia.
Westwood 3. Aerophora.
Kirby 22. 23. S. Vigorsii.
Leidy 8. Platyphyllum concavum.
Yersin 10. 11. Pterolepis alpina.
Yersin 5. Xiphidium fuscum.
Zeller 41. Decticus tessellatus, Philippinus, striatus.
Latreille 22. D. striatus.
Klein 12. Drymadusa.
Brisout 6. Locusta Iranenia.
Loew (F.) 6. L. caudata.
Mentzel 6. L. viridissima.
Seubert 1. L. viridissima.
Sproede 1. L. viridissima.
Bose 14. L. punctatissima.
Doumy 2. L. Christyi.
Fischer (v. W.) 23. Tettigopsis.
Gerstaecker 30. Gryllacris.
Haldeman 23. Phalangopsis.
Haldeman 27. Daihinia.
Scudder 3. Rhaphidophora.
Loew (F.) 6. R. cavicola.

18. Gryllodea.

Afzelius 9. Guinea.
Bellamare 1.
Boheman 16.
Carpenter (W.) 1.
Champion 1.
Clocquet 3.
Creutzer 1.
Dittmarsch 1.
Gemel 1.
Grashaus 2.
Home 4.
Kramer 1.
Lund 2. 3.
Motschulsky 5.
Schwarzrichen 2.
Siebold 38.
Stoll 3.
Thunberg 22.
Bosc 14. Acheta sylvestris.
Muralto 6. Gr. sylvestris.
Goureau 8. Gryllus campestris.
Lucas 177. G. domesticus.
Yersin 1. 13. Gr. campestris.
Nylander 2. G. pedestris.
Ocskay 1. G. crassipes, brachypterus.
Ocskay 2. G. platypterus, Geneí, Ach. Dalmatina.
Poiret 3. G. numidicus.
Yersin 9. Gr. Heydenii.
IX. Anonym 1. A. domestica.
Johnstone 2. A. didactyla.
Dufour 32. Tridactylus maculatus.
Fondras 3. T. maculatus.
Goldfuss 1. T. variegatus.
Evans (W.) 3. Ephippithya maculata.
Lucas 74. Trigonidium cicindeloides.
Saal 1. Bl. acervorum.

Gryllotalpa vulgaris.

Bahle 1.
Curtis 19. (P. 18.)
Cuvier 5.
Février 1.
Gimmerthal 17.
Hoeven 7.
Kidd 1.
Klingelhoeffer 3.
Lorène 2.
Muralto 8.
Rabbe 3.
Raterberg 14.
Salvi 1.
Sirach 1.
(vgl. P. VIII. Acheta.)

19. Dermatoptera.

Christy 4.
Costa (A.) 4. Sicilien.
Dellen 4.
Denny 2.
Dohrn (H.) 1. 2. Z.
Dufour 15. 16.
Eschscholtz 2.
Géné 5. 5. 15. 16.
Goeze 8.
Kolenati 18.
Mac Intosh 2.
Muralto 14.
Posselt 1.
Rambur 9.
Rennie 11.
Stål 8.
Cater 1.
IX. Anonym 2. 11.
Anonym J. M. 1.
Westwood 16. 64. Forficula auricularia.
Bingley 2. F. gigantea.
Westwood 30. F. parallela.
v. Heyden 38. Z. F. acanthopygia.
Lucas 36. Forficesila annulipes.
Sundevall 6. Condylopalma agilis.

20. Perlariae.

Brauer 12.
Fitch 1.
Hagen 10.
Lucas 2.
Newman 20. 64.
Schneider (W. G.) 7.
Suckow 7.
Walker 69.
Brauer 17. Oesterreich.
Fischer (L. H.) 12. Baden.
Pictet 3. 9. Perla.
Ranieri 1. Perla.
Muralto 23. P. marginata.
Pictet 1. 7. Nemoura.
Schaeffer 2. Nemoura.
Newport 14. 20. Pteronarcys.

21. Ephemerina.

Carpenter (W.) 1.
Curtis 12.
Davis 6.
Fischer (L. H.) 12.
Forster 1.
Franklin 1.
De Geer 17.
Götz (G. F.) 1.
Grube (A.) 1. Z.
Haan 6.
Hagen 16.
Herklots 3.
Holmes 2.
Mentzel 1.

Pictet 9.
Schrank 5.
Targioni 1.
Villa 1.
Walker 62.
Williamson 1.
Hagen 43. Oligoneuria.
Imhoff 31. O. Rhenana.
Kirschbaum 2. O. anomala.
Bojer (J. J.) 1. Ephemeri vita.
Collinson 1. E. cognata.
Sacken 2. E. lutea.
Atkinson 3. E. (Caenis) albipennis.
Celani 1. Cloë diptera.

Palingenia longicauda.

Blegny 1.
Clutius (A.) 1.
Cornelius 4.
Hagen 34.
Loew (F.) 6.
Mey 1.
Triephe 1.
Swammerdam 3.

Pal. virgo.

Leisner 21.
Schaeffer 5.

22. Odonata.

Ackermann 1. Saumur.
Brauer 2. Wien.
Brauer 17. Oesterreich.
Brittinger 3. Oesterreich.
Charpentier 4. 10. Europa.
Courtiller 3. Saumur.
Brez 1. Brixen.
Evans (W.) 1. England.
Eversmann 5. 7. 9. 38. Volga-Ural.
Eversmann 23. Russland.
Fischer (L. H.) 11. Baden.
Fonscolombe 1. Aix.
Fuldner 1. Mecklenburg.
Hagen 1. Preussen.
Hagen 20. Europa.
Hagen 49. 68. Russland.
Hagen 52. England.
Harris (M.) 4. England.
Herklots 2. Holland.
Johanson 1. Schweden.
Leco 1. England.
Lindco 1. 2. Bologna.
Linden 8. Europa.
Meyer-Dür 4. Bern.
Millet 1. Dépt. Maine-Loire.
Mueller (O. F.) 4. Friedrichsdal.
Mueller (O. F.) 12. Dänemark.
Norcombe 1. Exeter.
Say 29. Nord-America.
Selys 1. 3. 6. 8. 11. 17. 37. Belgien. Lüttich.
Selys 19. England.
Selys 25. Italien.
Selys 27. Cuba.
Selys 40. Sicilien.
Sinéty 1. Dépt. Seine-Oise.
Uhler 2. 3. Nord-America.
Unwin 3. Sussex.
Tachetti 2. E. Brescia.
Barlow 1.
Bartram (J.) 3.
Blisson 3. 4.
Bond 3.
Brullé 8.
Carpenter (W.) 1.
Carradori 4.
Charpentier 8.
Dale 4. 5. 65.
Dufour 114. 140.
Fennell 3.
Germar 19.
Hagen 3. 13. 18. 15. 16. 29. 41. 48. 55. 61.
Haliday 27.
Heisinger 3.
Heuren 4.
Hoppe 2.
Hunter 8.
Leeuwenhoek 4.
Mentzel 6.
Motschulsky 62.
Patterson 2.
Pospart 3.
Pringle 1.
Roberg 1.
Ratkke 1.
Rambur 7.
Ronder 1.
Schneider (W. G.) 9.
Selys 5. 9. 10. 13. 20. 23. 34.
Siebold 6. 16.
Stancari 1.
Young 1.
Hagen 28. Calopteryginen.
Selys 26. 27. 88. Calopteryginen.
Gosse 6. Agrion (Calopteryx) Virginica.
Holmberg 1. Calopt. splendens.
Kirby 17. Agr. (Hetaerina) Brightwelli.
Guérin 13. Agr. (Rhinocypha) refulgens.
Linné 46. Libell. (Mecistogaster) longissima.
Newman 51. Agr. (Mecistogaster) amilla.
Brittinger 5. Sympecma fusca.
Siebold 21. Agr. (Lestes) forcipula.
Hansemann 1. Deutsche Agrionen.
Selys 7. Agrion.
Selys 38. Pseudostigma.
Selys 39. Protoneura.
Selys 41. Lestes.
Selys 42. Podagrion.
Hagen 61. Gomphinen.
Selys 28. 30. 33. Gomphinen.
Walker 62. Gomphinen.
Guérin 36. Petalura (Gomphus) Selysii.
Selys 16. Cordulegaster bidentatus.
Hagen 5. Lib. (Gomphus) vulgatissima.
Selys 3. 4. Anax.
Meraltz 24. A. formosus.
Stephens 12. Aeschna.
I. Anonym 21. 140. Aeschna.
Sarbow 9. Ae. grandis.
Boheman 31. Epitheca bimaculata.
Selys 14. 15. Cordulia splendens.
Pictet 10. C. splendens.
Dale 18. C. Curtisii.
Brittinger 2. Libellula ornata.
Hagen 11. L. caudalis.
Blumhof 1. L. cancellata.
Hagen 6. L. cancellata.
Meraltz 25. L. cancellata.
Dale 10. L. Sparshalli.
Descourtils 8. L. 4-maculata.
Mulder 2. L. 4-maculata.
Desjardins 1. L. limbata, semihyalina, bimaculata.
Morren 7. L. depressa.
Wahlberg 3. L. Olympia.
Wohlfromm 1. L. Pedemontana.
Burghart 1. ? Lib. Sudetica.

Fossile Odonata.

Brodie 6. Heterophlebia dislocata.
Buckman 3. Lib. Brodiei.
Charpentier 13.
Hagen 17. Heterophlebia dislocata.
Hagen 58. Petalura acutipennis.
Hagen 74. 108.
Linden 4. Aeschna antiqua.
Giebel 7. 8. Aeschna Wittei.

23. Metamorphose.

Boheman 35.
Murray 12.
Gosse 38. Blatta.
I. Anonym 22. Blatta.
Guilding 2. Phasma cornutum.
Murray 7. Phyllium Scythe.
Brisout 7. Heuschrecken.
Goldfuss 1. Tridactylus variegatus.
Sundevall 6. Condylopalma agilis.
Ranieri 1. Perla.
Pictet 2. Perla.
Pictet 1. Nemura.
Davis 6. Ephemera.
Kalmus 2. Ephemera.
Carradori 1. Odonata.
Dale 4. 5. Odonata.
Dufour 116. 140. Odonata.
Hagen 29. Odonata.
I. Anonym 87. Odonata.
Meraltz 24. Anax formosus.
I. Anonym 21. Aeschna.

IV. Neuroptera.

1. Allgemeines.

Agassiz (L.) 1.
Berendt 2.
Blanchard 11.
Bockland 2.
Burmeister 29.
Charpentier 8.
Diodati 8.
Dufour 31. 61. 65.
Erichson 11. 23.
Göbla 3.
Germar 20.
Hagen 27. 30. 53.
Heer 11. 13.
Loew 18. 64.
Strumpf 3.

2. Systeme und Handbücher.

Brauer 7. 71.
Burmeister 5.
Hagen 18.
Newman 91.
Pictet 4. 8.
Rambur 10.
Walker 62.

3. Fauna von Europa.

4. Fauna von Asien.

5. Fauna von Africa.

6. Fauna von America.

7. Fauna von Australien.

8. Neuroptera vermischter Gruppen.

9. Hemerobina.

Ascalaphus.

Myrmeleon.

Mantispa.

Hemerobius.

Chrysopa.

Nemoptera.

10. Sialina.

Sialis.

Corydalis.

Raphidia.

11. Panorpina.

Panorpa.

Bittacus.

Boreus hiemalis.

12. Phryganiden.

Gehäuse.

13. Metamorphose.

V. Strepsiptera.

VI. Hemiptera.

1. Allgemeines.

2. Systeme und Handbücher.

3. Synonymie.

4. Fauna von Europa.

a. Europa im Allgemeinen.

b. Schweden.

c. England.

d. Holland.

e. Frankreich.

f. Spanien.

g. Italien.

h. Griechenland.

i. Schweiz.

k. Deutschland.

l. Siebenbürgen.

m. Dalmatien.

n. Russland.

5. Fauna von Asien.

6. Fauna von Africa.

7. Fauna von America.

8. Fauna von Australien.

9. Hemiptera vermischter Gruppen.

10. Pediculina.

Burmeister 30.
Burnett 4. 6.
Camerarius (Joh. A.) 4.
Cantone 8. 2.
Gautier (J.) 1.
Gosse 40.
Grube 6.
Kolenati 21.
Leeuwenhoek 5.
Lucas 8.
Muralto 2.
Murray 15.
Nebrank 6.
I. Anonym 9.
Lucas 83. 91. Haematopinus.
(cf. Pediculina in P. VIII.)

11. Homoptera.

Boheman 14. 27.
Costa (O.) 7.
Fitch 7.
Hardy 13.
Laporte 31.
Mulsant 53.
Ray 28.
Stål 3. 18.
Uhler 5.
Walker 61. 65.
Westwood 273.
Hartig 10. Phytophthires.

12. Coccina.

Audouin 33. Coccus.
Baerensprung 1. Coccus.
Bergen 1. 2. Coccus.
Bouché 7. 11. Coccus.
Bremi 7. Coccus.
Carthauser 1. Coccus.
Costa (O.) 4. Coccus.
Dalman 10. Coccus.
Du Hamel 1. Coccus.
Erxleben 1. Coccus.
Foerster 12. Coccus.
Galeus 1. Coccus.
Goureau 42. Coccus.
Harris 14. 45. Coccus.
Heyden 1. 31. Coccus.
Ingpen 3. Coccus.
Kerr 1. Coccus.
Kollar 58. Coccus.
Leuckart 11. Coccus.
Lister 2. Coccus.
Lucas 104. Coccus.
Modeer 8. 11. Coccus.
Newman (G.) 1. Coccus.
Passerini 14. Coccus.
Pearson 1. Coccus.
Rennie 9. Coccus.
Sandberg 1. Coccus.
Semler 5. Coccus.
Sprechly 1. Coccus.
Trew 2. 3. Coccus.
VI. Anonym 8. Coccus.
Beranger 1. Coccus fuscus.
Burmeister 33. C. Pruni.
Carter 8. C. Lacca.
Claus 3. C. Cacti.
Ellis (J.) 1. C. Cacti.
Jameson 1. C. Cacti.
Kollar 33. C. Cacti.
Dufour 8. C. Zeae Maidis.
Fitch 10. C. arborum.
Glover 1. C. Oleae.
Guérin 182. Pediculus vitealis.
Haworth 7. C. Vitis.
Quekett 1. C. Vitis.
Guérin 209. Cochenilla de Fèves.
la Hire 1. 5. C. Hesperidum.
Hull (J.) 6. C. Hesperidum.
Leydig 4. C. Hesperidum.
Lubbock 8. C. Hesperidum.
Joubert 1. C. Adonidum.
Kerner 1. C. Bromeliae.
Kollar 20. C. Aceris.
Landerer 1. C. Ilicis.
Lucas 137. C. Zamiae.
Macquart 38. C. Salicis.
Harris 18. C. cryptogamus.

Porphyrophora.

Hagen 40. Porphyrophora Polonica.
Carthym 1. C. Polonicus.
Ledel 1. C. Polonicus.
Linné 33. C. Polonicus.

Ceroplastes.

Chavannes 3. Coccus cérifères.
Gray (J.) 2. C. Chilensis, Janeirensis.
Guérin 258. C. ceriferus.

Guilding 7. Margarodes.
Guérin 121. Calipappus Westwoodii.

Dorthesia.

Dujardin 11. Dorthesia.
Thiebaut 1. Dorthesia.
Dorthes 1. Coccus characias.
Newman (E.) 119. D. characias.
Bosc 3. d'Orthezia Characias.
Westwood 233. 237. D. Seychellarum.

Aleurodes.

Doubleday (E.) 3. Aleurodes.
Latreille 3. Aleurodes.
Bouché 11. Aleurodes.
Haldeman 29. Aleurodes.
Haliday 6. A. Phillyreae.
Thompson (W.) 2. A. Phillyreae.
Heeger 15. A. immaculata.
Heeger 22. A. dubia.
Westwood 348. A. vaporariorum.
Curtis 21. A. Cocois, proletella.
Thornton 1. Phyllophorus testudinatus.
Pernie 1. Phyllophora testudinacea.
Hoeven 31. 2. Periphyllus testudo.

13. Aphidae.

Barruel 1. Aphis.
Bjerkander 15. Aphis auf Fichten.
Bjerkander 17. Aphis.
Blackwall 3. Aphis auf Eichen.
Bonafous 14. Aphis.
Bonnet 1. 2. 12. Aphis.
Bouché 5. Aphis.
Bremi 13. Aphis.
Burnett 8. 10. Aphis.
Charlet 1. Aphis.
Clarke (O.) 1. Aphis.
Cornelius 5. Aphis.
Curtis 10. 12. 14. 16. 19. (P. 3.) Aphis.
Devèze 1. Aphis.
Dent 2. Aphis.
Dutrochet 3. Aphis.
Dyson 1. Aphis.
Fonscolombe 15. Aphis.
Frisch 3. Aphis.
Goeze 2. Aphis auf Sahlweide, Blumenkohl.
Goeze 23. 28. Aphis.
Goureau 42. Aphis.
Grimm (N.) 1. Aphis.
Haldeman 5. Aphis.
Hardwicke 4. Aphis.
Hardy 8. Aphis.
Harris 11. 64. 69. Aphis.
Hausmann 4. Aphis.
Hennecke 1. Aphis.
Hill (W. H.) 1. Aphis.
la Hire 4. Aphis.
Heyden 19. Aphis.
Huxley 1. Aphis.
Kaltenbach 1. 2. 4. Aphis.
Kirchner 8. Aphis.
Kittel 1. Aphis.
Knight 9. Aphis.
Koch (C. L.) 1. Aphis.
Kyber 2. Aphis.
Leydig 3. Aphis.
Mac Intosh 2. Aphis.
Macquart 7. Aphis.
Mazzanti 1. Aphis.
Neumann (R.) 1. Aphis.
Newport 21. Aphis.
Passerini 10. Aphis.
Rafinesque 1. 7. 8. 2. Aphis.
Ratzeburg 31. Aphis.
Rennie 7. Aphis.
Reyger 3. Aphis.
Richardson 1. Aphis.
Rondani 38. Aphis.
Schelver 3. Aphis.
Schrank 24. Aphis.
Semler 4. Aphis.
Siebold 11. Aphis.
Storer 1. Aphis.
Walker 14. 43. 50. 51. 52. 53. 67. Aphis.
Anonym J. B. 1. Aphis.
Ascanius 1. Aphis Populi Tremulae.
Curtis 71. Aphis Humuli.
Hope 7. A. Humuli.
Walker 46. A. Humuli.
Curtis (W.) 3. A. Salicis.
Engelhart 1. A. [illegible].
Ferrusac 1. A. Pistaciae.
De Geer 15. A. Pruni.
Gleichen 4. A. Ulmi.
Haldeman 32. A. [illegible].
Hogg 3. A. Rumicis.
Muller 53. A. coerulea.
Menke 1. 2. A. versicolor.
Millière 3. A. longicauda.
Morren 2. A. Persicae.
Salisbury 1. A. lanata.
Virey 6. A. Therebinthinae.
Wahlberg 6. A. Tanacetiicola.
Walker 69. A. Quercus.
Weitenweber 3. A. Papaveris.
Westwood 321. A. Brassicae.
Westwood 238. A. [illegible].

Chermes.

Fonscolombe 4. Chermes.
Fortis 1. Chermes.
Garidel 1. Chermes.
Latreille 6. 24. Kermes Ulmi.
Trew 2. 3. Chermes.
Haldeman 28. Chermes.
Kollar 31. Acanthochermes Quercus.

Schizoneura.

Fairmaire 28. Schizoneura.
Bargeaves 1. A. lanigera.
Dunn 1. A. lanigera.
Fortier 1. A. lanigera.
Gaudolfi 1. A. lanigera.
Henton 1. A. lanigera.
Huddleston 1. A. lanigera.
Joubert 1. A. lanigera.
Leprévost 1. A. lanigera.
Mosley 1. A. lanigera.
Adams (J.) 1. A. lanigera.
Audouin 28. A. lanigera.
d'Aveilly 1. A. lanigera, Myzoxyle.
Bouché 4. A. lanigera.
Heyden 6. Vacuna, Forda, Trama, Paracletus, Eriosoma, Aphis.
Fonscolombe 5. Phylloxera.
Westwood 291. Adelges Laricis.
Vallot 15. A. laricis.

14. Psyllidae.

Foerster 7. Psyllodea.
Flor 1. Z. Psylloden.
Latreille 10. 24. Livia.
Mink 3. Livia.
Hay 1. Livia juncorum.
Waga 6. L. juncorum.
Waga 6. Diraphia.
Dobson 1. Psylla.
Macquart 1. Psylla.
Guérin 290. Ps. d'oguera.
Loew 47. Ps. Cerastii.
Westwood 283. Ps. Buxi.
Hergrer 10. Ps. succinata.
Vallot 15. Ps. Caffrae.

15. Cicadellina.

Signoret 7. 17. 18. Tettigonidea.
Signoret 7. Dilobopterus.
Harris 81. Tettigonia Vitis.
Gimmerthal 16.
Sahlberg 4. Cicadae.
Lesson 8. Cicadellae.
Tollin 1. Typhlocyba.
Amerling 3. Typhlocyba Rosae.
Schneider (J. H.) 1. Ps. Solani tuberosi.
Kollar 40. Cicada Solani tuberosi.
Newman (E.) 93. T. filicum.
Germar 44. Thinsia, Colobothrix.
Germar 53. Xerophloea.
Signoret 11. Eurymelides.
Lewis 8. Idiocerus stigmaticalis, Macropsis viemaeus, lavicollis, Batracomorphus irroratus.
Percheron 9. Cephalelus infumatus.
Perel 7. Z. Deltocephalus.
Kirschbaum 6. Jassus.
Perel 4. J. punctatus.
Kirschbaum 5. Athysanus.
Germar 52. Cladoptera.
Signoret 20. Eripps.
Westwood 140. Smilia bifoliata.
Gorse 10. Cicada sanguinolenta.
Goudot 1. Aphrophora Goudotii.
Brunell (E. T.) 3. Aphrophora Goudotii.
Eversmann 14. A. larrymana.
De Geer 3. Cicada fusca (A. spumaria).
Rosenkranz 1. A. spumaria.
Valentin 1. A. spumaria.
† Desjardins 3. Aphrophora.
Curtis 21. Eupteryx Solani.

16. Membracina.

Fairmaire 4. 5. Membracides.
Germar 43. Membraciden.
Lefebvre 22. Membraciden.
Kirby 31. Centrotus Reaumuldi, Hardwickii.
Fairmaire 71. C. chlorotiens.
Westwood 140. C. barrelieum.
Burmeister 7. Combophora.
Germar 38. C. Beckii, vulnerans.
Laporte 13. Heteronotus.
Burmeister 15. Darnis.

17. Fulgorina.

Westwood 117. Fulgoriden.
Spinola 51. Fulgorellae.
Signoret 23. Fulgorites.
Schaum 26. Fulgorellae.
Stål 28. Fulgorina.
Stål 4. Delphax.
Perel 4. Delphax saltaeoides.
Westwood 34. 35. Delphax saccharivora.
Johnstone 1. D. saccharivora.
Signoret 23. Z. Ocarrla, Cadrels.
Dale 18. Astraea pulchella.
Stål 12. Derbiden.
Bohemann 7. Derbe.
Percheron 1. Derbe.
Westwood 144. 145. Derbe.
Kirby 13. Otiocerus.
Kirby 15. Anotia.
Swartz 3. Capicorus.
Stål 17. Capicorus.
White 22. Poecilloptera circulata.
Murchison 1. Plata limbata.
Germar 33. Phyllosceilis.
Laporte 21. Calliscelis bretecoloxs.
Dufour 125. Dictyophora.
Motsch 2. Pseudophana europaea.
White 19. Amyra.
Laporte 14. Poiocera.
Gerstaecker 10. Poiocera.
Signoret 0. Lystra.
Carreño 3. Odontoptera.
Signoret 4. Odontoptera Carrenoi.
Carpenter (W.) 1. Fulgora.
Lindenberg 1. Fulgora.
Linné 37. Fulgora.
Olivier 13. Fulgora.
Becker (J. J.) 8. F. laternaria.
Fairmaire 60. F. laternaria.
Wesmael 14. F. laternaria.
De Geer 8. F. candelaria.
Guérin 32. F. Castresii.
Guérin 91. F. Delessertii, Rajah, subcarinata, nobilis.
Guérin 184. F. cyanirostris.
† Dufour 83. F. obliqua.
(Vergl. Fulgora in P. V.)

18. Stridulantia.

Cicada.

Ampel 2.
Blanchard 16.
Bandaroy 8.
Carpenter (W.) 1.
Caron 7.
Cassini 1.
Cleyer 1.
Costa (O.) 9.
Duyère 1. 4.
Dufour 10. 46.
Eversmann 37.
Fallén 3.
Felici 1.
Fischer (L. H.) 5.
Fisher 1.
Germar 21. 33. 37. 39.
Goureau 6.
Grosbaum 7.
Hagen 46.
Harris 57.
Hay 1.
Koenig 8.
Latreille 55.
Lefebvre 1.
Meckel 8.
Mentzel 8.
Pontedera 1.
Potiez 1.
Pozzi 1.
Robinson 1.
Schrank 7.
Siebold 42.
Signoret 1. 2. 5.
Stål 34.
Stoll 1.
Douglas 24. C. haematodes.
Weaver 1. C. haematodes.
Hagen 34. C. montana.
Hartwig 1. C. Saxonica.
Krynicky 3. C. Stevenii.
Waltl 7. C. undulata, varipes.
(Vgl. P. V. Töne der Insecten.)

Leach 30. Cystosoma.
Scott 1. C. Saundersii.

Cicada septendecim

Bartram (J.) 6.
Bartram (M.) 2.
Bonik 1.
Bernett 3. 5.
Cassin 1.
Collinson 3.
Davis (J. F.) 1.
Dewar 1.
Felton 1.
Fisher 1.
Forshey 1.
Girard (C.) 2.
Harris 48.
Hildreth 1. 2.
Haim 3.
Latreille 44.
Morris (M.) 3. 4. 14. Z.
Morton 1.
Potter 1.
Reichel 1.
Rensselaer 1.
Smith (G.) 1.
Sprore (H.) 2.
Thomas 1.
Wild 1.

19. Heteroptera.

Blanchard 10.
Costa (A.) 1. 3. 8.
Dohrn (A.) 9. Z.
Germar 10.
Laporte 11.
Mulsant 43. 101.
Say 23.
H. Schaeffer 13.
Schilling 2.
Signoret 3.
Spinola 10. 24.
Stoll 1.
Westwood 28.

20. Hydrocorea.

Fieber 6. Hydrocoriden.
Fallén 13. Hydrocorides.

Notonectici.

Fieber 4. 7. Corisa.
Wallengren 7. Corisa.
Dufour 180. Sigara minuta.
Haldeman 2. Plojaria.
Hill 3. Plojaria brevipennis.
Natale 1. Plojaria.
Westwood 180. Plojaria.
Bell 1. Notonecta.
Leach 10. Notonecta.
Sahlberg 8. Notonecta.
L. Anonym 84. Notonecta.
Fisher 6. Notonecta.

Gardiner 1. N. glauca.
Shepherd 1. N. glauca.

Nepini.

Fallén 12. Nauroridea.
Desjardins 6. Naucoris.
Serville 16. Naucoris.
Guérin 143. Peltopterus (Naucoris) rugosa.
Muralto 37. Naucoris cimicoides.
Signoret 8. Cryphocricus.
Dufour 138. Belostoma.
Spinola 14. Belostoma.
Leidy 3. Belostoma.

Mayr 2. Lethocerus Cordofanus.
Mayr 2. Limnogeton Fieberi.
Carpenter (W.) 1. Nepa.
Dufour 6. Nepa.
Laporte 17. Nepa sumtipes.
Dufour 6. Ranatra linearis.

Galgulini.

Guérin 142. Mononyx fuscipes, laticollis.
Guérin 142. Pelogonus indicus, Perbosii.

21. Geocores.

Spinola 70. Geocorisidae.
Burmeister 9. Geocorisiae.
Sahlberg 10. Geocorisidae.

Stål 22. Nabides.
Stål 27. Conorhinus.
Westwood 176. Holoptilus.

Hydrodromici.

Schummel 3. Ploteres.
Templeton 2. Halobates Streatfeildiana.
Fairmaire 11. Halobates.
Dufour 25. Velia.
Schilling 14. Velia nana.
Wright 1. Velia rivulorum, currens.
Westwood 44. Velia, Microvelia, Hebrus.

Riparii.

Fieber 13. Salda.
Dufour 25. 29. 163. Leptopus.
Duméril 44. Leptopus.
Westwood 44. Leptopus.

Reduvini.

Dohrn (A.) 6. Emesina.
Signoret 27. Stenolemus.
Heineken 1. Carasropus marginatus.
Lucas 67. Gerris lacustris.
Hardwicke 4. Gerris laticaudata.
Burmeister 19. Myocoris.
Dohrn (A.) 4. Harpactoridae.
Stål 29. Spiniger.
Signoret 16. Centrocnemis.
Gray (J.) 5. Ptilocerus.
Hardwicke 2. Ptilocerus.
Stål 30. Reduvini.
Westwood 176. Reduvina.
Verloren 7. R. personatus.
Le Conte 53. (Reduvius, Conorhinus.)
Davies 1. Reduvius serratus.
Serville 5. Pirates.
Dohrn (A.) 2. Prostemma.
Dufour 29. Prostemma.
Laporte 26. Prostemma.
Stein 6. 9. Prostemma.

Membranacei.

Westwood 129. Syrtis.
Westwood 131. Macrocephalus.
Westwood 130. Amblythyreus.
Eversmann 9. Aradus.
Verloren 7. Acanthia lectularia.
Morris (Miss) 10. Z. Cimex lectularius.
Heber 1. geflügelte Wanzen.
Schilling 7. geflügelte Hauswanze.
(vgl. Cimex in P. VIII.)
Jenyns 3. Cimex columbarius, hirundinis, pipistrelli.
Stein 10. Acanthia lectus.
Dufour 82. 89. Aradus.
Spinola 21. Cheilorhinus ater.
Schilling 11. Tingidea.
Mayr 12. Tingideen.
Schultz 10. Tingideen.
Harris 41. Tingis.
Baquet 53. T. pyri.
Guérin 10. T. dilatata.
Frauenfeld 12. Laccometopus Teucrii.
Host 1. Cimex Teucrii.

Capsini.

Kirschbaum 4. Capsini.
Kirschbaum 7. Capsus pratensis.
Harris 68. C. 4-vittatus.
Schilling 25. Miris.
Fieber 11. Phytocoriden.
Sahlberg 2. Phytocoris.
Harris 60. P. lineolaris.
Westwood 724. Ph. pabulinus.
Westwood 332. Ph. campestris.
Lucas 116. Halticus pallicornis.

Lygaeodes.

Baerensprung 2. Myrmedobia, Lichenobia.
Dohrn (A.) 1. Lichenobia ferruginea.
Tischbein 2. Myrmedobia coleoptrata, Anthocoris exilis.
Westwood 41. Microphysa.
Meyer-Duer 2. M. psellaphoides.
Jackson 1. Pyrrhocoris suturellus.
Westwood 41. Hylophila.
Stein 7. Ceratopus.
Dufour 25. Xylocoris.
Westwood 41. Xylocoris.
Dufour 70. X. rufipennis.
Costa (A.) 13. Ophthalmicus.
Fieber 17. Ophthalmicus.
Waga 2. Ophthalmicus.
Waga 9. Ophthalmicus dispar, grylloides.
Amyot 5. Wagaeus.
(Ophthalmicus dispar.)
Kunckel d'Herculais 1. Ploiariacinae.
Burrell 2. Lygaeus micropterus.
Hausmann 2. Lygaeus apterus.
Jacquelin Duval 1. Stenogaster Lavaterae.
Costa (A.) 2. Henestaris.
Harris 70. Rhyparochromus devastator.
Dufour 138. Rh. brachiidens.
Signoret 24. Micropus.
Signoret 20. M. fulvipes.
Stål 28. M. fulvipes.
Fieber 6. Oxycarenus.

Coreodes.

Signoret 79. Corizus.
Fieber 17. Berytidaea.
Stein 11. Coreiden.
Fuss 6. Gampsocoris transsylvanica.
Guérin 93. Phyllomorpha laciniata, paradoxa, Algirica, Latreillei.
Westwood 366. Ph. Livingstonii.
Guérin 44. Anisoscelis alipes.
Serville 5. Anisoscelis latifolia.
Serville 7. Nematopus elegans.
Signoret 13. Petascelis.

Scutati.

Germar 31.
Dallas 7. Scutata.
Westwood 199. Scutellaridae.
Costa (A.) 31. Aspongopus.
Laporte 17. Edessa bifida.
Dallas 3. Crucbrie 4-punctata.
Curtis 28. Acanthosoma.
Dallas 5. Acanthosoma.
Dale 10. A. picta.
Lefebure 8. Halys spinosula.
Lefebure 9. H. Hellenica.
Dallas 8. Dinidor.
Sparrman 1. Cimex paradoxus.
Rondani 3. C. nidulatrius.
Stål 7. C. Stockerus.
Schilling 28. Pentatoma.
Lister 4. P. rufa.
Germar 63. P. acuminatum.
Lefebure 7. P. Aegyptiaca.
Motsch 3. P. rufipes.
Schiödte 10. Phloea corticata.
Dallas 9. Atelides.
Dufour 20. Cephaloteles.
Schiödte 12. Cephalocteus.
Signoret 22. Aspidea.
Signoret 6. Phricodus hystrix.
Spinola 22. Ph. hystrix.
Fieber 8. Scleroridae.
Schiödte 25. Scaptocoris.
Westwood 27. Coptosoma.
Lefebure 19. Canopus obtectus.
White 6. Plataspis lancephalus.
White 10. Probaenops dromedarius.
Schiödte 16. Tetyra.
Stål 31. Tholagmus, Vilpianus.
Schilling 20. Scutellera.
Muralto 17. S. lineata.
Dallas 1. Poecilocoris.

———

? Deacourtils 1. Agenia Lamii.
? Waga 3. Rhizodes europaeus.

22. Metamorphose.

Becker (J. J.) 2. Fulgora laternaria.
Hubeman 35.
Costa (A.) 16. Centrotus Genistae.
Doubleday 8. Aleyrodes.
Goudot 1. Aphrophora Goudotii.
Heyden 1. Coccus.

Latreille 3. Aleyrodes.
Leuckart 11. Coccus.
Morris (M.) 4. C. septendecim.
Murray 13.
Thornton 1. Philophorus tortiglinatus.
Meuland 5. Cicada.

VII. Lepidoptera.

1. Allgemeines.

2. Fauna von Europa.

a. Im Allgemeinen.

b. Island.

c. Schweden.

d. England.

Localfauna.

Cooke (H.) 1. Brighton.
Bedell 2. Charlton.
Crozier 1. Chatham.
Anonym G. W. 1. Cumberland.
Blamey 3. Dover.
Bree 9. Dover.
Hepburn 1. East Lothian.
Lowe 2. Edinburg.
Doubleday (H.) 27. Epping.
Doubleday (H.) 1. Epping.
Burnell. Essex.
Gaze 1. Essex.
Parfitt 1. Exeter.
Gray (John) 1. Fifeshire.
Scott 8. Fackhabers.
Gardiner 3. Forfarshire.
Bird 3. Henley on Thames.
Blyth 2. Jersey.
Burchell 1. Irland.
Greene 8. Irland.
Hogan 6. Irland.
Birchall 1. Irland.
Greenip 1. Lake District.
Stainton 71. Lancashire.
Gregson 1. 2. Liverpool.
Bedell 3. London.
Lighton 1. Lyndhurst, Ryde.
Edleston 1. 2. Manchester.
Anonym W. B. 2. Manchester.
Wolton 2. Mitcham.
Logan 4. 8. Mid Lothian.
Lowe 1. Mid Lothian.
Conway 1. Monmouthshire.
Boyd 1. New Forest.
Copeland 1. New Forest.
Watson 1. Norbury Park.
Wailes 9. Northumberland, Durham.
Selby 6. Pennsbridge.
Bree 20. Peterbrough.
Hodgkinson 1. Preston.
Buist 1. St. Andrews.
Logan 8. 9. Scotland.
Bromfield 3. Southampton.
Bree 33. Suffolk.
Crewe 1. Suffolk.
Gaze 1. Suffolk.
Greene 6. Suffolk.
Catlow 1. Sussex.
Gowns 1. Sussex.
Jordan (W.) 1. Teignmouth.
Selby 2. 4. Twizell.
Lighton 2. Wight.
Morris (B.) 3. Winkworth.
Richards 1. Worcester.
Lea 2. 3. Worcestershire.
Paget 1. Yarmouth.
Allis 2. York.
Cook 1. York.

e. Belgien.

Becker (L.) 5. 6. Z. 7. 8.
Beryer 1.
Dubois 1.
Palagne 2. 7.
Pré 1. 2.
Lier 1.
Selys 1. 2. 18. 79. 23.
Stainton 73.

f. Holland.

l'Admiral 1. 2.
Graaf 4. 6. 9. 11. 15.
Harren 2. 14.
Sepp 1.
Snellen 1. 2. 3. 4.
Vollenhoven 31.

g. Frankreich.

l'Admiral 1. 2.
Bruand 30. 37.
Depuiset 2. 3. 4. 8. 38.
Genzeville 1.
Godard (J.) 4.
Graslin 8. 9.
Lalanne 2.
le Peletier 4.
Vauthier 1.
Villiers (Adr.) 1. 2.
Toupielle 1. Angers.
Bellier 18. Auvergne.
Guillemot 2. 5. Barcelonnette.
Bellier 30. 34. 53. Basses Alpes, Larche.
Donzel 2. Basses-Alpes.
Roger (T.) 4. Bordeaux.
Bruand 27. Chartreuse.
Bellier 28. Compiegne.
Bellier 63. Z. Corse.
Mann 10. Corsica.
Rambur 3. Corse.
Bruand 5. 6. 21. Doubs.
Pierret 22. Gavarnie.
Trimoulet 1. Gironde.
Cantener 2. Dept Rhin, Bas-Rhin, Moselle, Meurthe, Vosges.
Romy 1. Haute Vienne.
Bruand 31. Hyères.
Guillemot 2. Hyères.
Bellier 22. Lozère.
Rambur 2. 5. Midi.
Bruand 28. Montpellier.
Delreux 5. Moselle.
Depuiset 1. Nahant, Plaire.
Pinnet 1. Oise.
Bevee 2. Paris.
Bruand 29. Paris.
Pierret 1. Paris.
Guillemot 1. Puy de Dôme.
Bellier 40. 43. 52. Pyrénées orientales.
Bruand 31. Pyrenées.
Donzel 4. Pyrénées orientales.
Graslin 7. Pyrénées.
Cantener 1. Var.
Bellier 23. Vernon.

h. Spanien.

Rosenhauer 18.
Felsthauser 8.
Gistel 11. Cadix.
Graslin 1.
Rambur 6.
Staudinger 10.
Staudinger 9.

i. Italien.

Bertoloni 1.
Scilla 1. 2.
Scortegagna 1.
Selys 17.
Zeller 35.
Costa (O.) 22. Aspromonte.
Bertoloni 9. Bologna.
Mann 4. Livorno.
Rinaldi 1. Mantua.
Costa (A.) 2. Neapel.
Costa (O.) 6. 7. 28. Neapel.
Mayno 1. Pavia.
Ghiliani 6. 7. Piemont.
Lochs 4. Piemont.
Pracher 2. Piemont.
Bonelli 3. Sardinien.
Zeller 46. Toscana.
Allioni 1. Turin.
Mueller (O. F.) 2. Turin.

k. Sicilien.

Bellier 61.
Freisthaemel 8.
Beeger 1.
Laharpe 8.
Mann 13.
Patti 3.
Staudfuss 10.
Zeller 33. 65.
Mina 1. Palermo.

l. Schweiz.

Brown (P. J.) 1. 2. 3.
Frey 1. 2. 7.
Hewitson 2. 3.
Jurine 1.
Keferstein 27.
Laharpe 1. 2. 3. 5.
Nusser 2. 4.
Meyer-Duer 6.
Meyer (N.) 1.
Ochsenheimer 3.
Bahn 3.
Schinz 2.
Leiner 1. Constanz.
Heer 13. Glarus.

m. Deutschland.

(Im Allgemeinen.)

Bremi 14.
Capreux 1.
Heinemann 4.
Herrmann (P.) 1.
Herold 1. 2.
Kayser 1.
Leutner 1. 2.
Speyer 9. 10.
II. Anonym 1.
Kornatsky 1.
Mueller (C. L.) 1. 2. 3.
Neustaedt 1. 2. 4. 5. 6.
Prittwitz 7. 9.
Richter (C. F. W.) 1.
Schneider (W. G.) 14.
Standfuss 6. 7. 9. 11.
Zeller 6. 45. 67.
Werbe 3. 5. 6. 7. 8. 9. 10. 11. 12. 13. 15. 16. 17. 18. 19. 20.
II. Anonym 8. Schlesien.

(Ost-Preussen.)

Bachmann 1. 2. Insterburg.
Hering 4. Preussen.
Klops 1. 2. Preussen.
Nowicki 1. Thorn.
Sauter 1. Preussen.
Schmidt (H. R.) 2. 3. 4. 5. 6. 7. 7. Preussen.
Siebold 3. 8. 11. 23. 54. Preussen.
Tiedemann 1. Preussen.

Hering 3. Pommern.
Nicolli 1. 2. Pommern.
Tiewerg 1. Mark Brandenburg.
Rottenburg 1. Berlin.
Dufangel 3. 4. 6. 7. 10. Berlin.
Steudinger 1. 2. Berlin.
Meisner 1. Frankfurt a. O.
Moeschler 5. Oberlausitz.
Voigt (C. G.) 1. Oberlausitz.

(Schlesien.)

Assmann 1. 3. 6. 8.
Doering 1. 2. 3. 4.

(Sachsen.)

Ahrens (G.) 1. Bollenstedt.
Braun 1. Ballenstedt.
Ochsenheimer 1. Sachsen.
Schmiedlein 5. Leipzig.
Sigismund 1. Naumburg.
Sigismund 2. Zaben.
Stange 1. Halle.
Thon 8. Thüringen.
Schreiter 11. 12. Sachsen.
Werneburg 11. Erfurt.
Wilde 4. Zeitz.
Winkler 2. Elster.
Mueller (L.) 2. Mühlhausen.
Schreiner 6. Weimar.

Boll 1. Mecklenburg.
Schmidt (F.) 1. 3. Mecklenburg.
Unger (H.) 2. Mecklenburg.
II. Anonym 6. Mecklenburg.

Boschke 1. Hamburg.
Keferstein 17. Hamburg.
Schreiner 8. Hamburg, Altona.
Tessien 1. Altona, Hamburg.
Boie 6. Schleswig, Holstein, Lauenburg.

Heinemann 1. Braunschweig.
Kreymann 2. Hannover.
I. Anonym 123. Hannover.
Richter (E.) 2. 3. Dessau.
II. Anonym 43. Holzminden.
Altum 2. Münsterland.
Mengelbier 1. Rheinprovinz.
Hymmen 1. Trier.
Bach 2. Boppard, Bingen.
Brahm 1. Mainz.
Stollwerck 6. Crefeld.
Bergsträsser 3. Hanau-Münzenberg, Wetterau.
Koch (G.) 1. 3. Wetterau.
Heyden 15. Wetterau.
Hoffmann (P. C.) 1. Wetterau.
Dickoré 1. Giessen.
Diehl 1. Oberhessen.
Glaser 3. 4. Hessen.
Hoffmeister 5. Hessen.
Rheinhard 1. Wetzlar.
Rössler 1. Wiesbaden.
Vigelius 1. Wiesbaden.
Schenck 1. Nassau.
Schlaeger 3. Osterland.

(Baiern.)

Funck 1. Bamberg.
Jung 2. Anspach.
Linz 1. Gebiet d. Pollichia.
Bertram 1. Pfalz.
Freyer 27. Hohenschwangau.
Freyer 31. Augsburg.
Haupt 4. Bamberg.
Hofman (O.) 1. Regensburg.
Kranz 1. München.
Lang 1. Augsburg.
II. Schaeffer 11. 21. Regensburg.

Boedtner 1. Baierische Gebirge.

Froelich 1. Würtemberg.
Hofmann (Jul.) 1. Würtemberg.
Seyffer 2. Würtemberg.
Reutti 1. Baden.
Schreckenstein 1. Bodensee.
Detreux 1. Luxemburg.

(Oesterreich.)

Brittinger 6. Oesterreich.
Heeger 3. Oesterreich.
Koller 3. Oesterreich.
Lederer 25. Oesterreich.
Mann 7. Oesterreich.
Rogenhofer 1. 2. Oesterreich.
Rossi 1. Oesterreich.
Amstein 1. Wien.
Charpentier 3. Wien.
Denis 1. 2. Wien.
Illiger 5. Wien.
Lederer 15. Wien.
Schiffermüller 1. 2. Wien.
Schleicher 1. Wienerwald.
Anonym D—s. 3. Wien.
Hinterwecker 1. Linz.
Freyer 15. Tyrol.
Gredler 1. Tyrol.
Dorfmeister 3. Steiermark.
Roschoff (G. J.) 1. u. 2. Steierische Alpen.
Nickerl 2. Salzburg.
Mayburger 1. Salzburg.
Nickerl 3. Kärnthen.
Staudinger 2. Oberkärnthen.
Kokeil 1. Kärnthen.
Mann 9. Krain.
Mann 12. Fiume.
Hornig 4. Istrien.
Riegger 1. Böhmen.
Nickerl 1. 5. Böhmen.
II. Anonym 20. Böhmen.
Mueller (L.) 1. Marienbad.
Mueller (Jul.) 2. Brünn.
Schneider (F.) 1. Brünn.
Czerny (F. R.) 1. Mährisch Trübau.

n. *Ungarn.*

Anker 1.
Frivaldszky 1.
Waltl 1.
II. Anonym 33. Oedenburg.

o. *Gallizien.*

Nowicki 2.
Zebrawski 1. Krakau.

p. *Siebenbürgen*

Franzenau 1. 2. 3. 4.
Fuss 4.

q. *Griechenland.*

Pierret 19.
Staudinger 18.

r. *Türkei.*

Zeller 34.
Straube 4. 5. Konstantinopel.

s. *Russland.*

Assmuss 2. 6.
Eversmann 12. 13. 17. 18. 23. 28. 30. 31. 32. 33. 35.
Fischer (v. W.) 13. 28. 42. 43.
Ménétriés 9. 19.
Tauscher 1. 2.
Nordmann 4.
Malmgren 1. Finnland, Karelien.
Tengström 1. 2. 3. Finnland.
Keferstein 12. Livland.
Lienig 1. 2. Cur-Livland.
Zeller 25. Cur-Livland.
Fixen 1. Petersburg.
Sievers 1. 2. 3. 4. Petersburg.
Sedoffsky 1. 2. 3. 4. 8. Ostsee-Provinzen.
Czekanowski 1. Volhynien, Podolien.
Czernay 2. Charkow, Poltawa.
Becker (A.) 2. Sarepta.
Rothoff 1. Ural.
Eversmann 1. 3. Volga-Ural.
Motschulsky 5. 7. 11. Süd-Russland.
Christoph 1. 2. Süd-Russland.
Boisduval 31. Odessa.

3. Exotische Lepidoptera.

Charpentier 6.
Duncan 8. 12.
Eschscholtz 13.
Esper 4.
Hewitson 8.
Hoeven 17.
Hübner 6. 9. 11.
Lucas 5.
Martyn (T.) 2.
H. Schaeffer 11.
Schaller 3.
Stoll 3.

4. Fauna von Asien.

Cramer (P.) 1.
Hope 1.
Becker 4. Sibirien.
Eversmann 21. Sibirien.
Lederer 4. 6. Sibirien.
Ménétriés 17. 17. 24. 26. 27. Sibirien.
Radde 1. Sibirien, Amur.
Bremer 3. 2. Ostsibirien, Amur.
Motschulsky 67. Amur.
Schrenck 1. Amur.
Eversmann 10. Altai.
Eversmann 2. Orenburg.
Keferstein 12. Orenburg.
Bieberstein 1. Caucasus.
Boisduval 31. Caucasus.
Ménétriés 3. Caucasus.
Nordmann 3. Transcaucasien.
Ménétriés 23. Lenkoran.
Ménétriés 28. Persien.
Lederer 7. 13. 16. Cypern, Beirut.
Mann 14. Amasia.
Zeller 34. Kleinasien.
Reguion 2. Syrien.
Straube 4. 5. Brussa.
Felder 7. China.
Kollar 47. Nord-China.
Bremer 2. Nord-China.
Bremer 1. Peking.
Felder 7. Japan.
Siebold 1. Japan.
Boisduval 6. Java.
Zeller 63. Java.
Zinken 8. Java.
Felder 9. 2. Amboina.
Gray 17. Batchian.
Felder 3. Philippinen.
Petiver 7. Philippinen.
Gray 11. Nepaul.
Doubleday 27. 29. Sylhet.
Hope 45. Sylhet.
Felder 2. Malacca.
Walker 73. Malacca.
Walker 72. Singapore.
Guérin 94. Pulo Pinang.
White 11. Pulo Pinang.
Doubleday 18. 44. Nord-Indien.
Boisduval 33. Indien.
Gray 1. Indien.
Guérin 103. Indien.
Horsfield 1. 2. 4. Indien.
Hutton 3. 4. Indien.
Lefebvre 2. Indien.
Moore 1. 2. 5. Indien.
Petiver 6. Indien.
Stainton 32. 43. 68. Indien.
Vollenhoven 72. Indien.
Westwood 238. Indien.
Atkinson 1. 2. Indien.
Templeton 1. 3. Ceylon.

5. Fauna von Africa.

Cramer (P.) 1.
Hope 1.
Westwood 212.
Reguion 2. Egypten.
Klug 21. Egypten.
Boisduval 63. Algier.
Lucas 80. 131. 165. Algier.
Dansel 7. Barbarei.
Keferstein 12. Canarische Inseln.
Pierret 28. Canarische Inseln.
Stainton 69. Madeira.
Feisthamel 16. Casamance.
Thomson (J.) 41. Gabon.
White 14. Congo.

Stainton 79. Süd-Africa.
Trimen 1. Cap.
Wallen 1. Cap.
Saunders (W.) 23. Port Natal.
Wallengren 10. Cafferaria.
Zeller 30. Cafferaria.
Bertoloni 13. Mozambique.
Hopfer 1. 6. 2. Mozambique.
Boisduval 13. 15. Madagascar.
Coquerel 9. Madagascar.
Boisduval 15. Bourbon, Maurice.

6. Fauna von America.

Grumert (P.) 1.
Hoppe 1.
Doubleday 23.
Harris 29.
Peale 1.
Sallé 1.
Staintou 81. 83.
Westwood 271. 323.
Boisduval 7. Nord-America.
Bremer 4. Nord-America.
Clemens 1. 2. Nord-America.
Doubleday (E.) 24. 25. 26. Nord-America.
Harris 20. Nord-America.
Le Conte 2. Nord-America.
Morris 3. Nord-America.
Scudder 4. Nord-America.
Staudinger 8. Grönland.
Christoph 2. Labrador.
Moeschler 1. 8. 10. Labrador.
Harris 21. Lake Superior.
Gosse 2. Canada.
d'Urban 2. 4. 5. 8. 10. 2. 11. 2. Canada.
II. Anonym 16. 20. Canada.
d'Urban 8. Red River.
Boisduval 31. 37. Californien.
Rose 15. Carolina.
Kirtland 3. Ohio.
Abbot 1. Georgia.
Smith 1. Georgia.
White 13. Honduras.
Ménétriés 2. 4. Antillen.
Lucas 149. Cuba.
Poey 3. Cuba.
Bates 9. Süd-America.
Doubleday (E.) 46. Süd-America.
Hewitson 9. Süd-America.
Moritz 1. 2. 2. Süd-America, Portorico.
Beske 2. Brasilien.
Burmeister 29. Brasilien.
Keferstein 9. Brasilien.
Kollar 11. Brasilien.
Ménétriés 1. Brasilien.
Felder 8. 2. Nord-Brasilien.
Osculati 2. Amazon.
Wallace 3. Amazon.
Bates 13. 2. 14. 2. Amazon.
Merian 3. 5. 6. Surinam.
Sepp 3. Surinam.
II. Anonym 18. Surinam.
Bar 1. Cayenne.
Lacordaire 3. Guyana.
Felder 4. Columbia.
Kollar 28. Neu-Granada.
Blanchard 28. Chili.
Philippi 3. Chili.
Philippi (F.) 4. Valdivia.
Boisduval 45. Argentin. Republik.

7. Fauna von Australien.

Doubleday 33. 39.
Gray 7.
Newman 117.
Scott 1.
Newman 122. Moreton Bay.
Lewin 3. N. S. Wales.
Ewing 1. Vandiemens-Land.
Boisduval 46. Neu-Caledonien.
Westwood 373. Neu-Caledonien.
Montrouzier 1. Woodlark.
Doubleday 33. 38. Neu-Seeland.
Evans 1. Neu-Seeland.

8. Systeme und Handbücher.

Boisduval 24.
Breand 14. 15. 20. 25.
Buhle 2. 3.
Chenu 2. 3.
Denis 1. 2.
Dietrich 4. 2.
Doubleday 40. 12.
Fabricius 81.
Felder 3.
Germar 1.
Guenée 2. 8. 9. 10. 12. 13. 29.
Gaillard 2.
Harris (M.) 2.
Herbst 16.
Herrmann (P.) 1.
Hewitson 13.
Huebner 7.
Jablonsky 1.
Illiger 25.
Jones 1.
Koch (G.) 8.
Lacordaire 6.
Laspeyres 7.
Lehmann 1.
Lederer 2. 14. 20. 21.
Lefebure 30.
Mader 1.
Meigen 6.
Meinecke 3.
Nagel (G.) 1. 2.
Ochs 1.
Roesel 1.
H. Schaeffer 9. 33.
Schiffermueller 1. 3.
Schatz 1. 2.
Shield 3.
Stephens 31.
Theo 5. 10.
Verhuell 5.
Walker 69.
Westwood 308.
Zeller 4.
Zwanziger 1.

9. Schmetterlingsbücher für Anfänger.

Berge 1. 3.
Cserny 1.
Deyrolle 2.
Geernims 1.
Gotmann 1.
Harrer 1.
Hemmer 2.
Herold 1. 2.
Jermyns 1.
Kirby (M.) 1.
Leutner 1. 2.
Lucas 6.
Meigen 5. 9.
Pesold 2.
Reichenbach 1.
Rockstroh 1.
Schenckel 2.
Schenereck 1.
Schmiedlein 11.
Schwecke 1.
Schwarz 1. 2.
Speyer 9.
Stainton 37.
Tischer 1. 2.
Treitschke 3.
Vogel 1.
II. Anonym 3. 13. 14. 18. 20. 23. 28. 29. 31. 34. 35. 38. 38. 39.

10. Lepidoptera vermischter Gruppen.

Aubriet 1.
Bates 9.
Capieux 1.
Carrenio 1.
Clerck 4.
Costa (O.) 6.
Donzel 9.
Doubleday 34. 38. 43.
Dommet 1. 2.
Drapiez 1. 2. 6. 13. 14.
Esper 5. 6.
Eversmann 6. 11.
Faisthamel 12.
Felder 1. 6.
Forster (J. R.) 3.
Glorna 3.
Goureau 27.
Guérin 178.
Guillou 1.
Hewitson 6. 7. 11.
Hopfer 2.
Huebner 1. 2. 3.
Illiger 13.
Klug 39.
Knoch 1.
Leach 5.
Lea 1.
Lefebure 1.
Linné 70.
Lucas 86.
Mann 5.
Ménétriés 70.
Mellière 12.
Mueller (J. J.) 1.
Newman 8. 102.
Pierret 1. 7.
Pallich 1.
Rober 1.
Rammer 8.
Reenstroem 1.
Roesler 2.
Roger (T.) 2. 3. 4.
Schlanger 8.
Schneider (D. H.) 13.
Schrank 9. 15.
Schreber 1.
Schreiber (R.) 1.
Schaltre 1.
Scopoli 5.
Scriba (L.) 1. 7.
Sigel 1.
Staudinger 10.
Stein 6.
Soederst 1.
Vollenhoven 21. 30.
Wallengren 11. 13. 14.
Weber 7.
Wall 1.
Westwood 17. 162.
White 18.
Wing 1.
Zeller 81.
Zincken 5.

11. Rhopalocera.

Bonelli 3. Sardinien.
Brown (P. J.) 2. Schweiz.
Buist 1. St. Andrews.
Butleroff 1. Ural.
Catlow 3. Sussex.
Chool 1.
Doering 3. Schlesien.
Drury 3. Britannien.
Dawson 7. Britannien.
Freyer 25.
Godard (J.) 3.
Gray (R.) 12. 14.
Haan 4.
Hewitson 7. 15. 2.
Horsfield 4.
Hofnagel 2. Berlin.
Jones 1.
Kirtland 3.
Kollar 26. Neu-Granada.
Lucas 80.
Moore 3.
Rosinsson 2.
Trimen 2.
Vollenhoven 72.
Volta 1.
Wallengren 10. Cafferland.
Walter 1.
II. Anonym 7.

Equites.

Wallace 8. Ornithoptera.
Gray 15. O. Victoriae.
Wallace 5. O. Brookiana.
Babington 3. Papilio Machaon.
Calmann 7. P. Machaon.
Curtis 17. P. Machaon.
Moratio 18. P. Machaon.
Verhuell 9. P. Machaon.
Verloren 8. P. Machaon.
Duboret 3. P. Hospiton.
Dale 85. P. Podalirius.
Heysham 1. P. Podalirius.
Riepach 7. P. Podalirius.
Morris (F.) 2. P. Podalirius.
Rylands 7. P. Podalirius.
Stephens 18. P. Podalirius.
Fonscolombe 20. P. Feisthamelii.

Pieridae.

Danaidae.

Heliconidae.

Nymphalidae.

Morphidae.

Satyridae.

Pierret 33. S. Oedipus.
Assmann 5. Hipparchia Pamphilus, var. Lyllus.
Assmann 1. Coenonympha Anaxagoras.

Libytheidae.

Lalebarting 2. Papilio Celtis.
Kirtland 1. Libythea.

Erycinidae.

Saunders (W.) 15. 28. Erycina.
Morisse 1. Erycina, Diorina, Eresia.
White 13. Erycina Margaretta.
Freyer 11. Papilio Lucina.

Lycaenidae.

Duwues 1. Thecla.
Bromfield 1. T. Quercus.
Kerbs 1. T. Quercus.
Westwood 83. Th. laceratus.
Doubleday 28. Polyommatus.
Berce 3. P. Miegei.
Vogel 4. P. Miegei.
Bree 6. 7. 28. P. Argiolus.
Newman 1. P. Argiolus.
Vestris 1. P. Argiolus.
Bree 28. P. Arion.
Boisduval 7. P. Artaxerxes.
Gardiner 4. P. Artaxerxes.
Logan 2. P. Artaxerxes.
Lowe 2. P. Artaxerxes.
Clarke (L.) 1. P. Alexis.
Dale 21. P. Alexis, Icarus, Icarius.
Stephens 3. P. Adonis.
Lefebure 6. P. Ottomanus.
Pierret 1. P. Corenus.
Zeller 28. P. Polonus.
Zeller 43. P. Amyntas.
Zeller 43. 57. P. Corydon.
Reie 2. Lycaena.
Gerhard 1. Lycaena.
Lederer 10. Lycaena.
Bellier 11. L. Baetica.
Bree 25. L. dispar.
Dale 17. L. dispar.
Graaf 8. L. Aegon.
Wallengren 8. L. Argus.
Zeller 60. L. Hoffmannseggii.
Schroeter 12. Argus.
Boisduval 16. A. Marchandii.
Lucas 60. Cigaritis.

Hesperidae.

Wallace 1. Hesperides.
Wernebarg 12. Hesperia.
Meyer-Duer 11. E. Hesperia.
Lederer 11. Hesperia.
Hornig 3. Hesperia.
Wallengren 4. Hesperioidae, Syrichtus.
Costa (O.) 16. Erinnys Aetna.
Bosher 3. Fritillaires.
Graaf 3. Hesperia lineola.
Abbot 1. Pap. Panisca.

12. Sphingidae.

Bergsträsser (H. W.) 1.
Kissering 1.
Füessly 6.
Gardiner 3.
Harris 79.
Horsfield 4.
Hofnagel 4.
Burmeister 22. Brasilien.
Clemens 1. Nord-America.
Dunrea 8. Britannica.
Bellier 6. Sphinx Atropos.
Carpenter (W.) 1. S. Atropos.
Chevannes 1. S. Atropos.
Conch 2. S. Atropos.
Curtis 31. S. Atropos.
Henry (Th.) 1. S. Atropos.
Douglas 70. S. Atropos.
Duponchel 20. S. Atropos.
Ghiliani 2. S. Atropos.
Genrean 7. S. Atropos.
Guérin 102. S. Atropos.
Heeren 19. S. Atropos.
Huebner (J. G.) 1. S. Atropos.
Koch 1. S. Atropos.
Meinecke 3. S. Atropos.
Nordmann 2. S. Atropos.
Passerini 1. S. Atropos.
Rachebrune 1. S. Atropos.
Rossi 1. 2. S. Atropos.
Sander 1. S. Atropos.
H. Schaeffer 35. S. Atropos.
Schroeck 1. S. Atropos.
Schroeter 1. 27. S. Atropos.
Wolf 6. S. Atropos.
II. Anonym 4. 87. S. Atropos.
Brayer 2. S. Convolvuli.
Newman (G.) 3. S. Convolvuli.
Bruand 11. S. Ligustri.
Carpenter (W.) 1. S. Ligustri.
Gaubil 2. S. Ligustri.
Newport 1. 2. S. Ligustri.
Kloperk 7. S. Pinastri.
Laubenheimer 1. Deilephila Euphorbiae.
Lucas 171. D. Euphorbiae.
Barthelemy 5. S. Euphorbiae.
Raddon 1. D. Euphorbiae.
Wallengren 6. S. Euphorbiae.
Mactmill 1. D. Philoeuphorbia.
Freyer 13. S. Rubiae.
Erichson 10. S. Esulae.
Rass 1. S. Galii.
Bree 26. Deileph. Galii.
Edmonds 1. D. Galii.
Haysham 1. D. Galii.
Selby 1. D. Galii.
Pierret 16. 20. S. Dahlii.
Füessly 12. S. vespertilio.
Millière 2. D. vespertilio.
Beguin 3. S. Cretica.
Christy 1. D. Elpenor.
Bass 1. S. Celerio.
Bruand 10. D. Celerio.
Dennel 10. S. Celerio.
Hering 9. S. Celerio.
Keferstein 20. S. Celerio.
Pierret 33. S. Celerio.
Saxby 1. D. Celerio.
Bellier 14. S. Tithymali.
Bellier 45. S. Nerii.
Blemer 2. S. Nerii.
Bell 2. S. Nerii.
Bromfield 2. S. Nerii.
Cornelius 2. S. Nerii.
Dennel 10. S. Nerii.
Dormoy 1. S. Nerii.
Florent 1. S. Nerii.
Frauenfeld 37. S. Nerii.
Hering 8. S. Nerii.
Herrmann 3. S. Nerii.
Keferstein 20. S. Nerii.
Killian 1. S. Nerii.
Klotz 1. S. Nerii.
Lassmetmann 1. S. Nerii.
Marquart 11. S. Nerii.
Nowicki 1. S. Nerii.
Pierret 23. S. Nerii.
Rolando 1. S. Nerii.
Regalis 1. D. Nerii.
Siebold 3. D. Nerii.
Stephens 10. D. Nerii.
Füessly 11. 23. S. Roeburi.
Pallas 5. S. lineata.
Stainton 82. D. Livornica.
Dirberstein 1. S. Zygophylli.
Feisthamel 1. S. Amelia.
Gedrin 84. S. Aceri.
Lucas 132. Zoolite Schimperi, Smerinth. Abyssinicus.
Bellier 43. Smerinthus Populi.
Eyndhoven 1. S. Populi.
Hogue 1. S. Populi.
House 1. S. Populi.
Hogue 1. S. ocellatus.
Lucas 168. S. ocellatus.
Kirtland 1. Macroglossa stellatarum.
Dillon 1. S. stellatarum.
Meutzel 8. M. stellatarum.
Anonym O. 5. S. stellatarum.
Füessly 8. S. Oenotherae.
Standfuss 8. M. Oenotherae.
Kirtland 4. Thyreus Abbotii.

13. Xylotropha.

Castniariae.

Newman (E.) 120. Synemon.
Klug 49. Synemon, Castnia.
Dalman 12. 13. Castnia.
Doubleday 10. Castnia.
Gray 9. Castnia.
Swainson 2. Castnia.
Thon 7. Castnia.
Mikan 2. Castnia Schreibersii.
Zeller 11. Castnia actinophorus, Satrapa, Sternbergi, Geron, Hegemon, Therapon.

Sesiariae.

Laspeyres 1.
Lübbert 2.
Staudinger 1. 3.
Blemer 1. Aegeria crabroniformis.
Bree 27. Trochilium crabroniforme.
Westwood 248. Sesia crabroniformis.
Lewis 2. Sphinx crabroniformis, apiformis.
Newman 110. Troch. annuliformis.
Harris 88. A. tipuliformis.
Lübbert 1. S. conopiformis.
Gorsing 1. S. asiliformis sphecciformis.
Eliasson 18. S. cynipiformis.
Niekerl 2. 7. S. culiciformis, mutillaeformis.
Letzner 9. S. mutillaeformis.
Stephens 35. Trochilium chrysidiforme.
Weeks 14. S. braconiformis.
H. Schaeffer 30. S. affinis.
Westwood 223. 230. T. gallivorum.
Zeller 27. T. Loewii.
Newman (E.) 9. S. vespiformis.
Gosse 3. Thyridopteryx ephemeraeformis.
Stephens 13. S. ephemeraeformis.
Newman 8. Aegeria.
Harris 5. A. exitiosa.
Say 11. A. exitiosa.
Worth 1. A. exitiosa.
Harris 16. 30. A. cucurbitae.
Harris 20. A. Pyri.
Doboe 1. Paranthrene anomala.

Cossidae.

Glover 7. Cossus.
Boerner 2. C. ligniperda.

Cox 1. C. ligniperda.
[illegible] 10. C. ligniperda.
Grill 1. C. ligniperda.
Lyonet 2. 3. C. ligniperda.
Westwood 223. C. ligniperda.
H. Anonym 8. C. ligniperda.
Huebner 1. Bombyx Cossus.
Ratzeburg 1. Cossus terebra.
Peck 3. C. Robiniae.
Curtis 21. Zeuzera Aesculi.
Bertoloni 6. C. Aesculi.
Czech 3. Z. Aesculi.
Kerridge 1. Z. Aesculi.
Matthews 2. Z. Aesculi.
Hammerschmidt 13. Z. Redtenbacheri.
Stephens 69. Z. Arundinis.
Eversmann 3. Bombyx Thrips.

Hepialidae.

Dahlbom 1. Hepialus hectus.
Heyden 3. H. hectus.
Hammerschmidt 14. H. Redtenbacheri.
Snellen 2. H. sylvinus.

14. Cheloniariae.

Heterogynidae.

Bellier 20. Heterogynis [illegible].
Rogenhofer 6. H. dubia.
Schmidt (F. J.) 15. H. dubia.
Freyer 30. Thyris fenestrina.

Zygaenidae.

Boisduval 3.
Borkhausen 11.
Dorfmeister 2. 3.
Ménétriés 5.
Scheven 2.
Zeller 15.
[illegible] 1.
Staudinger 19. loc.
Füessly 14. Sphinx infausta.
Passerini 3. Procris ampelophaga.
Guérin 226. P. Pruni.
Harris (T. W.) 62. P. Americana.
Duncan 1. Anthrocera Loti.
Chardiny 1. Zygaena Mannerheimii.
Freyer 17. Z. Minos.
Stainton 66. Z. Minos.
Wright (E.) 9. Z. Minos.
Graslin 6. Z. Balearica.
Abeot 4. Z. Balearica.
Guenée 16. Z. Balearica.
Zeller 68. Z. Ephialtes.
Hohenwarth 2. N. ancilla.
Newman (E.) 63. Glaucopides.
Prittwitz 3. Syntomis Phegea.
Lefebvre 13. N. Kuhlweinii.

Lithosiidae.

Boisduval 18. Lithosia.
Hering 10. Lithosia.
Schneider (W. G.) 12. Lithosia.
Guenée 32. 2. Lithosia.
Hering 6. L. helveola, depressa.
Mann 6. L. helveola, depressa.
Neustaedt 3. L. helveola, depressa.
Schreiner 3. 4. L. helveola, depressa.
Bellier 39. L. lacteola.
Fischer (J. R.) 5. L. arideola.
Hering 6. L. arideola.
Passerini 15. L. caniola.
Doering 4. L. quadra.

Euprepiidae.

Doering 7. Euprepiae.
Zeller 70. Emydia coscinia, candida.
Lederer 31. Nemeophila Metelkana.
Blasner 1. Callimorpha Dominula.
Bree 82. Hypercompa Dominula.
Costa (A.) 10. Callim. Dominula, Donna.
Stainton 34. C. Hera.
Gartner 1. C. matronula.
Hrsit 1. Euprepia matronula.
Mueller (Jul.) 3. Pleretes matronula.
Harris 1. Arctia [illegible].
Bree 1. A. phaeorrhoea.
Harris 13. A. textor.
Bischoff 7. Euprepia flavia.
Füessly 8. Bombyx flavia.
Pfaffenzeller 1. Eupr. flavia.
Nickerl 9. Chelonia flava.
Kramer 2. Euprepia villica.
Martini 10. Eupr. rosea.
Villiers (F.) 3. Eupr. pudica.
Lucas 179. Chelonia.
Gerning 6. Bomb. [illegible].
Graslin 4. Chelonia Latreillei.
Hardés 17. Chelonia Quenselii.
Walsh 1. Phalaena [illegible].
Marsham 1. Phalaena lubricipeda.
Lucas 73. Blepharis mendica.
Freyer 21. Bombyx Menthastri, Urticae.
Maitour 6. Euprep. Menthastri, Urticae.
Schreiner 7. Euprep. Menthastri, Urticae.
Doubleday 43. Gynautocera.
Guérin 19. Gynautocera papilionaria.

15. Bombycidae.

Boisduval 33. Indien.
Borkhausen 7.
Coquerel 9. Madagascar.
Gorman 1. 2.
Germar 1.
Horsfield 4.
Hufnagel 5.
Moore 5. 6.
Newman (E.) 106.
Millière 10. Apterona.
Guilding 5. Oiketicus.
Saunders (W.) 17. Oiketicus.
Templeton 4. Oiketicus.
Westwood 229. Oiketicus.
Harris 77. O. Coniferarum.

Cochliopodidae.

Chapman 8. 2. Limacodes Testudo.
Newman (E.) 129. Limacodes Testudo.

Psychidae.

d'Ailly 1.
Boisduval 29. 83.
Breyer 4. 2.
Bruand 17. 23. 33.
Frisch 4.
Germar 9.
Goeze 1.
Hofmann 2.
Huebner (J. G.) 5.
Kuehe 1.
Moetl (Caj.) 1.
Newman 77. 98.
Pallas 2.
Schrank 14.
Scott 5.
Siebold 43. 52.
Stainton 19.
Stephens 30.
Wahlberg 19.
Winkler 1.
Zincken 1. 3.
Fonscolombe 6. Psyche Fabretta.
Pierret 20. Ps. Fabretta.
Dommerc 10. Ps. [illegible].
Hering 1. Ps. muscella.
Lederer 8. Ps. Ecksteinii.
Lederer 10. Ps. atra.
Schedl 2. Ps. atra.
Lucas 1. Ps. graminella.
Mann 2. Ps. plumifera.
Stephens 15. Ps. plumifera.
Mann 11. Ps. Zelleri.
Merck 3. Ps. albida.
Speyer 18. Ps. tenella.
Staudinger 14. Ps. [illegible].
Bruand 19. Ps. helicina.
Douglas 21. Ps. helicinella.
Nylander 9. Ps. helix.
Maerkler 9. Fumea helix.

Liparidae.

Guenée 5. Orgyia.
Gascoyne 1. Orgyia.
Saporta 1. Orgyia.
Chevandier 1. O. pudibunda.
Reiche 20. O. pudibunda.
Freyer 16. O. selenitica.
Huebner 3. O. selenitica.
Freyer 16. Bombyx Lathyri.
Fennell 3. O. antiqua.
Frauenfeld 37. O. antiqua.
Bree 2. Bombyx antiqua.
Dix 1. Phalaena antiqua.
Christoph 4. 2. O. dubia.
Bellier 16. Liparis dispar.
Kessler 1. L. dispar.
Keller 12. B. dispar.
Krause 1. B. dispar.
Lodi 1. B. dispar.
Nimrod 1. Phalaena dispar.
Schaeffer 1. B. dispar.
Keller 3. L. dispar.
Bülow 3. B. Monacha.
Hennert 1. 2. B. Monacha.
Holleben 1. B. Monacha.
Jaerdens 1. Liparis Monacha.
Joly 1. L. Monacha.
Lombardi 1. B. Monacha.
Ludwig 1. L. Monacha.
Passerini 17. L. Salicis.
Bellier 27. B. chrysorrhoea.
Graaf 2. Lip. chrysorrhoea.
Hammerschmidt 5. L. chrysorrhoea.
Herklots 4. L. chrysorrhoea.
Koller 17. B. chrysorrhoea.
Westwood 284. Porthesia auriflua.
Joannis 1. Liparis V-nigrum.
Brugnatelli (G.) 2. Ph. processionea.
Ljungh 2. B. processionea.
Morren 3. B. processionea.

Nicolai 1. B. processionea.
Kandler 2. B. processionea.
Shaw 1. B. processionea.
Lecaire 3. B. Pityocampa.
Dorthes 3. B. Pityocampa.
Lucas 169. B. Pityocampa.
Villiers (F.) 2. B. Pityocampa.
Amstein 7. Bomb. pinivora.
Ratzeburg 6. Gastropacha pinivora.

Bombycidae.

Bellier 21. Bombyx Castrensis.
Duval (A.) 1. B. Castrensis.
Naezen 1. B. Castrensis.
Costa (A.) 28. B. neustria.
Haugh 1. B. neustria.
Kollar 17. B. neustria.
Nadeffsky 13. B. neustria.
Frauenfeld 2. Gastropacha lanestris.
Guenée 6. G. lanestris.
Isserhoff 3. 4. Gastropacha arbusculae.
Freyer 29. G. arbusculae.
Pfaffenzeller 3. G. arbusculae.
H. Schaeffer 28. G. arbusculae.
Esper (F.) 1. B. Crataegi.
Lewin 3. B. Trifolii.
Daniel 1. Gastr. Dumeti.
Füessly 26. B. Dumeti.
Füessly 23. B. Taraxaci.
Bellier 49. B. Quercus.
Boudier 4. B. Quercus.
Bellier 48. B. Callunae.
Guenée 31. B. Callunae.
Bagriot 1. B. Pini.
Bülow 1. 3. C. Pini.
Dallinger 3. B. Pini.
Dunker (H.) 1. B. Pini.
Heindl 3. B. Pini.
Hartig (G.) 8. B. Pini.
Kirschke 1. B. Pini.
Sepp 1. Gastr. Pini.
Hacknow 2. B. Pini.
Kalina 8. B. Pini.
Becker (J. J.) 1. Lasiocampa Otus.
Straube 3. B. dryophaga.
Lefebvre 3. Gastropacha Vishnou, Bomb. Brahma, Buddha, Siva, Ganesa.
Harris 4. 61. Clisiocampa Americana.
Harris 48. C. sylvatica.
? Hubert 1. B. Phoebe.
Palmer 1. Lasiocampa.
Fonscolombe 16. Lasiocampa lineola.
Quensel 2. Noctua Pruni.
Graaf 5. Lasiocampa quercifolia.
Stephens 24. 33. G. ilicifolia.
Harris 37. Dryocampa asterophora.

Lucas 94. Megasoma repandum.
Friethamel 3. Bombyx repanda.
Harris (T. W.) 61. 63. 2. Haplocampa Rubi.
Neale 1. Bombyx versicolor.
Dahra 28. Bomb. Mori, Huttoni.
Duméril 22. B. Mori.
Helfer 2. B. Mori, religiosa.
Hodgson 1. B. Huttoni.

Saturnidae.

Chavannes 4. 5. Saturnia.
Edmonds 1. Saturnia.
Kobell 1. Saturnia.
Guérin 211. Saturnia.
Olivier 11. Saturnia.
Nellé 3. Saturnia.
Westwood 268. 329. Saturnia.
Curtis 47. S. Pyri.
Herkel 1. S. Pyri, Spini.
Mercury 3. B. Pavonia major.
Sedileau 2. B. Pavonia major.
Bellier 58. Saturnia Carpini.
Breve 1. S. Carpini.
Bohme 2. S. Carpini.
Blesser 1. S. Pavonia minor.
Fabbroni 1. B. Pavonia.
Berger (W.) 1. B. Pavonia minor.
Kliese 2. B. Pavonia minor.
Rapido 1. S. caecigena.
Doubleday 18. S. Iorta.
Dutreux 4. S. Narag.
Ghiliani 10. S. Narag.
Graells 8. S. Isabellae.
Gray 4. B. Wallichii.
Guérin 137. S. Perrottetii.
Guérin 294. 296. B. Prometheus.
Lucas 183. B. Prometheus.
Andrews 63. B. Cecropia.
Guérin 187. B. Cecropia.
Lucas 24. 27. 172. B. Cecropia.
Millière 3. B. Cecropia.
d'Urban 1. S. Cecropia.
Bertoloni 14. B. Paphia.
Duméril 13. B. Paphia.
Helfer 3. S. Paphia.
Laboulbène 1. S. Paphia.
Lamare-Picquot 1. B. Paphia.
Roxburgh 2. S. Paphia.
Bromfield 3. Saturnia Hesperus.
Baruse 4. B. Pernyi.
Guérin 237. B. Pernyi.
Chavannes 7. B. Mimosae.
Chavannes 6. S. Cynthia.
Cornalia 2. B. Cynthia.
Costa (O.) 32. B. Cynthia.
Gemet 2. B. Cynthia.
Griseri 1. B. Cynthia.

Guérin 249. 293. 294. 296. 298. 303. B. Cynthia.
Helfer 3. B. Cynthia.
Kollar 11. B. Cynthia.
Lucas 171. 180. B. Cynthia.
Bernier 4. B. Cynthia.
Roxburgh 2. B. Cynthia.
Duméril 34. B. Mylitta.
Guérin 258. 271. B. Mylitta.
Geoffroy 4. B. Bivini.
Guérin 284. 290. 283. 300. 311. B. Hesiai.
Guérin 281. B. Bauhiniae.
Guérin 279. 303. B. Arrindia.
Guérin 308. 311. 313. B. Yama-mai.
Guérin 310. 312. 313. 314. B. d'Ailanthe.
Helfer 2. B. Silhetica, Assamensis, trifenestrata.
Lucas 177. 182. B. Polyphemus.
Verhoeff 3. B. Atlas.
Doubleday 41. Actias.
Hutton 2. B. Selene.
Lucas 81. Attacus Luna.

———

Laspeyres 3. Platypteryx.

Notodontidae.

Bellier 66. Dicranura vinula, Erminea.
Dale 18. D. vinula.
Fonscolombe 16. Dicr. vinula.
Moeller (O.) 6. B. vinula.
Doubleday (H.) 7. Cerura bicuspis.
Doubleday 31. Stauropus Fagi.
Klopsch 5. Harpyia Fagi.

Milhauser 1. Harpyia Milhauseri.
Schaumel 16. Harpyia Milhauseri.
Villiers (F.) 1. Bombyx Milhauseri.
Richter (L.) 1. Harpyia Milhauseri.
Gray (H.) 7. Chalepteryx Collieri.
Neustaedt 4. Notodonta.
Doubleday 24. Notodonta.
Friedrich 2. Notodonta.
Greene 7. Notodonta.
Lederer 19. Notodonta.
Doubleday (E.) 30. Hylavora.
Prief 1. Not. ereasia.
White 33. Spatalia bicolora.
Martini 1. N. Carmelita.
11. Anonym 27. B. Camelina.
Hoffmann (P. C.) 1. Bombyx plumigera.
Lubbock 6. Pygaera bucephala.
Malapert 1. Bombyx anastomosis.
Lucas 138. Cleafera coriana.

Cymatophoridae.

Lederer 10. Cymatophoridae.
Hufnagel 8. Phalaena pyritoides (derasa).
Bruand 11. 13. Noctua derasa, Batis.
Guenée 23. Thyatira.
Borkhausen 6. Noctua Or, consobrina.
1771. Anonym 5. Phalaena alpium.
Dale 18. Chariana.

16. Noctuina.

Beckwith 1.
Boheman 18. Schweden.
Boisduval 12.
Brahm 11. 17.
Breyer 1. Belgien.
Brown (P. J.) 3. Schweiz.
Bruand 6. 7. 14.
Daniel 2.
Doubleday 8. 9.
Doubleday (H.) 3. Britannien.
Duméril 11.
Duponchel 19.
Eversmann 3. Ural.
Eversmann 33. Russland.
Fontana 1.
Freyer 5.
Guenée 8. 13. 20.
Hufnagel 7.
Humphreys 3. 4.
Jansens 1.
Kokeil 2.
Lederer 16.
Lucas 151. 161. Algier.
Parrard 1.
Tauscher 2.

Treitschke 2.
Walther 1.
Herring 13. Arsilonche Raettseri.
Stainton 19. Acronycta auricoma.
Brahm 4. Noctua megacephala.
Brahm 8. N. Euphorbiae.
Guénée 3. Bryophila.
Guenée 6. B. Algae.
Guérin 50. B. Algae.
Curtis 46. B. perla.
Merten 2. B. perla.
Richter (L.) 2. Diphthera ludifica.
Gerning 3. Noctua ludifica.
Hufnagel 4. Phalaena aprilina minor (N. Orion).
Schmidt (F.) 4. Noctua Sorida.
Guérin 203. Noctua Brassicae.

Bruand 11. 16. Valeria jaspidea.
Pierret 16. Adena Lateruk.
Freyer 1. Hadena popularis.
Burck 1. H. popularis.
Duponchel 21. Episema caeruleae.
Baer (C.) 4. E. graminis.
Bachmann 7. Noctua graminis.
Bencke 1. N. graminis.
Ehrenberg 1. N. graminis.
Haushrand 1. N. graminis.
Rowell 3. E. graminis.
Lichtenstein 1. N. graminis.
Wernsberg 4. N. Gemistae.
Brahm 9. Noctua cespiticola.
Boisduval 17. Dianthoecia.
Gruslin 2. D. Intenga.
Meeschler 12. 2. D. Christophi.
Duponchel 16. Polia Canteneri.
Gartner 4. P. alleua.
Denzel 8. P. feliciua.
Guenée 17. P. fulmina.
Guenée 23. Heliophobus hirtus.
Hornig 5. Agrotis.
Bellier 15. A. celsicola.
Bellier 60. A. occidentalis.
Bergsträsser (J. A.) 6. Phalaena fimbria.
Morris 8. Triphaena fimbria.
Friedrich 1. Trachea praecox.
Celio 2. Spaelotis praecox.
Blomer 1. Noctua praecox, villa.
Boisduval 20. Agrotis lidia.
Caravani 1. A. segetum.
Blomer 1. Noctua sagittifera.
Dorfmeister (V.) 8. A. sagittifera.
Doubleday (H.) 14. A. Ashworthii.
Douglas 7. Segetia xanthographa.
Blomer 1. Noctua valligera.
Friedrich 4. A. valligera.
Gimmerthal 1. 4. Noctua aerualis.
Keller 7. N. aquilina.
Lederer 23. A. larripeta.
Logue 5. A. lnuigera.
Merrk 1. A. opetimera.
Paykull 4. Noctua telifera.
Pierret 6. A. Deaillei.
Rambur 12. A. Graslinl.
Speyer 16. Noctua ceraaine.
Tischer 3. Graphiphora condrilioequa.
Bjerkander 16. Noctua tritica.
Doubleday (H.) 6. Triphaena subiqua.
Newman (E.) 5. T. Curtisii.
Guenée 7. A. Villiersii.
Hague 2. A. saucia.
Osbeck 1. Noctua roboris.
V1. Anonym 5. N. roboris.
Metzner 7. N. aprilina.
Denzel 6. N. jaspidea.
Keferstein 19. Miselia jaspidea, oleagina.
Metzner 2. Noctua Haworthi.
Dale 12. Cerapteryx Hibernica.
Staudinger 10. Hadena ouolla.
Keller 18. 46. Apamea basilinea.
Prittwitz 11. A. basilinea.
Wernsberg 6. Noctua didyma.
Westwood 118. Xylophasia Zeningii.
Bruand 1. Eriopus Pteridis.
Tischer 8. Hadena Pteridis.
Martini 10. Phlogophora aryla.
Farrant 7. Bombyx Thalotri.
M'Lachlan 9. Aniopecus Maura.
Becher (L.) 1. Hadena Atriplicis.
Pierret 5. Cortyna.
Martini 6. G. Vindelicia.
Nanstedt 1. Leucania, Nonagria.
Graslin 8. Leucania.
Guenée 1. Nonagria paludicola.
Lübbach 2. Leucania Elymi.
Kretschmar 1. L. Elymi.
Stainton 78. L. pallrescens.
Osbeck 2. Noctua sicilians.
Guenée 80. Senatsia nonagrioides.
Lucas 175. S. nonagrioides.
Schreiner 5. Caradrina cubicularis.
Wernsberg 3. Noctua cubicularis.
Graslin 2. Stilbia stagnicola.
Duponchel 31. Bryophila Germainii.
Morris 8. Acosmetia Morrisii.
Bois 19. Noctua Airae.
Gronau 1. Phalaena acetosella.
Haldeman 34. Orthosia.
Doubleday (H.) 8. O. lunosa.
Martini 9. O. Populeti.
Constant (A.) 1. O. gothica.
Kob 1. Noctua piniperda.
Loschge 1. 2. Phalaena piniperda.
Rüschke 1. Ph. piniperda.
Freyer 28. Noctua amplus.
Martini 9. Cosmia contusa.
Hoffmann (P. C.) 1. Noctua citrago.
Martini 9. Cosmia fulvago.
Andersen (R.) 1. Xanthia cerollaria.
Fllessly 10. Noctua domidaca.
Constant (A.) 2. Cerastis Vaccinii.
Keller 3. Cerastis sereitna.
Bellier 6. Noctua erythrocillaris, var. sanlaloeca.
Eichhorn 1. Xylina petrificata, oculata.
Hornig 5. X. somniculosa.
Duponchel 11. X. Yvanii.
Esper 8. Phalaena Linariae.
Guenée 24. Cleophana.
Bellier 38. Cl. Forrieri.
Abicot 2. Cucullia blattariae, var. senilosa.
Wallschlegel 1. C. Campanulae.
Assmann 17. C. fraudatrix.
Prittwitz 7. 11. C. fraudatrix.
Dorfmeister (V.) 1. C. Scopariae.
Freyer 28. C. umbratica, lucifuga, Lactucae, Campanulae.
Speyer 13. Noctua Lactucae.
Rambur 6. C. umbratica.
Richter (L.) 1. C. Campanulae.
Paris 4. Cucullia Scrophulariae.
Rogenhofer 5. C. formosa.
Stephens 16. C. Solidaginis.
Herbst 4. Phalaena argentea.
Bellier 4. Abrostola Asclepiadis.
Freyer 8. Plusia Gamma.
Angelini 1. Noctua Gamma.
Baer (C.) 2. 4. N. Gamma.
Ehrenberg 1. N. Gamma.
Gleditsch 10. N. Gamma.
Haushrand 1. N. Gamma.
Jacobson 1. N. Gamma.
Rabe 1. Plus. Gamma.
Burmeister 2. Plusia consona, amethystina.
Freyer 28. P. consona.
Nickerl 6. P. consona.
Plagnis 1. P. consona.
Schrammel 16. P. moneta.
Staudinger 7. Amata.
Freisthamel 8. Chimaera funebris.
Bellier 44. Cleophana Cymbalariae.
Duponchel 20. Heliothis Frivaldskii.
Pickard 2. H. dipsacea.
Sodoffsky 16. H. victorina.
Moeschler 1. H. ambigua.
Brockholes 1. H. marginata.
Graslin 9. Heliothea.
Lucas 94. H. armigera.
Boisduval 20. Noctua communimacula.
Metzner 8. Anthophila communimacula.
Zeller 34. A. rosina.
Boisduval 16. A. Sancti Florentis.
Eckstein 1. Thalpochares purpurina.
Hornig 1. Anthophila rosina, ancodacalalis.
Staroten 75. Erastria remotalo.
Asambra 5. Ophiusa Illunaris.
Lucas 60. Cerocala.
Frische 1. Catephia leucomelas.
Asambra 5. Catocala Fraxini.
Huebner (J. G.) 3. N. Fraxini.
Schulze 1. Cat. Fraxini.
Huebner (J. G.) 4. N. Pacta.
Milhère 7. Catocala electa.
Lucas 91. C. conversa.
Vollenhoven 14. Phyllodes Verhuellii.
Vollenhoven 18. Ph. Eyndhovii.
Lederer 38. Ecerita lucidera.
Thiebaut 1. Noctua sperirom.
Doubleday (H.) 11. Hypenodes.
Heyden 21. Herminia modestalis.
Lederer 18. Boletobia.
Fologne 1. Brephos.
Barran 2. Brephos notha, Parthenias.
Doubleday (H.) 6. B. notha, Parthenias.
Paykull 2. Noctua Parthenias.
Esper 6. Hyblaea.
?Say 21. Noctua xylina.
?Linné 44. N. omicron.
?Cooke (N.) 2. Grammophora diphtheroides.
?Doubleday 22. Janthe umbrina.

17. Uraniidae.

Mac Leay 18. Urania.
Boisduval 11. U. Ripheus.

18. Geometridae.

Bjerkander 16.
Borkhausen 3.
Denzel 2.
Duponchel 31.

Poisthammel 4.
Pologne 2.
Guenée 79. 80.
Hofnagel 10.
Laharpe 1. 8.
Machin 8.
Mann 7.
Meissner 4.
Schneider (W. G.) 16.
Speyer 2.
Stainton 63.
Tengström 2. 3.
Füessly 18. Phalaena papilionaria.
Heydon 25. 2. Geometra vernaria.
Martini 10. G. smaragdaria.
Koch (G.) 3. Phorodesma smaragdaria.
Bellier 36. Aridalea pallidata.
Millière 10. A. sabulataria.
Roessler 3. A. straminearia, aleraria.
Stainton 63. A. herbariata.
Zeller 30. Geometra circumaria, emutaria, Sacridaria.
Berce 4. Zerrena pantaria.
Bellier 10. Nemeria Dusaularia.
Stainton 61. Aleucis pictaria.
Westmann 8. Cabera.
Dumeril 3. Crocallis.
Guenée 14. Ennomos illunaria.
Stainton 63. E. lunaria.
Douglas 30. Z. E. illustraria, sublunaria.
Duponchel 16. Angerona prunaria.
Westwood 310. Urapteryx sambucaria.
Rollin 2. U. sambucata.
Gerning 4. Geom. divaricata.
Mewerbier 2. Ennomos Freitagaria.
Burgsdorffsser (J. A.) 5. Phalaena crataegata.
Snellen 1. Fidonia progemmaria.
Constant (A.) 1. Hibernia progemmaria.
Crewstedt 1. Phalaena defoliaria.
Brown (P. J.) 1. Amphidasis pilosaria.
Clerck 2. Phalaena betularia.
Anker 1. Chondrosoma fiduciaria.
Harris 55. 57. 64. 66. 72. 84. Anisopteryx vernata.
Barrett 1. Geometra vernata.
Pierret 17. Apacia senaria.
Cooke 1. N. zonaria.
Newman 6. N. zonaria.
Lefebvre 11. N. pomonaria var. transversaria.
Werneburg 13. Geom. pomonaria.

Standfuss 3. Amphidasis zatimaria.
Freyer 80. G. lapidiaria.
Meisner 3. G. lapidiaria.
Stephens 73. G. gemmata.
Millière 4. Gnophos obscuraria.
Bruand 8. G. variegata.
Bruand 16. Kobaltia.
Gerning 5. G. canopicosta.
Reuss 1. Phalaena piniaria.
Silbermann 7. G. piniaria.
Bohemann 15. Phygmatsena funeraria.
Lefebvre 10. Fidonia Duponchelaria.
II. Anonym 15. F. Wauaria.
Rutat 2. Strenia clathrata.
Lefebvre 12. Fidonia spaliaria.
Dardoin 1. Numeria agarithmaria.
Herold 3. Scodonia.
Dumeril 3. Crocallis lentiscaria.
Pierret 17. Ligia opacaria.
Füessly 20. Phalaena vauaria.
Westmann 4. Eubolia palumbaria.
Holmsworth 1. Phalaena chaerophyllata.
Schrank 13. Geometra chaerophyllata.
Assmann 9. Anaitis Magdalenaria.
Adlerbeim 1. Phalaena brumata.
Grimmerhausen 5. Geometra brumata.
Hammer 1. Phalaena brumata.
Sodoffsky 10. 11. Geometra brumata.
Edleston 2. Cheimatobia boreata.
Bruand 36. Larentia Millierata.
Herbst 10. Phalaena spartiata.
Bedell 1. Thera juniperata.
Assmann 1. Larentia pyropata.
Laharpe 9. Z. Larentia Zumsteinaria.
Schreiner 7. Cidaria ferrugaria, spadicearia.
Birkhorn 2. C. ferrugaria, spadicearia.
Martini 10. C. quadrifasciata.
Rogenhofer 4. C. Podevinaria.
Stainton 63. Camptogramma fluviata.
Standfuss 6. Cidaria turbulata.
Douglas 30. Z. Harpalyce silaceata, ianulata.
Martini 4. Acidalia albimaculata.

Martini 6. Geometra capitaria.
Roessler 5. C. polygrammaria.
Crewe 2. 3. 4. Eupithecia.
Doubleday (H.) 11. 19. Eupithecia.
Logan 6. Eupithecia.
Stainton 64. Eupithecia.
H. Schaeffer 29. Eupithecia.
Doubleday 16. E. viminata.
Newman 67. E. togata.
Standfuss 3. E. silenata.
Schedl 1. E. Meyeri.
Gregson 3. E. assimilata.
Bichhorn 2. Larentia debiliata.
Kropp 1. L. strobilata.
Stephens 21. Paraseema transversalis.
Dunmore 9. Geom. aprilinaria.

Lederer 32. Z. Celonoptera mirificaria.
Harris 57. Geom. niveosericeraria.
Herbst 9. Phal. artemisiaria.
Meyer (J.) 1. Phal. fraxinataria.
Bellier 38. Diastem literalis.
?Bruce 1. Phalaena devastator.
Doubleday 40. Erateine.
Saunders (W.) 20. Eratema.
?Audouin 20. Ourthea scalaria.
?Duméril 16. D. scalaria.
Werneburg 10. Regenia.
VI. Anonym 38. Phal. typhicoides.
Fitch 6. Abraxas? Ribearia.

19. Microlepidoptera.

Atkinson 1. 2.
Douglas 13. Britannicus.
Douglas 19. Bestimmung der Arten Réaumurs.
Fischer (J. E.) 3.
Graaf 11.
Guenée 15. 17. 18.
Heinemann 3.
Hoffmeister 5. 6.

Hagen 6.
Millière 8.
Prittwitz 2.
Sauter 1. Pterasteus.
Schlaeger 2.
Sodoffsky 1. 4. 5. 9.
Stainton 24. 42. 43. 52.
Tiedemann 1. Prensseus.
Zeller 46. 50.

20. Pyralidina.

Baer 15.
Charpentier 3.
Doering 4.
Dunmore 8.
Guenée 17. 18. 19.
Guérin 100.
Laharpe 3.
Stainton 63. 76.
Tengström 7.

Pyrale de la vigne.

Audouin 25. 30. 55. 66.
Baer 22.
Bourgeois 1.
Daussanope 1.
Fondras 2.
Guérin 55.
Sauzey 2.
(cf. in P. VIII. d. Weinstock schädl. Insecten.)

Bose 4. Pyralis tuberculans.
Chant 2. Polypogon dericalis.
Corriglione 2. Pyralis brunnea.
Klapsch 3. P. nevalis.
Re 1. P. ruticolaris, duplaris.
?Bjerkander 5. Phal. sonalia.
?Fabricius 15. Phal. Gossypii.
Kolander 3. Phal. pinguinalis.

Zeller 13. Asopia longinquialis.
?Hoffmann (J. J.) 2. Phal. mundana.
Dufour 122. Hydrocampa.
?Fabricius 15. Sorina sacchoralis.

Crambina.

Douglas 32. Z. Acentropus.
Brown (Ed.) 1. Z. A. niveus.
Hagen 56. 83. A. niveus.
Nolcken 28. A. niveus.
Moeschler 6. A. latipennis.
Westwood 34. Acentria, Acentropus, Zancle.
Martini 10. Botys palealis.
Almond 2. Z. N. terrealis.
Dunmore 12. Z. B. Cabrao.
Nolken 2. B. venosalis.
Brahm 3. Pyralis sanguinalis.
Eversmann 10. Pyr. albicalis.
Passerini 8. Pyr. silacealis.
Schmidt (F. J.) 1. B. silacealis.
Rabe 1. Pyr. erucalis.
Ziehen 4. Chile.
Moritz 1. Chile.
Schlaeger 2. Chile.

21. Tortricina.

22. Tineina.

Tineidae.

Hyponomeutidae.

Boer (C.) 2. Tinea padella.
Dahlbom 6. T. padella.
Hebrard 31. T. padella.
Imhoff 14. T. evonymella.
Lorenz 194. Y. evonymella.
Heeger 10. Tinea cognatella.
Stephens 24. Yponomeuta sedella.
Desjardins 7. Alucita xylostella.
Duponchel 26. A. xylostella.
Westwood 279. Tinea xylostella.
Zeller 15. T. xylostella.
Stainton 64. Swammerdamia Pruni.

Gelechidae.

Hagen 2. Exapate Gelatella.
Westwood 285. Tinea quercana.
Stainton 6. Orthotaelia, Sparganella.
Stainton 82. Elachista pallicornella.
Graaf 9. Depressariae.
Hornig 3. Depressariae.
Zeller 71. Depressariae.
Stainton 8. 46. Depressariae.
Baur 4. Tinea Spermannielle.
Saunders (W.) 10. Depressaria gossypiella.
Schlaeger 8. D. libanotidella.
Zeller 71. 74. Cryptolechia.
Bruand 18. Ypsolophus.
Dahlbom 9. Ypsolophus Fallenielles.
Douglas 11. Y. palustrellus.
Schlaeger 8. Hypsolophus limosellus.
Stainton 58. Gracillaria limosella.
Douglas 9. Gelechia.
Goureau 55. G. cerealella.
Heeger 3. G. stipella.
Heeger 11. C. Hermannella.
Martini 10. G. Hermannella.
Stainton 58. G. desertella.
Stainton 78. G. pictella.
Stainton 76. G. intaminatella.
Vallot 19. Tinea humerella.
Werke 17. G. pedarina.
Zeller 13. G. lapella.
Goureau 49. Parasia carlinella.
Stainton 58. Hypercallia Christiernana.
Frey 10. Z. H. Christiernana.
Fologne 6. Oecophora.
Stainton 23. 76. Oecophora.

Barker (L.) 4. Oec. arietella.
Fonscolombe 21. Oec. olivella.
Ghiliani 5. Oec. olivella.
Stainton 80. Oec. Schaefferella.
Westwood 276. Oec. sulphurella.
Harris 23. Oec. carunlella.
Heeger 10. Oporostega tremulella.
Fabricius 5. Tinea Sarcitrella.
Paykull 1. T. betulinella.
Schmidt (H.) 1. Glyphipteryx variella.
Zeller 75. Butalis.
Stainton 70. 75. B. grandipennis.
Harris 51. B. cerealella.
Heyden 28. B. amoerialis.
Pepin 1. Gracillaria syringella.
Stainton 64. B. argentella.
Goureau 49. Lita Vigaliella.

Gracilaridae.

Stainton 18. Gracillaria.
Werke 13. 15. Gracillaria.
Martini 10. G. incertella.
Westwood 298. G. V-flava.
Heeger 10. G. syriagella.
Reiche 23. G. V-flava.
Brahm 10. Tinea Oosmella.

Glyphipterygidae.

Costa (A.) 2. Oinix columbaripennella.
Stainton 14. O. antionagripennella.
Werke 12. Acrolepia betulella.
Millière 8. Chorentis dolosana.
Stainton 58. Tinagma resplendellum.
Stainton 35. Glyphipteryx Haworthana.
Villiers 2. Gl. Catial.
Bertoloni 17. Aechmia metallicella.

Argyresthidae.

Zeller 38. Argyresthia.
Edleston 4. Z. A. glaucinella.

Coleophoridae.

Bruand 18. 25. Coleophora.
Frey 5. Coleophora.
Scott 10. Coleophora.
Wallengren 13. Coleophora.
Stainton 23. 40. 31. 64. 78. 82. Coleophora.
Zeller 47. Coleophora.
Brants 2. Tinea lanceolla.
Fologne 4. Coleophora oliveraella.

Heeger 10. C. nigricostipennella.
Heeger 12. C. viciaella.
Heeger 16. C. serenella.
Heeven 13. Tinea laricella.
Kaiser 1. T. laricella.
Stainton 58. Coleophora Wockeella.
Stainton 58. C. juncicolella, chalcogrammella.
Stainton 64. C. albicostella, albicans, albidella, moripennella.
Stainton 64. 74. C. lexapennella.
Stainton 82. C. alleracella, asteroiella.
Westwood 277. Astyages bonevrabiella.
Vallot 12. T. vibicella.
Werneburg 1. Coleophora lutipennella.
Martini 5. Ypsolophus Schmidiellus.
Millière 9. Elachista Treitschkiella.

Elachistidae.

Frey 9. Laverna.
Stainton 82. L. decorella.
Stainton 82. Cosmopteryx Druryella.
Stainton 83. C. eximia.
Boheman 5. Tinea Lienella.
Heyden 79. Mompha Langiella.
Stainton 3. Tinea fratalliella.
Stainton 64. Asychna terminella.
Douglas 31. Z. A. terminella.
Douglas 10. Elachista.
Frey 5. Elachista.
Stainton 23. 28. 29. 40. 50. 59. 64. 78. Elachista.
Prittwitz 1. El. Gregsoni.
Ghiliani 5. El. olivella.
Gubria 125. 128. El. coffeella.
Heeger 11. El. testacella.
Heeger 12. El. Stadtmuellerella.
Scott 8. El. incanpistella.
Stainton 10. El. serratella.
Stainton 58. El. tetragonella.
Stainton 61. El. magnificella.
Frey 12. Z. El. taparaella.
Fonscolombe 21. El. Olivella.

Lithocolletidae.

Scott 6. Lithocolletis.
Nicelli 1. Lithocolletis.
Frey 1. Lithocolletis.
Logan 2. Lithocolletis.
Stainton 18. 40. 58. Lithocolletis.
Werke 1. Lithocolletis.
Zeller 37. Lithocolletis.
Heeger 10. L. emberizaepennella, Tinea quercifoliella, L. fruitella.
Nicelli 2. L. Stettinensis.
Stainton 63. L. Cydoniella.
Douglas 24. 5. L. Bremiella.
Martini 10. L. Bremiella.
Heeger 10. Tischeria gaunacella.
Stainton 58. T. gaunacella.
Stainton 78. T. angusticolella.

Lyonetidae.

Knight 6. Tinea Clerckella.
Stainton 40. 64. Cemiostoma.
Stainton 66. C. Coffeella.
Barker (L.) 3. Bucculatrix Ulmella.
Stainton 40. 64. 78. 82. B. maritima.
Stainton 82. B. Artemisiella, Gnaphaliella.

Nepticulidae.

Frey 4. Nepticula.
Heinemann 5. K. 6. Z. Nepticula.
Stainton 12. 40. 50. 62. 74. Nepticula.
Werke 16. Nepticula.
Stainton 50. N. argentipedella.
Stainton 58. N. Septembrella, Myrtillella, N. cryptella, Poterii.
Stainton 64. N. Septembrella, cryptella, Myrtillella.
Stainton 78. N. quinquella.
Stainton 83. N. Ulmivora.
Westwood 289. N. Bemiatella.
Bedell 4. Microsetia quinquella.
Lewis 1. M. ruficapitella.
Westwood 281. M. centifoliella.

23. Pterophorina

Douglas 17. Pterophorides.
Frey 2. Pterophorus.
Wocke 5. Pterophorus.
Hornig 3. Pterophorus.
Dale 16. P. similidactylus.

Werke 5. Agdistis.
Steven 2. A. Bennettii.

Alucitina.

Boer 15. Alucita.
Bruand 28. Z. Alucita.

Charpentier 2. Alucita.
Graaf 10. Alucita.
Guenée 17. 18. Alucita.
Guérin 279. Alucita.
?Guillemo 1. Alucita.
Mentzel 3. Alucita.
Speyer 5. Alucita.
Stainton 9. 18. 17. 74. Alucita.
Zeller 9. 38. Alucita.
Loewenbeck 3. a. 5. Alucita.
Wocke 5. Alucita.

24. Metamorphose.

Admiral 1. 2.
Agassiz (L.) 6.
Albin 1.
Ashton 3.
Balles 1.
Bar 1. Cayenne.
Basio 1.
Beraskewitz 1.
Bjerkander 10.
Blisson 1. 9.
Boisduval 3. Nord-America.
Boisduval 8. Europa.
Bonnet 1.
Bose 16.
Brahm 1.
Braw 14.
Breitschneider 1
Breyer 5. Z.
Brittinger 8. Oesterreich.
Büchner 1.
Bohle 8.
Caldani 1.
Coleman 1.
Caraelium 7.
Curtis 19. (P. 3. 8. 7.)
Curtis (W.) 3.
Davis 10.
Donalstone 1.
Dethardiug 1.
Dorfmeister (V.) 1.
Doné 1.
Duchartre 1.
Duponchel 4. Europa.
Duponchel 8.
Eberhard 1.
Farinse 1.
Fabris 1.
Feige 1.
Fischer (J. E.) 1. Europa.
Fologne 7. Belgien.
Friedrich 2.
Frinzle 3.
Fritz 1.
Füessly 6.
Fanlder 1.
Gabriel 1.
Gardem 2.
Gem 3.
Glaser (J. F.) 1. 2.
Goedart 1. 3.
Goeze 13.
Gonsales 1.
Graaf 12.
Hall 1.
Hammerschmidt 14.
Hanow 7.
Harris (M.) 1.
Herrmann 4.
Heyden 27.
Hering 7. 8.
Herbst 5.
Herbst (J. G.) 3.
Humphreys 2. 4. 5. England.
Kleemann 4.
Klug 23.
La Conte 2. Nord-America.
Leeuwenhoek 1.
Malenschka 1.
Merian 1. 2. 3. 4.
Millière 18.
Moritz 1. 3. America.
Muralto 30.
Ploetz 1.
Prunner 1.
Ratzeburg 15.
Saunders (W.) 35.
Schmiedlein 5. 7.
Scholl 1.
Schrank 6.
Schreiber 11. 12.
Schwarke 1.
Schwarz 1.
Sepp 1.
Snellen 2.
Vogel 2. 3.
Valckmann 1.
Wallschlegel 2.
Zenneck 1.
Zeller 4. Abrostola Asclepiadis.
Millière 16. Acidalia robustaria.
Bedell 2. Acrocercops Albi.
Becker (L.) 2. Adela Ranunculella.
Breyer 3. Adela Baumerella.
Blomer 1. Aegeria crabroniformis.
Stevens 2. Agdistes Bennetii.
Hornig 3. Agrotis.
Boisduval 43. A. saucia.
Caravani 1. A. segetum.
Dorfmeister (V.) 3. A. sagittifera.
Lederer 28. A. incipiens.
Hornig 5. Anthophila venina, muralalis.
Keller 1. A. Wimmeri.
Millière 12. Apterona.
Stainton 40. Anybia Langiella.
Gregson 5. Z. Argyresthia Brockeella.
Guenée 58. Argyrolepia flagellana.
Stainton 50. Asychna terminella.
Lucas 51. Attacus Luna.
Rössler 10. Z. Bapta pictaria.
Fabricius 3. Bombyx dromedarius.
Strambe 3. B. dryophaga.
Boisduval 20. B. lanestris.
Brackenhagen 1. B. processionea.
Möller 1. 3. B. Pini.
Dortham 3. B. pityocampa.
De Geer 9. 12. B. vinula.
Guenée 31. B. Callunae.
Hellow 2. B. Salicis.
Jeannis 1. B. Populi.
Mueller (O.) 6. B. vinula.
Neale 1. B. versicolor.
Verhuell 3. B. Atlas.
XX. Anonym 6. B. processionea.
Anonym D—s. 1. B. versicolor.
Bertoloni 4. Botys silacialis.
Martini 10. Botys palealis.
Almond 2. Z. Botys terrealis.
Fologne 1. Brephos.
Curtis 3. Bryophila.
Guérin 50. Bryophila Algae.
Maclean 3. Bryophila perla.
Becker (L.) 3. Bucculatrix Ulmella.
Stainton 50. Bucculatrix Demaryella, Cidarella, Hippocastanella.
Stainton 52. Butalis.
Chappel 1. Z. Coenonympha Davus.
Chavannes 2. Callimorpha Plota.
Ausembre 3. Catocala Fraxini.
Scholze 1. C. Fraxini.
Stainton 64. Cemiostoma Lotella.
Duponchel 27. Charaxes Jasius.
Graslin 6. Chelonia Latreillei.
Stainton 64. Chilo gigantellus.
Martini 18. Cidaria 6-fasciata, capitaria.
Regenhofer 4. C. Podevinaria.
Perris 46. Cochylis hilarana.
Stainton 50. 64. 87. Coleophora.
Stainton 50. C. albicosta.
Becker (L.) 7. Z. Coleophora succursella.
Gartner 5. Z. Conchylis Zagelliana.
Stainton 52. Cosmopteryx eximia.
Martini 9. Cosmia contusa, fulvago.
Berkeley 3. Cossus.
Rechtenberg 1. C. terebra.
Bennet 4. C. ligniperda.
Crosh 8. C. Aesculi.
Duponchel 10. C. ligniperda.
Hufnagel 1. Cucullia Artemisiae.
Boisduval 41. C. Scrophulariae.
Christy 1. Deilephila Elpenor.
Molyneux 3. D. Euphorbiae.
Hornig 3. Depressaria.
Grandin 2. Diacanthecia lotangra.
Audouin 10. Dositheus.
Lederer 28. Eurrhina lodiera.
Stainton 25. 29. 50. 75. Elachista.
Scott 8. E. lurupiotella.
Stainton 49. E. adscitella, Pfeifferella, bistrigella.
Stainton 64. E. magnificella.
Frey 13. Z. E. taeniatella.
Koessler 10. Z. Ennomos vespertaria.
Kowall 2. Epianema graminis.
Braund 1. Eriopus Pteridis.
Boisduval 37. Erycinides.
Staudinger 6. Eudorea petrophila.
Crewe 2. 3. 4. Eupithecia.
Logan 6. Eupithecia.
Stainton 50. 64. Eupithecia.
Gregson 3. E. assimilata.
Schadl 1. E. Mayeri.
Staudinger 3. E. silenata.
Bischoff 2. Euprepia Flavia.
Keller 1. E. matronula.
Martini 10. E. casta.
Lucas 31. Galleria cerella.
Frauenfeld 3. Gastropacha lanestris.
Holler 1. G. populifolia.
Stainton 52. Gelechia.
Martini 10. G. hermannella.
Guenée 55. G. cerealella.
Humble 2. Geometra.
Martini 10. G. smaragdaria.
Braund 8. Geophora variegata.
Meriane 1. Gonepteryx Rhamni.
Fologne 3. Gracilaria olivaceella.
Martini 30. G. lacertella.
Stainton 63. G. limosella.
Fischer 3. Graphiphora candelisequa.
Becker (L.) 1. Hadena Atriplicis.
Fischer 8. H. Pteridis.
Kloppel 6. Harpyia Fagi.
Richter (L.) 1. H. Milhauseri.
Zeller 34. Heliothis peltigera.
Pickard 3. H. dipsacea.
Berkeley 2. Hepialus.
Assmuss 5. H. sylvinus.
Hamilton 2. H. sylvinus.
Hornig 3. Hesperia.
Graaf 5. H. lineola.
Staudinger 3. Hipparchia Euryale.
Dufour 172. Hydrocampa.
Frey 18. Z. Hypercallia Christiernana.
Keller 1. Idaea dealbata.
Fologne 8. Lampronia marginepunctella.

Graaf 8. Lasiocampa quercifolia.
Stainton 30. Laverna Raschkiella.
Stainton 83. L. decorella.
Stainton 80. Leiocampa dictaea, dictaeoides.
Crewe 1.a. Z. L. dictaea, dictaeoides.
Doubleday (H.) 17. E. L. dictaea, dictaeoides.
Libbach 3. Leucania L'lvae.
Pierret 17. Ligia sparcaria.
Newman 170. Limacodes Testudo.
Dorfmeister 4. Limenitis Populi.
Gartner 3. L. Aceris.
Hammerschmidt 5. Liparis chrysorrhoea.
Josonie 1. L. V. nigrum.
Keller 1. L. nivosa.
Stainton 64. Lithocolletis.
Martial 10. L. Bremiella.
Stainton 50. Lithosia.
Passerini 15. L. caniola.
Bellier 11. Lycaena Boetica.
Standfuss 8. Macroglossa Oenotherae.
Dorfmeister 1. Melitaea.
Bellier 1. M. Maturna.
Assmann 4. M. Britomartis.
Rouché 10. Microlepidoptera.
Stainton 87. Microlepidoptera.
Stainton 63. Micropteryx.
Gregson 5. Z. Micropteryx.
Stainton 63. Nepticula.
Kleinemann 3. Z. Nepticula.
Stainton 30. N. argentipedella, Headleyella, cryptella.
Duméril 11. Noctua.
Paykull 8. N. Parthenias.
Assmann 12. N. confusa.
Gimmerthal 1. 4. N. cerealis.
Lichtenstein 1. N. graminis.
Bruand 3. 4. Nocturna.
Guenée 1. Nonagria paludicola.
Duponchel 7. Nymphalis Sibylla.
Pierret 17. Nyssia zonaria.
Falogne 6. Ocnophora.
Stainton 75. Oecophora.
Becker (L.) 6. O. arietella.
Gilding 5. Oikocious.
Azambre 5. Ophiusa illunaris.
Freyer 16. Orgyia selenitica.
Bellier 51. O. aurolimbata.
Fennell 3. O. antiqua.
Martini 9. Orthosia Populeti.
Colquhoun 2. Papilio Machaon.
Harris 33. P. Philenor.
Klopsch 7. P. Podalirius.
Kuehn 1. P. Quercus.
Verhuell 8. P. Machaon.
Hornig 3. Pempelia.
Mayer (Jos.) 2. P. cingilella.
Bjerkander 23. Phalaena.
Fabricius 3. P. furcula.
Hoffmann (J. J.) 8. Ph. mundana.
Huebner (F. G.) 3. P. Pruni.
Osbeck 5. P. Betuli.
Martini 10. Phlogophora scita.
Koch 3. Phorodesma smaragdaria.
Hornig 2. Phycideen.
Bureau 5. Pieris Brassicae.
Oedmann 2. P. Brassicae.
Millière 11. Platyomides.
Gartner 8. Z. Platyptilus Fischeri.
Mueller (Jul.) 2. Plerctes matronula.
Burmeister 3. Plusia consona, amethystina.
Plenitz 1. P. consona.
Bree 7. Polyommatus Argiolus.
Zeller 57. P. Corydon.
Zeller 61. Pol. Artaxerxes.
Hornig 3. Pterophorus.
Becker (L.) 7. Z. P. serrodactylus.
Boomerc 3. Pyralis Kibeana.
Hornig 3. Pyrausta.
Bellier 1. Rhodocera Rhamni.
Bellier 1. Satyrus Dejanira.
Marloy 1. S. Semele, Briseis, Fidia.
Hornig 3. Scodiona.
Becker (L.) 7. Z. Schreckensteinia Raschkiella.
Becker (L.) 7. Z. Sephira inspersella.
Meyer-Duer 11. E. Sesia.
Libbach 1. 2. S. conopiformis.
Nickerl 2. S. culiciformis, mutillaeformis.
Bergsträsser (H. W.) 1. Sphinx.
Blisson 5. 7. Sphinx.
Boisduval 38. Sphinx.
Brahm 7. Sphinx.
Dunker (M.) 1. S. Pinastri.
Bellier 6. S. Atropos.
Bellier 14. 48. S. Tithymali.
Denny (Th.) 1. Sp. Atropos.
Dormey 1. S. Nerii.
Floreat 1. Sp. Nerii.
Grabel 2. Sp. Ligustri.
Herrmann 3. Sp. Nerii.
Huebner (J. G.) 1. Sp. Atropos.
Klopsch 7. Sp. Pinastri.
Laemmermann 1. Sp. Nerii.
Pallas 8. S. Hornia.
Pierret 14. Sp. Dahlii.
Schmiedlein 4. S. Euphorbiae.
Schroeter 22. Sp. Atropos.
Trew 1. Sp. Convolvuli.
H. Anonym 4. Sp. Atropos.
Grasllo 2. Stilbia stagnicola.
Prittwitz 3. Syntomis Phegea.
Stainton 54. Tinagma resplendellum.
Leeuwenhoek 3. Tinea.
Stainton 40. 44. Tinea.
Duponchel 11. T. derasiella.
Duponchel 32. Thais Medesicaste.
Eckstein 1. Thalpochares purpurina.
Kirtland 4. Thyreus Abbotii.
Gernershausen 1. 2. Tortrix.
Assmann 9. Tortrix hamana var. diversana.
Fonscolombe 13. T. compressana.
Boisduval 11. Urania Riphens.
Battin 3. Urapteryx sambucata.
Klopsch 7. Vanessa Prorsa.
Hering 3. Xylina semicubosa.
Berce 4. Zerene pantaria.
Kerridge 1. Zeuzera Aesculi.
Dorfmeister 8. Zygaena.
Ahlent 6. Zyg. Balearica.

VIII. Diptera.

1. Allgemeines.

Agassiz (L.) 1.
Blanchard 11.
Bouché 1.
Breuel 4. 20
Clarke (G.) 1.
Coquebert 3.
Costes 1.
Dale 8.
Delacour 3.
Drapiez 1.
Dufour 4. 78. 88. 137. 139.
Duméril 11. 27.
Egger 6. 7.
Fennell 4.
Gabriel 3.
Gébin 3.
Germar 18.
Gistel 10.
Goureau 24. 85.
Haliday 28.
Hagow 1.
Hartig 4.
Heer 14.
Hensler 1.
Heyden 18. 21.
Hill (J.) 9.
Hoffmeister 2. 3.
Hong (W.) 1.
Kolenati 14.
Leeuwenhoek 6. a.
Loew 3. 6. 10. 13. 39. 62. 77. 83. 88. 89. 91. 107. 108.
Meinel 1. 4.
Morand 1.
Norcombe 2.
Patterson 3.
Perris 1.
Réaumur 11.
Becken 1. 7.
Saunders (W.) 28.
Schiner 4. 13.
Schrank 2.
Spence 13.
Thompson (Th.) 1.
Thompson (W.) 1.
Unger 2.
Vollenhoven 9. 16.
Waller 2.
Walker 11.
Wiedemann 18.
Winnertz 14.
Wissmann 1.
XI. Anonym 2. 6.

2. Fauna von Europa.

a. Europa im Allgemeinen.

Loew 17. 20. 31. 26. 29. 36. 49. 51. 52. 53. 64. 80. 83. 94. 96. 104. 121. 126. 130. 132. 133. 137. Z.
Meigen 2. 3. 4. 7.
Rondani 4. 51. Z.
Ruthe 1.
Staunton 1.

31. 40. 41. 43. 69. 75. 86. 99. 112.
Mikan 1.
Muralto 21.
Newman 46.
Perris 4.
Preyssler 1.
Robineau 38.
Rondani 3. 31. 36.
Sacken 8.
Saunders (W.) 27.
Schrank 5.
Schreber 1.
Scopoli 3.
Thunberg 5. 50.
Vallot 31.
Wahlberg 16.
Walker 35. 56. 58. 67. 80.
Weber 3.
Westwood 13. 57. 189. 240. 261.
Wiedemann 4. 6. 11. 12. 15.
Wulp 6.

10. Culicina.

Robineau 2. Culicidae.
Barth (J. M.) 1. Culex.
Carpenter (W.) 1. Culex.
Carter 1. Culex.
Leach 13. Culex.
Meriglian 1. Culex.
Riville 2. Culex.
Robineau 2. Culex.
San Gallo 1. Culex.
Stephens 1. Culex.
Wagner (J. J.) 7. Culex.
Wahlberg 14. Culex.
Derkum 1. C. pipiens.
Keller 2. C. pipiens.
Poiret 3. C. argenteus.
Haliday 1. Anopheles.
Stephens 1. 2. Anopheles.
Johnston 1. Musquito.

11. Tipulariae.

Wulp 4. Nemocera.
Brightwell 2. Corethra plumicornis.
Karsch 1. C. plumicornis.
Leydig 3. C. plumicornis.
Meigen 8. C. plumicornis.
Lehmann (J. G. C.) 1. Corethra.
Rondani 23. C. Oleae.
Ellenberger 1. Chironomus.
Lehmann (J. G. C.) 1. Chironomus.
Wulp 3. Chironomus.
Schnabert 1. C. plumosus.
Wulp 1. C. occultans.
Fries 1. Tanypus.
Perris 9. Ceratopogon.
Winnertz 2. Ceratopogon.
Dufour 87. C. geniculatum.
Loew 12. C. geniculatum.
Guérin 35. C. geniculatum, flavifrons.

Cecidomyia.

Baddeley 1.
Bazin (M. C.) 1.
Bremi 3. 6. 80.
Brongniart 4.
Brugnatelli (G.) 1. 4.
Dufour 35. 43. 44. 63.
Fitch 1. 2.
Géné 7.
Giraud 12.
Goreiu 1.
Goureau 47.
Guérin 163.
Hanow 6.
Harris 20. 60.
Loew 36. 64.
Mannerheim 2.
Passerini 17.
Ratzeburg 9. 18.
Rondani 50.
Rosenhauer 14.
Rowland 1.
Vallot 3.
Winnertz 8.
Kaltenbach 41. C. Fagi.
Bosc 27. C. Poae.
Vallot 10. C. Poae.
Bosc 25. C. destructor.
Costea 1. 2. C. destructor.
Curtis 19. (P. 8. 9.) C. destructor.
Fitch 3. C. destructor.
Green 1. C. destructor.
Kirby 30. C. destructor.
Latreille 41. C. destructor.
Morris (M.) 1. C. destructor.
Mose 2. C. destructor.
Say 2. C. destructor.
Motschulsky 48. C. funesta.
Hagen 62. 67. C. secalina.
Heyden 23. 21. C. secalina.
Loew 97. 111. C. secalina.
Baxter 1. Tipula cerealis.
Couch 4. C. Tritici.
Curtis 19. (P. 8. 9.) C. Tritici.
Dawson (J. W.) 1. C. Tritici.
Harris 31. C. Tritici.
Howell 2. C. Tritici.
Kirby 2. 4. 5. C. Tritici.
Marsham 7. C. Tritici.
Shirreff 1. C. Tritici.
Sichel 7. 10. C. Tritici.
(Vgl. P. VIII. schädl. Insecten.)
Contarini 7. C. Wenidhi.
Haldeman 18. C. Robiniae.
Jacquelin Duval 22. C. Brassicae.
Morris (M.) 2. C. culmicola.
Leitner 23. C. salicina.
Siebold 29. C. salicipérda.
Heyden 36. 2. C. Salicis.
Vallot 21. C. Sorbi.
Winnertz 4. C. juniperina, Pini.
Dufour 80. Lasioptera.
Schiner 6. Lasioptera.
Dufour 107. 2. L. picta.
Keller 54. L. Tamaricis.

Perris 6. Psychoda.
Haliday 8. P. nervosa.
Lucas 43. P. phalaenoides.

Sciara Thomae.

Bechstein (L.) 1.
Berkhey 1.
Bernhold 2. 3.
Guérin 191.
Hohmann 1.
Hornung 12.
Kuehn 1.
Lorey 1.
Ritter 1.
Sachse (C. T.) 1.
Vallot 28.
Weichsel 1.
(Vgl. P. VI. Züge v. Insecten.)
Loew 13. Sciara.
Lehmann (J. G. C.) 1. Sciara.

Dufour 124. Rhyphus fenestralis.
Dufour 124. Mycetobia pallipes.
Stannius 2. Platyura.
Schilling 8. 12. P. ischiocarpis.
Stannius 2. Sciophila.
Dufour 60. S. striata.
Lehmann (J. G. C.) 1. Rhedes.
Lehmann (J. G. C.) 1. Leia.
Stannius 2. Leia.
Stannius 2. 4. Mycetophila.
Guérin 2. Bolitophila cinerea.
Boheman 32. Trichocera.
Perris 16. T. annulata.
Loew 26. Dixa.
Burmeister 2. Nematocera.
Foster 2. Tipula.
Gervais 4. Tipula.
Goeze 34. 41. 2. Tipula.
Harris 63. Tipula.
Loew 65. Tipula.
Macquart 4. Tipula.
Newmann 1. Tipula.
Perris 16. Tipula.
Sacken 8. Tipula.
Schummel 6. Tipula.
Stephens 1. Tipula.
Curtis 31. T. maculosa.
Westwood 247. T. oleracea.
Ferguson 1. T. oleracea.
De Geer 20. T. replicata.
Goeze 12. T. littoralis.
Liebknecht 3. T. littoralis.
Sacken 1. T. annulata.
Sander 1. T. rivosa.
Fabricius (O.) 3. T. sericea.
Hummel 4. Ctenophora.
Perris 9. Ctenophora.
Loew 38. Cylindrotoma nigriventris.
Barkow 1. 7. Limnobia.
Schummel 1. Limnobia.
Lehmann (J. G. C.) 1. Limnobia.
Stannius 1. L. xanthoptera.
Fries 2. Simulia.
Planchon 1. Simulium.
Thon 7. Simulia.
Verdat 1. Simulia.
Schoenbauer 1. Simulium.
Keller 17. S. reptans.
Siebold 7. S. reptans.
Westwood 240. S. reptans.
Vollenhoven 12. S. maculatum.
(Vgl. P. VIII. schädl. Insecten.)
Perris 18. Scatopse punctata.
Dufour 98. S. nigra.
Germar 18. Dilophus femoratus.
Brullé 3. 7. Xiphura.
Fries 3. Hydrobaenus.
Hagen 94. H. lugubris.
Keller 60. H. lugubris.
Westwood 138. Asthenia fasciata.
Rondani 43. Bertea.
Rondani 7. Pteralachisus Bertei.
Rondani 1. 10. Phlebotomus.
Costa (G.) 1. P. Papatasii.
Rose 13. Ceroplatus.
Costa (O.) 13. Ceroplatus.
Dufour 51. Ceroplatus.
Wahlberg 16. 17. C. sesioides.
Heeger 10. Diamesa culicoides.
Stannius 3. Macrocera.
Macquart 20. 21. Blepharicera.
Dalman 2. Chionea.
Egger 4. Chionea.
Frauenfeld 10. Chionea.
Kammerschmidt 13. Chionea.
Brauer 12. C. araneoides.
Boheman 17. C. crassipes.

12. Tabanidae.

Follén 6. 23. Tabanidae.
Fontane 1. Tabanus.
Keller 43. Tabanus.
Loew 93. Tabanus.
Mann 8. Tabanus.
Macquart 4. Tabanus.
Scharfer 3. Tabanus.
Schummel 18. Tabanus.
Schneider (W. G.) 13. Tabanus.
Thunberg 55. Tabanus.
Loew 96. Chrysops.
Loew 104. 108. Silvius.
Loew 114. Pangonia.
Macquart 14. Pangonia.
Hardwicke 4. P. longirostris.
Saunders (W.) 14. Gastracanthus nier.

13. Bombyliarii.

Fallén 15. Bombyliarii.
Carpenter (W.) 1. Bombylius.
Dufour 22. Bombylius.
Loew 70. Bombylius.
Mikan 1. Bombylius.
Meder 7. Bombylius.
Zeller 6. Bombylius.
Dale 10. B. Menthastri, vinnlae.
Lucas 87. B. Boighorensis.
Bree 17. B. major.
Dufour 158. B. major.
Imhoff 2. B. major.
Loew 93. Dischistus multisetosus.
Dufour 22. Xestomyza, Ploas.
Westwood 154. Systropus.
Macquart 13. Bathypeura Myrilli.
Fallén 16. Anthracidae.
Zeller 6. Anthracidae.
Dufour 22. Anthrax.
Maisant 65. Anthrax.
Laboulbène 15. 37. A. sinuata.
Olivier 16. Nemestrina.
Fischer 8. Rhyncocephalus.
Westwood 104. Trichopsidea oestracea.

14. Henopii.

Erichson 13. Henopii.
Gerstaecker 5. Henopii.
Westwood 231. Acroceridae.
King 10. Henops Wenckii.
Lamarck 6. Panops Baudini.
Dufour 22. Astomella.
Costa (A.) 35. Opsebius.
Rondani 43. Opsebius.
Loew 26. Acrocera trigramma.
Erichson 13. Oncodes.
Stein 13. Oncodes.

15. Empidae.

Fallén 10. Empidiae.
Macquart 3. Empides.
Lefebure 35. E. platyptera.
Roser 5. Paramesia.
Loew 103. 105. Clinocera.
Wahlberg 7. Tachydromidae.
Loew 114. Drapetis.
Staeger 6. Ocydromia.
Loew 91. 110. Synamphotera pallida.

Hybotidae.

Macquart 4. Hybotidae.
Loew 114. Oedalea.
Loew 60. Meghyperus.

16. Asilina.

Fallén 15. Asilici.
Macquart 4. Asilides.
Loew 49. 66. 67. Asilica.
Gerstaecker 23. Asilina.
Schiner 7. Asiliden.
Zeller 6. 36. Asilus.
Cuvier 2. Asilus.
Dufour 137. Asilus.
Le Conte 8. Asilus.
Maisant 136. Asilus.
Schneider (W. G.) 10. Asilus.
Dufour 22. Laphria, Dasypogon.
Loew 171. Stenopogon.
Loew 93. Saropogon aberrans.
Rondani 48. Xyphocera.
Lucas 15. Laphria Maroccana.
Loew 74. Dioctria Hercyniae.

Mydasidae.

Westwood 230. Mydasidae.
Wiedemann 15. Midas.
Thunberg 31. Mydas giganteus.

17. Therevidae.

Fallén 17. Thereva.
Schummel 13. T. subfasciata.
Letzner 22. T. subfasciata.
Egger 3. Cloeophora.
Schiner 9. Cloeophora.

18. Leptidae.

Schilling 13. Leptis.
Schummel 12. Leptis.
De Geer 14. L. vermileo.
Réaumur 10. L. vermileo.
Romand 1. L. vermileo.
Siebold 70. L. vermileo.
Vallot 10. L. autumnalis.

19. Dolichopodidae.

Fallén 40. Dolichopodidae.
Haliday 8. Dolichopodidae.
Loew 62. 111. 110. Dolichopodidae.
Macquart 22. Dolichopodidae.
Stannius 1. 3. Dolichopodidae.
Lehmann (J. G. C.) 2. Dolichopus.
Staeger 8. Dolichopus.
Stannius 4. Dolichopus.
Wahlberg 20. Dolichopus.
Loew 122. Gymnopternus principalis.
Loew 113. Hercostomus.
Loew 61. Orthochile.
Rondani 44. Orthochile.
Carlier 1. Anglearia antennata.
Stannius 2. Rhaphium.
Haliday 2. Rhaphium.
Loew 59. Rhaphium.
Wahlberg 5. 6. R. flavipalpe.
Fischer (v. W.) 12. Medeterus.
Haliday 3. Medeterus.
Macquart 15. Medeterus.
Doubleday 17. M. longipes.
Loew 30. M. Meglos.
Stannius 3. M. pusillus.
Dufour 68. Sybistroma Dufourii.
Macquart 18. S. Dufourii.
Haliday 2. Psilopus, Porphyrops, Machaerium, Orthochile, Diaphorus.

20. Platypezinae.

Fallén 18. Macquart 1.

21. Pipunculini.

Walker 4.

22. Scenopini.

Fallén 25. Scenopini.
Loew 29. 56. Scenopinus.

23. Stratiomyidae.

Fallén 72. Stratiomyidae.
Gerstaecker 11. Stratiomyidae.
Schiner 7. Stratiomyidae.
Macquart 10. Notacantha.
Egger 3. Stratiomys.
Leydig 9. S. chamaeleon.
Schrank 23. S. chamaeleon.
Schummel 11. S. paludosa.
Saunders (S. S.) 2. Allocera.
Loew 91. Oxycera.
Staeger 7. Musca hypoleon.
Schiner 10. Nemotelus signatus.
Meerkel 4. Clitellaria ephippium.
Schilling 4. Vappo ater.
Dufour 65. Pachygaster mesomelas.
Macquart 18. Exochostoma.
Loew 71. Sargus.
Cornelius 14. S. formosus.
Thunberg 11. Pantophthalmus tabaninus.
Loew 60. Actinopus.

Xylophagi.

Fallén 23. Xylophagi.
Roser 1. Xylophagus.
Sahlberg 1. X. marginatus.
Scholtz 5. X. marginatus.
Wesmael 17. X. marginatus.
Dufour 93. 105. Subula citripes.
Loew 34. Beris.

24. Syrphidae.

Fallén 21. Syrphici.
Macquart 4. Syrphidae.
Schiner 6. 7. Syrphidae.
Loew 68. Ceria.
Rondani 23. Ceria.
Schummel 2. Ceria.
Saunders (W.) 11. 19. Ceria.
Dufour 109. C. conopsoides.
Rondani 47. Sphixiomorpha.
Loew 2. Microdon.
Schummel 7. Microdon.
Elditt 1. M. mutabilis.
Heyden 38. Z. Paramola.
Loew 9. 74. Chrysotoxum.
Rondani 14. Chrysotoxum.
Zeller 14. Sphegina.

Guérin 220. Ceria vespiformis.
Dufour 94. Rhingia femorata.
Robineau 18. Brachyopa.
Dufour 93. 115. B. bicolor.
Loew 17. Chrysogaster.
Schummel 10. 11. Syrphus.
Loew 4. S. dispar.
Rondani 19. Lasiophthicus.
Stæger 6. Platycheirus.
Loew 87. Chrysochlamys.
Loew 86. Cheilosia.
Dufour 117. C. scutellata.
Baird 1. Sericomyia borealis.
Rondani 9. 22. 24. Merodon.
Rondani 31. M. armipes.
Bouché 8. M. Narcissi.
Loew 31. 72. Eumerus.
Rondani 24. Eumerus.
Schiner 8. Eumerus.
Dufour 88. E. aeneus.
Loew 33. Helophilus.
Curtis 21. Eristalis tenax.
Letzner 89. E. tenax.
Erichson 76. Volucella bombylans, plumata.
Zeller 10. V. bombylans, plumata.
Rigot 1. V. bombylans.
Desmarest (E.) 6. V. bombylans.
Schmitt 1. V. zonaria.
Schummel 9. Hammerschmidtia.
Wahlberg 24. Sphecomyia.
Rondani 9. 22. Spathigaster.
Rondani 11. Callicera.
Schummel 9. Callicera.
Stein 12. Callicera.

25. Conopidae.

Fallén 23. Conopinae.
Rondani 70. Conopinae.
Loew 16. Conopinae myopinae.
Loew 44. 52. 69. Conops.
Gerstaecker 17. Conops.
Curtis 38. Conops.
Saunders (S. S.) 6. Conops.
Kirschbaum 2. C. chrysorrhoeus.
Robineau 7. C. auripes.
? Blot 2. Myopites.

26. Muscariae.

Dufour 61.
Fallén 20. 35.
Gautier (J.) 1.
Gerstaecker 16.
Gimmerthal 1.
Goureau 53.
Hagendrophium 1.
Haliday 12.
Lambert (P.) 1.
Langhans 1.
Leuckart 12.
Siebold 1.
Blanqueville 8. Myodaires.
Robineau 2. 16. 17. 30. 37. Myodaires.

Tachinariae.

Barthelemy 3.
Egger 8.
Fallén 8.
Goureau 27.
Loew 43.
Macquart 12. 22.
Robineau 27. 29. Entomobies.
Siebold 5.
Rondani 15. Palpibraca haemorrhoa.
Apetz (T.) 1. Echinomyia, Trixa.
Robineau 28. Trixa.
Rotermund 1. T. Schummelli.
Am Stein 2. Amsteinia punctipennis.
Laboulbène 34. E. Macquartia villica.
Robineau 33. Rhinomyia Lamberti.
Lucas 19. Exorista.
Newport 32. Exorista.
Boheman 27. Tachina setipennis.
Siebold 22. Miltogramma conica.
Loew 32. Metopia.
Newport 33. Metopia.
Apetz 3. Lophosia fasciata.
Dufour 13. Ocyptera.
Fallén 17. Ocyptera.
Loew 22. Ocyptera.
Wissmann 1. Ocyptera.
Dufour 118. Phasia.
Rondani 6. 51. Z. Phasia.
Robineau 14. Ph. crassipennis.
Egger 2. Dexiariae.
Stæger 2. Dexia nigra.
Guérin 149. Rutilia, Formosia speciosa.
Rondani 27. Mintho.

Muscariae.

Westwood 16. Sarcophaga.
Carpenter (W.) 1. Musca carnaria.
Loew 120. Stomoxiphe gryllorum.
Castelnau 1. Glossina morsitans.
Roquette 1. G. morsitans.
Westwood 269. G. morsitans.
Loew 70. Idia.
Sylvester 3. I. fasciata.
Dufour 102. Rhyncomyia columbina.
Robineau 23. Pherusa regina.
Coquerel 13. 14. Lucilia hominivorax.
Dufour 85. L. dispar.
Verhaeff 7. Calliphora.
Philippi 6. C. infesta.
Lucas 78. Musca vomitoria.
Zeller 17. M. erythrocephala.
? Coquebert 1. M. [illegible].

Musca domestica.

Blondeau 1.
Chaul 1.
Davis 2.
Denson 3.
Gleichen 2.
Hecke 6.
Nicouldes 2.
Mayer (P.) 1.
Morsitta 10.
Rozoal 1.
Rosenthal 2.
Sommelson 1.
XI. Anonym 11. 17.

Oestridae.

Ariare 1. Oestrus.
Bloch 2. Oestrus.
Bourgelat 1. Oestrus.
Brauer 25. 26. 27. 28. 30. 32. Z. Oestrus.
Desmoulins 1. Oestrus.
De Geer 19. Oestrus.
Gaene 60. Oestrus.
Greshaus 1. Oestrus.
Heister 1. Oestrus.
Joly 5. 6. 7. 11. Oestrus.
Kellner 4. 6. Oestrus.
Kirkpatrick 2. Oestrus.
Leach 11. Oestrus.
Leidy 9. Oestrus.
Lezaena 1. Oestrus.
Mac Leay 10. Oestrus.
Modeer 11. Oestrus.
Scheiber 1. Oestrus.
Schrader 16. Oestrus.
Schwab (K.) 1. Oestrus.
Reiss 10. Oestrus.
Spinola 1. Oestrus.
Klein (J.) 2. Oestrus.
Stricker 1. Oestrus.
XI. Anonym 1. 5. Oestrus.
Chabert 1. O. Equi.
Clark 1. 2. 3. O. Equi.
Numan 1. Oestrus Equi.
Rondani 38. O. Equi.
Schröder (v. d. K.) 1. 2. O. Equi.
Hennig 1. O. Equi, Ovis, C. capreoli.
Reich (C.) 1. O. haemorrhoidalis.
Green 2. Oestrus veterinus.
Clark 4. 5. O. Cervi.
Brauer 33. Z. Cephenomyia Ulrichii.
Brauer 31. Z. O. leporinus.
Davis 7. O. Bovis.
Lund 12. 30. O. Tarandi.
Westwood 173. O. Tarandi, Trompe.
Numan 2. C. nasalis, ovinus.
Loewe 1. O. Ovis.
Fischer (J. L.) 1. O. ovinus, bovinus.
Coquerel 15. 16. O. hominis.
Hill 1. O. hominis.
Laboulbène 35. Z. O. hominis.
Goudot 2. Cuterebra noxialis.
(Vgl. P. VIII. schädl. Insecten.)

Anthomyidae.

Robineau 20. Delia.
Robineau 26. Mydaea vomituritionis.
Haliday 17. Anthomyia.
Forchhammer 1. A. Brassicae.
Starke 3. A. Brassicae.
Jenyns 1. A. canicularis.
Hill 1. A. canicularis.
Stæger 5. A. triquetra.
Westwood 304. A. scalaris.
Westwood 48. Scatophaga caparum.
Goureau 32. A. platyura.
Macquart 20. Aricia.
Loew 101. Dialyta atriceps.
Loew 37. Lispe.
Westwood 313. Coenosia fungorum.

Acalyptera.

Dufour 101. Acalyptera.
Fallén 18. Scatomyzides.
Macquart 18. Scatophaga.
Zetterstedt 1. Scatophaga.
Stæger 10. S. sparsa.
Robineau 12. Fucellia arenaria.
Robineau 12. 31. Thyreophora cynophila.
Haliday 13. Leptomyza, Cordylura.
Bremi 13. Psila Rosae.
Schummel 8. Dryomyza Zawadzkii.
Doumerc 1. Phalidomyia fusciola.
Loew 130. 132. Helomyzidae.
Robineau 10. Heleomydes.
Lucas 68. Helomyza.
Fallén 29. Heteromyzides.
Fallén 31. Sciomyzides.
Loew 38. S. glabricula.
Stæger 11. S. glabricula.
Loew 113. Tetanocera, Sepedon.
Dufour 23. Sepedon.
Scholtz 7. Tetanocera.
Dufour 111. T. ferruginea.
Loew 42. T. ferruginea.
Loew 39. T. elaticas.
Loew 43. T. Wiedemanni.

Diptera incertae sedis.

27. Pupipara.

28. Aphaniptera.

Pulex penetrans.

29. Metamorphose.

Westring 1.
Walp 2.
Laboulbène 15. Anthrax sinuata.
Dufour 120. Asilides.
Dufour 101. Asindulum ruficornis.
Heeger 7. Bibio Marci.
Guérin 2. Boletophila cinerea.
Dufour 150. Bombylius major.
Imhoff 2. B. major.
Lucas 57. B. Boghariensis.
Dufour 115. Brachyopa bicolor.
Verhuell 7. Calliphora.
Coates 8. Cecidomyia.
Dufour 67. Cecidomyia.
Harris 54. Cecidomyia.
Fitch 3. C. destructor.
Loew 87. C. secalina.
Loew 13. Ceratopogon.
Perris 19. Ceratopogon.
Dufour 87. C. geniculatus.
Guérin 33. C. geniculatus, Saxifragae.
Dufour 109. Ceria conopsoides.
Lichtenstein 5. Chaoborus antisepticus.
Dufour 117. Cheilosia scutata.
Bruner 12. Chionea araneoides.
Eisenberger 1. Chironomus.
Schubaert 1. Ch. plumosus.
Heeger 21. Chlorops nasuta.
Meckel 4. Clitellaria ephippium.
Audouin 1. Conops.
Brightwell 3. Corethra plumicornis.
Karsch 1. C. plumicornis.
Leydig 3. C. plumicornis.
Bladon 1. Cranefly.
Perris 9. Ctenophora.
Fischer (v. W.) 2. Culex clavigar. (Corethra plumicornis.)
Bruner 30. Cuterebra.
Sturger 2. Dexia nigra.
Dufour 48. Drosophila Reaumurii, maculata.
Dufour 161. Dr. pallipes.
Heeger 4. Dr. aceti.
Heeger 9. Dr. variegata.
Heeger 21. Dr. funebris.
Westwood 13. Elophilus tenax.
Costa (A.) 10. Entomibia apum.
Leisner 38. Eristalis tenax.
Dufour 55. Eumerus aeneus.
Dufour 45. 62. Diptera fungivora.
Bigot 1. Heteromyza Dufourii.
Heeger 9. Heterodromia.
Dufour 80. Lasioptera.
Heeger 4. L. Rubi.
Heeger 5. L. pusilla.
Goeze 24. Leichenwürmer.
DeGeer 14. L. vermileo.
Goeze 40. L. vermileo.
Réaumur 10. L. vermileo.
Romand 1. L. vermileo.
Siebold 70. L. vermileo.
Siennies 1. Limnobia xanthoptera.
Heeger 13. L. platyptera.
Coquerel 21. 24. Lucilia hominivorax.
Dufour 85. Lar. dispar.
Guyon 1. Macaque.
Elditt 1. 14. Z. Microdon mutabilis.
Gimmerthal 1. Muscidae.
Leuckart 12. Muscidae.
Bjerkander 18. 22. Musca.
Dufour 61. Musca.
Phelsum 1. Musca.
Audouin 75. M. Pumilionis.
Bjerkander 12. M. vomitoria.
Denson 3. M. domestica.
Gilchrist 1. Mosquito.
Dufour 124. Mycetobia pallipes.
Heeger 5. Mycetophila lunata.
Heeger 9. Nemphila flavicollis.
Kirkpatrick 3. Oestrus.
De Geer 10. Oestrus.
Brauer 25—78. Oestrus.
Leidy 9. Oestrus.
Clark 5. O. Cervi.
Coquerel 15. 16. O. hominis.
Esmark 1. O. hominis.
Reuh (C.) 1. O. haemorrhoidalis.
Dufour 65. Pachygaster meromelas.
Heeger 11. Pach. ater.
Heyden 38. Z. Paragus (Microdon).
Dufour 116. Phasia.
Dufour 50. Phora.
Gimmerthal 27. Phora.
Heeger 11. Ph. rufipes, annulata.
Heeger 8. Phytomyza albiceps.
Heeger 21. Phyt. affinis.
Dufour 79. Piophila petasionis.
Germar 81. P. aceti.
Goeze 40. P. casei.
Heeger 21. Pipiza vitripennis, varipes.
Boheman 47. Pipunculus fuscipes.
Schilling 12. Platypeza laticornis.
Heeger 7. Porphyrops fuscipes.
Blanchard 25. Pupipara.
Leuckart 6. 7. Pupipara.
Dufour 103. Rhyacomyia columbiana.
Dufour 134. Rhyphus fenestralis.
Perris 39. Sapromyza 4-punctata.
Wasmael 10. Sarcophaga.
Grube 4. Sarcophaga.
Cornelius 16. Sargus formosus.
Dufour 99. Scatopse nigra.
Perris 10. S punctata.
Dufour 131. Scenopinus fenestralis.
Loew 18. Sciara.
Heeger 13. S. fuscipes.
Dufour 60. Sciomyza striata.
Planchon 1. Simulium.
Verdat 1. Simulia.
Leydig 9. Stratiomys Chamaeleon.
Dufour 105. Subula citripes.
Anonym J. H. F. 1. Syrphus.
Barthelemy 5. Tachina.
Boheman 37. T. setipennis.
Laboulbène 31. T. villica.
Heeger 9. Tachydromia.
Dufour 121. Thereva, Tetanocera ferruginea.
Boie 1. Thereva.
Foster 2. Tipula.
Gervais 4. Tipula.
Newman 1. Tipula.
Perris 16. Tipula.
Perris 16. Trichocera annulata.
Boie 15. Trypeta.
Ramer 3. T. signata.
Schilling 4. Voppa nigr.
Heeger 21. Xylophagus varius.
Wesmael 16. X. marginatus.

IV. Anatomie.

1. Chemische Zusammensetzung der Insecten.

Audouin 11.
Bachmann 1.
Children 1.
Inch 1.
Lavini 2. 4.
Odier 1.
Schlossberger 1. 2. 3.
Sperling 1.
Vauquelin 1.

2. Chemische Zusammensetzung ihrer Producte, Secrete, Excrete.

Barruel 1. Fette Substanz in Blattläusen.
Boudet 1. Bienenwachs.
Chevallier 1. Blaue und ihre Darstellung in Schmetterlingsraupen.
Czudnowicz 1. Termitenmaler.
Doebner 8. Fettkörper.
Lassaigne 1. Honig von Lerhogwana.
Lemery 1. Honig.
Peligot 1. B. mori.
Pelouze 1. Secret v. Carabus.
Quatle 1. weisse Pillen bei Coccus.
Schiff 1. Termitenmaler.
Schnarrenbach 1. Lucanus.
Seguin 1. 2. B. mori.
Tulk 1. Lithic acid.
Vauquelin 2. Propolis.
Viers 1. Tannin in Gallen.

Ameisensäure.

Doebereiner 1.
Gerbet 1.
Hermbstaedt 1.
Marcgraf 1.
Neumann 1. 2.
Wray 1.
XIV. Anonym 5.

Harnsäure.

Heller 1. in Lepidopteren.
Audouin 27. Kalkablagerungen in Harngefässen.
Wurzer 1.

Canthariden.

Cochenille.

3. Microscopie; microscopische Entomologie.

4. Vergleichende Anatomie.

5. Anatomie von Insecten (neben anderen Thieren.)

6. Entomotomie.

a. *Im Allgemeinen.*

b. *Hymenoptera.*

c. *Coleoptera.*

d. *Orthoptera.*

e. *Neuroptera.*

f. Hemiptera.

Ashton 2.
Behn 1. 2.
Blainville 6.
Dufour 24.
Gerstfeldt 1.
Lacaze 1.
Muralto 5.
Muralto 1. Pediculus.
Leydig 6. Coccus Hesperidum.
Lubbock 3. 6. Hesperidum.
Dutrochet 3. Aphis.
Dufour 10. 46. Cicadeo.
Merkel 2. Tett. plebeja.
Dufour 6. Ranatra linearis u. Nepa cinerea.
Leidy 3. Belostoma.
Dufour 168. Leptopus.
Treviranus 2. Cimex rufipes.

g. Lepidoptera.

Audouin 55.
Dufour 142.
Filippi 4. 5. 6.
Gestaldi 1.
De Geer 9.
Goeze 30.
Karsten 2.
Koenig (E.) 3.
Laboulbène 8.
Lacaze 1.
Lederer 5.
Lubbock 6.
Lyonet 3. 5.
Marziel 2.
Malpighi 1.
Meyer (H. G.) 2.
Muralto 30.
Newport 1. 3.
Rolande 1.
I. Anonym 136.

h. Diptera.

Dufour 64. 78. 89. 137.
Haliday 31.
Laboulbène 6.
Lacaze 1.
Mayr (F.) 1.
Blanchard 34. Fresswerkzeuge.
Bouché 1. Körpertheile.
Dufour 4. Verdauungswerkzeuge.
Loew 3. 6. 10. 15. Innere Geschlechtstheile.
Barth (J. M.) 1. Culex.
Johnston 1. Culex Mosquito.
Pouchet 2. Culex pipiens.
Leydig 3. Corethra plumicornis-Larve.
Brauer 12. Chionea araneoides.
Hammerschmidt 12. Chionea araneoides.
Leydig 9. Stratiomys chamaeleon.
Schreiber 1. Oestrus.
Schroeder 1. O. equi.
Schroeder 2. G. equi.
Barthélemy 3. Tachina.
Audouin 1. Coenopelacre.
Muralto 10. Musca vulgaris.
Perris 1. Larve v. Anthomyia canicularis.
Dufour 79. Piophila petasionis.
Dufour 89. Pupipara.
Leuckart 2. Pupipara.
Dufour 11. Hippobosca equina.
Dufour 21. Nycteribia (Strigmatis).
Muralto 2. Pulex.

7. Histologie.

Lansaigne 1.
Leydig 5. 6. 7. 8.
Menzel 6.
Meyer (G. H.) 1.
Payen 1.
Peligot 2.

8. Allgemeine Hautdecken und ihre Anhänge.

a. Im Allgemeinen.

Hasler 3. Haare.
Eble 1. Haare.
Forillon 1.
Hagen 14.
Hollard 1. 2.
Madowsky 1.
Menzel 7.
Meyer (G. H.) 2.
Platner 1.

b. Schmetterlingsschuppen.

Audouin 55.
Bowerbank 3.
Craig 1.
Deschamps 1.
Doubleday 40.
Gaerre 1.
Jaeger 1.
Kettelbuh 1.
Mayer (F.) 2.
le Roe 1.
Semper 1.

c. Käferschuppen.

Fischer (J. L.) 2.
Lindenberg 2.

9. Hautskelet.

Ampère 1.
Audouin 3.
Curtis 10.
Dittmarsch 1.
Eschscholtz 4.
Geoffroy (E.) 1. 3. 5.
Jacquelin du Val 68.
Kirsch 3.
Newman 9.
Thon 1.
Langer (E.) 1. 2. Gelrakhee.

10. Zahl der Leibessegmente.

Agassiz (L.) 5.
Blainville 3.
Dufour 74. 91.
Goureau 18.
Westwood 16. 65. 89.

11. Muskeln.

Aubert 1.
Burnet 9. 13.
Douglas 1.
Hessling 1.
Lebert 1.
Lubbock 6.
Surkow 1.

12. Kopf.

Bensdorf 3.
Carus (G.) 3.
Goureau 27.
Spix 2.

13. Thorax.

Audouin 4.
Bennett (E. T.) 1.
Cavier 5.
Lacaze 20.
Mac Leay 12.
Schioedte 78.
Westwood 11. 19. 101.

14. Leib.

Goeze 32.
Quatrefages 2.
Schioedte 17.
Siebold 49.
Brahm 7. Schwanzspitzen d. Schwärmerraupen.
Gerstaecker 27. Ausstülpungen bei Corydis.
Herder 3. Taschen bei Hepialus hectus.
Laboulbène 26. Carunkeln bei Malachius.
Schioedte 13. Eigenthümliche Organe bei Hemipteren.

15. Bewegungsorgane.

a. Füsse.

Goeze 40.
Haan 2.
Harvey 1.
Home 3. 4.
Inman 1. 2.
Kirby 35.
Mac Leay 7.
Mueller (P. W.) 2.
Nareillac 1.
Rossmaessler 3.
Schaeffer 4.
Shuckard 6.
Straus-Durckheim 3.
Tyrell 2.
Blackwall 2. 5. Pulvilli.
Spence 13. Pulvilli.
West 1. 2. Anhänge am Kniekehlen des Hirschens.
Westwood 263. Tarsen.
Brullé 18. 20. Fehlen der Tarsen.
Dejean 8. Fehlen der Tarsen.
v. Pohorsky 2. Tarsen der Hymenoptern.
Goeze 3. Fuss von Dytiscus.
Hepworth 2. Bienenfuss.
Hepworth 1. Fliegenfuss.
Verhuell 2. Geometr. centrilaria.
Speyer 1. Lepidoptera.

b. Flügel.

Ashton 2. Hemiptera.
Boisduval 23. Tasche am Hinterflügel von Colias.
Burmeister 35.
Carpenter (W.) 1.
Deschamps 2.
Giorna 1.
Goeze 6. Perlaria.
Goeze 40.
Goureau 17.
Gravenhorst 23.
Hagen 13.

r. Halteres.

16. Stimmapparat.

(Vgl. Artikel Stimme u. Thier in P. V. Physiologie.)

17. Athmungsorgane.

18. Fresswerkzeuge.

19. Verdauungsorgane.

20. Harnorgane und Gallengefässe.

21. Besondere Absonderungsorgane.

(Vergl. P. VII.)

22. Zeugungsorgane.

Stechapparat.

23. Blutlauf und Gefässe.

Blut.

24. Nerven und Gehirn.

Sympathicus.

Blanchard 41. Brandt 1. 6. Mueller (J.) 5.

25. Sinnesorgane.

a. Im Allgemeinen.

Bonsdorff 4. Hicks 1. 2. 3. 4. Johnston 1. Schultze 1.

(Es sind die betreffenden Artikel bei P. V. Physiologie zu vergleichen.)

b. Gehörorgane.

Claparède 1. Coleoptera. Clarke (L.) 2. Dufour 132. Duméril 40. Fabricius 18. Lespès 3. Leydig 8. Ramdohr 4. Rossmaessler 3. Schultz 1.

c. Geruchsorgane.

Dufour 132. Duméril 1. Goureau 18. Kuester 3. Leydig 8. Ramdohr 4. Rossmaessler 3. Serres (M.) 7. 1. Anonym 87.

d. Netzaugen.

Ashton 1. Carcera. Brants 3. 6. Carpenter (W.) 1. Catelan 1. Claparède 2. Dugès 1. Dujardin 4. Ewing (W.) 1. Goeze 30. 40. Gorham 1. Gottsche 1. Hannover 1. 2. Heydenhain 1. Hicks 5. Hodierna 1. Jacobaeus 1. Koenig (E.) 3. Lamy 1. Langhans 1. Leeuwenhoek 1. 6. Leidy 8. Mueller (J.) 1. 4. 7. Paget 1. 2. Serres 5. Stassari 1. Strauss-Durckheim 2. Tiede 1. Wagner (R.) 5. Will 1. 2. Wollaston 30. Young 1. Anonym D. N. 1.

e. Ocellen.

Brants 1. Dujardin 4. Germar 29. la Hire 2. Javet 2. Klug 25. Newport 31.

f. Gefühlsorgane.

Aubé 9. Baster 2. Bonsdorff 5. Breni 20. Burmeister 9. 32. Carpenter (W.) 1. Clarke (L.) 2. Démary 2. Duponchel 33. Erichson 33. Frauenfeld 8. Giebel 4. Goeze 5. Hicks 2. Kuester 3. Lehmann (M. C. G.) 2. 3. Lucas 70. Ramdohr 3. Rennard 1. Strauching 2. Treviranus 13. Westwood 33.

V. Physiologie.

1. Begattung.

Audouin 18. Cebrio. Christoph 4. Z. Orgyia dubia. Doumel 1. Pieris. Duméril 9. 68. Erxleben 1. Fresnaye 2. 3. De Geer 17. 18. Goureau 6. Hagen 20. Kollar 47. Lucas 1. 98. Maus 2. Psyche. Mitten 1. Cebrio gigas. Ratzeburg 21. Aphis. Rivière 1. Siebold 6. 18. Libellen. 1. Anonym 110. Libellen, Lepidoptera.

(Vergl. in P. VII. Seidenwurm, Biene.)

2. Zeugung.

Audouin 6. Barnett 2. 7. Duméril 9. Esper 7. Felix 1. Froela 1. Gautier (J.) 1. De Geer 13. Goeze 15. Gravenhorst 27. Harder 1. Helmenstreit 2. Herquet 1. Herosodes 3. Heyden 10. Klopsch 3. Latreille 23. Martini 7. Mueller (F.) 1. Mueller (Gottl.) 1. Z. Murray 14. Newman 17. 110. 128. Newport 21. Nickerl 5. Redi 1. 2. Reviglius 1. Reyger 2. Rosenhauer 4. 11. H. Schaeffer 1. Semler 4. Stampe 1. Steenhius 1. Tilling 1. Vallisnieri 1. 10. 11. Westwood 374. Anonym T. L. (I. 1. 1. Anonym 100.

Künstliche Befruchtung.

Bleinecke 2.

Superfoetation.

Pilesinger 4.

Parthenogenesis.

Albrecht (J. P.) 2. Aubert 2. Bagrint 1. Barthélemy 8. Bernouilli 1. Castrilles 3. Claus 1. Dallas 13. Duméril 33. Dybowsky 1. 2. Frey 3. Goudsir 1. Graaf 13. Guérin 234. Keferstein 29. Leuckart 9. 10. 11. Loeffler 3. Lubbock 3. Owen 1. 5. Popoff 1. Réaumur 8. Siebold 62. 67. 71.

Generatio aequivoca.

Hahn (P.) 1. Hay 1. Wiegmann 1. Anonym J. R—s. 1.

Generationswechsel.

Carus (V.) 1. Claus 1. Huxley 1. Steenstrup 2.

Hypermetamorphose.

Duméril 29. Fabre 5. Filippi 7. Joly 11.

Vivipara.

Barnett 10. Aphis. Calori 1. Clof dipteren. Lister 3. 7. Diptera. Lucas 147. Coleoptera.

Neutra.

3. Entwickelungsgeschichte.

Ei. Micropyle.

Saame.

4. Larven und Nymphen.

5. Verwandlung.

Verspätetes Auskommen von Puppen.

Vorschnelles Auskommen.

Gehäuse zur Verwandlung.

6. Bewegung.

a. Sprung.

b. Flug.

7. Körperkraft.

8. Ernährung.

9. Athmung.

10. Laute und Töne.

a. Im Allgemeinen.

b. Sphinx Atropos.

c. Andere Lepidoptera.

d. Orthoptera.

e. Cicada.

f. Andere Hemiptera.

g. Coleoptera.

h. Hymenoptera.

i. Diptera.

11. Sinne.

a. Im Allgemeinen.

(Vgl. die betreffenden Artikel in P. IV. Anatomie.)

b. Gesicht.

c. Gehör.

d. Geruch.

e. Geschmack.

f. Gefühl.

g. Fühler.

12. Lichterscheinungen.

a. Im Allgemeinen.

b. Lampyris.

c. *Fulgura.*

Becker (J. J.) 2. (negativ).
Carpenter (W.) 1.
Hagen 27.
Haurock 1. (negativ.)
Hoffmannsegg 1. (negativ.)
Olivier 12. (negativ.)
Spence 18.
Spinola 15.
Walker 8.
Westwood 14.

d. *Elater.*

Boll 2. E. noctilucus.
Boudarey 1.
Burnett 3. Pyrophorus phosphoreus.
Curtis 1. E. noctilucus.
Game 1. E. noctilucus.
Heward 1.
Hoeven 18.
Melchior 1.
Reiche 16.
Stebbes 1.

e. *Leuchten anderer Insecten.*

Gimmerthal 1. 4. Raupen von Noctua occulta.
Pallas 8. Culex.
Reiche 31. Leuchten des Genus von Bruchfons crepitans.
Briebach 1. Larve.
Wahlberg 17. Ceroplates sesioides.
Westwood 311. Helobia brevirostris.

13. Färbung.

Bruner 6.
Bree 11.
Hagen 48.
Heer 3.
Hornung 13.
Latreille 23.
Prittwitz 8.
Schelver 3.

14. Reproduction.

Goeze 79.
Heineken 2.
Lache 3.
Newport 12. 19.
Pictet 11.

15. Sexuelle Verschiedenheiten.

Babington 2. Papilio Machaon.
Bates 6. Agra.
Bellier 10. Liparis dispar.
Bigot 1. Volucella bombylans.
Bohemann 48. Pteromalini.
Boisduval 23. Goliao.
Brewer 50. Diptera.
Burmeister 34. Scolia.
Dejean 13. Malachius.
Derham 5. Vespa.
Desmarest 8. Drilus.
Desmarest (E.) 8. Volucella bombylans.
Godard 3. Geotrupes.
Goeze 5. Melolontha vulgaris.
Guérin 77. Anthrenus varius.
Hagen 76. Calopteryx.
Hewitson 6. Papilio.
Hoffmeister 1. Coleoptera.
Keferstein 23. Lepidoptera.
Klug 3. Pteroten.
Lespayres 4. Tin. sociella et colonella.
Lichtenstein 2. Lorunias.
Linden 6. Hymenoptera.
Macquart 22. Dolichopus.
Malinowsky 3. Coleoptera.
Ratzeburg 14. Acheta gryllotalpa.
Rondani 6. Phasia.
Rondani 16. Conopinae, Myopinae.
Rouget 10. Colopsimorphus.
Rousseau 1. Dermestes.
Schelver 3.
Schultz 1.
Siebold 20. Dermestes.
Tieffenbach 2. Myrmedobia coleoptrata.
Vrolik 1. Gryllotalpa.
Wallace 11. Lemaptera.
Westwood 16. 61. Forficula auricularia.
Westwood 163. Cetonia, Lucaniden.

Kurzflüglige Formen.

Brauer 23. Perliden.
Fischer (L. H.) 13. Orthoptera.
Lucas 2. Perliden.
Siebold 57. Orthoptera.
Westwood 11. Hemiptera.

16. Varietäten.

(Dieser Artikel ist sehr unvollständig.)

Amstein 3.
Babington 10. Chiasognathus Grantii.
Bellier 8. Noctua conspicillaris var. melaleuca.
Bellier 12. Localvarietäten.
Bellier 17. Satyrus Janira, Albino.
Bellier 21. Bombyx Castrensis.
Bellier 47. occidentalische Var. bei Lepidopteren.
Bellier 54. Lepidoptera.
Bentley 2. Lepidoptera.
Bentley 3. Lasiocampa.
Bonaparte 1. Melitaea.
Brauer 6. Chrysopa vulgaris, Färbung.
Bree 10. 18. Lepidoptera.
Bree 23. Hypercompa dominula.
Brisout 3. Varietäten der Tarsen.
Brittinger 1. Lepidoptera.
Constant (A.) 1. Orthosia Gothica.
Costa (O.) 19. Blaps australis, occidentalische Var.
Dale 9. Lepidoptera.
Dale 10.
Dale 17. Lycaena dispar.
Dale 27. P. Aglaia var.
Dumé 8. Carab. Leonnerei, Var. von C. auratus.
Douglas 20. E. Harpalyce silaceata, von H. insulata; Eusomos illustraria von sublunaria.
Fallou 1.
Fennell 3.
Glossop 1. Vanessa urticae.
Graëlls 8. Cicindela campestris.
Grimmer 2. Coleoptera.
Gacare 20. Poecilus Selendrinus.
Guérin 90. Hexodon Kirbyi.
Guiffart 1. Pachyta 10-punctata.
Herbst 11.
Jacquelin Duval 2. Colosoma sycophanta.
Krause 1. Liparis dispar.
Krause 2. Euprep. villica.
Lee 4. Pieris Daplidice.
Letzner 13. Pteromachus lepidus.
Laeve 10. Cicindela campestris.
Lucas 12. Melolontha vulgaris.
Lucas 32. Zonitis nigripennis.
Lucas 73. Hetrodes Guyonii.
Lucas 83. Broscus politus.
Lucas 120. N. dominula.
Lucas 141. Lamellicornia.
Lucas 155. Arctia fuliginosa.
Lucas 188. Carabus Lotharingus.
Meyer-Dürr 6. 7. Climatische Var. d. Lepidoptera.
Millière 4. Gnophos obscuraria.
Millière 7. Catocala electa.
Mueller (Jul.) 1. Melitaea didyma.
Newman 103. Cynthia Cardui.
Newman 128. Arctia Caja.
Nickerl 1. Argynnis Aglaja; Deilephila Euphorbiae.
Paris 1. Local-Variet.
Pierret 8. Satyrus Arcanius, Zygaena Filipendulae.
Pierret 13. Vanessa Ichnusa.
Pierret 27. Local-Variet. bei Lepidopteren; Erebia.
Plant 1. Colias Hyale.
Prittwitz 12. Winterformen.
Reitter 2. Strenia clathrata.
Ratzeburg 1. Bostrichus.
Roy 1. Lepidoptera.
Sandberger 1. P. Podalirius.
Sander 1. Agrion, Libellula.
Schenck 11. Hymenopteren-Flügel.
Schrank 10.
Stein 2. Argynnis Lathonia.
Wailes 5. Lepidoptera.

17. Monstra und Difformitäten.

Asmuss 7.
Bassi 3. 21.
Bellier 2. 25.
Berce 1.
Boisduval 11. 18.
Boulard 1.
Brown 20.
Brullé 18. 20.
Buquet 20. 31. 46.
Dale 2.
Dejean 8.
Deshreger 1.
Desmarest (E.) 7. 9.
Duval 3.
Doumerc 8.
Dupuchel 34.
Edmonds 1.
Eyndhoven 1.
Fairmaire 16.
Gemminger 1.
Germar 18.
Godard 4.
Gredler 5.
Hammerschmidt 4.
Heyden 4.
Hoeven 15.
Hornung 7.
Jacquelin Duval 5.
Javois 1.
Imhoff 9.

Klingelhoeffer 3.
Klopsch 4.
Laboulbène 21.
Lambert 3.
Lefebvre 11.
Lerchenfeld 2.
Letzner 27. 37.
Lucas 13. 23. 25. 33. 40. 51. 55. 116. 136.
Mochin 1.
Marquerys 2.
Newman 111.
Perroud 3.
Pierret 21. 30.
Romano 7.
Rossin 1.
Roeggel 3.
Sange 1.
Sartorius 2.
Schneider (W. G.) 17.
Seriage 1.
Spinola 7.
Staegers 5.
Stollwerck 3. 4.
Tecklenburg 3.
Tischbein 6.
Wahlberg 17.
Wesmael 21. 22.
Westwood 128. 129. 210.
White 12.
I. Anonym 13.33.

Schmetterlinge mit Raupenkopf.

Huerne 13. Mueller (O.) 10. Wesmael 18.

18. Zwitter.

Allis 1.
Altum 4.
Assmann 12.
Balding 1. Z. Gonepteryx Rhamni.
Bellier 29. Anthoch. Cardamines.
Bellier 45. Smerinth. Populi.
Bellier 63. Z. Chelonia Latreillii.
Boisduval 18. Lithosia.
Brisout 1. Acridium coerulescens.
Clarke (L.) 1. Polyomm. Alexis.
Dupouchel 18. Angerona prunaria.
Duval 1. Bomb. castrensis.
Esper (F.) 1. Bomb. Crataegi.
Eyndhoven 1. Smer. Populi.
Foerster 3. Diapria elegans.
Geoffroy (J.) 1.
Germar 18. 21.
Hagen 100. Litteratur.
Hettlinger 2. Bomb. Tau.
Kapp 1. Van. Urticae.
Keller 3. Liparis. Populi.
Klug 23. 27. 32. Melit. didyma, Litteratur.
Kreutz 60. Tetragonus caldarius.
Lefebvre 23. Argus Alexis, Litteratur.
Loew 31. Beris nitens.
Lucas 1.
MacLeay 4. Pap. Laodamas.
Merklin 6. Mutilla obscura.
Newman (E.) 126.
Pierret 17. Diphthera coenobita.
Pierret 16. Sph. Convolvuli.
Rogenhofer 3.
Roger 4. Tetrogonus caldarius.
Romand 7. Scolia sexmaculata.
Rossmaessler 3.
Roy 1. Gastropacha potatoria.
Rudolphi 3. Allgemeines.
Ruthe 8. Bracon.
Schaeffer 7. Bomb. dispar.
Schrank 4. Lepidoptera.
Schreven 1.
Sichel 13. Bombus lapidarius.
Siebold 65.
Silbermann 3.
Smith (F.) 53. Andrena nitida.
Stainton 83.
Thrupp 1. Smer. Populi.
Tischbein 4. Formica sanguinea.
Wesmael 12. Ichneumon.
Wesmael 13. Argyn. Paphia.
Wesmael 25. Ichneumon.
Westmann 1. Smerinthus.
Westmann 6. Tephrosia crepuscularia.
Westwood 14. 102. Hymenoptera.
Wing 7.
Zeller 14.
Anonym E. N. D. S. Polyomm. Alexis.

Dazu die von Hagen 100. citirten Zwitter bei: Scopoli, Capieux, Ernst, Cramer, Schrank, Hochnor, Ochsenheimer, Godard, Fischer, Rennie, Treitschke, Freyer, und das Allgemeine bei Burmeister und Lacordaire.

19. Begattung verschiedener Thiere.

Audouin 14.
Bach 5.
Bohemann 11.
Bonillon 2.
Constant (A.) 2.
Frey 11. Z.
Germar 78.
Giotel 1.
Hagen 72.
Heich 1.
Laboulbène 31.
Lefebvre 13.
Mégnirile 21.
Le Peletier 6.
Pierret 18.
Roenn 1.
Rossi 7.
Schlumier 2.
Sroit 4.
Villiers (F.) 6.
Wolf 5.

Dazu die von Hagen 72. citirten: Blondel, Breuer, Doubleday, Duponchel, Gerstaecker, Hennemann, Hope, Linné, MacLeay, Marsham, Mueller, Sharkard, Stein, Suffrian, Weir, Westwood.

20. Bastarde.

Bellier 23. Silpha anticostata u. rugosa.
Bellier 46. Dicranura vinula u. erminea.
Boisduval 18. Lithosia aurita u. ramosa.
Gerstaecker 12.
Gravenhorst 4.
Guérin 300. 305. Saturnia Arrindia u. Cynthia.
Guillemot 4. Dicranura vinula u. erminea.
Hagen 50. 65. 72.
Hague 1. Smerinthus ocellatus u. Populi.
Hanbury 3. Larinus maculosus u. mellificus.
Hessel. Smerinthus ocellatus u. populi.
Klopsch 2. Lycaena Adonis u. Alexis.
Malinowsky 3.
Michlitz 1.
Morton 2.
Mostell 1. Deil. philo-phorbia.
Nicolas 1.
Schummel 2. Hipparch. Arcania u. Hero.
Schneider (D. H.) 4. Magaz. Heft 3. p. 272.
Stein 1. Maniola Pamphilus u. Iphis.
Westwood 158. Smerinthus ocellatus u. populi.

Dazu die vom Hagen 72. citirten: Apatu. Platypt. falcula u. curvatula. Boisduval, Sph. vespertilio u. Hippophaës. Brand, Vanessa Urticae u. Atalanta. Lederer, Sph. vespertilio u. Hippophaës. Lederer, Saturnia Spini u. Pyri. Lederer, Saturnia Spini u. Carpini. Le Peletier, Volucella bombylans u. plumata. Rombar, Sph. vespertilio und Euphorbiae. Stainton Ent. weekl. intell. 1860. p. 47. u. 78. Ephyra orbicularis u. trilinearia; Smer. ocellatus u. Populi (beide nach J. Lederers Mittheilung.).

21. Blattminen.

Bremi 70.
Goureau 9. 12. 16. 23.
Goureau 28. 35. Diptera.
Goureau 32. Oscinis.
Hardy 12.
Robineau 30. Diptera.
Schrank 8. Lepidoptera.
Stainton 50.
Anonym J. C. B. 1.

22. Gallen.

Amblard 1. Tomaria brachystylis.
Amerling 4. Mhani. Eitrchen v. Steineichen.
d'Anthoine 2. Quercus robur.
Bach 24.
Baddeley 1. 2. 5. Picus racemosa.
Bergmann 1.
Berkeley 1.
Bonfaroy 3. Z. Weiden.
Bose 9. Quercus Tozae.
Bose 31. Dipteren.
Bremi 3. 20.
Brongniart 4. Cecidomyia.
Brückmann 3.
Brugnatelli (G.) 1. 4.
Bucherer 1. Cynips.
Burgsdorf 1. Cynips calycis Quercus.
Camerarius (Joc. R.) 1. Eichen.
Contarini 5. Nematus Redd.
Cornelius 11. Eichen.
Costa (A.) 29. Salix Russelliana. Tenthredo.
Curtis 15. Cecidoses eremita.
Curtis 18. (P. S.) Diptera.
Curtis 41.
Czech 2. 4.
Czech 3. Cynips longiventris.
Dahlbom 79. Tenthredo.
Doubleday 37. in China.
Dufour 28. Cecidomyia.
Dufour 83. Verbascum u. Scrophularia.
Dufour 87. Eryngium.
Dufour 107. Z. Rouzet, Lasioptera picta.
Elliot 1. Poma sodomitica.
Faber (J. M.) 1.
Fairmaire 2. Cynips pallidus in Eichen.
Frauenfeld 18. 24. 78.
Frauenfeld 38. Teucrium montanum; Cimex Teucrii.

Andere Missbildungen

---

23. Caprification.

24. Lebenskraft und Dauer.

Einwirkung der Kälte auf Insecten.

Wärme.

Wärme-Entwickelung.

Elektricität.

25. Secrete.

a. Im Allgemeinen.

b. Staubkleid.

c. Gasartige Secrete.

(Vgl. in P. IV. die Artikel: Chemische Zusammensetzung etc., u. Besonders Absonderungsorgane.)

d. *Gespinnste.*

Berstowitz 1.
Dennistoun 1.
Duméril 28.
Fabre 1.
Frenzl 3.
Garola 1.
Gonzales 1.
Houghton 3.
Levasseur 1.
Newman 97. 103. 113.
1. Anonym 136.

e. *Säuren.*

Amoreux 3. Ameisen.
Bonnet 4.
Brugnatelli 1. Harnsäure.
Chaussier 1.
Dayeux 1. Ameisen.
Oberreiner 1. Ameisen.
Fontana 2. Ameisen.
Fourcroy 2. Ameisen.
Heller 1. Harnsäure.
Hermbstaedt 1. Ameisen.
Hierbe 1. Ameisen.
Lister 1. Ameisen.
Neumann 1. 3. Ameisen.
Wray 1. Ameisen.

(Vgl. in P. IV. den Artikel: Chemische Zusammensetzung.)

26. Krankheiten der Insecten.

Pilzbildung.

Krankheiten der Stubenfliege.

Ball 1. Empusa Muscae.
Carradori 1.
Cohn 1. Empusa Muscae.
Filippi 1.
Germar 18. 54.
Lebert 4. 7. 8.
Meyen 1.
Neidhart 3.
Rabenhorst 1.
Varley 1.
Westwood 14.
Wyman 1.

Ectophyten; Mouche vegetante.

Pilze auf Raupen.

Berkeley 2. 3. Sphaeria.
Corda 1. Sphaeria Huegelii.
Dorgelas 1.
Doué 1.
Ducharme 1. Sphaeria Robertsii, innominata.
Gray (G.) 16.
Gruendler 3.
Guise 1.
Hooker 3. Sphaeria cordiceps (Robertsii), Clavaria larvarum.
Lucas 48. Sphaeria auf Coleopteren-Larven.
Mulsant 13. Sphaeria eruccarum.
Perroude 1.
Pierrat 24. auf Raupen von Charaxes Jasius.
Ricord 1.
Robin 1. 2.
Stevens (T. J.) 1.
Watson 1.

Pilze auf Insecten.

Amdarny 3.
Bremi 20.
Cramer 2.
Doubleday 26. auf Lepidopteren aus Nordholland.
Fresenius 1. Entomophthora.
Gmelin 1.
Gray (R.) 10. Litteratur.
Halsey 1.
Higgins 1.
Holmskiold 1.
Leidy 6. 7.
Lubbock 8. Sphaerularia Bombi.
Mayr 1.
Mitchill 1.
Mueller (O.) 8.
Pierrat 10. auf Lepidopteren-Puppen.
Pierrat 1. auf Heuschrecken.
Réaumur 3. 4.
Robin 1. 2. Litteratur.
Roussel 19. auf Hymenopteren.
Rouget 5.
Siebold 10.
Torrubia 1. auf Wespen.
Wallroth 1.
Waterhouse 10.
Westwood 137. auf verschiedenen Insecten.
Wright (R.) 1.
XI. Anonym 10.

Gewächse auf dem Kopfe von Bienen. (Stamina.)

Le Cat 1.
Leclerc 1.
Schaeffer 6.
Tuerretto 3.
Siebold 61.

(Vergl. Krankheiten der Bienen in P. VII.)

Audouin 27. Kalkablagerungen in Kerngehäusen.
Vandouer 1. Lethargie der Raupen.

(Vergl. Krankheiten der Seidenraupen in P. VII.)

27. Analogie mit Pflanzen.

Bosio 2.
Franke 1.
Fresnaye 1.
Glaser 1.
Kiesenwetter 23.
Lara 2.
Mac Leay 2.
Strack 2.

28. Vergleichende Physiologie.

Agassiz (L.) 8.
Aucoin 2.
Autenrieth 1.
Arenberg 3.
Bird 1.
Camparotti 1.
Edwards (M.) 6.
Glaser 7.
Leuckart 3. 4.
Lieck 2.
Matteucci 2.
Owen 2.
Rathke 2.
Rengger 1.
Schreiver 4. 5.
Schmidt (C.) 1.

VI. Biologie.

1. Sitten und Lebensweise der Insecten.

(Dieser Artikel ist sehr unvollständig; die allgemeinen Werke liefern ein bedeutend grösseres Material.)

a. *Im Allgemeinen.*

Audouin 21.
Bedham 2.
Bamne 3.
Bingley 1.
Blanchard 23.
Blot 1.
Bole 13. 17. 20.
Brown (P. J.) 4.
Costa (A.) 12.
Curtis 39. 46.
Doubleday 17.
Eldin 3.
Franklin (J.) 1.
Frauenfeld 60.
German 2.
Hamm 10.
Lereboullet 8.
Lucas 46.
Schmidt (F. J.) 8.
Tilesius 2.
Wahlberg 21.
Warrington 1.
Westermann 1.

b. *Hymenoptera.*

Cristelli (M.) 3. Hymenoptera.
Goureau 51. Hymenoptera.
Goureau 54. Hymenoptera im Rosco lebend.
Guerinius 2. von Port Natal.
Kennedy 1. Hymenoptera.
Shaw 1. Hymenoptera.
Smith (F.) 44. Hymenoptera Australiens.
Smith (F.) 52. Hymenoptera.
Versey 1. Hymenoptera.
Walker 18. Agriotypus armatus.
Smith (F.) 18. Anthophora, Saropoda.
Waterhouse 11. Apis.
Haliday 7. Bethylus, Dryinus pedestris.
Smith (F.) 47. Bombus.
Dupetit Thouars 1. Bombus.
Labillardière 1. Bombus sylvarum.
Goureau 46. Celia troglodytes.

(Ueber Bienen und Ameisen vergl. die Artikel in P. VII. u. VIII.)

c. Coleoptera.

(Vgl. P. VII. u. VIII.)

d. Orthoptera.

(Für Termes, Blatta, Gryllus, Gryllotalpa, Locusta vergl. P. VIII.)

e. Neuroptera.

Brauer 3. Osmylus maculatus.
Hagen 25. O. maculatus.
Brauer 4. Panorpa.
Brauer 20. Phryganiden.
Pictet 3. Phryganiden.
Schneider (W. G.) 1. Raphidia.
Brauer 20. Rhyacophila vulgaris.

f. Hemiptera.

Kollar 81. Acanthosoma Querceus.
Verloren 7. Acanthia lectularia, Reduvius personatus.
Bouché 5. Aphis.
Hardwicke 3. Aphis.
Bouché 7. Coccus.
Mole 1. Notonecta glauca.
Shepherd 1. Notonecta glauca.
Hill (N.) 8. Ploiaria brevipennis.
Fairmaire 23. Schizoneura.
(Für Cimex, Coccus, Aphis vergl. P. VII. u. VIII.)

g. Lepidoptera.

Blomer 1. Lepidoptera.
Coleman 1. Brittische Lepidoptera.
Hayden 27. Lepidoptera.
Kolenstein 9. 10. Lepidoptera Brasiliens.
Lacordaire 3. Lepidoptera Guyanae.
Mertini 3. Lepidoptera, Microlepidoptera.
Penold 1. Lepidoptera.
Schleusig 1. Lepidoptera.
Varney 1. Lepidoptera.
Pristwitz 9. Microlepidoptera.
Schlarger 2. Microlepidoptera.
Klopsch 1. 6. Apatura Ilia; Lepidoptera.
Costa (A.) 25. Bombyx neustria.
Guenée 5. Bryophila algae.
Baurner 1. Cossus ligniperda.
Boisduval 41. Cucullia Scrophulariae.
Paris 1. C. Scrophulariae.
Gmelin 8. Dicotharcis latunga.
Bierhoff 2. Euprepia Flavia.
Kraus 1. E. Mutroasis.
Curtis 46. Gonopteryx Rhamni, Bryophila perla.
Brockholes 1. Heliothis marginata.
Fonscolombe 16. Lasiocampa lineosa, Dicranura vinula.
Perrard 1. Noctuena.
Villiers 8. Noctuena.
Guenée 1. Nonagria paludicola.
Saunders (W.) 17. Oiketicus.
Goureau 43. Pardisca corticana.
Bournet 2. Papilio Crataegi.
Buret 2. Polyommatus Artaxerxes.
Boisduval 29. Psyche.
Pierret 31. P. Gibrallia.
Réaumur 6. Pyralis.
Desmarre 3. P. Ribeana.
Curtis 42. Salsreis Pyri.
Lucas 175. Sangeria coccigrioides.
Blisson 5. 7. Sesia.
Blisson 13. S. cynipiformis.
Colin 2. Spaelotis praecox.
Scholtein 1. Thalpochares purpurina.
Dewars 1. Thecla.
Bromfield 1. T. Quercus.
Goese 3. Therideoptery x ephemeraeformis.
Stainton 60. Tinea.
Scott 1. T. satalis.
Couch 1. Vanessa Atalanta.
Mueller (Jul.) 1. Vanessa V. album.
(Für Bombyx Mori u. die schädlichen Lepidoptera vergl. P. VII. u. VIII.)

h. Diptera.

Brunel 4. Diptera.
Conlon 1. Diptera.
Loew 47. Diptera in Pilzen.
Scholtz 5. Diptera.
Varney 1. Diptera.
Le Conte 9. Asilus.
Rowe 17. Bombylius major.
Brunel 3. Cecidomyia.
Brauer 11. Chionea araneoides.
Gerstaecker 37. Conops.
Saunders (S. S.) 6. Conops.
Brightwell 9. Corethra plumicornis.
Blond 1. Dacus Oleae.
Gerstaecker 8. Hircophila.
Lucas 78. Musca vomitoria.
Robineau 20. Musca, Helio.
Brauer 25. 31. 32. Oestrus.
Rondani 65. Phora fasciata.
Kollar 45. Tabanus.
Robineau 24. Thyreophora cynophila.
(Für schädliche Diptera vergl. P. VIII.)

Goureau 24. 40. Insectes in Chardon penché.
Goureau 37. Insectes in Ajonc.
Goureau 31. Insectes in Ulex europaeus.
Goureau 37. Insectes in Trüffeln.
Bornung 5. Insecten unter Baumrinde.
Loew (F.) 5. Insecten in Schwalbennestern.
Lucas 131. Insecten als Nahrung v. Schlangen.
Saunders (W.) 1. Indische Insecten.

2. Instinct.

Badham 1.
Carpenter 8.
Davies 2. 3.
Dufour 63.
Dujardin 10.
Dunbar 1.
Fabre 4.
Frey 1.
Latreille 22.
Mac Carrie 1.
Morris (J.) 2.
Mylius 1.
Newport 18.
Reimarus 1.
Schmarda 1. 2.
Schmeltz 1.
Wesmael 28.
Wallschlegel 3.
V. Anonym 3.
Anonym T. H. 1.
I. Anonym 55. 120.

Verstand.

Fennell 2.
Macquart 27.

3. Mittel zur Selbsterhaltung.

Dahlbom 29. Tenthredo.
Dufour 32.
Duméril 2.
Lotzner 34. Larvensäcke.

4. Ernährungsinstinct.

Hanson 1.
Hope 13. 23.
Latreille 17. 22.
Lassus 1.
Newman 76.
Storer 1.

5. Vertheidigungsmittel.

Bach 25.
Bond 3.
Dale 28.
Davis 8.
Delalstre 1.
Haskart 1.
Latreille 23.
Lessus 1.
Schmid (C. A.) 7.
Vollenhoven 17.

6. Begattungstrieb.

Duméril 43.

7. Sorge für die Nachkommen.

Bach 20.
Carpenter 1.
Eversmann 23. 27.
Latreille 38.
Lewis 3.
Sobieszky 18.
Stiller 1.
I. Anonym 7.

8. Eierlegen.

Bierhoff 1. gestpiegelter Tagfalter.
Coquerel 6. Heuschrecken.
Dahlbom 12. Cimbex femorata.
Dahlbom 14. Nematus conjugatus.
Dahlbom 28. Tenthredo-arassa.
Dresser 3. Musca domestica.
Eversmann 10. Mantispa pagana.
Hardy 10. Panorpa 4-punctatus.
Jacquelin Duval 7. Mecinus varia.
Joly 2. Hippobosca equina.
Siebold 31. Agrion forcipatum.
Vallot 9.

9. Nestbau.

a. Im Allgemeinen.

Adie 1.
Barbalson.
Bertram (J.) 1.
Bolat 1.
Kirby 32.
Loschins 1.
Reichenbach (L.) 4.
Rennie 3.
Vallot 2. 31.

b. Hymenoptera.

Curtis 20.
Smith (F.) 68. Port Natal.
Newport 11. Apis.
Huber (P.) 3. A. caerulescens.
Latreille 20. A. indica, socialis.
Huber (P.) 1. Bombus.
Smith 48. B. Derhamellus.
Anonym II. J. 1. Melipona.
Rubiceau 7. Osmia.
Lister 7. Anthophora.
Jansseb 1. A. retusa.
Lucas 77. Chalicodoma muraria.
Rellier 13. Apis muraria.
Bonnie 1. Vespa.
Bond 3. Vespa.
Cagosti 1. Vespa.
Gailding 9. Vespa.
Hosmer 12. Vespa.
Hogg 8. Vespa.
Mondull 1. Vespa.
Moebius 1. 2. Vespa.
Saussure 8. Vespa.
Shuckard 19. Vespa.
Spitzner 8. 18. Vespa.
Stone 3. Vespa.
Valentin 1. Vespa.
Westwood 13. Vespa.
Williams (W.) 1. Vespa.
Wyman 3. Vespa.
V. Anonym 1. 2. Vespa.
Dale 7. V. britannica.
Newman (G.) 6. V. britannica.
Smith (F.) 73. V. rufa.
V. Anonym 13. V. companaria.
Smith (F.) 43. Polistes lanio.
Edwards (M.) 4. Epipona tatua.
Doubleday 17. Fossoria.
Smith (F.) 60. Fossoria.
Newman (H. W.) 1. Crabro.
Newport 1. Crabro.
Perris 7. Crabro.
Snoder 1. Crabro.
Spitzner 8. 18. Crabro.
Stone 4. 5. Crabro.
V. Anonym 2. Crabro.
Horrisson 1. Oxybelus.
Guérin 245. Myrmica Sallei.
Klug 48. Hylotoma Olfersii.

c. Coleoptera.

Perris 1. Buprestis maura.

d. Orthoptera.

Latreille 7. Termes.
Hagen 47. Termes.
Lucas 57. Acridium peregrinum.

e. Lepidoptera.

Guedard 2. Raupen.
Graaf 12. Raupen.
Gartlard 1. Raupen.
Lucas 100. Bombyx pityocampa.
Menzander 3. Damen Tineae.
Klug 48. Eucheira socialis.
Westwood 30. Eucheira socialis.

10. Gesellschaftliches Leben der Insecten.

Bint 2.
Jacquelin Duval 1.
Latreille 31. 47.
Leitch 1.
Lespès 3.
Moebius 1. 3.
Rudd 5.
Westwood 30. 60. 63.

11. Ueberwinterung.

Bergee 3.
Brittinger & Sympherma fusca.
Browne (P. A.) 1.
Barnett 1.
Crambone 1. 2.
Greene 1.
Holmberger 1.
Leske 5.
Schreibhammer 1.
Schmid (C. A.) 1. 3.
Semler 1.
Siebold 10.
Speyer 13.
Suchow 6.
Trautmann 1.
Walles 12.
Wiesenhütter 1.
Wyman 2.
Zeller 60.
Anonym E. S. 1.

12. Doppeltes Auftreten im Jahre.

(Dieser Artikel ist sehr unvollständig.)

Rellier 5. Ascalaphus longicornis.
Bree 6. Polyommatus Argiolus, Melitaea Euphrosyne u. Selene.
Greene 7. Notodonta.

13. Periodische Erscheinungszeit.

Assmann 9.
Bach 3.
Dorckinght 1.
Framm 1.
H. Schaeffer 8.
Selys 21.
Apetz 3. Maikäfer Flugjahre.
Heer 7. 8. Maikäfer.
Ratzeburg 11. Maikäfer.
Stollwerck 1. Maikäfer.
Wirtgen 1. Maikäfer.
Graëlls 1. Cebrio.
Davies 4. Lepidoptera.
Newman 50. Colias Hyale.
Newman 54. Colias Electra.
Ville 1. Ephemera.

(Vergl. Cicada septendecim bei Hemiptera P. III.)

14. Insecten im Meere lebend.

Audouin 19. 28. Blemus fulvescens.
Desmarest 1. Psalidomyia fasciola am Meere lebend.
Lind 15. Culicum im Meere.
Spence 6.
Templeton 2. Halobates Streatfeildiana.

de Burna 1. Tetrix im Wasser ausdauernd.

15. In heissen Quellen.

Harnung 2.

16. Salz-Insecten.

Germar 23. 61.
Harris 1. 2.
Heyden 7.
Leprieur 1.
Paulus 1.
Rondoschmidt 1.
Schaum 2.
Wehnschaffe 1.

(Vergl. Salzkäfer in P. III.)

17. Höhlen-Insecten.

de Baren 2. Arriège.
Delarouzée 1. Pyrenäen.
Ehrenberg 2.
Frauenfeld 13. 17. Laibach.
Hampe 8.
Raimann 29.
Lespès 6. Arriège.
Miller 1. 5. 6. 7. 20. 21.
Mueller (H.) 1. 3. Krain.
Mueller (Jul.) 7. Mähren.
Pokorny 1.
Schiner 1. 3. 5.
Schiodte 24. 28. Krain, Istrien.
Schmidt 1. Baradla.
Schmidt (F. J.) 4. 11. 14. 16. Laibach.
Scudder 3. Kentucky.
Tellkampf 1. Kentucky.
Wankel 1. 2. 3. Mähren.
Wright (E.) 3. Mitchelstown.

(Vergl. Höhlenkäfer in P. III.)

Blinde Insecten.

Halliday 40.
Westwood 224.

18. Insecten auf dem Schnee.

Frenzel (S. F.) 1.
Frommann 1.
Hensen 11.
Hesselius 1.
Lefebure 18.
Muse 1.
I. Anonym 14. 91. 131. 135.
Fitch 4. Winterinsecten.
Audouin 38. Podura arvalis.
Bremi 19. Schwarzer Schnee.
Brockmann 6. Podura.
Camerarius (Jac. R.) 2. Podura.
Davis (J. S.) 1. Lepisma. Podura.

Delius 2. Podura.
Eldit 8. Podura.
Loew (F.) 3. Podura.
Moller 1. Podura, Cantharis-Larven.
Rayger 1. Podura.
Sebastian 1. Podura, Larven.
Newcombe 7. Podura.
Spielenberger 2. Podura.
Trumphius 1. Podura.
Voigt (G.) 1. Podura.
Bruner 16. Ixodes glacialis.
Papon 1. Desoria.
Copirex 8. Larve v. Cantharis fusca.
Fischer (v. W.) 10. Larve v. Teleph. fuscus.
Heer 23. Larven v. Teleph. fuscus.
De Geer 11. Larven v. Coleopteren.

19. Insectenregen.

Andé 1.
Brahm 18.
Goldfuss 3.
Gonreau 7.
Larue 177.
Moller 1.
Pfeninger 5.
Schramm 1.
Tyrrhous 2.
Wage 11.
Wesmael 31.
1. Anonym 116.

20. Züge und Schwärme.

Bach 23.
Bemmelen 1. Litteratur.
Blyth 1.
Brown (S.) 1.
Büttner 3.
Hagen 99. Litteratur.
Hopp 1.
Mackenzie 2.
Menzel 1.
Hotzmecker 3.
Serres 11.
Spener 18.
Westwood 192.
XIV. Anonym 21.
Anonym O. 4.
Allen (W.) 1. Coccinella.
Newman (E.) 115. C. 22-punctata.
Douglas 40. 2. C. 7-punctata.
Deyrolle 1. Carabus.
Villa 31. 2. Harpalus griseus.
Dufour 152. Steous rusticus.
Lachmund 1. Cantharides.
Lofshare 16. Meloloutha.
Gerdesch 1. Ameisen.
Jolie 2. Ameisen.
Rogger 2. Ameisen.
Tilden 8. Ameisen.
Imhoff 13. Formica nigra.
Douglas 40. 2. Athalia centifoliae.
Hoelbing 1. Smynthurus ater.
Perty 8. Podura.
Boheman 11. Heuschrecken.
Boll 2. Heuschrecken.
Bostock 2. Heuschrecken.
(Vergl. P. VIII. Heuschrecken.)
Bemmelen 1. Odonata.
Cornelius 3. 2. Odonata.
Germar 18. 38. Odonata.
Walsenaburn 1. Odonata.
Hagen 99. Odonata.
Blumhof 1. Libellula cancellata.
Dressertils 2. Lib. 4-maculata.
Lachmund 1. Lib. 4-maculata.
Malder 2. Lib. 4-maculata.
Morren 7. Lib. depressa.
Morren 6. Hemerobius Perla.
Cornelius 5. Aphiden.
Dand 2. Aphis.
Hogg 2. Aphis.
Rondani 30. Aphis.
Thwaites 3. Aphis.
Walker 30. Aphis.
Morren 8. A. Persicae.
Wahlberg 31. A. bursariae.
Westwood 217. A. Fabae.
Brueckmann 4. Lepidoptera.
Lerche 3. 5. Lepidoptera.
Schomburgk 2. Lepidoptera.
Davis 10. Raupen.
Koenig 1. Raupen.
Rongel 4. Raupen.
Amerling 1. Kohlraupen.
Dohrn (cf. Hagen 99.) Kohlraupen.
Ghiliani 5. 8. Vanessa Cardui.
Huber (P.) 4. V. Cardui.
Dorthes 2. Bombyx pityocampa.
Skene 1. Bomb. processionea.
Anonym E. 8. 2. Phalaena typhicoides.
Ausmbre 8. Fliegen.
Boll 3. Mücken.
Dale 8. Fliegen, Mücken.
Germar 18. Diptera.
Hoepfner 1. Fliegen.
Jenyns 1. Fliegen.
Koch (A.) 1. Mücken.
Swinton 1. Mücken.
Bechstein (L.) 1. Heerwurm.
Cubria 191. Heerwurm.
Hohmann 1. Heerwurm.
Hornung 13. Heerwurm.
Loret 1. Heerwurm.
Weicheel 1. Heerwurm.
Berkhan 1. Heerwurm.
Berthold 3. 2. Heerwurm.
Kerbu 1. Heerwurm.
Ritter 1. Heerwurm.
Sachse 1. Heerwurm.
Velbel 25. Heerwurm.
Wage 10. Chloropsiecta.
Kiesenwetter 25. C. nodula.

21. Feinde der Insecten.

Bold 5.
Frenz 1.
Siemssrown 1.
Anonym J. Chr. B. 1.

Douglas 15. Insecten auf Dornen gespiesst.
Longman 1. Zeuzera Aesculi auf Dornen gespiesst.
Mac Intosh 1. Insecten auf Dornen gespiesst.
Zeller 84. Insecten auf Dornen gespiesst.

22. Myrmecophilen.

Bach 13.
Boheman 12.
Remillon 4.
Czech 1.
Douglas 38. 2.
Eldit 4.
Perraud 1.
Grimm 1.
Guilding 7.
Haldeman 19.
Heyden 18.
Janson 4.
Kiesenwetter 3.
Kirchner 5.
Kraatz 1. 3.
Kaner 2.
Lucas 95.
Macklin 2.
Maerkel 2. 3.
Motschulsky 9.
Müller (P. W.) 12.
Power 2.
Schlaedie 17.
Vollenhoven 11.
Weidenbach 4.
Westwood 223. 577.

23. Termitophilen.

Kraatz 21.
Schlaedie 31.

24. Acclimatisation.

Anderson 10. 13. Cochenille.
Bary St. Vincent 6. Cochenille.
Morin 1. Cochenille.
Lorenz 1. Apis ligustica.
Gerstaecker 27. 2. Apis fasciata, dorsata.
Bisarbard 31. Bombyx.
Remy 3. Seidenraupe.
Wilson (J.) 2. B. Luna.
Bree 1. Arctia phaeorrhoea.
1. Anonym 11. Fulgora.

(Vergl. Bombyx Mori u. Apis in P. VII.)

25. Einwanderung.

Erlanger 4. Blatta germanica.
Philippi 6.
Cooke (N.) 4. 2. Coleoptera.
Bremi 13.

26. Flora für die Insectenwelt.

Bree 2.
Glaser 6.
Lloyd 8. 16.
Stainton 27.
Vallot 21.
Wilde 3.

27. Verhältniss zu den Jahreszeiten; Calender.

Bjerkander 21. 28.
Berrner 11.
Brahm 1. 6.
Bree 4. 15. 16. 22. 25.
Bohle 2.
Fansewlombe 17.
Fritsch (C.) 1. 2. 3. 4. 5. 6.
Giorna 1.
Greenbow 1.
Greculp 1.
Hellenius 2.
Kokeil 3.
Moberg 1. 2.
Westwood 259.

28. Verhältniss der Insecten zur Aussenwelt.

(Es sind hier eine Anzahl Artikel aufgezählt, die sich anderweitig nicht passend einreihen konnte.)

Bach 21. Zahl der Insecten.
Imhoff 6. Zahl der Insecten.

Sundevall 4. Zahl der Insecten.
Westwood 25. Zahl der Insecten.
Ray 2. Zahl der Arten.
Bates 7. Artenzahl am Amazonenstrom.
Speyer 11. Zahl der Lepidoptera.
Hope 8. 41. Insecten in Mumien.
Patterson 1. Insecten in Mumien.
Sieber 1. Insecten in Mumien.
Westwood 375. Insecten in Mumien.
Champollion 1. Coryocten in Mumien.
Audouin 25. Gibbium Scotias in Thebens Gräbern.
Bohemann 43. Verhalten der Insecten bei der Cholera.
Giebel 23. Verhalten der Insecten bei der Cholera.
Wahlberg 25. Verhalten der Insecten bei der Cholera.
Vallo 6. 13. Verhalten der Insecten bei Sonnenfinsternissen.
Cornelius 19. Insecten durch weisse Farbe angelockt.
Dallmann 1. Amphimalla solstitialis schwarze Farbe liebend.
Chabrier (F.) 1. Oenothera tetraptera Insecten fangend.
Fleischer 1. Sphinx mit dem Saugrüssel in Oenothera-Blüthen gefangen.
Mac Bride 1. Sarracenia adunca Insecten fangend.
Postans 1. Pflanze Insecten fangend.
Romand 19. Oenothera Lepidopteren fangend.
Bremi 18. Verhältniss der Insecten zu den Pflanzen.
Rowland 1. Verhältniss der Insecten zu den Pflanzen.
Schenkel 1. Verhältniss der Insecten zu den Pflanzen.
Bremi 11. Insecten auf der Eiche lebend.
Bremi 20. Insecten in Schwämmen lebend.
Bremi 20. Lepidoptera von Phanerogamen lebend.
Bremi 20. Dipteren-Wirthe aus dem Pflanzen- und Thierreich.
Dufour 99. Insecten in Ulmengeschwülsten lebend.
Gimmerthal 81. Insecten in kranken Kartoffeln lebend.
Guérin 71. Phytophage Caraben.
Macquart 31. 36. Insecten der Bäume, Gesträuche und krautartigen Pflanzen.
le Mercier 1. Veränderung der Blüthen von Arnica montana durch Insecten-Larven.
Darwin 3. Befruchtung der Pflanzen durch Bienen.
Gleditsch 11. Befruchtung der Pflanzen durch Insecten.
Rondani 46. Befruchtung von Aristolochia durch Insecten.
Murray 1. Pflanzen steril durch Insecten.
Bremi 20. Physiognomie der Insecten nach ihren Pflanzen.
Lefebure 38. Farbenwechsel nach dem Aufenthaltsorte.
Robinson 1. Harmonie der Coleoptera intramera mit den Pflanzen.
Bremi 20. Wirkung des Saugens der Rhynchoten auf Pflanzen.
Bremi 20. Character des Frasses der Insecten an Blättern.
Schmidt 2. Die Natur als Mittel gegen Insectenvermehrung.
Fresnaye 1. Aufenthaltsorte von Insecten.
Klopsch 6. Aufenthaltsorte von Lepidopteren.
Bates 1. Moorkäfer.
Bohemann 53. Insecten in Bergwerken, Triebsteren.
Gredler 3. Alpenkäfer und die Eiszeit.
Heer 11. Obersta Grenze des thierischen Lebens.
Brahm 8. Wirkung der Pflanzenausdünstung auf Larven.
Costa (A.) 33. Insecten getödtet durch die Fumarolen des Vesuv.
Géhin 7. Wirkung des Insectenpulvers.
Girard (M.) 3. Wirkung des Benzins auf Insecten.
Koch 14. Zähmung von Insecten.
Lakin 1. Zähmung von Schmetterlingen.
Dale 9. Einfluss der Localität und Jahreszeit auf Lepidoptera-Varietäten.
Davy 3. Einfluss des Temperaturwechsels auf Schmetterlinge.
Davy 4. Einfluss bestimmter Agentien auf Schmetterlinge.
Hagen 12. Grössenverhältniss der Insecten nach dem Klima.
Kowall 1. Erstes Erscheinen der Insecten.
Anonym Y. 1. Verschiedenes Erscheinen der Insecten je nach Localität und Jahreszeit.
Strobel 2. 2. Witterungsanzeigen durch Cimex.
I. Anonym 138. Witterungsanzeigen durch Insecten.

29. Insecto-Theologie.

Bonnet 5. 6.
Derham 3.
Fleming 1.
Goeze 19.
Kirby 34.
Kljaljakoff 1.
Lesser 1. 2.
Lyonet 1. 4.
Moreau 1.
Paley 1.
Renfred 2.
Sigismund 4.
Simon 1.
Stellér 1.
Wesley 1.
Anonym A. P. S. 1. 2.
I. Anonym 73.

30. Vorweltliche Insecten.

a. Im Allgemeinen.

Assal 10.
Brullé 22.
Burmeister 23.
Careb 5.
Desmarest (E.) 6.
Esper 2.
Fischer (v. W.) 15.
Grieite 1.
Giebel 6. 13. E.
Hausbaert 1. E.
Hagen 15 70. 105.
Hoeninghaus 1.
Meyer (C. E. H.) 1.
Michelle 1.
Millière 3.
d'Orbigny 2.
Prevost 1.
Rossmässler 3.
Schroeter 19. 21.
Sternberg 1.
Vollmer 2.

b. Insecten der Steinkohle.

Wettin.

Germar 69. 70.
Giebel 1. 2.

Saarbrücken.

Goldenberg 1.
Noggerath 1.

c. Insecten Solenhofens und Eichstedts.

Germar 48. 55. 70.
Giebel 7. 8.
Hagen 103. 108.
Hope 1.
Heyden 10.
Linden 4.
Schroeter 20.

Rabinbtswald.

Landgrebe 3.

d. Insecten von Oeningen und Radoboj.

Charpentier 13. 14.
Heer 13. 16.
Unger 1. 2.

e. Insecten der Englischen Schichten.

Andouin 15.
Binfield 1.
Brodie 1. 2. 3. 4. 5. 6. 7. 8. 9.
Buckland 1. 2.
Buckman 1. 2.
Conybeare 1.
Hagen 17. 108.
Mantell 1.
Strickland 3. 4.
Westwood 232.

f. Insecten der Französischen Schichten.

Aix.

Barthélemy 4. Carabus Agassizii.
Boisduval 20. 25. 33. Cyllo sepulta.
Coquand 1. Lepidoptera.
Curtis 3.
Duponchel 29. Lepidopt.
Germar 75.
Heer 22.
Hope 60. 61.
Lefebure 34. Cyllo sepulta.
Saussure 2. Pimpla.
Serres 8. 9. 12.

Puy.

Aymard 1.

Moulins.

Fraglaye 1.

Rouen.

Desmoulins 1.

VII. Nutzen durch Insecten.

1. Mittelbarer und unmittelbarer Nutzen.

Andere Insecten.

2. Medicinisch wichtige Insecten.

3. Blasenziehende Insecten.

Cantharis.

4. Antihydrophobica.

Meloë.

Cetonia.

Cantharis.

5. Antiodontalgica.

6. Essbare Insecten.

7. Manna.

8. Farbe gebende Insecten.

Cochenille.

Porphyrophora Polonica.

Coccus Ilicis.

Andere Farbe-Insecten.

9. Lac-Insecten.

10. Honigbereitende Insecten (nicht Bienen).

11. Wachsbereitende Insecten (nicht Bienen). Pela.

Seidenzucht.

12. Allgemeines.

Leeuwenhoek 2.
Leibnitzer 2.
Lengerke 1.
Leporello 3.
Leplay 1.
Libavius 1.
Lloyd 14.
Lorenzelli 1.
Loriller 2.
Loiseleur 2. 3. 4. 5. 6.
Lomeni 4.
Lucas 25. 29.
Maratri 1. 3.
Majoli 1.
Mayer (P.) 1.
Menander 1.
Meachini 1.
Meyer 1.
Minkot 1.
Moeller (L.) 3.
Mondi 1.
Muralto 27.
Murray (J.) 1.
Ottolini 1. 2. 3. 4. 5.

Owen 6.
Pagani 1.
Palmer 1.
Peligot 1. 3.
Perrin 1.
Peydière 1.
Pilati 1.
Pimbolo 1.
Poltera 3.
Rollier 1.
Rezzaremi 1.
Robert 3.
Robinet 3. 7.
Rondinelli 1.
Rouvière 9.
Rouliger 3.
Roord 1.
Scopoli 1. 2.
Segalo 1. 2.
Segny 1.
Sells 3.
Roara 1.
Sprée 10.
Sistham 1.
Strudenne 1.
Rozyan 1.

Termeere 1.
Timmer 1.
Tuderini 1.
Tscharner 2.
Turpin 2. Z.
Terra 2.
Vauro 2. 3.
Villa 18.
Vivenzi 1.
Wederind 1.
Williams 1.
Wolstein 1.
Anonym:
Germanicus 4.
B. C. M. 1.
C. W. 1.
J. P. P. 1.
S. G. P. 1.
A. P. S. 1.
III. Anonym 2. 4. 11. 12. 13. 16. 29. 41. 43. 46. 97. 100. 107. 119. 132. 133. 136. 137.

13. Populäre Anleitung zur Seiden- und Maulbeerbaumzucht.

a. Deutsche Seidenbücher.

Angermann 1.
Anonui 1.
Barth 1.
Bauer 1.
Baumann 1. 2.
Behnke 3.
Blaskowitz 2. 3. 6.
Boddi 1.
Bolzani 1.
Buse 1.
Bertien 1.
Böwhing 2.
Christ 2.
Chwalla 1.
Dieterichs 1.
Drewes 1.
Duerr 1.
Dunder 1.
Ebner 1.
Fahrenkohl 1.
Fleischmann 1. 2.
Fontaneilles 1.
Gleditsch (G. F.) 1.
Gotthard 1.
Haas 1. 2.
Hase 1.
Hamann 1.
Harri 1.
Heintl 1. 2.
Henne 1.
Hoelleisgel 1.
Hoffmann (A.) 2.
Holtbey 1.

Heni 1. 2.
Jacobenstein 1.
Jansen 1.
Jesti 2. 3. 4.
Kahle 1.
Kamm 1.
Kepler 1.
Kerrig 1.
Kettembeil 1.
Kirchhof 1. 2.
Kleeke 1.
Knoblauch 1.
Krotaseb 3.
Lorenz 1.
Ludmirel 1.
Liebich 3.
Liechtenstern 1.
Lille 1.
Livorali 1.
Loebe 1.
Mayet 1. 2. 3.
Mittespacher 3.
Moegling 1.
Morawek 1. 2.
Morgenstern 1. 2.
Moeller (J. N.) 1.
Nagel (H.) 2. 3.
Nebbien 1.
Neu 1.
Nicolai (N.) 1.
Patek 1.
Pfeiffer 1.
Pietsch 1.
Rauert 1.

Rossberg 1.
Reider 2.
Riem 12.
Schmerk 1.
Schneider (H.) 1.
Schorize 1.
Steinhart 1.
Stellamonte 1.
Staven 2.
Steiner 2.
Thiede 1.
Thym 1. 2.
Teilmann 1.
Toech 1. 3. 4. 5.
Wondrun 1.
Ziegler 1.
Ziegler (J. W.) 1.
Zieten 1.
Zierken 1.
Zinken 1.
Zinzendorf 1.
Anonym:
R. J. S. 1.
J. F. T. 1.
III. Anonym 1. 5. 6. 7. 8. 9. 11. 15. 16. 17. 18. 20. 21. 23. 30. 39. 48. 49. 62. 64. 65. 66. 67. 68. 69. 70. 72. 73. 86. 121. 122. 123. 124. 125. 126. 128.

b. Schweizer Seidenbücher.

Allemandi-Rhinger 1.
Rossi 1. 2.

Brignoli 1.
Goulis 1.

Lebert 5.
Wassali 1.

c. Englische Seidenbücher.

Agliomby 1.
Barham 1. 3.

Barrington 1.
Bertrton 1.

Delabigarre 1.
Denhurst 1.

Gaffe 1.
Hare 1.
Hutton 5.
Kenrick 1.

Pourelle 1.
Pullein 1.
Rhodes 1. 2.
Sievers 1.

Wright (R.) 1.
III. Anonym 64.
Anonym T. B. 1.

d. Americanische Seidenbücher.

Williams (E.) 1.

e. Holländische Seidenbücher.

Geffen 1.
Renaeli 1. 2.

f. Französische Seidenbücher.

Adam (M. T.) 1. 2.
Angeliny 1.
Anselme (A.) 1. u. 2.
Anselme (P.) 1. 2.
Audouin 64.
Annest 1.
Avenes-Gloire 1.
Beaurepaire 1.
Beauvais 1.
de Berowlde 1.
Bertoson 1.
Boitard 6.
Bollet 1.
Boissier 1. 2. 3. 5. 8.
Bonafous 1. 2. 3. 4. 5.
Bourdonnaye 1.
Brunner 1.
Brunet 1. 2. 3.
Carrier 1. 2. 3.
Cauvy 1. 2.
Cosin 1.
Charvel 1. 2.
Chaussier 3.
Chatrel 1.
Comte 1.
Coerrech 1.
Craymy 1.
Deby 1.
Delalonze 1.
Desandres 1. 2.
Dubet 1.
Dujardin 1. 2. u. 2.
Duvaure 1. 2.
Duvernoy 1. 2.

l'Escalopier 1.
Fabre 1.
Flemes 1. 2. 3.
Fratentoni 1.
Francheville (J.) 1. 2.
Francheville 1.
Gaillard 1.
Galle 1. 2.
Gasparin 1. 2.
Géhin 8.
Gensoul 1.
Gayon 1.
Graymy 1.
Grimaud 1.
Gregaire 1. 2.
Guérin 28.
Guilhermier 1.
Guillaumin 1.
Hosen 1. 2.
Homard 2.
Isnard 1. 2.
Klyaton 2.
Laffemas 1. 2. 3. 2.
Leclere 1.
Lecbrun 1.
Lisle 1.
Loiseleur 1. 2. 3. 4.
Loriet 1.
Madiot 1.
Mayet 4.
Meiffredy 1. 2. 3.
Maynard 1. 2.
Le Nain 1.
Nourrigat 1. 2. 3.

Papion 1.
le Payen 1.
Perrin 17.
Pittars 1.
Pommier 1. 2.
Puvis 1. 2.
Quatrefages 2.
Quenin 1.
Raffeneau-Delile 1. 2.
Raynaud 1. 2.
Réaumur 13. 14.
Reynaud 1.
Rigaud 1.
Riquier 1. 2.
Robert 1. 2. 3.
Robinet 10. 11.
Rodaros 7.
Roux (J. F.) 2.
Le Roy 1.
Sealon 1.
Santel 1.
Sauvages 2. 3.
Serres (O.) 1. 2.
Siboor 1.
Stephens (R.) 1.
le Tellier 1. 2. 3.
Terme 1.
Thomé 1. 2.
Vergé 1.
Villiers (Al.) 1.
III. Anonym 13. 37. 53. 73. 74. 76. 77. 85. 86. 112. 113. 114. 120. 127.

g. Italienische Seidenbücher.

Abate 1.
Acerbi 1.
Aglio 1.
Agliomby 1.
Albertazzi 1.
Amoretti 2.
Abate Antonio 1.
Arduino (P.) 1.
Bartolozzi 1.
Bassi 15. 19. 20. 21.
Bettini 1.
Belloni 2.
Berti 1. 2.
Bevaloni 15.
Bertolotti 1.
Bertoni 1.
Bertaloni 1.
Betti 2.
Bettali 1.
Bianchetti 1. 2.
Bibiena 1.

Biscetti 1.
Bonelli 1.
Borelli 1.
Bernati 1.
Breglia 1.
Brusi 1. 2. 3.
Bruno 1.
Burdin 1.
Carcinlacca 1.
Cappelli 1.
Cambiaghi 1.
Capitani 2.
Castellani 1.
Castellet 1. 2.
Chiampo 1.
Cicerone 1.
Ciceri 1.
Cialich 1.
Civeti 1. 2.
Carbi 1.
Caddo 1.
Colomelio 1. 2.

Cornelli 1.
Crema 1.
Cristelli (M.) 1. 2.
Curiatio 1.
Dandolo 1. 2. 3. 4. 5. 6. 7. 8. 10.
Deviaroni 1.
Dare 1.
Fabbri 1.
Fabbroni 2.
Filippi (G.) 1.
Fioro 1.
Finaschi 1.
Finiel 1.
Francesco 1.
Freschi 1. 2.
Frosio 1.
Gabrielli 1.
Geralli 1.
Gera 2.
Ghiliani 1.
Giacometti 1.

h. Spanische Seidenbücher.

i. Griechische Seidenbücher.

k. Ungarische Seidenbücher.

l. Schwedische Seidenbücher.

m. Finnländische Seidenbücher.

14. Anatomie.

15. Krankheiten.

Muscardine.

16. Ausschlüpfen der Raupen. Eier.

17. Begattung.

18. D'Arcet's Verfahren, ventilation forcée.

19. Behandlung der Cocons.

Feinde.

20. Einführung und Zucht neuer Arten und Varietäten.

21. Trevolte.

22. Futter der Seidenraupe.

23. Geschichte des Seidenbaus.

Bienenzucht.

24. Bibliographie.

25. Bienengesellschaften.

26. Bienenzeitung.

27. Allgemeines.

28. Populäre Anleitung. Lexica. Kalender.

a. Deutsche Bienenbücher.

29. Anatomie der Biene.

30. Krankheiten der Bienen.

31. Leben und Sitten der Bienen.

Raubbienen.

32. Zellen-Bau.

33. Begattung der Bienen.

34. Zeugung; Bedeutung der einzelnen Zustände.

Drohnen.

Künstliche Schwärme und Ableger.

Arbeiter-Larven zu Königinnen erzogen.

Weisel.

35. Nahrung der Bienen; Bienenfloren.

36. Künstliche Bienenfütterung.

37. Bienenhäuser und Stöcke.

38. Waldbienenzucht.

39. Honig; Wachs; Propolis.

Giftiger Honig.

Honig.

Wachs.

Propolis.

40. Bienenfeinde.

Moderer 1. Pinel. mellonella.
Naumann 103.
Pireloni 1. Celon. cardel.
Robinson 7.
II. Schaeffer 33. Sph. Atropos.
Schmid (J.) 1. Crabro.
Smith 67. Melittobia acasta.
Smith 78. Erdbien.
Steinmetz 6. Linse.
Virat 1.
Westwood 292. Tinea mellonella.
Westwood 301. Achroea alvearia.
IV. Anonym 50. 67. 133.
Anonym Le 8. 1. Teigne du cire.
Frenzel 4.
Gerstaecker 27. Z.
Hawald 8. Curland.
Kafernstein 13.
Kieffhaber 1.Z. Nürnberg.
Kirkpatrick 2. in Ohio.
Koeppen 1.
Kohl 1. Armenisch.
Korsenka 1. Baiern.
Kroyssig 2.
Langen 7. Siebenbürgen.
Langen 3. Moldau, Wallachei.
Lacke 11.
Lambard 2.
Luettichau 1. 2. 3. 5. 6. Sachsen.
Magerstedt 2. im Alterthum.
Moorcroft 1. Caschmir.
v. Pokorsky 1. Russland.
Riecke 1. Frankreich.
Riem 1. Churpfalz.
Riem 9. Römisch.
Riem 11. 1775. 1777.
Riem 13. Schlesien.
Rouvel 1. Z. Mark Brandenburg.
Rylachkow 1. Gouv. Orenburg.
Scholse 1. Irland.
Semlitsch 2. Steiermark.
Sprengel (Chr. K.) 1.
Stern 7.
Stampf 7. Böhmen.
Vogel (J. G.) 2.
Volbeding 1. Augsburg.
IV. Anonym 19. 71. 82. 105. 116. 161. 165. 166.
Anonym A. P. L. C. 1.

41. Verschiedene Arten der Honig-Bienen.

Barton 1.
Bennett (E. T.) 2. Melipona Beechii.
Goelbe 1. in America.
Gerstaecker 27. Z.
Heber 1. in Ostindien.
Herman (H. C.) 1. 2. Ungarische Alpenbiene.
Heuvel 1. in America.
Sohne (P.) 7. in Mexico.
Kleesenwetter 33. am Hymettus.
Lorenz 1. Alpenbiene.
Newman 107. 113. in Süd-Africa.
Schreck 14. am Hymettus.
Spence 15. in Brasilien.

42. Geschichte der Honigbiene und der der Bienenzucht.

Bauer (C. G.) 1. Gebirgs-Bienenzucht.
Busch 3.
Fortune 2. China.

43. Bienenrecht.

Brandenburg 1.
Busch 1.
Mueller (P.) 1.
Roth 1.
Salander 1.
Seger 1.
IV. Anonym 57. 63. 81. 104. 167.

VIII. Schaden durch Insecten.

1. Allgemeine Werke über schädliche und lästige Thiere und Mittel dagegen.

Amerten 1.
Baldenhausen 1.
Barton (C. W.) 1.
Benedt (J.) 1.
Groenfeld 1.
Ebener 1.
Enkinar 1. 2.
Frent 1.
Gloger 1. 2.
Goeze 38.
Kraffen 1. 2. 3.
Lenebs 1.
Loew (C.) 3.
Meisner (C. H.) 1.
Orphal 1.
Benst (C. F.) 1.
Konyagen 3.
Schmidt (E. O.) 1.
Verardi 1.
Werner (Joh.) 1.
Zenker 3.
Anonym N. 1.
VII. Anonym 2. 5. 6. 7. 9. 12. 13. 14. 15. 19. 20. 25. 30. 31. 32. 33.

2. Schädliche Insecten und Mittel dagegen.

Amyot 9.
Argentini 1.
Baer (C.) 7.
Bauhin 1.
Bertholini 1.
Bosher 3. Tortrix (Mehl. fruticola).
Boisduval 38. Polen.
Broschmann 4. Ungarn, Lepidopt.
Burmeister 1.
Bunitz 4.
Burren 5. (Bretagne) Pieris Brassicae.
Christy 3. Calandra in Tamarinden.
Curtis (W.) 3. Lepidoptera.
Dale 28. Nematus capreae.
Davy 2. Ceutorrhynchus Rutelae.
Duncan 4.
Fairfax 1.
Frauenfeld 5.
Freyer 9. Lepidoptera.
Frisch (Jod.) 7.
De Geer 6.
Goeswabauern 4.
Goeze 23. Pinus.
Gouroau 21. 23. 25.
Guenther 2. Blattwickler.
Guérin 272. 293.
Gullet 1.
Hall (H.) 1.
Hasaw 1. Diptera.
Hardy 8.
Harris (T. M.) 1.
Harris (T. W.) 10. Melolontha.
Harris (T. W.) 28. Cossus 4-vittatus.
Harris (T. W.) 33. 61.
Heer 10.
Henning 1. 3.
l'Herminier 1.
Heermann (P.) 1.
Howler 1.
Hoepfner 1. Fliegen.
Hofmann (C. E.) 3.
Horgaeb 1.
Hufnagel 6.
Hussey 1.
John (C. E.) 1.
Jones (E.) 1.
Kaltenbach 5.
Keferstein 14.
Kiesenwetter 3. Sambucus.
Kirch 1.
Koeppen 1. Russland.
Koller 4. Brasilien.
Kollar 27. Blatta germanica.
Kirchhuber 2. Adimon. Tanaceti.
Lasarn 1.
Latreille 23.
Lioné 10.
Lloyd 1. Panama.
Mac Intosh 2.
Malinowsky 1. Pinus far.
Meinecke 1.
Meyer (F. A. A.) 9.
Merquerys 1. 3.
Mueller (L.) 3.
Mull 3.
Motschulsky 47. 51.
Muller 1.
Newman (E.) 131.
Nietner 3. Ceylon.
Pohl 1. Brasilien.
Polisius 1. Traibreda.
Rieel 1.
Roemer 2.
Rondani 10.
Rost 1.
Schaeven 1. Wickelraupen.
Sells 2. Jamaica.
Singer 1.
Spence 20. Australia.
Virginia (V.) 1.
Voigt (J. C.) 3.
Waga 12.
Wagner (P. C.) 1.
Welsh 1.
Walit 3.
Weiler 1. Elsass.
Westwood 280.
Wiegmann 3.
Willemet 2.
Wilson (C.) 1.
Yeabren 1.
I. Anonym 67. 129.
VII. Anonym 1. 2. 4. 8. 10. 16. 17. 18. 21. 22. 23. 24. 25. 27. 31. 35. 38.

3. Giftige Insecten.

4. Heuschrecken-Schaden und Mittel dagegen.

5. Termiten.

Die sehr umfangreichen und zahlreichen Angaben sind ausgezogen von Hagen 47.

6. Dem Menschen schädliche und lästige Insecten.

7. Insecta in corpore humano.

a. *Im Allgemeinen.*

b. *In den Verdauungswegen.*

1. Per os entleert oder im Magen.

2. Per anum entleert oder im Darmkanal.

c. *Mit dem Harn entleert.*

d. *Aus der Nase und den Stirnhöhlen.*

c. Unter der Haut, im Auge, Ohr.

Coquerel 11. 14. Lucilia hominivorax.
Geoffroy (J.) 2. Fliegenlarven.
Grube 4. im Auge.
Kunzmann 1. im Ohr.
Ménard 1. im Ohr.
Meinas 2. Oestrus-Larven im Ohr.
Romanini 1. Larve im Ohr.
Rauli 1.
Storevelt 1. Fliegen-Larven in Geschwüren.
Sundevall 2.

8. Krankheiten durch Insecten.

a. Im Allgemeinen.

Heysham 1.
Klaunig 1.
Meese 1.
Paulini 3. Musca.
Patton 1. Seuche durch B. Mori.
Ratzeburg 22.
(cf. No. 9. Phthiriasis.)

b. Durch Raupenhaare.

Von Bomb. processionea.

d'Ailly 1.
Brugnatelli (G.) 2.
Ljungh 2.
Morren 3.
Nicolai 1.
Will 5.

9. Dem Menschen schädliche oder lästige Insecten.

A. Durch den Stich.

a. Vespa.

Armstrong 1.
Baupin 1.
Camerarius (Joh. R.) 5. 7.
Ferg 1. (Allgem.)
Gerkel 1. 2.
Gumprecht 1.
Henslow 3.
Scopoli 7.
Tessier 5.
Velsch 4.
Will 6.
V. Anonym 4. 6. 7. 8. 9.

b. Apis.

Desbrest 1.
Frenzel 1.
Ludwig 1.
Riverius 1.
Staudigel 1.
Tessier 5.

c. Culex.

Camerarius (Joh. R.) 6.
Carter 1. Mosquito.
Costa (G.) 1. Phlebotomus Papatasii.
Franklin (J.) 1. Mosquito.
Humboldt 1. Mosquito.
Martins 1.
Renale 10. Mosquito.
Schomburgk 1. Mosquito.
XI. Anonym 9.

B. Oestrus hominis.

Arture 1.
Brauer 27.
Coquerel 15. 16.
Bamarck 1.
Geoffroy (J.) 2.
Grube 7.
Guyon 1.
Hill 1.
Hawship 1.
Joly 5. 6.
Keferstein 25.
Laboulbène 23. 2.
Linné 1. 2.
Meinas 2.
Roulin 1.
Say 2.
Spring 1.
Sundevall 5.

C. Pulex.

Brückmann 1.
Camerarius (Joh. R.) 6.
Hoefer 1.
Thylander 1.
X. Anonym 1. 2. 3. 4. 5. 6. 7. 8.

D. Cimex.

Bjerkander 24.
Carlson 1.
Daisenberger 1.
Hermbstaedt 1.
Hoefer 1.
Korth 1. 2.
Morris (Miss) 18. 2.
Oedman 1.
Salberg 1. 2.
Southall 1.
Tiburtius 1.
Wolf 1.
Anonym 51. 1.
XII. Anonym 1. 2. 3. 4. 5. 6. 7. 8. 9. 10. 11. 12. 13. 14. 15.

E. Pediculus. Phthiriasis.

Albrecht (J. P.) 1. a. 2.
Alt 1.
Amatus Lusitanus 1.
Bonomo 1.
Bory de St. Vincent 1.
Burnet 1.
Buxbaum 1.
Forestus 1.
Franck 1.
Göze 40.
Haberden 1.
Hussmann 1.
Kniphof 1.
Kurr 1.
Ledel 2.
Lachner 3.
Murray 15.
Rambla 1.
Redi 3.
Reydelet 1.
Sauvages 1.
Schenk 1.
Siegmann 1.
Zeis 1.

10. Zimmerinsecten; Hausinsecten.

Bechstein 1.
Brandenburg 1.
Brandt (J.) 1.
Bremi 20.
Douglas 41. 2.
Giebel 30.
Hermbstaedt 1.
Hoefer 1.
Korth 1. 2.
Magnus 1.
Maitland 4.
Shuckard 17.
Spence 7.
Stanley 1.
Westwood 250.
VII. Anonym 11. 76.
IX. Anonym 4. 5. 6. 16. 17.

11. Den Säugethieren schädliche Insecten.

a. Im Allgemeinen.

Roulin 2. 3. Rindvieh.
Grill 1. Cossus ligniperda.
Baiguet 1. Wespen.
Linné 12. Schafen.
Lucas 22. 91. Haematopinus.
Mather 1. Schafen.
Molyneux 2. Deil. Euphorbiae Larve.
Numan 2. Schafen.

b. Oestrus.

Black 8.
Bourgelat 1.
Brauer 23. 26. 28. 29. 33. 2.
Chabert 1.
Clark 1. 2. 3. 4. 5.
Goudot 3. Cuterebra noxialis.
Heister 1.
Hennig 1.
Joly 5. 7.
Loewe 1.
Numan 1.
Schwab (K.) 1.
Trewald 2. in Rennthieren.
XI. Anonym 14.

c. Columbaczer Mücke.

Germar 15.
King 9.
Koller 17.
Korabuhr 1.
Pallas 6.
Schoenbauer 1.
Sailer 1.
Siebold 7.
Vollenhoven 21.
XI. Anonym 6. 15. 17.

Audouin 43. Larven.
Gurlt 2. 3.

d. Tsetse.

Castelnau 1.
Gurlt 2. 3.
Oswell 1.
Arquette 1.
Spence 21.
Westwood 758. 796. 353. 369.

12. Den Vögeln schädliche Insecten.

Frauenfeld 38.
Vollenhoven 21.

13. Den Reptilien und Fischen schädliche Insecten.

Schlangen.

Hill 1. Musca canicularis Larven.

Fische.

Dale 5.
Mc Wachsfahl 1.

14. Mollusceen schädliche Insecten.

15. Den Insecten schädliche Insecten.

16. Parasiten.

a. Im Allgemeinen.

b. Hymenoptera.

Auf Spinnen.

c. Diptera.

d. Coleoptera, Strepsiptera, Lepidoptera, Hemiptera

e. Fadenwürmer.

f. Gregarina.

g. Andere Entozoen.

Lespès 6. Ichneumon grans.
Leuckart 1.
Mueller (O.) 12.
Rudolphi 1. 2.
Schenk 1. Infusorien.
Staudigel 2.

h. *Acarus auf Insecten.*

Aubé 73. 81.
Audouin 6. Achlysia.
Brun 12.
Dufour 51. u. 2.
Dujardin 8.
Frantzius 4.
Heister 3.
la Hire 3.
Leeuwenhoek 11.
Lucas 47.
Newport 32.
Saxbe 1.
Stainton 63.
Winterschmidt 1.

i. *Chelifer auf Insecten.*

Davis 2.
Hagen 1.
Haldeman 19.
Anonym U. 8.

17. Insecten die Metalle und feste Körper angehen.

Audouin 18. Callidium.
Blanchard 2. Anthrenus-Larven in Schildpatt.
Brême 8. Insecten in Bleikugeln.
Desmarest (E.) 3. 4. 12. Apate capucina in Blei.
Duméril 33. Odynerus muraria lebend in einem Steine.
Duméril 37. in Blei.
Emy 1. Bostrichus in Blei.
Guérin 185. Knochen aus Celtengräbern zerfressen.
Hagen 39. Bleiplatten.
Haliday 33. Horn von Ovis Canus von Larven zerfressen.
Henslow 3.
Jenzsch 1. Anthoph. retusa im Trachyttuff.
Kayser 1. Wurm in Stein.
Kirby 18. Dermestes vulpinus.
Kollar 44. Metalle.
Kollar 58. Sirex juvencus in Blei.
Motschulsky 45. Sirex juvencus in Bleikugeln.
Mumford 1. Mineralien.
Nebel 1. Blei.
Sells 8. Larve von Sirex juvencus.
Truschel 1. Ceramb. bajulus in Bleiplatten.
Vaillant 1. Sirex juvencus in Bleikugeln.
Voye 1.
White 38. Monohammus sutor in Blei.
White 41. Anobium striatum in Blei.

18. Der Landwirthschaft schädliche Insecten (im Allgemeinen).

Audouin 66.
Bayle Barelle 1.
Bertoloni 6. 8.
Brandenstein 1.
Brami 20.
Brischke 1.
Brunand 12.
Buchon 5.
Büttner 1.
Bonivard 6.
Charlot 1.
Chatel 1.
Corti 1.
Curtis 19. 24. 47.
Dagonet 1. 2.
Dahlbom 12.
Donaldson 1.
Drümpelmann 1.
Duval-Pontrel 1.
Emmons 2.
Eublaar 2. 3.
Fitch 9.
Fonscolombe 11.
Fondras 1.
Frauenfeld 2. 4.
Fuldner (C.) 1.
Géhin 5.
Géné 2. 17.
Germar 4.
Guérin 123. 179. 193.
Hagen 62. 76. 77. 89. 90.
Hammerschmidt 2.
Hübner (J. G.) 2.
Kollar 10.
Krauss 1.
Lethierry 2. Z.
Loew (C.) 1.
Loudon 4.
Ludwig 4.
Marquart 23.
Motschulsky 45.
Mueller (A.) 1. 2.
Mulder 7.
Nördlinger 3.
Peck 1. 2.
Pesold 2.
Plant 2.
Rathke (J.) 1.
Reichenbach 2.
Ross 15.
Rossmässler 3.
Schmidt (F. J.) 1.
Sorokof 1.
Villa 17.
Vollenhoven 2. 3.
Westwood 123. 252.
Wttewaall 1. 2.
Anonym W. G. N. 1.
I. Anonym 102.

19. Forstschädliche Insecten.

Apetz 1.
Barret 1. Geom. vernata.
Bauer (J. L.) 1.
Bechstein 2. 3. 4.
Bellier 27. Bomb. chrysorrhoea.
Bergmann 3. 5. Tenthredo.
Bruce 1. Phal. devastator.
Brehm 2.
Brischke 2. Tenthredo.
Burnett 12. Rhinosia pometella.
ten Cate 2. Bomb. pityocampa.
Carberon 1.
Cox 1. Cossus ligniperda.
Dorbner 3. Orgyia selenitica.
Dunker (M.) 1. Bomb. Pini.
Dutrochet 6.
Fries 1. Phal. piniaria.
Feistmantel 1.
Fiwah 1.
Frauenfeld 37. Orgyia antiqua.
Fuldner 1.
Fuss 1.
Gatterer 1. 2.
Gebhardt 1.
Géhin 3.
Gimmen 2.
Gladitsch 12.
Greve 1.
Gruber 1.
Guérin 100. Pyraliden.
Guérin 182. Agapanthia marginella.
Hopf 1. 2. Lyda pratensis.
Hartig (G.) 1. 2. 4.
Hartig (T.) 1. 3.
Henschel 2. Z.
Hoess 2.
Jaeger (J.) 3. Raupen.
Jmbring 1.
Kearley 1. Lip. dispar.
Kirchner 12.
Klamprecht 1. Tenthr. Juniperi.
Kob 1. Noct. piniperda.
Koenig (G.) 1.
Kolenati 37. Z.
Lange 2.
Linker 1. Raupen.
Lodi 1. Lip. dispar.
Loschge 1. 2. Phal. piniperda.
Loudon 2. 8.
Malapert 1. Bomb. anastomosis.
Mathieu 1.
Mueller (A.) 2.
Mueller (E.) 1. Tenthredo.
Nau 1.
Nördlinger 3. 4.
Pannewitz 1. 3. Aph. Pinastri, Bomb. Pini, monacha.
Panzer 7.
Peck 5. Coccus Robiniae.
Pfeil 1. 2.
Puymaurin 1.
Ratzeburg 5. 6. 7. 9. 10. 18.
Rimrod 1. Lip. dispar.
Rossmässler 1. 3. (Bomb. Pini.)
la Rue 1.
Saxesen 4. Tortrix.
Schaeffer 1. Lip. dispar.
Scharfenberg 2.
Schiødte 20.
Schmiedlein 10. Raupen.
Schroeter 21. Raupen.
Schwägrichen 4.
Sepp 1. Bomb. Pini.
Siemssen 1. Tannenraupen.
Silbermann 7. Geom. piniaria.
Spreuitz 1. Raupen.
Stein 9. Bostrichus, Coralla, Tenthredo.
Sundevall 1.
Tauscher 6. Tenthr. Pini.
Tessier 2. Bomb. Pini.
Thiersch 1.
Tristan 1. Cephus pygmaeus.
Trachitzky 1.
Ustler 1. 2. Pyralis hercyniana.
Walther 1.
Webster 1. Raupen.
Wedekind 1.
Westwood 290. Lophyr. Pini.
Wttewaall 8.
Zanthier 1.
Zehe 1.
Zuaschner 1. Tenthr. Pini.
Zinke 3.
XXII. Anonym 1. 2. 9. 14. 16. Bomb. Pini.
XXII. Anonym 4.
XXII. Anonym 10. 12. 15. 17.
XXII. Anonym 13. Tenthredo Pini.

20. Forstschädliche Käfer.

Altmann 1.
Audouin 22. Buprestis Berolinensis.
Audouin 41. Pissodes notatus.
Bertoloni 5. Galleruca.
Bertoloni 7. Buprestis Fabricii.
Blackwell 3. Polydr. argentatus.
Bugnet 33. Galleruca xanthomelaena.
Goureau 17. Pissodes Pini.
Guérin 183. Agapanthia marginella.
Harris 47. Saperda vestita.
Harris 74. Stenocorus putator.

Xylophaga.

21. Forstschädliche Schmetterlinge.

a. *Verschiedene.*

b. *Bombyx Pini.*

c. *Liparis Monacha.*

d. *Liparis dispar.*

e. *Tortrix viridana.*

22. Forstschädliche Blattwespen.

23. Den Forst-Bäumen schädliche Insecten.

a. *Tannen, Fichten und andern Nadelhölzern.*

Hoeven 12. Tin. laricella.
Jaeger 8. Nemat. Laricis.
Koller 34. Hagdalunus violaceus, Bostr. bidens.
Koller 30. Hylasin. micans.
Latimer 23.
MacLeay 5. Hylobius Abietis.
Passerini 17. Lipar. Salicis.
Peck 4. Rhynch. Strobi.
Perris 30.
Ratzeburg 4.
Regel 2. 2. Bostrichus chalcographus, var. sabeuns.
Rischbe 1. Phal. piniperda, Bomb. Pini.
Roehow 2.
Saxesen 3. 5. Lyda, Tenthredo.
Schwab 2. Tenthr. Pini, pratensis.
Shuckard 12. Sirex.
Sierstorpf 1. 2.
Verloren 2. 4. Noct. piniperda.
Walter 1. Curc. Pini.
Westwood 43. 262. Tin. turionis.
Willkomm 1. B. monacha, B. Pini, Tenthr. Pini.

b. Eichen.

Audouin 33. Cossus.
Bérenger 1. C. fuscus.
Blackwall 3. Polydrus. argentatus, Tortr. viridana, Aphis.
Bruant 11.
Costume 8. 2.
Dale 29. Tortr. viridana.
Géné 10.
Harris 74. Stenocorus putator.
Koller 24. Platypus cylindricus.
Koller 25. 35. Emphytus Cerris.
Koller 86. Lasioptera Cerris.
Métivier 1.
Passerini 17. Cecidomyia.
Peck 4. Stenocorus putator, Rhynch. Cerasi.
Walker 44.
Anonym C. P. 1. Tortr. viridana.

c. Buchen.

Audouin 32. Buprestis Berolinensis.
Bellier 41. Cecidom. Fagi.
Chavandier 1. Orgyia pudibunda.

d. Pappeln.

Frideriei 1. 2.

e. Espen.

Bjerkander 29. Tinea sagitella, labyrinthella.
Newman (E.) 114. Phaedon vitellinae.

f. Weiden.

Guérin 178. 153. Diptera; Lepidopt.
King 2.
Siebold 29. Cecidom. saliciperda.
Willoughby 1. 3.
Anonym C. D. 1. Nematus Capreae.

g. Birken.

Amerling 5.

h. Ulmen.

Audouin 40.
Bertoloni 8. Gallerucu.
Buquet 53. Galleruca Calmariensis.
Guérin 183. Scolytus destructor.
Guérin 280. Tortrix.
Lehmweber 1. Gall. xanthomelaena.
Leroy 1. Scolytus limbatus.
Loudon 3.
Robert (E.) 6. Scolytus.

i. Ellern.

Dudley 1. Bostrichus.
Harris 7.
Koller 29. Agrilus viridis.
Schultgrichen 7. Cryptorh. Lapathi.
Spence 9.

k. Linden.

Anatabre 2.
Harris 47. Saperda vestita.

l. Eschen.

Dudley 1. Bostrichus.

24. Dem Bauholz schädliche Insecten.

Aerel 1.
Audouin 60. Termes lucifugum; Lyctus canaliculatus.
Dalander 2.
Edwards (M.) 5.
Faggo 1. Urocerus.
Kirby 6.
Perris 9.
Westwood 40. Ptilinus pectinicornis.
Westwood 260. Lymexylon navale.
Westwood 261. Sirex gigas.

25. Den Fruchtbäumen schädliche Insecten.

a. Im Allgemeinen.

Adlerheim 1. Phal. brumata.
Amerling 3. Argyresthia Ingebris.
Audouin 39. Coleopteren-Larven.
Balius 1. Raupen.
Barrett 1. Geom. vernata.
Baviah 1.
Berger 1. Ichneum. nigricornis.
Bergmann 2. 4.
Berk 1.
Bertoloni 17. Acrobasis metallicella.
Bjerkander 16. Phalaena.
Boethius 1. America.
Boisduval 42. Rhynchites conicus.
Bonnet 12.
Buquet 53. Tingis Pyri.
Burnett 12. Rhinosia pometella.
Costa (A.) 23. 34. Bomb. neustria.
Cronstedt 1. Phal. defoliaria.
Delacour 1. 2. Diptera.
Dykes 1.
Feige 1.
Forsyth 1.
Finkelmann 1. Tortr. Bergmanniana, Forskaliana, Pyral. Cynosbana.
Freyer (F. W.) 1.
Gerdon 2. Raupen.
Gebhardt 1.
Geiger 1.
Géhin 5.
Germershausen 1. 2. Tortrix.
Glaser (J. F.) 1. 2.
Goubert 3.
Greene 1.
Gurgel 1.
Hammerschmidt 14. Prunus insectorum.
Harris 14. Cossus.
Harris 78.
Harris 66. Currant tree, Aegeria tipuliformis.
Heshiogn 1.
Haugk 1. Bomb. neustria.
Hegetschweiler 2.
Hemmer 1. Phal. brumata.
Hempel 1.
Hermbstaedt 2.
Hill (J.) 11.
Holm 4.
Haight 2. Aphis.
Koller 12. Pap. Crataegi, Bomb. chrysorrhoea, neustria, dispar.
Laharpe 7.
Lidbeck 2.
Linné 43.
Major 1.
Modeer 2.
Peck 2. Tenthr. Cerasi.
Robinson (D.) 25. Orgyia pudibunda, Pyral. viridana.
Roller 1.
Rondani 37. Tinea.
Sander 2.
Sebina 1.
Schmerzahl 1.
Schmidberger 1. 2. 3. 4.
Schmiedlein 12.
Schrank 2. Pap. Crataegi.
Schreiner 10.
Schroeder 1.
Sismer 1.
Sichler 2.
Smiesen 1. Diptera.
Spence 5. Tortr. Woeberana.
Sturm 1. Phal. brumata.
Triebmann 1. Raupen.
Tessier 1. Curculio.
Thomas 1. Aphis.
Tamiati 1. Tinea padella.
Wags 1. Polydrosus oblongus.
Zinken 9.
XIX. Anonym 1. 2. 21. Tortrix.
XIX. Anonym 3. 4. 5. 6. 7. 8. 9. 10. 11. 12. 13. 14. 15. 16. 17. 18. 19. 20.

b. *Aepfel- und Birnbäumen.*

Curtis 23. Tortrix angustiorana.
Downing 1.
Fitch 1.
Goeze 15.
Goureau 39.
Guérin 219. Yponomeuta padella.
Harris 40. Saperda bivittata.
Harris 44. Carpocapsa pomonella.
Harris 54. Tomicus Pyri.
Joeglin 1.
Kaltenbach 6.
Knight 2. Tinea Clerkella.
Leeuwenhoek 7. 11.
Lewis 1. Yponomeuta padella.
Morris (Miss) 3. Z. Saperda bivittata.
Morris (Miss) 7. Z. Phyllophaga quercina.
Morris (Miss) 9. Z. Carpocapsa pomonana.
Mosley 1. Aphis lanigera.
Ratzeburg 9. Coccus.
Rouzet 2. Otiorhynchus raucus.
Spence 17.
Thomson (J.) 38.
Westwood 255. Yponomeuta.
Westwood 273. Lyda fasciata.
Westwood 274. Bomb. repacinus.
Westwood 277. Argyges hemerobiella.
Westwood 283. Tenthr. lucorum.
Westwood 288. Tortr. quercana.
Westwood 291. Adelges Laricis.
Westwood 294. Tenthr. Cerasi.
Westwood 314. Bostrichus cylindricum.
Westwood 384. Yponomeuta padella, Scolopendra aethiops, Carpocapsa pomonella, Anthonomus pomorum.

c. *Kirschen- und Pflaumenbäumen.*

Fladd 1.
Harris 33. 41. Curculio.
Harris 44. 67. Conotrachelus nenuphar.
Harris 57. Cicada.
Lorea 194. Yponom. evonymella.
Morris (Miss) 12. 18. Rhynchaenus nenuphar.
Titius 7. Diptera.

d. *Pfirsichbäumen.*

Bigg 1. Aphis.
Harris 5. Aegeria exitiosa.
Harris 11. Aphis.
Harris 43. Coccus.
Morris (Miss) 17. Z. Aegeria exitiosa.
Say 11. Aegeria exitiosa.
Worth 1. Aegeria exitiosa.

e. *Mandel- und Nussbäumen etc.*

Boquet 53. Lorbeerbaum, Tingis Pyri.
Barose 1. Corynhorus in Cocos-Nüssen.
Doribes 6. Z. Castanien.
Goureau 37. Datteln.
Guérin 210. Mandeln, Scolytus Amygdali.
Guérin 228. Mandeln, Pieris Crataegi, Procris Pruni.
Guérin 252. Nussbaum.
Harris 42. Feigen.
Herzung 7. Heidelbeere.
Leblanc 1. Feigen.
Minà 1. Feigen.
Passerini 16. Feigen.
Treviranus 10. Feigen, Cynips.
Anonym A. E. 1. Feigen.

f. *Maulbeerbaum.*

Argratini 1.
Passerini 11. 17. Apate sexdentata.

g. *Orangenbäumen.*

Bernett 1.
Glover 2.
Goureau 60.
Loquet 1.
Mac Leay 11. Ceratitis citriperda.
Robinson D. 29. Coccus.
Redileau 1.
Westwood 227. Ceratitis capitata.
XII. Anonym 16.

26. Aphis lanigera.

Adams (J.) 1.
Anderson 23.
Bastis 4.
Blot 3.
Bose 34.
Dargauves 1.
Deslongchamps 1.
Dunn 1.
Gandolfi 1.
Huddlestone 1.
Jaume St. H. 1.
Lepéroval 1.
Mosley 1.
Salisbury 1.
XIII. Anonym 7. 10.

27. Den Oliven schädliche Insecten.

Barbosa 1.
Brillier 9.
Bernard 7.
Bland 1. Dacus Oleae.
Bompar 1.
Brignoli (V.) 1. Dacus Oleae.
de la Brousse 2. Z.
Caorle 1. Tephritis Keiros (Dacus Oleae).
Compagno 3.
Costa (A.) 34.
Costa (O.) 3.
Decaisne 3.
Fonscolombe 9. 14.
Gené 21. Dacus Oleae.
Ghiliani 5. Oecoph. oleella, Elachista olivella.
Glorego 1. 2. Coccus Oleae.
Grimaldi 1. 2.
Guérin 173. 182. 185. 213.
Guérin 228. Dacus Oleae.
Goldiez 1.
Joubert 1. C. adonidum.
Isnard 1.
Laure 1. 3. Curculio.
Matteucci 1.
Minà 2.
Minà 4. Oecinis Oleae.
Moteroni 1. Mosca.
Olivier 13.
Passerini 8. Musca Oleae.
Passerini 4. 10.
Passerini 7. Thrips.
Passerini 14. Phloiotribus Oleae, Hylesinus adspersus, Coccus.
Pellini 1.
Risso 9. Staphyl. lugubris.
Robinson 34. 39.
Romano 1.
Rondani 25. Cerethra Oleae.
Roubaudi 1. Hairon.
Sieuve 1.
Tamburio 1.
Tripaldi 1. Phloiotribus.
Vandelli 2.
XXI. Anonym 3.

28. Den Gewächshäusern schädliche Insecten.

Anderson (W.) 1. White Bug.
Faldermann 1. Otiorhynchus Marquardtii.
Feuereisen 1.
Herner 1. Ananas, Cocc. Bromeliae.
Mallet 1.
Regel 1. 2. Thrips.
Scudder 1. Termes frontalis.
Sichel 10. Formica.
Speechly 1. Coccus.
Westwood 61. Aphis auf Ananas.

29. Den Blumen- und Gemüsegärten schädliche Insecten.

a. *Im Allgemeinen.*

Blanchard (E.) 42. Z.
Bose 16. Raupen auf Villarsia.
Bouché 16.
Curtis 26.
Decaisne 3.
Feige 1.
Feuereisen 1.
Fischer (L. H.) 3. Peritelus griseus.
Frisch (Jud.) 4.
Faulkner 1.
Gerdes (D.) 1.
Germershausen 5. Geometra brumata.
Goureau 30. Hylot. exodis; Nemat. Ribis.
Greene 1. Melonen, Gurken.
Hampson 1.
Harris 31. Gurken, Smynthurus.
Hill 1.
Iaggers 3. Coccus.
Kolisch 1.
Kalm 6.
Kraus 2. Geom. brumata, Tinea padella.
Kupfer 1. 2.
Loudon 2. 3.
Major 1.
Morood 2.
Noble 1. Rhododendron, Strophosom. lineatus.
Robinson D. 80. Oleander, Coccus.
Rurbow 1. Berberitzen, Raupen.
Tot 1. Aphis.
Wailes 11. Rhododendron.
Westwood 48. Zwiebeln, Scatoph. ceparum.
Westwood 123. 252.
Westwood 237. Tortr. angustiorana.
Westwood 250. Aphis rosae, Coccus unicolor.
Westwood 276. Apion.

Westwood 270. Oeco-phora sulphurella.
Westwood 280. Antho-phora retusa.
Westwood 283. Psylla Buxi.
Westwood 310. Urapt. sambucaria.
Westwood 313. Ceroprsis fungorum.
Westwood 327. Sterepus nobilus.
Westwood 332. Phyto-coris campestris.
Westwood 364. Otiorh. sulcatus, Anthomyia ce-parum, Crioceris Aspa-ragi, Tephritis Centau-reae, Artemisiae.
XX. Anonym 1. 2. 3. 4. 8. 9. 12. 13. 17. 19.
Anonym Germanicus 2.

b. Athalia centifoliae.

Carpenter 1.
Duncan 3.
Hagen 38.
Manning 1.
Marshall 1.
Menzel 3.
Newport 6.
Westwood 284.
Yarrel 1.

c. Gryllotalpa.

Féburier 1.
Germershausen 4.
Henning 2.
Herrmann 1.
Johnstone 2.
Krause 1.
Mulder 5.
Ranieri 1.
Schrader 1.
Sturck 1.
Suckow 4.
Vrolik 1.
Westwood 238.
Weygand 1.
IX. Anonym 3. 7. 8. 9. 10. 12. 13. 14. 15. 18.

d. Ameisen.

de Barry 1.
Bilberg 2.
Boith 1. 2.
Bührmann 3.
Daisenberger 2.
Dale 27.
Dedekind 1.
Dombey 1.
Doubleday 18.
Fahbruni 4.
Howden 1.
Huessler 1.
Schroeter 3. 11.
Soulatre 1.
Tabourot 1.
Unger 2.
Westwood 239.
Anonym: D. 1. P. C. L. 1. O. 3.
XIV. Anonym 1. 2. 4. 6. 8. 9. 10. 11. 12. 13. 14. 15. 16. 17. 18. 19. 20. 21. 22. 23.

30. Den Rosen schädliche Insecten.

Green 4. Wespen.
Margottin 1. Hylotoma Rosae.
Mérot 1. Hylotoma.
Virey 3. Cocons.
Westwood 263. 274. 364. Cetonia aurata, Tortr. Bergmanniana, aquana, Cynips Rosae, Brandii, Cladius difformis, Porthesia auriflua, Selandria Brassicae, Meligethes aeneus, Lyda inanita, Megachile centuncularis, Microsetia centifoliella.
Westwood 290. Nepticula Sominiella.

31. Den beerentragenden Sträuchern schädliche Insecten.

Bjerkander 10. 16. Himbeeren, Tinea, Anobien.
Guérin 74. Stachelbeeren.
Harris 61. Himbeeren, Selandr. Rubi.
Henderson 1. Stachelbeere.
Leduc 1. Stachelbeere, Nematus.
Moore 1. Stachelbeere, Nem. grossulariae.
Westwood 251. Himbeere, Fenusa pumila.
Westwood 318. Himbeere, Tinea corticella.
Westwood 365. Himbeere, Byturus tomentosus.
Anonym: Sudians 3. Stachelbeere, N. Capreae. K. S. 2. Stachelbeere, N. Capreae.
V. Anonym 10. Stachelbeere, Nemat. Capreae.

32. Dem Weinstock schädliche Insecten.

Audouin 38. 39. 45. 49. 65. Pyralis.
Bach 23. Cochylis Roserana.
Braignl 1.
Bianchi 1. Scarabaeus.
Bosc 8.
Bosc 21. Tinea uvella.
Bosc 22.
Bosc 29. Attel. Bacchus.
Bourgeois 1. Pyralis.
Bruner 1. Curcul. Bacchus.
Bruschel 1. Curcul. Bacchus.
Bugnion 4.
Cando 1.
Casalis 1. Haltica oleracea.
Chatel 2.
Companyo 1.
Curtis 33. 36. Rhynchites betuleti.
Dagonet 1. 3.
Dannemann 1. Pyralis.
Demermety 1. Eumolpus Vitis.
Ducouedic 2.
Dulac 1.
Duméril 26. Pyralis.
Dunal 1.
Duval (P.) 1.
Forel 1. 2. S. E. Cochylis Roserana.
Foudras 2. Pyralis.
Galeas 1. Coccus.
Galli 1. C. Bacchus.
Géné 19.
Guérin 55. Pyralis.
Guérin 153. Haltica.
Guérin 180. Eumolp. Vitis.
Guérin 209. Saperda gracilis.
Guérin 250. Eumolp. Vitis.
Guérin 283. Pediculus vinealis.
Harris 13. 40. Aegeria Cucurbitae.
Harris 60. Procris Americana.
Harris 69. 76. 82.
Haworth 7. Coccus Vitis.
Herpin 6. Pyralis.
Kalbrenner 1. Otiorhynchus Ligustici.
Kleemweiler 6. Otiorhynchus nigrita.
Kolenati 4.
Kollar 7. Noctua aquilina.
Kollar 28. Tortr. Roserana.
Kollar 30. Apate bispinosa.
Kollar 37. Tortr. vitisana.
Laharpe 4.
Lodi 2. Anomala Vitis.
Lopez 1.
Masse 1.
Megerle 1.
Mérot 1.
Mieh 3.
Musser 1. Pediculus vinealis.
Neaning 1. Tinea uvae.
Newman (G.) 1. Coccus.
Newman (G.) 4.
Ormancey 1. Pyralis.
Paris 3. Pyralis.
Passerini 3. Procris ampelophaga.
Petit-Lafitte 1.
Roberjot 1. Raupen.
Robineau 22.
Roudaul 29.
St. Hilaire 2.
Sauzey 2. Pyralis.
Sauzey 3. Cochylis omphagiella.
Seignette 1. Halt. oleracea.
Stainton 29. Elachista.
Vallot 3. 22.
Vautrin 1. Pyralis.
Verster 1. C. Bacchus.
Vramant 1. Pyralis.
Walchner 3.
Walther 1. C. Bacchus.
Westwood 200. Pyralis.
Anonym A. B. 1. 2. Pyralis.
XVIII. Anonym 1. 2. 3. 4. 5. Pyralis.

33. Dem Hopfen schädliche Insecten.

Hope 7. Aphis Humuli.
Newall 10.
Urich 1.
Plomley 1. Fliege.
Walker 46. Aphis.

34. Dem Kohl schädliche Insecten.

Bjerkander 23. Noctua.
Castone 3. E.
Hubiner 1.
Foelkersahm 1. Anthomyia Brassicae.
Hill (W. H.) 1.
Jacquelin 22. Meligethes aeneus, Ceutorhynchus, Brassicae.
Justi 8. Raupen.
Kollar 14. Pap. Brassicae.
Niesen 2. Raupen.
Pierret 23. Pieris Crataegi.
Schroeter 1. Lepidopt.
Turpin 1. Larve.
d'Urban 2.
Vearma 1. Tipula oleracea.
Westwood 235. 281. 346. Aphis.
XX. Anonym 3. 10. 11. 14. 15. 16. 20.

35. Den Rüben schädliche Insecten.

Bjerkander 9. Curculio, Mücken.
Brewl 15. Palla Rosae.
Curtis 19.

36. Den Saaten schädliche Insecten.

a. Im Allgemeinen.

b. Maikäfer (Melolontha vulgaris).

c. Elater segetis.

d. Haltica, Turnip Fly.

e. Agrotis segetum.

f. Noctua Gamma.

g. Getreide-Motte.

h. Tipula tritici.

i. Hessenfliege.

k. Cecid. secalina.

l. Musca pumilionis.

m. Oscinis lineata.

---

n. Mehlthau, Aphis, Podura.

37. Saaten durch Insecten beschädigt.

a. Roggen.

Baake 2.
Bjerkander 18. Musca.
Bjerkander 16. Thrips.
Bjerkander 22. Noctophila.
Bülow 5. Thrips.
Bunias 1. 5.
Bohm 2. Thrips.
Dorthes 2. Trogosita mauritanica.
Duggargaard 1. Cephus pygmaeus.
Ferguson 1. Tipula oleracea.
Guérin 136. 209.
Herpin 2. 3.
Kirby 7. Thrips, Cerial. tritici.
Kollar 32. Diptera.
Marquart 7. Aphis.
Marsham 6. Thrips.
Nicholson 1.
Osbeck 2. Phal. alcitana.
Westwood 207. Dipteren-Larve.
XX. Anonym 22.

b. Weizen.

Bertoloni 2. Zabrus gibbus; Calathus latus.
Bold 7.
Castro 3.
Guérin 136.
Harris 63.
Herpin 2. 3.
Klippert 1.
Marsham 9.
Schlechtdle 30.
Sidney 1.

c. Hafer.

Audouin 22.
Bjerkander 11.
Farmer 1. 2. Raupen.
Fromage 1.
Schreiber 3. Raupen.

d. Gerste.

Bortner 9. Musca Frit.
Farmer 2.
Guérin 155.
Harris 72. 75. Eurytoma hordei.
Harris 20. Cecidomyia.
Herpin 2. 3.
Schreiber 3. Raupen.
Watson 1.
Westwood 87.

e. Luzerne.

Bosquet 1. Colasp. atra.
Bonsdorff 1. Colasp. atra.
Doubr 1. Colasp. barbara.
Dorthes 2. Trogosita mauritanica.
Dufour 27. Colasp. barbara.
Dupin 1. Colasp. atra.
Joly 3. 4. Colaspis atra.
Kollar 38. Epilachna globosa.
Limairac 1. Colasp. atra.
Touchy 1. Colasp. atra.

f. Klee.

Guérin 135.
Herpin 2. 3. Apion trifolii, apricans.
Newall 10.
Merkwirth 2. Curcul. trifolii.
Mueller (P. W.) 5. Bostrichus.

g. Leinsaat.

Haushrand 1. Noct. Gamma, graminis.
Newall 10.
Lauser 3. Fliegen-Larven.
XX. Anonym 29.

h. Leguminosen.

Baurner 11.
Costa (A.) 81.
Hagen 65. Lasmothrips.
Hagen 76. Bruchus granarius.
Newall 10.
Kelch 4. Bruchus Pisi.
Kollar 43. Bruchus Pisi.
Lucas 118. Haltica pallicornis.
Lucas 173. Spermoph. semifasciatus.
Motschulsky 43. Bruchus.
Orth 7.
Westwood 223. Sitona lineata, tibialis.
XI. Anonym 7.

i. Raps.

Aubé 28.
Behrens 2.
Drewsen 3.
Forsberg 2.
Perel 3. Tenthredo.
Guérin 202.
Laboulbène 16. Coleoptera.
Letzner 37. Baridius.
Mendel 1. Scopula margaritalis.
Rabe 1. Plusia gamma, Pyralis erucalis.
Schlotter 1. Hal. oleracea.
Zincken 3. Ps. gamma, Pyral. erucalis.
XXI. Anonym 79.

k. Mais.

Audouin 8.
Bettin Dessylus 1. Nitidula.
Dufour 8.
Garola 2.
Passerini 3. 9.
Passerini 8. Pyralis silacealis.
Rousseau 20. Z.

l. Reis.

Kollar 19. Sitophilus oryzae.
Volta 3. Scarab. fruticola.

m. Kartoffeln.

Berthon 1.
Guérin 184. 185. 187. Elater varius.
Harris 25.
Harris 61. Baridius trinotatus.
Harris 62. Cantharis vittata.
Hope 40. Elater segetis.
Kollar 39. Elater lineatus.
Morris (Miss) 11. Baridius trinotatus.
Rolet Mortio 1.
Passerini 11. Lytta verticalis.
Schneider (J. H.) 1. Psylla Solani tuberosi.
Westwood 209. Baridius vestitus.

n. Hanf.

Bertoloni 4. Botys silacealis.
Re 1. Pyral. reticularis u. depluvia.
Vallot 11.

38. Dem Zuckerrohr schädliche Insecten.

Berry 1. Amelaea.
Castles 1. Amelaea.
Fabricius 15.
Guilding 8.
Hamilton 1.
Johnstone 1. Delphax saccharivora.
Westwood 24. 25. Delphax saccharivora.
Westwood 234. Diatraea sacchari.
XX. Anonym 18. Diatraea sacchari.

39. Der Baumwolle schädliche Insecten.

Barnett 11.
Fabricius 13.
Glover 1. 2.
Jackson 1.
Morris (Miss) 6. 2. Noctua xylina.
Saunders (W.) 10. Depressaria gossypiella.
Saunders (W.) 31.
Say 21. Noctua xylina.
Spence 17.
Vasalli 3.
Zammit 1.

40. Dem Indigo schädliche Insecten.

Dokarbell 2.
VII. Anonym 29.

41. Krapp schädliche Insecten.

Chambrier 1.

42. Dem Kaffee schädliche Insecten.

43. Dem Taback schädliche Insecten.

44. Den Wiesen schädliche Insecten.

45. Dem Getreide, Mehl, Brod, Schiffs-Proviant, Waaren schädliche Insecten.

Calandra granaria. Kornwurm.

46. Den Fellen, Zeugen und dem Hausgeräth schädliche Insecten.

47. Den Büchern und Museen schädliche Insecten.

Nachweiss über das Sach-Register.

I. Hülfsmittel; Allgemeines.

II. Allgemeine Entomologie.

III. Specielle Entomologie.

I. Hymenoptera.

II. Coleoptera.

VIII. Diptera.

IV. Anatomie.

V. Physiologie.

VI. Biologie.

VII. Nutzen durch Insecten.

Seidenzucht.

VIII. Schaden durch Insecten.

Druck von Breitkopf und Härtel in Leipzig.

www.ingramcontent.com/pod-product-compliance
Lightning Source LLC
Chambersburg PA
CBHW020448270326
41926CB00008B/520
9783741166518